MW01247262

Universae Theologia Morales Accurata Complexio

You are holding a reproduction of an original work that is in the public domain in the United States of America, and possibly other countries.You may freely copy and distribute this work as no entity (individual or corporate) has a copyright on the body of the work.This book may contain prior copyright references, and library stamps (as most of these works were scanned from library copies).These have been scanned and retained as part of the historical artifact.

This book may have occasional imperfections such as missing or blurred pages, poor pictures, errant marks, etc. that were either part of the original artifact, or were introduced by the scanning process. We believe this work is culturally important, and despite the imperfections, have elected to bring it back into print as part of our continuing commitment to the preservation of printed works worldwide. We appreciate your understanding of the imperfections in the preservation process, and hope you enjoy this valuable book.

UNIVERSÆ
THEOLOGIÆ
MORALIS
ACCURATA COMPLEXIO
INSTITUENDIS
CANDIDATIS ACCOMMODATA.

IN QUA, GRAVIORI PRÆSERTIM SANCTI THOMÆ AUCTORITATE, ATQUE SOLIDIORI RATIONE DUCIBUS, QUÆSTIONES OMNES QUÆ AD REM MORALEM PERTINENT, BREVI, AC PERSPICUA METHODO RESOLVUNTUR.

A P. F.
FULGENTIO CUNILIATI
ORDINIS PRÆDICATORUM,

CONGREGATIONIS

B. JACOBI SALOMONII,

Ex-Lectore Sacræ Theologiæ Scholastico-Dogmaticæ, à pluribus annis Moralis Professore Ordinario in Collegio SS. ROSARII Venetiarum.

EDITIO QUINTA MATRITENSIS.

CONTINENS OMNIA, QUEIS ANTERIORIBUS EDITIONIBUS OPUS AUCTUM, ILLUSTRATUMQUE FUIT.

PARS ALTERA.

SUPERIORUM PERMISSU.

MATRITI: MDCCXCIV. EX TYPOGRAPHIA RAYMUNDI RUIZ.

Se hallará en la Librería de la Viuda de D. Bernardo Alberá, è hijos.

INDEX
TRACTATUUM, CAPITUM,
& Paragraphorum.

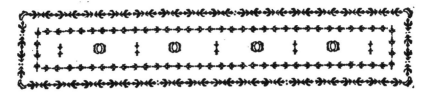

PARS ALTERA.

TRACTATUS XII.

DE PRÆCEPTIS ECCLESIÆ.

DE PRIMO ECCLESIÆ PRÆCEPTO, QUO JUBEMUR MISSAM AUDIRE DIEBUS FESTIVIS
AB ECCLESIA PRÆSCRIPTIS, FUSE DISSERUIMUS IN TRACT. 6. C. 2. §§. 1. ET 2.
PROINDE IBIDEM DICTA NON SUNT HIC REPETENDA.

CAPUT PRIMUM.

DE SECUNDO ECCLESIÆ PRÆCEPTO.

§. I. *De natura Jejunii ; nec non de refectione ab eo exacta.*

I. Auctus Thomas in 4. sent. dist. 5. q. 4. art. 1. q. 1. hæc habet: *Jejunium dupliciter dicitur ; scilicet, jejunium naturæ, & jejunium Ecclesiæ : à primo jejunio dicitur aliquis qualibet die jejunus, antequam cibum sumat : à secundo autem dicitur jejunus, quasi ordinatam ab Ecclesia, propter peccatorum satisfactionem, obedientiam servans. In satisfactionem autem peccatorum non solùm oportet, quòd ab illis homo abstineat, quæ lex virtutis prohibet ; sed etiam ab illis, quibus, salva virtute, uti possemus ; quia, qui illicita commisit, oportet à licitis abstinere, ut ait Augustinus. Unde jejunium ab Ecclesia institutum præsupponit abstinentiam illam, quæ ad virtutem exigitur; & addit abstinentiam quamdam ab illis, quæ medium virtutis non corrumpunt. Et ideo Isidorus hæc duo in definitione jejunii comprehendit, scilicet, abstinentiam* ab illis, quæ virtutem corrumpunt, in hoc quod dicit, parsimonia victus ; & ab illis, quibus, salva virtute, aliàs uti liceret, in hoc quod dicit, abstinentiaque ciborum. Duo igitur imponuntur à præcepto jejunii, nempe parsimonia victus, & abstinentia ciborum.

II. Ad parsimoniam victus pertinet unica refectio, quæ in Ecclesiæ jejunio observanda est; hincque abstinendum à pluribus refectionibus. Debet proinde refectio esse continuata, ità ut moraliter una refectio judicetur : si enim notabili intervalo interrumpatur, & iterum resumatur, non censebitur una moraliter. Aliquando tamen potest una censeri, quamvis interrupta, puta, si quis, nondum satis refectus, à mensa surgat, vocatus ob necessitatem alicujus negotii non diutini conficiendi, & confecto negotio redeat, adhuc eamdem censetur consumare comestionem: vel si absque necessitate, sed ob aliquod aliud motivum, nondum refectus vadat animo redeundi, & non multum tempus interponat.

P. CUNIL. THEOL. MOR. T. II.

A   Syl-

Sylvius in 2.2. q. 147. art. 6. quæsito 1. conclus. 2. ait, quòd, qui sine causa interrumpit, & redit post horam, fortè peccet solùm venialiter, eò quòd non videtur tempus notabile: ab aliis tamen rejicitur, cum, qui ità se gerit, præceptum parvifacere, ac veluti contemnere videatur. Qui verò ità complet prandium suum, ut verè compleat animo etiam virtuali non redeundi, neque aliud comedendi, qui animus apparet ex modo se gerendi, puta, linteum complicando, & recedendo à mensa; & deinde etiam infra breve tempus sibi offeratur aliquid comedendum, atque ex eo comedat in tanta quantitate, quæ alioquin jejunium frangere sufficiat: jejunium frangere, docent Navarrus cap. 21. num. 14. & Sylvius loc. cit. concl. 3. Ratio est; quia est nova formaliter comestio; cùm enim ex modo se gerendi ostendit, se complevisse refectionem; hoc ipso, quod novam suscipit, si in quantitate sufficienti sumat, vere jejunium frangit.

☞ Sunt, qui oppositum sustinent, hac ducti ratione, nempè, quòd in tali casu unica moraliter censeri debeat refectio. *Si quis*, inquit P. Lucius Ferraris in sua Bibliotheca v. *Jejun. a. 1. n. 54. finierit prandium, & plicaverit mappulam cum proposito non amplius comedenai, seu surrexerit è mensa etiam gratiis actis, potest intra quadrantem circiter, mutata voluntate, iterum sedere, & comedere; quia moraliter censebitur una comestio.* Nùm autem ratio hæc ea validior sit, quam Auctor pro sua sententia adducit, sapientioribus definiendum relinquimus.

Quæres: àn ille solvat jejunium, qui unicam sumit refectionem; sed in ea tantum comedit (temperatè tamen) quantum aliis diebus, quibus non jejunat?

Respond. Cl. Sylvius loc. cit. „non sol-„vere; quandoquidèm servat essentialia je-„junii. Et confirmari potest, *inquit*, tùm ex „eo, qui assueverit semel duntaxat comede-„re in die; & tantum uno die sumere, quan-„tum altero; tùm quia Ecclesia jubet absti-„nentiam à pluribus refectionibus, non an-„tem à quantitate cibi soliti. Similiter etiam, „*subdit*, non est transgressor jejunii, qui „plùs & lautiùs cœnat in die; jejunium ante-„cedente; aut, qui die, jejunium subsequen-„te, citiùs, ac splendidiùs jentat; modo ipsa „die jejunii una refectione, cibisque jejunio „propriis contentus sit, nec eos ante horam „legitimam sumat."

III. **Pauperes**, qui ostiatim mendicant,

nec unam sufficientem refectionem habere possunt, excusantur, si parvas refectiones repetant: ità S. D. q. 147. art. 4. ad 4. *Pauperes, qui possunt sufficienter habere quod eis sufficiat ad unam comestionem, non excusantur propter paupertatem à jejuniis Ecclesiæ; à quibus tamen excusari videntur illi, qui frustratim eleemosynas mendicant; quia non possunt simul habere, quod eis ad victum sufficiat.*

IV. Protrahere refectionem ad longum tempus, puta, ad plures horas, si fiat in fraudem jejunii, jam patet, esse contra præceptum unius refectionis; quia, data opera, æquivaleret pluribus refectionibus. Protrahere autem sine non fraudulento, sed ob animi levitatem, aut ad liberaliorem comestionem, videtur non esse mortale, nisi adeo immanis plurium horarum esset protractio, ut tempus, quod in refectione insumitur, æquivaleret tempori plurium refectionum. Portrahere demùm ob convivii solemnitatem, puta, nuptiarum, ob adventum hospitum &c. urbanitatis, & solemnitatis gratia, non videtur esse mortale.

V. Bibere ex se non frangit jejunium: ait enim S. D. loc. cit. art. 6. ad 2. *Non intendit Ecclesiæ indicere abstinentiam potus, qui magis sumitur ad alterationem corporis, & digestionem ciborum assumptorum, quàm ad nutritionem; licet aliquo modo nutriat. Et ideo licet jejunantibus pluries bibere. Si quis autem immoderatè potu utatur, potest peccare, & meritum jejunii perdere, sicut etiam, si immoderatè cibum in una refectione sumat.* Qui igitur bibit ad extinguendam sitim, jejunium non frangit: si tamen ita bibendo excederet, & id faceret in fraudem jejunii, proculdubiò jejunium frangeret: quod deducitur ex ejusdem Angelici verbis ad 3. dicentis, quòd electuaria, sumpta titulo medicinæ, *non solvunt jejunium; nisi fortè aliquis in fraudem electuaria in magna quantitate assumat per modum cibi;* quæ ratio etiam militat pro vino, cùm non modicè nutriat. Quod autem dixit Angelicus, immoderatè edentem in eadem refectione peccare; intelligitur peccare contra temperantiam, non contra jejunii præceptum. Similiter jejunium frangit potus Cocholatæ: si in ea quantitate sumatur, quæ etiam in aliis rebus jejunium frangat; de quo diffusè P. Daniel Concina in sua dissertatione italica.

VI. Circa quantitatem cibi, quæ requiritur, ut quis, extra refectionem comedens, jejunium mortali culpa frangat, variè opinantur Auctores. Nimis laxa videtur opinio requirentium quantitatem duas uncias excedentem, quæ propterea à multis rejicitur. Nimis severe videtur opinio, asserens excessum dimidiæ unciæ. Judicium sapientioribus, & timoratis relinquo. Putarem, quòd excedere unam unciam, non vacet à gravi. Illud certum est apud omnes, quòd sæpè repetere sumptionem alicujus modici, puta, unius amigdalæ, ità ut tandem accresceret ad quantitatem vetitam, lethale sit: ut propterea Alexander VII. hanc thesim num. 5. confixerit. *In die jejunii qui sæpiùs modicum quid comedit, etsi notabilem quantitatem in fine comederit, non frangit jejunium.*

VII. Parsimonia victus admittit collatiunculam serotinam, post tempora S. Thomæ inter fideles introductam, & consuetudine approbatam ex silentio Pontificum. Pro quantitate ejusdem certa regula tradi non potest. Nàm juxta varietatem climatum, constitutionum corporum, & valetudinum videtur libranda. Regulam, à pluribus traditam, licere quantitatem octo unciarum, non censemus approbandam; quia reverà videtur nimia quantitas. Ab ipsa, juxta Doctores graves, & probos, excludendus est usus piscium, & pulmentorum; & ubi conceditur indultum pro lacticiniis, excludendus est usus ovorum, casei, & similium; tùm quia hujusmodi sunt verè cibi ad nutriendum producti; tùm *quia est contra* consuetudinem timoratorum: nisi forte aliter postulet debilitas, aut constitutio jejunantis, cui alii cibi esuriales, & collatiunculæ proprii, noceant; quales sunt fructus exsiccati, vel recentes, bellaria, & alia hujusmodi.

VIII. Qui pluriès in eadem die refectionem sumit, puta quinquiès, juxta mihi probabiliorem, imò evidentem, quinquiès peccat mortaliter. Ità Major in 4. dub. 15. q. 6. Joannes Medina Codice de Jejunio, tract. 4. q. 5. Covarruvias lib. 4. var. cap. 20. n. 13. Molanus in Theol. pract. tract. 3. de virt. c. 11. Sylvius in 2. 2. q. 147. art. 6. quæsit. 3. & alii. Ratio, quæ evertit præcipuum adversæ opinionis motivum, in eo est posita; quia præceptum unius duntaxat refectionis sumendæ est principaliter negativum; est enim non sumendi plures refectiones: in eo namque differt præceptum negativum ab affirmativo, quòd affirmativum obligat ad actionem ponendam, ità ut frangatur, si actio non ponitur; negativum autem non obligat ad actionem ponendam, sed vel prohibet omnino actionem, &

tunc est simpliciter negativum, vel illam permittendo, prohibet ne repetatur; ità ut, etiamsi nec semel ponatur actio, obediatur præcepto; & tunc, ut patet, est principaliter negativum: atqui hujusmodi est præceptum de unica refectione; non enim jubet positivè unam refectionem, ità, ut, qui non vult se reficere neque semel, nullo modo peccet; sed illam permittendo, vetat ne repetatur, ut nemo non videt: igitur tale est principaliter negativum: atqui agens contra præceptum negativum, totiès illud frangit, quoties actionem vetitam ponit; igitur totiès quis contra jejunii præceptum peccavit, quotiès in die rejicietur præter unicam refectionem, Confirmo similitudine: præceptum semel duntaxat celebrandi in die non obligat ad semel celebrandum, sed ne pluriès celebretur, quàm semel: unde etiam nullo modo celebrans non violat præceptum: quòd totiès franget, quotiès repetet celebrationem; quia est præceptum principaliter negativum: ad differentiam præcepti communionis paschalis, quod constringit ad ponendam actionem, & propterea est præceptum affirmativum. Hæc sunt adeo manifesta, ut mirum videatur inveniri protectores opinionis oppositæ.

§. II. *De ciborum delectu, & de horæ refectionis.*

I. AUdivimus à S. Doctore, alterum, quod à præcepto jejunii imponitur, esse *abstinentiam ciborum.* Cibi autem, à quibus abstinendum est, juxta communem omnium fidelium, sunt carnes, ova, & lacticinia, excepta concessione legitima, & consuetudine, Ecclesiæ assensu præscripta. Id probatur ex cap. 6. distinct. 4. *Par est, ut quibus diebus à carne abstinemus, ab omnibus quoquè, quæ sementinam carnis trahunt originem, jejunemus; à lacte videlicet, caseo, & ovis*, & idem in aliis Canonibus. Congruentiam à S. Doctore allatam, & quidem egregiam, volentibus legere indico loc. cit. art. 8. Hic notanda occurrit thesis 32. ab Alexand. VII. confixa: *Non est evidens, quòd consuetudo non comedendi ova, & lacticinia, obliget in Quadragessima.* Quòd autem totiès quis lethaliter peccet, quoties in die carnes comedit, jam satis commune est; quandoquidem præceptum illas non comedendi est juxta omnes præceptum, nedum principaliter, sed & simpliciter negativum.

* S. P. Benedictus XIV. *de Synod. Diœ-*

ces. lib. II. cap. 5. num. 9. postquam monuit, communem, tutamque hodiernis temporibus haberi regulam circa jejunium, & qualitatem cibi diebus exurialibus adhibendam, quam, *inquit*, S. Th. Aquinas summa sapientiæ, & æquitatis ratione tradidit 2. 2. *q. 147. art. 8.* docens, Ecclesiæ lege interdictum esse jejunantibus esum ca▐ eorum animalium, quæ in terra oriuntur, & in terra vitam ducunt; item in jejunio quadragesimæ vetita esse ova, & lacticinia, quæ tamen aliis jejunii diebus, pro varia locorum ratione, alicubi permittuntur generaliter vero concessum esse jejunii tempore piscibus uti, quòd eorum carnes, minore spiritu & robore quàm animalium terrestrium, refertæ ac præditæ, magis aptæ sunt reprimendis sensuum cupiditatibus, qui proprius est jejuniorum finis; postquam, inquam, id monuit, ac præmisit, subdit. „Sed, licèt adeo „clara & perspicua sit, (*Sanct. Thomæ doc-* „*trina*) nihilominùs ad omnes controversias „de medio tollendas minimè sufficiens visa „fuit."

Nemo sanè, (*sic num. 10.*) quod sciamus, id hodiè contendit, ut avium carnibus jejunii tempore vesci liceat; quod olim Orientales contendisse, & factitasse compertum est, cùm dicerent, avium genus æquè ac piscium ex aqua ortum ducere, ut testatur Socrates *Hist. cap.* 22. Sed illud in controversiam sæpe vocatur: àn hæc aut illa animantium species ad piscium naturam pertineat, necne: àn inter animalia terrestria, aut volatilia, vel potiùs aquatilia adnumerari debeat; & consequenter, àn liceat diebus jejunii eorum carnibus vesci.

Sanè, *ait, num. II.* præstitutis superiùs regulis inhærendo, standum esse hac in re vigenti consuetudini, nonnulli Auctores docent; adeoque, si alicujus animantis carnes jejunantibus apponi anteà non consueverunt, ejusmodi carnes eo numero habendas esse, ut diebus jejunii illis uti non liceat: si autem usitatum fuerit, ut animantis illius carnibus jejunantium mensæ extruantur, minimè dubitandum esse, quòd ex eo genere sint, quo vesci licitum est etiam jejunii tempore: ex quo deducunt, licitum esse diebus esurialibus comedere ranas, quæ in aqua vivunt, testudines quoque licet terrestres; minimè verò quædam volucrum aquatilium genera; quia nimirùm illis consuetudo favet, his autem contraria dignoscitur.

Consuetudinis porrò vim non negabimus,

inquit idem S. P. n. 12. Sed hoc meritò admonendum censemus, *subjungit*, ut videatur, àn hæc, aut illa consuetudo vera & legitima dici debeat, & àn apud pios, probosque viros recepta sit; ne forté abusus, & corruptelæ pro judicandi & agendi norma accipiantur. Quòd si de consuetudinis existentia, aut illius qualitate dubitetur; existimant aliqui, exquirendum esse medicorum judicium, ut ab iis statuatur, àn animalia, de quibus dubitatur, ad piscium naturam propriùs accedant, àn verò ad terrestrium genus pertineant. Hinc Tamburinus, ubi de viperinis carnibus jejunii tempore comedendis in utramque partem disputavit, medicorum denique judicio quæstionem definiendam remittit. Sed cùm medicorum sententiæ rarò inter se conveniant, quod nobis frequenti experientia compertum est, id maximè advertendum judicamus, ut relata, superiùs S. Thomæ doctrina semper præ oculis habeatur: nimirùm eam fuisse Ecclesiæ mentem in sanciendo pro diebus jejunii ciborum delectu, ut comprimendæ, ac minuendæ carnis concupiscentiæ per salutarem abstinentiam consuleret: ex quo sequitur, ut si dubium subsit, àn esus carnium alicujus animalis jejunii tempore licitus sit, vel illicitus, nec adsit legitima ac recepta consuetudo, quæ controversiam dirimere valeat; hoc maximè examinari debeat, àn hujusmodi animal simile sit, aut dissimile iis, quorum esus diebus jejunii interdictus est, & àn illius carnes validiùs nutriendo, & roborando idoneæ dignoscantur: quod ubi ità esse appareat, profectò inter eas adnumerari debent, quæ jejunantibus apponi nequeunt; quemadmodum latè probat idem Tamburinus tum *lib. 4. in Decal. cap. 5. num. 10.* tum etiam *ad 4. Præcep. Eccles. cap. 3. num. 2.* Hucusquè S. P. Benedictus XIV. Lege totum præcitatum caput, nec non ejusdem *Instit. 15. & 16.* in quibus plura circa jejunium scita digna reperiuntur.

II. Tempus refectionis sumendæ modò est meridies, ità ut notabiliter anticipare sine justa 'causa, sit lethale; ità probabilior cum S. Doctore in 4. sent. dist. 15. q. 3. art. 4. q. 3. *Cùm Ecclesia instituit certum tempus comedendi à jejunantibus; qui nimis notabiliter anticipat, jejunium solvit.* Ratio verò præsupponit, quòd nunc ab omnibus admittitur ut indubitabile, nempè, præceptum jejunii esse graviter obligans, cum Alexand. VII. damnaverit thesim 23. quæ dicebat.

Fran-

Frangens jejunium Ecclesiæ, ad quod tenetur, non peccat moraliter, nisi ex contemptu, vel inobedientia hoc faciat; puta, quia non vult se subjicere præcepto. Si igitur præceptum graviter obstringit, quando materia, vel circunstantia materiæ erit gravis, graviter quoque obligabit : atqui præscriptio temporis est res de se gravis ; etenim est unum ex tribus, quæ ad jejunium ecclesiasticum requiruntur, nempè, abstinentia à carnibus, unica refectio, & tempus refectionis: igitur qui notabiliter prævenit tempus, gravem reatum incurret. Idque ex eo magis liquet, quòd dùm antiquitùs hora refectionis pro jejunantibus erat vesper, qui notabiliter præveniebat, dubio procùl mortaliter peccabat : cùm igitur hora meridiana modò substituta fuerit vespertinæ, cur graviter non peccabit, qui sine justa causa illam prævenit? Notabile verò tempus præventionis est, etiam juxta recentiores, una hora.

* Superioribus seculis in Quadragesima quidem refectio differebatur usquè ad vesperam, sed in minoribus jejuniis hora nona jejunio finem statuebat. Perseverabat disciplina hæc tempore S. Bernardi, qui supremum explevit diem *an.* 1153. ut ex his verbis liquet *serm. 3. de Quadrag.* Hactenus (ait loquens de jejunio Monachorum extra Quadragesimam) *usque ad nonam jejunavimus soli.* Cùm verò de quadragesimali jejunio verba facit, hæc habet : *Nunc usque ad vesperam jejunabunt nobiscum universi Reges & Principes, Clerus & populus, nobiles & ignobiles, simul in unum dives & pauper.* Consonat id dicto Petri Blesensis, qui ex vita discessit *an.* 1200. Serm. 11. *Temporibus jejuniorum,* inquit, *differtur Missæ officium post sextam, ut usque post nonam protrahatur abstinentia ciborum. In Quadragesima verò etiam post nonam differtur Missale officium, ut etiam usque post vesperas refectio differatur.* Consule Em. Lambertinum *Instit.* 15. *num. 3.* & Contin. *Prælect. Theolog.* Honorati Tournely *t. 3. tract. de præcept. Eccles. cap. 2. art. 2.* propè finem.

III. Motiva autem justa præveniendi non omnia admittimus, quæ à multis recensentur: undè excludimus peregrinationem ex mera devotione suscipiendam ; eò quòd ordinata devotio postulet, ne opera arbitraria, quamvis pia, impediant opera præcepta, ut patet. Excludimus itèm meram urbanitatem convescendi cum amico, qui iter facit, neque valet

differre itineris prosecutionem usque ad meridiem ; quia prima urbanitas deferenda est Deo, & Ecclesiæ præcipienti; non enim rationabiliter offensioni adscribere debet hospes, (nisi forté sit hæreticus Ecclesiæ inimicus) qui sciens jejunii obligationem, videat amicum præferre reverentiam Ecclesiæ conversationi suæ commensali. Motiva igitur justa illa censenda sunt, quæ involvunt grave, & notabile incommodum, sive corporale, sive civile, sive temporale, evitandum, quod à jejunante evitari nequeat, nisi notabiliter antè meridiem reficiatur.

IV. Commutare tempus refectionis, sumendo collatiunculam mane, & vespere prandendo, si fiat ex rationabili causa nullum est peccatum; sin autem, quantum potui ex auctoribus deducere, non videtur excedere culpam venialem : non enim suppetit ratio urgens, quæ compellat ad asserendum mortale.

V. Quando quis, vel non recordans esse diem jejunii, vel ignorans, mane jentaculum sumpsit plus comedendo, quàm patiatur collatiuncula serotina, poterit serò prandere? Respondet Sylvius loc. cit. quæsito 2. si possit absque alia refectione diem transigere sola collatiuncula vespertina, eadem sit contentus ; quia sic jejunavit unica refectione : si autem notabile incommodum sit ex hac observantia passurus, vespere se reficiat : hæc ille.

§. III. *De exemptione à jejunio.*

I. Quinque sunt causæ à jejunio eximentes, nempè, dispensatio, ætas, infirmitas, labor, & pietas. Et circa primam, eximuntur à jejunio legitimè dispensati. Cùm autem jejunium & abstinentiam à carnibus, & unicam refectionem suo tempore summendam comprehendat ; ille, qui est ab abstinentia dispensatus, eò quòd esus piscium eidem noceat, non proptereà est dispensatus ad duas refectiones, sed tenetur ad unicam, juxta opinionem, quæ, cùm esset probabilior, & sanior, modò est certa ; ità ut opposita sit falsa, eò quòd ità declaravit Summus Pontifex Benedictus xiv. feliciter regnans, in Constitutione incipiente: *Non ambigimus,* data an. 1741. 30. Maji §. 4. Qui etiam respondens ad quæsita Archiepiscopi Compostellani, decrevit, quòd nedum teneantur dispensati ad unicam refectionem, & ad horam præscriptam observandam; verùm etiam in collatiuncula serotina teneantur à lacticiniis abstinenere, nisi forte consuetudo, ab Episcopis non ignorata, & tolerata, aliter fieri permittat, ut dicitur fieri in quibusdam regionibus. Ratio primæ partis, præter definitionem Pontificiam, est; quia, qui non potest servare præceptum quoad omnes suas partes, tenetur ad eam partem, quam potest: & dispensatus ad unam, non censetur dispensatus quoad aliam. Ratio secundæ partis est; quia, si id à jejunante præstari possit, præstare tenetur, ut cibi, qui valde nutriunt, à collatiuncula excludantur. Ratio tertiæ partis est; quia non est major ratio utentis carnibus, quàm utentis lacticiniis quoad collatiunculam, ut, si ab hujusmodi abstinere possit, abstineat, ex regula generali, quòd privilegia contra Jus commune, quale est privilegium indulti, & dispensationis in jejunio, sunt stricte interpretanda.

II. Ad complementum hujus paragraphi addenda censemus quæsita Archiepiscopi Compostellani ad Benedictum xiv. hujusque ad illum responsa.

Primum quæsitum erat: *Utrùm, quæ in antedictis nostris litteris in forma Brevis* (nempe, sub die 30. Maji, & 22. Augusti 1741. in quibus interdicitur altera refectio dispensatis circa esum carnium, & ne permiscerentur aliæ epulæ) *de unica comestione, & de epulis non permiscendis præscribuntur, sub gravi etiam præcepto prohibeantur? Respondemus, concedentes facultatem vescendi carnibus tempore vetito, sub gravi teneri eas facultates non aliter dare, quàm geminis hisce adjectis conditionibus, videlicet, unicæ in diem comestionis, & non permiscendarum epularum: eos verò, qui hujusmodi facultatibus utuntur, sub gravi ad binas istas conditiones implendas obligari.*

An illi, quibus concessum est vesci carnibus, possint in vespertina refectiuncula ea quantitate carnis vesci, quæ jejunantibus permittitur? Respondemus, non licere; sed opus habere eo cibo, eaque uti portione, qua bus utuntur homines jejunantes rectæ meticulosæ conscientiæ.

An illi, qui jejunii tempore vesci carnibus permittuntur & unica comestione uti debent, horam jejunantibus præscriptam servare opus habeant? Edicimus, observandam iis esse.

Quænam sint epulæ licitæ, quæ vetantur interdictis conjungi? Respondemus, epulas licitas pro iis, quibus permissum est carnes comedere, esse carnes ipsas: epulas inter-

dictas esse pisces; ideoque utrumque simul adhiberi non posse: piscibus tamen edendis non interdicuntur ii, quibus datur tantùm facultas adhibendi ova, & lacticinia.

An præceptum, de utroque epularum genere non miscendo, dies quoque dominicos quadragesimales compectatur? Affirmatur, complecti.

Utrùm lex hæc ad eos quoque pertineat, qui ex Bulla Cruciatæ edere possunt ova, & lacticinia? Rescribimus, nihil in prænuntiatis nostris Apostolicis litteris statutum esse, quod respiciat gratiosum Cruciatæ diploma. Quare, qui eo gaudent, illius tenorem strictè, & consideratè perpendant, ex ejusque sententia se gerant. Caveant autem, ne inani quapiam excusatione se solutos esse arbitrentur præscriptis ibi legibus.

Utrùm memorata duo præcepta urgeant extra Quadragesimam? Respondetur, urgere extra Quadragesimam utrumque præceptum, illud scilicet unicæ comestionis cum reliquis legibus, in secundo, & tertio ad hæc postulata responso expressis: & alterum non permiscendi epulas licitas cum interdictis, ut in quarto postulato definitum est. Pòst hæc oracula conticescat omnis quæstio circa hæc definita.

* D. Alphonsus de Ligorio *in sua Theologia Morali lib. 3. tract. 6 cap. 3. de Præceptis Ecclesiæ dub.* 1. *sub num.* 1027. refert, quòd per quemdam Confessarium supplicatus fuit SS. Pontifex Benedictus xiv. ut explicaret, àn reverà liceret in serotina collatiuncula parum casei sumere iis, qui in Quadragesima, & vigiliis sunt dispensati ad laticinia. Pontifex supplicationem transmisit ad S. Pœnitentiariam, quæ sic rescripsit: *Sacra Pœnitentiaria, optimè conscia mentis Sanctitatis suæ, ex speciali auctoritate ejusdem respondet, non licere.* Rationem afferens, quòd illud jejunantes, expressum in Bulla, *Libentissimè,* præfati Pontificis Benedicti xiv. (ubi dictum fuit, dispensatos ad carnes, vel ad lacticinia, *opus habere eo cibo, eaque uti portione, quibus utuntur homines jejunantes rectæ meticulosæ conscientiæ*) intelligitur de rigorosè jejunantibus quadragesimali jejunio, in quo tàm carnes, quàm ova, & lacticinia vetantur.

Deindè dubium subortum fuit, *pergit laudatus Theologus:* àn sacra Pœnitentiaria illud, *Optimè conscia mentis, &c.* dixerit ex sua interpretatione, vel ex proprio Oraculo Pontitificis. Idcircò idem Confessarius itèm Papam supplicavit, ut ipsemet mentem suam explicaret. Venit responsum (quod ego ipse, *ait*, authenticum observavi, & nunc apud me est) in quo sic dicitur : *Sacra Pœnitentiaria de mandato SS. Domini, qui suis ipse oculis retroscriptam Epistolam dignatus est legere, respondet, vera esse, & pro veris habenda, quæ constat ab eadem Pœnitentiaria fuisse rescripta. Datum Romæ in Pœn. die 23. Julii 1756.*

Subdit autem, quòd, cùm hujusmodi declaratio sit *purè talis*, seu clarè à principio in ipsa lege imbibita, non indiget promulgatione ut fideles obliget, sed omnes adstringit, qui illam jam noscunt. Lege præcitatum Theologum fusè *ibidem* hac de re disserentem.

III. Secunda causa, eximens à jejunio, est *ætas*, nempè ante vigesimum primum annum completum. Congruentiam affert D. Thomas a. 4. ad 2. *Quia* (pueri) *indigent multò nutrimento propter necessitatem augmenti, quod fit residuo alimenti : & ideò quandiu sunt in statu augmenti...non tenentur ad jejunia Ecclesiæ observanda.* Religiosi tamen professi Religiones, in quibus observantur jejunia quædam sub præcepto, etiam ante prædictam ætatem tenentur sub præcepto ad eadem; quia profitendo Religionem illam, voluntariè dictum onus susceperunt. Pueri, qui ingressi sunt rationis usum, undè subduntur legibus Ecclesiæ, tenentur à cibis vetitis abstinere ; quia, nisi aliud obstet, ut subditi præfatis legibus tenentur. Circa senes nil est definitum à S. Thoma ; sed docet S. Antoninus 2. p. t. 6. c. 2. §. 5. *Senes, si sint multùm debiles, eo modo possunt excusari : sicut dictum est de infirmis : ratione autem senectutis tantùm non excusantur, si sint fortes ad ferendum jejunium : nec est determinata ætas ab aliquo, usque ad quos annos quis teneatur ad jejunium.* Idcirco recentiores illi, qui contendunt epocham exemptionis ob senectutem post sexagesimum, aut septuagesimum annum stabilire, decipiuntur; quia inveniuntur non rarò sexagenarii, & septuagenarii robustiores viris quadragenariis. Attendatur igitur corporis constitutio : & damnum à jejunio illatum constitutioni senis, & prudens ac pius Confessarius judicet.

IV. Tertia causa eximens est infirmitas, ità ut nedum infirmi lecto decumbentes, verùm etiam valetudinarii recentes à morbo, quique remanent valdè debiles, eximuntur à jejunio : &, ut prudenter se gerant, consu-

lant medicum peritum, & intaminatæ conscientiæ. *De consilio rationabilis medici solvens jejunium, vel comedens carnes diebus prohibitis, non peccat ; sed peccaret medicus, si sine causa rationabili, vel saltem dubia, talia mandet, vel ordinet infirmis :* ait S. Antoninus loc. cit. Debilis, qui nequit singulis diebus jejunare, potest autem aliquibus, in istis jejunare tenetur; cùm enim obligatio afficiat singulos dies, si aliquot diebus impleri possit, tunc ea urget. Qui dormire non potest, nisi cœnatus, ità ut graviter debilitetur propter frequentem, & quasi continuam vigiliam, non ideo ab una duntaxat refectione absolvitur ; sed tenetur collatiunculam facere mane, & vespere prandere ; quia præceptum obligat eo modo, quo observari queat. Si igitur nequit observari quoad modum, observetur quoad substantiam.

V. Quarta causa eximens est labor, seu status personæ : proptereà mulieres prægnantes, & lactantes eximuntur, ob majus nutrimentum requisitum ad sui, & fœtus, aut lactentis alimentum Soli illi operarii eximuntur, quorum labor experientia, & prudentum judicio cum jejunio conciliari non potest : proindè, si extaret operarius laboriosus, qui utrumque conciliare posset, teneretur. Si autem dubitaret, teneretur experiri àn possit, ob auctoritatem Alex. VII. reprobantis oppositum in thesi 30. *Omnes officiales, qui in republica corporaliter laborant, sunt excusati ab obligatione jejunii, nec debent se certificare, àn labor sit compatibilis cum jejunio.* Circa hujusmodi operarios audi S. Thomam in art. 4. ad 3. *Circa..... operarios distinguendum videtur ; quia.... si operis labor commodè differri possit, aut diminui, absque detrimento corporalis salutis..... non sunt propter hoc Ecclesiæ jejunia prætermittenda. Si autem imminent necessitas.... multum laborandi, vel propter conservationem vitæ corporalis, vel propter aliquod necessarium ad vitam spiritualem, ut simul cum hoc non possint jejunia Ecclesiæ observari, non obligatur homo ad jejunandum; quia non videtur fuisse intentio Ecclesiæ statuentis jejunia.* Igitur ex Sanct. Thoma illicitè violant jejunium, qui solius voluptatis causa, aut etiam lucri non necessarii ad sdam, & suorum, suique status conservationem, labores suscipiunt, quos cum jejunio componere nequeunt : qui in jejunii diebus longa itinera pedibus conficienda absque necessitate suscipiunt : qui laboriosis venanationibus sine necessitate , imò voluptatis ergo operam dant , ità ut jejunia observare non possint : isti , inquam , violant profectò legem jejunii : neque utuntur jure suo , sed abutuntur eodem, ut ostendimus latè in tract, 1. c. 2. §. 7. n. 13. , & sequentibus : & interea nota thesim 31. ab Alex. VII. confixam: *Excusantur absolutè à præcepto jejunii omnes illi , qui iter agunt equitando, utcumque iter agant , etiamsi iter necessarium non sit, & etiamsi iter unius diei conficiant.*

VI. Quinta causa excusans est pietas. Quando igitur aliquod opus jejunio sanctius est faciendum , vel ex officio, vel postulante proximi necessitate , vel quod , consideratis circunstantiis , utiliùs est animæ proximi facere , quàm ab illo abstinere , ut jejunium servetur; operarius hujusmodi eximitur à jejunio , si tale opus sociari nequeat cum jejunio , neque possit in aliud tempus transferri. Rationem dat S. Doct. loc. cit. *Quia non videtur fuisse intentio Ecclesiæ statuentis jejunia , ut per hoc impediret alias pias & magis necessarias causas.* Conferenda est igitur præstantior dignitas operis, utilitas proximi; & deinde coram Deo resolvendum, quid agere oporteat. Ne autem subrepat deceptio , monet S. Doct. : *videtur tamen in talibus recurrendum esse ad Superioris dispensationem , nisi forté ubi est ità consuetum; quia ex hoc , quod Prælati dissimulant , videntur annuere.* Non igitur quævis actio melior laboriosa, quæ componi non potest cum jejunio , ab eodem excusat, si suscipiatur : puta , si quis in Quadragesima longam peregrinationem ex mera devotione susceperit ; quia alio tempore potest illa perfici: *Quia si peregrinatio ,* ait S. D. loc. cit. *commodè differri possit... non sunt propter hoc jejunia Ecclesiæ prætermittenda.* Hujusmodi autem pia opera , jejuniis anteferenda , ab auctoribus recensentur; & sunt opera misericordiæ utriusque ordinis , tunc requisita. Addunt aliqui cum Cajetano super articulum 3. *Quod uxor , quæ ex jejunio macilenta , minùsque grata viri sui oculis aparet, & hinc despici , aut minùs amari conspicit ab eo, excusatur à jejunio, quoniam ipsa tenetur se conservare gratiam viro suo.* Verùm , servata reverentia Eminentissimo Doctori, nimis indulgens videtur hæc assertio , ità nudè exposita. Quid enim facilius uxori delicatæ, & suspiciosæ , quàm id de marito sibi suadere ; ut inde se eximat à jejunio ? Putarem es-

se addendum, quòd si despectus uxoris , & imminutio affectus conjugalis eò usquè perveniat, ut ex signis conjugalibus prudenter timeat, ne maritus thorum adulterinis amoribus maculet ; tunc quidem ex pietate , charitate , & justitia, rationabiliter à jejunio se eximere posset, petita à Parocho dispensatione ; tunc enim teneretur se gratam exhibere, ad impediendam gravissimam Dei offensam. Addo , quòd , si vir sit conscientiæ relaxatæ, qui neque velit servare jejunium , neque quòd ab uxore observetur ; & proptereà cum eadem quotidie rixatur , atque in blasphemias erumpit , in perjuria , in minas , quia secum cœnare recusat , comminando etiam eidem conjugalem injuriam irrogare , undè tumultibus, & scandalis quotidie familia repleatur ; in hoc etiam casu , ut notant Sylvester, verbo *Jejunium* ; Navarrus c. 21. n. 19. , & alii , poterit pia uxor de Parochi licentia , ad tot peccata viri impedienda , secum cœnare majori sobrietate, qua poterit. Excipe tamen casum, in quo vir id faceret in contemptum legis ; quia tunc ex præcepto naturali , non cooperandi contemptui legis, & Religionis, etiam cum vitæ dispendio recusare obstringeretur.

* Quæres: nùm , qui votum edidit jejunandi quilibet sexta feria , aut omnibus sabbatis per annum, possit carnibus vesci, quando his diebus Festum recurrit Nativitatis Domini?

Resp. Affirmant nonnulli ; sed communior, nobisque vera sententia oppositum propugnat, nisi vovens præfatum diem exceperit. Hoc clarè eruitur ex concessione, seu ex privilegio Honorii III. quod habetur *in c.* Explicari *de observatione jejuniorum n. 3. Qui nec voto ,* ait Pontifex , *nec regulari observantia sunt adstricti , in sexta feria , si festum Nativitatis Dominicæ die ipso venire contigerit , carnibus propter festi excellentiam vesci possunt , secundùm consuetudinem Ecclesiæ generalis.* Igitur Ecclesia eos solos Christianos à carnium abstinentia , & à jejunii observantia eximit , qui aut voto , aut regulari observantia ad jejunium non tenentur. Ergò , qui aut vi voti , aut ex regulari observantia ad jejunium adstringuntur , non remanent ab illo tali die exempti. Legatur P. Daniel Concina tum *tom. 3. lib. 4. dissert. 2. cap. 6. num. 17.* tum *tom. 5. lib. 2. dissert. 2. cap. 17. num. 3. 4. & 5.* ubi etiam post Bartholomæum Medina *in Instruct. Confess. lib. 1. cap. 14.*

§. 10.

§ 10. fuso calamo ostendit, neque Regulares, qui solum ad jejunium & abstinentiam tenentur vi Constitutionum, quæ ad culpam non obligant, uti sunt Prædicatores, posse eodem die carnibus vesci.

☞   Quamvis S. P. Benedictus XIV. in *Rescripto* ad Archiepiscopum Compostellæ, dato sub die 8. *Julii* 1744. luculenter declaraverit, ut constat ex verbis ipsius, etiam ab Auctore supra relatis, & ex aliis *ibidem* adjectis, qualitatem, & quantitatem cibi in vespertina collatiuncula capiendi ab iis, qui ex rationabili causa à præcepto de abstinentia à carnibus eximuntur; nihilo seciùs alii postmodùm abusus fuere introducti, præsertim circa qualitatem cibi sumendi, quos tamen illico de medio sustulit, omnibusque controversiis finem imposuit SS. D. N. Clemens Papa XIII. feliciter regnans, Epistola Encyclica, quam dedit ad Patriarchas, Primates, Archiepiscopos, & Episcopos universæ Ecclesiæ Catholicæ *die* 20. *Decembris ann.* 1759. In ea siquidem in primis pastorali zelo enixè illos hortatur, ut quantum, juvante Domino, fieri potest, radicitus convellere nitantur, si quidpiam de veteri corruptela circa jejunium post Prædecessoris sui litteras fortassè reliquum fuerit; sive nova infringendis jejunii legibus, vel opinionum commenta, vel à vera jejunii vi & natura abhorrentes consuetudines humani pravitate ingenii novissimè invectas. Deinde abusus, & consuetudines inductas, quæ ad aures ejus pervenire, patefacit, easque reprobat, ac prohibet his verbis : *In quibus profectò abusum illum censemus omnino numerandum, quem rumor quidam ad nos pertulit; cùm nonnulli, quibus ob justas & legitimas causas ab abstinentia carnium dispensatum fuerit, licere sibi putant potiones lacte permixtas sumere, contra quem prædicto prædecessori nostro visum fuerit, qui censuit tàm dispensatos à carnium abstinentia, quam quovis modo jejunantes, unica excepta comestione, in omnibus æquiparandos iis esse, quibuscum nulla esset dispensatio, ac propterea tantummodò ad unicam comestionem posse carnem, vel quæ ex carne trahunt originem, adhibere.* Hactenus Summus Pontifex. Quænam autem sint ea, quæ à carne trahunt originem, clarè habetur in cap. *Denique distinct.* 4. etiam ab Auctore superiùs §. 2. n. 1. relato, ubi dicitur : *Par autem est, ut quibus diebus à carne animalium abstinemus, ab omnibus quoque, quæ semen-*

P. CUNIL. THEOL. MOR. T. II.

tinam carnis trahunt originem, jejunemus: à lacte videlicet, caseo, & ovis.

Liquet igitur 1. illum, qui ob justas, & legitimas causas ab abstinentia carnium dispensatus fuerit, non posse in serotino jentaculo sumere lacticinia, puta, lac, ovum, caseum, aut portiones lacte commixtas; nàm id etiam inter abusus recenter invectos S. P. recenset.

Liquet 2. non posse etiam sumere aut jus carnium, aut panem jure carnium madefactum, aut jus carnium vel pane contrito, vel ovo permixtum. Et sanè, si lacticinia interdicuntur, multò magis jus carnium prohibetur.

In summa: tàm dispensati à carnium abstinentia, quam quovis modo jejunantes, unica excepta commestione, in omnibus æquiparandi iis sunt, quibus nulla est dispensatio, atque adeo in vespertina collatione eo cibo, eaque uti debent portione, quibus utuntur homines jejunantes rectæ meticulosæ conscientiæ, id est, homines benè morati, recti, prudentisque consilii, qui nec scrupulis anguntur, nec ad laxitatem declinant. Hæc est prudentissima regula, quam in suo responso ad Archiepiscopum Compostellanum præbuit Sapientissimus Pontifex Benedictus XIV. quamque exequendam inculcat SS. D. N. Clemens XIII. feliciter regnans, in sua Encyclica. Quinam igitur est cibus, quo in serotina collatiuncula vescuntur Christiani jejunantes rectæ meticulosæ conscientiæ ? Panis, poma, pyra, ficus, uvæ sive recentes, sive siccæ, oleæ, nuces; herbæ crudæ, dulciaria seu bellaria, idque genus similia, quæ rationem epulæ, seu ferculi, quod in prandio comedi solet, non habent, sed pòst prandium sumuntur. Quænam quantitas ? Tres, aut ad summum quatuor unciæ. Hoc pro certo habent, docentque vel ipsimet mollioris ethicæ Patroni, Jacobus Graffius *p. p. decis. lib.* 2. *cap.* 36. *num.* 10. „Dicta collatio, „ait, fieri potest sumendo vel parum fruc-„tuum, vel ficuum, vel panis solius, v. gr. „duarum, aut trium unciarum. " Et Joannes Azorius *lib.* 7. *cap.* 8. *quæst.* 8. quærit : „An vespertina refectiuncula certa, & „definita cibi quantitate, & qualitate cons-„tare debeat ? & respondet, debere ; alio-„quin, *inquit*, in cœnam transiret. Quare, „*subdit*, solum edi possunt, quæ ante, vel „pòst prandium, aut cœnam aliàs sumi so-„lent, quales sunt fructus arborum, herbæ, „aut quidam fructus leviores, sumi soliti;

„ea. tamen ratione , ne stomacho potus no-
„ceat, & in quantitate , quæ modica censea-
„tur , qualis est panis quantitas , quæ trium
„unciarum , aut quatuor est." In eamdem
sententiam concedunt , & alii plures ejusdem
classis Theologi. Hanc itaquè regulam exactè etiam servare debent , qui ob aliquam
justam, ac legitimam causam à præcepto de
abstinentia à carnibus immunes redduntur.
Et quidem quoad qualitatem cibi capiendi
res est in comperto tàm ex responsione S.
P. Benedicti xiv. multoties laudata , quàm
ex Encyclica. SS. D. N. Clementis xiii.
qui , carnium esum , aut quæ ex carnibus
trahunt originem, seu lacticinia , non licere
in vespertino jentaculo, clarè edicunt. Quoad
quantitatem verò , etsi prudentissime nihil definierint , ac decreverint Pontifices
summi ; quia materies hæc individuos limites non excipit , sicut & Auctor observat
præcedentis §. num. 7. attamen dubio procùl videtur amplectenda opinio , quam paulò ante oculis subjecimus , nempè , quod excedere non debeat tres , aut quatuor uncias;
cùm hæc tùm à severitate , tùm à laxitate
declinet ; recedit enim tùm ab extremo se-
veritatis unius aut alterius unciæ , tùm ab
opposito extremo laxitatis octo vel decem
unciarum , mediumque præstituit , seu metam , ad quam plùs minùsve benè morati fideles suam conformare refectiunculam teneantur. Quare jure , meritoque & Auctor
• loco citato rejicit regulam, à pluribus traditam , quòd liceat quantitatem octo unciarum sumere. Lege eruditissimum Com. P.
Danielis Concina in Rescriptum Benedicti xiv. ad septem postulata Archiepiscopi
Compostellæ cap. 4.

Quæ autem hucusquè asseruimus , intelligenda sunt generatim loquendo , & præcisis peculiaribus circunstantiis. Si namque
peculiares circumstantiæ occurrant , quæ
aliud expostulent, puta , si quis ob stomachi
debilitatem omnia recensita , quæ communi Theologorum assensione in vespertina col-
latiunculo duntaxat sumi possunt , sibi reverà noxia experiatur , poterit aliqua alia
re vesci , quæ sibi nocumentum minimè afferat , in præfinita tamen superiùs quantitate ; posito pariter, quòd ejus debilitas majorem non exposcat ; nàm hac etiam in parte
te , si opus fuerit , juxta ipsius indigentiam
ei indulgendum erit , ac quantitatis limites
amplificandi.

Quæres 1. Nùm post rescriptum Bene-

dicti xiv. ad Archiepiscopum Compostellæ , & litteram Encyclicam, SS. D. N. Clementis Papæ xiii. possint ii , quibus justa de causa , quadragesimali recurrente jejunio , carnium esus permittitur , in secunda
refectione carnibus vesci diebus Dominicis
Quadragessimæ?

Resp. posse. Id enim minimè interdixe-
runt laudati Pontifices summi. Quippè Benedictus xiv. dispensatis ad esum carnium ob
justam causam diebus Dominicis, nihil aliud
vetuit , quàm permixtionem piscium cum
carnibus in eadem mensa, ut liquidò constat
ex num. 5. Rescripti. Neque circa hoc dubium ullum proposuit Compostellæ Archiepiscopus. Clemens verò xiii. feliciter regnans, non nisi sancita ad prædecessore suo, præsertim circa qualitatem cibi sumendi in serotino jentaculo ab eis , cum quibus , ob justas
& legitimas causas, ab abstinentia carnium
dispensatum fuerit , confirmavit , ac declaravit , nihilque amplius ad rem hanc innuit.

Nec obstat, illos , quibus conceditur facultas adhibendi carnes ad mensam tempore
Quadragesimæ , non posse in refectiuncula vespertina sumere carnes, vel quæ ex carnibus trahunt originem ; nàm hoc Benedictus xiv. in suo Rescripto , & Clemens xiii. in sua Encyclica expressè prohibuerunt : non verò prohibuerunt carnium
comesturam in secunda refectione diebus
Dominicis. Præterea dies Dominicæ Quadragesimæ non pertinent ad rigorem jejunii,
sicut reliquæ dies ; atque adeo ex eo , quòd
Benedictus xiv. & SS. D. N. Clemens xiii.
• ii , qui dispensationem abstinentiæ à carnibus obtinent , vetuerint in diebus jejunii carnes sumere in serotina refectiuncula ; non sequitur , quòd illis etiam inhibue-
rint carnes comedere in secunda refectione diebus Dominicis. Quod licitum asserimus diebus Dominicis , licitum quoque asserendum est aliis diebus solius abstinentiæ, uti
sunt feriæ sextæ , & dies sabbathi ordinariæ
per annum.

Quæres 2. An dispensati ad esum carnium ob justam causam , si ad jejunium
non teneantur , uti sunt , qui ætatis suæ annum 21. nondum complevere, vel ob motivum rationabile à jejunio excusantur , valeant diebus reliquiis Quadragesimæ in sero
carnes comedere absque peculiari dispensatione?

Resp. affirmativè, sicque censent P. Marcus M. Struggl Theol. Moral. tract. 8. q. 2.
art.

art. 1. in resp. ad quær. 9. qui id colligit ex rescripto Benedicti xiv. ad Archiepiscopum Valentiæ in Hispania, edito ann. 1742. in quo declarat laudatus Póntifex, se in superiori Constitutione data anno præcedenti, nimirùm 1741. non suscepisse definiendum: *An, qui Ecclesiastica auctoritate à jejunio excusantur, non solùm cibis vetitis uti, sed justæ pariter vespertinæ abstinentiæ fines egredi queant.* Itaque circa vespertinam abstinentiam illorum, qui vel ad jejunium non tenentur, vel à jejunio excusantur, nil de novo statuere voluit Pontifex; atque proinde ex vi Constitutionum ejusdem non requiritur peculiaris dispensatio, ut queant illi diebus reliquis Quadragesimæ in sero carnes comedere. Idem asserendum & de aliis diebus jejunii, per annum recurrentibus.

Quæres 3. Utrùm, dispensatus ad esum carnium, etiam ovis & lacticiniis vesci queat?

Resp. Certa in primis ab eo, quod in controversiam adducitur, secernamus. In comperto est apud omnes, eum, qui esuriali pulmento, vulgo *minestra*, vesci nequit, indigetque pulmento jure carnium cocto, & hoc illi satis est pro sua necessitate, nec opus habet carnem comedere, posse reliquum prandii lacticiniis, & piscibus perficere: imò ad id etiam teneri, nec posse carnibus, quatum non eget, uti nullus ibit inficias; quippè non plus extendenda est dispensatio, quàm necessitatis gradus postulet; & qui nequit integrum reddere debitum, partem, quam potest, solvere tenetur. *Non probamus,* (inquit Sapientissimus Cardinalis Quirinus Episcopus Brixiensis ad Vicarios Foraneos, Parochos, & Confessarios suæ Diœcesis, data Romæ *die 15. Februarii 1742. eorum sententiam, qui putant, dispensatis, quorum stomacho satis foret de utriusque medici consilio pulmentum in jure coctum, aut quid simile degustare, non amplius licere post illam degustationem in reliquo prandio, seu ovis & lacticiniis, seu piscibus uti; eaque ratione prohiberi, quìn communem illam abstinentiam amplectantur, quam valetudinis suæ statum minimè refugiat. Contrà censendum est, dimidiatam illam pro cujusque viribus temperantiam, dùm à christiana pietate, & abstinentiæ ipsius amore ortum trahit, potiùs esse Laudandam.* Subdit tamen præstantissimus Purpuratus, cavendum esse ne sub hoc dimidiatæ temperantiæ velamine vitium gulæ, seu lautioris victus tegatur.

Idem dicendum de dispensato, qui non habet carnem, quantum sibi sufficere possit. Et hic complere potest unam refectionem per esum ovorum, & lacticinorum.

Tota igitur lis, atque concertatio in eo est reposita, nùm scilicèt, qui est ad esum carnium dispensatus, ac non solùm pulmento jure cocto, sed & carnibus vescitur, & ex carnibus sufficientem alimoniam sumere potest, valeat simul, cum carnibus ova, & lacticinia comedere? Negat recens Theologus, atque hisce argumentis suam adstruit opinionem. „Si dispensatus, *inquit,* quoad carnes, „simul cum iis ova, & lacticinia comedere „posset, multò magis pisces: at pisces simul „cùm carnibus comedere non potest, ut de-„clarat, & edicit Benedict. xiv. Constit. „*Non ambigimus* ann. 1741. & in Constitu-„tione *Suprema* ejusdem anni.‟ Utriusque Constitutionis verba ad id evincendum exscribit ipse, quæ tamen nos, ut nimiam prolixitatem vitemus, prætermittimus.

Porrò, *subjungit idem,* quum Archiepiscopus Compostellanus, tùm aliàs, cùm quarto loco quæreret: *Quænam sint epulæ licitæ, quæ vetantur cum interdictis confungi:* Respondemus, inquit idem Summus Pontifex, *epulas licitas pro iis, quibus permissum est carnes comedere, esse carnes ipsas, epulas interdictas esse pisces; adeoque utrumque simul adhiberi non posse. Piscibus tamen edendis non interdicuntur ii, quibus datur tantùm facultas adhibendi ova, & lacticinia:* Ergo dispensati jejunii diebus quoad carnes, non intelliguntur dispensati quoad ova, & lacticinia simul cum carnibus comendenda.

„Præterea dispensatus quoad carnes, „(*pergit ipse*) salubres tantùm, ut ver-„vecinas, vitulinas &c. comedere potest, „sicuti declarat Clemens xi. in edicto ann. „1702. & repetit Benedictus xiv. in „Constit. ann. 1741. quòd si dispensatio „quoad carnes, ex ipsius dispensationis vi, „salubres tantùm carnes permittit, cur „ova, & lacticinia permittet? Dispensa-„tio natura sua eo spectat, ut necessitati „satisfaciat, non ut genio, & gulæ in-„serviat: at usus carnium sine ovis, & lac-„ticiniis quoad necessitatem satis est; er-„gò dispensatio ova & lacticinia simul „cùm carnibus non permittit.‟ Sic quidèm ille.

Verùm, si quod sentimus ingenuè promere liceat, hæc argumenta, quæ ad suam

evin-

evincendam opinionem in medium adducit, non videntur ea vi pollere, ut ad assensum eidem præstandum nos valeant impellere. Et ad primum quod attinet, minùs rectè arguit, ut nostræ imbecillitati apparet, dùm asserit, quòd, si dispensatus quoad carnes posset simul cum iis ova, & lacticinia comedere, posset multò magis comedere pisces. Non, inquam, nostro quidem judicio rectè arguit. Quare? Quia hoc, non illud, expressè vetat S. P. Benedictus xiv. seu inhibet quidem permixtionem piscium cum carnibus, neutiquam verò cum iis interdicit permixtionem ovorum, & lacticiniorum. Expendamus, quæso, seriò S. Pontificis responsionem ad Archiepiscopum Compostellæ. Utiquè huic Archiepiscopo, occasione Constitutionum, quas vulgaverat, sciscitanti, *quænam sint epulæ licitæ, quæ vetantur cum interdictis conjungi*, respondit ann. 1744. 8. *Julii: Epulas licitas pro iis, quibus permissum est carnes comedere, esse carnes ipsas.* At quid indè? Statuendum ne propterea, solis carnibus vesci posse, qui ad carnes edendas sunt dispensati, vetitamque ipsis permixtionem lacticiniorum cum carnibus? minimè profectò. Sic namquè sapientissimus Pontifex respondit, non ad excludenda ova, & lacticinia, sed ad excludendos solummodò pisces: seu respondit, epulas licitas esse carnes ipsas, non ad interdicendam permixtionem ovorum, & lacticiniorum, sed duntaxat ad vetandam permixtionem piscium cum carnibus, ut clarè liquet; quippe statim subdit: *epulas interdictas esse pisces, adeoque utrumque simul adhiberi non posse.* En utrumque simul, nimirùm, carnes & pisces simul adhiberi non posse, solummodò edidit, & de ovis, ac lacticiniis nec verbum habet. Duo itaquè in sua responsione sancit Pontifex summus, nimirùm, epulas licitas esse carnes, & epulas interdictas esse pisces. Quare recens Theologus potiùs eruit vetitam esse permixtionem ovorum, & lacticiniorum cum carnibus ex eo, quòd Pontifex inter epulas licicitas solùm carnes percenset; & non potiùs infert, haud inhibitam esse hujusmodi permixtionem ex eo, quòd inter epulas interdictas pisces duntaxat memorat? Videtur, potiori jure ex hoc colligi posse talem permixtionem prohibitam non esse, sed intra debitos frugalitatis limites permissam. Etenim, si voluisset ipse vetare etiam ovorum, & lacticiniorum cum carnibus permixtionem, id apertè declarasset, ac statuisset; atque ova, & lacticinia inter epulas interdictas enumerasset. Addimus, hoc idem sentiendum, si non verba legis tantùm, sed & finis legis spectetur. Quisnam, amabo, finis legis de non permiscendis epulis? Non alius sanè, quam inhibere luxum epularum, & gulam cohibere. Porrò permixtio carnium, & lacticiniorum, si intra debitos frugalitatis limites sistat, neque affert luxum epularum, neque gulæ deservit, sicut permixtio carnium, & piscium, ut evidens est. Quis enim dixerit unquam, eum splendidè mensam instruere, aut mensæ delicias procurare, qui præter carnes unum vel duo ova sorbilia sumit, vel aliquid ex lacte confectum degustat, vel parum casei comedit? Nullus reverà ità sentiet. Demùm non adeo ab invicem distant hæc duo genera ciborum, videlicet carnes, & lacticinia, sicut distant carnes & pisces; adeoque absonum quidem valde est, ut, qui ad carnes edendas sunt dispensati, piscibus simul cum carnibus utantur: eo vel magis, quia, qui dispensationem petunt, eam petunt quia pisces aut secundùm se, aut ratione condimenti noxios experiuntur. Non item sic absonum est, si unà cum carnibus ova, & lacticinia intra frugalitatis limites sumant. Hinc, quemadmodùm S. Pontifex iis, quibus datur tantùm facultas adhibendi ova & lacticinia, esum piscium non interdicit, quia horum conjunctio nullam redolet indecentiam; ità eadem de causa dicendum videtur, iis, qui quoad carnes sunt dispensati, ova & lacticinia non prohibere.

Magis infirmum adhuc nobis videtur alterum, quod idem Theologus ad suam corroborandam sententiam affert argumentum ex eo depromptum, quòd dispensatus quoad carnes, salubres tantùm comedere potest, exclusis noxiis. Hoc quidem veritati consonum est; idque non solùm ex dicto Clementis xi. jam relato, sed & pluribus aliis momentis tùm ab auctoritate, cùm à ratione desumptis, fusè ostendit P. Daniel Concina *in Rescriptum* Benedicti xiv. ad postulata Archiepiscopi Compostellæ cap. 6. §. 3. At & hinc, nisi nostra nos fallat opinio, non benè infert, quamcumque ovorum, & lacticiniorum cum carnibus permixtionem vetitam esse ei, qui justa de causa ad carnes edendas est dispensatus. Neque enim ova, & lacticinia insalubria sunt, ut innue-

nue-

nuere, & sentire ipse videtur; cum diversorum Ordinum Religiosi iisdem, ut communi, & consueto cibo utantur per totam vitam, quin aliquod detrimentum subeant; & ova recentia sorbilia vel ipsismet graviter periculosèque ægrotantibus præbeantur, ut ad digestionem faciliora, & ità ad eorum nutrimentum aptiora. Argumenta igitur, queis recens Theologus innititur, adeo imbecilla nobis videntur, ut assensum nostrum in re, de qua agimus, extorquere minimè queant.

CAPUT II.

De tertio Ecclesiæ præcepto confessionis annuæ faciendæ.

§. I. De necessitate Confessionis ex vi Juris divini.

I. COnfessionem Sacramentalem lapsis post Baptismum esse necessariam, fatentur Catholici omnes ex verbis Christi Joan. 20. *Quorum remiseritis peccata, remittuntur eis : & quorum retinueritis, retenta sunt.* Si igitur alia sunt remittenda, & alia retinenda, quomodò id sacro Ministro innotescere poterit, nisi à pœnitente explicentur? Idcirco Concil. Trident. sess. 14. cap. 5. *Ex institutione Sacramenti Pœnitentiæ, jam explicata, universa Ecclesia semper intellexit, institutam etiam esse à Domino integram peccatorum Confessionem, & omnibus post Baptismum lapsis Jure divino necessariam existere: quia Dominus noster Jesus Christus, è terris ascensurus ad cœlos, Sacerdotes sui ipsius Vicarios reliquit, tanquam Præsides, & Judices, ad quos omnia mortalia crimina deferantur, in quæ Christi fideles ceciderunt: qui, pro potestate clavium remissionis, aut retentionis peccatorum, sententiam pronuntient. Constat enim, Sacerdotes judicium hoc, incognita causa, exercere non potuisse, neque æquitatem quidem illos in pœnis injungendis servare potuisse, si in genere duntaxat, & non potiùs in specie, ac sigillatim sua ipsi peccata declarassent. Ex his colligitur, oportere à pœnitentibus omnia peccata mortalia, quorum post diligentem sui discussionem conscientiam habent, in confessione recenseri, etiam si occultissima illa sint &c.* Et S. Thom. longè ante Concilium in 4. d. 17. q. 3. a. 1. q. 3. *Ad confessionem obligamur uno modo ex Jure divino, ex hoc ipso, quòd est medici*

na: *& secundùm hoc non omnes tenentur ad confessionem, sed illi tantùm, qui peccatum mortale incurrunt post baptismum.* Est autem necessitas ita medii ad salutem, ut confessio fiat in re, si fieri possit; sin autem, in voto: ità omnes cum S. D. loc. cit. q. 3. a. 1. q. 1. *illa Sacramenta, quæ ordinantur contra culpam, cum qua salus esse non potest, sunt de necessitate salutis...ita & Pænitentia Sacramentum... & ideo confessio est de necessitate salutis.*

II. Hoc divinum præceptum obligat per se in morali periculo mortis, ità S. D. Quodlibet. 1. q. 6. art. 11. *Quidam dicunt, quòd* (peccator) *teneatur confiteri, quàm citò opportunitas confitendi se obtulerit, ità quòd si differat, peccat.* Sed hoc est contra rationem præcepti affirmativi, quod, licèt obliget semper, non tamen ad semper, sed loco & tempore. Tempus autem implendi præceptum de confessione videtur, quando imminet aliquis casus, in quo necesse est homini, quod sit confessus, puta, si immineat ei mortis articulus. Nomine autem articuli mortis, ut notat Sylvius in 3. part. q. 1. supplementi art. 1. quæsito 1., intelligitur morale & prudens periculum, ex gr. partus difficilis; imminens conflictus militaris; morbus gravis, & periculosus; navigatio periculosa, &c. Monet tamen S. D. antè verba relata: *quòd peccator, quàm citius commodè potest peccatum suum confiteatur; quia per Sacramentum Pœnitentiæ confertur gratia, quæ hominem reddit magis firmum ad resistendum peccato.* Quibus verbis ostendit Angelicus, sibi arridere opinionem illam, quæ obligat peccatorem ad non differendum diù confessionem: de quo disseretur suo tempore, dùm de Sacramento Pœnitentiæ, in tr. 14. c. 4. §. 3. num. 14.

Quamvis negari non possit, quin sæpiùs mortis periculum pro articulo mortis promiscuè accipiatur; attamen, si exactè loqui velimus, distinguendus est articulus mortis à periculo mortis, & Auctor etiam unum ab alio accuratè distinguit tom. 2. tract. 14. cap. 4. §. 6. num. 9. Itaquè articulus mortis est tempus illud, quo mors proximè instat, estque moraliter certa, & ferè inevitabilis. Periculum autem mortis est tempus illud, quo mors non certò instat, sed ex sæpe contingentibus probabiliter timetur. Sic censentur in periculo mortis, qui proximè prælium agressuri sunt, aut periculosam vel longam navigationem suscep

tu-

turi: item fœminæ, quæ partui proximæ
sunt, & nondum pepererunt; vel si pepererunt, expertæ fuere, se parere difficulter.
Banniti etiam, qui impunè possunt occidi;
& qui proximè rationis, aut loquelæ usum
amissuri sunt; nec non inservientes peste infectis: vel laborantes morbo, qui ut plurimùm solet mortem afferre. Porrò divinum
confessionis sacramentalis præceptum non
solùm per se obligat in mortis articulo, verùm etiam in mortis periculo; tùm quia
alioquin homo sese committeret periculo
nunquam adimplendi tale præceptum; tùm
etiam quia in mortis periculo adhibenda sunt
omnia media, ad æternam salutem consequendam necessaria: cujusmodi est sacramentalis
confessio post lapsum in lethale peccatum.

III. Probabilius est cum Victoria, Dominico Soto, Cano, Covarruvias, & Sylvio,
quòd præceptum divinum de Confessione
per se obliget etiam extra articulum, &
periculum mortis, tunc quia videtur inconveniens, quòd Christus intenderit, præceptum de re, adeò fidelibus necessaria, non
obligare, nisi in periculo mortis, quod esset idem regulariter, ac semel in vita; tùm
etiam quia, cùm confessionem instituerit, ut
homo reconcilietur Deo; incredibile est,
noluisse obligare, ut homo Deo reconcilietur, nisi in mortis periculo, cùm alioquin
teneamur reconciliari homini, quoties illum
offendimus, & extra mortis periculum. Demùm, quia præcepta affirmativa Fidei, Spei,
Charitatis per se obligant etiam extra mortis periculum; cur non etiam istud, æquè
lapsis necessarium?

IV. Præceptum divinum confessionis per
accidens obligat, quoties Eucharistia est sumenda, & sumpturus invenitur in statu
culpæ læthalis: item, quando quis non potest gravi tentationi resistere, aut nova
mortalia, vitare, nisi confessionem faciendo; quia in primo casu à D. Paulo jubetur homo se probare. (Sed de hoc iterum
dum de Eucharistia.) In secundo autem casu, cùm ex negativo præcepto teneatur homo nunquam peccare lethaliter, indè & adhibere remedia ad hoc necessaria: si igitur
expertus sit nullum aliud remedium sibi superesse nisi confessionem, ad hanc faciendam tenebitur.

§. II. De obligatione Confessionis ex vi Juris Ecclesiastici.

I. JUssu Concilii Generalis Lateranensis
quarti cap. 21., renovato à Concilio
Tridentino sess. 14. c. 5. mandatur, quòd
*omnis utriusque sexus fidelis, postquam ad
annos discretionis pervenerit, omnia sua peccata, saltem semel in anno, fideliter confiteatur Sacerdoti proprio, & injunctam sibi pœnitentiam propriis viribus studeat adimplere.* Nomine *fidelis* significatur baptizatus: undè intelliguntur etiam hæretici, qui tenentur
legibus Ecclesiæ, & sunt in statu inobedientiæ culpabilis: proindè, sicut tenentur reconciliari Ecclesiæ, ità mediatè tenentur obedire præceptis ejusdem. Annus autem discretionis ille significatur, in quo acquiritur usus
rationis, qui plerumque est septennarius,
ut præsumitur à Jure in capite *Littera* de
desponsat. impuber. Quibusdam verò illu-
cet usus rationis antè, quibusdam pòst: &
proptereà vigilare tenentur genitores, ut
filios opportunè in ordine ad confessionem
instruant, & ducant: nec deesse debet Confessarii solertia, ut exploret, àn adsit usus
rationis, àn peccatum de se grave invenerit, & àn absolvere debeat. Præcipit autem Concilium confessionem omnium mortalium, (quæ sola sunt confessionis materia necessaria) quæ memoriæ occurrunt post
diligens examen: & præcipit confessionem
validam, ità ut per confessionem, voluntariè nullam, non satisfiat præcepto; ità declarante Alexandro VII. sequentem thesim
num. 14. reprobante: *Qui facit confessionem voluntariè nullam, satisfacit præcepto
Ecclesiæ.* Nomine proprii Sacerdotis directè intelligitur Parochus: sed profectò non
est excludendus Episcopus, qui Parochus
Parochorum censetur; nec multò magis
Summus Pontifex, omnium Pastor. In his
nostris regionibus consuetudo jam invaluit,
ut quilibet fidelis, cui Confessario approbato libuerit, confiteatur; imò etiam si extra suam diœcesim confiteatur, præcepto
satisfacit, sive confiteatur approbato Seculari, sive Regulari: proinde Regularis
debet esse approbatus ab Episcopo: nec
valeret confessio, quamvis fuisset injustè
ab Episcopo reprobatus, ità definiente Alexandro VII. damnante thesim 13. *Satisfacit præcepto annuæ confessionis, qui confitetur Regulari, Episcopo præsentato, sed
ab*

ab eo injustè reprobato. Ubi autem viget consuetudo, quòd annua confessio fiat Parocho, est observanda. Ly *semel in anno* non determinat ullam æqui partem proprietas, qui ità confitetur, ut inter unam & alteram confessionem non intercurrat integer annùs, satisfacit præcepto. Si enim Ecclesia aliquam anni partem decernere voluisset, id fecisset, sicuti fecit in Communionis præcepto. Et proinde, si quis post confessionem factam aut labatur in nova mortalia, aut aliquorum in confessione invincibiliter oblitus fuerit, non tenetur ex vi hujus præcepti alteram facere confessionem.

* Annus, intra quem semel obligat præceptum confessionis, computandus est juxta plures à principio Januarii ad ultimum usque Decembris inclusivè. Quamobrèm, ajunt, qui intra hoc spatium sua confitetur peccata, satisfacit Lateranensi Decreto, quod ità Paschale tempus pro annua Communione decernit, ut nullum pro annua confessione sanciat. Equidèm Tridentina Synodus consuetudinem confitendi Quadragesimæ tempore maximè probat, & amplectitur, sed *tanquam piam*, non tanquam strictè obligatoriam. Si quis tamen, jam confessus, lethalis criminis reus efficiatur, tenebitur per accidens iterum confiteri propter annuæ communionis præceptum, cui debet satisfacere. Quòd si alicubi speciali lege certo tempori, puta, quindenæ Pascali, foret affixa confessio, huic sanè legi esset obtemperandum: unde, qui anteà confessus esset, haùd dubiè denuò confiteri adstringeretur.

At ex relata sententia, quæ absolutè statuit annum, computandum esse à principio Januarii ad ultimum usquè Decembris inclusivè, sequitur, posse aliquem biennio toto non accedere ad pœnitentiæ tribunal, nàm si ex. gr. die prima Januarii hujus anni 1766. confessus sit, sufficiet ei, ut ultima die anni 1767. sua peccata deponat; quod etsi Card. Lugo *disp.* 25. *de Pæniten. n.* 161. non esse magis absurdum existimet, quàm absurdum sit, ut quis totum feriæ secundæ Officium recitet statim post mediam noctem Dominicæ; totum verò feriæ tertiæ Officium persolvat proximè ante mediam ejusdem diei noctem: sicque biduo ferè toto nihil recitet; attamen hæc ratio, benè inspecta, ut observat Continuator *Prælectionum Theologicarum* Honorati Tournely *tract. de præcep. Eccl. cap.* 4. *q.* 3. probat, opinionem Lugo non esse in praxi sequendam sine rationabili cau-

sa: cùm alioqui, ait, ab omni peccato immunia non sit, qui geminæ diei officia quadraginta sex horarum spatio separat à se invicem. Et verò, *subdit*, dùm Ecclesia saltem semel in anno confiteri præcipit, prima fronte exigere videtur, ut primem inter & posteriorem confessionem non plus, moraliter loquendo, decurrat temporis, quàm anni circulus. Dixi: *moraliter loquendo*; quia qui saltem in Paschate confitendi morem sequuntur, bis aliquando intra menses decem, aliquando semel tantùm intra menses plusquam tredecim confitentur, prout Pascha seriùs, vel ociùs celebrari contingit.

Optimè autem censet Auctor, eum, qui aliquorum in confessione invincibiliter oblitus fuerit peccatorum, non teneri ex vi hujus præcepti alteram facere confessionem; quippè aliter asserendum foret, si quis non invincibiliter, sed ex negligentia graviter culpabili alicujus peccati esset oblitus; quia per confessionem voluntariè nullam, utpote nec piam, nec hominis cum Deo reconciliativam, non satisfit præcepto Ecclesiæ, ut ex dictis superiùs perspicuum est. Optimè etiam addidit: *ex vi hujus præcepti &c.* Constat enim, eum, qui peccati alicujus oblitus est, non debere ex alio capite diù confessionem differre; quod & de eo sentiendum, qui post confessionem in novum labitur mortale peccatum.

II. Qui omittit confiteri elapso jam anno, tenetur quàm primum moraliter potest, confessionem facere: verba namque Concilii id clarè manifestant, dùm dicunt: *saltem semel in anno*; quibus indicitur, ne differatur ultra annum; hinc viget obligatio, ne diutiùs differatur: ità ut toties graviter peccet, qui differt, quoties ei occurrit opportunitas confitendi cum recordatione omissi præcepti. Si autem confiteatur post elapsum annum, satisfaciendo pro anno transacto, tenetur eodem anno noviter cœpto iterum confiteri; quia, ut dixi, in termino anni elapsi non cessat obligatio, quæ est, ne differatur post annum, & ut singulis annis saltem quis semel confiteatur: sicuti si quis singulis mensibus solvere teneretur summam aliquam, non cessaret obligatio elapso mense, sed quàm primùm teneretur solvere pro eo debito, & alteram solutionem erogare pro mense, noviter cœpto.

* Usque, qui intra annum confessus non est, tenetur confiteri sub initium anni sequentis, adeò ut, si, quàm primùm potest, non con-

fiteatur, peccet deinceps, & continenter donec hoc præstet. Est autem observandum,
quòd ille, qui confessionem omisit, dùm adhuc currit annus secundus, debet bis confiteri, semel pro anno præterito, ut defectum
suum resartiat, & semel pro anno currenti,
ut ejusdem anni præcepto satisfaciat, ut &
Auctor docet. Hinc tamen minimè colligendum est, eum, qui per 10. annos confessionem neglexit, eodem anno vicies ad confessionem teneri; etenim alia est Ecclesiæ mens,
& timoratorum praxis in hoc casu, alia in casu præcedenti.

III. Qui prævidet, se impediendum, ne
confessionem faciat antequam elabatur annus,
ex vi hujus præcepti tenetur prævenire, v. gr.
dùm suscipit longam navigationem &c. quia
ex modò dictis præceptum non expirat cum
fine anni, sed obstringit, ne saltem elebatur
annus: igitur obligat prevenire, si prævideatur annus elapsurus.

IV. Hoc præceptum obligare sub gravi,
nemo Catholicorum inficiatur, tùm propter
gravitatem materiæ, tùm propter pœnam
comminatam transgressoribus, quæ est Interdictum ab ingressu Ecclesiæ personæ viventi,
& privatio sepulturæ ecclesiasticæ respectu
morientis; quæ sunt ferendæ sententiæ, &
quidem per Episcopum; & non Parochum,
cùm Parochi in foro externo non habeant
jurisdictionem.

V. Habens sola venialia à plerisque dispensatur ab onere confessionis annuæ; sed ab
Alensi, à S. Bonaventura, Sylvestro, & aliis,
quibus novissimè subscripsit doctissimus Fagnanus, subjicitur præcepto: Nobis audiendus est S. Thomas in 4. d. 17. q. 3. art. 1.
q. 3. ad 3. *Dicendum, quòd ex vi Sacramenti non tenetur aliquis venialia confiteri; sed ex institutione Ecclesiæ, quando
non habeat alia, quæ confiteatur. Vel potest
dici secundùm quosdam, quod ex decretali
prædicta non obligentur nisi illi, qui habent
peccata mortalia, quod patet ex hoc, quod
dicit; quia debet omnia peccata sua confiteri: quod de venialibus intelligi non potest... & per hoc etiam ille, qui non habet
mortalia, non tenetur ad confessionem venialium; sed sufficit ad præceptum implendum, ut se Sacerdoti repræsentet, & si ostendat absque conscientia mortalis esse; &
hoc ei pro confessione reputatur.*

CAPUT III.

De quarto Ecclesiæ præcepto communionis Paschalis.

§. I. *De obligatione Communionis quoad Jus Divinum.*

I. JUre divino Christi Domini Joann. 6.
*Nisi manducaveritis carnem Filii
hominis &c.* Luc. 22. *Hoc facite in meam
commemorationem*, tenentur fideles aliquotiès in vita Eucharistiam sumere: idque ità
declaratur à S. Thoma 3. p. quæst. 80. art.
11. *Duplex est modus percipiendi hoc Sacramentum, scilicèt spiritualis, & sacramentalis. Manifestum est autem, quòd omnes tenentur saltem spiritualiter manducare; quia hoc est Christo incorporari. Spiritualis autem manducatio includit votum,
seu desiderium percipiendi hoc Sacramentum... & ideo sine voto percipiendi hoc Sacramentum, non potest homini esse salus.
Frustrà autem esset votum, nisi impleretur, quando oportunitas adesset; & ideo
manifestum est, quòd homo tenetur hoc Sacramentum sumere non solùm ex statuto
Ecclesiæ sed ex mandato Domini, dicentis*
Luc. 22. hoc facite in meam commemorationem. *Ex statuto autem Ecclesiæ sunt determinata tempora exequendi hoc præceptum:*
& loquitur de necessitate medii; nàm in respons. ad 2. æquiparat hoc Sacramentum Sacramento Baptismi: *Hoc Sacramentum dicitur non esse necessitatis, sicut Baptismus,
quantum ad pueros, quibus potest esse salus sine hoc Sacramento, non autem sine
Sacramento Baptismi: quantum verò ad
adultos utrumque est necessitatis.* Intellige
susceptum saltem in voto, & quidem explicito si menti occurrat; implicito autem,
nempè, contento in contritione perfecta, vel
actu amoris Dei super omnia. Et nota, quòd
Ly *hoc facite in meam commemorationem*,
intelligitur de tota actione in cœna illa peracta, nempe, nedum de celebratione, verùm
etiam de distributione, ac proinde de sumptione à fidelibus exequenda.

II. Ex vi præcepti Divini, per se obligantis, tenetur adultus ad sumendam Eucharistiam in articulo, aut periculo mortis, ex.
gr. morbo gravi, partu difficili, navigatione
periculosa &c.; quia nisi obligaret saltem
hoc tempore, nunquam obligaret. Et ani-
mad-

madvertere, quod etiam per modum viatici licet pluries illam sumere in eodem morbo, dummodò dies aliquot intercedant, juxta Ritualia cujusque diœcesis. Nàm in Parisiensi requiritur intercessio decem dierum, in aliis longior, in aliis brevior. Vide *tract. 14. c. 3. §. 6. num. 13.*

☞ Quemadmodùm, qui in Paschate sacrilegè communicat, præcepto annuæ communionis minimè satisfacit, ut liquidò constat ex iis, quæ tradit Auctor *§. seq. num. 5.*; sic, qui in exitu vitæ communionem facit sacrilegam, non satisfacit præcepto Viatici. Quare, qui indignè Viaticum recepit, denuò communicare tenetur. At, quia vix id fieri potest citra scandalum, & gravis suspicionis occasionem, ideo communiter receptionis hujus novæ omissio ingenti animi dolore, & humili ac submissa ægritudinis perpessione, atque ejusdem Sacramenti voto compensari debet. Idem est, & eadem de causa, si æger post acceptum Viaticum in gravem culpam labatur. Verùm, si aliquot diebus, manente eodem mortis periculo, supervixerit, expedit Viaticum ad eum deferri; sæpiùs cuim, ut & Auctor docet *num. præc.* in eodem lethali morbo ministrari potest non jejunis. Lege Continuat. *Prælect. Theolog.* Honorati Tournely *tract. de Euch. part. 1. cap. 7. art. 2. sect. 2.*

Alia excitatur à Theologis difficultas: àn qui manè corpore sanus ex mera devotione Sanctissimam Eucharistiam percepit, si repentino corripiatur morbo, ità ut in ultimo versetur vitæ discrimine, medicorumque judicio prudenter timeatur ipsâ die moriturus, Sanctissimum Christi corpus per modum Viatici iterum sumere possit, ac debeat?

Triplex est ea de re opinio. Censent plures, hunc, qui inopinatò incidit in mortis periculum, non solùm posse, sed & debere denuò percipere Sanctissimum Christi Corpus per modum Viatici: neque enim, ajunt, per communionem ante morbum peractam potuit satisfieri præcepto, quod nondum urgebat, Eucharistiam sumendi in mortis articulo. Alii ex adverso contendunt, in prædicto casu non modò non urgere præceptum sumendi Viaticum; sed etiam recipi non posse absque piaculo; etenim ex una parte eum, qui manè communicavit, veluti prævia quadam solutione satisfecisse existimant præcepto divino, de communione sumenda in exitu vitæ, ex alia verò parte nemini, inquiunt, licitum est bis eadem die Christi corporis

P. CUNIL. THEOL. MOR. T. II.

participare mysteria; idque permittitur duntaxat Parocho in aliquo extraordinario eventu, cùm scilicet duas regit Parochias, & in utraque debet eodem die festo celebrare. Nonnulli demùm media via incedunt; decernuntque, eum, qui manè, cùm cæteroquin nondum ulla laboraret corporis infirmitate, ad Eucharistiam accesit, & deinde subitò lethali morbo urgetur, & ad interitum vergit, posse, si velit, iterum Eucharistiam recipere per modum Viatici; nullo tamen præcepto ad id faciendum obstringi. His omnibus relatis Theologorum opinionibus, sic concludit S. P. Benedict. xiv. *De Synodo Diœcesana lib. 7. cap. 11. In tanta*, inquit, *opinionum varietate, Auctorumque discrepantia, integrum erit Parocho eam sententiam amplecti, quæ sibi magis arriserit, quin fiat reus violati statuti Synodalis* (nempè, ut Parochi soliciti sint de Sanctissimo Viatico iis statim porrigendo, quos vita periclitari deprehenderint) *quod certè non potuit casum istum extraordinarium respicere. Neque fas erit Episcopo aut in Parochum animadvertere, qui præfato ægrotanti Viaticum denegavit, aut quidquam de hujusmodi controversia in sua Synodo decernere, ne videatur sibi arrogare partes judicis inter gravissimos, hac super re secum contendentes, Theologos.*

III. Ex vi præcepti divini, per se obligantis, tenetur adultus ad sumendam Eucharistiam etiam pluries in vita: ità communior, & vera; quia; cùm fuerit instituta ad alimoniam spiritualem animæ, frustranea foret institutio, nisi etiam extra mortis periculum ex divino præcepto sumenda esset.

§. II. *De obligatione ex vi præcepti Ecclesiastici.*

I. EX laudato capite Concilii Lateranensis tenentur fideles adulti, discretionis annos assecuti, semel in anno, nempè, in Paschate Resurrectionis, Eucharistiam sumere, & quidem sub gravi; tùm quia præceptum est in re gravi; tùm quia pœna inferenda omittentibus est gravis, nempè, interdictum ab ingressu Ecclesiæ viventibus, & privatio sepulturæ Ecclesiasticæ morientibus. Nomine autem Paschatis intelligitur communiter tota quindena à die Palmarum usque ad Dominicam in Albis inclusivè. Si autem alicubi ex approbata consuetudine

C con-

concedatur tempus diuturnius, non est obstandum. Potest tamen differri ex consilio Confessarii, ità expediens esse judicantis.

II. Adultorum nomine, qui hoc præcepto tenentur, intelliguntur etiam pueri, qui ætatem discernendi attigerunt, & sunt capaces sufficienter percipiendi tanti Sacramenti dignitatem, & munditiam ad illud requisitam: proptereà fixa ætas non potest præscribi; communiter tamen comprehendit latitudinem ab anno decimo usque ad decimum quartum; & proptereà, qui ultra decimum quartum. differunt, si alioquin sint capaces, graviter delinquunt contra Ecclesiæ præceptum: & graviùs peccant genitores, vel alii, qui puerorum curam gerunt, ad quos pertinet curare, ut leges Dei, & Ecclesiæ à suis observentur.

III. Si tamen puer confessionis capax in periculum mortis incidat, sufficienter instruatur etiam pro communione, ne tanto Sacramento, & subsidio privetur; quia tunc est laudabile prævenire ætatem opportuniorem, cùm alia ætas sperari vix possit.

* Excommunicati, & interdicti excusantur à sumptione Eucharistiæ in Paschate, dummodò ipsi in causa non sint, cur à censuris non absolvantur. Ratio est manifesta; quippè per excommunicationem, & interdictum sunt Sacramentorum usu privati. Si verò ipsi contumacia sua obicem ponant, ne absolutionem assequantur, vel censuram, qua irretiti sunt, sibi per absolutionem relaxari non curent, peccant dubio procùl etiam contra hoc præceptum.

Sic etiam reus est, qui debitam communionem omittit ex odio, aut voluntate non ignoscendi, vel non restituendi, vel non præstandi aliquid aliud, ad quod sub mortali adstringitur; is namque noviter peccat, cùm nemini malitia sua debeat prodesse.

IV. Paschalis Communio fieri debet in propria Paroquia, & Eucharistia est sumenda de manu Parochi, vel ejus delegati. Neque satisfit præcepto, si absque licentia Parochi fiat extra Parochialem Ecclesiam; ità ex consuetudine, interpretante canonem Concilii Lateranensis. Sacerdos autem, celebrans, satisfacit præcepto, celebrando in Ecclesia, cui est aggregatus.

☞ Cùm possit quis duobus in locis domicilium habere, ut palam ex l. 6. ff. Ad Municipalem &c. & ex cap. 3. de Sepult. in 6. & cùm valeat quilibet communionem Paschalem percipere ubicumque habet domicilium,

compertum est, exploratumque, illum, qui per mediam anni partem in una Parochia degit, & per mediam in altera moratur, posse, quam sibi magis libuerit, ad communionem Paschalem eligere. Si verò plus in una, quàm in alia permaneat, communicare debet in ea, in qua diutiùs commoratur, nisi fortè tunc alibi bona fide ipsum commorari contingat.

Quæres. An fideles, qui tempore Paschali sine licentia Episcopi, vel Parochi Communionem percipiunt in Cathedrali Ecclesia, satisfaciant præcepto Ecclesiæ?

Resp. Fuere nonnulli, à Diana relati *part. 9. t. 9. resol. 65.* qui ipsos præcepto Ecclesiæ satisfacere existimarunt, hoc nixi argumento; quia scilicet Ecclesia Cathedralis est Ecclesia seu Parochia communis Diœcesis.

„Sed, omissis iis omnibus, ait Em. Cardinalis Lambertinus, posteà S. P. Benedic„tus XIV. *Instit. 18. num. 11.* quæ in hanc „rem scripta fuerunt, certum quidem est „post Innocentii XI. decisionem 5. Februa„rii ann. 1682. in qua Pontifex hujusmodi „præcepto minimè satisfieri declarat, si qui „Romæ in Ecclesiis etiam Patriarchalibus S. „Joannis Lateranensis, aut S. Petri in Va„ticano Sacram Eucharistiam sumant: cer„tum, inquam, est, sententiam, quæ su„periùs allata est, omnino corruere, ni„si fortè Episcopus, vel Parochus consen„tiant, ac id permittant. Id pariter tradit „P. Giribaldus *tract. 4. de Euch. cap 8.* „*dum. 5. sub num. 28.*, qui in nostra Metro„politana Pœnitentiarii munus per tot annos „exercuit. Sed præ cæteris, *subdit num. 13.* „Cardinalis de Lugo super hac re luculenter „disseruit, qui Theologicæ scientiæ, quam „in Cathedris S. J. professus fuerat, re„rum quoque experientiam adjunxit, quam „ex Sacris Congregationibus, quibus Car„dinalis interfuit, consequutus est. Rem, „de qua nunc agimus, proponit, & co„ram Pontifice diligenter examinatam fuis„se asserit; decretumque, Paschali præ„cepto illum non satisfacere, qui in sua „Parochia ad Sacram Eucharistiam mini„mè accedat, licèt illam in Metropolita„na, seu Cathedrali percipiat: cùm una„quæque Parochia certis quibusdam ter„minis concludatur, quos ultrà nequit ex„currere Metropolitana, licèt inter Pa„rochias adnumeretur. Et sanè, quem„admodum ex decreto Tridentinæ Syno„di Parochus, seu alius Sacerdos ipso „consentiente, interesse debet, cùm matri„ „mo-

„monium celebratur; neque huic manda-
„to parent sponsi, qui alteri Parochiæ
„adscripti coram Parocho Metropolitano,
„sive alio Sacerdote ex ejus permissu ma-
„trimonium inirent; ita de præcepto Pas-
„chalis Communionis idem statuendm est.
„Quippè lateranense Concilium, per Cle-
„mentem VIII. declaratum, uti diximus,
„hoc apertissimè indicit, ut in sua quis-
„que Parochia ad Eucharistiæ Sacramentum
„accedat, ipsumque à Parocho tradatur,
„aut alibi, si tamen Parochi consensus ha-
„beatur.‟

Quinimò contendunt Doctores, nec præcepto satisfacere, qui ab inscio loci Episcopo
Paschali tempore Eucharistiam suscipit, cùm
non intendat Episcopus à communi lege citra
causam dispensare. Qui igitur extra Parochiam Paschali tempore Eucharistiam percipere cogitat, is vel proprii Parochi, vel Episcopi licentiam obtineat, necesse est.

Hac tamen lege obstringuntur duntaxat
illi, qui more laicorum communionem sumunt. Quamobrèm Sacerdotes Missam celebrantes, in quacumque Ecclesia celebrent, satisfaciunt præcepto communionis Paschalis; &
non tantùm in Ecclesia, cui aggregati sunt. Si
verò non celebrent, tenentur communicare
in propria Parochia, & de manu proprii Sacerdotis Eucharistiam percipere. Legatur
Instit. 55. prælaudati XIV. *n.* 9.

V. Ut *satisfiat* præcepto, debet esse communio *facta* cum bona conscientia, quantum
humanæ cognitioni permittitur. Idcirco per
communionem sacrilegam nequit satisfieri
præcepto; ità docente Innoc. XI., qui damnavit thesim 58., in qua dicebatur: *Præcepto communionis annuæ satisfit per sacrilegam Domini manducationem.* Cùm enim
Christus voluerit, ut notat Tridentinum sess.
13. cap. 2. sumi *Sacramentum hoc tamquam
spiritualem animarum cibum, quo alantur,
& confortentur*: idque præstari nequeat à sacrilega sumptione, eapropter non servatur
præceptum, nisi servetur modus præcepti, quando in præcepto est expressus.

VI. Vagi tenentur in ea Parœcia ad communionem in Paschate, in qua eo tempore
inveniuntur; quia tunc eidem subjiciuntur,
cùm alium pastorem fixum non habeant: &
similiter peregrini, qui sunt ejus loci incolæ,
in quo tempore Paschali inveniuntur, ut declaravit Eugenius IV.

* Doctores plures, & præsertim Cajetanus, Navarrus, Azorius, Lugo, aliique, quos

alegat, ac sequitur Henricus à S. Ignatio *de
Euchar. Sacr. c. 58. n. 756.* contendunt,
advenas, & peregrinos, qui ad proprias Parochias redire nequeunt tota quindena Paschali, satisfacere præcepto communionis paschalis, in quacumque Ecclesia, sive Regularium,
sive aliorum Sacerdotum, suscipiant Eucharistiam à Sacerdotibus facultatem habentibus
illam ministrandi. Huic opinioni suscripsit &
P. Daniel Concina *Theol. Christ. tom. 5. lib.
4. dissert. 2. c. 3. n. 9.* Verùm à sententia,
quam Auctor proponit, atque amplectitur,
nostro judicio recedendum non est; cum gravioribus, firmioribusque nitatur argumentis; sicuti post Suarez ostendit P. Antoine
tract. de Euch. c. 2. resp. 2. ad q. 1. n. 4.
& Continuator *Prælet. Theolog.* Honorati
Tournely *l. 4. tract. de præc. Eccl. c. 5.
q. 10.*

VII. Qui etiam una die ante Paschale
tempus communicavit, tenetur iterum sub
mortali infra tempus Paschale Eucharistiam
sumere: quia, quando à lege determinatur
tempus implendi præcepti, etiam illud est observandum. Qui autem non communicavit infra tempus Paschale, tenetur infra annum communicare in Parœcia; quia est præceptum affirmativum, obligans ad actionem ponendam, mixtum negativo, ne diutiùs differatur:
undè non expirat obligatio cum tempore, sed
perseverat. Ità etiam fert sensus verborum legis Lateranensis, *ad minus in Pascha,* ac
Tridentinæ, *singulis annis saltem in Paschate*: qui itaque deficit in Paschate, adhuc obligatur, cùm adhuc annus continuetur.

VIII. An autem teneatur omittens sup-
plera quàm primùm, ità ut toties peccet
omissione lethali, quoties recordatur, &
opportunitatem habet supplendi? Probabilior cum Suarez, Azorio, Reginaldo, &
aliis affirmat, quia non præcipitur communio primariò propter solemnitatem, sed ne
diutiùs anima privetur tanto adjutorio. Ad
differentiam præcepti auditionis Missæ, quæ
primariò præcipitur in cultum diei festi-
væ, & proinde, ea transacta, cessat obligatio. Et quamvis aliqui cum Lugone dicant, quòd dummodò habeat animum supplendi infra annum, toties non peccet,
quoties opportunitatem omittit; opinio nihilominùs posita magis accedit ad mentem
Ecclesiæ, à qua secundariò præcipitur communio etiam propter solemnitatem; & primariò, ut dixi, ne anima diutiùs careat
tanto adjutorio; & idcirco virtualiter obli-

gat,

gat , ut quàm primùm omittens possit , suppleat , quod agere omisit ; & differat ad beneplacitum.

IX. Qui prævidet, se impediendum, ne paschali tempore communicare queat; si prævideat nedum paschali tempore, sed etiam multò pòst impeditum iri , prævenire tenetur : si autem prævideat dilationem futuram longè breviorem esse, & viciniorem esse temperi paschali, quàm anticipatio longè distans ab eo tempore; tunc putarem posse differre, puta, cùm à navegatione redierit; dummodò tamen non excedatur annus. Si enim dilatio quamvis brevis excedat annum, deberet absolutè prævenire; quia Ecclesia inculcat, ne elabatur annus. Qui demùm prævenit , si posteà accidat, ut tempore paschali non discesserit, tenetur iterum eo tempore communicare; quia tempus illud est expressè in præcepto ; neque anticipatio facta valet , nisi in casu impotentiæ pro dicto tempore.

* Jubat hic paucis exponere cum Petro Colet *quæst. 16.* quomodò se gerere debeat Parochus erga eos , quos Paschali communioni defuisse cognoscit. Corripiendi sunt secretò, *ait*, & instanter monendi , ne hoc Christianæ pietatis munus differant. Si renuunt ob duritiem cordis, comminabitur Parochus è suggestu generalibus terminis , scilicèt, se eos Episcopo denuntiaturum esse : si necdum cedant minis, denuntiandi erunt ; & tunc res tota erit penès Episcopum, cui à Parocho parendum.

CAPUT IV.

De quinto Ecclesiæ præcepto solutionis decimarum.

§. I. *De qualitate obligationis hujus præcepti.*

I. **S**Anct. Thomas 2. 2. quæst. 87. art. 1. explicans strictam obligationem solvendi decimas , affert textum S. Augustini, relatum à Gratiano 16. quæst. 1. dicentis: *Decimæ ex debito requiruntur , & qui eas dare noluerit , res alienas invadunt :* Deindè subjungit S. D. quòd in lege veteri præceptum de decimis *partim erat morale* (id est, naturale) *indicium naturali ratione; partium autem judiciale, ex divina institutione robur habens; quòd enim eis, qui divino cultui ministrabant ad salutem populi totius, populus necessaria victus ministraret , ra-*

tio naturalis dictat : *sicut & iis , qui communi utilitati invigilant , scilicet , principibus, militibus,& aliis hujusmodi stipendia victus debentur à populo... Sed determinatio certa partis exhibendæ ministris Divini cultus non est de Jure naturali , sed est introducta institutione divina secundùm conditionem illius populi, cui lex dabatur...undè , quantum ad determinationem decimæ partis erat judiciale , sicut & alia multa specialiter in illo populo instituta erat...licèt ex consequenti aliquid significarent in futurum, sicut & omnia eorum facta, secundùm illud 1. Corinth. 10.* omnia in figura contingebant illis ; *in quo conveniebant cum cæremonialibus præceptis, quæ principaliter instituta erant ad significandum aliquid futurum... Est autem hæc differentia inter cæremonialia, & judicialia præcepta legis , quòd cæremonialia illicitum est observare tempore legis novæ;judicialia verò, quamvis non obligent tempore gratiæ, tamen possunt observari absque peccato;& ad eorum observantiam aliqui obligantur , si statuantur actoritate eorum, quorum est condere legem.... Ità etiam determinatio decimæ partis solvendæ, est actoritate Ecclesiæ tempore novæ legis instituta... Sic ergo patet , quòd ad solutionem decimarum homines teneantur, partim quidem ex Jure naturali,partim ex institutione Ecclesiæ: quæ tamen, pensatis opportunitatibus temporum & personarum, posset aliam partem determinare solvendam.*

II. Decimarum igitur solutio fuit ab Ecclesia approbata quoad eam quotam, quæ solvenda præcipitur: & præter alia loca Juris canonici, clare constat, Concilium Tridentinum sess. 25. c. 12. de Reformatione, decimarum solutionem districtè mandasse, monendo, ut qui illas subtrahunt , aut impediunt, excommunicentur; neque absolvantur, nisi expleta restitutione earumdem. Hoc autem Jus naturale recipiendi temporalia laicorum ad alendos Dei ministros, non obscurè innuitur à D. Paulo 1. Corinth. 9. dicente: *Si nos vobis spiritualia seminavimus, magnum est si carnalia vestra metamus ? Ità & Dominus ordinavit iis , qui Evangelium annuntiant , de Evangelio vivere.* Ecclesia igitur non instituit substantiam decimarum, id est , dandam esse sustentationem Dei ministris , Deo ipsi pro fideli populo vacantibus, sed solùm quotam determinavit; & approbavit, debere esse decimam partem bonorum. Et hinc colligas , præceptum naturale de sustentatione

mi-

ministrorum aboleri non posse quoad substantiam, bene verò quoad quotam: Et proinde, si à Summo Pontifice tolleretur obligatio decimarum; esset proculdubio ministris Ecclesiæ aliunde providendum.

§. II. De modis, qui eximere possunt à solutione decimarum.

I. COmmunior cum Sanctis Thoma loc. cit. ad 3., & Antonino p. 2., tit. 4. cap. 3. §. 6., nec non Sylvestro, Cajetano, & aliis, docet, quòd per consuetudinem, aut præscriptionem, verificari possit exemptio à decimis solvendis; quod intelligas, dummodò ministri Ecclesiæ aliunde habeant congruam sustentationem. Id ostendunt Jura Ecclesiastica in cap. De quarta lib. 2. decret. de præscript. Ratio patet; quia per contrariam consuetudinem potest tolli obligatio cujusvis Juris positivi humani; non est autem minor vis præscriptionis, quàm consuetudinis: igitur &c. Neque obest S. Thom. in Quodlib. 2. art. 8., ubi docet, quòd semper tenentur homines reddere decimas, si Ecclesia exigat; etiam contraria consuetudine non obstante. Loquitur enim de Ecclesia Romana, cui semper integrum est, si velit, exigere decimas, & cogere ad solvendum Ecclesiis particularibus, nulla obstante consuetudine : idcirco subjungit : In terris, in quibus non est consuetudo communis, quòd decimæ dentur, & Ecclesia (nempè Romana) non petit, videtur Ecclesia remittere, dùm disimulat. Undè non benè facerent Rectores Ecclesiarum, si in terris illis decimas exigerent, in quibus non est consuetudo dare, si probabiliter crederent, quòd ex hoc scandalum nasceretur. En quomodò admittit consuetudinem contra Ecclesias particulares. Tandem in summa loc. cit. ad 3. docet : eos, qui propter consuetudinem non solvunt decimas, · non esse in statu peccati. Cavere igitur debent Rectores Ecclesiarum ab impetranda à Sancta Sede facultate exigendi decimas, ubi ex consuetudine, vel præscriptione non solvuntur, si alioquin habeant undè sufficienter sustentari possint, ne veniant in suspicionem quòd decimarum nova exactio sit avaritiæ potiùs effectus, quàm necessitatis.

§. III. De quibus rebus sint Decimæ solvendæ; necnon quibus, & à quibus sint solvendæ.

I. QUamvis Angelicus doceat in artic. 2. quòd de omnibus possessis decimæ sint solvendæ ; id asserit loquendo præcisivè à quacumque consuetudine, vel præscriptione; & sine præjudicio eorum, quæ paulò ante ex eodem Angelico asseruimus, ità ut consuetudo, ab Ecclesia cognita, & tolerata, dirigat debentem decimas solvere. Circa bona autem malè acquisita, distinguendum est cum S. Doctore loc. cit. ad 2. Uno modo, quia ipsa acquisitio est injusta, puta, quia acquiruntur per rapinam, per furtum; aut usuram, quæ homo tenetur restituere, non autem de eis decimas dare : tamen si aliquis ager sit emptus de usura, de fructu ejus tenetur usurarius decimas dare ; quia fructus illi non sunt ex usura, sed ex Dei munere. Quædam verò dicuntur malè acquisita, quia acquiruntur ex turpi causa, sicut de meretricio, & histrionatu, & aliis hujusmodi, quæ non tenentur restituere. Undè de talibus tenentur dare decimas secundùm modum aliarum decimarum personalium (si sint in usu) ; tamen Ecclesia non debet eas recipere, quamdiù sunt in peccato, ne videatur eorum peccatis communicare; sed postquam pœnituerint, possunt de eis ab his recipi decimæ. Et ad tertium docet: De minutis rebus non tenentur homines decimas dare, nisi forte propter consuetudinem Patriæ. Hæc autem minuta sunt herbæ hortenses, aliaque similia. Et ad 4. docet: De his, quæ furto, vel rapina tolluntur, ille, à quo auferuntur, decimas solvere non tenetur, antequàm recuperet ; nisi forte propter culpam, vel negligentiam suam damnum incurrerit ; quia ex hoc Ecclesia non debet damnificari. Si verò vendat triticum non decimatum, potest Ecclesia decimas exigere & ab emptore, quia habet rem Ecclesiæ debitam, & à venditore, quia, quantum est de se, Ecclesiam defraudavit: uno tamen solvente, alius non tenetur. Debentur autem decimæ de fructibus terræ, in quantum proveniunt ex Divino munere ; & ideò decimæ non cadunt sub tributo, nec etiam sunt obnoxiæ mercedi operariorum; ideò non debent priùs deduci tributa, & pretium operariorum, quàm solvantur decimæ ; sed ante omnia debent decimæ solvi ex integris fructibus.

II. Circa personas, quibus debentur decimæ,

mæ, docet S. D. in art. 3. *Dicendum, quòd circa decimas duo sunt consideranda; scilicet, ipsum jus accipiendi decimas, & ipsæ res, quæ decimæ nomine dantur. Jus autem accipiendi decimas est spirituale ; consequitur enim illud debitum, quo ministris altaris debentur sumptus de ministerio, & quo ministrantibus spiritualia debentur temporalia; quod ad solos Clericos pertinet, habentes curam animarum: & ideo eis solùm competit hoc jus habere. Res autem, quæ nomine decimarum dantur, corporales sunt : undè possunt in usum quorumlibet cedere, & sic possunt etiam ad laicos pertinere.*

III. Multis modis possunt decimæ, id est res temporales, quæ decimæ vocantur (non jus primarium illas recipiendi) ad laicos pertinere; nempè, per venditionem, donationem, vel permutationem; dùm Ecclesiæ ministri illas res, vel illarum partem dictis modis alienant, sicuti alias proprias temporales ; item per locationem, locando easdem res ; item per privilegium Pontificis, qui quandoquè Principibus secularibus, de Ecclesia benè merentibus, concedit decimas in feudum etiam perpetuum : ex capite *Cum Apostolica*, lib. 3. Decretal. tit. 10. Hæ tamen personæ seculares non possunt transferre dictas decimas in aliam personam laicam, ex capite *Prohibemus*, tit. de decimis; sed, si velint illas dimittere, tenentur restituere eidem Ecclesiæ, à qua feudum illum habuerunt, aut alteri Ecclesiæ, sive domui Religiosæ assignare, habito tamen consensu Episcopi ; ita ex laudato cap. *Cum Apostolica*. Et, dùm dicitur petenda licentia, ab Episcopo, ille intelligitur Episcopus, sub quo erat Ecclesia illa, à qua illæ decimæ originaliter proficiscebantur ; quandoquidèm, cùm hujusmodi Ecclesia per talem transitum ad aliam Ecclesiam amittat spem illas recuperandi, necessariùs est consensus Episcopi anterioris Ecclesiæ. Et notandum, quòd, maximè post Concilium Generale Lateranense tertium, non possunt. Episcopi dare decimas in feudum secularibus ; ut patet ex cap. *Quamvis* de decimis.

IV. Quare autem solis Clericis, curam animarum habentibus, competat jus primarium decimarum, (quo nomine veniunt etiam Episcopi, & Rectores Ecclesiarum) ratio est, quam innuit S. Doctor ; quia ad illos solos ex debito sui muneris attinet sacramenta ministrare, verbum Dei concionari suis subditis, doctrinam christianam

docere : cùm itaquè soli ipsi ex officio, & debito spiritualia seminent, ipsis solis competit jus metendi temporalia. Et proptereà Summus Pontifex in cap. *Cum contingat* decernit, decimarum perceptionem ad solas Ecclesias Parochiales pertinere de Jure communi. Hòc tamen non obstante, si contingat aut ex privilegio, aut ex consuetudine, aut ex charitate, decimas dari etiam aliis illius Ecclesiæ Clericis altari deservientibus, & choro adsistentibus, Parochumque adjuvantibus, dubio procùl erit observandum : Idcirco Concilium Tridentinum sess. 25. cap. 12. de Reformat. loquens de decimis, & de earum solutione illis, quibus debentur, etiam aliarum personarum à Parocho distinctarum mentionem fecit his verbis: *Præcipit omnibus, cujuscumque gradus, & conditionis sint, ad quos decimarum solutio spectat, ut eas, ad quas de Jure tenentur, in posterum Cathedrali, aut quibuscumque aliis Ecclesiis, vel personis, quibus legitimè debentur, integrè persolvant.*

V. Neque inferas: si ergo decimæ dantur ob congruam sustentationem ministrorum, illis dandæ non erunt, qui ex proprio patrimonio habent, undè commodè vivant; & precipuè iis non debebuntur à pauperibus. Ità enim occurrit S. D. loc. cit. ad 1. *In nova lege decimæ dantur Clericis non solùm propter sui sustentationem, sed etiam ut ex eis subveniant pauperibus; & ideo non superfluunt, sed adhuc necessariæ sunt possessiones ecclesiasticæ, & oblationes, & primitiæ simul cum decimis.* Et in quodlibet. 4. art. 10. ubi ex professo de hoc disserit, indicat rationem, cur debeantur, etiamsi minister non indigeat : quæ ratio ità paucis ob oculos ponitur, quia videlicet, debentur ex justitia, & æquitate naturali : quod autem debetur ex naturali justitia, debetur creditori, sive dives sit, sive pauper ; sive debitor pauper sit, sive dives: proptereà concludit: *Undè, cùm Sacerdotibus decimæ debeantur de Jure naturali... quamvis Sacerdos sit dives; nihilominùs pauper tenetur ei decimas solvere.* Laudabiliter tamen faciet Parochus, vel Episcopus habens sufficientes proventus, si pauperibus remittat decimas, titulo quidem meræ eleemosynæ ; & non alio modo, ne præjudicium juri Parochiali afferat. Idcircò monent Auctores, quòd in casu hujus remissionis, singrapham sibi conscribere faciat, qua pauper testetur, si

bi

bi in meram eleemosynam decimas fuisse remissas ; & hoc ne eleemosyna ullam consuetudinem aut præscriptionem fundare incipiat.

IV. Quando quis in diversis Parœciis bona tenet : docet S. D. in respons. ad 2. loci ex Summæ supracitati : *Quòd decimæ personales* (si sint in usu) *debentur Ecclesiæ, in cujus Parœcia homo habitat: Decimæ verò prædiales rationabiliter magis videntur pertinere ad Ecclesiam , in cujus terminis prædia sita sunt: tamen Jura determinant , quòd in hoc servetur consuetudo diu obtenta. Pastor autem , qui diversis temporibus in diversis Parochiis gregem pascit, debet proportionabiliter utrique Ecclesiæ decimas solvere ; & quia ex pascuis fructus gregis proveniunt , magis debetur decima Ecclesiæ , in cujus territorio grex pascitur, quàm illi , in cujus territorio ovile locatur.*

VII. *Clericis , in quantum sunt ministri altaris , spiritualia populo seminantes, debentur decimæ. Unde in quantum clerici sunt, id est, in quantum habent Ecclesiasticas possessiones, decimas solvere non tenentur. Ex alia verò causa propter hoc, quod possident proprio jure , vel ex successione parentum , vel ex emptione , vel quocumque hujusmodi modo , sunt ad decimas solvendas obligati. Undè... Clerici de propriis prædiis tenentur solvere decimas parochiali Ecclesiæ , sicut & alii , etiamsi ipsi* sint ejusdem Ecclesiæ clerici ; *quia aliud est habere aliquid ut proprium , aliud ut commune ; prædia verò Ecclesiæ non sunt ad decimas solvendas obligata, etiamsi sint intra terminos alterius Parochiæ :* ità S. D. in art. 4. loci citati. Circa hæc postrema verba animadvertendum est cum Cajetano in Commentario , ea esse intelligenda de bonis illi Ecclesiæ datis ob intuitum parochialium ministeriorum , & , ut ità dicam , in dotem in sui fundatione : Si enim eidem Ecclesiæ adveniant ex legato , dono , &c. , alia prædia constituta intra terminos alterius Parochiæ , transeunt ad ipsam cum onere decimarum solvendarum : aliter evenire posset, quòd, si Dominus omnium prædiorum, quæ sunt intra unam Parochiam, ea donet , aut leget alteri Parochiæ, exonerentur onere decimarum , cum notabilissima , & fortè totali jactura decimarum illius Parochiæ , quod est grave absurdum.

VIII. *Religiosi , qui sunt Clerici , si habeant curam animarum , spiritualia populo dispensantes , non tenentur decimas dare, sed possunt eas recipere. De aliis verò Religiosis , etiamsi sint Clerici , qui non dispensant populo spiritualia , est alia ratio ; ipsi enim tenentur de Jure communi decimas dare: habent tamen aliquam immunitatem secundùm diversas concessiones, eis à Sede Apostolica factas* , ait S. D. in solution. ad 2.

TRACTATUS XIII.

DE SACRAMENTIS

NOVÆ LEGIS GENERATIM.

❖❖❖❖❖❖❖❖❖❖❖❖❖❖❖❖❖❖❖❖❖❖❖❖❖❖❖❖❖❖❖❖❖❖❖❖❖

CAPUT PRIMUM.

DE SACRAMENTI NATURA , ET EFFECTIBUS.

§. I. *De Sacramentorum essentia, numero, & institutione.*

I. **S**acramentum, juxta S. Th. 3. p. q. 60. art. 2. proùt sumitur in præsenti , *est signum rei sacræ , in quantum est sanctificans homines.* Dicitur signum, non quidem naturale, sicut fumus, qui naturaliter repræsentat ignem ; sed arbitrarium, seu ex Dei beneplacito destinatum ad aliquid significandum : est autem signum non merè speculativum , seu merè deserviens ad aliquid manifestandum; sed etiam practicum, id est , institutum ad aliquid in sui usum efficiendum : signum item sensibile ; quia *est homini connaturale, ut per sensibilia perveniat in cognitionem intelligibilium,* ait S. D. ibidem art. 4. item signum stabile , id est, quod durare debeat ; eò quòd sit signum, quo homines in unum Religionis nomen colligantur : & cùm Religio stabilis sit , stabilia quoque decet esse signa, quibus Religionem profiteantur : signum tandem à Deo institutum ; quia , ut statim videbimus , cùm sit signum in suimet usu gratiæ sanctificantis collativum , & gratia à nemine conferri possit nisi à Deo , proptereà ipsius solius est destinare signa, quorum usu ipse gratiam elargiatur. Præterea Sacramentum novæ legis ex doctrina S. Thomæ loc. cit. art. 3. est signum *Commemorativum* rei præteritæ, nempè, Passionis Christi , tanquam causæ nostræ justificationis: *Demonstrativum* rei præsentis , nempè gratiæ , quæ confertur , tanquam formæ nostræ justificationis: Et *Prognosticum* rei futuræ , nempè Gloriæ , tanquam finis nostræ justificationis.

II. Dicitur *signum rei sacræ* ; quæ res sacra , à Sacramento significata , propriè est gratia habitualis , qua sanctificatur anima. Cùm enim Sacramentum tanquam instrumentum assumatur à Deo ad gratiam efficiendam , & conferendam animæ ; proptereà istius propriissimè dicitur signum demonstrativum ; quæ gratia , cùm , ut dixi , sit habitualis , & sanctificans , rectè dicitur signum gratiæ , in quantum sanctificat homines. Ex his inferas , tria esse necessario requisita ad Sacramentum quodlibet: nempè , institutionem Dei , signum sensibile , & promissionem gratiæ in ejusdem signi digno usu.

III. Hinc nota, quomodò in Sacramentis tria distinguenda sunt , nempè id, quod dicitur Sacramentum tantùm ; quia est merum signum significans , quin ab alio significetur ; id quod est res significata simul , & signum , quia & significatur , & significat; & id quod est res tantùm ; quia duntaxat significatur, & non significat aliud. Do exemplum in Sacramentis imprimentibus characterem , in quibus tria ista inveniuntur ; puta, in Baptismo, ablutio exterior cum verbis à baptizante prolatis est Sacramentum tantùm ; quia significat ablutionem animæ per gratiam , quin ipsa ablutio ab alio significetur. Character impressus in collatione baptismi est res simùl & Sacramentum; quia significatur per illam ablutionem , & simul significat eamdem gratiam regenerativam. Gratia autem est res tantùm ; quia significatur ab ablutione , & à charactere , quin ipsa aliud significet.

* Explicat Auctor *num. præced.* quid in Baptismo sit Sacramentum tantùm , quid res tantùm , & quid res & Sacramentum simul. Non inutile erit hoc idem exponere & in cæteris Sacramentis. Et in primis de duobus aliis Sacramentis , characterem imprimentibus , nempe , de Confirmatione , & Ordine , eodem modo dicendum est , ac dictum fuit de Baptismo , videlicèt, quòd actio , in qua consistunt , sit Sacramentum tantùm ; character res & Sacramentum simul ; gratia res tantùm. Ad alia verò Sacramenta quod attinet , in comperto est , quòd gratia non secùs ac in tribus recensitis est res tantum. In Eucharistia verò species consecratæ sunt Sacramentum tantùm ; quia significant gratiam. Corpus & sanguis Christi res , & Sacramentum simul, quia significant gratiam ; & significantur à speciebus , ut & Auctor docet infrà *cap. 3. §. 1.* In Pœnitentia Sacramentum tantùm sunt actus externi pœnitentis , qui significant gratiam ; res & Sacramentum simul est dolor internus , qui ab actu externo significatur , & gratiam significat. In Extrema Unctione Sacramentum tantùm est unctio sub præscripta verborum forma ; res & Sacramentum simul est *quædam interior devotio , quæ est spiritualis unctio* , ut docet D. Thomas *in Suppl. q. 30. 3. ad 3.* quia significatur ab unctione externa , & significat gratiam. Et quamvis quodlibet Sacramentum internam animi devotionem producat , non tamen sub ratione spiritualis unctionis. In Matrimonio demùm *Sacramentum tantùm sunt actus exteriùs apparentes ; res & Sacramentum est obligatio, quæ innascitur viri ad mulierem ex talibus actibus* , ut asserit idem S. D. *in eodem Suppl. q. 42. art. 1. ad 5.*

IV. Septem esse novæ legis Sacramenta, & à Christo instituta, fide docemur ex definitione Synodi Tridentinæ sess. 7. can. 1., *Si quis dixerit, Sacramenta novæ legis non fuisse omnia à Jesu Christo Domino nostro instituta ; aut esse plura , vel pauciora, quàm septem , videlicet , Baptismum , Confimationem , Eucharistiam , Pœnitentiam, Extremam-Unctionem , Ordinem , & Matrimonium ; aut etiam aliquod horum septem non esse verè, & propriè Sacramentum; anathema sit.* Nobis modò id sufficere debet : nàm hoc idem probare ex Scripturis, & Traditione , spectat ad Theologiam dogmatum , seu positivam. Non debemus autem præterire , quin saltem indicemus locum , in quo Angelicus Doctor affert hujusce nume-

ri Sacramentorum egregiam congruentiam, nempè , 3. p. q. 65. art. 1.

Præstat hic adjicere D. Thomæ doctrinam circa necessitatem Sacramentorum , de qua nil disserit Auctor. Est autem nunc sermo , non de necessitate usus Sacramentorum , supposita eorumdem institutione, sed de necessitate institutionis : nùm videlicet necesse fuerit ad hominis salutem institui à Deo Sacramenta. Et illud in comperto est apud omnes , Sacramenta non fuisse necessaria necessitate absoluta , cùm certum sit, Deum potuisse absolutè aliis mediis, aliaque via hominem salvare. Solùm igitur difficultas procedit de necessitate congruentiæ, seu convenientiæ , àn scilicèt per Sacramenta magis congruè fiat hominis reparatio. Hoc modo necessarium fuisse, Sacramenta institui ad hominum justificationem , & salutem , & asserit apertissimè , & pluribus momentis perspicuè evincit Angel. Doct. 3. part. q. 61. art. 1. Dicendum , inquit, quòd Sacramenta necessaria sunt ad humanam salutem triplici ratione. Quarum prima sumenda est ex conditione humanæ naturæ , cujus proprium est , ut per corporalia & sensibilia in spiritualia, & intelligibilia deducatur. Pertinet autem ad divinam providentiam , ut unicuique provideat secundùm modum suæ conditionis. Et ideo convenienter divina sapientia homini auxilia salutis confert sub quibusdam corporalibus, & sensibilibus signis , quæ Sacramenta dicuntur. Secunda ratio sumenda est ex statû hominis , qui peccando se subdidit per effectum corporalibus rebus. Ibi autem debet medicinale remedium homini adhiberi, ubi patitur morbum. Et ideo conveniens fuit , ut Deus per quædam corporalia signa homini spiritualem medicinam adhiberet; nàm, si spiritualia nuda ei proponentur, ejus animus applicari non posset , corporalibus deditus. Tertia autem ratio sumenda est ex studio actionis humanæ , quæ præcipuè circa corporalia versatur. Ne ergo esset homini durum, si totaliter à corporalibus actibus abstraheretur, proposita sunt ei corporalia exercitia in Sacramentis, quibus salubriter exerceatur ad evitanda superstitiosa exercitia , quæ consistunt in cultu Dæmonum , vel qualitercumque noxia , quæ consistunt in actibus peccatorum. Sic igitur per Sacramentorum institutionem homo convenienter suæ naturæ erudtur per sensibilia humiliatur , se corporalibus subjectum cog-

D   nos-

*noscens, dùm sibi per corporalia subvenitur:
praeservatur etiam à noxiis actionibus per
salubria exercitia Sacramentorum.* Hæc
S. D. Necessarium itaquè fuit necessitate congruentiæ, & convenientiæ, ut post hominis
lapsum instituerentur Sacramenta, ut faciliùs
ad sanctitatem, & salutem promoveretur.
Hinc extiterunt Sacramenta in quolibet statu pòst peccatum, nempè, & in statu legis
naturæ, qui cœpit à lapsu Adami primi hominis, duravitque usque ad Moysem, qui
legem scriptam, seu veterem, ut vulgò
ajunt, promulgavit; & in statu legis scriptæ,
qui à tempore Moysis usque ad Christum
Dominum se extendit: & extant demùm in
statu legis novæ, in quo degimus; quique
usque ad consummationem seculi persevera-
bit. Lege S. D. præcitata *q. 61. art. 3. & 4.*

De industria autem diximus, necessariam
fuisse institutionem Sacramentorum pòst hominis lapsum; quippè antè lapsum, seu in fe-
licissimo illo innocentiæ statu, in quo condi-
tus fuit Protoparens, nec extiterunt, nec fuerunt necessaria Sacramenta, ut ostendit idem
D. Th. art. 2. *Dicendum, ait, quòd in statu innocentiæ ante peccatum Sacramenta
necessaria non fuerunt. Cujus ratio accipi
potest ex rectitudine status illius, in quo
superiora inferioribus dominabantur, &
nullo modo dependebant ab eis. Sicut enim
mens suberat Deo, ita menti suberant inferiores animæ vires, & ipsi animæ corpus.
Contra hunc autem ordinem esset, si anima perficeretur vel quantùm ad scientiam,
vel quantùm ad gratiam per aliquid corporale, quod fit in Sacramentis. Et ideo in
statu innocentiæ homo Sacramentis non in-
digebat, non solùm in quantum Sacramenta
ordinantur ad remedium peccati, sed etiam
in quantum ipsa ordinantur ad animæ perfectionem.* Hæc de necessitate institutionis
Sacramentorum delibasse sufficiat. Qui plura
desiderat, adeat Em. Gotti de Sacrament.
L. 1. dub. 2 3. 4. 5. & 6. De necessitate autem usus nostrorum Sacramentorum nihil hic
addendum, cùm jim Autor, de singulis
agens, uniuscujusque necessitatem prodat.

§. II. *De partibus Sacramenta componen-
tibus.*

I. **P**Artes Sacramenta componentes vocitari solent materia, & forma: materiæ nomine denotantur res, vel actiones sensibiles, quæ in singulorum colla-

tione exhiberi consueverunt: nomine verò formæ significantur verba, quæ à ministris proferuntur, vel aliquid verbis æquivalens: ità ex Concilio Generali Florentino in Decreto Eugenii IV. *Omnia Sacramenta tribus perfici, rebus tanquàm materia, verbis tanquàm forma, & persona Ministri conferentis Sacramenta cum
intentione faciendi, quod facit Ecclesia;
quorum si aliquid desit, non perficitur
Sacramentum.* Consultò dixi, materiam esse res, vel actus sensibiles; quia in Sacramento Pœnitentiæ loco rerum exhibentur actus
sensibiles pœnitentis, nempè, confessio dolorosa. Ità etiam dixi, quod loco verborum
subrogari potest æquivalens; quia in Sacramento matrimonii potest dari assensus contrahentium etiam per solos nutus.

Materia, & forma in quolibet Sacramento duplex est, remota videlicèt, & proxima. Materia remota communiter est res illa
sensibilis, quæ per actionem Ministri applicatur suscipienti. Materia proxima est ipsamet debita applicatio materiæ remotæ, quæ,
scilicèt, unà cum forma sibi correspondente
prolata à Ministro, proximè constituit Sacramentum. Forma verò remota sunt certa verba à Ministro proferenda unà cum applicatione materiæ. Forma proxima est actualis
prolatio eorumdem verborum, unà cum applicatione materiæ facta à Ministro. Quænam sit autem materia, & forma tùm remota,
cùm proxima cujuslibet Sacramenti, suis
propriis locis perspicuum fiet.

Solùm hic obiter animadvertendum occurrit, verba, in quibus Sacramentorum novæ legis formæ consistunt, non esse aut promissoria, seu quæ divinas promissiones vel
expressè contineant, vel ad eas promissiones jam factas animum erigant, ac revocent,
ut Lutherus, ejusque asseclæ contendunt;
aut concionalia, seu quæ, alta & intelligibi-
li voce prolata, fidem audientium moveant, &
excitent, vel saltem movere possint, & excitare, ut Calvinus, ejusque gregales com-
miniscuntur; sed esse verè ac propriè consecratoria, seu quæ res ab uso profano, &
vulgari ad sacrum & religiosum traducunt,
easque sacras efficiunt, ac reddunt spiritualiter salutiferas, ut sentiunt Catholici auctoritate Divinæ Scripturæ, & constanti SS. Patrum loquendi modo innixi. Scriptura namque
verba Sacramentorum vocat verba benedictionis 1. *ad Cor. 10.* verba invocationis *act.*
22. verba vitæ *ad Ephes. 5.* Patres verò eadem

dem apellant verba solemnia, cœlestia, evangelica, mystica, consecratoria, sanctificantia. Legantur Justinus in *Apologia ad Antoninum*, Basilius in *lib. de Spir. Sact. cap. 15.* Cyrillus Hierosolym. *Cathec. 3.* Nissenus in *lib. de Baptis. & in oratione cathec. cap. 37.* Ambrosius *lib. 2. de Sacramentis. cap. 5.* Augustinus *lib. 3. de Baptism. cap. 10. & lib. 6. cap. 25.* aliique.

II. Materiæ, & formæ Sacramentorum quædam fuerunt à Christo determinatæ in specie, quædam vero tantùm in genere: nàm Baptismi habentur determinatæ in specie, nempè, aqua pro materia Joan. 3. & invocatio expressa Trinitatis pro forma, Matth. ultimo. Ità Eucharistiæ determinavit panem triticeum, & vinum vitis pro materia ; *& hoc est &c. hic est Calix &c.* pro forma : Matth. 26. & Marc. 14. Similitèr materiam, & formam Pœnitentiæ Joan. 20. Materias autem, & formas aliorum Sacramentorum, tametsi deduci queant ex Scripturis, habemus manifestè in Traditione Apostolico-divina, de quibus disseretur, cùm de unoquoque in particulari sermo instituetur. Eorum igitur Sacramentorum, quorum formas, & materias immediatè ipse Christus non determinavit in specie, determinavit tamen in genere ; nempè, imponendo Apostolis, & successoribus, ut adhiberent in collatione illorum Sacramentorum illas materias, illasque formas, quibus sufficienter significaretur effectus illius Sacramenti. Id autem est necessariò asserendum ; nàm, cùm videamus Ecclesiam Græcam, & Latinam diversis materiebus, & formis uti in collatione Sacramenti Ordinis, & neutra reprobet ritum alterius, sed ut legitimum admittat ; profectò inferendum est præfatorum Sacramentorum formas, & materias duntaxat in genere Christum modo explicato determinasse ; & reliquisse Ecclesiæ optioni, determinare in specie, quibus esset utendum ; ac Græcis concessisse materias, & formas illas, sicuti Latinis formas, & materias, quibus utuntur.

III. Requiritur unio inter materiam, & formam ; cùm enim ambæ sint partes componentes Sacramentum, quod est compositum ex ipsis assurgens, nisi uniantur, nunquàm assurget. Hæc autem unio, id est, simultas partium sufficit, ut sit moralis, ità ut humano modo prudenter judicentur simul coëxistere ; & hæc coëxistentia, seu simultas major, vel minor requiritur juxta diversitatem Sacramentorum ; nàm v. gr.

in Baptismo, cùm verbis désignetur actio abluendi, sufficiet quòd verba proferantur, antequàm compleatur ablutio, vel viceversa ; quia jam apparet simultas moralis : optimum tamen est utrumque simul incipere, & finire ; & ità in aliis Sacramentis. In Sacramento autem Pœnitentiæ non exigitur nempe ista simultas adeò strictè accepta ; quia, cùm sit institutum ad modum judicii, non semper sententia statim profertur, cognita causa ; quamvis, quando absolutio profertur, semper sit aliquo modo præsens confessio dolorosa anteà facta ; & ità in matrimonio putantur consensus moraliter conjungi, quandiù censentur moraliter perseverare.

§. III. *De vario materiæ, & formæ usu.*

I. MUtare materiam substantialiter, puta, adhibere panem hordeaceum pro triticeo, irritum reddit Sacramentum ; quia non adhibetur materia à Christo determinata immediatè, vel mediante Ecclesia. Mutuare autem materiam accidentaliter, puta in Ecclesia Latina uti pane triticeo fermentato pro azimo, relinquit Sacramentum validum, sed illicitè agitur lethaliter, nisi forte in casu necessitatis, de quibus suis locis dicetur. Idem similiter dicas de mutuatione formæ, quæ si sit mutatio sensus substantialis, nullum reddit Sacramentum; non autem, si accidentalis; quamvis & hæc sit semper graviter illicita; si sufficienti deliberatione fiat. Similiter interruptio verborum, si talis sit, quòd continuationem moraliter tollat, irritum facit Sacramentum : si verò continuationem non violet, validum relinquit Sacramentum : sed si fiat sine causa, est lethalis, ob gravem injuriam, quæ irrogatur Sacramento. Indulgetur scrupulosis ; sed prudenter castigetur eorum obstinatio. Pariter omissio, aut adjectio verborum, sensum non corrumpentium, non efficit irritum Sacramentum, sed semper est lethalis, si advertenter fiat ; quia in re gravissima agitur contra præscriptum Ecclesiæ. Mutatio verò idiomatis potest esse vel lethaliter, vel venialiter, vel nullo modo peccaminosa, respectivè ad circunstantias, & qualitates Sacramentorum, personarum, vel temporum.

II. Forma conditionalis sub conditione de futuro reddit Sacramentum nullum; quia, dùm ponuntur materia & forma, cùm conditio non subsistat, sed sit futura, non fit Sa-

craeramentum; neque fit adveniente conditione; quia tunc desunt materia, & forma. Forma verò conditionalis sub conditione de præterito, vel præsenti nec irritum reddit Sacramentum, neque est illicita, si in necessitate adhibeatur, puta, dùm non potest haberi materia certa, sed duntaxat dubia; aut cùm dubitatur de valida collatione Sacramenti: non inquam irritum reddit Sacramentum; quia jam conditio fuit, aut est simul cum Sacramenti partibus: neque est ilicita, servatis servandis, de quibus alibi, quia nulla irrogatur injuria Sacramento.

III. Materiæ dubiæ usus duntaxat est licitus in casu necessitatis ministrandi Sacramentum, nec materia certa haberi potest; quia ità faciendo, succurritur extremè indigenti, & nulla irrogatur injuria Sacramento, quod in tali casu ministratur conditionatè; id est: si materia sufficiat, te baptizo &c.

IV. Uti forma, vel materia probabili, dùm certa haberi potest, es grave sacrilegium, ità tenere compelluntur omnes, post confixam ab Innocent. XI. thesim 1. in qua dicebatur: *Non est illicitum, in conferendis sacramentis sequi opinionem probabilem de valore Sacramenti, relicta tutiore; nisi vetet lex, conventio, aut periculum gravis damni incurrendi: hinc sententia probabili tantùm utendum non est in collatione Baptismi, Ordinis Sacerdotalis, aut Episcopalis.* Materia autem, & forma pertinent ad valorem Sacramenti, ut patet. Ratio etiam est manifesta; quia hoc se gerendi modo fit injuria gravis tàm Institutori Sacramentorum, quàm Sacramentis.

§. IV. *De primo Sacramentorum effectu, nempè, gratia habituali.*

I. **D**e fide est, Sacramenta novæ legis conferre gratiam sanctificantem eadem dignè suscipientibus: ità Tridentina Synodus sess. 7. can. 8. *Si quis dixerit, ipsa novæ legis Sacramenta ex opere operato non conferre gratiam.... anathema sit.* Gratia autem, quàm conferunt, est gratia habitualis, seu gratum faciens, seu sanctificans; quod dicitur ad illam distinguendam à gratiis actualibus auxiliantibus, neque formaliter, sed solum dispositivè sanctificantibus. Hæc gratia sanctificans aliquando vocatur prima, aliquando secunda: prima vocatur, quando confertur animæ adhuc existenti in statu peccati lethalis, quod ad gratiæ adventum depelli-

tur; & exinde primò sanctificat animam. Vocatur autem secunda, quandò animæ, jam habenti gratiam, ejusdem gratiæ habitualis accedit novum augmentum. Conferre gratiam primam convenit Sacramentis illis, quæ appellari solent mortuorum; eò quòd fuerint instituta ad justificandam animam; & sunt duo, nempè, Baptismus, & Pœnitentia. Conferre autem gratiam secundam cæteris quinque convenit; quia instituta fuerunt, ut conferantur animæ, jam justitiam, & gratiam habenti; & idcircò vocitari consueverunt Sacramenta vivorum.

Ex Canone Concilii Tridentini, ab Auctore *num. præced.* relato, exploratum est, novæ legis Sacramenta gratiam producere *ex opere operato.* Hunc autem loquendi modum paucis exponere, operæ pretium censemus. Itaque per *opus operatum* nil aliud Catholici intelligunt, quàm ipsum Sacramentum sive externum ac sensibile signum, debitè suscipienti applicatum ab administrante, hoc est, materiæ, & formæ conjunctionem, ejusque applicationem juxta Christi institutionem; ex. gr. in Baptismo externam per aquam ablutionem sub præscripta verborum forma: & hoc est opus contraponunt *operi operantis,* id est, fidei, pietati, & merito Sacramentum conferentis, vel recipientis; hæc enim ab operante suam æstimationem, & valorem accipiunt: at Sacramentum ex eo, quod fit exteriùs, pensatur. Igitur causare gratiam *ex opere operato* est illam producere virtute, & efficacia externi operis sacramentalis, etiam ab indigno, & infideli Ministro præstiti; quod Donatistæ negabant: & aliquando sine ulla dispositione subjecti, ut in infantibus; semper verò etiam in adultis juxta existentiam dispositionis prærequisitæ, quæ solum ad tollendum obicem gratiæ, non ad ipsam præstandam est necessaria. Quapropter nullum alium sensum habet præfatus loquendi modus præter eum, quem ingerunt Augustini verba *lib. 4. Contra Cresconium c. 16. n. 19.* nempe, *Baptismum* ex. gr. *non eorum meritis, à quibus ministratur, nec eorum quibus ministratur, constare, sed propria sanctitate, atque veritate propter eum, à quo institutus est;* nec non illa, quæ profert *lib. 4. cap. 24. contra Donatistas* dicens, ipsum per semetipsum Sacramentum multum valere.

Nùm autem novæ legis Sacramenta moraliter solùm gratiam producant, sic videlicèt, quòd & sua institutione, & ex vi meritotorum Christi Deum moveant ad gratiam conferendam ; àn verò etiam physicè ut instrumenta Divinæ Omnipotentiæ, ità ut ex vi & elevatione ipsius ad gratiæ productionem concurrant, magna est inter Theologos disceptatio. S. Thom. 3. p. tota q. 62. & præcipuè art. 1. apertissimè docet, Sacramenta non solum moraliter, movendo scilicèt Deum ad gratiam conferendam, sed etiam physicè gratiam producere, nimirùm concurrendo reali influxu ad ejus efficientiam, tanquàm instrumenta Divinæ Omnipotentiæ. Quæ sanè sententia, & Scripturarum loquendi modo, & SS. Patrum dictis, & menti Concilii Tridentini, ac demùm ipsorum Sacramentorum novæ legis dignitati conformior est, ut fuso calamo nitidè ostendunt ejusdem S. D. discipuli. Diximus autem consultò : tanquam instrumenta Divinæ Omnipotentiæ; siquidem certum est, solum Deum esse causam principalem gratiæ : undè Apostolus ad Rom. 3. v. 30. Unus, inquit, est Deus, qui justificat. Verùm hac de re, instituto nostro parùm utili, hæc indicasse sit satis.

II. Contingere autem non rarò potest, ut gratia secunda conferatur à sacramentis mortuorum, sicuti è contrà prima à sacramentis vivorum: puta, si accedens ad baptismum, vel pœnitentiam accedat jam justificatus per contritionem perfectam (ex qua certum est peccatorem justificari) tunc Sacramenta illa, cùm semper sint collativa gratiæ benè dispositis, & jam inveniant animam justificatam per gratiam, conferunt ejusdem gratiæ augmentum nempè, gratiam secundam: ità è contrà, si recipiens v. gr. Sacramentum Ordinis, & existens in statu peccati mortalis, procuraverit per contritionem se ab eo mundare meliori modo quo potuit, reverà tamen ad id non pervenerit ; & putans se dispositum, bona fide accedat ad suscipiendum Ordinem ; tùnc, cùm Sacramentum non inveniat obicem voluntarium, eò quòd destructus fuit à voluntate detestante illum, Sacramentum illud vivorum per accidens confert gratiam primam ; eò quod de fide sit, Sacramenta conferre gratiam non ponentibus obicem, ut definit Tridentina Synodus sess. 7. can. 6.

☞ Juvat doctrinam hanc verbis D. Thomæ confirmare. Agens Sanct. Doct. de Sacramento Confirmationis 3. part. q. 72. art. 7. ad 2. hæc habet. Si aliquis adultus in peccato existens, cujus conscientiam non habet, vel si etiam non perfectè contritus accedat, dummodò non fictus accedat, per gratiam

collatam in hoc Sacramento consequetur, remissionem peccatorum. Idem apertè asserit & de augustissimo Eucharistiæ Sacramento ; sic enim loquitur quæst. 79. art. 3. Potest tamen hoc Sacramentum operari remissionem peccati... etiam perceptum ab eo, qui est in peccato mortali, cujus conscientiam, & affectum non habet. Forte enim primò non fuit sufficienter contritus ; sed devotè, & revereuter accedens, consequetur per hoc Sacramentum gratiam charitatis, quæ contritionem perficiet, & remissionem peccati. Idem repetit etiam de Extrema-Unctione in 4. d. 23. q. 1. a. 2. q. 1.

III. Gratia, quæ per Sacramenta confertur, vocari solet Sacramentalis, non quia sit diversæ speciei à gratia habituali communiter dicta ; cùm gratia habitualis sit duntaxat unius speciei ; sed quia addit super gratiam communiter dictam quoddam divinum auxilium ad consequendum Sacramenti finem, ait S. D. 3. p. q. 62. a. 2.; igitur superaddit gratiæ illi habituali communiter dictæ, quoddam jus ad consequenda auxilia divina, quæ correspondent effectibus Sacramentorum respectivè, & ut piè, devotè, & sicut oportet, obeantur munera illorum Sacramentorum propria. Itaquè perpendendo singula Sacramenta : cùm effectus gratiæ baptismalis sint, omnem culpam tùm originalem, tùm actualem, ante Baptismum commissam, plenè remittere, tùm quoad reatum culpæ, tùm quoad reatum pœnæ ; illuminare mentem, diminuere concupiscentiæ vim, & fœcundare animam ad opera christiana ; hæc gratia habitualis affert jus baptizato ad obtinenda auxilia, ut feliciter hos effectus assequatur. Effectus gratiæ Confirmationis est robur ad fidem, si opus fuerit, coràm tyranno profitendam, & ad eamdem fidem, datis opportunitatibus, propugnandam; & ideò affert animæ jus ad obtinenda auxilia, quibus præfatas præstet actiones. Effectus gratiæ Eucharistiæ sunt alere vitam spiritualem, eamdem augere delectando spiritualiter, & nauseam rerum mundanarum generando, & vehementiùs attrahere animam ad unionem cum Deo ; & ideo affert jus ad auxilia, quibus hæc omnia consequatur. Effectus gratiæ Pœnitentiæ est conferre vim ad fugienda peccata, ad evitanda lenocinia occasionum, & ad perseverandum in statu justitiæ ; & ideò confert jus ad auxilia, his actionibus præstandis opportuna. Effectus gratiæ Extremæ Unctionis est tollere peccatorum reliquias, ægrotantis animam allevia-

re,

re , fiduciam corroborare , morbi incommoda minùs molesta reddere , tentationibus extremis repellendis robur conferre , & ideo confert jus ad auxilia , his actionibus præstandis accommodata. Effectus gratiæ Sacræ Ordinationis est aptare sacris ministeriis Obeundis, ut debita pietate , & devotione peragantur; & ideò confert jus ad auxilia opportuna. Effectus gratiæ Matrimonii sunt, purgare inordinatam concupiscentiam, vires conferre ad sustinenda onera status conjugalis, ad servandam fidem conjugalem, reciprocam dilectionem , domesticam concordiam; ad prolem christiana methodo educandam; & ideo confert jus ad auxilia, his omnibus ad praxim deducendis necessaria. Hi sunt effectus speciales , quos , præter sanctificationem animæ omnibus Sacramentis communem, confert gratia eadem considerata ut Sacramentalis ; qui effectus , collati ab uno , non conferuntur ab altero Sacramento.

IV. Sacramenta, cum obice peccati mortalis suscepta , si sint ex iis , quæ imprimunt characterem, (de quo statim in §. sequenti) quando removetur obex per Pœnitentiam, causant suam gratiam, ità communior Theologorum cum S. Thoma variis in locis , sed præcipuè 3. p. q. 69. art. 10. *Quando aliquis baptizatur , accipit characterem quasi formam , & consequitur proprium efectum, qui est gratia remittens omnia peccata: Impeditur autem quandoquè per fictionem:* hoc nomine solent vocare Theologi obicem) *undè patet, quòd remota ea per Pœnitentiam, Baptismus statim consequatur suum effectum.* Ratio etiam suffragatur : Cùm enim Sacramenta sint ex se , & ex propria institutione productiva gratiæ, illam statim producunt, nisi inveniant impedimentum ; igitur , si Sacramenta perseverent in aliquo suo effectu, gratiam illam efficient, remoto impedimento: atqui Sacramenta imprimentia characterem , quamvis ex se transeant , remanent tamen virtualiter in effectu à se producto, qui est ipse character indelebilis : ergo remoto impedimento efficiunt gratiam suam. Sacramenta verò , quæ non imprimunt characterem , cùm neque existant in se , eò quòd transeunt, peracta actione Sacramentali ; neque existant in aliquo alio suo effectu , eò quòd non imprimant characterem ; sanè, remoto obice , non causabunt gratiam suam, quandoquidem causa neque existens in se, neque in aliquo suo effectu , inhabilis est ad aliquid efficiendum : ità expressè S. Doctor

in 4. dist. 4. q. 3. a. 2. q. 3. ubi , cùm sibi objecisset : *Sicut aliquis fidè accedit ad Baptismum , ità etiam ad Eucharistiam; sed , recedente fictione , Eucharistiæ effectum non recipit ; ergo nec etiam recedente fictione aliquis Baptismi effectum recipit:* cui objectioni ità respondet : *Ad tertium dicendum , quòd in Eucharistia non imprimitur character , cujus virtute possit aliquis effectum Sacramenti percipere , fictione recedente ; & ideo non est simile.* Quid clarius?

§. V. *De charactere , altero aliquorum Sacramentorum effectu.*

I. CHaracteris nomine significatur signaculum quoddam spirituale, & indelebile, animæ impressum , ad suscipiendum, vel aliis tradendum ea , quæ sunt divini cultus : ità colligitur ex Patrum traditione, ex quibus attentè perlectis, ità diserit S. Thomas 3. p. q. 63. a. 5. *Character Sacramentalis est quædam participatio Sacerdotii Christi in fidelibus ejus... Sacerdotium autem Christi est æternum ; & inde quòd omnis sanctificatio, quæ fit per Sacerdotium ejus , est perpetua , re consecrata manente. Quod patet etiam in rebus inanimatis; nam Ecclesiæ , vel Altaris manet consecratio semper , nisi destruatur.* Et dixerat art. 2.: *Divinus cultus consistit , vel in recipiendo aliqua divina , vel in tradendo aliis: ad utrumque autem horum requiritur quædam potentia activa; ad accipiendum autem requiritur potentia passiva.* Ex quibus habes, characterem non esse habitum quemdam , ut plurimi affirmant , sed potentiam quamdam spiritualem. Non quidem habitum ; quia habitus est facultas ad vel determinatè benè, vel determinatè malè operandum , ut videre est in singulis; charactere vero benè, & malè utimur, ut patet. Tùm etiam ; quia habitus augentur, vel minuuntur, imò & destruuntur ; non ità character : non est igitur habitus, sed simplex potentia, seu potestas , ut constat ex data communi definitione, & ex forma, quæ à conferente Sacramentum profertur: *Accipe potestatem,* &c. Tùm quia potentia & malè , & benè utimur pro arbitrio nostro. Proptereà concludit S. D. q. 72. a. 5. in resp. ad 2. *Hæc spiritualis potestas est instrumentalis... habere enim characterem competit ministris Dei ; minister autem se habet per modum instrumenti.*

Quam-

☞ Quamvis certissimum esse debeat , characterem sacramentalem in anima recipi , ipsique inhærere ; probabilius tamen est , non in animæ essentia immediatè collocari , sed in una aliqua naturali ipsius facultate ; cùm enim character propter operationem imprimatur , in potentia proximè operativa recipiatur, oportet , ut docet S. Thomas *3. p. q. 63. a. 4. ad 3.* Hæc autem facultas , in qua character immediatè residet, non est voluntas, sed intellectus , quatenùs se extendit ad opus, & practicus denominatur , ut censet ide n *S. D. in resp. ad 3.* ajens : *Dicendum, quòd, sicut dictum est , character ordinatur ad ea , quæ sunt divini cultus. Qui quidem est quædam fidei protestatio per exteriora signa. Et ideo oportet , quòd character sit in cognitiva potentia animæ , in qua est fides.* Verum hæc leviter tetigisse sufficiat ; fusiùs enim de his agere , ad Scholasticos Theologos spectat.

Placet autem breviter etiam characteris munera seu officia percensere. Sunt verò hæc. Primum ac principale est, hominem idoneum reddere ad christianæ vitæ ministeria , & ea quæ divini sunt cultus , agenda , vel suscipienda. Secundum , configurare Christo Domino summo, & æterno Sacerdoti, cujus dignitatis , & potestatis quamdam participationem in eos, quos exornat, traducit. In Christo tamen , qui est splendor gloriæ , & figura *substantiæ Patris*, & in quo inhabitat plenitudo divinitatis corporaliter , nullum esse characterem, admonet D. Thom. *præcitat. q. a. 5.* Tertium , distinguere eos , qui charactere sunt insigniti , ab illis, qui eo sunt destituti , v. gr. baptizatos à non baptizatis , Sacerdotes a laicis. Et quidem propter hæc duo proximè dicta , tamquam notoria , *signum* à Conciliis , & Patribus vocitatur. Sed quale signum? Non ex instituto, ut contendunt plures, sed effectum quodammodò naturale , ut probabilius Salmanticenses, aliique sustinent, cum in similitudine , & participatione Summi Sacerdotii Christi fundetur : *Totus ritus Christianæ Religionis* (ita D. Thom. *art. 3.*) *derivatur a Sacerdotio Christi. Et ideo manifestum est, quòd character Sacramentalis specialiter est character Christi , cujus Sacerdotio configurantur fideles secundùm Sacramentales characteres. Qui nihil aliud sunt , quàm quædam participationes Sacerdotii Christi , ab ipso Christo derivatæ.* Legatur integrè textus S. D.

☞ Demùm , & de characteris indelebilitate, ut ajunt, quæ etiam inter ipsius proprietates ab aliquibus enumeratur , paucis disserere non inutile erit. Itaquè characterem Sacramentorum esse indelebilem in aliquo sensu extra Theologorum dubitationem versatur, utpotè à Conciliis Florentino , & Tridentino assertum , quæ saltem ipsum , impressum in hac mortali vita , non ampliùs auferri, apertè manifestant. At neque post mortem abrasum iri, sed perpetuò mansurum in Beatis ad gloriam , & in damnis ad pœnam , concors Theologorum fermè omnium sententia est cum D. Thoma , relato *art. 5.* ad 3., ubi sic mentem suam aperit : *Dicendum , quòd, quamvis, post hanc vitam non remaneat exterior cultus; remanet tamen finis illius cultus. Et ideo post hanc vitam remanet character , & in bonis ad eorum gloriam , & in malis ad eorum ignominiam. Sicut etiam militaris character remanet in militibus post adeptam victoriam, & in his , qui vicerunt, ad gloriam, & in his, qui sunt victi, ad pœnam.* Hoc etiam Ecclesiasticis sanctionibus conformius deprehenditur : undè , ut nemo non videt, non foret iterum baptizandus , aut ordinandus Christianus homo, vel Sacerdos, si defunctus miraculosè revocaretur ad vitam; sed adhuc ad Sacramenta recipienda , vel Sacrificium validè celebrandum aptus esset, atque idoneo Undenam verò repetenda sit hujusce perpetuitatis causa , non consentiunt Doctores. Posthabitis aliorum placitis , quid sentiant Thomistæ, duntaxat oculis subjicimus. Hi igitur in ipsa characteris natura prædictæ indelebilitatis radicem detegunt ; non quòd per Dei Omnipotentiam ille deleri , ac destrui nequeat; ad hoc quipe satis foret , ut suum Divinum ad ejus conservationem concursum subtraheret ; cùm hoc modo perire possint etiam ea omnia , quæ suamet natura immortalia , atque incorruptibilia vocamus: sed quia desitioni à naturalibus causis inducendæ obnoxius non est character. Quidquid enim deficit , aut per accidens , & ad alterius ruinam evertitur , nempè, quia subjectum à quo fulciebatur, erectum fuit; aut per se , quoniam à suo contrario perimitur. Neutro autem modo concidere potest character; habet siquidem subjectum ab interitu immune, quoniam animæ spirituali atque incorruptibili impressus est : neque etiam quidpiam sibi directè hostile extimescit; etenim potestas est spiritualis divinitus indita, cui nihil vel physicè , vel moraliter adversatur; nàm quid ipsi nocere potest , si neque gravissimis illo-

rum,

rum, quibus inest, peccatis labefactatur? Quod ideo evenit, quia per se non ordinatur ad actus moraliter bonos, sed solùm tendit ad præbendam capacitatem quidpiam agendi, vel recipiendi.

Cur inquies, gratia, etsi quidpiam perfectius sit quàm character; cùm character ordinetur ad gratiam sicut ad ulteriorem finem, cur itaque gratia per mortale peccatum amittitur, non item character?

Resp. D. Thom. *a. 5. ad 1. Dicendum, quòd aliter est in anima gratia, & aliter character. Nàm gratia est in anima sicut quædam forma, habens esse completum in ea: character autem est in anima sicut quædam virtus instrumentalis. Forma autem completa est in subjecto secundùm conditionem subjecti; & quia anima est mutabilis secundùm liberum arbitrium, quandiù est in statu viæ, consequens est, quòd gratia insit anima mutabiliter. Sed virtus instrumentalis magis attenditur secundùm conditionem principalis agentis: & ideo character indelebiliter inest animæ non propter sui perfectionem, sed propter perfectionem Sacerdotii Christi, à quo derivatur character, sicut quædam instrumentalis virtus.*

II. Sacramenta verò, quæ characterem imprimunt, de fide est esse tantùm tria, nempè Baptismum, Confirmationem, & Ordinem: ait Synodus Tridentina sess. 7. can. 9. *Si quis dixerit, in tribus Sacramentis, Baptismo, scilicèt, Confirmatione, & Ordine, non imprimi characterem in anima, hoc est, signum quoddam spirituale, & indelebile, undè & iterari non possunt; anathema sit.* Sunt igitur hæc tria initerabilia ob motivum à Tridentino indicatum, & longè antè à S. Doctore assertum 3. p. q. 63. a. 6. *non reiterantur; eò quòd character est indelebilis.*

☞ D. Thomas 3. p. q. 63. art. 6. solita sua perspicuitate explicat, cur per omnia novæ Legis Sacramenta character non imprimatur, sed per tria duntaxat, nempè, per Baptismum, Confirmationem, & Ordinem: *Dicendum*, ait, *quòd (sicut suprà dictum est) Sacramenta novæ legis ad duo ordinantur, scilicet in remedium peccati, & ad cultum divinum. Est autem omnibus Sacramentis commune, quòd per ea exhibeatur aliquod remedium contra peccatum, per quòd gratiam conferunt. Non autem omnia Sacramenta ordinantur ad divinum cultum, sicut patet de Pœnitentia, per quam homo liberatur à peccato: non autem per hoc Sacramen-*

tum exhibetur homini aliquid de novo pertinens ad divinum cultum, sed restituitur in statum pristinum. Pertinet autem aliquod Sacramentum ad divinum cultum tripliciter: uno modo per modum ipsius actionis: alio modo per modum agentis: tertio modo per modum recipientis. Per modum quidem ipsius actionis pertinet ad divinum cultum Eucharistia, in qua principaliter divinus cultus consistit, in quantum est Ecclesiæ Sacrificium. Et per hoc idem Sacramentum non imprimitur homini character; quia per hoc Sacramentum non ordinatur homo ad aliquid aliud ulterius agendum, vel recipiendum in Sacramentis; cùm potiùs sit finis, & consummatio omnium Sacramentorum... Sed ad agentes in Sacramentis pertinet Sacramentum Ordinis; quia per hoc Sacramentum deputatur homo ad Sacramenta aliis tradenda. Sed ad recipientes pertinet Sacramentum Baptismi; quia per ipsum homo accipit potestatem recipiendi alia Ecclesiæ Sacramenta. Undè Baptismus dicitur esse janua omnium Sacramentorum. Ad idem etiam ordinatur quodammodò Confirmatio, ut infrà suo loco dicetur. Et ideo per hæc tria Sacramenta character imprimitur, scilicet per Baptismum, Confirmationem, & Ordinem.

CAPUT II.

De Sacramentorum ministro, & subjecto.

§. I. De requisitis generatim in Ministro, ut validè ministret.

I. MInister ordinarius Sacramentorum est solus homo viator, ut constat ex dispositione Christi, & ex Patrum traditione; ità tamen, ut respectu Baptismi in casu necessitatis neque fœmina excludatur, ut suo loco dicetur. Dixi: ordinarium; quia ex divino beneplacito etiam homo comprehensor potest esse minister, qui si characterem habeat respectu Sacramenti illum postulantis, diceretur minister extraordinarius quoad statum, non quoad potestatem. Et si à Deo mitteretur Angelus, esset minister, non ex institutione Christi, sed ex insolita, & extraordinaria Dei commissione; quia ait S D. hic a. 7. cùm Deus possit Sacramentorum effectus etiam sine Sacramentis conferre, potest, si velit, etiam Angelis talem virtutem tribuere.

II. Minister aliquorum Sacramentorum de-

debet esse persona sacris Ordinibus insignita; & est de fide ex Canon. 10. Tridentini sess. 7. *Si quis dixerit, Christianos omnes in verbo, & omnibus Sacramentis administrandis habere potestatem, anathema sit.* Consultò dixi : quorumdam Sacramentorum ; nàm Baptismus etiam à laico in quibusdam casibus ministratur ; & Matrimonium à laicis celebratur, & ministratur. Hanc autem propositionem probare contra heterodoxos, relinquimus Theologis dogmatum.

III. Ut minister Sacramentorum validè agat, non requiritur in eo fides, aut justitia, dummodò alia necessaria præstet, materiam videlicèt, formam, & intentionem : ità de fide sanxit Tridentina Synodus sess. 7. can. 12. *Si quis dixerit, ministrum in peccato mortali existentem, modò omnia essentialia, quæ ad Sacramentum conficiendum, aut conferendum pertinent, servaverit, non conficere Sacramentum, anathema sit.* Quod pariter Theologiæ dogmatum ex D. Paulo, & ex Traditione probandum relinquimus. Requiritur ergo, ut validè agat, præter materiam, & formam, etiam intentio saltem faciendi id quod facit Ecclesia, ex definit. Trident. loc. cit. can. 11. *Si quis dixerit, in ministris, dùm Sacramenta conficiunt, non requiri intentionem saltem faciendi, quòd facit Ecclesia, anathema sit.*

IV. Quid autem significetur verbis illis, denotantibus *intentionem saltem faciendi, quod facit Ecclesia,* varia est gravissimorum Doctorum opinio. Quidam enim dicunt cum Cano sufficere, quòd minister seriò intendat facere solum opus externum, ità ut exteriùs ex circunstantiis appareat, ministrum seriò se gerere, & proùt exteriùs fit ab Ecclesia ; quamvis nulla, vel contraria sit in ministro intentio sua interna. Alii è contrà communiùs, & videri nostro probabiliùs, dicunt, requiri intentionem internam in ministro, volendi facere saltem, quod fit ab Ecclesia. Idque evincitur ex ipsis Concilii verbis. Etenim Concilium, præter positionem materiæ & formæ, requirit intentionem : ergo requirit intentionem in sensu nostro explicatam, & non in sensu oppositæ opinionis. Probo consequentiam: illa intentio opinionis oppositæ jam requiritur à Concilio, dùm exigit positionem seriam materiæ, & formæ ; nàm hæ non ponuntur nisi ab intendente, & volente illas ponere: ergo, si præter positionem materiæ, & formæ, requirit etiam intentionem, postulat intentionem in sensu nostro explicatam, quæ est

alia ab intentione, & volitione positionis materiæ, & formæ : aliter repeteret idem inutiliter ; quandoquidem intentio ponendi materiam, & formam includitur in positione earumdem, & est idem cum positione ipsarum. Confirmo ; quia Concilium indicat objectum hujus intentionis, dicendo, illud esse, faciendi quod facit Ecclesia : Ecclesia autem facit non solùm illam cæremoniam materialiter in se, quæ etiam à laico potest seriò fieri, sed etiam intendit facere actionem sacram, & ritum à Christo institutum, & Sacramentum : igitur intentio, quam postulat in ministro, est faciendi Sacramentum. Confirmo tandem ; quia minister est causa instrumentalis humana : ergo non debet esse merus materialis exequutor, & veluti purum medium materiale deferens virtutem, sed debet cooperari Deo agenti principali modo proprio, convenienter causæ instrumentali humanæ, quæ humano modo non operatur, nisi per intellectum, & voluntatem, volentem se conformare intentioni divinæ, & Ecclesiæ, quæ est, ut fiat Sacramentum. Quibus rationibus suspicari possumus, inductum fuisse Summum Pontificem Alexandrum VIII. ad reprobandam thesim, inter confixas ab ipso, num. 28. in qua dicebatur: *Valet Baptismus collatus à Ministro, qui omnem ritum externum, formamque Baptismi observat, intus verò in corde suo apud se resolvit: Non intendo facere, quod facit Ecclesia.* Nostræ opinioni videtur conformis esse etiam Angelicus, dum 3. p. q. 64. art. 10 ubi de intentione requisita loquens, dicit: *Intentio ministri potest perverti dupliciter : uno modo respectu ipsius Sacramenti; puta, cùm aliquis non intendit Sacramentum conferre, sed derisoriè aliquid agere* (hoc interiùs intendendo); *& talis perversitas tollit veritatem Sacramenti; præcipuè* (nota benè) *præcipuè, quando suam intentionem exteriùs manifestat.* Si igitur ex Angelico, qui intendit derisoriè aliquid agere, non facit Sacramentum, etiamsi duntaxat interiùs ità sentiat: ergo, qui interiùs non vult facere Sacramentum derisoriè agit, nec facit Sacramentum; & præcipuè, si id exteriùs significet: profectò si ly *præcipuè* est vox correlativa, & declarat aliquid, quod jam præsupponitur antea assertum ; si ly *præcipuè* evincit, nempè, quòd non efficiat Sacramentum, quando exteriùs dicit, se nolle facere : id etiam erit, quando exteriùs id non exprimat, ut verificetur, quòd id *præcipuè* accidat, quando

E pro-

profitetur exteriùs , se nolle conficere.

V. Neque oppositum docuit S. Doctor loc. cit. art. 8. ad 2. , ubi approbat opinionem dicentium, quòd *minister Sacramenti agit in persona totius Ecclesiæ , cujus est minister; in verbis autem , quæ profert , exprimitur intentio Ecclesiæ , quæ sufficit ad perfectionem Sacramenti , nisi contrarium exteriùs exprimatur ex parte Ministri , vel recipientis Sacramentum:* ibi enim respondet S. Doctor objectioni, quam sibi opposuerat hoc modo: *Non potes homini esse nota intentio alterius : si igitur intentio ministri requiritur ad perfectionem Sacramenti , non posset homini ad Sacramentum accedenti esse notum, quòd Sacramentum suscepisset.* Quod argumentum, ut vides, excludere vult intentionis interioris necessitatem , ne , qui suscipit Sacramentum, reddatur anxius , àn reverà illud susceperit; eò quòd occulta eidem sit intentio ministri ; & huic argumento dat responsionem allatam , qua nil aliud intendit S. Doctor , quàm simul conjungere & necessitatem intentionis & prudentem securitatem suscipientis, se Sacramentum suscepisse ; eò quòd , cùm minister agat in persona Ecclesiæ , & intentio satis exprimatur in verbis , puta , *ego te absolvo ;* prudenter credere debet suscipiens , ministrum habuisse intentionem absolvendi , nisi contrarium exteriùs manifestet. At ex his quid contrà nos? tollit ne S. Doctor necessitatem intentionis internæ faciendi Sacramentum? minimè gentium ; sed prætermisso responso dato, respondere potuisset, eam ad valorem Sacramenti non requiri ; dummodò exterius fecerit, quod faciendum erat. Ità tamen non respondet; sed, sustinendo necessitatem intentionis , sedare vult anxietatem imprudentem timentis de intentione sibi occulta ministri.

VI. Dices, Sacramenta esse spirituales quasdam medicinas, quarum effectus non pendet ex intentione illis ministrantis. Sed huic nugæ facilè occurritur, primò dicendo , quòd effectus medicinæ ex ejusdem naturali conditione profluit , & proindè medicus sicuti non est medicinæ causa , ità neque effectus ejusdem, sed merus applicans : at materiæ & formæ Sacramentorum non causant gratiæ effectum natura sua , neque ex se sunt partes sacramentales , neque minister est merus applicans , sed causa instrumentalis effectus Sacramentalis : igitur , nisi eleventur à Deo ut causa principali, per ministerium minis-

tri , ut causæ instrumentalis , non producunt effectum gratiæ : nisi igitur etiam minister voluntate operandi Sacramentaliter se determinet , non influet instrumentaliter in effectum , neque habebitur effectus. Repones, impossibile videri , quòd Deus alligare voluerit effectus Sacramentorum intentioni ministri. Sed id nullo modo impossibile videbitur consideranti , quòd posito divino beneplacito utendi ministro tamquam causa instrumentali, operante per intellectum, & voluntatem, voluerit effectus Sacramentorum pendentes esse etiam ab intentione ejusdem. Illud monendum superest , pòst damnatam thesim 1. ab Innoc. XI. cujus auctoritate definitum fuit , quando agitur de valore Sacramenti , non esse sequendam probabilem opinionem , relictâ tutiore ; per consequens in praxi nostræ esse opinioni subscribendum.

   * Ambrosius Catharinus , è Dominicanorum familia , Episcopus Minorensis , & posteà Archiepiscopus Compsanus, *in Opuscul. de intentione Ministri* contendit , ad Sacramentum administrandum , satis esse, ut minister intentionem habeat serió perficiendi ritum externum , qui ab Ecclesia adhibetur , atque adeò , etiamsi suam intentionem retineat , aut interiùs dicat , se nolle facere , quod facit Ecclesia , dummodò exteriùs serió agat , nulloque signo pravam suam voluntatem prodat , ratum , perfectumque Sacramentum ab eo perfici , Catharinus propugnat. Catharino præiverant Petrus Cantor , Robertus Cardinalis Pullus , Palludanus , Sylvester , eumque posteà sunt sectati Salmeron *lib. 1. comment. in Epist. D. Pauli. 3. part. disp. 2.* Joannes Marius Scribonius *in Summ. Theolog. de Sacram. in gen. quæst. 6 & 7.* Vincentius Contensonius *in suo tract. de Sacrament. in Gen.* Hyacinthus Serry in *Vind. Catharin.* Natalis Alexander , Gaspar Juenin , aliique recentiores.

Melioris judicii Theologi , ut animadvertit S. P. Benedictus XIV. *de Synodo Diæces. lib. 7. cap. 4. num. 8.* Catharini opinionem ab hæresis censura vindicant , latumque inter illam , ac Lutheri & Calvini doctrinam discrimen intercedere demonstrant. Negari tamen haud potest , *subdit ,* grave vulnus præfatæ opinioni inflictum ab Alexandro VIII. à quo die 7. Decembris 1690. propositio damnata fuit , quam suprà *num. 4.* affert Auctor. Sed nihilominus à

dam-

damnationis telo illam defendere conantur Jueninus *cit. loc.* Serry *in cit. Vind. pag. 109.* Auctor Oper. *de Re Sacram. pag. 113.* aliique. Sic autem idem S. P. tandem concludit. *num. 9.* „Ut hæc res coràm „Deo se habeat, nulla usquè adhuc de ea „emanavit expressa Apostolicæ Sedis defini-„tio. Quamvis igitur communior, sit senten-„tia, exigens in ministro intentionem vel ac-„tualem, vel virtualem, faciendi non so-„lum ritum externum, sed id, quod Chris-„tus instituit, seu quod facit Ecclesia; & „hæc, veluti tutior, sit omnino servanda „in praxi; non est tamen Episcopi priorem „opinionem reprobare, atque ad hanc pos-„teriorem, etiamsi theoricè tuendam, suos „diœcesanos adigere: causas quippè majo-„res, difficilioresque quæstiones, fidem, aut „disciplinam spectantes, ad Apostolicam „Sedem deferendas, statuit perpetua Eccle-„siæ consuetudo, ab Innocentio III. in *cap. „Majores, de Baptismo,* confirmata. Qua-„re, si constet, quempiam aut Baptismum „contulisse, aut aliud Sacramentum ex iis, „quæ iterari nequeunt, administrasse, om-„ni adhibito externo ritu, sed intentione re-„tenta, aut cum deliberata voluntate non „faciendi, quod facit Ecclesia; urgente qui-„dem necessitate, erit iterum Sacramentum „sub conditione perficiendum. Si tamen res „moram patiatur, Sedis Apostolicæ oracu-„lum erit exquirendum; quemadmodùm ad „*Scholasticum* Constantinopolitanum facien-„dum scripsit Ferrandus, Ecclesiæ Cartha-„ginensis Diaconus, in difficili quæstione, „qua tunc Ecclesia fatigabatur, doctis in-„doctisque in varias partes scissis, inquiens: „*Interroga, vir prudentissime, si quid „veritatis cupis audire principaliter Apos-„tolicæ Sedis Antistitem, cujus sana doc-„trina constat judicio veritatis, & fulcitur „munimine auctoritatis: tom. 9. Biblioth. „Patrum pag. 509.*

VII. Jam alibi explicata triplici intentione, actuali, videlicet, virtuali, & habituali, dicimus cum communi, ad conficiendum Sacramentum sufficere intentionem virtualem, quæ videlicet remanet ex actuali jam anteà elicita, & cujus imperio, impulsu, & efficacia homo operatur, quæ operari constituit; diciturque adhuc humano modo operari ex influxu præcedentis elicitæ actualis intentionis. Habitualis autem nil prodest; quia omni caret influxu in operationem.

Cùm intentio sit actus voluntatis delibe-☞ ratus, quo quis aliquid intendit, seu assequi vult, dùm externam aliquam operationem exequitur: cùmque variis modis voluntas tendere possit in id, quod intendit, seu assequi vult; hinc multiplex ex parte modi intentio distinguitur. Cæteras inter celebris est divisio, *in actualem, virtualem, & habitualem,* quam indicat Auctor num. præced. quamque & hic uberiùs, accuratiùsque explicare operæ pretium existimus. Itaquè intentio *actualis* est præsens animi applicatio ad opus, quod reipsa agitur. Talem intentionem habet Sacerdos, qui, dùm conficit Sacramentum, actu cogitat de eo conficiendo, & actu intendit illud ministrare. Intentio *virtualis* est voluntas faciendi, quæ quoad *formalem,* & expressum actum non ampliùs extat, sed in effectu & determinatione à se relicta perseverat, quoniam manet adhuc aliquis motus, & tendentia ad opus, quod incepit cum ipsius cogitatione, licèt cogitatio saltem reflexa sensim evanuerit. *Habitualis* demùm est intentio olim habita, nec unquam contrario proposito revocata, quæ tamen neque in se, neque in sua virtute, nec in aliquo effectu à se relicto ampliùs viget: vel juxtà alios, est habitus per actus similes sæpiùs repetitos acquisitus, qui voluntati facilitatem, & propensionem tribuit ad eos replicandos, sive est ipsamet facilitas, & propensio, seu inclinatio ex tali habitu genita. His expositis.

Convenit penès omnes, ad perficiendum Sacramentum omnium esse optimam intentionem actualem, virtualem sufficere, habitualem non item.

Actualis quidem omnium optima est, sacrisque rebus tractandis summè conveniens, ideòque maximè optanda, & à religioso ministro pro viribus procuranda, nec nisi culpabiliter negligenda: at omnium consensu ad valorem Sacramenti necessaria non est; cùm vix sit in humanæ mentis potestate, quæ ob sui inconstantiam, & infirmitatem, etiam dum res sanctissimas tractat, & tota cordis intentione eas peragere conatur; aliò invita abstrahitur, & secundùm varia, quæ ipsi præsentantur, objecta, in varias labitur evagationes. Quare, si ad valorem Sacramenti actualis requireretur intentio, dubio procùl semper, vel saltem sæpenumero de ipsius valore ambigendum foret. *Non est autem cre-*

credibile , ait Ém. Gotti·*q. 7. dub. 4.* §. 2.
*Christum voluisse , sua Sacramenta cum
tanta incertitudine ministrari.*

Hinc colligere pronum est, sufficere intentionem virtualem , ad Sacramentum valide conficiendum, ut secundo loco pronuntiavimus. Quippè Minister , ex intentione virtuali agens , agit humano , & rationabili modo, videlicet, cum sufficienti advertentia, & deliberatione: siquidem , ut jam diximus, non est in hominis potestate positum ità cohibere mentem , ut nunquam divagetur, continuoque actu cogitet de opere præsertim diuturniore, quod deliberata voluntate semel aggresus est. Sic concorditer sentiunt Theologi post D. Thomam *3. part. q. 64. a. 8. ad 3.* ubi ad rem hanc hisce sese explicat verbis. *Dicendum , quòd , licèt ille, qui aliud cogitat, non habeat actualem intentionem , habet tamen intentionem habitualem , quæ sufficit ad perfectionem Sacramenti ; puta, cùm Sacerdos accedens ad baptizandum intendit facere circa baptizandum, quod facit Ecclesia. Undè, si postea in ipso exercitio actus cogitatio ejus ad alia rapiatur , ex virtute primæ intentionis perficitur Sacramentum. Quamvis studiose curare debeat Sacramenti Minister , ut etiam actualem intentionem adhibeat : sed hoc non est totaliter positum in hominis potestate ; quia præter intentionem , cùm homo vult multum intendere , incipit alia cogitare.* Quid clarius? Notandum verò S. Doct. *habitualem* intentionem pro *virtuali* hìc accipere; nondùm enim ipsius ætate excogitata fuerat à Theologis distinctio triplicis intentionis: sed tunc intentio solummodò in actualem , & habitualém sejungebatur : *habitualis* autem nomine Theologi illorum temporum eam intelligebant, quam modò nos *virtualem* nuncupamus: proindè ipse quoque D. Thomas de habituali intentione loquitur in eumdem modum, ut patet apertissimè ex ejus doctrina : asserit namque, quòd, *si in ipso exercitio actus cogitatio ejus ad alia rapiatur , ex virtute primæ intentionis perficitur Sacramentum* , quod nos de virtuali intentione dicimus. Legatur Eminentissimus Cardinalis Cajetanus in *Comment. super eumdem articulum.*

Cæterùm , cùm virtualis intentio ab actuali (quæ fortè melius *formalis* , & *reflexa* diceretur) secernitur, communis potiùs loquendi modus, quam veritas ipsa spectatur, ut appositè animadvertunt nonnulli.

Quandoquidèm & quæ virtualis vocitatur, actualis est ; imò ipsissima intentio , à principio actionis elicita , actu perseverans in se, sed sine actuali advertentia , & reflexione agentis ad ipsam ; nàm alioquin aliquam ejus , quod fit, tenuem, subobscuram, confusam , & imperceptibilem cogitationem superstitem esse in eo, qui ex virtuali intentione operatur , indè colligunt gravissimi Doctores, quòd, cessante prorsus omni cogitatione , vix potest intelligi, perseverare aliquam in voluntate , & in potentiis ab ea motis, determinationem, vel impetum ad opus anteà susceptum.

Denique intentio habitualis satis non est ad peragendum validè Sacramentum , ut postremò adfirmavimus. Etenim juxta Christi institutionem ad Sacramentum perficiendum requiritur in Ministris actio humana & deliberata, quæ ab habituali solummodò intentione non præstatur, cùm hujus motione , & virtute illa minimè edatur; quippè intentio , quæ tùm in se , tùm quoad motus aliquando excitatos , omnino præterriit, licèt contraria voluntate sublata non fuerit , nihil influit in opus , quod posteà efficitur , & ad illud humano modo perpetrandum æquè se habet , ac si nunquam emissa fuisset.

Intentio quoquè interpretativa (& hoc opportunè addam) ad conficiendum validè Sacramentum idonea non est , multòque minus ad id sufficit , quàm habitualis. Nam intentio interpretativa, prout communiter Theologi explicant, est, quæ nec actualiter adest, nec unquam reverà extitit in operante ; sed quæ tantùm præstò foret , si ejus objectum menti occurreret, & hæc illud voluntati proponeret, undè non est propriè intentio , sed dispositio duntaxat voluntatis ad intentionem concipiendam in datis circumstantiis. Porrò intentio , quæ nec actualiter adest, nec unquam reverà extitit , sed solùm adesset, si ejus objectum in mentem veniret , nihil efficit , neque valet esse principium actionis moralis , & humanæ , qualis est effectio Sacramentorum.

Ex hactenus dictis sequentia , quæ praxim spectant , inferas cum Petro Collet *Instit. Theolog. tom. 4. cap. 2.* §. 2. *conclus.* 1. gravis peccati suspectos esse , qui voluntariè distrahuntur in conficiendis Sacramentis, quia hìc subest irreverentia, quæ pro levi haberi facile non potest. 2. eum, qui formam sine intentione inceptam cum in-

intentione prosequitur , aut è contrario, nihil efficere , quia necessum est , ut intentio in formam, totam influat. Idem est, si quis absolutionis formam , quam attentè incepit , perficiat somno oppressus ; quia dormiens humano modo non agit 3. validè consecrari hostias , quas quis consecraturus in pyxide super corporali reposuerit, etsi earum oblitus , pyxidem non aperuerit in decursu actionis ; quia hîc influit primæva intentio (nisi fortè Sacerdos , ut alicujus est in morte positum , intenderet consecrare unicè materiam , quàm præ manibus tenet.) 4. addendum putamus , non consecrari hostias juxta probabiliorem sententiam , si ponatur pyxis super Altare à cornu Epistolæ , & Sacerdos non recordetur super corporale illam constituere. Idem omnino asserendum , si particulæ deferantur ad Altare in vase non sacro , ligneo , stanneo &c. & in ipso remaneant, quamvis vas super corporale positum sit. Ratio est , quia particulæ extra corporale , vel in vase non sacro positæ, nequeunt licitè consecrari ob reverentiam Sacramenti , & contrariam Ecclesiæ ordinationem ; atque adeò intentio Sacerdotis non se extendit ad illas sic positas consecrandas ; cùm intentio cujuscumque boni Sacerdotis sit, & semper supponatur esse, consecrandi duntaxat materiam , quæ licitè , & absque peccato consecrari potest ; nullus quippe præsertim in tam sancto ministerio præsumitur velle agere illicitè , seu peccare: 5. eos, qui , cùm irregulares sint , dimissorîsve , aut legitimo titulo destituti , manuum impositionem recipiunt ab Episcopo , qui per se , vel ministros suos declaravit , talium ordinationem à se non intendi, verè tamen ordinari , si declaratio hæc sit solùm comminatoria ; secùs , si absoluta est; quia hîc nulla occurreret intentio , ne quidem virtualis. In dubio de intentione Episcopi erit is consulendus. Quòd si obierit, ponderanda erunt verba, quibus usus est ; si verò ex iis defuncti mens certò colligi nequit, iteranda erit sub conditione ordinatio tanquam dubia. Cæterùm hujusmodi declarationes , de futuro intentionis defectu , quæ nullum in Pontificalibus fundamentum habent , jure inprobantur à Lugo ob gravia, quæ hinc exoriri possunt dubia. De hoc postremo latè disserit S. P. Benedictus XIV. tum *de Synodo Diœces. lib. 7. cap. 26. E. R.* 1748. Parm. verò 1766. *lib. 8. cap. 9.* tum *de Sacrosancto Sacrificio Missæ lib. 3. c. 10.*

probatque, quod asserit Lugo , præstare omnino , ut Episcopus abstineat ab illa ge nerali protestatione , se intentionem non habere ordinandi irregulares , censuris innodatos , carentes legitimo patrimonio, aut beneficio , vel litteris dimissorialibus proprii Ordinarii &c. , cùm protestatio hujusmodi innumeris scrupulis , & animi anxietatibus occasionem præbeat.

§. II. *De requisitis , ut licitè ministret.*

1. MInister Sacramenta solemniter conficiens, id est , agens ex officio , & munere suo, debet esse immunis à reatu mortali ; alioquin peccat mortaliter. Sacramentum conficiendo , & ministrando : est communis cum S. Doctore, qui 3. p. quæst. 64. a. 6. ità probat assertum: quia minister , ex officio agens , tenetur se conformare agenti principali , cujus se exhibet ministrum ; & aliter faciens , irrogat gravem injuriam tàm præfato agenti, quàm Sacramento. Minister autem agens in casu necessitatis , si ministret non in statu gratiæ , non peccat : ità S. Doctor. loc. cit. ad 3. *In articulo necessitatis baptizando* (Sacerdos) *non peccaret, in casu quo etiam laicus posset baptizare: sic enim patet , quòd non exhiberet se ministrum Ecclesiæ , sed subveniret necessitatem patienti. Secùs autem est in illis Sacramentis , quæ non sunt tantæ necessitatis, sicut Baptismus.* Quia in hoc casu immun* dities ministri non redundat in reverentiam Christi, nec Sacramenti, sicut redundat in munditia agentis ex officio solemniter , & u ministri Ecclesiæ. Id autem intelligitur etiam de merè ministrante , quamvis non conficia Sacramentum , ut docet probabilior cum Rituali Romano , Pauli v. auctoritate edito *Sacerdos si fuerit peccati mortalis sibi conscius , quod absit , ad Sacramentorum administrationem non audeat accedere , nisi priùs corde pœniteat ; sed si habeat copiam Confessarii , & temporis , locique ratio ferat, convenit confiteri:* & cum S. Doctore in 4. dist. 24. q. 1. a. 3. q. 5. *Quicumque cum peccato mortali aliquod sacrum officium pertrahat , non est dubium. ... quòd mortaliter peccet:* & 3. part. loc. cit. *Non est dubium, quin mali, se exhibentes ministros Dei, & Ecclesiæ , in dispensatione Sacramentorum peccent..... & consequens est, quòd tale peccatum ex genere suo sit mortale.* Unde antequam ministret , saltem actum per-
fec

fectæ contritionis eliciat : dixi , saltem ; quia Rituale docet , quòd , si copiam Confessarii habeat , convenit confiteri. Circa Eucharistiam dicetur suo loco.

Confessionem sacramentalem præmittendam esse consecrationi, & sumptioni Eucharistiæ ab eo , qui sibi conscius est peccati mortalis , nisi necessitas excuset , & certum est penès omnes , & suo loco perspicuum fiet , videlicèt *tract. 14. cap. 3. §. 6.* Hoc idem & ab eo præstandum, qui Eucharistiam duntaxat administrare debet , vel aliud Sacramentum conficere , si habeat copiam Confessarii , & non urgeat necessitas extremè indigenti sucurrendi ; adeòque non sufficere , si solum actum eliciat perfectè contritionis , sentiunt non pauci. Plura ad id evincendum adferunt ipsi argumenta. Hoc unum solummodò , ut brevitati consulamus , occulis subjicimus. Necesse est , ut unusquisque in rebus , quæ ad salutem animæ spectant , certa & obvia , quæ in promptu habet , incertis & dubiis præponat ; & nisi hoc modo se gerat , in comperto est apud omnes, sese peccati reum constituere ; ut patet ex Augustini auctoritate , quam affert Petrus Collet, *tract. de Sacrament. in Gen. cap. 4. art. 2. post concl. 2.* Porrò facilius , & obvium recuperandæ gratiæ medium est sacramentalis confessio ; incertum verò , & arduum medium contritionis perfectæ. *Quis ignorat* , ait Catechismus Concilii Tridentini *2. part. cap. 5. §. 36. illam* , nempè, contritionem , qua peccata delentur , *adeo vehementem, acrem, & intensam esse oportere , ut doloris acerbitas cum scelerum magnitudine æquari , conferrique possit? At quoniam pauci admodùm ad hunc gradum pervenirent , fiebat etiam , ut à paucissimis hac via peccatorum venia speranda esset &c. Quare....Clementissimus Deus,* Concludit Cathechismus , *Claves regni cælestis Ecclesiæ tradidit.* Necessum est igitur , ut minister , mortali peccato inquinatus , hoc certum , & obvium recuperandæ gratiæ medium amplectatur ; & si ipsum negligat , peccabit , seque gravi periculo indignè conficiendi , & administrandi Sacramenta exponet ; quemadmodum peccaret ille , & periculo exponeret Sacramentum irritæ administrationis , qui neglecta materia, & forma certa , quam habet in promptu, incertam ; & dubiam adhiberet. Hinc idem Catechismus *loco citato* , §. 45. *Si quid,* ait , *salutis nostræ ratio postulet , conside-*

remus : profectò quotiès.... aliquam rem tractare aggredimur , cujus tractatio homini peccatis contaminato non conveniat , veluti cum Sacramenta administramus , aut percipimus , totiès confessio prætermittenda non est. Lege P. Danielem Concina *lib. 1. de Sacramentis in genere Dissert. unic. cap. 15. §. 5. num. 6.*

II. Tenetur item minister , ut licitè ministret , observare sacras cæremonias respectivè præscriptas pro confectione , aut administratione Sacramenti ; ità ut , si notabiliter cum advertentia desit , peccet mortaliter. Ità Synodus Tridentina sess. 7. can. 13. *Si quis dixerit , receptos , & approbatos Ecclesiæ ritus , in solemni Sacramentorum administratione adhiberi consuetos , aut contenini , aut sine peccato à ministris pro libito omitti , aut in novos alios per quemcumque Ecclesiarum pastorem mutari posse ; anathema sit.*

III. Si minister Sacramentum ministret peccatori publico , sive publicitate juris, quia declarato tali per sententiam judicis, vel per ipsius confessionem , vel per depositionem testium in judicio ; sive publicitate facti perpetrati in loco publico , quod majori parti innotescit , neque potest aliqua tergiversatione celari ; huic , inquam , peccatori sive publicè , sive occultè petenti, si ministret, peccat lethaliter : quia contra Evangelium Matth. 7. dat sanctum canibus, & mittit margaritas ante porcos ; scandalum namque præbetur fideli populo , si hujusmodi peccatori, antequam sufficientia det signa pœnitentiæ, Sacramenta administrentur. Excipe matrimonium , cujus ipsi contrahentes sunt ministri. Non enim peccat contrahens cum publico peccatore , neque peccato illius cooperatur ; quia in ipso stat , ut saltem per contritionem se mundet : aliter multa sequerentur inconvenientia , si contrahens deberet esse solicitus de justitia alterius contrahentis , & multæ fraudes intermisceri possent : imò videmus , Ecclesiam alicubi permittere catholico contrahere eum hæretica , & è contrà. Peccatori autem occulto petenti in publico , non est denegandum Sacramentum ; quia læderetur fama ipsius cum gravi scandalo , dùm alioquin possit resipuisse , eò quòd id in momento contingere possit : & alioquin præceptum justitiæ strictiùs urget , quàm præceptum solius religionis. Si demùm petat occultè , denegandum est ; quia nullum sequitur inconveniens,

&

& alioquin urget præceptum de non dando sancto canibus.

☞ Circa traditam hucusquè ab Auctore doctrinam , quæ est S. Thomæ 3. p. q. 80. a. 6., omniumque Theologorum , plura observanda occurrunt.

1. Circa peccatorem publicum , cui denegandum est Sacramentum , sive publicè , sive privatim petat : magna in praxi cautione , atque prudentia opus est , ut monet Continuator *Prælect. Theolog.* Honorati Tournely *Tract. de Sacram. in Gen. cap.* 2. *art.* 3. *sect.* 5. Cavendum itaquè , *ait* , & summoperè cavendum 1. ne pro notorio habeatur , quod vel paucis cognitum sit , vel rumoribus nixum incertis , vel sola vulgi credulitate , aut imperitia fundatum. Idque etsi in pluribus locum habere potest , habet præsertim in iis , quæ pertinent ad sortilegium , magiam , & quandoquè hæresim. 2. Ubi sentit Parochus , fieri posse , ut ad Sacramenta accedat quis suspectæ famæ , æquum est ut eum amicè conveniat , moneat de ipso spargi multa , quæ tetri quid moribus ejus inurant , horteturque , ut scandali causas resecet. 3. Et id curare debet , ut è suggestu , nemine tamen designato , contra eos insurgat , qui , & impii sunt , & , ne pro impiis habeantur , accedere volunt ad Deum , *quasi gens, quæ justitiam fecerit.* 4. Non deferat Eucharistiam cum periculo tumultus , & scandali , puta , si notorius adulter , necdum , ut potest , pellicem è domo ejecerit. 5. Non habeat ut notorium in hoc vico peccatorem , qui tantum notorius sit in alio , præsertim , ait Sylvius *quæst.* 8. *art.* 6. , si fama criminis non videtur eò facilè perventura. 6. Ubi viderit , peccatorem tergiversatione aliqua non improbabili ideam criminis à se propellere , consulat Episcopum , & in dubiis mandata ejus exequatur; ne , dùm scandalo vult occurrere , scandalum innectat gravius , & incerta colligendo zizania , certum eradicet triticum. Legatur Epistola Encyclica Benedicti XIV. *data die* 16. *Octobris* 1756. ad S. R. E. Cardinales , Archiepiscopos , & Episcopos Regni Galliarum , in novissimis Comitiis Cleri Gallicani congregatos.

* Idem autem S. P. *de Synodo Diœcesana lib.* 7. *cap.* 11. *n.* 8. , scitè animadvertit; quòd eorum opinio sit rejicienda , qui asserunt, neminem publici peccatoris censura notandum, aut ab Eucharistica mensa segregandum esse, præter eum, quem Judicis senten-

tia talem esse declaraverit; cùm constet, manifesti quoquè peccatoris nomine , ad hunc effectum , censeri eum , qui notoriè talis est, quamvis nec ipse in judicio delictum confessus sit , nec super eo Judex Ecclesiasticus, aut Laicus sententiam tulerit. Et ità intelligenda esse Synodorum decreta , & Ritualium præscripta , quibus publici peccatores à Communione arcentur , sine dubitatione censuit Van-Espen *Jur. Eccl. Univers. part.* 2. *tit.* 4. *cap.* 2. *num.* 20.

2. Circà peccatorem occultum publicè petentem , cui tribuendum est Sacramentum , cavendum est, ne Minister Sacramenti simulet administrationem , ut ex una parte ejus vitet infamiam , & ex alia indignæ Sacramenti receptioni consulat. Nunquam enim licet simulare Sacramenti administrationem ; nullusque metus , ne quidem mortis , satis est excusare à gravissimo reatu simulatorem , ut constat ex hac proscripta ab Innocentio XI. propositione : *Urgens metus gravis est justa causa Sacramentorum administrationem simulandi.* Quare ad vitandum quodvis malum , non est licitum sub mortali scienter ministrare , etiam consentienti , hostiam non consecratam , ut docet D. Thomas 3. *part. quæst.* 80. *art.* 6. *ad* 2. ajens : *Hostia non consecrata nullo modo debet dari loco consecratæ ; quia Sacerdos hoc faciens , quantùm in se est , facit idololatrare illos , qui credunt esse hostiam consecratam , sive alios præsentes, sive etiam ipsum sumentem ; quia ut Augustinus dicit : Nemo carnem Christi manducet , nisi priùs adoret : undè extra. de Celebrat. Mis. cap.* De homine dicit : *Licet is , qui pro sui criminis conscientia reputat se indignum , peccet graviter , si se ingerat irreverenter ad illud , graviùs tamen videtur offendere , qui fraudulenter illud præsumpserit simulare.* Idem asserit & *Quodl.* 5. *art.* 12. ubi , postquàm statuit, quòd in nullo casu est faciendum , ut hostia non consecrata exhibeatur uni , vel pluribus , tanquàm consecrata , subdit : *Debet ergo Sacerdos peccatorem occultum primò quidem monere , ut pœnitentiam agat , & sic ad Sacramentum accedat. Quòd si pœnitere noluerit , debet ei occultè inhibere, ne aliis communicantibus in publico se immisceat : quòd si se immiscuerit , debet ei dare hostiam consecratam.*

3. Demùm circa peccatorem occultum, Sacramentum occultè petentem , cavendum

est, ne Minister etiam in hoc casu ei deneget Sacramentum, posito quòd illius indig-
nitatem ex sacramentali duntaxat confessione cognoscat ; siquidèm, quæ hac via cognoscuntur, pro exterius ignoratis reputari
debent, præsertim cùm indè imminet pœnitentis confusio. Quare si indignitas peccatoris esset ex sola sacramentali confessione
prævia Sacerdoti comperta, ne quidem eum
tunc, licèt solus sit cum solo, à Sacramento
arcere potest.,

Ad rem hanc D. Thomas *in 4. dist. 9.
art. 5. in resp. ad 5. quæst.* hæc habet. *Si
Sacerdos sciat peccatum alicujus, qui Eucharistiam petit, per confessionem, vel alio
quolibet modo, distinguendum est* : *quia
aut peccatum est occultum, aut manifestum.
Si est occultum, aut exigit in occulto, aut in
manifesto. Si in occulto, debet ei denegare
& monere, ne in publico petat. Si autem in
manifesto, debet ei dare.* Ex quibus colligunt nonnulli, juxta S. D. occulto peccatori,
Eucharistiam in occulto petenti, denegan-
dam esse, licèt Sacerdos de Communionis
administratione requisitus, requirentis peccatum ex illius confessione Sacramentali cognoverit. Verùm 1. ut animadvertit. S. P. Benedictus XIV. *de Synodo Diœc. l. 7. cap.
11. n. 5. Edit. Parm. 1760.* viget adhuc inter D. Thomæ sectatores quæstio, utrùm id
quod S. D. *loco cit.* dixerat, in posteriore
Summa censendus sit confirmasse, non re-
tractando: àn revocasse, prætermittendo, scilicèt, cùm 3. part. quæst. 80. art. 6. opportuna illius doctrinæ repetendæ occasio ipsi præstò esset, nec tamen quippiam dixerit. 2. Fortè nec *loco superiori* D. Thomas id docuit, quod aliqui ab ipso traditum autumant ; nàm ait Sanct. Doct. *Si Sacerdos
sciat peccatum alicujus, qui Eucharistiam
petit, per confessionem, vel alio quolibet
modo; si... exigit in occulto.... debet ei denegare, & monere ne in publico petat* : atqui
Sanctus ipse Doctor in eodem 4. *dist. 21.
quæst. 3. art. 1. sive suppl. quæst. 11.art. 1.
ad 3.* expræssè asserit, *quòd in his, quæ ad
ipsum* (Confessarium) *deferuntur in foro
pœnitentiæ, debet in eodem foro, in quantum
potest, adhibere remedium ;* atque adeò, ut
bebet ibidem immediatè ante laudata verba,
*non tenetur adhibere remedium, nisi eo mo-
do, quo ad ipsum defertur* : ergo dùm *cit.
art. 5. dist. 9.* affirmat, quod si peccator
exigit Eucharistiam in occulto, Sacerdos,
qui scit illius peccatum, debet ei denegare,

intelligendus est loqui de Sacerdote, qui scit
ejusmodi petentis peccatum *alio quolibet modo,* præter confessionem : non, si sciat duntaxàt *per confessionem ;* quippe peccato, per
confessionem cognito, juxta S. D., *non tenetur adhibere remedium, nisi eo modo, quo
ad ipsum defertur,* id est, in *eodem foro pœnitentiæ* : non ergò etiam denegando Eucharistiam ; qui agendi modus foret omnino
alius, & extra forum Sacramenti pœnitentiæ quæreretur remedium iis, quæ delata
essent in tali foro. 3. „Cæterùm eam pro-
„culdubiò sententiam cautiorem, & magis
„tutam esse, ac meritò sequendam, exis-
„timamus, *inquit loc. cit.* n. 6. S. P. Be-
„nedictus XIV., ut scilicet quoniam om-
„ni ratione vitare oportet ea, quæ Pœni-
„tentiæ Sacramentum ·Fidelibus odiosum
„reddere possunt ; & adeò districta est
„lex sigilli Confessionis sacramentalis, ut
„Confessarios ne cum ipso quidem pœ-
„nitente extra confessionem loqui possit
„de illius delicto, quod per confessionem
„unicè novit, nisi ipse pœnitens expressam
„ei licentiam tribuerit ; ut, inquam, debeat
„Sacerdos Eucharistiam ministrare pecca-
„tori occulto, eamdem in occulto petenti,
„quotiès illius peccatum ex audita dunta-
„xat ejusdem confessione sacramentali cog-
„noverit. Quòd si præterea delictum illud
„aliundè, quàm ex ipsa delinquentis confes-
„sione, compertum habeat, & propterea
„eidem delinquenti, licèt occulto, & Com-
„munionem in occulto petenti, denegan-
„dam hanc esse duxerit; non omittat eidem
„significare, salvo semper notitiæ autore,
„cognitum sibi esse illius statum alia ratio-
„ne, quæ nihil commune habeat cum Sa-
„cramento Pœnitentiæ."

§. III. *De subjecto Sacramentorum.*

I. EX communi, adultus, qui sit, vel aliquando fuerit compos sui, ut validè
recipiat Sacramentum, debet habere intentionem vel formalem, vel virtualem, vel
interpretativam suscipiendi illud ; ità docet Concil. Carthaginense 3. c. 34. *Ægrotantes, si pro se respondere non possunt,
cùm voluntatis eorum testimonium ii, qui
sunt, dixerint, baptizentur.* Ratio est ; quia
sicut suavis Dei providentia nec salvat,
nec justificat adultum sine ejus consensu, ità neque consecrat per Sacramenta;
cùm enim susceptio Sacramenti in adulto
                                                    sit

sit actus humanus , requirit intentionem finis. Consultò diximus de adulto , qui sit, vel fuerit compos sui ; nàm , si fuerit semper impos , eadem est ratio de ipso , ac de parvulis. Si autem quæras , quorum Sacramentorum capax sit impos perpetuus; dicendum , Baptismi esse capacem validè, & licitè ; quia Ecclesia supplet intentionem: Confirmationis validè quidèm, sed non licitè, sicuti & Eucharistiæ : Pœnitentiæ esse omnino incapacem ; & similiter Extremæ Unctionis , & Matrimonii : Ordinis demùm Sacramentum, plures dicunt , validè recipere posse, sed non licitè.

* Intentio, quæ requiritur ad validè suscipiendum Sacramentum , non debet necessariò esse vel actualis , vel virtualis , sed sufficit quandoquè habitualis, & interpretativa ; quippè Canones docent , valere Sacramenta collata dormientibus , amentibus , & præ subita infirmitate linguæ usum , & cujusvis alterius signi amittentibus , si appareat , eos anteà Sacramenta desiderasse. In talibus autem dubio procùl intentio actualis non adest; cùm tùm de Sacramentis minimè cogitent. Nec adest virtualis ; non enim in eis permanet aliquis motus, vel operatio ab intentione præcedente relicta , in qua intentio præterita dici possit virtualiter permanere : ergo sola adest habitualis intentio, nempè præterita non retractata. Quare Extrema-Unctio valet collata fideli præ subita infirmitate omnium sensuum usu destituto; quia is, qui , dùm sua frueretur ratione, ad mortem usquè Catholicam Fidem professus est , censetur velle , ut sibi ratione destituto Sacramenta in eo statu necessaria conferantur.

Nec ex eo quòd intentio habitualis non sit satis in Ministro ad conficiendum Sacramentum , colligi potest , eamdem intentionem non sufficere ad illud validè recipiendum. Nàm Minister conficiens activè se habet sua intentione influens ; at suscipiens se habet passivè. Plus autem requiritur ad agendum , quàm ad patiendum. Sic Em. Gotti tract. 4. de Sacram. in gen. quæst. 8. dub. 1. n. 20. & 21.

Excipiuntur tamen Sacramenta Pœnitentiæ , & Matrimonii , ad quæ validè recipienda non est satis intentio habitualis , seu voluntas præterita non retractata. Siquidem actus pœnitentis sunt materia proxima Pœnitentiæ ; & ad valorem contractus , cujusmodi est Matrimo-

nium , requiritur consensus saltèm virtualis.

* Petrus Collet Inst. Theolog. tom. 4. tract. de Confirmatione cap. 5. censet, confirmandos esse perpetuò amentes ; debent enim , inquit , confirmari , si validè possunt , & nihil obest : possunt porrò, & nihil obest ; contraria enim consuetudo, quæ in Ecclesia latina prohibitionem induxisse creditur quantùm ad Eucharistiam respectu infantium; quibus æquiparantur amentes, haud videtur eam induxisse quantum ad Confirmationem.

Idem sentiendum, subdit, de amentibus, qui aliquando habuere rationis usum , cùm eadem sit horum ratio , quæ aliorum : modo tamen statim post grave quidpiam peccatum non inciderint in amentiam (tunc enim carent gratia sanctificante, quæ necessaria est ad istud Sacramentum dispositio;) & aliquam Sacramenti hujus suscipiendi habuerint intentionem , quæ præsumi debet , ubi nulla , dùm mentis essent sanæ , in contrarium voluntas apparuit. Si tamen crederentur ab insania , quandoque reversuri, differenda esset Confirmatio , ut majori cum decentia, & utilitate reciperetur.

Quoad Sacramentum verò Extremæ-Unctionis existimat tom. 5. tract. de Extr. Unct. cap. 3. adhibendam esse Unctionem amentibus; furiosis, & arreptitiis, si , dùm sana mente erant, signa sinceræ ad Deum conversionis ostenderint ; maximè , si antè Sacramentum exoptassent: si tamen ejusmodi homines, subjungit, nulla habuerent lucida intervalla , nec posset ipsis Unctio administrari sine evidenti periculo Irreverentiæ; satiùs foret, eo in casu illos non inungi, cùm Sacramentum hoc non sit absolutè necessarium ad salutem.

II. Ad validam Sacramentorum susceptionem non requiritur fides, vel justitia, Sacramento Pœnitentiæ duntaxat excepto : ità manifestè S. Augustinus lib. 3. de Baptismo cap. 14. Non interest , cùm de Sacramenti integritate , & sanctitate tractatur, quid credat, aut quali fide imbutus sit ille , qui accepit Sacramentum : interest quidem plurimum ad salutis viam , sed ad Sacramenti quæstionem nihil interest. Undè , si vir nullius religionis velit baptizari, validè baptizatur, & pòst baptismum validè alia Sacramenta suscipit , quæ invalidè susciperet sine baptismo ; quamvis omnia sacrilegè suscipiat ; eò quòd valor eorum à nulla suscipientis dispositione pendeat , si

F ad-

adsit voluntas suscipiendi. Hinc patet justa exceptio Sacramenti Pœnitentiæ; quòd actus pœnitentis bonos, & virtuosos tanquam sui partem materialem postulat, ut videbitur suo loco.

III. Ad licitam Sacramentorum receptionem illæ requiruntur conditiones, quæ à diversa qualitate Sacramentorum postulantur. Nàm Sacramenta vivorum exigunt statum gratiæ : mortuorum autem in adulto exigunt saltem atritionem cum dilectione: eò quòd prima conferantur animæ jam supernaturaliter viventi ; secunda verò animæ à peccati mórte suscitandæ. Nec mirum, cùm gratia sit forma perfecta, sive ut primò collata, sive ut aucta ; forma autem perfecta ad sui introductionem in subjectum, congruas postulat dispositiones, ut videre est in formis naturalibus, cum quibus analogiam quamdam servant etiam formæ supernaturales.

Theologi, qui censent, præmittendam esse sacramentalem confessionem non solum confectioni, & sumptioni Eucharistiæ, sed & cujuscumque Sacramenti administrationi ab eo, qui sibi lethalis criminis conscius est, iisdem argumentis ducti existimant, ad eamdem obstringi quemcumque in statu peccati mortalis existentem, qui aliquod vivorum Sacramentum recipere debet ; atque adeò non sufficere putant, si actum contritionis duntaxat eliciat. Lege inter cæteros Petrum Collet *Instit. Theol. tom. 4. tract. de Sacram. in Genere cap. 4. art.* 2. & quæ notavimus §. *præced. post num.* 1.

IV. Petere Sacramenta à ministro indigno non tolerato, nedum est illicitum, verùm invalidum etiam fieret Sacramentum ; quippè quòd hujusmodi sint ministri omni jurisdictione privati ; exceptis, juxta communem Doctorum, Sacramentis Baptismi, & etiam Pœnitentiæ in casu extremæ necessitatis ; & in defectu alterius ministri, ut plures docent ; in quo tamen dicetur in tract. 14. cap. 4. §. 13. Hi autem non tolerati, sunt, juxta Concilium Constantiense, nominatim excommunicati, & publici Clericorum percussores, quorum crimen nulla potest tergiversatione celari; item degradati, suspensi, interdicti, & irregulares nominatim, & publicè denuntiati ut tales : quemadmodum notavit Henriquez, lib. 13. cap. 5. §. 5. Tolerati verò dicuntur illi, qui nullo dictorum impedimentorum irretiuntur ; sunt tamen in statu notæ culpæ lethalis : à quibus, si alii

ministri non sint, petere Sacramenta, urgente aliqua gravi necessitate, vel impellente aliqua notabili utilitate, non est illicitum, sive parati sint, sive non ad Sacramenta ministranda ; eò quòd petens in talibus circunstantiis, petit, quod ille potest, si velit, dignè ministrare, dolendo de suo statu ; & alioquin petens habet justum petendi motivum. Si autem petantur, dùm non est aut gravis necessitas, aut magna utilitas, aut alii ministri adsint, illicita graviter est petitio ; quia absque justo motivo ponitur offendiculum proximo contra præceptum charitatis.

Minister non toleratus, seu vitandus, utiquè nequit validè conficere, & administrare Sacramenta, quæ pendent à potestate jurisdictionis, cùm in tali statu existens sit quacumque jurisdictione destitutus; atque proindè Sacramentum Pœnitentiæ, ab ipso administratum extra mortis articulum, irritum est, & nullum, etiamsi illius censura à pœnitente ignoretur invincibiliter: undè, cùm id iste noverit, ad confessionem reperendam tenebitur, nisi fortè confessio facta fuisset in loco, ubi ex communi errore, & titulo colorato pro legitimo Ministro haberetur. Diximus consultò: *extra mortis articulum*; quippè Ministrum non toleratum posse in mortis articulo & Pœnitentiæ Sacramentum, validè administrare, adversùs Fagnanum, aliosque ipsi adhærentes, communior sententia docet, ut videbimus suo loco, nempè, tract. 14. cap. 4. §. 13. At minister non toleratus, seu vitandus validè conficit, ac ministrat Sacramenta, quæ pendent duntaxat à potestate Ordinis, si cætera necessario requisita non desint ; quia sicuti non potest Ordinis charactere privari, ità neque valore actuum, qui ab eodem proficiscuntur. *Quia consecratio Eucharistiæ* (sic D. Th. 3. *p. q.* 82. *art.* 7.) *est actus consequens Ordinis potestatem; illi, qui sunt ab Ecclesia separati per hæresim, aut schisma, vel excommunicationem, possunt quidem consecrare Eucharistiam, quæ ab eis consecrata verum corpus & sanguinem Christi continet : non tamen hoc rectè faciunt, sed peccant facientes.* Idipsum docet S. D. suppl. q. 38. art. 2. de Episcopo hæretico, & ab Ecclesia præciso, sacros Ordines conferente. An verò Parochus vitandus validè quoquè matrimonio assistat, peculiaris difficultas est, quam alibi ad examen vocabimus, & discutiemus. Interim solummodò animadvertimus, Ministrum

non

non toleratum semper moraliter delinquere conficiendo, & administrando Sacramenta extra casum necessitatis. Leg. Contin. *Prælld. Theolog.* Honorati Tournely *tract. de Censuris p. 2. cap. 1. sect. 3.* & hoc etiam Auctor docet expressè infrà tract. 15. cap. 2. §. 2. num. 3.

✠ Quod de Sacramentorum validitate dictum est, extendi solet etiam ad Sacramentalia; quia Sacramentalia pertinent ad potestatem ordinis, non ad jurisdictionem: undè communis est opinio, consecrationes, & benedictiones, quas introduxit Ecclesia, ab excommunicato denuntiato validè fieri.

☞ Observandum ulteriùs est, excommunicato vitando, etiam notorio hæretico, licitum esse 1. in mortis articulo baptismum petere, & accipere, si catholicus desit, ut docet D. Thomas in 4. dist. 1. quæst. 2. art. 2. q. 5. dicens: *Si nullus minister sit præcisus ab Ecclesia, tum peccat ab eo recipiens Sacramentum, nisi in necessitate, in qua posset etiam à Pagano, vel Judæo suscipere.* Idipsum apertè multò antè D. Augustinus *lib. 1. de Baptis. contra Donatistas cap. 11.* asseruit. Et hujus rei ratio aliunde peti nequit, quàm ex summa Baptismi ad saltem necessitate; cui ut faciliùs consuli posset, ejusdem Sacramenti validè impertiendi ad quemcumque hominem Christus Dominus facultatem extendit: 2. posse insuper Pœnitentiæ Sacramentum in casu extremæ necessitatis, id est, in mortis extremo periculo, à Sacerdote non tolerato, suspenso, degradato, & etiam hæretico licitè postulari; atque suscipi ab eo, qui lethalibus peccatis gravatum se agnoscit, nec præstò habet approbatum Ministrum, Theologi plures sentiunt; tàm quòd divino tunc urgenti confessionis præcepto omnes loco cedant Ecclesiæ prohibitiones, & interdicta; tùm quòd sine ejusdem Sacramenti reipsa suscepti remedio moriturus magno discrimini suam æternam salutem exponeret; etsi namque per actum contritionis cum voto confessionis possit Dei gratiam recuperare, attamen cum perfectam concipere contritionem homini peccatori, & fortassis in peccatis inveterato, non adeo sit in promptu, de ejus veritate incertus, magnis jactaretur angoribus, si absolutionem Sacramentalem tunc temporis obtinere non posset. Quare, inquiunt cuilibet Sacerdoti à quibuslibet peccatis absolvendi facultas in mortis articulo ab Ecclesia, & fortassis à Christo concessa est; quod colligunt ex Concilii Tridentini verbis sess.

14. cap. 7. Sed de hoc, ut innuimus, fusiùs alibi: 3. Prætereà nonnulli opinantur Theologi, posse & Eucharistiam, & Extremam Unctionem, & generatim aliud vivorum Sacramentum per se non necessarium ad salutem, à vitando Ministro licitè suscipi eo casu, quo peccator christianus morti proximus absolutionem Sacramentalem accipere nequeat, ut illorum ope possit per accidens justificari, si forte perfecta contritione caruerit: imò quidam de Eucharistia id affirmant, etiamsi aliàs obtenta fuerit absolutio, propter Divinum præceptum de illa sumenda in articulo mortis, prævalens humanis Ecclesiæ legibus, & dispositionibus.

Verùm cautiores Theologi non nisi duos primos casus admittunt, in quibus extrema spiritualis necessitas indubitantiùs apparet, & libentiùs primum de Baptismo, quàm secundum de Pœnitentia, maximè si ab hæretico homine absolutio petenda sit; nàm vix sine scandalo id fieri potest, & periculo perversionis fidelium, conciliandique damnatis sectis, atque erroribus perniciosam auctoritatem. Imò nec Baptismum postulari, & suscipi posse ab adulto, quando ex hoc prudenter timetur scandalum, & Ecclesiæ damnum, existimant. ,,Si ex susceptione Sacramenti ab ,,hæretico, vel schismatico, ait Em. Gotti ,,*quæst. 7. dub. 8. §. 1. num. 8.* præberetur ,,occasio non temerè credendi, per talem ,,sumptionem approbari hæresim, aut schis- ,,ma; aut Ministris hæreticis hac ratione præ- ,,videretur concilianda auctoritas, & plures ,,catholici ab eos defectybus essent; non li- ,,ceret adulto, etiam in periculo vitæ constituto, ab ipso petere, aut suscipere Sa- ,,cramenta; quia alia via, Baptismi voto, & ,,contritione de peccatis posset consulere ,,saluti suæ. Et potiùs, quàm cum fraternæ ,,salutis dispendio, & Ecclesiæ, Sacramen- ,,tum ab hæretico suscipere, deberet cele- ,,bre imitari S. Hermenegildi factum; ad ,,quem cùm Pater Arianus per Episcopum ,,Arianum Eucharistiam misisset, potiùs martyrium subire voluit, quàm sacrilegæ Com- ,,munionis particeps fieri; ne tali actu apud ,,populum appareret eum cum Arianis sen- ,,tire. Si verò baptizandus esset infans in ,,vitæ discrimine positus, nec alius præter ,,hæreticum adesset, qui Baptismi ritum nos- ,,set, illum tali Ministro baptizandum offer- ,,re opporteret; nullius enim offensionis, & ,,scandali in hypothesi occasio præberetur.‘‘ Vide etiam Sylvium *in 3. part. q. 64. a. 6.*

con-

concl. 3. & Continuat. *Prælect. Theolog.* Honorati Tournely *tract. de Sacrament. in Gen. cap. 2.* §. *3.*

Notandum demùm cum eodem, *loco citato*, necessitatem, ob quam licitum est petere Sacramenta à malis Ministris toleratis, pro conditione eorumdem aliquando graviorem, aliquando minùs gravem esse debere. Nàm, cæteris paribus, inquit, minor requiritur causa, ut à Parocho, quàm ut ab extraneo Sacerdote; minor, ut ab extraneo exposito, quàm ut ab approbato tantùm postulentur Sacramenta. In hac enim, & in aliis ejusdem speciei materiis, eo quisque securiùs declinat à peccato, quo & plus juris habet ad petendum id quod petit, & minùs alium exponit. Porrò multò plus quisque juris habet ut sibi ministrentur Sacramenta à proprio quàm ab alieno Sacerdote. Minori quoque objicitur periculo qui exposituses, quàm qui tantùm approbatus sit &c.

Dixi, *cæteris paribus*. Minùs enim peccare videretur, qui ab extraneo Sacerdote exposito, tantùmque ebrioso Eucharistiam peteret, quàm qui ab incestuoso Parocho &c. Consule ipsum *loco relato*, ubi materiam hanc fuso calamo versat, luculenterque declarat.

* APPENDICULA

De Sacramentalibus.

DE Sacramentalibus in hac Appendicula paucis disserere operæ pretium existimàmus, ut nihil desit eorum, quæ ad plenam tyronis Theologi instructionem valeant conferre. Itaquè 1. illorum naturam exponemus, 2. numerum indicabimus: 3. tandem efficaciam aperiemus. Sit igitur

I. Sacramentalia sunt res, ad cultum Dei religioso ritu ab Ecclesia ordinatæ, & ex communi fidelium persuasione ad hominum sanctificationem specialiter inservientes. Per *res* hic etiam actus intelliguntur. Sacramentalia autem appellantur, vel ex eo quòd soleant adhiberi ad Sacramenta conficienda, aut ministranda; vel ex eo quòd aliquo modo æmulentur indolem, & virtutem Sacramentorum.

II. Sex communiter recensentur Sacramentalia, ad quæ cætera reducuntur. En verò comprehenduntur & exprimuntur sequenti versiculo.

Orans, Tinctus, Edens, Confessus, Dans, Benedicens.

Singula hæc verba sunt seorsim explicanda. *Orans* denotat orationem Dominicam, ad quam revocant nonnulli preces, in Ecclesiis solemniter consecratis fusas. De oratione Dominica videatur *cap. De quotidianis, de Pœnit. distinct. 3. Tinctus* significat aquæ benedictæ sumptionem, vel receptionem tempore aspersionis, de qua legatur *cap. Aquam de consecrat. dist. 4.* Hùc reducitur Unctio cæremonialis in Regem, & similes Unctiones: item impositio Cineris benedicti. *Edens* ostendit devotam panis benedicti à veteribus *Eulogia* dictus est, manducationem. *Confessus* designat confessionem, quæ publicè fit Feria v. in Cœna Domini, vel eam, quæ fit in principio Missæ, atque ad Primam, & Completorium. Hùc reducitur tunsio pectoris, qua manifestatur interior animi dolor. *Dans* portendit eleemosynæ elargitionem, ad quam alia misericordiæ opera tùm corporalia, tùm spiritualia reducuntur. Hùc reducitur etiam jejunium religiosè susceptum. *Benedictus* demùm exprimit benedictionem Episcopi, vel Abbatis consecrati, solemni ritu, ac signo crucis populo datam, proùt explicat glossa in *Prœmio Sexti Decret. vers. Benedictionem.* Consule Reinfestuel *Theol. Moral tract. 3. dist. 2. q. 3. à num. 34. ad 39.*

Ex his verò aliqua, ut observat Wigandt. *tract. 13. Examen 2. n. 25.* specialem habent consecrationem, seu benedictionem Ecclesiæ ad nostram sanctificationem, v. gr. aqua benedicta, benedictio episcopalis: alia no habent, ut tunsio pectoris, &c.

III. Superest denique, ut Sacramentalium efficaciam patefaciamus. Sanè nonnulla ex ipsis non solùm ad meram populi instructionem per spiritualium rerum magis sensibilem, & expressam significationem, aut ad solam Sacramentorum inducendam reverentiam decora, & religiosa eorumdem administratione, aut unicè ad excitandam pietatem & devotionem fidelium, qui sunt fines generales omnium sacrorum rituum; verùm etiam ad quosdam determinatos effectus ab Ecclesia ordinantur; eaque majori vi pollent, quæ quamdam habent consecrationem, ut præcit. Wigant advertit. Quanta in signo crucis ad terrendos, fugandosque dæmones virtus eluceat, describit egregiè S. Athanasius *lib. de Incarn.* idque alii etiam Patres præstant, & innumera facta demonstrant. Præter dæmonum cohibitionem, adjudicantur Sacramentalibus plures etiam corporales utilitates, ut morborum depulsio, procellarum sedatio,

agro-

agrorum fertilitas, aliaque id génus. Legatur P. Renatus Hyacinthus Drouven *de Re Sacram. tom. 1. lib. 1. q. 8. q. 12.*

Non eousquè tamen sese extendit Sacramentalium virtus, ut illorum applicatione obtineatur Sacramentorum effectus, scilicèt, gratia, quemadmodùm conceptis verbis tradit D. Thomas 3. *part. quæst.* 65. *art. 1. ad* 6. ajens: *Quòd aqua benedicta, & aliæ consecrationes non dicuntur Sacramenta; quia non perducunt ad Sacramenti effectum, qui est gratiæ consecutio: sed sunt dispositiones quædam ad Sacramenti, vel removendo prohibens, sicut aqua benedicta ordinatur contra insidias dæmonum, & contra peccata venialia; vel etiam idoneitatem quamdam faciendo ad Sacramenti perfectionem, & perceptionem, sicut consecratur altare, & vasa propter reverentiam Eucharistiæ.*

Quò verò pacto per Sacramentalia, & præsertim per aquæ benedictæ usum venialia peccata dimittantur, difficultas est, quæ Doctores in varias opiniones distraxit. Nobis magis arridet, veriorque apparet sententia, quæ statuit per usum Sacramentalium immediatè non auferri peccata venialia, cùm hæc immediatè tolli neutiquàm possint quoad culpæ reatum, nisi per aliquam formam eis repugnantem, nempè, per pœnitentiam, ut minimùm virtualem; sed solùm mediatè remitti, quatenus videlicet auxilia divina, ad venialium detestationem, & displicentiam saltem virtualem moventia, conciliant. Hoc quoque clarè docere videtur Angelicus Doctor 3. *part. q.* 87. *art. 3. in corp.* ubi hæc habet: *Triplici ratione aliqua causant remissionem venialium peccatorum. Uno modo in quantum in eis infunditur gratia; quia per infusionem gratiæ tolluntur venialia peccata, ut suprà dictum est. Et hoc modo per Eucharistiam, & Extremam Unctionem, & universaliter per omnia Sacramenta novæ legis, in quibus confertur gratia, peccata venialia remittuntur. Secundo, in quantum sunt cum aliquo motu detestationis peccatorum. Et hoc modo confessio generalis, tunsio pectoris, & oratio Dominica operantur ad remissionem venialium peccatorum; nàm in oratione Dominica petimus:* dimitte nobis debita nostra. *Tertio modo, in quantum sunt cum aliquo motu reve-* *rentiæ in Deum, & ad res divinas. Et hoc modo benedictio Episcopalis, aspersio aquæ benedictæ quælibet sacramentalis unctio, oratio in Ecclesia dedicata, & si aliqua alia sunt hujusmodi, operantur ad remissionem venialium peccatorum.* Et *in resp. ad 1.* ait, *quòd omnia ista* (id est, Sacramentalia) *causant remissionem peccatorum venialium, in quantum inclinant animam ad motum pœnitentiæ, qui est detestatio peccatorum vel implicitè, vel explicitè. Et ad 3.* asserit, *quòd per prædicta tolluntur peccata venialia... virtute charitatis, cujus motus per prædicta excitatur.* Igitur juxta mentem S. Doctoris Sacramentalia valent duntaxat ad remissionem peccatorum venialium, *in quantum sunt cum aliquo motu detestationis peccatorum, vel cum aliquo motu reverentiæ in Deum, & ad res divinas; in quantum inclinant animam ad motum pœnitentiæ, in quantum excitant motum charitatis,* &c. Igitur non immediatè, sed mediatè solummodò peccata venialia dimittunt: quatenùs nimirùm, ut asseruimus, divina nobis conciliant auxilia ad præfatos motus concipiendos, quibus implicitè, vel explicitè, formaliter, vel virtualiter venialia detestamur.

Hæc autem divina auxilia, ad detestationem venialium voluntatem moventia, nobis per Sacramentalia minimè comparantur *ex opere operato*, ut quidam autumant; quoniam Sacramentalium effectus non est infallibilis, ut fatentur omnes, cùm nullum in aliqua Dei promissione, quæ nuspiàm occurrit, habeat fundamentum. Igitur probabiliùs illorum effectus in Ecclesiæ orationes refunditur, quæ sua sanctitate, & meritorum copia, impetrat iis, qui Sacramentalibus utuntur, auxilia opportuna ad venialia detestanda. Porrò hæc vis impetratoria opus operantis involvit. Perperàm itaque Lutherani in Augustana Confessione, & alibi passim, Catholicos redarguunt, quasi doceant hominem per ejusmodi ritus promereri justificationem. Legantur Sylvius *in 3. part. quæst.* 87. *art. 3.* Eminentiss. Gotti *tom. 3. tract. 9. quæst. 3. dub.* 2. §. 2. *n. 6.* nec non laudati Wigandt. & Drouven *locis citatis.* Hic *ibidem* agit etiam lato calamo de *Ritibus, & Cæremoniis Sacramentorum.*

TRACTATUS XIV.

DE SACRAMENTIS

IN PARTICULARI.

CAPUT PRIMUM.

DE SACRAMENTO BAPTISMI.

§. I. De notione, institutione, & necessitate Baptismi.

I. Aptismus ex S. Doctore 3. part. q. 66. art. 1., *est ablutio corporis exterior, facta sub forma præscripta verborum*. Ablutio exterior sub præscripta verborum forma est Sacramentum tantùm; quia duntaxat significat, & non singnificaturi character est res, & Sacramentum simùl; res, *quia significatur per ablutionem*, &c. Sacramentum, *quia significat interiorem justificationem*, ait S. D. Gratia verò regenerativa, qua justificamur, est res tantùm.

II. Baptismum institutum fuisse à Christo, jam definitum perspeximus in tractatu præcedenti cap. 1. §. 1. num. 4. instituit autem illum antè Passionem, ut refert S. Joannes cap. 3. *Post hæc venit Jesus, & Discipuli ejus in Judæam, & ibi morabatur cum eis, & baptizabat*; & quidem baptizabat baptismo suo, & non baptismo Joannis Baptistæ; quia sequitur Joannes Evangelista eodem cap. 3. *Facta est quæstio ex discipulis Joannis... & venerunt ad Joannem, & dixerunt: Rabbi, qui erat tecum trans Jordanem... ecce hic baptizat*. Nullum autem æmulationis motivum discipuli Joannis sumpsissent, si Christus baptismo Joannis baptizasset; imò in Joannis decus resultasset, ut patet: igitur baptizavit Jesus baptismo suo, quod contingit antè Passionem. Instituit autem baptismum suum, quando à Joanne in Jordane fuit baptizatus, ut fert communis Theologorum cum S. D. loc. cit. art. 2., sequente plures Patres.

III. Lex Baptismi cœpit pòst Christi resurrectionem; nàm tunc duntaxat Apostolis imposuit Matth. ultimo: *Euntes, docete*

omnes gentes, baptizantes eos in nomine Patris, &c. Quando autem inceperit obligare homines, incerta est epocha. Concil. Tridentinum sess. 6. cap. 4. loquens de Justificatione, quæ est translatio de statu peccati ad justitiam, dicit quòd *hæc translatio, post Evangelium promulgatum, sine lavacro regenerationis, aut jus voto fieri non potest*; igitur cœpit pòst Evangelium sufficienter promulgatum: hæc promulgatio autem profectò verificari non potest statim post mortem Christi; & ideo non statim post mortem Christi lex Baptismi obligavit, ut contendit Vazquez. Verosimilius apparet, evenisse die Pentecostes, ut docet Bellarminus cum aliis; verùm etiam hoc parit difficultatem, cum legatur Actorum 10. Paulum circumcidisse Timotheum, idcircò alii contendunt, cœpisse trigesimo à morte Christi anno, quando à Romano exercitu urbs Jerusalem fuit eversa: sed & hoc absonum, nimisque protractum videtur.

IV. Illud certum est, Sacramentum Baptismi esse omnibus necessarium, sive in re, sive in voto, ut audivimus à Concilio, & quidem necessitate medii ad salutem assequendam: necessitas autem medii significat, quòd, nisi tale medium ponatur, finis nullo modo obtineri possit; aliquando ex connexione necessaria inter medium, & finem, qualis est inter gratiam, & gloriam; aliquando ex beneplacito supremi Domini ita statuentis: & hujusmodi est connexio inter baptismum, & salutem; quia, videlicet, ità statuit suprema Christi auctoritas, ut nemo consequatur gloriam, nisi Baptismo expietur vel in re, vel in voto, ità ut nulla ignorantia suffragari possit, tametsi per hypothesim esset inculpabilis. Ità expressè declaravit Christus Joan. 2. *Nisi quis renatus fuerit ex aqua , & Spiritu sancto , non potest introïre in regnum Dei* : undè laudata Synodus Tridentina sess. 7. can. 5. *Si quis dixerit, Baptismum liberum esse , hoc est , non necessarium ad salutem* ; *anathema sit*. Et ità semper tenuit concors Patrum traditio, etiam pro parvulis, ut probatur à Theologia dogmatum.

V. Sicùt itaque pro parvulis necessaria est ad salutem receptio reipsa talis seu realis Baptismi ; ità pro adultis , in defectu realis baptismatis , necessarium est saltem votum, seu efficax desiderium ejusdem , ut indicavimus ex Concilio suprà relato n. 3. & hoc votum , seu efficax desiderium baptismi vocitari solet Baptismus Flaminis. Consistit autem hoc Baptismi votum , ut loquitur S. Thom. loc. supra cit. a. 11. *In quantum alicujus cor per Spiritum sanctum movetur ad credendum, & diligendum Deum , & poenitendum de peccatis* : & ità semper tenuit antiquitas, cujus luculentissimus testis est S. Augustinus in libro 4. de unico Baptismo parvulorum cap. 11., aliàs de Baptismo contra Donatistas cap. 22. *Invenio , non tantùm passionem pro nomine Christi id , quod Baptismo deerat, posse supplere , sed etiam fidem , conversionemque cordis , si forte ad celebrandum mysterium Baptismi in augustiis temporum succurri non potest*. Adultus igitur, cui deesset qui ministrare posset Baptismum, instructus de fide Christi, toto corde credat, & perfecta contritione poeniteat: & si advertit, etiam Baptismum expresse desideret, & assequetur salutem Baptismo Flaminis.

VI. Suppleri potest item Baptismus aquæ, seu fluminis, per Baptismum sanguinis, seu per martyrium , in odium fidei susceptum. Ità Patrum traditio ex verbis Christi Matth. 10. *Qui me confessus fuerit coram hominibus , confitebor & ego eum coram Patre meo* : & cap. 16. *Qui perdiderit animam suam propter me , inveniet eam*. An autem Baptismus sanguinis justificationem conferat ex ipso opere operato , seu ex vi sua ; vel ex opere operantis , seu juxta gradum dispositionis martyrium subeuntis , pro qua parte acriter pugnat Dominicus Soto in 3. sentent. dist. 3. q. unica , art. 11., Theologis scholæ resolvendum relinquimus. Nobis sufficiat audire S. Doctorem 3. p. q. 87. art. 1. *Passio, pro Christo suscepta , obtinet vim Baptismi , & purgat ab omni culpa veniali, &*

mortali , *nisi actualiter voluntatem peccato invenerit inhærentem*.

Animadvertere operæ prætium existimamus , martyrium supplere vicem Baptismi non solùm in adultis , sed etiam in parvulis, quod saltem clarè non exprimit Auctor. Sic unanimi consensu cenent Theologi cum D. Thoma 2. 2. q. 124. art. 1. ad 1. ubi de Innocentibus sermonem habens, hæc profert: *Dicendum , quòd quidam dixerunt , quòd Innocentibus acceleratus est miraculosè liberi arbitrii usus , ità quod etiam voluntariè martyrium passi sunt*: *sed , quia hoc per auctoritatem Scripturæ non comprobatur*; *ideò melius dicendum est , quòd martyrii gloriam , quam in aliis propria voluntas meretur , illi parvuli occisi per Dei gratiam sunt assecuti. Nàm effusio sanguinis propter Christum vicem gerit baptismi. Undè, sicut in pueris baptizatis per gratiam baptismalem meritum Christi operatur ad gloriam obtinendam , ità & in occisis propter Christum meritum martyrii Christi operatur ad palmam martyrii consequendam.*

VII. Cùm igitur tàm magna sit Baptismi necessitas , peccabunt profecto Genitores , & Tutores parvulorum, si quàm primùm moraliter possunt, non procurent illos Baptismate expiari : ità communis : eamque docet expressè Catechismus Concilii part. 2 de Sacram. Baptismi n. 34. *Cùm pueris infantibus nulla alia via salutis comparandæ, nisi eis Baptismus præbeatur, relicta sit ; facilè intelligitur, quàm gravi culpa illi se obstringant , qui eos Sacramenti gratia diutius , quàm necessitas postulet , carere patiantur , cùm præsertim propter ætatis imbecillitatem infinita penè vitæ pericula impendeant*. Hinc probabilior cum Soto loc cit. art. 3. & aliis censet , quòd dilatio usque ad octavum diem sit mortalis , ob rationem à Catechismo indicatam : & Natalis Alexander in sua eruditissima Morali plura affert Galliarum Concilia idem confirmantia.

✠ Natis infantibus Baptismum conferri quàm primùm debere , graviterque peccare, qui diù illum differunt, extra omnem dubitationis aleam versatur. Varia autem Ecclesiarum disciplina fuit in statuendo temporis spatio, quo infantes ad baptismum suscipiendum deferri debeant, ut animadvertit S. P. Benedictus XIV. Inst. 98. n. 3. Romæ promulgatum est edictum anno 1723. quo tres solùm dies ad rem peragendam decernuntur. Idem in Gallia servatur institutum , ut videre re est apud Franciscum Genettum *tom. 3. Theol. Moral. p. 78.* Demum nonum in suis Gonciliis S. Carolus Borromeus constituit; eamque sententiam plures aliæ Synodi sequuntur. Legatur laudatus S. P. Benedictus, qui alia *ibidem* ad rem hanc spectantia ob oculos ponit ; quique, ut patefacit *n. 8.* dùm erat Archiepiscopus Bononiensis opinioni adhæsit Cardinalis Boncompagni, qui sanxit nefax esse ultrà nonum diem Baptismum infantibus conferri.

- VIII.   Adultis quamvis sapienter ab Ecclesia aliquandiù differatur Baptisma, non licet tamen illis differre quantum ipsis libuerit: undè, si ultrà tempus ab Ecclesia præfinitum sine causa differant, juxta ferè communem cum Cajetano in comment. super art. 3. q. 66., & Victoria q. 33. peccant lethaliter: quia in re gravissima non est recedendum sine causa ab Ecclesiæ consuetudine, quæ est, ut pòst quadraginta dierum instructionem, privatè adultis conferatur baptisma, servatis solemnitatibus ad duorum Prschatum vigilias.

§. II. *De Baptismi materia , tùm remota tùm proxima*

I.   MAteriam remotam Sacramenti Baptismi esse aquam naturalem , jam ex Christi verbis suprà relatis norunt Catholici omnes: egregias autem congruentias, cur Christus hanc materiam selegerit, videre potes in S. Doctore 3. p. q. 66. art. 3. Proptereà , quamvis alteretur colore, limo, &c., remanet semper materia valida , quousquè perseverat species aquæ: peccaret tamen graviter contra reverentiam Sacramento debitam, qui potens habere aquam mundam uteretur limosa, &c. Quando autem in casu necessitatis uteretur quis aqua , dubitans , àn speciem suam perdiderit , deberet administrare Sacramentum sub conditione : si est materia idonea, ego te baptizo, &c.

II.   Hinc, ex communi, glacies, nix, grando, gelu non sunt materia idonea , quia non sunt aqua , qua quis ablui possit : aliter autem esset dicendum., si resoluta redirent in aquam ablutioni aptam. Multò minùs quæcumque aliæ aquæ artificiales, rosacea , citrina, &c. neque humores ex arboribus defluentes, neque lachrymæ ; quia hujusmodi non sunt aqua naturalis. Nota tamen ex communi , quòd in casu necessitatis extremæ, & in defectu aquæ naturalis, adhiberi possent

hujusmodi sub conditione *si sit materia sufficiens*, ad succurrendum proximo extremè spiritualiter indigenti.

*   Animadvertendum occurrit , quòd, qui domi in casu necessitatis Baptismum administrant, curare debent, ut aqua benedicta utantur ; quia id decentius est , magisque praxi Ecclesiæ consonum. In Baptismo autem solemni aqua debet esse chrismate permixta, eodemque anno in pervigilio Paschæ , aut Pentecostes benedicta.

Num verò gravis sit obligatio, præfatam aquam in solemni Baptismo adhibendi , dissensio est inter Theologos. Nonnulli autumant , in ejus omissione venialem duntaxat culpam perpetrari ; quia , ajunt , talis benedictio nec ad essentiam aut integritatem Sacramenti spectat , ne grave aliquod mysterium repræsentat. Alii lethale peccatum committi existimant , quod & nobis probabilius apparet. 1. quia aqua chrismate delibuta expressiùs significat unctionem Spiritus sancti. 2. quia Ecclesiæ solemnitas in consecrando chrismate, ejusque in eodem aservando cura , gravem patefacere obligationem videntur. 3. quia gravis criminis reus judicari solet seu Episcopus, qui per singulos annos in Cæna Domini chrisma non conficit , seu Parochus, qui non recenti , sed anni præcedentis chrismate, quod pòst Pascha combure debuerat , utitur , ut *ex antiquo can. 18. de consecrat. dist. 3.* colligit Pontas. *v. Bapt. cas. 6.* Quanto igitur delinquet graviùs ; qui nec novo , nec antiquo chrismate uti voluerit? Legatur S. Carolus Borrom. *in suis Instruct.*

III.   Tanta verò requiritur aquæ quantitas , ut verificari possit , quòd persona propriè, & simpliciter sit abluta ; quia verificari debent verba formæ : ego te baptizo , id est , abluo. In casu itaque solius necessitatis, & deficientiæ aquæ abundatioris , etiam minima aqua posset quis uti , proferendo formam sub conditione , si sit materia idonea, &c. periculo deinde submoto , si sic baptizatus viveret , iterum esset sub conditione baptizandus, dicendo : si non fuisti baptizatus , ego te baptizo, &c.

IV.   Cùm materia proxima Sacramenti illa sit, qua applicatur materia remota, idcircò materia proxima baptismi est ablutio: *hæc autem ablutio fieri potest non solùm per modum immersionis , sed etiam per modum aspersionis , vel effusionis : & ideò , quamvis tutius sit baptizare per modum immersionis, tis*, *quia habet hoc communior usus* (illorum temporum) *potest tamen fieri baptismus per modum aspersionis*, *vel effusionis* (ut modò fit) ait S. Thom. loc. cit. art. 7. cum communi.

V. Certum est, infantes in uteris maternis validè baptizari non posse ; eo quòd non abluatur corpus infantis, sed matris, ut notavit S. Doctor loc. cit. & S. Augustinus. Si autem obstetrix manum deferentem aquam in utero matris intromitteret, & infans abluerētur, videtur, quòd esset validum baptisma juxta multos : si tamen dubitaret, quam corporis ejus partem abluisset, egressus ex utero iterùm baptizandus esset sub conditione, ut infrà constabit ex S. Doctore.

De his omnibus disserit S. P. Benedictus XIV. *de Synodo Diœces. lib. 7. cap. 5.* & præsertim *num. 2.* celebrem expendit fuso calamo controversiam, *àn reserato materni uteri ostio*, *quod puerperii initio contingit*, *validè baptizetur infans*, *cujus corpusculum*, *etsi nulla sui parte in lucem prodierit*, *aqua nihilominus saltem per siphunculum tingi potest?* Et relatis variis, quæ circa hanc difficultatem vigent inter Theologos opinionibus, expositisque argumentis, queis unaquæque illarum fidit, sic tandem concludit contra Gualdum, Episcopos hortantem *cap. 11. sui Opusculi* hac de re conscripti, ut parvulos intra matris uterum adhuc occlusos, cùm in vitæ discrimine versantur, & obstetricis manu tractari queunt, omninò baptizare præcipiant, atque edicant ; sic, inquam, adversus ipsum concludit. ,,Verùm, ,,quoniam ipsemet fatetur, ultimum contro- ,,versiæ judicium à Sede Apostolica esse pro- ,,ferendum, tutius erit, ut Episcopus illud ,,expectet, nec quidquam interim suis cons- ,,titutionibus inferat, quo implexæ hujus ,,quæstionis decisionem sibi arrogasse videa- ,,tur. Ad Parochos verò pertinebit obstetri- ,,ces instituere, ut, cùm casus evenerit, in ,,quo infantem, nulla adhuc sui parte edi- ,,tum, mòx decessurum prudenter timeant, ,,illum baptizent sub conditione ; sub qua ,,pariter erit iterum baptizandus, si pericu- ,,lum evadat, & foràs prodeat, quemadmo- ,,dùm, post alios, faciendum monet Tour- ,,nely in suis" *Prælect. de Sacram. Baptis. quæst. 3. part. 3.*

Cæterum animadvertere lubet, sententiam, quam gravisimi Doctores propugnant, & in quam etiam Auctor propendet, nempè,

quòd validè baptizetur Infans è matris utero nondum egressus, si ad ejus corpus aqua quomodocumquò pertingat, menti D. Thomæ contrarium non esse. Docet quidem S. D. 3. p. q. 68. art. 11. nullo modo infantes in maternis uteris existentes baptizari posse. Verùm ; ut ex ejus verbis clarè liquet, ideo hoc asserit, quia infantes intra matris uterum latitantes salutari aqua immediatè lustrari non posse supponit, ex quo liquido apparet oppositum ab Angelico statui, cùm infantium corpora possunt aliquo modo immediate ablui.

VI. Infans, involutus in pelle secundina, juxta probabiliorem Soti, & aliorum, invalidè baptizatur ; quia non abluitur corpus infantis. Si tamen constaret, pellem illam ità esse porosam, ut aqua attingeret corpus, sicut si esset involutus in subtili linteo, baptizaretur validè, sed extrà necessitatem semper illicitè, tùm propter securitatem, tùm propter consuetudinem Ecclesiæ : qui tamen baptizaretur in præfata pelle ob necessitatem mortis imminentis, si evaderet, iterùm esse sub conditione baptizandus. Invalidè baptizatur, si solùm aut in capillis quis ablueretur, aut in digito, aut in pede ; ut tenet communior cum S. Antonino 3. part. tit. 14. cap. 13. n. 1. quia non dicitur ablutus homo, si duntaxat in dictis partibus abluatur. In necessitate tamen, ob auctoritatem Vazquez, & aliorum illi adhærentium, potest sub conditione baptizari, dicendo : si valere potest, ego te baptizo &c. Baptizandus itaque est abluendus in capite ; vel si non possit in capite, quia mors immineret in pectore, vel scapulis ; quia hoc modo secundum communem sensum intelligitur homo ablutus. S. Thom. tamen loc. cit. ad 4. ità limitat hanc doctrinam. *Quia tamen in nulla exteriorum partium integritas vitæ ita consistit*, *sicut in capite; videtur quibusdam quòd propter dubium*, *quacumque alia parte corporis abluta*, *puer post perfectam nativitatem* (vel postquam periculo subtractus est) *sit baptizandus sub hac forma : si non es baptizatus*, *ego te baptizo*, *&c.*

VII. Hinc validus esset baptismus ea immersione, qua suffocatur baptizandus, puta projiciendo illum in puteum, vel flumen, & projiciens diceret : egò te baptizo &c. qui extarent omnia requisita ad valorem, ut patet : quæ projectio est semper illicita moraliter, etiamsi nullus alius

G sup-

suppeteret modus baptizandi illum, ut tenet probabilior cum Suarez q. 68. ; quia actio illa est mala ab intrinseco, de se afferens mortem infanti illi; non sunt autem facienda mala, ut eveniant bona. Secùs dicendum , si infanti alioquin probabiliter morituro , timeretur ex ablutione baptismatis, quod regulariter ministratur , acceleratio mortis , quia in hoc casu reverà tantùm per accidens, & præter intentionem mors sequæretur ; eo magis quòd modicæ aquæ tepidæ superinfusio vix credi potest mortem-acceleratura.

    * Duplex à nonnullis distinguitur ablutio occisiva : alia , quæ quamvis abluto mortem inferat, attamen censetur ablutio ; ut si quis, ait Petrus Collet *Inst. Theol. tom. 4. tract. de Baptism. cap. 2. art. 2.* puerum ablu t aqua ferventi , aut venenata: alia, quæ ratione circunstantiarum moraliter existimatur diversa ab eo , quod sapientes per ablutionem intelligunt , ut si quis infantem conjiciat in puteum , undè extrahi non possit. Non quæritur : àn utraque , vel alterutra abluendi ratio licita sit, cum liquidò constet , utrique annexum esse homicidii crimen, quod nunquam est perpetrandum ; sed quæritur : nùm valida sit, seu sufficiat ad valorem Baptismi. Autumant Doctores ablutionem, priori modo occisivam , sufficere ad valorem Baptismi : ablutionem vero , quæ secundò modo occisiva est non sufficere, sentiunt non pauci. Id saltem incertum putat Sylvius *in 3. part. quæst. 66. art. 7.* En ejus verba : „ Cæterùm , si quis spon„tè projiceret puerum in flumen , aut pu„teum , & volens eum baptizare , pro„ferret formam ; incertum est , àn esset „baptismus ; partim ob diversitatem sen„tentiarum......... partim , quia talis ex mo„do agendi non videtur propriè infan„tem velle abluere , vel intingere , imò „nec immergere : & ideo talis , si supervi„veret , esset ut minimùm baptizandus sub „conditione. Si autem non supervivat , sa„cra sepultura donandus est ; quia proba„biliter dici potest esse baptizatus , quan„doquidem projiciens ponatur voluisse eum „baptizare. Addunt autem Gabriel , Pa„ludanus , Ricardus , fore baptismum , si „puer mittatur in aquam per calathum, „vel quid simile ; quia non est necesse, „ut baptizans tangat aquam , modo il„la per ipsum adhibita, tangat baptiza„tum. „

    VIII. Qui non habens modum alium baptizandi puerum jam morientem , nisi illum submittendo aquæ labenti de tecto, vel alio loco defluenti , verè illum baptizaret , si formam proferret, ut docet communior : quia infans verificatur verè ablutus à submittente illum aquæ defluenti ; ut enim quis dicatur verè ablutus ab alio, sufficit , ut ex vi actionis ejusdem aqua applicetur corpori. Non baptizaret autem puerum, qui verba proferret , dùm ab altero vel projiceretur in flumen, vel alio modo ablueretur, ut patet ; quia non verificantur verba formæ.

§. III. *De forma Baptismi.*

I. JAM liquet apud omnes , formam Sacramenti Baptismi in Ecclesia Latina esse hanc : *Ego te baptizo in nomine Patris, & Filii, & Spiritus sancti. Amen.* Ubi statim nota, neque ly *ego* , neque ly *amen*, esse de necessitate formæ ; qui tamen illas advertenter omitteret , peccaret ; quia in re gravi ageret contra consuetudinem Ecclesiæ. Dixi : in Ecclesia Latina ; quia alio modo profertur ab Ecclesia Græca, quin differat quod substantiam : unusquisque tamen tenetur sub gravi se conformare suæ Ecclesiæ. Hinc quæcumque mutatio advertenter facta in verbis formæ, quamvis sensum non corrumpens, est mortalis ; quia esset voluntaria discrepantia à consuetudine Ecclesiæ in re gravissima , qualis est Sacramentorum effectio.

II. Ut aliquas mutationes irritum reddentes Sacramentum indicemus, de quibus posset esse contentio : primò , si duo simul eumdem baptizent , dicentes : *Nos te baptizamus in nomine* &c. sumendo ly *nos* collective, & non singulariter, aut solius gravitatis gratia æquivalenter ad iy *ego* , invalidè baptizent, ait S. D. q. 66. art. 5. ad 4. Qui.t, *quod dicitur nos , non est idem quod ego, & ego; sed ego & tu ; & sic mutaretur forma.* E contra , si diceret baptizans baptizando: *ego vos baptizo* &c. sumpto ly *vos* in singulari urbanitatis gratia, validè baptizaret. Nullum esset Baptisma collatum in *nominibus Patris* &c. quia tolleretur identitas essentiæ , & virtutis Divinæ ; sicuti diceretur *in nomine Trinitatis, vel Genitoris, Geniti, & Spirati*, quia ait S. Th. loc. cit. art. 6. *Christus instituit., Sacramentum Baptismi dari cum invocatione Trinitatis : & idò quidquid desit ad plenam invocationem Tri-*

Trinitatis, tollit integritatem baptismi ; &
art. 5. ad 7. In forma baptismi assumuntur
illa nomina, quibus communius consueverunt
nominari Personæ in illa lingua, nec in aliis
nominibus perficitur Sacramentum.

* Libet hic integram doctrinam adjicere,
quam habet D. Thomas *art. 5.* ab Auctore
proximè cit. in *resp. ad 4.* „Dicendum, *ait,*
„quòd plures simul non possunt unum bapti-
„zare ; quia actus multiplicantur secundùm
„multiplicationem agentium, si perfectè ab
„unoquoque agatur. Et sic, si convenirent
„duo, quorum unus esset mutus, qui non
„posset proferre verba, & alius carens ma-
„nibus, quia non posset exercere actum, non
„possent ambo simul baptizare, uno dicente
„verba & alio exercente actum. Possunt au-
„tem (si necessitas exigit) plures simul bap-
„tizari ; quia nullus eorum reciperet nisi
„unum baptismum. Sed tunc oportebit dice-
„re : Ego baptizo vos: Nec erit mutatio for-
„mæ: quia vos nihil aliud est, quàm te, &
„te. Quod autem dicitur, nos, non est idem
„dicere quòd ego & ego, sed ego & tu; & sic
„jam mutaretur forma. Similiter autem muta-
„retur, si diceretur : ego baptizo me. Et ideo
„nullus potest baptizare seipsum : propter
„quod & Christus à Joanne voluit baptizari;
„ut dicitur extra. de baptismo, & ejus effec-
„tu cap. *Debitum.*" Sic S. D.

¶ Priora D. Thomæ verba, nempè, *quòd*
plures non possunt simul baptizare ; quia
actus multiplicantur secundùm multiplicatio-
nem agentium, si perfectè ab unoquoque aga-
tur, non sic sunt intelligenda, ut, si singuli of-
ferrent formam, applicarentque materiam cùm
intentione necessaria, non baptizarent ; validum quippè foret hoc baptisma ; sed S. D.
doctrina eo pertinet, ut omnes partialiter simul baptizantes formam immutarent, dice-
rentque: *Nos te baptizamus:* non singuli *Ego*
te baptizo. Ità se explicat ibidem S. Præcep-
tor, ajens : *Quod autem dicitur Nos, non est*
idem dicere, quòd ego & ego; sed ego & tu;
& sic jam mutaretur forma. In hoc ergo quòd
plures baptizarent, dicentes : *Nos te bapti-*
zamus, juxtà S. D. forma mutaretur. Clariùs
hanc doctrinam exponit ipse infrà *q. 67. a. 6.*
Videatur P. Daniel Concina *tom. 8. lib. 2.*
dissert. 1. cap. 9. num. 10.

III. Sola mutatio idiomatis in proferenda
forma, palàm est relinquere intactum ejus
valorem ; imò aliquando laudabiliter fit, ne
erretur ab ignorante latinum idioma : puta,
cùm fœmina in necessitate baptizat.

IV. Si proferens formam, illam interrum-
pat, *& sit tanta interruptio verborum, quòd*
intercipiatur intentio pronuntiantis, tollitur
sensus Sacramenti, & per consequens veritas
ejus : non autem tollitur, quando est parva
interruptio, quæ intentionem proferentis, &
intellectum verborum non aufert, ait S. D.
q. 60. art. 8. ad 3. Proptereà, si quis dicat:
Ego te bap, & interpositis aliquibus verbis,
subjungat *tizo in nomine* &c., invalidè baptizat ; quia non subsistit significatio. E contrà si quis diceret : *Ego te baptizo,* deinde
vocaret aliquem, & posteà sequeretur, *in*
nomine Patris. &c., validè baptizaret ; quia
non tolleretur intellectus verborum : peccaret tamen graviter, nisi ex magna necessitate id ageret. Ex his solve consimilia.

V. Talis tandem esse debet simultas prolationis formæ cum ablutione, quòd saltem
forma incipiatur, antequàm finiatur ablutio : vel inchoëtur ablutio, antequàm forma
finiatur; quia nisi conjungantur saltem hoc
modo, non videtur fieri vera significatio formæ, ut illam consideranti constabit.

§. IV. De Ministro Baptismi.

I. Minister solemnitatis, ille videlicèt,
cui ex vi ministerii sui convenit
baptizare solemniter, adhibitis, nempè, cæremoniis, quæ in Ecclesia adhiberi solent,
est Sacerdos : ità docemur à Concil. Florentino in Decreto Eugenii: *Minister hujus Sa-*
cramenti est Sacerdos, cui ex officio convenit
baptizare. Minister ex commissione, ille scilicet, cui quamvis ex vi sui officii baptizare
solemniter non conveniat, est tamen idoneus,
ut hæc functio solemnis ipsi demandetur, est
Diaconus : ità ex Pontificali : *Diaconum opor-*
tet ministrare ad altare, baptizare, & præ-
dicare : & ex epistola Gelasii I. Pontificis ad
Episcopos Lucaniæ: *Diaconos constituimus*
propriam observare mensuram, absque Epis-
copo, & Presbytero baptizare (solemniter)
non audeant. Minister demùm necessitatis,
ille scilicet, qui necessitate ità postulante,
ne baptizandus sine baptismo decedat, debet
baptizare, est quilibet rationis compos, sciens
requisita ad valorem baptismi; qui potest sine
solemnitate baptizare: ità ex Patrum constanti traditione. Unde à Catechismo part. 2. de
Baptismo cap. 2. num. 24. inter ministros necessitatis recensentur *omnes etiam*
de populo, sive mares, sive fœminæ, quam-
cunque illi sectam profiteantur. Nàm (sub-

dit idem Catechismus) & *Judæis quoque, Infidelibus, & Hereticis, cùm necessitas cogit, hoc munus permissum est ; si tamen id efficere propositum eis fuerit, quod Ecclesia Catholica in eo administrationis genere efficit. Hæc autem multa veterum Patrum, & Conciliorum decreta confirmarunt, &c.*

II. Ut autem minister necessitatis licitè id munus obeat, debet illud implere extrà Ecclesiam, & in solo necessitatis casu: aliter peccaret lethaliter, ut docet communis cum S. Doctore quæst. 67. art. 3. ad 1.; quia ageret contra consuetudinem Ecclesiæ; & frauderetur Sacramentum reverentia sibi debita.

III. Hic autem ordo est servandus à Ministris solemnitatis: quod simplex Sacerdos non potest Baptismum administrare sine licentia Parochi, vel Episcopi ; & sine licentia ministrans peccat culpa mortali; quemadmodùm mortaliter peccat Parochus ille, qui subditum alterius Parochi baptizat sine istius licentia ; quia, cùm ad unumquemque Pastorem pertineat cura sui ovilis, nequit quis in tale ovile admitti sine illius licentia: admittitur autem quis in ovile Christi per baptismum.

IV. Ministri necessitatis debent hunc ordinem servare, ut mulier, præsente viro ; laicus, præsente Clerico ; Clericus, præsente Diacono, vel Subdiacono ; Clerici quicumque, præsente Sacerdote, baptizare non præsumant in necessitate : non tamen invertendo hunc ordinem æqualiter peccant ; sed duntaxat est gravis inversio, quando laicus, præsente Sacerdote, vel Diacono, baptizare præsumit ; quia Sacerdos est ordinarius hujus Sacramenti minister ; & Diaconus habet ad illud saltem jus remotum.

P. Paulus Gabriel Antoine *tract. de Baptismo q. 8 resp. 3.* breviter ac dilucidè ordinem servandum exponit inter eos, qui in casu necessitatis valent Sacramentum Baptismi ministrare : In casu, *inquit*, necessitatis quilibet tenetur baptizare ; nàm quisque tenetur lege charitatis subvenire proximo necessitatem patienti, nisi alius adsit, qui possit, & velit subvenire. Tunc tamen, si plures adsint, præferri debet Diacono Sacerdos, ille Subdiacono, hic inferioribus clericis, clericus laico, vir fœminæ, fidelis non baptizato, non excommunicatus excommunicato ; nàm reverentia Sacramento debita

exigit, ut digniores præferantur, per se loquendo. Quare mortale est, si sine causa justa non præferatur Sacerdos non Sacerdoti, fidelis non baptizato, non excommunicatus excommunicato, Diaconus non Diacono ; nàm tunc fit gravis irreverentia in Sacramentum. Inversio autem ordinis quoad alios, juxta multos est solùm venialis, quia irreverentia non censetur gravis.

Dixi: *per se loquendo*: quia per accidens potest hic ordo inverti. Nam ex Rituali Romano mulier præferri debet viro vel ratione majoris peritiæ ad baptizandum, vel ratione honestatis, ac pudoris, ut si infans ob periculum vitæ imminens sit baptizandus, antequam totaliter ex utero prodierit *Quapropter curare debet Parochus, ut fideles, præsertim obstetrices, rectum baptizandi ritum probè teneant, ac servent,* ait Rituale Romanum. Et hæ ad id graviter tenentur ex charitate, & officio, ideòque ex justitia propter pericula sæpè contingentia partus. Porro pater & mater prohibentur propriam prolem baptizare, nisi in articulo mortis, & deficiente alio.

V. Sacerdos solemniter baptizans sine supradicta licentia, non incurrit irregularitatem, ut docet Sotus in 5. dist. 4. q. 1. art. 3. concl. 3. & alii pòst ipsum ; quia non invenitur hæc in Jure statuta. Eam tamen incurrit Clericus, non Sacerdos, si solemniter baptizet : ità in cap. 1. *de Clericis non ordinat. minor.* ; quam non incurrit, si non solemniter baptizet, quamvis sine necessitate, & licentia ; quia in dicto Jure hic casus non exprimitur. Eamdem etiam incurreret laicus, si solemniter baptizare auderet, ut tenet communis cum Soto loc. cit.

VI. Regulares ex Jure canonico in cap, *Placuit* 16. quæst. 1. prohibentur solemniter baptizare : tamen de licentia Episcopi, vel Parochi, & proprii Superioris id possunt: ex capite *Diaconus* dist. 39. ut docet Rodericus tom. 1. q. 31. art. 1.

VII. Quòd unus minister eadem actione plures simul baptizet sine necessitate, plures dicunt, esse lethale ; eò quòd agatur contra consuetudinem Ecclesiæ in re gravi, qualis est modus ministrandi Sacramenta.

VIII. Qui putat baptizare filium Petri, cùm sit filius Pauli, vel fœmellam, cùm sit masculus, juxta Sotum in 4. dist. 1. quæst. 5. art. 8., Sylvestrum verbo *Baptimus* cap. 3. quæst. 16., aliosque contra Hostiensem & alios

alios, validè baptizat; quia hujusmodi error est duntaxat materialis, & speculativus: actualiter namque, & practicè applicat, & dirigit suam intentionem ad hanc præsentem personam. Excipe, nisi baptizans hac insueta limitatione, non sine peccato gravi, uteretur: intendo hunc baptizare, dummodo sit filius Petri, vel masculus &c.; tunc enim patet, quòd intentio non se extenderet nisi ad illum.

IX. Minister solemnitatis, etiam in necessitate, solemniter tamen baptizans, tenetur esse in statu gratiæ. Undè, si in statu culpæ lethalis solemniter ministret, lethaliter peccat, ut docet ferè communis cum S. Doctore 3. part. quæst. 64. art. 6. quia, ut jam alibi indicavimus, solemniter ministrans agit ex vi officii sui, tanquam minister consecratus; ut minister Ecclesiæ; & propereà tenetur sanctè ministrare Sacramentum. Si autem in necessitate non solemniter ministret, quamvis sit Sacerdos, & etiam excommunicatione irretitus, non peccat mortaliter, ut plures cum S. Doctore sustinent, ità docente loc. cit. & etiam alibi allato, simulque rationem afferente: *In articulo necessitatis non peccaret baptizando in casu, in quò etiam posset laicus baptizare; sic enim patet, quòd non exhiberet se ministrum Ecclesiæ, sed subvenit necessitatem patienti: secùs autem in aliis Sacramentis, quæ non sunt tantæ necessitatis, sicut Baptismus.*

X. Ex hactenùs dictis deducas, Parochum teneri sub mortali scire requisita ad Baptismum validè ministrandum, materiam videlicet, formam, & intentionem; nec non Sacerdotem, sicuti etiam Diaconum, & etiam obstetrices; cùm duo primi sint talis Sacramenti ministri ordinarii, servato ordine superiùs dicto: Diaconus vero, quia est minister ex commissione: obstetrices autem ob frequentem, quam habere possunt, occasionem, illud ministrandi infantibus periclitantibus.

§. V. *De Ritu patrini, & effectibus compaternitatis.*

I. PAtrinus, qui est quidam comminister in Baptismo solemni, significat sponsorem spondentem, se de baptizato paternam curam habiturum, & se pro eodem fidejubere, respondendo pro infante Sacerdoti interroganti. Congruentiam hujus ritus assignat S. Thomas 3. part. q. 67.

eamque ex ipso affert Catechismus part. 2. de Sacram. Baptis. cap. 2. num. 16. In solemni igitur administratione Baptismi nequit omitti Patrinus absquè culpa mortali: ità obligante Ecclesiæ ritu, in re gravi. Secùs in privata administratione; tùm quia nullum extat in Jure præceptum; tùm quia adest patrinus, quando in Ecclesia solemnitates supplentur.

* Placet oculis subjicere congruentiam, quam Angelicus assignat *quæst.* ab Auctore *cit. a. 7. in corp.* ad ostendendum optimo jure factum esse, ut ad Baptismum præter Sacramenti Ministros patrinus etiam & susceptor adjungeretur. „Dicendum, *inquit,* quòd „spiritualis regeneratio, quæ fit per Baptis„muum, assimilatur quodammodo generatio„ni carnali: unde dicitur 1. Petri cap. 2. „*Sicut modò geniti infantes rationabiles,* „*& sine dolo lac concupiscite.* In gene„ratione autem carnali parvulus nuper na„tus indiget nutrice, & pedagogo. Undè & „in spirituali generatione baptismi requiri„tur aliquis, qui fungatur vice nutricis, „& pædagogi, informando, & instruen„do eum quasi novitium in fide, de his, „quæ pertinent ad fidem, & vitam christia„nam; ad quòd Prælati Ecclesiæ vacare non „possunt circa animarum curam populi oc„cupati; parvuli enim & novitii indigent spe„ciali cura præter communem. Et ideo requi„ritur, quod aliquis recipiat baptizatum de „sacro fonte, quasi in suam instructionem, & „tutelam. Et hoc est, quod Dionysius ult. cap. „Cœlest. Hierar. Divinis nostris Ducibus (id „est Apostolicis) ad mentem venit, & visum „est suscipere infantes secundùm istum sanc„tum modum, quod naturales pueri parentes „traderent puerum cuidam docto in divinis „pædagogo, & reliquum sub ipso puer ageret, „sicut sub divino patre, & salvationis sanctæ „susceptore.“ Legatur idem S. D. *& in resp. ad 2.*

II. Patrinus vel debet esse unus tantùm, sive vir, sive fœmina fuerit, vel ad summum duo, nimirùm, mas, & fœmina, ità ut lethaliter delinquatur, si ambo sint mares, vel fœminæ sic statuente Synodo Tridentina sess. 24. cap. 2. *Statuit sancta Synodus, ut unus tantùm, aut una, sive vir, sive mulier, juxta sacrorum Canonum instituta, vel ad summum unus, & una baptizatum de baptismo suscipiant... Parochus antequam ad baptismum conferendum accedat, diligenter ab iis, ad quos spectabit, sciscitetur, quem,*

quem, vel quos elegerint, ut baptizatum de Sacro Fonte suscipiant, & eum, vel eos tantùm ad illum suscipiendum admittas. Idemque observandum est, quamvis alterius nomine suscipiatur baptizandus, ob eadem rationem. Procurandum autem est, quando duo eliguntur, ne sint conjuges, ità jubentibus pluribus Conciliis Provincialibus, Mediolanensi primo sub Sancto Carolo, Pariensi, Rothomagensi, Aquensi, Burdigalensi, & aliis Gallicanis, relatis à Natali Alexandro in hoc tractatu : quorum auctoritas satis declarat, id esse inconveniens etiam extrà illas dioeceses, in quibus obligatio procul dubio est gravis. Dixi: procurandum; quia in Jure nullum extat praeceptum, omnes Ecclesias afficiens.

III. Infidelis non baptizatus illicitè, & invalidè eligitur in patrinum; quia non baptizati non subduntur legibus Ecclesiae. Haereticus verò, baptismate expiatus, validè eligitur, sed illicitè mortaliter; quia, quamvis sit Ecclesiae subditus per susceptum baptismum, praecipuo paternitatis muneri satisfacere non valet, quod est instruere baptizatum in rebus fidei. Eligibilis in patrinum debet esse confirmatus, ut docet probabilior cum S. Antonino : idemque sanxit S. Carolus Borromaeus in sua instructione baprismi; & colligitur ex Rituali Romano. Quia autem non vidi apud Auctores, hanc conditionem urgeri, putarem, quòd illam omittere non excedat veniale, nisi forte Jura specialia dioecesum id jubeant. Quilibet ergo Catholicus usu rationis pollens eligi potest, quamvis convenientius sit, ut adultior eligatur, qui habilior sit ad munera patrini obeunda, casu quo necessitas eveniat. Si tamen in aliqua dioecesi aetas aliqua praescripta fuisset, omninò parendum esse.

* Sicuti Haereticus à Catholico in patrinum assumi non potest, ut *num praeced.* docet Auctor ; ità nec Catholicus in haereticorum Baptismo vices patrini gerere debet. Neque enim aequum est, ut Ecclesiae filii Pseudoministris, ejusdem Ecclesiae hostibus, proselytos offerant, ait Petrus Collet *Instit. Theol. tom. 4. tract. de Bapt. c. 5. q. 3.*

IV. Ex capite *Non licet* dist. 4. de consecrat. interdicitur Monachis suscipere infantes de baptismo: *Non licet Abbati, vel Monacho de baptismo suscipere filios.* Unde Sotus in 4. d. 4. unica art. 5. docet, eos peccare mortaliter. Regularibus autem non Monachis quidam cum Sanchez l. 2. disp. 60. n. 21. id licere, negant : alii cum Ægidio q. 67. a. 7.

affirmant. Videtur idem motivum aequè militare pro utrisque : multò magis, quia plura Concilia particularia id Regularibus vetuerunt. Et Sanct. Carolus Borromaeus in instructione Baptismi hoc idem nedum Regularibus, verùm etiam Clericis prohibuit. Itaque saltem sine suorum Superiorum licentia hoc munus obire non debent ; & Superiores non nisi ex urgentissima causa concedere prudenter possunt ; puta, ob instantiam alicujus Principis, vel Nobilis speciali nota fulgentis, ubi hoc non est interdictum.

✠ Moniales quoque nequeunt esse Commatres etiam per procuratorem *Sac. Congreg. Conc. in Mediol. 3. Octob. 1677.* ubi id prohibuit pro omnibus Regularibus. Videatur. P. Lucius Ferraris verb. *Moniales* a. 6. n. 70. & verb. *Baptismus* a. 7. à n. 41. ad 47.

V. Duo sunt effectus compaternitatis: primus explicatur à Catechismo p. 2. de Baptismo n. 28. *Debet à se susceptos admonere, ut castitatem custodiant, justitiam diligant, charitatem teneant, & ante omnia Symbolum, & orationem Dominicam eos doceat : Decalogum etiam, & quae sint prima rudimenta religionis Christianae.* Quando autem ad hanc solicitudinem sub gravi teneantur, docet S. Thom. q. 67. a. 8. *Obligatur ad habendum curam de ipso suscepto, si necessitas immineret, sicut eo tempore, & loco, in quo baptizati inter infideles nutriuntur. Sed, ubi nutriuntur inter Christianos, satis possunt ab hac cura excusari, praesumendo, quòd à suis parentibus diligenter instruantur. Si tamen quocumque modo sentirent contrarium, tenerentur secundùm suum modum, saluti spiritualium filiorum curam impendere.* Secundus effectus compaternitatis est cognatio spiritualis, seu affinitas spiritualis, quae impedit matrimonium contrahendum, & jam contracti usum tollit ; quaeque ex Concilio Tridentino sess. 24. cap. 2. de Reformatione Matrimonii, oritur inter patrinos, & ipsum baptizatum; inter patrinos, & baptizati genitores ; inter baptizantem, & baptizatum, baptizatiquegenitores. Hinc, si aliquod carnale peccatum inter dictas personas perpetretur, praeter speciem luxuriae, gravatur etiam specie sacrilegii : etiamsi perpetretur inter masculos.

VI. Quando nulli patrini fuerunt aut à parentibus baptizandi, aut à Parocho destinati, & plures duobus baptizandum simul illicitè tangunt, omnes praefatam cognationem contrahere, docet probabilior cum Barbom 2. p. de potestate Episcopi , Allegatione 30. n. 11. , qui etiam refert , ità respondisse Sacram Congregationem. Si verò patrini illi non simul, sed successivè baptizandum tangant, non omnes, sed ille , qui primus', vel ille , & illa , qui primò tetigerunt , cognationem contrahent : ità Rebellus in appendice ad lib. 4. de sponsalibus sect. 4. , num. 95. , referens , ità respondisse Sacram Congregationem. Ratio primæ partis est ; quia, cùm Concilium nihil de hoc casu definierit , tanquam prætermissus debet ad Jura antiqua revocari : scilicet ad caput fin. de Cognat. Spirit. in 6. , quod Jus omnes tangentes censet esse patrinos. Hinc inferas , ad contrahendam cognationem requiri patrinos tangere baptizandum ; quia & alia Jura , & Concilium Tridentinum loc. cit. utuntur hac expressione : quòd si aliqui præter designatos baptizatum tetigerint &c.; quæ expressio non verificatur de solo tactu morali , ut patet, sed de physico. Non est autem necesse, quòd respondeat interrogationibus , à baptizante factis, ut docet ferè communis cum Soto , & Sylvestro ; eò quòd hæ responsiones non requirantur ad contrahendam cognationem, ad quam sufficit solus tactus infantis.

VII. Quando suscipiens baptizatum , suscipit per procuratorem , probabilius videtur, non procuratorem , sed principalem contrahere cognationem; quia; qui per alium facit , per seipsum facere videtur : & quamvis ipse principalis physicè non tangat, tangit tamen loco ejus ipse procurator : & ità declarasse Sacram Congregationem, indicat Barbosa , de offic. Parochi cap. 18. n. 15. Si enim nemo illorum cognationem contraheret, ut aliqui docent, sequeretur , quòd Ecclesia in baptismo solemni permiteret , non adesse patrinum ; cùm enim sæpissimè eveniat susceptio per procuratorem , sæpissimè permitteret carentium patrini , quòd procul dubio non est dicendum : igitur aliquis eorum est patrinus ; at non procurator, qui non agit nomine proprio , neque intendit ipse suscipere : ergo principalis erit patrinus , & cognationem contrahet.

VIII. Quamvis autem in baptismo privato non requiratur patrinus , si tamen aliquis in eo baptismo patrini munus obeat, probabilius videtur cum Soto , Navarro, Suarez , Sylvio , & aliis , quòd contrahat cognationem ; quia sequeretur illum non esse verè patrinum : si igitur est verè patrinus , contrahit effectum compaternitatis,

qui est cognatio. His non obstantibus , P. Lucius Ferraris in novissima sua Bibliotheca Canonica , verbo Baptismus , art. 7. n. 20. & 23. affirmat , oppositum fuisse responsum à Sac. Congregatione Concilii , videlicèt , tenentem baptizatum in Baptismo privato nullam contrahere cognationem; quam tamen contrahit baptizans.

IX. Quando aliquis genitorum in necessitate infantis morientis baptizat illum, non contrahit cognationem cum altero conjuge : quia ità docemur ex capite Ad limina 30. quæst. 1. Si verò alii adsint , qui talem necessitatem supplere queant , & nihilominus ipsi velint baptizare , probabilius videtur , quòd illam contrahant : quia verè non baptizant in necessitate , cùm habeant in promptu , qui baptizare possunt. Quando autem pater baptizat in dicta necessitate filium ex concubina susceptum , contrahit cognationem cum eadem, ex communi, quia Canon excipit solos conjuges.

X. Suscipiens in solis solemnitatibus illum , qui in necessitate baptizatus fuit Baptismo privato , non contrahit cognationem; ità declaravit sacra Congregatio Concilii, 13. Julii 1624. , relata à laudato P. Ferraris loc. cit. num. 22. Qui per errorem levat filium Petri , invitatus pro filio Pauli , nisi expressè levare non intendat., nisi filium Pauli, videtur contrahere cognationem cum Petro , ejusque uxore &c. , quia reapse vult esse patrinus illius, quem actu levat de sacro fonte.

§. VI. De Subjecto Baptismi , secundùm varios status considerato.

I. CErtum est apud Catholicos , omnem hominem sive puerum , sive adultum , sive marem , sive foeminam , esse subjectum Baptismi capax: ità docemur à Christo jubente Apostolis , ut baptizent omnes gentes: ità semper tenuit Ecclesia , traditione edocta : idque fusè probatur à Theologia dogmatum. An autem infantes infidelium non baptizatorum sint , invitis eorum parentibus , baptizandi ? Respondetur, quòd si gaudeant usu rationis , & ipsi baptizari velint , possunt juxta omnes, invitis eorum parentibus , baptizari : si autem nondum rationis usum attingerint , longè communior , & probabilior est opinio S. Thomæ 3. p. quæst. 68. , art. 10. , & alibi, non posse licitè , invitis parentibus , baptizari quia

quia ait S. Doct., *secundùm Jus naturale sunt sub cura parentum, quamdiù ipsi sibi providere non posunt... & ideò contra justitiam naturalem esset, si tales pueri, invitis parentibus, baptizarentur: sicut etiam si aliquis habens usum rationis baptizaretur invitus. Esset etiam periculosum, taliter filios infidelium baptizare; quia de facili ad infidelitatem redirent, propter naturalem affectum ad parentes. Et ideo non habet hoc Ecclesiæ consuetudo, quòd filii infidelium, invitis parentibus, baptizentur.*

II. Animadvertendum est, & sic subvertitur præcipuum adversæ opinionis fundamentum) mandatum supremi domini posse dupliciter accipi; primò taliter, ut impleatur, salvo tamen jure dominii inferiorum dominorum: secundò, ut impleatur, quamvis jura inferiorum dominorum violanda sint. Christus universorum Dominus potuisset condere legem de Baptismo, ut impleretur, nulla habita ratione juris cujuscumque inferioris: at ità non instituit suam legem, sed voluit impleri, ut non violarentur jura naturalia inferiorum. Id patet exemplo adulti, quod ab omnibus admittitur, qui non potest baptizari, nisi ipse velit; quia Jus naturale concedit, ne qui de se ipso disponere potest, compellatur vi, legem Christi acceptare: Ex quo patet, Christum noluisse, ut sua lex impleatur cum violatione jurium naturalium suorum subditorum. Cùm itaque filii rationis impotes jure naturali sint in potestate parentum infidelium, non poterunt baptizari, ipsis invitis; quia violaretur jus naturale eorumdem. Etenim deberent ab eorum cura tolli, ne prævaricandi periculo cum injuria gravi Religionis relinquerentur expositi.

III. Hinc quando dubitatur, an puer usu rationis gaudeat, non est baptizandus, ut docet probabilior cum S. Antonino; quia in materia justitiæ, in casu dubii, melior est conditio possidentis; at tali autem dubio parentes sunt certi possessores naturalis juris, quod habent super talem filium: igitur in casu dubii non sunt expoliandi suo jure, suaque possessione. Id autem intelligas, nisi filius ille esset jam in vitæ extremo constitutus; quia tunc baptizari potest.

IV. Infantes præfatorum infidelium, & Judæorum, qui sunt subditi tantùm politicè Principibus christianis, non possunt licitè, invitis parentibus; baptizari: ità probabilior cum Sancto Doctore loc. citat. ad 2. *Di-*

cendum, quòd Judæi sunt servi Principum servitute cibili; quia non excludit ordinem juris naturalis, vel dominii. Nàm vel deberent à parentibus eripi, quod est, ut diximus, contra Jus naturale; vel relinqui sub potestate eorum, quod esset injuriosùm religioni, ob evidens periculum apostasiæ eorum; & hoc est contra Jus naturale tuendæ religionis. Quando autem dicti infideles sunt verè mancipia; probabilius videtur cum Suaret, posse à dominis, invitis eorum parentibus, baptismo donari, dummodò ità elongentur à parentibus, ut omne submoveatur periculum subversionis; quia, cùm possint à dominis filii illi vendi, & donari, multò magis baptizari, & Ecclesiæ consignari, si sint impotes rationis. Si enim ea gaudeant, eorum consensus est explorandus. Quamobrèm si quis vel contra conscientiam, vel bona fide præfatos filios, invitis parentibus, baptismo traderet, teneretur ab eorum cura illos eripere; quia in concursu vel juris violati parentum, vel religionis certò moraliter violandæ per apostasiam, prævalet præceptum naturale religionis non violandæ.

V. Posse præfatos infantes baptizari, docet Theologorum communis, quando alteruter parentum infidelium assentitur; quia consensus unius illorum est favorabilis, tùm puero, tùm Religioni; ideo præferri debet dissensui alterius, nulla habita ratione, àn dissentiens sit pater. In hoc tamen magna est utendum prudentia, & cautione; nempè, ut spes moraliter certa affulgeat, puerum post baptismum posse christiana disciplina educari; nec subsit periculum ullum seductionis in apostasiam.

Sapientissimus Pontifex Benedictus XIV. 😊 in Epistola data die 28. Februarii 1747. ad Archiepiscopum Tarsensem Urbis Vicesgerentem, quæ incipit *Postremo mense*, plures casus ad hanc materiam spectantes resolvit, regulasque, quæ in certis quibusdam ambiguis eventibus servandæ sunt præscripsit. Epistolam in duas partes distribuendam duxit, in quarum prima *de Hebræorum infantium*, in secunda *de Adultorum baptismate* disserit. Primæ partis præcipua capita sunt hæc. 1. Hebræorum filii, liberi arbitrii usum non habentes, invitis parentibus baptizari non debent. 2. Hebræorum tamen filii infantes baptizari possunt, si in extremo mortis discrimine constituti inveniantur. Item, si crudelem in modum à parentibus deserantur, nempè, si in loco publico soli derelicti, ab-

jec-

jecti , atque omni cura & spe destituti offendantur. 3. Judæorum infantes parentibus orbi, sed sub tutela degentes; sine tutoris assensu licitè baptizari nullo modo possunt. 4. Baptizandi sunt Hebræorum infantes, à patre, qui christianæ militiæ nomen dedit, ad baptismum oblati, etiam invita matre ; & etiamsi à matre ad Christi fidem conversa offerantur sine patris consensu. Itèm, si ab avo paterno christiano facto, in cujus potestate sunt, offerantur ad baptismum; quamvis, mortuo jam patre, mater Hebræa repugnet; imò non solùm si mater, sed etiam si pater dissentiat, & quamvis ambo pariter protestentur, se filii baptismati non assentiri. 5. Judæorum infantes, oblati à parentibus, qui semel dixerunt , se catholicam fidem amplecti velle, etiamsi parentes à proposito recedant, sunt baptizandi. Qui autem infantiam excesserint , non cogendi , sed retinendi sunt ad tempus longè à parentum consuetudine, donec instructi, de suo statu deliberent. 6. Baptismus conferri non debet infidelium filiis, qui à parentibus offeruntur, non ut originalis culpa ex eorum anima deleatur , sed ut à malignis spiritibus, vel morbo aliquo liberentur. Quod intellige, ubi infans in parentum infidelium potestatem rediturus, & in eorum infidelitate educandus fore dignoscatur : sed si perversionis periculum absit, tunc habita potius ratione intentionis Ecclesiæ, quàm voluntatis parentum infidelium , ex sententia S. Augustini baptizandus est. 7. Baptismus, infantibus collatus sine consensu parentum, quamvis illicitus, validus tamen censendus est ex sententia S. Augustini , & ex pluribus Congregationis S. Officii Decretis. 8. Infidelium filii, qui neque à parentibus, neque ab illis, qui in eos jus habeant ad baptismum offeruntur , sed ab aliquo nullam habente auctoritatem, & quorum prætereà casus non comprehenduntur sub ea dispositione, quæ sinit baptismum conferri, etiamsi majorum consensus desit, baptizari non debet sed ad illos remitti, quorum in potestate ac fide, sunt legitimè constituti. Quòd si jam Sacramento initiati essent , aut detinendi sunt, aut ab Hebræis parentibus recuperandi, tradendique Christi fidelibus, ut ab illis piè, sanctèque informentur ; & si, postquam adoleverint , suo ipsi infortunio catholicam fidem desererent; & Hebræorum ritibus adhærerent, contra eosdem legibus utendum esset , ut contra Hæreticos, juxta Decretalem Bonifacii VIII. in cap. Contra de Hæreticis in 6. 9. Hebræi infantes , si validè baptizati fuerint, invitis parentibus, eis restituendi non sunt, etiamsi spondeant, se eos Christianis reddituros, cum ad convenientem

P. CUNILIATI THEOL. MOR. TOM. II.

ætatem pervenerint, nihilque illis contra fidem catholicam tradituros. 10. Unius testimonium sufficit ad probandum, infidelium infantes aquis salutaribus fuisse ritè lustratos ; quod tamen intelligendum est , dummodò testi aut mari, aut fœminæ fides adhiberi prudentes possit, aut si idem testatur, qui baptizavit ; hic siquidem seipsum , asserens , Baptisma Hebræo infantulo ministrasse, non rem modò ab se gestam , sed etiam pœna dignissimam suo testimonio comprobaret.

In secunda verò parte Epistolæ, in qua de *baptismate Hebræorum adultorum* , *ac ratione pollentium* , sermonem habet, hæc sancita deprehenduntur. 1. Hebræus spontè baptismum expetens , non infans, sed sui compos censendus est , & quodammodò adultus, dùm septennium complevit, regulariter loquendo. *Regulariter* ; inquit, nàm oportet Præsidem Ecclesiasticum etiam atque etiam considerare, quisnam sit Baptismi petitor, cùm possit contingere, ut is etiam non completo septennio sufficienti sit præditus ratione : ideòque baptizandus , invitis licèt , reluctantibusque parentibus , ut sapienter disserit Sotus *in 4. dist. 5. q. unic. art. 10. dub. 2. 2.* si de perfecto rationis usu dubitetur , monet Sacramentum esse differendum ; sed hunc , qui postulat, retinendum, ac sic intereà informandum, ut idoneus evadat baptismati postmodùm suscipiendo. 3. Si quis Hebræorum, expleto jam septennio, catholicam Religionem amplecti cupiat ; aut si non dubio, sed certa significatio detur , Hebræum aliquem prædictæ ætatis baptismum petere , in hoc casù tùm index, qui hoc admonet , est retinendus , tùm Sacramenti petitor ex Hebræorum vico evocandus, christianisque tradendus est, ut interrogetur, quà potissimùm de causa velit ab Hebræorum institutionibus ad Christi cultum accedere : diligenter demùm instrui debet. Hac autem adhibita diligentia, si fortè incapax inveniretur , iterum absque dubio Judæis tradendus esset. 4. Si contingat, ut Hebræorum aliquis ætate adultus baptismum cupiat, is quidem est retinendus , aut è vico evocandus , dùm ejus optimam voluntatem quispiam fide dignus attestatur. Magna hic vero diligentia opus est, experientia edocente ; Hebræas seu mulieres, seu puellas, frequenter ad baptismum confugere , non Religionis, sed Matrimonii causa, quòd nimirùm , christianum aliquem depereant : mares autem christianæ fidei desiderium affectare, quòd matrimonii jam

H con-

contracti laqueos declinare cupiunt, & uxorem Hebræam relinquere; aut quòd ære alieno gravati sunt, ac solvendo impares. 5. Si quis adultus ad salutis fontem accesserit voluntate animatus accipiendi, non quodcumque lavacrum, sed unicè Ecclesiæ proprium, ac peculiare, baptismum esse validum dubitari non potest. 6. Si quis baptismum accipiens præsenti voluntate careat, quam aliàs tamen habuerit, talis suscipiendæ lotionis, qualis in Ecclesia frequentatur; tùnc examinare oportet, utrùm voluntas antecedens, nunquàm deinceps retractata, adhuc moraliter perseveret. Nàm, ubi nulla præcesserit retractatio, & moraliter perdurare intentio videatur, est certè validum Sacramentum. 7. Baptismum si quis neutra voluntate susceperit, id est, neque volens, neque nolens, non erit validè baptizatus. 8. Si Baptismus violenter, atque animo palàm contrario suscipiatur, tùnc adultus sic baptizatus cautè & seriò est examinandus; nec facilè credendum illi, ubi responderit, se baptizatum non liberè, sed invitè, etiamsi cum juramento deponat, nisi hoc idem comprobent adjuncta plurima, & circunstantiæ antecedentes, concomitantes, & subsequentes; & ex quidem momenti sint ineluctabilis, & inconcussi. Quòd si dictis clarissimè constet, nullam prorsus habuisse voluntatem, aut intentionem recipiendi baptismum, tunc hortandus est, ut ritè id faciat, quòd jam irritò fecit, & suscipiat absolutè, ac liberè Sacramentum; & si adhuc obstinatè repugnet, est remittendus. Si autem res in dubio sit, nec intelligi possit, àn defuerit intentio, an sufficiens fuerit, necne, adultus tùm detinendus, baptizandusque sub conditione. Demùm, quotiescumquè aliqua ex parte de collato baptismate dubitatur aut in facto, aut in jure, Hebræus jam lustratus non remitti, sed retineri debet, & baptizari sub conditione; & sic baptizatus tenetur omnino fidem catholicam observare, eorum instar, qui minis & terrore adducti, suscipiendo baptismati assensum liberè præbuerunt. 9. Si denuntient, Hebræum seriò petiisse Baptismum, aut duo testes singulares, aut unus tantummodò, sed fide dignus, & omnem citra dubitationem idoneus, & multò magis si adminiculis suffultus; tunc habito testium, vel testis examine, non oportet, Hebræum ad Cathecumenos ducere, sed Judex catholicus, Romæ est Vicesgerens pro tempore,

ejus voluntatem extra vicum, vel domi suæ, vel in Templo aliquo semel, atque iterum, aut etiam pluriès explorabit, ut Hebræi consilio clarè perspecto, & cognito, eum tutò jubeat aut ad vicum remitti, aut Cathecumenis recenseri. 10. Tandèm, quando retineri debeant Hebrææ mulieres à maritis, aut sponsis Christi legem amplexis, ad baptismum oblatæ, fusè ostendit §. 58. & seq. & præcipuè asserit, quòd, quotiescumquè sponsus Hebræus christianæ Religioni nomen dare statuerit, & Evangelio sponsam offerat, prudenter ac diligenter interrogetur, quomodò sponsalia probentur. Et argumenta sponsalibus comprobandis idonea erunt, si tanti esse ponderis, & momenti videbuntur, ut contracta inter Catholicos sponsalia iisdem rationibus evinci apertè, ac tutò valeant. Et si probationes tales fuerint, è vico seu Ghetto evocanda erit mulier, & semel atque iterum, aut quandiù opportunum judicabitur, ejus voluntas in Ecclesia aliqua, aut alibi exploranda, ac demùm, aut innata in pervicacia atque errore relinquenda, si resipiscere nolit; aut inter Cathecumenos retinenda est, ut instruatur, si conversionis certa spes aliqua oboriatur. Cùm autem sponsus, aut alius fide dignus talia argumenta proferat, quibus planè constet, sponsalia verè contracta fuisse, & apud ipsos Hebræos valida atque obligatoria, tunc illicò inter Cathecumenos collocanda est mulier, ubi tandiù versabitur, quandiù necesse erit, dummodò quadraginta dierum spatium non superetur. Lege integram Epistolam, quæ habetur tom. 2. Bullarii ipsius Benedicti XIV. num. 28. in qua alia multa scitu dignissima, summa ab eo more suo eruditione pertractata reperies.

Attendenda est etiam alia ejusdem Summi Pontificis Epistola data die 15. Decembris 1751. ad R. P. Petrum Hieronymum Guglielmi Congregationis S. Officii Assessorem, in qua Aviæ Neophytæ asseritur jus offerendi ad Baptismum Infantes Judæos, ex filio præmortuo nepotes. Extat tom. 3. ejusdem Bullarii num. 54.

VI. Filii infidelium baptizatorum, nempè, hæreticorum, per se loquendo, possunt invitis parentibus baptizari; quia, cùm nascantur ex genitoribus, per susceptum baptismum Ecclesiæ subjectis, proptereà potest Ecclesia eos compellere, ad sibi tradendos proprios filios parvulos baptizandos. Neque ullum violatur jus naturale; quia, cùm eorum
ge-

genitores jus illud violarint, se subducendo à subjectione Ecclesiæ, potest ipsa, auctoritate sibi à Christo relicta, talem compensationem exigere. Dixi: per se loquendo; quia plerumque id potest esse illicitum, ob periculum subversionis filii ad profitendos errores paternos: undè essent à potestate parentum eripiendi; quod tamen Ecclesia agere non consuevit.

VII. Ut adultus validè recipiat baptismum, certum est, requiri in eo voluntatem illius recipiendi; quia intentio est unum ex requisitis in suscipiente Sacramentum: cujus veritatis elegantem assignat S. Doctor congruentiam 3. part. quæst. 68. art. 7. Si autem illius voluntas minuatur à timore gravi eidem incusso, quo adactus suscipiat Sacramentum, validè suscipit, si intentionem suscipiendi, licèt metu extortam, habuerit: ità ex Innocentio III. cap. Majores extra de Baptismo. Ratio patet; quia, ut vidimus suo loco, metus, quantumvis gravis, nisi hominem extra sensum rapiat, quamvis valdè minuat voluntarium, non tamen penitùs tollit. Nefas tamen gravissimum est, hujusmodi metum incutere, ut docent communiter SS. Patres. Validè autem baptizatur adultus baptizari volens, quamvis nullum actum fidei elicuerit; quia, dùm adsunt tria illa necessario requisita, fit validum Sacramentum; illicitum tamen.

VIII. Ut adultus licitè suscipiat baptismum, debet habere iidem Dei auctoris gratiæ, & remuneratoris gloriæ, Trinitatis, Incarnationis, & eorum articulorum, quos Ecclesia Cathecumenos docere consuevit, quod ex Scripturæ tactis ostendit Catechismus p. 2. de Baptismo cap. 2. num. 37..... *Præsertim illi abluendi sunt, qui jam fidei mysteria plenè perceperint; quod quidem Philippum, & Apostolorum Principem fecisse satis constat, cum alter Candacis Reginæ Eunuchum, alter Cornelium, nulla interposita mora, sed, statim ut se fidem amplecti professi sunt, baptizavit.* In casu autem necessitatis adulti morituri, cui non vacat omnia illa discere, sufficiet fides Dei remuneratoris, Trinitatis, & Incarnationis, quippè quòd hæc mysteria necessaria necessitate medii in tract. 4. capit. 1. §. 2. Requiritur insuper actus pœnitentiæ vitæ præteritæ, ut ostendit S. Petrus Actorum 2. dum conversis ad fidem prædicatione sua dixit: *Pœnitentiam agite, et baptizetur unusquisque vestrum.* Hic pœnitentiæ actus, quamvis laudabile sit, ut sit

contritionis perfectæ; sufficiet tamen etiam attritionis: ità clarè Sanct. Doctor in 4. dist. 6. quæst. 1. art. 3. ad 5. *Ad hoc ut homo se præparet ad gratiam in baptismo percipiendam, præexigitur fides, sed non charitas, quia sufficit attritio præcedens, etsi non sit contritio.* Cùm enim hoc Sacramentum fuerit institutum ad regenerandam animam in vitam supernaturalem, nempè ad eam sanctificandam, & propterea dicatur Sacramentum mortuorum; idcircò ex institutione sua non postulat animam per contritionem justificatam. Debet autem attritio, baptismo præmittenda, esse conjuncta alicui amori, imperfecto saltem, benevolentiæ erga Deum: nàm Synodus Tridentina sess. 6 cap. 6. docens modum præparationis ab adulto, accedente ad baptismum, observandum, apertè dicit: *Ad considerandum Dei misericordiam se convertendo, in spem eriguntur, fidentes, Deum sibi propter Christum propitium fore, illumque tanquam omnis justitiæ fontem diligere incipiunt; ac propterea moventur adversùs peccata per odium aliquod, & detestationem, hoc est, per eam pœnitentiam, quam antè baptismum agi oportet: denique dùm proponunt suscipere Baptismum, inchoare novam vitam, servare divina mandata.*

IX. De amentibus, seu furiosis ità disserit S. Thomas 3. p. q. 68. art. 12. *Circa amentes & furiosos est distinguendum. Quidam enim sunt à natavitate tales, nulla habentes lucida intervalla, in quibus etiam nullus rationis usus apparet; & de talibus, quantum ad baptismi susceptionem, videtur idem judicandum esse ac de pueris,* (quibus datur). *Alii verò sunt amentes, qui ex sana mente, quam habuerunt priùs, in amentiam inciderunt; & tales sunt judicandi secundùm voluntatem, quam habuerunt, dùm sanæ mentis existerent: & ideo, si tunc in eis apparuit voluntas suscipiendi baptismum, debet eis exhiberi in furia, & amentia constitutis, etiamsi tunc actu contradicant. Alioquin, si nulla apparuit in eis voluntas suscipiendi baptismum, dùm sanæ mentis essent, non sunt baptizandi. Quidam verò sunt, qui, etsi à nativitate fuerint furiosi, vel amentes, habent tamen aliqua lucida intervalla, in quibus recta ratione uti possunt. Undè, si tunc baptizari voluerint, baptizari possunt etiam in amentia constituti; & debet tunc eis Sacramentum conferri, si periculum timeatur: alioquin melius est, ut tempus expectetur , in quo sunt sanæ mentis, ut devotiùs suscipiant Sacramentum. Si autem tempore lucidi intervalli non appareat in eis voluntas suscipiendi baptismum, baptizari non debent in amentia constituti. Quidam verò sunt, qui, etsi omnino non sanæ mentis existant , in tantum tamen ratione utuntur , quòd possunt de sua salute cogitare , & intelligere Sacramenti virtutem ; & de talibus idem est judicium , sicut de iis, qui sanæ mentis existunt , qui baptizantur volentes , non autem inviti.* Quando autem dubitatur , àn amens ante amentiam baptismum petierit, communis docet, esse sub conditione baptizandum; quia & consulitur illius saluti , & præcavetur injuria Sacramenti. Si autem certum esset , quòd post desideratum baptismum quis in mortale aliquod lapsus fuisset , puta in concubinatum , & in eo statu amentia correptus fuisset , non esset baptizandus ; cùm Sacramentum non sit administrandum certè indisposito.

X. Circa monstra dicendum , quòd monstrum ex fœmina rationali , & masculo bruto, proculdubio non sit baptizandum. Idque innuitur à Concilio Tridentino sess. 5. can. 5. quo docemur, peccatum originale *per propagationem ex Adamo transfusum :* & sess. 6. cap. 3. dicit , *quòd homines non nascerentur injusti , nisi ex semine Adæ essent propagati :* atqui fœtus conceptus ex bruto non est ex semine Adæ, seu ex masculo ab Adamo descendente: igitur &c. Si verò nascatur ex masculo homine , & fœmina bruto , si tali corporis structura edatur in lucem , ut dubitari posset , habere organa sufficientia ad functiones animæ rationalis , potest baptizari sub conditione de capacitate ejusdem , ob rationem alibi etiam traditam. Denique circa monstra humana , nata ex utroque generante rationali , audiendum propono Sanctum Carolum Borromæum, qui videtur transcripsisse doctrinam S. Thomæ ex quodlibetis in sua instructione baptismi, ubi hæc habet: *Si quandò monstrum humanum Baptismo offertur, videndum est , antequam baptizetur , an una persona sit , an verò duæ : tùm masculus , àn fœmina : sique , re perspecta , dubium est , àn sint duo, utpote quia duo capita non habent , nec pectora benè distincta, unus intentione certa simpliciter baptizetur, alter verò , seu alii, sub conditione: si non es baptizatus, ego &c. Si verò , quia duo capita , pectora duo , aut corpora etiam distincta in monstruo apparent , homines duos esse perspicuum est, singuli simpliciter baptizen-*

tur: quòd si mortis periculum in mora erit, numero plurali baptizentur , ego vos &c.... Si autem una persona est, utpote unum tantum caput habens, tanquam unus baptizetur, etiamsi alia membra plura, geminatave habeat. At verò monstrum , quod hominis speciem non præseferet , non baptizetur , nisi primùm Episcopus consulatur ; de cujus etiam consilio agetur , quod supra de monstruo humano dictum est , si tempus dabitur, si autem dubitetur , àn sit homo , baptizari debet sub conditione: si tu es homo &c.

✠ Non est baptizanda carnea massa, quæ nullam præseferat organorum dispositionem. Et verò Rituale Pauli v. prohibet , ne fœtus ante vitalis motus signa baptizetur. Neque id mirum, quum ubiquè receptum sit, non ante infundi animam corpori, quàm illud certa organorum dispositione informatum fuerit.

XI. Circa infantes expositos , qui absque schedula testante fuisse baptismo expiatos inveniuntur , proculdubiò sunt baptizandi. Quando verò inveniuntur cum schedula testante, adhuc probabilius videntur, eos esse sub conditione baptizandos, præcipuè in locis, ubi mixti Christianis commorantur Judæi; quia schedula illa , cujus auctor ignoratur, non est sufficiens & prudens testimonium in re adeò gravi, tantæque consequentiæ. Et Pater Leander de Baptismo disp. 3. q. 44. testatur, se accepisse à Gubernatore magni hospitalis expositorum Toletanæ civitatis , quòd omnes infantes , quamvis schedula muniti, baptizantur sub conditione ; idemque jubent varia Concilia Provincialia.

XII. Qui in necessitate baptizantur ab obstetricibus, non sunt iterùm baptizandi sub conditione , nisi subsit rationabile motivum, erratum fuisse in administratione ; quia ipsæ tenentur scire necessario requisita. Quando autem administratum fuit ab alia persona, præsertim fœmina ; antequàm Parochus statuat iterùm baptizare, exploret, quomodò se gesserit fœmina illa , ne sine prudenti motivo iterùm sub conditione baptizet.

§. VII. *De effectibus Baptismi.*

I. PRimus baptismi effectus est omnium omnino peccatorum ipsum antecedentium remissio; quæ remissio fit per infusionem gratiæ sanctificantis , & supernaturaliter regenerantis : ita à fide docemur ; deduciturque ex pluribus Scripturæ testimoniis , quæ afferuntur à Theologia dogmatum , unà cum concordi SS. Patrum traditione. Illud autem

hic

hìc monendum cum Angelico Doctore 3. p. q. 69. art. 8. quòd parvulis conceditur gratia in gradu æquali, *cùm æqualitèr se habeant ad baptismum*: adultis verò præter gradum gratiæ, parvulis quoquè communem, conceditur etiam gradus major gratiæ, servata proportione ad dispositionis gradum, quo ad baptismum accedunt; quia *per propiam fidem* illud suscipiunt. Alter baptismi effectus est charactèr in anima impressus, & indelebilis, ut dictum fuit tract. 13. cap. 1. §. 5. quo baptizatus constituitur inter oves Christi, & aggregatur veræ Ecclesiæ, cujus evadit subditus, redditurque habilis ad alia Sacramenta validè suscipienda, & ad exercenda opera christianorum propria, fidei, spei, & charitatis, aliarumque virtutum. Quæ omnia docemur à traditione. Tertius demùm effectus est remissio coram Deo omnium poenarum, peccatis omnibus ante susceptum baptismum commissis debitarum: ità fide docemur à traditione. Sufficiat unum audire S. Augustinum: *Si* (post Baptismum) *continuò consequatur ex hac vita migratio, non erit omnino, quod obnoxium hominem teneat, solutis omnibus, quæ tenebant.*

CAPUT II.

De Sacramento Confirmationis.

§. I. *De notione, & materia, tàm remota, tùm proxima, Confirmationis.*

I. SAcramentum Confirmationis est unctio exterior chrismatis ab Episcopo consecrati, manu ejusdem Episcopi in fronte facta in modum crucis sub præscripta verborum forma; cujus explicationem ex dicendis audire facilè poteris. Confirmationem esse Sacramentum novæ legis, de fide definitum fuisse à Synodo Tridentina sess. 7. can. 1. tradidimus tract. 13. cap. 1. §. 1. num. 4. Quod deducitur ex Scriptura, præcipuè Actorum 8. & ex constanti, & perpetua traditione. Ac proinde à Christo fuisse institutum, similiter definivit eadem Synodus loco & can. cit. cùm definierit, *omnia novæ legis Sacramenta fuisse à Jesu Christo instituta.*

II. Ejus materia remota est chrisma, ut omnes tenent cum S. Thoma 3. p. q. 72. art. 2. & ut plerique docent, necessitate Sacramenti oleo olivarum admiscendum est balsamum; idque deducitur ex Patribus, appellantibus nomine chrismatis hujus Sacramenti materiam. Et propterea Eugenius IV. in suo

decreto, Concilio Florentino adjuncto, ait: *Secundum Sacramentum est Confirmatio; cujus materia est chrisma confectum ex oleo, & balsamo, per Episcopum benedicto.* Et S. Thomas loc. cit. *Oleum competit materiæ hujus Sacramenti: admiscetur autem balsamum propter fragrantiam odoris, quæ redundet in alios: undè Apostolus dicit: Christi bonus odor sumus.* Hoc chrisma debet esse consecratum, ut indicavit Eugenius, & docuit S. Thomas loc. cit. art. 3. & ideò tam chrisma, quàm oleum sanctum infirmorum priùs benedicuntur, quàm adhibeantur ad usum sacramenti. Et quidem ab Episcopo, ut clarè S. Gregorius Magnus in illud cant. 1. *Botrus Cypri in vineis Engaddi; in Engaddi balsamum gignitur, quo oleo Pontificali benedictione chrisma conficitur.* Manuum Episcopi impositio spectat ad materiam hujus Sacramenti; tùm quia id habetur Act. 8. *tunc imponebant manus super illos* (baptizatos) *& accipiebant Spiritum sanctum.* Et ideò multi Patrum appellarunt chrismationem nomine manus impositionis. Proindè Innocentius III. extra de consecratione: *Sacramentum Confirmationis, chrismando renatos, soli debent Episcopi per manus impositionem conferre:* & extra de Sacr. Unctione: *Per frontis chrismationem manus impositio designatur.*

Chrisma consecratum esse debere, in comperto est apud omnes. Dissidium verò adhuc viget inter Theologos: àn consecratio isthæc necessaria sit necessitate Sacramenti, vel necessitate præcepti duntaxat. Plures præsertim Jueninus, Cardinalis Gotti, Drouven, & Tourneli necessariam solummodò eam existimant necessitate præcepti. Alii magis communiter oppositum sustinent, illamque etiam necessariam esse necessitate Sacramenti, affirmant. Et huic sententiæ ut probabiliori, & ad quam accedere videtur D. Thomas 3. p. q. 72. art. 3. adhærendum putamus. Nemo autem est, qui dubitet, chrismatis consecrationem annumeratam semper fuisse inter propria, & præcipua munera Episcopalis Ordinis, & jure ordinario ad solos Episcopos pertinere. Nùm verò Summus Pontifex possit simplici Sacerdoti committere potestatem chrisma consecrandi, infrà patebit.

III. Materia proxima cùm sit usus materiæ remotæ, in Confirmatione est unctio chrismatis in fronte baptizati; & quia hac unctione imponitur chrismando Episcopi manus, idcirco manus impositio pertinere videtur ad materiam proximam, quæ à solo Episcopo fieri debet in modum crucis digito polli-

ce

ce manus dexteræ Episcopi S. Innocentius 1. in Epistola ad Decentium cap. 3. *Frontem chrismate signare soli debetur Episcopo*, & quidem signo crucis; cùm ex Tertull. lib. 1. de Resurrect. cap. 8. *non perficiuntur Sacramenta christianorum, nisi signo crucis* : & ex S. Aug. tract. 118. in Joan. *quod signum* (crucis) *nisi adhibeantur frontibus credentium.... nihil ritè perficitur.* Quòd autem crux fiat digito pollice manus dexteræ, non est de necessitate Sacramenti, sed de necessitate præcepti gravis.

* In Confirmatione quandoquè immutatur nomen illius, qui illam recipit, nempè, *si turpe, ridiculumve sit, neque planè conveniens homini christiano,* ut ait Concil. Mediol. v. Potest etiam ad Confirmandi votum, mutari pium alioqui nomen, vel aliud alii addi, *dùm tamen,* inquit Synodus Carnotensis *anno 1525. fraus & dolus absint.*

§. II. *De forma Sacramenti Confirmationis, & effectibus ejusdem.*

I. FOrma hujus Sacramenti in Ecclesia Latina his verbis comprehenditur : *N. signote signo crucis, & confirmo te chrismate salutis, in nomine Patris, & Filii, & Spiritus sancti.* Egregiam hujus formæ explicationem, & congruentiam videsis in S. Doctore loc. cit. a. 4. Alia est Græcorum forma, valida quoquè & ipsa. Hinc confirmatur, Christum reliquisse Ecclesiam illam determinandam, & talem, qua sufficienter denotentur effectus hujus Sacramenti. Si autem vel Episcopus Græcus uteretur forma Latinorum, vel Latinus forma Græcorum, invalidè ministraret ; quia Ecclesia catholica pro istis approbabit Latinam, & pro illis Græcam: cùm sint admodùm diversæ ; Græca enim in his solis verbis consistit : *Signaculum donationis Spiritus sancti.*

☞ Lethaliter dubio procul peccaret tàm Episcopus Græcus, qui uteretur forma, quæ adhibetur in Ecclesia Latina, quàm Episcopus Latinus, qui uteretur forma, quæ adhibetur in Ecclesia Græca, in administrando Confirmationis Sacramento; quippè sub gravi tenetur quisque Ecclesiæ suæ ritum servare, maximè in efficiendis Sacramentis. Censemus tamen contrà, ac asserit Auctor, quòd validum conficeret Sacramentum tùm Episcopus Græcus, qui uteretur forma Latinorum, cùm Episcopus Latinus, qui uteretur forma Græcorum; neque enim ullum substantiale discrimen inter utriusque Ecclesiæ formas, sicut

Auctor existimat, intercedit. *Manifestum est* (sic post relatum integrum ritum in administranda Confirmatione tàm Ecclesiæ Latinæ ex Pontificali Romano, ex Sacramentario S. Gregorii, & ex Ordine Romano, quam Ecclesiæ Græcæ ex Goario in Euchologio *pag.* 355. ait Honoratus Tournely *de Sacramento Confirmationis art.* 4.) *ex isto utriusque Ecclesiæ ritu administrandi Sacramentum Confirmationis, eamdem prorsus esse quoad sensum utrobique Confirmationis formam: hoc unum discrimen est, quòd apud Latinos oratio inmediatè juncta sit cum impositione, seu extensione manuum ; apud Græcos verò nulla legatur manuum impositio separata, & sejuncta ab unctione.*

II. Effectus hujus Sacramenti sunt gratiæ habitualis augmentum per se, seu gratia secunda; per accidens autem, ut alibi explicavimus tract. 13. cap. 1. §. 4. gratia prima, supernaturaliter corroborativa, conferens jus ad auxilia divina, quotiès opus fuerit, ad fidem profitendam, sive coram tyranno, sive contra obloquentes. Alter effectus est character, ut definivit Tridentinum sess. 6. can. 9. & ideo est Sacramentum initerabile. Tertius effectus est cognatio spiritualis eo modo, quo explicavimus in cap. de Baptismo §. 5. num. 5. Nàm etiam in hoc Sacramento requiritur patrinus, & quidem unus duntaxat : quia Concilium permittens ut in baptismo sint ad summum duo, unus, & una ; loquens de patrino hujus Sacramenti loquitur solum in singulari *tenentem. Non refert autem, utrùm masculus vel fæmina teneat,* ait S. Doctor art. 10. ad 3. quamvis decentissimum sit, ut mas marem; & fœmina fœminam teneat, & confirmandum tangat. A quo munere prohibentur Monachi, & Regulares, ut dictum fuit loco citato; nàm in capite *Monachi* de consecratione dist. 4. dicitur: *Monachi sibi compatres, commatresve non faciant.* Tandem nota, quòd Patrinus hic debet esse alius à patrino Baptismi, nisi necessitas aliter fieri compellat, ut colligitur ex capite *Non plures,* & ex capite *In Catechismo* de consecratione dist. 4. & est comunis opinio.

* Duo hìc animadvertere non inutile erit. 1. S. Carolum à patrini munere cum excludere, qui 14. ætatis annum nondum attigit ; quia necdum communiter Magistri loco esse potest, cùm rarò quis ea ætate satis eruditus sit. 2. Patrinum sub gravi debere esse confirmatum, ut patet ex his verbis cap. 102. de Consecrat. dist. 4. In Bap-
tis-

tismate , *vel in Chrismate non potest alium suscipere in filiolum ipse , qui non est baptizatus , vel confirmatus.*

Hinc colligere pronum est cum Sanchez *disp.* 60. *num.* 20. non confirmatum , qui puerum suscipit in Confirmatione , spiritualem non contrahere cognationem cum eodem puero , ejusque parentibus , quippè in relatis verbis non magis verè patrinus in Confirmatione declaratur , qui non est confirmatus, quàm in Baptismate , qui necdum est baptizatus. Legatur Continuator *Prælect. Theol.* Honorati Tournely tum *tom.* 2. *tract. de Dispens. in spec. p. 1. cap. 4. art.* 2. tum *tom.* 5. *tract. de Confirm. cap. 9.* §. 2.

¶ At P. Daniel Concina *Theol. Christ. tom. 8. lib. 2. dissert. 2. de Confirm. cap.*7. *num. 3.* probabilius , imò certum existimat, quòd , si christianus non confirmatus patrinus feret in Confirmatione , spiritualem contraheret cognationem ; cùm , ait , ratione baptismatis capax istius cognationis sit.

§. III. *De Confirmationis Ministro.*

I. **J**AM ex dictis satis liquet , Ministrum ordinarium hujus Sacramenti esse Episcopum : ità audivimus declaratum à S. Innocentio 1. ad Decentium cap. 3. *Frontem oleo, & chrismate signare , solis debetur Episcopis :* & ante ipsum S. Hieronymus in Dialogo contra Luciferianos; *Hanc esse Ecclesiarum consuetudinem... ut baptizatus non nisi per manus Episcopi accipiat Spiritum sanctum.* Et longè ante ipsum S. Cyprianus epist. 73. *qui in Ecclesia baptizantur, Præpositis Ecclesiæ offerantur.... ut signaculo dominico consummentur.* Et similiter alibi. Undè Conc. Tridentin. sess. 7. de Confirmatione can. 3. de fide definivit. *Si quis dixerit , sanctæ Confirmationis ordinarium Ministrum non esse solum Episcopum , sed quemvis simplicem Sacerdotem , anathema sit.* Apposite autem dixit Concilium, ordinarum Ministrum , ut locum relinqueret illi disputationi, quæ inter Theologos Scholæ æstuanti animo controvertitur , àn Pontifex possit ex gravissima causa dispensare cum simplici Sacerdote , ut sit hujus Sacramenti extraordinarius minister ex commissione. Et profectò probabilior videtur affirmativa ; quia ex facto insigni S. Gregorii Magni deducitur, qui lib. 3. epist. 26. ad Januarium scribit: *Pervenit ad nos, quosdam scandalizatos fuise , quòd Presbyteros chrismate ungere eos, qui baptizati sunt,*

prohibuimus: & nos quidem secundum usum veterem Ecclesiæ nostræ fecimus. Sed si omnino hac de causa aliqui contristantur; ubi Episcopi desunt , ut Presbyteri etiam in frontibus baptizatos chrismate ungere valeant , concedimus, Quod factum ità approbavit S. Thom. 3. p. q. 72. art. 11. ad 1..... *Ex hac plenitudine potestatis concessit B. Gregorius Papa, quòd simplices Sacerdotes hoc Sacramentum conferrent , quandiù scandalum tolleretur.* Proindè Eugenius IV. in Concilio Florentino: *Legitur tamen, aliquando per sedis Apostolicæ dispensationem , ex rationabili, & urgenti admodùm, causa, simplicem Sacerdotem , chrismate per Episcopum confecto, hoc administrasse Confirmationis Sacramentum.* Hæc ex messe aliena delibasse sufficiat.

Sententia, quam post D. Thomam in 4. ⊄ *dist.* 7. *quæst. 3. & 3. part. quæst. 72. art.* 11. amplexati sunt graviores Theologi, quamque Auctor ut probabiliorem propugnat, nempè, ex speciali delegatione Romani Pontificis posse simplicem Sacerdotem , saltem chrismate ab Episcopo jam consecrato, Sacramentum Confirmationis administrare, etsi neque à Concilio Florentino, neque à Tridentino fuerit definita; attamen , ut scitè animadvertit S. P. Benedictus XIV. *de Synodo Diœcesana lib.* 7. *cap.* 7. non videtur posse ampliùs in controversiam , & dubitationem revocari. Id fuso calamo ostendit ipse ex multis Summorum Pontificum diplomatibus, in quibus confirmandi facultas simplicibus Presbyteris concessa est ; hisque relatis sic concludit , n. 7. ,,Quare non videtur hodiè fas ,,esse , potestatem , de qua olim disceptaba-,,tur, Summo Pontifici abjudicare. Quoniam, ,,ut ait Veracrux *in Specul. p.* 2. *art.* 27. ,,*De Pontificis potestate , postquam dispen-,,savit , dubitare , instar sacrilegii est.* ,,*Esset enim Christo quasi exprobrare, quòd ,,non satis Ecclesiæ suæ providisset ;* & ma-,,gis ad rem Sotus *dist.* 7. *quæst. unic. art.* ,,*11. : Non est dubitandum , quin simplex ,,Sacerdos ex commissione Papæ possit Sa-,,cramentum Confirmationis exhibere. Et, ,,qui de hoc jam modo hæsitaret, Ecclesias-,,ticis sanctionibus adversaretur. Etenim, ,,quamvis hæc conclusio ex sacris Litteris ,,non planè colligatur, sufficere tamen debet ,,Orthodoxis, quòd Gregorius* (addimus Nos, ,,& alii Pontifices) *illam fecerit dispensa-,,tionem.''*

Consultò autem dictum fuit 1. *ex speciali delegatione Romani Pontificis;* quippe solus Sum-

Summus Pontifex, non verò Episcopus, valet simplici Sacerdoti potestatem administrandi Sacramentum Confirmationis impertiri, ut docet D. Thomas *3. part. q. 72. art. 11.* & communiter Theologi sentiunt contra Christianum Lupum, Thomasinum, Van-Espen, Jueninum, Vanroy, aliosque. *Cæterùm, quidquid sit,* ait laudatus S. P. Benedictus xiv. *c. 8. n. 7. de hac perdifficili, & valde implexa controversia, omnibus in confesso est, irritam nunc fore confirmationem à simplici Presbytero Latino ex sola Episcopi delegatione collatam; quia Sedes Apostolica id juris sibi unicè reservavit; quam quidem reservationem non tantùm à consuetudine in tota Ecclesia Latina jamdiù recepta tacitè inductam arbitramur, sicuti opinantur Jueninus, & Tournely, sed jam ante nonum seculum expressè factam colligimus ex Flodoardo lib. 3. Hist. Eccl. Remen. c. 17. &c.*

Consultò dictum fuit 2. *saltem chrismate ab Episcopo consecrato*; siquidem magna inter Doctores exardescit discrepatio, àn ab Apostolica Sede committi facultas possit simplici Sacerdoti chrisma benedicendi, quæ jure ordinario ad solos Episcopos spectat. Probabiliorem censemus sententiam affirmantem, quam adversùs non paucos propugnant Sirmondus, Sotus, Cajetanus, Tournely, Vittassius, Cardinalis Gotti, aliique, quorum longum cathalogum contexuit Verricellus *de Apostol. Miss. quæst. 13. sect. 1. & duobus seqq.* Et sanè: Si Summus Pontifex suprema sua auctoritate potest simplici Sacerdoti munus demandare ministrandi Sacramentum Confirmationis, de se cæteroquin annexum Ordini Episcopali, eo magis poterit facultatem eidem elargiri præparandi ejusdem Sacramenti materiam. Nec desunt ejusmodi concessæ facultatis exempla. Nàm Wadingus *Annal. Minor. tom. 9. ad annum 1444.* testatur, Eugenium iv. concessisse P. Fabiano de Bachia Ord. Minor. ad Indos proficiscenti, non solùm facultatem chrismate consignandi Fidelem, sed etiam ipsum chrisma consecrandi. Alios quoque eamdem facultatem ab aliis Summis Pontificibus accepisse, Mabillonius renuntiat *tom. 2. part. 2. Musei Italici ex Epistola Joannis Diaconi ad Senarium n. 8. p. 73.* Verùm præcitatus pluriès Summus Pontifex Benedictus xiv. pòst relata præfata exempla *cap. 8. n. 2.* erudite more suo tradit insuetam esse, hac prærogativa, Episcopalis ordinis propria, inferiorem Presbyterum insignire, *atque ut plurimùm non aliter consuevisse à Summis Pontificibus simplices Sacer-*

dotes insigniri potestate administrandi Sacramentum Confirmationis, nisi sub expressa conditione adhibendi chrisma, non à se, sed ab Episcopo consecratam.

II. Ut licitè Episcopus confirmet, debet esse in statu gratiæ; quia, ut sæpè diximus, minister Sacramenti ex officio gravem injuriam infert Sacramento, illud in statu lethali ministrando. Debet quoquè sub mortali uti chrismate confecto illo anno, ut tenet communis; quia ageret contra præceptum Ecclesiæ in re gravi. Peccaret itèm graviter, ut docent omnes, si diutiùs, aut rariùs differret hoc Sacramentum ministrare, quàm patiatur amplitudo suæ Diœcesis; quia esset infidelis dispensator, & in re adeo gravi; qualis est: Sacramentorum administratio, pastor somnolentus. Itèm peccat graviter, si Confirmationem ministret in aliena diœcesi; quia inobediens gravi præcepto Tridentini sess. 6. de reform. cap. 5., addita etiam declaratione Sac. Congregationis. Non autem peccat graviter, si subditum alienæ Diœcesis in sua confirmet; quia jam usus invaluit, ut Episcopi confirment quoscumque confirmandos ad se accedentes. Si tamen Episcopi finitimi se declarassent, non velle; abstinendum esset, ut patet; quia in tantum non peccat, eò quòd prudenter putat, non recedere à consuetudine jam obtinente. Non peccat graviter, si administret non jejunus, vel non confirmatus; vel extra Ecclesiam, sed in Sacello: imò quod hoc tertium neque venialiter, si aliqua causa subsit rationabilis; quia de singulis istis nullum invenitur præceptum obstringens sub gravi. Est tamen valdè dedecens, si non confirmatus confirmet. Non debet sub gravi confirmare, nisi adsit Patrinus, qui confirmandum tangat; quia ità præcipitur ab Ecclesia.

Qui Clericali Tonsura initiari volunt, obstringuntur Jure, saltem Ecclesiastico, præmittere Confirmationem; quippè hoc, tanquam rem magni momenti, quovis seculo Ecclesia præcepit iis, qui clericalem statum assumpturi erant. Constat id 1. ex Cornelio, qui *in sua Epistola* ad Fabium Antiochenum exprobrat Novatiano, quòd, signaculo chrismatis minimè percepto, sacrum Ordinem suscepisset. Constat. 2. ex Concilio Nicæno 1. quod *can. 8.* statuit, Novatianos ab hæresi conversos admittendos ad Ordines cum manuum impositione, confirmatoria, ut creditur, quàm in sua secta neglexerant. Constat 3. ex Tridentina Synodo; quæ *Sess. 23. cap. 4. de reform.* vetus præceptum innovavit his verbis: *Prima tonsura non initientur, qui Sacra-*

cramentum Confirmationis non receperunt.
Ratio etiam hoc idem evincit. Etenim, cùm
Ordo clericalis status sit perfectionis, non nisi perfectos admitti, atque adeo gratia Confirmationis præmunitos. Hinc Christus Dominus ad Apostolos, in quibus omnes saltem
Clerici intelliguntur: *sedete in Civitate*, inquit Lucæ 24. *quoadusque induamini virtute ex alto.* Hoc autem præceptum sub gravi obligare, censent graviores Theologi, &
etiam benigniores; ideoque peccare mortaliter, qui scienter, etiam secluso contemptu,
prætermisso hoc Sacramento, susciperet Tonsuram, & Ordines. Vide, quæ habet Auctor *cap. v. de Ordine* §. *11. num. 111.* Quapropter Episcopus non confirmatus, ut nemo non videt, in continuo foret statu peccati mortalis, atque proinde peccaret etiam
semper mortaliter administrando in tali statu
Sacramentum Confirmationis.

* Quamvis juxta plures, ut suprà asseruimus, non confirmatus, qui puerum in
Confirmatione suscipit, spiritualem non contrahat cognationem cum eodem puero, ejusque parentibus; attamen, si Episcopus non
confirmatus Confirmationem conferret, veram, secundum omnes, contraheret affinitatem; quia verum conficeret Sacramentum.
Lege Continuat. Tournely *loc. cit.*

§. IV. De *Confirmationis subjecto.*

I. **Q**Uamvis primis Ecclesiæ seculis consuetudo viguerit, baptizatis statim
conferendi Sacramentum Confirmationis,
quamquàm essent infantes; nihilominus, temporis decursu, & persecutionibus christianorum jam conquiescentibus, hanc disciplinam Ecclesia ipsa temperaverit; & censuit,
ut loquitur Catechismus part. 2. de Confirm.
num. 17.: *Minùs expedire hoc fieri, antequàm pueri usum rationis habuerint; quare, si duodecimus annus expectandus non
videtur, usque ad septimum certè hoc Sacramentum differre maximè convenit.* Primis namque temporibus eo fine statim con-
ferebatur post baptismum, ut si etiam pueri à tyrannis compellerentur, ut sæpè accidit, fidem abnegare, illam constanter profiteri valerent. *Et exinde est*, ait S. Th.
3. part. quæst. 72. art. 8., *quòd multi in
puerili ætate propter robur Spiritus sancti
perceptum usquè ad sanguinem fortiter cer-
taverunt pro Christo.* Cùm autem temporis
decursu persecutio primò deferbuerit, &
deinde cessaverit; congruum visum fuit, ut

in ea ætate illud reciperent, qua discernere possent, quid reciperent, & se recepisse
recordarentur.

II. Circà perpetuò amentes, probabilior
apparet opinio Soti, quòd non sit eis hoc Sacramentum administrandum; eò quòd, ut videbimus, nec sit necessarium, nec consulatur reverentiæ ejusdem. Moribundis autem
potest licitè administrari, sed consulendus
erit Parochus, àn expediat, ne tumultus
apud idiotas excitetur. Amentibus verò, quibus lucida intervalla identidem eveniunt,
poterit licitè, & laudabiliter administrari.

* Vide, quæ circa amentes addidimus
tract. 13. cap. 2. §. *3. num. 1.*

III. Ut validè suscipiatur Confirmatio,
jam liquet ex dictis, quòd illam suscipiens
debet esse baptizatus baptismo fluminis. Ut
autem licitè, debet esse in statu gratiæ; quo
si careat, debet saltem per contritionem perfectam disponi, quamvis consultissimum sit
prætermittere confessionem, si fieri possit; eo
quòd, cùm conferat ex institutione gratiam
corroborativam supernaturaliter, non est capax corroborationis supernaturalis, qui non
vivit vita supernaturali gratiæ, ut indicat
S. D. in art. 6.

IV. Qui prætermittit confirmari, ait S.
Th. 3. p. q. 72. art. 8. ad 4. explicans doctrinam Hugonis Victorini, periculosè agit;
*non quia damnaretur, nisi forte propter
contemptum; sed quia detrimentum perfectionis pateretur.* Non igitur peccat lethaliter, nisi omittat ex contemptu. Idemque docet Catechismus p. 2. cap. 3. de Sacr. Conf.
n. 16. & 17. *Illud in primis docendum est,
hoc Sacramentum ejusmodi necessitatem
non habere, ut sine eo salvus quis esse non
possit; quamquàm verò necessarium non
est, à nemine tamen prætermitti debet, sed
potiùs maximè cavendum est, ne... aliqua
negligentia committatur.* Essent potiùs accusandi lethalis culpæ genitores, qui non curant prolem suam tanto adjutorio, ad eam in
fide firmandam, communire; cùm etiam id
pertineat ad strictam obligationem, qua afficiuntur, prolem in catholicis institutionibus
erudiendi, eamdemque in christiana pietate
educandi, ut providè docet Natal. Alexand.
Si enim peccant genitores illi, qui filios non
hortantur ad sæpiùs, quàm semèl in anno,
confitendum, & ad sæpiùs, quàm in Paschate,
communicandum, quamvis proles ad id non
teneatur; cur non peccabunt, omittendo
eamdem corroborare tanto Sacramento?

Convenit penès omnes, Sacramentum Con-
fir-

firmationis non esse necessarium necessitate
medii, cum sine eo possit homo æternam consequi beatitudinem. Nùm verò necessarium
sit necessitate præcepti, non sine aliquo æstu
inter Doctores controvertitur. Plures, quibus
& auctor subscripsit, partem negantem propugnant. Alii gravissimi Doctores ex adverso
partem ajentem sustinent: atque horum non
pauci, sententiam hanc consentaneam esse
menti D. Thomæ, ostendunt. Hi igitur pluribus argumentis innixi sentiunt, hoc Sacramentum necessarium esse in re, vel in voto,
necessitate præcepti tùm divini, tùm ecclesiastici. Subdunt autem, præceptum divinum illud suscipiendi, maximè obligare vel
tempore persecutionis contra fidem, vel
quando instant graves circa Religionem tentationes, vel in præsenti mortis periculo.
Præceptum verò ecclesiasticum obstringere,
cùm baptizatus pervenit ad annos discretionis, & eo præsertim tempore, quo præsens
est, ac paratus Episcopus illud administrare,
nullamque baptizatus habet legitimam causam differendi illius perceptionem. Hinc colligunt, non solum graviter peccare genitores, Parochos, patrinos, tutores, qui nihil
moliuntur, ut commissam sibi juventutem
ad summum hoc Christi donum disponant,
sed & illos gravis peccati reos esse existimant, qui, cùm Episcopi copiam habeant, ne
quidem passim decurrunt, ut ab eo confirmentur. Et hoc peccatum, inquiunt, iteratur, quoties eadem recurrit occasio. *Etsi,* ait
S. Antoninus 3. p. Sum. tit. 14. cap. 14. §. 1.
*nunquam occurrat confessio persecutionis,
teneretur homo semel in vita confirmari; &
si possit, & negligat, licèt Sacramentum
aliter non contemnat, peccat mortaliter,
& damnatur moriens, nisi tunc confirmetur, vel nisi pœniteat, & confiteatur de hoc
quod in sanitate potuit & neglexit.* Legesis Natal. Alex. cap. 4. prop. 4 Jueninum
q. 8. concl. 2. Contensorum *lib. 9. part. 1.
dist 4. cap. 2. specul 2.* Cardinalem Gotti
q. 7. dub. 4. §. 1. Ludovicum Habert *cap 9.*
Nicolaum l' Hermenier *tom. 1. de Sacram.
Confirm.* Tournely *de Sacram. Confirm. q. 2.
art. 2. ejus* Continuat. *tract. de Sacram.
Confirm. cap. 8.* Drouven *de Re Sacram.
lib. 3. cap. 2.* Laurentium Berti *lib. 32. c. 8.*
aliosque, quos brevitatis gratia præterimus.

CAPUT III.

De Augustissimo Eucharistiæ Sacramento.

§. I. *De Eucharistiæ notione.*

I. EUcharistiam esse novæ legis Sacramentum, fide docemur ex definitione
Concil. Trident. sess. 7. can. 1. illam Sacramentorum albo connumerantis; cùm constet,
fuisse à Christo institutam in Cœna; esse signum sensibile; & in ipsius digno usu promissam conferre gratiam, ut ex fusiùs dicendis
clare constabit. Memineris eorum, quæ cap.
1. §. 1. n 111. diximus, & distinguas, quid
in Sacramentis sit Sacramentum tantùm, res
tantùm, res & Sacramentum simùl; & hæc
eadem applices huic Sacramento: in quo Sacramentum tantùm sunt species consecratæ;
quia significant duntaxat, quin significentur
ab alio: res tantùm est gratia habitualis, nutrimentum afferens spirituale, de qua suo loco; quia significatur duntaxat, & non significat: res & Sacramentum simul sunt Corpus, & Sanguis Christi sub speciebus contenta; quia & significantur à speciebus, &
significant simul gratiam illam, quæ nutrimentum affert spirituale. Sacramentum igitur Eucharistiæ, ut merum Sacramentum est,
consistit in speciebus consecratis, continentibus verè, & realiter, & substantialiter ipsum
Christum hominem; quia Sacramen-
tum, ut tale, illud est, quod solummodò significat; hujusmodi autem sunt species consecratæ, quæ significant gratiam recipiendam à
sumentibus illas: dixi: continentibus Christum; quia, præfatam gratiam significent
conferendam sumnet usu, debent necessariò
continere Christum, sine quo nil causarent,
neque essent signa practica effectiva rei sig-
nificativæ, nempè, gratiæ. Cùm igitur sint signa completa gratiæ, quatenùs continet Christum, necessariò relationem quamdam servant
etiam ad consecrationem, qua mediante gratiam illam conferant. Idcirco apposite dixit
Catechismus de Euchar. num. 8. *Diligenter
observandum est, multa in hoc mysterio
esse, quibus aliquando Sacramenti nomen
sacri scriptores tribuerunt; interdum enim
& consecratio, & perceptio: frequenter
verò & ipsum Domini corpus, & sanguis....
verùm hæc omnia minùs propriè dici sacramenta, perspicuum Ipsæ autem species
panis & vini veram, & absolutam hujus
nominis rationem habent.*

Cùm

II. Cùm itaquè hoc Sacramentum, qua tale, consistat in speciebus consecratis, ut Christum realiter continentibus, servato ordine ad consecrationem, ut ponentem Christum sub ipsis; & ad sumptionem, ut conditionem necessariam ad efficentiam gratiæ; optimè de ducitur Sacramentum Eucharistiæ consistere in re permanente, ad differentiam aliorum Sacramentorum, quæ consistunt in meru usu, & applicatione formæ ad materiam, & earumdem ad subjectum, quibus cessantibus, cessat Sacramentum: non ità in Eucharistia, quæ verum perseverat Sacramentum, verumque signum gratiæ conferendæ in sui usu, etiamsi usu non sumatur; quandoquidem etiam in pixide inclusum, cùm contineat in se veraciter Christum, est signum gratiæ conferendæ, quando sumetur.

III. Cùm autem certum sit apud omnes Theologos, Sacramenta inter se invicem specie distingui, & unumquodque sua unitate specifica gaudere; docemur ab Angelico 3. p. q. 73. a. 2. unitatem specificam hujus Sacramenti esse petendam ex unitate finis, unius videlicet integræ refectionis spiritualis: *Hoc Sacramentum ordinatur ad spiritualem refectionem, quæ corporali conformatur. Ad corporalem autem refectionem duo requiruntur, scilicèt, cibus, qui est alimentum siccum, & potus, qui est alimentum humidum: & ideo etiam ad integritatem hujus Sacramenti duo concurrunt, scilicet, spiritualis cibus, & spiritualis potus, secundùm illud Joann. 6. caro mea verè est cibus, & sanguis meus verè est potus: Ergo hoc Sacramentum multa quidem materialiter, sed unum formaliter.*

* Observandum est, ità ex panis & vini speciebus unicum Eucharistiæ Sacramentum constare, ut, quamvis formalis ratio Sacramenti in eisdem, etiam seorsim sumptis, tota sit quoad essentiam, non tamen tota sit quoad integritatem, & perfectionem. In primis, quòd formalis ratio Sacramenti in qualibet specie, etiam seorsim sumpta, tota sit quoad essentiam, liquidò constat ex Concilio Tridentino, quod *sess. 21. cap. 3.* sic docet: *Insuper declarat* (Sancta Synodus) *quamvis Redemptor noster... in suprema illa Cana hoc Sacramentum in duabus speciebus instituerit, & Apostolis tradiderit, tamen fatendum esse etiam sub altera tantùm specie totum atque integrum Christum, verumque Sacramentum sumi; ac propterea, quòd ad fructum attinet, nulla gratia necessaria ad salutem eos defraudari, qui unam speciem solam ac-*

cipiunt. Itaquè tàm sub speciebus panis, quàm sub speciebus vini totus atque integer Christus continetur: & utraque species etiam alimentum spirituale, & gratiam enutrientem repræsentat, & in sui sumptione suppeditat; atque adeo unaquæque dubio procul totam Eucharistiæ servat essentiam. Quòd verò in qualibet specie, seorsim sumpta, non sit tota ratio Sacramenti quoad integritatem, & perfectionem, pariter exploratum videtur. Quippè neque in speciebus panis, neque in speciebus vini, seorsim spectatis, integra illa & completa reperitur significatio, quæ in eisdem simul acceptis elucet: *Spiritualis nutritio* (ait D. Thomas *in 4. dist. 6. q. 1. a. 1. q. 2. ad 2.*) *quæ fit per gratiam, non significatur perfectè per panis tantùm, neque per vini sumptionem, sed per utramque simul; quia solùm in utraque specie in analogia corporalis refectionis completur, quæ non in solo cibo vel potu, sed in utroque sita est.* Compertum est igitur, species panis, & vini in Eucharistia se habere veluti partes heterogeneas, & divisas, nedum quoad physicam qualitatem, sed etiam quoad munus significandi; ex quarum conjunctione ita unum integrum Sacramentum resultat, ut in singulis seorsim essentia quidem, & veritas Sacramenti retineatur, non tamen omnis sua servetur integritas. Quare Tridentina Synodus *loc. cit.* totum quidem atque integrum Christum sub altera tantùm specie contineri definivit: & addit insuper, sub unica specie verum Sacramentum sumi, sed integrum Sacramentum percipi, minimè pronuntiavit.

IV. Hinc deducitur etiam ejusdem Sacramenti unitas numerica, nempè, ex quo capite unum Sacramenti Eucharistiæ distinguatur numero ab altero, videlicet ex unitate, & pluralitate refectionum. Cùm enim institutum sit per modum convivii, & unitas numerica convivii, nec dessumatur ex unitate ciborum, eò quòd in eodem convivio videamus plura fercula apponi; neque ab actione illud præparante, cùm plures actiones non rarò etiam interruptæ exigantur ad illud præparandum; sed sumatur ab alimentis ad eamdem refectionem ordinatis; ita similiter unitas numerica hujus Sacramenti neque à continuatione physica specierum neque ab unitate consecrationum, sed ab unitate refectionis desumenda erit, ut docent communiter D. Thomæ discipuli, eidem adhærentes.

* Sacramentum Eucharistiæ non esse idem numero in tota Ecclesia, sed dari plura Eu-

charistiæ Sacramenta numericè distincta; ac subinde non omnes species consecratas esse idem numero Sacramentum Eucharistiæ, communis est Doctorum assertio contra Suarezium, Cardinalem de Lugo, Arauxo, quibus favet Aversa. At, undenàm repetenda sit unitas, vel distinctio numerica ejusdem Sacramenti, magna reperitur inter illos dissensio. Minimè nobis arridet sententia Bellarmini, cui auctor adhæsit *num. præced.* videlicet, quòd Sacramentum Eucharistiæ sit unum, vel multiplex numero ex unitate, vel pluralitate refectionum. Quippè cùm Eucharistia ante refectionem, seu sumptionem sit Sacramentum, ante refectionem quoquè seu sumptionem debet habere unitatem, vel distinctionem numericam; nàm quidquid reipsa existit, unum, vel multiplex actu esse oportet, independenter ab eo, sine quo existere potest. Insupèr, species consecratæ à diversis Sacerdotibus, diversis in locis, diversis item temporibus, nonne sunt Sacramenta numero distincta? Nullus profectò ibit inficias. Et tamen quid vetat, has omnes species in unico vase collectas ab eadem persona continenter absumi? Non igitur ex unitate, vel pluralitate refectionis, seu sumptionis unitatem, vel distinctionem numericam accipit Eucharistia. Hac itaque rejecta sententia, & missis etiam brevitatis gratia aliorum Theologorum placitis, quæ pariter à veritate prorsus aliena nobis apparent; amplectendam censemus ut probabiliorem, & verisimiliorem opinionem, quam plures tùm intra, cùm extra Scholam D. Thomæ sustinent, atque propugnant; nempè, unitatem, vel distinctionem numericam Sacramenti Eucharistiæ desumi ex continuatione, vel discontinuatione physica specierum; atque ideo speciem v. gr. panis, physicè continuam, esse actu unum numero Sacramentum: species autem physicè discontinuas esse actu plura numero Sacramenta. Assertionem hanc inter cæteros ità clarè explicant PP. Salmanticenses Scholastici *tract.* 23. *disp.* 2. *dub.* 4. §. 2. *n.* 58. *Diximus*, ajunt, *esse actu unum*, *& esse actu plura &c.* generalem rationem, quæ in eis, quæ sunt unum per continuationem, intervenit, dependet namque illorum unitas, vel multitudo ex continuatione, vel divisione: undè, quia illud quod est actu continuum, potest dividi, est unum in actu, & plura in potentia reducenda ad actum per divisionem: & è converso; quia illa, quæ sunt actu divisa, possunt uniri, sunt plura in actu, & unum in potentia reducenda ad actum per continuationem. Sic

aqua, existens in uno vase, est actu una numero: si verò dividatur in duo vasa, est actu plura numero. Et similiter aquæ existentes in duobus vasis, sunt actu multa numero: si autem collocentur in eodem vase, sunt actu eadem numero aqua. Idemque generaliter contingit in homogeneis, quæ habent unitatem per continuationem; ut facilè consideranti constabit. Ad hunc igitur modum intelligimus, asserimusque, unitatem, & pluralitatem numericam Sacramenti Eucharistiæ Undè species panis continua est unum numero Sacramentum in actu: sed, si dividatur in duas, vel tres partes, tot erunt Sacramenta in actu numero distincta. Et è contrà species vini existentes in diversis calicibus, sunt plura numero Sacramenta in actu: sed si collocentur, & continuentur in eodem calice, fiunt unum numero Sacramentum in actu. (Quæ continuatio partium priùs divisarum locum forte non habet in speciebus panis, quæ ità de facili continuari nequeunt: at si continuarentur, idem de illis deberet intelligi.) Undè in summa idem affirmamus, *inquiunt*, de unitate, vel distinctione numerica Sacramenti Eucharistiæ in esse Sacramenti, quod dicitur de unitate vel multitudine numerica specierum physicè sumptarum; atque ideo tot esse numero Sacramenta Eucharistiæ, quot sunt species sacramentales physicè discontinuæ. Sic expositam assertionem pluribus argumentis evincunt præfati PP. Salmanticenses. Nos ad prolixitatem vitandam, sequens duntaxat ita paucis exhibemus. Eucharistiæ Sacramentum in recto solas, ut & Auctor asserit *n.* 2. species consecratas importat, seu in speciebus consecratis consistit: ergo penès harum unitatem, vel numerum unum, aut multiplex esse debet; cùm palàm sit, ipsas species ex physicæ suæ continuitatis simplicitate, aut divisione unitatem, aut multiplicationem nancisci. Legesis præcitatos Theologos, qui plura, & in solutionibus objectorum, ad rem hanc pertinentia docent scitu digna; neque enim operæ pretium existimamus in his diutius immorari, cùm parum, aut nihil ad institutum nostrum conducant.

§. II. *De materia remota conficiendi Corporis Chisti.*

I. EX communi catholicorum, materia remota conficiendi Corporis Christi est panis triticeus. Ità docemur ab Evangelio, Christum panem sumpsisse, & in eo consecrasse. Nomine autem panis, sine alio additidito, intelligitur panis, quo communiter vescuntur homines, qui est triticeus : quando enim panem, qui triticeus non sit, significare volunt, non dicunt panem absolutè, sed cum addito, puta, panem hordaceum, siligineum &c. Et idcircò S. Thomas q. 74. a. 1. *Sicut enim aqua assumitur in Sacramento Baptismi ad usum spiritualis ablutionis, quia corporalis ablutio communiter fit in aqua; ità panis & vinum, quibus communis reficiuntur homines, assumuntur in hoc Sacramento:* & opportunissimè Catechismus de Eucharistia num. 12. *Communi enim loquendi consuetudine, cùm panis absolutè dicitur, panem ex tritico intelligi, satis constat.*

* Animadvertendum occurrit, quòd panis (idem & de vino dicendum) propriè loquendo, non vocatur simpliciter Eucharistiæ materia, sed materia, ex qua conficitur Eucharistia; neque enim ex illo tamquam parte immanente, & intrinseca Sacramentum ipsum componitur : imo in hujus confectione ille secundùm suam substantiam destruitur, seu transmutatur ; & solùm secundùm externam, & sensibilem speciem perseverat. Dicitur tamen panis materia Eucharistiæ, quatenùs indispensabiliter prærequiritur, & consecrationi Ministri subesse debet, ut ex illa fiat Sacramentum : ac proptereà à nonnullis, sicut etiam ab auctore, materia remota appellatur ; sed in sensu longè diverso ab eo, quo in aliis Sacramentis remota materia nuncupatur res illa sensibilis, quæ in ipsorum administratione applicatur : nisi fortè ex Sacramento Pœnitentiæ sumatur exemplum, in quo peccata, quæ Ecclesiæ clavibus subjiciuntur utiquè abolenda, & destruenda, non retinenda, ejus remota materia vocitantur.

II. Non refert autem pro valore, sit ne azymus, vel fermentatus ità docemur à Concil. Florentino in Decreto fidei : *Itèm in azymo, sive fermentato pane triticeo Corpus Christi veraciter confici, Sacerdotesque in altero ipsum Domini corpus conficere debere : unumquemque scilicet juxta suæ Ecclesiæ sive occidentalis, sive orientalis consuetudinem.* Non enim panis azymus, & fermentatus specie differunt, sed sunt specie idem panis. Pluribus autem motivis, tùm ex Scriptura, tùm ex Patribus, tùm ex congruentia, petitis, elegit Ecclesia occidentalis panem azymum. Quæ videnda relinquimus in Theologis scholæ, & dogmatum contra Michaëlem Cerularium.

III. Ex dictis manifestum remanet, panem ex hordeo, farre, spelta, siligine confectum, esse materiam ineptam; quia nullum prædictorum est triticum : ut docet communis cum S. D. a. 3. ad 2. & in 4. ad Hanib. d. 11. a. 2. ad 1. sed neque ex amydo ; quia est quidem triticum, sed corruptum. Idcircò S. Thom. *Et quia amydum est ex tritico corrupto, non videtur, quòd panis, ex eo confectus, possit fieri corpus Christi :* ità art. 3. ad 4.

* Panem ex siligine confectum velut ineptum ad Eucharistiæ confectionem absolutè pronuntiat Auctor *num. præced.* Verùm animadvertendum est cum Cl. Sylvio, Em. Gotti, aliisque, siliginem bifariam accipi posse : 1. accipitur à Plinio *lib. 18. cap. 8. ab Isidoro lib. 11. Etymol. cap. 3.* & ab aliis pro candidissimo frumenti genere, seu tritico selecto; & in hoc sensu siligo dicitur quasi *selecta:* 2. sumitur pro *secale,* vulgò *Segala.* Si primo modo siligo accipiatur, cùm sit perfectum triticum, dubio procul panis ex ea confectus potest ad Eucharistiæ consecrationem adhiberi. Si verò sumatur secundo modo, ut communiter sumi solet, non est censenda idonea, ut ex ea confectus panis ad Eucharistiam consecrandam assumatur; quamvis enim theoricè probabile admodùm sit, quod docet D. Thomas *cit. art. 3. ad 2.* eam nempè specie à tritico non differre; quoniam ex vero tritico in malis terris seminato progignitur ; attamen in praxi confectus ex illa panis est à consecratione rejiciendus ; cum plures eam alterius naturæ existiment, observantes ex prava humi dispositione degenerare semina, & effectum in aliam speciem transire; quippè ex tritico in malis terris seminato oritur etiam avena. Hoc autem stante dubio, quòd videlicet siligo non sit ejusdem cum tritico speciei, sed diversæ, non licet uti pane ex illa confecto ad Eucharistiæ consecrationem; quia ; cùm agatur de valore Sacramenti, non est licitum sequi opinionem probabilem, relicta tutiore, ut ex proscripta ab Innocentio XI. propositione liquidò constat.

IV. Admiscere autem farinæ triticeæ farinam alterius speciei, quamvis semper graviter sit illicitum, non semper ineptam reddit materiam, si sit in modica quantitate: unde S. D. loc. cit. a. 3. ad 3. *Modica permixtio non solvit speciem ; quia id quod est modicum quodammodò absumitur à plurimo: & ideò; si sit modica admixtio alterius frumenti ad multò majorem quantitatem tritici, poterit exindè confici panis, qui est materia hujus Sacramenti : Si verò sit magna permixtio,*

pu-

puta , ex æquo , vel quasi , talis permixtio speciem mutat: undè panis exinde confeɑus non erit debita materia hujus Sacramenti.

V. Masssa cruda farinæ triticeæ non est materia apta; quia non est panis usui humano idoneus : imò neque si foret elixa ; quia est quidem puls, sed non panis naturalis. Neque si farina triticea esset conglutinata aqua non naturali, sed aut rosacea, aut citrina &c. aut melle, laɑe, butyro , sueco ex fruɑibus expresso ; quia non esset panis naturalis, qui debet essɐ panis triticeus, aqua naturali conglutinatus, & igne tostus. *Admixtio aquæ ad farinam est de necessitate hujus Sacramenti , utpote constituens substantiam panis: ideo si farinæ admisceatur aqua rosacea, vel alius liquor , quàm vera aqua , non potest ex eo confici Sacramentum ; quia non est verus panis*, ait S. D. a. 7. ad 3.

VI. Certissimum est apud omnes, vinum de vite esse materiam necessario requisitam ad conficiendum sanguinem Christi ; quod deducit S. Thom. loc. cit. art. 5. ex ipsius Cɦristi verbis , inquiens : *De solo vino vitis potest confici hoc Sacramentum: primò quidèm propter institutionem Christi , qui in vino vitis hoc Sacramentnm instituit , ut patet ex eo, quod ipse dixit Matth. 26. circa institutionem hujus Sacramenti : NON BIBAM AMODO DE HOC GENIMINE VITIS. Secundum ; quia , sicut diɑum est , ad materiam Sacramentorum assumitur id quod propriè, & communiter habet talem speciem: propriè autem vinum dicitur , quod de vite sumitur : alii verò liquores vinum dicuntur secundùm quamdam similitudinem ad vinum vitis.*

VII. Hinc nulli alii liquores sunt materia apta; *quia illi liquores non dicuntur propriè vinum , sed secundùm similitudinem,* ait S. D. a. 5. ad 1. neque acetum; *quia, sicut de pane totaliter corrupto non potest confici hoc Sacramentum , ità nec de aceto: potest tamen confici de vino acescente , sicut & de pane, qui est in via ad corruptionem, licɐt peccet conficiens.*

VIII. Vino consecrando, sub gravi, admiscenda est aqua , *non necessitate Sacramenti ,* ait S. Doctor a. 7. sed de necessitate præcepti , graviter obligantis : *Monet S. Synodus, præceptum esse ab Ecclesia Sacerdotibus, ut aquam vino in calice offerendo misceant ,* ait Tridentinum sess. 22. cap. 7. *De aqua autem illa* calici infusa, *est duplex opinio,* ait S. Doctor in 4. dist. 11. q. 2. a 4. q. 1. ad 2. *Quidam enim dicunt, quòd aqua*

maneat in sua natura, & solum vinum transubstantietur... alii verò dicunt , quòd aqua apposita in vinum convertitur , & sic totum in Sanguinem transubstantiatur... Hæc secunda verior apparet , & secundùm rationem naturalem , quia modica aqua vino admixta , quod est magis aɑivum , à vino corrumpitur , & in speciem vini transit : & quantùm ad ritum Sacramenti; quia, si aqua in propria natura remaneret, sic calix consecratus non esset tantùm potus spiritualis , sed etiam corporalis , & ità non liceret post primam sumptionem sanguinis iterum sumere; sicut fit in die Nativitatis Christi. Ex hoc infert idem S. Doctor 3. p. q. 74. a. 8. *Cùm illorum opinio sit probabilior , qui dicunt, aquam converti in vinum , & vi ium in Sanguinem*; *hoc fieri non posset , nisi adeo modicum apponeretur de aqua , quod converteretur in vinum : & ideo semper tutius est parum de aqua apponere, & præcipuè , si vinum sit debile; quia si tanta fieret appositio aquæ, ut solveretur species vini , non posset perfici Sacramentum.*

IX. Motiva autem præcepti apponendi aquam hæc recensentur ab Angelico loc. cit. a. 6. : *Primò propter institutionem ; probabiliter enim creditur, quòd Dominus hoc Sacramentum instituerit in vino aqua permixto, secundùm morem illius terræ... Secundò, quia hoc convenit repræsentationi Dominicæ passionis...quia utrumque ex latere Christi profluxisse legitur. Tertiò, quia hoc convenit ad significandum effeɑum hujus Sacramenti , qui est unio populi Christiani ad Christum... Quartò, quia hoc competit ad ultimum effeɑum hujus Sacramenti, qui est introitus ad vitam æternam: undè Ambrosius,* (vel Auɑor coævus） *dicit in libro de Sacramentis: redundat aqua in calicem, & salit in vitam æternam :* Alii addunt , quòd aqua significet peccata populi absorta à Sanguine Christi.

His sequentia attexere opportunum ducimus 1. aqua vino consecrando admiscenda naturalis esse debet , ut docet D T. 3. p. q. 74. a. 7. ad 3. *Quia admixtio aquæ,* inquit, *non est de necessitate Sacramenti , non refert quantùm ad Sacramenti necessitatem, quæcumque aqua misceatur vino sive naturalis , sive artificialis , ut rosacea. Quamvis quantùm ad convenientiam Sacramenti peccet , qui aliam aquam miscet nisi naturalem, & veram, quia de latere Christi pendentis in Cruce aqua vera profluxit , &c.*

Pec-

Peccaret igitur, & quidem lethaliter etiam juxta benigniores Theologos, qui loco aquæ naturalis uteretur aliqua artificiali v. gr. rosacea. Imò aliqui Doctores neque immunem à mortali existimant utentem aqua naturali calida, quamvis hujusmodi alteratio naturam ejus non destruat. At falso, ut sentiunt alii, si talis aqua consultò adhibeatur ad vini congelationem impediendam: forsitan nimis durè, si ad studiosiùs consulendum stomachi valetudini: non immeritò tandem, sed jure, si id fiat ad immutandum Latinæ Missæ ritum Græcorum consuetudinis affectatione, qui paulò ante communionem aquam fervidam in calicem immittunt.

2. Debet esse modica, ut patet ex verbis D. Thomæ, ab Auctore relatis n. 8. imò modicissima, ut loquitur Eugenius IV. in Decreto pro instructione Armenorum, & fert usus Ecclesiæ. Et illud quidem animadvertendum est, hac in re peccari non posse per defectum, cùm in confesso sit apud omnes, ad implendum præceptum, & ad totam significationem mysticam, quamlibet guttulam sufficere, dummodò satis sit sensibilis: benè verò peccari posse per excessum, si, nempè, tantum aquæ infundatur, ut non possit dici modica respectu vini. Itaque aliquæ guttæ plùs minùsve infundantur, ità ut respectu vini modica dici aqua possit. Monet tamen P. Le-Brun tom. I. pag. 309. scrupulis expertem esse debere, qui tertiam solùm aquæ partem offerendo vino miscuerit; præsertim cùm generoso vino utitur.

3. Admixtio aquæ fieri debet ad Altare, & tempore Missæ; est enim sacra cæremonia mysticam habens significationem in ordine ad Sacrificium Eucharistiæ conficiendum, cui populus assistit, indè spiritualiter enutriendus. Quare D. Thom. 3. p. q. 74 a. 8. ad 3. Si aqua inquit, apponeretur in dolio, non sufficeret ad significationem hujus Sacramenti: sed oportet, aquam vino apponi circa ipsam celebrationem Sacramenti. Hinc peragenda præcipitur talis cæremonia ab ipsomet celebrante in Missis privatis, vel à Subdiacono ei deserviente in Missis solemnibus, aqua tamen per ipsummet celebrantem priùs benedicta. Ob eamdem etiam rationem ipsi calici, in quo consecrandum est vinum, debet infundi: unde satis non est, ut aqua vino misceatur in urceolo, ex quo vinum pro Sacrificio depromitur.

4. Miscenda aqua est ante consecrationem; imò ante calicis oblationem, adeò ut lethalis criminis reus censeatur, qui apposite

mixtionem differt. In Ordine Prædicatorum antiquissimo more, & à nobilibus Ecclesiis hausto, semperque retento (de quo videndus est Cardinalis Bona in Rebus Liturgicis) ante ipsam privatæ Missæ inchoationem aqua calici infunditur. Si autem ante oblationem ob oblivionem, inadvertentiam, incuriam, aut aliam causam Sacerdos aquam non miscuerit, sic præscribit Missale Romanum Tit. de Defect. *Si celebrans ante consecrationem Calicis advertat, non fuisse appositam aquam, statim ponat eam... si id advertat post consecrationem calicis, nullo modo apponat; quia non est de necessitate Sacramenti.* Et sanè post consecrationem nec alium liquorem calici misceri posse, clarè docet D. Thomas 3. p. q. 77. art. 8. Hoc tamen valeat in ritu Latino. Nàm Græci præter frigidam aquam, quam ante consecrationem solent vino miscere, post consecrationem paulo ante communionem aliquid aquæ non frigidæ, ut antè, sed calidæ, imò ferventis, vino Eucharistico infundunt, *ut scilicet sanguis, & aqua, quæ fluxerunt à sancto latere Domini, & Dei, & Salvatoris nostri Jesu Christi tempore salutaris passionis ejus, vivifica esse constet, veluti ex vivifico deificato corpore vivifica,* ait Balsamon *in Resp. ad Quæsita* Marci Patriarchæ Alexandrini.

X. *Aggresta est in via generationis, & ideo non habet speciem vini. Et propter hoc de ea non potest confici hoc Sacramentum; non tamen debent uvæ integræ huic Sacramento misceri, quia jam esset ibi aliquid præter vinum. Prohibetur etiam, ut mustum statim expressum de uva in calice offeratur; quia hoc est indecens propter impuritatem musti: potest tamen in necessitate fieri.* Sic S. Doctor loc. cit. a. 5. ad 3.

XI. Vinum congelatum, ità ut nullo modo bibi possit, esse materiam ineptam Sacramento, videtur dubitari non posse, cùm nullo modo sit potabile: vinum autem ità congelatum, ut adhuc, quamvis aliqua difficultate, epotari possit, esse validam materiam videtur probabilius cum Soto; quia & retinet speciem vini, & est potabile; graviter tamen illicitum est illo uti; imò Suarez judicat, esse illicitum uti vino ex gelu soluto, si aliud haberi queat.

XII. In nullo casu est licitum uti vino absque aqua infusa; quia nulla potest esse necessitas, quæ prævaleat gravitati hujus præcepti, antiquissimæque sanctioni Ecclesiasticæ.

Si complendum foret Sacrificium, & aqua haberi non posset, non solùm licitum esset, sed

sed & necessarium, uti vino absque aqua infusa. Nàm Lex Divina efficiendi sacrificium perfectum, & integrum, prævalet præcepto ecclesiastico de aqua vino consecrando admiscenda, ut compertum est.

XIII. Materia consecranda debet ità esse præsens Sacerdoti ad validam consecrationem, ut verificentur pronomina illa *hoc*, & *hic*, ut omnes fatentur. Hinc non est de necessitate Sacramenti, quòd illam teneat præmanibus; quia adhuc verificaretur pronomen illud demonstrativum. Similiter Sacerdos ad altare deferens pixidem, particulis consecrandis plenam, & clausam, nec illam aperire advertens, & propè calicem habens, consecrat nihilominus particulas in ea inclusas; quia verificatur pronomen demonstrativum. Alios casus imaginarios potiùs, quam verosimiles, ab auctoribus allatos, consultò prætereo.

* Vide, quæ addidimus *suprà de Sacram. in Gen. cap.* 2. §. 1. *post num.* 7.

XIV. Materia consecranda debet esse designata; ità enim denotant pronomina illa *hoc* & *hic*. Hinc nulla esset consecratio illa, qua Sacerdos ex decem hostiis sibi præsentibus, octo ex illis, non designatas, duntaxat consecrare intenderet, ob datam rationem. Idcirco Sacerdos conseerans materiam in pixide contentam, debet intendere totam in eam contentam consecrare unà cum fragmentis, tùm ob datam rationem, tùm etiam quia cùm in pixidis purificatione plura remanere soleant fragmenta, ignoraret, àn omnia adorare deberet, cùm nesciret, quænam essent ex particulis consecratis decisa, quænam non. Si igitur aliquando Sacerdos ex mera inadvertentia, (nàm advertenter id numquam agere debet) ponat in pixide nondum purificata, & adhuc habente quasdam particulas consecratas, alias particulas consecrandas, ità ut non amplius distinguere valeat illas ab istis; tunc non videtur sufficere, ut consecrationem proferat super totam materiam non consecratam in pixide contentam, ut dicunt quidam recentiores; quia, cùm sint admixtæ consecratis, neque valeat illas amplius discernere, reipse non verificatur pronomen *hoc*: videtur ergo, quod tunc debeat proferre consecrationem super omnes illas particulas in pixide contentas: ne autem illam proferat super consecratas, consecrationem applicet super omnes illas, & super singulas sub conditione, si non sint consecratæ. Si autem in pixide illa non purificata extarent sola fragmenta, & in

eadem poneret particulas consecrandas; tunc sufficiet, ut particulas duntaxat consecrare intendat, quippè quæ sunt materia designata. Caveat itaque, ne unquam novam materiam in pixide consecrandam ponat, nisi anteà illam ab alio Sacerdote purificare faciat.

XV. Guttulæ adhærentes superficiei exteriori calicis non censentur consecratæ; quia ad illas non censetur directa intentio consecrantis; quia peccaret, si ità intenderet, quamvis valide consecraret. Guttulæ autem adhærentes interiori superficiei erunt consecratæ, si intendat consecrans totam materiam in calice contentam consecrare: non erunt autem consecratæ, si illius intentio dirigatur duntaxat ad continuum illud vini in calicis fundo consistens. Tandem nota, quod super qualibet minima parte materiæ, quæ sensibilis sit, valide consecratio profertur, sed illicitè.

Quemadmodum, vel minima materiæ pars, dummodò sensibilis sit, ac moraliter demonstrabilis, valide potest consecrari; ita etiam quæcumque materiæ quantitas, quantumvis magna, panis, & vini, apta est validæ consecrationi, dummodò tota sit ità præsens, ut possit simpliciter demonstrari ad sensum per pronomina *hoc* & *hic*. Ità Sanct. Thomas 3. *p. q.* 74. *art.* 2. Licitè tamen consecrari non potest, nisi ea quantitas, quæ Ecclesiæ moribus, & præscriptionibus inhærendo, præsenti Sacrificantis usui, Fidelium, qui ad Eucharistiam proximè accessuri sunt, multitudini, & Infirmorum, prudenter prævisæ à Parocho, necessitati accommoda censeatur. Sic enim exigit reverentia debita Christo, Sacramentis ejus, & mandatis Ecclesiæ. Quòd si Sacerdos contrario modo se gereret, & imprudenter majorem materiæ quantitatem consecraret, quàm quæ finis institutionis, & usui fidelium necessaria foret, ac proinde species putrefactionis periculo exponeret, dubio procùl gravis sacrilegii reus evaderet, injuriamque Sacramento inferret, præsertim, si antequam in sacra pixide computrescere incipiant, eas non absumeret.

XVI. Nunquam licitum est, neque humana auctoritate dispensari potest, ut una species consecretur sine altera; quia est contra præceptum divinum Christi, qui, cùm utramque speciem consecraret, subjunxit, *hoc facite in meam commemorationem*: igitur ità semper agendum: neque unquam pro aliquo casu invenitur à Tridentino dispensatum:

tum : De quo iterum agetur , cùm de Missæ Sacrificio disseremus.

XVII. Sacerdos Grecus , celebrans in suis regionibus , & Ecclesiis , tenetur in fermentato consecrare; sicut Latinus in suis in azymo , & quidem ambo sub gravi; quia aliter agentes , ut ait S. Thomas loc. cit. art. 4. , *perverterent Ecclesiæ suæ ritum.* Hinc Honorius III. in Capite *Litteras* extra *de celebratione Missarum* , ab officio suspendit, & beneficio privavit Sacerdotèm Latinum , eò quòd in fermentato consecraverit : undè in quavis necesitate neutri licet ritum suæ Ecclesiæ pervertere. Si autem Sacerdos Græcus apud Latinos commoretur , & Latinus apud Græcos , poterunt se acommodare , ille ritui Latinorum , & hic ritui Græcorum , dummodo non habeant propriam Ecclesiam , sicuti habent Romæ & Venetiis ; quia tunc in ea celebrant ritu proprio. Si autem peregrinentur , & celebrent in Ecclesiis ritus non sui , tunc dicunt Cajetanus , & Sotus , se accomodent ritui Ecclesiæ in qua celebrant.

☞ Summus Pontifex Benedictus XIV. anno 1741. super ritibus Græcorum Constitutionem edidit , quæ incipit : *Etsi pastoralis,* in qua quidem §. 9. præcipit, ut Italo-Græci servent Kalendarium Gregorianum , quadragesimale jejunium , dies festos , ac cætera omnia , quæ juxta sacros Canones in *Diœcesi* , *ubi* habitant , servanda sunt : at circa ritum Sacrificii , Prædecessorum suorum , ac Florentinæ Synodi legem in memoriam revocans , hæc observari jubet §. 6. *num.* 10. *Cùm in Sacro generali Florentino Concilio præscriptum sit , ut unusquisque Sacerdos Eucharistiam juxta Ecclesiæ suæ ritum sivé Latinæ , sive Græcæ, in azymo seu fermentato conficere debeat; vetitumque à Summis Romanis Pontificibus prædecessoribus nostris , ne Latinus Sacerdos græco ritu , aut Græcus latino utatur , districtiùs inhibemus , etiam sub pœnis perpetuæ suspensionis à divinis , ne Præsbyteri Græci latino more , & Latini græco ritu , sub quovis licentiarum , & facultatum , Græci latino more , & Latini græco ritu celebrandi , ab Apostolica Sede , vel ejus Legatis , ac etiam majori Pœnitentiario pro tempore existente , obtentarum , prætextu , Missas , & alia divina officia celebrare , vel celebrari facere præsumant.* Hinc autem.

Infert 1. P. Philippus de Carboneano *in*

Appendice ad Tract. de Eucharist. P. Antoine, errare eos, qui existimant , teneri Latinum per Græcorum Regionem transeuntem græco more celebrare , ac Græcum latino ritu in locis Latinorum. Nàm antedictæ Constitutiones sunt pro Græcis, qui sub Latinis Episcopis degunt , atque adeo in Latinorum locis.

Infert 2. eos etiam errare , qui asserunt, Sacerdotem Græcum , qui perpetuum inter Latinos domicilium stabilierit , teneri ad celebrandum latino ritu. Nàm Ecclesia præcipit, proprium ritum sine Apostolicæ Sedis dispensatione mutari non posse ; jubetque etiam eos , qui in Italia sub Latina Episcopis fixum domicilium habent, propriò more Missas , aliaque divina officia celebrare debere.

Infert 3. errare quoquè illos , qui autumant, posse Latinum græco more , Græcum verò latino ritu celebrare in locis , in quibus proprii ritus Ecclesiæ non adsint , quod possint sese loci consuetudini accommodare. Nàm Ecclesia præcipit cuique proprium ritum conservare.

Infert. 4. tandem, eos optimè concludere, qui sentiunt, non licere Sacerdoti Latino uti fermentato in Ecclesia Græca, nec Græco in Ecclesia Latina azymo , quamvis Populus deberet diù Sacrificio carere , & æger absque viatico decedere ; tùm quia utilitas communis privatorum commodis præferenda est ; ad communem verò spectat utilitatem Ecclesiæ servare præscriptos ritus; tùm etiam quia præceptum audiendi Sacrum in diebus festis , & sumendi Eucharistiam in mortis articulo non obligat, nisi quando Sacrum celebrari queat , servatis legibus ac ritibus ab Ecclesia constitutis.

In uno duntaxat casu liceret Sacerdoti Latino uti fermentato , nempè , cùm mutilum manere deberet Sacrificium : puta , si consecrata in Pago utraque specie , detegeretur, corruptam esse speciem panis, ne alius à fermentato posset haberi ; *quia Sacrificii integritas,* ut ait Continuator Prælect. Theolog. Honorati Tournely *tract. de Eucharist. part. 1. cap. 3. art. 1. longè prævalet circunstantiæ accidentali; qua etiam de causa sacrificium à pranso perfici potest; undè non modò insons foret , qui tunc uteretur fermentato , sed & sons , qui non uteretur.* Idem & de Sacerdote Græco dicendum, posse scilicet uti azymo, dum non alius adesset panis , ad perficiendum Sacrificium.

XVIII. Ex his liquet, quòd, cùm materia

ria

ria próxima Sacramentorum sit applicatio materiæ remotæ ad usum ; ità applicatio hostiæ ad celebrandum, & infusio vini in calicem sit materia proxima hujus Sacramenti.

* Hæc intelligenda sunt de materia, ex qua conficitur hoc Sacramentum, modo superiùs exposito ; non verò de materia proxima, qua ipsum in facto esse intrinsecè constituitur ; hæc namque consistit in speciebus seu accidentibus panis, & vini, quæ remanent, peracta consecratione, quibus tanquam forma, simul cum illis Sacramentum componens, correspondent consecrationis verba, quæ virtualiter permanent ; nàm per verba consecrationis semel prolata determinatæ manent species panis, & vini ad significandum, & continendum Christi Corpus, & Sanguinem. Et ratione hujus determination's relictæ verba, quamvis præterita, virtualiter remanere censentur. Sic auctor *Theologiæ Moralis ad usum Seminarii Petrocorensis tom. 3. lib. 1. tract. 4. de Eucharist. cap. 2. q. 8.*

* Potest contingere, quòd, dùm Sacerdos Sacrum celebrat, defectum detegat, atque deprehendat in materia, ex qua conficienda est Sanctissima Eucharistia. Quamobrem opus est, ut, quo pacto in tali casu se gerere debeat, ipsi compertum sit, ac sploratum. Triplici autem modo defectus in materia possunt occurrere, ut appositè animadvertit S. P. Benedictus XIV. *de Sacrosancto Sacrificio Missæ lib. 3. cap. 15.* nempè, vel in pane tantùm, qui consecrandus est ; vel in vino duntaxat, quod itidem consecrandum est, vel in utroque simul.

˙ Si defectus occurrat in pane tantùm, puta, si hostia consecranda vel corrupta sit, vel non sit è frumento, quomodò se gerere debeat Sacerdos, dùm comperit defectum, Missalis Rubrica clarè præscribit. „Si cele-„brans, ait, ante consecrationem adverterit, „hostiam esse corruptam, aut non esse triti-„ceam ; remota illa hostia, aliam ponat, & „facta oblatione, saltem mente concepta, „prosequatur ab eo loco, ubi desivit. Si id ad-„vertit post consecrationem, etiam post illius „hostiæ sumptionem; posita alia, faciat obla-„tionem, ut suprà, & à consecratione inci-„piat, scilicet, ab illis verbis: *Qui pridie quàm* „*pateretur*; & illam priorem, si non sumpsit, „sumat post sumptionem corporis, & sangui-„nis, vel alii sumendam tradat, vel alicubi „reverenter conservet. Si autem sumpserat, „nihilominus sumat eam, quam consecravit; „quia præceptum de perfectione Sacramenti

„majoris est ponderis, quàm quòd à jejuniis „sumatur. Quòd si hoc contingat post sump-„tionem Sanguinis, apponi debet rursùs no-„vus panis, & vinum cum aqua ; & facta „priùs oblatione, ut suprà, Sacerdos conse-„cret incipiendo ab illis verbis : *Qui pridie*, „ac statim sumat utrumque, & prosequatur „Missam, ne Sacramentum remaneat imper-„fectum, & ut debitus servetur ordo.

Itaque in postremo casu, nempè, si deprehensa fuerit hostia indebitæ materiæ post sumptionem sanguinis, satis non est ut nova hostia consecretur ; sed oportet, ut etiam consecretur novum vinum. Quare jure meritoque laudatus S. Pontifex num. *. rejicit opinionem illorum, qui oppositum asserunt, ostenditque, nullo modo recedendum ab eo, quod Rubrica præscribit.

Si vero defectus occurrat in vino, puta, si acetum in Calice pro vino infusum sit, seu quivis alius liquor, qui consecrari nequeat, pariter Rubrica Missalis regulas observandas proponit: *Si quis*, inquit n. 6. de defectu vini, *percipiat ante consecrationem, vel post consecrationem, totum vinum esse acetum; vel alias corruptum ; idem servetur, quod suprà, ac si deprehenderet, non esse positum vinum vel solam aquam appositam in Calice,* Suprà verò videlicet *num. 3.* ità sancitum reperitur. *Si Celebrans ante consecrationem Sanguinis, quamvis post consecrationem Corporis, advertat aut vinum, aut aquam, aut utrumque non esse in Calice; debet statim apponere vinum cum aqua, & facta oblatione, ut suprà, consecrare, incipiendo ab illis verbis* : Simili modo. *Et n. 4. Si post verba consecrationis advertat, vinum non fuisse positum, sed aquam ; deposita aqua in aliquod vas, iterum vinum cum aqua ponat in Calice, & consecret resumendo à verbis prædictis* : Simili modo. At difficultas agitatur inter Theologos ; nàm, si Sacerdos id adverterit post sumptionem Corporis, vel pòst sumptionem materiæ ineptæ, novam hostiam, novumque vinum debeat consecrare, incipiendo ab illis verbis : *Qui pridie*; àn verò sufficiat, si novum vinum apponat, & consecret, incipiens ab illis verbis : *Simili modo.*

D. Th. 3. p. q. 83. art. 6. ad 4. clarè docet, Sacerdotem in tali casu non solùm debere novum vinum consecrare, sed & novam hostiam, ac si nullam materiam consecrasset. Cujus ratio est ; quia, si non esset ibi hostia consecrata, non verificaretur repetio verborum, & signorum, quorum quædam fiunt non solùm circa sanguinem, sed etiam circa corpus: integrum S. D. textum excripsit Auctor infra §. 6. n. 16.

Verùm sentiunt plures, hanc S. Thomæ doctrinam locum habere duntaxat, dùm Sacrificium privatim offertur: quando verò Missa publicè celebratur, amplectendam existimant sententiam, quæ statuit, satis esse, si consecretur solùm vinum cum aqua sine nova hostia, reliquis omnibus omissis, quæ ante sumptionem dici & agi solent; quod ità fieri posse arbitrantur, videlicet, ut celebrans, quasi accepturus ablutionem accedat ad cornu Altaris, vinum & parum aquæ calici imponat, ad medium redeat, & offerat, oblatione saltem mentali, immediatè consecret incipiens ab illis bervis: *Simili modo,* usque ad illa: *Hæc quotiescumque &c.* statim sumat, ablutionem accipiat, & finem Missæ prosequatur.

Id admittunt etiam duo celebres S. Thomæ discipuli, atque interpretes, nimirùm Soto, & Sylvius. Ille enim postquam *in 4. dist. 24. quæst. 1. a. 15.* fusò calamo exhibitam S. D. sententiam, atque rationem propugnavit, statim subjungit. „His tamen non obstantibus, „licèt, ubi homo privatim coram uno, vel „duobus celebrat, consultius sit S. Thomæ „opinionem servare; tamen, ubi in publico, „& præsertim coram aliquo Magnate celebra-„retur, ad evitandum scandalum, & turba-„tionem populi, fortè non esset absurdum, ut „Sacerdos, secretò fingens lotionem sumere, „vinum tunc infunderet, & consecraret, & su-„meret. Nàm scandalum excusaret, præsertim „cùm jam facta fuerint signa super hostiam, „licèt non legitimè super Calicem. Iste verò, „scilicet Sylvius, sic sese explicat *in 3. part.* „*q. 80. a. 8.* Si Sacerdos post sumptionem „aquæ advertat, Calici non infusum fuisse vi-„num, sed aquam: tunc etiamsi hoc advertat „post sumptionem hujusmodi aquæ, si Missa „celebretur in loco publico, ubi plures adsint „ad evitandum scandalum poterit apponere „vinum cum aqua, & facta oblatione consecra-„re, & statim sumere, & prosequi cætera &c. „Si autem Sacerdos secretò celebraret, ubi „nullum foret scandali periculum apponenda „esset alia hostia, & vinum cum aqua, quæ „primum offerri, tùm consecrari, ac deinde „sumi deberet;" additque, in primo casu Sacerdotem debere incipere ab illis verbis : *Simili modo, postquam &c.* & prosequi usquè ad illa : *Undè & memorēs &c.* in secundo autem ab illis : *Qui pridie quàm pateretur.*

Hoc quoquè examusim consonum est Rubricæ, quæ habetur in Missali Romano, ac etiam in Missali O. P. Illa quippè est hisce concepta verbis: „Si hoc advertat post sump-„tionem Corporis, vel hujusmodi aquæ, appo-„nat aliam hostiam iterum consecrandam, & „vinum cum aqua in Calice, offerat utrumque, „& consecret, & sumat, quamvis non sit jeju-„nus. Vel si Missa celebretur in loco publico, „ubi plures adsint, ad evitandum scandalum, „poterit apponere vinum cum aqua, & fac-„ta oblatione, ut suprà, consecrare, & statim „sumere, ac prosequi cætera." Tempore S. Pii v. sola prima periodus Rubricam componebat, sed tempore Clementis VIII., alia addita, fuit juxta quod à Soto D. Thomæ doctrina exposita fuerat. Et est animadvertendum, per ea verba *statim sumere* significari, omittendas esse preces, quæ præsentem hostiam indicant, quæque multos impulerunt, ut docerent, non satis esse vinum duntaxat denuò apponere, sed novam hostiam, novumque vinum apponi oportere. Legatur S.P. Benedictus loco suprà citato ; ubi difficultatem hanc fusè versat, ac in bono lumine collocat.

Sequentia adhuc consideranda, ac notanda supersunt. 1. Non officit, quòd Sacerdos non sit jejunus, ut ex verbis D. Thomæ, & ex Rubrica Missalis liquidò constat : ratio est ; quia præceptum de integrè perficiendo Sacrificio majoris est obligationis, quàm præceptum jejunii naturalis, cùm hoc sit Ecclesiasticum, illud verò Divinum. 2. Si is, cui hæc fortassis accidunt, inopinato casu perturbatus non suscipit, nec consecrat vinum, non peccat ob id mortaliter, ut post Navarrum *cap. 25. n. 91.* asserit Sylvius *loco citato.* 3. Si Sacerdos propter ignorantiam, aut animi turbationem, quæ in his casibus evenire solet, defectum non suppleverit, sed Missam finierit, non debet Sacrum perficere; quia tunc non judicatur esse idem, sed aliud sacrificium. Ità Felix Potestas *tom. 3. part. 1. de Sacrificio Missæ cap. 2. num. 356.* Idem post alios plures censet & P. Georgius Giobat *in Experimentali Theologia tract. 3. cas. 23. sect. 1. num 773.* ajens : at verò, si primùm, posquam rediisti ad Sacristiam, certus fias, fuisse aquam pro vino infussam, negant rectè Suarez, & Conink num. 280., itemque Tamburinus *lib. 2. cap. 8. §. 5. num. 5.* esse tibi fas supplere illum defectum; eò quòd esset omnino distincta actio &c. Attamen *num. seq. 774.* affert sententiam Tanneri, qui *q. 10. num. 110.* docet ex communi, quòd, quando defectus (substantiales) corrigi possunt tempore moraliter continuo, corrigendi sunt. Porrò

K 2   sta-

statim post ingressum in Sacristiam tempus est moraliter continuum cum priore Sacrificio; quandoquidem potest Sacerdos (ratione continuationis) illic sumere reliquias sui Sacri; & ulteriùs refert , hoc ipsum fuisse practicatum Ingolstadii.

In antiquo Missali Romano, impresso Venetiis apud Juntas M. D. LVII. quod asservatur in magna Bibliotheca Fratrum O. P. Collegii SS. Rosarii Venetiarum *tract. de defectibus in Missa occurrentibus* §. 2. *de defectu vini*, post sancita, quæ præstare debet Sacerdos , dùm comperit defectum vini post sumptionem Corporis ad perficiendum Sacrificium , hæc adjungitur observatio : „Cùm „Missæ celebritas terminetur benedictione „Sacerdotis , ut dicetur infrà; non ità judi„candum est de defectibus Missæ reparandis „ante benedictionem Sacerdotis, cùm adhuc „extet officium Missæ, & post benedictionem „quando jam est solutum officium Missæ; „quia post benedictionem quidquid fieret ma„gis videretur iteratio Missæ, quàm reparatio „defectus.“ Videtur itaque , quòd solùm sit supplendus defectus antequam Missa finiatur ; neutiquam verò postquam Missa fuerit terminata.

Si demùm defectus occurrant in pane, & vino simul , puta , si panis non sit triticeus, & vinum vel non sit ex genimine vitis , aut sit acetum , alia via est ineunda, inquit S. P. Benedictus XIV. *præcit. cap. n. 8.* Nàm , si sacerdos id advertit ante consecrationem , afferri sibi jubeat materias idoneas , quæ si non reperiantur , Missam omittat : si verò id advertit post prolata consecrationis verba, quia invalida est consecratio , omittit pariter Missam: nihil enim egit , ne quidquam propterea est , quod suppleri oporteat , ut bene observat Aversa *quæst. 10. sect. 16. §. 4.* Si autem id advertit post sumptionem utriusque materiæ invalidè consecratæ , cùm jam jejunus non sit , neque necessitate urgeatur ad Missam celebrandam , recitet , ad vitandum scandalum , orationes , quæ communionem consequuntur , omissis iis verbis , quæ Sacramenti perceptionem significant , ac facta benedictione ad Populum, legat Evangelium S. Joannis , ut docet Quartus *ad Rubricas Missalis part. 3. sect. 2. dub. 4.* Sed id quia Sacerdoti multum negotii facesseret , & magis magisque augeretur confusio , consultius esset Missam omittere, nisi forte multitudo adesset Missæ audiendæ : quo casu posset submissa voce Sa-

cerdos preces aliquas recitare , quæ ad illam partem Missæ non pertinerent , & benedictionem Populo impertiri , quæ , immixta extraneis precibus, non ampliùs esset pars Missæ , ut rectè advertit Pasqualigus *de Sacrificio Missæ quæst. 300.*

§. III. *De forma hujus Sacramenti.*

I. NEmo Theologorum ignorat, formam consecrationis panis in his verbis esse repositam : *Hoc est enim corpus meum:* consecrationis verò calicis esse : *Hic est enim calix Sanguinis mei , novi , & æterni testamenti, mysterium fidei, qui pro vobis & pro multis effundetur in remissionem peccatorum.* Omnes etiam fatentur, neque in minimo apice eas licitè posse advertenter mutari absque gravi piaculo. Omnes item concordant , *ly enim* non esse de necessitate Sacramenti, cùm positum sit ad elegantiorem conjunctionem verborum sequentium cum verbis antecedentibus. Omnes denique affirmant , in forma panis nihil omitti , vel mutari posse , quin irritum reddatur Sacramentum : non ità de forma calicis ; pluribus affirmantibus , sufficere pro valore illa verba: *Hic est calix Sanguinis mei* ; cætera verò esse quidem de integritate ejusdem formæ, non de essentia. Alii è contrà serè omnia requirunt. Utrique verò Sanct. Thomam in suas partes trahere conantur. Ut circa quæstionem , instituto nostro quasi addentiam, nostram proferamus opinionem: Videtur prima sententia probabilior , tùm quia S. Doctor 3. part. q. 78. art. 1. , ubi assignat distinctionem inter formam hujus , & aliorum Sacramentorum, dicit : „Primò quidem; quia „formæ aliorum Sacramentorum important „usum materiæ , puta , baptizationem , vel „consignationem ; sed formæ hujus Sacra„menti important solam consecrationem ma„teriæ, quæ in transubstantiatione consistit: „puta cùm dicitur : hoc est corpus meum; „hic est calix sanguinis mei. Secundò ; quia „aliæ formæ aliorum Sacramentorum profe„runtur ex persona ministri… sed forma hu„jus Sacramenti profertur quasi ex persona „ipsius Christi loquentis &c “ Igitur ex D. Thoma solis illis verbis fit transubstantiatio; cùm illa duntaxat afferat , quin alia addat, aut indicet. Quandò igitur in articulo tertio docet , quòd omnia nempè , etiam sequentia *novi & æterni &c.* , sint de substantia formæ , explicari congruè poterit de substantia integrali , non de substantia essentiali. Ratio etiam

etiam validissima suffragatur ; quia verba sacramentalia efficiunt , quod significant ; cùm itaquè illa sola verba significent , ibi esse sanguinem Christi , illud efficiunt. Dices , quòd debent significare illum effusum, & separatum à corpore. Respondeo , illum ità significari; cùm enim ex vi verborum sub hostia ponatur sola.n corpus, (quamvis adsint concomitanter etiam cætera , modò corpori conjuncta) & ex vi verborum in calice ponatur solus Sanguis, (quamvis realiter etiam cætera) significatur sanguis effusus ; eo enim ipso , quòd significatur per verba separatus à corpore, significatur etiam effusus. De hoc satis.

· Pro mutationibus autem , quæ in verbis harum formarum evenire possunt, sufficiat regula in antecedentibus tradita, nempè, quòd, si non corrumpant sensum, validæ sint; semper tamen graviter illicitæ : si vero corrumpant , sint invalidæ.

Hæc , utpote scitu digna , atque necessaria , hìc adnectere opportunum existimamus.

1. · Eucharistiæ consecratio solis Christi verbis peragitur , seu verbis quæ Christus protulit in ejusdem Mysterii celebratione, de sui corporis , ac Sanguinis præsentia discipulos alloquens , seu quæ illis æquivaleant. Quare rejicienda est opinio quorumdam recentiorum Græcorum , qui præter illa , etiam liturgicas preces , quibus divina operatio super proposita elementa invocatur , contendunt ad illorum consecrationem ità desiderari , ut sine illis Sacramentum non conficiatur. Cui opinioni , quæ tempore Synodi Florentinæ insignis error Theologis videbatur , adhæsere nonnulli Catholici viri , præsertim Ambrosius Catharinos , Christophorus à capite Fontium , & novissimè doctissimus P. Touteus Monachus Benedictinus *in 3. dissert.* præmissa editioni Operum S. Cyrilli Hierosolym. , & P. Brunius Oratorii Gallicani Presbyter *in Explicatione*, quam edidit, *Litterali, Historica, & Dogmatica precum, & cæremoniarum Missæ,* in italicam quoquè linguam conversa, & Venetis typis publicata. Insuper eadem Christi verba suam vim habent, & eficaciam, estò Canoni Missæ conjuncta non sint ; nec etiam ei parti , undè incipit narratio Dominicæ cœnæ per ea verba : *Qui pridie quàm pateretur.* Hinc improbanda est tùm sententia quorumdam veterum Theologorum, qui, quamvis in solis Christi Evangelicis verbis consecrationis Eucharistiæ formam reposítam esse concederent , hanc tamen ab aliis Missæ precibus , & præcipuè ab iis , quæ

continentur in Canone , sejunctam, non operari autumabant ; cùm etiam opinio Scoti, cui alii adstipulati sunt , qui censebat , necessarium esse ad validam consecrationem, ut Christi verba conjungantur saltem præcedentibus illis : *Qui pridie quàm pateretur, &c.* ut à Sacerdote in Christi persona pronuntiata intelligantur. Has omnes sententias rejectat , atque refellit D. T. *3. p. q. 78 a. 1.* ad 4. ubi hæc habet: ,,Dicendum, quòd quidam di- ,,xerunt , hoc Sacramentum perfici non posse, ,,prædictis verbis prolatis , & aliis prætermis- ,,sis , quæ sunt in canone Missæ. Sed hoc ,,patet esse falsum; tùm ex verbis Ambrosii ,,suprà inductis ; tùm etiam quia Canon Missæ ,,non est idem apud omnes , nec secundum ,,omnia tempora ; sed diversa sunt à diversis ,,apposita. Undè dicendum est , quòd, si Sa- ,,cerdos sola verba prædicta proferret cum in- ,,tentione conficiendi hoc Sacramentum, per- ,,ficeretur hoc Sacramentum; quia intentio ,,faceret , ut hæc verba intelligerentur quasi ,,ex persona Christi prolata , etiamsi verbis ,,præcedentibus hoc non recitaretur. Gravi- ,,ter tamen peccaret Sacerdos , sic conficiens ,,hoc Sacramentum , utpote ritum Ecclesiæ ,,non servans. " Hucusquè S. D. Qui plura desiderat , consulat Theologos , fuso calamo de his omnibus pertractantes, præsertim Em. Gotti· *De forma Sacramenti Eucharistiæ Quæst. 2. Dub. 3.*

2. Consecrationis verba à Sacerdote proferuntur non solùm *recitativè*, seu *historicè* & *materialiter*, ut ajunt, nempè, ut ab ipso Christo prolata; sed & *significativè* , seu *assertivè & formaliter*, nimirum cum intentione affirmandi, & efficiendi id quod significant. Nàm , juxta S. S. Patres & Concilium Florentinum, Sacerdos ea ex persona Christi profundit , hoc est , induens ejus personam ; atque proinde debet per illa asserere , hoc esse corpus Christi, hunc esse sanguinem Christi; sicut Christus asseruit in ultima cœna ; ac ulteriùs per prolationem illorum verborum debet intendere Corpus & Sanguinem Christi consecrare, & efficere: *Dicendum est*, ait D. Thom. *3. p. q. 78. art. 5. in corp.*, quòd etiam quando proferuntur à Sacerdote, significativè, & non tantùm materialiter sumuntur. Et super *cap. 26. Matth. v. 26. Dicendum*, inquit , quòd recitativè dicuntur, & simul recitativè, & significativè. Hinc sensus significativus , & formalis adeo necessarius est ad valorem Sacramenti , & consecrationis, ut , si solus adsit , conficiatur Sacramentum; si verò solus desit , non confi-

cia-

ciatur. Lege PP. Salmanticenses *tract. 23. de Eucharistia disp. 9. dub. 4. §. 1. & 2.*

Eadem consecrationis verba pronuntianda sunt, ut recte monet Continuator *Prælect. Theolog.* Honorati Tournely *tract. de Euch. p. 1. cap. 4. art. 3. quæst. 4.* distincte, reverenter, continua serie, ut fit in sermone humano, & modo naturali. Unde merito redarguuntur, seu qui tanto nisu sacra hæc verba afferunt, ut singulis adjungant capitis motum, & quamdam trepidationem; seu qui veriti, ne non totum pronuntient, tanto halitu reddunt voces, ut pro *hoc* dicant: *hocche, pro meum, meum me &c.* Nam hoc superstitioso, & deformi conatu, ad præcavendos pronuntiationis defectus, sese ridiculos præbent. At, subdit præcitatus Theologus, si ob scrupulum excusari possunt Sacerdotes, qui in his punctis delinquunt; quo tandem pacto excusabuntur, qui, dùm loquuntur nomine Christi, haud majorem exhibent pietatis & reverentiæ sensum, quàm si profanum quid recitarent?

3. Præstat singula utriusque formæ Sacramenti Eucharistici verba cum D. T. singilatim exponere; & quid unumquodque illorum significet, patefacere. 1. itaque pro nomina *hoc* & *hic* non significant substantiam panis & vini, neque corpus & sanguinem Christi, neque species panis & vini, sed substantiam contentam in generali sub istis speciebus. *Non enim faciunt hæc verba*, ait D. T. *3. p. q. 78. a. 5. quòd corpus Christi sit corpus Christi, neque quòd panis sit corpus Christi; sed quòd contentum sub his speciebus, quod priùs erat panis, sit corpus Christi. Et ideò*, subdit, signanter non dicit *Dominus: hic panis est Corpus meum... neque hoc corpus meum est corpus meum... sed in generali: hoc est corpus meum, nullo nomine, opposito à parte subjecti; sed solo pronomine, quod significat substantiam in communi sine qualitate, id est, forma determinata.* 2. verbum *est* propriè, & ex natura sua extremorum identitatem designat, nempè, hanc rem præsentem esse Corpus Christi, Sanguinem Christi. An autem, sublato hoc verbo, consecratio perficiatur, non convenit inter Doctores. Res saltem valdè dubia & incerta est, hocque sufficit, ut nunquam debeat subjiceri. Lege Continuatorem *Prælect. Theolog.* Honorati Tournely *loco supra citato resp. 2. ad Quæst. 1. a. 3.* Particula enim in utraque forma significat solùm continuationem consequentium cum præcedentibus, & causam indicat verborum Christi: *Accipite*

& manducate; Accipite & bibite, perinde namque est, ac si diceret: confidenter manducate, confidenter bibite, quia hoc est Corpus meum, hic est Sanguis meus. Quare omnium consensu non est de essentia formæ, vel necessitate Sacramenti, cùm nihil omnino conferat ad significandum effectum formæ, atque tàm ab Evangelistis, quàm ab Apostolis omissa sit. Est tamen de necessitate præcepti: atque adeo peccaret mortaliter juxta probabiliorem sententiam, qui voluntariè, & deliberatè eam omitteret, etiam secluso contemptu; quamvis enim illa particula in se & absolutè quid leve sit, in forma tamen Sacramentali quid grave, & magni momenti est. 4. *Corpus* significat compositum materiale, constans carne, ossibus, nervis &c. non significat tamen directè sanguinem, qui cum repræsentetur ut à corpore separatus per Passionem, non nisi concomitanter sub specie panis ponitur. *Sanguis* verò exprimit humorem illum præcipuum in humano corpore contentum, & per venas diffusum, nimis notum. Parvi autem refert, àn dicatur: *sanguis, vel calix sanguinis. Etenim cùm dicitur*, ait D. Thomas 3. p. q. 78. art. 3. ad 1. *hic est calix sanguinis mei, est locutio figurativa. Et potest dupliciter intelligi. Uno modo secundùm metonymiam, qua ponitur continens pro contento, ut sit sensus: hic est sanguis meus contentus in calice, de quo fit hic mentio; quia sanguis Christi in hoc Sacramento consecratur, in quantum est potus fidelium; quod non importatur in ratione sanguinis; & ideo oportuit hoc designari per vas huic usui accommodatum. Alio modo potest intelligi secundùm metaphoram, prout per calicem similitudinariè intelligitur passio Christi, quæ ad similitudinem calicis inebriat (secundùm illud Thr. 3.* replevit me amaritudinibus, inebriavit me absinthio) *Unde & ipse passionem suam calicem nominat Matth. 26. dicens: transeat à me calix iste, ut sit sensus: hic est calix passionis meæ, de qua fit mentio in sanguine seorsum à corpore consecrato; quia separatio sanguinis à corpore fuit per passionem 5. Per meum, & meus* ipsum Christi Corpus, ipse ejus sanguis designatur; & denotatur, totam formam consecrationis proferri à Sacerdote in persona Christi: unde nulla foret consecratio, si diceretur: *Hoc est Corpus Christi; Hic est calix divini sanguinis*; quia tunc non Christi personam Sacerdos sustineret, sed suam dun-

ta-

tant. 6. Supersunt explicanda postrema verba. Illa autem explanat luculenter D. Thom. præcitato art. in corp. dicens: Per verba autem sequentia designatur virtus sanguinis effusi in passione, quæ operatur in hoc Sacramento; quæ quidem ad tria ordinatur, Primo quidem, & principaliter ad adipiscendam æternam hæreditatem, secundum illud Hebr. 10. Habemus fiduciam in introitu Sanctorum in sanguine Christi Et ad hoc designandum dicitur: novi & æterni testameti. Secundò ad justitiam gratiæ, quæ est per fidem secundùm illud Roman. 3.: Quem proposuit Deus propitiationem per fidem in sanguine ejus... ut sit ipse justus, & justificans eum, qui ex fide est Jesu Christi. Et quantùm ad hoc subditur: Mysterium fidei. Tertiò autem ad removendum impedimenta utriusque prædictorum, scilicet peccata, secundum illud Hebr. 9. sanguis Christi emundabit conscientiam nostram ab operibus mortuis, id est, à peccatis. Et quantùm ad hoc subditur: Qui pro vobis & pro multis effundetur in remissionem peccatorum. Cur autem sanguis Christi vocetur novi & æterni testamenti, exponit nitidè idem S. D. in resp ad 3. Testamentum, ait, est dispositio hæreditatis. Hereditatem autem cælestem disposuit Deus hominibus dandam per virtutem Sanguinis Jesu Christi; quia ut dicitur Heb. 9. Ubi est Testamentum, mors necesse est intercedat testatoris. Sanguis autem Christi est dupliciter hominibus exhibitus: primò quidem in figura, quod pertinet ad vetus Testamentum. Et ideo Apostolus ibidem concluait: undè nec primum Testamentum sine sanguine dedicatum est. Quod patet ex hoc quòd, sicut dicitur Exod. 24. Lecto omni mandato Legis à Moyse, omnem populum aspersit, dicens: Hic est sanguis Testamenti, quod mandavit ad vos Deus. Secundò autem est exhibitus in rei veritate, quod pertinet ad novum Testamentum. Et hoc est, quod Apostolus ibidem permittit dicens: Ideo novi Testamenti mediator est Christus: ut morte intercedente, repromissionem accipiant, qui vocati sunt æternæ hæreditatis. Dicitur ergo hic sanguis novi Testamenti, quia non jam in figura, sed in veritate exhibetur: undè subditur qui pro vobis effundetur. Additur verò & æterni. Nam hoc Testamentum, inquit ad 4. est novum ratione exhibitionis. Dicitur autem æternum tàm ratione æterna Dei prædinationis, quàm etiam ratione æternæ hæreditatis, quæ per hoc Testamentum dispo-

nitur. Ità etiam Persona Christi, cujus sanguine Testamentum disponitur, est æternæ Dicitur insuper: Mysterium, non quidem ad excludendam rei veritatem (sic in resp. ad 5.) sed ad ostendendam occultationem; quia & ipse sanguis Christi occulto modo est in hoc Sacramento; & ipsa passio Christi occultè fuit figurata in veteri Testamento. Dicitur etiam: Mysterium fidei, (subdit in resp. ad 6.) quasi fidei objectum; quia quòd sanguis Christi secundùm veritatem sit in hoc Sacramento, sola fide tenetur: ipsa etiam Christi passio per fidem justificat. Dicitur ulteriùs: Qui pro vobis & pro multis effundetur; quia sanguis passionis Christi, ait in resp. ad 8. non solùm habet efficatiam in Judæis electis, quibus exhibitus est sanguis veteris testamenti, sed etiam in Gentilibus; nec solùm in Sacerdotibus, qui hoc conficiunt Sacramentum, vel aliis, qui sumunt, sed etiam in illis, pro, quibus offertur. Et ideo significanter dicit: pro vobis Judæis, & pro multis, scilicet Gentilibus; vel pro vobis manducantibus, & pro multis, pro quibus offertur. Dicitur tandem: in remissionem peccatorum, quia, ut ex superiùs dictis compertum est, unus ex effectibus, quos virtus sanguinis Christi in passione effusi operatur, est removere impedimenta ad consecutionem tùm gratiæ, cùm gloriæ, nimirùm, peccata.

Quare autem potiùs in forma consecrationis sanguinis fiat mentio de passione Christi & ejus fructu, quam in forma consecrationis corporis, declarat idem D. Thom, in resp. ad 2. ajens: Dicendum, quòd sanguis seorsùm consecratus expressè passionem Christi repræsentat; & ideo potiùs in consecratione sanguinis fit mentio de effectu passionis, quàm in consecratione corporis, quod est passioni subjectum. Quod etiam designatur in hoc, quod Dominus dicit: quod pro vobis tradetur; quasi diceret: quod pro vobis passioni subjicietur. Idem repetit in resp. ad 8. & q. 76. a. 2. ad 1.

Quæres: quomodò se gerere debeat Sacerdos, qui non recordatur, se protulisse consecrationis verba?

R. Si Sacerdos non meminerit, se verba consecrationis protulisse, quando aliàs fecit quod in se est, non proptereà perturbari debet, sed Sacrum prosequi, atque perficere: Sic perspicuè D. Thom. 3. p. q. 83. art. 6. ad 5. Dicendum, ait, quòd, licet Sacerdos non recolat, se dixisse aliqua eorum, quæ dicere debuit; non tamen debet ex hoc mente perturbari: non enim, qui multa dicit, *recolit omnium quæ dixit ; nisi forte aliquid in dicendo apprehenderit sub ratione jam dicti ; sic enim aliquid efficitur memorabile. Unde, si aliquis attente cogitet id, quod dicit , non tamen cogitet se dicere illud, non multum postea recolit, se dixisse. Sic enim fit aliquid objectum memoriæ in quantum accipitur sub ratione præteriti, sicut dicitur in Lib. de Memoria. Si tamen, subjungit, Sacerdoti probabiliter constet, se aliqua omisisse, si quidem non sunt de necessitate Sacramenti, non existimo, quòd propter hoc debeat resumere, immutando ordinem Sacrificii, sed debet ulteriùs procedere. Si verò certificetur, se omisisse aliquid eorum, quæ sunt de necessitate Sacramenti, scilicet, formas consecrationis ; cùm forma consecrationis sit de necessitate Sacramenti, sicut & materia ; idem videtur faciendum, quod dictum est in defectu materiæ, ut scilicet, resumatur à forma consecrationis, & cætera per ordinem reiterentur, ne mutetur ordo Sacrificii.* Ex his verbis S. Thomæ patet, ait P. Martinus Wigandt *Tract.* 15. *Exam.* 7. *num.* 96. „Ad resumendum in „Missa non sufficere quemlibet scrupulum, „sed , ne scrupulis locus detur, requiri certi„tudinem ; multi enim Sacerdotes vexantur „talibus retrogradis cogitationibus dubitan„tes, vel se angentes, àn dixerint, quæ erant „dicenda. Quæ cogitationes & anxietates „sunt spernendæ."

§. IV. *De admirabili efficacia verborum consecrationis.*

I. **E**Xpono tibi doctrinam Fidei , præsenti instituto nostro correspondentem , ad hoc mirandum Sacramentum spectantem, referendo canones Sacrosanctæ Synodi Tridentinæ sess. 13.

Canon primus.

Si quis negaverit , in Sanctissimæ Eucharistiæ Sacramento contineri verè , realiter, & substantialiter Corpus , & Sanguinem una cum anima , & Divinitate D. N. Jesu Christi, ac proinde totum Christum ; sed dixerit, tantummodò esse in eo ut in signo, vel figurâ, aut virtute ; anathema sit.

Canon secundus.

Si quis dixerit , in Sacrosanto Eucharistiæ Sacramento remanere substantiam panis, & vini, unâ cum corpore & sanguine Domini N. Jesu Christi ; negaveritque mirabilem illam & singularem conversionem totius substantiæ panis..., & vini..., quam quidem conversionem Ecclesia aptissimè Transubstantiationem apellat ; anathema sit.

Canon tertius.

Si quis negaverit , in venerabili Sacramento Eucharistiæ sub unaquaque specie, & sub singulis cujusque speciei partibus, separatione facta , totum Christum contineri; anathema sit.

Canon quartus.

Si quis dixerit , peracta consecratione, in admirabili Eucharistiæ Sacramento non esse Corpus , & Sanguinem Domini nostri Jesu Christi , sed tantùm in usu , dùm sumitur , non autem antè , vel post ; & in hostiis , seu particulis consecratis , quæ post communionem reservantur, vel supersunt, non remanere verum Corpus Domini ; anathema sit.

Canon quintus alibi afferetur in §. 8. n. 1.

Canon sextus.

Si quis dixerit , in sancto Eucharistiæ Sacramento Christum Unigenitum Dei Filium non esse cultu Latriæ , etiam externo, adorandum , atque ideo nec festiva peculiari celebritate venerandum ; neque in processionibus secundùm laudabilem , & universalem Ecclesiæ sanctæ ritum , & consuetudinem solemniter circum gestandum ; vel non publicè , ut adoretur, populo proponendum ; & ejus adoratores esse idolatras; anathema sit.

Canon septimus.

Si quis dixerit, non licere Sacram Eucharistiam in Sacrario reservari, sed statim post consecrationem adstantibus necessariò distribuendam ; aut non licere , ut illa ad infirmos honorificè deferatur ; anathema sit.

Canon octavus.

Si quis dixerit , Christum in Eucharistia exhibitum, spiritualiter tantùm manducari, & non etiam sacramentaliter, ac realiter; anathema sit.

Ca-

Canon nonus.

Si quis negaverit, omnes, & singulos Christi fideles utriusque sexus, cùm ad annos discretionis pervenerint, teneri singulis annis, saltem in Paschate, ad communicandum, juxta præceptum sanctæ Matris Ecclesiæ; anathema sit.

Canon decimus.

Si quis dixerit; non licere Sacerdoti celebranti seipsum communicare; anathema sit.

Canon undecimus, & ultimus alibi affertur in §. 7. num. 1.

Nobis, hæc omnia de fide esse tenenda, scire satis est; quorum probatio Theologiæ dogmatum curæ relinquimus.

II. Circa primum canonem distinguas oportet, quid sub speciebus ponatur ex vi verborum, quidve per concomitantiam, aut connexionem. Ex vi verborum ponitur sub specie panis solum corpus, cùm per verba illud duntaxat significetur: ac proinde, si in triduo mortis Christi Apostoli, jam in cœna constituti Sacerdotes, consecrassent, reapse sub specie panis solum Christi corpus cum Divinitate absque sanguine, & anima extitisset, quia in eo triduo verè corpus erat sine sanguine, & anima. Postquàm autem resurrexit non amplius moriturus, cùm habeat inseparabiliter conjuncta corpori animam, & sanguinem; propterea consecratio, ponendo ex vi verborum sub specie panis solum corpus, ponit concomitanter, & connexiva conjunctione verè, realiter, & substantialiter etiam animam, & sanguinem una cum Divinitate, quæ semper unita fuit his Christi partibus. Et idem dicas de verbis consecrationis calicis respectivè. Circa secundum canonem, audisti, totam omnino substantiam materiarum transire in substantiam corporis, & sanguinis Christi: non tamen idcirco putes, illas anihilari; eo quia, quod anhilatur, non transit in aliud, sed transit in nihilum, quod non potest dici de materiebus illis, quæ, quamvis nihil sui relinquant, non tamen transeunt in nihilum, cum transeant in corpus, & sanguinem Domini.

✛ Circa Canonem tertium ad examen

vocant Theologi, nùm ante separationem hostiæ consecratæ totum Christi Corpus sit in tota hostia, & totum in qualibet parte? Adfirmantem sententiam propugnat S. Th. 3. p. q. 76. art. 3.

§. V. De Ministro Sacramenti Eucharistiæ secundùm diversa tempora.

I. CErtum est apud omnes catholicos, solum Sacerdotem esse ministrum Eucharistiæ conficiendæ; quandoquidèm Christus solis Apostolis, & eorum successoribus dixisse legitur: hoc facite in meam commemorationem: & ità semper hæc verba intellexit Ecclesia: unde in primo Generali Concilio post Apostolica, quod fuit Nicenum primum in Can. 18. qui est ex genuinis, dicitur: Ne Diaconi Eucharistiam Præsbyteris porrigant, nec in medio Presbyterorum sedeant; quia nec regula, nec consuetudo tradidit, ut ab iis, qui potestatem non habent offerendi, illi, qui offerunt, Christi corpus accipiant. Si igitur Diaconi præsupponuntur, non habere hanc facultatem, multò minus cæteri quicumque alii.

II. Minister ordinarius distribuendi Eucharistiam est solus Sacerdos: ità docemur à Tridentino sess. 23. cap. 1. Hoc autem ab eodem Domino Salvatore nostro institutum esse, atque Apostolis, eorumdemque successoribus in Sacerdotio potestatem traditam consecrandi, offerendi, & ministrandi corpus, & sanguinem ejus... Sacræ litteræ ostendunt, & Catholica Ecclesiæ Traditio semper docuit. Minister verò extraordinarius est Diaconus, commissione ab Episcopo, vel Presbytero priùs accepta. Ità docemur à Concilio Carthaginensi 4. cui interfuit etiam S. Augustinus, in cujus can. 38. hæc habentur: Ut Diaconus, præsente Presbytero, Eucharisticum Corpus Christi populo, si necessitas urgeat, jussus eroget. Unde S. Th. post allatas egregias congruentias de Ministro ordinario 3. p. q. 82. art. 3. ait: Diaconus quasi propinquus ordini Sacerdotali aliquid participat de ejus officio, ut scilicet dispenset sanguinem, non autem corpus, nisi in necessitate, jubente Episcopo, vel Presbytero. Hinc deducas, olim, quando utraque species sumebatur, Diaconum faciliùs destinatum ministrum ministrandi sanguinis, quæ facilitas non indulgebatur respectu corporis; quia, sequitur Angelicus, Sanguis Christi continetur in vase: unde non oporteat, quòd

L tan-

tangatur à dispensante , sicut tangitur Corpus Christi.

III. Sacerdos, si alius minister non adsit , potest communicare seipsum , nedum in casu necessitatis ; sed etiam ex devotione, dùm deest ipsi serviens Missæ , & alioquin ardenter appetat se communicare, poterit ex ciborio Sacram pyxidem extrahere , & inde sumere sanctam particulam , observando, quàntum fieri poterit , cultum cæremonialem , & occultè id agendo , ad omnem præcavendam simplicium admirationem : ita ferè communis cum Suarez disp. 72. sect. 3. Quia, ità agendo, omne prævenitur inconveniens ; & alioquin non est necesse , quòd distribuens sit alius à sumente , ut patet in celebratione. Non ità agere potest Diaconus, nisi forte in sola necessitate ; quia Jura postulant in Diacono *causam necessitatis* , ut aliis ministret : igitur à fortiori, ut ministret sibi. Profectò vehemens ardor requiritur , ut Sacerdos ita secum agat.

IV. Præter potestatem ordinis, requiritur in ministro distribuente etiam potestas jurisdictionis , id est , licentia proprii pastoris; quia talis actus est jurisdictionalis, utpote pascendi oves : sufficit autem licentia præsumpta, sive sufficit, quod distribuens judicet , pastorem non abnuere ; quemadmodùm consuetudo obtinens jam manifestat ; communione Paschali, & ea , quæ in articulo mortis facienda est , duntaxat exceptis.

V. Hinc Regulares non sibi usurpant hujusmodi jurisdictionem, Eucharistiam ministrantes in suis Ecclesiis quibuscumque fidelibus , etiam inconsulto Parocho ; etenim agunt absque ullius injuria ex vi privilegiorum suorum , quæ latè referuntur à Suarez tom. 4. de Religione , tract. 10. lib. 9. capit. 3. numer. 5. & ab aliis post ipsum. Excipitur tamen eis dies Paschatis, seu Dominicæ Resurrectionis ; quæ prohibitio intelligitur de communione Paschali ad satisfaciendum præcepto , ita ut possint quolibet die temporis Paschalis communionem ministrare , dummodo ea communione ; sine Parochi licentia obtenta , sumens non satisfaciat præcepto , ut communiter Auctores interpretantur verba illa , quibus dies Paschatis excipitur ; ità idem Suarez cum loc. cit. tract. 10. lib. 6. cap. 8. num. 7. tùm de Euchar. disp. 72. sect. 2. Ratio est ; quia finis prohibitionis eo collimat , ut Parochi certiores reddantur de obedientia suarum ovium. Possunt præterea Regulares , vi suorum privilegiorum, ministrare communionem

Paschalem, ad satisfaciendum præcepto , secularibus ; qui in eorum conventibus ut commensales commorantur , & sub eorum obedientia degunt, ad inserviendum illis &c. quemadmodùm docet communis cum Bonacina disp. 4. q. 7. punct. 2. num. 10. & quamvis aliqui id verum asserant etiam de famulis pernoctantibus extra claustra, id tamen non admittimus ; eò quòd non sint verè *familiares commensales*, ut privilegia requirunt , quæ sunt Sixti v. in Bulla ad Ordinem nostrum directa , quæ est trigesima tertia ; & similiter loquuntur Clemens iv. Innoc. vi. Sixtus iv. & Leo x. Itèm Regularibus licet præfatis secularibus, secum commorantibus ministrare Viaticum , ut videre est apud Lezanam tom. 5. in mari magno Prædicatorum §. 11. num. 23. & in aliis casibus videndis in Bulla *Prætiosus* Benedicti xiii. Ordini nostro concessa.

* Videtur à veritate prorsùs aliena sententia Suarezii *cit. disp.* 72. *sect.* 2 aliorumque , quos refert , & sequitur P. Daniel Concina *Theol. Christ. tom.* 5. *lib. 4. dissert. 2. cap. 3. num. 8.* quibus & Auctor adstipulatus est, nempè, quòd prohibitio, facta Regularibus in Constitutionibus Pontificis, nec in die sancto Paschæ, seu Dominicæ Resurrectionis secularibus valeant Eucharistiam ministrare , intelligi debeat non absolutè, sed duntaxat de communione Paschali ad satisfaciendum præcepto , ità ut quoties fideles vel ante diem Resurrectionis hoc præceptum executioni mandaverint, vel habeant animum intra quindenam paschalem in propria Parochia illud implendi, possint, ubicumque voluerint , etiam in Ecclesia regulari, ad sacram Mensam devotionis titulo accedere in die Resurrectionis Dominicæ; & eadem die queant Regulares ipsi Eucharistiam ministrare. Videtur , inquam, à veritate prorsus aliena hæc sententia. Quippè pluriès oppositum declaravit Sacra Congregatio Concilii, ut testatur S. P. Benedictus xiv. *de Synodo Diœcesana lib. 9. cap. 16. num 3.* Duo præsertim affert ipse Decreta, quorum primum prodiit in causa *Burdigalens.* 9. Julii 1644. iterumque confirmatum fuit in una *Senonens.* 11. Julii 1650. alterum emanavit in causa *Meclinien.* anno 1682. In his , aliisque constanter censuit Sacra Congregatio, die solemnitatis Paschatis absolutè prohiberi Regulares , ne Eucharistiam in suis Ecclesiis porrigant secularibus , etiamsi isti jam anteà annuæ communionis præceptum in propria Parochia impleploverint : quamvis impediri non possunt, quominùs illam distribuant aliis diebus, modò seculares, Eucharistico pane in eorum Ecclesiis refecti, non se solutos arbitrentur ab obligatione illum percipiendi à proprio Sacerdote. Absolutè igitur in Bullis Pontificiis vetitum est Regularibus, in die sancto Paschæ seculares Sacra Communione reficere ; atque adeo omnino à vero abludit interpretatio, quam exhibent præfati Doctores. Contraria tamen praxis & consuetudo saltem pluribus in locis invaluit, ac etiam nunc viget : undè Henricus à Sanct. Ignatio *tom. 3. lib. 4. cap. 58. numer. 155.* censet, declarationem Sacræ Congregationis, quam affert Wiggers *quæst. 80. art. 31. dub. unic.* non esse in Belgio usu receptam. Ex hoc igitur capite, nempè, ex consuetudine possunt modò Regulares etiam in ipsa Dominica Resurrectionis Eucharistiam secularibus ministrare, dummodò hi alia die intra quindenam eam sumant in propria Paræcia, ad præceptum implendum.

☞ Eminentis. Cardinalis Lambertinus, postea S. P. Benedictus XIV. clarius exponit conditiones requisitas, ut Regulares vi suorum privilegiorum possint communionem Paschalem ministrare iis, qui propriis Monasteriis vel Conventibus inserviunt, adeo ut ii Parochiam adire minimè teneantur. „Deprehendimus etiam, *inquit Institut.* „55. num. 7. in controversiam revocari, „àn seculares, qui Monialibus, aut Re- „gularibus inserviunt, ad Parochiam pro „sumenda Pascali communione se con- „ferre debeant, àn verò in Ecclesiis ip- „sorum regularium, aut monialium præ- „cepto satisfacere judicentur. Pro quo „Tridentinum Concilium tres necessarias „conditiones enumerat sess. 24. cap 11. „de Reformat... ut, nempè, *actu inserviant, „intra eorum septa, ac domos resideant „ac sub eorum obedientia vivant.* Quare „Parochiam adire debet in Paschate, qui „aliqua ex iis conditionibus careat, licèt „in æde versetur, quæ pertineat ad Mo- „nasterium, eique conjungatur, ipsiusque „circuitu per muros exteriores includatur. „Quippè per *domum* Monasteria, per *sep- „ta* verò claustra à Tridentina Synodo in- „telliguntur. Quod scriptores unanimes af- „firmant. Idque, *subdit n. 8.* Sacræ Con- „cilii Congregationis pluribus sententiis com- „probatur, quarum nos ipsi exemplaria cog- „novimus. Cùm autem ejusdem Congrega-

„tionis Secretarii munere fungeremur, die „22. Novembris ann. 1721. propositum fuit: „*An famuli, & famulæ monialium secula- „res, degentes in mansionibus suis in atriis „Monasteriorum muro circumvallatis, & „quæ sint contigua Monasteriis, & ha- „bent portam, quæ clauditur, teneantur „recipere Sacramentum Eucharistiæ tem- „pore Paschali à Parochis, in quorum Pa- „rochiis Monasterium, & mansiones sitæ „sunt ?* Die 19. Septembris ann. 1722. res- „ponsum fuit : *affirmativè, & ampliùs:* quo „vocabulo *ampliùs,* Cardinales omnes fuisse „unanimes, declaratur, nullamque in poste- „rum de eadem re satis clara quæstionem „habendam.

Porrò en, quæ habet S. P. Benedictus XIII. in Bulla *Pretiosus* ab Auctore citata, §. 32. ejusdem Bullæ : *Famulis verò, commoran- tibus in obsequiis Ordinis Prædicatorum, ut Fratres ejusdem quævis Sacramenta etiam in Paschate, & mortis articulo mi- nistrare, eorumque cadavera, cùm obierint, in ipsorum cœmeteriis sepelire, inconsulto prorsùs, ac etiam renuente Parocho, con- cedimus, & elargimur juxta litteras In- nocentii IV. Alexandri IV. Gregorii XI. Ni- colai V. & Innocentii VIII.*

* Addendum censemus, quòd Superiores regulares, & non Parochi, debent exquirere à suis familiaribus, & continuis commensalibus, eisque actu inservientibus, àn præcepto Paschalis communionis satisfecerint. Sic Sacra Congregatio Concilii ex Bullario Ordinis Prædicatorum *tom. 7. p. 322. Constitut. 69.*

IV. Tempore pestis, doctissimi Navarrus cap. 24. num. 30. & Suarez disp. 72. sect. 3. quos alii plures sequuntur, rationabiliùs docent, teneri eum, qui animarum curam gerit, ministrare hoc Sacramentum infirmis peste ictis, etiam cum suæ vitæ periculo ; quia ex vi muneris sui tenetur nedum in extrema necessitate spirituali, in qua omnes tenentur, verùm etiam in gravi suarum ovium præstò iis esse : nemo autem non videt, quàm validum auxilium Viaticum afferat iis, qui in gravi necessitate mortis sunt constituti. Nec prodest quidquam dicere, quòd suppleri potest sumptio illa per votum eficax, seu per communionem spiritualem ; quia respectu inimicorum spiritualium, in extremis illis animæ nostræ insidiantium, realis præsentia Christi ab ægrotante sumpti, de se validum est subsidium ad eosdem fugando. Si tamen vera sit declaratio Gregorii xiii. à P. Diana part. 5. tract. 3. resol. 53. allata, quæ non reprobat oppositum, neque nos repugnare audemus. Potest autem in dicto casu administrari Eucharistia in cochleari argenteo, vel alio decenti instrumento, quin ulla interveniat irreverentia Sacramento, ut docet Gavantus in Enchiridio Episcop. verbo *pestis*. Neque est necesse, ut diferatur cum lumine, aliisque cæremonialibus, si haberi non possint.

 * De Eucharistia administranda peste infestis, vide plura apud S. P. Benedictum xiv. *de Synodo Diœces. lib. 13. cap. 19. n. 20. & seqq.*

VII. Minister Eucharistiæ tenetur sub mortali esse in gratia, dùm ministrat: ut docet probabilior cum Suarez disp. 19. sect. 3. & disp. 72. sect. 4. quia est minister ad id consecratus, & agens ex officio, ut minister Ecclesiæ: undè, si sit in statu lethali, saltem per actum contritionis conetur se mundare: aliter tot peccata committet, non quot personas communicat, sed quot refectiones, seu distributiones multiplicat; quia quamvis in eadem distributione pluribus personis ministret, perseverat unica moraliter refectio: sicut dicitur unum prandium, quamvis plures simul discumbant: & jam vidimus in anteadictis distingui numero Sacramentum Eucharistiæ ex distinctione refectionum. Neque est par ratio de ministrante plures absoluriones Sacramentales pluribus personis in eadem sessione; quia absolvens toties multiplicat Sacramentum, quoties absolvit: undè, cùm conficiat reverà plura Sacramenta, reverà toties peccat, si indignè ministret; distribuens autem non conficit Sacramentum, sed confectum dispensat, & ideo multiplicavit peccata juxta multiplicitatem dispensationum. Hinc deducas, mortaliter peccare Diaconum, qui solemniter Eucharistiam in vase inclusam de uno loco ad alium transfert, vel Sacerdoti tradit, si id agat in statu culpæ lethalis; quia, quamvis hæc non sit Sacramenti administratio, est tamen suimet Ordinis sacri functio ex officio.

 * Ex iis, quæ superiùs §. 1. *num. 4.* attexuimus, colligere in promptu est, Sacerdotem tot numero distincta Sacramenta ministrare, quot sunt personæ, quibus Sacram porrigit Eucharistiam. Ostendimus namque, unitatem, vel distinctionem numericam Eucharistici Sacramenti ex physica specierum consecratarum penès quantitatis sive extensionis continuitatem unitate, vel multitudine resultare. Hinc sentiunt non pauci, Sacerdotem Eucharistiam ministrantem in statu peccati mortalis, tot mortalia committere, quot personis etiam continuatè illam distribuit; quia, inquit P. Antoine *tract. de Sacram. in Genere cap. 2. in resp. ad q. 6.* tot sunt objecta totalia, & tot sunt indignæ distributiones completæ, & numero distinctæ. Hoc idem docet & *tract. de peccat. cap. 1. in resp. ad q. 7. num. 3.* Nihilominus alii oppositum sustinent, asseruntque, Sacerdotem, qui lethali noxa inquinatus Eucharistiam pluribus continuatè administrat, non nisi unicum perpetrare crimen; etenim, licèt re ipsa plura numero distincta Sacramenta in tali casu administret, quia cùm sine morali interruptione illa porrigat, unicam moraliter actionem exercet, qua gravem rei sacræ irrogat irreverentiam. Verùm ad praxim quod attinet, perinde est sive prima, sive secunda adoptetur sententia; quandoquidèm, qui secundam propugnat, ut animadvertit Continuator Tournely *tract. de Sacrament. in Genere c. 2. art. 1. sect. 2. punct. 1. §. 2.* fatentur, indignam quamlibet distributionem ultrà primam, esse circunstantiam notabiliter aggravantem, utpote quæ solitariè sumpta ad grave peccatum sufficiat: undè, cùm oporteat conriteri circunstantias notabiliter aggravantes, necessum est etiam juxta ipsos, ut in confessione exprimatur vel numerus eorum, quibus facta est distributio, vel tempus circiter distributionis Si tamen Sacerdos plures uni hostias simul daret, unius solùm peccati reus fieret; quia una tantum esset distributio. Cæterùm, quia minister sic affectus esse solet, ut omnibus, quotquot accedunt, Sacram Synaxim præbeat, hujus dispositionis, quæ sufficit ad peccatum, mentio facienda esset in pœnitentiæ tribunali, nisi hæc à Confessario supponeretur. Legatur etiam S. P. Benedictus xix. *de Sacrosancto Sacrificio Missæ lib. 3. cap. 19. n. 3.*

VIII. Sacerdos ministrans sine superpelliceo, & stola, peccat mortaliter, ut docent communiter cum Turrecremata in cap. *Ecclesiastica* distinct. 24. num. 5. Quia præceptum de hujusmodi ritu est grave: excipe administrationes occultas, quæ fiunt à Missionariis in regionibus hæreticorum. Similiter grave esset, non præmittere administrationi, quæ ex consuetudine & ritu Ecclesiæ præmitti consueverunt, nempè, confessionem, mi-

misereatur &c. & accensionem luminis : deducitur ex capite *Sane* de celebrat. Missar. Imò relinquere advertenter per diem , vel integra nocte sine lumine Eucharistiam tabernaculo inclusam , esset lethale , ut plures cum Diana p. 9. tract. 6. resol. 34. docent; quia est omissio gravis circa præceptum de re gravi; deduciturque ex pœnis , quas Ordinarii infligere solent, hanc omissionem punientes suspensione &c.

✠ S. R. C. semel & iterum examini subjecit , àn liceret in Missis Defunctorum fidelibus sacram communionem ministrare; & quidem in secundo examine ann. 1711. inhibitum fuit, ne vulgaretur Decretum editum anno 1701. quo vetitum fuerat , ne cuiquam adstantium in Missis Defunctorum Eucharistia præberetur , ut refert S. P. Benedictus XIV. *de Sacrosancto Missæ Sacrificio lib. 3. cap. 18. num. 10.* Verùm eadem S. C. *die 2. de Septemb.* 1741. omnem circa hanc difficultatem de medio substulit controversiam suo Decreto , hisce verbis expresso : *In Missis Defunctorum , quæ in paramentis nigris celebrantur , non ministretur Eucharistia per modum Sacramenti, scilicet cum particulis præconsecratis , extrahendo Pyxidem à custodia ; potest tamen ministrari per modum Sacrificii , prout est , quando fidelibus præbetur communio cum particulis intra eamdem Missam consecratis.*

IX. Minister ex officio , nempè , Parochus tenetur sub gravi vel per se , vel per alium ministrare suis subditis Eucharistiam tempore Paschali , ut patet. Item , quotiès subditi rationabiliter petunt , ut docet communis cum Suarez disp. 71. sect. 3. quia ministrare tenetur ovibus suis nedum necessaria simpliciter ad salutem , sed etiam admodum utilia ; inter quæ est usus pius Eucharistiæ , maximè quando ab ipsis rationabiliter petitur , id est , temporibus congruis, & ea frequentia, quæ statum eorum decet. Item , etiam infirmis diuturna infirmitate detentis , qui aliquotiès intra annum ex devotione communicare optant ; quia isti rationabilius præ aliis petunt ; quippè qui spirituali corroboratione specialiter indigeant.

De ministrando , vel denegando indignè petenti , diximus in tract. 13. cap. 1. §. 3. num. 5.

§. VI. *De subjecto Eucharistiam suscipiente.*

I. AD dignam Eucharistiæ sumptionem requiritur , ut suscipiens sibi non sit conscius de peccato mortali non confesso; sed prudenter speret, se esse in statu gratiæ. Ità docemur ab Evangelio , à D. Paulo , & ab universorum Patrum consensu. Idcircò Synodus Tridentina in sess. 13. can. 11. ità definivit de fide : *Si quis dixerit, solam fidem esse sufficientem præparationem ad sumendum sanctissimæ Eucharistiæ Sacramentum; anathema sit.* Et adeò necessarium censuit statum gratiæ , ut in eodem canone definierit prosequendo : *Et ne tantum Sacramentum indignè , atque ideo in mortem, & condemnationem sumatur, statuit, atque declarat ipsa sancta Synodus , illis , quos conscientia peccati mortalis gravat , quantumcumque etiam se contritos existiment, habita copia Confessoris, necessariò præmittendam esse confessionem sacramentalem.* Si quis autem contrarium docere , prædicare , vel pertinaciter asserere , seu etiam publicè disputando defendere præsumpserit; eo ipso excommunicatus existat. Ille itaque, qui conscientiam habet peccati mortalis non confessi, aut de eo prudenter dubitat, juxta communiorem, & in praxi tenendam, tenetur, antequam Eucharistiam sumat, præmittere confessionem Sacramentalem ; quia etiam in dubio possidet auctoritas præcepti sanctæ Synodi , quæ cùm certa sit de sua auctoritate , non debet se reus dubius committere periculo agendi contra eamdem. Item jussit eadem Synodus in cap. 7. dictæ sessionis. *Quòd si , necessitate urgente, Sacerdos absque prævia confessione celebraverit , quàm primùm confiteatur.*

II. Necessitatem autem urgentem tunc occurrere, communiter Theologi censent, quando non potest Sacerdos prætermittere celebrationem absque notabili scandalo , vel gravi infamia ; tunc enim censetur Mater Ecclesia indulgere, ut , præmissa contritione perfecta , celebret. Nomine autem scandali non significatur levis quædam admiratio, quam sustinere deberet; sed significatur, quando præberetur occasio detrahendi , temerè judicandi , vel proximum infamandi: sicut neque nomine infamiæ intelligitur quæcumque levis nota , vel suspicio , sed qualis prudenter creditur nocere notabiliter famæ Sacerdotis. His addimus cum communi apud Bonacinam disp. 4. q. 7. punct. 1. Parochum,

ad

ad communicandum infirmum, aut ne populus die festivo Missa privetur, si careat Confessario, posse contritum celebrare; quia etiam in iis casibus videtur adesse urgens necessitas. Secùs dicendum, si debeat celebrare ratione Capellaniæ, eleemosynæ ad vitam sustentandam, aut ad satisfaciendum præcepto de Missa in die festo, aut ad satisfaciendum præcepto Paschalis communionis; quia in his casibus adesse non videtur Bonacinæ, & aliis loco citato, gravis necessitas: nàm in primo casu per alium supplere potest: in secundo potest sibi aliundè providere: in tertio præceptum divinum (ut plurimi volunt, præmittendi confessionem ante sumptionem Eucharistiæ, sicut etiam innuitur à Concilio) prævaleat præcepto Paschalis communionis, cui obtemperabit quàm primum poterit.

III. Præceptum de præmittenda confessione æqualiter afficit etiam laicos, mortali certo, aut dubio obnoxios, ut tenet communis, cùm eadem sint motiva præcepti. Nihilominus etiam ipsi poterunt, urgente necessitate, sine confessione contriti accedere, si aut infamia gravis, aut scandalum notabile, aut aliud grave malum prudenter timeantur.

IV. Sacerdos, ex necessitate celebraturus, & habens peccata mortalia non reservata cum aliis mortalibus reservatis, si non habeat Confessarium gaudentem facultate in reservata, sed duntaxat habentem facultatem in non reservata, dicit Sotus in 4. dist. 5. q. 17. a. 5. cum multis, quòd teneatur nihilominus confessionem facere, & directè absolvetur à non reservatis; quia tenetur obedire Concilio in eo, quod potest. Si tamen non haberet cum reservatis nisi venialia, non videtur, juxta Suarez disp. 66. sect. 3. & alios, obstrictus præmittere confessionem venialium, cùm non sit obligatio fatendi venialia: undè sufficeret, ut contritus celebraret.

☞ Tres sunt circa hanc difficultatem inter Theologos opiniones. Prima eorum est, qui putant, confitenda esse Confessario communi cætera præter reservatum peccata, quæ dùm directè absolventur, reservatum absolvetur indirectè. Secunda docet, tùnc confitendum esse peccatum reservatum cum aliis sive venialibus, sive mortalibus, vel nondùm remissis, si quibusdam fortè gravatur pœnitens; vel jam remissis, si alia non habeat; ut sic absolvatur, directè quidem à non reservatis, indirectè verò à reservatis, nisi, ajunt aliqui, hæc annexam habeant censuram. Tertia demùm vult, ut pœnitens eo in

casu se gerat perinde, ac qui Confessarii copiam non habet; proinde ut acrem contritionis actum præmittat, & absque confessione celebret.

Prima opinio, cui Alexander adhæsit, quæque Majori, & Soto probabilis visa est, communiter rejicitur à Theologis, & dubio procùl est contra mentem D. Thomæ, qui in Suppl. q. 9. art. 2. ad 4. asserit, quòd, etiamsi Sacerdos non possit de omnibus absolvere, tamen tenetur pœnitens ei omnia confiteri, ut quantitatem totius culpæ cognoscat, &c.

Secunda placuit Suarezio, aliisque pluribus, quos secutus est Framageu cas. 2. n. 4. p. 495.

* Hi has præsertim afferunt rationes. 1. quia, cùm quilibet, sibi peccati mortalis conscius, teneatur confessionem præmittere Communioni, credibile non est, Ecclesiam sic instituisse reservationem, ut tunc à peccatis absolvi nequeat, directè quidem à non reservatis, & indirectè à reservatis; malleque, eum cum incerta contritione non confessum celebrare, quàm confessionem Communioni præmittere. 2. quia ad valorem Sacramenti necesse non est, ut Confessor jurisdictionem habeat in omnia peccata mortalia, quibus reipsa ligatus est pœnitens; cùm constet, eum, qui non reservata quædam confessus est, & reservatum aliquod ex inculpata oblivione reticuit, ab omnibus validè absolvi; cùm nemo propter invencibilem ignorantiam reprobari possit.

Tertiam demùm amplexati sunt Sylvius *in supplementum* q. 20. art. 2. *Ethicæ Amoris* Auctor *lib. 5. n. 2730.*, Pontas v. *cas. reserv. n. 21.* & Collator Andeg. *tom. 1. pag. 356.* Et huic etiam Auctor subscripsit tùm in prima, cùm in tertia Editione, ut videre est infrà, nempè, Cap. IV. §. IV. n. XI. Præcipua autem hujusce opinionis momenta in medium adfert Contin. *Prælect. Theol. Honorati Tournely Tract. de Pœn. part. 2. cap. 8. sect. 6. n. 570. & seqq.*

* Et hæc sunt. 1. quia, si posset pœniens cuipiam, pro reservatis non approbato, propter gravem aliquam celebrandi, vel communicandi necessitatem confiteri, ei etiam qui nullatenùs approbatus erit, in eodem casu poterit confiteri. Quidni enim pia mater Ecclesia in uno, non secus ac in alio casu, jurisdictionem conferre dicatur? Profectò, ubi de sola præsumptione agetur, quæ quisque pro priori casu afferet, hæc alius pro posteriori meritò sibi afferre videbitur: atqui tamen postrema hæc præsumptio citrà gra-

grave periculum admitti non potest.

2. Generatim decernit Synodus Tridentina *Sess. 14. cap. 7. Nullius momenti absolutionem eam esse debere , quam Sacerdos in eum profert , in quem ordinariam , aut subdelegatam jurisdi&ionem non habet*; quod quidem , quantùm ad reservatos casus attinet , *non tantùm in externa politia, sed etiam coram Deo* vim habere , declarat. Atqui Sacerdos in præsenti casu nullam etiam subdelegatam jurisdiĉionem habet : non ab homine ; cùm supponamus , nihil hoc in punĉto à Superioribus fuisse constitutum: non à Jure; cum Jus, Tridentinum scilicet , quo nullum in ista materiæ clarius habetur, solùm à generali regula casum mortis excipiendo, cæteros casus omnes in eadem regula inclusisæ , censeri debeat.

En , *subdit* , præcipua hujusce opinionis momenta , quæ præcedentis sententiæ rationes adæquant, vel excedunt. Prima enim, quæ è pia Ecclesiæ voluntate deducitur, non magis pro præsenti casu probat , quàm pro similibus propè innumeris , in quibus nativa quadam commiseratione id fa&um esse velimus , quod nec Christus , nec Ecclesia fa&um voluerunt. Secunda verò evincit quidem , in hoc nostro casu absolutè fieri potuisse , quod in casu oblivionis inculpatæ fa&um est : at non probat , id reipsa factum esse. Et sic utrumque opinionis fundamentum satis convellitur , ut ea tranquillo animo teneri vix possit. Legatur etiam *Instit. Th. tom. 5. tra&. de Pœnit. cap. 9. §. 5. q. 3.* ubi asserit , optandum esse , ut Superiores in eo casu reservationem suspendant; cùm id possint , neque hinc periclitetur disciplina. Et reverà non paucos Episcopos ità se gerere , posteà refert.

V. Quando igitur Sacerdos in necessitate celebrat contritus , non præmissa confessione , tenetur ex mandato Concilii quàmprimum confiteri. Et circa hoc Alexander VII. duas theses reprobavit 38. & 39. In quarum prima dicebatur : *Mandatum Tridentini , fa&um Sacerdoti sacrificanti ex necessitate cum peccato mortali , confitendi quàm primùm , est consilium , & non præceptum.* Et in secunda: *Illa particula quàmprimum inteligitur , cùm Sacerdos suo tempore confitebitur.* Di&o igitur præcepto tenetur obedire , non data opportunitate; sed statim finita Missa , si moraliter possit , tenetur adire Confessarium ; hæc enim videtur esse mens Sacri Concilii : quàm primùm ergo moraliter potest , Confessarium quærat,

& confessionem faciat. Di&o præcepto quàmprimùm confitendi non videntur obstri&i laici , communicantes contriti in necessitate, non præmissa confessione , ut docet Suarez loc. cit. se&. 7.; quia Concilium loquitur de solis Sacerdotibus: non igitur sunt gravandi laici præcepto gravi in lege posito , dùm in lege non sunt comprehensi ; cùm facillimè legislator , si voluisset , eos comprehendere potuisset. Consulendi tamen sunt , ut & ipsi quoquè in reverentiam Sacramenti id perficiant.

✠ Probabilior videtur sententia , quæ sustinet, præfatum Tridentini præceptum quam primùm confitendi obligare etiam laicos, qui in necessitate solùm contriti communicant, non præmissa sacramentali confessione; quippè eadem ferè ratio viget respe&u laici , & Sacerdotis , quamvis salus Sacerdos à Tridentino exprimatur. Neque alicujus momenti est , quod ajunt nonnulli , videlicet , non debere in odiosis fieri extensionem propter paritatem rationis ; odiosa namque censenda non sunt , quæ reverentiam promovent ergà augustissimum Sacramentum. Hæc sanè sententia , salvo meliori judicio , ad praxim deducenda est : eamque post Do&ores plures sequendam proponit Au&or in alio suo Opere italicè exarato , cui titulus : *Il Cathechista in Pulpito p. 2. serm. 37.* quod modò etiam in latinam vertitur linguam. Legatur , & P. Concina *tom. 8. lib. 3. dissert. 1. cap. 11. §. 1. n. 4.*

VI. Sacerdos indignè celebrans, videtur non perpetrare duo peccata , unum consecrando , alterum sumendo , sed unum duntaxat , quamquàm gravius ; quia est una numero a&io , integrata duabus à divina institutione conjun&is. Pro judicio autem Confessarii parum refert ; cùm vel sit unum peccatum longè gravius , æquivalens duobus, vel sint duo æquivalentia uni longè graviori ; totumque explicatur à pœnitente dicente : celebravi in statu culpæ lethalis. Non tamen excusatur à mortali Sacerdos , qui post consecrationem recordatur culpæ lethalis à se commissæ , si antè sumptionem non eliciat a&um contritionis ; quia , quamvis sint a&iones sibi invicem subordinatæ , sunt tamen distin&æ , quarum quælibet exposcit subjectum in statu gratiæ.

* Sunt, qui autumant , & asseverant, Sacerdotem, qui in mortali Missam celebrat, triplicis mortalis malitiæ, in confessione aperiendæ , reum esse, nempè , & indignæ confe&ionis , & malæ administrationis , & indig-

dignæ susceptionis. Subdunt tamen, quòd si post consecrationem actum eliciat perfectæ contritionis, tùm solùm peccarit in conficiendo indignè Sacramento. Verumtamèn Auctor unum duntaxat peccatum perpetrare putat Sacerdotem, indignè celebrantem. At pro judicio Confessarii, ut, & ipse optimè advertit, parum refert hæc opinionum varietas; in idem enim planè recidit, sive dicamus committere unum peccatum, sed longè gravius, tribus æquivalens; sive tria peccata, uni longè graviori æquivalentia totumque satis pœnitens in confessione exponit, exprimendo, se lethali crimine inquinatum Missam celebrasse. Addendum verò, certum esse, eum, qui in die Natali Christi tres continenter Missas celebrat, tria committere peccata, si sit in statu peccati mortalis. Videatur S. P. Benedictus XIV. *de Sacrosancto Missæ Sacrificio lib. 3. cap. 11. num. 2.*

VII. In confessione, sequente indignam sumptionem Eucharistiæ, exponendus est numerus peccatorum lethalium, cùm quorum conscientia quis indignè sumpsit; quia, quo major est illorum peccatorum numerus, eo magis notabiliter aggravat actionem sacrilegam.

VIII. Accedere ad Eucharistiam cum pluribus peccatis venialibus habitualibus, videtur Suarez disp. 66. sect. 1. non esse novum peccatum veniale; quia accedere hoc modo non est nova positiva irreverentia, sed mera omissio reverentiæ perfectæ : est autem novum veniale, accedere vel cum actuali affectu ad aliquod veniale commissum, vel actu perpetrando aliquod veniale : quia est accedere cum nova positiva irreverentia. Nec videtur dissentire S. Thomas, dum 3. p. q. 79. a. 8. ait : *Peccata venialia præterita nullo modo impediunt effectum hujus Sacramenti... peccata venialia actu exercita, non ex toto impediunt effectum hujus Sacramenti, sed in parte.*

IX. Jejunium, jam à pluribus seculis in Ecclesia Romana requisitum in suscipiente Eucharistiam, debet esse jejunium naturæ, de quo ità disserit S. Thom. 3. p. q. 80. a. 8. ad 5. *Ecclesia Romana diem à media nocte incipit; & ideo, si post mediam noctem aliquis sumpserit aliquid per modum cibi, vel potus, non potest eodem die hoc sumere Sacramentum : potest verò, si ante mediam noctem. Nec refert, utrùm post cibum, vel potum sumptum dormierit, aut digestus sit, quantùm ad rationem præcepti.* Proptereà,

qui dubitat, àn hora mediæ noctis transierit, dùm manducavit, vel bibit, tenetur abstinere ab Eucharistia, ut dicit communior cum Lugone disp. 15. n. 44. & Sanchez de Matrim. lib. 2. disp. 41. n. 40., eo quod præceptum sit in possessione suæ obligationis, quod non est exponendum periculo violationis in favorem libertatis. Hinc audiens primum pulsum horologii, indicantis horam mediæ noctis, statim tenetur abstinere à cibo, ut dicit communior cum Sanchez loc. cit.; quia primus ictus jam significat horam esse completam, & ictus illi incipiunt novam horam subsequentem ; & ideo enim pluribus ictibus hoc denotatur, quia unico ictu id fieri nequit. Quando plura horologia successivè pulsant, standum est primo; eò quòd dubitetur, quodnam illorum justè pulsaverit : ne igitur quis exponatur periculo deobediendi præcepto, standum erit primo.

* Vetustissima sanè est, ait S. P. Benedictus XIV. *de Synodo Diœcesana lib. VI. cap. VIII. n. X.* Ecclesiæ disciplina, quæ præcipit, neminem ad Eucharistiam accedere posse, qui jejunus non sit; nec desunt, qui ejus initia repetant ab ævo Apostolico, ut probat Cardinalis Bona *Rer. Liturgicar. lib. I. cap. 21. Ut nullus post cibum, potumque, sive quodlibet minimum sumptum, Missam facere præsumat :* verba sunt Decreti, quod Antero Pontifici à nonnullis tribuitur. *Ut nullus accipiat Sacrificium post cibum, aut post aliquam parvissimam refectionem, nisi pro Viatico :* verba sunt alterius Decreti, quod sub Eutychiani Pontificis nomine ab *Ivone* recitatur *part. 2. c. 45. Verùm, subdit : haud ignoramus, ejusmodi decreta apocriphis accenseri.* Quidquid verò sit de genuino illorum auctore; nemo tamen, qui sapiat, inficiabitur, jam tùm ab antiquissima ætate invaluisse consuetudinem ministrandi jejunis Eucharistiam, estò definitum originis tempus adhuc sit incompertum.

✠ D. Thomas *loc. supra cit.* nempè 3. *p. q. 80. a. 8.* jejunii hujusce ab Ecclesia præcepti causas assignat, quas ipsimis ejus verbis hic subjicere non inutile erit : *Propter Ecclesiæ prohibitionem,* inquit, *impeditur aliquis à sumptione hujus Sacramenti post cibum, & potum assumptum triplici ratione. Primò quidem, sicut Augustinus dicit, in honorem hujus Sacramenti, ut scilicèt in os hominis intret, nondum aliquo cibo, vel potu infectum. Secundò propter significationem, ut scilicet detur intelligi, quòd Christus, qui est res hujus Sacramenti, & cha-*

ri-

ritas ejus debet priùs fundari in cordibus nostris , secundùm illud Matthæi 6. Quærite primùm regnum Dei. *Tertio , propter periculum vomitus , & ebrietatis , quæ quandoque contingunt ex hoc , quòd homines inordinate cibis utuntur ; sicut Apostolus dicit* 1. ad *Corinth.* 11. Alius quidem esurit, alius autem ebrius est.

X. Nomine autem cibi aut potus intelliguntur etiam medicamenta cujuscumque generis ; necnon quæcumque alia , quæ cibi nomen non merentur, puta, papyrus, calx, carbones, ossicula fructuum, & quodvis aliud , quod ore sumatur, & trajiciatur in stomachum; quia non dicitur, quòd cibus tantùm frangat , sed quidquid sumitur ad modum cibi , nempè , per os assumendo, & illud deglutiendo, quamvis cibus non sit. Imò, experientia teste compertum est, aliquando fœminas sive fœtantes , sive passionibus histericis vexatas , nutriri cineribus, calce, carbonibus &c. alioquin nedum nutritioni ineptis , verùm & adversantibus: undè S. Th. 3. part. q. 80. art. 8. ad 4. *Non refert , utrùm aliquid hujusmodi nutriat aut per se , aut cum aliis ; dummodò sumatur per modum cibi , vel potus.* Non ità dicendum de saliva, de sanguine , vel alio humore ex capite defluente, & ad modum salivæ deglutito. Circa frustula , quæ dentibus adhærent ex residuo ciborum sumptorum, ità loquitur S. Th. in 4. dist. 8. q. 1. art. 4. q. 2. ad 3. *quæ interiùs geruntur sine exterioris cibi sumptione , non videtur solvere jejunium naturæ, nec impedire Eucharistiæ perceptionem , sicut deglutio salivæ : & similiter videtur de his , quæ intra dentes remanent , & etiam de eructationibus.* In tertia autem parte Summæ , postremo suæ mentis fœtu, q. 80. art. 8. ad 4. videtur cum quadam limitatione loqui , dùm dicit: *Reliquiæ tamen cibi remanentes in ore , si casualiter deglutientur , non impediunt sumptionem hujus Sacramenti :* ubi ly *si casualiter,* videtur significare restrictè, nempè, ad casualem frustulorum illorum deglutionem : proinde videtur excludi deglutio frustulorum advertenter facta.

☞ Non est audiendus Henricus à S. Ignatio , qui *lib. 4. de Santiss. Eucharist. Sacram. cap. 55. num. 712.* , ut violetur naturale jejunium , tria sequentia requirit, nempe 1. sumatur aliquid cibi , vel potus: 2. ut cibus, vel potus exteriùs ingeratur ori: 3. ut sumatur per actionem vitalem , quæ sit comestio , vel potatio , ità ut glutiatur , &

ab ore in stomachum trajiciatur: undè, si cibus vel potus, *subdit,* in stomachum meum non trajiceretur vitaliter à me , sed ab alio per fistulam, non obstaret jejunio meo ; quia nihil quidem comedissem, nec bibissem. Non est , inquam , audiendus , dùm sic sentit. Nàm ex prima conditione, ab ipso requisita, sequitur non violari jejunium naturale per sumptionem cujuscumque rei , dummodò non habeat rationem cibi & potus , quamvis alterari, & digeri possit, imò valeat etiam nutrire , contra communem Theologorum sententiam , qui asserunt , frangi jejunium naturale per chartam , per filum ex lino, per fœnum, & paleam, per pulverem medicinalem ex ossibus , & lapidibus contritis, per ceram, per terram, quam interdum prægnantes sumere solent, per cretam, quam mulierculæ quædam edunt, ut albescant &c. A veritate quoquè est alienum , quod ipse tertio loco promit, videlicet,jejunium non frangi per id, quod quis invitus deglutierit, etenim *quis pro jejuno habeat,* ait Contin. *Prælect. Theolog.* Honorati *Tournely Tract. de Euchar. P. 1. cap. 4. art. 2.* post Cardinalem de Lugo *Disp. 15. n. 35. hominem, cujus etsi reluctantis stomachum ampla vini lagona ingressa fuerit?*

Sunt tamen, qui censent, ea non frangere jejunium naturæ,quæ à stomacho nec alterari, nec digeri possunt secundùm ullam sui partem, ut ossicula fructuum, plumbum, aurum, lapillus, frustum ligni &c.; quia hæc non habent rationem cibi, vel potus, vel medicinæ.

Verùm sententia, quam Auctor amplectitur, atque propugnat, nimirùm , quod violet jejunium naturale quidquid sumitur ad modum cibi, scilicèt per os assumendo, & illud deglutiendo, quamvis cibus non sit , & per se non nutriat, magis consona apparet menti D. Th., ut compertum est ex verbis ipsius *num. præced.* relatis. Lege Franciscum Sylvium super citatum articulum S. D. ubi sic sese exprimit: „Jejunium naturæ est om-„nimoda abstinentia cibi, potus , & medi-„cinæ. Neque refert , utrùm id, quod sumi-„tur, nutriat, vel non nutriat, sed viden-„dum , àn ab exteriori imponatur ori , & „vitali actione deglutiatur, seu in stoma-„chum trajiciatur ; hoc enim est , quod per „modum cibi, potus , aut medicinæ su-„mitur , & solvit jejunium naturæ.‟ Lege etiam Didacum Nugno in eumdem locum, PP. Salmanticenses *Tract. 4. de Sacram. Euchar. cap. 7. punct. 4. n. 70. & Emin.* Gotti *tract. de Euch. q. 4. dub. 5. §. 1.*

M   In-

Inquirunt autem Theologi, an aliquod temporis spatium interfluere debeat Eucharistiam inter, & cibum: seu nùm communicantes aliqua temporis mora à cibo & potu post sumptionem Eucharistiæ abstinere debeant, sicut abstinere debent ante sumptionem. Et ad rem hanc hæc docet D. Th. *3. p. q. 80. art. 8. ad 6.*: *Dicendum*, ait, *quòd maxima devotio requiritur in ipsa sumptione hujus Sacramenti; quia tunc percipitur Sacramenti effectus; quæ quidem devotio magis impeditur per præcedentia, quàm per sequentia: & ideo magis est institutum, quòd homines jejunent antè sumptionem hujus Sacramenti, quàm pòst. Debet tamen esse aliqua mora inter sumptionem hujus Sacramenti, & reliquos cibos. Undè & in Missa oratio gratiarum actionis post communionem dicitur, & communicantes etiam suas privatas orationes dicunt. Secundùm tamen antiquos canones statutum fuit à Papa Clemente, ut habetur de consecrat. dist. 2. Si manè Dominica portio editur, usque ad sextam jejunent Ministri, qui eam sumpserunt; & si tertia, vel quarta hora acceperunt, jejunent usque ad vesperum. Antiquitùs enim rariùs Missarum solemnia celebrabantur cum majori præparatione: nunc autem, qui oportet frequentiùs sacra mysteria celebrare, non posset de facili observari, & ideo per contrariam consuetudinem est abrogatum.* Quamvis igitur nullum modò hac de re extet præceptum, nullumque aliqua lege intervallum præscriptum; attamen *debet*, ut censet S. D. *esse aliqua mora inter sumptionem hujus Sacramenti, & reliquos cibos*, ut magis conservetur spiritualis devotio, & erga Sacramentum reverentia: imò maximè decens est, ut unusquisque (nisi aliter necessitas exposcat) à cibo & potu prorsus abstineat, donec species consumptæ sint, quod in Sacerdote intra quadrantem fieri, existimant nonnulli; alii verò animadvertunt citiùs à valido, quàm à debili stomacho alterari, & consumi; referuntque, infirmum quemdam post mediam horam integras species rejecisse. Lege PP. Salmanticenses *Tract. 4. de Sacram. Euchar. cap. 7. punct. 4. num. 73.*

Disputant insupèr, àn licitum sit expuere statim post sumptam Eucharistiam? Negant plures, pluresque affirmant. Unanimiter verò sentiunt, maximè decens esse, ut communicantes in irreverentiam tanti Sacramenti per aliquod temporis spatium sputum

coerceant, præsertim si sputum ex pectore profluat; quia id plus habet periculi, & indecentiæ. Quòd si aliud necessitas postulet, in loco mandato spuere debent.

XI. Circa tabacum P. Giribaldus tract. 4. de Eucharistia cap. 10. dub. 2. ex professo disserit, àn jejunium solvat, dùm in pulvere per nares sumitur, & defluens in stomachum cum saliva trajicitur; & resolvit negativè contra Lezanam, & quosdam alios: rationemque in eo constituit, quia non sumitur ad modum cibi, vel potus, quæ sumuntur organo oris, & non narium: undè, si aliquid ex eo in stomachum transeat, id evenit per modum, vel salivæ, vel respirationis. Idemque à fortiori resolvit de fumo tabaci, & idem de tabaco dentibus manso: de hoc tamen, cùm facile sit, ut aliquid de succo tabaci deglutiatur, videtur posse non levis insurgere difficultas, cui jam animadverto occursum iri, dicendo, quòd succus ille salivæ immisceatur; & si fortè deglutiatur, ad modum salivæ deglutiatur. Perpende, & resolve; nàm planè non suadent.

Jure meritoque asserit Auctor, se non planè suaderi responsione illorum, qui autumant, succum tabaci, dentibus mansi, ad eliciendam ex ore aquam, jejunium non solvere, eo quia succus ille salivæ immisceatur, & si fortè deglutiatur ad modum salivæ deglutiatur; nàm si hæc ratio vim haberet, sequeretur, neque saccarum, neque glyccyrizam, vel quid simile, quod sensim in ore liquescit, jejunium naturale violare, si simul cum saliva in stomachum decidat; quod tamen à veritate est prorsus alienum: quia, quod si liquescit, non deglutitur per modum salivæ; sed censetur id, quod principaliter trajicitur. Hoc idem & de succo tabaci asserendum: Lege P. Leonardum Vanroy *cap. 8.*

S. Pontifex Benedictus XIV. tùm *de Sacros. Missæ Sacrif. append. 9. n. 3.* tùm *de Synodo Diœc. lib. 11. cap. 13. num. 3.* hac difficultate de tabaci succo in medio relicta, sermonem instituit, & agit de tabaci fumo, & ejusdem pulvere per nares atracto. Existimat autem, nequaquam hodie expedire, ut illius usus sub censurarum pœna interdicatur: etenim quamquam olim, *inquit*, quamdam præseferret turpitudinem, atque indecentiam, propter quam Innocentius X., & Innocentius XI. excommunicatione perculerunt quotquot tabacum sumere auderent intra Vaticanam Basilicam; atque Urbanus VIII. sub eadem pœna idem anteà

teà

teà fieri vetuerat intra Ecclesias Diœcesis Hispalensis; hodie tamen, cùm à communi consuetudine sit usus istiusmodi adeo cohonestatus, ut nulli prorsus scandalum præbeat, aut admirationem causet, quod benè perpendit Lazarus Benedictus Miglioruccius *Inst. Juris Canon. tom. 2. pag. 187.* nimiùm profectò severum se præberet Episcopus, si Mexicanæ, aliarumque similium Synodorum vestigiis insistens, aut omnibus ante Sacræ Eucharistiæ perceptionem, aut solis Sacerdotibus ante Missæ celebrationem tabacum interdiceret, adjecta præsertim in transgressores censurarum pœna. Quapropter, cùm Nos in minoribus constituti Sacræ Congregationis Concilii Secretarii munus obiremus, semper Episcopis auctores fuimus, ut ejusmodi constitutionem, jam aliquando formatam, à suis Synodis subtraherent, ne nimii rigoris notam incurrerent, aditumque aperirent subditorum querelis ad Sacram Congregationem Concilii deferendis; quod multo magis iis consulendum ducimus, postquam S. P. Benedictus XIII. exploratum habens, à tabaci usu omnem nunc abesse inhonestatem atque indecentiam, illum sumere permisit intra Vaticanam Basilicam.

XII. Eximitur ab obligatione jejunii naturalis infirmus, *qui brevi creditur moriturus*, ut loquitur Rituale Romanum, dùm sumit Eucharistiam per modum Viatici; posito quòd non possit, absque sui præjudicio, *abstinere vel à cibo*, vel à medicinalibus sibi ministrandis. Dixi: posito quòd non possit &c.; ut non approbem opinionem aliquorum dicentium, quòd absolutè dispensetur à jejunio, etiam si absque ullo suo incommodo possit abstinere: ratio enim satis clara videtur, quòd, si possit absque ullo omnino incommodo jejunium servare non dispensetur; eò quòd nullum adsit motivum justæ dispensationis, quæ nulla est, quando omnino irrationabilis est. Et hic reprehendendus occurrit vulgaris error plurium, qui infirmo, Viatico refecturo, data opera aliquid ore sumendum porrigunt, erroneè putantes, id necessarium esse communioni per modum Viatici factæ; cùm, ut dixi, sola necessitas alicujus incommodi vitandi à tanto præcepto licitè infirmum eximat.

XIII. Durante eadem infirmitate, eodemque morbi periculo perseverante, potest iterùm infirmus etiam non jejunus, communicare, ut dicit ferè communis, & pia consuetudo declarat. Quantum verò intervallum exigatur inter unam communionem

& alteram, varium est doctorum judicium. Nimium profectò est, assignatum à Navarro consil. 41. lib. 5. de pœnit. Alii cum Suarez loc. cit. requirunt octo, vel decem dies: alii cum Possevino sex dies: alii cum Diana tres dies. Putarem duo esse perpendenda; primum, ne nimis proxima repetitio admirationem, & oblocutionem excitet; & ideo consuetudo locorum, piis, & doctis observata, poterit esse regula tenenda: Secundum, ne pietati, devotionique decumbentis damnum spirituale afferatur. Ceterùm, absolutè loquendo, & præcisis circunstantiis, quæ emergere possunt, putarem, à sententia Suarez non esse recedendum.

* S. P. Benedictus XIV. *De Synod. Diœcesana lib. VII. cap. XII.* postquàm statuit num. IV. quòd Episcopus absque formidine se aliqua involvendi controversia, & potest, & interdum debet constituere, ne Parochi renuant santissimam Eucharistiam iterato deferre ad ægrotos, qui etiam perseverante eodem morbi periculo, illam sæpiùs, per modum Viatici, cum naturale jejunium servare nequeant, percipere cupiunt. num. V. hæc subdit: „aliqua duntaxat dis-„sensio est in præfiniendo temporis spatio, „quod debeat intercedere, ut intra eamdem „infirmitatem possit iterum non jejunio dari „Eucharistia.‟ Aliqui enim cum Navarro multum temporis interfluere debere existimant, inter unam, & alteram communionem; quam indefinitam Navarri assertionem de spatio triginta dierum explicat Villalobos *in Summar. 1. part. tract. 7. dub. 38.* Alii cum Suarez. *disp. 68. sect. 5.* decem, aut octo dies exposcunt. Alii cum Ludovico à S. Joanne in Summa Hispano sermone edita *tom. 1. q. 7. a. 10. difficul. 4. de Sacram. Euch.* post elapsos tres dies iterari concedunt. Alii demùm cum Layman *lib. 5. Summ. tract. 4. cap. 6. quæst. 6. n.* 20. etiam in sequenti die illud repeti permittunt, si videatur instare mortis periculum, & ægrotus, qui, cùm sanus esset, frequenter consueverat Eucharisticum panem degustare, eo denuo nutriri, & roborari cupiat. Abstrahat igitur Episcopus ab hisce quæstionibus; solùmque Parochis insinuet, posse & debere sanctissimum Viaticum in eadem infirmitate iterùm & tertiò administrandi, præsertim, si ipsimet ægrotantes iterùm cœlestem illum panem esuriant; & si velit, pœnam etiam in Parochos decernat, qui, post plurimum temporis, Eucharistiam ad eumdem infirmum, eam devotè efflagitantem, falsis quibusdam,

& emendicatis præextibus, denuò deferre obstinatè detrectant.

* Quæres : nùm, si quis per longum tempus tali infirmitate laboret, ut nequeat jejunium naturæ servare, possit aliquando etiam non jejunus Eucharistiam percipere, si non urgeat mortis periculum?

Resp. Honoratus Tournely *de Sacramento Eucharistiæ q. 5. art. III. de Dispositionibus in recipiente Eucharistiam præcequisitis ex parte corporis. quær. I.* hæc habet: „Resp. I. licitum esse infirmis, si urgeat „mortis periculum, etiam in Viaticum dare „Eucharistiam : si verò tantum non sit pe-„riculum, non nisi jejunis dandam esse ; ni-„si fortè talis fuerit infirmitas, ut jejunium „ferre non possit.“ Quibus postremis verbis innuere videtur, posse etiam extra mortis periculum à non jejuno quandoque Eucharistiam percipi, si nempè, talis sit ejus infirmitas, ut jejunium servare non valeat.

Verùm propositam difficultatem ex professo ad examen vocat Joannes Pontas *tom. I. v. Communio, cas. VIII.* Sic casum ob oculos ponit ipse : „Euphemia, *inquit*, puella, „insigni pietate conspicua, jam dudùm pror-„sus insolita infirmitate laborat; singulis „fermè diebus animi defectionibus sic op-„pugnata, ut in ultimis esse videatur, „quas quidem devitare nequit, nisi paulu-„lum aquæ, ubi incipiunt, sorbendo. Quo-„circà, cùm hæc ei post mediam noctem „infirmitas adveniat, hoc ipsi nessarium „est remedium, quo sumpto, divinis potest „per diem interesse Officiis. Qua de re quæ-„ritur : utrùm ob hanc necessariam aquæ „sorbitionem à communione arceri debeat, „quandoquidem, si rigorosè pro ea Ecle-„siasticum servetur præceptum de jejunio „ante communionem, annos etiam integros „sine communione transigere esset ne-„cesse ; quod ejusdem Ecclesiæ alteri præ-„cepto foret oppositum, quo, videlicet, an-„nua communio singulis fidelibus jubetur; „cùm aliundè aqua non sit nutritiva?“

Resp. Admissa veritate hujus facti, quod tamen omnino insolitum videtur, ac vix fidedignum, ob ea quæ adfert inclytus Theologus, cui exeunte seculo elapso proposita est hæc difficultas, observat citatus Pontas cum eodem, præceptum Ecclesiæ de communione „ante sumptionem cibi, aut po-„tus, esse legem Apostolicam, ipsi Ecclesiæ „coævam, & à Spiritu sancto institutam ad „cultum adorandi Sacramenti Corporis, & „Sanguinis Christi. *Liquido apparet* (inquit

„S. Augustin. scribens ad Januarium Epist. „54. alias 118. n. 7. & 8. in Can. *Liquido* „54. de consecrat. dist. 2.) *quandò primùm „acceperunt discipuli Corpus, & Sangui-„nem Domini, non eos accepisse jejunos.* „Numquid tamen propterea calumnian-„dum est universæ Ecclesiæ, quòd à jejunis „semper accipitur? ex hoc enim placuit Spi-„ritui sancto, ut, in honorem tanti Sacra-„menti, in os Christiani priùs Dominicum „Corpus intraret, quàm cæteri cibi. Nàm „ideo per universum Orbem mos iste serva-„tur; tùm subjungit S. D.: & ideo non præ-„cepit, quo deinceps ordine sumeretur, ut „Apostolis, per quos Ecclesias dispositurus „erat, servaret hunc locum. Nàm, si hoc „ille mo*n*uisset, ut post cibos alios semper „sumeretur; credo, quòd eum morem ne-„mo variasset. Atqui Pastor specialis non „debet dispensare à Lege universim in Ec-„clesia recepta, 1. cùm semper viguit. 2. „cùm Apostolos habet institutores. 3. cùm „ideo statuta est, ut major Christo reddere-„tur honor: undè ab hac lege numquam „dispensavit Ecclesia, eamque uti inviola-„bilem semper habuit.“

Deindè, relatis casibus, in quibus potest quis licitè communicare non jejunus, non quidem ex dispensatione Ecclesiastica, sed ex præcepto divino, procedit ad difimendam difficultatem, & ex præjacto Ecclesiæ præcepto colligit, „Euphemiam ad sacram Communio-„nem non esse admittendam etiam Pascha-„li tempore, nisi de vita periclitaretur, cùm „cesset esse jejuna post haustas aquæ gut-„tulas, seu *per modum cibi*, seu *per mo-„dum medicinæ*, neque iis sumptis, ad sa-„cram Communionem accedere queat, nisi „Universalis Ecclesiæ præceptum infringen-„do, cùm ad eam ex præcepto divino non „teneatur, ut tempore morbi. Suam ergo, „*ait*, infirmitatem consideret Euphemia, „quasi probationem divinam, humilitatisque „propriæ exercitium, cùm, ità volente Deo, „divini non possit esse particeps per ali-„quod tempus corporis Christi : ac sperare „debet, pietati ac fervori suum fore præ-„mium à suprema bonitate Christi, qui „eumdem gratiis suis in se producet effec-„tum, ac si præsens ipse adesset.

„Hæc decisio, *subdit*, perfectè conformis „est doctrinæ S. Thomæ *3. p. q. 80. art. 8.* „qui hactenus dicta probat ex allato S. Au-„gustini testimonio, aliisque rationibus plu-„rimis, quæ legi possunt in responsionibus „ad sex objectiones, quas ipse sibi propo-
„sue-

„suerat , ad eluciendam rem istam , fir-
„miùsque disciplinam hanc stabiliendam. S.
„Thomam sequitur S. Antoninus , *3. part.*
„*tit. 13. cap. 6.* §. 8. fultus Canone septimi
„Concilii Toletani , atque auctoritate multo-
„rum antiquorum Theologorum , & Cano-
„nistarum , quales sunt Paludanus , Hostien-
„sis ; & , ut omnem tollat ambigendi locum,
„Sanctus hic Archiepiscopus addit : *& intel-*
„*ligitur hoc , quòd sit jejunus jejunio natu-*
„*ræ , quo dicitur jejunus , qui post mediam*
„*noctem nihil sumpsit adhuc cibi & potus:*
„*& non sufficit , quòd sit jejunus jejunio Ec-*
„*clesiæ.* Doctrinam S. Thomæ ad verbum se-
„quitur Sylvius ejus Commentator. "

✠ Contrariam sententiam, quam innuere
duntaxat videtur præcitatus Tournely, apertissimè docuit, & audacter, omni seclusa dubitatione, sustinuit P. Benjamin Elbel. *tom. 5.
cof. 14. casu* 2. hac ductus ratione ; quia,
inquit, non est verisimile , quod Ecclesia ceu
pia mater , hoc suo præcepto (scilicet de
communione cum jejunio naturali sumenda)
voluerit comprehendere tales infirmos , qui
vel numquam vel certè raro admodùm possent communicare non jejuni. Verùm ob hanc
rationem deserenda non est sententia , quam
celebriores Theologi , ut vidimus , validissimis, ineluctabilibusque fulti argumentis, amplectuntur , atque propugnant; quippè nullam omnino eidem vim inesse ad persuaden-
dum , imò ipsam sua corruere levitate cordatus quisque, serió aliquantisper eam expendens , nullo negotio perspiciet. Et in primis
mirandum sanè est, quod memoratus Theologus ex mera verisimili conjectura , ad arbitrium à se conficta , certam velit elicere resolutionem , & ut indubiam suam opinionem
proponere, ac venditare. Deindè quo , amabo,
fundamento nixus, asserit ipse, non esse verisimile , quòd Ecclesia ceu pia mater hoc suo
præcepto voluerit comprehendere tales infirmos &c. ? Profectò prorsus nullo. Quinimò,
si præceptum Ecclesiæ ritè , attentèque perpendatur, compertum apparet , exploratumque, voluisse Ecclesiam istos eodem comprehendere. Cùm enim Ecclesia ab hoc præcepto
solos infirmos exemerit , qui brevi credantur
morituri, dum sumunt Eucharistiam per modum Viatici , posito quòd nequeant absque
præjudicio abstinere, vel à cibo, vel à medicinalibus sibi ministrandis; legitima planè consecutione infertur, cæteros omnes voluisse eodem præcepto devincire; siquidem, si infirmos
ab Elbel descriptos noluisset suo præcepto obnoxios , expressè profectò id declarasset , si-

cuti expressè declaravit, infirmos, morti proximos, ad illud servandum minimè teneri, ac
proinde posse non jejunos Eucharistiam percipere per modum Viatici. Opinio itaque Elbel
est omni penitus fundamento destituta; atque
adeo jure meritoque à præstantioribus Theologis ceu prorsùs improbanda rejicitur ; &
opposita sententia , utpotè veritati consona,
tenenda , ac in praxi sequenda adstruitur.

XIV. Sacerdos non jejunus non potest
celebrare ad communicandum moriturum,
quamvis nec extent particulæ consecratæ, neque alius celebrans. Ità cum S. Antonino,
Sylvestro, Soto, citatis à Leandro disp. 5. q.
20. plures alii; quia in re, quæ non est tantæ necessitatis, utpote supplebilis per votum,
non tenemur proximo succurrere , quotiès
violandum sit præceptum grave Ecclesiasticum , & agatur de reverentia tanto Sacramento debita ; cùm , ut dixi , possit moriturus sibi subvenire per votum efficax ejusdem Sacramenti suscipiendi.

XV. Sacerdos non jejunus, qui inadvertenter ad altare accessit , & post consecrationem recordatur, se non esse jejunum, doleat de inadvertentia sua , sed tenetur perficere Sacrificium ; quia hujusmodi perfectio
est de Jure Divino. Si verò id animadver-
tat ante consecrationem , & possit absque
infamia, vel scandalo à prosequendo desistere , ad id tenetur : si verò aliquod horum
prudenter timeatur, debet prosequi; quia præceptum positivum non obligat cum tanto gravamine : ità communis S. Thomæ 3. part. q.
83. art. 6. ad 2.

XVI. Si Sacerdos post sumptam hostiam,
sumendo calicem advertat , vel esse aquam,
vel acetum , vel quodpiam ineptum consecrationi , ut ait Angelicus loco citato ad 4.
*Aliam hostiam apponere debet , iterum con-
secrandam simul cum sanguine: quod ideo
dico, quia, si diceret sola verba consecrationis sanguinis , non servaretur debitus ordo
consecrandi; & sicut dicitur in prædicto canone Concilii Toletani* (primo, vel secundo)
*perfecta videri non possunt sacrificia , nisi
perfecto ordine compleantur. Si verò incipe-
ret à consecratione sanguinis , & repeteret
omnia verba consequentia , non competeret,
nisi adesset hostia consecrata , cùm in verbis illis occurrant quædam dicenda , & facienda , non solùm circa sanguinem , sed
etiam circa corpus : & debet in fine iterum sumere hostiam consecratam , & sanguinem, non obstante etiam si priùs sumpserit aquam, quæ erat in calice; quia præceptum*
de

de perfectione, vel de perceptione hujus Sacramenti majoris est ponderis, quàm præceptum, quòd hoc Sacramentum à jejuniis sumatur.

* Vide, quæ ex Benedicto xiv. addita sunt §. 2. *post num. 18.*

XVII. Sacerdos, qui post Sacramenti sumptionem, & sumptam ablutionem calicis advertit, extare fragmentum in corporali, vel patena, quod judicat esse sui Sacrificii, juxta Bonacinam quæst. 6. punct. 2. n. 14. potest illud sumere, quia pertinet ad integritatem suæ actionis, & Sacrificii. In casu autem quo Sacerdos celebrans post consecrationem morte repentina corripiatur, nec alius inveniatur jejunus, qui complere possit Sacrificium illud, poterit etiam aliquis Sacerdos non jejunus perficere; quia perfectio Sacrificii est de Jure Divino, quòd prævalet præcepto Ecclesiastico de celebrando à jejunis: debet itaque perfici Sacrificium illud.

☞ Circa id, quod *num. præced.* in primis asserit auctor, hæc habentur in Rubricis Missalis *de Defectibus tit.* 7. *n.* 2. *Si deprehendat Sacerdos, etiam post ablutionem, reliquias relictas consecratas, eas sumat, sive parvæ sint, sive magnæ; quia ad idem Sacrificium spectant. Si verò relicta sit hostia integra consecrata, eam in Tabernaculo cum aliis reponat, vel sequenti Sacerdoti relinquat.* Itaque non peccat, qui Sacramenti reliquias sumit post ablutionem epotam; sed imò peccat venialiter, utpote Ecclesiæ legem transgrediens, qui eas citra rationabilem causam non sumit. Meque deerit ibi lethale peccatum, subdit Continuator *Prælect. Theol.* Honorati Tournely *Tract. de Euchar. p. 1. c. 6. a.* 2. si omissio hæc fiat cum gravi Sacramenti irreverentia, ut fieri facillimè potest, cum celebratur in altaribus, ubi non asservatur in Tabernaculo Eucharistia. Non solùm autem reliquias parvas, sed & magnas sumere valet, ut liquido constat ex verbis relatis; quod enim sentiunt nonnulli, melius esse, si fieri commodè potest, ut in pyxide, aut aliter reserventur, postea à Sacerdote jejuno sumendæ, nec usui Ecclesiæ, nec Sacerdotum praxi, nec Rubricæ, quæ generatim & indistinctè loquitur, admodùm congruit. Has verò superstites reliquias, sive parvas, sive magnas sumere potest Sacerdos usquedùm ab Altari non discesserit, etiamsi fortè diù ibi fuerit moratus ad Eucharistiæ dispensationem; imò & ab Altari in Sacristiam regressus, maximè nondum positis sacris vestibus, si facilè recondi nequeunt in pyxide, ac Tabernaculo.

Non est verò idem sentiendum, ut ex

eadem Rubrica patet, de integra hostia, ac de fragmentis. Quare graviter peccaret Sacerdos, si post ablutionem integram formulam sumeret; nisi id ad vitandam irreverentiam necesse foret; puta, quia vel non adest Tabernaculum, vel deest Sacerdos, qui sacrum peracturus sit.

Alia agitatur à Theologis difficultas: àn reliquiæ, quæ non in eodem, sed in præcedenti Sacrificio fuerint consecratæ, sumi valeant post ablutionem. Et ad hanc quod spectat, dissensio est inter ipsos. Nobis magis arridet sententia negans, quæ hac innititur ratione: non licet, juxta Rubricam relatam, Sacerdoti non jejuno reliquias sui Sacrificii sumere, nisi quia *ad idem sacrificium spectant,* & ad eamdem refectionem moraliter pertinent. Porrò alterius Sacrificii fragmenta ad sacrificium subsequens minimè spectant, ac proinde à non jejuno sumi nequeunt. Quocircà vel circa pyxidem in Tabernaculo, vel intra Calicem superposita palla, aut patena servari debent, aut, ut absumantur, alteri Sacerdoti mox celebraturo tradenda. Quòd si desit Tabernaculum, aut nullus proximè sit in eodem loco celebraturus, tunc ad vitandam irreverentiam concedunt, ut sumantur à non jejuno; idque maximè, si de levioribus fragmentis, quæ faciliùs evanescunt, sermo sit.

XVIII. Amentibus, qui totaliter carent usu rationis, *& qui sic à nativitate permanserunt,* ait Angelicus 3. p. q. 80. a. 9. non est dandum hoc Sacramentum; *quia in eis nullo modo præcessit hujus Sacramenti devotio.* Si verò non semper caruerint usu rationis, *tunc si priùs, quando erant compotes suæ mentis, apparuit in eis devotio hujus Sacramenti, debet eis in articulo mortis hoc Sacramentum exhiberi, nisi fortè timeatur periculum vomitus, vel expuitionis; undè in Concilio Carthaginensi 4. cap.* 76. *legitur:* „Is, qui in infirmitate pœnitentiam „petit, si casu, dùm ad eum Sacerdos „invitatus venit, oppressus infirmitate ob„mutuerit, vel in phrenesim conversus „fuerit; dent testimonium, qui eum audie„runt, & accipiat pœnitentiam; & si con„tinuò creditur moriturus, reconcilietur „per manuum impositionem, & infunda„tur ori ejus Eucharistia. " Si autem ità sint amentes, *ut tamen debilem usum rationis habeant, non est eis hoc Sacramentum denegandum; quia possunt aliquam devotionem hujus Sacramenti habere.* Et ad secundùm, loquens de energumenis, ait:

De

De energumenis est eadem ratio, quæ de amentibus: unde Cassianus dicit: eis, qui ab immundis vexantur spiritibus, communionem sacrosanctam à senioribus nostris nunquam meminimus interdictam: submoto periculo alicujus irreverentiæ.

* Communio reis, morti destinatis propter aliquod perpetratum scelus, in aliquibus locis negatur; in aliis conceditur eam postu-Lntibus, dummodò pœnitentiam suorum peccatorum præeferant, eaque non indigni existimentur ab iis, quorum est de ea re judicare. In Galliis, & in Hispaniis, ait Jueninus *de Eucharist. dist. 4. q. 6. c. 4. concl. 3.* Eucharistia Communio reis ultimo suplicio damnatis, etiam debitè confessis, denegatur. Plures affert ipse rationes ad hanc disciplinam tuendam; ac insuper, unde originem traxerit suam, manifestat. Hoc idem refert Habertus de Eucharist. *c. 28. q. 3.* Quin, *subdit*, eisdem apud nos ante ann. 1396. sacramentalis absolutio denegabatur; quem morem tamen abrogavit Carolus VI. an. 1396. Laudabilior certè videtur Germanorum, & Italicorum praxis, qui reis, extremo supplicio afficiendis, si sint aptè dispositi, Eucharistiam impertiuntur. Unde Dominicus Soto, etsi Hispanus, rejicit, reprobatque consuetudinem illam, quæ suo tempore adhuc in Hispania vigebat, commendatque Germanorum & italicorum praxim reficiendi sacro Viatico sontes ultimo supplicio plectendos, quippè, ajebat in*q. dist. 12. q. 1. art. 2.* nulla apparet causa, cur isti rei, si sint verè pœnitentes, tanto beneficio priventur. Idem sentit & Joannes Molanus in *Quodlib.* edito post *tract. de Picturis & Imaginibus Sacris.* Hoc argumentum fusè vertat S. P. Benedictus XIV. in tract. *de Sacrosanto Sacrificio Missæ lib. 3. cap. 20. num. 6.* Ibi indicat in primis varias locorum consuetudines; deinde eam sequendam insinuat, quæ in unoquoque loco respectivè obtinere dignoscitur; ac tandem innuere non omittit, christianæ pietati magis conforme esse, ut vivifici Sacramenti participatio iis etiam, qui ob grave delictum sententia capitali damnati sunt, petentibus, & alioquin rectè dispositis, non denegetur. *Lib. autem 7. de Synod. Diæses. c. 11. n. 3.* meritò addit, Episcoporum partes esse, hanc disciplinam in suis Diœcesibus invehendam curare, ut delinquentibus, ultimo supplicio afficiendis, Eucharistia præbeatur; idque in Synodalibus Constitutionibus inserere; auctore, nimirùm, immortalis memoriæ Pontifice S. Pio V. qui

in Epistola ad Archiepiscopum Rossanensem, suum in Hispaniis Nuncium, quam videre licet inter collectas à Francisco Goubau *lib. 2. num. 2.* id ipsum ab eo cum Catholico Rege agendum, eique suadendum mandat. Quodque earum Regionum Judices prohibere solebant, ne graviorum criminum reis, capite damnatis, communio ministraretur, id apertè improbat sequentibus verbis: *Id nos* (Sacramentum nempè Eucharistiæ) *minimè esse denegandum censemus, cùm christianæ charitati magis conveniat, eos ad resistendum tali tempore fortiùs diabolicis tentationibus sacra Communione muniri, ut perituro corpore, saluti animæ, quantùm fieri potest, subveniatur.*

Observandum verò, 1. est, posse reum tunc temporis communicare per modum Viatici, proinde non jejunum, ut docent Lugo *disp. 15. sect. 3. num. 72.* & Quarti *part.3. tit. 9. sect. 1. dub. 6. caus. 3.* Existimant tamen nonnulli, è re esse, ut Judex executionem differat, ut possit sons jejunus accedere ad synaxim, nisi obstet quid, ne dilatio hæc concedatur. An autem Judex obligetur ad differendam mortem delinquentis, ut jejunus communicare valeat, sub examen inducitur. Certum est, ait Cardinalis de Lugo *loc. cit.* non teneri ad hoc Judicem, quando commodè non potest executio sententiæ differri: & multò minus, quando reus ex industria violavit jejunium, ut ità vitam protraheret; cogeretur enim Judex diù differre ea occasione, & daretur ansa rei impediendi rectum justitiæ ordinem. Addit, *num. seq. 73.* se non ivenire obligationem in Judice differendi executionem sententiæ, ea de causa ut jejunus communicet, qui interficiendus est. Nàm, licèt ex charitate debeat non impedire, si commodè possit, quò Sacramenta suscipiat; non tamen debet impedire, quod in eis suscipiendis utatur dispensatione, & facultate, qua in casu necessitatis uti potest. Debet itaque reus (sic tandem post plura concludit ipse) servare jejunium, ut communicet jejunus; eo tamen jejunio violato, non video in Judice, secluso scandalo, obligationem differendi supplicium, ut reus communicet jejunus.

Observandum 2. valdè conveniens esse quod præscriptum fuit à Concilio Mexicano ann. 1585. *lib. 3. tit. 17. §. 4.* videlicet, dandum esse Sanctissimam Eucharistiam iis, qui ob grave delictum ultimo supplicio damnati sunt, uno ante decreti lethalis executionem die, prout etiam *multis Italiæ locis piæ,*

&

& laudatæ consuetudinis est , ut loquitur Concilium Mediolanense V. ann. 1576. part. 1. cap. 9. Neque enim decet , ut corpus, Sanguine Christi quasi madidum, ignominiosè tractetur. At hinc majorem in Gallia reis conferendæ Eucharistiæ difficultatem exurgere ob Regiam sanctionem t. 29. n. 21. animadvertit Contin. Tournely tract. de Euch. c. 6. a. 1. prope finem. Saltem Communionem inter , & mortem sufficiens temporis spatium, quo species Eucharisticæ consumantur , intercedere debet , ut in Mechlinensi quadam Synodo ann. 1617. statutum fuit.

§. VII. De Eucharistiæ dignè sumptæ effectibus.

I. **DE** fide est , vel præcipuum Eucharistiæ effectum vel unicum non esse remissionem mortalium: ità Synodus Tridentina sess. 13. can. 5. Si quis dixerit , vel præcipuum fructum sanctissimæ Eucharistiæ esse remissionem peccatorum, vel ex ea non alios effectus provenire ; anathema sit. Id definivit contrà Lutherum , qui idcirco nullam ad sumendam Eucharistiam requirebat dispositionem: per accidens autem aliquando talem remissionem causat , modo explicato in tract. 13. §. 4. num. 2. idque apertè docet S. Thom. q. 79. a. 3. Potest hoc Sacramentum operari remissionem peccati... etiam perceptum ab eo, qui est in peccato mortali, cujus conscientiam , & affectum non habet; forte enim primò non fuit sufficienter contritus , sed devotè , & reverenter accedens, consequetur per hoc Sacramentum gratiam charitatis, quæ contritionem perficiet, & remissionem peccati. Vide tradita loco citato.

II. Primus Eucharistiæ effectus est collatio augmenti gratiæ sanctificantis , quòd Angelicus probat loc. cit. a. 1. ex quatuor capitibus: „Primò , & principaliter ex eo quòd „in hoc Sacramento continetur, quod est „Christus , qui , sicut in mundum visibiliter „veniens , contulit mundo vitam gratiæ... ità „in hominem sacramentaliter veniens, vitam „gratiæ operatur... Secundò ex eo, quòd per „hoc Sacramentum repræsentatur , quod est „passio Christi; & ideo effectum, quem passio „Christi fecit in mundo , hoc Sacramentum „facit in homine... Tertio ex modo, quo tra„ditur hoc Sacramentum; quod traditur per „modum cibi , & potus ; & ideo omnem ef„fectum , quem cibus & potus materialis fa„cit quantum ad vitam corporalem , quòd „scilicet sustentat, auget, reparat, & delec-

„tat; hoc totum facit hoc Sacramentum quan„tùm ad vitam spiritualem... Quartò ex spe„ciebus , in quibus traditur hoc Sacramen„tum... quæ ad unum aliquid rediguntur ex „multis... & est Sacramentum pietatis , sig„num unitatis, & vinculum charitatis; & quia „Christus , & ejus passio est causa gratiæ , & „spiritualis refectio , & charitas sine gratia „esse non potest: ex omnibus præmissis ma„nifestum est , quòd hoc Sacramentum gra„tiam confert." Est autem gratia spiritualiter nutriens , & corroborans per analogiam ad cibum materialem, qui corroborat , & nutrit. Neque dicas, hanc gratiæ prærogativam convenire gratiæ Sacramenti Confirmationis: ingeniosè namque respondet Angelicus loc. cit. q. 72. a. 9. ad 2. Principium fortitudinis est in corde, sed signum apparet in fronte; undè dicitur Ezechiel. 3. ECCE DEDI FRONTEM TUAM DURIOREM FRONTIBUS EORUM: & ideo Sacramentum Eucharistiæ, quo homo in seipso confirmatur , pertinet ad cor: secundùm illud Psalmi 103. panis cor hominis confirmet: sed ad Sacramentum Confirmationis requiritur signum fortitudinis ad alios; & ideo exhibetur in fronte. Gratia itaque Confirmationis corroborat in ordine ad alios: gratia verò Eucharistiæ corroborat in ordine ad se, ut anima proficiat in via Dei.

III. Secundus Eucharistiæ effectus est amatoria cum Christo unio, quemadmodum innuit egregius Auctor Sermonis de Cœna Domini inter opera S. Cypriani : nostra , & ipsius conjunctio nec miscet personas , neque unit substantias; sed affectus consociat, & confœderat voluntates.

IV. Tertius effectus est refectio quædam spiritualis dulcedinis : Qua , inquit Angelicus loc. cit. art. 1. ad 2. anima spiritualiter reficitur per hoc, quòd anima spiritualiter delectatur , & quodammodò inebriatur dulcedine bonitatis Divinæ. Quem effectum non experiuntur illi, qui palatum cordis madidum tenent delectationibus terrenorum: undè opportunè S. Bernardus , vel alius gravis Scriptor serm. 6. de Ascensione : Errat omnino , si quis cœlestem illam dulcedinem huic cineri , divinum illud balsamum huic veneno, charismata illa spiritus misceri posse hujusmodi illecebris , arbitratur.

V. Quartus Eucharistiæ effectus est remissio peccatorum venialium, quæ ex duplici capite eidem adscribitur ab Angelico loc. cit. art. 4. ,, In hoc Sacramento duo considerari „possunt, scilicet ipsum Sacramentum, & res „Sacramenti: & ex utroque apparet, quòd ha-

bet

„bet virtutem ad remissionem venialium pec-
„catorum; nàm hoc Sacramentum sumitur sub
„specie cibi nutrientis : nutrimentum autem
„cibi est corpori necessarium ad restaurandum
„id, quod quotidie deperditur per actionem ca-
„loris naturalis : spiritualiter autem quotidiè
„deperditur aliquod in nobis ex calore con-
„cupiscentiæ per peccata venialia, quæ dimi-
„nuunt fervorem charitatis; & ideò competit
„huic Sacramento, ut remittat peccata venia-
„lia : undè Ambrosius (*vel alius scriptor co-*
„*ævus*)lib.5. de Sacramentis cap.4. dicit, quòd
„iste panis quotidianus sumitur in remedium
„quotidianæ infirmitatis. Res autem hujus Sa-
„cramenti est charitas, non solùm quantùm ad
„habitum, sed etiam quantùm ad actum, qui
„excitatur in hoc Sacramento, per quod pec-
„cata venialia solvuntur.

VI. Quintus effectus est præservatio à peccatis mortalibus; qui effectus ità explicatur à
S. D. loc. cit. art. 6. „Peccatum est quædam
„spiritualis mors animæ: undè hoc modo præ-
„servatur aliquis à peccato futuro, quo præ-
„servatur corpus à morte futura: quod qui-
„dem fit dupliciter; uno modo in quantum
„natura hominis interiùs roboratur contra in-
„teriora corruptiva; & sic præservatur à
„morte per cibum, & medicinam : alio mo-
„do per hoc, quòd munitur contra exterio-
„res impugnationes; & sic præservatur per
„arma, quibus munitur corpus. Utroque au-
„tem modo hoc Sacramentum præservat à
„peccato; nàm primùm quidem, per hoc quod
„Christo conjungit per gratiam, roborat spi-
„ritualem vitam hominis tanquam spiritualis
„cibus, & spiritualis medicina secundùm illud
„Psalmi 103. *Panis cor hominis confirmet....*
„alio modo, in quantum est quoddam signum
„passionis Christi, per quam victi sunt dæmo-
„nes, repellit omnem dœmonum impugnatio-
„nem; undè dicit Chrysostomus homil. 45. in
„Joann. ut leones flammam spirantes, sic ab illa
„mensa discedimus, terribiles effecti diabolo.

VII. Sextus effectus est remissio pœnæ peccatis debitæ vel in toto, vel in parte, juxta
gradum fervoris, quo sumitur hoc Sacramentum: quomodò autem id eveniat, ita explicat
S. Th. loc. cit. art. 5. *Si Eucharistia consi-*
deretur ut Sacramentum, habet effectum (remittendi pœnam tempotalem) *dupliciter: uno*
modo directè ex vi Sacramenti; alio modo
quasi ex quadam concomitantia... Ex vi
quidem Sacramenti directè habet illum effec-
tum, ad quem est institutum: non est autem
institutum ad satisfaciendum, sed ad spi-
ritualiter nutriendum per unionem ad Chris-

tum, & ad membra ejus, sicut & nutrimen-
tum unitur nutrito : sed quia hæc unio fit
per charitatem, ex cujus fervore aliquis con-
sequitur remissionem non solùm culpæ, sed
etiam pœnæ; id est, quòd ex consequenti per
quamdam concomitantiam ad principalem
effectum, homo consequitur remissionem pœ-
næ, non quidem totius, sed secundùm modum
suæ devotionis, & fervoris.

VIII. Præfati effectus conceduntur dignè
suscipienti Eucharistiam, cùm primò verificatur, Sacramentum fuisse assumptum, &
manducatum, seu in stomachum trajectum:
qui dicendi modus est verbis Christi conformior, spondentis effectus istos illis, *qui*
manducant suam carnem; manducare autem
non est in ore tenere, aut mandare cibum,
sed illud in stomachum trajicere, & deglu-
tire : tunc igitur producitur gratia hujus Sacramenti, correspondens tàm operi operato,
quàm dispositionibus à suscipiente præmissis.
Ex opere autem operantis eo magis crescit,
quo magis, usquedùm perseverant species
consecratæ in stomacho, qui illas suscipit,
prorrumpit in actus fidei, spei, dilectionis,
gratiarum actionis, oblationis, sanctorum de-
sideriorum, piorumque affectuum erga Christum; & quo hi actus ferventiores sunt, eo
gratia augetur ex opere operantis.

Ex eo quòd Eucharistia gratiam habitualem producat in ipsa manducatione, duo colligit Ludovicus Habert c. 19. q. 6. observatione digna: 1. eum, qui sacras species in ore
detineret, aut expueret, nullum ex Sacramento fructum percepturum: 2. vanam esse observationem, quam Inquisitores fidei damna-
runt in Hispania, si grandiores formulæ sumantur, vel major vini copia infundatur in
calicem, ut speciebus diutiùs in stomacho
permanentibus, uberior gratia producatur.

Quæres. 1. nùm peccata mortalia, quorum quis conscientiam non habet, Eucharistiæ fructui obicem ponant?

Resp. D. Thomas 3. *p. q. 80. art. 4. ad 5.*
Dicendum, quòd hoc quòd non habet aliquis
conscientiam sui peccati, potest contingere
dupliciter. Uno modo per culpam suam, vel
quia per ignorantiam juris, quæ non excusat,
reputat, non esse peccatum, quod est pecca-
tum, puta, si aliquis fornicator reputaret
simplicem fornicationem non esse peccatum
mortale; vel quia negligens est in examina-
tione sui ipsius; contra id quod Apostolus
dicit 1. Cor. 11. Probet autem seipsum homo, & sic de pane illo edat, & de calice bi-
bat. *Et sic nihilominùs peccat peccator su-*

N *mens*

mens corpus Christi, licèt non habeat conscientiam peccati; quia ipsa ignorantia est ei peccatum. Alio modo potest contingere sine culpa ipsius, puta, cùm doluit de peccato, sed non est sufficienter contritus; & in tali casu non peccat sumendo corpus Christi; quia homo per certitudinem scire non potest, utrùm sit verè contritus; sufficit enim si in se signo contritionis inveniat, puta, si doleat de præteritis, & proponat cavere de futuris. Si verò ignorat, hoc, quod fecit, esse actum peccati propter ignorantiam facti, quæ excusat (puta, si accessit ad non suam, quam credebat esse suam) non est ex hoc dicendus peccator. Similiter etiam, si totaliter est peccatum oblitus, sufficit ad ejus deletionem generalis contritio, ut infrà dicetur. Undè jam non est dicendus peccator. Et præced. q. 79. a. 3. in corp. *Hoc Sacramentum,* inquit, *in eo, qui ipsum percipit in conscientiâ peccati mortalis, non operatur remissionem peccati. Potest tamen hoc Sacramentum operari remissionem peccati dupliciter. Unò modo non perceptum actu, sed voto, sicut cùm quis priùs justificatur à peccato. Alio modo etiam perceptum ab eo, qui est in peccato mortali, cujus conscientiam, & affectum non habet. Fortè enim primò non fuit sufficienter contritus, sed devotè, & reverenter accedens consequetur per hoc Sacramentum gratiam charitatis, quæ contritionem perficit, & remissionem peccati.* Perspicua adeò hæc sunt, ut nulla indigeant declaratione?

Quæres 2. Quem effectum Sacramenti Eucharistici impediant peccata venialia?

Resp. D. Thom. *cit.* q. 79. art. 8. his verbis: *Dicendum, quòd peccata venialia dupliciter accipi possunt. Uno modo, prout sunt præterita* (intelligè quoad actum, licèt quoad reatum, & conscientiam sint præsentia) ; *alio modo, prout sunt actu exercita. Primo quidem modo peccata venialia nullo modo impediunt effectum hujus Sacramenti. Potest enim contingere, quòd aliquis post multa peccata venialia commissa devotè accedat ad hoc Sacramentum, & plenariè hujus Sacramenti consequatur effectum. Secundo autem modo peccata venialia non ex toto impediunt hujus Sacramenti effectum, sed in parte. Dictum est enim, quòd effectus hujus Sacramenti non solum est adeptio habitualis gratiæ, vel charitatis, sed etiam quædam actualis refectio spiritualis dulcedinis. Quæ quidem impeditur, si aliquis accedat ad hoc Sacramentum, per peccata venialia mente distractus. Non autem tollitur augmentum habitualis gratiæ*

vel charitatis. Itaque juxta Angelicum peccata venialia præterita, seu in habitu tantùm manentia secundùm maculam, & reatum, per se nullum hujus Sacramenti effectum impediunt, scilicet, neque gratiæ augmentum, neque actualem charitatis fervorem, & spiritualem mentis oblectationem, quæ secundarii, & accesorii ejusdem Sacramenti sunt fructus. Actu verò exercita, id est, quæ jam actu placent, vel actu committuntur, quamvis effectum actualis devotionis, id est, fervorem charitatis, suavitatem, & dulcedinem, quæ ab hoc Sacramento hauritur, impediant; non tamen impediunt effectum habitualis gratiæ, vel charitatis ab eodem Sacramento impertitum, cum quo venialia peccata consistere possunt. Non impediunt, inquam, ex toto; licèt procul-dubio eo magis attenuetur, quo per hujusmodi peccata suscipiens ad abundantiorem gratiam efficitur minùs dispositus.

Animadvertendum autem est, hic sermonem esse de peccatis venialibus, quæ neque directè, neque indirectè adversantur reverentiæ Sacramenti, & nihil aut parùm impedimenti, vel facilè superabilis, adferunt, quin attentio, & exercita devotio in eo recipiendo habeatur. Hujusmodi sunt leves quidam affectus ad ludum, ad supervacaneas recreationes, ad honores &c. à quibus si omnino purgatus animus requireretur ad fructuosam communionem, certè quàm maxima christianorum pars à participatione hujus Sacramenti, quod tamen in communem hominum usum credimus institutum, foret arcenda, utpote ob generalem fragilitatem tantæ puritatis expers, & sanctimoniæ!

At quid dicendum de eo, qui ad hoc Sacramentum suscipiendum accedit sine attentione, & actuali devotione?

Resp. Deffectus attentionis, & actualis devotionis, absolutè consideratus, habitualis gratiæ carentiam non adfert, seu gratiæ augmentum non impedit, ut compertum est in infantibus, & amentibus baptizatis, quibus olim Ecclesia Eucharistiam indulgebat. Impediet quidem degustationem spiritualis illius dulcedinis, quam experiuntur, qui cum actuali attentione Sacramentum recipiunt : sed hic, ut jam diximus, est effectus duntaxat secundarius.

Voluntaria autem mentis evagatio in suscipienda Eucharistia, præsertim quæ potiùs ex negligentia excitandi se ad actus tanti Sacramenti sumptioni convenientes, est volita in causa, quàm expresso mentis proposito sit volita in se, venialis culpæ non videtur trans-

cen-

cendere improbitatem , si alioquin intentionem cum fructu illud percipiendi non auferat. Quòd si ex industria , advertenter , & studiosè fuerit electa , gravem in Sacramentum irreverentiam , adeoque mortiferam importare , à Vincentio Contensorio , & Juenino, aliis tamen Theologis communiter non distinguentibus , imò implicitè dissenticntibus, existimatur.

Quæres 3. An uberiorem fructum recipiat Sacerdos , qui sub utraque specie Eucharistiam sumit , quàm laicus , qui sub una duntaxat eam percipit?

Resp. Non una est hac de re Theologorum omnium opinio. Probabilior , sicut & communior nobis videtur eorum sententia, qui existimant , *per se loquendo , & ex opere operato* uberiorem fructum non recipere Sacerdotem, qui sub utraque specie Eucharistiam sumit, quàm laicum , qui sub una duntaxat eam percipit , si cætera paria supponantur. Huic assertioni apertissimè favet D. Thom. 3. *p. q.* 80. *art. 11. ad* 5. dicendo : *Potest autem à populo corpus sine sanguine sumi, nec exinde sequitur aliquod detrimentum ; quia Sacerdos in persona omnium sanguinem offert , & sumit , & sub utraque specie totus Christus continetur.* Ex quibus verbis validissima eruitur ratio ad eamdem assertionem confirmandam. Quippè tota efficacia, & virtus Sacramenti Eucharistici à Christi corpore, & sanguine, in eo contentis , manare no dubitatur : *cùm ergo totus* Christus in unica tantùm specie sumatur, cur non & totus spiritualis nutritionis effectus ab eo, qui unicam sumit, capiatur? Clariùs adhuc idem S. D. *opusc.* 58. *de Sacrament. Altaris cap.* 29. *Sicut,* inquit , *sumit Sacerdos sanguinem Christi sacramentaliter de calice ; sic populus sumit eum intellectualiter sub specie panis de ipso corpore Christi ; & est ei tàm utilis , & tàm dulcis , ut Sacerdotibus , qui sumunt eum sub specie vini de calice.*

Diximus autem 1. sententiam hanc *probabiliorem esse,* non certam ; quia Concilium Tridentinum *sess.* 21.*cap.* 2. id duntaxat hac in controversia definivit , *nulla gratia necessaria ad salutem eos defraudari , qui unam speciem solam accipiunt ;* & post istud Concilium majorem utriusque speciei efficaciam propugnarunt,& propugnare pergunt,ut jam indicavimus, insignes Theologi etiam Thomistæ.

Diximus 2. *per se loquendo , & ex opere operato* ; etenim „potest sub utraque specie „communicans, ait Em. Gotti *tract.* 7. *q.* 4. „dub. 7. §. 3, *ex opere operantis* majorem gra-

„tiam recipere ex majori devotione: & in hoc „sensu ad majoris gratiæ augmentum dicitur „Clemens VI. Regi Angliæ concessisse , ut „utramque speciem sumeret. Neque inutilis „vini species evadit ; quia , licèt vi illius nova „gratia non producatur , cùm tamen major „sit expressio ejus , quod sub specie panis „continetur, excitat majorem in sumente de„votionem."

Quandonàm verò Sacerdos , qui sub utraque specie communicat , Sacramenti effectum recipiat, non conveniunt Doctores. Opinantur plerique, Sacerdotem effectum Sacramenti recipere in sumptione hostiæ, cùm nulla sit dilationis causa ; ità tamen , ut non vi solius hostiæ, sed vi utriusque specici eumdem effectum obtineat. Potest enim , ajunt, species nondum recepta, sed certò statim recipienda, ob proximam suam cum alia conjunctionem, Deo ità ordinante, non quidem physice, sed moraliter operari. Tunc porrò species calicis cùm sumitur, nihil efficit de novo; quia effectum suum bis operari nequit.

Arbitrantur alii , Eucharistiam sub specie panis non operari , nisi cum absoluta est tota Eucharistiæ sumptio: hanc autem non censeri absolutam , nisi cum utraque species sumpta est : undè tunc prima species cum secunda post hujus sumptionem confert eumdem effectum, quem contulisset sola , si sola sumpta fuisset. Neutra expositio , inquit Continuator *Prælect. Theol. Honorati Tournely tract. de Euchar. p. 1.cap.* 7. impugnari solidè potest; quia utramque viam potuit Deus eligere ad Sacramenti sui effectum: utram verò elegerit, certò definire non possumus.

Quæres 4. Utrùm Eucharistia prosit aliis, quàm sumentibus?

Resp. Eucharistia, ut est Sacramentum *ex opere operato* non prodest aliis, quàm sumentibus ; seu non aliis, quàm eam realiter sumentibus, quos *ex opere operato* producit, effectus confert. Ratio manifesta est ; quippè Eucharistia, prout est Sacramentum, se habet ut cibus & potus, qui non nisi sumentibus nutritionem impertiunt : undè in Evangelio solis manducantibus carnem Christi, sanguinemque bibentibus beneficia mansionis in Christo, vitæ æternæ, resurrectionisque promittuntur.

Diximus autem 1. ut *Sacramentum est ;* siquidem Eucharistia , prout est Sacrificium, potest etiam non sumentibus prodesse, *in quantum ,* ait D. Thomas 3. *p. q.* 79. *art.* 7. *pro salute eorum offertur.*

Diximus 2. *ex opere operato ;* etenim com-

mu-

munio *ex opere operantis* prodesse potest aliis, quàm sumentibus. Nàm quælibet pia actio, in charitate facta, ratione communicationis, quæ est inter Christi membra, potest aliis prodesse capacibus, & confunctis in Christo, accedente maximè operantis intentione, & applicatione, qua ad alios proprii operis fructum, non jam meritorium, sed impetratorium atque satisfactorium, transferre velit.

Hinc liquidò constat, quid sentiendum sit de communione, quæ fieri solet à quibusdam pietatis affectu ductis, pro animabus in purgatorio degentibus, cujus utilitatem nimium exaggeravit Thomas Hurtado *var. Resol. part. 2. res. 11.* & è contrario nimiùm attenuare tentavit Theophilus Raynaudus in *opusculo* inscripto *error popularis de communione pro mortuis agenda.* Non prodest quidem illis *ex opere operato*, sed tamen prodest *ex opere operantis*, tum ratione sui, ut est actus pietatis, tùm ratione precum, quæ eamdem præcedunt, comitantur, & subsequuntur, ejusque occasione fervent magis, magisque Deo acceptæ sunt. Quare jure merito Sacra Cardinalium Congregatio sub Alexando VIII. eorum sententiam proscripsit, qui morem communicandi pro defunctis carpebant, & improbabant.

§. VIII. *De Eucharistiæ Sacrificio, ejusdemque notione.*

I. NOta in primis, naturam sacrificii, generatim accepti, quæ in eo consistit, quòd sit oblatio exterior rei sensibilis facta Deo à legitimo ministro, publica auctoritate deputato, cum immutatione victimæ, ad protestandum illius super universa creata supremum dominium. Explico singulas datæ definitionis partes: dicitur oblatio exterior; quia Sacrificium est publicus Dei cultus, nomine totius Communitatis oblatus, idcirco debet consistere in aliquo actu exteriori, Communitati fidelium innotescente: & eadem ratione debet esse oblatio rei sensibilis; quia sensibilia duntaxat fideli populo innotescere possunt. Debet autem offerri à legitimo ministro, publica auctoritate instituto; quia quamvis id non requiratur à quidditate Sacrificii, cùm tamen sacrificium offeratur nomine Communitatis, decentissimum est, ut non à quolibet, sed ab electo ministro offeratur: in sacrificio debet victima immutari, & si vita gaudeat, debet mactari; eò quòd offeratur Deo non utcumque, sed ut supremo rerum omnium Domino, potienti plena, &

absoluta potestate in vitam, mortem, & existentiam cunctorum entium; quæ sicuti ex nihilo condidit, ita ad nihilum suo nutu redigere potest.

II. Celebratio Eucharistiæ, quæ communiter vocatur Missa, (eo quòd nobis à Deo Patre mittitur Filius sub speciebus, & à nobis eidem Patri remittitur per oblationem) est verum novæ legis sacrificium, ut fides docet in Synodo Tridentina sess. 22. can. 1. *Si quis dixerit, in Missa non offerri Deo verum & proprium Sacrificium; aut quòd offerri, non aliud sit, quàm nobis Christum ad manducandum dari: anathema sit.* Eidem enim convenit data sacrificii notio; eò quòd sit oblatio exterior, ut patet, rei sensibilis, nempè, Corporis & Sanguinis Christi, quæ quamvis nobis modò insensibilia sint, nihilominus & sunt sensibilia in se, & nobis sensibilia redduntur per species consecratas, in quibus realiter continentur: hæc oblatio fit Deo, ut patet ex verbis Canonis, à legitimo Ministro ab Ecclesia consecrato, & destinato, cum mactatione victimæ oblatæ, quæ est Christus; qui ex vi verborum sacramentaliter mactatur, quatenùs vi verborum expressorum ponitur corpus separatum à sanguine; in hoc enim consistit mactatio victimæ; nam ex vi prolationis verborum ponitur sub specie panis solùm Corpus, & sub specie vini solus Sanguis: quamvis nunc, ob conjunctionem, quam habent in Christo jam vivente, reapse unum sit alteri conjunctum, quod non evenisset in triduo mortis Christi, si Apostoli consecrassent; quia tunc reverà sanguis erat separatus à corpore: & in hostia extitisset nedum sacramentaliter, sed etiam realiter solum corpus sine anima, & sanguine: & in calice extitisset solus sanguis sine anima, & corpore; quia tunc reverà Christus ità erat: modò tamen tàm in hostia, quàm in calice sunt omnia realiter conjuncta; quia Christus vivit non ampliùs moriturus: nihilominus sensibiliter, & sacramentaliter ex vi verborum non significatur in hostia nisi solum corpus, & in calice nisi solus sanguis, quod sufficit ad sacramentalem, & per verba sensibilem victimæ mactationem, ad protestandum supremum Dei dominium in cuncta creata: habet igitur celebratio Eucharistiæ in Missa veram sacrificii naturam.

III. Hinc infertur cum Angelico Doctore q. 82. art. 10. quòd *consecratione hujus Sacramenti Sacrificium offertur:* & ad 1. quòd *hoc Sacramentum perficitur in consecratione Eucharistiæ, in qua Sacrificium Deo offertur:*

&

& art. 4. ad 1. *Consecratio Eucharistiæ est sacrificium:* consistit igitur essentia hujus sacrificii in consecratione utriusque speciei. Nàm in ea actione debet consistere essentia sacrificii, quæ fit in persona Christi offerentis principalis, & qua immolatur victima; sola autem consecratio fit in persona Christi, ut patet ex verbis Canonis: cætera enim proferuntur à Sacerdote in persona propria; & sola consecratione mactatur victima; eò quòd sola consecratione separatur corpus à sanguine, modo explicato: ergo &c.

IV. Cùm autem consecratio fiat in ordine ad sumptionem, quando quidem sit sacrificium institutum ad modum convivii, simulque sit holocaustum, in quo tota consumitur victima; idcirco sumptio utriusque speciei est pars, non essentialis; sed integralis principalis ejusdèm sacrificii: & proptereà Ecclesia fuit semper sollicita, ut sacrificium consumaretur, etiamsi desit jejunus, à non jejuno, ut diximus §. 6. num. 17. Hinc consumptio victimæ potest dici de essentia hujus actionis, in quantum est holocaustum; de sola integritate autem, in quantum est sacrificium.

V. Hoc itaque sacrificium, si consideretur in ordine ad suum finem, est latreuticum, seu honorem exhibens Deo, oblatum in ipsius honorem, ad contestandam illius in cuncta creata supremam dominationem: est eucharisticum, seu in gratiarum actionem pro beneficiis à Deo acceptis: est satisfactorium, dùm offertur pro peccatis commissis, & remissis; & impetratorium pro obtinendis à Deo beneficiis, primò spiritualibus, deinde temporalibus. Si autem consideretur in ordine ad fructus, & effectus, est propitiatorium, dùm offertur Deo pro consequenda venia peccatorum mortalium, quatenùs obtinentur auxilia ad ea detestanda, & relinquenda: est expiatorium, dùm offertur pro remissione venialium animæ justæ: est satisfactorium, dum offertur ad diminutionem poenarum peccatis remissis debitarum; est impetratorium pro obtinendis beneficiis cujuscumque generis. Sed de his fructibus iterùm operosiùs in sequenti paragrapho.

VI. Ex hactenus dictis inferas, principalem offerentem hoc sacrificium esse Christum ipsum, ut fides docet in Concil. Lateranensi cap. *Firmiter*; ubi dicitur: *Idem ipse Sacerdos est Sacrificium.* Et in Tridentino sess. 22. cap. 2. *Una enim, eademque est hostia, idem nunc afferens Sacerdotum ministerio, qui se ipsum tunc in cruce obtu-*

lit, sola offerendi ratione diversa. Proprius autem, & solus minister ejusdem Sacrificii est Sacerdos, ex Christi institutione per illa verba Apostolis dicta: *hoc facite in meam commemorationem*: quæ verba, perpetua traditione Ecclesia semper intellexit solis Sacerdotibus applicanda. Cæteri verò fideles dici possunt coofferentes Sacrificium; non quia illud unà cum Sacerdote conficiant, sed quia unà cum illo Deo offerunt: & quidem specialiter, qui illud celebrare facit; qui suam intentionem intentioni Sacerdoti conjungit, & qui eidem inservit, & præsertim qui devotè Sacrificio adest, & suam intentionem Ecclesiæ intentioni conjungit.

* Sancta Tridentina Synodus *sess. 22. cap. 6.* innixa doctrinæ, quam perpetua Ecclesiæ traditio servavit, sanxit, Missas privatas, in quibus Sacerdos solus sacram sumit Eucharistiam, veri, perfecti, & integri Sacrificii incruenti à Christo Domino instituti rationem non amittere, ideoque illicitas non esse existimandas, sed probandas, atque commendandas; & adversantem novam, falsamque Lutheri sententiam damnavit *can. 8.* his verbis: *Si quis dixerit, Missas, in quibus solus Sacerdos sacramentaliter communicat illicitas esse, ideoque abrogandas; anathema sit.* Legatur Encyclica S. P. Benedicti XIV. ad Patriarchas, Primates, Archiepiscopos, & Episcopos Italiæ, data *die 13. Novembr. 1741.* incip. *Certiores effecti,* in qua decernit, Missam celebrantes non teneri Sacram Eucharistiam omnibus petentibus infrà ipsam actionem ministrare. Hujusce Encyclicæ hæc est summa: 1. statum controversiæ exponit: 2. Missas, in quibus solus Sacerdos communicat, improbari non posse, demonstrat ex Concilio Tridentino; 3. ejusdem Concilii votum pro frequenti fidelium communione ad cujuslibet Missæ celebrationem pandit: 4. laudat morem participandi de Sacrificio Missæ. Quamvis, *ait*, de eodem Sacrificio participent, præter eos, quibus à Sacerdote celebrante tribuitur in ipsa Missa portio victimæ à se oblatæ, ii etiam, quibus Sacerdos Eucharistiam, reservari solitam, ministrat; non tamen idcirco aut vetuit unquam Ecclesia, aut modò vetat, satisfieri ab ipso Sacerdote pietati, & justæ eorum petitioni, qui Missæ adstantes ad consortium admitti postulant ejusdem sacrificii, quod & ipsi pariter offerunt ea ratione, quæ ipsos decere potest: imò probat, atque cupit, ne id omittatur, eosque Sacerdotes increpat, quorum culpa, & negligentia fidelibus participatio illa denegaretur: 5. subdit, ad ani-

ma-

nimarum tamen pastores pertinere opportunitatem temporum, & locorum pro communione fidelium statuere : 6. hodiernam disciplinam facillimam præstare SS. Eucharistiæ participationem, patefacit; cui , *addit* , qui se aptare renuit , malè se dispositum esse indicat : 7. tandem adhortationem ad animorum concordiam adjungit. Extat *tom. 1. Bullarii num. 64.*

* Lubet hìc etiàm paucis exponere, quomodo Sacrificium Missæ differat à Sacrificiis veteris legis , à Sacrificio ultimæ Cœnæ , & Crucis , ab Eucharistia ut est Sacramentum, & à consecratione.

Itaquè 1. Sacrificium Missæ differt essentialiter à sacrificiis veteris legis , in quatuor præsertim, 1. in re oblata, seu victima ; quippè res oblata seu victima in Sacrificio Missæ est ipse Christus , totum se , suaque merita Patri exhibens : in sacrificiis autem veteris legis res oblata seu victima constabat animantibus , aliisque rebus , quæ solùm Christum præfigurabant : 2. in offerente ; alius est enim modò offerens & Sacerdos ; alius olim in lege : 3. in modo offerendi ; quandoquidèm olim erat per realem destructionem victimæ; in Sacrificio verò Missæ fit mactatio solùm mystica, seu quoad esse sacramentale tantùm : 4. demùm in virtute & efficacia ; etenim veteris legis sacrificia conferebant duntaxat gratias legales, nullumque alium effectum ex *opere operato* præstabant , sicut Sacrificium Missæ.

2. Sacrificium Missæ non differt essentialiter seu à Sacrificio ultimæ Cœnæ , seu à Sacrificio Crucis; quoniam eadem est utrobique hostia, idem & principalis offerens , nempè, Christus.

Differt tamen Sacrificium Missæ accidentaliter tàm ab uno , quàm ab alio. Differt quidem à Sacrificio Cœnæ multipliciter : 1. in qualitate rei oblatæ, videlicet, Christi mortalis , & inmortalis : nàm Christus in ultima Cœna sese ut mortalem obtulit ; in Missa verò offert se quidem in statu mortis, sed ut jam non moriturum : undè Joannes in Apocalypsi *cap. 5. v. 6.* Agnum vidit *tanquam occissum*, sed tamen verè *stantem* : 2. in modo actionis ; siquidem in Sacrificio ultimæ Cœnæ Christus semetipsum immediatè obtulit , in Missa verò ministerio Sacerdotum sese offert : 3. in effectu morali ; quandoquidem Sacrificium Cœnæ meritorium fuit , & satisfactorium ; non item Sacrificium Missæ , in quo quidem Christus propitiari potest , ac merita sua ap-

plicare ; non autem mereri de nóvo , utpote extra statum viæ. 4. tandem ratione significationis ; nàm Cœnæ Sacrificium mortem Christi ut futuram repræsentabat , Missæ verò Sacrificium ut præteritam portendit. Differt etiam à Sacrificio crucis ratione modi offerendi , scilicet cruenti , & incruenti; etenim cruento modo salutis hostia oblata fuit in cruce , & modo incruento offertur in Missa.

3. Sacrificium Missæ non differt ab Eucharistia, ut est Sacramentum, vel penès actionem , seu principium, quo producuntur; quia utrumque eadem actione , nimirùm consecratione, conficitur ; vel penès actionis terminum ; quia idem utrobique terminus est, videlicet Christus.

Differunt tamen essentialiter Sacrificium Missæ , & Sacramentum Eucharistiæ; 1. quia Sacrificii essentia reposita est in actione transeunte sacrificativa , nimirùm consecratione , & necessariò utramque requirit speciem : essentia verò Sacramenti Eucharistiæ vel ut ejus effectus consistit in re permanente , & in una specie salvatur. 2. ratione finis; Sacrificium namque per se , & immediatè ordinatur ad debitum Deo cultum exhibendum, cùm sit actus supremus Latriæ; Sacramentum verò Eucharistiæ ordinatur ad nostram sanctificationem. Hinc, etsi Sacrificium, & Sacramentum ratione rei oblatæ, & contentæ omnino idem sint, adeoque æquè perfecta ; attamen ratione finis perfectius est Sacrificium , quàm Sacramentum ; quia Sacrificium ad proximum nobiliorem finem ordinatur, scilicet , ut diximus, ad Deo debitum cultum exhibendum ; Sacramentum verò ad finem minùs nobilem , nempè , ad hominem per gratiam secundam sanctificandum.

4. Demùm Sacrificium Missæ non differt essentialiter à consecratione , sed est ipsamet consecratio , ut jam asseruimus, quatenùs rationem immolationis , & immutationis habet modo exposito ; differt tamen integraliter , quatenùs Sacrificium plures præter consecrationem integrales ac cæremoniales partes complectitur. Legatur Sylvius *in 3. part. quæst. 83. art. 1. quæst. 5.*

§. I.

§. I. *De valore , & effectibus Sacrificii Missæ.*

I. VAlor Sacrificii Missæ ex pluribus capitibus deduci potest : primò , ex opere operato, id est, ex ipsamet actione sacrificandi in vi institutionis Christi, independenter à dispositione sacrificantis ; & hic valor est æqualis in omni Sacrificio Missæ, quia æqualis est respectu omnium sacrificiorum institutio. Secundo, ex opere operantis, qui profluit ex illa actione , quatenùs à tali ministro exercetur ; & hic eo major est, quo dignior est offerens. Tertio , ex ipsa re, seu victima oblata ; & ex hoc capite est infinitus, cùm victima oblata , quæ est Christus Deus homo , sit valoris infiniti. Quarto, valor sumitur pro efficacia , quam sacrificium habet respectu sui effectus, quatenùs per ministros Ecclesiæ Deo offertur ; & hoc modo est valoris finiti ; eò quòd sit oblatio, quæ fit à ministro creato finitæ virtutis , & efficaciæ, & secundùm hanc considerationem sumitur in præsenti, nempè, non est infinitate victimæ oblatæ , sed ex natura operis à Christo instituti , & procedentis à ministro finitæ efficacitatis ex mandato Christi. Si enim neque sacrificium crucis habuit infinitatem , quoad efficaciam, cùm plurimi non sal-ventur, sed duntaxat quoad sufficientiam; multò minùs efficaciam infinitam habebit sacrificium ab homine oblatum : quandoquidèm Sacrificium Missæ ex Tridentino sess. 22. cap. 1. , à Christo relictum sit Ecclesiæ sponsæ , ut sacrificii crucis *salutis virtus in remissionem peccatorum applicaretur*. Ex quo apparet , Sacrificium Missæ esse instrumentum quoddam , quo mediante valor Sacrificii crucis nobis applicatur; instrumentum autem non habet efficaciam majorem sua causa principali: cùm igitur sacrificium crucis non habuerit in ordine ad effectum efficaciam infinitam, neque hoc sacrificium hac gaudebit. Et hic videtur esse sensus Ecclesiæ, approbantis multiplicationem sacrificiorum pro eadem persona. Exinde sequitur , minùs prodesse sacrificium oblatum pro pluribus, quàm si applicetur pro uno tantum; valor namque finitus , quo in plures partes dividitur , eo minùs ab illis participatur, quàm si totus uni duntaxat applicetur. Hanc esse S. Thom. mentem, elucet ex 4. sent. dist. 45. quæst. 8. art. 4. quæst. 3. ad 2. *Quamvis virtus Christi, quæ continetur sub Sacramento Eucharistiæ , sit infinita, tamen determinatus*

est effectus, ad quem illud Sacramentum ordinatur : undè non apparet , quòd per unum Altaris Sacrificium tota pæna eorum , qui sunt in Purgatorio , expietur ; sicut etiam quòd nec per unum Sacrificium , quod aliquis homo offert , liberetur à tota satisfactione debita pro peccatis : undè , & quandoque plures Missæ in satisfactionem unius peccati injunguntur.

II. Ex dictis inferas , aliud esse valorem, & aliud fructum Sacrificii ; valor namque est ipsa Sacrificii efficacia , quæ vim habet obtinendi à Deo bona cujuscumque generis tàm ipsi offerenti, quàm illis , pro quibus offertur ; fructus autem sunt ipsa bona per valorem obtenta.

III. Fructus Sacrificii, à quocumque celebrati, sive probo, sive malo Sacerdote , & profluentes immediatè ab ipso Sacrificio ex *opere operato* sunt duo, nempè , satisfactorius , & impetratorius : satisfactorius in eo consistit, quòd Sacrificium ex ipso opere operato habet vim satisfaciendi pro pœnis temporalibus, id est , non æternis, quæ debentur peccatis jam remissis fidelium tàm vivorum, quàm defunctorum ; dummodò tamen viventes sint in statu gratiæ : cùm enim Missæ Sacrificio applicetur valor Sacrificii crucis , & Sacrificium crucis oblatum fuerit etiam pro dictis pœnis ; proptereà , &c. Fructus impetratorius , similiter immediatè procedens ab ipso Sacrificio ex opere operato , in eo consistit, quòd impetret beneficia tàm spiritualia , quàm temporalia, ad fidelium salutem conducentia ; & hoc ob dictam rationem.

IV. Fructus, mediatè duntaxat à Sacrificio profluentes ex ipso opere operato, sunt duo, nempè, propitiatorius, & expiatorius. Propitiatorius in eo consistit , quòd obtineat auxilia gratiæ, quibus & doleamus de peccatis , & sinceram eorumdem emendationem procuremus ; ob datam rationem. Dicitur autem hæc propitiatio mediatè profluere à Sacrificio; quia obtinetur immediatè, non ex vi Sacrificii , sed ex vi auxiliorum à Sacrificio immediatè impetratorum. Fructus expiatorius , mediatè profluens à Sacrificio ex ipso opere operato , in eo consistit , quòd obtineat auxilia ad nos corrigendos à venialibus per pios voluntatis affectus : & etiam hoc ob datam rationem ; quia in eo applicatur Sacrificium crucis , à quo omnia hujusmodi processerunt. Ex his etiam infertur, quòd Sacrificium Missæ ex opere operato , & immediatè nullum delet peccatum, quamvis efficax sit

sit ad impetranda auxilia, quibus à peccatis per contritionis actus emendemur.

V. Præfati fructus, si considerentur respectivè ad participantes, dividuntur in alios quatuor, nempè, in generalem, ministerialem, specialem, & specialissimum. Generalis percipitur à tota fidelium Catholicorum communitate. Ministerialis est ille: qui participatur ab illis, quibus à Celebrante applicatur Sacrificium, ità ut verè dicatur pro illis Sacrificium celebratum; & proptereà ex se longè uberior, & copiosior est cæteris perceptis ab illis. Specialis ille est, qui percipitur à piè assistentibus celebrationi, &c. Specialissimus ille est, qui percipitur ab ipso celebrante, si dignè celebret; quique nulli alteri est applicabilis.

☞ Quæres. Nùm plus valeat sacrificium à bono, quàm à malo Sacerdote oblatum?

Resp. D. Thomas 3. p. q. 82. art. 6. in corp. ad rem hanc hæc docet; *Dicendum*, inquit, *quòd in Missa duo est considerare, scilicet ipsum Sacramentum, quod est principale, & orationes, quæ in Missa fiunt pro vivis, & mortuis. Quantùm ergo ad Sacramentum, non minùs valet Missa Sacerdotis mali, quàm boni; quia utrobique idem conficitur Sacramentum. Oratio etiam, quæ fit in Missa, potest considerari dupliciter: uno modo, in quantum habet efficaciam ex devotione Sacerdotis orantis; & sic non est dubium, quòd Missa melioris Sacerdotis magis est fructuosa: alio modo, in quantum oratio in Missa profertur à Sacerdote in persona totius Ecclesiæ, cujus Sacerdos est minister: quod quidem ministerium etiam in peccatoribus manet, sicut suprà dictum est:* (nempè art. præced.) *undè etiam in quantum ad hoc est fructuosa non solùm oratio Sacerdotis peccatoris in Missa, sed etiam omnes ejus orationes, quas facit in Ecclesiasticis officiis, in quibus gerit personam Ecclesiæ, licèt orationes ejus privatæ non sint fructuosæ, secundùm illud Proverbiorum 28. 9. qui declinat aures suas, ne audiat legem, oratio ejus erit execrabilis.* Ità S. D. cujus principiis insistendo, dicimus (subdit P. Renatus Hyacinthus Drouven *De Re Sacram. tom. I. lib. 5. q. 7. cap. 3. q. 2.*) Sacrificium, si spectetur quatenus Corporis, & Sanguinis Christi oblatio est, & quatenùs publica est oratio, à Sacerdote nomine totius Ecclesiæ facta, æqualem, à quocumque ministro sive bono sive malo offeratur, habere virtutem; tùm quia, ut prædiximus, non est opus Sacerdotis, sed Christi; tùm quia Ecclesia sive

per bonum, sive per malum ministrum oret, nihilominùs sancta est in se, & in membris suis vivis, ubiquè orantibus; adeoque veræ hujus columbæ suspiria, & gemitus semper à cœlesti Sponso exaudiuntur. Quòd si ejus respectus habeatur, qui offert, Missam boni Sacerdotis, proptereà quod ad Altare majorem afferat devotionem, meliorem esse, non dubitamus. Si enim bonum addatur bono, quod ex utroque exurgit, profectò est melius; eoque sensu ab Alexandro S. P. dictum, ut legitur in Gratiani Decreto, *de Consecr. q. I. cap. I. Ipsi Sacerdotes pro populo interpellant, & peccata populi comedunt; quia suis precibus & adolent, atque consumunt: qui quantò digniores fuerint, tantò faciliùs in necessitatibus, pro quibus clamant, exaudiuntur.... Et à Patribus Concilii Toletani IV. can. 20. Abstineamus ergo nos Sacerdotes ab omni opere malo, ut mundi corpore, purgati mente, possimus ad Sacrificium Christi dignè accedere, & Deum pro delictis omnium deprecari.*

§. X. *De applicatione Sacrificii.*

I. A Pplicatio Sacrificii nil aliud est, quàm intentio Sacerdotis, volentis applicare Sacrificium, quod est celebraturus, pro tali persona, anima, familia, &c. quibus applicat supradictum fructum ministerialem ipsius sacrificii. Hæc intentio debet fieri saltem ante consecrationem utriusque speciei; quia, cùm ex dictis constet, sacrificium essentialiter consistere in consecratione; ut verificetur applicatio sacrificii, debet saltem hujusmodi applicatio fieri ante consecrationem. Consultissimum tamen est illam facere ante inchoationem Missæ. Hinc facta post consecrationem est nulla, ut patet ex ratione allata.

Necessariam esse Sacerdotis intentionem, ☞ ut sacrificii fructus validè applicetur, ambigit nemo. De qualitate verò hujus intentionis disputant Theologi. Sunt qui sentiunt, ad validè applicandum sacrificii fructum, eam intentionem necessariam esse, quæ requiritur ut aliquod Sacramentum validè conficiatur. Sic præsertim Em. Cardinalis Bona *Tract. Ascet. de Missa cap. I. §. 5. Quapropter*, sic concludit ipse, *habitualis sufficiens non est, actualis optima, atque laudabilis, sed non necessaria; sufficit enim virtualis, illa nimirùm, quæ ab actuali proveniens, & non revocata, adhuc remanet in sua virtute.*

Eamdem sententiam amplexatus est P. Da-

Daniel Concina *lib. 7. de Euch. dissert. 2. de Sacrif. Missar. cap. 6. §. 2. num. 38.* qui eam ulteriùs sic exemplis explicat. „Ac„cepisti, inquit, 20. eleemosynas pro to„tidem Missis: hodiè celebrationem inci„pis, deliberasque singulis diebus pro offe„rente applicare usque ad ultimum; etiam„si cæteris singulis diebus, alio distractus, „intentionem non renoves, puto, sufficere „primam; virtualiter enim perseverat. Si„militer Religiosi subditi applicant sacrifi„cium juxta intentionem Sacristæ, vel Su„perioris, animumque deliberatum habent „sic applicandi; quamvis interdum distrac„ti renovandæ hujus intentionis oblivisce„rentur, non propterea ambigere de appli„catione debent.“ Verùm sic exposita sententia de intentione virtuali requisita ad Missæ fructum applicandum, verbis duntaxat differre videtur ab opinione illorum, qui habitualem sufficere intentionem arbitrantur. Utcumque tamen res sese habeat, quamvis habitualis intentio ad conficiendum validè Sacramentum inutilis sit; attamen ad validam Sacrificii applicationem communiùs, nostroque judicio probabiliùs, idonea censetur: quandoquidem agitur de mera applicatione fructus, non ab ipso Sacerdote producendi, sed qui, à sacrificio productus, Sacerdotis potestati, & voluntati permittitur distribuendus. At rem Sacerdotis sic subjectam, aut subjiciendam arbitrio, validè ipse alteri in antecessùm donare potest, ità ut hæc donatio, semel facta, & non ampliùs revocata, sortiatur effectum tempore præstituto sive novo consensu, ut si hodie quis alicui elargiatur, quòd cràs ad manus ipsius perventurum præstolatur. Alia res est de consecratione, quæ est effectio quædam à voluntate dependens, adeoque sine influxu voluntatis actu, vel virtute perseverantis, non exercenda.

* Abs re non erit hic attexere doctrinam, quam tradit P. Patritius Sporer *Theolog. Sacram. part. 2. cap. 5. sect. 3. §. 3. num. 349.* videlicet, quòd etiam post consecrationem hostiæ, ante consecrationem calicis, adhuc Sacerdos possit applicare fructum sacrificii. Ratio est; quia consecratione calicis demùm perficitur sacrificium; & tunc primùm dicitur Sacerdos integrè sacrificare, & offerre sacrificium, & consequenter ejus fructum conferri: ergo ante istam calicis consecrationem finitam Sacerdos semper poterit applicare fructum; idque, *subdit*, non tantùm tunc, quando

ante consecrationem panis nulli applicasset, verùm etiam tunc, quando jam applicaret alteri, ea voluntate revocata, adhuc poterit applicare alicui alteri, cujus proinde erit fructus, non prioris; quia consecratione Calicis finita primùm confertur fructus. Et hinc etiam in casu, quo unus Sacerdos, solo pane consecrato, subito deficiat, & alius Sacerdos supplens consecret Sanguinem, hujus erit applicare fructum Sacrificii; quia hic solus essentialiter, & completè offert Sacrificium, ejusque fructum confert: nec tenetur se intentioni prioris Sacerdotis conformare, quantum est ex ratione Sacrificii, nisi aliunde esset obligatio applicandi hoc Sacrificium pro certis personis, v. gr. pro Conventu, pro defuncto &c. Tunc enim posterior Sacerdos tenebitur se conformare prioris intentioni, non ratione Sacrificii, sed ratione alterius obligationis. Consule tamen S. Pontificem Benedictum XIV. *de Sacrosancto Missæ Sacrificio lib. 3. cap. 16. num. 9.* ubi, relatis variis Thelogorum hac de re opinionibus, sic sapienter monet: *Verùm Sacerdos, se ut omnibus expediat difficultatibus, in præparatione ad Missam, antequam sacris se vestibus induat, ne omittat Sacrificii fructum applicare*, ut benè advertit Clericatus *de Sacrificio Missæ decis. 36. num. 17.*

II. Applicatio sub conditione de præsenti, vel præterito valet: puta, si Petrus vivit, si obivit, applico &c.; quia jam habet objectum, ad quod determinatè dirigatur, & evadit jam absoluta. Sub conditione autem de futuro non valet: puta, si Petrus mense venturo ingrediatur Religionem, si in itinere periclitetur &c. quia deberet Deus tenere suspensum effectum Sacrificii, donec impleatur conditio; quo nil absurdius, cùm Deus non revelaverit, se ità gesturum. Neque insipienter recurras ad scientiam Dei, cui futura omnia sunt præsentia, & manisfesta; quia, sicuti Deus de præsenti non punit aliquem propter peccata ejus certè prævisa, neque præmio donat de præsenti propter bona opera certo futura, sed suo tempore quando erunt; ità neque effectus Sacramentorum, & Sacrificiorum impertitur illis, qui vel suscipiunt, vel pro quibus offeruntur, propter eorum opera futura, sed juxta dispositionem, quam in præsenti habent. Et proptereà testantur Doctores cum Gavanto, Clementem VIII. & Paulum V. condemnasse talem applicandi modum; & Barbosa ad sess. 22. Concilii Tridentini in principio

O id

id reprobatum fuisse, refert à Sacra Congregatione anno 1605. Non satisfacit itaque obligationi suæ, qui in eventum futurum applicat.

III. Quid ergo dicendum, si celebrans offerens pro anima, v. gr. Petri, dicat: & nisi hæc indigeat: offero pro anima Pauli: & nisi hæc indiget, pro anima Annæ &c.? Respondeo, quòd si offerat libere, & non ex stipendio, validè applicat, & licitè: si verò applicet ex stipendio, obligatur applicare juxta intentionem dantis stipendium: unde se expoliavit libertate applicandi cui voluerit, y sub quacumque conditione; quæ, ignorat, àn sit conformis intentioni dantis stipendium: & proinde injustè agit cum onere vel restituendi, vel supplendi alio Sacrificio.

Prælaudatus Em. Cardinalis Bona *loco citato* praxim observandam in applicatione Missæ exponens, sic mentem suam aperit: „Debet autem, *inquit*, hæc intentio ipsam „Sacrificii actionem comitari, & esse certa & „determinata, nec effectum Sacrificii sus„pensum relinquere; quia non potest à fu„tura conditione pendere. Quòd si Sacerdos „fructum Sacrificii nemini applicet, vel ille, „pro quo ofert, ejus capax non est, aut „eo non indiget, manet fructus in Thesauro „Ecclesiæ. Unde in tali casu optimum fo„re, censent Theologi, conditionatam habere „voluntatem, & alium substituere, qui eo „fructu potiatur. Optimum quoquè aliqui„bus visum est, quod Sacerdos, qui pro „pluribus offerre intendit, eos specialiter „& nominatim exprimat, non generali„ter, & in confuso; quia singulis minùs „prodesset; suum enim effectum producit „secundùm modum, quo applicatur: per„fectior autem applicatio est, cùm omnes „singillatim nominantur. Ad scrupulos de„nique evitandos, qui circa applicationem „oriri possunt, debet Sacerdos, rejectis „incertis opinionibus, Sacrificii fructus pri„mò, & principaliter illi applicare, pro quo „celebrare tenetur ratione beneficii, elee„mosynæ, promissionis, aut specialis obli„gationis. *Tum sine ejus præjudicio, & in* „*quantùm licitè potest*, aliis item applicare „poterit, sibi charitate, aut alia quavis ra„tione peculiariter conjunctis, seu com„mendatis, suam intentionem intentioni „Christi conformando, & submittendo: sic „enim poterit tuta conscientia ex infinito, „& nunquam exhauriendo thesauro meri„torum, & satisfactionum Christi, cujus dis-

„pensator est constitutus, partem aliquam „in plures derivare, quæ ex summa & inef„fabili Dei misericordia non nisi uberrima „sperari potest.

IV. Quid iterum dicendum, si Religiosus, professus applicet contra expressam voluntatem Superioris seriò jubentis, ut Sacrificia applicet, v. gr. pro tali persona, & ipse applicet pro alia? Quòd peccet contra obedientiam, jam nemo non videt, neque ullus Doctor dubitat: àn verò valeat Sacrificium juxta intentionem Sacerdotis, vel potiùs juxta intentionem Superioris? mihi longè probabilius est, prævalere intentionem Superioris: ità Diana parte 2. tract. 12. resolut. 72. & multi cum ipso: ità etiam Barbosa de potestate Episcopi allegatione 24. n. 28. Ratio in eo fundatur, quod ex vi voti obedientiæ remanet Religiosus privatus usu proprii arbitrii, præcipuè circa ea, quæ sunt exterioris gubernationis Conventus, & Familiæ; ità ut invalida sit quæcumque obligatio, vel solutio, contra seriam, & expressam voluntatem Superioris à Religioso facta. Dispositio igitur applicationis Sacrificii, præcipuè afferentis stipendium, à Religioso facta contra expressam voluntatem Superioris, eo ipse irrita erit, quippè quòd si usus arbitrii, quo professus caret circa hujusmodi, si non sit cum stipendio; & etiam contra paupertatem, si sit cum stipendio. Quod fundamentum videtur longè firmius eo, quod adducitur à plurimis contrariè opinantibus, & dicentibus, quòd potestas ordinis à Sacerdote recepta, non subjacet dominio Superioris, ita ut possit eadem uti tam licitè, quàm illicitè: unde, quamvis illicitè agat, validè tamen applicat. Sed hoc fundamentum ruit ob æquivocationem, cui innititur, nihilque probat ad intentum; non enim est quæstio, àn validè consecret, de quo nemo dubitat, sed àn validè applicet, ut obligationi contractæ satisfaciat. Concedo & ego, quòd effectus potestatis ordinis nequeat per contrarium præceptum suspendi, ità ut validè agat; at applicatio Sacrificii, satisfactoria obligationi contractæ, non est actus potestatis ordinis; sed est actus juris, ac dominii, præsupponens alioquin characterem Sacerdotalem: & propterea dependens à voluntate illius, cui jus competit in voluntatem subditi, & hic est Superior, cui quando injustè repugnat voluntas subditi, voluntas illius prævalere debet; cùm subditus contra voluntatem Superioris careat proprio arbitrio ex vi voti obedientiæ, sicut caret facultate contrahendi validè contra

vo-

voluntatem Superiorioris ex vi voti paupertatis : validè igitur consecrat, sed invalidè applicat. Deduces : ergo valebit applicatio Superioris, & sic extinguetur obligatio. Respondeo, quòd, cùm debitum celebrandi Missam pro dato stipendio tàm in Superiore, quàm in subdito sit certum ; & satisfactio tàm istius, quàm illius in casu nostro sit dubia, ob adversantes opiniones gravium Doctorum; & alioquin satisfactione dubia non extinguatur debitum certum ; propterea uterque tenetur altero Sacrificio extinguere obligationem certam.

☞ Accuratiùs dispicienda est, ac discutienda isthæc difficultas de Sacerdote subdito, Sacrificium applicante contra rationabilem Prælati sui, vel Sacristæ ab eo deputati, voluntatem, & intentionem, utpotè quæ in praxi potest occurrere. Et ut pleno in lumine constituatur, nitidiùsque dirimatur, in primis, quæ indubia sunt, ab eo, quod in controversiam adducitur, sejungenda sunt. Itaquè in comperto est apud omnes, Sacerdotem subditum illicitè omnino agere ; & 1. quidem lethaliter delinquere contra obedientiam, si Superiori suo, seriò præcipienti, ut juxta propriam intentionem Missam celebret, obtemperare detrectet, & secundùm proprium arbitrium Sacrificium applicet; neminem enim præterit, Religiosum vi voti obedientiæ, quod in sua professione emisit, teneri sub gravi sese voluntati suæ *Superioris* submittere in omnibus, in quibus *ipsi subjaceat,* si materies sit gravis, sicuti reverà est in casu nostro. 2. extrà omnem dubitationis aleam versatur, graviter peccare etiam adversùs paupertatem, quando non solùm applicat contra præceptum Superioris, sed & obligationem contrahit cum aliqua persona applicandi Sacrificium pro illa, & præsertim si pro applicatione stipendium accipiat, eoque independenter à Prælato suo utatur; nam ex vi voti paupertatis nequit Religiosus absque Prælati sui licentia contractum ullum inire, nec quidquam acceptare, aut de re aliqua pro libito suo disponere. 3. tandem ambigit nemo, gravis insuper criminis reum fieri contra justitiam, si Missæ applicatio ei à Superiore præscripta, ex justitia erat alteri debita, puta, ex fundatione, ex pacto, vel eleemosyna jam accepta; siquidem in hoc casu violat jus, quod habet alter, ut pro se offeratur, & est suo modo causa damni ipsius. Quare haud dubiò obstringitur ex justitia compensare, aut aliam Missam applicando, si possit; aut si non possit, Superiorem monendo, ut aliud Sacrum

celebrare faciat. Hæc omnia unanimi consensu Doctores admittunt.

In hoc ergo tota residet difficultas, àn Religiosus subditus Sacerdos non illicitè modò Missam applicet contra voluntatem Superioris, verum etiam frustrà & inutilitèr? sea quæstio est, nùm, si Superior applicet Sacrificium sui subditi, ipsique jubeat, ut celebret secundum suam intentionem, & subditus applicet contra voluntatem, & mandatum Superioris juxta proprium arbitrium, applicatio prosit illi, cui ex præcepto superioris Sacerdos applicare deberet, àn vero illi, cui ipse Sacerdos de facto applicat?

Circa hanc difficultatem non una est Theologorum omnium sententia. Non pauci, à Pasqualigo citati *de Sacrific. Missæ q. 183.* quorum aliquos refert etiam Auctor, autumant, in tali casu applicationem prodesse illi, cui Sacerdos subditus ex præcepto Superioris applicare deberet; non verò illi, cui ipse Sacerdos de facto applicat. Et ad sic sentiendum præcipuè moti sunt argumento, quod Auctor ob oculos ponit ; ob quod & ipse eamdem opinionem amplexatus est.

Alii plures, item à laudato Pasqualigo relati, oppositum sustinent, contenduntque, in exposito casu applicationem non prodesse illi, cui Sacerdos subditus ex præcepto Superioris applicare deberet, sed illi, cui ipse Sacerdos reverà applicat. Et huic sententiæ subscripsere utroque pollice celebriores, qui postremis temporibus floruerunt, Theologi, præsertim Em. Cardinalis Bona *tract. ascet. de Sacrif. Miss. cap. 1. §. 5.* ac etiam S. P. Benedictus XIV. *de Sacrosancto Missæ Sacrificio lib. 3. cap. 9. n. 4.* Et hanc, ut probabiliorem, censemus esse alteri præferendam.

Hoc unum duntaxat in medium adferimus argumentum, quod videtur eam extra disputationis aleam, & in ultimo moralis certitudinis gradu constituere : Sacerdos enim est solummodò Sacrificii Minister, sed & dispensator vi suæ ordinationis ; ipsi namque in sacra ordinatione non tantùm potestas confertur Sacrificium offerendi, verùm etiam facultas tribuitur illud, cui voluerit, applicandi, ut liquidò constat ex forma ipsa ordinationis, hisce concepta verbis: *Accipe potestatem offerre Sacrificium Deo, Missasque celebrare tàm pro vivis, quàm pro defunctis, in nomine Domini.* Et sanè, si Sacerdoti in sacra ordinatione confertur potestas Sacrificium offerendi, tribuitur etiam dubio procul facultas illud, cui voluerit, applicandi; tùm quia, ut animadvertit Pasqualigus, ef-

fec-

fectus, à quo habet esse, habet etiam determinationem: applicatio autem Sacrificii non est aliud, quàm determinatio oblationis, ut sit pro hac, vel illa persona, ac proinde debet esse ab eo, à quo est oblatio; tùm etiam quia applicare Sacrificium est exercere aliquam facultatem effectivam circa Sacrificium, ipsum determinando; atque adeo videtur concurrere ad oblationem: ex vi igitur suæ ordinationis competit Sacerdoti facultas Sacrificium applicandi; & applicatio est actus Ordinis ab ipso suscepti. Porrò potestas Ordinis, nisi interveniat jurisdictio, ut in pœnitentia, non pendet quoad facti valorem ab Ecclesiæ, vel cujuscumque Superioris voluntate, etsi pendere possit, quoad obligationem faciendi, vel non faciendi; hic autem actus applicationis Sacrificii non requirit jurisdictionem, sed ordinationem duntaxat exposcit, ut compertum est: posito igitur quòd Superior applicet Sacrificium sui subditi, & subditus contra voluntatem & intentionem Superioris illud applicet, applicatio facta subdito prævalet applicationi factæ à Superiore; & proinde Sacrificium prodest ei, cui illud applicat subditus, non ei, cui illud applicat Superior, & cui subditus ex ipsius præcepto applicare debuisset.

Rem hanc illustrat Suarezius *de Sacram. disput.* 69. *sect.* 9. exemplo Sacramentorum. Nàm, *inquit*, si Superior præcipiat subdito, ut non baptizet, vel baptizet hunc, & non illum, vel ut non absolvat, (dummodò jurisdictionem non auferat) nihilominùs si subditus faciat, factum tenet, nec potest Superior ejus intentionem, & voluntatem irritam reddere. Idem est ergo in præsenti quoad voluntatem offerendi, vel applicandi Sacrificium alicui; utriusque enim ratio est eadem, scilicèt, quia tunc operatur Sacerdos tamquàm is, qui Christi vices gerit, & per potestatem ab eo sibi collatam.

Non ruit hoc fundamentum, neque æquivocationi innititur, sicuti Auctor opinatur, sed validissimum est ad intentum, ut ipsius verbis utamur, seu ad assertionem in tuto collocandam. Utiquè non est quæstio, àn Sacerdos in tali casu validè consecret, de quo nemo dubitat; sed difficultas est, àn validè applicet? Verùm, ut ex hactenus dictis perspicuum est, potestas Sacrificium applicandi æquè convenit Sacerdoti, ac potestas consecrandi, cùm illa non secùs ac ista competat ei ex vi suæ ordinationis, & characteris sacerdotalis. Quemadmodùm

igitur in consecrando Sacramento, & Sacrificio offerendo non pendet ab auctoritate Superioris, adeo ut, quantumvis prohibeat ipsi Superior (vel ipse summus Pontifex, etiam per suspensionem, & degradationem) ne celebret; nihilominus is verè, & validè consecrat, & offert; sic non pendet à Superiore in ejusdem Sacrificii applicatione; ita ut si applicet illud contra voluntatem ipsius, validè applicet, & prosit illi, cui ipse applicat, & non ei, cui illud applicat Superior. Longè profectò abesse à veritate videtur quod asserit Auctor, nimirùm, applicationem Sacrificii, satisfactoriam obligationi contractæ, non esse actum potestatis Ordinis, sed esse actum juris ac dominii dependentem à voluntate Superioris, cui jus competit in voluntatem subditi. Longè, inquam, hoc abesse à veritate videtur. Nam exercet sanè subpitus in hoc casu actum juris ac dominii, qui sibi non congruit, dùm voluntati Superioris sese opponit, & contra ipsius intentionem Sacrificium applicat, atque ideo illicitè agit, & peccat, ut jam præmonuimus: at, dùm applicat Sacrificium, exercet actum Ordinis, qui in multotiès diximus, neque Superioris, neque Ecclesiæ potest contraria voluntate impediri; quoniam non ut Minister Superioris, & Ecclesiæ, sed ut Minister Christi, & potestate immediatè ab ipso accepta illum elicit. Et ut hoc magis magisque exploratum fiat, omnisque de medio æquivocatio auferatur, observare lubet, ex eo quòd Superior præcipere valeat subdito, quòd applicet Sacrificium, non sequi ipsum habere sibi subordinatam voluntatem subditi quoad actus elicitos potestatis sacerdotalis, sed solummodò quoad actus imperantes eosdem actus. Unde solùm obstringere potest voluntatem subditi, ut imperet sibi actus potestatis sacerdotalis juxta suam propriam intentionem, non autem disponere potest de talibus actibus immediatè, cùm talis actio cum omni suo fructu subsit immediatè soli dominio operantis.

Hinc sublestum prorsùs, infirmum, & imbecillum apparet argumentum ex subjectione, quam subditus ex vi voti obedientiæ debet Superiori, depromptum, cui adeo fidunt adversæ sententiæ Patroni, & ex iis, quæ jam tradita sunt, contritum pœnitùs remanet. Etenim potest quidem Superior subdito suo præcipere, ut Missam applicet secundùm propriam intentionem; & subditus tenetur ei obtemperare, & ni obtemperet, haùd dubiè contra obedientiam peccat: sed
non

non potest ità præcipere, ut si subditus, ejus præceptum contemnens, Sacrificium contra ejus voluntatem applicet, irrita & nulla ejus applicatio reddatur, cùm liquidò constet, potestatem applicandi Sacrificium ei competere ratione Ordinis suscepti, non secùs ac ei convenit potestas consecrandi. Ex hucusque autem dictis

Colligendum 1. est, Superiorem non posse applicationem Sacrificii à subdito factam irritam efficere, contra Rodriguez *tom. 1. Sum. cap. 241. num. 10.* Pluribus consectarium hoc ostendit Pasqualigus; & præsertim, quia subditus non subjicitur Superiori quoad potestatem Sacerdotalem, nec secundùm actum offerendi Sacrificium.

Colligendum 2. est, per applicationem Superioris, nisi etiam concurrat applicatio subditi, non extingui obligationes Missarum, ac proinde esse de novo supplendas. Quare consurgit in subdito, ut & sub initium admonuimus, obligatio sub mortali manifestandi Superiori, quòd non applicaverit Sacrificia juxta ipsius mentem, nisi forte velit, & possit supplere. Nec potest Superior sequi opinionem, quòd prævaleat applicatio propria contra applicationem subditi; siquidem, cùm obligatio sit certa, certa etiam debet esse solutio: in tali autem casu non solùm non est certa solutio, sed plane incerta; cùm hæc opinio omni solido destituatur fundamento, & à veritate omnino aliena appareat.

Colligendum 3. est, per applicationem Sacrificii, factam à subdito, extinctam remanere obligationem, cui ipse satisfacere intendit, licet diversimodè applicetur à Superiore; quia per applicationem Superioris irrita non redditur applicatio subditi, ac proinde suum sortitur effectum, utpote quæ provenit ab eo, qui potestatem habet applicandi: idque verum censet citatus pluriès Pasqualigus, etiamsi Superior subditi applicationem irritam efficiat; quia opinio, quòd Superior nequeat subditi applicationem irritam efficere, probabilior est, & moraliter certa.

Unum adhuc animadvertendum superest cum Cardinali de Lugo *disp. 19. sect. 10. n. 217.* videlicet, quòd, quamvis posset Prælatus inhabilem reddere subditum ad applicandum Sacrificium pro alio, quàm pro Petro, v. gr. nihilominùs dici non posset, quòd Sacrificium illud prodesset Petro, nisi Sacerdos positivè pro illo offerret: sicut, licèt Ecclesia possit reddere inhabilem aliquem ad professionem emittendam in alia

Religione præter istam; si tamen ipse de facto profiteatur in alia, ejus quidem professio erit irrita; non tamen acceptabitur à Deo pro illa alia Religione, in qua Ecclesia volebat, nisi ipse etiam positivè velit in ea profiteri. Aliud enim est, posse irritam reddere ejus voluntatem, ne habeat effectum; aliud verò dirigere efficaciter illam, ut habeat effectum, quem ipse non vult; quod quidem Superior facere non potest. Cùm ergo oblatio Sacrificii pro aliquo sit actio ipsius Sacerdotis, non potest Prælatus facere, quòd ipse de facto offerat pro Petro, si expressè non vult offerre pro Petro, sed pro Joanne. Non potest ergo illa Missa acceptari à Deo pro eo, cui Prælatus vult, licèt non acceptetur pro illo, cui Sacerdos vult contra Prælati voluntatem.

✠ Alia gravissima excitatur difficultas circa obligationem applicandi Missam ex Beneficio, seu Capellania. Quæritur: nùm, si Fundator, qui Beneficio, vel Capellaniæ onus imposuit celebrandi Missam, de applicatione ejusdem pro anima sua ne verbum quidem adjecerit, intelligi debeat imposuisse etiam onus applicandi sibi Missam?

Difficultatem hanc ad examen vocat, atque discutit S. P. Benedictus XIV. *de Sacrosanct. Missæ Sacrif. lib. 3. cap. 9. n. 1. & seqq.* Summatim exhibeo, quæ fuso calamo exponit ipse. 1. præsumendum est, Beneficii, aut Capellaniæ fundatorem applicari pro anima sua Missam voluisse, si onus celebrandi imposuit, & de Missæ applicatione pro anima sua siluit; sicque semper censuisse ac respondisse Sacram Congregationem, refert. 2. idem omnino asserendum, si Fundator jusserit Beneficiatum seu Cappellanum pro ipso orare in Missa, quam celebraverit, ut eadem S. C. statuit *die 27. Aprilis 1700.* 3. si Fundator jusserit, certum sibi Missarum numerum applicari, de aliis verò nihil amplius dixerit, quàm ut eæ celebrentur, nulla est obligatio has reliquas pro eo applicandi. 4. demùm, si Fundator Capellanias aliquas instituisset cum onere Missæ sibi, aut suis defunctis applicandæ; aliam autem instituerit cum onere, ut Capellanus pro anima sua oret, dicendum est applicari sibi Missam noluisse, sed sui duntaxat commemorationem ad *Memento* fieri voluisse, sicuti respondit. S. C. Concilii *die 11. Junii 1700.*

AP-

APPENDIX.

De iis, pro quibus Missæ Sacrificium offerri,
& applicari potest, necne.

MIssæ Sacrificium *offertur in Ecclesia pro*
vivis, & mortuis, ut omnibus prosit,
quod est pro salute omnium institutum ; ait
D. Thom. *Opusc.* 57. Verùm paucis expendendum; nùm pro vivis, ac mortuis omnibus
offerri possit, & applicari, necne ; ut nihil
desit, quod scitu necessarium noscitur. Itaque de vivis primùm, tùm de mortuis, distinctis paragraphis disserendum.

§. I. *Pro quibus vivis validè, & licitè pos-*
sit, vel non, Missæ Sacrificium offerri
& applicari.

INter vivos, qui in terris degunt, alii sunt
Fideles, viva Christi, & Ecclesiæ membra, utpote justitiæ servientes; alii peccatis onerati, qui tamen vinculo fidei adhuc
Ecclesiæ copulati sunt; alii, qui ab ea sunt
per excommunicationem præcisi, vel ob hæresim, vel ob alia delicta; alii demùm Infideles, qui per baptismum renati non sunt. De
singulis seorsim majori claritatis gratia dicendum. Igitur

I. Missæ Sacrificium potest offerri pro
omnibus Fidelibus baptizatis mortalem vitam
degentibus, qui sunt membra Ecclesiæ, & ab
ea non præcisi, ut sancit Tridentina Synodus
dus *Sess.* 22. *cap.* 2.

Hinc duo colligunt Doctores. 1. hoc Sacrificium utiliter offerri posse pro infantibus, qui regenerationis gratiam obtinuere;
etsi namque infantes satisfactorium Missæ
fructum recipere nequeant; quia, per lavacrum mundati à culpa & pœna, nihil justitiæ divinæ debent; capaces tamen sunt
effectus impetratorii quoad animam & corpus, ut utrumque suo modo conservetur.
2. insuper pro energumenis; quia id vetitum esse, minimè constat, & aliàs vexatio
illorum non est culpa, sed pœna. Undè
can. 37. Consil. Eliber. communio ipsis danda esse statuitur in periculo mortis. *Can.*
autem 29. non statuitur, pro illis nullo modo esse offerendum Sacrificium, sed eorum
nomina non esse peculiariter ad altare reci-
tanda, fortassis propter scandalum, quod illo tempore sequebatur ex eo, quòd palàm
& publicè nominarentur ad Altare, præsertim cùm non agatur de toto genere energu-

menorum, sed de illis, qui à malo spiritu
exagitantur sic, ut non sint benè sui compotes. Ità Sylvius *in 3. part. q. 83. art. 1.*
quær. 9. *ad* 2.

II. Pro baptizatis adultis, qui justitiæ ser-
viunt, seu qui sunt in statu gratiæ, utiliter
Missæ Sacrificium offertur tàm quoad fructum impetrationis, quàm quoad fructum satisfactionis, ut compertum est. Pro adultis
verò baptizatis, qui in statu peccati mortalis versantur, si non sint excommunicati,
(nàm de excommunicatis speciatim posteà
sermo erit) Sacrificium offerri potest, eisque
prodesse secundùm fructum impetrationis;
est enim Sacrificium propitiatorium, cujus
oblatione placatus Dominus, gratiam & do-
num pœnitentiæ concedens, crimina & pec-
cata etiam ingentia dimittit, ait Tridentinum *sess.* 22. *cap.* 2. Fructus tamen satisfactionis peccatores capaces non sunt; quippè remissio pœnæ temporalis (qualis fit per
fructum Missæ satisfactorium) obtineri nequit, nisi priùs pœna æterna, peccato mortali debita, remissa, & in pœnam temporalem
commutata sit, atque hoc ipso peccatum
mortale remissum sit per justificationem;
adeoque homo jam justus, & in gratia Dei
constitutus sit : ergo ejusmodi fructus satisfactorius nullatenùs potest prodesse existentibus in peccato mortali. Notandum verò,
quòd, si alicui propter obicem peccati mortalis non profuit fructus satisfactorius Missæ à
se, vel pro se celebratæ, etiam posteà, abla-
to obice, non ampliùs profuturus sit; quia
neque Sacrificium oblatum vel pro se, vel
pro justo, tunc nulla satisfactione indigente,
v. gr. jam jam indulgentias plenarias conse-
cuto, suspenditur, usque dùm rursus idi-
guerit, aliquo novo peccato veniali commisso : ergo multò minùs suspenditur pro peccatore, usque dùm pœnituerit.

* III. Ad excommunicatos quod attinet.
Conveniunt communiter Doctores, ajunt PP.
Salmanticenses *tract.* 5. *de Missæ Sacrificio*
cap. 2. *punct.* 2. *tom.* 14. peccatorum graviter Sacerdotem, si pro excommunicatis non
toleratis, nempè nominatim denuntiatis, vel
notoriis percussoribus Clerici, Missam dicat; quia hoc est ei prohibitum in cap. *A*
nobis 2. *de sent.* Excommunicat., & res
est gravis ex genere suo; cum hoc discrimine, quòd, si velit dicere Missam pro hujusmodi excommunicatis nomine Ecclesiæ
non solùm illicitè, sed etiam invalidè id
faciat; quia Ecclesia non habet intentionem
offerendi pro excommunicatis, sed potiùs
con-

contrariam. Si verò offerat ut Minister Christi, & ejus nomine, illicitè quidem id faciet, & contra Ecclesiæ prohibitionem sed tamen validè; quia Ecclesiæ prohibitione non potest impediri, quominus Sacrificium in Christi persona valide offeratur pro excommunicatis, quatenùs capaces sunt fructus impetrationis, vel etiam satisfactionis, si præter censuram nullum impedimentum habeant, quia modò emendati sunt, & absolutionem desiderant.

Num. verò 16. contra plures sentiunt, neque pro excommunicato tolerato posse licitè Sacerdotem orare nomine Ecclesiæ, vel offerre, ut est minister Christi; quia Ecclesia omnino excludit omnes excommunicatos ab interna suffragiorum communicatione: undè (sic subdunt *num. 17.*) non potest orari nomine Ecclesiæ, neque offerri Missa pro hæreticis baptizatis, cum sint excommunicati, neque etiam pro schismaticis excommunicatis, potest tamen orari, vel offerri Sacrificium pro eorum reductione uno ex his tribus modis. 1. Si Sacerdos nomine suo privatim offerat Sacrificium pro hæreticis, & excommunicatis, sicut potest alias orationes privatas offerre pro illis, ut convertantur; maximè, cùm hæc oblatio singularis nullibi inveniatur prohibita. 2. ut Missa offeratur pro iis, qui incumbunt eorum conversioni, ut fructuosè exequantur munus suum. 3. pro augmento Ecclesiæ in Provincia infesta hæresi. Sic quidem illi, qui de eadem re fuso calamo agunt & *tract. 10. de Censur. cap. 3. punct. 5.* Videantur etiam, quæ habet Auctor *tract. 15. pariter de censuris cap. 2. num. 3. & 4.*

At Sylvius *in 3. p. q. 83. a. 1. quær. 9.* probabile existimat, sicut publicas orationes, ità & Sacrificium licitè offerri posse pro omnibus fidelibus, etiam excommunicatis; imò & pro hæreticis, hoc est, pro hæreticorum, & aliorum excommunicatorum salute, & conversione: ità tamen, ut quando fuerint de numero eorum, qui per capitulum, *Ad evitanda*, debent vitari, duo observentur. Prius, ut nullius ipsorum nomen publicè exprimatur: adeo ut si Rex, vel Episcopus esset nominatim denuntiatus excommunicatus, nominandus non esset, neque in aliis Ecclesiæ publicis precibus, at ipsi sic confundantur, & confusi corrigantur. Posterius, ut quando Sacerdos offert Sacrificium velùt Minister Ecclesiæ pro Ecclesia, seu Ecclesiæ membris, non offerat illud pro hæreticis, vel excommunica-

tis, saltem illis, qui vitari debent; quia nec ipsi sunt membra Ecclesiæ, neque licet eos facere participes illorum suffragiorum, quæ fiunt pro Ecclesia, seu ejus membris, cùm ab ea sint per excommunicationem præcisi, atque ut tales palàm, ac publicè cogniti.

Assertionem itaque positam, cum prædictis limitationibus ut probabilem defendit præcitatus Theologus, pluribusque argumentis evincit, & præsertim ex Apostolo Paulo, qui 1. *ad Tim.* 2. loquens de publicis precibus, etiam illis, quæ per Sacerdotem fiunt ad Altare, vult eas fieri pro *omnibus*.

In resp. autem ad 1. explicat quomodò possit pro excommunicatis Sacrificium offerri, & ait: ,, Excommunicatos esse privatos ,,communibus suffragiis Ecclesiæ, id est, suf-,,fragiis illis, quæ sunt communia toti Eccle-,,siæ, seu quæ fiunt pro membris Ecclesiæ. ,,Undè S. Thomas *in 4. dist. 18. q. 2. a. 1. ,,q. 1. ad 1.*, sive *Supplem. q. 21. a. 1. ad 1.* ,,*Pro excommunicatis orari potest, quamvis ,,non inter orationes, quæ pro membris Ec-,,clesiæ fiunt.* Et ad 2. *Suffragia*, inquit, ,,*Ecclesiæ, quæ pro tota Ecclesia fiunt, eis ,,non prosunt; nec ex persona Ecclesiæ ora-,,tio pro eis inter membra Ecclesiæ fieri po-,,test*: ubi non absolutè negat, pro eis orari ,,posse ex persona Ecclesiæ, sed solùm sic ut ,,orando annumerentur membris Ecclesiæ, ,,quasi essent ex illis. Hinc Sylv. verb. *Ex-,,com.* 1. docet, orantem pro excommunicato ,,non peccare, etiamsi tamquam Ecclesiæ mi-,,nister, & ex ejus persona id faciat, modò ,,non oret enumerando ipsum in membris ,,Ecclesiæ; quod fit, quando sic pro eo in ,,particulari, sicut facere consuevit pro aliis ,,Fidelibus, ipsum eis enumerando, & no-,,men ejus palàm exprimendo, ac pro eo ,,publicas Ecclesiæ preces instituendo, perin-,,de ac si esset Ecclesiæ. Pro excommu-,,nicatis non licet etiam orare tanquam pro ,,membris Ecclesiæ, nec ipsos publicè in ,,precibus nominare, vel pro ipsis Missas ,,votivas, aut alia divina officia celebrare, ,,sicut celebrantur pro Fidelibus non excom-,,municatis. Hac etiam ratione privantur suf-,,fragiis Ecclesiæ, eo addito, quòd non sunt ,,participes suffragiorum, quæ pro Ecclesia ,,fiunt. Cum hac autem benè consistit, quòd ,,Sacerdos in Missa, aliisque divinis Offi-,,ciis, præter eos, quos ut Ecclesiæ filios ,,Deo commendat, particulariter, & secretè ,,suam intentionem dirigat pro hoc, vel ,,illo excommunicato, ut Deus eum ad sa-,,niorem mentem, sanctæque Romanæ Ec-,,cle-

„clesiæ gremium reducere dignetur. Quare
„dicimus, esse licitum orare pro excommu-
„nicatis : primò quidem in *Memento* Missæ,
„ubi Sacerdoti conceditur specificare quos
„voluerit... deinde in Collectis, aliisque
„precibus, quæ fiunt ad Altare, modò sic
„intentio Sacerdotis ad eos, seu pro iis, eo-
„rumve correctione dirigatur, ut non publi-
„cè nominentur, neque pro ipsis sicut pro
„aliis, qui de Ecclesia sunt, officia ista pu-
„blica instituantur."

Ad textus verò Juris canonici, qui in
contrarium adferuntur, conformiter ad prædicta respondet, quod in illis vetetur „ ne
„pro excommunicatis fiant preces publi-
„cæ, quemadmodùm fieri solent pro Fide-
„libus non excommunicatis. Quamquàm in
„illis, *subdit*, non de omnibus excommu-
„nicatis sermo est ; sed de illis, qui erant
„in excommunicatione mortui ; diciturque,
„illos, tametsi pœnitentiæ signa dederint,
„non esse habendos pro absolutis, &
„consequenter non esse pro illis (particu-
„lariter scilicet, ac publicè) ornandum,
„sicut oratur pro non excommunicatis, pro
„quibus fiunt exequiæ, absolutiones, obla-
„tiones ; nisi priùs absolutionis beneficium
„impendatur ; quia orationes, quæ pro
„defunctis fiunt ab Ecclesia, supponunt
„eos esse de Ecclesia ; & ideo priùs de-
„bent ei per absolutionem restitui, quàm
„ipsa pro illis oret." Sic quidem ille. Legatur etiam, si lubet, P. F. Renatus Hyacintus Drouven O. P. *De Re Sacrament.*
Tom. 1. Lib. 5. cap. 1. §. 2.

IV. Potest Missæ Sacrificium offerri &
pro infidelibus, qui per Baptismum renati
non sunt, & pro Paganis, Idololatris, Judæis, Turcis &c. per modum deprecationis
seu impetrationis, ut ad veram fidem convertantur: etsi non desint, qui aliter sentiant.
Constat. id 2. ex iis, quæ habentur 1. *ad*
Tim. 2.: *Obsecro primum omnium fieri ob-*
secrationes, orationes, postulationes, gra-
tiarum actiones pro omnibus hominibus, ubi
Apostolus non pro Fidelibus duntaxat orari
vult, sed (nemine excluso) pro omnibus, &
quamquàm tunc Reges essent infideles, addit tamen : *pro Regibus, & omnibus, qui*
in sublimitate sunt. Ipsum sermonem habere de orationibus, quæ fiunt in Sacrificio,
plerique Patres censent ; quin & Chrysostomus *Hom. 6.* in hanc Epistolam disserte ait,
pro Rege Gentili offerendum esse.

Constat id 2. etiam ex Patribus, præsertim Tertuliano *Lib. ad Scapulam c. 2.*, Au-

gustino *Epist. 107.*, Chrysostomo *Hom. 77.*
in Joann. aliisque à Cl. Sylvio relatis. *Quær.*
8. „Quamvis ergo (sic concludit ipse) in Ca-
„none Missæ non oretur pro his, qui sunt ex-
„tra Ecclesiam, ut loquitur D. Thom. 3. *p.*
„*q. 79. a. 7. ad* 2. olim tamen pro similibus
„offerebatur Sacrificium ad impetrandam, sci-
„licet, eorum conversionem. Ut autem nunc
„offeratur Ecclesia non vetuit; quinimò obla-
„tionem calicis ad eos manifestè extendit,
„cùm per Sacerdotem orat: *ut pro nostra, &*
„*totius mundi salute cum odore suavitatis*
„*ascendat.* Sed & sacrificando rogare Deum,
„ut parvulos non baptizatos perducere dig-
„netur ad gratiam baptismi, christianæ pie-
„tati consonum est."

V. Multò magis pro cathechumenis Missæ Sacrificium offerri potest ; eisque prodesse quoad fructum impetrationis, ut apertè tradit Augustinus loco paulò ante laudato : quin
& quoad fructum satisfactionis, si ob fidem,
contritionem, & votum baptismi jam justifi-
cati sint; sic enim baptismo flaminis jam membra Ecclesiæ aliquo modo effecti sunt.

Quæres: Num pro bestiis Missæ Sacrificium possit offerri?

Resp. Pro bestiis dubio procul nequit offerri Sacrificium directè, ut ipsis in se, &
propter se prosit ; bene verò indirectè, nempè, quatenus directè offertur pro ipsis hominibus ad conservanda ipsis sua bona temporalia, inter quæ non infimum locum tenent
bestiæ ; præcipuè quæ utilitatem adferunt,
ut boves, oves, equi &c.

§. II. *Pro quibus mortuis possit Missæ Sa-*
crificium validè, & licitè offerri?

INter mortuos alii sunt damnati, seu qui
in inferno æternis supliciis torquentur;
alii in Cœlis aperta Dei visione fruuntur ; alii
demum ultricibus Purgatorii flammis detinen-
tur ad tempus. Et hic de singulis singillatim.

I. Pro damnatis in inferno nec debet, nec
potest offerri Missæ Sacrificium. Compertum est id tùm ex cap. *Pro obeuntibus*, &
duobus sequentibus *cap. 13. q. 2.* tùm ex
ratione ; quippè damnati sunt in æternum à
Christi corpore separati terribili illa Christi
sententia *Matthæi 25. Discedite à me ma-*
ledicti : sunt incapaces remissionis peccatorum, cùm extra viam constitutis nullus sit
veniæ, ac pœnitentiæ locus, & ira maneat
super eos ; ac demum sunt æternis à summo Judice ignibus addicti, ex immutabili
Dei decreto explicato per *Matthæum c. 3.*

his

his verbis : *Paleas autem comburet igni in-
extinguibili* : & cap. 25. præcitato, & alibi:
Quare nullo modo Missæ Sacrificium valet
damnatis prodesse, nec ad remissionem peccatorum obtinendam, nec ad condonationem
pœnarum; imò neque per ipsum eorum cru-
citatibus levamen aliquod potest afferri, ut
Gregorius Papa *Lib. 34. Moral. cap. 16.* de
viventium precibus dicit. Hinc Augustini
verba, quæ habentur *Enchiridii cap. 110.*
nimirùm : *Quibus autem prosunt, aut ad hoc
prosunt, ut sit plena remissio, aut certè ut
tolerabilior sit ipsa damnatio* (ex quibus veteres nonnulli ansam arripuerunt propugnan-
di licitum esse orare pro damnatis, non ut à
culpa emundentur, aut à damnatione perpetua eruantur, sed ut illorum pœna ac sup-
plicia imminuantur, & mitigentur ; quorum
opinio tanquam nulla auctoritate fulta, &
doctrinæ Ecclesiæ contraria, ab omnibus improbatur) exponit, atque interpretatur D.
Th. *in 4. dist. 45. q. 2. art. 1. q. 1.* hoc
modo: *Damnatio in verbis illis largè accipitur pro quacumque punitione, ut sic includat & pœnam Purgatorii, quæ quandoquè totaliter per suffragia expiatur; quandoque autem non, sed diminuitur.* Et sanè
Augustinus ibidem, loquens de valde malis,
seu de damnatis in inferno, aperte asserit,
Sacrificia pro illis oblata nulla esse adjumen-
ta illorum, sed qualescumque duntaxat vivorum consolationes.

Hinc sequitur, non esse offerendum Missæ Sacrificium pro parvulis sine baptismo
defunctis cum solo originali; quia perpetuò
sunt exclusi à Regno, suntque in termino
damnationis æternæ quoad pœnam damni.

Sequitur ulteriùs, non esse offerendum
Missæ Sacrificium pro iis, qui omnino voluntariè, & compotes sui se occidunt, ut &
statutum est in cap. *Placuit 23. q. 5. Placuit, ne pro iis, qui violentam mortem sibi
intulerunt, ulla prorsùs in oblatione com-
memoratio fiat.* Quod tamen plures intelligunt de commemoratione publica, per col-
lectam v. gr. nomine Ecclesiæ facienda. Nihil enim obstat, ajunt, quin Sacerdos in *Memento mortuorum* ex privata devotione dicat: *Domine, commendo tibi etiam animam
illius, qui se nuper suspendit, vel sumersit,
si forte ante mortem verò pœnituit.*

Sequitur demùm, non esse offerendum
Missæ Sacrificium pro Cathecumenis defun-
tis, non baptizatis, si ex negligentia sua non
receperunt baptismum; præsumuntur namquè decessisse in statu mortalis peccati. Si

tamen casu aliquo absque culpa sine baptismo decesserint, plures existimant, posse pro
illis Missas offerri.

II. Quantum ad Sanctos in Cœlo regnantes, certum est in primis apud omnes Catholicos, illis non offerri Missæ Sacrificium, ut
calumniantur hæretici, sed soli Deo, sicut
soli Deo Templa, & Altaria eriguntur, &
consecrantur ; quippè Sacrificium est cultus
latriæ ad protestationem supremi, quod habet
Deus in res omnes creatas, dominii ; qui
cultus uni Deo debitus est. Quare, cum Tridentinum Concilium *sess. 22. can. 5.* definit,
licitè Missas celebrari in honorem Sanctorum, & fideles ità petunt; non est sensus,
quòd Sanctis offeratur Sacrificium, sed quòd
offeratur Deo in eorum honorem, id est, in
gratiarum actionem pro beneficiis, ipsis à Deo
collatis, ac in eorum memoriam, & ad impetrandam ipsorum intercessionem, ut explicat idem Concilium ibidem *cap. 3.* his verbis : *Et quamvis in honorem, & memoriam
Sanctorum nonnullas interdum Missas Ecclesia celebrare consueverit ; non tamen illis Sacrificium offerri docet, sed Deo soli,
qui illos coronavit : undè nec Sacerdos dicere solet : offero tibi Sacrificium, Petre,
vel Paule; sed Deo de illorum victoriis gratias agens, eorum patrocinia implorat, ut
ipsi pro nobis intercedere dignentur in cœlis, quorum memoriam facimus in terris.*

Certum est deindè, pro Sanctis in Cœlo
regnantibus non offerri Sacrificium ut propitiatorium, in remissionem alicujus culpæ, vel
pœnæ; cùm nihil culpæ, vel pœnæ ipsis, Dei
visione apertè fruentibus, supersit luendum;
nihil enim coinquinatum intrat in regnum
cœlorum.

„Cum hoc tamen stat, ait Continuator
„*Prælect. Theol. Honorati Tournely tract.
„de Euchar. part. 2. cap. 8. art. 2.* Mis-
„sæ Sacrificium pro ipsis etiam Beatis sa-
„tisfactorium dici ; habent enim Sancti, tùm
„ex bonis, quibus cumulati fuere, dùm de-
„gerent in terris, tùm & ex gloria, qua in cœ-
„lis fruuntur, debitum quoddam omni debi-
„to majus, quod nec ipsi exsolvere omnino
„sufficiunt; imò quòd, secùs ac fit in justitia
„debito, ex ipsa solutione crescit. Hoc au-
„tem per Sacrificium certo modo compensa-
„tur secundùm illud *Psalm.* 115. quod
„Chrysostomus, inter cæteros Patres maxi-
„mè literalis, & Ecclesia ipsa de sacrificio
„nostro interpretantur: *Quid retribuam Do-
„mino pro omnibus, quæ retribuit mihi ?
„Calicem salutaris accipiam.*"

P   Cer-

Certum tandem est, pro Sanctis non offerri sacrificium ad gratiam, & gloriam essentialem eis impetrandam, vel augmentum
ejus. Cùm enim viatores ampliùs non sint,
neque peregrinantur à Domino, sed in termino patriæ cœlestis sint constituti, ac bra-
vium æternæ gloriæ apprehenderint; nec gratia eorum augeri, nec major gloria essentialis pro ipsis à Deo postulari potest: undè non
est cur pro eis Missæ Sacrificium offeratur.
Legatur D. Augustinus *Serm.* 159. aliàs 17.
de verbis Apostol. cap. 1.

An verò possit Missæ Sacrificium pro
Sanctis offerri, ut est impetratorium gloriæ
accidentalis, non una est Theologorum omnium sententia. Affirmant nonnulli; quia,
ajunt, Sancti possunt acquirere novum gau-
dium, & novam gloriam accidentalem. Et
de facto illis accrescit ex eo quòd sacrificium
in eorum memoriam offeratur Deo, per hoc
enim significatur, illos multùm æstimari. Hinc
Ecclesia orat: *Ut illis proficiat ad honorem,
nobis autem ad salutem.*

Verùm aliis videtur, quòd hoc propriè
non sit impetrare pro Sanctis, sed potius
impetrare nobis gratiam, ut Sanctos debito honore prosequamur; & ut nos juvent
suis precibus, ut modo dicebamur ex Tridentino : sicut non oramus pro Deo, ut aliquid ipsi impetremus, dùm quotidiè dicimus: *Sanctificetur nomen tuum ;* sed petimus gratiam, qua tùm à nobis, tùm ab
aliis ipse debitè honoretur, & Sanctus habeatur. Videsis Sylvium loco pluries citato
quær. 11.

Hinc sequitur, pro parvulis, post baptismum vita functis, qui statim in Cœlum evo-
lant, non posse offerri Missæ Sacrificium, nisi ad finem *latreuticum,* & *eucharisticum,*
& specialiter ad commendandum redemptio-
nis mysterium in hoc sacrificio repræsenta-
tum ; per quod parvuli illi sine proprio merito salutem æternam consequuntur, ob idque Deo supremum cultum exhibendo, &
gratias agendo : deinde etiam ad ostendendum, illos parvulos ad unitatem corporis
mystici Ecclesiæ pertinere. Undè non est
dicenda pro eis Missa de *Requiem.*

III. Pro fidelibus in charitate piè defunctis, & in Purgatorio detentis, Missæ
sacrificium potest offerri ; utiliterque offertur tàm ut est satisfactorium, quàm ut
impetratorium: sic Catholici omnes adversùs
Heterodoxos. Idque apertè colligitur ex Divina Scriptura 2. *Mach.* c. 12. & ex peren-
ni Ecclesiæ traditione. Patrum testimonia bre-

vitatis causa prætermittimus ; viderique possunt apud Theologos, & Controversias. Legatur D. Th. *in Suppl. q.* 71. *art.* 9. & *seqq.*
item in 4. *dist.* 45. *q.* 2. *art.* 3. Sufficiat
modò oculis subjicere definitionem Tridentini Concilii *sess.* 22. *cap.* 2. ubi docet Sacrificium Missæ *non solùm pro fidelium vivorum peccatis, pœnis, satisfactionibus, &
aliis necessitatibus, sed pro defunctis in
Christo nondum ad plenum purgatis, ritè
juxta Apostolorum traditionem offerri.* Rursùs can. 3. *Si quis dixerit, Missæ Sacrificium tantùm esse laudis, & gratiarum actionis, aut nudam commemorationem Sacrificii in Cruce peracti, non autem propitiatorium, vel soli prodesse sumenti : neque pro vivis & defunctis, pro peccatis,
pœnis, satisfactionibus, & aliis necessitatibus offerri debere; anathema sit.* Tandem
sess. 25. sancit, inter omnia suffragia, quibus juvare possumus animas Purgatorii, potissimum prodesse illis Sacrificium Missæ.

Nùm autem hoc Sacrificium prosit animabus existentibus in Purgatorio, ex infalibi-
li lege, & promissione Christi ? dissensio est
inter Theologos. Sententia tamen adfirmans,
quam post plures sustinent Salmanticenses
loco supra citato *punct.* 3. *num.* 34. probabilior apparet; quippè sufficientissimum occurrit fundamentum asserendi, Christum
Dominum instituisse hoc Sacrificium ità pro
defunctis, atque pro vivis : ergo eodem modo prodest infallibiliter utrisque.

Quæres 1. àn animabus in Purgatorio detentis magis prorsus Missa de *Requiem* ; àn
verò Missa de B. Virgine, aut alicujus Sancti ipsis applicata ?

Resp. Difficultatem hanc proponit, cla-
rèque dirimit D. Th. *in Suppl. q.* 71. *art.* 9.
ad 5. ajens : *quòd in Officio Missæ non solùm est Sacrificium, sed etiam sunt ibi
orationes : & ideo* subdit, *Missæ suffragium continet duo hæc, quæ hic* (nempè,
lib. de Cura pro mortuis agenda cap. 28.)
*Augustinus enumerat, scilicet orationem,
& Sacrificium. Ex parte ergo Sacrificii
oblati Missa æqualiter prodest defuncto,
de quocumque dicatur : & hoc est præcipuum, quod fit in Missa : sed ex parte
orationum magis prodest illa, in qua sunt
orationes ad hoc determinatæ : sed tamen
iste defectus recompensari potest per majorem devotionem vel ejus, qui dicit Missam, vel ejus, qui jubet dici, vel iterum per
intercessionem Sancti, cujus suffragium in
Missa imploratur.*

Quæ-

Quæres 2. nùm. Missæ Sacrificium magis proficiat illi, pro quo applicatur, quàm aliis? Resp. D. Thomas *q. relata art.* 12. in quo inquit, *utrùm suffragia, quæ fiunt pro uno defuncto, magis illi prosint, pro quo fiunt, quàm aliis?* Duas renuntiat veterum opiniones: „Dicendum, quòd circa hoc fuit „duplex opinio; quidam enim dixerunt, quòd „suffragia pro uno aliquo facta non magis „prosunt ei, pro quo fiunt, sed eis qui sunt „magis digni. Et ponebant exemplum de can-„dela, quæ accenditur pro aliquo divite, quæ „non minùs prodest eis, qui cum ipso sunt, „quàm ipsi diviti; & fortè magis, si habent „oculos clariores: & etiam de lectione, quæ „non magis prodest ei, pro quo legitur, quàm „aliis, qui simul cum eo audiunt; sed fortè „aliis magis, qui sunt sensu capaciores. Et si „eis objiceretur, quòd secundùm hoc ordi-„natio Ecclesiæ esset vana, quæ pro eis spe-„cialiter orationes instituit; dicunt, quòd hoc „Ecclesia fecit ad excitandam devotionem „fidelium, qui proniores sunt ad facienda „specialia suffragia, quàm communia; & fre-„quentiùs etiam pro suis propinquis orant, „quàm pro extraneis. Alii è contrà dixerunt, „quòd suffragia magis valent pro eis, pro qui-„bus fiunt. *His relatis opinionibus, sic men-„tem suam aperit S. D.* Utraque, *inquit,* „opinio secundùm aliquid veritatem habet; „valor enim suffragiorum pensari potest ex „duobus: valent enim uno modo ex virtute „charitatis, quæ facit omnia bona communia: „& secundùm hoc magis valent ei, qui magis „charitate est plenus, quamvis pro eo specia-„liter non fiant; & sic valor suffragiorum at-„tenditur magis secundùm quamdam interio-„rem consolationem, secundùm quod unus in „charitate existens de bonis alterius delecta-„tur post mortem, quantùm ad diminutionem „pœnæ; pòst mortem enim non est locus ac-„quirendi gratiam, vel augendi, ad quod no-„bis in vita valent opera aliorum ex virtute „charitatis. Alio modo valent suffragia ex hoc, „quòd per intentionem unius alteri applican-„tur; & sic satisfactio unius alteri computa-„tur: & hoc modo non est dubium, quòd „magis valent ei, pro quo fiunt, imò sic ei „soli valent; satisfactio enim propriè ad re-„missionem pœnæ ordinatur. Unde quantùm „ad remissionem pœnæ præcisè valet ad suf-„fragium ei, pro quo fit; & secundùm hoc „secunda opinio plus habet de veritate, quàm „prima.‟ Quamvis itaque suffragia, quæ pro uno defuncto fiunt, prosint quidem aliis quan-tùm ad interiorem consolationem; quia in charitate existentes gaudent de diminutio-ne pœnæ alterius, & secundùm hoc magis va-leant ei, qui magis charitate est plenus; quia charitas facit, ut gaudeat de bonis alterius ac si essent propria; attamen simpliciter magis valent ei, pro quo fiunt, & cui per intentio-nem celebrantis vel suffragantis specialiter ap-plicantur; quia suffragiorum valor maximè attenditur per modum satisfactionis: satis-factio autem facta pro uno liberat eum à pœ-na, & non alium.

Hinc, qui tenetur Missam applicare pro uno, non potest eam applicare pro duobus, aut pro pluribus; quia valor satisfactionis, si dividatur pro parte in remissionem pœnæ unius ani-mæ, & pro parte in remissionem pœnæ alte-rius, pro qua suffragium fertur, clarum est, quòd hæc non tantùm juvabitur, quantum of-ferens sua intentione volebat; sed valor sa-tisfactorius Missæ, licet in se ex parte rei obla-tæ infinitus sit, ex parte tamen applicationis finitus est. Patet igitur, Missam applicatam pro uno quoad relaxationem pœnæ, & satis-factionem, magis ci prodesse, quàm aliis Sic Em. Gotti *tract. de Eucharist. ut sacrific. est. q. 2. dub. 4. §. 4. num.* 19.

Animadvertendum autem, quòd docet D. Thom. *in resp. ad 3* nimirùm, quòd, etsi di-vites, pro quibus multæ Missæ celebrantur, sint, ad hoc quod attinet, melioris conditio-nis, quàm pauperes, pro quibus tot sacrificia non offeruntur; attamen pauperes melioris sunt conditionis quantùm ad regnum cœlo-rum: divites namque sunt deterioris condi-tionis; quia in periculo majori damnationis versantur: *dicendum* (en S. D. verba) *quòd nihil prohibet, divites quantùm ad aliquid esse melioris conditionis, quàm pauperes, si-cut quantùm ad expiationem pœnæ: sed hoc quasi nihil est comparatum possessioni reg-ni cœlorum, in qua pauperes melioris condi-tionis esse ostenduntur per auctoritatem in-ductam,* videlicet in objecto sibi argumento: *Beati pauperes spiritu, quoniam ipsorum est regnum cœlorum.* Luc. 6.

Quæres 3. Utrùm uberioris suffragii sit defunctis Missa solemnis, quàm Missa pri-vata?

Resp. Affirmant omnes, & non solùm ex opere operantis, sed etiam ex parte operis operati, ut docet Em. Gotti loco superius ci-tato n. 24. Et in primis, quod uberioris suf-fragii sit defunctis Missa solemnis, quàm Missa privata ex opere operantis, compertum est, exploratumque; siquidèm in Missa so-lemni resonat harmonicus cautus, multiplicantur Ministrorum actus religiosi, ac sacræ ceremoniæ, excitaturque in offerentibus, & adstantibus major devotio, dummodò & cantus gravis sit, & ministri ea, qua par est modestia & gravitate in suis fungendis muneribus se gerant. Quòd insuper ex parte etiam operis operati sit majoris fructus Missa solemnis pro defunctis, quàm Missa privata, sic ostendit laudatus Cardinalis; quia, cùm Christus instituerit non solùm Presbyteratum, sed etiam alios Ordines majores, & minores ad formandam nedum Hierarchiam Ecclesiasticam, sed etiam ad inserviendum solemni oblationi sacrificii, credibile est, instituendo sacrificium solemne, voluisse instituere opus ex natura sua majoris valoris ad satisfactionem. Et quidem, *subjungit*, si legatio quo majori pompa, & comitatu munera Principi sistit, eo gratior Principi evadit, eumque reddit ad gratiam faciliorem; & Deus movetur magis orationibus publicis, & solemnibus, quam privatis; ex natura operis magis movebitur à sacrificio solemni, quam privato.

Hinc autem duo infert animadversione digna: 1. obligationi celebrandi Missam solemnem pro defunctis satisfieri non posse celebratione Missæ privatæ: 2. jure merito interdum à Summo Pontifice indulgeri, ut pluribus Missis privatis alicui Ecclesiæ incumbentibus, satisfieri possit per aliquas Missas solemnes in minori numero; non alia ratione, nisi quia Missarum solemnium & in cantu fructus major sit, quàm Missarum privatarum.

Attendendum hic est discrimen, quod intercedit inter Missam solemnem, & Missam cantatam, seu inter solemne Sacrificium Missæ, & illud, quod cum cantu celebratur. „Nàm solemnitas, ait Em. Cardinalis Lam-„bertinus, posteà S. P. Bened.ctus xiv. *Inst.* „*175. n. 119.* intrinsecùs cum ritu impli-„cita est, & in pluribus Ministris, nempè, „Diacono, & Subdiacono, collocatur. Can-„tus autem extrinsecus Sacrificio Missæ ad-„jungitur, neque modum & rationem offe-„rendi ejusdem sacrificii constituit." Hinc, quandò mandatur cantari Missa solemnis, cani debet cum assistentia Diaconi, & Subdiaconi; quando verò præscribitur duntaxat Missa cantanda, satis est, illam cantari cum assistentia solius Acolythi. Sic respondit olim sacra Congregatio Concilii. Cùm enim *in una Neapolitana celebrationis Missarum* prætenderetur, Patres Carmelitas non adimplevisse onus illis injunctum canendi quotidie unam Missam, quia illam cantaverant si-

ne assistentia Diaconi, & Subdiaconi; causa proposita est in eadem S. Congregatione *sub die* 28. *Augusti 1683.* & in examen fuit revocata *sub die 29. Januarii* 1684 sic: *An Missa quotidie cantanda debuerit, & debeat cantari cum assistentia Diaconi, & Subdiaconi, vel solius Acolythi?* Eadem S. Congregatio expendens, quòd onus erat unius Missæ cantatæ, & non Missæ solemnis, respondit his verbis: *Satisfactum fuisse, & satisfieri voluntati testatoris, cantando Missas etiam sine assistentia Diaconi & Subdiaconi.* Legatur etiam P. Lucius Ferraris *in Suppl. 1. v. Missa num. 62.*

Post hanc Appendicem *De iis, pro quibus Missæ Sacrificium offerri, & applicari potest, necne*, sequitur §. 11. cap. 3. *De augustissimo Eucharistiæ Sacramento.*

§. XI. *De obligatione celebrandi generatim, nec non de tempore, & loco celebrandi.*

I. **C**Hristus *Apostolis, ut consecrarent, præcepit per hæc verba*: hoc *facite in meam commemorationem*; uti semper *Ecclesia Catholica intellexit, & docuit*, ait Tridentina Synodus sess. 22. cap. 1. Idcirco, juxta omnes cum Angelico 3. p. q. 82. art. 10. tenentur singuli Sacerdotes Jure Divino aliquando saltem Sacrificium offerre: *Quidam dixerunt, quòd Sacerdos potest omnino à consecratione licitè abstinere, nisi teneatur ex cura sibi commissa celebrare pro populo, & Sacramenta præbere: sed hoc irrationabiliter dicitur; quia unusquisque tenetur uti gratia sibi data, cùm fuerit oportunum, secundùm illud 2. ad Cor. 6.* Hortamur, vos, ne in vacuum gratiam Dei recipiatis. *Opportunitas autem Sacrificium offerendi non solum attenditur per comparationem ad fideles Christi, quibus oportet Sacramenta ministrari, sed principaliter per comparationem ad Deum, cui consecratione hujus Sacramenti Sacrificium offertur: undè Sacerdoti, etiamsi non habeat curam animarum, non licet omnino à celebratione cessare, sed saltem videtur, quòd celebrare teneatur in præcipuis festis, & maximè in illis diebus, in quibus fideles communicare consueverunt.* Id autem omittere, est lethaliter peccare contra religionem, & cultum Deo debitum: idcirco Concilium laudatum sess. 23. c. 14. ait: *Curet Episcopus, ut Sacerdotes saltem diebus dominicis, & festis solemnibus; si autem curam habuerint animarum, tàm frequenter,*

ut

ut suo muneri satisfaciant, Missas celebrent.

II. Quotidiè celebrandi quamvis fuerit mos antiquissimus, ut patet ex Epistola 54. S. Cypriani: *Ut Sacerdotes, qui Sacrificia Dei quotidie celebramus, &c.* nihilominùs nulla est obligatio; nisi fortè ratione Beneficii, vel Capellaniæ id postulantis; potest tamen licitè fieri, si nihil obsit. Die Parasceves nemini licet publicè, aut privatim celebrare sub mortali; & hoc ex Ecclesiæ institutione. Die Cœnæ Domini non esse vetitum celebrare, quamvis doceant plures cum Soto in 4.dist. 33.q. 2.art. 2. & Suarez disp. 88. & quamvis moneant, standum esse consuetudinibus diœcesium; nihilominùs ex novissimo decreto Clem XI. sub die 15. Martii 1712. id prohibetur his verbis: *Non possunt in feria quinta in Cœna Domini, & Sabbatho Sancto celebrari Missæ privatæ, sed solùm Conventualis, juxta ritum S. Ecclesiæ, & iterata decreta Sacræ Congregationis.* Ità ex P. Merati in suis observationibus, & additionibus ad Gavanti commentarium tom. 1. part. 4. tit. 8. n. 8. Hinc recentissimus P. Lucius Ferraris Ordin. Minor. Observ. tom. 6. suæ promptæ Bibliothecæ Canonicæ &c. verbo *Miss.* art. 5. num. 8. docet obtemperandum esse, non obstante quocumque privilegio, & contraria consuetudine, ex decreto Sacræ Congregat. & Clem. XI. 20. Aprilis 1707. & ejusdem vivæ vocis oraculo die 8. Augusti 1713. Hæc ipse ultra decretum a P. Merati citatum. Itaque celebrare non audeas.

✻ Consultius est, & Jesu Christi, atque Ecclesiæ sensui magis congruit, ut Sacerdotes, si post debitam adhibitam diligentiam certi moraliter sint, se non esse indignos, Missam quotidie celebrent. Neque facilè omittenda est ob humilitatem, aut reverentiam, vel ob magni fervoris, & attentionis, aut majoris compunctionis, & sensibilis devotionis & lacrymarum defectum. Legatur S. P. Benedictus XIV. *de sacrosancto Missæ Sacrificio lib. 3. cap. 2. à n. 1. ad 4.* ubi fusè de hoc disserit.

✠ Non licet nunc plures Missas eadem die celebrare, præterquam in Natali Domini, & in casu necessitatis, cùm licentia Episcopi, dùm idem Sacerdos duas habet Parochias, ex cap. 3. *de Celebrat.* & ex consuetudine vim legis habente. Legatur S. P. Benedictus XIV. *de Sacros. Missæ Sacrif. lib. 3. cap. 4. & 5.* ubi fuso calamo materiam hanc versat, ac discutit. In aliquibus tamen locis, ut refert *n. 9. cap 4.* in die Commemorationis omnium Fidelium

Defunctorum quilibet Sacerdos secularis binas, Regularis verò ternas Missas celebrat. Ipse etiam, ad pias Ferdinandi VI. Hispaniarum, & Joannis V. Lusitaniæ Regum preces, omnibus, & singulis Sacerdotibus tàm Secularibus, quàm Regularibus, in eorumdem Regum ditionibus commorantibus, perpetuò concessit, ut eadem die Commemorationis omnium Fidelium Defunctorum tres Missas celebrare possint; ita tamen ut Missæ, ex vi novi privilegii dicendæ, pro omnibus Fidelibus Defunctis, & sine eleemosyna, quocumque prætextu, sive etiam spontè oblata, applicandæ sint. Insuper permisit, ut præfatæ tres Missæ etiam duabus post meridiem horis celebrari possint. Videatur *Appendix 4. ad præcit. lib. 3.* in qua hæc omnia fusiùs continentur, afferunturque etiam Litteræ Apostolicæ in forma Brevis super hoc privilegio emanatæ.

Duo autem hic probè animadvertenda sunt. 1. Quòd, quando Sacerdos sive ex necessitate, sive ex privilegio plures celebrat Missas, in primis Missis à purificatione abstinere debet. 2. Quòd, etsi quilibet Sacerdos in Festo Nativitatis Domini juxta veterem disciplinam, quæ etiamnùm servatur toto Orbe Catholico, valeat tres Missas celebrare; attamen Fideles non tenentur tres Missas audire, sed satisfaciunt præcepto, si unam tantùm audiant. Neque enim consuetudo, quæ viget inter Fideles audiendi tres Missas eadem die, ullam præsefert obligationem.

III. Circa horam celebrandi, Jus commune, & consuetudo generalis præscribunt, ne Missa antè auroram finiatur, neque pòst meridiem inchoëtur; & videri potest Rubrica Missalis. Nomine autem auroræ intelligitur prima irradiatio, quæ respectivè ad diversos menses perseverat vel una, & dimidia hora ante ortum solis. Excusat necessitas pro administrando Viatico, si desint particulæ consecratæ. Excusare videtur etiam consuetudo regionum à silentio Episcoporum approbata, in quibus hora vel prævenitur, vel protrahitur.

Tempus celebrandi est ab aurora usque 🙰 ad meridiem, communiter juxta Rubricam Missalis *de Def.* num. 10. Clemens XI., ut refert Eminent. Cardinalis Lambertinus, posteà Summus Pontifex Benedictus XIV. *Instit. 13. num. 3.*, „ in conventu plurimorum Cardinalium ac Præsulum hanc rem „sedulò examinandam mandavit; & licèt „ipsis tertia pars horæ ante auroram, & post „meridiem permitti Sacerdotibus posse vi-
„de-

„deretur , Pontifex tamen hanc sententiam
„probandam non censuit , ac Decretum his
„verbis promulgavit: *Mandamus , ne Mis-*
„*sarum sacrificia ante auroram celebren-*
„*tur , & usque ad meridiem solùm protra-*
„*hantur.* Ità res se habuit omninò , *subdit*
„*ipse n. 4* donec Innocentius XIII. Pontifi-
„catum obtinuit. Tandem Benedicto XIII.
„Pontifice iterùm res in examen adducta
„fuit , & facultas tertiæ partis horæ , de quâ
„paulò antè sermonem fecimus , novo De-
„creto permissa est , cui pariter Edictum
„Clementis XII. feliciter regnantis conforma-
„tur. " Modo igitur licet Sacerdoti celebrare tertia parte horæ antè auroram , & tertia
parte horæ pòst meridiem: etiam secluso speciali privilegio , vel motivo.

IV. Locus celebrandi , communiter loquendo , debet esse sacer, id est , vel consecratus, vel benedictus ab Episcopo, vel auctoritate Episcopi, aqua per ipsum benedicta;
videri potest Concil. Trident. sess. 22. cap.
12. Excipitur casus publicæ necessitatis , si
Ecclesia corruerit , & ne populus sacrificio
careat : necnon in bello , dùm celebratur solis diebus festis in Tentoriis subdiù , imò
etiam in litore maris; ne diù milites , aut na-
vigantes Missa careant ; & etiam , de licentia
Pontificis, in navi, mari certò moraliter tranquillo. In domibus autem secularium, ex privilegio sanctæ Sedis, licet celebrare in Sacello
benedicto. Missæ autem obligationi non satisfaciunt , nisi designati in Brevi. Regulares
ex privilegiis, à Tridentino non revocatis, in
Oratoriis , & aliis honestis locis proprii Conventus licitè celebrant ; quandoquidèm hæc
loca non sunt domus secularium , neque pro-
fans; de quibus duntaxat loquitur Concilium
loc. cit. in decreto de observandis, & vitandis in celebratione Missarum.

* Utique Apostolico opus est privilegio,
ut in mari Missa celebrari possit ; neque satis est privilegium Altaris mobilis, quo continetur clausula , *in loco honesto , ac tuto,*
quæ mari non convenit , ut videre est apud
Eminent. Cardinalem Petra *in Commentar.*
ad Constitut. Apostolic. tom. 4. & Meratum
ad Gavantum *tom. 1. part. 1.* Privilegium
autem hujusmodi non conceditur à Pontifice
nisi sub istis condicionibus, nempè , ut tutum navigium sit , ac longè absit à litore,
tranquillumque sit mare , & celebranti adsit
etiam alter vel Sacerdos, vel Diaconus, qui,
si quis oriretur motus , quo periculum
esset ne calix everteretur, possit manu calicem ab ejusmodi periculo eripere. Videatur

Indultum, quod militari Ordini Hierosolymi-
tano concessit Clemens XI. in ejus Bullario
ordine undecimum , cui pòst accuratam S.
Congregationis ea de re disceptationem, recensitæ appositæ sunt conditiones. Etiam S.
P. Benedictus XIV. *die 25. Januarii* 1742.
eidem Ordini facultatem indulsit , celebrari
faciendi sacrosanctum Missæ Sacrificium super Triremibus , *tùm tempore navigationis,*
quo Triremes hujusmodi anchoratæ sunt, in
quibusvis oris , litoribus , & portubus habi-
tatis, & non habitatis ; sub iisdem tamen
conditionibus, scilicet *dummodò celebratio*
Missæ hujusmodi eo tempore, quo mare tran-
quillum , & Cœlum serenum reperiuntur, &
cum assistentia alterius Presbyteri, seu
Diaconi , fiat : ità ut periculum effusionis
sanguinis in dictâ celebratione minimè adsit.
Extat hoc indultum *tom. 1. Bullarii* ejusdem Pontificis *n. 41. pag. 109. E. R. 1746.*
Idemque Indultum habetur eodem tomo
pag. 162. ad Pontificias Triremes extensum,
eodemque modo conceptum. Legatur etiam
idem S. P. *de Sacrosancto Missæ Sacrificio*
n. 9. & seqq.

Idem S. P. Benedictus XIV., supplicationibus Reverendissimi P.F.Antonini Bremond
totius Ordinis Prædicatorum Generalis Magistri benignè indulgens , privilegium confirmavit , & innovavit, quod à pluribus Summis Pontificibus Prædecessoribus suis eidem
Ordini, illiusque Superioribus, & Fratribus
concessum fuerat circa Oratoria ad eumdem
Ordinem pertinentia: *Supplicationibus, ejus*
nomine (inquit in Brevi incipiente : Expo-
ni Nobis nuper feci) Nobis super hoc hu-
militer porrectis , inclinati , ut deinceps
in publicis Capellis , seu privatis Oratо-
riis existentibus in domibus, possessioni-
bus , & membris ad Conventus Ordinis
prædicti nunc, & pro tempore spectantibus,
& pertinentibus , quæ ab Ordinariis loco-
rum juxta jus visitari , & approbari so-
leant , debeantque , licet ab illis nec visita-
ta , nec approbata fuerint , nihilominus sa-
crosanctum Missæ Sacrificium tàm per Re-
gulares, sive ejusdem, sive alterius Ordinis,
quàm seculares Presbyteros tutò celebrari
possit , Missamque inibi audientes diebus
festivis præcepto Ecclesiæ hac de re edito,
satisfacere intelligantur , absque tamen ul-
lo jurium Parochialium præjudicio , auc-
toritate Apostolica tenore præsentium con-
cedimus , & indulgemus. Insuper dictas
Capellas publicas , & privata Oratoria
à quacumque Ordinarii locorum , auctori-
ta-

tate , superioritate , & dignitate fungentis, visitatione , & subjectione , auctoritate ,& tenore prædictis eximimus, & liberamus, ac exempta , & libera esse decernimus , volumus , & declaramus : ea tamen lege , ut ad ejusmodi effectum , nempè , quoad visitationem per locorum Ordinarios super illarum , & illorum fabrica , ornatu , & supellectili sacra faciendam , satis sit , & superficiat quòd dicta Oratoria , Cappellæ , & Altaria visitentur , & approbentur , ac visitari , & approbari , debeant à

Patribus Visitatoribus dicti Ordinis , onerata super his conscientia tàm dicti Antonini moderni , quàm pro tempore existentis ejusdem Ordinis Magistri Generalis, &c. Hoc privilegium defert Auctor in sequenti *Appendice* §. 16. *num.* 5. ad ostendendum , & Sacerdotes seculares posse in Capellis , & Oratoriis privatis Regularium celebrare . & laicos item seculares satisfacere præcepto Ecclesiæ si Missam in illis audiant diebus festis.

APPENDIX

DE PRIVILEGIO AUDIENDÆ , ET CELEBRANDÆ MISSÆ IN ORATORIIS PRIVATIS.

§. I. Præmittuntur nonnulla , & refertur Decretum Clem. xi.

I. Ratoria pro celebratione Missæ sunt in duplici ordine ; quædam dicuntur publica & quædam privata. Publica illa sunt , quæ auctoritate Episcopi eriguntur, & duntaxat cultui Divino pro semper deventur : habent item inter alias conditiones indicandas in §. 7. n. 4., aditum atque ingressum liberum per viam publicam , nec non egressum similiter liberum in via publica. Imò Sacra Congregatio Episcoporum 12. Septembris 1719. declaravit, quod Oratoria publica debeant habere januam perpetuò apertam, quæ viæ publicæ correspondeat: ità apud Ursayam in Miscellan. Sacroprofan. I. Litera O. n. 69. & iterum declaravit Sacra Congregatio Concilii 28. Julii, &9. Septemb. 1724. Nec putarem , obstare publicitati Oratorii, quod quibusdam horis ostia ejusdem claudatur; quemadmodùm claudi solent etiam januæ Ecclesiarum. Ità ex pluribus Canonibus , sed præcipuè ex cap. *Oratorium* in 6. & ex cap. in *Oratorio* 7. dist. 41. cap. *Quidam* 10. causa 18. q. 2. & alibi. De his Oratoriis nihil in præsentiarum.

II. Oratoria verò privata , de quibus in præsenti, pro Missis celebrandis illa sunt, quæ intra domesticos parietes in cubiculo, aut alio decenti loco domus privatæ constituuntur, non habentia ingressum nec egressum in via publica ; & constituuntur ex privilegio Sedis Apostolicæ sub certis , & determinatis clausulis, atque sub recognitione , & approbatione Ordinarii ad tempus destinatum.

III. Id autem ut liquido appareat , referam Decretum Clementis Papæ xi., datum die 15. Decembris anni 1703.; in quo hæc habentur. „Quoniam sancta sanctò tractan„da sunt , ac præsertim tremendum incruen„ti Sacrificii Mysterium , quod omni Reli„gionis cultu , & veneratione peragendum „est ; proptereà super observandis , & evi„tandis in celebratione Missarum in Sacro„sanctis Œcumenicis Conciliis , ac præ„er„tim Tridentino *sub capite unico sessionis* „22. inter cætera statutum est , ut tantum „Sacrificium solummodò in Ecclesiis , aut „Oratoriis, divino tantum cultui dicatis, ce„lebraretur ; præcipiendo Episcopis , & lo„corum Ordinariis , ne privatis in domibus, „atque omnino extra Ecclesiam peragi pa„terentur : ac subinde Sacra Congregatio „Eminent. & RR. S. R. E. Cardinalium, ip„sius Concilii executioni , & interpretationi „præpositorum , sæpè sæpius , per oportu„na Decreta, obrepentes abusus eliminavit. „Modernis tamen temporibus innituit SS. „D. nostro , quòd nonnulli Episcopi sub „prætextu privilegiorum, Capellis Episcopa„libus competentium , & complures Regu„lares , sub prætextu privilegiorum , quæ ip„sis à sancta Sede indulta noscuntur , per „hujusmodi privilegiorum dilationem , seu „potiùs excessum , & abusum ; in nonnullis „Diœcesibus , præsertim Regni Neapolitani, „ac in ipsa Neapolis Civitate , ea sibi lice„re putant , quæ permissa non sunt , quin„imo

„imo prohibita : siquidem nonnulli Epis-
„copi etiam in aliena Diœcesi , & *extra do-*
„*mum propriæ habitationis* , in pribatis lai-
„corum domibus erigi faciunt Altare , ibi-
„que per unum , aut plures ex suis Capel-
„lanis vivificam Christi hostiam immolare:
„Regulares verò in quibusdam magnatum,
„seu aliarum nobilium personarum privatis
„Oratoriis , quæ certis quandoquè ex causis
„à Sede Apostolica concedi solent , celebra-
„re audent , vel plures Missas , quàm in ip-
„sis celebrare sit indultum , *vel absque præ-*
„*sentia personarum, quarum contemplatio-*
„*ne gratiosa concessio emanavit* , vel extra
„debitas horas , & pòst meridiem , vel illis
„etiam diebus , quibus per Constitutiones
„Diœcesanas celebrari prohibetur , aut in
„ipsismet Indultis Apostolicis excipiuntur,
„quominùs in iis celebrari possit ; aut etiam
„altari portatili uti non verentur in sancta-
„rum sanctionum contemptum, ac sancti Sa-
„crificii irreverentiam.

„Quamobrèm , ad hujusmodi abusus eli-
„minandos , & ad instaurandam veneratio-
„nem tremendo ministerio debitam , idem
„SS. Dominus noster ex unanimi voto S. R.
„E. Cardinalium Concilii Tridentini inter-
„pretum, inhærendo declarationibus , aliàs
„hac de re editis, expressè declarat , Episco-
„pis , & his majoribus Prælatis, etiamsi Car-
„dinalatus dignitate fulgentibus, neque sub
„prætextu privilegii clausi in corpore Juris,
„nec alio quocumque titulo , ullo modo *li-*
„*cere extra domum propriæ habitationis,*
„in domibus laicis, etiam in propria Diœ-
„cesi (quod fortiùs intelligitur in aliena,
„etiamsi consensus Diœcesani adhiberetur)
„erigere altare, ibique Sacrosanctum Missæ
„Sacrificium celebrare , aut celebrari facere;
„ac pari modo in Oratoriis privatis, quæ per
„sanctam sedem concessa fuerint, non li-
„cere Regularibus cujusvis Ordinis, aut Ins-
„tituti , seu Congregationis etiam Societa-
„tis Jesu , aut etiam cujuscumque Ordinis
„militaris , etiam S. Joanis Hierosolymita-
„ni , aut aliis quibuscumque Sacerdotibus,
„etiamsi essent Episcopi , in iis celebrare in
„diebus, Paschatis Sanctissimæ Resurrectio-
„nis , Pentecostes , Nativitatis D. N. Jesu-
„Christi, aliisque festis solemnioribus , ac
„diebus , in Indulto exceptis; in reliquis ve-
„ro diebus prædictis Regularibus , seu Sa-
„cerdotibus quibuscumque, etiam Episcopis,
„in præfatis Oratoriis celebrare non licere,
„ubi etiam unica Missa , quæ in Indulto
„conceditur celebrata fuerit, super quo ce-

„lebraturus teneatur diligenter inquirere,
„& de eo se optimè informare ; atque illa
„etiam in casibus permissis celebrari nequeat
„post meridiem : demandando proptereà ul-
„terius, ac declarando , in omnibus hujus-
„modi casibus personas quascumque , dic-
„tas Missas audientes, nullatenùs Ecclesiæ
„præcepto satisfacere. Quo verò ad altare
„portatile inhærendo declarationibus su-
„pradictis , censuit , licentias , seu privile-
„gia concessa nonnullis Regularibus in ca-
„pite *In his , de Privil.* & per alios Sum-
„mos Pontifices aliis Regularibus communi-
„cata , utendi dicto altari portatili , in eo-
„que celebrandi , absque Ordinariorum li-
„centia , in locis in quibus degunt , omni-
„no revocata esse per idem Sacrum Con-
„cilium: & proptereà eosdem Regulares pro-
„hibendos, ne illis utantur; & mandandum,
„prout præsentis decreti tenore mandat Epis-
„copis, aliisque Ordinariis locorum , ut con-
„tra quoscumque contravenientes , quam-
„vis Regulares , procedant, etiam tamquàm
„sedis Apostolicæ delegati , ad pœnas præs-
„criptas per idem Sacrum Concilium in dic-
„to Decreto sessionis 22. usquè ad censu-
„ras latæ sententiæ ; tributa etiam eisdem
„facultate per hoc Decretum ità proceden-
„di, perinde ac si per sanctam Sedem specia-
„liter concessa fuisset : & ità Sanctitas sua
„declarat , & servari mandat.

§. II. *Refertur forma Privilegii, seu Indul-*
ti , quod solet concedi.

Forma Privilegii, seu Indulti, quod à Sancta
Sede concedi consuevit , celebrandi in
Oratoriis privatis , hæc est.

I. „D Ilecte Fili , &c. Spirituali consola-
„tioni tuæ ,quantum cum Domino
„possumus , benignè consulere , teque spe-
„cialibus favoribus , & gratiis prosequi vo-
„lentes , &c. supplicationibus , tuo nomine
„nobis super hoc humiliter porrectis , incli-
„nati , tibi , qui (ut asseris) nobili genere
„procreatus existis , ut in privato domus
„tuæ solitæ habitationis in Diœcesi N. exis-
„tentis Oratorio , ad hoc decenter muro ex-
„tructo , & ornato , seu extruendo , & or-
„nando , ab omnibus domesticis usibus li-
„bero , per Ordinarium loci priùs visitan-
„do & approbando , ac de ipsius Ordina-
„rii licentia , ejus arbitrio duratura , unam
„Missam pro unoquoque die , dummodo in
„eadem domo celebrandi licentia , quæ adhuc

„hoc duret, alteri concessa non fuerit, per „quemcumque Sacerdotem ab eodem Ordi-„nario seculari, seu de Superiorum suo-„rum licentia Regularem; sine tamen quo-„rumcumque jurium Parochialium præju-„dicio; ac Paschatis Resurrectionis, Pen-„tescotes, Nativitatis D. N. Jesu Chris-„ti, aliisque solemnioribus anni festis die-„bus exceptis, in tua, ac familiæ, & hos-„pitum nobilium tuorum præsentia cele-„brare facere liberè, & licitè possis, & „valeas, auctoritate Apostolica, tenore præ-„sentium concedimus, & indulgemus: non „obstantibus, &c. Volumus autem, quòd, „familiares, servitiis tuis tempore dictæ „Missæ actu non necessarii, ibidem Missæ „hujusmodi interessentes, ab obligatione au-„diendi Missam in Ecclesia diebus festivis „de præcepto minimè liberi censeantur. Da-„tum Romæ, &c.

Notandum, quòd, quando petitur in-dultum pro nobili, qui sit infirmus, appo-ni solet hæc clausula.

II. „Tibi, ut etiam diebus, ut præfer-„tur, exceptis, si in illis ob infirmitatem „domo egredi non poteris, in dicto Ora-„torio prædictam unicam Missam celebrari „facere, & illam cum una persona, servi-„tiis tuis necessaria, duntaxat præsenti, ce-„lebrari facere liberè, & licitè possis, & „valeas. Volumus autem, quòd alii, præ-„ter supradictam personam, Missæ hujus-„modi ibidem interessentes, ab obligatio-„ne audiendi Missam in Ecclesia diebus fes-„tis de præcepto minimè liberi censeantur.

§. III. *Præmittuntur nonnulla, priusquàm expendantur clausulæ Indulti, seu Privilegii.*

I. QUatuor modis concedi possunt hæc Indulta Oratorii privati. Primùm pro Civitate, id est, ut erigatur Oratorium privatum in Civitate, & in omnibus locis, sive Oppida sint, sive Villæ, sive Dominia in una Diœcesi: hoc Indultum conceditur duntaxat personis nobilibus, exercentibus jurisdictionem temporalem in aliquo loco, qui specificandus est: & tale indultum ha-bet clausulas indicatas in §. antecedente. Secundò conceditur ad illud habendum ruri tantùm, sive in locis positis extrà Urbem, vel Oppidum; & hoc conceditur etiam per-sonis non nobilibus, & nullibi exercentibus ullam jurisdictionem temporalem. Tertiò, ad illud obtinendum pro infirmis nobilibus,

sive jurisdictione fruantur, sive non; & hoc æquiparatur primo modo dudùm indicato; & valet duntaxat pro eo tempore, quo Orator propter infirmitatem domi detinetur, ità ut domo exire nequeat ad Missam in Ec-clessia audiendam: & pro tali infirmo, ut vidimus, nulla excipitur solemnitas; at-que una sola persona, suis servitiis neces-saria, eodem Indulto gaudet: & hoc Indul-tum potest impetrari etiam pro conjuge, patre, matre, filio, filia, fratre, sorore infirmis, dummodò insimùl habitent & in supplicatione exprimantur. Quarto modo obtinetur pro itinerantibus, nempè, ut se-cum ferant Altare portatile; & hoc expos-cit sequentes conditiones, nempè, quòd persona sit nobilis; item ut valeat duntaxat, v. gr. iter agendo per solam Italiam, aut per solam Hispaniam, &c. ità ut valeat tantùm in actuali itinere, & ubi deest com-moditas Missarum; & tunc valet etiam pro comitibus itineris.

§. IV. *Expenditur prima clausula Indulti.*

I. PRima clausula his verbis exprimitur: *qui, ut asseris, de Nobili genere procreatus existis;* & denotat veram no-bilitatem. Communis sententia docet, suf-ficere nobilitatem etiam ex solo patre des-cendentem: disputatur autem, àn sufficiat nobilitas ex sola matre proveniens? Cardina-lis Petra ex Pignatello, & aliis, putat, eam sufficere; eo quia nobilitas, in casu nostro requisita, non sit strictè & rigorosè acci-pienda, cùm agatur in causa favorabili, ut patet in verbis Indulti, in quo dicitur: *Te specialibus favoribus prosequi volentes.* At meo videri est probabilior opposita opinio, negans sufficere; quæ est Monacelli, Quar-ti, post Sanchez, & alios. Ratio mihi est; quia nobilitas verè & absolutè talis à genito-re duntaxat descendit; & de hac intelligen-dum est Indultum; cùm enim, ut omnes concedunt, sit privilegium contra Jus com-mune, & privilegia contra Jus commune sint, secundùm omnes, strictissimè interpre-tanda; quamvis Pontifex velit speciali gra-tia favere supplicanti, non tamen vult exi-mere privilegium à communi regula Juris, nempè, vult quòd, utpote contra Jus com-mune, & debeat strictissimè interpretari, & proinde illud verbum *nobilitatis* sit de vera, & absoluta nobilitate intelligendum.

§. V.

§. V. *Expenditur secunda clausula.*

I. SEcunda clausula Indulti his verbis exprimitur: *In privato domus tuæ solitæ habitationis, in Diœcesi N. existentis, Oratorio*: propterea quæritur, àn, si Orator transferat domicilium in aliam Diœcesim, aut mutet domicilium in eadem Diœcesi, Indultum valeat? Respondeo cum ferè communi, quòd Indultum adhuc subsistat; quia ly *in Diœcesi N.* non se habet restrictivè, & veluti taxativè, sed duntaxat demonstrativè, ac si diceretur in domo tuæ habitationis, quæ modò est in Diœcesi N.; quandoquidem Indultum non conceditur ratione Diœcesis; sed ratione personæ, & est personale, quod personam comitatur, quocumquè pergat.

Monent tamen opportunè Doctores communiter, quòd Oratorium in altera Diœcesi, aut in nova domo constructum, debeat visitari, & approbari ab Ordinario; nec licitum sit in eodem celebrare, antequam. visitetur, & approbetur ab Ordinario. Disputant autem àn hæc nova visitatio & approbatio necessariò requiratur, si transferatur domicilium intra eamdem Diœcesim? imò, si in eadem domo transferatur de uno cubiculo ad aliud? Probabilior est opinio affirmans, quam sustinent Pignatellus, Quarti, & alii contra alios; nàm ratio liquet: cùm enim mutetur Oratorium, etiamsi fiat novum in eadem domo, proculdubio subsistunt motiva, necessitatem novæ visitationis, & approbationis ostendentia; reverà namque est Novum Oratorium, & alterum ab eo, quod visitatum & approbatum fuit: ut igitur impleatur condixio, in Indulto posita, & finis habeatur ejusdem, necessaria erit nova visitatio, & approbatio.

Si verò verba in Indulto posita facerent sensum restrictivum & taxativum ad talem locum, (quem plerumque facere non solent) tùnc, cùm privilegium non esset solùm personale, sed præcipuè locale, exigeretur novum privilegium pro erigendo novo Oratorio extra Diœcesim; alioquin non adimpleretur conditio ex principaliter intentis à legislatore.

Qui habet Indultum pro erigendo Oratorio, petito pro Civitate, non potest eodem Indulto uti pro rure, juxta probabiliorem Diana, Quarti, la Croix, & aliorum; quia Pontifex numquam concedit facultatem, ut Missa celebrari possit in pluribus Oratoriis

respectu ejusdem indultarii, & afferunt stylum Curiæ ità se gerentis; & propterea nisi in Indulto hæc concessio ponatur, non est licitè præsumenda: undè, qui illam desiderat etiam pro rure, illam postulet; quæ, ut notant Auctores citati, in recentioribus Indultis concedi solet & pro Civitate, & pro rure. Quando tamen Missa celebratur ruri, non potest celebrari in Civitate eadem die, ut patet.

§. VI. *Expenditur tertia clausula.*

TErtia clausula Indulti est: *Decenti muro extructo, & ornato, ab omnibus domesticis usibus libero.* Verba sunt clara; postulant enim, quòd Oratorium saltem in tribus lateribus sit murò extructum, & qua parte est apertum, ut janua correspondeat cubiculo, portam habeat, quæ ob reverentiam claudi possit: & propterea videmus, hæc Oratoria extra muros cubiculi esse extructa, & prominere eisdem muris. Debet esse decenter ornatum, habens omnia requisita ad tantum sacrificium convenienter celebrandum. Debet esse liberum ab omnibus usibus domesticis, & tantummodò ad celebrationem, & ad offerendas Deo alias preces destinatum: & idcircò claudi solet decenti janua. Præterea super ipsum non debet esse aliud cubiculum, in quo quis dormiat, inhabitet, &c. prout declaravit Sacra Congregatio Immunitatis 30. Septembris 1636. quam refert Monacelli tom. 4. supplementi ad secundum tomum num. 481. Non prohibetur tamen privilegiatus, si nolit amplius uti privilegio, & Oratorium convertere in alios usus domesticos, & eodem uti ad tales usus; quia hujusmodi Oratoria non sunt sicut Ecclesiæ, nempè, loca immobiliter ad Dei cultum destinata in perpetuum, ut observant Auctores; neque propterea gaudent privilegio immunitatis Ecclesiasticæ, ut declaravit Sacra Congregatio Immunitatis 9. Decembris 1631. Demùm, si privilegiatus vellet iterum Oratorium restituere ad primum usum celebrandi, erit omnino necessaria nova visitatio, & approbatio Ordinarii, ut docent communiter Doctores.

§. VII.

§. VII. *Expenditur quarta clausula.*

I. QUarta clausula sic exprimitur : *Per Ordinarium loci prius visitando & approbando ; ac de ipsius Ordinarii licentia, ejus arbitrio duratura.* Itaque non potest privilegiatus uti Oratorio, nisi prius visitetur & approbetur ab Ordinario : & juxta communem Doctorum, sufficiet, ut semel visitetur, & approbetur ab Ordinario loci, aut ab ejus Vicario, aut altero delegato : & si Sedes vacaret, sufficit visitatio & approbatio Vicarii Capitularis juxta communem.

II. Ordinarius, inveniens omnia requisita ad Oratorium in sua visitatione, non potest denegare suam approbationem; cùm non possit suspendere concessiones Pontificias sine justa causa : & in casu quòd approbationem denegaret, vel, semel concessam, irrationabiliter revocaret, posset Privilegiatus appellare ad Archiepiscopum, aut alium superiorem, ut cogerent Episcopum ad approbationem, vel concedendam, vel non revocandam, juxta omnes. Non potest Episcopus, peracta prima visitatione, & approbatione, iterùm visitare & approbare, nisi justa causa exurgat; quia hæc Oratoria, secundùm communem Canonistarum, non sunt loca Sacra, aut Religiosa; neque ab eis exigi potest procuratio; vide Abbatem in capite ultimo *de censibus num. 1.*, Fagnanum ibidem, & Cardinalem Petra ibidem, alios citantem. Exurgente autem justa causa, nempè, accusatione, denuntiatione, ac publica diffamatione, quòd Oratorium indecenter teneatur, poterit iterum visitare, & videre, àn id verum sit, & àn constet de veritate facti ; & tunc debebit providere juxta necessitatem : ità Canonistæ communiter super caput ultimum *de censibus.*

III. Sciscitaberis, àn Episcopus concedere possit licentiam celebrandi in Oratoriis privatis? Respondeo cum communi negativè; quia hæc facultas à solo Pontifice concedi potest, privativè quoad omnes : & ità respondit Sacra Congregatio Concilii Episcopo Bononiensi 10. Martii 1615.; quæ etiam de mandato Pauli v. die 25. Octobris 1625. irritas declaravit omnes facultates, quoad hoc ab Episcopis concessas; & eisdem expressè interdixit, ne tales facultates concedere ampliùs auderent. Imò in suprà laudato Decreto Clementis XI. vidimus expressè prohibitum etiam Episcopis celebrare in Oratoriis privatis domorum.

IV. Circa Oratoria verò publica, in §. 1. explicata, etiamsi sint intra areas privatæ domus, dummodò ingressum, & egressum habeant immediatè in via publica, potest Episcopus concedere facultatem in eisdem celebrandi, eademque destinare ad præstandum cultum Deo per sacrificia, aliasque actiones religiosas ; nàm, cùm sint vera Oratoria publica, de his nullum dubium excitatum legitur ; cùm Canones hanc tribuant Episcopo potestatem.

V. At quid dicendum de Oratoriis, quæ in domibus ruralibus Nobilium extruuntur quidem extra domum, & in eorum arcis subdiù, & ad modum parvulæ Ecclesiæ, quas vocant Italicè *Chiesette*, quarum janua, vel januæ omnes habent ingressum, & egressum, non immediatè in via publica, sed in eadem area vulgò *Cortile* : quæ area est muris circumsepta, & habens portam, quæ immediatè egressum habet in publica via; poterunt ne haberi tanquam Oratoria publica, & exindè in ipsis celebrari Missa, atque satisfieri præcepto à quibusvis in diebus festivis? Videretur, quòd hæc Oratoria, dicto modo constructa in areis, & muris areæ circumvallata, ad quæ non habetur ingressus immediatè ex via publica, sed priùs intranda est porta areæ, & deinde ingressus habetur in Ædiculam, verè non sint habenda tanquam Oratoria publica, sed tanquam Oratoria privata ; & propterea neque possit celebrari, tanquam in publicis, neque ab aliis satisfieri præcepto. Ratio unica videretur esse ; quia deest illis conditio præcipua, à Sacris Canonibus requisita pro Oratorio publico, & distinguens publicum à privato ; quæ conditio in eo consistit, quòd publica habeant ingressum & egressum in via communi, & publica, & non in loco clauso, & non in area privata muris clausa, & porta ipsam aream claudente. Nihilominus Dominus Ursaya tom. 1. part. 2. disceptatione 23. afferens signa Oratoriorum publicorum, (quæ sunt : Altare fixum, & stabile, pluralitas personarum Missæ adstantium, campanile & campana, celebratio plurium Missarum in eadem die per decennium continuata, celebratio festivitatis illius Sancti, cui altare est dictum, & porta correspondens viæ publicæ) sustinet num. 29. non desinere esse Oratoria publica, quamvis habeant portam in area, atrio, vulgò *Cortile*, Palatii : & affert Decretum Sacr. Congregationis Episcoporum, & Regularium in Ostunensi 20. Martii 1698. & Declarationem

Q 2   Sa-

Sacr. Congregationis Concilii in Campsana 31. Martii 1704. , & die 8. Augusti 1705, & ulteriùs affert exemplum Urbis Romæ. Imò addit , non obstare publicitati Oratorii, quòd aditus in ipsum fieri debeat per scalas, aut per porticum, aut per viculum, aut per ædes privatorum; & num. 29. affert pro hoc etiam decisionem Sacræ Rotæ. Ex aliis tamen declarationibus Sacr. Congregationis videtur requiri, quòd janua areæ de die non clauditur , & pateat cunctis volentibus accedere ad Oratorium ; imò quòd Dominus Palatii cedat juri suo quoad claves januæ ædiculæ , & januæ areæ; nàm ad quoddam dubium propositum respondens Sacra Congregatio Concilii die 9. Septembris 1741. In Saxonensi , respondit : *Ecclesiam esse publicam , facta tamen per Senatorem Imperialem in publico instrumento declaratione se nullum jus habere in area , sive ante Ecclesiam , nec non quòd claves tàm Ecclesiæ , quàm areæ prædictæ retineantur à Cappellano* ; & in altera *Nitriensi* die 2. Februarii 1735. quæsitum fuit secundo loco , *àn idem Oratorium sit publicum , seu potiùs privatum ? Ad 2. respondit affirmativè quoad primam partem, & negativè quoad secundam* ; *imposita tamen obligatione Comiti Josepho restituendi apertas fores atrii de die, & constituendi Capellam congruè dotatam* &c. Si igitur ità sit, hæc profectò requirentur ad hoc , ut Oratorium publicum sit. Vide Ursayam locis citatis ; & Thesaurum Resolutionum Sacræ Congregationis Concilii tom. 7.

VI. Si quæras, quantùm duret privilegium Oratorii privati ? Respondetur cum communi , durare quousquè durat vita personæ privilegiatæ; neque ullo modo transire ad hæredes ejusdem , neque ad familiam , quamvis intùs nominatam ; quia nominatur , ut quid accessorium ; eò quòd sit Privilegium personale : ità ex cap. *Privilegium de Regulis Juris in 6.* & cap. *Quælibet de electione.* Oppones, in Privilegio contineri hæc verba : *Ac de ipsius Ordinarii licentia , ejus arbitrio duratura.* Respondeo cum communi , illam clausulam poni , non ad extendendam concessionem , sed ad eamdem modificandam, nempe, ut sit duratura arbitrio Ordinarii prudentis, quousquè ex justa causa revocetur ; & ità intelligit stylus Curiæ.

VII. Pòst obitum Pontificis concedentis, vel Ordinarii approbantis Oratorium , perse-

verat Privilegium , quin opus sit nova concessione novi Pontificis, aut nova approbatione novi Ordinarii ; eò quòd favores non expirent morte concedentis , ut docent communiter. Interrogabis : Quid , si Pontifex concedens obeat, antequam privilegium fuisset ab Ordinario exequutum ? Respondent communiter, subsistere gratiam concessam , atque ab Ordinario executioni mandandam, ob rationem dudùm allatam ; quia favores non expirant morte concedentis.

§. VIII. *Expenditur quinta clausula.*

I. QUinta clausula continet ; *Missam pro unoquoque die.* Verba sunt manifesta , atque indicantia, non nisi unicam Missam quotidie celebrari licitè posse ; & propterea jubetur celebraturo, *ut optimè se informet, àn alia Missa celebrata fuerit* : cùm neque Episcopus, una jam celebrata à quovis Sacerdote, alteram ipse celebrare possit : & proinde tam celebrare faciens, quàm celebrans secundam , peccant mortaliter, juxta communem Doctorum.

* Juvat hìc adjicere, quod habet S. P. Benedictus XIV. *in Epistola Encyclica* ad Primatem, Archiepiscopos, & Episcopos Regni Poloniæ, quæ summatim inferiùs refertur, scilicèt §. 16. *post num. 11.* „Interdum , ait „Sum. P. §. 18., illi, qui privati Oratorii „Breve habet , extraordinariam Breve con-„ceditur , in quo etiam , valetudinis causa, „Missam domi audire diebus etiam exceptis „permittitur. Cùm autem in hujusmodi Bre-„vibus de unica tantùm Missa sermo sit , or-„ta difficultas fuit : nùm possint die Natali-„tio à Sacerdote, qui in ipso celebrat, tres „Missæ celebrari ; de quo, cùm Nos eo tem-„pore, quo Concilii ejusdem à Secretis era-„mus, peculiarem dissertationem conscripsis-„semus, atque in lucem edidissemus, sub die „*13. Januarii 1725.* resolutum à Congrega-„tione fuit , quòd à Sacerdote tres Missæ ce-„lebrari possent, quemadmodum *tom. 3.* The-„sauri Resolutionum *pag. 109. & seq. &* „*pag. 116.* videre est.“ Legatur idem S. P. *& de Sacros. Missæ Sacrif. lib. 3. cap. 4. n. 2. & seq.* Itaquè , si permittatur celebratio Missæ in privatis Oratoriis , diebus excipi solitis , in Nativitate Domini celebrari poterunt tres Missæ. Vide infra §. 16. *n. 9.*

§. IX.

§. IX. *Expenditur sexta clausula.*

I. SExta clausula hæc habet : *Dummodò eadem domo celebrandi licentia, quæ adhuc duret, alteri concessa non fuerit.* Quibus verbis apertè manifestat , in eadem domo non posse extare plura Oratoria : & proinde eodem Oratorio non posse uti, v. gr. duos dominos distinctos , nec subordinatos ; neque duas familias , casu quo in eadem domo inveniantur duo domini cum suis familiis distinctis , nempè , si uterque impetret privilegium , non valet pro secundo impetrante, quousquè duret primum ; quia ambo inveniuntur in eadem domo , ut docet communis : valebit autem secundum , post desitionem primi ; quia non alio modo intelligitur à S. Sede concessum. Videri potest Pignatellus , afferens textus Juris & Auctores tom. 6., consultatione 98. num. 66.

II. Quod si v. gr. duæ familiæ eamdem domum habeant , in duas tamen partes divisam taliter , quòd quælibet familia habeat sua cubicula , & loca, suasque officinas, domesticis usibus necessarias , ut non rarò evenit in domo habente duo solaria , vulgò *due piani , due solai* ; quamvis habeant januam communem , id nihil obstabit , ut utraque familia gaudere possit privilegio Oratorii : imò etiamsi non sit domus divisa in duo solaria; & etiam quamvis habeant familiæ illæ ingressum communem , & atrium commune ; imò etiam aulam principalem, vulgò *sala,* communem : ità Pignatellus ibidem num. 61. Etenim in domibus ità divisis non est communicatio , efficiens unam familiam , cùm reapse sint duæ familiæ , vel plures seorsim degentes: unde domus dicitur quidem una materialiter , plures autem sunt formaliter , ut ajunt.

§. X. *Expenditur septima clausula.*

I. HÆC clausula sic continet : *Per quemcumque Sacerdotem , ab Ordinario approbatum , secularem; seu de Superiorum suorum licentia Regularem.* Hæc verba indicant, Sacerdotem celebraturum debere esse approbatum à suo respectivo Superiore approbatione tacita , & generali , seu debere esse immunem à prohibitione celebrandi in dictis Oratoriis ; prout communiter in Diœcesibus prohibentur Sacerdotes exteri , ad præcavenda inconvenientia, quæ orirentur , vel oriri possent. Et proinde, si Sacerdos inhibitus celebraret, peccaret graviter peccato inobedien-

tiæ, neque satisfaceret præcepto Missæ; quemadmodùm peccaret celebrare faciens, nec satisfaceret præcepto , si id advertenter ageret. Ità communis. Nec requiritur ullo modo licentia Parochi ; quia tali jure caret.

§. XI. *Expenditur clausula octava.*

I. IN qua dicitur : *sine jurium Parochialium præjudicio :* quæ verba indicant, nullam in his Oratoriis exerceri posse licitè actionem parochialem sine expressa Ordinarii, ut Parochi licentia ; quæ actiones sunt: 1. Exactio Decimarum, Oblationum , Primitiarum, de jure Parocho debitarum : 2. Ministratio Sacramenti Eucharistiæ tempore Paschali : 3. Denuntiare matrimonia : 4. Benedictio puerperarum ; & aliæ hujusmodi ad Parochum pertinentes : & qui contra ageret, graviter peccaret , juxta communem.

II. Docent multi , posse in iis Oratoriis de licentia Parochi ministrari Eucharistiam aliis temporibus à tempore Paschali , nisi fortè id vetaretur per aliquam Constitutionem Synodalem , vel per mandatum Episcopi : & quamvis aliqui dicunt, non teneri Regulares, in præfatis Oratoriis celebrantes, obedire talibus Constitutionibus, vel mandatis Episcoporum , quia facultatem accipiunt à Pontifice; nihilominus conveniunt communiter , quòd obtemperare deberent; ità consulente Sixto IV. in Bulla , incipiente: *Sedis Apostolicæ* &c. & profectò videretur abusus Privilegii ità agere , contradicente Episcopo , essetque nimia præsumptio.

III. Nihilominus audienda sunt verba Benedicti XIV. in sua Constitutione 2. Junii, anno 1751. , quæ incipit *Magno cum animi nostri* &c. in qua §. 23. hæc habet : *Extra Paschalem verò communionem, cum in S. Trid. Concilio sess. 22. cap. 6., quæ subjicimus , verba legantur : Optaret S. Synodus, ut in singulis Missis fideles adstantes , non solùm spirituali affectu , sed Sacramentali Eucharistiæ perceptione communicarent, &c. non defuit , qui ex iisdem verbis deduceret, quod certè & clarè inde consequatur , ut in privatis Oratoriis* (domorum secularium) *quando in ipsis celebrandi Missam facultas est, distribui Eucharistia possit iis , qui Missæ præsentes adsunt; neque ad hoc præstandum ullo particulari indulto opus sit. Super hujusmodi quæstionis capite , Nos in nostra Instit. 34. §. 3. disseruimus , inter eas, quas tùm, cùm Bononiæ resideremus, Ecclesiæ illius Archiepiscopatum gerentes , pu-*
bli-

blicavimus; quas quidem Institutiones cum Italico sermone edidissemus, posteà Romæ latinè reddita, atque impressæ sunt. Ibi autem expositam paulò ante opinionem retulimus: verùm aliam esse subjunximus, quæ Episcopalem licentiam requirit, ut, qui domesticum Oratorium domi habet, dùm Missæ in eodem interest, communicare possit. Hujusmodi opinio tùm bono rerum ordini, tùm Romanæ etiam consuetudini, sive praxi, nobis cohærens visa est; ac proinde ordinavimus, ne in privato Oratorio recipi communio posset ab iis, qui in eodem Missæ intersunt, quam, vel secularis Sacerdos, vel Sacerdos Regularis celebraret, nisi vel nostram, vel Generalis Vicarii nostri licentiam obtinuisset: & in §. 24. ità prosequitur: *Neque etiam in præsens voluntas nobis, aut ratio est, cur ab hoc sistemate recedamus.* Vide igitur, quomodò etiam ut Summus Pontifex rejiciat primam opinionem, & approbet hanc secundam, exigentem pro communione facienda, & distribuenda in Oratoriis privatis laicorum (nàm de ipsis solis est titulus Constitutionis) licentiam Episcopi: & quamvis hanc non definiat, illam tamen implicitè jubet; cujus auctoritas submissè est recipienda, utpotè Pontificis adeo incorrupti, atque doctrinæ procùl dubio eximiæ.

IV. A fortiori igitur Sacerdotes seculares, ut quovis tempore in dictis Oratoriis Eucharistiam ministrent, indigebunt licentia aut Ordinarii, aut Vicarii Generalis, saltem semel pro semper obtenta, ut notant communiter; loquendo relativè ad Pontificis mentem.

§. XII. *Expenditur clausula nona.*

IN ipsa dicitur: *Exceptis diebus Paschatis Resurrectionis, Pentecostes, & Nativitatis Domini, nec non aliis solemnioribus festis diebus:* hæc autem alia solemniora, ex Decreto Sacræ Congregationis Rituum die 17. Novembris anni 1607., sunt Epiphania, Annuntiatio, & Assumptio B. V. M., Festum SS. Apostolorum Petri, & Pauli; necnon Festum S. Titularis Ecclesiæ loci; ità etiam ex Decreto Sacr. Congregationis Concilii 17. Februarii, anno 1685. Hinc tàm celebrans, quàm celebrare faciens, dictis diebus, peccat graviter contra grave præceptum; simulque violant præceptum de audienda Missa, cui nec celebrans, nec audientes satisfaciunt.

* In relato S. C. Decreto 17. *Novembris anni 1607.* inter solemniores festos dies, in quibus Missa nequit celebrari in privatis Oratoriis, enumeratur etiam Ascensio D. N. J. C. atque Festum omnium Sanctorum. Integrum Decretum hisce expressum verbis affert Pater Cajetanus Maria Merati *Tom. 1. in Indice Decretorum num. 74. In privatis Oratoriis & privilegiatis non potest celebrari Missa in festis solemnioribus, nempè, in Natali Domini, Epiphania, Feria v. in Cæna Domini, Paschate, Pentecoste, Annuntiatione, Ascensione D. N. J. C. Assumptione B. V. M. Festo SS. Apostolorum Petri, & Pauli, & omnium Sanctorum.* In Decreto autem S. C. Concilii, emanato 17. *Februarii 1685.* pariter *suprà citato* additur etiam Festum Sancti Titularis Ecclesiæ loci. Hos quoque dies exceptos pronuntiat & S. P. Benedictus XIV. in Epistola Encyclica ad Primatem, Archiepiscopos, & Episcopos, Regni Poloniæ data *die 2. Julii 1751.* quam Auctor §. *præced.* allegat, quamque nos ad, epitomen redactam exhibemus infrà, nimirum §. *XVI. post n. XI.*

Licèt autem, ut ex allatis verbis constat, prohibeatur Missa in privatis Oratoriis diebus Paschatis, & Pentecostes, attamen, ut plures animadvertunt, præsertim Pasqualigus *Tom. 1. q. 639. num. 2.* Clericatus *de Vener. Euch. Sacr. Decis 8. cas. 1. n. 46.* Cardinalis Petra *in Com. ad Constit. 8. Honorii III. n. 65.*, P. Merati *in Observat. & Addit. ad Thes. Sac. Rit.* Gavanti *Part. 1. Tit. 20. n. 2.* aliique, nomine Paschatis, & Pentecostes venit tantùm prima dies. Præterea adnotandum etiam est, *ait* P. Merati, circa Festum Annuntiationis B. Mariæ Virg. quòd vigore prædicti Decreti intelligitur prohibita Missæ celebratio in Oratoriis privatis etiam eo die, ad quem transfertur Annuntiatio cum obligatione audiendi Missam, & vacandi ab operibus servilibus; prout statutum fuit in Decreto, emanato 1690. *11. Februarii & 11. Martii.* Deinde, *subdit*, advertere debemus, quòd in prædictis Oratoriis privatis neque potest celebrari Feria quinta in Cœna Domini, ut colligi potest ex Decreto emanato 1712. *15. Martii* & talis prohibitio intelligenda est etiam eo anno, in quo in tali Feria quinta occurrit Festum S. Joseph, vel Annuntiationis; licèt in dictis casibus aliquæ permittantur Missæ privatæ in Ecclesiis, & Oratoriis publicis, ut liquet ex Decretis emanatis 1692. *13. Septembris, & 1716. 12.*

Sep-

Septembris. Denique neque, celebrari Missa permittitur in prædictis Oratoriis in Sabbato Sancto, ut clarè patet ex allegato Decreto, emanito anno 1690. *11. Februarii, & 11. Martii.* Quare à veritate est prorsus alienum, quod cum Pignatello *consult.* 98. n. 77. docet Clericatus *loc. cit.* nempè, non censeri prohibitum celebrare in Oratorio privato Feria quinta, & Sabbato majoris hebdomadæ.

Laudatus autem Pasqualigus expendens num. 4. declarationem S. Congregationis 17. *Novembr.* 1607. à Gavanto relatam, circa solemniores dies festos exceptos, quam indicat Auctor *num* 1. quæque integrè in additamento exhibetur, asserit in primis, quòd quamvis non sit in forma authentica, attamen sufficiens præbet fundamentum, ut possimus eam sequi tanquam relatam à viro in his rebus perito. Deinde duo observat. 1. in his festis assignandis non esse habitam rationem tàm solemnitatis quoad ritum, quàm solemnitatis, quam fideles tenentur ostendere ratione commemorationis beneficii, quod perceperunt, & ratione cujus mediante cultu tenentur se ostendere gratos erga Deum; & proinde tenentur publicè convenire ad Sacrificium, quod Deo offertur; & Ecclesiam adire ad gratias agendas. 2. observat, quòd si non admittatur prædicta declaratio, utpotè non in forma authentica, spectat ad Ordinarium statuere, quinam sint isti dies festi solemniores: quia, sicut ipsi committitur visitatio, & approbatio Oratorii, ità etiam videtur commissa declaratio horum Festorum: & ideo, *subjungit*, sive sequi velint dictam declarationem S. Congregatio, sive non, dùm approbant Oratoria, deberent in scriptis declarare hos festos dies, ut relinquerent regulam privilegiatis, quam sequantur.

* Præter relatam à Gavanto S. C. declarationem, quæ tamen ut authentica à pluribus affertur, alia postea ab eadem S. C., ùt ex superiùs dictis compertum est, emanavit, de cujus authenticitate nullatenùs est ambigendum; & insuper habetur Epistola Encyclica S. P. Benedicti xiv. suprà citata; quæ distinctè recensent dies, seu Festa, in quibus non licet in Oratoriis privatis Missam celebrare. Quæ igitur in ipsis præscribuntur, modò sunt accuratè attendenda, & observanda. Consultissimum tamen est, quòd suggerit Pasqualigus, videlicèt, quòd Ordinarii, dùm approbant Oratoria, debeant in scriptos declarare Festos dies, à S. C., & à S. Pontifice exceptos, seu in quibus Mis-

sa in privatis Oratoriis celebrari nequit, ut relinquant regulam privilegiatis, quam sequantur.

Quoad Festum verò Patroni principalis loci, Ordinarii locorum optant, *ait* Gavantus, addi prædicto Festorum numero; cùm sit præcipui cultus in proprio loco; & meo judicio, *subdit*, esse addendum ab ipsismet privilegiatis absque novo Decreto in gratiam proprii Patroni principalis. Non esse addendum ex obligatione, existimavit Tamburinus *Opusc. de Sacrif. Missæ Lib. 1. cap. 4. §. num.* 17. Sed neque ex convenientia censuit Pasqualigus *loco citato. n.* 8. Clericatus verò cum aliis allegata superiùs *Decis. 8. cas. 1. num.* 46. servandam esse putavit Diœcesis consuetudinem.

§. III. *Expenditur decima clausula.*

I. DEcima clausula ità habet: *In tua, & Familiæ tuæ præsentia celebrari facere:* his verbis designantur personæ, quæ comprehenduntur in Privilegio, & sunt Pater, Mater, Uxor Indultarii, Filii, Filiæ, Nurus, Gener, Nepotes, nec non alii Agnati, & Affines, dummodò tamen habitent cum eodem Indultario, & sint sui commensales, ut tenet communis; nomine enim Familiæ veniunt solùm agnati, aut ad summum cognati; ut observat Cardinalis de Luca de Jure Patronatus discursu 25. num. 2. & 3. Non igitur sub Familiæ indicatæ nomine veniunt famuli, & famulæ, tùm quia expressè in Indulto excluduntur per hæc verba: *Volumus autem, quòd familiares, servitiis tuis tempore dictæ Missæ actu non necessarii, ab obligatione audiendi Missam in Ecclesia diebus festis de præcepto minimè liberi censeantur:* tùm etiam quia hujusmodi personæ non veniunt nomine Familiæ, ut habetur ex Sacra Rota in Romana, seu Bononiensi Protectoriarum 20. Apprilis 1671. §. *Clarius*, & §. *His tamen coram Albergato.*

II. Sciscitaberis, àn Missa licitè possit celebrari, quamvis non sit præsens ulla ex personis, quarum intuitu fuit concessum Privilegium; sed alius: v. gr. si fiat celebrari, dùm abest Petrus dominus, ad quem fuit directum Privilegium, adsit tamen v. gr. ejus Frater?

Respondeo, olim variam fuisse Doctorum opinionem; quam varietatem sustulit Benedictus decimus quartus, occasione suæ Constitutionis datæ 7. Januarii anni 1741. incipientis: *Cùm duo notabiles*, &c. Etenim
„cùm

„cùm exorta esset dubitatio, àn ex vi hu-
„jusmodi Indulti (ab ipso illis, duobus
„nobilibus, viro & uxori concessi) lice-
„ret Missam celebrari in privato Orato-
„rio etiam sine præsentia alterutrius ex
„dictis conjugibus, in quos Indulti con-
„cessio directa erat: cui quidem dubita-
„tioni locum dedit opinio nonnullorum
„Doctorum, pro affirmativa, & negati-
„va respectivè sententia inter se certan-
„tium; Sacra Congregatio Concilii, ad
„quam hujus quæstionis resolutio delata
„fuit, die 8. Decembris 1740. censuit,
„non licere: deindè verò Sanctissimus Do-
„minus noster, reprobata contraria Doc-
„torum sententia, prædictam Sacr. Con-
„gregationis resolutionem nedum appro-
„bavit, verùm etiam præsenti decreto, pu-
„blicè evulgando, voluit omnibus notum
„fieri, non posse vigore similis Indulti
„celebrari Missam in privatis Oratoriis,
„quando eidem Missæ actu non intersit
„aliquis ex iis, quibus principaliter Indul-
„tum concessum est: Indultum verò prin-
„cipaliter concessum intelligi iis tantùm,
„quibus Breve dirigitur, nimirùm perso-
„nis illis, quæ à tergo ejusdem Brevis pro-
„prio nomine nuncupantur; adeo ut sine
„præsentia alicujus ex dictis personis mi-
„nimè liceat Missæ Sacrificium peragi,
„etiam si præsens sit aliquis sive ex filiis,
„vel ex consanguineis, sive ex affinibus, si-
„ve ex familiaribus, sive demùm ex hos-
„pitibus nobilibus in eodem Brevi memo-
„ratis; quippè quibus nil aliud per hu-
„jusmodi Brevia conceditur, quàm quòd
„unusquisque eorum (dummodò, quod at-
„tinet ad familiares, juxta clausulam in
„his Brevibus insertam, non sit ex illis
„actu non necessariis) assistens Missæ, quæ
„celebratur in Oratorio privato in præ-
„sentia alicujus ex personis, à tergo Bre-
„vis proprio nomine nuncupatis, satis-
„faciat obligationi audiendi Missam die-
„bus festis de præcepto. Sublata igitur,
„& proscripta quacumque minus germa-
„na interpretatione hujusmodi Brevium,
„& Indultorum, in contrarium hacte-
„nùs facta Sanctitas sua ità declaravit,
„& servare omnino mandavit; districtè
„præcipiens, ut omnes Episcopi, aliique
„locorum Ordinarii, etiam tanquam à Se-
„de Apostolica delegati, executioni, &
„observantiæ hujus Decreti diligenter in-
„cumbat, per Canonicas pœnas contra

„inobedientes, eorum arbitrio, consti-
„tuendas.

„A. Cardinal. Gentili Præfectus.

„C. A. Archiepiscopus Philippen.
　　　Secretarius.

Post hoc judicium conticescat omnis
　　　controversia.

* Addenda hìc sunt, quæ habet idem
S. P. Benedictus xiv. in Epistola Encyclica,
quam die 2. Junii 1751. dedit ad Primatem,
Archiepiscopos, & Episcopos Regni Poloniæ, cujus Synopsim & in anteriori Editione
infrà exhibuimus, nempè, in calce §. 16.
Postquam ipse §. 15. sancitum à se in priori Constitutione, data die 7. Januarii 1741.
memoravit, videlicèt, non posse vigore similis Indulti celebrari Missam in privatis
Oratoriis, quando eidem Missæ actu non
intersit aliquis ex iis, quibus principaliter Indultum concessum est: Indultum
verò principaliter concessum intelligi iis
tantùm, quibus Breve dirigitur, nimirùm
personis illis, quæ à tergo ejusdem Brevis
proprio nomine nuncupantur; adeo ut sine
præsentia alicujus ex dictis personis, minimè liceat Sacrificium peragi, &c. Postquàm, inquam, hoc à se sancitum memoravit, sic subdit §. 16. „Nos ab hujusmodi
„norma minimè recedimus. Verùm, quia ali-
„qua interdum in corpore Brevis persona no-
„minatur, qua præsente conceditur, ut Mis-
„sa celebrari possit, & quod alii affines, con-
„sanguinei, vel familiares, eamdem audientes,
„præcepto satisfaciant, etiamsi prædicta per-
„sona in fronte Brevis minimè nominetur;
„hinc est, quòd firma semper ea regula ma-
„nente, ut possit in privato Oratorio Missa
„celebrari, dùm aliqua ex indultariis personis
„adsistit, quæ in fronte, seu inscriptione
„Brevis nominantur; dicimus, posse Missam
„celebrari, etiamsi nulla personarum præ-
„sens adsit, quæ in fronte seu inscriptione
„Brevis nominantur, dummodò illa præsens
„sit, cui in Brevis corpore nominatim, &
„expressè facultas tribuitur, ut possit in
„privato Oratorio, tùm cùm ipsa adsistat,
„facere ut Missa celebretur.

„Atque (ità pergit §. 17.) ut res exem-
„plo magis pateat: Datur viro & uxori facul-
„tas faciendi, ut in privato Oratorio Mis-
„sa celebretur, atque ad hos Breve diri-
　　　　　　　　　　　　　　　　　　　„gi-

„gatur. Hic autem vir superstitem habet „matrem ; hæc vero in fronte, seu inscrip„tione Brevis minimè nominatur ; verùm „cùm in Brevis corpore dicatur, quòd ip„sa quoquè mater eamdem Missam celebra„re facere possit, & valeat, id sufficiens „est, ut, sola matris præsentia adhibita, „Missa in Oratorio celebrari possit ; etiam„si mater in fronte, seu inscriptione Bre„vis nominata non sit. Quæ hactenùs dic„ta sunt (ità paragraphum concludit) in „hujusmodi generis Brevibus indicantur. „Verùm curæ nobis erit, ut in posterùm „faciliùs etiam, & sine ulla confusione ex„primantur."

III. Si pater, mater, filii, filiæ, fratres, & sorores personæ privilegiatæ, eorumdemque uxores, ac viri, quamvis habitent in eadem domo, non tamen sint commensales ejusdem, sed degant seorsim ab ipsa persona privilegiata, suisque propriis usibus, & servitiis non gaudent privilegio; quia deest ipsis conditio essentialis ad constituendam familiaritatem, quæ est commensalitas, sine qua non possunt verè dici de familia, ità ex cap. *Sicut nobis*, de verborum signific. in 6. & est communis.

§. XIV. *Expenditur undecima clausula.*

QUÆ constat his verbis: *Nec non in hospitum tuorum nobilium præsentia.* Duas igitur conditiones requirit hæc clausula, ut hic nominati possint audire Missam in Oratorio privato ad satisfaciendum præcepto : prima quòd sint hospites ; secunda quòd sint nobiles : & primò quoad hospites, nempè, quòd commorentur in ipsius privilegiati domo tanquàm extranei, ab ipso recepti hospitio ad certum tempus, & sint cum ipso commensales. Neque hospitum nomine intelligas commorantes in eadem civitate, & invitatos à privilegiato ad secum una die festiva discumbendum, vel ad spectaculum videndum &c. etiamsi tota illa die secum sint commoraturi, ut putarunt aliqui Doctores; sed debent esse verè & propriè hospites, nempè, extranei advenientes; ut tenet longè probabilior plurium cum Diana, part. 9. tract. 1. resolut. 6. cùm enim privilegia hujusmodi sint contra Jus commune, & ut pluriès diximus, verba eorum sint strictè interpretanda; proptereà hospitum nomine intelligendi, qui verè & propriè sunt tales, & non quicumque concivis adveniens, discumbendi, vel quidpiam simile faciendi causa;

ut clarè patet. Quoad nobiles, sufficiet quæcumque nobilitas; eò quòd Indultum non dicat *ex nobili genere*, sed duntaxat *nobilium*; nobilitas autem verificatur etiam in illo, qui quamvis non ex genere nobili descendens, est tamen nobilis ex privilegio sibi facto, vel natus solùm ex matre nobili, vel ob dignitatem nobilem, sive ex alio capite afferente verè gradum nobilis, atque jus, ut denominetur nobilis ; ità communiter.

§. XV. *Expenditur duodecima clausula.*

IN qua ità dicitur: *Volumus tamen, quòd familiares, servitiis tuis tempore dictæ Missæ actu non necessarii, ibidem Missæ hujusmodi interessentes, ab obligatione audiendi Missam in Ecclesia diebus festis de præcepto minimè liberi censeantur :* verba sunt apertissima: & in eo tantùm exurgit difficultas, ut explicetur, àn sit intelligenda de necessitate nedum physica, nempè, tempore graviter infirmantis indultarii; verùm etiam de necessitate morali, nimirùm, de famulis commensalibus requisitis ad decentem comitatum indultarii, & aliorum in indulto contentorum, ne, videlicet, soli remaneant domi &c. & proinde Cardinalis Petra *tom.* 2. *Commentar. ad Constitut.* 8. *Honorii* III. *num.* 67. post alios tenet sufficere hanc necessitatem prudentem, & moralem.

Juvat exscribere verba laudati Cardinalis Petra *loco citato*, utpotè quæ rem hanc in propatulo ponunt. Quoad verò Oratoria, in privatorum domibus existentia, dicendum est, *inquit num.* 61. satisfacere præcepto Missæ illos, qui in Indulto comprehenduntur. Et quidem si Indultum concedatur domino, & ejus familiæ; dubio procùl est comprehendi non solùm filios, uxorem, generum, nurumve, qui cum ipso domino eamdem domum incolunt, ejusque sunt commensales, sed etiam omnes illi, qui sibi, familiæque suæ servitium præstant, etiam ruri. Personæ vero inservientes duo requirunt, ad hoc, ut de domini familia esse dicantur, tùm scilicet quòd actuale servitium præstent, tùm etiam quòd vivant ejus expensis, ut colligitur ex textu in cap. *Sicut nobis*, *in fine de verbor. signif. in 6.*

Si tamen Indultum contineat clausulam: *Volumus autem, quòd familiares, servitiis tuis non necessarii, ibidem Missæ interessentes, ab obligatione audiendi Missam in Ecclesia diebus festis de præcepto minime liberi censeantur;* cùm hæc excludat familiares

R   ser-

servitiis non necessarios, dicendum est, quòd
ii, qui non exhibent actuale servitium domino , licèt ejus expensis vivant , & commensales sint , vel amici , aut consanguinei , non
satisfaciant ibi præcepto. Necessitas autem
servitii , in dictis familiaribus requisita , non
debet esse simplex , seu absoluta necessitas,
ità enim nullus fermè familiaris esset necessarius; sed debet commensurari à statu ipsius domini , adeo ut necessarius reputetur
ille familiaris, quem habere honorem, & conditionem domini deceat , ut considerat Pignatell. *tom.* 6. *consult.* 98. *n.* 107. & quidem sumpta necessitate non solùm respectu
domini; quia certè vel nullus, vel unus tantùm requireretur; sed respectu totius domus,
uti prosequitur *cit.* Pignatell. *n.* 108. Ità
etiam dicerem , si adsit clausula , quæ nunc
solet usurpari in his Brevibus : *Volumus au-*
tem , ut familiares , servitiis tuis tempore
Missæ actu non necessarii , ibidem Missæ
hujusmodi interessentes , ab obligatione au-
diendi Missam in Ecclesia diebus festis de
præcepto minimè sint liberi; quia non debet
intelligi de necessitate physica, & quoad Missam ; quia certè privilegiatus tempore Missæ
nullo indiget , nisi sit infirmus graviter ; sed
respectu domini , & quidem spectata necessitate morali; & sic excluduntur certò famuli , ruri degentes , quidquid dicat Pascuccius
in *Compend.* Pignatell. *vers. de Oratoriis*
privatis fol. 167. *vers.* 9. & Amostazo *de*
causiis piis lib. 5. *cap.* 10. *n.* 159. quia procedunt , quando concessum est privilegium
familiæ, ut suprà dixi. Ità etiam excluduntur
illi famuli , qui non sunt necessarii actu servitio domini tempore Missæ, ut sunt aurigæ,
& hujusmodi ; secùs autem de ephebis servis
domesticis , ac ancillis respectu dominarum,
quæ actu sunt necessariæ, ne soli, vel solæ remaneant domi, & debito comitatu priventur,
juxta qualitatem privilegiorum , consideran-
do non solum respectum personæ , sed domus , ne remaneat derelicta à domesticis.

Dùm hæc, *subdit hic* , typis mandaban-
tur, evenit disputatio hujusmodi dubii quoad
interpretationem talis Indulti in *Sac. Con-*
greg. Concil. in Auximana Oratorii priva-
si ; quæ causa fuit demandata , ut poneretur
in folio sub die 10. *Julii* 1706. quæque in
prima, aut secunda forsam Congregatione
resolvetur: ideo lectorem admoneo , ut resolutionem curet habere, quatenùs sequatur.

Reapse die 31. ejusdem mensis propositum fuit in Sacr. Congreg. Concilii sequens
dubium. *An in vim dicti Brevis satisfaciant*
præcepto Missæ in diebus festis omnes fa-
muli commensales, vel quinam in casu? Rescriptum fuit *Dilata juxta mentem* , & mens
fuit , quòd *Orator peteret declarationem à*
Papa: sicque patet, Sacram Congregationem
Concilii noluisse apponere manum propter
satis claram mentem Papæ in dicta clausula
expressam. Ità Monacell. *tom.* 4. *Supplement.*
ad 2. *tom. n.* 487. Itaquè, si Sacra Congregatio noluit apponere manum propter satis claram mentem Papæ in dicta clausula expressam, nemo poterit illam latiùs , quàm sonet,
interpretari , & declarare.

* Indultarii autem , qui in suis indultis
majora habent privilegia , & ampliores clausulas , possunt iis liberè & licitè uti sine ulla
restrictione ; cùm hìc sit sermo solummodò
de indultis, quæ communiter , & regulariter
juxta communes clausulas solent concedi;
adeoque attendenda sunt pro observantia indultariorum indulta.

Animadvertimus insuper , quòd in Oratorio rurali ultra dimidium milliare ab Ecclesia distante satisfaciunt omnes familiares, cùm
propter talem distantiam , & longam moram
accesus , & recessus , ne servitium domini
patiatur , omnes dicantur actu necessarii , sicut etiam tempore hyemis, & magnæ pluviæ,
ex cit. Monacelli *tom.* 4. *num.* 489.

Animadvertimus insuper, quòd concesso
privilegio domino, & famulis eidem inservientibus, absente domino , famuli audientes
Sacrum non satisfaciunt præcepto , *ex De-*
creto Clementis XI. 15. *Decembris* 1703:
Si autem dominus, audito Sacro in Ecclesia,
ex devotione iterum audiat Sacrum
in suo privato Oratorio, tunc familia & famuli actu domino inservientes satisfaciunt præcepto audiendi Sacrum; cùm facultas concessa domino audiendi Sacrum in proprio Sacello , non sit solùm ad audiendum illud pro
satisfactione præcepti, sed etiam ad audiendum ex devotione: sicuti non est concessum
familiæ, & famulis solum satisfacere præcepto, quando intersunt cum domino, vel inserviunt ei audienti ad satisfaciendum præcepto, sed quotiès cum eo intersunt , & ei inserviunt , sive audiat ex præcepto, sive ex devotione. Legatur P. Lucius Ferraris *v. Mis-*
sa art. 16. *num.* 23. 24. 25. & 26.

Lubet tandem hic adjicere, & ob oculos
ponere speciosum sane privilegium , relatum
à Joanne Clericato *de Sacrif. Missæ decis.*
12. *n.* 59. quo donati fuere Procuratores S.
Marci Venetiarum à S. P. Paulo v. an. 1605.
ut scilicèt statim ac dignitatè Procuratoria à
Se-

Serenissima Republica sunt ornati, possint in propriis suis domibus Oratorium habere, in quo ex sola Episcopi Diœcesani approbatione, cum tota eorum familia quotidie Sacrosanctum Missæ Sacrificium audiant, tribus tantùm diebus exceptis in toto anno.

PAULUS PAPA V.

Ad futuram rei memoriam.

*V*Olentes pro paterna nostra erga dilectos filios modernos, & pro tempore existentes Procuratores, S. Marci nuncupatos, Reipublicæ, Venetiarum dilectione, illorum spirituali consolationi opportunè prospicere, ac illos specialibus favoribus, & gratiis benignè prosequi; supplicantibus dilectorum filiorum ipsius Reipublicæ Oratorum, ad præstandum nobis obedientiam novissimè destinatorum, super hoc Nobis humiliter prorrectis, inclinati; eisdem modernis & pro tempore existentibus Procuratoribus S. Marci, ac cuilibet eorum, ut in propriis eorum domibus, in privato quisque ipsorum Oratorio, ad hoc decenter extructo, & ornato, ab omnibus domesticis actibus libero, ab ordinario loci priùs visitando, & approbando, sacrosanctum Missæ Sacrificium per Sacerdotes seculares, aut de ipsorum Superiorum consensu quorumvis Ordinum Regulares, in eorum, ac familiæ, familiarumque ipsorum præsentia celebrare facere (sine tamen præjudicio jurium Parochialium, & exceptis diebus Paschatis Ressurrectionis Dominicæ, ac Pentecostes, & Nativitatis ejusdem Domini Nostri) liberè & licitè valeant, auctoritate Apostolica, tenore præsentium, licentiam concedimus, & impertimur. Non obstantibus Constitutionibus, & Ordinationibus Apostolicis, cæterisque contrariis quibuscumque. Volumus autem, ut alii præter familiares ipsorum Procuratorum, Missæ in eorum Oratoriis privatis celebrandæ interessentes diebus festis de præcepto, ab obligatione audiendi Missam in Ecclesia minimè liberi esse censeantur. Datum Romæ apud S. Petrum Die 1. Decembris 1605. Pontificatus Nostri anno primo.

§. XVI. *Resolvuntur nonnullæ aliæ difficultates.*

I. QUæres primò: an Sacerdos celebrans in Oratorio, atque minister deserviens, satisfaciant præcepto? In opinionum discordia præsupponitur, requiri proculdubio præsentiam alicujus ex illis privilegiatis, qui sunt proprio nomine expressi à tergo, vulgò *salla mansione*, Indulti; cùm, ut vidimus ex Decreto Benedicti XIV. id necessariò requiratur ad licitè celebrandum, & ad satisfaciendum. Hoc præsupposito, certum est, Sacerdotem electum ad celebrandam Missam satisfacere, nisi sit prohibitus celebrare in his Oratoriis, ut suprà vidimus. An etiam satisfaciat deserviens? Probabilius videtur, quòd, quàndo adest aliquis ex privilegiatis, qui possit & velit esse minister; tunc non satisfacit alter minister non ex privilegiatis, si interveniat Missæ, ut patet; quia tunc non est minister necessarius: si autem nemo sit ex privilegiatis, quia aut possit, aut vellit, tunc inserviens vocatus satisfacit præcepto; quia dùm conceditur principale, conceditur etiam accessorium, quod vel ex natura rei, vel ex dispositione Juris est accessorium necessarium. Vide Fagnanum in capite *Non licet num. 13. & 14.*

II. Quæres 2. Utrùm Oratoria, quæ sunt in Aulis publicis Palatii civitatis, in quibus Optimates, vel Senatores conveniunt, sint Oratoria privata, àn publica; ut exinde satisfiat præcepto, nec ne? Respondeo ex Declaratione Sacræ Congregationis Concilii, relata à Diana part. 9. tract. 1. resolut. 35. censenda esse Oratoria privata; & proinde requiri indultum S Sedis, ut in illis celebrari possit.

III. Quæres 3. An Oratoria, seu Capellæ carcerum publicorum similiter censenda sint Oratoria privata? Respondeo negativè, sed esse Cappellas publicas; & exinde ibidem Missam audiendo, ab omnibus audientibus satisfit præcepto. Ità Diana loco dudùm citato, & alii: & Barbosa in c. 8. sess. 21. Concilii Tridentini n. 21. refert Declarationem Sacræ Congregationis in Florentina 1. Septemb. 1615. & in Conimbricensi 1. Julii eodem anno; & idem refert Sellius in Selectis Canonicis cap. 18. n. 25.

IV. Quæres 4. Utrùm Capellæ Episcoporum, in Palatiis propriis eorundem erectæ, sint Oratoria privata, & exinde satisfiat præcepto, nec ne? Respondeo non esse. Oratoria privata, sive sint intra Diœcesim, sive extrà;

ex Declaratione Sacræ Congregationis Concilii 17 Augusti 1630. & 22. Septemb. 1640. etiamsi sint Episcopi Titulares : ità eadem Sac. Congregatio in Valentina 1616. Vide Monacelli tom. 2. tit. 12. formul. 1. n. 31. Idemque à fortiori dicas de Capellis Cardinalium cum communi.

V. Quæres 5. Circa Cappellas & Oratoria privata Regularium, àn omnes audientes præcepto satisfaciant? Respondeo, quòd in Capellis & Oratoriis privatis Regularium, erectis facultate Generalis, aut Provincialis, atque ad Divinum cultum tantummodò destinatis, possunt quotidiè celebrari plures Missæ, nedùm ab ipsis Regularibus, verùm etiam à Sacerdotibus secularibus; quibus Missis auditis, audientes satisfaciunt præcepto : & has Cappellas, & Oratoria possunt erigere, quin indigeant alia licentia, sive Episcopi, sive S. Sedis ; eò quòd privilegia, eisdem circa id à Summis Pontificibus concessa, sint nedùm personalia, verùm etiam localia: ità docentibus Lezana, Suarez, Garcias, Azorio, Lugo, quos præcedunt, & sequuntur alii plurimi: dictis namque privilegiis nil derogatum fuit à Tridentino, quod loquitur duntaxat de domibus privatis. Neque relatum à principio Decretum Clementis XI. quidquam detraxit Capellis, aut Oratoriis Regularium; sed duntaxat illis inhibuit Altare portatile, ut illud legenti clarè constabit. Passerinus tamen noster de statibus hominum in tom. 3. q. 189. art. 10. num. 989. & post ipsum Cardinalis Petra tom. 2. Comment. ad Constit. 8. Honorii III. numer. 48. & 49. scrupulum ingerunt circa Sacerdotes seculares, àn in dictis Oratoriis Regularium celebrare possint ; atque àn laici seculares præcepto satisfaciant ; & monent, perpendenda esse attentè hæc privilegia ; Petra enim dicit, laicos seculares regulariter certè non satisfacere, nisi extet privilegium speciale, *videndum in fonte.*

Nihilominùs hunc scrupulum dispellere valent verba Constitutionis Benedicti XIV. quæ incipit : *Exponi nobis nuper &c.* datæ anno 1755. die 22. Januarii, in qua dicitur: *Supplicationibus ejus* (Antonini Bremond Ordi. Prædic. Generalis Magistri) *inclinati, ut deinceps in publicis Capellis seu privatis Oratoriis, existentibus in domibus, possessionibus, & membris, ad Conventus Ordinis prædicti nunc, & pro tempore spectantibus, & pertinentibus, quæ ab Ordinariis locorum juxta jus visitari & approbari soleant, debeantque, licèt ac illis nec visitata, nec approbata fuerint,*

nihilominus sacrosanctum Missæ Sacrificium, tàm per Regulares, sive ejusdem, sive alterius Ordinis, quàm seculares Presbyteros tutò celebrari possit; Missamque inibi audientes diebus festivis, præcepto Ecclesiæ, hac de re edito, satisfacere intelliguntur, absque tamen ullo jurium Parochialium præjudicio, auctoritate Apostolica tenore præsentium concedimus & indulgemus &c. &c.

VI. Quæres 6. An Regulares possint habere hæc Oratoria in suis Grangiis, & locis ruralibus recreationis? P. Rosignolius de Eucharistia q. 8. art. 13. n. 4. & seq. affirmativè respondet ; & addit, quòd seculares satisfaciant præcepto; multosque affert Auctores : negativè autem respondet Cardinalis Petra loc. cit. num. 53. post Mattheuccium in suo Officiali Curiæ cap. 10. num. 93. & afferunt Declarationem Sacræ Congregationis Concilii die 1. Martii 1687. quæ ad hoc dubium: *An Sacerdos Regularis, absque peculiari Sedis Apostolicæ indulto, possint in domo rurali Monasterii celebrare ?* respondit *negativè*: & proptereà laudatus Cardinalis monuit, esse attentè perpendenda verba Privilegiorum. Sed hunc quoquè scrupulum amovent verba Benedicti relata.

VII. Quæres 7. Quid requirant omnia Regularium Oratoria, ut legitimè erigantur? Respondeo, requiri ut Provincialis ea priùs maturè consideret, atque per se ipsum approbet, ut tantummodò sint Missis celebrandis, cultuique Divino deputata. Ità etiam præscribitur in Privilegio à Gregorio XIII. Societati Jesu concesso : *Ut in Oratoriis & Capellis, quæ ipsius Societatis Provinciales per se approbaverint, & ad Divinum duntaxat cultum deputaverint &c.* Requiritur item, ut benedicantur aqua ab Episcopo benedicta. Si autem scisciteris, àn possit Superior localis erigere Oratorium per semetipsum sub ratihabitione tamen Provincialis? Respondet Lugo negativè in responsis moralibus lib. 1. dub. 14. & responsionem validè probat. Quarti affirmativè respondet part. 3. tract. 10. dub.9. Videtur opinio Lugonis magis accedere ad legem.

VIII. Quæres 8. Utrùm Oratoria, quæ debitis licentiis eriguntur in Collegiis, in quibus plures degunt, & inhabitant, tùm convictores, tùm condiscipuli, tùm domestici eisdem inservientes, suntque verè familiares & contubernales, gaudeant aliquo alio privilegio? Respondeo, S. Congretionem Concilii in Su-
tri-

trina Oratorii 11. Julii 1716. declarasse, ut in hujusmodi Oratoriis possint celebrari Missæ quolibet die, etiam in festis solemnioribus, nec non ministrari Sacramenta convictoribus, aliisque paulò antè indicatis, excepta communione Paschali; vide Thesaurum tom. 1.

IX. Quæres tandem: utrùm, quando infirmo conceditur, ut etiam in Die Natalis Domini possit in suo Oratorio privato Missa celebrari, sit intelligendum duntaxat de una Missa, vel de tribus? Respondit Sac. Congregatio Concilii 13. Januarii 1725. intelligendum de tribus Missis. Vide Thesaurum tom. 3. Vide supra §. 8. post num. 1.

☞ S. P. Benedictus XIV. *die 2. Junii 1751.* Epistolam Encyclicam dedit ad Primatem, Archiepiscopos, & Episcopos Regni Poloniæ *De tollentibus abusibus ab Oratoriis privatis, quæ sunt in domibus laicorum*; cujus initium est: *Magno cum animi nostri dolore;* cujusque multoties superiùs mentio facta est, præcipuè §. 11. num. 3. In ea primò, exposita antiquitate Oratorii privati in Ædibus Episcoporum, decernit Summus Pontifex, quoad illud nihil Concil. Tridentinum detraxisse in sess. 22. *de observandis & evitandis in celebratione Missa*, sicut derogavit aliis Oratoriis privatis, quæ sacella Episcoporum non sunt. Secundò meminit, privi*legium Altaris* viatici ubiquè in domo habitationis propriæ erigendi Episcopis concessum à Bonifacio Papa VIII. in Decretali sua: *Quoniam Episcopo, de Privilegiis in sexto,* ut in eo celebrare, aut celebrari facere, vel audire divina possint ubiquè, & sine licentia Ordinarii localis, etiam post Concil. Tridentinum, & Pauli v. decreta, ex resolutionibus in §. 5. hujus Constitutionis enuntiatis. Non tamen extra domum propriæ habitationis, sive in sua, sive in aliena Diœcesi, etiam Diœcesim visitantes, ex Decreto Sacræ Congregationis Concilii, & postremò ex alio Pontificio Clementis Papa XI. die 15. Decemb. 1703. publicato: in quibus insuper declaratur, nullo modo licere etiam Cardinalibus S. R. E. hoc facere. Tertiò mens ejusdem Clementis providè declaratur, nimirùm, ne hujusmodi prohibitio intelligenda sit de alienis domibus etiam laicis, in quibus ipsi Episcopi fortè, vel in sua, vel aliorum Diœcesi, occasione visitationis, aut itineris hospitio excipiuntur. Quæ quidem omnia, affirmat Summus Pontifex, ex Resolutione Sacræ Congregatio-

nis, Innocentio XIII. regnante, consolidari, & à Benedicto XIII. in forma specifica confirmatum, nec non in appendice Concilii Romani tit. 15. cap. 3. ejus jussu insertum vidisse.

Absoluto sermone de Oratoriis Episcoporum, ad Oratoria privata, in domibus laicorum existentia, transitum facit Encyclica. In primis tanquam conditio necessaria ad eorum erectionem cognoscitur specifica, & unica Sanctæ Sedis Apostolicæ licentia, per Concilium Tridentinum sess. 22. Episcopis adempta, & ad solum Romanum Pontificem devoluta, ut pro Conciliaris textus intelligentia, tradit Congregatio Concilii, & Encyclica Pauli V. anno 1615. ad omnes Episcopos, nempè, *Facultatem hujusmodi licentias dandi, ipsius Concilii decreto unique ademptam esse, solique Beatissimo Romano Pontifici esse reservatam, &c.* Deindè providè leges quamplurimæ, à Sancta Sede præscriptæ, quæ in consuetis ordinariis Brevibus continentur pro Oratoriorum privatorum erectione, & usu, significantur, videlicet: *Oratorium parietibus*, per quos „ab omnibus aliis domesticis usibus segre„getur, extructum esse debere: idem priùs „vel ab Episcopo, vel ab alio, cui ipse vi„ces suas delegaverit, visitandum esse, „inspiciendi gratia, nùm decens, & aptè „compositum sit; & nùm aliquid eorum, „quæ necessaria sunt, in eodem desit; ut „Episcopus sit, qui celebrandi Missam li„centiam impertiatur, & quòd licencia hu„jusmodi secundùm rationabile illius arbi„trium perduret; nec plures in die, sed „unica tantùm Missa in Oratorio celebre„tur; & quòd hæc Missa celebretur à Sa„cerdote Seculari, vel Regulari, dummo„dò Seculari ab Episcopo approbatus sit, „Regularis autem licentiam habeat à suo re„gulari Superiore; nec Missa celebrari pos„sit diebus solemnibus Paschatis Resurrec„tionis, Pentecostes, Nativitatis Domini nos„tri Jesu Christi, & aliis solemnioribus „diebus, quos inter etiam enumerantur „dies Epiphaniæ, & Ascensionis Domini, „Annuntiationis, & Assumptionis Beatæ „Mariæ Virginis, omnium Sanctorum, nec „non Apostolorum Petri, & Pauli, ac Ti„tularis Ecclesiæ loci. Exprimuntur perso„næ, quarum præsentia necessaria est, ut „in privato Oratorio Missa celebrari pos„sit: aliæ item, quæ dùm supradictis præ„sentibus Missa celebratur, eidem inter„esse possunt, & ecclesiastico præcepto„ Sa-

„satisfacere : denique declaratur, omnia si-
„ne Parochialium jurium præjudicio fieri de-
„bere.

Extraordinaria verò Brevia amplioribus
gaudent concessionibus quoad numerum Missarum, diesque, & horas celebrandi. Cùm
autem tàm circa ordinaria, quàm circa extraordinaria Brevia exortæ sint controversiæ, solvuntur objeætiones à Summo Pontifice per sequentia decreta. Et primùm; quòd
indultariorum præsentia semper requiratur
pro celebratione Missæ, ac, quoad satisfaciendum præcepto Ecclesiæ, consanguineis,
& affinibus in eadem domo habitantibus,
& audientibus necessaria est, ex decreto
Sacræ Congregationis Concilii 3. Decembris
1740., ipsomet Sanætissimo confirmante die
7. Januarii 1741. qui etiam addit clausulam, nempè: *Volumus autem, quòd nati,*
ac consanguinei, & affines prædiæti uni-
cam Missam, vobis quidem præsentibus,
audire tantummodò, numquam verò celebra-
ri facere audeant. Secundum, ut indultarii
censeantur ii, quibus inscriptæ sunt litteræ
Apostolicæ, sive in fronte, seu inscriptione
Brevis, vel in corpore sint descripti. Tertium, si permittatur celebratio Missæ in Nativitatis Domini die, non unica tantùm, sed
tres Missæ Sacerdoti fas erit celebrare ex
decreto S. Congregationis Concilii die 13.
Januarii 1725. Quartum, Baptismus extra
casum necessitatis ministrari nequit in Oratoriis privatis, præterquàm filiis Regum, ac
Principum, quemadmodùm etiam in Clementina unicâ *de Baptismo, & ejus effeætu* videre est. Quintum, Pœnitentiæ Sacramentum, extra casus à Jure permissos, nunquam
ministrandum est, non obstantibus privilegiis Regularium, asserentibus posse ex Clementis x. Bulla, cujus initium : *Superna.*
Sextum, ut Communio Paschalis, quæ ex
Lateranensi, & Tridentino Conciliis in Ecclesia Parochiali semper assumuntur, tempore statuto, videlicet, à Dominica Palmarum
inclusivè usquè ad Dominicam in Albis,
non in Ecclesiis Regularium, neque in Oratoriis privatis fiat sub pœna de non satisfaciendo, statuitur. Septimum, extra Communionem Paschalem licere in Oratoriis
privatis sacram sumere Eucharistiam, licentia Episcopi obtenta : & circa Communionem intra Missam, àn fidelibus petentibus
sit distribuenda, mentionem facit in Epistola, cujus initium: *Certiores effeæti*, quæ
extat in Bullario ejusdem Pontificis tom. 1.
n. 64. Oætavum, Episcopis mandat, ut in

Diœcesanis Synodis, & ediætis eadem omnia publicentur, quemadmodum à quamplu-
rimis Italis aætum fuit. Indultariis quoquè
ea demonstranda cum interminatione amissionis privilegii, & contra Capellanos inobedientes (si quando infortunium acciderit)
procedendum esse per censuras. Nonum, privilegium Altaris viatici, Regularibus concessum in Decretali Honorii III. *in cap. in*
his, de privilegiis, per Tridentinum *sess.*
22. declaratur omnino irritum ; ac Episcopis conceditur, ut hac in re tanquam *De-*
legati Sedis Apostolicæ contra refraætarios
procedant : imò privilegia, de quibus agitur, in corpore Juris clausa, etiam sine speciali mentione à Tridentina Synodo abrogata esse, à Pontifice commemoratur. Decimum, Altaris viatici Indultum, sæpè ab
Apostolica Sede concessum, & nunc etiam
post Tridentinum, ut notum sit, mandat
Sanætissimus, in iis locis tantùm concedi,
ubi Ecclesiæ non sunt ; aut si sunt, talis
hæreticorum potentia est, ut in easdem Catholici non sine gravi periculo ad audiendam Missam convenire possint : uno verbo,
ut præcisè necessitati provideatur. Undecimum est tenor privilegii à Gregorio XIII.
anno 1580. emanati pro Fratribus Prædi-
catoribus Provinciæ Poloniæ, videlicet: „In
„quibusdam civitatibus, Oppidis, & locis
„Provinciæ Poloniæ tanta hæreticorum po-
„tentia, & impietas existit, ut Catholicos
„impunè opprimant, nec iisdem Catholicis
„Missas in Ecclesiis, quarum raritas in
„illis partibus existit, audire tutò liceat.
„Nos, supplicationibus tuis in hac parte in-
„clinati, tibi, ac pro tempore existenti, Or-
„dinis Fratrum Prædicatorum Provinciæ Po-
„loniæ Priori Provinciali, ut licentiam, &
„facultatem diætis professoribus Altaria por-
„tatilia habendi cum debitis reverentia,
„& honore, super quibus in domibus no-
„bilium Civium, & incolarum Civitatum,
„Oppidorum, & locorum diætæ Provinciæ,
„in quibus vel Ecclesiæ desunt, vel tanta
„est hæreticorum potentia, & impietas, ut
„impunè opprimant, in locis, ad hoc con-
„gruentibus & honestis, per seipsos Mis-
„sas in præsentia personarum Catholicarum
„celebrare possint in casibus necessitatis
„tantùm, ità quòd eis ad culpam nequeat
„imputari, concedere valeatis, Apostolica
„auætoritate tenore præsentium de speciali
„gratia indulgemus.‟ Duodecimum est Decretum Clementis XI. de privilegiis Oratoriorum privatorum, quod, ne aliquid desi-
de-

deretur, in hac Constitutione per extensum transmittit Episcopis Sumus Pontifex. Hoc Decretum refert Auctor de verbo ad verbum §. 1. n. 111.

Denique pro termino hujus Constitutionis, mandat Summus Pontifex, non licere Regularibus, etiam in propiis Ecclesiis, & Cœnobiis, sine approbatione Episcopi exorcizare ; tàm in hac materia, quàm in supradicta de Oratoriis privatis, auctoritatem Apostolicam in favorem Episcoporum contra violatores fassus est interponere. Habetur tom. 3. Bularii n. 48.

Pòst hanc Appendicem. de privilegio audiendæ, & celebrandæ Missæ in Oratoriis privatis, sequitur §. 12. cap. 3. De Augustissimo Eucharistiæ Sacramento.

§. XII. De ornatu requisito ad celebrandum.

I. AD celebrandum requiritur Altare, habens lapidem consecratum, sub mortali ; & sine ipso celebrare nunquam licet. Requiruntur tres mappæ benedictæ, quarum una saltem totam mensam tegat; & plures affirmant, in necessitate sufficere etiam duas. Requiritur lumen regulariter in duobus cereis accensum ; sine quo celebrare regulariter est lethale. Excipitur casus necessitatis, in quo etiam unus cereus, & si hic non possit haberi, sufficiet candela sebacea, vel etiam lampas olearia ; nunquam tamen licet sine aliquo lumine : necessitas autem est, ne populus Missa careat. Requiritur sub mortali missale ; quia nemo in re adeo gravi potest suæ fidere memoriæ : neque ullus, legere non valens, celebrare potest absque speciali sanctæ Sedis dispensatione; & tunc solùm in Oratorio privato. Requiritur regulariter crux in Altari, nisi in eo Altari expositum sit Venerabile, aut nisi Altare ipsum sit Crucifixi, vel Crucis : excipitur necessitas ne populus Missa careat ; nunquam tamen ex mera devotione licet sine cruce celebrare. Benedictus XIV. in Const. 16. Junii 1746. §. 5. approbat opinionem sustinentium requiri crucem cum Crucifixo ; ideo hanc tenendam suadeo. Requiritur demùm minister deserviens, qui sit masculus; & nunquam licet sine inserviente celebrare.

* Aliquod lumen, dùm Missa celebratur, requiri ex gravi præcepto Ecclesiæ, communis sententia Doctorum est, quam refert Suarez tom. 3. in 3. part. disp. 81. sect. 6. §. 3. & adeo urget hoc præceptum, ut sine uno lumine non liceat celebrare, etiam urgente periculo, ne populus die Festo Missa careat, aut ne moribundus sine Viatico ex hac vita decedat, quemadmodùm docent graves Scriptores, quos citat, & sequitur Quartus ad Rubricas Missalis part. 1. t. 20. num. 11. Quare à culpa lethali immunis non foret, qui totam Missam, vel partem illius notabilem in quocumque casu, nullo ardente lumine, celebrare auderet. Ex qua verò materia constare debeat hujusmodi lumen (verba sunt Suarezii loc. cit.) Auctores non declarant, & in cap. final. de celebrat. Miss. solùm damnatur ille Presbyter, qui sine igne sacrificabat. Respondetur tamen, subdit, Ecclesiæ consuetudinem esse, ut cerea candela accensa sit ; & hoc est servandum : nàm, licèt ex oleo soleant etiam in Ecclesia lucernæ accendi, & regulariter hujusmodi sint, quæ coràm Divino Sacramento ardent, dùm in Sacrario conservatur, & tempore etiam Sacrificii soleant etiam hujusmodi luminaria accendi ; tamen quòd sola lucerna ex oleo tempore Missæ accensa sit, nunquam geri solet ; neque existimo licere, præsertim sine necessitate : in illa vero, quando candela cerea haberi non posset, non damnarem peccati mortalis eum, qui sine scandalo, & contemptu, sed ex devotione cum sola hujusmodi lucerna Missam diceret, quamvis ego non consulerem : inferior autem materia nullo modo adhibenda est, ut ex sebo, vel simili ; est enim valdè indecens, & ab Ecclesiæ usu prorsus aliena. Hæc ille. Sunt tamen, qui censent, urgente nesessitate, adhiberi posse lumina ex sebo, si desint vel ex cera, vel ex oleo; cui opinioni, & Auctor adhæsit. An verò duo requirantur lumina ex vi præcepti Ecclesiastici, dissensio est inter Doctores. Unum in rigore sufficere existimant plures, minus vero dedecere, notavit de Graffiis lib. 2. cap. 42. n. 1. undè communiter duo saltem adhibentur, & adhibenda sunt : in casu tamen necessitatis, unico solo ardente cereo, posse Missam peragi, docet Azorius l. 20. c. 28. q. 5. cui adhærent Gavantus p. 1. t. 20. Meratus apud ipsum tom. 1. part. 1. pag. 128. & Benedictus XIV. de Sacrosancto Missæ Sacrific. l. 3. c. 7. n. 2. aliique. Dùm autem plures quàm duæ lucernæ adhibentur, ad majorem ornatum, & reverentiam pertinebunt. Solum cavendum est quod Concilium Tridentinum admonuit sess. 22. in Decreto de Observan. in celebrat. Miss. ne certus aliquis numerus candelarum ex aliquo superstitioso cultu adhibeatur.

S.

S. P. Benedictus XIV. *in cit.* ab Auctore *n. praeced. Constit.* seu *Epistola* ad Archiepiscopos, Episcopos, & Ordinarios ditionis Ecclesiasticae incip. *Accepimus praestantium,* quae habetur *Bullarii tom.* 2. *n. 17.* ait 1. *Illud permittere nullatenus possumus, quòd Missae Sacrificium in iis Altaribus celebretur, quae carent imagine Crucifixi, vel ipsa incommodè statuatur ante Presbyterum celebrantem, vel ità tenuis, & exigua sit, ut ipsius Sacerdotis, & populi assistentis oculos penè effugiat; subditque, certissimum esse violari leges Ecclesiae, si exigua solùm imago Crucifixi praefigatur minori tabulae, vel statuae Sancti, quae superadditur.* 2. *sine imagine Crucifixi, quae pendeat è cruce, rem divinam fieri non posse, nisi necessitas interveniat.* 3. non esse necessarium Crucifixum, *dummodò Crucifixus in majore tabula Altaris vel pictus, vel celatus primum locum obtineat prae caeteris omnibus, quae in eadem tabula exprimuntur.* 4. non sufficere parvam crucem, quae Tabernaculo praefigitur juxta Decretum Congr. Sacr. Rit ann. 1663.: *Crux parva cum imagine Crucifixi, posita super Tabernaculum, in quo asservatur inclusum Sanctissimum Sacramentum in Altari, non est sufficiens in Missa, sed poni debet alia crux in medio candelabrorum.* 5. ad obligationem quod attinet ponendi crucem in Altari, in quo expositum est Sanctissimum Sacramentum, si in eo celebretur, asserit, servanda esse Decreta, prudenter, sapienterque edita à Sacr. Rit. Congreg. videlicet, *ut quaelibet Ecclesia vel Dioecesis suam retineat consuetudinem; ità ut nil immutetur in ea Dioecesi, ubi crux in Altari constitui soleat, dùm Missa celebratur; etiamsi sacra Eucharistia publicè prostet: neque nova disciplina excitetur in ea Dioecesi, ubi contraria hujusce rei consuetudo jam pridèm invaluerit.*

P. Cajetanus Maria Merati in suis *Observationibus, & Additionibus super Thesaur. Sacror. Rituum* Gavanti tom. 1. *p.* 1. *t.* 20. ad examen vocat, àn Rubrica de aponenda cruce super Altari sit praeceptiva, & obliget sub gravi; sicque difficultatem resolvit, „Aversa, inquit, *de Sacrif. Missae q.* 11. „*sect. 3.* affirmativam tenet sententiam; ne„gativam alii amplectuntur quoad culpam „peccati mortalis in omissione talis crucis; „sed ad summum culpam venialem committi „ab iis, qui non servant talem ritum, com„munior sententia sustinet; de praedicto enim „praecepto sub mortali non constat nequo ex

„Jure, neque ex consuetudine, quae fuerit „hoc animo introducta. Communiter autem „ità servatur, ait Anellus *lib.* 1. *cap.* 8. „*dub.* 8. ex majori devotione, & ad Rubri„cae directivae, vel ad summum praeceptivae „sub levi culpa, satisfaciendum. Hanc sen„tentiam tenent Suarez *disp.* 8. *sect.* 6. „Vazquez disp. 233. cap. 3. & alii, quos „citant, & sequuntur Diana *part.* 10. *tract.* „15. *resol.28.* Quarti *part.* 1. *dub.* 10. & „recentissimè Raphael ab Herissonio in suo „lib. cui titulus *Manuductio Sacerdotis, &c.* „*tract.* 1. *sect.* 5. *cap.* 3. Legatur etiam S. „P. Benedictus XIV. *de Sacrosancto Missae* „*Sacrificio. lib.* 3. *c.* 13. *n.* 1.“

* Auctor demùm in fine *n. praeced.* absolutè pronuntiat, nunquam licitum esse celebrare sine ministro inserviente. Verùm S. P. Benedictus XIV. *de Sacrosancto Missae Sacrificio lib.* 3. *cap.* 7, *n.* 3. ad rem hanc sic sese explicat: „Etsi, *ait,* geneneralis ea „regula sit, non posse Missam sine ministro „celebrari juxta Decretalem Alexandri III. in „cap. *Praeposuit* de Filiis Presbyterorum... „tamen potest Sacerdos sine ministro Missam „celebrare, sibique ipsi respondere, si Via„ticum opus sit infirmo ministrare, ut docet „Sylvius 3. *p. q.* 83. *art.* 5. qui etiam cen„set, Sacerdotem, cui die festo non sit copia „Missae audiendae, meliore consilio Missam „praetermittere, quàm sine ministro celebra„re, quamquàm neget, illum peccare, si sine „ministro celebret.“ De necessitate ministri ad Missam celebrandam agit idem S. P. *lib.* 1. *cap.* 11. ubi plura docet scitu digna.

II. Requiruntur calix, & patena cum sua supellectili, quae sint respectivè consecrata, vel benedicta. Calix, in cuppa saltem, sit argenteus; sin autem, sufficiet stanneus, dummodo intùs sit deauratus, quae deauratio non est simpliciter necessaria in argenteo: idem dicas de patena. Requiritur corporale lineum benedictum, sine quo nunquam licet. Requiritur palla benedicta, sine qua advertenter nunquam licet. Itèm purificatorium, quod non eget benedictione. Velum calicis, & bursa requiruntur, sed potest Missa celebrari, occurrente necessitate etiam sine illis. Requiruntur vestes sacrae, & quidem omnes, & benedictae; ità ut, aliqua earum deficiente, celebrare non liceat. Deficiente cingulo, si sit celebrandi necessitas, poterit loco cinguli se cingere alia stola; quemadmodùm, si desit manipulus, poterit in necessitate accommodare aliam stolam ad modum manipuli; num-

quam

quàm tamen hæc licent ad celebrandum ex mera devotione. Color vestium singulis diebus præscriptus est observandus, quando fieri potest: putant tamen aliqui, non esse mortale, si desit color præscriptus, & aliqua necessitas celebrandi urgeat, aut diei festi, aut communicandi infirmum, & adhibeatur color appropinquans præscripto; quæ omnia intelliguntur, semoto semper scandalo. Vestes non debent esse nimis dissutæ, neque corporale, & purificatorium nimis immunda; & circa hoc gravis obligatio obstringit custodes, sacristas, &c. ut lethale sit, si in hoc notabiliter deficiant.

* Animadvertendum hìc est, quòd vestes sacræ suam benedictionem amittunt per lacerationem, seu fractionem, & imminutionem notabilem, per quam desinunt esse aptæ ad usum suum, ut si albæ manica separetur: si cingulum ità rumpatur, ut nulla pars ad cingendum sufficiat: nàm, si pars aliqua sufficiens persistat, hæc manet benedicta ob retentam aptitudinem ad usum proprium. Item totum cingulum manet benedictum, & aptum, si antequam frangatur, remedium adhibeatur connexione fortiori partium, etiamsi per nodum. Si priusquàm figura vestis destruatur, ad eam reficiendam assuantur paulatim aliqua, etsi ea non sint benedicta, eadem vestis moraliter benedicta manet; nàm accessorium non tollit principale, sed ejus naturam sequitur: nisi tanta huic accessio fiat, ut possit penè novum censeri. Sic P. Antoine tract. de Euchar. cap. 3. q. 5. n. 8. Legatur & P. Patricius Sporer. Theol. Sacram. part. 2. cap. 6. sect. 3. §. 2. n. 413.

Rubricistæ varias excitant quæstiones circa colores indumentorum, queis in Missæ celebratione utendum est, ut videre est apud Meratum in Novis Observat. & Addit. ad Gavanti Comment. part. 1. tit. 18. n. 1. Inter cæteras hanc proponit P. Quarti part. 1. tit. 18. Rubr. 2. videlicet: utrùm color auri in vestibus sacris æquivaleat cunctis coloribus, aut saltem rubeo, & albo? Et huic quæsito affirmativè respondet; quia aurum lucidum habet, per quem albo assimilatur; & igneum, per quem rubeo; & concludit, exceptis violaceo & nigro, cæteris coloribus aurum æquivalere; eoque pro rubeo, albo, & viridi nos uti posse, etiam affirmat Gerlacus Vinitor §. 7. Turrinus tamen part. 1. sect. 4. cap. 4. quamvis fateatur, vestes aureas festivas esse; adhiberi tamen posse de rigore pro vestibus omnium colorum, minimè assentitur; quia color auri nec

albus, nec rubeus est; sed color flavus, qui approximat viridi: ergo, sicuti albo pro viridi, aut rubeo uti non licet extra necessitatem, sic nec planeta aurea pro alba, & rubea, sed pro viridi tantùm, cujus colori approximat, ut dictum est, adhiberi potest. Ità Turrinus; sed nobis supradicta Quarti sententia magis arridet, subdit præcitatus Meratus ibidem.

In Rubricis autem Missalis Ordinis F. Prædicatorum tit. de Coloribus, quibus utendum ese in Ecclesiasticis Indumentis, & Paramentis Altaris sic statuitur 1. Indumenta Celebrantis, & Ministrorum, & Paramenta Altaris debent esse coloris convenientis Officio, & Missæ diei secundùm Ritum nostrum, in quo quinque coloribus uti consuevimus, albo, rubeo, viridi, violaceo, & nigro 2. Distinctum præscribitur, quandonam albo, vel rubeo, vel viridi, vel violaceo, vel nigro utendum sit. 3. Tandem num. 6. ità decernitur: In diebus verò solemnissimis, id est, qui habent octavas solemnissimas, vel solemnes, uti possumus pretiosioribus paramentis, cujuscumque sint coloris, dummodo non sint nigri.

Observanda demùm sunt sequentia S. R. C. Decreta, quæ affert Meratus idem in Indice Decretorum tom. 2. n. 558. & 560.

Primum est, quòd Sacerdotes, etiam Regulares diebus, quibus propria Officia recitant sub Ritu duplici, celebrantes in alienis Ecclesiis, quando peragitur Festum cum solemnitate, & concursu populi, debent celebrare Missas conformando se ritui, & colori earumdem Ecclesiarum. In aliis verò diebus possunt; sed quando prohibentur Missæ votivæ, vel defunctorum, debent se uniformare, saltem quoad colorem. S. R. C. 11. Junii 1701. in una Tertii Ordinis S. Francisci.

Secundum est, quòd in Ecclesiis Regularium diebus Dominicis, quibus tàm Regulares, quàm exteri celebrant de Dominica, possunt exteri uti coloribus paramentorum, quibus utuntur Regulares ratione alicujus octavæ; & Regulares celebrantes in aliis Ecclesiis uti coloribus juxta ritum earumdem S. R. C. 11. Junii 1701. in una Tertii Ordinis S. Francisci.

III. Sciscitaberis, à quibus respectivè consecranda vel benedicenda sint præfata requisita? Respondeo, ea requisita, in quibus intervenit sacra unctio, puta, calicem, & patenam, consecranda esse ab Episcopo pro suis subditis, atque reliquis in sua Diœcesi commorantibus. Hac facultate gaudent

dent etiam Abbates illi, quibus est concessus Pontificalium usus, attamen tantummodo pro suis subditis, & monasteriis, neutiquam pro quibusvis extraneis: ità declaravit expressè Sacra Congregatio, habita coram S. Pontifice Alexandro VII. die 27. Septembris anni 1639. in cujus numero 18. dicitur: *Ecclesiasticam suppellectilem pro servitio duntaxat suarum Ecclesiarum, vel monasteriorum benedicant: & num. 19. Reliqua Pontificialia, extra loca ipsis Abbatibus subjecta, vel pro servitio alienæ Ecclesiæ, aut in subditos pariter alienos, etiam de licentia Ordinariorum, exercere non valeant: puta, campanarum benedictiones, calicum, & similium, in quibus sacra adhibetur unctio.* Regulares autem Superiores, quibus non est concessus Pontificalium usus, consecrare non possunt supradicta, neque pro suis Ecclesiis; possunt tamen benedicere suppellectiles, vestesque sacras tantum pro usu suarum Ecclasiarum, ut dicitur in citato num. 18. nec non in Constitutione Benedicti XIII. data 26. Maji 1727. in cujus §. 33. idem Summus Pontifex, pòst indicatos alios Pontifices, hocce privilegium nostris concedentes, illud confirmat, atque innovat.

☞ Laudatus S. P. Benedictus XIII. f. r. sic ad rem hanc se se explicat *loco citato*: ,,Insu,,pèr, *ait*, facultatem indultam Superioribus ,,quibuscumque, etiam localibus, Fratrum ,,Prædicatorum benedicendi quæcumque ves,,timenta, aut paramenta Ecclesiastica, in ,,quibus non intervenit unctio, à Bonifacio ,,IX. in Const. *Sacræ Religionis* 5. Kal. Maji ,,1402. ab Innocentio VIII loco statim re,,ferendo, & à S. Pio V. in Brevi incipien. ,,*Volentes iis* 25. Junii 1571.: solemniter & ,,juxta ritum Ecclesiæ, aqua priùs à catholi,,co Episcopo benedicta, reconciliandi pollu,,tas Ecclesias, cœmeteria, aut claustra a Cle,,mente V. in Bulla edita 8. Idus Martii ,,1307., & ab Innocentio VIII. per Bullam ,,*Benignitas* 1484. & à S. Pio V. in Brevi ,,edito 16. Junii. 1569. eidem Ordini, ejusque ,,Superioribus prædictis motu, scientia, & ,,auctoritate similibus, confirmamus, & inno,,vamus, & respectivè declaramus, prædictis ,,Superioribus esse præterea permissum aqua, ,,ut suprà, ab Episcopo benedicta novas Ec,,clesias, nova Cœmeteria, Capitula, Clau,,stra, & Oratoria benedicere; & hæc omnia ,,etiam de novo concedimus & elargimur: ,,hoc amplius, quod, ubi Diœcesanus Epis,,copus renucret aquam a se benedicam con,,cedere, possint, & debeant licitè & validè

,,iidem Fratres à quocumque Catholico Epis,,copo aquam in ejus Diœcesi benedictam, ad ,,prædicta præstanda accipere, & adsportare.

* Lege Em. Cardinalem Lambertini *Institut.* 21. *n.* 19 ubi confirmat, quod docet Auctor *num. præc.* videlicet, quod etiam Abbates Regulares pro suis duntaxat Ecclesiis vestes benedicere possint. In Decreto Alexandri VII. *ait*, quod supra memoravimus, Regularibus Abbatibus pro suis tantùm Ecclesiis campanas, & calices consecrare permittitur. Idem paragrapho superiori 18 pro benedictione sacrarum vestium à Pontifice præcipitur: *Ecclesiasticam suppellectilem pro servitio duntaxat suarum Ecclesiarum, vel Monasteriorum benedicant.* Cum verò, *subdit*, Monachi Congregationis Cassinensis ad eumdem Pontificem confugissent, iis privilegiis se prædictos affirmantes, quibus eas benedictiones tàm pro suis, quàm pro aliorum Ecclesiis se exercere posse fatebantur; Sacra Congregatio habita coràm eodem Alexandro VII. die 20. Julii anno 1660. hoc responsum dedit: *Ad paragraphum decimum nonum, quo vetita est Abbatibus benedictio sacræ suppellectilis pro usu alienarum Ecclesiarum, asserentibus Monachis etiam pro aliena Ecclesia ex Apostolico indulto eis licitum esse Ecclesiasticam supellectilem benedicere; Sacra Congregatio mandavit, exhiberi indultum authenticum ex Archivo Apostolico desumptum, ac interim abstineri.* Ignoramus, *inquit*, an tale indultum in lucem unquam productum fuerit: si id constaret, huic nostræ declarationi adjungeretur. Hoc idem habet & *de Sacrosanct. Sacrif. Missæ Append. 2. ad lib. 1.*

¶ Excitatur à Theologis difficultas, àn possit Episcopus facultatem simplici Sacerdoti delegare benedicendi vestes ad Missæ celebrationem necessarias. Non est una omnium sententia. Ajentem sustinent nonnulli, & præsertim Quarti *part. 2. tit. 1. sess. 4. dub. 3.* Negantem communiter alii propugnant; & hæc est probabilior, & in praxi sequenda. Quippè talis facultas non spectat ad potestatem jurisdictionis, quæ delegari potest, sed ad potestatem Ordinis, quæ delegari nequit. Et sanè refert Gavantus *part.4. tit. 19. num. 23.* quòd S. R. C. sæpius requisita ab Episcopis insignioribus, & S. R. E. Cardinalibus, ejusdemque Congregationis Præfectis, justis de causis apud proprias Ecclesias non residentibus pro facultate subdelegandi, hinc pluribus concessit, aliquando limitando personas in dignitate consti-

tu-

tutas aliquando tempus ad sex menses, & sæpiùs tandem sine limitatione. Accedit auctoritas, atque exemplum S. P. Benedicti xiv. qui, dùm Bononiensi Ecclesiæ præesset, licèt probè nosset Auctorum opiniones, atque rationum momenta, quibus illæ innituntur, adhuc pro prædicta facultate apud Sacram Congregationem supplicandum esse, censuit, ut ipsimet apertè manifestat *Notif.* 21. *num.* 10. En ejus verba : *Ut omnem dubitationem exuamus ; & cùm ampliùs viginti annis Sacræ Rituum Congregationi interfuerimus, ac supplices Episcoporum libellos audiverimus, ut simplices Sacerdotes pro hujusmodi vestium benedictione deligere sibi fas esset, die 19. Januarii hujus anni nos quoquè ad ipsam confugimus, ac delegandi facultatem satis amplam obtinuimus, quæ ad quinquenium protrahitur, novoque privilegio diutiùs prorrogari potest.* Videatur P. Joann. Michaël Cavalieri *tom.* 4. *c.* 11. *Decret.* 2. *num.* 1. Legatur etiam P. Lucius Ferraris V. *Benedic. art.* 1. *num.* 17.

§. XIII. *De observandis in ipsa celebratione.*

I. REcitandæ sunt breves illæ preculæ injunctæ Sacerdoti, dùm se induit, ad amictum, albam, &c. quarum omissio est venialis culpa major; vel minor pro rata omissionis. Nemo potest celebrare capite cooperto, nisi de S. Sedis speciali licentia. Debet Sacerdos habere vestem talarem, dùm se induit vestibus sacris.

II. Generatim loquendo, nil addi, vel minui potest in celebratione, præterquam a Missali in Rubricis præscribitur : ità ut quævis addito, vel subtracto, pro ratione materiæ, advertenter facta, sit lethalis, vel venialis.

✠ Partes Missæ aliæ sunt ordinariæ, quatenùs semper dicuntur, ut Confessio, Introitus, Oratio, Epistola, Evangelium, Offertorium, Præfatio, Canon integer, Oratio Dominica, Agnus Dei, &c. aliæ non ordinariæ, quatenùs non semper dicuntur, ut Gloria in Excelsis, &c. Credo, Orationum numerus, pluralitas Epistolarum, Sequentia, &c. Qui omittit deliberatè partem ordinariam, puta, Epistolam, Evangelium, partem notabilem Canonis, & similia, peccat mortaliter. Qui omitteret materiam levem, etiam in Canone, ut nomen unius Sancti, peccaret venialiter. Qui tamen aliquid deliberatè in Canone omitteret, quod corrumperet sensum, peccaret mortaliter. Item

peccarret mortaliter, qui deliberatè omitteret *Pater noster*, vel *Agnus Dei*, aut fractionem hostiæ, vel illius cum Calice commixtionem, aut purificationem Calicis, & patenæ post comunionem. Qui verò omitteret unam ex partibus non ordinariis, puta, *Gloria*, *Credo*, peccaret solùm venialiter. Qui tamen unum horum deliberatè omitteret in magna solemnitate, peccaret mortaliter. Qui autem omitteret *Sequentiam*, vel *Præfationem specialem*, vel *Communicantes*, quæ leguntur certis solùm diebus, culpæ venialis duntaxat reus foret. Omissionem principalis collectæ uno tantùm in loco pariter non excedere culpam venialem, ut sentiunt plures; eam verò omittere tribus in locis, culpam gravem esse defendunt. Legatur P. Daniel Concina *tom.* 8. *lib.* 3. *diss.* 2. *cap.* 18. *num.* 2. & 3. qui alia etiam docet, ad materiam hanc pertinentia.

III. Ex communi doctorum, Sacerdos, qui ex modo se gerendi in celebratione, tàm quoad nimiam celeritatem in legendo, tàm quoad verborum obtruncationem; tàm quoad malam executionem ceremoniarum, nempè, genuflexionum, signorum crucis, benedictionum, &c. ità ut indevotionem, admirationem, & scandalum notabile piis adstantibus ingerat, peccat lethaliter. Quid igitur dicendum de plurimis, qui, quæ altè legunt, devorant ? quæ submissa voce, deglutiunt ? qui cæremonias tanta festinatione, oscitantia, levitate, inurbanitate, & irreverentia exequuntur ? qui paucis minutis vix Quadrantem horæ attingentibus, Missam absolvunt ? Quid his misserrimis dicturus est Christus, qui Sacratissimum Corpus suum, pretiosumque cruorem adeo indevotè, & irreverentèr quotidie tractarunt, ut ab adstantibus potiùs devotionem repellerent, quàm eisdem conciliarent ? Interrogabis, quantum ergo temporis insumendum est in celebratione ? Respondeo, quantum requiritur, ut executioni mandentur præscripta à Missali Romano ; in eo siquidem jubetur, ut quæ alta voce leguntur *distinctè*, *& appositè proferantur, non admodùm festinanter voce mediocri, & gravi, quæ, & devotionem moveat, & auditoribus ità sit accommodata, ut, quæ leguntur, intelligant.* Respondeo iterum, quantum exigitur, ut obediatur Concilio Tridentino sess. 22. in decreto de observandis, & vitandis in celebratione, nempè: *ut omni Religionis cultu, ac veneratione celebretur... omnem operam, & diligentiam ponendam esse, ut quantùm maximè fieri po-*

test , interiori munditia , & puritate, atque exteriori devotionis , ac puritatis specie peragatur.

Em. Cardinalis Lambertinus , qui fuit S. P. Benedictus XIV. *Inst. 34. §. 6. num. 30.* pòst relatam Missalis Rubricam, in qua præscribitur , ut Sacerdos , *ea, quæ clara voce dicenda sunt , distinctè , & appositè proferat; non admodùm festinanter, ut advertere possit,quæ legit; nec nimis morosè,ne audientes tædio afficiat,* paucis interjectis,subdit: „Scriptores autem juxta Rubricam tem- „poris spatium , quod in Missæ celebratione „impenditur , duplex constituunt , videlicet, „interius , & exterius. Primum quidem in „recta, integraque verborum pronuntiatio- „ne , in precibus , cæterisque rebus , quæ à „sacris ritibus præscribuntur , attentè , de- „centerque absolvendis collocatur ; alterum „verò illud est , quod pietati Sacerdotis li- „berum relinquitur. Admonent tamen , ut „hanc secundam prolixitatem, quo possunt „studio, singuli evitent, ne fastidium populo „afferatur ; primam verò non sine gravi cul- „pa omitti posse , fatentur. De illa sanè ser- „monem habebat S. Philippus Nerius , cùm „Sacerdotes, qui in sacro peragendo cœlesti „voluptate supra modum cumularentur, hor- „tari solebat , ut dicerent : *Non palàm has* „*delicias , sed clàm in cubiculo magis opta-* „*rem :* hoc pacto innuebat, Sacrum religiosè „quidem fieri debere, cavendum tamen , ne „tædio populus afficiatur ; in cubiculo au- „tem pietati habenas laxandas esse. Itaque „si spatium temporis interius, quod requiri- „tur in iis omnibus ritè perficiendis , quæ „modò explicavimus , sedulò perpendatur, „non ità brevi tempore , ut multi existi- „mant, Sacrum expediri potest , sed ex „unanimi Scriptorum opinione ad tertiam „horæ partem saltem debet pertingere , ne- „que horæ dimidium excedere.

IV. Peccat item mortaliter Sacerdos, qui advertenter , & notabiliter distractus Sacrificium celebrat ; si enim voluntaria notabilis distractio in recitatione horarum lethalis est, nisi repetantur ; multò magis lethalis erit voluntaria notabilis distractio in actione longè præstantiori , qua major sub Cœlo non invenitur , & quæ repeti nequit.

V. Missam inchoatam interrumpere illicitum est , absolutè loquendo : non in casu aliquo gravis necessitatis corporalis celebrantis , vel spiritualis proximi , puta , aut Baptismi ministrandi , aut absolutionis impertiendæ repentè morituro ; quibus peractis,

Missam prosequatur: Quòd si , consecratione facta, prosequi nequeat , alter est substituendus , qui Sacrificium compleat , juxta superiùs dicta. Quòd si , dùm Missa celebratur, Ecclesia polluatur mutilatione , aut occisione alicujus , &c. aut excommunicatus vitandus eadem egredi nolit , & hæc ante cœptum Canonem eveniant , recedere debet ab Altari. Vide Missale in Rubricis.

✠ Dubio procùl Sacerdos, qui Missam inchoavit , tenetur sub mortali illam absolvere , nisi excusetur ob impotentiam subitò evenientem ex mentis deliquio , gravi infirmitate &c. Et tunc, si redire & prosequi nequeat , peractaque sit consecratio , alius Sacerdos, ut & Auctor docet, debet Sacrificium perficere ; neque enim Sacrificium imperfectum relinqui debet. Similiter Sacerdos tenetur sub mortali Missam inchoatam notabiliter non interrumpere, seu interpolare absque rationabili causa ; quia notabilis interruptio absque rationabili causa gravis foret irreverentia , ut nemo non videt : undè , si quis postquam inchoavit Missam , vel sacras vestes exuat , & ità recedat , veniatque posteà prosecuturus ; vel sacris vestibus indutus ad horas ibi expectet quempiam venientem , & cùm venerit , perficiat , certè reus evaderet lethalis criminis. Dixi autem 1. *notabiliter;* quia parva interruptio non esset grave peccatum, sed veniale duntaxat. Dixi 2. *absque rationabili causa;* nàm, sit rationabilis causa adsit, licitè potest Missa interrumpi. Sic licitè Missa interrumpitur ab Episcopo, ut Ordines conferat, à Parocho propter concionem, vel publicationem Edictorum Ecclesiæ, ab excipiente vota Religiouis, quando eorum cæremoniæ fieri solent intra Missaru m solemnia. Addit Navarrus *c. 16. de orat. n. 69.* Missam non illicitè interrumpi ob exonerationem ventris, omnino necessariam , si nullatenùs usque ad finem diferri potest. Potiori jure licitum erit Missam interrumpere etiam notabiliter, etiam post consecrationem,ob spiritualem necessitatem proximi , ut ei provideatur etiam extra Ecclesiam de remedio salutis necessario necessitate medii, si præter celebrantem nullus alius adsit,qui valeat eidem opem ferre , *veluti,* ait Sylvius, *in 2. part q. 83. a. 6. q. 4. ad baptizandum infantem moribundum, vel ad excipiendam confessionem infirmi; quorum ille alioquin sine baptismo, iste sine Sacramento Pænitentiæ esset moriturus. Idem judicandum est,* subdit,*si for t extrema unctio administranda infirmo, qui a iud Sacramentum non potest recipere.* Siquidem hi

sunt

sunt casus extremæ necessitatis proximi existentis in periculo damni animæ irreparabilis, cui indubiè subveniendum est ; cùm Deus velit neminem perire. Et notandum est , quòd in casu , quo moribundo administrandum sit Sacramentum Pœnitentiæ , ministrari potest etiam Extrema unctio; quippè utilitas proximi excusat moram paulò longiorem , si semel rationabiliter Missa sit interrupta. Dixi autem 1. *etiam post consecrationem* , ad indicandum, quòd à fortiori licitum est Missam interrumpere ante consecrationem , etiam Viatici dandi gratia ; nequaquam tamen expedit , ut censet præcitatus Sylvius , Missam interrumpere ad audiendam confessionem etiam brevem alicujus simpliciter communicaturi , nequidem quando celebrans jam est aliis in Missa præbiturus communionem. Dixi 2. *etiam extra Ecclesiam*; quandoquidem si moribundus sit intra Ecclesiam , minor est difficultas , potestque celebrans, Missa etiam post consecrationem interpolata , Viaticum & extremam unctionem administrare ; quia tunc non est notabilis Sacrificii interruptio; nec opus est vestes sacras exuere. Animadvertendum verò est, quòd si, dùm necessitas urget ea Sacramenta administrandi , facta sit consecratio , debet Sacerdos diligentissimè curare , ut intereà ab aliquo species consecratæ attentè custodiantur , nisi forte consultum melius existimaverit illas in Tabernaculo occludere ; & postquam redierit, debet Missam indè , ubi eam intermiserit , repetere. Legantur Sylvius *loc. cit.* & in *Resolut.* Verbo *Missæ interruptio* ; Quartus *ad Rubric. Missal. p. 2. tit. 3. sect. 3. cap. 3.* P. Martinus Wigandt *tract. 15. exam. 7. n. 84.* P. Antoine *tract. de Euch. cap. 3. in resp. ad quæst. 6. num. 6.* & tandem S. P. Benedictus XIV. *de Sacros. Missæ Sacrif. lib. 3. cap. 14. n 15.*

Quæres : an sit sufficiens causa interrumpendi Missam , eamque ab introitu iterandi seu resumendi , si Episcopus, aut Princeps aliquis superveniat, qui Missam die festo non poterunt audire , nisi is, qui eam inchoavit , reincipiat?

Resp. Varia sunt Theologorum placita circa propositam difficultatem. Negant aliqui esse causam sufficientem. Affirmant alii, si solùm dicta sit Epistola ; imò & si lectum sit Evangelium , sed non facta oblatio. Propter istorum auctoritatem credit Sylvius , id fieri posse , ubi nullum inde scandalum videretur nasciturum. At statim subjungit : „Quia tamen hujusmodi usus non est in Ecclesia.

„dicam cum Ledesma *cap. 24. de Ench.* „haud facilè in praxim redigendum ulli Sa-„cerdoti consulerim ; præsertim cùm illi ex-„cusari possint à transgressione præcepti, qui „Missam audiunt ab initio Evangelii, imò „& à fine , si per eos non stet, quo mi-„nùs unam aliam audiant.

§. XIV. *De stipendio celebrationi debito.*

I. QUòd justum stipendium debeatur Sacerdoti celebranti , non tanquam pretium operis , sed tanquam debitum honestæ suæ sustentationi , nemo doctorum ambigit. Stipendium autem justum illud est, quod vel lege , vel consuetudine approbata taxatum invenitur , ità ut nequeat Sacerdos plus exigere : aliter teneretur excessum illum restituere , utpote extortum , & non liberè datum. Recipiens autem stipendium tenetur ex justitia stipendium , sicuti à dante stipendium præscribitur , videlicèt tot Missas celebrare , talis qualitatis , in tali loco, tali tempore , atque pro tali causa , si hæc cuncta præscribat. Peccabit igitur , si aut plures Missas celebrandas assumat , quas prævidet se non posse juxta conditiones petitas celebrare : imò , si finis celebrationis intereà frustretur , puta , quia eas celebrandas dedit ante litis tractationem tali die eventuram , vel ob aliud simile , tenebitur ad restitutionem ; ratio patet.

Hic animadvertere juvat, licitum non esse Sacerdoti Missis sese onerare, quibus intra duo menses, quod est tempus ab Urbano VIII. taxatum , satisfacere non posset, idque sub pœna mortalis peccati : excipe tamen , si tribuenti omnino compertum esset , Missis , quas commisit , tàm cito satisfieri non posse , ob consuetam retribuentium in tali Ecclesia , vel tali loco , vel pro tali devotione , extraordinariam multitudinem , & Sacerdotum inopiam. Excipi forte etiam posset alius casus, si , nempè , ipsimet Sacerdoti certissimè compertum foret , nullum alium Sacerdotem , nullumque aliud Sacerdotum Sodalitium citiùs tanto Missarum numero satisfacere posse. Sic P. Paulus à Lugduno *Tract. 5. Dissert. 3. quæst. 3. quær. 6. num. 7.*

Qui autem stipendium acceptavit ad Missam celebrandam pro urgente gravique necessitate, quæ moram non patitur , ut pro agonizante, vel puerpera periclitante, vel pro bono exitu litis mòx dirimendæ &c. non potest absque gravi peccato, & resti-

tu-

tutionis obligatione, Missæ celebrationem differre, ut & Auctor optimè censet.

* Deprehendimus à veritate prorsùs alienum, quod primo loco asserit præcitatus cæteroquin eximius Theologus P. Paulus à Lugduno, nimirùm, præcisis peculiaribus circunstantiis, spatium duorum mensium esse tempus pro celebratione Missarum ab Urbano VIII. taxatum. Rem hanc sedulò suo more expendit, an in pleno lumine collocat S. P. Benedictus XIV. *Inst. 56. num. 14.* ,,Non ,,minorem, *inquit*, sanè diligentiam Sedes ,,Apostolica contulit, ut Missarum Sacrifi- ,,cia præscripto tempore, ac loco, integro- ,,que numero persolvantur. Decreta Urbani ,,VIII. prohibent adventitias Missas accipe- ,,re, nisi reliquæ omnes, pro quibus anteà ,,stipendium collatum fuit, penitùs absol- ,,vantur. Hinc orta quæstio fuit, àn hujusmo- ,,di Decretum nullam pateretur interpretatio- ,,nem; responsumque est, novas eleemosy- ,,nas admitti posse, *dummodò infrà modicum ,,tempus possent omnibus satisfacere.* Porrò ,,hujusmodi modici temporis spatium ad ,,duos, vel tres menses protrahebatur. At ,,S. C. *die 17. Julii 1655.* ità respondit: *,,Cùm in declaratione undecimi, impressa ,,super Decretis de celebratione Missarum, ,,permittatur receptio aliorum onerum Mis- ,,sarum celebrandarum, dummodò infra mo- ,,dicum tempus possit omnibus satisfieri, ho- ,,die nonnulli Superiores Regulares pro cons- ,,cientiarum,* ut inquiunt, *quiete denuo quæ- ,,runt, àn dictum modicum tempus celebran- ,,di Missas reputetur tempus duorum, vel ,,trium mensium.* Sacra &c. respondit : *mo- ,,dicum tempus intelligi infrà mensem.* " Hoc idem tradit & in egregio Opere *de Synodo Diœcesana lib. 13. cap. ult. num. 10.* Deserenda igitur dubio procul est opinio relata P. Pauli à Lugduno, aliorumque, qui eam amplexati sunt, & huic S. C. decisioni omnino obtemperandum.

II. Si quis stipendium pro Missa, vel Missis manualibus celebrandis recipiat majus consueto, & ipse tradat Missam, vel Missas alteri celebrandas, tenetur totum stipendium eidem erogare, nec potest absque restitutionis onere illum excessum stipendii consueto majoris, sibi retinere. Tùm quia voluntas implicata dantis est, ut celebrans stipendio illo fruatur; tùm quia Urbanus VIII. id prohibuit in suo decreto: *Cùm sæpè:* tùm denique quia Alexander VII. oppositum docentes reprobavit in thesi 9. damnata, in qua dicebatur : *post decretum Urbani potest*

Sacerdos, cui Missæ celebrandæ traduntur, per alium satisfacere, collato illi minori stipendio, alia parte stipendii sibi retenta. Imo Benedictus decimus quartus anno 1. sui Pontificatus, nempè 1741. sub die 30 Junii in sua Constitutione ad omnes Ecclesias directa, quæ incipit: *Quanta cura*, post detestatum præfatum turpe lucrum, ita jubet: ,,A ,,quolibet Sacerdote stipendio, seu eleemo- ,,syna majoris pretii pro celebratione Missæ ,,à quocumque accepta, non posse alteri Sa- ,,cerdoti, Missam hujusmodi celebraturo, ,,stipendium, seu eleemosynam minoris pre- ,,tii erogare, etsi eidem Sacerdoti Missam ce- ,,lebranti, & consentienti, se majoris pretii ,,stipendium, seu eleemosynam accepisse, in- ,,dicasset. *Et subjungit:* Quoniam autem ità ,,compertum est, ut præsentis pœnæ metu ,,salutaribus monitis faciliùs obtemperetur; ,,per edictum in vestris diœcesibus (*sic in- ,,jungit Patriarchis, Primatibus, & Epis- ,,copis omnibus*) proponendum, affigendum- ,,que, universis notum facite, quemcumque, ,,qui eleemosynas, seu stipendia majoris pre- ,,tii, pro Missis celebrandis, quemadmodum ,,locorum consuetudines, vel synodalia sta- ,,tuta exigunt, colligens Missas, retenta ,,sibi parte earumdem eleemosynarum, seu ,,stipendiorum acceptorum, sive ibidem, sive ,,alibi, ubi pro Missis celebrandis minora ,,stipendia, seu eleemosynæ tribuuntur, cele- ,,brari faciat; laicum quidem, seu secula- ,,rem, præter alias arbitrio vestro erogandas ,,pœnas, excommunicationis pœnam; Cleri- ,,cum verò, sive quemcumque Sacerdotem ,,pœnam suspensionis ipso facto incurrere, à ,,quibus nullus per alium, quàm per nos ,,ipsos, seu Romanum Pontificem pro tem- ,,pore existentem, nisi in articulo mortis ,,constitutus, absolvi possit. "

Qui in aliquo peculiari casu unius Missæ, ⨀ seu qui partem stipendii sive eleemosynæ unius Missæ duntaxat sibi retineret, & alteri Sacerdoti, Missam hujusmodi celebraturo, stipendium, sive eleemosynam minoris pretii erogaret, quamvis & peccaret, & ad restitutionem teneretur; attamen videtur, salvo tamen meliori judicio, quòd censuris, à S. P. in hac Constitutione latis, non foret obnoxius; seu videtur, quòd neque laicus excommunicationem, neque Clericus suspensionem incurreret. Quippe præfatis pœnis subjicit solummodò *quemcumque, qui eleemosynas, seu stipendia majoris pretii pro Missis celebrandis, quemadmodum locorum consuetudines, vel synodalia statuta exigunt, colligens, Missas, tas, retenta sibi parte earumdem eleemosynarum, seu stipendiorum acceptorum, sive ibidem, sive alibi, ubi pro Missis celebrandis minora stipendia, seu eleemosynæ tribuuntur, celebrari facit.* Eodem modo sese explicat idem S. P. *de Synodo Diœces. l. 5. cap 9. num. 5. Ed. Parm. 1760. in nostra,* inquit, *Constitutione 22. Bullar. tom. I. turpe damnavimus quorumdam mercimonium, qui Missarum eleemosynas ibi quæritant, & colligunt, ubi taxa synodalis largiorem stipem Sacerdotibus Sacrum peragentibus assignat, Missas verò alibi celebrari curant, ubi sive consuetudine, sive synodali lege minor eleemosyna pro singulis Missis est celebrantibus attributa, ut hac ratione prædicti pravi nundinatores partem lucrentur acceptæ stipis.* Ex his sanè eruitur, eos solùm latis subjectos esse censuris, qui mercimonia super Missarum eleemosynas ità exercent, ut eas *quæritent, & colligant;* quod locum habere non videtur in casu unius Missæ.

* Beneficiarius, dùm per alium celebrare cogitur, potest licitè consuetam præbere eleemosynam, quamvis ex Beneficio majorem ipse percipiat. Sic censuit Sacra Congregatio, ut refert P. Daniel Concina *de Eucharist. lib. 3. dissert. 2. c. 6. §. 2. n. 14.* Id concedunt Doctores plures etiam Capellano licet amovibili, & illis, quibus commissa est perpetuarum Missarum celebratio. In Missis ergo manualibus (sic idem P. Concina concludit) vetitum est celebrare Missas per alios, collato stipendio minori, quàm acceptum sit.

III. Dubio vacat, illicitum contra justitiam, & restitutioni obnoxium esse, pro una Missa plures eleemosynas accipere, & pluribus acceptis una Missa satisfacere: ità ex thesi 10. reprobata ab Alexandro VII. in qua dicebatur: *Non est contra justitiam pro pluribus Sacrificiis stipendium accipere, & sacrificium unum offerre; neque etiam contra fidelitatem, etiamsi promittam promissione etiam juramento firmata, danti stipendium, quòd pro nullo alio offeram.* O theologiam portentosam! Certum quoque est, post decretum Sacræ Congregationis, auctoritate Urbani VIII. confirmatum, quòd ille, qui accipit stipem à pluribus, sive ab eodem multa stipendia, quæ singula sint justo, & taxato minora, non possit illa reducere ad stipendium taxatum; & per pauciores Missas dicto stipendio taxato correspondentes, minores numero Missas celebrare, & suis obligationibus satisfacere; quia eo ipso, quòd illa minora stipendia singula pro singulis

Missis celebrandis accepit, cessit juri suo: si enim nolebat pro singulis singulas Missas celebrare, debebat non acceptare: quapropter concludit decretum: *Alioquin suæ obligationi non satisfaciant; quinimò graviter peccent, & ad restitutionem teneantur:* tom. 4. Bullarii.

· IV. Certum similiter est, illum, qui ab aliquo eleemosynam pro Missa celebranda accepit, non posse alteram eleemosynam accipere ea intentione applicandi huic secundo fructum illum, qui ipsi celebranti correspondet; tùm quia ille applicari nequit, ut dictum est suprà; tùm quia, qui primus erogavit, sicuti & secundus intendunt, ut pro ipsis applicetur omnis fructus, qui applicari potest: undè idem Alexander VII. num. 8. hanc thesim damnavit: *Duplicatum stipendium potest Sacerdos pro eadem Missa accipere, applicando petenti partem etiam specialissimam fructus ipsimet celebranti correspondentem: idque post decretum Urbani.*

V. Sacra Congregatio decretum evulgavit ab Urbano VIII. confirmatum t. 4. Bullarii *Sacerdotes, quibus diebus tenentur Missas celebrare ratione Beneficii, seu Capellæ, legati, salarii, si eleemosynas etiam pro aliis Missis celebrandis suceperint, non posse eadem Missa utrique obligationi satisfacere.* Ità, si Missa celebratur v. gr. pro defuncto, & detur alia eleemosyna v. gr. pro infirmo, non potest eadem Missa satisfacere utrique obligationi, puta, applicando fructum satisfactorium pro defuncto, & impetratorium pro infirmo, ut declaravit S. Congregatio, teste Fagnano ejusdem Sacræ Congregationis doctissimo, & piissimo Secretario. Ratio eadem, quæ antè allata est. Qui quotidie celebrare tenetur titulo vel Beneficii, vel Capellaniæ, si ex justa, & rationabili causa, puta, infirmitatis, aliquo, vel aliquibus diebus non celebret, proptereà supplere tenetur; quia fundatores præsumuntur potuisse, & debuisse prævidere, quòd Cappellanus, vel Beneficiarius non semper valere potest, aut quòd nonnunquam aliquis casus eventurus sit, quo à celebrando impediatur, ut docet communior cum Sylvestro verbo *Missa* q. 7., Navarro lib. 3. Consil. in 5. de præbendis Consil. 6., Suarez disp. 86. sect. 1. & aliis.

Inquirit S. Pontifex Benedictus XIV. *De Sacrosancto Missæ Sacrificio l. 3. c 9. n. 9.* utrùm, qui onus habet Missam quotidianam applicandi, teneatur in die Natali Christi Domini etiam secundam & tertiam Missam ap-

applicare ; & àn in die Commemorationis omnium Fidelium defunctorum teneatur Missam illi applicare, cui debet applicare quotidiè? Prima quæstio, *ait*, solvitur respondendo, eum, qui habet onus Missæ quotidianæ, teneri unam duntaxat applicare in Festo Nativitatis Jesu Christi, nisi fortè institutor dissertè jusserit, tres Missas sibi eo die applicari. Plures allegat ipse Auctores sic sentientes. Quod verò ad secundam quæstionem attinet, Adversa *q. 11. de Echar. sect. 18.* putat, eo die cessare onus Capellaniæ quotidianæ, ideoque Capellano licere Missam eo die applicare, vel omnibus defunctis, quod esset optimum, vel privato cuidam defuncto. Pasqualigus *quæst. 1134.* contendit, eo die quotidianæ Capellaniæ obligationem non cessare : addit tamen, licere Capellano Missam vel alicui defuncto, vel defunctis omnibus applicare ; præsumendum enim voluisse Institutorem eo die Capellano Missam sibi applicandam remittere.

„Quæstionem, *subdit,* apud Auctores per„tractatam deprehendimus ; àn Parochus in „Nativitate Domini teneatur tres Missas ce„lebrare; ac firmior nobis visa est eorum sen„tentia, qui statuunt, teneri illum ad popu„li utilitatem & devotionem tres Missas cele„brare ut existimat Persicus *de Sacerdot.* „*Officio lib. 1. dub. 15. num. 128.* nàm pla„nè commentitium est, quod ait Leander „*p. 2. Oper. Moral. Tract. 8. disp. 5. p. 30.* „non teneri Parochum, secluso scandalo, ni„si unam tantùm Missam celebrare ; si enim „tres Missas potest celebrare, & unam tan„tummodo celebrat, certum est scandalum; „aut, si non nisi unam Missam celebrare po„test, profecto non tenetur duas reliquas „celebrare. Eam verò quæstionem numquam „à Sacra Congregatione nec examinatam re„perimus, neque decisam : utrùm Parochus, „qui diebus Festis ex præcepto tenetur Po„pulo Missam applicare, teneatur etiam tres „Missas applicare eidem Populo in Nativita„te Domini ; àn verò, si unam tantùm appli„cet, suo muneri satisfaciat.“

VI. In casu, quo proventus Capellaniæ, vel Beneficii adeo fuerint imminuti absque ulla Capellani culpa, ut non recipiat stipendia congrua pro onere Missarum suscepto; non potest ipse reducere Missam ad numerum congruo stipendio correspondentem; sed ex mandato Tridentini sess. 25. cap. 4. tenetur recurrere ad Episcopum, ut ipse provideat: & ubi decretum Urbani VIII. est receptum, est ipsi recurrendum ad S. Sedem.

quæ, re maturè perpensa, quod magis expedire sibi visum fuerit, determinabit.

* S. P. Benedictus XIV. *de Synod. Diœces. lib. 5. cap. 9.* in quo disserit *de advertendis ab Episcopo in statuendis Missæ eleemosynis, evellendisque abusibus circa eas gliscentibus,* plura scitu digna docet ad materiem hanc pertinentia. Speciatim *n. 2.* asserit, quod & Auctor *n. 1.* censet, videlicet, quòd si ultrà eleemosynam, ab Episcopo taxatam, plus Sacerdos celebraturus exigat, non solùm delinquit contra legem Ecclesiæ verùm etiam justitiam commutativam lædit; etenim, ut argumentatur Suarez *tom 3. in 3. part. disp. 83. art. 2. sect. 2. concl. 1.* quamvis Missæ stipendium non habeat rationem pretii, nihilominùs exposcit justitia, ut aliqua proportio servetur inter illud, & opus, ad quod subeundum subministratur: eamque proportionem definire, inspecta natura rei, de qua agitur, ad solum spectat Episcopum. Ob eamdem rationem, judicio Episcopi, Missarum eleemosynam taxantis, stare debent etiam Regulares, quibus suorum privilegiorum obtentu neutiquam licet stipem exigere illa majorem, quam Episcopus præscripsit; quemadmodum enim ipsi, veluti membra communitatis, obstringuntur in contractibus servare æqualitatem statutam à legibus loci, ubi degunt ; ità & in hoc quasi contractu non possunt proportionem prætergredi, quam loci Ordinarius determinavit. Quocirca Sacra Congregatio Concilii in una *Romana 15.* Januarii 1639. *lib. 16. Decret. p. 130.* dixit ; *Eleemosynam pro qualibet Missa, per Regulares celebranda in eorum Ecclesiis, esse taxandam arbitrio Ordinarii juxta morem regionis.* Nec regulares tamen, nec Seculares prohibentur uberiorem stipem à sponte dantibus accipere, dummodò absit dolus, & quodcumque pactum, etiam implicitum : quod docuerunt Suarez *cit. concl. 1.* Cardinalis de Lugo *resp. moral. lib. 5. dub. 18.* ac censuit Sacra Congregatio Concilii 16. Januarii 1649. *lib. 18. Decret. pag. 575. à tergo;* quæ interrogata: *An possit Episcopus prohibere sub pœna censurarum laicis, ne pinguius stipendium taxà solvant Sacerdotibus tàm Secularibus, quàm Regularibus, Missam celebrantibus ; & quòd iidem Sacerdotes illud acceptare non possint, etiam à sponte dantibus,* respondit: *Prohiberi non posse,* Hucusque S. P. Benedictus.

§. XV.

§. XV. *De pollutione Ecclesiæ.*

I. OCcasione dictorum sciscitaberis , quibus in casibus Ecclesia execretur, & polluatur? Respondeo, primò pollui Ecclesiam per injuriosam humani sanguinis effusionem , quæ vox *effusionem* significat copiam aliquam. Secundò per homicidium injustum voluntarium, etiamsi sanguis non effundatur: requiritur tamen in utroque casu, quòd percussio eveniat in Ecclesia : proptereà , si foris percussus intret Ecclesiam , & ibi aut moriatur , aut plurimum sanguinis effundat, non polluitur : sicuti è contrà polluitur , si intra Ecclesiam percussionem, vel vulnus accipiat , & adhuc vivens , aut nondum effundens sanguinem , egrediatur , & foris sanguinem fundat , vel moriatur : ità etiam polluitur , quamvis percutiens, vel vulnerans, foris existens , lapidem jaciat , & graviter percutiat existentem in Ecclesia. Tertiò polluitur per quamvis effusionem voluntariam humani seminis , quæ tamen sit aliquo modo notoria. Quartò , si excommunicandus vitandus , non absolutus , in ea sepeliatur : undè , si sepeliatur hæreticus toleratus , illicitè quidem agitur , sed Ecclesia non polluitur. Quintò , si non baptizatus in ea sepeliatur : aliqui tamen dicunt , non pollui per sepulturam pueri non baptizati ; quamvis conveniant omnes , esse peccatum lethale. Cœmeterium pariter polluitur eisdem modis.

II. Quòd si dicta crimina patrentur super fornicem externum Ecclesiæ , super tectum , in turri, in cubiculis contiguis , imò etiam juxta plures in Sacristia , non polluitur Ecclesia ; quia non sunt loca spectantia ad corpus internum Ecclesiæ. Quousquè remanet Ecclesia polluta, etiam Altaria remanent polluta , & etiam cœmenterium , si eidem sit contiguum ; quia hoc est eidem accessorium: accessorium autem non trahit secum principale ; benè verò è contrà.

III. Si Ecclesia anteà fuerat duntaxat benedicta, tollitur pollutio per benedictionem aquæ benedictæ factam ab Episcopo, vel à Sacerdote de licentia Episcopi, aqua ab Episcopo benedicta. Si autem anteà fuerit consecrata , indiget nova consecratione , quæ à solo Episcopo fieri potest ; & istis modis reconciliari dicitur.

IV. Ecclesia etiam quandoquè execratur absque culpa alicujus , nimirùm , quando parietes ejus quoad majorem partem corruunt,

vel destruuntur, vel eorum interior crusta aut tota , aut pro majori parte simul aufertur; quia consecratio fit in parietibus , & linitur crusta eorumdem. Dixi, simul ; quia non desunt, qui dicunt, quòd , si parietes paulatim & successivè destruantur, & reficiantur , non execretur : ità in capite *Ligneis* de consecrat. Ecclesiæ. Nota , quòd , execrata Ecclesia, non execrantur Altaria ; quemadmodùm neque quando execrantur Altaria , puta , quia integrè corruunt , execratur Ecclesia : undè Altaribus iterum consecrandis , non iterum est Ecclesia consecranda , & vicissim. Hæc omnia depromuntur ex variis Juribus apud Auctores, Sylvestrum , Suarez , Sanchez, Sylvium , Bonacinam , & alios.

§. XVI. *Appendicula de Altari privilegiato.*

QUæres 1. utrùm tempus , v. gr. septennium , in privilegio concessum , incipiat à die gratiæ Romæ conccessæ , àn à die publicationis factæ per Ordinarium ? Quidquid dicant plures Doctores , qui scripserunt ante sequentem responsionem ; respondet Sacra Congregatio, præposita Indulgentiis & Reliquiis die 18. Maii 1711. v. gr. *Septennium incipere , non à die publicationis , sed 1. die data Brevis: & facta relatione Sanctissimo Domino nostro per me Secretarium die 20. ejusdem mensis , Sanctitas sua Congregationis sententiam approbavit. J. M. Cardin. Gabriellus Præfectus Raphael Cosmus de Hyeronimis Secretarius. Romæ typis Cameræ Apostolicæ 1711.*

Quæres 2. quomodò sit intelligenda clausula Brevis: *Dummodò in dict.s Ecclesia quotidie tot Missæ celebrentur?* Respondet Sacra Congregatio Concilii die 30. Julii 1701. de mandato Sanctissimi ad sequentia dubia : primò , *An absentibus Religiosis ex causa prædicationis tempore Quadragesimæ , & Adventus ; vel quando occasione festivitatum , vel funerum , aut similium , à Superioribus ad celebrandum alibi mittuntur; indulgentiæ concessæ cum certo numero Missarum , qui ob dictas causas adimpleri non potest , prorsus cessent? Vel pro eo tempore , quo dictus numerus Missarum non fuit adimpletus , sint suspensæ? Vel potiùs remaneant in suo robore?*

Ad primum , quoad primam partem , pro tempore Adventus, & Quadragesimæ , remanere suspensas ; non autem in reliquis, dummodò rarò contingat.

T   Se-

Secundò, an idem sit statuendum, deficiente prædicto numero Missarum ob infirmitatem Sacerdotum tàm regularium, quàm secularium ?

Ad secundum, remanere suspensas.

Tertiò, àn pariter idem sit statuendum, deficiente prædicto numero Missarum ob absentiam ab Ecclesiis secularibus Canonicorum, & Sacerdotum per aliquot dies, & menses ?

Ad tertium, provisum in primo : id est, remanere suspensas.

Quæres 3. àn sub suspensione generali indulgentiarum, quæ fit anno Jubilæi, comprehendantur Altaria privilegiata ? Sacr. Congregatio super indulgentiis die 24. Januarii 1700. respondit *negativè*.

Quæres 4. àn, ut Missa privilegiata valeat, necessariò debeat esse de Requiem ? Respondetur, quòd, quando potest celebrari, debet esse de Requiem; quando verò, juxta Rubricas, non potest celebrari, valet Missa de Sancto, de Dominica, ac si esset de Requiem : ità ex difinitione Innocentii XI. die 4. Maii 1688. in sua Constit. incipiente : *Alias* &c. & ex aliis declarationibus: atque id est verum, nedum pro privilegio quotidiano; verùm etiam pro privilegio non quotidiano.

Quæres 5. qualiter peccet Sacerdos, qui tenetur celebrare in Altari privilegiato, & advertenter celebrare in eodem omittit ? Respondeo cum mihi probabiliori Bonacinæ disp. 4. de Sacram. quæst. ultim. punct. 7. §. 4. n. 4. in fine, ipsum peccare mortaliter, & teneri ad compensationem. Ratio primæ partis est ; quia, ut patet, in re gravi decipit proximum. Ratio secundæ partis est ; quia certè proximum dàmnum intulit voluntariè: igitur, si damnum compensabile sit, debebit compensari : at quomodo ? Saltem applicando Animæ defuncti Indulgentias plenarias pro defunctis concessas, devotione majori, qua poterit, ut adæquet, quantum fieri potest, valorem indulgentiæ, quæ confertur per celebrationem Sacrificii. Vide in Bonacina Auctores hanc tenentes ; atque a fortiori tenere compellantur Azorius, Graffius, & Riccius, qui docent, Sacerdotem non celebrantem in Altari, quamvis non privilegiato, præfinito tamen à Fundatore, si sæpiùs hoc faciat, & peccare mortaliter, & teneri ad aliquam compensationem: vide Bonacinam ibid.

Quæres 6. àn, si destruatur Altare privilegiatum, cesset privilegium ? Resp. si destruatur paulatim, & simul paulatim reficiatur, & semper perseveret eadem dedicatio, seu de-

nominatio, v. gr. Crucifixi, Annuntiationis, Sancti Vincentii &c. non cessat privilegium: quia formaliter remanet semper idem Altare; si verò ità destruatur, ut totum simul corruat, puta, ex impetuosa concussione terræmotus, vel ex ictu fulminis, ipsum totum comminuentis, aut in cinerem redigentis; tùnc, cùm nullo modo remaneat Altare idem, sed novum à fundamentis necesse sit erigere, cessabit quoquè privilegium : vide Pasqualigum de Sacrificio Missæ tom. 1. quæst. 761. afferentem Auctores.

Quæres 7. àn, si transferatur Altare de loco in locum, interveniente legitima auctoritate, cesset privilegium ? Resp. non cessare privilegium, si indulgentia fuerit concessa in reverentiam illius mysterii, aut Sancti; & transferatur Altare sub eadem nomenclatione; quia adhuc est idem Altare, quod non mutat mutatio loci: si autem mutetur nomenclatio, ità ut quod priùs dicebatur, v. gr. Altare Crucifixi, dicatur S. Stephani, & reverà mutetur tabula picta Crucifixi in tabulam pictam S. Stephani, tunc cessat privilegium; quia in eo conceditur indulgentia Altari Crucifixi, quod quamvis quoad lapides, columnas &c. materialiter sit idem, neutiquam formaliter, sed diversum. Neque cessat, si Imagini, quia præ vetustate est ferè tota corrosa, alia substituatur ejusdem similitudinis.

Sanctissimus Dominus N. Clemens Papa XIII. prævio voto S. Congregationis, Indulgentiis, & sacris Reliquiis præpositæ, indulsit *die 19. Maii 1759.* omnibus Ecclesiis Parochialibus orbis christiani Altare privilegiatum quotidianum ad septennium ; quo expleto, Sanctitas sua præcipit omnibus Episcopis, Abbatibus, &, Sede vacante, Vicariis Capitularibus pro unaquaque suarum Dioecesium Parœcia pro confirmatione ejusdem privilegii ad septennium. Idque fieri jubet sub uno tantùm Brevi, atque vult, hoc unum Breve suffragari omnibus uniuscujusque Dioecesis Ecclesiis Parochialibus. Ne autem Parochi expensis graventur, vetat omnibus tùm Episcoporum, cùm Abbatum, officialibus, sub pœna nullitatis præfati privilegii, ne quicquam penitùs exigant à Parochis, sive pro ipsis certiorandis, sive in expediendis litteris pro designatione Altaris privilegiati in eorum Parœciis.

Idem Sanctissimus Dominus Noster Clemens Papa XIII. ut patet ex decreto ejusdem S. Congregationis dato *die 19. Maii 1761.* ex paterna sua charitate erga omnes fideles tam vivos, quàm defunctos, animabus eorum,

rum, qui ex hac mortali vita in gratia, & charitate Dei, nondum tamen omnibus mundanis sordibus expiatis, decesserunt, de inexhausto Catholicæ Ecclesiæ thesauro abundantiùs suffragari quàm maximè cupiens, ut celeriùs è Purgatorii pœnis liberatæ ad æternam gloriam per Dei misericordiam pervenire valeant, de consilio VV. S. R. E. Cardinalium, Indulgentiis, sacrisque Reliquiis præpositorum, universali Decreto perpetuis futuris temporibus valituro, benignè, concedit, ut Missa die Commemorationis Defunctorum à quocumque Sacerdote seculari, vel cujuslibet Ordinis, & Instituti regularis celebranda, gaudeat privilegio, ac si esset in Altari privilegiato celebrata; decernendo tamen, ut non nisi consuetam eleemosynam unusquisque Sacerdos pro dicta Missa, licèt privilegiata, accipiat & in ea tantùm quantitate, quæ à Synodalibus Constitutionibus, seu à loci consuetudine regulariter præfinita fuerit.

CAPUT IV.

De Sacramento Pœnitentiæ.

§. I. *De notione, & necessitate Sacramenti Pœnitentiæ.*

I. PŒnitentiæ nomine significatur primò virtus quædam, quæ est pars potentialis justitiæ: cùm enim justitiæ officium sit, reddere æquale ex debito strictè accepto, propterea illæ virtutis, quæ vel æquale reddere non possunt ob excessum debiti; vel quod debent, non debent ex debito strictè accepto; dicuntur, non species propriæ justitiæ, sed partes potentiales ejusdem; quia deflectunt ab objecto justitiæ, vel ob ipsius inæquabilitatem, vel ob defectum debiti strictè sumpti: ità gratitudo est pars potentialis justitiæ; quia debitum ex gratitudine non est debitum strictè sumptum: ità pietas erga genitores est pars potentialis justitiæ, ob debitum inæquabile, cùm genitoribus nunquam reddi possit, quantum ab eis acceptum fuit. Similiter Pœnitentia, cum respiciat satisfactionem Deo offerendam propter injurias eidem irrogatas; & cùm nunquam possit homo reddere æquale; idcirco inter partes potentiales justitiæ recensetur. Et hinc deducas: Pœnitentiam esse virtutem, qua principaliter detestamur peccata, & dolemus toto corde de ipsis, cum proposito non ampliùs illa perpetrandi, & animo satisfaciendi Deo

offenso, dolenter, & humiliter veniam petendo, atque consequenter congruis satisfactionibus utendo, ad peccata commissa pro modulo nostro expianda.

II. Isti actus virtutis pœnitentiæ, nempè, detestatio, & dolor de peccatis cum animo non ampliùs illa perpetrandi, assumpti fuerunt à Christo, ad instituendum per eosdem in nova lege Sacramentum Pœnitentiæ; eosdemque destinavit, ut infrà videbimus, tanquam partem materialem, seu materiam ejusdem Sacramenti: undè dici consuevit, quod Confessio dolorosa sit pars materialis proxima hujus Sacramenti, cùm pars formalis sit absolutio Sacerdotalis. Pœnitentiæ igitur Sacramentum ità definiri potest: Pœnitentiæ est Sacramentum, à Christo institutum ad remittenda peccata pòst Baptismum commissa, per actus à pœnitente elicitos, & per absolutionem Sacerdotis.

III. Hoc Sacramentum fuit à Christo institutum pòst Resurrectionem, quando Joann. 20. Apostolis apparens: *Insufflavit, & dixit: accipite Spiritum sanctum; quorum remiseritis peccata, remittuntur eis; & quorum retinueritis, retenta sunt*: quibus verbis contulit ipsis, & succesoribus, legitimè approbatis, facultatem remittendi peccata; & quidem mediantibus actibus pœnitentis, nempè, detestatione, & dolore peccatorum, & confessione eorumdem, eo modo quo fieri potest. Si enim contulit potestatem remittendi, & retinendi peccata, quomodò Sacerdos id prudenter facere potest, nisi peccata commissa eidem exponantur? quomodò judicare poterit, quænam sint remittenda, quænam retinenda, nisi singula eidem significentur? & quidem significentur dolenter, & sincero animo ab iis deinceps abstinendi: alioquin esset historica, & illusoria narratio.

IV. Sacramentum itaque Pœnitentiæ adultis, pòst Baptismum mortaliter peccantibus, est necessarium in re, quando fieri potest confessio; in voto autem, seu efficaci desiderio ejusdem, in perfecta contritione contento, quando confessio fieri nequit, & est necessarium necessitate medii ad salutem assequendam. Ità Concilium Tridentinum sess. 14. cap. 2. ubi hujus Sacramenti necessitatem pro adultis peccatoribus coæquat necessitati Baptismi pro nondùm baptizatis, ut vidimus alibi.

T 2 §. II.

§. II. De Materia Sacramenti Pœnitentiæ.

I. MAteria remota Sacramenti Pœnitentiæ sunt peccata post Baptismum commissa; quæ, si sint mortalia certa, aut dubia, erunt materia necessaria, nempè, necessario à pœnitente exponenda; cùm hoc Sacramentum institutum fuerit ad justificandum peccatorem; sola namque mortalia privant animam justitia, seu gratia habituali, & sanctificante: idcirco autem dixi: post Baptismum commissa; quia adulto dignè Baptismum suscipienti remittuntur per Baptismum. Dixi: mortalia etiam dubia; nàm, cùm sub dubio privent gratia, etiam ipsa sunt sub dubio exponenda, ut iterum dicetur in §. 4. num. 3. Si enim omitterentur, exponeretur Sacramentum periculo nullitatis. Tùm denique, quia ex Concilio Tridentino tenetur ad omnia lethalia peccator exponenda, *quorum conscientiam habent*; sunt autem in conscientia ut dubia: ut talia igitur erunt exponenda; & ideo Concilium excipit sola venialia.

II. Peccata autem venialia sunt materia remota sufficiens, videlicèt, quæ sufficit, ut sit materia opportuna Sacramento: ita idem Concil. sess. 14. c. 5. *Venialia, quamquàm rectè, & utiliter, citraque omnem præsumptionem in confessione dicantur, quod piorum hominum usus demonstrat, taceri tamen citra culpam, multisque aliis remediis expiari possunt.*

☞ Etiam quævis peccata, jam remissa per absolutionem, sunt semper materia sufficiens hujus Sacramenti. Quippè peccata jam remissa possunt esse materia contritionis, & confessionis, atque valent adhuc remitti remissione, quæ priorem confirmet per novam gratiam; & Christus remittendi potestatem non restrinxit ad unum actum remissionis propter majorem utilitatem animarum. Hinc Benedictus XI. in Extravag. de Privil. eadem peccata iterato confiteri salubre esse, asserit. Lege P. Paulum Gabrielem Antoine *tract. de Pœnitent. cap. 1. art. 2. quæst. 15.*

III. Materia proxima hujus Sacramenti sunt actus pœnitentis, nempè contritio, confessio, & satisfactio: ita laudatum Concilium sess. 14. Canone 4. *Si quis negaverit, ad integram, & perfectam peccatorum remissionem, requiri tres actus in pœnitente, quasi materiam Sacramenti Pœnitentiæ, videlicet contritionem, confessionem, & satisfactionem, quæ tres pœnitentiæ partes dicuntur; anathema sit.* Dicuntur autem *quasi* materia, non quia non sint reverà, & propriè ejusdem Sacramenti materia, sed quia sunt actus, qui non permanent, sed transeunt, ad differentiam materiarum aliorum Sacramentorum, quæ sunt quid permanens, ut aqua in Baptismo, chrisma in Confirmatione &c. Satisfactio autem opere præstita est quædam pars, at non essentialis, sed dumtaxat integralis seu integrans Sacramentum per confessionem, & absolutionem jam quoad essentiam constitutum: & idcirco Concilium in c. 3. ejusdem sess. dicit illos actus *requiri ad integritatem* Sacramenti. Sunt autem materia proxima, quia applicant, & subjiciunt clavibus materiam remotam; & etiam quia ex ipsis actibus contritionis, & confessionis, tamquam ex partibus componentibus, addita absolutione, assurgit hoc Sacramentum. Neque obest, quod contritio ex se non sit sensibilis, cùm possit etiam sola mente, & animo elici; respondetur enim, quòd redditur sufficienter sensibilis per humilem confessionem.

§. III. De contritione, prima materiæ hujus Sacramenti parte.

I. COntritio, generatim accepta, *est animi dolor, ac detestatio de peccato commisso, cum proposito non peccandi de cætero*: ità ad litteram Concilium sess. 14. cap. 4. Dividitur in perfectam & imperfectam: perfecta, quæ propriissimè contritio vocatur, est dolor ac detestatio peccatorum propter Deum super omnia dilectum ob suam infinitam bonitatem, & amabilitatem: imperfecta, quæ vocitatur atritio, est dolor, & detestatio peccatorum ob aliquod aliud motivum supernaturale fide cognitum; puta, ob amissam Dei gratiam, ob perditum paradisum, ob turpitudinem peccatorum, quatenùs deturpant animam, illamque constituunt Deo odiosam, & coram ipso deformem, (quod in re est idem cum amissione gratiæ; ob incursum periculum damnationis æternæ).

II. Ut autem dolor, seu contritio generatim sit ad Sacramentum Pœnitentiæ sufficiens, requiritur primò, quòd sit formalis, nempè, quòd sit actus sinceræ displicentiæ de peccatis commissis, ut verè pœniteat peccatorem illa perpetrasse: undè non sufficit ad Sacramentum dolor virtualis, qui est actus amoris Dei super omnia, quia, quamvis verè elicitus habeat vim justificandi, non tamen est illa dispositio requisita à Sacramento; quod id-

idcirco pœnitentiæ nuncupatur, quia pars, quæ à peccatore confertur, debet esse actus virtutis pœnitentiæ : inter actus autem virtutis pœnitentiæ præcipuus est dolor, seu displicentia vera de peccatis commissis.

III. Secunda conditio ab hoc dolore requisita est, quòd si interior, id est, corde, & animo verè conceptus, nempe, mente, & voluntate : mente quidem concipiendo gravitatem offensæ divinæ, ejusdemque injustitiam ; voluntate autem seriò detestando, & abominando peccata, mente, & corde habendo illa ceu mala super omnia alia mala ; divinamque bonitatem anteponendo cuicumque alteri bono ; ex quibus consurgat in animo dicta detestatio, & displicentia peccatorum. Neque est necesse, quòd hic dolor sit sensibilis, id est, sentiatur in appetitu sensitivo, (qui est optimus, quando etiam sensibiliter sentitur) sed sufficit, quòd sit appretiativè talis, nempè, odiendo offensam Dei supra quodvis malum, & æstimando divinam bonitatem suprà quodvis bonum ; ita ut paratus sit quodvis malum pati, & omni bono privari, potiùs quàm lethale peccatum committere.

IV. Tertia conditio est, quod sit dolor supernaturalis, ex auxilio divinæ gratiæ profluens ; & ideo optimum est, illud à Deo petere, dùm pœnitens se præparare vult ad confessionem ; de fide enim est ex Concilio Trid. sess. 6. canone 3. *Hominem pœnitere non posse sicuti oportet..... absque Spiritus sancti præveniente inspiratione.* Idcircò Innoc. XI. reprobavit thesim 57. in qua dicebatur : *Probabile est, sufficere attritionem naturalem, modo honestam.*

V. Quarta conditio est, quòd sit universalis, nempè, quòd dolor comprehendat omnia peccata mortalia commissa, etiam quorum pœnitens non recordatur, aut quæ ignorat. Deus namque non concedit veniam dimidiatam : & propterea dolor concipiendus est ex motivo, excludente omnia lethalia, quæ motiva paulò antè indicata sunt.

VI. Quinta conditio est, quòd sit dolor efficax, & absolutus, id est, excludens affectum ad quodvis mortale, & ad omnes occasiones proximas ejusdem, quæ jam in se sunt peccata lethalia : imò etiam ad occasiones propinquas non necessarias, in quibus homo constitutus, quamvis non plerumquè, sicut in occasionibus proximis, tamen plu-

riès lapsus est in mortale. Dixi, quòd debet esse absolutus, videlicèt non pendens ab aliqua conditione ; ita ut, quavis posita conditione, numquam sit peccandum lethaliter. Et hinc patet sexta conditio, nempè, quòd debeat habere adnexum propositum firmum, ac stabile non amplius, Deo dante, peccandi in posterum mortaliter. Hoc autem propositum regulariter debet esse explicitum, & formale, ità docente Concilio Trident. : *Cum proposito non peccandi de cætero.* Dixi regulariter, ut declararem, quòd, si duntaxat ex inadvertentia omittatur, tunc censetur implicitè contentum in dolore, idcirco numquam debet advertenter omitti. Si quis autem illud advertenter omitteret, merito suspecta esset habenda confessio illa ; quia suspectus redderetur etiam dolor: qua enim ratione, sciens à Concilio juberi propositum una cum dolore, & propositum menti occurrat eliciendum, non vult illud elicere, & se non conformare doctrinæ Concilii in re tanti momenti ? nonne id indicat animum malè affectum, & voluntatem non satis firmam abstinendi de cætero à peccatis?

VII. Septima conditio est, quod eliciatur dolor *cum spe veniæ*, ut loquitur Concilium sess. 14. c. 4. qui actus spei, quamvis laudabilissimum sit, ut formaliter eliciatur, non videtur tamen necessarium ; eo quia sit imbibitus in ipso modo se gerendi pœnitentis, qui profectò ad confessionem non accederet, nisi speraret à Deo sibi veniam impertiendam.

VIII. Dolor cum proposito, &c. præmittendus est necessario saltem absolutioni: quia absolutio applicari non potest, nisi confessioni dolorosæ, quæ est pars materialis proxima Sacramenti, cujus pars formalis est absolutio, ut suo loco dicetur : confessio autem sine dolore, saltem præmisso absolutioni, non est confessio dolorosa, sed narratio historica: imò confessio sacrilega, ut omnes affirmant. Dixi: saltem absolutioni præmittendum dolorem; quia rationabilius, & tutius est, ipsum præmittere confessioni, ut revera sit confessio dolorosa. Tum etiam quia confitens exponitur periculo illum omittendi ante absolutionem, vel ex oblivione, vel ex difficultate illum eliciendi, vel ex nimia celeritate Sacerdotis in proferenda absolutione ; & profectò dolorem illum eo brevissimo intervallo, sicut opportet, elicere, quo Sacerdos formulam absolutionis recitat, est valde contingens homini, præsertim insueto: idcirco si forte pœnitens illum non elicue-

rit

rit ante confessionem, facta confessione, moneat Confessarium, ut modicum spectet, quousque actus doloris, & propositi eliciat; quo facto, dicat summatim : me accuso iterum de omnibus expositis. Si jam animadvertis, hæc esse importuna ; & propterea, cùm agatur de valore Sacramenti, & tutior sit opinio eligenda, post factum examen conscientiæ, de quo inferiùs, elice tuum dolorem cum proposito, & deindè confitere.

IX. Totiès renovandus est dolor, quotiès est renovanda absolutio; quia, quamvis multi doceant oppositum, puta in casu, quo paulò pòst acceptam absolutionem recurrat memoriæ aliud peccatum lethale ; nihilominùs, cùm alii doceant, renovandum esse dolorem, & agatur de valore Sacramenti, hæc opinio erit tenenda, utpote tutior, & innixa gravi fundamento, posito in eo, quòd renovata absolutione novum fit Sacramentum; atqui novum Sacramentum requirere videtur novam partem nedum formalem, verùm etiam materialem, ipsum componentem: igitur renovandus erit dolor.

X. Non est necessarius dolor contritionis perfectæ, à perfecta charitate promotus; quia cùm hoc Sacramentum, ut loquitur Concilium Trident. sess. 14. cap. 1., *sit institutum à Christo, pro fidelibus Deo reconciliandis*, si exigeret tanquam dispositionem necessariam contritionem hanc perfectam, exigeret fideles jam Deo reconciliatos ; ex contritione namque perfecta oritur justificatio, ut à fide docemur : quamvis autem non sit necessaria, laudabiliter tamen est procuranda ; quia in nova lege contritio ista non justificat, nisi per ordinem ad Sacramentum, & includendo votum ejusdem. Sufficiet igitur attritio, at non ex solo, & mero metu poenarum concepta, sed quæ etiam ex aliqua Dei dilectione, & charitate procedat, quæque Deum cæteris omnibus præferat, ità ut dolor de peccatis sit etiam, in quantum peccata sunt offensæ Dei summè diligibilis: quæ Dei dilectio requisita indicatur à Concilio sess. 6. cap. 6., ubi, loquens de dispositionibus requisitis in adultis baptizandis, dicit inter cætera : *Illumque* (Deum) *tamquam omnis justitiæ fortem diligere incipiunt ; & propterea moventur adversùs peccata per odium aliquod, & detestationem, hoc est, per eam poenitentiam, quam ante Baptismum agi oportet* : eadem autem est ratio de justificandis per Baptismum, ac per Poenitentiam, ut quemlibet semitheologum

non latet : atque clarius in Canone 3. ejusdem sessionis, ubi recensendo dispositiones ad justificandum hominem requisitas, definit : *Si quis dixerit, sine præveniente Spiritus sancti inspiratione, atque ejus adjutorio, hominem credere, sperare, diligere, aut poenitere posse, sicut oportet, ut ei justificationis gratia conferatur ; anathema sit* : in quo Canone, inter dispositiones ad justificationem requisitas, clarissimè Concilium *dilectionem* connumerat : & quemadmodùm, fidem, spem, poenitentiam requiri, nemini datur locus ambigendi, ità etiam dilectionem, simul cum illis recensitam; atqui nedum justificatur adultús per Baptismum, verùm etiam per Sacramentum Poenitentiæ: si igitur ex Concilio ad obtinendam justificationis gratiam recensetur *dilectio*, etiam ad Sacramentum Poenitentiæ postulabitur. Si autem optas videre hanc veritatem, ab imis fundamentis ex Concilii mente demonstratam, legas *Tractatum de Doctrina Concilii Tridentini circa dilectionem in Sacramento Poenitentiæ requisitam*, compositum latino idiomate à summo illo Viro, Ilustriss. & Reverendiss. Jacobo Benigno Bossueto Episcopo Meldensi, Parisiis impressum, deinde gallicè redditum, ibidemque impressum, tandem in Italicum idioma translatum, & Venetiis impressum, typis Thomæ Bettinelli hoc anno 1751. in quo etiam rationabiliter idem Bossuetus docet, hanc sententiam esse in praxi dubio procùl tenendam, præcipuè post damnatam ab Innocentio XI. thesim 1., qua tradebatur, licitum esse in conferendis Sacramentis sequi opinionem probabilem de valore Sacramenti, relicta tutiore, &c. atqui hìc agitur de valore Sacramenti, cùm agatur de parte essentiali ejusdem, nempè, de materia proxima : igitur hæc erit opinio tenenda : quæ nedum est tutior, verùm etiam longè probabilior, utpote menti Concilii longè conformior. Ut autem plura omittam, à te in laudato tractatu legenda, ne tædeat unum audire duntaxat ex theologicis fundamentis. Videtur verificari non posse, quòd anima adulti sit proximè ad gratiam, & justificationem disposita, quin aliquo modo sit ad Deum conversa ; cùm enim per lethale peccatum à Deo avertatur, & per gratiam sanctificantem ad ipsum complete convertatur, profectò dispositio proxima ad hanc conversionem completam, videtur quòd inchoari debeat ab aliqua conversione imperfecta, & incompleta ; & proinde ab aliquo amore erga Deum offensum : atqui attritritio, ex solo poenarum metu concepta, nulliqué amori erga Deum associata , nullam includit conversionem ad Deum ; quod sic probo : metus , ex sui notione nil aliud est, quàm affectio animi resilientis à malo , quod timetur , neque illam includit affectionem, aut conversionem ad bonum aliud , nisi ad proprium , suumque commodum : undè timens gehennam , fugit à culpa , ex terminis loquendo, non propter culpam , sed propter poenam ; fugiens autem à poena propter ipsam poenam , convertitur implicitè ad illud bonum, quod opponitur poenae, quod bonum immediatè non aliud est , quàm commodum proprium : igitur attritio ex solo poenarum metu concepta , secluso omni Dei dilectionis actu, nullam includit conversionem ad Deum; benè verò ad propriam utilitatem: ergo non est proxima dispositio ad justificationem , & conversionem ad Deum completam, & perfectam, nisi alicui Dei dilectioni associetur. Abstineo à referendis objectionibus, reverà debilibus, penitùsque exsuflatis in laudato tractatu, in cujus etiam secunda parte , eamdem fuisse perpetuò mentem S. Thomae , perspicies.

* S. P. Benedictus XIV. de Synodo Diœc. lib. 7. cap. 13. hanc ad examen vocat difficultatem , & postquam ostendit , nil circa ipsam fuisse à Synodo Tridentina expressè sancitum, ità concludit n. 9. Cùm itaque versemur in quaestione ab Ecclesia hactenùs non definita, jure ac merito Alexander VII. die 5. Maji 1667. sub poena excommunicationis latae sententiae, Sedis Apostolicae reservatae, praeceptis cunctis , & singulis fidelibus..... ut , si deinceps de materia attritionis scribent , vel libros , aut scripturas edent, vel docebunt , praedicabunt , vel alio quovis modo poenitentes , aut scholares , caeterosve erudient, non audeant alicujus theologicae censura , alteriusve injuriae, aut contumeliae nota taxare alteram sententiam sive negantem necessitatem aliqualis dilectionis Dei in praefata attritione , ex metu gehennae concepta , quae hodie inter Scholasticos communior videtur , sive asserentem dictae dilectionis neccessitatem , donec ab hac sancta Sede fuerit aliquid hac in re definitum. Caveant proinde Episcopi, ne in suis Synodis , aut in instructione Sacerdotum, quam Synodis quandoquè attexunt , aliquid decernant, aut de attritionis merè servilis ad Sacramentum Poenitentiae sufficientia, aut de amoris saltem initialis necessitate. Adhuc quippè sub Judice lis est : adhuc impunè

pro una, & altera sententia dimicatur. Paucis anteà annis Cardinalis Gottus Theol. tom. 3. in part. D. Thomae , q. 4. de contrit. dub. 4. §. 1. sententiam propugnavit , non requirentem in poenitente amorem Dei, nec initialem quidem, ad justificationis gratiam in Sacramento Poenitentiae assequendam. Hàc ipsa in Urbe, opera & cura P. Caroli Jacobi Romilli , Ordinis Minorum Conventualium Generalis Ministri , typis recusum est Opus Claudi Frassen, inscriptum Scotus Academicus; cujus Auctor tom. 10. pag. 363. strenuè defendit , attritionem, ex solo metu poenarum, & gehennae , atque ex amore concupiscentiae , seu affectu spei conceptam , modò supernaturalis sit , omnemque excludat voluntatem peccandi, esse sufficientem dispositionem ad Sacramenti poenitentiae fructum in se derivandum. Contrà verò Cardinalis Dennoff , Episcopus Caesenatensis , in sua Instructione Pastorali de Poenit. Sacram. pag. 33. aliqualem amorem in attritione requirit, ut sit Sacramenti Poenitentiae materia. Franciscus Maria Campioni anno 1698. doctam elucubravit Dissertationem Theologicoscholasticam , in qua totis viribus conatus est demonstrare necessitatem aliqualis amoris Dei , saltem imperfecti , & initialis , ad impetrandam gratiam in Sacramentis, quae dicuntur mortuorum. Et P. Lambertus le Drou. Episc. Porphiriensis, Apostolici Sacrarii Praefectus , cùm per Urbem evulgatam vidisset Dissertationem à Bartholomaeo Rivio, ejusdem sui Augustiniani Instituti Theologo, exaratam , in qua Auctor decertat pro sufficientia attritionis , omnis charitatis expertis , ad validè, & cum fructu recipienda Sacramenta Baptismi , & Poenitentiae; eidem statim contradictorem se praebuit , aliis editis Dissertationibus, S. M. Clementi XI. nuncupatis, & nullum non adhibuit argumentum; quod aptum putaverit ad praedictam opinionem refellendam, contendens, attritionem merè servilem ne à Sacramento quidem vires sortiri, quibus valeat hominem proximè disponere ad Dei gratiam, vel primò obtinendam, vel amissam recuperandam. Hinc rectè intuli Berti Theolog. tom. 7. lib. 34. cap. 5. nihil hactenus à Sede Apostolica de hac quaestione decisum, sed libertatem cuique datam, ex praefatis opinionibus eam eligendi , & docendi , quam maluerit.

Sed non ideo, subjungit idem S. P. n. 10., prohibentur Episcopi Confessarios monere, ut poenitentes ad veram, & perfectam contritionem hortentur, & excitent ; id siquidem
fa-

faciendum suadent etiam præcipui Auctores, qui pro sufficientia doloris, ex solo metu gehennæ, steterunt, uti Suarez, Gamachæus, Comitolus, quorum testimonia suprà retulimus. Et quod magis est, ità fieri præcipit Rituale Romanum, jussu Pauli v. editum *tit. 18.* Confessario injungens, ut audita pœnitentis sacramentali confessione, ejusque peccatis diligenter expensis, *opportunas correptiones, ac monitiones, prout opus esse viderit, paterna charitate adhibeat, & ad dolorem, & contritionem efficacibus verbis adducere conetur,* cui consonat Rituale Argentinense, editum à Cardinali de Rohan *tit. de Pænit.* §. 1. ubi hæc habentur : *Cæterùm pænitentes suos admonere non cessent Confessarii, ne se putent securos in Sacramenti Pænitentiæ perceptione, si, præter fidei, & spei actus, non incipiant diligere Deum tanquam omnis justitiæ fontem, ut loquitur Sacrosancta Synodus Tridentina.*

XI. Requiruntur dolor, & propositum etiam in confessione duntaxat venialium ; ità ut saltem de uno, aut aliquibus pœnitens serio doleat, & firmiter proponat, se illa non ampliùs perpetrare ; quia posito, quòd debeat fieri Sacramentum, requiruntur necessaria ad valorem ejusdem; aliter fieret sacrilegium. Monendum duco, & suadendum saluberrimum consilium, quòd, si pœnitens non habeat nisi venialia in confessione exponenda, confiteatur etiam aliquod mortale ex vita anteacta, & etiam eidem applicet actum doloris, firmumque propositum, explicando; se jam de eodem fuisse aliàs confessum. Cùm enim sincerum dolorem, stabileque propositum circa venialia elicere, non sit adeo facile ; proptereà addendo materiam gravem, & in quam relapsus, respectu talis pœnitentis, si aut rarus, aut nullus, certior redditur valor confessionis, magisque removetur confessio à periculo sacrilegii, ob defectum sinceri doloris, & firmi proposti.

☞ Extra omnem dubitationis aleam versatur quòd asserit Auctor, videlicet, quòd etiam in confessione solummodò venialium formalis, & efficax requiratur dolor, verumque emendationis propositum, adeo ut saltem de uno venialium, quæ pœnitens confessurus accedit, is legitimum teneatur dolorem concipere, firmumque verum propositum illud evitandi. Quare dubio proculi lethali sese sacrilegii peccato obstringere, qui sola venialia, sine ullo dolore, atque emendationis proposito culpabiliter confiteretur.

Dixi de industria : *culpabiliter* : Neque

enim reus mortalis criminis censendus foret qui bona fide, sed falso, contritum se existimans, venialia confiteretur. Quippè si in tali casu justus lethaliter delinqueret, maximè quia debitam Sacramento materiam subtraheret, & defectu essentialis materiæ irritum redderetur Sacramentum ; ob hoc autem affirmari nequit, ipsum gravis piaculi sontem fieri, siquidem qui ex distractione tantillum culpabili aquam loco vini in calicem funderet, nullum faceret Sacramentum; nec tamen mortalis noxæ reatum incurreret : ergo nec in casu nostro mortiferè peccaret, qui bona fide, sed falsò, existimans se contritum venialia confiteretur. Legeris Petrum Collet *Tract. de Pænit. part. 2. cap. 4.* qui pluribus aliis argumentis hoc idem adstruit, atque confirmat.

Cæterùm, *subdit ipse,* instanter monendi sunt, qui sæpiùs sola venialia confitentur, ut nusquam ad Sacramentum accedant, quin contritionis donum à Deo fuerint deprecati oratione fervida, sensuum mortificatione, eleemosynis, aliisque pietatis operibus, & deposito pro viribus effectu eorum, quæ sibi sunt frequentioris lapsus occasio, expressos contritionis actus elicuerint: vereri enim est, ne, quis vix ullam sibi vim inferunt, determinata voluntate adhæreant peccatis, quæ confitentur, adeoque ut minimùm tepidè vivendo tremendam illam comminationem in se accersant : *Quia tepidus es, incipiam te evomere ex ore meo.* Duo igitur præstet sagax Director : erigat animos, ne scrupulo, vel desperatione concidant ; territet, ne mentem invadat socordia. Interim, ne pœnitens satis fortè non doleat de venialibus, in quæ frequenter labitur, curet gerave anteactæ vitæ peccatum, generaliter tamen, ut plurimùm confiteri, sed ità ut illud verè & ex animo detestetur. Sic quidem præcitatus Theologus.

* Ex iis, quæ suprà §. 2. *post num. 2.* adjecimus, facilè quisque valet colligere veniale peccatum præteritæ vitæ jam emendatum, de quo possit existimari, quòd etiam nunc, qui confitetur, verum dolorem concipiat, satis esse ad absolutionem ipsi impertiendam, si de novo illud clavibus subjiciat. Asseruimus quippè, quævis peccata remissa per absolutionem esse materiam sufficientem hujus Sacramenti. Legatur P. Thomas Du Jardin O. P. *de Officio Sacerdotis qua Judicis part. 1. sect. 5.* §. unic. ubi plura habet scitu necessaria de absolutione venialium ; ac tandem cautè monet, quòd hoc inconveniens studiosè vitari

ri debet , ne ex additione alicujus peccati præteritæ vitæ, ut loquimur, occasionem accipiat pœnitens minùs detestandi venialia ab ultima confessione commissa , eorumque emendationem negligendi.

XII. Debet præterea dolor cum proposito referri ad confessionem, id est, elici animo confitendi; eò quòd quælibet pars respectum aliquem habere debeat ad suam compartem , ut ex eisdem totum morale assurgat. Si enim dolor elicitus careat hoc respectu, non potest verè dici actus Sacramentalis , neque pars materialis Sacramenti. Putarem autem , salvo meliori judicio , quòd sufficiat , si hic respectus addatur etiam post dolorem elicitum : puta , si quis , absque ullo animo confessionis faciendæ , manè, examinata conscientia , eliciat actum doloris cum proposito ; & post aliquot horas , dolore non interrupto per aliquod novum peccatum, habita opportunitate confitendi, memor doloris ante eliciti , illum referat ad confessionem , quam modo facere vult, sufficere puto.

☞ Contritio semel concepta in ordine ad Sacramentum Pœnitentiæ , haud dubiè retractatur per subsequens perpetratum mortale peccatum , adeo ut amplius deservire nequeat pro proxima ejusdem Sacramenti materia. Ratio evidens est ; quandoquidem per mortale peccatum retractatur & peccati detestatio , & quæ veræ contritioni annexa est *voluntas in* posterum non peccandi. Per subsequens autem aliquod veniale non retractatur contritio de aliis sive venialibus , sive lethalibus ; quippè cùm legitima de lethalibus, aut venialibus plurimis contritione consistere valet affectus ad aliquod veniale , ut palàm est in justis. Quare contritio elicita de uno, vel pluribus venialibus saltem habitualiter permanet , quandiù revocata non fuerit per lapsum in eadem peccata. Monent tamen nonnulli , etiam in hoc casu pro majori securitate alium eliciendum esse doloris actum circa mortalia, aut, resumpto universali motivo, innovandum priorem actum circa omnia.

XIII. An autem peccator in mortali existens , teneatur ad non differendum saltem diù actum contritionis perfectæ, ità ut peccet mortaliter , si notabiliter ipsum differat? varia est Auctorum sententia. Probabilior mihi semper visa fuit , & menti S. Thomæ omnino conformis opinio, quam tenent Guillelmus Parisiensis, Alexander Alensis , Palud.nus , Thomas de Argentina, Abulensis, Major, Marsilius , Cajetanus, Victoria , Pe-

P. CUNIL. THEOL. MOR. T. II.

trus de Soto , Sylvester , relati à P. Suarez tom. 4. in 3. part. Divi Thom. disp. 15. sect. 5. num. 1. & 2. nempè , quod absque novo peccato mortali non possit diù differre saltem actum contritionis: quibusdam eorum addentibus, ad id teneri, etiam statim post peccatum perpetratum. Eam docere videtur S. T. in q. 3. Supplem. art. 5. „Cùm (*ait*) „propositum confitendi sit annexum contri-„tioni , tunc tenetur aliquis ad propositum; „quando ad contritionem tenetur , scilicet „quando peccata memoriæ occurrunt.‟ Itèm 2. 2. q 62. a. 8. ubi quærit: „Utrùm quis te-„neatur statim restituere, àn verò possit res-„titutionem differre? & *respondet*: Sicut ac-„cipere rem alienam est peccatum contra jus-„titiam , ità etiam detinere eam... quia fa-„cit ei injuriam: manifestum est autem, quòd „nec per modicum tempus liceat in peccato „morari , sed quilibet tenetur statim desere-„re... & ideo tenetur statim restituere.‟ Neque valet quorumdam responsio , S. Doctorem loqui de peccato actuali ; tùm quia peccatum actuale plerumquè citò transit , neque diù durat, sicut durat peccatum habituale, seu peccati macula ab eodem relicta hominem constituens in statu peccati ; tùm etiam, quia illa responsio concordari non potest ratiocinio S. Doctoris , loquentis , non de furto actuali, quod jam pertransit, sed de statu furis, qui homini relinquitur ex illo actu , & in quo perseverare vult , sicuti status peccati relinquitur ex peccato præterito : &, quemadmodùm retinens alienum deliberatè, dùm restituere potest, secundùm omnes peccat novo actuali peccato ; ità potens deserere statum peccati, & deliberate illud deserere nolens , juxta S. Doct. peccat novo peccato novi virtualis affectus ad peccatum lethale , novique virtualiter voliti periculi suæ æternæ salutis. Sanctus quoquè Antoninus eadem clarissimè docet , asseritque , talem esse mentem etiam S. Th. , scribens 3. p. tit. 15. cap. 18. §. 2.: „Quantum ad peccata morta-„lia , de quibus nondùm quis habuit contri-„tionem , videtur , quòd semper teneatur, „quando peccatum menti occurrit, ad actu „odiendum, & detestandum peccatum: aliàs „peccat mortaliter peccato omissionis, quous-„què conteratur. Dicit enim D Th Petrus „de Palude, Bonaventura, & Durandus, quòd „post mortale peccatum , etsi non teneatur „quis ad statim confitendum , tenetur tamen „ex necessitate ad statim conterendum ; nec „enim per momentum licet stare in pecca-„to... imminet enim tali maximum pericu-„lum;

V

„lum'; cùm enim 'nulla necessitas excuset à „contritione, si moriatur ante contritionem, „etiamsi non poterit conteri, quia subito „moritur, nihilominus damnatur; quod non „sic est de confessione." Quam doctrinam sanctissimi, & doctissimi Archiepiscopi ità explicare, & aliquantulum emollire audeo: quòd tunc peccator totiès peccet mortaliter, quotiès sentit conscientiæ remorsum de offensa Deo irrogata, & de periculo damnationis, cui 'e cognoscit expositum, & se exinde vocari ad Confessionem, vel saltem ad contritionem, & ipse non curat implere id, quod sibi Deus media conscientia suadet. Rationem primam indicavit S. Antoninus, nempè, ex motivo charitatis sibimet ipsi debitæ: ne diù perseveret in periculo damnationis æternæ, ob repentinam mortem, quæ mille modis potest ipsi evenire. Ratio secunda ex eo erui potest, quòd novam gravem injuriam irrogat Divinæ Majestati, illum misericorditer invitanti, & vocanti, ut resipiscat. Quis enim non judicaret, gravem injuriam irrogari Principi injustè offenso, si offendenti pacem offerat, illumque invitet ad conciliationem; & ipse ingratus invitantem non curet, & in inimicitia sua perdurare eligat?

XIV. Ratio demùm tertia est, & quidem inconcussa, quàm affert S. Thomas 1. 2. quæst. 109. art. 8., in quo ostendit, peccatorem, aversum à Deo per peccatum lethale, non posse diù consistere, quin incidat in aliquod aliud peccatum mortale, quod ità egregiè, & profundè demonstrat: „Antequam hominis ratio, in qua est peccatum „mortale, reparetur per gratiam justifican„tem, potest singula peccata mortalia vita„re, & secundùm aliquod tempus; quia non „est necesse, quòd continuo peccet in actu; „sed quòd diù maneat absque peccato mor„tali, esse non potest: undè & Gregorius di„cit super Ezechielem, quòd peccatum, „quod mox per pœnitentiam non deletur, „suo pondere ad aliud trahit: & hujus ra„tio est; quia sicut rationi subdi debet infe„rior appetitus, ità etiam ratio subdi debet „Deo, & in ipso constituere finem suæ vo„luntatis: per finem autem oportet quòd re„gulentur omnes actus humani, sicuti per ra„tionis judicium regulari debent motus infe„rioris appetitus. Sicut ergo inferiori appeti„tu non totaliter subdito rationi, non potest „esse, quin contingant inordinati motus in „appetitu sensitivo; ita etiam ratione homi„nis non totaliter existente subjecta Deo, „consequens est, ut contingant multæ inordi-

„nationes in ipsis actibus rationis. Cùm enim „homo non habeat cor suum firmatum in Deo, „ut pro nullo bono consequendo, vel malo „vitando ab eo separari vellet; occurrunt „multa, propter quæ consequenda, vel vitan„da homo recedit à Deo, contemnendo præ„cepta ipsius, & ità peccat mortaliter; præci„puè, quia in repentinis homo operatur se„cundum finem præconceptum, & secundùm „habitum præexistentem, quamvis ex præme„ditatione rationis homo possit aliquid agere „præter ordinem finis præconcepti, & præter „inclinationem habitus: sed quia homo non „semper potest esse in tali præmeditatione, „non potest contingere, ut diù permaneat, „quin operetur secundum consequentiam vo„luntatis deordinatæ à Deo, nisi citò per gra„tiam ad debitum ordinem reparetur." Si igitur ex gravissima S. Th. auctoritate, & hac firmissima ejus ratione, non potest homo in statu lethali consistens diù stare, quin incidat in aliquod aliud mortale; & alioquin teneatur homo sub lethali fugere occasionem illam, in qua certus moraliter est, se lapsurum in mortale; cùm certus moraliter sit, se lapsurum in aliquod mortale, si diù differat se justificare saltem per contritionem; tenebitur sub mortali illam elicere, saltem primò ac advertit ad statum suum culpæ lethalis.

✠ Quænam autem dilatio contritionis post lethale admissum notabilis censeri debeat, ut sufficiat ad mortale, non una est omnium sententia. Ex morali judicio id æstimandum esse, opportunitate, periculis, tentationibus aliisque circumstantiis inspectis, jure meritoque, ut nobis quidem videtur, sentit Suarez part. 2. de Sacram. disp. 15. sect. 6. in fin. Auctoris autem opinio est, ut patet, quòd peccator teneatur sub mortali actum contritionis elicere, saltem primò ac advertit ad statum suum culpæ lethalis.

§. IV. De Confessione.

I. CErtum est apud omnes, confessioni, quæ absque repentino necessitatis casu fieri consuevit, præmittendum esse examen conscientiæ, non qualecumque, sed quale præscribitur à Conc. Trid. sess. 14. cap. 5. quod illud vocat: Diligentem sui discussionem; quæ verba explicat Catechismus part. 2. de Sacram. Pœnit. num. 47. dicendo: In confessione summa illa cura, & diligentia adhibenda est, quam in rebus grauissimis ponere solemus. Debet igitur examen conscientiæ correspondere ætati, qualitati, minis-

te-

teriis, & statui pœnitentis, & præcipuè tempori ab ultima confessione evoluto; ità ut quilibet eam diligentiam adhibeat, quam coram Deo adhiberet in negotio magni momenti. Hoc autem examen ideo prærequiritur, ne confessio culpabiliter deficiat quoad integritatem suam. Quoad ut melius percipias.

II. **Nota,** duplicem distingui confessionis integritatem, formalem videlicèt, & materialem: formalis in eo consistit, quòd à pœnitente ea exponantur mortalia, quæ moraliter invenire potuit, attentis circunstantiis, in quibus versatur. Materialis autem in eo est posita, quòd omnia reapse mortalia ab eo perpetrata, nullo prætermisso, accusentur. Ad valorem Sacramenti sufficit formalis. Et hinc jam animadvertis necessitatem examinis diligentis præmittendi; qua enim ratione dici posset, formaliter integram confessionem facere illum, qui vel nulla, vel respectivè modica, & brevi sui discussione præmissa, ad confessionem accederet? quæ ideo non accusavit, quia conscientiam per diligens examen non exploravit: & exindè loco confessionis Sacramentalis sacrilegium novum committit; quamobrem Concilium in canone, statim referendo, vocat hoc examen *debitam, & diligentem præmeditationem.*

III. Tenetur primò peccator confiteri, *omnia, & singula peccata mortalia, quorum memoria cum debita, & diligenti præmeditatione habeatur, etiam occulta, & circunstantias, quæ speciem mutant.* Ità Concil. Trid. sess. 14. can. 7. Habes ergo definitum, teneri pœnitentem, fateri omnia lethalia tàm externa, quàm interna, nec non circunstantias, speciem mutantes, nempè, quæ addunt peccato novam speciem, (alibi explicatam in tract. 2. cap. 1. §. 3.) & numerum peccatorum lethalium in sua specie. Præterea tenetur confiteri peccata mortalia dubia, ut indicavimus in §. 2. n. 1. rationem addit S.D. 3. part. q. 84. art. 4. ad 5. *Quando aliquis dubitat de aliquo peccato, àn sit mortale, tenetur illud confiteri, dubitatione manente... quia periculo se committit, qui de hoc, quod dubitat esse mortale, negligit confiteri.* Imò, si postquam confessus fuit peccatum dubium ut tale, comperiat fuisse certum, tenetur iterum illud ut certum confiteri, ut docet communior etiam inter probabilistas: & ratio fundatur primò in verbis Concilii, jubentis peccata confitenda, *quorum conscientiam habet*; valdè autem est diversa conscientia peccati dubii, & conscientia peccati certi. Secundò,

ob notabiliter diversum judicium, quod facit judex de reo certo, & de reo dubio. Tertiò, quia etiam in foro laico valdè diverso modo punitur crimen dubium, & certum.

IV. Si objicias: qui confitetur numerum peccatorum, & dicit: blasphemavi circiter deciès, si posteà comperiat, fuisse undeciès, non tenetur iterum dicere, fuisse undeciès; cùm tamen undecimam blasphemiam sub dubio confessus fuerit: ergo a pari, neque qui peccatum ut dubium confessus fuit, si deinde certum comperiat, non tenebitur. Non me fugit, communem esse responsionem, quòd, qui circiter deciès dixit, complexus est etiam undecimam, & judex credere poterit, fuisse etiam undeciès. At, salva Doctorum ità respondentium reverentia, responsio hæc videtur in solis verbis consistere, quin assignetur vera disparitas; nàm possumus dicere etiam peccatum dubium, potuisse à Confessario credi ut certum; vel è contrà, quòd etiam illa undecima non debuerit judicari, ut certa, sed duntaxat ut dubia. Responsio itaque magis consequens, & cohærens doctrinæ est, quòd, si quis dixit deciès plùs, minùsve, aut circiter; si deinde comperiat, fuisse certò undeciès, teneatur undecimam ut certam fateri, cùm profectò utrobique sit eadem ratio.

V. Tenetur insuper fateri peccata lethalia in anterioribus confessionibus oblita, si posteà menti occurrant, ut patet; cùm debeat omnia mortalia fateri, juxta Concilium: proinde Alexander VII. reprobavit thesim 11. quæ dicebat: *Peccata, in confessione omissa, sive oblita ob instans vitæ periculum, aut ob aliam causam, non tenemur in sequenti confessione exponere.* Tenetur item fateri consuetudinem peccandi, præcipuè si de eadem interrogetur à Confessario: ita definiente Innoc. XI. reprobando thesim 58. quæ oppositum docebat: *Non tenemur Confessario interroganti fateri peccati alicujus consuetudinem.* Dixi: præcipuè, si interrogetur; quia etiam, quando non interrogatur; neque Confessarius potest illam animadvertere, debet pœnitens illam aperire Confessario: puta, si habens consuetudinem blasphemandi, vel alterius gravis peccati, confiteatur hodie novo Confessario de blasphemia bis prolata, cùm soleat frequentare confessiones, v. gr. semel in hebdomada, & sæpiùs Confessarium novum adeundo semper habet plures lapsus voluntarios in blasphemias; hic proculdubio reus est consuetudinis, quam cùm animadvertere forte nequeat Confessarius, qui diligens,

V 2   gens,

gens, & attentus non sit, tenetur pœnitens illam apperire; quia, ut vidimus, & videbimus, Incapax est absolutionis , donec emendetur.

VI. Circa circunstantias , intra eamdem speciem notabiliter aggravantes , discordant Auctores: probabilior docet , eas esse neces- sariò confitendas ; pro qua opinione doctissi- mus Sylvius, quamvis probabilista , affert su- per q. 9. Supplementi art. 2. quæsito 1. n. 4. Alensem, Altisiodorensem , Majorem, Caje- tanum , ambos Sotos , Victoriam , Bannez, Suarez , Sanchez , Henriquez , Fernandez, Lopez, Rodriguez, Fagundez , Faventinum, Tannerum, Filliucium, Petrum de Ledesma, & alios, cum quibus sunt probabilioristæ om- nes. Nota , nomine circunstantiarum notabi- liter aggravantium intra eamdem speciem, intelligi illud augmentum, quod intra eamdem speciem multiplicat virtualiter gravitatem mortalem; exemplum obvium est in furto, pu- ta , furantis decem, & furantis mille; & circa hanc circumstantiam universi Scriptores con- veniunt; quam, ut distinguant ab aliis , quas negant confitendas, multa dicunt , quæ reve- rà, benè perpensa , aut nihil concludunt, aut concludere debet etiam pro aliis aggravanti- bus. Fundamentum præcipuum opinionis, quam sustinemus, nempè, eas esse confitendas, deducitur ex modo loquendi Synodi Triden- tinæ sess. 14. cap. 5. ubi loquens de circun- stantiis speciem mutantibus, subministrat fun- damentum etiam pro aggravantibus notabili- ter, dùm ait: Quòd sine illis peccata ipsa ne- que à pœnitentibus integrè exponantur neque judicibus innotescant , & fieri nequeat (nota benè) ut de gravitate criminum rectè censere possint , & pœnam , quam oportet , pro illis imponere : atqui hæc ratio concludit etiam pro notabiliter aggravantibus; nàm quis dicat, æquali judicio censendum esse, & æquali pœ- na puniendum peccatum furti centum , & decem millium ? odium unius diei , & unius anni ? delectationem morosam unius quadran- tis , & plurium horarum ? Si igitur dictis mo- tivis convincitur necessitas confessionis cir- cunstantiarum speciem mutantium , similiter concluditur necessitas confessionis etiam no- tabiliter aggravantium. Hoc idem clariùs do- cere videtur Catechismus part. 2. c. 5. n. 47. Neque verò solùm peccata gravia narrando explicare oportet , verùm etiam illa , quæ unumquodque peccatum circunstant & pra- vitatem valdè augent, vel minuunt Profectò videtur Catechismus loqui de aggravantibus; quandoquidèm addere novam speciem non est , propriè loquendo, augere duntaxat gra-

vitatem , sed novam speciem distinctam ad- dere; tùm etiam , quia minuere contingit in- tra eamdem speciem, ac proinde etiam auge- re : tùm denique, quia Catechismus copulat illa peccata gravia , quæ unumquodque gra- ve peccatum circunstant , quibus verbis for- tè denotat mutantes speciem: deinde copulat notabiliter aggravantia ; si enim de eisdem mutantibus speciem loqui intenderet, dixisset aut pravitatem , & non & pravitatem , qua copulatione significat, se loqui de augentibus tantùm , non de speciem mutantibus: & ideo concludit : quæ verò pravitatem rei magno- perè non augent, sine crimine ommitti pos- sint : ergo loquitur de augentibus intra spe- ciem , & de minuentibus intra speciem.

VII. Doctores adversantes objiciunt auc- toritatem S. Thomæ , qui in primo suo theo- logico opere, Commentario videlicèt in libros Sententiarum, docet oppositum; quod nos fa- temur: aliter tamen scripturum asserimus , si post Tridentinam Synodum scripsisset. Imò conjicitur ex opusculo 12. q. 6. quasdam sal- tem aggravantes esse confitendas, dùm judi- cat, necessariò exponendum gradum consan- guinitatis in incestu, puta , si cum sorore; cùm alioquin certum sit , incestum esse unius tan- tùm speciei : si igitur necessariam ducit con- fessionem gradus consanguinitatis vel affini- tis in peccato incestus , cùm hic gradus ad circunstantias merè aggravantes spectet; etiam aliquas saltem ex istis censuit confitendas.

D. Thomas in 4. Sent. dist. 16. q. 3. a. 2. agens de circunstantiis , quæ notabiliter pec- catum intra eamdem speciem aggravant, hæc profert: Quidam enim dicunt, quod omnes cir- cunstantiæ, quæ aliquam notabilem quantita- tem peccato addunt,confiteri necessitatis est, si memoriæ occurrant. Alii verò dicunt, quòd non sint de necessitate confitendæ , nisi cir- cunstantiæ, quæ ad aliud genus peccati tra- hunt. Et hoc probabilius est. His verbis S. D. docuisse non esse necessariò in confessione exprimendas circunstantias ,peccatum nota- biliter intra eamdem speciem aggravantes, censent plures , & præsertim PP. Salmanti- censes, non solùm Morales, sed & Schola-ti- ci. Hoc idem & Auctor fatetur n. præced. Verùm id apertè inficiantur alii , & præcipuè P. Daniel Concina tùm Theol. Christ. tom. 9. lib. 1. Dissert. 4. cap. 6. , tùm in ea- dem Theolog. contracta tom. 2. lib. 11. Dis- sert. 2. cap. 4. Quæ habet postremo loco duntaxat excribimus , brevitati consulentes. ,,Verùm, inquit , si integra doctrina specte- ,,tur Angelici Doctoris , non video, undè de ,,ejus-

„ejusdem patrocinio hac in causa gloriari „Salmanticenses valeant. Sic enim continuò „persequitur S. T. *Sed addendum est , quæ* „*ad aliam speciem mortalis trahunt*... *Cu-* „*jus ratio est* (N. B.), *quòd venialia non* „*sunt de necessitate confessionis , sed solùm* „*mortalia , quæ quantitatem infinitam quo-* „*dammodò habent ; & quia circunstantiæ,* „*quæ aliam speciem peccato non tribuunt,* „*vel quæ tribuunt quidem, sed non mortalis* „*peccati, non sunt de necessitate confessio-* „*nis. Ità tamen eadem confiteri perfectionis* „*est, sicut & de venialibus dictum est.* Tri- „plicem malitiam adjicere circunstantiæ pos- „sunt. 1. quæ mutat speciem. 2. quæ auget „malitiam intra confinia *peccati venialis , 3.* „quæ mortaliter malitiam adauget. S. T. in „allato testimonio docet, circunstantias, quæ „aut non mutant speciem , aut non augent „*mortaliter* malitiam , non esse necessariò „confitendas. Si enim augent solùm *veniali-* „*ter ,* & intra limites peccati venialis etiam „notabiliter , earum confessio non est neces- „saria. Nàm unum peccatum veniale gravius „est altero , ut patet in furto unius *oboli ,* & „unius *Julii.* Hæ circunstantiæ non sunt ne- „cessariò confitendæ, inquit Angelicus. Quid „enim produnt hæc verba , quæ universam „articuli doctrinam regunt? *Cujus ratio est;* „*quia venialia non sunt de necessitate con-* „*fessionis , sed solùm mortalia , quæ quan-* „*titatem infinitam quodammodò habent.* „*Clamant* oppositores , S. T. expressè agere „de circunstantiis , *quæ aliquam notabilem* „*quantitatem peccato addunt.* Verum ha- „bet , id sub articuli initium docere An- „gelicum ; sed hæc verba, quæ ambigui- „tatem præferunt , nùm S. Thom. loquatur „de notabili quantitate veniali, aut mor- „tali , continuò in decursu articuli exponit „idem S. D. , intelligenda esse de notabili „quantitate veniali. *Ratio est ; quia venia-* „*lia non sunt de necessitate confessionis.* „Cedo , datur ne unum peccatum venia- „le *notabiliter* gravius altero ? Affirmant „omnes. Quo ausu hanc notabilem quanti- „tatem vi summa detorques ad mortale, „cùm perspicuè asserat, se loqui de additio- „ne notabili veniali? *Ratio est ; quia venia-* „*lia &c.* Sed ut ora adversariorum penitùs „obstruatur , sub oculos revocanda sunt „hæc alia Angelici verba. *Circunstantiæ ag-* „*gravantes, quæ aliam speciem peccato non* „*tribunt , vel quæ tribuunt quidem , sed* „*non peccati mortalis , non sunt de neces-* „*sitate confessionis. Cujus ratio est ; quia*

„*venialia confiteri non adstringimur.* Adeo „decretoria , adeo peremptoria hæc sunt , ut „nullum argutandi , & cavillandi locum re- „linquant. " Si plura cupis, consule *Tom.* 9. *loc. cit.* Lege etiam Magistrum Joannem à S. Thom. *in* 1. 2. *q.* 18. *disp.* 10. *art.* 3. *n.* 21. *& seqq.* ubi difficultatem hanc fuso calamo versat , ac S. Thomæ mentem egre- giè in propatulo ponit.

VIII. Ex dictis habes, circunstantias mi- nuentes non esse necessariò confitendas; dum- modò taliter non minuant, ut de lethali trans- ferant ad veniale , qualis esset in re gravi, semiplena advertentia &c. tunc enim sunt necessariò exponendæ , ne contingat in Sa- cramentali foro gravis deceptio ; esset enim mendacium sacrilegè perniciosum.

IX. Certum est apùd omnes, quòd, quando pœnitens potest moraliter alium adire Con- fessarium , cui non sit nota persona compli- cis, ad id tenetur; si enim proximi fama nun- quam est injustè ledenda, tunc vel præcipuè, dùm quis ad Sacramentum accedit , veniam peccatorum obtenturus : quando autem alte- rum moraliter adire non potest ; tùnc , si ad breve tempus possit differre, ut habeat Con- fessarium , cui complex sit ignotus , tenetur differre , & interim sibi consulat per actum contritionis. Si autem diù differre debeat , aut urgeat præceptum confessionis, vel com- munionis , tùnc probabilius est posse, & teneri integrare confessionem , revelando complicem, qui necessariò revelandus est. Ità S. Thom. S. Bonaventura , S. Bernardi- nus , S. Antoninus , Alensis , Gersonius, Suarez, Vazquez, & alii. *Homo in confes-* *sione debet famam alterius custodire, quan-* *tum potest ; sed suam conscientiam magis* *purgare debet ; & ideò , si circunstantia,* *quæ ducit in cognitionem personæ , sit de* *necessitate confessionis , secundùm regulam* *datam , tunc debet confiteri occultando per-* *sonam, quantum potest ,* ait S. T. in 4. dist. 16. q. 3. a. 2. q. 5. ad 5. , & adhuc clariùs in opusculo 12. q. 6. *Si potest speciem con-* *fiteri, non innotescendo personam , cum qua* *peccavit , peccat eam exprimendo... si verò* *speciem peccati exprimere non possit , nisi* *exprimendo personam, cum qua peccavit, pu-* *ta, si cum sorore concubuit; necesse est , ut* *exprimendo peccati speciem , exprimat per-* *sonam: sed , si fieri potest, debet quærere ta-* *lem Confessarium, qui personam sororem pe-* *nitus non cognoscat.* Ratio multiplex ; quia integritas confessionis est bonum Sacramenti, quod , in casu, præferri debet bono naturali, ,

&

& civili personæ alioquin nocenti , & quæ prævidere debebat ex circunstantiis , hoc malum sibi eventurum. Itèm , quia integritas confessionis jubetur à Christo , ut monet Tridentinum sess. 14. c. 5. ; jussio autem Christi est anteferenda damno civili personæ nocentis. Itèm , quia tale damnum in concursu jacturæ Sacramenti est damnum modicum; est enim diffamatio apud unum tantùm , sub inviolabi, & perpetuo silentio. Tandem, ut pœnitens instrui possit, quomodò se custodire debeat in posterum.

X. Varii sunt casus excusantes ab integritate materiali confessionis: primus oblivio inculpabilis alicujus peccati lethalis. Secundus, si mutus nequeat omnia peccata gestu significare , & scribere nesciat. Tertius , si pœnitenti immineat mors, antequam integrè confiteatur ; dicturus omnia , si supervixerit. Quartus , quando, imminente naufragio, vel instante prælio & pugna, non vacat omnium confessiones audire; sufficiet, ut singuli aliqua peccata dicant, & absolvantur: vel si neque id fieri vacet , sufficiet confessio in genere, dicendo, se peccasse, dolendo, proponendo & etiam collectivè absolvi possunt , forma numero plurali prolata: *Absolvo vos à censuris, & peccata vestris in nomine Patris &c. ;* confessuri deindè, si evaserint. Quintus , qui carentes Confessario callente idioma , non alium habere possunt , quàm aliqua peccata intelligere valentem , dicant , quæ potest ille capere, in casu tamen necessitatis,vel præcepti urgentis ; integrè deinde alteri intelligenti confessuri. Sextus , si Sacerdos aliquis confiteri teneatur, & nequeat exponere peccatum aliquod , quin frangat sigillum confessionis, neque alium Confessarium habere possit, debet peccatum illud omittere, aliquo tempore exponendum. Septimus , si integra confessio certò moraliter allatura sit grave detrimentum infirmo , periculoso morbo laboranti, tunc prudenti œconomia utatur Confessarius, principaliora aliqua audiendo , cætera reservando tempori opportuniori, si à Deo concedatur; & intereà absolutionem det , ne morbus malignus mentem occupet , aut in delirium abripiat , & non confessus obeat. Octavus , si infirmus laboret morbo pestilenti , & à longè audiri non possit, propter necessariò adstantes , puta , si sint duo , vel tres infirmi in eodem cubiculo, & de proximo audiri nequeat sine manifesto vitæ Confessarii periculo; tunc uno , vel altero peccato audito, poterit absolvi, remittendo integram confessionem in aliud tempus, si à Deo concedatur. Nonus, si

dùm non potest haberi alius Confessarius, & sit confitendi necessitas, prudenter timeatur, Confessarium, qui adest, aut violaturum sigillum , aut sumpturum occasionem peccandi, aut grave damnum allaturum proximo, poterit omitti peccatum illud, & posteà alii Confessario exponi. Neutiquam tamen licet dimidiare confessionem occasione magni concursus pœnitentium , cùm id damnaverit Innoc. XI. in thesi 59., in qua dicebatur: *Licet sacramentaliter absolvere dimidiatè tantùm confessos ratione magni concursus pœnitentium, qualis v. gr. potest contingere in die magna alicujus festivitatis, vel indulgentiæ.*

XI. Casus specialis est, àn pœnitens habens reservata, possit dimidiare confessionem confitendo Confessario carenti facultate in reservata, peccata non reservata, quæ deinde confiteatur habenti facultatem super reservatis? Certum est , id , regulariter loquendo , non licere ; esset namquè dimidiare confessionem mortalium, quod est illicitum. At dices: quid ergo agere debet, qui est in necessitate celebrandi, aut communicandi, ità ut non possit omittere celebrationem , aut communionem absque infamia, aut gravi scandalo; & non potest habere Confessarium gaudentem facultate super reservatis ? Circa hoc in prima editione diximus, quòd, si certus sit, se non habere Confessarium auctoritate donatum, se gerere debeat, ac si non haberet copiam Confessarii; ac proinde, post invocatum divinæ gratiæ auxilium , conetur elicere actum contritionis perfectæ, & ità celebret, aut communicet: deinde quàm primùm potest, si sit Sacerdos, Confessarium idoneum requirat, & confiteatur; cùm ad id Sacerdos teneatur ex gravi præcepto Tridentini: & etiam laicus idem laudabiliter aget. Hanc doctrinam moderatus sum in secunda editione, ob nonnulla verba Sancti Thomæ, ibidem allata. Verùm, cùm deinde perpenderim Decretum Clementis VIII., in quo jubetur, ut in nullo casu absolvatur à casibus reservatis, qui caret tali facultate : *In nullo casu etiam necessitatis , vel impedimenti, nisi in articulo mortis*, idque vetetur sub pœna excommunicationis latæ sententiæ Papæ reservatæ, si quis absolvat ; proptereà corrigo in hac tertia editione, quod emendaveram in secunda ; & confirmo , standum esse doctrinæ supradictæ in prima editione scriptæ. Accedit id , quod asserit illustrissimus & doctissimus vir Nicolaus Terzagus Episcopus Narniensis in suo opere italico, cui titulus: *Instruzione pratica sopra la fedele amministrazione del Sacramento della Penitenza*, editionis Venetæ

tæ pag. 343. qui, dùm esset Romæ, vidit, idem approbari in Sacra Pœnitentiaria; quæ sustinuit, Confessarium, qui sine facultate super reservatis absolverat pœnitentem, ad evitandum scandalum, vel ob aliud motivum, aut impedimenti, aut necessitatis; sustinuit, inquam, ipsum incurrisse in excommunicationem Papæ reservatam : & si celebrasset, incurrisse irregularitatem. Quo præclaro testimonio confirmatur validiùs doctrina data in prima nostra editione, & exploditur emendatio facta in secunda.

* Relege, quæ ad rem hanc habet Auctor *supra cap. 3. De Eucharistiæ Sacramento* §. 6. *n. 4.* quæque nos *ibidem* addidimus.

XII. Casus, in quibus necesse est repetere confessionem, vel confessiones, multi sunt : primò, si advertenter pœnitens siluerit peccatum mortale, quod exponere tenebatur : secundò, si mentitus fuerit in re gravi, puta, taliter excusando grave, ut appareat leve, aut advertenter affirmando grave, quod non commisit, aut commissum negando: tertio, si examen necessarium respectivè non præmisit, nisi diligentia Confessarii suppletum fuerit, & pœnitens de hac omissione ante absolutionem se accusaverit; & doluerit : quartò, si saltem ante absolutionem dolorem necessarium non elicuerit: quintò, si animum sincerum non habuerit exequendi jussa Confessarii, puta, restituendi, solvendi debita, deserendi occasionem &c.: sexto, si affectum ad aliquod mortale retinuerit : septimò, si inter confitendum aliquod mortale perpetraverit, quin de eodem se accuset, & dolorem necessarium renovet, utpote interruptum per illud novum mortale : octavò, si innodatus excommunicatione, advertenter ad Sacramentum accesserit, quin prius à censura solvatur: nonò, si consultò elegerit Confessarium minùs idoneum ad sua peccata discernenda, & ad obligationes peccatis adnexas declarandas, cùm magis idoneum habere potuerit. Hi quidem casus respiciunt defectum pœnitentis. Sunt & alii respicientes defectum Confessarii ; & primò, si posteà noverit pœnitens, Confessarium non fuisse Sacerdotem, aut Sacerdotem non approbatum ; aut, quamquàm esset Sacerdos, & approbatus, non tamen esset talis pro ipso pœnitente ; puta, dùm Regularis, absque Superiorum suorum licentia, confitetur extra Religionem suam: secundò: si Confessarius ipse non protulerit sufficienter formam absolutionis, vel declaraverit se non habuisse intentionem absolvendi: tertiò, si surditate laborans,

mortalia aliqua sciatur non intellexisse.

XIII. Notandum, quòd, quando Sacerdos caret jurisdictione, quia fuerit suspensus à confessionibus audiendis; & communi errore creditur, facultatem habere, & habeat titulum coloratum, videlicet, quia fuerit antea ipsi collatus titulus parochialis, tamen invalidè ob vitium simoniæ occultum ; confessiones, apud illum bona fide factæ, sunt validæ; quia in his casibus Ecclesia pia mater supplet jurisdictionem, & intendit, quòd pro confessionibus hujusmodi jurisdictionem habeat, quousque pœnitenti innotescat illius suspensio, aut de ea dubitet : tenetur tamen Confessarius sub gravissimo peccato abstinere à ministerio. Alterum notandum est, eas confessiones esse repetendas à pœnitente, quas fecit mala fide, id est, cognoscendo, quòd sacrilegè fierent ; non verò illas, quas quis fecit, postquam omnino oblitus fuit illarum sacrilegarum, & sincerè doluit de omnibus mortalibus, omniaque dixit quæ menti occurrerunt, promptus verè coràm Deo etiam confessiones illas repetere, si earum meminisset ; quia in hoc casu illæ, v. gr. decem, factæ sacrilegè, modo sunt peccata invincibiliter oblita ; & propتereà, si postquam fecit v. gr. viginti confessiones bona fide & sinceras, modo explicato, atque cum hac totali oblivione, & pòst has viginti ritè factas, recordetur, v. gr. illarum decem cum mala conscientia factarum ; tenebitur his duntaxat decem repetere, & non illas viginti ; quia in istis viginti extitit integritas formalis ; eatenùs quippe non exposuit illas decem sacrilegè factas, quatenus omnino invincibiliter illarum oblitus fuit ; easque exposuisset, si ipsi in mentem venissent.

Certum est, atque indubitatum apud Doctores, quibusdam concurrentibus circunstantiis Ecclesiam veræ jurisdictionis supplere defectum. Circunstantiæ autem, quæ simul concurrentes requiruntur, tres sunt. 1. Quòd Confessarius titulum saltem coloratum habeat. 2. Quòd adsit error communis moraliter invincibilis. 3. Quòd defectus juris sit Ecclesiastici, non Divini. Hinc.

Infert 1. Paulus à Lugduno *tract. 5. de Sacrament. dissert. 4. de Pænit. c. 5. quær. 1. a. 2.* §. *1. q. 3.* validè absolvere Sacerdotem, qui Beneficium Curatum, aut approbationis expeditionem apparenter legitimam obtinuit; cujusque tamen collatio, aut delegatio nulla est propter impedimentum occultum, vel ex parte conferentis, vel ex parte recipientis, excommunicationem, nimirùm, simoniam &c.

Idem

Idemque dicendum videtur de eo , qui post finitum approbationis annum confessiones exciperet , maximè, si id bona fine , aut inadvertentia faceret. E contra titulum coloratum non habet, qui nullum prorsus à parte rei vel habet , vel habuit, licet putetur habere; aut qui litteras collationis Beneficii aut approbationis sibi procudit , aut alium se esse simulat &c. Is proculdubio invalide absolvit.

Infert 2. Ecclesiam defectum minimè supplere , dùm duo , vel tres tantummodo defectum ignorant ; vel dum scientibus fermè omnibus vel saltem dubitantibus , nullus eorum de veritate aperienda curat ; tum quia Ecclesia non nisi publicum malum intendit avertere ; tum quia dubitantes , & non inquirentes, non censentur decepti , sed potius se ipsos velle decipere.

Infert 3. Ecclesiam non supplere , si absolvens nec sit homo , sed mulier ; nec baptizatus , sed infidelis ; nec Sacerdos , sed laicus ; nec ullam absolvendi intentionem habeat : uno verbo, si Jure Divino Jurisdictionis suscipiendæ , atque exercendæ sit incapax.

XIV.   „Ex institutione Ecclesiæ tenetur „homo , qui potest , ut verbo confiteatur, „non solum propter hoc ut ore confitens ma-„gis erubescat , & quia ore peccaverit , ore „purgetur, sed etiam quia semper in omnibus „Sacramentis accipitur id, cujus est commu-„nior usus... undè & in manifestatione pecca-„torum convenit , ut verbis, quibus homines „communiùs , & expressius suos conceptus „significare consueverunt ," ait S. Thom. Quodlibet. 1. q. 6. a. 10. cum communi: nisi igitur necessitas aliter fieri postulet , puta, quia pœnitens est impos ad loquendum , debet semper confessio fieri verbo: neque est in potestate Confessarii circa hoc dispensare, cum nequeat agere contra communem Ecclesiæ institutionem : & qui nollet confiteri verbis, sed aut scriptura , aut nutibus , cùm alioquin posset verbis, deberet tanquam malè dispositus repelli.

XV.   Qui contra oblivionem, jam sæpius expertam, prætermitendi plura mortalia , solet peccata sua scripto signare, ut possit, absque dicta jactura , voce securiùs eadem fateri laudabiliter facit. Imò , ut mihi probabiliùs cum Vazquez & aliis nonnullis videtur , tenetur id agere , si præfatæ oblivioni obnoxius sit , dùm huic incommodo prævalere debeat præceptum Divinum de integra, quantum fieri potest , confessione facienda. Neque dicas, scripturam ex natura sua esse rem, quæ faci-

lè pervulgari valet. Respondetur enim , huic periculo securè obviam iri , si scribat litteris arbitrariis , italicè in cifra , ità ut à nemine intelligi queant , nisi à scribente ipso.

XVI.   Confiteri per interpretem non est vetitum, imò laudabile, quando aliter confessio fieri nequeat , ne pœnitens diutiùs moretur in periculo animæ; cum contritio perfecta hominibus insuetis non sit adeò facilis. In articulo mortis conveniunt omnes cadere sub debito ; eo quia leve incommodum est revelare peccata etiam alteri homini , sigillo eodem obstricto , si conferatur cum grandi illo negotio æternam salutem in tuto colocandi. Et quamvis quidam dicant , tunc sufficere aliqua duntaxat peccata fateri per interpretem ; alii probabiliùs cum Cardinali de Lugo sustinent , omnia , quæ in conscientia sunt, esse significanda ; cum saltem eo tempore præcepto divino de integra confessione parendum sit. Similiter , quamvis multi dicant , in eo solo casu urgere obligationem utendi interprete, Sanctus tamen Tom. in 4. dist. 17. quæst. 3. art. 4. q. 3. ait: In eo , qui usum linguæ non habet , sicut mutus , vel qui est alterius linguæ , sufficit , quòd per scripturam , aut nutum , aut interpretem confiteatur... quando non possumus uno modo, debemus secundum quod possumus confiteri. Qui loquendi modus denotat, non in solo articulo mortis peccatorem ad id teneri, sed etiam aliis temporibus, & præcipue ne diu versetur in statu culpæ lethalis.

XVII.   Requiritur in confessione talis præsentia pœnitentis , ut ly Te , quod in absolutione profertur , verum significatum habeat ; cum enim sit pronomen demonstrativum , non admittit distantiam talem , ut ampliùs ly Te verificari nequeat. Hinc Clemens VIII. anno 1602. reprobavit doctrinam, quæ dicebat: Licere per litteras , seu internuntium Confessario absenti peccata sacramentaliter confiteri & ab eodem absente absolutionem obtinere. Et quamvis nonnulli explicarint , non reprobari illos , qui dicerent, licere confessionem facere per litteras Confessario absenti , dummodo absolvens adveniat , & fiat præsens pœnitenti , nihilominus Cardinalis de Lugo disp. 17. n. 64. monet, Sacram Congregationem hujusmodi interpretatione reprobasse. Unicus casus licitus ille est , quando moribundus confessionem optavit , & de peccatis doluit , & veniam petiit, absente Confessario ; qui deinde adveniat, & testes habeat petitæ à moriente confessionis , neque ullum signum à pœnitente ipse

elidicere valeat; tunc, inquam, tenetur illum absolvere. Sed de hoc iterum suo loco.

§. V. *De satisfactione sacramentali.*

I. SAtisfactio est tertia pars, dicta integralis, Sacramenti Pœnitentiæ, à pœnitente pependa, quæque eidem injungitur à Confessario in pœnam peccatorum perpetratorum, & pro remissione saltem partiali pœnarum in purgatorio luendarum. Hinc quascumque pœnas arbitrarias assumet pœnitens, quamvis commendabiles, non tamen gaudent titulo satisfactionis sacramentalis, quia non prodirent ex judicio sacramentali : & proinde satisfactio sacramentalis, in statu gratiæ præstita, nedum habet vim satisfaciendi pro peccatis ex opere operantis, sicuti quicumque alii cruciatus à pœnitente justo assumpti, verum etiam ex opere operato, seu virtute Sacramenti, propter uberiorem applicationem meritorum Christi, per Sacramentum impertitam: undè S. Th. quodl. 3. q. 13. dixit: *Amplius valet ad expiandum, quàm si proprio arbitrio homo faceret idem opus.*

II. Necessariò est injungenda satisfactio, non quidem necessitate Sacramenti, sed necessitate præcepti, ita ut graviter peccet Confessarius, si illam injungere advertenter omitteret ; cùm teneatur integritatem Sacramenti procurare. Est autem injungenda ante absolutionem, nisi forte oblivio inculpabilis accedat; ità postulante ordine judiciali, ut, antequam reus absolvatur, satisfactionem spondeat, & etiam ut dispositionis animi illius firmior habeatur suasio. Circa hoc Alexander VIII. reprobavit thesim 16. in qua dicebatur: *Ordinem præmittendi satisfactionem absolutioni induxit non politia, aut institutio Ecclesiæ, sed ipsa Christi lex, & præscriptio, natura rei id quodammodò dictante:* & thesim 17. *Per illam praxim mox absolvendi, ordo pœnitentiæ est inversus :* & thesim 18. *Consuetudo moderna quoad administrationem Sacramenti Pœnitentiæ, etiamsi eam plurimorum hominum sustentet auctoritas, & multi temporis diuturnitas confirmet, nihilominus ab Ecclesia non habetur pro usu, sed abusu.* Quibus thesibus doctores illi contendebant, nedum injunctionem satisfactionis, sed ipsam quoque impletionem ejusdem præmittendam esse absolutioni, quod reprobatur ab Alexandro VIII. Aliquando tamen, ità postulantibus circunstantiis, exigi potest, ut pœnitens satisfactionem impleat, antequam absolvatur, puta, si

ità fieri compellat status pœnitentis, juxta prudentem œconomiam Confessarii.

III. Non est in arbitrio Confessarii, quàm sibi placuerit satisfactionem injungere; ità ut graviter peccet, si pro multis lethalibus levissimam imponat; sed debet esse proportionata gravitati, & multitudini peccatorum, & statui, sexui, ætati, & conditioni pœnitentis, & laudabiliter aget, si interroget pœnitentem, àn possit injunctam impleret : undè S. Antoninus 3. part. tit. 16. cap. 21. *Debet Confessarius dare talem pœnitentiam, quam credat verisimiliter illum implere, ne, violando, deterius ei contingat.*

Laudabiliter plures Episcopi, ut animadvertit S. P. Benedictus XIV. *de Synodo Diœcesana edit. noviss. lib. 11. cap. 11.* Canones Pœnitentiales in suas Synodales Constitutiones inseruerunt, adjecta suasione, aut etiam præcepto, ut Confesarii eos addiscerent, non animo illos inducendi ad pœnitentias imponendas, quæ pro unoquoque crimine sunt in illis præscriptæ, sed ut aliqua proportione pœnitentiam pro quibusdam criminibus injungerent; & insuper, ut iidem Confessarii indè argumentum desumerent ad aperiendam pœnitentibus admissorum scelerum gravitatem, quæ tàm longa, tàm aspera, tàmque formidanda vindicta, etiam in hac vita, ab Ecclesia coercebantur. *Pœnitentialium Canonum jure* (sic legitur in Synodo Amesina, habita anno 1595. ab Episcopo Antonio Maria Gratiano cap. 146.) *impositæ singulis sceleribus pœnas, pœnitentiasque nosse Confessoribus perutile fuerit, cùm eis ipsi melius, certiusque statuere valeant, quæ cuique peccato definienda pœnitentia sit, tùm ut pœnitentes ipsi à Confessoribus de prisci moris severitate edocti, quantò nunc benignius cum illis sancta Mater Ecclesia agat, intelligentes, hanc saltem ei gratiam referant, ut à peccatorum consuetudine ob id diligentiùs abstineant.* Consona hæc sunt iis, quæ docet D. Th. *quodlib. 3. q. 13. art. 28.* Quippè asserit ibi, non esse quidem modò pœnitentiam imponendam ad exactam normam antiquorum Canonum; sed simul expediens judicat, ut Confessarius pœnitenti manifestet quanta pœnitentia pro singulis, ab ipso perpetratis, flagitiis esset priscis temporibus ab Ecclesia statuta. En S. D. verba : *Videtur satis conveniens, quòd Sacerdos non oneret pœnitentem gravi pondere satisfactionis ; quia, sicut parvus ignis à multis lignis superpositis de facili extinguitur, ità posset contingere, quòd par-*

X

parvus affectus contritionis , in pœnitente nuper excitatus , propter grave onus satisfactionis extingueretur , peccatore totaliter desperante. Undè melius est , quòd Sacerdos pœnitenti indicet, quanta pœnitentia esset sibi pro peccatis injungenda, & injungat sibi nihilominus aliquid , quod pœnitens tolerabiliter ferat , ex cujus impletione assuefiat , ut majora impleat, quæ etiam Sacerdos sibi injungere non attentasset ; & hæc, quæ præter injunctionem expressam facit , accipiant majorem vim expiationis culpæ præterita ex illa generali injunctione , qua Sacerdos dicit: quidquid boni feceris , sit tibi in remissionem peccatorum. Addiscant ergo, & memoria teneant Confessarii antiquos Canones pœnitentiales, præsertim illos, qui secundùm ordinem Decalogi ex variis Conciliis , & Libris pœnitentialibus collecti reperiuntur in Instruct. S. Caroli, non, sicuti jam diximus, ut reos, jam à multis seculis obsoletos, hac nostra lutulenta ætate, qua fideles à pristino morum nitore , & sanctitate defecerunt, ad usum revocent; sed ut eorundem notitia ipsis deservire possit , atque prodesse ad alios prædictos fines, nempè, ad aliquam proportionem servandam inter diversas peccatorum species , & congruentem pœnitentiam pro singulis injungendam ; & ad monendos pœnitentes, quanta olim pœnitentia pro quibusdam criminibus imponeretur , at suorum scelerum gravitatem magis agnoscant , & promptiùs, ac libentius, quod jussi erunt, ipsi præstent. Lege integrum caput laudati. S. Pontific. in quo summa eruditione materiem hanc pertractat, & ex quo pauca hæc excerpsimus.

* Ut laxa , & à veritate omnino aliena rejicienda illorum opinio est , quæ statuit, nullam à Confessario injungendam esse pœnitentiam, dùm pœnitentes confitentur ad indulgentiam acquirendam. Eam sanè reprobat S. P. Benedictus XIV. in Epistola Encyclica ad Pœnitentiarios, & Confessarios pro Anno Sancto in Urbe deputatos, incip. *Inter præteritos.* data *die 3. Decemb 1749* Legatur *n. 5. §. 64.* in quo varias in primis circa hanc materiem ob oculos ponit Theologorum laxas opiniones , illarumque Patronos indigitat. Deindè præcipuos allegat Doctores, qui contra ipsas insurrexerunt , inter quos, ait, Juenin. *tract. Hist. Dogmat. de Sacr. dist. 13. q. 5. c. 4 Pontas in Dict. Moral. in verb. Jub. cas 10.* ac novissimè P. Amort. *in Hist. Indul. in quæst. pract pag. 467.* Tandem affert doctrinam Valentiæ, qui inter eos, inquit, qui Rigoristæ dicuntur , minimè re-

censendum est. Hic porrò *tit. 4. disp. 7. q. 20 punct. 3. p. 1603.* ità scriptum reliquit *Notandum, neque per hanc Indulgentiæ formam, scilicet ,* de injunctis Pœnitentiis, *neque per ullam aliam , quamvis amplam & generalem, relaxari obligationem, qua, propter integritatem, tenetur Confessarius salutarem pœnitentiam pœnitenti injungere , & pœnitens eam implere &c. Primò ex eo quod illa obligatio est Juris Divini &c. Secundò, ex eo quòd truncaretur alioqui Sacramentum Pœnitentiæ quadam sua integrali parte, qualis est nimirum Jure Divino satisfactio ipsius pœnitentis. Tertiò confirmatur ex communi sensu, & usu Ecclesiæ; si quidem nec in plenissimis etiam Indulgentiis solet negligi à Confessariis, & Pœnitentibus Sacramentalis satisfactio , & pœnitentia ; imò expressè ab ipsis Pontificibus solet tunc etiam requiri.*

Itaquè , licet , attenta sola præteritorum peccatorum vindicta, levior pœnitentia in sacramentali confessione possit ei injungi , qui animo comparatus est ad consequendum plenariam Indulgentiam ; attamen nullo modo in toto omittenda est: imò nec sufficit modicam duntaxat imponere. Neque enim Indulgentia acquirenda eximit à laboriosis pœnitentiæ operibus; quin parum prodest iis , qui pro viribus divinæ justitiæ satisfacere negligunt. Indulgentiæ namque conceduntur in supplementum infirmitatis nostræ ; adeòque nos non liberant ab ea solvendi debiti parte, quam possumus , sed supplent id , quod, attenta nostra imbecillitate, atque inopia, reddere non valemus. Quamobrem pœnitens, prætextu Indulgentiæ acquirendæ , non potest se eximere ab adimplenda pœnitentia per Confessarium injuncta; *Difficillima perceptu res nobis visa est,* ait laudatus Summ. P. Benedictus XIV. *loc. cit. §. 65. eum posse dici, ut esse verè pœnitentem, sicut ille debet esse , qui plenariam indulgentiam consequi cupit , si hujus prætextu eximere se velit à pœnitentia illa adimplenda, quæ ipsi in Sacramentali confessione à Confessario injuncta est.* Adeantur insuper Em. Cajetanus *Tract. de Indulg.* Bossuetus *in sua Instruct. pro Indulgent.* Cardinal. Denhoff. Episc. Cæsanat. *in sua percelebri Pastorali Instruct.* Eusebius Amort. *de Indulg. part. 2. sect. 4.* P. Daniel Concina *de Sacram. Pænit. lib. 1. dissert. 5. cap. 9. & 11.* Continuator Tournely *Append. 3. de Indulg. cap. 2.* & Auctor infra *in Append. 2. ad tract. de Sacram. Pœnit. §. 2. n. 3.*

Diximus autem de industria, quòd atten-

ta

ta sola præteritorum peccatorum vindicta, levior in sacramentali confessione potest pœnitentia injungi ratione indulgentiæ; quippè sub indulgentiæ prætextu nullatenùs remittenda est , aut mitiganda pœnitentia medicinalis, quæ ad præcidenda futurorum peccatorum pericula, & ad extirpandos contractos habitus vitiosos necessaria est. *Quia indulgentia* , ait Suarez *disp.* 50. *sect.* 2. *n.* 7. *nec moderatur passiones , nec pravam consuetudinem seu habitum remittit : non obstante indulgentia manet eadem obligatio applicandi medicinam præservativam: in quo etiam Doctores veniunt.* Quare improbandus est Cardinalis de Lugo , qui *disp.* 17. *n.* 22. ab hac communi opinione recessit; quique gravem fortè censuram non effugeret , si quæ ad rem hanc promit ipse , à moroso quopiam paulo severiùs expenderentur , ut advertit Continuator Tournely *loc. cit. n.* 47.

IV. Cùm satisfactio injungatur etiam ut remedium ad peccatorum fugam, & pœnitentis emendationem, advertat Confessarius , satisfactiones quasdam esse insuper medicinales, quæ imponuntur , ut pœnitens caveat à specialibus illis peccatis , ut illas speciales occasiones devitet; eo fine , ut , dum satisfactiones illas exequitur, monitorum Confessarii, & propositi facti recordetur: hujusmodi sunt quotidiana , v. gr. litaniarum Virginis recitatio, donec denuò confiteatur ; actus contritionis quotidiè emittendus ad dictum tempus; & similia. Inter has satisfactiones medicinales quædam sunt conditionatæ, quas exequi tenebitur pœnitens , casu quo reincidat in tale peccatum, v. gr. si in mollitiem lapsus fueris voluntariam , audies devotè unam Missam, & contritionis actum emittes &c. hæ tamen pœnitentiæ conditionatæ sunt adjungendæ pœnitentiæ absolutæ, quæ semper est injungenda , ut Sacramentum suam habeat integritatem.

V. Non sunt imponendæ satisfactiones actionum, aliundè jam præceptarum; cùm ex Tridentino sess. 14. cap. 8. injungantur ad castiganda peccata commissa; sed debetur esse actionum, quæ aliundè non sint præceptæ. Caveat Confessarius , ne unquam imponat pœnitentiam toto vitæ decursu duraturam; tùm quia id est nimis grave, tùm quia observatu difficile: experto crede. Caveat item, ne tales injungat satisfactiones, ex quarum executione indirectè violari possit confessionis factæ sigillum : undè cautè se gerere debet circa conjugatos respectu sui invicem ; circa filios respectu genitorum ; circa famulos res-

pectu dominorum &c. pœnitentia enim talis esse debet , ut semper occulta remaneant delicta in confessione exposita : potest tamen , & debet Confessarius pro publico , & notorio delicto publicam injungere satisfactionem; id autem non est indirectè violare confessionis sigillum , sed compensare scandalum proximis datum. Hinc potest publico usurario publicas eleemosynas imponere , jubere publicæ meretrici , ut se induat veste humili, & pœnitente &c.

VI. Opera autem , pro satisfactione Sacramentali injungenda, sunt, quæ à Concilio & Cathechismo indicantur , nempè, preces, jejunia, eleemosynæ: sub nomine autem præcum veniunt omnes Religionis actus , puta, Sacramentorum frequentia, meditationes, actus virtutum theologalium , & contritionis, Missarum auditio , orationes vocales &c. Nomine jejunii veniunt omnia opera pœnalia corporalia , omnesque carnis macerationes. Nomine demùm eleemosynæ veniunt omnia misericordiæ opera tàm corporalia, quàm spiritualia.

* Opportunum erit hic subjicere saluberrimum monitum S. P. Benedicti XIV. *de Synod. Diœces. lib.* 5. *cap.* 9. *num.* 6. ad Confessarios circa hanc materiem. Non dubitatur , *inquit* , quin possit Confessarius pœnitentibus injungere , ut Missarum Sacrificia celebrari faciant in satisfactionem suorum pecatorum ; id enim inter opera satisfactoria meritò recensetur ; tùm quia pœnitentes propterea aliquam pecuniæ summam à se abdicant ; tùm quia sic Sacrificii oblationi cooperantes , peculiari quadam ratione participes efficiuntur illius fructus satisfactorii. Sed , ne hac occasione aliqua suboriatur avaritiæ suspicio, non debet Confessarius à pœnitente, cui hujusmodi Missarum celebrationem procurandam injungit, eleemosynam accipere , ut vel ipse eas Missas celebret, vel in propria Ecclesia celebrari faciat. *Cùm pro pœnitentia Missas injunxerit, sibi, aut Ecclesiæ suæ , aut Monasterio dicendas non addicat* ,verba sunt S. Caroli Borromæi in Instruct. ad Confessarios *part.* 4. *Actorum Ecclesiæ Mediolanensis* , à nobis aliàs relata. Quàm verò abhorreat Ecclesia à qualibet hujusmodi avaritiæ specie, & Sacerdotes Sacramentorum Ministros ab omni illius suspicione , nedum crimine , velit immunes, satis declarat Rituale Romanum tùm in prima generali instructione *de iis , quæ in Sacramentorum administratione servanda sunt,* tùm etiam peculiariter in Regulis *de ordine*

X 2 mi-

ministrandi Sacramentum Pœnitentiæ.Cùm autem anno 1709. Sacræ Universali Inquisitioni relatum fuisset, Præsbyteros quosdam in Ecclesia S. Jacobi de Compostella, confessionibus excipiendis additos, sub præsidio antiquæ consuetudinis, eleemosynas accipere solere à pœnitentibus, qui eas post confessionem peractam illis dabant; san. mem. 'Clemens Papa xi. in Congregatione S. Officii, coràm ipso habita *die 14. Februarii prædicti anni*, mandavit, ad Archiepiscopum litteras scribi, quibus moneretur, ut omni studio, & vigilantia caveret, ne vel minima avaritiæ suspicio in Sacramenti administratione misceretur. Laudatus autem S. Carolus Borromæus *loco citato* ita scribit: *Non modò non petat, se nec habere se velle significet pecuniam, aliamve rem pro suscepti in confessione laboris munere, imò verbis vel potiùs factis ab his omnibus abhorrere demostret*. Hactenùs S. P. Benedictus.

VII. Tenetur pœnitens pœnitentiam congruam acceptare, & suo tempore exequi sub mortali acceptare quidem; quia aliter suspectum redderet suam dolorem, pravamque animi sui dispositionem manifestaret; tùm vel maximè, quia tenetur cooperari; ut Sacramentum suam assequatur integritatem; quæ ratio simul probat, ipsum teneri etiam ad illam exequendam: & juxta probabiliorem cum Tannero, & aliis, quamvis sit pœnitentia levis, puta, quia injuncta pro solis venialibus, vel mortalibus aliàs confessis; nihilominùs tenetur sub gravi illam, saltem pro parte, implere, ob adductam rationem, ne Sacramentum sua careat integritate Neque valet opponere, quòd materia levis incapax sit obligationis gravis; id namque verum est de materia levi secundùm se accepta, & à quocumque alio respectu sejuncta; non de materia levi affecta aliquo respectu gravi, qualis est in casu integritas Sacramenti.

VIII. Tenetur pœnitens satisfactionem exequi tempore à Confessario præfixi, si illud præfigat: sin autem, non licet ad longum tempus illam differre; quia integritas Sacramenti unionem moralem suarum partium requirit; tùnc etiam, quia debitum, strictò jure solvendum, nequit à valente illud solvere diù differri; tùm etiam, quia longa dilatio sine causa irreverentiam gravem irrogat Sacramento: differre autem ad paucos dies, si fiat cum causa, nullum peccatum; si sine causa, est veniale. Quantumvis autem pœnitens differat, exequi tenetur; cùm dilatio culpabilis solutionis non eximat à debita

solutione, semperque debeatur sua integritas Sacramento.

XI. Probabilius est, quòd implens satisfactionem in statu culpæ lethalis comittat peccatum veniale; quia minùs dignè tractat partem integralem Sacramenti, ponitque obstaculum effectui ejusdem, qui est remissio pœnæ temporalis, quæ à carente gratia obtineri non potest. Non tamen, juxta multos, tenetur illam repetere in statu gratiæ; quia, quamquam non quoad modum, tamen quoad substantiam integravit Sacramentum, & ob temperavit præcepto.

X. Non potest pœnitens satisfactionem injunctam implere per alterum, ità definiente Alexandro vii. & reprobante thesim 15. quæ dicebat: *Pœnitens propria auctoritate substituere sibi alium potest, qui loco ipsius pœnitentiam adimpleat*. Quia est pars integralis Sacramenti à pœnitente suscepti; & ipse est debitor pro culpa commissa.

XI. Pœnitentia imposita nequit mutari à pœnitente in aliud opus, quamvis magis pium; quia debet proficisci à judicio Sacramentali & à potestate clavium, qualis non est quæcumque alia satisfactio substituta. Potest tamen à Confessario, qui illam injunxit, intra confessionem mutari, quin facta repetatur confessio, si de statu pœnitentis recordetur; est enim etiam hæc mutatio actus judicialis, qui extra Sacramentum non exercetur. Quando autem petitur mutanda ab altero Confessario, exponenda sunt ei peccata propter quæ imposita fuit: imò debet novus Confessarius aliquid saltem relinquere illius pœnitentiæ, ne prius Sacramentum sua integritate privetur, nisi fortè Confessarius novus per novam injunctam pœnitentiam utrique intendat confessioni, & anteactæ, & præsenti, suam afferre integritatem.

Hic cum Petro Collet *tract. de Pœnit.* *part. 2. cap. 7. art. 4.* quædam sunt animadvertenda: 1. non posse mutari pœnitentiam sine justa causa, qualis est necessitas utilitas notabilis, gravis in executione prioris pœnitentiæ difficultas, periculum transgressionis, vel ex conditione pœnitentis, vel ex ipsa ejus infirmitate ortum, excessus evidens pœnitentiæ prioris; ubi tamen cavendum à perniciosa mollitie. Qui enim malis omnibus, ut commune emplastrum, Rosarii unius recitationem applicant, facilè pro graviori pœnitentiam leniorem habebunt.

2. Posse aliquando mutari pœnitentiam, licèt id non postulet pœnitens; cùm alia multo plùs profutura judicatur.

Non

3. Non mutari priorem pœnitentiam per hoc solum quòd idem vel alius Sacerdos, audita eorumdem peccatorum confessione, novam imponat: sed requiri, ut Confessarius illam revocare intendat ; quia sententia semel valida, imò & dubia, manet, aut eam manere præsumi debet, donec à legitima auctoritate revocetur.

4. Ad minùs dubium esse, quod cum pluribus aliis docet Henno pag. 205., pœnitentem, facta commutatione, adhuc posse, si velit, priori stare pœnitentiæ ; sententia enim legitimè revocata nullius jam roboris esse videtur. Ajunt quidem, commutationem sub hac tacita conditione fieri : *Nisi pœnitens malit ad priorem reverti ;* subduntque, novam pœnitentiam in novum pœnitentis favorem imponi ; nemini porrò incumbere necessitatem utendi favore. Verùm sublesta sunt hæc, & parùm movent. Si enim pœnitentia prior non nisi justa causa commutari potest ; eaque causa ut plurimùm sit *notabilis pœnitentium utilitas*, cur censebitur Sacerdos intendere, ut ii pro nutu ad id, quod sibi multò minùs utile fuerit, redire possint ? cur favoris instar habeatur electio, quæ vix citra animæ præjudicium fieri queat? Hæ quidem rationes non ità valent, cùm pœnitentia prior ob solum excessum commutatur. At vel in hoc casu satius fuerit, ut cuilibet dubio præcludatur aditus, plenam facere pœnitenti libertatem, quod maluerit amplectendi. Quin & ut sua certa cuilibet Sacramento servetur integritas, semper curandum, ut aliquid utriusque pœnitentiæ adimpleatur.

5. Non posse priorem pœnitentiam vel ab eodem Confessario mutari, nisi confusam mente gerat, aut ex parte pœnitentis suscipiat notitiam peccatorum, propter quæ hanc imposuerat ; vel ab alio, nisi auditis peccatis, propter quæ eadem fuerat imposita.

6. Tamen ex communi Doctorum sententia non requiri accuratam peccatorum repetitionem ; sed eam tantùm speciem confessionis, undè Sacerdos statum pænitentis intelligere valeat ; puta, tot annos in adulterio, mollitie, ebrietatis habitu vixisse. Hactenùs laudatus recens Theologus.

His addendum existimamus contra Salmanticenses, aliosque, quos ipsi allegant, non posse inferiorem Confessarium commutare pœnitentiam impositam à Superiore, ob peccata reservata ; quia, sicut peccata, ità & eorumdem pœnitentia illi reservata est. Sic

quidem sentiunt graviores Theologi.

✝ Si pœnitens oblitus pœnitentiæ sit, adire Confessarium debet, ut, si recordetur, pœnitentiam patefaciat. Si etiam Confessarius oblitus peccata fuerit, tùm denuò confiteri peccata debet, ut congruam pœnitentiam accipiat, & manifestare, àn oblivio fuerit, necne culpabilis. Sic P. Daniel Concina *Theolog. Christ. tom. 9. lib. 1. dissert. 5. cap. 10. n. 23.*

Juxta autem communem Theologorum consensum peccaret graviter, qui ob gravem pœnitentiam, ab uno Confessario acceptam, alium Confessarium adiret; & occultata priori confessione, iterum confiteretur, ut leviorem acciperet satisfactionem.

§. VI. *De Ministro Sacramenti Pœnitentiæ.*

I. Jurisdictio, generatim accepta, est potestas regendi, & sententiam ferendi in subditos : & loquendo respectivè ad hoc Sacramentum : alia est in foro interno, seu conscientiæ tantùm, alia in foro externo, seu Ecclesiæ : illa exercetur in pœnitentes, illos absolvendo, obligando, dirigendo quoad ea, quæ in foro Sacramentali consummanda sunt: ista exercetur, imponendo leges, ferendo censuras, statuendo pœnas Ecclesiasticas etiam publicas, solvendo, dispensando, & liberando ab eidem. Jurisdictio tàm in foro externo, quàm in interno, dividitur in ordinariam, & delegatam : illa competit ratione officii, & muneris afferentis curam animarum ; quam habent Pontifex in universa Ecclesia, Episcopus in sua diœcesi, quamvis nondum consecratus, sed etiam duntaxat electus, & confirmatus, dummodo sit Sacerdos, Parochus in sua Parœcia, Superiores Religionum in suos subditos. Delegata committitur alteri ab habente ordinariam, & acquiritur à delegato per concessionem expressam, vel etiam aliquando tacitam, quæ semper tamen requirit notitiam habentis ordinariam. Hæc potestas delegata non expirat per mortem delegantis, aut per ejus dimissionem ab officio, quando concessa fuit absque ulla temporis præscriptione, neque ab eo fuerit revocata, neque ab illius successore, aut Superiore ; quandoquidem delegatio sit gratia delegato concessa, quæ non expirat per mortem concedentis, sed perseverat, nisi cesset per aliquam ex causis modò indicatis. Qui gaudet potestate delegata, non potest illam alteri subdelelegare, nisi de expressa delegantis licentia; & tunc non subdelegat illam delegatus nomine suo, sed nomine delegantis. His necessario præmissis.

¶ Jurisdictionem in foro Pœnitentiæ, delegatam, in generali à Summo Pontifice, non expirare per ejus mortem, sed persistere, concors est Theologorum opinio: idque probant ex clarissimo textu Juris Canonici, nempè ex cap. *Si super gratia* de offic. delegati in 6. confirmantque ex praxi in Pœnitentiariis, & in Regularibus à Summo Pontifice delegatis. In controversiam autem vocatur, àn expiret jurisdictio ab inferioribus Prælatis, ut ab Episcopo, Superiore Regulari, &c. concessa. Hanc expirare, autumant nonnulli, si res adhuc sit integra, ut si confessio incepta non sit. Verùm alii, quibus meritò Auctor subscripsit *num. præced.* id inficiantur, sentiuntque, jurisdictionem concessam continuare, donec vel labatur tempus præfinitum, vel revocetur à successore, aut Superiore. Hoc colligunt evidenter ex praxi. Quippè, defuncto Episcopo, vel Prælato Regulari, Confessarii in suo munere perseverant audiendi confessiones, non modò inceptas, sed etiam novas. Nec juvat afferre paritatem de Vicario Generali, qui, Episcopo è vivis sublato, jurisdictionem, potestatemque amittit; siquidem hic unum cum Episcopo tribunal efficit; Confessarius verò delegatus tribunal aperit à delegante distinctum. Ut autem magis magisque sententiæ nostræ veritas patescat, recolendum est, quod unanimiter docent Theologi, & Canonistæ in *Tract. de Legibus*, nimirùm, quòd gratia alia dicitur facta, alia facienda. Gratia dicitur facta, si sit concessa in favorem ejus ad quem dirigitur, etsi redundet etiam in commodum aliorum. Gratia vero dicitur facienda, si respiciat favorem alterius executioni demandandum à Commissario. Discrimen, quod inter utramque intercedit, in eo est repositum, quòd gratia facienda, quamvis non expiret ob mortem concedentis, si res non sit adhuc integra, ut liquet ex cap. *Si cui nulla* de Præb. in 6. attamen expirat, si res sit adhuc integra ex c. 51. ut si Confessarius, cui Superior mandat ut aliquem absolvat à censuris, nondum confessionem inceperit, ut patet ex cap. *Gratum* de offic. & potest. Judic. Deleg. Gratia autem facta non expirat morte concedentis, etiamsi res sit adhuc integra, seu nondum executioni demandata, ut liquidò constat ex cit. cap. *Si cui nulla.* Siquidem gratia facta se habet

ad instar donationis; ac proinde, sicut hæc non extinguitur morte donantis, sic illa non expirat morte concedentis. Porrò jurisdictio delegata est gratia facta Confessario, cui statim acquiritur; adeòque non expirat per mortem delegantis, si sine ulla temporis limitatione ab illo data fuerit; nec revocata ab eo, vel illius successore, aut Superiore. Quod asseruimus de morte *naturali* delegantis, idem sentiendum, & de morte ejusdem *civili*, quæ contingit dùm ipse deponitur ab officio, aut eodem privatur, vel dùm ipse cedit aut renuntiat. Etiam in tali casu delegatus non amittit jurisdictionem, donec revocetur à Superiore succedente in jurisdictionis administrationem, posito quòd jurisdictio concessa fuerit absolutè sine aliqua conditione vel determinatione temporis.

II. In ministro pœnitentiæ, præter Ordinem Sacerdotalem, requiritur potestas jurisdictionis: ità Concilium Tridentinum sess. 14. c. 7. reddens simul rationem : *Quoniàm igitur natura, & ratio judicii illud exposcit, ut sententia in subditos duntaxat feratur; persuasum semper in Ecclesia Dei fuit, & verissimum esse, hæc Synodus confirmat, nullius momenti absolutionem eam esse debere, quam Sacerdos in eum profert, in quem ordinariam, aut subdelegatam non habet jurisdictionem.*

III. Requiritur præterea in eo, qui non sit Beneficiarius cum cura animarum, approbatio illius Episcopi, in cujus Diœcesi confessiones audit: ità laudatum Concilium sess. 23. c. 15.: *Quamvis Presbyteri in sua ordinatione à peccatis absolvendi potestatem accipiant; decernit tamen sancta Synodus, nullum etiam Regularem posse confessiones secularium, etiam Sacerdotum, audire, nec ad id idoneum reputari, nisi aut Parochiale beneficium, aut ab Episcopis per examen, si illis videbitur esse necessarium, aut aliàs idoneus judicetur, & approbationem, quæ gratis detur, obtineat; privilegiis, & consuetudine quacumque, etiam immemorabili, non obstantibus.* Est igitur hæc approbatio necessaria, nedum pro licito, sed etiam pro valido; cùm ità etiam declaravit. Sac. Congregatio; & verba Concilii satis aperta sint *nullum posse idoneum reputari.* Neque opponas, hanc jurisdictionis potestatem conferri in ordinatione Sacerdotis. Quamvis enim conferatur quoad solam potestatem in actu primo, non tamen quoad facultatem in actu secundo; hæc enim requirit subditos, in quos exerceatur; qui subditi non assignantur Sacerdoti ordi-

di-

dinato , sed assignantur ab Episcopo , in cujus Dioecesi conceditur facultas confessiones excipiendi ; atque illis limitationibus , quae Episcopo videbuntur , puta , ut audiantur confessiones masculorum duntaxat , & pro tempore , quod ipsi libuerit , puta , ad tres, sex , octo menses , &c.

IV. Non sufficit , quòd sacerdos petierit facultatem ab Episcopo , si haec ipsi denegetur , etiam injustè; nàm ex verbis Concilii requiritur approbatio, quae non habetur , quamvis injustè denegata. Neque adducenda sunt privilegia, quibus omnibus per Concilium derogatum fuit: undè jurè merito Alexander VII. damnavit thesim. n. 13. in qua dicebatur: *Satisfacit praecepto confessionis annuae , qui confitetur Regulari , Episcopo praesentato, sed ab eo injustè reprobato.* Et thesim n. 16. *Qui beneficium curatum habent , possunt sibi eligere Confessarium simplicem Sacerdotem non approbatum ab Ordinario.*

V. Regulares non indigent approbatione Episcopi ad audiendas confessiones Regularium sui Ordinis , sed sufficit approbatio suorum Superiorum , juxta cujusvis Ordinis statuta; qua circa Regulares respectu suorum nil innovatum fuit in Concilio. Necessaria vero est aprobatio Episcopi ad audiendas confessiones Monialium sui Ordinis , ex constitutione Gregorii XV. quae incipit : *Inscrutabili,* & ex constitutione septima Clementis X. ità jubentium.

☞ *Regulares pro confessionibus excipiendis consodalium suorum non indigent approba-* • *tione Episcopi , sed duntaxat sui Superioris Regularis,* ut optimè docet Auctor *n. praeced.* quia , cùm Praelati Regulares habeant jurisdictionem quasi Episcopalem in suos subditos, competit illis haec facultas approbandi ad confessiones pro istis ex Jure communi , & antiquo. Et circa hoc , idem animadvertit, nil innovatum fuit à Concilio Tridentino *sess. 13. cap. 15.* ; quia ibi fit sermo duntaxat de Confessarii saecularium , ut legenti liquidò patet. Quocirca Clemens VIII. *in suo Decreto edito die 16. Maii 1593.* posito inter *Constitutiones Urbani VIII. tom. 4. Bullarii Rom. Constitut. 26.* , sic §. 3. praecipit ipsis Regularibus Superioribus: *Superiores in singulis domibus deputent duos , tres , aut plures Confesarios pro subditorum numero majori , vel minori , iique sint docti , prudentes , ac charitate praediti , qui à non reservatis eos absolvant , & quibus etiam reservatorum absolutis committatur, quando casus occurrerit , in quo , eam debere*

committi , *ipse in primis Confessarius judicaverit.* Quod Decretum fuit etiam confirmatum à laudo Urbano VIII. per Decretum Sacrae Congregationis Concilii *die 26. Septembris 1624.* , & hoc insupèr additum est: *Sanctitas sua deinceps declaravit , ut , si hujusmodi Regularium Confessariis , casus alicujus reservati facultatem parentibus, Superior dare noluerit , possint nihilominus Confessarii illa vice poenitentes Regulares, etiam non obtenta à Superiore facultate, absolvere.*

Quamvis autem Praelati Regulares, & Monasteriorum Superiores possint auctoritate sua ordinaria Religiosorum sibi subditorum confessiones sacramentales audire ; attamen hoc munus Confessariorum per se exercere non debent, sed aliis demandare , attenta prohibitione , iisdem Superioribus facta per laudatum S. P. Clementis VIII. in praecitato Decreto §. 2., in quo haec habentur: *Non liceat Superioribus Regularium confessiones subditorum audire , nisi quando peccatum aliquod reservatum admiserint , aut ipsimet subditi sponte , & proprio motu id ab iis petierint.* Hinc constat , quod , si subditi ex propria voluntate velint peccata sua confiteri propiis Praelatis , atque Superioribus , possunt ab eis audiri , & absolvi : ad hoc adigi, vel obligari non debent ex ea evidenti ratione , quam innuit Summus Pontifex in eodem Decreto , ne videantur Superiores frangere sigillum confessionis , & uti scientia habita in Sacramento, quando pro bono regimine Monasterii coguntur aliquem subditum exterius punire. Lege Clericatum *de Poenit. decis. 39. num. 1.*

* Circa verò Praelatos Regulares , scilicet Generales , & Provinciales in ordine ad audiendas confessiones Monialium , quae sunt eorum jurisdictioni subjectae , videantur PP. Salmanticenses *Editionis Venetae anni 1750. in Append. ad tract. 6. cap. 6. punct. 2. §. 1. n. 74. & seqq.* & P. Lucius Ferraris *in Supplementis novissimis ad suam Bibliothecam V. Approbatio n. 3.* qui sustinent posse illos licitè , & validè excipere sacramentales confessiones Monialium sibi subjectarum , absque approbatione , & facultate Episcoporum , idque ostendunt tùm ex declaratione S. P. Benedicti XIII. in Bulla 119. incip. *Pastoralis Officii solicitudo §. 8.* tum etiam ratione ; quia nempe Praelati Regulares, Generales , & Provinciales sunt verè Parochi Monialium, quae sunt sub eorum regimine, cum ordinariam habeant jurisdictionem in illas.

Con-

VI. Confessarii Regulares unius Ordinis non possunt validè absolvere Regulares alterius Ordinis; nisi isti obtinuerint licentiam confessiones faciendi extra suum Ordinem, vel apud Regulares talis Ordinis; quia Pontifex, à quo Regulares facultatem habent audiendi confessiones, juxta Clementinam *Dudum de Sepulturis*, sicut quoad seculares posuit conditionem aprobationis Episcoporum; ità quoad alios Regulares extra Ordinem intacta relinquit Statuta cujuscumque Ordinis.

☞ Cùm Regulares Præsidibus suis sint in foro Sacramentali subjecti, ut ex dictis perspicuum est, tenetur peccata sua confiteri Confessariis per ipsos approbatis, & deputatis, neque sine eorumdem licentia possunt alios adire. Hinc Regulares unius Ordinis, licèt ab Episcopo approbati nequeunt virtute privilegiorum audire confessiónes Regularium alterius Ordinis, ipsosque validè absolvere, nisi isti obtinuerint licentiam confessiones faciendi extra suum Ordinem, vel apud Regulares talis Ordinis, sicuti Auctor docet *n. præced.* & compertum est ex Constit Clementis VIII. incip. *Romani Pontificis* data *die 23. Novembris 1599*, in quâ expressè declarat, in omnibus Indultis nunquam fuisse mentem Sedis Apostolicæ dare licentiam ulli Religioso, vel Moniali confitendi alicui contra dispositionem suorum Superiorum; sed, inquit, *nostræ intentionis existere, quòd iidem Fratres, & Moniales, quantùm ad Sacramentum Pænitentiæ, seu confessionis administrationem dispositioni suorum Prælatorum subjecti sint, Apostolica auctoritate tenere præsentium perpetuo declaramus.* Cùm autem Superior alicujus Monasterii gratiosè concedit sibi subdito, ut possit confiteri peccata sua Confessario etiam extraneo, per hanc concessionem censetur, istum in Confessarium deputare, & jurisdictionem ipsi ad absolvendum prædictum subditum impertiri.

Videant verò Prælati Regulares, an possint subditis suis facultatem elargiri, ut Confesori extraneo peccata sua confiteantur; neque enim in quacumque Religione omnes Superiores talem licentiam concedere valent. Prior (sic habetur in Const. FF. Prædicat. *distinct. 1. cap. 14. n. 3. l. c.*) „fratri suo „subdito concedere potest, ut confiteatur „Priori, vel fratri alterius Conventus (aliàs „legitimè exposito) sed non Sacerdoti alte-„rius Religionis. Et paucis interjectis; Ma-„gister Ordinis.... potest ex legitima causâ „Fratribus licentiam dare, ut confiteantur „Sacerdoti Seculari, vel Regulari (aliàs le-

„gitimè exposito) alterius Ordinis, quan-„do copiam Confessarii Ordinis habere non „possunt." Legatur P. Vincentius M. Fontana *part. 1. tit. de Confessoribus Fratrum.*

Quod autem spectat ad Religiosos, qui vel in itinere sunt, vel in alio morantur loco cum bona Superiorum venia, puta, quadragesimali tempore, cum sacras habent conciones, ubi copia non est Confessarii sui Ordinis, hæc eodem loco subduntur; „Ex pri-„vilegio autem Innocentii VII. , quod in „compendio privilegiorum nostrorum conti-„netur, potest Frater in itinere positus, aut „quomodolibet ex Prælati obedientia extra „Conventum missus, sua peccata seculari Sa-„cerdoti, vel etiam Confessori alterius Ordi-„nis confiteri: quod quidem usus ipse con-„firmat, & concessum insuper est à Leo-„ne X., ut in compendio privilegiorum Men-„dicantium, impresso Neapoli 1595. decla-„ratur." Hoc idem privilegium expressè concessum est Fratribus Minoribus à Sixto IV. in Const. incip. *Suplicari nobis humiliter fecistis* edita *die 11. Augusti 1479.*, & aliis Regularibus ab aliis Pontificibus.

„Vetitum id erat Cappuccinis (sic S. P. „Benedictus XIV. *de Sacrosancto Missæ „Sacrificii lib. 3. cap. 11. num.* 8.) qui, „& privilegio carebat, & Constitutione „quadam Capituli Generalis impediebantur „Hos autem, subdit, cum comperissemus „in quantis nonnunquam versarentur augus-„tiis, ubi primum ad summam Appostola-„tus dignitatem evecti sumus, litteris nos-„tris sub forma Brevis die 30. *Martii* 1742. „cuilibet eorum sive Sacerdoti, sive con-„verso, dùm extra claustra moratur cum „bona vecia & in locis, ubi non alius „quisquam ex eorum Ordine reperiatur, fa-„cultatem concessimus confitendi peccata, „& absolutionem accipiendi à quocumque „Sacerdote, qui vel Secularis è suo Ordina-„rio, vel Regularis à suo Superiore ad con-„fessiones audiendas sit approbatus. Quam „facultatem etiam ad casus, extendimus, jux-„ta constitutionem Ordinis reservatos, & ad „censuras, in quas inciderint; addita obli-„gatione tamen, ubi primum potuerint cő-„ram Superiore sese sistendi, & novam ab „illis casibus, & censuris absolutionem im-„petrandi. Sane ejusmodi onus sese sisten-„di coram Superiore, & confitendi iterum „casus reservatos in quos inciderint, quos-„que jam alii Confessario confessi fuerint, „num illis impoceremus, ciù, multùmque

du-

„duvitabimus ; firma enim regula est, non „posse quemquam obligari ad iterationem „confessionis eorum peccatorum, quæ jam „confessus fuerit, & quorum absolutionem „reportaverit, ut videre est in extravag. Be„nedicti xi. *Inter cunctas, de Privilegiis,* „& docet D. Thomas *Quæst. Quodlib. art.* „12. *ad 1.* Sed omnem ex animo nostro dif„ficultatem illud exemit, quòd reputavimus „Religiosis perfectionem profitentibus posse „onus illud imponi. Et sanè multorum Ordi„num Religiosorum Constitutiones præscri„bunt certis quibusdam temporibus confes„sionem generalem : & celebris illa est Car„tusianorum Constitutio, quæ jubebat, Mo„nachos quotannis ea peccata Abbati confi„teri, quæ jam aliis Confessariis confessi „fuissent. Vide Suarez *tom. 4. de Religion.* „*tract. 8. lib. 2. cap. 17. num. 10.* & Card. „de Lugo *de Pænitent. disp. 15. sect. 6. n.* „93. *& seq.*

Fuere autem olim plures, qui post Suarez *de Pænitent. disp. 28. sect. 4.* asseruere, posse Regulares, qui iter agunt, aut qui domi manent, sed habent licentiam peccata cuicumque voluerint confitendi, seligere sibi in Confessarium Sacerdotem sive Regularem, sive Sæcularem, à nullo Prælato, vel Episcopo approbatum. His nupèr sese adjunxit P. Lucius Ferraris *v. Approbatio art.* 2. *num.* 10. 11. *& 16.* cum hac tamen limitatione, nisi isti Religiosi à suis Superioribus coarctentur, ac restringantur ad Confessarios ab Ordinario approbatos ; quia aliter sic coarctati ac restricti sine ullo dubio nequirent confiteri Sacerdotibus non approbatis. Verùm rejicienda est hæc sententia, eamque fuso calamo refellit Clericatus præcitata *decis.* 39. enervando argumenta, quibus innititur ; ipsamque longè abesse à veritate vel ex superiùs dictis, præsertim ex relata à Benedicto xiv. concessa Cappuccinis facultate satis superque innotescit. Opposita igitur opinio amplectenda est, quam celebriores & Theologi, & Canonistæ adoptarunt, quamque pluribus iisque validissimis argumentis adstruit laudatus pluriès Clericatus. Legatur etiam Prosper Fagnanus, ab eodem Clericato relatus.

VII. Recipientes beneficium, habens adnexam curam animarum, ipso facto approbantur ad confessiones ; quia jus confessiones audiendi est indivisum à tali beneficio. Si autem hujusmodi Beneficiarius aut privetur beneficio, aut illud resignet, indiget approbari, ut validè confessiones audiat ; quia,

cùm cesset ab habenda animarum cura, relinquitur conditioni cæterorum, dùm Tridentinum in supra allatis verbis solos *habentes parochiale beneficium* excipit.

VIII. Ex communi, defectus jurisdictionis aliquando suppletur ab Eclesia, dummodo duæ conditiones verificentur, nempè quòd adsis titulus coloratus, & error communis, quæ duo suprà explicuimus in §. 4. n. 13. quia ita fieri postulat commune bonum ad evitanda gravia scandala, gravemque conscientiarum fidelium perturbationem.

✠ Probè adnimadvertenda sunt, quæ *loc. cit.* adjecta reperiuntur.

IX. In articulo mortis, non extante Sacerdote idoneo seu approbato, potest quilibet simplex Sacerdos, nulla censura irretitus, & hoc deficiente, etiam excommunicatus, absolvere validè pœnitentem, ne moriatur non absolutus : ita communis ex Tridentino sess. 14. cap. 7. manifestè dicente : *Omnes Sacerdotes quoslibet pænitentes* posse absolvere *in articulo mortis :* de quo fusiùs in §. 11. n. 12. Cùm autem inter se distinguantur articulus mortis, & periculum mortis, ut patet ; idcircò, cùm Concilium exprimat duntaxat articulum mortis ; Sotus in 4 dist. 18. quæst. 4. art. 4. cum aliis nonnullis docet, hujusmodi absolutionem valere in solo articulo, non in periculo mortis. Nihilominùs Glossa ad caput *Pastoralis* de officio Judicis Ordinarii, Paludanus in 4. dist. 14. quæst. 1. art. 2. Sylvester verbo *Confessor* cap. 1. q. 6. Navarrus in Enchiridio cap. 2. n. 9 & cap. 26. num. 31. Suarez & Vasquez in 3. S. Th. partem, pòst quos Sylvius, Bonacina, & alii communiùs docent, id verum esse etiam in periculo mortis, quod expressè asseruit Rituale Romanum, jussu Pauli v. editum : *Si periculum mortis immineat, approbatusque desit Confessarius, quilibet Sacerdos potest à quibuscumque censuris, & peccatis absolvere ;* quia similis est necessitas urgens tàm in articulo, quàm in periculo mortis : puta, dùm quis congressurus est ad pugnam, vel invenitur in imminenti naufragio. Sed de his iterum in paragrapho indicato.

X. Parochus, ex communi, licitè, & validè absolvit subditum suum in quacumque diœcesi, dummodò id agat cautè, & sine scandalo ; quia ipsius jurisdictio in subditum est ordinaria, neque pendens ab approbatione, quamvis exerceatur extrà proprium territorium ; cùm tamen non sit contentiosa, sed voluntaria, neque strepitum fori postulet, exerceri potest : non ità dicendum de aliis Confessariis respectu

Y sub-

subditorum diœcesis, in qua sunt approbati; quia eorum jurisdictio est delegata , & pendens ab approbatione Ordinarii, quæ non extenditur extra confinia suæ diœcesis.

XI. Confessarius, generaliter approbatus in diœcesi , nequit valide audire confessiones Monialium illius diœcesis , sive sint subditæ Episcopo , sive Regularibus : ità Clemens x. in Constitutione incipiente: ,,Superna: Gene-,,raliter approbatos ab Episcopo ad audiendas ,,confessiones personarum secularium, nequa-,,quàm censeri approbatos ad audiendas con-,,fessiones Monialium sibi subjectarum , sed ,,egere quoad hoc speciali Episcopi approba-,,tione; atque approbatos pro audiendis con-,,fessionibus unius Monasterii, minimè audire ,,posse confessiones Monialium alterius Mo-,,nasterii. Itidem Confessores extraordinarios, ,,semel deputatos, atque approbatos ab Epis-,,copo ad Monialium confessiones pro una ,,vice audiendas, haud posse, expleta depu-,,tatione , in vim approbationis hujusmodi ,,illarum confessiones audire, sed totiès ab ,,Episcopo esse approbandos , quotiès casus ,,deputationis contigerit.

  * Cùm tempore Jubilæi universim Monia-libus facultas à Summo Pontifice impertiri,so-leat , ut possint peccata sua deponere apud Confessarium , pro Monialibus ab Ordinario approbatum; eademque facultas non rarò à Sacra Pœnitentiaria illarum aliquibus ad ip-sam recurrentibus concedatur , ad examen meritò vocatur, quisnam censeri debeat Con-fessarius pro Monialibus approbatus?

In Veneta Diœcesi Confessarius approba-tus pro Monialibus censetur solummodò, qui munus Confessarii in aliquo Monasterio actu exercet. ,,Ad tollenda verò dubia (sic in Sy-,,nodo habita ab illustr. & Rever. Petro Bar-,,badico Patriarcha Venetiarum an. 1714. tit. ,,de Confessariis Monialium pag. 143). & evi-,,tandos abusus, qui aliquando oriri solent in ,,certis , & determinatis casibus , forsitan ,,etiam non sine animarum præjudicio, decer-,,nimus , & declaramus, eos tantùm intelli-,,gendos esse Confessarios, ad audiendas con-,,fessiones Monialium in Diœcesi nostra ap-,,probatos, qui à nobis deputati fuerint , & ,,sunt, seu pro tempore erunt in actuali exer-,,citio audiendi earumdem confessiones in ali-,,quo ex Monasteriis jurisdictioni Nostræ sub-,,jectis; quibus etiam præcipimus & manda-,,mus sub pœna remotionis ab officio, aliisque ,,arbitrio Nostro, ut nullo modo audeant, aut ,,quocumque colore, prætextu & causa præsu-,,mant confessiones cujuscumque Monialis al-

,,terius Monasterii audire , nisi impetrata ,,priùs à Nobis , seu Vicario nostro Generali ,,debita licentia , & facultate , in scriptis ob-,,tinenda.'' Idem sancitum , seu potiùs con-firmatum fuit & in Synodo celebrata ab il-lustr. & Rev. Patriarcha Fr. Francisco Anto-nio Corrario ann. 1741. tit. de Monialibus pag. 74. his verbis. ,,Ne verò in quibusdam ,,casibus cum animarum præjudicio possit ,,quispiam aliter , atque decet , opinari , ap-,,probatos pro Monialibus eos declaramus, qui ,,ordinarii sunt, dùm actu eo munere fungun-,,tur; cùm nemo , cujus facultas concessa sit ,,limitatè , extra tempus limitationis , eadem ,,facultate gaudere possit; quod itidem verum ,,est, non solùm quoad tempus , sed etiam ,,quoad loca , & genus personarum.'' Et hæc quidem quoad hanc Venetam Diœcesim.

Juvabit tamen ad rem hanc oculis subji-cere responsum , quod non ità pridem à Sa-cra Apostolica Pœnitentiaria datum fuit ad se-quens Dubium, italico sermone propositum.

Eminentissimi Signori.

Alcune Monache professe, esistenti in ques-ta Città di Torino , umilmente postrate à piè dell' Eminenze Vostre, espongono qualmente avendo ricevuto dalla carità di cotesta Sacra Penitenziaria la facoltà intermini consueti, di potersi tre volte l' anno confessare Sacramen-talmente da confessore approvato dall' Ordi-nario ; anzi dalla recente Constituzione del Regnante Sommo Pontefice per il Giubileo, di cui ha aggraziato li Monasterii , essendo concesso alle Monache, potersi nel tempo ivi prefisso confessare da qualunque Confessore approbato per Monache, insorto perciò qual-che dubbio:

Supplicano le Eminenze Vostre degnarsi dichiarare in riguardo al primo punto , se quelle parole: A Confessario approbato ab Ordinario , quali si leggono nelle Lettere , ò Indulti della S. Penitenziaria, possono nel ca-so surriferito stendersi assolutamente a Con-fessore già stato Ordinario , o straordinario del medesimo Monastero supplicante senz' altra nova approvazione : in rapporto al se-condo punto, se la predetta Constituzione s' intenda pure, come sopra, di Confessore stato già approvato per Ordinario, o straordinario, e di qualunque altro. Che della grazia.

Decretum Sacræ Pœnitentiariæ.

Sacra Pœnitentiaria ex deductis in hoc sup-

pli-

plici libello respondet : indulta , de quibus agitur , per ejusdem Sacræ Pœnitentiariæ organum à Summo Pontifice concedi Monialibus consueta , ex eorumdem Summorum Pontificûm mente, ac voluntate non cadere sub.regulas in Constitutione S. P. Clementis Papæ x. incip. : *Superna*, sive in aliis consimilibus contentas. Quare declarat sufficere, quòd Confessarius , vigore hujusmodi indulti ejusdem Sacræ Pœnitentiariæ à Monialibus eligendus, fuerit aliàs , etiam semèl , ad Monialium confessiones audiendas ab Ordinario approbatus, nisi constet, eumdem Confessarium fuisse posteà ob demerita , quæ ipsas confessiones concernant , ab eodem Ordinario positivè reprobatum.

Datum Romæ in Sacra Pœnitentiaria die 10. Martii 1750.

I. Cardin. Besutius P. M.
Loco ✠ Sigilli.
Franciscus Petrucciolus Sacræ
Pœnitentiariæ Secret.

Extractum ob originali , cum quo collationatum concordat.

In Fidem , &c.
I. Conti.

Hæc affert P. Lucius Ferraris *in Supplem. 1. ad suam Bibliothecam Editionis Bononiensis anni 1758. v. Confessarius num. 53.*

☞ S. P. Benedictus xiv. *die 5. Augusti 1748.* Constitutionem edidit super designatione Confessariorum extraordinariorum pro Monialibus , quæ incipit : *Pastoralis .cura.* Sic eam ad compendium reduxit Petrus Collet in fine 5. *Tomi Institut. Theolog. pag.945.* Volens Summus Pontifex hac sua Constitutione peculiaribus Monialium indigentiis, quoad illarum Confessarios prospicere , declarat , se non habere in animo , consultissimam illam legem abrogare, qua statutum est, ut pro singulis Monialium Monasteriis unus duntaxat Confessarius deputetur , qui Communitatis earum totius confessiones excipiat; neque liceat unicuique Moniali peculiarem sibi Confessarium pró líbitó eligere ; sed hoc unum sibi propositum esse constituere , nimirùm, ut , si quandò legis hujus rigor in peculiaribus casibus sine animarum detrimento servari non posse videatur, in promptu sit opportunæ dispensationis remedia admovere.

Primò autem in medium affert Decretum

Concilii Trid. sess. 25. cap. 10. de Regular. quo sancitum est , ut Episcopi , aliique Monasteriorum Prælati subjectis sibi Monialibus Confessarium extraordinarium duabus , aut tribus vicibus in singulos annos exhibeant, ⸱qui omnium confessiones audire debeant. Declaratque, hoc Decreto præcipi, ut Confessarius extraordinarius earum omnium confessiónes excipiat, quotquot eidem confiteri velint: non tamen præcipi omnibus & singulis Monialibus, ut peccata sua extraordinario Sacerdoti confiteantur. Ab omnibus in Monasterio, tàm scilicet à *Superiorissa* , cæterisque Monialibus Professis , atque Novitiis , quàm à Secularibus in eodem Monasterio degentibus nihil aliud requiri , nisi ut extraordinario Confessario singulæ se sistant , sive ad confessionem, si placuerit , peragendam , sive ad salutaria monita , etiam extra confessionem, accipienda. Idque cautum ea de causa , ne si aliquæ Confessarium hunc adirent, aliæ verò non adirent, sinistræ excitarentur suspiciones. Hinc hujusmodi agendi rationem Clementem xi. Edicto suo inviolabiliter observandam mandasse ; eademque omnium Diœcesium consuetudine receptam esse. Ideoque enixè hortatur Antistites , ut , quamvis Concilium Trid. in citato Decreto loquatur de solis Claustralibus Monialibus , nihilominùs eamdem disciplinæ formam observent tàm cum aliis Monialibus, quæ licèt Clausuræ legibus minimè adstrictæ sint , in Communitate tamen vivunt, quàm cum aliarum quarumcumque mulierum , aut puellarum cœtibus, seu conservatoriis , quotiès tàm illæ , quàm istæ unicum Ordinarium Confessarium à Superioribus designatum habent.

Secundò in medium affert nonnulla S. Congregationis Concilii decreta hùc spectantia. Primum est , deputationem Confesarii extraordinarii regulariter pertinere ad eum, ad quem pertinet Confessarii ordinarii electio , & deputatio, quod Decretum hìc ratum habet.

Declarat tamen, & vult, ut, si Episcopus negligens fuerit , ac prætermittat facere copiam Confessarii extraordinarii Monialibus, ostendens nullam hac de re ipsis Monialibus solicitudinem esse , vult inquam , ut Cardinalis Pœnitentiarius, statim ac pro parte Monialium requisitus fuerit, Ordinarii Pastoris negligentiam supplere debeat, eisdem Monialibus deputando extraordinarium Confessarium cum omnibus necessariis, & opportunis facultatibus ; ex eorum tamen numero , qui ad excipiendas confessiones Monialium ab ipso Ordinario loci approbati fuerint. Quòd si Prælatus Regularis neglexerit eamdem legem Concilii, de Confessore extraordinario exhibendo Monialibus sibi subjectis, implere, tunc locum esse illi Decreto Congregationis Concilii, in quo declaratur, ad Ordinarium loci spectare negligentiam Regularium hac in re supplere; quod pariter Decretum hìc in omnibus, & per omnia approbat, & confirmat. Hæc quoad universas Communitates Monialium.

Quod ad singulas Moniales attinet, de quibus hac in re nihil statuit Concilium Tridentinum, nonnulla ejusdem Congregationis Decreta affert, ea approbans, & confirmans; ut nimirùm Episcopi subjectis sibi Monialibus gravi morbo laborantibus, & id expetentibus, peculiarem Confessarium concedere debeant: & id ipsum præstent erga Moniales Regularibus subjectas, cum aliqua ex illis graviter ægrotans hanc gratiam à suo Superiore impetrare non potuerit. Quòd si Episcopus in hoc casu id præstare negligat, ad Cardinalem majorem Pœnitentiarium pertinere vult; peculiaribus supplicantium necessitatibus eadem ratione providere, qua, superiùs dictum est, ab ipso universæ Religiosæ Communitati consulendum esse.

Deinde declarat Summus Pontifex, illarum quoquè Monialium debilitatem sublevandam esse, quæ, licèt nec corpore infirmæ sint, nec morti proximæ, ordinario tamen ministro confiteri obfirmatè recusant: adeòque, ubi earum reluctantia superari nequit, Confessarium extra Ordinem deputandum esse, qui earum confessiones excipiat. Id autem ab Ordinario loci præstandum esse cum Monialibus sibi subjectis. Quoad illas verò, quæ subsunt regimini Regulari, ad Superiorem Regularem pertinere, servatis servandis, peculiarem ipsis destinare Confessarium ex approbatis ad confessiones Monialium; vel si ille, quem hujusmodi Monialis petit, pro Monialibus approbatus non sit, cum ipso Ordinario agendum esse, ut saltem pro illa Moniali, & pro tot vicibus, quot expedire judicabitur, eumdem approbet. Quòd si ad id præstandum erga hujusmodi Moniales Superior Regularis adduci non possit, Episcopum ex Decreto Congregationis ejusdem, confirmato tùm à Gregorio XIII. tùm in præsenti Constitutione, posse illis concedere, etiam invito Superiore Regulari, Confessarium etiam alterius Ordinis, vel Secularem. Præterea nihil obstare, quominùs hujusmodi Moniales recursum habeant ad Cardi-

nalem majorem Pœnitentiarium, à quo ipsis providendum erit eodem modo, quo suprà explicatum est.

Quod attinet ad illas Moniales, quæ nec ægrotant, nec recusant deputatum à Prælato Monasterii pro universa Communitate Pœnitentiæ ministrum; sed pro majori animi sui quiete, atque ulteriori in via Dei progressu facultatem petunt confitendi aliquotiès Sacerdoti, ad excipiendas Monialium confessiones approbato; asserit, sibi nullo modo rigidam illorum Prælatorum agendi rationem placere, qui concedere prorsùs recusant: imò se persuasum habere, singulis etiam Monialibus indulgendum esse in iis rebus, quæ justè & rationabiliter petuntur: maximè, cùm ad illarum conscientiæ quietem conferre dignoscuntur. Ideòque, proposito exemplo Divi Francisci Salessii, & v. Cardinalis Gregorii Barbadici Episcopi Patavini, qui in hujusmodi casibus exorari se patiebantur, Antistites, atque reliquos quarumcumque Religiosarum mulierum Rectores hortatur in Domino, & enixè monet, ut eamdem viam insistere non recusent, & non adeo difficiles se præbeant peculiaribus Monialibus, extraordinarium Confessarium aliquando petentibus; quin potiùs, nisi aut Monialis postulantis, aut Confessarii requisiti qualitas aliter faciendum suadeat, earum justis precibus obsecundare studeant; illud cogitantes, quòd, etsi liberum sit cuique Moniali adire Cardinalem majorem Pœnitentiarium, nihilominus eam esse aliquando necessitatis urgentiam, ut, quòd de longinquo petendum est, non satis tempestivè adveniat.

Quod deniquè attinet ad qualitates Confessarii extraordinarii, vel pro universa Communitate, vel pro aliqua Moniali peculiariter deputandi; dicit, nullo unquam tempore dubitandum fuisse, àn in hujusmodi Sacerdote ætatis maturitas, morum integritas, prudentiæ lumen requiratur: àn præterea ab Ordinario loci specialiter approbatus esse debeat. His adjungit, pro Monialibus Episcopo subjectis regulam esse, ut ordinarius earum Confessarius sit Sacerdos secularis, extraordinarius verò à plerisque Episcopis assumi solet ex Ordinibus Regularibus, deficiente forsàn per singulas Dioeceses Presbyterorum ad id idoneorum copia. Exponit deindè rationem agendi, servari solitam à Superioribus Regularibus cum Monialibus sibi subjectis, in deputando pro iisdem Confessarios extraordinarios: & Decretum refert Innocentii XIII. quo præscribitur, quomodò iidem Superiores hac in re se gerere debeant:

hu-

hujus autem Decreti verba sunt haec; „Cum-
„que extraordinarius bis, aut ter in anno
„offerri Monialibus debeat, qui omnium con-
„fessiones audiat, si in posterum Superio-
„res Regulares, quoad Monasteria ipsi sub-
„jecta, toties praedictum extraordinarium
„Confessorem deputare neglexerint, vel
„si etiam ex proprio eorum Ordine semper
„deputarerint, nec saltem semel in anno
„ad id munus elegerint Sacerdotem, aut
„Secularem, aut Regularem alterius diversi
„Ordinis Professorem, in his casibus Epis-
„copi pro sui arbitrio, & conscientia depu-
„tationem hujusmodi facere possunt; nec
„illa quovis titulo, aut praetextu à Superio-
„ribus Regularibus valet impediri.'' Quod
Decretum in forma specifica confirmatum
etiam à Benedicto XIII. ad omnem dubitandi ansam tollendam, ipse denuò praesenti Constitutione confirmat, & ad omnia
per Orbem ubìquè existentia, & Regularium
regimini subjecta Monialium Monasteria, quatenùs opus sit, extendit, & ampliat: decernitque, ut singulis annis Regulares Monasteriorum Praelati teneantur bis, aut ter in
anno Confessarium extraordinarium universis Monialibus in iis degentibus offerre; si
verò ipsi inter tempora praescripta id omise-
rint, vel semper proprii Ordinis Regularem
Sacerdotem ad id deputarerint, ità ut prae-
fatae Moniales semel saltem in anno Confessarium extraordinarium è Clero Seculari, vel
ex alio Ordine Regulari, non habeant, ad
Episcopos Dioecesanos, omni appellatione
remota, devolvatur jus supplendi eorumdem Praelatorum defectum (si nempè, pensatis rerum circumstantiis, ità expediens esse
judicaverint) per deputationem Confessarii
extraordinarii, quem tàm in uno, quàm in
altero casu è Clero Seculari, aut ex alio
Regulari Ordine pro ipsorum arbitrio deligere possint, & valeant.

Quoniàm verò Clemens XI. edicto suo statuit, ut quo tempore Confessor extraordinarius, alicui Communitati deputatus, ministerio suo fungitur, ordinarius Confessor nullum
ipsi impedimentum afferre audeat, multòque
minùs praesumat per id temporis, alicujus
Monialis, sive Superiorissae, sive Novitiae, sive Conversae, neque demùm alterius cujuscumque personae intra septa Monasterii, aut
piae domus commorantis, Sacramentalem confessionem audire; id quoquè approbans, &
confirmans hìc Pontifex statuit, & mandat,
ut Episcopi quoad Monasteria, aut domus
sibi subjectas, Regulares Superiores, quoad

Communitatis, quibus praesunt, pro hujusmodi legis observantia vigilent, & contravenientes meritis poenis coërceant, & afficiant.

Ac demùm quibuscumque Confessariis ex-
traordinariis, qui vel alicui Communitati
generaliter, vel peculiariter alicui personae
in Monasterio degenti, deputati fuerint, districtè inhibet sub poenis adversùs accedentes
ad Monasteria Monialium, & cum ipsis con-
versantes, praesertim Regulares, à Praedeces-
soribus suis quandocumquè statutis, (quas
etiam praesentis Constitutionis vigore confirmat, & innovat) ne, posteaquàm officium suum impleverint, ad idem Monasterium ulteriùs accedere, aut ullius generis
commercium intra ipsum quandocumquè continuare, & fovere, etiam sub spiritualis cau-
sae, aut necessitatis obtentu, & colore, audeant, aut praesumant.

XII. Ex eodem Clemente XI. ibidem:
*In Monasteriis, ac etiam Collegiis, ubi
juxta instituta Regularium vivitur, posse
tàm Praelatos Regulares, quàm Confessores Regularium eorumdem Monasteriorum,
seu Collegiorum confessiones audire illorum
secularium, qui inibi sunt de familia, &
continui commensales; non autem illorum,
qui tantùm ipsis deserviunt.*

XIII. Nullius momenti modò habenda est
opinio quorumdam antiquorum, dicentium
posse Sacerdotem non approbatum absolvere
à solis venialibus poenitentem sola venialia
habentem, ità ut saltem illicitè mortaliter
peccet id faciens; ità ex Decreto Innocentii
XI. edito anno 1679. in quo haec habentur:
*Non permittant Episcopi, ut venialium
confessio fiat simplici Sacerdoti, non approbato ab Episcopo, aut Ordinario. Si Confessarii, etiam Regulares, aut quicumque
alii secus egerint, sciant, Deo O. M. rationem reddituros esse; neque defuturam
Episcoporum, & Ordinariorum justam, &
rigorosam animadversionem in contra facientes, etiam Regulares, etiam Societatis Jesu.* Dixi: saltem illicitè agere, quia
plures dicunt, etiam invalidè; eò quòd talem facultatem, ut exercendam, non habet
Sacerdos ex vi Ordinationis sacerdotalis, in
qua eidem non assignantur subditi, in quos
illam exerceat; certum namquè est, absolutionem etiam à solis venialibus esse actum
jurisdictionis, qui in non subditos exerceri
validè non potest.

§. VII.

§. VII. *De obligationibus Confessarii ad licitè obeundum suum ministerium.*

I. LOngè probabilius est, mihique verum, graviter peccare Confessarium illum, qui approbatione, & jurisdictione tantùm probabili, extra necessitatis casum, audet ministrare Sacramentum ; quia absque necessitate exponit Sacramentum periculo nullitatis ; càm enim jurisdictio sit duntaxat probabilis ; sicut probabile est, quòd illam habeat ; ità quoque probabile, quòd illam non habeat. Et hic defectus ab Ecclesia non suppletur, cum Jura de hocce casu altum silentium teneant, & affirment Ecclesiam duntaxat jurisdictionis defectum supplere in casu, suprà indicato, tituli colorati cum errore communi: proinde asserere hujusmodi supplementum etiam in hoc casu, est omnino arbitrariè divinare. Præptereà, juxta doctrinam Innoc. xi. reprobantis thesim i. non licet sequi sententiam probabilem, relicta tutiore, quotiès agitur de valore Sacramenti: cum igitur, dum disputatur de jurisdictione, agatur de re maximè spectante ad valorem Sacramenti, non licebit sequi doctrinam modò traditæ oppositam.

II. Ministrans hoc Sacramentum in statu peccati lethalis, juxta communem, sacrilegè peccat ; quia conficit Sacramentum indignè ; & juxta longè probabiliorem, mihique veram, totiès hoc sacrilegium committit, quotiès novum Sacramentum conficit, id est, quot poenitentes absolvit ; quia, quotiès profert absolutionem super novam Confessionem, totiès conficit novum, & distinctum Sacramentum ; vel igitur conficere Sacramentum in statu culpæ lethalis non est mortale ; vel si tale est, totiès multiplicatur, quotiès novum conficitur Sacramentum. Neque ullam vim habet responsio illa, quam nonnulli exhibent, videlicet, quòd illa Sacramenta una tantùm sessione, & per modum unius administrationis conficiantur. Nàm Sacramenta Poenitentiæ sicut non constant sessionibus, ità non multiplicantur ad sessionum multiplicationem, sed ad multiplicationem partium illa componentium, nempè, materiæ, & formæ : quotiès igitur nova fit confessio, novaque impertitur absolutio, toties novum fit Sacramentum ; &, si indignè administretur, totiès sacrilegium committitur. Proptereà falsum est, quòd plura Sacramenta, una sessione administrata, dici possint una administratio: est quidem una sessio, at non una administratio, quæ totiès renovatur, quotiès novum fit Sacramentum. Similiter neque opponas paritatem de administrante Eucharistiam in statu lethali, cui responsum dedimus cap. 3. §. 6. n. 7. Antequam itaque Sacramentum administret, saltem per contritionem perfectam se mundet à lethali.

III. Debet prætereà minister esse immunis ab omni censura ; quia, quamvis absolutio prolata à Confessario excommunicato, suspenso, aut interdicto sit valida, est tamen graviter illicita ; dummodò non sit excommunicatus suspensus, aut interdictus vitandus ; cujus absolutio est etiam invalida.

IV. Cùm munera Confessarii sint, Judicis, Doctoris, & Medici, idcircò sub mortali scire tenetur, quæ ad hæc munera ritè obeunda necessaria sunt : neque contentus esse debet approbatione Episcopali ; cùm examen paucis interrogationibus, & responsis expediatur , si alioquin requisitis notitiis careat ; approbatio namquè scientiam non infundit eorum, quæ sciri debet, si ignorentur. Proinde in statu admodùm periculoso versantur Confessarii illi, qui approbationi consequutæ innixi, aut nulla, aut valdè modica solicitudine tangentur , studio scientiæ moralis operam dandi , ut vix aliquotiès in anno ad breve tempus lectioni alicujus Scriptoris moralis vacent ; cùm alioquin stricto debito teneantur, quousque hoc munere funguntur , & fungi volunt, se magis idoneos reddere ad seligendas opiniones veritati propinquiores, ad cavendas damnatas, eisdemque affines, ad eorum notitiam comparandam, quæ ignorant, atque ad oblita memoriæ commendanda.

V. Ut Judex itaque tenetur Confessarius discernere , & distinguere criminum gravitatem, speciem, eorundem circunstantias speciem addentes, notabiliter aggravantes: debet item cognoscere , quousque se extendat sua jurisdictio ; & proinde scire casus reservatos tàm summo Pontifici, quàm Episcopo, impedimenta matrimonii , & his similia quæ ad judicium valide, & justè perficiendum sunt necessaria. Ut Doctor scire tenetur præter hactenùs dicta , etiam illa omnia, quæ ad Sacramenta valide , & ritè ministranda requirantur ; & quàm maximè , quæ ad Sacramentum Poenitentiæ spectant, eaque omnia, quæ ad instruendum poenitentem occurrere possunt, & quod solutionem dubiorum , quæ ipsius animum pulsare valent, & proinde scire tenetur saltem regulas, & principia cujuscumque tractatus ; resolutiones

quæs-

quæstionum , & casuum saltem communiorum ; requisita in pœnitente , ut validè , & licitè possit absolvi ; & si huic quid proponatur , quod discussione , aut consultatione indigeat , differat resolutionem , quousque absque temeritate resolvat , quod resolvendum sit , ne cæcus cæco ducatum præstans , ambo in foveam cadant. Tenetur item interrogare pœnitentem tàm circa ea , quæ prudenter conjicit ab illo prætermitti ; tùm ad ejusdem statum , & ministerium , & gradum pertinentia : & circa hoc , heu quot Confessarii proprio muneri desunt ! Experientia edoctus, adhuc in seculo degens, inveni Confessarios nil omnino interrogantes , dùm proculdubiò interrogandum erat : tùm hoc ministerio plus quàm per annos quadraginta , quamquàm immeritus , fungens , non dicam aliqua , sed centena , & centena mortalia à pœnitentibus nunquam exposita inveni , ob desidiam Confessariorum , prout oportebat , nil interrogantium : quorum aliqui non erubescunt se tueri enormi abusu illius moniti Divi Pauli Apostoli : Nil interrogantes propter conscientiam , à Paulo prolati in sensu toto cœlo diverso , ut legenti caput 10. 1. Corinth. constabit. Utinam in die Domini non compellantur conqueri cum Propheta væ mihi, quia tacui! Ut Medicus tandem tenetur scire remedia , quæ animam curare valent à præteriris excesibus , & præservare à relapsu in eosdem. His generatim positis, descendamus ad specialia.

VI. Cavendum est summoperè Confessario, ne intempestiva correptione pœnitentem terreat , aut insolitis admirationibus eum verecundia afficiat , quod præcipuè cum masculis juvenibus , & cum mulieribus observandum est ; ex hoc enim contingit , confessiones obtruncari , & pœnitentem plura silere, quæ exponere jam paraverat : experto crede, qui confessiones multorum annorum à pluribus pœnitentibus sacrilegè peractas , ob intempestivam correptionem , & imprudentem zelum Confessariorum , audire compulsus fui. Studeat igitur cum magna animi, & oris quiete expiscari , quæ prudentia dictaverit expiscanda , & correptionem in fine reservet ; correptionem autem , quàm cognoscat pœnitens , non ab indignatione , aut commoto animo , sed à charitate Christi proficisci ; & talis sit, quæ nedum os illius non obstruat ad alia proferenda , si quæ memoriæ ocurrant , sed etiam quæ illum alliciat ad illa exponenda ; memor Parabolæ illius infelicis vulneribus sauciati, descendentis ab Jerusalem in Jerico, figuræ peccatoris ; super cujus vulnera pius ille Samaritanus , Christiani Confessarii symbolum , non sale aspersit, neque acetum infudit, sed vinum, & oleum; corroborans unum , deliniens alterum.

VII. Caveat item, ne intempestivè absolvat illos, quibus absolutio est salubriter differenda : ii summariè indicantur à Rituali Romano: Ne absolvat eos, qui talis beneficii sunt incapaces ; quales sunt , qui nulla dant signa doloris; qui odia, & inimicitias deponere , aut aliena, si possunt, restituere , aut proximam occasionem peccati deserere , aut alio modo peccata derelinquere , & vitam in melius emendare nolunt ; aut qui publicum scandalum dederunt ; nisi publicè satisfaciant & scandalum tollant. Iis , inquam, est differenda absolutio , donec resipiscant ; intereà eos charitativè hortando ad emendationem, & declarando illis eorum incapacitatem pro absolutione obtinenda , donec emendentur, illos intereà incitando , ut redeant.

VIII. Ut hæc clariùs percipias, tria distinguas occasionum peccandi genera : quædam dicuntur remotæ, quæ remotè tantùm inducere possunt ad peccandum , & in quibus non solet homo delinquere , puta , aspectus faciei personæ alterius sexus. Proximæ , in quibus homo constitutus plerumque mortaliter peccare solet ; & hæ subdividuntur in absolutas , & respectivas: absolutæ sunt illæ , quæ ex natura sua urgenter incitare valent quemcumque ad peccandum lethaliter , puta , aspectus voluntariùs , & morosus verendorum alterius sexus: respectivæ sunt illæ , quæ magnam vim impellendi habent , non respectu cujuscumque , sed respectu talis personæ , ità ut plerumque labatur in mortale , quando in tali occasione invenitur , puta , aspectus deliberatus faciei personæ alterius sexus, quam videns, lethaliter concupiscere , aut delectari morosè plerumque solet. Subdividitur item occasio proxima in liberam , & necessariam : libera illa est , quæ voluntariè retinetur , & dimitti liberè potest absque gravissimo incommodo: Necessaria illa est , quæ moraliter dimitti non potest , vel quia non est in potestate peccantis se ab illa elongare , puta , soror à fratre ; vel quia sine gravi aut scandalo, aut infamia , aut notabilissimo damno temporali , puta , decidendi à proprio honesto statu , dimitti non potest. Inter occasiones remotas., & proximas , quasdam alias sapienter detegerunt plures Theologi , quas vocarunt propinquas, in quibus constitutus neque

ple-

plerumquè labitur peccator, sicut in proximis; neque aut nunquàm, aut rarissimè sicut in remotis; sed spectatis naturis rerum,
& circunstantiarum, sæpè labitur in mortale.

☞ „A vera idea occasionis proximæ, prout
„hæc apud Theologos accipitur, quam lon-
„gissimè aberraret, ait P. Thomas Dujardin
„de *Officio Sacerdotis, qua judicis &c. Sect.*
„2. §. 1. qui sibi imaginaretur, ideò dici pro-
„ximam, quia propinquior illa dabilis non
„foret. Procùl etiam ab hac idea aberra-
„runt, qui, ut occasio aliqua censeri debeat
„proxima, & hoc titulo necessario vitan-
„da, requiri dixerunt, ut semper vel ferè
„semper ordinariè, aut plerumque, frequen-
„tiùs aut saltem æquè frequenter in pecca-
„tum mortale trahat, quam non trahat.
„Dico: in peccatum mortale; quia de sola
„occasione proxima peccati mortalis in præ-
„senti agimus. Procùl, inquam, hi aberra-
„runt ab idea occasionis proximæ. Quis
„enim prudens & cordatus inficiari possit
„juveni ex. gr. esse occasionem proximam,
„& hoc titulo necessario vitandam, allo-
„quium puellæ, ex quo de centum vicibus
„quadragesies labitur in consensum delec-
„tationis venereæ? Et tamen istud alloquium
„non semper aut ferè semper, non ordina-
„riè aut plerumque, non frequentiùs, imò
„nec æquè frequenter in peccatum mortale
„trahit, quam non trahit.

„Quare hac idea occasionis proximæ,
„quæ recentioribus quibusdam Casuistis per-
„peràm arrisit, tamquam nimis licentiosa
„rejecta, emendatiores Theologi morales
„censent, sufficere ad occasionem proximam,
„& eo titulo necessariò vitandam, quod
„frequenter in peccatum mortale inducat,
„etsi non inducat frequentiùs, nec æquè
„frequenter, quàm non inducat. Proinde
„absolutè illam definiunt: *Id, quod frequen-*
„*ter in peccatum mortale inducit.*

„Nec hæc tamen descriptio oecasionis
„proximæ omnibus Theologis satis placet.
„Cum enim, inquunt, peccatum mortale
„sit fugiendum non solum ob multiplicita-
„tem, sed propter seipsum, utpotè malo-
„rum omnium malum longè gravissimum;
„occasio proxima à remota, sive necessario
„vitanda à non necessariò vitanda discerni
„debet, non tam ex frequentia, vel rari-
„tate lapsuum, in quos occasio inducit,
„quàm ex majori, vel minori verisimilitu-
„dine, qua quis in illa lapsurus sit, & hinc
„occasionem proximam definiri malunt: *Id,*
„*quod natum est in peccatum mortale indu-*

„*cere:* Vel: *Id, quod adfert mortale pericu-*
„*lum peccati mortalis.*

„Verùm ad rem ipsam quod attinet, &
„in ordine ad praxim, existimo posteriores
„descriptiones occasionis proximæ haud
„multum differre à priore; eo quod judi-
„cio prudentum non censeatur, aliquid na-
„tum esse in peccatum mortale trahere, si-
„ve adferre morale periculum peccati mor-
„talis, si non frequenter, sed rarò tantum
„in peccatum mortale trahat....

„Quanta autem frequentia lapsuum re-
„quiratur, ut occasio aliqua censeri debeat
„nata esse in peccatum mortale trahere, si-
„ve adferre morale periculum peccati mor-
„talis, ac proinde esse proxima, & hoc
„titulo necessario vitanda, non potest arith-
„meticè determinari; sed moraliter, pen-
„sata qualitate peccati, tentationis, infir-
„mitate personæ peccantis, aliisque circuns-
„tantiis, definiri debet ex arbitrio viri pru-
„dentis." Lege præcitatum Auctorem, qui
etiam circa hanc materiam plures casus proponit, ac resolvit, qui sæpè sæpiùs in praxi
occurrunt.

IX. Circa occasiones proximas nota sequentes thæses à Summ. Pontificibus damnatas, nempè, ab Alexandro VII.n. 41. *Non est
obligandus concubinarius ad ejiciendam concubinam, si hæc nimis utilis esset ad oblecta-
mentum concubinarii, vulgò Regalo, dum deficiente illa, nimis ægrè ageret vitam, & alia
epulæ tedio magno concubinarium afficerent,
& alia famula nimis difficilè inveniretur.*
O theologiam portentosam, & Epulone dignam! Ab Innoc. XI. theses num. 61. *Potest
aliquando absolvi, qui in proxima peccandi occasione versatur, quam potest, & non
vult dimittere; quin imò directè, aut ex proposito quærit, aut se ingerit.* Nonne horres,
hæc legendo? Et n. 62. *Proxima occasio peccandi non est fugienda, quando aliqua causa utilis aut honesta non fugiendi occurrit.* &
n. 63. *Licitum est quærere directè occasionem
proximam peccandi pro bono spirituali, vel
temporali nostro, vel proximi.* Quando igitur peccator invenitur constitutus in occasione proxima voluntaria, non est capax absolutionis; quia, cùm, retinere, quærere, se ingerere in occasionem proximam lethaliter peccandi, sit in se peccatum mortale; etiamsi
per accidens aliquandò non contingat lapsus;
& homo volens peccatum mortale sit incapax
absolutionis; proptereà volens occasionem
proximam, cùm velit peccatum mortale, non
est absolvendus. Plures dicunt, quòd, qui
pri-

prima vice confitetur jam constitutus in occasione peccandi proxima, serioque dolet, & spondet, se quàm primùm eam dimissurum, possit absolvi: at experientia me docuit, rarissimè, & ferè nunquam id executioni mandari. Idcircò prudenter insinuandum est pœnitenti, ut priùs se ab illa expediat (loquimur enim de occasione libera, & voluntaria) & ab hac expeditus, redeat ad beneficium absolutionis recipiendum. Quando autem occasio proxima est necessaria, ut reapse non sit in potestate pœnitentis se ab illa elongare; tunc alia est via cum ipso tenenda. Posito quòd seriò doleat, & promittat, se documenta Confessarii executurum, potest prima vice absolvi: documenta verò, ei danda, sunt: primò frequentia confessionis apud eumdem Confessarium pro determinato tempore: secundò, fuga occasionis, quantum permittere potest ratio circunstantiarum, & status personæ: tertiò, nonnullæ breves preces quotidie recitandæ ad determinatum tempus, ut obtineat à Deo suæ gratiæ subsidia: quartò, injunctio alicujus actus pœnalis in casu relapsus, & conditionatè, actus, inquam, pœnitentialis proportionati statui, & circunstantiis personæ: deindè, juxta gradum fructus, quem Confessarius à pœnitente eliciet, absolutionem aut impertiatur, aut differat, prout expedire in domino sibi videbitur: pœnitentem semper in spem erigendo, suaviter, & charitativè tractando, ne avertatur ab accessu ad Confessarium; quod esset pro pœnitente ipso maximum malum, si eveniret.

X. Pœnitens, qui versatur in aliqua occasione propinqua, tametsi, in ea constitutus, non plerumquè, sed sæpè labatur, quamquam aliquibus videatur totiès quotiès absolvendus, inculcata eidem occasionis fuga; probabilius est, etiam ipsi quoquè deneganda esse absolutionem, si nolit occasionem liberam, & ex ejus solo arbitrio pendentem, derelinquere. Qua enim ratione suaderi unquam poterit ut sincerè dolens judicetur, firmumque habeat propositum non relabendi, qui absque notabili incommodo, nullaque jactura, nisi solius oblectamenti, non vult deserere offendiculum sui relapsus, non rari, sed frequentis? Inculcata igitur prima vice desertione occasionis, eadem seriò promissa, absolvatur: at si inveniatur in sequenti confessione relapsus, neque deseruisse occasionem propinquam omninò liberam, differatur absolutio quousquè vel occasionem deserat, vel in illa positus non ampliùs mortaliter cadat.

V. CUNIL. THEOL. MOR. T. II.

XI. *Pœnitenti, habenti consuetudinem peccandi contra legem Dei, naturæ, aut Ecclesiæ, etsi emendationis spes nulla appareat, nec est neganda, nec differenda absolutio, dummodo ore proferat se dolere, & proponere emendationem.* Hæc doctrina reprobata fuit ab Innocentio XI. in thesi 60. Itèm etiam hæc in thesi 58. *Non tenemur Confessario interroganti fateri peccati alicujus consuetudinem.* Non est igitur absolvendus habens consuetudinem aliquam peccandi mortaliter, nisi talia det argumenta post absolutionis dilationem opportunam, ut Confessarius spem prudentem concipere possit, pœnitentem & corde detestari consuetudinem, & seriò procurare sui emendationem; cujus certum indicium præbuit, abstinendo à voluntariis lapsibus pro tempore dilatæ absolutionis. Circa hoc accidit non rarò Confessariis deceptio, nimiæ facilitatis concipiendi spem emendationis in pœnitente consuetudinario sive circa venerea, sive circa perjuria, sive circa obscenos discursus, sive circa aliquod aliud lethale; eo quia videant illum commotum, compunctum, & quandoquè etiam lachrymantem. Verùm experientia longi temporis didici, etiam post lachrymarum imbrem ferè nunquam sequi emendationem, nisi interventu discretæ dilationis beneficii absolutionis, quæ pœnitentem excitet ad percipiendam status sui infelicitatem, emendationemque toto conatu procurandam; adjuncta deinde eidem obligatione, pro determinato tempore frequentis confessionis: aliter nil concluditur.

XII. Confessarius, qui ex ignorantia culpabili deobligat pœnitentem à restitutione facienda, juxta omnes; vel deliberatè dissimulat eidem restitutionem inculcare, quando est facienda, fit hujusmodi oneri obnoxius ipse, juxta ferè communem; quia est causa realis damni proximi: ut igitur ab hoc onere se liberet, tenetur, quando pœnitentem agnoscit, petere ab eo facultatem loquendi secum de auditis in confessione; qua concessa, eidem aperiat suam obligationem; si autem vel pœnitentem ignoret, vel inveniat iniquè nolentem licentiam petitam concedere; cogitur ipse onus restituendi subire, quemadmodùm communiter asseritur tàm de consultore in damnum alterius, quàm de non loquente, dùm loqui potest, & tenetur ex vi officii sui, ad impediendum alienum damnum, juxta dicta in tract. 9. cap. 5. §. 14.

P. Paulus Gabriel Antoine *tract. de Pœnit. cap. 3. art. 3. quæst. 10.* clariùs evolvit,

Z

vit , ad quid teneatur Confessarius propter defectum circa restitutionem. Lubet ejus verba, tametsi aliquantulùm prolixa, transcribere. „1. Si sine tua culpa, *inquit* , deobligasti „pœnitentem à restitutione, ad quam tene„batur, vel obligasti, ad quam non tenebatur, „teneris ex justitia errorem dedocere. Nam „quisque tenetur ex justitia impedire, ne sua „actione etiam inculpabili pariat alteri dam„num : alioqui , cognito errore, tenetur de „damno; proximus enim jus habet, ne dam„num à quoquam quovis modo patiatur. 2. „Si ex malitia , vel ignorantia vincibili, aut „gravi negligentia considerandi, dixisti pœ„nitenti, eum non teneri ad restitutionem, ad „quam reipsa tenetur, teneris errorem dedo„cere. Quòd si non dedoces , vel pœnitens „intereà factus est impotens ad restituen„dum , qui alioqui restituisset , teneris ipse „restituere illi tertio. Nàm violasti jus , quod „ille habebat , ne impedires restitutionem ei „debitam , & consilio tuo es causa efficax „ejus damni. Si verò pœnitens possit adhuc „restituere , sufficit , quòd eum moneas de „ejus obligatione , nàm tua monitione suffi„cienter tollis causam damni inferendi, quam „posueras : undè , si pœnitens non restituat „ex malitia, id tibi imputari nequit , cùm „jam non sis causa damni. 3. Si ex ignoran„tia , vel negligentia culpabili omisisti solùm „admonere pœnitentem de obligatione res„tituendi, teneris eum posteà admonere. „Sed, juxta multos, non teneris ipse restitue„re , si pœnitens sit intereà factus impotens „ad restituendum: imò, etiam si non moneas „eum de restitutione facienda , saltem nisi „ea officio habeas curam animarum. Quia „Confessarius , præcisè ut Confessarius, non „tenetur ex justitia impedire damnum ejus, „cui debetur restitutio; ac proinde omitten„do monitionem non peccat contra jus cre„ditoris, sed contra bonum spirituale pœ„nitentis ; Confessarius enim nullam justitiæ „obligationem, nec officium habet in ordi„ne ad creditorem , sed tantum in ordine „ad pœnitentem; nec tenetur ex officio pro„curare bonum temporale aliorum , sed so„lum spirituale bonum pœnitentis, nec est „hujus caput politicum , sicut Prælatus res„pectu suorum subditorum. Omittens au„tem , aut tacens non tenetur de damno „non impedito , nisi ei , cujus damnum te„netur ex justitia impedire. Itaque hæc in re „non est par ratio Confessarii , & judicis „profani; nam hic tenetur ex officio, bonum „aliorum spectante, servare jus omnium tan„quam persona publica , constituta ad pro„curandum bonum temporale , & jus alio„rum. Confessarius autem obligatur soli „pœnitenti in foro pœnitentiæ ; quia hoc „forum , ac judicium privatum est , & ins„titutum in bonum pœnitentis. Dixi: *saltem* „*nisi ex officio habeas curam animarum,* „ut sunt Episcopi , & Parochi, quos tunc „teneri ad restitutionem , valdè probabile „esse censet Lessius; quia , cùm isti sint Su„periores , ex officio tenentur regere subdi„tos , & pro modo suæ gubernationis impe„dire , ne aliis damnum inferant, ac proin„de tenentur curare , si commodè possint, „ut restitutionem faciant. Ejusdem enim ra„tionis est damnum inferre , & illatum nol„le resarcire. 4. Si pœnitentem culpabiliter, „hoc est , ex malitia , vel ex ignorantia vin„cibili , vel gravi negligentia considerandi, „obligasti ad restitutionem, ad quam non „tenebatur, teneris ex justitia errorem retrac„tare. Quod si jam restituit, teneris damnum „illud ipsi resarcire ; nàm illius fuisti causa „efficax , & injusta tuo falso consilio, ex „cap. ult. *de injur.* Item teneris pœnitenti de „damno , si tua omissione culpabili fuisti „causa , cur ipse restitueret id, ad quod non „tenebatur; nàm tale damnum oritur ex omis„sione monitionis ei debitæ ex officio erga „eum , ideòque ex justitia debitæ.‟

XIII. Confessarius licitè absolvere non potest pœnitentem , qui circa aliquam actionem de mortali persistit in sua opinione minùs probabili contra probabiliorem ipsius Confessarii ; quia Confessarius tunc ageret contra conscientiam suam ritè formatam, quod nunquam licet: neque urbanè illum dimittendo , ullo modo offendit , dummodò eidem prudenter declaret justum suæ dimissionis motivum ; non enim , ut se accommodet pœnitenti , potest agere contra conscientiam suam rite formatam, Deumque graviter offendere , ut illi complaceat. Si autem pœnitens reverà longè doctior esset Confessario , & affirmaret coram Deo, opinionem suam sibi esse probabiliorem, & illam, quam Confessarius ut probabiliorem adoptavit, sibi esse minùs probabilem ; tunc non imprudenter ageret Confessarius, deponendo suam opinionem , & adoptando doctrinam pœnitentis admissam ut probabiliorem , illumque absolvendo ; quia rationabiliter ageret absque ulla suæ conscientiæ læsione , imò cum suæ conscientiæ reformatione rationabili.

✝ Vide , quæ ad rem hanc addita sunt *tom. 1. tract. 1. cap. 1. §. 6.*

Con-

XIV. Confessarius absolvere non potest pœnitentem, qui ignorat mysteria Trinitatis, & Incarnationis, nisi priùs instruatur: ità fuit definitum ab Innocentio XI. reprobante thes. 64. & 6). *Absolutionis capax est homo, quantumvis laboret ignorantia mysteriorum fidei, etiamsi per negligentiam, etiam culpabilem, nesciat mysterium SS. Trinitatis, & Incarnationis D. N. Jesu Chisti. Suficit illa mysteria semel credidisse.* Neque de hoc aliquis modò ampliùs dubitat. At, quod acriter controvertitur, est, quid agendum circa confessiones præteritas, cum tali ignorantia factas? Quidquid multi dicant, longè rationabilius, & probabilius est, eas esse repetendas; idque probatur hoc ineluctabili argumento. Nàm ex Innocentii oraculo, ignorans illa mysteria non est absolutionis capax in præsenti: ergo neque fuit capax pro præterito; temporis namquè differentia nil influit in hujusmodi capacitatem: atqui in subjecto, incapaci absolutionis, non habetur absolutionis effectus, qui est peccatorum remissio; igitur neque per anteriores absolutiones hunc effectum consequutus fuit. Tenebitur itaque confessiones illas repetere, atque ad hoc exequendum obligandus erit à Confessario. Ratio autem horum omnium est necessitas medii, obstringens omnem adultum ad præfata mysteria scienda, & memoriæ commendanda, ut diximus in tract. 4. cap. 1. §. 2. Quomodò autem se gerere debeat Confessarius in directione fœminarum, vide tract. 16. c. 3. §. 1. n. 2. 3. 4.

☞ Absolutione quoquè donandi non sunt qui ignorant ea, quæ necessitate præcepti quilibet Christianus nosse debet circa materiam fidei & morum: ut sunt ea, quæ continentur in symbolo Apostolorum, Decalogo, Oratione Dominica, & quinque præceptis Ecclesiæ. Itèm, ea, quæ concernunt Sacramenta, præcipuè Baptismum, Eucharistiam, & Pœnitentiam; & quæ ab Ecclesia communiter solemnizantur, ut loquitur S. Thom. v. gr. Sanctos cum Christo in Cœlo regnantes colendos esse, & invocandos; illorum imagines & reliquias esse venerandas; purgatorium dari pòst hanc vitam; animasque, in eo detentas fidelium suffragiis juvari &c. Itèm ea, quæ spectant ad communes hominis christiani obligationes, puta, vivendi Deo, ipsum orandi, colendi, super omnia diligendi, in ipsum credendi, sperandi &c. Similiter absolutionis sunt incapaces ignorantes ea, quæ ex vi status vel officii sub gravi culpa scire tenentur; ut si conjugatus ignoret obliga-

tiones matrimonii graviter obstringentes: Religiosus status religiosi ac regulæ, quam professus est: si Confessarius, Causidicus, Medicus careant notitia ad suum respectivè officium rectè obeundum necessaria. Ratio est; quia, cùm ignorantia tàm eorum, quæ ad communes obligationes hominis christiani spectant in materia fidei, ac morum, quàm eorum, quæ particulares obligationes hujus pœnitentis respiciunt, sit in ipsis graviter culpabilis, saltem ut plurimùm, ac per se loquendo, manifestè arguit indispositionem pœnitentium eadem laborantium: proinde nequit Confessarius prudenter judicare, tales esse legitimè dispositos. Nihilominus, si ejusmodi ignorantes legitimè in præsenti dolerent de culpabilibus ignorantiis earum rerum, quas de necessitate præcepti credere aut nosse tenentur; non autem de necessitate medii; statuerentque firmiter adhibere deinceps omnem necessariam diligentiam, & studium ad earumdem rerum notitiam, ac fidem explicitam acquirendam, nihil prohiberet eos absolvi, priusquàm reipsa notitiam illam acquisivissent. Sic. P. Fr. Thomas Dujardin *de Officio Sacerdotis, qua Judicis sect. I. §. 3.* qui posteà etiam infert, ordinariè repetendas quoque esse confessiones, quas pœnitens fecit durante ignorantia mysteriorum, quæ etiam sola necessitate præcepti credere oportet, vel earum rerum, quæ spectant ad communes obligationes hominis christiani, vel specialis hujus pœnitentis; cùm hujusmodi ignorantia etiam, ut plurimùm, sit graviter culpabilis, ac permanens continuumque peccatum. Igitur (concludit ipse) si confessarius deprehendat, pœnitentem hactenùs ignorantiis istis fuisse obnoxium, injungere illi debet, ut, præmisso anteactæ vitæ diligenti examine, confessionem instituat generalem, ubi scilicet, mysteria fidei obligationesque suas tàm communes, quàm speciales, sufficienter edoctus fuerit: præsertim si aliàs Confessario hæc discere spopondisset, nec tamen promissis stetisset, Legatur Constituio S. Pontificis Benedicti XIV. edita *die 7. Februarii 1742.* quæ incipit *Et si minimè nobis,* in qua *de Doctrina Christiana Populis tradenda.* Sum. P. disserit; & qua *ratione, & methodo fidelium indigentiæ hic in re consulendum sit,* præscribit. Porrò §. 10. hæc habet, quæ hactenùs tradita confirmant: *Omnes deniquè,* ait, *omnium ætatum, atque ordinum homines solent identidem sordes animæ Pœnitentiæ Sacramento detergere. Curabit itaque Episcopus, ut*

Z 2   Sa-

Sacerdos , excipiens confessiones , fixum il-
lud , immotumque animo semper habeat, in-
validam esse absolutionem Sacramentalem,
quam quis ignoranti res necessarias neces-
sitate medii impartitur ; nec posse homines
Deo per hujusmodi Sacramentum reconci-
liari , nisi priùs excusâ hujus ignorantiæ
caligine , ad agnitionem fidei educantur.
Sedulo etiam animadvertet Confessarius , in
aliud tempus rejiciendam esse absolutionem
illius , qui necessaria necessitate præcepti
suo vitio nescit ; & eo quandoque casu pœ-
nitentem absolvi posse, quo se vincibilis hu-
jus ignorantiæ reus agnoscat , & accuset,
& intimè doleat , tùm à Deo veniam prece-
tur , tùm Confessario seriò promittat , ope-
ram se impensè daturum , quâ divinæ gra-
tiæ præsidio discat etiam necessaria ne-
cessitate præcepto. Habetur hæc Constitutio *tom. 1. Bullarii num. 42.*

✠ Si pœnitens in mortis extremo sit constitutus , laboretque Mysteriorum ignorantia,
curabit ante omnia Confessarius , ut ipsum
instruat de his , quæ scienda & credenda
sunt necessitate medii, nempè, de Mysteriis
Trinitatis , Incarnationis , & Passionis Jesu
Christi. Deinde, quæ futuram vitam spectant,
exponenda illi erunt ; eaque fortiùs Minister
inculcabit , fusiùsque declarabit , quæ ad
summum, perfectumque præteritorum criminum , ac etiam negligentiæ in addiscendis
rebus fidei, dolorem ciendum efficaciora existimaverit. Consultò dixi : *de his , quæ scienda & credenda sunt* necessitate medii, quippè circa ea, quorum notitia vi duntaxat præcepti necessaria est , tunc potiùs sollicitus
sit Sacerdos , ut pœnitens doleat & conteratur de culpabili negligentia præterita, quam
ut eumdem scientia imbuat ; plus siquidem
dolor & contritio in tali casu illi proderit,
quàm scientia. Omnia tamen tempori & circunstantiis accommodanda sunt. Illud maximè Sacerdos curabit , ut pœnitens actus fidei,
spei, & charitatis edat , atque integrè , quoad
fieri poterit, confiteatur, statumque vitæ suæ
prout temporis angustiæ permiserint , manifestet , præsertim ab eo tempore, quo necessariò scienda, & credenda ignoravit. Legantur Petrus Collet *tom. 3. cap. 1. art. 11.
sect. 2. punct. 1. prope finem* ; & P. Daniel
Concina *lib. 1. in Decal. dissert. 1. c. 10.
§. 3. num. 28.* ubi etiam formulam suggerit,
qua uti potest Confessarius ad adjuvandum
talem peccatorem decumbentem, cui mortis
periculum instat.

§. VIII. *De obligatione Confessarii circa sigillum confessionis.*

I. Sigillum confessionis est religiosa obligatio afficiens Confessarium, servandi sub inviolabili , in quocumque casu , secreto cognita ex confessione sacramentali.
quamvis non perfecta per ablutionem ; quæ
obligatio est Juris naturalis, divini , & ecclesiastici : naturalis , quo tenetur quisque ad
secreta pro merito rerum custodienda , &
præcipuè quorum notitia redundat in damnum , aut dedecus , aut infamiam sive illius,
qui secretum consignavit, sive alterius : Juris
divini ; quia eo ipso quod Christus imposuit
obligationem manifestandi Confessario omnia
lethalia, injunxit eidem obligationem sigilli:
Juris Ecclesiastici , ex praxi Ecclesiæ immemorabili; & expressè ex Concilio Lateran. 4.
jubente cap 12. violatorem sigilli , *non solùm à sacerdotali officio deponendum, verùm etiam ad agendam perpetuam pœnitentiam in arctum Monasterium esse detruden-
dum.* Hæc itaquè obligatio adeò obstringit,
ut in ullo casu , etiam vitæ perdendæ, dispensari possit , sine spontanea, & expressa
pœnitentis concessione. Manifestum namquè
est , quòd nisi hæc securitas sigilli efficeret
hoc Sacramentum , ejus integritas perpetuò
esset exposita periculo ; imò odiosa redderetur confessio, cum communi Ecclesiæ, &
fidelium damno.

II. Confessarius , sigillum frangens, peccat duplicis speciei delicto , injustitiæ videlicèt, & sacrilegii : injustitiæ, quia violat
contra Jus naturale secretum in re gravissima : sacrilegii , quia irrogat gravissimam injuriam Sacramento contra virtutem Religionis. Hinc in fractione sigilli non datur parvitas materiæ; eò quod quæcumque violatio,
etiam in re minima semper de se reddit odiosum Sacramentum , eidemque gravem facit
injuriam ; quapropter , etiamsi Confessarius
graviter in aliquo errasset , non potest cum
pœnitente loqui de auditis in confessione extra confessionem , nisi petita , & obtenta à
pœnitente licentia; quam si ipsi neget, quamvis graviter peccet, nihilominùs Confessarius
silere compellitur.

III. Duplici autem modo contingit violatio sigilli , directè scilicèt , & indirectè: directè , manifestando aliquid ad confessionem
pertinens , & de sola confessione cognitum:
indirectè, aliquid dicendo , vel faciendo , ex
quo præbetur motivum cognoscendi, vel sus-
pi-

picandi de auditis à tali pœnitente in confessione, undè vel ipsi pœnitenti, vel alteri redundet aliquod gravamen; vel quando Confessarius ex peccato, à pœnitente audito, se dirigit quoad directionem externam eo modo, quo non se dirigeret, nisi peccatum illud audisset, puta, dando eidem suffragium contrarium in concursu, &c.

IV. Materia sigilli nedum sunt peccata omnia, tàm externa, quàm interna, tam publica, quàm occulta, & privata, cum eorum circunstantiis; verùm etiam pravæ inclinationes, tentationes, imperfectiones, vitia, indispositio, complices, materia seu objectum peccati pœnitentis, occasio, motivum, & causa peccati. Item defectus duntaxat naturales, ex confessione in pœnitente cogniti; puta, defectus natalium, ignorantia, debilitas mentis, scrupulositas, & quodcumque aliud, afferens dedecus aliquod pœnitenti, si à Confessario ex confessione duntaxat agnitum fuerit; quia etiam hæc singula pandere, præjudicium aliquod affert pœnitenti; & si sciret, eadem sub sigillo non cadere, averteretur à confessione; & hinc redderetur odiosa confessio. Quæ omnia silere tenetur Confessarius, nedum vivente pœnitente, verùm etiam eo mortuo; nàm obligatio sigilli est perpetua: & quoad hæc conveniunt omnes Scriptores.

V. Franget igitur sigillum Confessarius, qui conqueritur de scrupulis, de næniis, de hebetudine, de phantasia, aliisque defectibus talis pœnitentis, quos non nisi ex confessione expertus est: item, qui de aliquo monasterio, collegio, aliove loco, in quo plures collegaliter vivunt, dicit, ibidem florescere amores; se invicem corrodere; extare dissensiones, vanitates, &c. si hæc tantummodo ex confessionibus audivit noverit: item, qui de aliquo castro, oppido, rure, aliove loco non ampli circuitus dicit, dominari adulteria, furta, &c. si id ex confessionibus tantùm compererit: item, qui paucorum hominum, vel paucarum mulierum confessionibus auditis, dicit, se tale crimen audiisse, quamvis non indicata persona; quia singuli illi pauci in suspicionem venire possunt de crimine illo; imò fieri potest, ut aliquis audientium pœnitentes illos viderit, & noverit; atque ex quibusdam circunstantiis conjiciat, quis vel quæ eorum illud perpetrarit: item, qui dicit, se neminem absolvisse, aut quasi neminem corum, quos manè, aut post prandium audivit: item, qui motibus agitatis, crispitudine frontis, aliisque exterioribus signis indicat, se enormia audire, aut cum pœnitente dispu-

tare, aut eumdem severè corripere: item, qui voce adeo alta loquitur, ut à circunstantibus audiri possit: qui cum pœnitente, sine illius præhabita licentia, extra confessionem de auditis in confessione primus loquitur: qui loquens de suis pœnitentibus, aliquem præ cæteris commendat, dicendo, se ab illo nunquam audivisse mortalia: qui monere audet genitores filiæ pœnitentis, ut super ipsam invigilent; vel ut benè explorent, àn velit nubere tali viro: vel genitores filii, ut animadvertant cum quibus conversetur, quæ loca frequentet, &c. item, qui ità fugiunt, & declinant pœnitentem alias auditum, ut ipse conjicere possit, se declinari, ne iterùm audiatur, ob controversias secum in confessione habitas: item, qui consilium quærentes pro solutione alicujus casus, ità incautè se gerunt, ut quæsitum audiens possit conjicere, quænam sit persona, de qua interrogans sciscitatur: item, qui dicunt, cum mulieribus, quas audiunt, vel cum tali persona se terere tempus: qui litteras testimoniales, vel suffragium, vel promotionem denegat, etiam occultissimè, ob audita in confessione: imò etiam, qui peccatum futurum prædicunt ex cognitis in confessione: hi, inquam, omnes sigilli violatores respectivè, directi, aut indirecti, meritò jure censentur.

VI. Confessarius tenetur ad sigillum circa audita à pœnitente, qui accessit animo confitendi, quamvis ob illius indispositionem sine absolutione dimisso; quia, cùm exposuerit peccata animo faciendi Sacramentum, audita fuerunt sacramentaliter: & ità tenet communis. Si autem manifestè constaret, quòd accesserit animo non confitendi; sed vel solicitandi Confessarium, vel ad ipsum inducendum ad aliquod aliud peccatum; quemadmodùm illa non esset confessio Sacramentalis, sed vera seductio; ità neque gauderet privilegio sigilli: deberet tamen fortè ex alio capite Confessarius silentium custodire.

* Confessarius, si audierit pœnitentem, & non absolverit, requiraturque de attestatione confessionis in scriptis, debet illam concedere; non tamen unquàm affirmare debet, se illum absolvisse, nec tunc pariter cùm illum absolverit; nàm aliàs, si de aliquo hoc attestatus fuisset, & de aliquo non, revelationis confessionis periculum subiret. Legatur Instit. 45. S. P. Benedicti XIV. §. 10.

VII. Potest Confessarius intrà confessionem loqui cum pœnitente de auditis in aliis suis confessionibus, quoties justum, & rationabile motivum occurrit, vel ipsum convincen-

cen-

cendi de fallaci promisso, vel corripiendi de
non dimissa occasione, vel amonendi de
aliquo, à se non admonito, puta, de onere
restituendi, vel de specie peccati non interrogata, vel de aliqua alia re, de qua aut ipse
interrogare debebat, aut quæ conferat in pœnitentis utilitatem; quia· notitia illa ·est in
eodem foro utilisque pœnitenti. Itèm, si pœnitens extra confessionem Confessarium primus alloquatur de expositis in confessione,
potest Confessarius respondere; quia ex facto
apparet, eidem concedere licentiam loquendi. Et quidam cum Lugone addunt, quòd,
si statim pòst datam absolutionem, advertat
Confessarius, aliquid esse pœnitenti subjun-
gendum, quod intra confessionem dicere,
vel oblitus fuit, vel non advertit, potest eidem illud dicere; quia moraliter censetur continuari eadem actio, idemque judicium, quod
comprehendit actus etiam monendi, instruen-
di, &c. Dixi: si statim pòst absolutionem; si
enim talis mora intercedat, ut moraliter censeatur completa actio, finitumque judicium,
debebit priùs ab eo petere licentiam ad secum
colloquendum de sua confessione; & in casu,
quo hæc licentia denegetur à pœnitente,quam-
vis ageretur de ipsius gravissimo malo declarando, etiam æterno, nullo modo posset loqui: nàm longè gravius inconveniens est frac-
tio sigilli contra voluntatem pœnitentis quocumque alio; bonum enim Sacramenti, admodum pendens à securitate sigilli nunquam
violandi, prævalet cuicumque alteri damno,
etiam salutis æternæ pœnitentis.

VIII. Si à quovis, etiam à supremo judice, Confessarius interrogetur de aliquo pœnitentis peccato, sub quacumque commina-
tione, debet simpliciter, etiam cum juramento, si opus sit, dicere, se nescire pœnitentem tale crimen perpetrasse: & verum jurat,
quia respondet in sensu interrogationis; quandoquidèm interrogatio debet esse, àn ipse
sciat peccatum tali scientia, humano, & civili convictui propria, quæque deservire possit ad illud crimen dicendum, de qua duntaxat notitia possunt homines sciscitari; & non
de illa, quæ habetur in persona Christi, quæ
est solius fori Divini: undè egregiè S. Thomas in 4. dist. 21. q. 3. a. 1. ad 3. *Homo
non adducitur in testimonium, nisi ut homo,
& ideo absque læsione conscientiæ potest ju-
rare, se nescire, quæ scit tantùm ut Deus.*
Proptereà responsio, quam aliqui suggerunt
adhibendam, dicendo, talem interrogationem
esse impiam, & injustam, impiumque esse
eidem respondere, videtur potius augere sus-

picionem interrogantis sagacis, quàm tollere.
Et si interrogans insisteret: àn audierit confessionem illius, respondeat se audivisse; &
si urgeat, àn tale crimen fuerit confessus, respondeat se nihil tale audivisse; nàm semper
respondet ut homo, & de auditione, ipsi con-
veniente ut homini, & non ut Christo.

* Relege, quæ tradidimus *tom. 1. tract. V.
cap· unic.* §. 1. n. 6.

IX. Confessarius, qui aliunde audivit crimen in confessione sibi à pœnitente expositum, non idcirco potest illud majori certitudine affirmare, quàm anteà fecisset; proinde
si de eodem loquatur, eo gradu certitudinis
loqui debet, ac si illud in confessione non audisset; quia, ut patet, id esset uti cognitione in confessione acquisita. Imò quamvis crimen Petri v. gr. esset omnibus notum, quia
illud patravit in platea, puta, homicidium;
non potest Confessarius in laudem ejusdem
dicere, quòd magno dolore, profusisque la-
chrimis illud sibi cenfessus fuerit; quia reve-
laret directè confessionem, ut patet.

X. Si Confessarius ex confessione notitiam
acquirat, sibi imminere grave malum in vita, fama, aut bonis, debet petere à pœnitente licentiam utendi tali notitia, duntaxat
ut sibi præcavere queat occultiori modo,
quo poterit, & pœnitens tenetur sub mortali illam eidem concedere: quòd si pœnitens nolit, timens imprudenter revelationem
confessionis, & confessio bona fide facta,
aut inchoata fuerit; Confessarius, quamvis
illum sine absolutione dimittere debeat, tanquàm indispositum, non potest sibi præcavere à tali periculo, si præbeatur motivum aliis
suspicandi de confessione revelata; sed fortiter subire debet tale malum, non sine ingenti merito apud Deum, & quadam quasi
martyrii specie, in defensionem sigilli Sacramentalis; quia, quamvis confessio non fuerit
completa, nihilominùs grave præjudicium in-
ferretur Sacramento, si tali notitia uteretur;
& Fideles putarent, quòd aliquis casus oc-
curre posset, in quo licitum esset uti notitia confessionis, sincero animo confitendi
factæ, quamvis ex motivo aliquo non completæ: proindè absterrerentur à confitendis
suis peccatis, redderETURque odiosa confessio.
Posset tamen Confessarius, salvo meliori judicio, in dicto casu sibi præcavere à tali malo
gravi, si nullum periculum interveniret aliis
manifestandi audita in confessione, nisi soli
pœnitenti; quia tunc non redderetur odiosa
confessio apud alios, neque ullum omnino
redundaret gravamen pœnitenti, ut patet, &
su p -

supponitur; nàm uteretur duntaxat denegata ab eo facultate, quam sub mortali tenebatur concedere, quod non est gravamen in ipsum redundans, sed justa defensio ab ejus impietate, Confessario pernitiosa.

✝ Hinc infertur, non posse Confessarium à Sacrificio abstinere, fugere, & quando cognovit in confessione, ab aliquo criminis socio parari sibi insidias, venenum vino infusum, &c. si delicti complices, & participes conjicerent, ab aliquo sociorum revelatum in confessione fuisse crimen; quapropter in hunc iram converterent.

. XI. Suadere pœnitenti, ut complicem manifestet, eo mero motivo zeli imprudentis faciendi eidem complici correptionem, ipsumque ad meliorem frugem revocandi, est illicitum; quia contra usum Ecclesiæ in administratione hujus Sacramenti. Imò noviter prohibitum fuit sub gravi præcepto à Summo Pontifice Benedicto xiv. in Constitutione data sub die 7. Julii 1745. quæ incipit: *Suprema*, *&c*. Si autem pœnitens id sponte faciat prudenter judicans, meliùs consulere animæ suæ, & feliciùs sibi præcavere ab iterum prolabendo, si à Confessario nomine ipsius pœnitentis complex moneatur, id poterit acceptari à Confessario. Sed prudentiùs aget, si hortetur pœnitentem, ut id sibi manifestet extra confessionem, promitendo illi cum juramento, se perpetuum silentium cum aliis servaturum: sic enim se gerendo tollit à *complice* omnem suspicionem violati sigilli, dicendo eidem, quòd Titius, vel Titia ipsum rogavit extra confessionem, ut illud moneat, &c.

☞ Jure meritoque S. P. Benedictus xiv. in relatis ab Auctore litteris incip. *Suprema*, quæ datæ fuerunt ad *Archiepiscopos*, *& Episcopos Portugaliæ*, *& Algarbiorum die 7. mensis Julii 1745.*, quæque extant *tom. 1. Bullarii* n. 134. tanquam *scandalosam*, *& perniciosam* reprobavit, ac damnavit praxim, quæ invehi, ac introduci cœperat in illis regionibus, in audiendis Christi fidelium confessionibus, & saluberrimo Pœnitentiæ Sacramento administrando. Quidam enim Confessarii, falsa zeli imagine seducti, & à zelo secundùm scientiam longè aberrantes, eo erroris devenerant, ut, si in pœnitentes socium criminis habentes incidissent, ab iisdem socii seu complicis hujusmodi nomen passim exquirerent, atque ad illud sibi revelandum non modò inducere suadendo conarentur, sed denuntiata quoque, nisi revelarent, absolutionis Sacramentalis negatione, prorsùs adigerent, atque compelle-

rent; imò etiam complicis ejusdem nedum nomen, sed habitationis insuper locum sibi designari urgerent, Jure, inquam, meritoque laudatus S. Pontifex, pravam hanc ac perversam praxim reprobavit, atque damnavit; ex ea quippe gravia necessario consequebantur mala: scilicet, & proximi lædebatur fama, & arctum sacramentalis confessionis sigillum periclitabatur, & absterrebantur fideles à suis culpis Confessario integrè, proùt opus est, aperiendis; & rixæ, ac discordiæ disseminabantur, & tota demùm perturbantur communitas.

Has litteras, in forma Brevis tunc datas, idem S. Pontifex aliis litteris incip. *Ubi primùm*, editis *quarto Nonas Julii 1746.* quæ habentur *tom. 2. Bullarii n. 8.*, confirmavit, & roboravit; easque ab omnibus, & singulis fideliter, exactèque observari injunxit, atque præcepit; & insuper pœnas in delinquentes statuit, cum præfinitione ordinis procedendi in hujusmodi causis. Itaquè ad praxim adeo detestabilem eliminandam, solicitam mandat Ordinariis omnibus vigilantiam tàm contra Confessarios omnes, sive Seculares, sive Regulares, quàm contra quoscumque alios cujusvis status, gradùs, conditionis, dignitatis, & ordinis, etiam speciali, & individua mentione, & expressione dignos, qui ausi fuerint in posterum docere licitam hujusmodi praxim, vel scribere, aut loqui in ejusdem damnatæ praxis defensionem, vel ea quæ in dicto Brevi incip. *Suprema*, contra eamdem praxim decreta sunt, impugnare, aut in alios sensus temerè detorquere, seu interpretari; ipsosque omnes sic temerè audentes declarat incidere ipso facto in excommunicationem, à qua præterquam in articulo mortis, à nemine, quam à Romano Pontifice pro tempore existente, possint absolvi; dictosque Confessarios, ut suprà, delinquentes, statuit suspensioni ab officio audiendarum confessionum, aliisque etiam gravioribus pœnis fore insuper subjiciendos.

Præterea sancit, quòd contra docentes, & defendentes, licitam esse talem exitialem, & damnatam praxim, vel ejusdem reprobationem impugnantes, aut perversè interpretantes, procedatur in Officio S Inquisitionis non minùs, ac contra illos procedi solet, qui asserunt, tradunt, ac tuentur opiniones scandalosas, perniciosas, & uti tales à sanctâ Sede Apostolica rejectas, & condemnatas, sicque ipsi omnes severissimè puniantur. Similiter in eodem S. Officio procedi mandat contra Confessarios quosque, ut suprà, delinquentes, ac de nomine complicis pœnitentem interro-

gan-

gante, eidemque, pœnitenti, nisi illud sibi manifestaverit, absolutionem denegantes: dummodo tamen ex circunstantiis de adhæsione ad prædictam damnatam praxim tanquam ad licitam, vel alio quovis modo de prava credulitate tales Confessarii suspecti reddantur; & si, ut supra, culpabiles reperti fuerint, pro criminum qualitate, & circunstantiis suspensionis ab officio confessiones audiendi, vel etiam ab executione Ordinum, privationis Beneficiorum, dignitatuin, ac perpetuæ inhabilitatis ad illa nec non vocis activæ, & passivæ, si Regulares fuerint, aliisque pœnis mulctentur.

Ulterius mandat, quòd, quicumque aliquem ex supradictis modis deliquisse cognoverint, eum intra terminum dierum, in edictis S. Officii præfigi solitum, eidem S. Officio denuntiare teneantur: alioquin pœnas, non denuntiantibus per eædem Edicta infligi consuetas, incurrant. Ab hoc autem onere denuntiandi justis de causis eximit pœnitentem in causa propria, id est, in casu, quo à Confessario adigatur ad sibi manifestandum nomen complicis in eodem peccato; relicto tamen ei onere dictum Confessarium denuntiandi, si aliunde, quàm ex propria, ut dictum est, confessione, noverit ipsum aliquo ex superiùs numeratis, & S. Officio denuntiandis, modis deliquisse.

Quòd si Confessarius, de complicis nomine perperam interrogans, absolutionem ei, ni sibi detegatur, denegans, de prava credulitate, vel de mala adhæsione ad supradictam damnatam praxim, tanquam ad licitam, ex circunstantiis suspectus non reddatur, tunc istiusmodi delictum neque denuntiationis oneri, neque S. Officii cognitioni subjectum esse declarat; sed de illo cognoscere, atque in delinquentem Confessarium per suspensionem ab audiendis confessionibus, vel alias canonicas, & legitimas pœnas pro delicti modo animadvertere, ad locorum Ordinarios in sua cujusque Diœcesi mandat omnino spectare.

Quoniam verò præfatas suas Apostolicas litteras, utpote ad Lusitaniæ Regnorum, atque ditionum opportunitatem accommodatas, & pro eisdem duntaxat emanatas, generalis definitionis, & legis vim, auctoritatemque habere, ab aliquibus temerè negabatur; ipse S. Pontifex Benedictus, non ignorans etiam alibi irrepsisse dictam perniciosissimam praxim, ut eam prorsùs eliminaret, ne per alias christianas regiones serperet, alia Constitutione, cujus initium: Ad eradicandam, edita die 38. Septembris 1746. quæ item tom. 2.

n. 20. legitur, expressè decernit, atque declarat, memoratam praxim in seipsa, & ubique locorum, ac temporum Apostolica auctoritate reprobatam atque damnatam esse, & censeri, debere; nec ulli licere contra doctrinam à se in supradicta Epistola traditam docere, scribere, aut loqui, eamque impugnare, aut perversè interpretari, vel ipsi actu contraire, sub pœnis statutis adversus tuentes, asserentes, aut tradentes opiniones scandalosas, perniciosas, & uti tales à sancta Sede Apostolica rejectas, & condemnatas, & respectivè adversus contrafacientes mandatis Apostolicis, & Ecclesiasticis sanctionibus statutis, atque præscriptis.

Aliam demùm ad rem hanc idem Summus Pontifex quinto idus Decembris 1749. edidit Constitutionem, incipientem: Apostolici ministerii nostri. In ea autem §. 7. exceptis duntaxat personis pœnitentium in causa propria, quas, justis ex causis ab omni denuntiationis onere iterum eximit, & pro exemptis in tali casu semper haberi decernit, omnibus, & singulis injungit, ut Confessarium, quem cognoverint quocumque alio modo, præterquam ex ipsa confessione, à semetipsis apud eum peracta, in administrando Sacramento Pœnitentiæ interrogasse pœnitentem de nomine complicis, eidemque indicare recusanti absolutionem denegasse, quocumque modo in hoc delinquentem, nempè, sive id fecisse intellexerint propter adhæsionem prædictæ reprobatæ praxis, aliave de causa, erronæ opinionis suspicionem ingerente, sive id etiam per imprudentiam egisse, & peractum cum iis circunstantiis, propter quas, juxta aliam suam Constitutionem Inquisitionis Officio esset denuntiandus, & quibus deficientibus, juxta ipsius Constitutionis tenorem ejus delicti cognitio ad Ordinarii Tribunal spectare debuisset: in virtute Sanctæ Obedientiæ, sub eisdem pœnis, quibus ad debitas aliorum delictorum denuntiationes adstringuntur, dicto Sanctæ Inquisitionis Officio intra consuetum præfinitum temporis spatium omnino deferant, & denuntient.

Subdit tamen §. 8. „Ubi verò Sacerdos „delinquens eidem Sancti Officii Tribuna„li denuntiatus fuerit, vel illius carceri„bus inclusus, quatenùs probationes ad car„cerationem sufficientes habeantur; si for„tè Ordinarii illius, cujus jurisdictioni reus „subjectus erit, Procurator, in ipso Tribu„nali S. Officii de more interveniens, eas „adesse circunstantias crediderit, ob quas
de-

„delicti cognitio juxta praecedentem Cons-
„titutionem nostram ad Ordinarii forum
„spectare deberet ; ac propterea institerit,
„se super hujusmodi pertinentiae articulo
„ulterius , aut fusiùs audiri, vel etiam scrip-
„to easdem circunstantias , & rationes ex-
„ponere , suaeque Curiae jura tueri se velle
„declaraverit ; volumus & statuimus ut jux-
„ta ejusdem Tribunalis consuetudinem , sa-
„tis temporis illi ad scribendum assignetur,
„neque intereà idem Tribunal ad actum ir-
„retractabilem , multòque minus ad defini-
„tivam sententiam adversùs reum devenire
„possit , donec idem Procurator, intra prae-
„criptum sibi tempus , jura Curiae Episco-
„pi constituentis sui , vel voce , vel scripto
„exposuerit.“ Habetur haec Constitutio *tom.*
3. Bullarii num. 13.

Duas priores Summi Pontificis litteras exposuit , ac commentariis illustravit eximius
vir Ludovicus Antonius Muratori. Regulas
praescribit ipse , quas Confessarii inhac materia servare debent, aliaque plura habet scitu digna. Unum solummodò brevitati consulentes animadvertimus, & animadvertere ope-
rae praetium existimamus, nempè , S. P. Benedictum praxim duntaxat eorum proscrip-
sisse , qui nullum justum titulum habentes
complicum nomina exquirunt, seseque inde-
bitae curiositatis reos statuunt, vel eo specio-
so praetextu , ut per operam suam correptio , & correptio ipsius complicis praestetur,
id attentant, prout Auctor innuit *num. prae-*
ced. non verò damnationem ad eos casus
extendisse , in quibus aut confessionis integritas , aut publica necessitas , aut poenitentis ipsius utilitas postulat , ut poenitens complicem pandat. In his enim casibus potest
Confessarius ipsum poenitentem hortari , imò
quandoquè etiam compellere ad manifestandum complicem , omisso tamen nomine , &
loco habitationis , si fieri potest.

XII. Nedum Confessarius tenetur sigillo praefato, verùm etiam omnes illi , qui vel
mediatè , vel inmmediatè , vel licitè , vel illicitè assequuntur ex confessione notitiam
rei , sub sigillo confessionis comprehensae.
Hinc tenetur sigillo Confessarius fictus, qui
talis non est , & talis à poenitente esse pu-
tatur : itèm illi , qui vel casu , vel data opera , quod est gravissimum , audiunt aliquid
in confessione prolatum : itèm Superior concedens facultatem absolutionis à casu reservato : itèm interpres , quo mediante aliquis
confitetur : itèm consiliarius circa aliquem
casum in confessione explicandum , vel alio

modo adjuvans poenitentem , ut congruè talia peccata exponat : itèm consultor , qui à
Confessario aditur de licentia poenitentis,
significando personam poenitentis : itèm le-
gens chartam , in qua descripta erant peccata poenitentis , etiamsi casu illam inveniat, &
sciat cujus sit ; quam legendo etiam graviter
peccat : itèm omnes illi , qui notitiam receperunt ab aliquo, qui tenebatur sigillo , sive
licitè , sive illicitè talem notitiam acquisie-
rint. Haec omnia sunt respectivè aut communia , aut probabiliora ; quippè quae faveant
Sacramento , & poenitenti ; & fundantur in
illa gravissima ratione non reddendi Sacramentum odiosum , & non deterrendi fideles ab ejusdem frequentia.

✠ Confessarius nunquàm de auditis in
confessione loquatur, potissimum coram Secularibus , qui saepè scandalum patiuntur.
Communicaturus infirmum , ut monet P.
Concina *Theol. Christ. tom. 9. lib. 2. dis-*
sert. 3. cap. 13. num. 27. non interroget
Confessarium , nùm absolverit, ne periculo
violandi sigillum ipsum exponat , sed àn audierit illius confessionem.

§. IX. *De obligatione poenitentis respectu Confessarii.*

I. EX Bulla 34. Gregorii xv. tenetur
poenitens sub mortali denuntiare
locorum Ordinariis , aut Inquisitoribus contra haereticam pravitatem Confessarios , qui
ipsas personas poenitentes: „Ad inhonesta si-
„ve inter se , sive cum aliis, quomodolibet
„perpetranda in actu Sacramentalis confes-
„sionis, sive anteà, sive pòst immediatè , seu
„occasione , vel praetextu confessionis hujus-
„modi, etiam ipsa confessione non secuta, si-
„ve extra occasionem confessionis , in con-
„fessionario , aut in loco quoocumque , ubi
„confessiones sacramentaliter audiuntur, seu
„ad confessionem audiendam electo , simu-
„lantes ibidem confessiones audire, sollicita-
„re , vel procurare tentaverit ; aut cum eis
„illicitos , & inhonestos sermones , aut trac-
„tatus habuerint.

II. Hinc incurret hoc sollicitandi crimen
etiam ille , qui sollicitat personam fictè infirmam in domo seculari , quae fingit apùd domesticos , se velle confiteri ; juxta omnes,
nàm Bulla dicit, etiam *praetextu confessionis.*
Imò juxta plures , etiamsi persona poenitens
in quolibet recensitorum casuum prima ten-
tet Confessarium , & ipse ostendat se assentiri ; quia etiam in hoc casu assensum prae-

Aa   ben-

bendo tentanti, quamvis solis verbis, videtur sollicitationem perficere: quamvis oppositum teneant alii multi apud Bonacinam: & etiam in his casibus est obligatio denuntiandi.

III. Quando igitur posterior Confessarius intelligit à pœnitente sive fœmina, sive mare, se fuisse tentatum, aut tentatam ab anteriori aliquo Confessario, tenetur Confessarius posterior sub mortali obligare ipsam personam sollicitatam aliquo ex dictis modis, ut denuntiet Confessarium illum Ordinario, aut Inquisitori in illa diœcesi : neque illam potest absolvere, nisi denuntiationem ad effectum perduxerit, aut saltem se quàm primùm delaturam promittat; cùm Benedictus XIV. in sua Constitutione, à nobis citata §. 6. n. 13. expressè jubeat : *Ne Confessarii pœnitentibus, quos noverint jam ab alio sollicitatos, Sacramentalem absolutionem impertiant, nisi priùs denuntiationem prædictam ad effectum perducentes, delinquentem indicaverint competenti judici, vel saltem, se, cùm primùm potuerunt, delaturos spondeant, ac promittant.* Quòd si persona sollicitata sit moraliter impotens ad personaliter accedendum ad Ordinarium, vel Inquisitorem; debet id agere per epistolam, quin manifestet suum peccatum, si consenserit, significando in eadem nomen, & cognomen Confessarii, si illud sciat: sin autem Ecclesiam, & confessionale, in quo id egit, & si recordetur, qua die, & circiter hora; debet autem signare subscriptionem epistolæ proprio nomine, & cognomine, denotando ubi moretur; abstinendo, ut dixi, à suo peccato manifestando, sed ità exponat attentationem sollicitantis, ut se indemnem servet. Imò, si velit ipsa, & Confessarius posterior velit acceptare, potest huic committere suas vices. Si autem & in aliquo casu necesse foret suum manifestare delictum, teneretur nihilominus illud manifestare; quia bonum commune Sacramenti, ejusdemque religiosa administratio, & impiorum ministrorum amotio, atque punitio prævalere debent suo aliquali damno: dixi aliquali damno; quia Ordinarius, & Inquisitor perpetuo sigillo tenentur obsignare peccatum denuntiantis : in hoc tamen casu opportunius erit, ut Confessarius ejus vices charitativè obeat.

    * Notandum, quòd persona sollicitata tenetur per se ipsam denuntiare; quia hæc obligatio est personalis; & si per alium denuntiaret, denuntiatio esset ex auditu alterius. Si autem persona sollicitata sit moraliter impotens ad personaliter accedendum ad Ordi-

narium, vel Inquisitorem, debet id agere per epistolam, ut optimè monet Auctor; at, nisi subscribat proprium nomen, & cognomen, non satisfacit; ac deinceps est ab Inquisitore vocanda, ut iterum juridicè deponat.

Si verò mulieres nobiles sint, aut puellæ, quæ denuntiare debeant, ac vereantur ad Inquisitionis Tribunal accedere, monere debent per internuntium Inquisitorem, ut domum Notarium mittat ad suscipiendam denuntiationem. Aptior autem internuntius est Confessarius, cui Inquisitor, de sollicitatione jam monitus, committere potest, ut recipiat in scriptis juramento firmatam denuntiationem, ex Decret. Inquisit. Rom. jussu Urbani VIII. 27. Sept. 1624. qui quidem modus servari maximè debet in recipienda Monialis denuntiatione, ne res aliis Monialibus manifestetur. Legatur P. Philippus de Carboneano *in Appendice de Sollicitatione ad tract. de Pænit. P. Antoine.*

IV. Circa hanc materiam notandæ sunt duæ theses damnatæ ab Alexandro VII. quarum prima est sub num. 6. *Confessarius, qui in Sacramentali confessione tribuit pœnitenti chartam, posteà legendam, in qua ad venerem incitat, non censetur sollicitasse in confessione, ac proinde non est denuntiandus:* secunda sub num. 7. *Modus evadendi obligationem denuntiandæ sollicitationis est, si sollicitatus confiteatur cum sollicitante; hic potest ipsum absolvere absque onere denuntiandi.* In primo igitur casu tenetur pœnitens illum denuntiare : in secundo non declinat Confessarius obligationem monendi pœnitentem, ut ipsum denuntiet; sed potest ipse prævenire spontaneè comparendo ante judicem, & veniam petendo. Contra personas autem, quæ innocentes Sacerdotes de crimine sollicitationis accusare audent, ità animadvertit laudatus Pontifex Benedictus XIV. „Quæcumque persona, quæ „tàm execrabili flagitio se inquinaverit, vel „per se ipsa innocentes Confessarios calum-„niando, vel scelestè procurando, ut id ab „aliis fiat; à quocumque Sacerdote, quovis „privilegio, auctoritate, aut dignitate mu-„nito, præterquam à Nobis, nostrisque suc-„cessoribus, nisi in fine vitæ, & excepto mor-„tis articulo, spe absolutionis obtinendæ, „quam Nobis, & successoribus prædictis re-„servamus, perpetuo careat.

    Non inutile erit hic in memoriam reducere, Confessarios, ac Sacerdotes quoscumque sive Seculares, sive Regulares non posse absolvere suos complices in peccato contra sextum

tum Decalogi præceptum , nisi in articulo mortis , & tunc solùm in defectu alterius Sacerdotis , qui Confessarii munus obire possit. Sic statuit Benedictus xɪv. in adducta Constit. incipit *Sacramentum Pœnit.* edita *Kalendis Junii 1741.* quæ stat tom. 1. *Bullarii. n.* 20. Confessarii autem , extra dictum mortis articulum audentes illos absolvere, incurrunt excommunicationem ; Papæ reservatam, ut ex eadem Constit. constat : & tales confessiones irritæ sunt , & nullæ.

Aliam idem S. P. edidit Constitutionem *die 8. Februarii 1745.* incip. *Apostolici muneris* , quæ habetur in eodem volumine *n.* 120. in qua quoad spectat ad partem prioris Constitutionis, quæ mortis articulum respicit, exortas dubitationes resolvit. Tàm illam, quàm istam adfert Auctor *tom.* 1. *tract.* 2. *cap.* 2. §. *3. num. 9.* undè ne actum agamus, eas hic prætermittimus; satisque putamus illas obiter in mentem revocasse.

* Legendus est etiam idem S. P. Benedictus *de Synod. Diœces. lib. 6. cap. 11.* ubi plura docet scitu digna, ad rem hanc spectantia præsertim sequentia observanda sunt. 1. censet *n. 9. & 10.* quòd persona sollicitata nulla lege prohibetur , quominùs ante denuntiationem sollicitantis , illum occultè admoneat, ut sibi provideat, spontè se offerendo Tribunali. Subdit tamen , quòd tenetur , etsi admonitus compareat, & sit ex correptione emendatus, illum denuntiare , ut ex propositionibus ab Alexandro vii. damnatis eruitur. 2. asserit *num. 14.* præceptum denuntiandi Confessarios solicitantes ad turpia & pœnas aliàs huic solicitationi indictas , non extendi ad crimina diversi generis , quæ ad carnis concupiscentiam non referuntur , seu ad alia crimina , à re venerea diversa.

Addimus, Sacerdotes omnes , etiam Regulares, solicitantes ad turpia in re venerea in actu confessionis , vel ejus occasione, aut prætextu , præter alias pœnas in Contitutionibus Sixti v. & Grogorii xv. inflictas , incurrere etiam perpetuam inhabilitatem ad Missam celebrandam. Idemque etiam valet contra eos Sacerdotes , qui Sacrificio Missæ abutuntur ad sortilegia. Ità ex Decreto S. Congregationis Inquisitionis ex mandato Benedicti xiv. edito *die 5.* de publicato *die 21. Augusti 1745.* Idem verò Decretum enutiandum est à Superioribus cujuscumque Ordinis semel saltem in anno, id est, fer. 6. post octavam Assumptionis B. M. V. in publica Mensa, vel in Capitulo, ad hoc specialiter convocato, ac insuper in quocumque Ge-

nerali vel Provinciali Capitulo, vel alio quovis nomine nuncupato Capitulari congressu: ac de hoc coram supremà Congregatione juratum testimonium exibere debent. Habetur hoc Decretum *in Append. ad tom.* 2. *Bullarii ejusdem Benedicti xiv. n. 8.*

Quoniam verò in hoc §. Auctor disserit *de obligatione Pœnitentis respectu Confessarii,* abs re non erit tandem advertere cum P. Antoine *de Pœnit. cap. 4. quæst. 9.* quòd, quamvis pœnitens non obligetur sigillo respectu Confessarii , quia obligatio sigilli est solùm in favorem pœnitentis , ut securè ac confidenter peccata sua & conscientiam aperiat ; non autem in favorem Confessarii ; attamen pœnitens obligationem contrahit secreti naturalis circa ea , quæ revelare nequit sine injusto damno Confessarii , aut contra rationabilem ejus voluntatem ; *propter quod peccant* , inquit Gersonius in Regul. Moral. regul. 134. *si non excusat eos ignorantia, illi , qui pœnitentias suas , & ea , quæ Sacerdos eis dixit, passim dicunt, & qui etiam super hoc inquirunt ; quoniam talia per indirectum causant aliquando irrisionem Sacerdotis , aut confessi culpam.*

§. X. *De casuum reservatione.*

I. REservatio est ademptio facultatis absolvendi à quibusdam determinatis peccatis, relicta potestate absolvendi ab illis. Reservare peccata , non absolvenda primo potest Pontifex in tota Ecclesia Catholica; secundò Episcopus in sua diœcesi.

II. Communior , & probabilior docet, etiam impuberes reservationem incurrere; tùm quia reservatio est ademptio facultatis absolvendi : & proindè, nisi à reservante addatur exceptio respectu impuberum , etiam ipsi comprehenduntur in reservatione ; tùm etiam , quia reservatio non est pœna punitiva , sed remedium quoddam ad absterrendum à perpetratione talium criminum ; impubes autem capax est hujus remedii : imò peculiariter eidem prodesse potest.

III. Ignorantia , quamvis invincibilis , reservationis simplicis , non excusat à reservatione incurrenda ; quia reservatio est ablatio potestatis ad absterrendum à peccato illo committendo ; & proptereà intentio reservantis non est , ut duntaxat scientes reservationem non absolvantur , sed ne absolvatur quicumque illud peccatum perpetraverit ; non enim reservatio est pœna , postulans contumaciam , sed remedium ; ut dixi, ad impedienda peccata graviora. Hinc non est admittenda quorumdam Scriptorum opinio, dicentium, pro prima vice posse absolvi ignorantem reservationem; tùm quia id affirmatur absque gravi ullo fundamento; tùm quia, cùm agatur de valore Sacramenti (agitur namque de jurisdictione ad absolvendum) tutior pars est eligenda, posthabita probabili; eo magis quia opinio contraria neque probabilitatis confinia attingere videtur. Dixi: reservationis simplicis; nàm de reservatione illa, quæ est adnexa censuræ, & quæ peccatum reservat ratione censuræ adnexæ, aliter dicetur suo loco.

IV. Peccata duntaxat venialia in aliqua specie (quamvis absolutè loquendo reservari possint, juxta Lugonem, & alios auctores) non tamen expedit reservari, quippè quòd reservatio evaderet inutilis, cùm possit quis abstinere à venialium confessione. Similiter peccata merè interna, & gravia, non expedit quidem reservari, præsertim quòd non noceant nisi illa committenti, nec redundent in scandalum, aut damnum fidelium: attamen secundùm Suarez, Vasquez, & alios reservari posunt. Neque obest, quòd Ecclesia de occultis non judicet; quia id est verum de judicio punitionis, non de judicio Sacramentali in ordine ad facultatem absolvendi à peccatis.

V. Peccata igitur, quæ prudenter, & communiter reservationi subjiciuntur, sunt mortalia externa, & quidem ex gravioribus, & perniciosioribus respectivè ad loca, & diœceses; à quibus fideles arceantur reservationis metu.

VI. Circa hoc notandum est primò ex communi, quòd peccatum, ut reservationi obnoxium sit, debet esse consummatum, nisi aliter in statuto exprimatur: propterea ubi est reservatum, v. gr. adulterium, quamvis aliquis accedat ad conjugatam alienam animo adulterium perpetrandi, & cum illa plura turpia committat, nisi tamen illam cognoscat per copulam consummatam intra vas naturale, non censetur adulterium reservatum; & sic de aliis; quia requiritur peccatum in sua specie completum; odia enim sunt restringenda. Notandum secundò ex communi, actum externum debere esse in se ipso mortalem, si enim non sit nisi venialiter malus, quamvis prodeat ex animo, & intentione mortaliter mala, non censetur reservatus; undè, v. gr. ubi reservatur quodcumque attentatum impudicum cum pœnitente extra confessionem, & verbum

aliquod eidem dicatur, quod in se sit tantum, & certè quid veniale, quamvis animo impudicissimo dicatur, non incurritur reservatio; quia, ut diximus, actus exterior debet esse mortalis. Notandum tertiò, quòd, ut incurratur reservatio, peccatum debet esse certum: unde, quando quis verè dubitat dubio facti, àn commiserit illud peccatum, tunc juxta multos, & quidem rationabiliter, non est reservatum; cùm enim reservatio sit odiosa, non est applicanda, nisi peccatis certo talibus; nisi tamen tales extarent conjecturæ, quæ ostenderent fuisse commissum: puta, si jurant falsum in judicio, dubitaret, àn deliberatè juraverit; quia proferens juramentum in tali circumstantia, censetur deliberatè agere. Si autem sit dubium Juris, nempè, àn talis actio comprehendatur in reservatione, tunc, juxta probabiliorem, nequit absolvi absque licentia; cùm enim in hoc casu dubium sit de jurisdictione, & agatur de valore absolutionis; nequit, juxta sæpè dictum, cum dubia aut duntaxat probabili jurisdictione ipsa impertiri, sed tutior pars est eligenda. Si demùm sermo sit de casibus reservatis Sedi Apostolicæ, jam prohibuit Clemens VIII. omnibus Confessariis, etiam privilegiatis ne quis eorum sub prætextu privilegiorum ab ullo ex casibus, clarè, vel dubiè in Bulla in Cœna Domini legi solita contentis, vel aliàs quomodocumquè Sedi Apostolicæ reservatis, vel reservandis, absolvat. Verùm, cùm idem Clemens anno sequenti 1602. die 19. Novembris alia Constitutione moderatus fuerit præcedentem anni 1601. atque omiserit in hac secunda illa verba, clarè, vel dubio contentis, manifestum fit, ipsum Supremum Legislatorem inclinasse in opinionem, excusantem à reservatione peccata dubiè contenta in Bulla Cœnæ; & exinde peccata dubiè contenta in reservatione eximi ab eadem.

In dubio Juris, cum nempe, dubitatur, àn peccatum mortale pœnitentiæ sit reservatum, Confessarius, ut animadvertit P. Antoine Tract. de Pœnit. c. 7. art. 2. q. 2. non potest ab eo absolvere, nisi Superior expresserit, se nolle in tali dubio reservare. Nàm hoc ipso quòd constat, peccatum esse materiam reservationis, sed dubitatur àn Superior illud reservaverit, tunc dubium est de potestate ab eo absolvendi; non licet autem absolvere cum potestate dubia. Quamvis igitur S. P. Clemens VIII. in secundo Decreto omiserit particulas illas clarè, vel dubiè contentis; attamen cùm non expresserit, se nolle in dubio Juris

non

non reservare, non poterit Confessarius in tali dubio absolvere. Rem hanc optimè ostendit P. Petrus Maria Passerinus O. P. *de Hominum Statib. & Offic. q. 187. art. 1. n. 435.*

✠ Quando casus reservatur *effectu secuto, ut procuratio abortus,* homicidium, &c. si *effectus* non sequatur, *casus* non est reservatus. Quid autem, si quis venenum mortiferum propinet ; vel mortaliter vulneret, & antequam effectus succedat, confiteatur? Tùm casum non esse reservatum, communiter adfirmant. Quare tùm validè absolvitur, dummodò Confessarius obliget poenitentem, ut si effectus sequatur, se præsentet ad Tribunal Superioris pro absolutione à reservatione: alioquin procurantes abortum, aut propinantes venenum., possent eludere reservationem statim pòst procuratum abortum, aut propinatum venenum, confitendo peccatum. Quare mihi probabilius & tutius est, ait P. Concina *tom. 9. lib. 2. dissert. 2. cap. 6. §. 1. num. 17.* ut ejusmodi delinquentes, effectu secuto, iterum confiteantur illis Confessariis, qui valent à reservatis absolvere. Vide infrà *Append. 1. c. 8. §. 3. n. 8.*

Animadvertendum verò insuper est, quòd, quando quis absolvitur à peccato dubio ab inferiori Sacerdote, si postea deprehendat esse certum, tenetur adire Confessarium, potestate præditum absolvendi à reservatis, quidquid in oppositum sentiant nonnulli.

VII. Idem Clemens VIII. in Constitutione sub die 26. Maii 1593. præscripsit Superioribus Regularibus undecim casus, quos, si velint, sibi reservare possunt. I. *Apostasia à Religione, etiam habitu retento.* II. *Nocturna, & furtiva à Monasterio egressio.* III. *Veneficia, incantationes & sortilegia.* IV. *Proprietas contra votum paupertatis, quæ sit peccatum mortale.* V. *Furtum notabile de rebus Monasterii.* VI. *Lapsus carnis voluntarius, opere consummatus.* VII. *Juramentum falsum in judicio legitimo.* VIII. *Procuratio, auxilium, vel consilium ad abortum fœtus animati; etiam effectu non secuto.* (hoc enim secuto, incurritur etiam excommunicatio, & irregularitas ob delictum homicidii voluntarii) IX. *Falsificatio manus, vel sigilli Officialium Monasterii.* X. *Occisio, aut vulneratio, seu gravis percussio cujuscumque personæ.* XI. *Malitiosum impedimentum, aut retardatio, aut aperitio litterarum à Superioribus ad inferiores, & ab inferioribus ad Superiores.* Deindè subjungit Pontifex: *Si quod aliud peccatum grave pro Religionis conservatio-*

ne, aut pro conscientiæ puritate reservandum videbitur, id non aliter fiat, quàm Generalis Capituli in toto Ordine, aut Provincialis in Provincia natura discussione, & consensu... Superiores *in singulis d..mibus deputent duos, tres, vel quatuor Confessarios pro subditorum numero majori, vel minori, iique sint docti, prudentes, & charitate præditi, qui à non reservatis eos absolvant; & quibus etiam reservatorum absolutio committatur, quando casus occurrerit, in quo, eam debere committi, ipse in primis Confessarius judicaverit.* Nullus igitur Superiorum Regularium reservare potest alios casus, præter recensitos à Clemente; vel præter illos, quos Capitulum Generale, vel Provinciale respectivè reservaverit: undè neque potest Superior aliquis magis restringere reservationem, quàm restricta fuerit à Capitulo. Non tamen videtur ambigendum, quin possit Capitulum Generale, vel Provinciale respectivè reservare aliquem casum, non pro toto Ordine, aut tota Provincia, sed pro talibus duntaxat Conventibus; qui enim potest pro toto, cur non poterit pro parte ? & præcipuè cùm Clementis verba non obstent.

VIII. Monet Cardinalis de Lugo disp. 20. sect. 4. n. 43. quòd, si Capitulum reservasset aliquem eorum casuum Superioribus localibus, non posset Prælatus Generalis, aut Provincialis adimere iis Superioribus localibus facultatem delegandi aliquos Confessarios sui Conventus pro tali casu; quia hoc esset limitare jurisdictionem ordinariam, quam habent in suo Conventu; cum enim Capitulum talem facultatem liberam concesserit dictis Superioribus, si Generalis, vel Provincialis eam restringeret, ne posset à Superiore locali delegari, ageret propria auctoritate contra mentem Capituli; quod relinquendo eam liberam præfatis Superioribus, relinquit illam prout eisdem ordinariè convenit, nempè, cum facultate delegandi.

IX. Longè probabilius est, Prælatos Regulares non posse statuere sub excommunicatione sibi reservata aliquem alium casum præter recensitos in decreto Clementis; idque principaliter ex Sacræ Congregationis declaratione sub die 7. Julii 1617. his verbis: ,,Cùm à nonnullis Regularibus dubitaretur, àn in decreto felicis recordationis ,,Clementis Papæ VIII. anno 1693. 16. ,,Maii, super qualitate casuum, ab eorumdem ,,Regularium Superioribus reservandorum, ,,edito, censuræ etiam comprehenderentur, ,,ità

„ità ut iisdem Superioribus absque Capituli „Generalis, aut Provincialis consensu ali„quibus peccatis, in decreto hujusmodi non „contentis, excommunicationem adnectere, „ejusdemque absolutionem sibi reservare li„ceat? Sacra Congregatio Cardinalium, ne„gotiis Regularium præpositorum, Illustris„simo Bandino referente, censuras in supra„dicto decreto comprehendi, censuit." De solo igitur consensu Capituli id agere poterunt Superiores locales.

X. Probabilius item est cum Cajetano, & Sylvestro verbo *Inobedientia*, & S. Antonino 2. p. art. 4. cap. 3. §. 2. quòd, quando in Religione reservatur inobedientia lethalis, ad incurrendam reservationem non requiratur, rem præceptam fuisse sub præcepto formali, dummodò subditus ex modo deobediendi graviter delinquat, puta, contemnendo Superioris auctoritatem, aut expressè dicendo: nolo obedire. Ratio patet; quia æquali gravitate peccat deobediens hoc modo, ac si deobediret præcepto formali: Imò Cardinalis de Lugo disp. 20. de poenit. sect. 4. n. 54. rationabiliter extendit, etiamsi contemnatur vox Superioris in suo Vicario, aut ministro referente illam, & subditus talia agat, aut dicat, ut reverà Superioris vocem mediatam respiciat; quia de materiali se habet persona referens, quæ quoad rem injunctam eadem moraliter est ac Superioris persona.

§. XI. *De facultate absolvendi à reservatis.*

I. NON est ambigendum, quòd tàm reservans, quam ipsius in jurisdictione Superior habeant potestatem ordinariam absolvendi à reservatis: unde nedum Episcopus reservans in sua Dioecesi, verùm etiam Summus Pontifex in illa Dioecesi ea gaudet facultate, quam identidem manifestat in Jubilæis, dùm impertit Confessariis facultatem absolvendi à reservatis in Dioecesibus Episcoporum. Consultò dixi: qui sit in jurisdictione Superior; nàm, quamvis Archiepiscopus vel Patriarcha sit suis suffraganeis Episcopis Superior, non tamen talis est in jurisdictione ordinaria, nisi in duobus casibus, nempè, tempore visitationis, & dùm ab Episcopi suffraganei judicio appellatur ad ipsum, ut Superiorem: in his enim duobus casibus, cùm sit, & agat ut Superior in jurisdictione, potest absolvere; aliter non potest, quia jurisdictione ordinaria non gaudet in Dioecesibus suffraganeorum.

II. Si Episcopus incidat in casum aliquem ex sibi reservatis, jam patet, quòd potest à Confessario, quem elegerit, absolvi; tùm quia non censetur reservare casus etiam pro se; tùm etiam quia eligendo Confessarium, ipsi impertit facultatem. Si verò incidat in aliquem casum, Pontifici reservatum, dicunt Auctores; quòd, si casus sit ex illis, à quibus potest ipse alios absolvere (qui casus indicantur à Concilio Tridentino sess. 24. in decreto de reformatione cap. 6., & circa hoc dicetur n. 5.) communiùs dicunt, quòd possit Confessario suo dare facultatem, ut etiam ipse absolvatur; eò quòd ipse non sit deterioris conditionis, ac alii, quibus absolutionem potest impertiri, vel delegare Vicario, ad id specialiter deputato: & colligitur ex cap. fin. de poenit. & remiss. Circà hoc punctum vide Suarez de poenit. disp. 30. sect. 2. n. 5. & tom. 5. de censuris disp. 41. sect. 2. n. 10. 12. doctè disserentem. Si autem sit casus, circa quem caret facultate respectu aliorum, caret eadem etiam respectu sui.

III. Vicarius Generalis Episcopi, in sua Dioecesi habens facultatem absolvendi à casibus in dioecesi reservatis, gaudet eodem privilegio erga seipsum, ob eamdem rationem, ut docet communior contra Graffium, & quosdam alios dicentes, talem non esse voluntatem Episcopi; & verum assererent, si Episcopus ità declarasset: cùm autem plerumque ità non se declarent Episcopi, proptereà communiter dicunt, quòd imò Episcopus non velit suum Vicarium Generalem, qui unà secum est idem Tribunal, privari tali jure; ut quod potest in alios, non possit respectu sui, si casus occurrat.

IV. Superior, si sacramentaliter audiat innodatum reservatis, tenetur totam ejus confessionem audire; neque potest, absque gravi sacrilegio audire, & sacramentaliter absolvere à solis reservatis, si poenitens habeat alia mortalia non reservata exponenda, ità postulante integritate confessionis: poenitens tamen ille posset ab alio quolibet Confessario integrè audiri, & absolvi, quia reservatio esset jam sublata.

V. Modò certum est, Episcopis sublatam fuisse per Bullam Coenæ Domini facultatem, quæ ipsis Jure communi competebat, & præcipuè ex Tridentino loco suprà citato sess. 24. c. 6. nempè, absolvendi à casibus papalibus, in ea Bulla contentis, quamvis occultis. Ratio deducitur ex verbis laudatæ Bullæ, quibus adimitur quibuscumque facultas absolvendi ab illis casibus: *etiam Episcopali, vel alia majori dignitate præditis;* sub quovis præ-

prætextu , *etiam cujusvis Concilii decreto,*
verbo , litteris &c. & ità censuisse Sacram
Romanam Inquisitionem , affirmat Reinffestuel in lib. 5. decretalium tit. 7. de hæreticis
§. 7. n. 353. & ante ipsum asseruit Illustrissimus Fagnanus, ità declarasse etiam Sac. Congregationem Concilii in c. *Quoniam* de constitution. n. 29. & in c. *Dilectus* de tempor.
Ordinat. n. 31. ubi concludit : *Undè frustra*
nonnulli ex recentioribus Theologis hunc ar-
ticulum in controversiam adducunt, cùm ha-
beamus claram determinationem Sacræ Con-
gregationis; cujus ipse fuit à pluribus annis
celeberrimus Secretarius. Proindè Alex. VII.
hanc thesim reprobavit n. 3. *Sententia , as-*
serens Bullam Cœnæ solùm prohibere abso-
lutionem hæresis , & aliorum criminum,
quando publica sunt, & id non derogare fa-
cultati Tridentini , in quo de occultis crimi-
nibus sermo est , anno 1629. *18. Julii in*
Consistorio Sacræ Congregationis Eminentis-
simorum Cardinalium visa, & tolerata fuit.
Et nota , quòd damnata fuit hæc thesis, nedum propter mendacium in ea contentum,
nempè , tolerantiæ indicatæ ; verùm etiam
propter falsitatem doctrinæ. An autem possit Episcopus absolvere à casibus, Papæ reservatis extra Bullam Cœnæ , & occultis; affirmant communiter Doctores ; innixi auctoritate clara Concilii Tridentini sess. 24. c. 6.
Negat Fagnanus in casu violationis clausuræ
Monialis ad malum finem occultum , in 1.
Decretal in c. *Dilectus* 15. de temp. Ordin.
n. 32. & 33., quem sequuntur aliqui alii, ubi
refert: „Cùm dubitasset Archiepiscopus Flo-
„rentinus, àn vigore cap. 6. sess. 24. posset
„absolvere quamdam Monialem, quæ occul-
„tè ad malum finem fregerat clausuram, non
„obstante Bulla S. Pii V. quæ videtur habere
„locum in casu publico ; variatum est sen-
„tentiis ; nàm è decem Cardinalibus , tres
„censuerunt, Bullam intelligendam esse etiam
„in occultis...quatuor censuerunt, eam Bul-
„lam non habere locum in occultis: reliqui
„autem tres dixerunt , agendum esse cum
„Sanctissimo, qui declaravit, Bullam S. Pii V.
„habere locum etiam in occultis... Undè pos-
„teà Sacra Congregatio , generaliter consul-
„ta , àn , si Monialis Monasterii jurisdictioni
„Regularium subjecta secretò delinquerit in
„materia clausuræ, in foro conscientiæ absol-
„vi possit, vigore ejusdem Decreti , ab Epis-
„copo, cui tanquam delegato in his, quæ ad
„clausuram pertinent , auctoritas tributa est
„Decreto c. 5. sessionis 25. de Regularibus;
„respondit non posse." Cui testimonio , pu-

to , nil posse opponi quoad præfatum casum.

VI. Quamvis autem de Jure communi
non amplius competat Episcopis facultas absolvendi à casibus, in Bulla Cœnæ contentis,
etiamsi occultis ; nihilominus , tanquam specialiter delegatis à summo Pontifice , ipsis
competit facultas delegata absolvendi ab excommunicatione pro foro externo , in casu,
quo aliquis hæreticus notorius hæresim abju-
ret , & ad Ecclesiæ gremium revertatur: ità
cum pluribus Reinffestuel loc. cit. n. 369. &
hæc absolutio ab excommunicatione , in hoc
casu ab Episcopo impertita hæretico abjuranti,
juvat etiam pro foro interno : ità ut sic absolutus possit deinde à quovis Confessario absolvi.

* Vide , quæ adjecimus *tom. 1. Tract.*
4. cap. 2. §. 3. post num. 10.

VII. Item impeditus vel in perpetuum.
vel ad longum tempus adire per se Apostolicam Sedem, potest ab Episcopo absolvi, tàm
ab hæresi , quàm ab aliis criminibus Bullæ
Cœnæ. Ità Sylvester verbo *Absolutio* c. 4.
n. 3. Navarrus in Summa c. 27. n. 89. quos
ut insigniores alii plures sequuntur. Ratio est;
quia hujusmodi impedimentum , vel perpetuum, vel ad longum tempus relinquerent impedimentum in periculo decedendi sine absolutione, ut patet: & proinde reservatio cederet in destructionem, non in ædificationem:
tùm etiam quia , cùm plura Jura , præcipuè
cap. *Ea noscitur* de sent. excomm. conferant
Episcopo facultatem absolvendi ab excommunicatione Papæ reservata ob enormem Clerici percussionem illos, qui ob capitales inimicitias, infirmitatem , sexum muliebrem , *vel*
alias justas excusationes , quibus in itinere
rationabiliter excusentur , sine periculo se
nequeat conspectui præsentare ; ità ut impediantur ad longum tempus, ne possint person-
naliter adire Pontificam, aut ejus Legatum, ità
similiter eadem motiva justam redent absolutionem in hujusmodi casu impedimenti,
quocumque alio casu Pontifici reservato ; in
quo casu debet Episcopus absolvens petere
juramentum ab eo, qui absolvitur , ut , cessante impedimento , adeat Pontificem , vel
ejus Legatum , ad audiendum Pontificis vel
Legati mandatum , prout Jura statuunt,
præcipuè in capite *Quod de his* 20. in capite
De monialibus 33. in capite *Quamvis* 58. de
sent. excomm. Hinc apparet, quòd, si impedimentum obstet duntaxat , ne adeatur Pontifex, possit antem adiri Legatus, tenebitur quis
ad hunc accedere , non ad Episcopum : nisi
fortè Episcopus haberet speciale privilegium

à

& Pontifice absolvendi à præfatis casibus, quia tunc potest immediatè adire ipsum.

VIII. Hujusmodi autem impedimenta, usque ad septendecim à Sylvestro recensentur loc. cit. num. 2. primum est status Regularis , qui vagari non permittit , nisi tamen excessus esset admodum enormis. Secundum est articulus mortis. Tertium est status muliebris , qui plura involvit inconvenientia, si diù iter habere permittatur. Quartum est gravis inimicitia capitalis , ex qua prudenter timetur mors posse imminere. Quintum est ætas puerilis. Sextum est senectus. Septimum est infirmitas longa. Octavum est debilitas ejus , qui iter facere nequit. Nonum est casus percussionis Clerici , dùm volens arcere turbam , Clericum fortuitò percussit , tamen culpabiliter. Decimum est casus percutientis Clericum sub prætextu sui Officii, nisi tamen graviter vulneraverit. Undecimum est complexio nimis delicata , quæ sustinere non possit laborem itineris. Duodecimum est paupertas ejus , qui ob nimiam inopiam nequit Romam adire. Decimum tertium est socialitas Clericorum , qui sub eodem tecto socialiter vivunt , & se invicem percusserunt, nisi fortè atrocitas percussionis pœnam graviorem mereatur. Decimum quartum est casus illius , qui non est sui juris , sed est alteri subjectus, ut mancipium, filius familias. Decimum quintum est casus illius , de quo publica fama est , quòd Clericum percusserit; nam hic ad arbitrium Episcopi vel debet se purgare, si neget ; vel ab Episcopo ad cautelam absolvi. Decimum sextum est percussio levis , quamvis sit peccatum mortale , Clerici , quæ potest ab Episcopo absolvi. Decimum septimum comprehendit alias justas excusationes , quæ judicio prudentum extare possunt , ut impediatur accessus ad Pontificem. Jura pro his omnibus afferuntur à Sylvestro loco cit.

Nonum decimum , decimum quintum, & decimum sextum inter impedimenta Summum Pontificem adeundi percenseri propriè non debent, ut liquido constat: sed in illis casibus absolvendi facultatem habent Episcopi, si percussio fuerit levis. Possunt enim Episcopi à percussione levi absolvere , ut patet ex c. *Pervenit de sentent. excomm.* Possunt etiam à mediocri, & ab enormi, si fuerit occulta , ut constat ex Decreto Trident. *Sess.* 24. *de Reform. cap.* 6.

IX. Multi cum Navarro c. 27. n. 90. ad 5. & cum Barbosa part. 2. de offic. & potest. Episcopi Allegat. 41. n. 7. docent., quòd

impeditus personaliter accedere ad S. Sedem, neque teneatur mittere procuratorem, neque scribere ad Sac. Pœnitentiariam ad obtinendam facultatem, ut absolvatur. Rationem afferunt, quia Jura ad id non obligant. Ut verum fatear , circa missionem procuratoris non dissentior. Circa vero missionem epistolæ, nisi nimia distantia ab Urbe , aut periculum grave in mora interveniat , non acquiescos putarem , dirigendam esse epistolam ad Sac. Pœnitentiariam , ut pluries & ego feci, & faciendum existimo in regionibus , quæ nimis non distant ab Urbe , nisi fortè adiri possit Legatus Pontificis. Imò P. Kazemberger testatur , in Germania morem obtinuisse, scribendi Romam ad Sac. Pœnitentiariam.

X. Potestatem , quam habet Episcopus super reservatis Pontifici in casu impedimenti , potest ipse delegare alteri Confessario vel generaliter , qualem delegat Vicario suo Generali ; vel specialiter , dum eam delegat alicui Confessario particulari ; ità Sanchez lib. 2. moral. cap. 16. num. 23. & Bonacina tom. 3. disp. 1. de Bulla Cœnæ q. 22. puncto 2. num. 24. quia hujusmodi potestas, in casu impedimenti, convenit Episcopo de jure ordinario , & ex vi sui muneris pastoralis : potestas autem conveniens de jure ordinario potest delegari.

* Quamvis Episcopi nequeant modò vi facultatis , ipsis à Tridentino *sess.* 24. *c.* 6. concessæ, absolvere à casibus , etiam occultis, in Bulla Cœnæ Domini contentis ; attamen virtute ejusdem facultatis possunt absolvere ab aliis casibus occultis , Summo Pontifici reservatis extra eamdem Bullam , ut & Auctor docet supra *n.* 5. Difficultas solum insurgit, àn hæc facultas , à Concilio Episcopis concessa, se extendat etiam ad casus , qui post Concilium reservati sunt Sedi Apostolicæ? Non conveniunt inter sese Doctores. Plures sententiam negantem propugnant : alii non pauci affirmantem sustinent: ac demùm nonnulli media via incedunt , asseruntque, primam sententiam esse veram , si in nova Constitutione ponatur aliqua clausula derogans Concilio ; secùs verò, si talis clausula non ponatur. Quid igitur in tanta opinionum varietate statuendum? P. Petrus M. Passerinus *de elect. Canon.* *c.* 26. *n.* 35. ubi difficultatem hanc fusè expendit , relatis præfatis opinionibus , concludit, quòd, quia Garcias, Suarez , & alii referunt Gregor. XIII. audito voto Congregationis declarasse , quòd Decretum Concilii non se extendit ad casus de novo post Concilium reservatos , prima sententia , quæ hoc idem do-

docet, est amplectenda. At non acquiescit Suarez *de Sacram. p. 2. disp. 30. sect. 2.* „Aliud „dubium , *inquit* , circa hoc Decretum pro-„positum legitur in Congregatione Cardi-„nalium , scilicèt, àn hoc Decretum locum „habeat in casibus, post Concilium Triden-„num ex nova lege Sedi Apostolicæ reserva-„tis. Responsio autem , quæ ad nostras manus „fide digna auctoritate pervenit , sic contine-„bat: *S. D. N. Gregorius XIII. audita rela-„tione Congregationis, respondit , non habe-„re locum.* Quòd si his verbis significetur „Summum Pontificem , quasi novum quod-„dam Jus hoc statuisse, nihil est quod amplius „quæramus : si autem illa solùm est declara-„tio Juris Concilii , videtur profectò valde „difficilis. Nàm in primis restringit favorabi-„le Decretum sine cogente fundamento, „quod nobis occurrat; si enim aliquod esse „potest, maximè est , quia reservatio subse-„quens videtur eximere casum illum ab omni „potestate prius concessa: vel quia Concilium „de præterito loquitur de casibus reservatis, „non etiam de casibus reservandis : vel quia „per derogationem subsequutam derogatur „Concilio. At hæc & similia non cogunt." Quod ostendit ipse, & declarat fuso calamo, ac demùm sic concludit : Quapropter „quam-„diù de mente Apostolicæ Sedis certius non „constiterit, & sub illius censura , videtur „probabile, responsionem illam supra cita-„tam intelligendam esse de casibus postea „reservatis cum aliqua clausula , aut verbis „sufficientibus, per quæ huic Decreto dero-„gari videatur; qualia essent, si in ipsa reser-„vatione expressè adderetur , *etiam in casi-„bus occultis* ; aut si adderetur clausula *non „obstante quocumque decreto, etiam Conci-„lii generalis,* ut additur in Bulla Coenæ. „At verò, si simpliciter fiat reservatio , non „existimo , per clausulam generalem deroga-„ri speciali decreto Concilii generalis ; sed „reservationem intelligendam esse sub for-„ma ejus." Juxta Suarez itaque sententiæ çam expositæ , quæ media via incedit , est adhærendum.

XI. Quando in Bullis Jubilæi conceditur Confessariis facultas absolvendi ab omnibus casibus, reservatis Pontifici, etiam in Bulla Coe-næ Domini, non conceditur facultas circa hæ-resim , nisi distinctè , & specialiter exprima-tur. Ità communior & tenenda in praxi, quam docent Navarrus loc. cit. num. 175. Barbosa loc. cit. n. 31. Sanchez loc. cit. c. 10. n. 12. & alii. Tùm quia ità observat stylus Roma-næ Curiæ; tùm quia S. Pius V. ità declaravit

P. CUNIL. THEOL. MOR. TOM. II.

per suum motum proprium ann. 1572. & Gregorius XIII. Ità declaravit ad petitionem Inquisitorum Hispaniæ apud Barbosam , & Innocentius X. ad instantiam Inquisitoris To-letani anno 1652. apud Dianam, ità tenentem in tractatu de Conclavi res. 25. tùm deniquè quia ità pluriès declaravit S. Congregatio, & præcipuè sub Alexandro VII. die 15. Maji 1654. his verbis : *Cùm crimen hæresis præ cæteris gravissimum speciali nota dignum sit , decrevit , facultatem absolvendi ab hæ-resi in Jubilæis , vel aliis similibus conces-sionibus , non censeri comprehensam , nisi præcisis verbis concedatur facultas absol-vendi ab hæresi.* Quid clarius ?

* Addendum existimamus, quòd, quande conceditur facultas generalis absolvendi à censuris Papæ reservatis etiam in Jubilæo, non ideo datur potestas absolvendi à censu-ris , contentis in Bulla Coenæ , ubi illa viget, nisi specialiter exprimatur; quia hæ sunt spe-cialiter reservatæ. Specialia autem non con-tinentur in concessione generali , nisi expri-mantur. Itèm in generali concessione absol-vendi à censuris, Papæ reservatis , non in-telligitur facultas absolvendi à casibus , spe-cialiter intra Italiam ipsi Pontifici reservatis, quos Auctor percenset *infra §. 12. num. 4.* Constat id ex Decreto S. Congregat. Car-dinalium de mandato S. P. Clementis VIII. edito , quod citat P. Philippus de Carbonea-no *in not. ad resp. 3. q. 8. cap. 1. tract. de Censur. P. Antoine.*

XII. In articulo mortis quis constitutus, gravatus reservatis, etiam Pontifici, etiam cri-mine hæresis, si præstò haberi nequeat Epis-copus, aut ejus Vicarius, aut Parochus , aut Sacerdos approbatus , aut simplex Sacerdos nulla censura irretitus, etiam simplex Sacer-dos, quamvis censura detentus, potest absol-vere in dicto periculo constitutum *à quibus-vis peccatis , & censuris,* ut loquitur Con-cilium Trid. sess. 14. cap. 7. in decreto de reformatione: & quamvis dicat, quod id pos-sint *omnes Sacerdotes,* non tamen excluditur præfatus ordo servandus , si casus sint reser-vati; vel si tales non sint , quòd præferatur approbatus non approbato, & immunis à cen-suris eisdem detento; quia est minister nece-sitatis , quæ necessitas non occurrit , dùm ha-bilior haberi potest. Idem dicendum esse, do-cet Barbosa allegat. 25. num. 81. cum pluri-mis etiam in casu prudentis periculi mortis, ob rationem, à nobis allatam in §. 6. n. 9 ubi notandum monuimus, quòd , si pœnitens ab-solvendus habeat casus reservatos, nulla censura affectos, si ab eo periculo evaserit, non tenetur se præsentare Superiori ; quia in dictis eventibus cessat reservatio : si autem sit absolvendus à reservatis affectis censura, vel à sola censura tenetur, si evaserit, se præsentare Superiori, ad audiendum verbum illius ; & circa hoc est ab eodem exigendum juramentum de Superiore respective adeundo, quàm primùm poterit, antequam absolvatur, sub pœna reincidendi in eamdem censuram, ob novam inobedientiam, ex laudato cap. *de Cætero*, & ex cap. *Ea nascitur*, & ex cap. *Quamvis*, & ex cap. *De his*, de sentent. excommunic. Itèm, antequam absolvatur, exigendum est etiam juramentum de satisfacienda parte læsa, si quæ læsa fuerit, quàm primùm poterit. Notandum, quòd in dicto casu non tollitur suspensio, quæ remanet suo tempore, si evaserit, ab habente auctoritatem tollenda. Vide, quæ docentur inferiùs, nempè, §. *13. num. 1.* quæque eidem addita sunt.

§. XII. *Disseritur de facultate Regularium super casibus reservatis.*

I. PRælati regulares, nempè, Generales, & Provinciales possunt absolvere suos subditos ab omnibus casibus, à quibus possunt Episcopi de Jure communi absolvere subditos suæ diœcesis: ità communis omnium Doctorum, fundata in Constitutione 132. S. Pii v. in qua Priori Conventuali, & Prælatis Superioribus Ordin. Prædicatorum (ne sint deterioris conditionis, quàm seculares) conceditur eadem facultas absolvendi, & dispensandi suos subditos, quam habent Episcopi in Clericos, & Laicos suæ diœcesis: undè si eut Episcopus diœcesanos suos, impeditos adire Pontificem, vel Legatum, potest absolvere à casibus, indicatis in paragrapho antecedente ; similiter Prælati regulares possunt absolvere subditos suos, quippè qui sint inter impeditos ab omnibus casibus Papæ reservatis, exceptis hæreticis relapsis, schismaticis, litteras Apostolicas falsificantibus, deferentibus prohibita ad partes infidelium, & conspirantibus in Romanum Pontificem: quam potestatem, utpote ordinariam, possùnt aliis delegare : videatur P. Angelus à Lantusca in Theatro Regularium, verbo *Absolutio*, num. 5. Quia verò nomine Prælatorum regularium multi solos Generales, & Provinciales intelligendos esse affirmant, & non Conventuum Superiores, quos potiùs Parochis æquiparant, quàm Episcopis : id-

circo consultiùs aliquibus videbatur in praxi, & in casu, si emergat, petere à Provinciali delegationem, ut securiùs negotium perficiatur. Profectò, si stemus Constitutioni S. Pii v. Pontifex in ejusdem §. *7.* quem propriis oculis legi, apertè concedit facultatem memoratam etiam *Priori Conventuali* ; quamobrèm ignoro, cur ab indicatis Auctoribus hæc facultas Superioribus localibus denegetur. Nihilominùs responderi potest, quòd nullus Prælatus regularis, neque generalis possit absolvere suos subditos saltem ab hæresi, quamvis occulta, ex Decreto S. Congregationis, sub die 17. Novemb. anni 1618. ut cum PP. Mendo, & Viva docet P. Lucius Ferraris in sua Bibliotheca Canonica, verbo *absolvere*, num. 40. Ità profectò dicendum esset, posita veritate laudati Decreti; quod cùm sit posterius Bullis Sixti v. *Regimini*, Pauli II. *Exponi nobis* Pauli III. *Licet debitum*, Pii v. *Dum ad Congregationem*, in quibus dicta facultas conceditur, à laudato Decreto revocaretur. At, cùm Benedictus XIII. in sua Constitutione *Pretiosus*, anno 1727. die 26. Maji in §. 21. Prælatis Ordinis Prædicatorum ex indicatis suorum Prædecessorum Bullis, hanc facultatem *circa sibi subditos Fratres ac Moniales... confirmet, innovet, de novo, ut prædictum est, concedat, atque decernat, & declaret, prædictos Ordinis Prælatos absolvere posse Fratres ac Sorores sibi subjectos ab omnibus & singulis casibus & censuris, Sedi Apostolicæ, etiam per Bullam Cœnæ Domini reservatis ; exceptis duntaxat illis, quos Sixtus IV. & Julius II. in præmissis Constitutionibus excipiendos esse, voluerunt:* (qui sunt relapsus in hæresim, schisma, falsificatio litterarum Apostolicarum, conspiratio contra Pontificem, delatio prohibitorum ad partes infidelium) *eosque dispensare posse super quavis irregularitate, ex homicidio voluntario orta duntaxat excepta: posse tamen solum Magistrum Ordinis ab irregularitate hujusmodi dispensare cum Fratribus sibi subditis, dummodò homicidium non fuerit attentatum, & intra claustra extiterit consummatum;* videbitur fortassè, dictam facultatem adhuc subsistere. Equidèm non me latet, huic Constitutioni fuisse quoad plura derogatum à Clemente XII. Benedicti successore : utrùm autem fuerit etiam derogatum quoad hoc punctum absolutionis ab hæresi, ignoro ; nàm Clemens in sua Constitutione data die 30. Maji 1732. quæ incipit: *Romanus Pontifex,* afferendo motiva litium, turbarum, & contentionum excitatarum inter Episcopos

&

& Regulares, nec non inter eosdem Regulares & Confraternitates, &c. occasione Constitutionum, à laudato Benedicto emanatarum, Regulares privilegiis cumulantium, inter quas commemorat etiam præfatam Constitutionem *Pretiosus*, ità Clemens loquitur in §. 2. suæ Contitutionis : *Statuimus & decernimus de omnibus, & singulis prædictis Litteris, & Constitutionibus, quæ ab eodem antecessore nostro Benedicto prodierunt, necnon de omnibus privilegiis, gratiis, favoribus, indultis, exemptionibus, facultatibus, & declarationibus, in eisdem contentis, eam deinceps decisionem, ad judicium, etiam in foro conscientiæ habendum, quod sive ex Jure communi, sive ex Concilio Tridentino, sive ex Decretis, & Constitutionibus Apostolicis, sive aliàs legitimè habebatur, antequam eædem Litteræ, & Declarationes ab eodem Benedicto concessæ fuissent, perinde scilicet, ac si illæ non emanassent; ad quam dispositionem, ejusque pristinum statum, ac terminum omnia superiùs enumerata omninò reducimus, & reducta esse volumus.* An autem per hæc verba revocetur etiam supradicta facultas absolvendi ab hæresi subditos in foro conscientiæ; vel non comprehendatur inter ea, quæ motivum dedere huic Clementinæ Constitutioni; perpendant sapientes & cordati viri, atque resolvant : sed priùs animadvertant narrationem Reverendissimi D. Secretarii Sacræ Congregationis Indulgentiarum, relatam in Bullario Ordinis nostri tom. 8. titulo 15. folio 434. occasione resolutionis nonnullorum dubiorum, eidem Sacræ Congregationi Indulgentiarum propositorum sub die 30. April. 1734. qui ità loquitur, declarans mentem ejusdem Congregationis. *In narrativa Bullæ SS. N.* (Clem. XII. à nobis modò relatæ) *ad amovendam litium occasionem, ad terminos Juris communis Benedicti Constitutiones reduci, asseratur: ac proinde solùm privilegia contentiosa, ac jurisdictionem Ordinariorum impedientia, videantur revocari.*

* Circa Superiores locales, quibus etiam competit facultas suos absolvendi subditos à reservatis, ut asserit Auctor *num. præced.* observandum occurrit cum P. Paulo à Lugduno, *Append. 1. quæst. regul. quær. 4. observ. 3.* quòd, ut talem reapse habeant ipsi facultatem, necesse est, ut per electionem canonicam sint assumpti; atque adeo nòn sufficit, ut per provisionem tantùm à Definitorio facti sint, seu electi, ut sunt Guardiani in suo Ordine, & ut moris est, in quibusdam aliis Ordinibus.

Hi siquidem, ait, licèt verò sint Prælati curam animarum habentes, proùt declaravere Clemens IV. & Sixtus IV. jurisdictione tamen ordinaria, communi Jure Prælatis concessa, non gaudent, sed tantummodò ea auctoritate & jurisdictione, quam Religionis statuta eis conferunt. Ideòque non nisi minora negotia determinare possunt, proindeque nec per se ipsos à reservatis absolvere virtute privilegiorum, aliis Prælatis concessorum. Hoc idem de suis Guardianis affirmat contra aliquos & P. Felix Potestas *tom. 1. part. 1. de Ministro Sacram. Pœnit. cap. 1. num.* 3432. ajens, quòd, quamvis possent, quantùm est ex vi privilegii, quatenùs eos comprehendit; non possunt tamen, inquit, ex Jure particulari nostræ Religionis, quæ in Capitulo Generali tale privilegium quoad Guardianos non acceptavit, fundata in Trid. sess. 14. cap. 7. ubi hæc habentur: *Magnopere verò ad christiani populi disciplinam pertinere, sanctissimis Patribus nostris visum est, ut atrociora quædam & graviora crimina, non à quibusvis, sed à summis duntaxat Sacerdotibus absolverentur.* Idem ibi est concessum Episcopis in suis Diœcesibus, & inde auctoritatem quasi Episcopalem habentibus, cujusmodi sunt Provinciales, minimè Guardiani. Vicariis etiam Priorum Conventualium eamdem competere facultatem in ipsorum absentia, censent nonnulli, & præsertim Continuator *Prælect. Theolog.* Honorati Tournely *p. 2. cap. 8. sect. 7. num.* 627. *de Pœnit.* cum hoc tamen discrimine, quòd Provincialis in districtu suo, & Prior Conventualis in suo Conventu delegare possunt, Vicarius verò non item, saltem in quibusdam Ordinibus : qua de re quisque Religionis suæ leges consulere, & exequi debet. In Prologo Constitutionum FF. Ord. Prædic. *text. 111. litt. E*, hæc habentur: „Declaramus, quòd Prælatus hìc vocatur solus „ille, qui habet curam animarum, sicut Prior „in Ordine nostro canonicè electus, & per „superiorem confirmatus, ut dicit glos. Cle- „ment. cap. 1. de elect. Supprior verò, & „Vicarius, cùm non habeant curam anima- „rum, nisi ex commissione Prioris, vel alte- „rius Superioris, neuter eorum potest dici „Prælatus, nec potest sibi eligere Confesso- „rem, nec Priore præsente in domo potest „cum Fratribus dispensare ex virtute Cons- „titutionum, sed solùm ex commissione Præ- „lati: nisi fortè quando, mortuo Priore, vel „amoto, ipse fit quasi Ordinarius, vices ejus „in omnibus gerens. Et ideo in Capitulis, Pa- „risiis 1246. & Metis 1251. celebratis, fuit „or-

,,ordinatum, quòd, cùm Priores sunt præsen-
,,tes in domo, Suppriores & Vicarii dispen-
,,sandi non habeant potestatem. Cæterùm,
,,cùm contingat. Priorem à suo Conventu ab-
,,esse, declaramus, Priorem teneri in primo
,,Capitulo sui Prioratus conferre auctorita-
,,tem necessariam Suppriori, & in absentia
,,illius suo Vicario pro omnibus casibus ne-
,,cessariis emergentibus, & præsertim pro
,,pertinéntibus ad forum conscientiæ, quo-
,,tiescunquè, & quomodocumquè ipse Prior
,,sit extra Conventum, præsertim per dietam
,,absens; & quamvis hoc non habeatur ex-
,,pressum in Constitutionibus, conforme ta-
,,men est dispositioni earumdem Constitu-
,,tionum.'' Legatur P. Petrus Passerinus *de
eleét. Canon. cap. 26.* ubi rem hanc fuso calamo exponit.

II. Regulares absolvere non possunt seculares à casibus, Episcopo reservatis; nàm
Alexand. VII. reprobavit thesim num. 12. quæ
dicebat, quòd *Mendicantes possunt absolvere à casibus, Episcopo reservatis, nonobten-
ta ad id Episcoporum facultate:* Quod etiam
deinde vetuit Clemens X. in Constitutione,
quæ incipit: *Superna:* & quamvis aliqui dicant, thesim damnatam intelligendam esse de
reservatis ab Episcopo in tabella, non autem
de illis, eidem reserva-is à Jure, quales sunt
abortus, & percussio non enormis Clerici;
nihilominùs communiùs, & probabiliùs in prohibitione comprehenduntur etiam isti. Imò
est certa sententia; cum idem Clemens in §.6.
adjecerit: *Habentes facultatem absolvendi
ab omnibus casibus, Sedi Apostolicæ reservatis, non ideo à casibus Episcopo reservatis posse absolvere.* Similiter, neque ab excommunicatione, nominatim ab Episcopo inflicta, ex Decreto Pauli V. die 7. Januarii 1617.
neque à quocumque delicto ad tribunal Ordinarii delato, quamvis in tabella non descripto: neque à casibus, qui dicuntur à Jure
Episcopo reservati, in quibus Episcopi sunt
à Sede Apostolica delegati, quales sunt abortus, & percussio non enormis Cleric. certa est
sententia, Regulares facultate carere; cum soli Episcopi ad hos casus sint à Pontifice specialiter delegati: & si privilegiorum prætextu à casibus Episcopo reservatis absolvere
præsumant, incidunt in excommunicationem
Papæ reservatam, ex Decreto Clement. VIII.
anni 1601. die 9. Januarii. Et nota, quòd
poenitens habens reservatos in sua diœcesi,
si extra diœcesim confiteatur, in qua non sunt
reservati, validè, & licitè absolvitur, dummodò non egerint in fraudem, quæ nemini

suffragari debet, ad eludendam Superioris
auctoritatem.

III. Prælati regulares non possunt absolvere
seculares in foro conscientiæ ab hæresi occulta, neque ab excommunicatione, propter eam
incursa: ità decernente Alexand Alexander VII. in re-
probatione thesis. 4. quæ dicebat: *Prælati regulares possunt in foro conscientiæ absolvere quoscumque seculares ab hæresi occulta,
& ab excommunicatione, propter eam incursa.* Urbanus VIII. in Const. *Cùm, sicut accepimus,* die 3. Nov. 1631. ità loquitur: *Hactenus editas Constitutiones generales, dispositiones, ordinationes Apostolicas, concernentes fidem catholicam, illiusque propagationem, S. Inquisitionis Officium, præsertim
quoad ea, quæ in Congregationibus S. Officii, & de Propag. fide tractari solent, ac in
posterum edendas per Romanos Pontif. in
favorem præfatæ fidei catholicæ, illiusque
propagationis, & S.Offic. Inquisitionis, quam
super quacumque alia re, negotio, vel materia, comprehendere quoscumque Professores Ordinum, Congregationum, Societa-
tum, & Institutorum, adeò, ut super his
quocumque privilegio, seu facultate sint
privati.* Hinc colligitur primò, quæcumque
Decreta, in quibus damnantur propositio-
nes, ac inhibetur, ne quis eas doceat, aut
defendat, &c. afficere quoscumque privilegiatos, ut non possint ab excommunicationibus absolvere, quæ in contrafacientes infliguntur, quæve soli Pontifici reservatæ dicuntur, aut Inquisitoribus. Secundò alia Decreta, quibus librorum lectio, retentio, &c prohibetur sub vinculo excommunicationis latæ sententiæ, soli Pontifici reservatæ, aut Inquisitoribus, eosdem privilegiatos comprehendere, ut non possint absolvere, qui in eas
inciderunt. Tertiò, Constitutiones vel Decreta, in favorem catholicæ fidei edita, in quibus contrafacientes puniuntur excommunicatione, Pontifici, aut Inquisitoribus reservata, privare omni facultate absolvendi Regulares privilegiatos. Hujusmodi est Constitutio
Clem. XII. quæ incipit: *In eminent.* 4. Kal.
Maii 1738. in qua *Francis Masons* (italicè
liberi Muratori) *cætus, conventicula, quicumque præsumat inire, propogare, recep-
tare, occultare, iis adscribi,* excommunicatione soli Pontifici reservata innodatur: quam
renovavit, & confirmavit Benedictus XIV.
alia edita Constitutione, die 8. Maii 1751.
& alia ejusdem Pontificis Bened. XIV. quæ
incipit: *Ex quo singulari,* anni 1742. die 9.
Augusti; ubi indicitur excommunicatio latæ

sen-

sententiæ, soli Pontifici reservata, contra eos, qui non observant, aut observari non curant ab ipso statuta circa ritus servandos in Imperio Sinarum, aliisque Regnis, & Provinciis finitimis. Quarto loco adjungenda est Constitutio Alexandri VII. die 8. Julii anni 1660. incipiens: *Licitè alias*, in qua excommunicatione soli Pontifici reservata feriuntur quicumque, etiam privilegiati, qui ausi fuerint causis ad S. Officium pertinentibus sese intromittere, vel quovis prætextu retrahere, dissuadere, vel retardare aliquem à denuntiandis apud Ordinarium, vel Inquisitores etiam leviter suspectis de hæresi. Super has itaque, hisque consimiles excommunicationum sententias nullam facultatem exercere possunt Regulares privilegiati; cùm super his apertè derogatum sit eorum privilegiis, & gratiis ex allata Const. Urbani VIII. & Alex. VII.

IV. Nullus Regularis potest absolvere Seculares à viginti casibus, in Bulla Cœnæ contentis, ut patet ex clausula, quæ in §. 24. ejusdem Bullæ continetur, qua derogatur cuicumque privilegio. Et quamvis aliqui dicant, id posse fieri à Regularibus cum perpetuo impeditis adeundo sanctam Sedem; hoc non est verum; sed adeatur Episcopus, cujus impeditus est subditus; cùm alioquin non sit subditus Regulari. Neque possunt Regulares absolvere Seculares intra Italiam extra Urbem Romanam ab illis sex casibus, quos sanctæ Sedi reservavit Clemens VIII. qui sunt. 1. Violatio Immunitatis Ecclesiasticæ circa confugientes ad Ecclesiam. 2. Violatio clausuræ monialium ad malum finem, nempè impudicitiæ. 3. Injectio manùs violentæ in Clericum. 4. Provocatio, & pugna in duello. 5. Simonia realis quoad Ordines, & Beneficia, scienter contracta. 6. Confidentia beneficialis, quibus omnibus etiam adjunxit excommunicationem sibi reservatam. Atque, si prætextu privilegiorum ab his absolvant, excommunicationem incurrunt, soli Pontifici reservatam, ex Decreto Clem. VIII. 1601. die 9. Januarii.

V. Ex consequenti possunt Regulares, ob indicata privilegia, absolvere seculares, etiam Ecclesiasticos, ab aliis censuris, nempè, excommunicationibus, suspensionibus, & interdictis Papalibus, latis sive in perpetuum, sive ad tempus; necnon à privationibus dignitatum, graduum, vocis activæ, & passivæ, quæ pœnæ tamen latæ fuerint à Jure, non autem, si particulariter alicui fuerint inflictæ: quemadmodùm neque ab irregularitatibus, de quibus in privilegio nulla fit mentio; cùm enim irregularitas sit inhabi-

litas, hæc non tollitur, nisi per Superioris dispensationem. Notandum, quòd possunt absolvi à supradictis in foro conscientiæ duntaxat, ità ut in foro externo absolutio nullam vim habeat: propterea, si v. gr contra absolutum ab excommunicatione procedatur in foro externo, absolutio impertita, quamvis valeat pro foro Dei, & conscientiæ, nequit tamen impedire, ne procedatur contra absolutum, & puniatur: undè, si, antequam absolvatur, solùm etiam citetur in foro externo, cadit omnis facultas privilegiati, ne possit illum ampliùs absolvere in foro conscientiæ. Notandum insuper, quòd præfata absolutio debeat fieri intra confessionem; Paulo III. in Bulla *Cum inter cunctas* dicente: *eorum confessionibus diligenter auditis*. Et quamvis Navarrus lib. 5. consil. 11. quem sequuntur Suarez, Henriquez, & Rodriguez apud Layman. c. 10. n. 21. dicat, quòd absolutio à sola excommunicatione possit impertiri etiam extra confessionem; fateor, quòd id agere non auderem, cum Laymano, sustinente impertiendam esse intra confessionem.

VI. Demùm inquisitione dignum videtur, nùm privilegiati possint absolvere ab aliis casibus, quos sibi reservarunt Romani Pontifices, post Decreta Clement. VIII. & Pauli V. ac deinceps sibi reservabunt, si non pertineant ad S. Inquisitionis Officium, & ad Congregationem de Propaganda fide, &c. quem admodùm in supra laudata Constitutione Urban. VIII. *Sicut accepimus*, statutum est? Pater Dominicus Viva supra propositionem XII. Alexandri VII. ex verbis Decreti Pauli V. *Ac insuper ut nulli ex Sacerdotibus, quibuscumque privilegiis, indultis, ac facultatibus suffultis, ab excommunicationibus, vel à casibus... Sedi Apostolicæ reservatis... præterquam in mortis articulo, absolvere audeant vel præsumat*; deducit, sublatam omnino privilegiatis facultatem absolvendi ab hujusmodi casibus; clausula namque illa *Insuper*, ait ille, videtur indicare novam dispositionem Legislatoris, ab antiquis distinctam ex cap. *Statutum*, §. *Insuper de Rescriptis* in 6. atque adducit pro sua opinione Floronum, & Bordonum apud Dianam part. 8. tract. 7. respons. 71. Idem docet Pater Casnedi tom. 3. disp. 30. n. 58. ex verbis Decretorum Clem. VIII. Idem tenet Cardinalis Petra tom. 5. Constitutionum Apostolicarum, super Constitutionem XIX. Sixti IV. n. 15. & pro eadem sententia affert Pellicionum q. 7. c. 2. §. *dico quarto*; & cap. 3. §. *respondeo*: Matthæuccium de Officialibus Curiæ, cap. 2. n. 11.

&

& 12. Barbosam p. 3. de potestate Episcopi, alleg. 5. ad Concil. Tridenti. cap. 1. & P. Viva supra relatum. Passerinus noster de statibus hominum q. 187. art. 1. observ. 2. n. 443. advertit, quòd quantum ad casus, qui reservantur Papæ post concessa privilegia, si in hujusmodi reservatione derogetur sufficienter privilegiis Regularium, non possunt ipsi ab illis absolvere : ità non possunt Regulares in vi privilegiorum absolvere ab excommunicatione lata in Constitutione *Æterni Pastoris* à Greg. XVI. 1621. die 14. Novemb. edita contra violantes statuta circa electionem Romani Pontificis. Rursùs idem Passerinus observ. 3. num. 452. docet, ex Constitutione Urbani VIII. ad derogandum privilegiis Regularium nullam specialem derogationem esse necessariam. Rotarius tom. 3. Theologiæ regularium de Sacram. Pœnitent. cap. 1. punct. 9. n. 8. ait : laudati Auctores nempè, Lezana, Passerinus, Naldus, Antonius à Spiritu Sancto, Diana, Barbosa, & alii advertunt, quòd , si Papa aliquem casum sibi reservaret, hic virtute privilegiorum non posset à Regularibus absolvi. Hinc mihi mirum est, quomodò P. Lucius Ferraris, vir alioquin doctissimus, in sua Bibliotheca Canonica verbo *Absolutio* concedat universim Regularibus facultatem absolvendi à casibus Papæ reservatis; & deinde verbo *Complex* excipiat casum absolventis complicem in peccato contra sextum præceptum; & verbo *Sollicitatio* excipiat casum , falsò accusantium Sacerdotes de sollicitatione, & procurantium ut accusentur : & verbo *Eleemosyna* casum illorum , qui Missas celebrare faciunt minori eleemosyna , parte ejusdem sibi retenta; cum eadem sit ratio istorum , quàm cæterorum: undè vel nec isti sint excipiendi; vel unà cum istis etiam alii excipi debeant.

VII. Novissimè de Regularium privilegiis librum edidit Romæ Fr. Didacus ab Aragonia , & in tract. 6. c. 5. num. 1. plures casus recenset , à quibus Regulares absolvere nequeunt, quamvis non contineantur in Bulla Cœnæ Domini, neque in Decretis Clem. VIII. undè inferendum videtur , saltem non apparere fundamentum , cur aliqui excipiantur, alii verò non; ac proindè tutò ad praxim deduci non posse illorum Theologorum sententiam, qui facultatem Regularium extendere student ad omnes casus Pontifici reservatos, præter illos, circa quos derogatum fuisse illorum privilegiis certissimè ostendimus. Casus itaque Papales , circa quos verum duco Regulares absolvere non posse , quique post

Clem. VIII. Decreta , soli Pontifici reservantur , præter illos , quos suprà recensuimus, sunt sequentes. Primus , deprimentes , atque impugnantes opinionem, asserentem, B. Virginem sine originali conceptam : & vicissim contrariam opinionem damnantes hæresis, peccati mortalis, aut impietatis: Alexand. VII. in Constit. *Sollicitudo* die 8. Sept. 1661. Secundus , Romanæ Curiæ Officialibus , aut Judicibus , sive Romæ, sive quocumque loco , in quo dictam Curiam esse contigerit, dantes , recipientes , permittentes , deponentes mediatè vel immediatè aliquid, quodcumque illud sit , pro justitia , vel gratia, sive in spiritualibus , sive in temporalibus, & mixtis. Alexand. VII. Constit. *Inter gravissimas* , 2. Maji 1656. Tertius , audentes quovis modo docere, tueri, aut ad praxim deducere opinionem asserentem , posse privilegiatos Bulla Cruciatæ eligere Confessarium non approbatum ab Ordinario loci , in quo ipsi pœnitentes degunt, & Confessarios eligunt. Innoc. XII. Constit. *Cùm , sicut non sine* 19. April. 1700. quæ confirmata fuit à Benedicto XIV. ann. 1744. Quartus , Chartusiensium Monasteriorum Superior , vel alius ejusdem Ordinis Monachus , sive quælibet alia persona , quæ permittere audeat vesci carnibus, vel eisdem uti in Monasteriis ejusdem Ordinis, sive publicè, sive secretò. Clem. XI. Constit. *Ex injuncto* : 11. Maji 1712. Quintus , Missarum eleemosynas qui accipiunt abundantiores , & in minori summa conferunt celebrantibus : & laici quidem , seu seculares excommunicationis pœnam , Clerici verò , sive quicumque Sacerdotes pœnam suspensionis ipso facto incurrunt. Benedict. XIV. Const. *Quanta cura* , 30. Junii 1741. quam suprà retulimus c. 111. de Eucharist. Sacram. §. 14. n. 11. Sextus , absolvens extra casum mortis , & deficiente tùnc quocumque alio Confessario (etiamsi approbatus non fuerit) personam complicis contra sextum Decalogi præceptum , nisi adsit periculum seipsum infamandi , aliisque malam sui suspicionem ingerendi. Benedict. XIV. Constit. *Sacramentum Pœnitentiæ* , 1. Junii 1741. & in declaratione seu Constit. *Apostolici muneris* 8. Febr. 1745. de qua suo loco locuti sumus. Septimus , Confessarios innocentes apud Ecclesiasticos Judices falsò sollicitationis ad turpia qui insimulat. Bened. XIV. in laudata Constit. *Sacram. Pœnitentiæ*. Octavus , clausuram Monasteriorum quorumcumque Religiosorum virorum fœminæ violantes, quæcumque illæ sint, & quocumque prætextu; excep-

tis

tis Fundatricibus, quæ tamen primò habeant privilegium Pontificium nominatum, & signatum ; secundò, ostensum Ordinario, & ab eo recognitum ; tertiò, ad ingrediendam duntaxat Ecclesiam positam intra claustra. Bened. xiv. Const. *Regularis disciplinæ*, 3. Januarii 1742. Nonus, audentes sive pro se, sive pro aliis temerè uti facultatibus, vel à Romanis Pontificibus concessis, ingrediendi Monasteria Monialium ; quas quidem facultates omnes, quæcumque sint, revocat, & irritas declarat Bened. xiv. Const. *Salutare*, 3. Jan. 1742. Decimus, edentes, aut publicantes quamcumque confutationem, aut interpretationem Decreti editi circa diminutionem Festorum : secundò, typis imprimentes, vulgantes, seu alia quacumque ratione in lucem edentes libros, libellos, relationes, theses, folia, epistolas, vel alterius cujusque generis operas, sive incidenter, sive ex professo de prædicto argumento tractantes : tertiò, quæcumque edita sunt iterum prælo subjicientes, & recudentes ; pro laicis est pœna excommunicationis ; pro Ecclesiasticis pœna suspensionis à Divinis : Benedict. xiv. Const. *Non multi. menses*, 14. *Nov. 1748*. Laudatus Didacus ab Aragonia ulteriùs contendit, non nisi à Romano Pontifice absolvi posse, primò, revelantes secretum S. Romanæ Rotæ contra formam Bullæ Urbani viii. Secundò, revelantes secretum S. Officii, juxta Decretum Clem. xi. Tertiò, violantes juramentum, quod emittunt Officiales S. Congregationis Rituum circa Sanctorum Canonizationem. Quartò, violantes interdictum, positum à Sede Apostolica. Quintò, tractantes de successore eligendo, vivente Romano Pontifice ; & inquirentes per Astrologiam judiciariam de statu Christianæ Religionis ; vel de vita, & morte Romani Pontificis pro tempore existentis. Sextò, delinquentes contra Constitutiones, de Romani Pontificis electione editas, ut diximus suprà cum Passerino. Alii fortassè erunt casus, supra quibus, jure merito verè creditur, quod Regulares careant facultate : sed neque tempus, neque opportunitas permittit ulteriùs inquirere : propterea studiosus Lector eos requirat, atque hìc recensitis adjungat.

§. XIII. *De facultate aliorum Confessariorum in reservata.*

I. QUid cæteri Confessarii possint in articulo mortis, & qualiter se gerere debeant circa reservata, jam explicuimus in §. 11. n. 12. Hìc duntaxat addendum, quòd, quamquàm Concilium dicat, posse *omnes Sacerdotes quoslibet pœnitentes* in articulo mortis absolvere, hæc potestas denegatur Sacerdoti excommunicato vitando, sive non tolerato, aut hæretico, aut schismatico; & hoc dico ob auctoritatem illustrissimi, doctissimi, & piisimi Prosperi Fagnani, qui in capite *Non est vobis* de sponsalibus clare testatur, Sacram Cong. Concilii ità declarasse verba citata ejusdem Concilii, præside Cardinali Morono, qui fuerat præsens, & Legatus Apostolicus in eodem Concilio, cujus profectò mens ipsi innotescebat ; testimonio igitur adeo gravi relato à Fagnano, ejusdem Congregationi secretario, puto nil detrahi posse ; eo vel magis, quia ibidem, nempè in quartum Decretalium *De sponsalibus*, super dictum caput *Non est vobis*, diffusissimè disserit super hanc quæstionem, atque enucleat Tridentini mentem in illis verbis, *Omnes Sacerdotes*: affert fundamenta pro hoc Congregationis responso, & solvit argumenta contrariè opinantium, ostenditque hanc fuisse perpetuam Sancti Thomæ doctrinam, qui tàm in Commentariis super libros Sententiarum, quàm in Summa 2. 2. docuit, Sacerdotes, ab Ecclesia præcisos, carere hac potestate. Lege eum, & te legisse non pœnitebit.

Equidèm Illustrissimus Canonum Profes-☞ sor, atque Interpres Prosper Fagnanus *in* cap. *Non est vobis, de Sponsalibus* per totum defendit, moribundum, in articulo mortis constitutum, nec licitè, nec validè absolvi posse à Sacerdote excommunicato vitando, seu degradato, aut hæretico. Plura ad id evincendum adfert ipse argumenta, & præsertim expressam Sacræ Congregationis Concilii declarationem, cujus auctoritate, ut animadvertit Petrus Ballerinus in *Adnotationibus addendis in tertiam partem* S. Antonini, multi in illius sententiam transiere. Hos percenset & sequitur Joannes Pontas *v. Absolutio cas. 34. Vet. Edit. an. 1738*. qui tamen in nova editione *cas. 34.* ab eà utcumquè recedit, cùm oppositam in praxi tutam esse doceat.

Alii verò, quorum longum texit cathalogum P. Lucius Ferraris *in sua Bibliotheca tom.*

tom. 5. V. Moribundus n. 33. contrariam opinionem absolutè propugnant, videlicet, posse pœnitentem in articulo mortis, in defectu alterius Sacerdotis habilis , licitè , & validè absolvi à Sacerdote excommunicato vitando, seu degradato , aut hæretico.

Nuperrimè difficultatem hanc semel, & iterum ex professo ad examen vocavit Continuator *Prælect. Theolog.* Honorati Tournely. Et quidèm *Tract. de Censuris part. 1. cap. 5. art. 1.* ei tàm gravia visa sunt utriusque oppositæ sententiæ argumenta , ut nonnihil anceps hæserit , & vix aliam præ alia eligere potuerit. Verùm eam denuò discutiendam suscipiens, *Tract. de Pœnit. p. 2. cap. 8. sect. 8.* & maturiùs perpendens argumenta , queis utraque pars innititur, deprehendit, quæ Fagnanus pro sua opinione in medium adduxit, vi ad extorquendum assensum destituta. Quarè in contrariam ipse eo loco concessit sententiam; statuitque absque hæsitatione, quemlibet Sacerdotem, etiam ab Ecclesia nominatim præcisum, degradatum, schismaticumve, vel hæreticum, quemlibet pœnitentem à quovis peccato absolvere posse in articulo mortis. Assertionem hanc ostendit ipse tùm ex Concil. Trid. *sess. 14. cap. 7.* tùm ex D. Thoma *in Suppl. q. 8. a. 6.* tùm demùm ex instructione, quam pro Catholicis in fœderato Belgio degentibus adornavit Archiepiscopus Anconitanus, Sedis Apostolicæ illis in partibus Nuntius cum potestate Legati de Latere; quæ instructio extat ad calcem Hist. Eccl. Ultrajectensis *in Appendicibus pag. 151.* In ea porrò sic legitur sub finem : *Seriò monendi sunt boni Catholici , quòd , sicut semper vitare debent Refractarios Sacerdotes* (Jansenistas, nimirùm , quorum aliqui excommunicatione nominatim percussi erant) *sic cavere debent , ne ex tali reflexione exponant se periculo moriendi sine Sacramentis : ac proptereà in proximo mortis periculo constituti, si factis opportunis diligentiis habendi Sacerdotem morigerum* (id est , contra Jansenii doctrinam Constitutionibus obtemperantem) *uti debent opera cujuscumque Sacerdotis , etiam Refractarii ; cùm in tali casu sufficiat character sacerdotalis ad validè impertiendam absolutionem sacramentalem, sine qua nullo modo decedere debent.* Atqui, *subdit ,* hic expressim in hæreticis etiam publicè denuntiatis agnoscitur facultas in articulo mortis absolvendi : ergò , etiamsi ea de re olim dubitatum sit, nihil jam ex hac parte scrupuli remanere debet.

Nec obstat declaratio S. Congregationis, à Fagnano allegata. Quippè eruditissimus P. Franciscus Maria Campioni *in Instructione ad Confessarios cap. 41. num. 12.* refert ex Cardinali Albitio *part. 1. Operis de Inconst. Fidei cap. 18. num. 39.* quòd , licèt illa maxima cum diligentia requisita fuerit in registris Decretorum Congregationis S. Concilii Tridentini , attamen reperiri non potuit ; signum , quòd vel facta non fuerit, vel si facta , fuerit à prædictis libris expuncta , tanquam contraria communi opinioni; occasione cujusdam Episcopi , qui in examine interrogatus , àn Sacerdos nominatim excommunicatus posset absolvere in articulo mortis , respondit affirmativè ; undè fuit excitatum murmur ob doctrinam Fagnani : & cùm fuerit in Sacra Congregatione super ista opinione disceptatum , dubio delato ad S. P. Innocentium XI. Sanctitas sua pro sua prudentia jussit supprimi quæstionem , nec in dubium ampliùs revocandam opinionem affirmativam , scilicet , pœnitentem in articulo mortis in defectu alterius Sacerdotis habilis licitè , & validè absolvi posse à Sacerdote excommunicato vitando , seu degradato , aut hæretico : Lege laudatos Doctores *locis citatis.*

II. In duobus tantùm casibus Confessarius, non habens potestatem in reservata , ab eisdem indirectè , & per accidens absolvit: primò , quando pœnitens oblivione innoxia obliviscitur confiteri peccatum reservatum; secundò , quando reapse illud Confessario exponit , at Confessarius inculpatè non advertit illud esse reservatum , & pœnitentem absolvit ; & est communis, quam docuit S. Carolus Borromæus in sua diœcesi. Ratio est ; quia in his casibus nulla intervenit culpa , neque ex parte pœnitentis, neque ex parte Confessarii , nullaque præsumptio, nullusque abusus , ut patet : remedium tamen adhibeant , quando fieri poterit , nempè , pœnitens illud confitendo , quando recordabitur ; Confessarius autem , redeunte pœnitente , illum moneat &c.

III. Quando pœnitens , habens reservata , & eorum inculpatè oblitus , confitetur habenti potestatem in illa ; si deinde illorum reminiscatur , tenetur illa directè confiteri , habenti facultatem super illis , ut docet probabilior ; nec per priorem confessionem sublata fuit reservatio , nisi in casu solius Jubilæi ritè accepti. Ratio est ; quia, quòd possit absolvi à quocumque Confessario est opinio duntaxat probabilis , quæ non est in praxi tenenda contra probabiliorem, &

Iututiorem , cùm agitur de valore Sacramenti. Tùm etiam, quia peccata lethalia debent aliquando directè absolvi juxta eorum qualitatem, quando illorum oblitorum reminiscitur; nisi autem teneretur adire Confessarium, habentem facultatem absolvendi peccatum illud qua reservatum , nunquam directè absolveretur ; non quidem in anteriori confessione , cùm non fuerit expositum ; neque in secunda , in qua exponitur , quia exponitur non habenti facultatem super illud ut reservatum; igitur prout est reservatum numquam directè absolveretur. Tùm adhuc, quia ità postulat fieri scopus reservationis, qui est, ut conveniens satisfactio , & monitio à Superiore aut delegato applicetur poenitenti. Tùm denique , quia graviores auctores , nobis oppositum docentes, nihilominùs exigunt, quòd primus ille Confessarius habuerit intentionem absolvendi poenitentem etiam à reservatis , si eisdem gravatur : quis autem divinare potest , àn Confessarius ille hanc intentionem habuerit ? Rationabiliter verò excipitur casus , in quo quis Jubilæum acceperit , & fateri reservata inculpatè oblitus fuerit, qui deinde potest illa cuicumque confiteri ; quia Pontifex tollit reservationem à fidelibus , Jubilæum lucrantibus.

IV. Probabilior docet , imò mihi vera, quòd à confitente reservata habenti potestatem super illis , aut faciente confessionem culpabiliter nullam , non tollatur reservatio per absolutionem illam invalidam , sed teneatur repetere confessionem habenti potestatem supra reservata. Ratio est ; quia absolvens poenitentem intendit absolvere Sacramentaliter à peccatis , à quibus absolvit, nempè, per absolutionem veram, & quæ non sit culpabiliter nulla ; atqui in casu nostro non est Sacramentalis , utpotè in confessione culpabiliter sacrilega : ergo non habet effectum neque pro reservatione tollenda.

V. Committere peccatum reservatum in confidentiam facultatis obtinendæ , quamvis sit circunstantia gravis , & exponenda Confessario, non impedit, quominùs , obtenta facultate, absolvi possit , nisi in facultate concessa exprimatur hæc clausula, *dummodò non peccaverit in confidentiam gratiæ obtinendæ;* quia, non extante hac clausula, conceditur facultas absolutè. Peccare autem in confidentiam consistit in eo, quòd peccans principaliter ad peccandum incitetur ob facilitatem obtinendæ facultatis , dùm alioquin à peccando solebat abstinere : hoc modo peccaret , qui occasione Jubilæi proximè venturi assentiretur crimini , quod anteà repellere solebat.

VI. Confessarius, petens facultatem pro casu reservato alicujus poenitentis indeterminatè, non potest illam sibi applicare ; quia concedens illam præsupponit, quòd communiter , & ordinariè evenit , nempè , quòd, dùm à Confessariis petitur , petatur pro aliis, & non pro se.

VII. Quid dicendum , quando poenitens, antequam absolvatur, reincidit in eumdem casum reservatum, pro quo petita fuit facultas? Respondeo cum distinctione : si in supplicatione expressus fuit numerus lapsuum, puta, dicendo: *qui bis incestum commisit* ; profectò pro tertio & quarto petenda esset nova facultas , ut patet : si autem in supplicatione facultas petita fuerit absolutè, nempe, *absolvendi ab incestu* , valebit etiam pro tertio &c. : quia , utpote concessa absolutè, non est restricta ad numerum , sed ad speciem casus.

Semper petenda est à Confessario facultas absque ulla limitatione , ut ea in quocumque eventu uti valeat ; imò , ut monet Petrus Collet *Instit. Theol. tom. 5. tract. de Poenit. cap. 5. §. 2. quæst. 8.* obtinenda est generalis potestas à cæteris, qui fortè in decursu confessionis occurrent , casibus absolvendi.

APPENDIX PRIMA.
AD TRACTATUM
DE SACRAMENTO
PŒNITENTIÆ.

COMPREHENDENS ANIMADVERSIONES SUPER CASIBUS, QUI PLERUMQUE, ET RES-
PECTIVE AB ORDINARIIS RESERVARI CONSUEVERUNT IN PROPRIIS
DIŒCESIBUS.

AUCTOR AMICO LEGENTI.

Quemadmodùm, ab amicis sæpiùs flagitatus, atque ut eisdem obsequerer, meam Universæ Theologiæ Moralis complexionem evulgavi ; ità, eisdem quoquè perurgentibus,
hanc opellam locubrare, publicæque luci tradere compulsus, eam tibi offero in hac tertia editione memoratæ complexionis, Lector amice : & , quemadmodum complexionem
ipsam non nisi candidatis qualitercumque instituendis idoneam censui, neutiquam pro-
vectis ullo modo adjuvandis, oblectandisve; ità istam ad candidatos duntaxat circa casus reservatos aliquo modo erudiendos concinnavi. Ut autem pluribus prodesse possem,
multarum Diœcesum casus reservatos mihi congessi, eosdemque clariori, qua potui, methodo explicandos suscepi, adhærens graviori auctoritati, & solidiori rationi ; atque illa
seligens, quæ ad veritatem magis appropinquare videbantur.

Casus autem, qui reservari consuescunt, illi sunt, qui adversantur Divino cultui, re-
busque, ad Deum speciali quodammodò spectantibus ; qui adversantur reverentiæ debitæ
Sacramentis; qui adversantur personis Deo devotis ; qui adversantur graviori modo justitiæ,
aut charitati erga proximum ; qui adversantur detestationi, quæ debetur dæmonibus ; qui
adversantur honori debito parentibus; qui adversantur modis abominabilioribus castitati:
sub his capitibus regulariter comprehendunt crimina reservata, quæ expendenda suscipio,
postquàm nonnulla præmisero notatu digna, & necessaria, partim desumpta ex tract. 14.
cap. 4. §. 10. , & partim addita; & præmissa protestatione, quòd si aliquis casuum à me
expensorum fuerit ab aliquo Ordinario aliter explicatus, vel à consuetudine alicujus Curiæ Episcopalis aliam interpretationem obtinuerit, meæ oppositam, mea rejicienda sit, &
standum sit interpretationi legitimæ Episcoporum, aut consuetudini jam obtinenti illarum
Curiarum. Opellam distribuo in capita, paragraphos, & numeros marginales.

✦✦✦

CAPUT PRIMUM.

§. UNICUS. *Præmittuntur plura scitu necessaria.*

I. Omine casus reservati intelligitur casus ille, qui
in tabella casuum reser-
vatorum alicujus Diœce-
sis recensetur; & à quo
nemo Confessariorum in
eadem approbatorum absolvere potest, absque obtenta facultate ab Ordinario, vel ipsius Vicario Generali; excepto aliquo eventu, de quo infra. Reservatio proinde est mera ademptio facultatis à Confessariis, ne ab
illis casibus in ea Diœcesi absolvere valeant,
nisi obtenta priùs facultate.

II. Hinc inferas, reservationem directè
afficere Confessarium, cujus auctoritas limi-
tatur, atque restringitur ; & indirectè dun-

ta-

taxat afficere pœnitentem ; qui , si fateatur casum reservatum extra suam Diœcesim, seu in alia , in qua non sit reservatus , validè, & licitè absolvitur, dummodò non exierit in fraudem reservationis; tùnc enim invalidè absolveretur , & sacrilegium committeret ; ità deducitur ex declaratione Clementis x. in Constitutione , quæ incipit: *Superna* §. 7.; ubi loquens de Confessario Regulari, ab Ordinario approbato , dicit : *Posse. Regularem Confessorem in ea diœcesi, in qua est approbatus, confluentes ex alia diœcesi à peccatis in ipsa reservatis, non autèm in illa, ubi idem Confessarius est approbatus, absolvere ; nisi eosdem pœnitentes noverit in fraudem reservationis pro absolutione obtinenda migrasse.* Decipiuntur igitur docentes absolutè , posse absolvi, quocumque motivo exierit territorio, & Diœcesi. Oppositum evenit, quando pœnitens , gravatus in sua diœcesi non reservato, accedit ad Confessarium diœcesis , in qua est reservatum ; qui nequit ab hoc Confessario absolvi , absquè priùs obtenta facultate : ex quo confirmatur , reservationem directè afficere Confessarium.

III. Fortè objicies , verum quidem esse, posse Regularem absolvere ad se accedentem gravatum peccato reservato in sua diœcesi, non in fraudem reservationis , & non reservato in diœcesi Regularis; quia Regulares accipiunt facultatem absolvendi à Summo Pontifice , exigente tamen priùs approbationem Ordinarii illius loci, in quo audituri sunt confessiones ; Pontifex autem habet jus super omnes fideles : at alii Confessarii non Regulares , qui totam facultatem habent ab Ordinario , cujus jurisdictio non se extendit ultrà fideles suæ diœcesis , non poterunt absolvere gravatos reservatis in aliis diœcesibus. Respondeo, hoc motivum induxisse aliquos Doctores graves, quos inter est Doctissimus Fagnanus in cap. *Omnis utriusque sexus* 12. de Pœnit. & remissionibus , n. 70. ad ità affirmandum : nihilominùs , pace tantorum virorum ; non est deserenda communis opposita Cajetani , Vasquez, Suarez, & præcipuè Cabasucii in lib. 3. Praxis Juris Canonici cap. 12. ubi plures affert firmas rationes , ut affirmetur , idem verificari etiam de aliis Confessariis : & reverà praxis communis est hujusmodi , id scientibus Episcopis , neque ullo modo reclamantibus , nec de hoc unquam monentibus Confessarios, quos approbant.

IV. Ex his inferas deceptionem docentium , ignorantiam reservationis , saltem pro prima vice , excusare ab eadem incurrenda.

Id verum non est , & quidèm etiam ex allato fundamento , nempè , quòd reservatio afficit Confessarium , qui , cùm careat facultate super eo casu , nihil prodest pœnitenti sive norit , sive ignoret reservationem. Inferas insuper , etiam impuberes reservationi obnoxios esse , ob eamdem rationem : imò eisdem illam multùm prodesse; quia, cùm reservationis motivum sit , absterrere delinquentes à patratione illorum criminum ; nequit non fieri , ut impubes valdè absterreatur, audiendo, delictum à se commissum non posse solvi , nisi priùs obtenta ejusdem absolvendi potestate. Altera itèm ratio est; quia, cùm reservatio non sit pœna , non requirit notitiam sui , neque talem aut talem ætatem , ut legitimè incurratur.

V. Quæres , àn in casu , quo pœnitens comminaretur grave malum Confessario, nisi ipsum absolvat, posset Confessarius, ad tale malum evadendum , eumdem absolvere ? Miror , ab aliquibus hoc quæsitum proponi , cùm certum sit , hujusmodi pœnitentem esse indispositum ad absolutionem recipiendam ; & propterea nullo modo , nulloque metu , etiam mortis, excusari posse Confessarium , qui ipsum absolveret ; cùm sacrilegium numquàm perpetrandum sit, quamvis cum vitæ dispendio.

VI. Quæres denuò, àn, si pœnitens peccatum reservatum commisisset ex metu, cadente in virum constantem, alicujus gravissimi mali , reservationem incurreret? Plures illum ab hocce vinculo eximunt , utpotè carentem plenissima libertate, cùm metus gravis voluntarium minuat. Verùm probabalius est, quòd nisi in tabella extet aliqua pericula significans, ad reservationem illius criminis requiri omnimodam libertatem , hic pœnitens à reservatione non eximatur ; quia , non extante in tabella dicta particula , neque illa declaratione in Curia , Legislator denotat , quòd quoties in patrando illo peccato extet in peccante libertas sufficiens ad mortale , reservatio incurratur : atqui metus , quantumvis gravis , nisi rapiat hominem extra se , non tollit voluntarium sufficiens ad mortale ; cùm juxta S. Thomam , & communem, relinquat voluntarium simpliciter , & efficiat involuntarium duntaxat secundùm quid , ut diximus in tract. 3. c. 2. §. 3.: hic igitur peccans non effugitet reservationem.

VII. Sciscitaberis, àn, si ignorans, peccatum suum esse reservatum, & bona fide faciens confessionem ministro carenti facultate intra Diœcesim, hic pœnitentem aut ob

inad-

inadvertentiam , aut ob alium motivum absolvat ; deinde ipse pœnitens hoc advertat, teneatur tale peccatum iterum confiteri facultatem habenti ? Respondeo affirmativè. Ratio est ; quia peccata mortalia cognita debent directè absolvi, ad differentiam ignoratorum , & oblitorum , quæ indirectè absolvuntur ; eò quòd Deus non impertit reo mortalium remissionem dimidiatam , remanente tamen obligatione eadem exponendi, quando in notitiam venerint , aut in memoriam ; atqui peccatum illud est mortale, à quo non fuit pœnitens directè absolutus, quia Confessarius carebat facultate super eodem: igitur peccatum illud se habet velut ignotum respectu primi Confessarii , à quo fuit tantummodò indirectè absolutum ; & proptereà remanet obligatio, cùm innotuerit esse reservatum , illud denuò exponendi Confessario habenti facultatem, ut directè absolvatur: nisi malimus dicere cum aliis Doctoribus, in eo casu tribui ab Ecclesia facultatem Confessario illi ; cum onere tamen illud denuò exponendi pòst compertum errorem.

VIII. Peccatum reservatum debet esse certò commissum: & proptereà dubitans dubio facti, nempè , àn illud perpetraverit, eximitur à reservatione : ita communis; quia cùm reservatio accenseatur odiosis, est strictè & in proprio sensu interpretanda , ne puniatur æqualiter crimen certum , & dubium: peccatum vero dubium dubio Juris, videlicet , equidem certò commissum , ut dubitatur àn sit in materia reservata, controvertitur inter Doctores Probabilioristæ negant , eximi à reservatione ; quia hoc ipso quod dubitatur , àn peccatum illud sit reservatum , eo ipso dubito de mea potestate super illud; absolvere autem cum potestate dubia est illicitum: igitur fieri non potest. Insuper in casu, quo aut periclitari debeat innocentis legislatoris auctoritas, aut rei certi libertas in aliquo particulari eventu , nonne satius erit, ut periclitetur ista , & non illa ? Illa autem salvari nequit , si absolvatur memoratus reus in casu , quo habeat materiam reservatam; igitur non erit absolvendus : nàm, si alterutra debeat cedere , cedat libertas certò rei, & subsistat auctoritas certò innocentis. Accedit etiam , quòd Clemens VIII. die 9. Januarii 1601. in sua Constitutione prohibuit absolutionem à reservatis in Bulla Cœnæ Domini , nedum clarè, sed etiam dubiè contentis : igitur dubiè reservata non erunt absolvenda.

IX. Hæc, fateor, erant momenta, quibus

detinebar & ego in eadem opinione. Verùm postquàm animadverti , & vidi eumdem Clementem VIII. anno sequenti 1602. die 19. Novembris alia Constitutione moderatum fuisse antecedentem anni 1601. , atque omisisse in hac secunda verba illa clarè vel dubiè contentis , arbitratus sum , ipsum Supremum Legislatorem inclinasse in opinionem, excusantem à reservatione peccata dubiè contenta in Bulla Cœnæ Domini , ac proinde posse deduci, peccata dubia dubio Juris eximi posse à reservatione. Non me fugit, posse responderi , aliam esse rationem reservatorum Pontifici , & aliam reservatorum Ordinariis ; etenim reservata Pontifici habent adnexam excommunicationem eidem similiter reservatam, quòd non est verum regulariter de reservatis Ordinario ; & idcirco noluerit Pontifex tali gravamine afficere casus dubios etiam dubietate Juris ; quæ ratio non militat pro reservatis Ordinario: quam disparitatem fateor non esse spernendam, quæque saltem admodùm probabilem relinquit opinionem judicantium , non esse absolvendum dubium dubio Juris Ordinario reservatum. Propterea, si casus contingat, explora, si potest, mentem Ordinarii , aut consuetudinem Curiæ, ne forte erres stante concertatione Auctorum super re adeò gravi.

* Vide , quæ addidimus cap. 4. §. 10. num. 6.

X. Ex his deducere debes, nullatenùs licitum esse absolvere in casu , quo probabilius appareret , casum esse reservatum, & probabiliter duntaxat non esse talem, tùm ob fundamenta à nobis allata in tractatu 1. cap. 1. §. 6. ; tùm ob motiva , paulò antè adducta.

CAPUT II.

Circa blasphemias.

§. I. Referuntur varii modi reservationis hujus casus.

I. IN uno dicitur: Blasphemia in Deum, B. Virginem, & Sanctos In secundo : Omnis blasphemia hæreticalis. In tertio: Blasphemia , si totiès, v. gr. octiès prolata fuerit ab ultima confessione. In quarto: Blasphemia , si publicè fuerit prolata , saltem coram octo personis. In quinto : Blasphemia , si ex consuetudine fuerit. In sexto : Blasphemia , publicè prolata. In septimo: Blasphematores, aut consuetudinarii, aut

aut publici. In octavo : *Blasphemia adver-tenter , & ter in mense prolata.* In nono: *Blasphemia hæreticalis scienter prolata, sciente pœnitente esse talem.* In decimo: *Qui ex professo , vel ex consuetudine blasphe-maverint.*

§. II. *Expenditur primus dicendi modus, un-dè cæteri faciliùs explicabuntur.*

I. BLasphemia est contumeliosa locutio contra Deum : est duplicis speciei, videlicèt, hæreticalis, & simplex: prima continet aliquid contra fidem, de qua in paragrapho sequenti ; secunda nihil continet contra fidem , sed gravem injuriam contra divinam Majestatem: exprimi solet per verba deteriorativa v. gr. *Cospettaccio, sanguaccio* &c.; aut augentia , v. gr. *Cospettone , san-guenone,* &c.; aut per verba imminutativa v.gr.*Cospettino, sangueto* &c.; item per verba optativa : *sia maledetto Dio:* item per verba contumeliosa, contemnentia, detrahentia, & similia contra Deum, divinasve perfectiones.

II. Aliquando committitur, quamvis nihil horum dicatur, imò tametsi dicantur vera v. gr. *Sangue di Christo,* aut quid simile; nempè, quando profertur modo adversus Deum excandescente, & graviter irreverente , puta , torvis oculis aspiciendo ejus imaginem , aut brachio in cœlum indignanter extento, exsaturando rabiem contra ejus Majestatem , evadunt formalia convicia contra eamdem. Proptereà in blasphamia nedùm attendenda sunt verba, sed etiam expendendus est modus, quo proferuntur ; cùm multoties, quamvis verba nihil blasphemum resonent, modus tamen, quo proferuntur, blasphemus est. Profectò verba illa prolata , ut refertur, à Juliano Apostata contra Christum: *vicisti, Galilæe , vicisti :* quamvis nihil sive falsum , sive contumeliosum continere videantur, nihilominùs semper ab omnibus habita fuerunt ut verè blasphema ; quia modo contemnente, & furore pleno prolata fuere. Ob eamdem rationem verba, quibus injuriosè tractantur membra Christi, ejus vulnera, Sacramenta , & quæcumque instituit, fecit, & docuit, sunt veræ blasphemiæ.

III. Quod diximus de blasphemiis in Deum, affirmamus etiam de blasphemiis in B. Virginem, & in Sanctos; quia , ut docet S. Th 2. 2. q. 13. art. 1. ad 2. *Sicut Deus in Sanctis suis laudatur , in quantum laudantur opera, quæ Deus in Sanctis suis efficit ; ità & blasphemia , quæ fit in Sanc-tos , ex consequenti in Deum redundat.*

IV. Interrogabis , àn blasphemiæ, prolatæ modo non contumelioso, sed per modum juramenti , sint blasphemiæ in hocce casu comprehensæ, v. gr. *pel cospettazio di Dio , ch ella è cosi* &c. Respondeo , in hoc casu esse comprehensas; quia , cùm in se sint locutiones blasphemæ, etiam in juramento non desinunt esse tales. Non ità dicendum de formulis in se non blasphemis , puta: *si pel corpo di Dio ; non pel sangue di Christo* &c; quia, cùm hujusmodi formulæ in se non sint blasphemæ, neque proferantur modo contumelioso , non habent , quo judicentur blasphemiæ ; nisi fortè modo irrisorio , aut ob motivum provocandi risum , propter insuetum modum loquendi, quis diceret v. gr. *per le budela di S. Pietro , per l' unima di S. Paolo* &c.; quia jam satis apparet animus spernens , & verba evadunt graviter injuriosa eisdem Sanctis. Videri potest Pontas, verbo *Blasphemia.*

V. Interrogabis iterùm , àn etiam actiones , & facta graviter dehonorativa & contumeliosa sint blasphemiæ facto consummatæ , & in hoc casu comprehensæ ? Respondeo affirmativè , & est communis opinio, ut testatur perdoctus P. Ferraris in sua Bibliotheca , verbo *Blasphemia :* & ratio est; quia blasphemia ex proprio officio tendit ad graviter inhonorandam personam &c. atqui vera formalis inhonoratio , contumelia, & injuria affertur personæ , nedum verbis, sed etiam factis ; puta , expnendo animo irato in S. Imaginem , eamdem in terram projiciendo, pedibus conculcando &c. nonne hæ actiones longè contumeliosiores sunt, magisque injuriosæ Christo, S. Petro &c. quàm si Christus appellaretur homuncio , S. Petrus pediculosus ? igitur sunt blasphemiæ facto perpetratæ ; atque in hoc casu contentæ.

VI. Fortassè oppones, hoc argumentum nimis probare , & proptereà nihil ; ex ipso namque sequitur , omnia peccata mortalia contra Deum esse etiam in specie blasphemias , cùm omne peccatum mortale Deum inhonoret ; id autem nemo somniavit. Distinguas duo inhonorationum genera : unum transcendentale ; aliud peculiare, specificum, & ex officio tale : primum in omni peccato mortali invenitur, teste Paulo: *per præ-varicationem legis Deum inhonoras ,* & de hoc nihil in præsenti ; secundum , & specificum illud est, quod pro objecto proprio, proprioque scopo & officio habet ipsam in-
ho-

honorationem , & de hoc est sermo noster, qui est de blasphemia ; cujus scopus specificus est inhonoratio personæ , in quam blasphemia tendit. Me explico : furans habet pro scopo ablationem rei alienæ, invito domino, neutiquam dehonorare Deum, imò aliquando, si posset, nollet Deum inhonorare, surripiendo aliena ; idcirco furtum non est in specie blasphemiæ, sed injustitiæ : at blasphemia habet pro scopo , & immediato objecto ipsam dehonorationem Dei , Virginis , Sanctorum: & proptereà , si fur ille furando etiam intenderet Deum inhonorare , tunc præter malitiam specificam injustitiæ , adderetur etiam malitia specifica blasphemiæ : & si intenderet furari ad fornicandum , augeretur nova species fornicationis. Accipe exemplum à peccato inobedientiæ : omne peccatum est quidem inobedientia legis divinæ ; & tamen non omne peccatum est in specie inobedientiæ , sed solum peccatum habens pro scopo violationem præcepti: & redeundo ad peccatum furti , furans deobedit quidem legi : & tamen furtum non est in specie inobedientiæ, quia scopus immediatus furti non est frangere præceptum, sed rapere aliena : si tamen furando intenderet etiam violare præceptum, esset etiam in specie inobedientiæ. En igitur, quomodò argumentum factum non nimis probet , sed efficaciter convincat , facta superiùs indicata esse veras blasphemias; quia habent pro scopo immediato inhonorationem Dei , vel Sanctorum, quæ est objectum specificans, & constitutivum blasphemiæ.

VII. Quæres insupèr, àn blasphemans ex habitu , & consuetudine , huic reservationi subjaceat ? Non me latet , aliquos Recentiores negativè respondere , putantes , quòd blasphemiæ, ex habitu, & consuetudine erumpentes , non sint plenè deliberatæ & voluntariæ ; ac proindè , quòd non sint reservatæ. Nobis autem, longè probabiliorem sequentibus , quæ manifestis S. Thomæ doctrinis innititur , dicendum est affirmativè , præmissa necessaria distinctione. Vel enim blasphemator serio , & dolenter detestatus fuit impiam consuetudinem , & vivit sollicitus ad eamdem extirpandam , utendo opportunis subsidiis ipsum admonentibus obligationis suæ , qua tenetur ad vigilandum supra se ipsum quoad hoc punctum, ad consequendam eradicationem vitiosi habitus ; vel est blasphemator , qui, quamvis detestatus fuerit in confessione impium habitum , tamen pòst confessionem vel nulla , vel duntaxat levissima cura tangitur ad illum extirpandum : in

primo casu verum erit, quòd, si aliquando ex consuetudine , & sine advertentia proferat blasphemias , illæ sint materiales, neque reservationi obnoxiæ : in secundo autem casu falsum est quòd blasphemiæ , ex tali consuetudine erumpentes , non sint veræ formales blasphemiæ, & omnino voluntariæ, atque ex plena malitia procedentes, quamvis fortè absque ulla consideratione prolatæ; & exinde sunt reservatæ. Ità docet S. T. in quæstionibus disputatis de malo, art. 2. *Aliquando voluntas inclinatur in bonum commutabile , cui adjungitur deformitas peccati , ex aliquo habitu quando per consuetudinem inclinare in tale bonum* (commutabile) *est ei versum quasi in habitum & naturam ; & tunc ex proprio motu absque aliqua passione inclinatur ad illud; & hoc est peccare ex electione , sive ex industria , & ex certa scientia , aut ex malitia.* Quid clarius ? Et iterùm in prima secundæ q. 78. a. 2. *Quandocumquè* (homo) *utitur habitu vitioso , necesse est quòd ex certa malitia peccet; quia unicuique , habenti habitum, est per se diligibile id , quod est ei conveniens secundùm proprium habitum , quia sic fit ei quodammodò naturale , secundùm quod consuetudo & habitus vertitur in naturam; nam autem, quod est alicui conveniens secundùm habitum vitiosum, est id , quod excludit bonum spirituale ; ex quo sequitur , quòd homo eligat malum spirituale, ut adipiscatur bonum* (apparens) *quod est ei secundùm habitum conveniens, & hoc est ex certa malitia peccare: undè manifestum est , quòd , quicumque peccat ex habitu , peccet ex certa malitia.* Vides assertum nostrum à S. D. nedum approbatum , verùm etiam probatum , & quidem ratione subtili & metaphysica , quæ ad hæc pauca verba reduci potest: quia peccans ex habitu , (non retractato modis suprà indicatis) peccat ex causa criminosa jam versa in natura, quæ fuit malitiosè & voluntariè genita , voluntariè & malitiosè aucta, voluntariè & malitiosè retenta : si igitur blasphemiæ, erumpentes ex habitu & consuetudine , non retractatis & oppugnatis modo suprà dicto, sunt ex S. D. *ex certa scientia, ex industria , ex certa malitia ,* erunt in hoc casu reservatæ.

VIII. Ex hoc judicio proficiscitur aliud circa hominem ebriosum , in ebrietate blasphemantem , qui ex certa experientia novit , quòd , dùm plena absorbetur ebrietate , aut semper, aut plerumquè in blasphemias prorumpit, & nihilominùs identitidem voluntarie se inebriat; hic excusari non debet à reservatione incurrenda; eò quòd deliberatè velit causam, cui respectu sui conjungitur certò moraliter hujusmodi sacrilegus effectus: & quemadmodùm, quando quis est ebrius, solet proruere in peccata luxuriæ, & nihilominùs voluntariè se inebriat, à nemine excusatur ab illis peccatis luxuriæ; ità neque à peccatis blasphemiæ, ob rationem allatam.

§. III. *Expenduntur alii modi reservationis, superiùs relati.*

I. IN secundo modo reservationis, suprà relato, dicitur: *Blasphemia hæreticalis*. Distinguas igitur inter blasphemiam hæreticalem, & blasphemiam hæreticam, seu hæresim: hæreticalis est illa, qua profertur quidem aliquid contra fidem; attamen proferens non tenet mente, & corde errorem, quem profert: in blasphemia verò hæretica, seu hæresi, & profert quid contra fidem, & mente tenet, quod profert: hic est hæreticus formalis, incurrens ipso facto excommunicationem reservatam Pontifici, quamvis etiam nemine audiente proferat; & à nemine absolvi potest, nisi à Pontifice, vel Inquisitore hæreticæ pravitatis. Reservatio præsens censetur loqui de blasphemia hæreticali explicata, & non de hæresi, & qui illam profert hac reservatione tenetur: non autem si proferat blasphemiam simplicem, de qua diximus in §. præcedenti.

II. Sciscitaberis statim, àn, qui protulit hæresim, sive blasphemiam hæreticam cum errore jam adoptato, & obtinuit à Pontifice, vel Inquisitore absolutionem à censura, poterit ne absolvi ab illo peccato à quovis Confessario aprobato illius Diœcesis, in qua est reservata blasphemia simplex, & à fortiori hæreticalis, & hæretica? Videretur respondendum negativè, nisi priùs à Confessario petatur facultas; quia Pontifex, vel Inquisitor nil aliud tollunt nisi censuram, relinquendo peccatum absolvendum in foro conscientiæ à Confessariis appobatis; atqui in Diœcesibus in quibus est reservata blasphemia nullus confessarius est approbatus ad absolvendum ab ipsa, nisi obtineat facultatem: ergo non poterit absolvi nisi obtenta facultate. Non enim Pontifex tollit reservationes Episcoporum, quemadmodùm facit in Jubilæis; in quibus se exprimit, concedere Confessariis approbatis facultatem super casibus, & sibi, & aliis Episcopis reser-

vatis; sed in his rescriptis particularibus tollit censuram sibi reservatam, & relinquit intacta jura episcopalia circa suas reservationes: ut igitur reus blasphemiæ absolvatur à Confessario Diœcesis, in qua blasphemia est reservata, petenda erit facultas. His non obstantibus, videtur mihi probabilior responsio affirmativa: quia Ordinarii non sibi reservant casus Papæ reservatos, inter quos præcipuus est blasphemia hæretica, seu hæresis; & proinde post obtentam absolutionem à Pontifice, vel Inquisitore potest ab illa absolvere quilibet Confessarius illius Diœcesis; non enim pòst absolutionem à censura evadit blasfemia simplex, vel hæreticalis, quæ reservatur ab Episcopis, sed adhuc remanet blasphemia hæretica, quæ tamen potest absolvi à quocumque Confessario; quia est sublata reservatio Pontificia.

III. In secundo modo, huic affini, dicitur: *Blasphemia hæreticalis, scienter prolata, sciente pœnitente eam esse talem.* In hoc casu igitur tunc duntaxat incurretur reservatio; quando pœnitens sciebat, blasphemiam, quam proferre voluit, esse hæreticalem: propterea aut si id ignoravit, aut solùm dubitavit, eam esse talem, non incurret hanc reservationem; quia reverà non sciebat: qui enim dubitat, non scit.

IV. In tertio modo, dicitur: *Blasphemis, si octies ab ultima confessione prolata fuerit.* Jam patet, proferentem voluntariè, & advertenter octava vice, teneri reservatione. Dubitabis forsitan, àn, si confessio postrema facta fuisset in Paschate, & pœnitens confiteatur in Paschate sequentis anni, esse ne coæquandus alteri pœnitenti, qui fecisse ultimam confessionem in Paschate resurrectionis, & novam faceret in Paschate Pentecostès? Procùl dubio quoad hoc eidem judicio æqualiter subjaceret: cùm lex nil meminerit de hac temporis diversitate, sed duntaxat octiès relapsum requirat. At quid dicendum, si sexiès plena advertentia blasphemasset, & bis cum non plena advertentia? Respondeo, juxta dicta in §. præcedente; quòd si illæ duæ blasphemiæ profluxerint ex consuetudine non serio retractata, & curata modis ibidem indicatis, incidet in hanc reservationem: si autem & consuetudinem detestatus fuerit, & eam evellere satagerit modis dictis, à reservatione eximetur; quia illæ duæ blasphemiæ revera non fuerunt plenè voluntariæ.

V. In quarto modo ità dicitur: *Si publicè fuerit prolata, saltem coram decem per-*

nis. Nota, in hac reservatione præscindendum esse à numero personarum requisitarum, ut factum dicatur publicum juridicè: & tale habetur in Jure factum illud, quod fit coram multis : ad differentiam notorii, quod transit in notionem vel omnium, vel saltem coràm majori parte loci ; & ad differentiam manifesti, quod est famosa insinuatio, vel proclamatio, ex certa scientia, & certis auctoribus proveniens: de quibus omnibus accuratissimè scribit doctissimus Fagnanus in caput *Vestra* 7. de Cohabitatione Clericorum. In hoc casu ly *publicè*, sumendum est juxta beneplacitum Episcopi Legislatoris, qui potest figere limites hujus publicitatis: si igitur velit, ut, quando blasphemia est prolata coram decem, sit reservata ; hæc publicitas tali numero mensurabitur, & erit reservata.

VI. Fortè interrogabis, àn ad hanc reservationem incurrendam sufficiat decem humana individua cujuscumque ætatis? Respondendum putarem, quòd debeant esse individua capacia percipiendi, & afferentia præsentiam moralem; si enim adessent duo, aut tres parvuli duorum, vel trium annorum, aut duo homines plena ebrietate absorti, aut profundo somno dormientes, putarem, non verificari numerum personarum à reservatione exactarum; quia, tametsi sint præsentes materialiter, & physicè, non tamen formaliter, & moraliter, quia tunc percipiendi incapaces.

VII. In sexto dicitur: *Blasphemia, si fuerit publicè prolata.* Etiam in hoc casu putarem, ly *publicè* non esse accipiendum secundúm Jura, sed quòd significet locum publicum, & fuerit prolata in publico, puta, in viis publicis, in officinis apertis juxta vias, & in locis propatulis, ita ut possit audiri sive à multis, sive à paucis; nàm reverà tunc quis publicè blasphemat, quando in iis locis blasphemat; etenim ly *publicè* significat modum, quo actio fit ; quando itaquè verificatur, quod non fuerit prolata in privato, puta, in cubiculo, intrà septa domus &c. censebitur publicè prolata, & reservata.

VIII. In quinto dicitur: *Si ex consuetudine fuerit*: quicumque ergo blasphemat quidem, sed rarò, & aliquoties, hic dici nequit blasphemans ex consuetudine, quæ juxta omnes postulat multitudinem, & frequentiam talium actionum, quæ consuetudinarium denominent. Verum interrogabis, àn, qui habuit consuetudinem, eamdemque confessus detestatus fuit, sicuti oportet; & deinde post paucas horas vel infrà paucos dies in blasphemias erumpat.ex anteriori consue-

tudine, tenebitur hac reservatione ? Respondeo juxta dicta in §. 2. n. 7. & 8.

IX. In septimo dicitur : *Blasphematores aut consuetudinarii, aut publici*: De blasphematoribus utriusque conditionis satis me dixisse arbitror tàm in præcedente, quàm in hocce paragrapho. Remanet duntaxat expendendum, quid reverà, & moraliter significet propriè vox illa *Blasphematores*. Etenim, quemadmodum *lusoris* nomine non significatur propriè, & moraliter, qui plurium mensium decursu semel aut iterum ludit; nec *concubinarii*, qui plurium mensium decursu semel aut iterum fornicatur ; nec *negotiatoris*, qui semel aut iterum negotiatur; neque *eleemosynarii*, qui semel aut iterum eleemosynam erogat, & sic de singulis; quia hujusmodi denominationes videntur postulare talem actuum frequentiam, quæ respectivè personas tali, vel tali titulo, aut nota prudenter afficere possit; ita etiam putarem, blasphematoris notam non mereri, qui plurium mensium decursu semel, aut iterum blasphemat ; & proptereà hic certè consuetudinariis non sit accensendus: & quoad hanc partem, puto, neminem dubitare. Videretur ita etiam dicendum quoad secundum, nempè, etiamsi in publico semel, aut iterum duntaxat plurium decursu mensium blasphemasset; cùm semel aut iterum tantùm actionem facere, non valeat denominare hominem blasphematorem. Si autem Legislator acceperit ly *blasphematores*, ut idem significet ac *blasphemantes* ; tunc, etiam si semel duntaxat blasphemet in publico, reservatione tenebitur; quia, cùm *blasphemantes* indicet actionem blasphemandi, præscindendo à frequentia, (quæ videtur significari à voce blasphematoris) etiam semel blasphemando publicè, reservationi fiet obnoxius.

X. In octavo dicitur : *Advertenter, ac ter in mense prolata*; ubi circa numerum & tempus nil expendendum occurrit. Aliquid observandum videtur super ly *advertenter*. Si enim fortè aliquis, laxioribus doctrinis imbutus, putaret, requiri ad peccatum mortale, & etiam ad blasphemiam, advertentiam actualem ad malitiam actionis, allata deceptione teneretur, quam multis argumentis demonstrant Probabilioristæ omnes in tractatu de peccatis ; quorum unum est, quod tolleretur à Morali Theologia ignorantia, & inadvertentia mortaliter vincibilis, quod est inauditum : potest igitur quis peccare mortaliter, & blasphemare, quamvis peccans actualiter non advertat ad gravem malitiam

ac-

actionis ; dummodò teneatur , & possit ad re ; ac proinde ille , qui ter in mense blasphemaret ex habitu , & consuetudine , (non correctis, ut oportet) hanc reservationem incurreret , quamvis actualiter non adverteret ad malitiam actionis ; quia ageret , ut docet S. Th. suprà laudatus, *ex certa scientia, ex certa malitia , ex electione*: proinde ly *advertenter* non excusat nisi illum , quia aut fuit detestatus consuetudinem , sicut oportet, & satagit verè , ut illam evellat ; aut reverà semiplena deliberatione blasphemat.

XI. In nono tandem hæc habentur : *Qui ex professo, vel ex consuetudine blasphemaverint.* De consuetudine jam satis dictum: expendendum occurrit ly *ex professo*; nam legislator videtur aliquid amplius exigere præter plenam voluntatem ; non autem propriè, & theologicè quis dicitur aliquid ex professo agere, qui illud duntaxat voluntariè facit: sed qui illud ità facit, ut illud faciat: undè in casu nostro , qui ità blasphemat , ut blasphemet, qui & vult blasphemiam propter se ipsam, dicetur ex professo blasphemare. Me explico: aliquis blasphemat, ut iram suam exhalet ; aliquis ut terrorem incutiat alteri; aliquis ut furorem suum saturet; hi blasphemias proferunt , & quidem voluntariè , & hujus criminis sunt rei ; cùm tamen non dicantur blasphemare ut blasphement , qui blasphemiam non proferunt propter se ipsam , sed potius propter iram , propter vindictam, propter terrorem &ç. proptereà non videntur blasphemare ex professo: soli igitur censebuntur ex professo blasphemare, qui, etiam irati, blasphemant ut blasphement, ut in blasphemia delectentur , eademque fruantur , ut ceu blasphematores habeantur; & hi, etiamsi semel blasphement hoc animo, hac reservatione tenebuntur. Hæc quoque sint dicta, salva alia explicatione Legislatoris.

CAPUT III.

De altero casu ad superstitiones spectante.

§. I. *Referentur varii modi hunc casum reservandi.*

I. IN primo ità dicitur: *Divinationes, maleficia & quodcumque aliud superstitionum genus, cum abusu Sacramentorum , sacrarum rerum, nec non sacrorum verborum , aut rituum.* In secundo hæc habentur : *Sortilegia , maleficia incantationes , ubi est abusus rerum sacrarum , Sacramentalium, aut Sacramentorum.* In ter-

P. CUNIL. THEOL. MOR. T. II.

tio dicitur : *Sortilegia, divinationis, incantationes, veneficia , maleficia ; denique omnis magia & superstitio cum invocatione dæmonis , sive express.i , sive tacita.* In quarto dicitur : *Qui ad magicas artes veneficia , superstitiones , & ali.i hujusmodi generis, Eucharistia , & quacumque re sacra , & Sanctorum reliquiis abusus fuerit.* In quinto dicitur: *Maleficia , & incantationes cujuscumque generis, cum expressa, vel tacita dæmonis invocatione.* In sexto dicitur: *Abusus Sacramentorum , sacrarumque rerum ad magicas artes , superstitiones , veneficia, & ejusdem generis alia, absque intentione hæreticali.* In septimo dicitur: *Adoratio , vel invocatio dæmonis expressa , & omne genus maleficii & superstitionis , cum Sacramentorum, vel Sacramentalium abusu.* In octavo dicitur : *Magia , & quodvis genus superstitionis cum expressa vel tacita dæmonis invocatione, vel abusu Sacramentorum , vel Sacramentalium.* In nono dicitur : *Superstitio cum Sacramentorum, Sacramentalium, sacrarumve Reliquiarum abusu, seu etiam cum expressa , aut tacita dæmonis invocatione. Item recursus ad superstitionum hujusmodi professores.* In decimo dicitur: *Magia, divinatio, aut sortilegium , & quæcumque alia superstitio cum abusu Sacramentorum , Sacramentalium, sacrorum verborum , multo magis cum dæmonis invocatione.* In undecimo dicitur: *Abusus rerum sacrarum, Sacramentalium, & Sacramentorum ad maleficia , sortilegium, superstitiones , & similia ; & in hac re aliorum instructio.* In duodecimo dicitur: *Qui magicas artes , sortilegia , superstitionesve exercuerint , eisque uti sint: quive Sacramentis , Sacramentalibus , aut sacris rebus ad id fuerant abusui.* In decimo tertio dicitur: *Abutentes Sacramentis , & Sacramentalibus ad magicas artes.*

§. II. *Præmittuntur nonnulla scitu necessaria.*

I. JAM ex his, quæ modò legisti, observasti, quomodò omnes ferè Ordinarii contra hoc crimen eodem penè modò animadvertant: ut autem tibi innotescant actiones, in hoc casu comprehensæ; admodùm utile erit, si legeris S. Thom. in 2. 2. q. 91. & 96. in quibus per plures utrobiquè articulos, super hoc subjecto egregiè , & clarissimè disserit. Intereà accipe ab ipso definitionem superstitionis, quæ est genus sub se comprehendens

Dd   om-

omnes actiones, in reservationibus relatis indicatas: *Superstitio*, ait ipse loc. cit. q. 91. art. 1. *est vitium Religioni oppositum secundùm excessum : non quia plus exhibeat in cultum divinum , quàm vera Religio ; sed quia exhibet cultum divinum , vel cui non debet , vel eo modo , quo non debet.*

II. In articulo 2. assignat divisionum superstitionis in sua membra, dicendo: „Diver„sificantur superstitionis species, primo qui„dem ex parte objecti ; potest enim divinus „cultus exhiberi vel cui exhibendus est.... „modo tamen indebito ; & hæc prima su„perstitionis species : vel cui non debet ex„hiberi , scilicèt , cuicumque creaturæ ; & „hoc est aliud superstitionis genus , quod in „multas dividitur species , secundùm diver„sos fines divini cultus. Ordinatur enim pri„mò divinus cultus ad reverentiam Deo ex„hibendam ; & secundùm hoc prima spe„cies hujus generis est idololatria, quæ divi„nam reverentiam indebitè exhibet creatu„ræ. Secundò ordinatur ad hoc, quòd homo „instruatur à Deo , quem colit ; & ad hoc „pertinet superstitio divinativa, quæ dæmo„nes colit per aliqua pacta cum eis inita, vel „tacita, vel expressa. Tertiò ordinatur divi„nus cultus ad quamdam directionem huma„norum actuum secundùm instituta Dei, qui „colitur ; & ad hoc pertinet superstitio „quarumdam observationum." En habes à S. Doctore capita, & radices omnium superstitionum , quæ ad aliquam harum trium specierum reducuntur , quæque in alias species infimas subdividuntur ; & quas legere potes, si libet, in S. Doctore locis citatis , & in mea complexione morali contractas in tract. 4. cap. 13. §§. 1. 2. 3. 4.

III. Ut autem facilius cognoscere possis, quandò in actione aliqua, vel aliquo facto superstitio intercesserit , trado tibi nonnullas regulas, ex doctrina S. Doct. à probatis Auctoribus depromptas. Prima est : quotiescumquè creditur vis aliqua inesse rebus , verbis, actionibus, signis, figuris, characteribus &c. ad aliquem effectum, ad quem talem vim neque à natura, neque à Dei, aut Ecclesiæ institutione habent; est superstitio. Secunda: quotiescumque preces, characteres , signa, verba &c. aut sunt ignota, aut vana , aut frivola , aut falsa ; aut , quamvis nota , bona, aut sancta sint , tamen admiscentur eis circunstantiæ determinati modi , numeri , temporis, loci, personæ, aliæve vanæ, inutiles, & omnino ineptæ pro tali effectu, qui desideratur; est superstitio. Tertia : quotiescumquè

ex rebus , verbis , actionibus , scriptis , signis , &c. tametsi sanctis, promittitur certò effectus intentus ; & alioquin nec ex Dei, nec ex Ecclesiæ institutione inest ipsis dicta virtus præstandi certo talem effectum ; est superstitio. Quarta: quotiescumquè res sanctæ, aut sacræ adhibentur ad effectus vanos, & inutiles ; sive quando res vanæ , aut inutiles adhibentur ad quemvis effectum obtinendum; est superstitio. Quinta: quotiès prudenter dubitatur , utrum effectus producendus proveniat à rei naturalis occulta virtute , vel ex vi superstitionis , poterit credi procedere à vi occulta rei naturalis ; quandoquidèm multas virtutes contulit Deus rebus naturalibus nobis ignotas : & qui illis uti deliberat in casu dicti dubii , protestetur sincerè coràm Deo, se nolle uti, nisi virtutibus à Deo illi rei collatis: imò se detestari quidquid dæmoniacum forté interveniret ; & , si hoc esset, se ullo pacto nolle effectum : hæc autem protestatio non excusat à superstione perpetranda, quamdo probabilius est, talem effectum non posse profluere à virtute naturali illius rei.

§. III. *Expenditur primus modus hujus reservationis , undè sternitur via facilior ad alios breviùs explicandos.*

I. PRimus modus reservandi hunc casum hæc habet: *Divinationes , maleficia, & quodcumque aliud genus superstitionum, cum abusu Sacramentorum , sacrarum rerum, necnon sacrorum verborum, & rituum.* Et statim nota, quòd, quamvis tria duntaxat explicentur superstitionum genera , cæteræ omnes implicitè involvuntur in illis verbis *& quodcumque aliud genus superstitionum*, dummodò fuerint factæ cum abusu alicujus rerum indicatarum.

II. Nomine Sacramentorum intelliguntur septem Ecclesiæ Sacramenta. Hinc opportunè memineris ex Theologia, quomodò nullum Sacramentum omnino completum consistat in re permanente , nisi sola Eucharistia; quandoquidèm alia sex Sacramenta consistunt in actione transeunte , ut videre est in singulis, in quibus applicando materiam profertur forma ; quo peracto, finitur Sacramentum. Proptereà, si verba casus reservati essent intelligenda de abusu Sacramenti permanentis, de sola Eucharistia deberent intelligi ; quod omninò alienum à Legislatoris mente judicandum est. Verba igitur casus accipienda sunt etiam de abusu partium Sacramenta componentium, puta, si quis abutatur formis

Bap-

Baptismi , Confirmationis &c. in sua actione superstitiosa ; si abutatur materia consecrata nonnullorum , puta, Oleo sancto , pro morituris reservato , aut Chrismate , pro confirmandis reposito &c.

III. Sciscitaberis , àn in hanc reservationem incidat, qui, volens abuti re aliqua non sacra ad sortilegium &c. illam reponeret sub mappis altaris , super quo est celebrandum, ut etiam super illam rem cadat consecratio, aut celebratio, ità exigente institutione talis superstitionis?puto neminem dubitare, hoc esse manifestum abusum Sacramenti huic reservationi obnoxium ; & simili modo reservationi subjici illum , qui, ut suum maleficium valeat , ad illud operandum consultò expectaret tempus , quo aut ministratur, aut conficitur aliquod Sacramentum: & hujusmodi sunt illi , qui spectant horam , in qua celebratur Sacramentum Matrimonii, ut maleficium peragant , quo impediatur consumatio ejusdem.

IV. Nomine *Sacrarum rerum* intelliguntur Sacramentalia, sacræ reliquiæ, sacræ Imagines, Cerei sacri, Rosaria, aliaque grana benedicta benedictione ecclesiastica : necnon aliæ res, quæ ad suum licitum usum benedictione jubentur ecclesiastica benedici : talia sunt paramenta sacra pòst benedictionem ; & etiam quodvis illud hujusmodi rerum, benedictione ecclesiastica donatarum. Itèm signum sanctæ Crucis, ceteraque omnia signa, & instrumenta , quibus rite utuntur fideles Religionis profitendæ gratia , aut ad exibendum cultum divinæ Majestati.

V. Nomine *Sacrorum verborum* intelliguntur non modò omnia , & singula verba Sacræ Scripturæ utriusque Testamenti, quæ antonomasticè *Sacra* dicuntur , verùm etiam omnes Collectæ, quæ in Ecclesia adhibentur ; omnes precationes , quæ ex approbatione sunt in usu fidelium : imò etiam simplices invocationes alicujus Sancti ; etenim hæc omnia verè sunt verba sacra.

VI. Nomine *Sacrorum rituum* intelliguntur ritus , qui in conficiendis , & ministrandis Sacramentis in Ecclesia adhiberi solent ; nec non aliæ omnes sacræ cæremoniæ, & actiones, quæ in sacris functionibus , ministeriis , solemniis celebrandis sunt in usu Ecclesiæ.

VII. Interrogabis, àn si quis, antequam perficiat aliquam ex actionibus in hocce casu prohibitis, protestaretur, se detestari omnem dæmonis operam , nullamque velle agere superstitionem , illam tamen faceret , incideret in reservationem ? Respondeo ex suprà dictis §. 2. hujus capitis affirmativè cum communi, docente, non excusari à patranda superstitione : igitur neque excusari ab hac reservatione; nàm illa est protestatio ficta, cujus sinceritati factum contradicit.

VIII. Interrogabis iterùm, àn docens aliquam ex dictis superstitionibus , cum aliquo dictorum abusuum, incurrat hanc reservationem ? dico *hanc* ; quia jam vidimus hoc docentes in aliqua relatarum reservationum inclusos. Respondeo igitur sub distinctione: si doceat aliquem , volentem maleficium facere videtur docens non eximendus ab hac reservatione ; etenim efficaciter cooperatur facturo illam , & in hac hipothesi illam moraliter efficit. Tùm etiam quia verba casus sunt indefinita quoad personas, & abstrahunt à faciente , aut docente , aut adjuvante &c. & reservant superstitionem , à quocumque, aut quomodocumquè efficiantur , dummodò interveniat abusus &c. igitur includunt quovis modo influentes. Si autem doceat aliquem nec facturum , nec volentem facere superstitionem, sed cupientem theoreticè scire, quomodò fiat; ex vi hujus casus non videtur docens teneri reservatione , quamvis docens semper, & fortè etiam patens semper peccent graviter ; neque patens reservatione hac teneretur ; quia docere , & doceri non est operari superstitionem , quæ numquàm supponitur eventura. Docens , ut dixi peccat graviter ; quia est doctrina ex se perniciosa graviter illam scienti ; & quia eo magis propagatur. Discens quoquè peccat ; quia est velle discere id, quod nullam utilitatem sibi afferre potest , & nil aliud , nisi grave nocumentum. Ex his non inferas , etiam merum referentem, & merum audientem peccare graviter ; puta , si Confessarius referat casum , à pluribus annis auditum, quæ relatio non fit ad docendum aliquem , sed potiùs admirationis , aut compassionis , aut derisionis gratia ; & similiter illud audientes , qui non audiunt , ut discant , sed ob dicta motiva: hi , inquam , graviter non peccant ; quia , ut dixi , neque docent , neque discunt.

IX. Ex dictis inferre potest, quòd jubens malefico , ut maleficium operetur , aut consilians efficaciter maleficium cum abusu &c. hac teneantur reservatione ; quandoquidèm proximè, & efficaciter concurrunt ad superstitionem, in hoc casu comprehensum ; & tàm jussio, quàm consilium sunt tota ratio agendi: & iterùm observa , quomodò in hoc casu reserventur actiones, à quocumque fiant, & per

Dd 2   quem-

quemcumque ponantur in esse. Idem dicas de postulante maleficium ; cum postulatio evadat tota ratio agendi.

§. IV. *Expenduntur alii modi reservandi hunc casum.*

I. ANimadverte, lector, quomodò cæteri modi proponendi reservationes hujus casus ferè in idem conveniant , alii aliquantulùm restringentes, alii non. In secundo namque modo ità dicitur : *Sortilegia, maleficia, incantationes , ubi est abusus rerum sacrarum, Sacramentalium, vel Sacramentorum.* Tria igitur hic specificantur genera superstitionum cum abusu dictorum ; nec comprehenduntur alia genera, quemadmodùm illa comprehendebat reservatio anterior. Igitur huic reservationi subjicitur sortilegium cum suis speciebus, maleficium cum suis speciebus , & incantatio cum suis speciebus: quorum species videre potest in citato tract. 4. cap. 13. §§. 2. 3. 4. & reservantur interveniente *abusu sacrarum rerum , aut Sacramentalium, aut Sacramentorum*; ac proinde non videtur comprehendi in hac reservatione abusus sacrorum verborum, nec sacrorum rituum : nisi velimus accipere res pro verbis , & ritibus sacris, quod usurpandum non videtur ; eo quod reservatio, utpote odiosa, sit in rigore verborum attendenda. Quandocumque igitur peccator delinquet in aliquo ex indicatis tribus generibus superstitionis cum abusu alicujus trium dictorum, tunc duntaxat tenebitur hac reservatione. Et idem dicas de jubente, consiliante , & postulante , ut paulò antè diximus in §. præcedente.

II. Tertius modus hæc habet: *Sortilegia, divinationes , incantationes , beneficia, maleficia ; denique omnis magia,& superstitio, cum invocatione dæmonis, sive expressa, sive tacita.* His verbis reservatur quodcumque genus, & quæcumque species superstitionis quamvis sine abusu cujusvis rei sacræ ; & jam præsupponitur invocatio dæmonis sive expressa, quæ est detestabilior, sive tacita, quæ est consueta in quacumque superstitione.

III. In quarto dicitur : *Qui ad magicas artes , veneficia, superstitiones, et alia hujusmodi generis , Eucharistia , quacumque re sacra,& Sanctorum reliquiis abusus fuerit.* In hac quoque reservatione omnis continetur superstitio , tamen cum abusu aut Eucharistiæ , aut cujuscumque rei sacræ , inter quas non infimum locum tenent Sanctorum

reliquiæ : in qua reservatione commodiùs includi possunt etiam verba sacra , & ritus sacri; nàm , cùm vetetur abusus cujuscumque rei sacræ, inter res sacras, sacro generalissimè accepto , & inter res , re transcendentaliter sumpta , veniunt verba , & ritus , præcipuè addito ly *quacumque re.*

IV. In quinto modo ita dicitur : *Maleficia , & incantationes cujuscumque generis cum expressa , vel tacita dæmonis invocatione* : quibus verbis videtur restringi reservatio ad illas duas species superstitionis, nempè, maleficii , & incantationis ; & quidem cujuscumque generis , seu rationis harum duarum specierum, videlicet , ad omnia maleficia , & ad omnes incantationes , ità ut ly *cujuscumque generis* appellare non videtur ad quodcumque genus superstitionis ; eo quòd hæc particula distributiva sit apposita duntaxat maleficiis , & incantationibus. Et etiam in hac reservatione sequentes particulæ *cum expressa , vel tacita &c.* videntur additæ ad majorem declarationem ; cùm , ut dixi , nulla superstitio, propriè talis , fiat absque invocatione dæmonis , saltem tacita. Et quamvis protestaretur , se nolle ullo modo invocare dæmonem faciendo tamen opus superstitiosum, dæmonem facto implicitè invocaret.

V. In sexto modo hæc habentur : *Abusus Sacramentorum, sacrarumque rerum ad magicas artes , superstitiones, veneficia, & ejusdem generis alia, absque intentione hæretical.* In hac reservatione videtur mens legislatoris sibi reservare quamcumque superstitionem, tamen cum abusu Sacramentorum , aut quarumcumque rerum sacrarum; quibus verbis videtur comprehendere etiam abusum sacrorum verborum, & rituum; cùm hoc nomen *rei* in hoc casu videatur accipi transcendentaliter , quatenùs significat omne sacrum contrapositum nihilo: ad differentiam modi expenti in num. 1. , in quo videbatur, quòd nomen *rei* sumeretur formaliter , proùt contradistinguitur à verbis , & ritibus sacris. Addit autem *sine intentione hæretical*; quia dùm hæc extat, & manifestatur signo sufficienti externo , tunc , cùm sit crimen hæresis exteriùs patefactæ , evadit delictum reservatum sanct. Sedi.

VI. In septimo modo dicitur: *Adoratio vel invocatio dæmonis expressa, & omne genus maleficii , & superstitionis, cum Sacramentorum, vel Sacramentalium abusu.* Tres partes continet hæc reservatio: prima circa dæmonem, secunda circa superstitiones, tertia

tia circa abusum. Quoad primam circa dœmo-
nem duas actiones indicat: prima est adoratio
exterior dæmonis, quæ, ut ad Episcopum
pertineat, debet esse sine errore mentis in fide;
quia si hic error adsit, est, ut dudùm dixi,
casus Papalis: quandò ergo est sine hoc errore, quamvis nulla alia superstitio eveniat, est
peccatum in hac reservatione inclusum. In hac
reservatione pariter includitur invocatio ex-
præssa dæmonis, quamvis ipse non appareat,
& hæc pariter sine errore in fide, & quamvis
nulla alia superstitio interveniat, puta, si
illum quis invocet, ut det sibi pecuniam, vel
aliquid aliud, quamvis, Deo sic disponente, dæmon plerumquè non appareat (ut ex
confessionibus auditis pluriès inveni). Secunda pars reservat quascumque superstitiones
cujusvis speciei; dummodo tamen, & hæc
est tertia pars, interveniat abusus aut *Sacramentorum*, aut *Sacramentalium* : hìc nulla
fit mentio Sacrorum verborum, aut Rituum,
aut Sacrarum rerum ea propter, nisi adhibeantur res, vel sacra verba, quæ inter Sacramentalia recensentur, ut sunt Oratio Dominica,
vel aqua lustralis, vel quidpiam simile, erit
casus ab hac reservatione immunis.

VII. Interrogabis, candide, quid significetur Sacramentalium nomine? Respondeo
ex doctrina S. Th. 3. p. q. 65. art. 1. ad 6.
Sacramentalia esse illa, quæ *sunt dispositiones quædam ad Sacramenta, vel removendo
prohibens, sicut aqua benedicta ordinatur
contra insidias dæmonum, & contra peccata venialia; vel etiam idoneitatem quamdam
faciendo ad Sacramenti perfectionem, &
perceptionem : sicuti consecrantur altare,
& vasa propter reverentiam Eucharistiæ.*
Quidquid ergo disponit ad perceptionem magis congruam Sacramentorum, vel ad eorumdem porrectionem, dicitur Sacramentale. Hæc
autem Sacramentalia sunt sequentia : nempè,
aspersio devota aquæ lustralis, confessio generalis, scilicèt per *Confiteor*, &c. tunsio
pectoris devota, oratio Dominica, benedictio Episcopalis, quælibet Sacramentalis une-
tio, oratio in Ecclesia consecrata ; *& si aliqua alia sunt hujusmodi*, concludit S. Doctor, *quæ operantur ad remissionem venialium peccatorum, in quantum sunt cum aliquo motu detestationis peccatorum*, 3. p. q.
87. art. 3. propterea si quis, dùm Episcopus
dat benedictionem, faceret aliquod signum
superstitiosum cum manibus, vel vocem aliquam superstitiosam proferret, hanc reservationem incurreret.

* Vide Appendiculam *de Sacramenta-*

libus, quam addidimus *tract. 23. de Sacramentis in genere.*

VIII. In octavo reservationis modo dicitur: *Magia, & quodvis genus superstitionis, cum expressa, vel tacita dæmonis invocatione, vel cum abusu Sacramentorum, vel
Sacramentalium.* Circa hunc modum nihil
aliud dicendum occurrit, præter ea, quæ
diximus in numeris antecedentibus.

IX. In nono modo dicitur, *Superstitio cum
Sacramentorum, Sacramentalium, sacrarumque Reliquiarum abusu, seu expressa,
aut tacita dæmonis invocatione. Item recursus ad superstitionem hujusmodi professores.*
Plura, hìc expressa, jam innotescunt ex dictis. Ut igitur incurratur hæc reservatio ob abusum Reliquiarum sacrarum, debebit esse abusus rei, quæ sit verè Reliquia sacra ; & si sit
Reliquia alicujus personæ, hæc debebit esse
ab Ecclesia titulo vel Sancti, vel Beati insignita. Item intelliguntur Reliquiæ rerum pro
Sacrificio Missæ consecratarum, puta, calicis,
patenæ, vel etiam corporalis, quod, quamvis non consecratur, tamen benedicitur, &
est valdè venerandum ob Eucharistiæ con-
tactum. Circa recursum ad professores hujusmodi superstitionum, cùm legislator non
dicat *effectu secuto*, sicut dicere poterat,
sed reservet etiam solum recursum, sequitur, recurrentem ad hujusmodi professores
reservatione teneri, quamvis professor noluerit recurrenti satisfacere.

X. In decimo ità dicitur : *Magia, divinatio, aut sortilegium, & quæcumque alia
superstitio cum abusu Sacramentorum, Sacramentalium, sacrorum verborum, multò
magis cum dæmonis invocatione* ; de quibus
omnibus satis dictum, puto, in præcedentibus.
Notandum tamèn, quòd, cùm Legislator non
meminerit sacrarum rerum, nec sacrorum rituum, neque explicitè, neque implicitè, v. gr.
dicendo cum abusu alicujus rei sacræ; sequitur, quòd, nisi quis in superstitione abutatur
aliquo ex indicatis sacris, non incurrat reservationem, puta, si abutatur stola Sacerdotali, quæ neque est Sacramentum, nec Sacramentale, nec Verbum sacrum.

XI. In undecimo dicitur: *Abusus rerum
sacrarum, Sacramentalium, & Sacramentorum ad maleficia, sortilegia, superstitiones, & similia; & in hac re aliorum instructio*; his verbis Legislator omnem omnino comprehendit superstitionem, atque eam reservat,
ubi interveniat abusus sacrarum rerum &c.
an autem nomine sacrarum rerum intelligenda
sint omnia sacra, tàm in verbis, quàm in ritibus?

bus? vide dicta in n. 5. Reservat insuper *instructionem aliorum* circa hujusmodi res: erit igitur hæc instructio certissimè reservata, si instruatur facturus superstitionem: & etiam probabiliùs videtur reservata instructio non factúri superstitionem, tamen de eadem instrui cupientis: & nota ly *instrui cupientis;* quia propriè non dicitur velle instrui, qui tantùm ex curiositate audit narrantem modum, quo ab aliquo facta fuit superstitio; sed ille, qui cupit illam discere; & in hoc casu instructor huic reservationi subjicitur.

XII. In duodecimo dicitur: *Qui magicas artes, sortilegia, superstitionesve exercuerint, eisque usi sint; quive Sacramentis, Sacramentalibus, aut sacris rebus ad id fuerint abusi.* Etiam hìc comprehendit Legislator omnem superstitionem factam; & adhibitam: cùm autem addat, *quive Sacramentis* &c. ly *quive* videtur facere sensum disjunctivum, & augens delictum reservatum: & si ità sit, sequitur reservari omnem superstitionem, quamvis factam sine dicto abusu: si verò ly *quive* ponatur, ut faciat sensum copulativum, & determinetur ut valeat pro *quique*, reservationem incurrent operantes superstitionem, eoque utentes, dummodò fiat cum abusu Sacramentorum, aut Sacramentalium, aut sacrarum rerum: quæ ultima verba vide expensa in laudato num. 5.

XIII. In decimo tertio dicitur: *Abutentes Sacramentis, & Sacramentalibus ad magicas artes.* His verbis videtur comprehendi omnis superstitio, quæ tamèn sit cum abusu aut Sacramentorum, aut Sacramentalium; non tamen, si cum abusu aliarum sacrarum rerum: de Sacramentalibus vide n. 6. & 7.

CAPUT IV.

Circa juramenta.

§. I. *Referuntur varii modi reservationis hujus casus.*

I. IN primo dicitur: *Testimonium falsum in judicio, etiam officiosum.* In secundo: *Perjurium testis in judicio.* In tertio: *Qui falsum testimonium in judicio dixerit; aut ibi interrogatus, veritatem occultaverit cum gravi damno alicujus, etiamsi damnum secutum non sit.* In quarto: *Perjurium, falsumve in judicio in damnum tertii.* In quinto: *Perjurium judiciale.* In sexto: *Malitiosa dispositio falsi testimonii tàm in causa civili, quàm criminali, in grave præjudicium*

tertii; vel ad id scienter vel per se, vel per alios, directè vel indirectè consilium dantes. In septimo: *Qui falsum testimonium, etiam sine damno, vel titulo defensionis, in judicio deposuerint; quive ad illud, incusos timore, compulerint; preceve, aut premio persuaserint, vel corruperint.* In octavo: *Qui falsum in judicio deposuerint, quamvis ad reorum defensionem; quique alium induxerint ad deponendum.* In nono: *Perjurium in judicio cum alterius damno.* In decimo: *Perjurium in judicio cum damno, aut præjudicio terti.* In undecimo: *Perjurium coràm judice competente, etiam ad defensionem, ejusdemque procuratio, secuto effectu.*

§. II. *Expenduntur relati modi reservationis hujus casus.*

I. PRæsupponas, testem in judicio semper præstare juramentum de veritate dicenda. Primus reservationis modus reservat quodlibet mendacium in judicio, tametsi officiosum. Nihil dici potest universalius, nihilque clarius. Et similia habet etiam secundus modus. Tertius autem cùm dicat: *Qui falsum in judicio testimonium dixerit, aut ibi interrogatus veritatem occultaverit cum gravi damno alicujus, etiamsi damnum secutum non sit:* Reservat igitur nedùm perjurium, verùm etiam occultationem veritatis: & quamvis positivè falsum non dicatur, tamen etiam ipsamet occultatio veritatis, vel per æquivocationes, vel per circumlocutiones, vel per alios loquendi modos tegendi veritatem, in hoc casu comprehenditur, dummodò intervenerit, vel potuerit intervenire grave damnum alicujus; quæ damna aut afficiunt corpus, aut famam, aut bona temporalia, aut similia, quamvis damnum reapse non fuerit secutum.

II. In quarto dicendi modo hæc habentur: *Perjurium, falsumve in judicio in damnum tertii.* Distinguas verba illa *in damnum* ab illis *cum damno;* quia *cum damno* significare videtur damnum effectivè secutum; vel saltem quo prolata fuerit sententia cum damno alicujus, quamvis damnum reverà non evenerit: at *in damnum* significat, quod perjurium de se tendat in damnum, quamvis reverà effectivè damnum non sequatur, vel ob remissionem partis læsæ, vel quia sententia non fuit cum damno, vel aliundè: ad hanc igitur reservationem sufficit, quòd falsitas tendat in damnum.

III.

III. In quinto dicitur: *Perjurium judiciale*, quo nil brevius, nil universalius, nil clarius; cùm includat omne perjurium in judicio emissum, sive damnosum, sive non. In sexto modo dicitur: *malitiosa dispositio falsi testimonii tàm in causa civili, quam in criminali, in grave præjudicium tertii: vel ad id scienter, vel per se, vel per alios, directè, vel indirectè consilium dantes:* Ly *malitiosa dispositio* denotat plenè deliberatam, & voluntariam falsam depositionem, quacumque subreptione submota, quæ tendat in præjudicium grave, quamvis etiam per accidens præjudicium effectivè non sequatur: includit etiam in reservatione, quocumque modo, tamen scienter, consilium dantes. Fortassè interrogabis, àn jubens, aut laudans tale perjurium, hac reservatione teneatur? Respondeo circa jubentem, distinguendo de jubente magnæ auctoritatis, & timorem incutiente juraturo; & de jubente modicæ auctoritatis: jubentem primum non auderem ab hac reservatione eximere; cùm ejus jussio, utpote magnæ auctoritatis, & timorem juraturo incutiens, sit vel tota ratio, vel principalior ratio inducens juraturum ad perjurium: propftereà, quia consilium solet esse aut tota, aut magna ratio operandi, & ideo reservatur; videtur à fortiori reservata etiam jussio hujusmodi, quæ majus est inductivum, quàm merum consilium, & præcipuè si indirectum, & per alios. Si autem jubens sit modicæ auctoritatis, non subjicerem huic reservationi, quemadmodùm neque approbantem, aut laudantem; quia horum influxus caret ea efficacitate, qua gaudet jubens magnæ auctoritatis. Si autem approbans inveniret juraturum nutantem, nondum plenè firmatum in malo proposito, & suis approbationibus ipsi animum adderet, ex quo se determinaret ad perjurium; etiam hic approbans utpote efficaciter influens, hac reservatione teneretur.

IV. In septimo ità dicitur: *Qui falsum testimonium, etiam sine damno, vel titulo defensionis, in judicio deposuerint; quive ad illud, incusso timore, compulerint, preceve, aut premio persuaserint, vel corruperint.* Omnia sunt clara. At inquires etiam hic, àn jubens, aut consilians includantur in hac reservatione? Videtur respondendum affirmativè, & quidem à fortiori: si enim solus rogans, & solis precibus persuadens eam incurrit, quanto magis jubens auctoritative, & consilians, quorum efficacitas longè major est influxu solarum precum? nam jubens sua vi compellit, & quodammodò cogit; consilians

autem motiva affert, & argumenta; qui operandi modi longè efficaciores sunt ad inducendum, quàm solæ preces.

V. Octavus ità dicit: *Qui falsum in judicio deposuerint, quamvis ad reorum defensionem; quique alium induxerint ad deponendum:* circa primam partem res jam de se clara est, & de ea satis dictum: in secunda pariter clarè reservat etiam actionem inducendi quovis modo, sive directè, sive indirectè; dummodò verificetur inductio. Proptereà, qui inducit sive hortando, sive deprecando, sive provocando sive improperando, sive spondendo, (italicè *scommettendo*) &c. reservatione tenetur.

VI. Nonus & decimus reservant perjurium *cum damno alterius; & cum damno & præjudicio tertii:* quo in loco verba illa cum damno videntur postulare quòd damnum sit realiter effectivè secutum; vel saltem quòd prolata fuerit sententia cum damno tertii, quamvis ob aliquem eventùm fortuitum damnum reapse non evenerit.

VII. In undecimo dicitur: *Perjurium coram judice competente, etiam ad defensionem; & ejusdem procuratio, secuto effectu,* prima, & secunda pars jam patet ex anteà dictis. Quoad tertiam verò partem advertenda sunt verba, quibus legislator reservat etiam procurationem perjurii, à quocumque fiat, cùm neminem excipiat; secuto tamen effectu, id est, si procuratio habuerit effectum, nempè, quòd fiat perjurium: quòd si hoc non sequatur, procuratio ejusdem facta est quidem peccatum lethale, ac non reservatum.

CAPUT V.

Circa cultum Sacrorum festorum.

§. UNICUS. *Refertur hæc reservatio, simulque expenditur.*

IN aliquibus Diœcesibus reservatur hic casus, in quo dicitur: *Qui in talibus, aut talibus diebus festis choreis, aut spectaculis publicis vacant, per tot, v. gr. quatuor horas.* In hoc casu animadvertendi sunt dies in quibus hæc prohibentur, & sunt Festivitates Christi, aut B. V., aut Sancti Patroni civitatis, &c.; si sint dies festivi sub precepto. Deindè observandum est, choreas, & spectacula debere esse publica; nàm talia non videntur esse, quæ fiunt intra domesticos parietes, & in privata domo, cum invitatione determinatarum personarum; quandoquidem hæ hæ circunstantiæ non verificantur de publicis, quæ solent fieri in publicis viis, plateis, & quibus intersunt quicumque voluerint, saltem illius ordinis personarum, puta, nobilium, &c. prophtereà, quamvis possit fortasse committi peccatum mortale scandali; non tamen putarem, incurri hanc reservationem. Quòd si, quamvis locus esset privatus, puta, domus, tamen fierent hæc modo publico, ità ut omnibus pateret aditus intrandi, adhuc publica viderentur, ac proinde à reservatione minimè exempta. Insuper in publicis observandum est tempus insumptum, ità ut in hujusmodi compleantur horæ inhibitæ. Itèm examinandum superest, àn in reservatione comprehendantur soli jubentes, ordinantes, instruentes, pulsantes instrumenta, &, ut ità dicam, componentes choreas, atque spectacula, àn etiam concurrentes ad saltandum in choreis, & aspiciendum in spectaculis: putarem etiam, hujusmodi concurrentes reservatione teneri; tùm quia etiam ad ipsos collimat finis legis; tùm quia etiam ipsi verè *vacant choreis, & spectaculis*; tùm quia frustrà ponerentur tot horæ ad reservationem incurrendam, nisi & saltantes in choreis, & spectatores spectaculorum comprehenderentur.

CAPUT VI.

Circa cultum Locorum sacrorum.

§. I. *De pollutione Ecclesiæ.*

IN aliquibus Diœcesibus reservatur *pollutio Ecclesiæ*, vel *Cæmeterii*. Circa hunc casum est notandum, Ecclesiam, vel Cœmeterium pollui per effusionem voluntariam, & indebitam sanguinis, vel seminis humani; & vide in complexione morali de Sacramento Eucharistiæ §. 15. explicata hæc crimina, necnon alia, quibus polluitur Ecclesia. Quicumque igitur aliquod criminum, Ecclesiam, vel Cœmeterium polluentium, advertenter committit, huic reservationi subjicitur.

§. II. *De furto in Ecclesia.*

IN aliqua tabella reservatum inveni *Furtum rei sacræ in loco sacro*. Ut igitur incurratur hæc reservatio ambæ conditiones requiruntur; videlicet, quòd sit furtum rei sacræ, & quidem in materia gravi, atque perpetratum in loco sacro. Inquires, quam summam importare debebit? Respondeo summam ad mortale sufficientem: & quia in

hac summa determinanda admodùm disconveniunt Auctores, ut monui dùm de furto tractarem; idcirco, quando non sit summa certò gravis consule prudentes, & resolve. Interrogabis: quid, si quis furetur reliquias sacras, omni pretio carentes? Respondeo, illas ab omni pretio absolvi; quia omne pretium temporale excedunt, & proptereà quodlibet furtum cujusvis reliquiæ in loco sacro perpetratum, in hac reservatione includi.

CAPUT VII.

Circa honorem majoribus debitum.

§. I. *Referuntur varii modi reservationis.*

IN aliquibus legitur: *Patris & matris percusio*. Secundus modus hæc habet: *Percussio parentum, & quævis gravis actualis injuria, aut gravissima verbalis contumelia in eosdem.* In tertio dicitur: *Injectio manuum violenta in parentes.* In quarto: *Verberatio patris, vel matris, seu cujuslibet ex majoribus ascendentibus, vel collateralibus.* In quinto: *Percusio parentum, vel alia gravissima injuria illis illata*: In sexto: *Patris vel matris percusio tàm ex odiis, quàm ex contemptu.* In septimo: *Qui patrem, aut matrem, aliumque ex ascendentibus consanguineis verberaverint, vel eosdem actuali injuria, aut verbali contumelia graviter affecerint.* In octavo: *Patris, vel matris verberatio, eorumque injuriæ, & contumeliæ ex gravioribus.* In nono: *Gravissimæ in parentes injuriæ, & contumeliæ.*

§. II. *Expenditur primus reservationis modus.*

I. PRima reservatio ità dicit: *Patris & matris percusio*: cum qua coincidunt illæ, quæ dicunt: *Verberatio Verberantes patrem vel matrem.* Animadverte lector, quomodò copulativa illa *&* posita fuit, ut significet *aut*; non enim est necessarium, ut hæc prima reservatio incurratur, utrumque percutere, sed aut unum, aut alterum.

II. Nomine patris, & matris intelligendi sunt verus pater, & vera mater, nempè, illi, à quibus filius vel filia geniti fuerint, sive legitimo, sive illegitimo, sive spurio congressu; quomodocumque enim fuerit ab illis genitus, semper verum est, illum

ho-

hominem esse suum patrem, & illam mulierem esse suam matrem : cùm igitur in hac reservatione soli exprimantur genitores ; neque avus, neque conjunctus alius est trahendus ; & multò minus vitricus, & noverca.

III. Quæres, àn percussio exterior, ut subjiciatur huic reservationi, debeat esse in se gravis ità ut si percussio illa, quæ inflicta alteri personæ esset exterius levis, debeat censeri levis etiam respectu parentum, & proinde non reservata? Respondeo, quòd percussio quælibet, ex indignatione proveniens, & sufficienti advertentia inflicta genitoribus, est mortalis; quia semper censetur gravis irreverentia, & decoratio exterior contra eosdem ; quæ si alteri personæ, aut æquali, aut inferiori fieret, esset fortè judicanda venialis; etenim specialissima dignitas genitorum non admittit, quoad hanc actionum percutiendi ex ira, parvitatem materiæ ; ac proindè non requiritur, ut percussio exterior sit in se gravis, ut subjiciatur huic reservationi.

IV. Quæres, àn irato animo, & cum impetu repellere, aut impellere genitores sit actio in hac reservatione inclusa? Respondeo cum distinctione : si impulsio, vel repulsio illos parieti fortiter allidat, vel in terram dejiciat, ità ut à pariete, vel solo veluti repercutiantur, neminem, puto, exempturum talem actum ab hac reservatione, cùm jam percussioni æquivaleat, gravemque injuriam eisdem afferat. Si autem sit impulsio, aut repulsio nulli collisioni adjuncta, putabit quis, non esse reservatam ; quia non redolet percussionem, quæ sola in casu reservatur. At fateor imbecillitatem meam, huic opinioni non acquiescentem, si talis impulsio, aut repulsio magno impetu fiat ; quia hujusmodi agendi modus non potest eximi à quodam genere percussionis ; cùm non raro ex his impulsionibus relinquatur aliqua contusio in costulis, aliave parte corporis : imò ipsa sola impetuosa repulsio, animo irato facta, & in se actio injuriosa graviter, speciem percussionis præseferens.

V. Ex his inferas cum communi, huic reservationi subjici percussiones illas, quæ fiunt irato animo, vel pede, vel genu, vel cubito, cùm singulæ istæ actiones sint veræ percussiones instrumento naturali inflictæ. Excipe casum, in quo filius, vel filia repellerent parentes, volentes illum, vel illam percutere ; & se defendendi gratia, quamvis aliquantùm irati, niterentur repellere volentem percutere.

IV. Quæres, àn filius, aut filia elevans animo irato manum vel solam, vel fuste armatam, contra genitores, reus percussionis sit habendus, reusque hujus reservationis? Respondeo, quòd tametsi graviter peccet, non subjicitur huic reservationi; quia quamvis ostendat hoc actu exteriori propensionem percutiendi, abstinet tamen à vibrando ictu, eumdemque suspendens, manifestat se noluisse percutere.

VII. Cave tamen, ne ex his inferas: igitur, etiamsi filius ictum vibrasset, & vacuus evasisset, vel aliquid contra genitorem projecisset, quod ipsum percutere debebat, nisi agilitas parentis illud declinasset, non incurreret hanc reservationem? cave inquam, ne id inferas ; quia, meo judicio, male inferres; eo quia percussio activa ex parte vibrantis ictum est tota completa. Permittas, me duplicem percussionem distinguere, nempè, activam, & passivam; prima se tenet ex parte percutientis; secunda se tenet ex parte percussi : activa illa est, quæ jam ex parte percutientis totum ponit, quod requiritur, ut percussio habeat suum effectum percussionis passivæ, quæ consistit in receptione ictus, vulneris &c. in patiente : in casu præsenti agens jam complevit, & consummavit actionem suam pro quanto ad ipsum pertinet, nempè, elevando manum, & vibrando ictum : nihil ergo ex parte tua defuit ut effectivè percuteret ; & duntaxat defuit percussio passiva, quæ reverà secuta fuisset, nisi agilitas parentis ipsum subtraxisset: en igitur quomodò percutiens totum posuit ut verificetur percussio activa ex parte ipsius consummata : ad differentiam casus anterioris, in quo elevans manum à vibrando ictu abstinuit ; ex quo fit, quòd percussionem activam non compleverit, eò quòd ictum non vibraverit : cùm ergo reservatio agentem afficiat, quotiès verificatur percussio activa ex parte agentis consummata, agens à reservatione non evadet.

VIII. Fortassè oppones : vibrans ictum contra personam Clericalem, si illam nullo modo tangat, censuram non incurrit; ergo similiter &c. Respondeo, longè disparem esse rationem censuræ, & reservationis : illa est pœna ecclesiastica, & quidem gravissima, lata in favorem personæ Clericalis ; reservatio autem non est censura, sed mera ademptio facultatis, ad terrendos filios irreverentes primariò instituta : hinc fit, quòd, si nullo modo vel mediatè vel immediatè tangatur persona Clericalis, non incursatur excommunicatio, quæ, utpotè pœ-

Ee   na

na gravissima, postulat ut in toto rigore verba canonis verificentur; eaque non verificantur, si desit percussio passiva. At reservatio, constituta duntaxat ad absterrendos filios ab actione, adeo injuriosa parentibus, eorumdemque inhonorativa, cùm tota habeatur ex parte filiorum, audentium vibrare ictum, qui sine dubio parentem percussisset, nisi se subtraxisset; propterea hæc percusio activa subjicit vibrantem ictum huic reservationi; quia jam consummata ex parte agentis.

IX. Quæres: si filius infirmus impotens ad se movendum, neque valens brachia elevare, accedente genitrice, aliquid eidem ministratura, indignato animo aliquid in ejus faciem expuat, adjicietur ne huic reservationi? Respondeo affirmativè: tùm quia hæc actio est injuriosissima; tùm quia est actio respectu hujus filii æquivalens percussioni, quàm manifestat, se fuisse executurum, si posset; & multò magis, si se declararet quòd ità facit, quia à morbo prohibetur suam indignationem alio modo effundere.

X. Quæres: si filius contra patrem iratus, & metuens ipsius robur, si illum aggredi attentet, immisceat ipsius epulo, aut poculo aliquid nocivum, à quo vexetur viscerum doloribus; aut in via, per quam pater noctu pertransire solet, construat decipulam, in quod incidens, & proruens in terram contusionem reportet, incidet ne in hanc reservationem? Neminem, puto, inveniri, qui filium, aut filiam in ambobus hisce casibus à reservatione eximat, quandoquidèm sufficit, ut genitores animo irato in corpore offendat, & illis notabiliter noceat, quod verificatur in duobus propositis casibus, cùm plerumque eorumdem corpori magis noceat dolor viscerum, & contusio ex lapsu, quàm si virga semel, aut bis percutiantur in dorso.

§. III. *Expenduntur alii modi reservationis.*

I. SEcundus modus hæc habet: *Percussio parentum; & quævis gravis actualis injuria, aut gravissima verbalis contumelia in eosdem.* De percussione jam dictum: aliis verbis Legislator sapienter distinguit injuriam actualem à verbali gravissima contumelia: nomine *injuriæ actualis* significare voluit injuriam consistentem in factis, gestibus, aliisque actibus factam, & quidem gravem, atque irato animo perpetratam, puta, manu minitari percussionem; facere contra

eosdem omnes illos actus in §. præcedenti examinatos; itèm actus subsannationum acutè pungentium; irrisionum valde verecundantium; actus aspernationum, ac si stulti, aut semifatui essent, cùm tales non sint; aliaque similia graviter injuriantia, verecundantia, & mortificationem afferentia; quæ omnia in hac reservatione comprehenduntur. Crederem etiam, quòd ex ira publicare de genitoribus facta occulta infamatoria, & multò magis falsa, subjiceretur huic reservationi utpote actio injuriosissima contra eosdem, quamvis in absentia. Ly autem *gravissima verbalis contumelia* denotat injuriam verbalem prolatam coràm eisdem; eò quòd hæc sit natura contumeliæ, videlicet, proferre coràm, ut docet S. Thomas: non reservatur autem quæcumque sit mortalis, nisi fuerit *gravissima*, qualis certè esset illa, quæ eorumdem famam & honorem gravissimè læderet, puta, vocando genitores fures, adulteros, veneficos, vel quid simile.

II. Tertius modus hæc habet: *Injectio manuum violenta in parentes;* qui jam expensus fuit in §. antecedenti; & clariùs nedum comprehenduntur percussiones, verùm etiam quæcumque gravis violentia illata personis genitorum, puta, si filius volens de manu patris, vel matris aliquid rapere, & ipsi resistant, ille, indignatione commotus, utpote robustior, illos graviter manibus agitaret hàc illàc violenter trahendo, donec rapiat, quod ipsi justè nolunt dare.

III. Quartus modus dicit: *Verberatio patris, vel matris, seu cujuslibet ex majoribus, ascendentibus, vel collateralibus.* Hæc verba denotant quemlibet majorem ex ascendentibus; circa quos nullam, puto, excitari posse difficultatem. Comprehendit etiam quoslibet majores collaterales; cùm autem neminem excipiat, omnes complectitur: igitur dummodò sit consanguineus collateralis, & major, & percussio sit gravis, & mortale peccatum, erit reservata. Putarem, non semper percussionem, quæ respectu genitorum, aut ascendentium potest esse lethalis; esse lethalem etiam respectu collateralis, nàm esse, quod filius à genitoribus recipit tanquam à causis secundis; & quod nulli alteri debet nisi Deo causæ primæ, efficit, ut quælibet illorum percussio cùm indignatione evadat gravis; quod, arbitror, non verificari de aliis majoribus collateralibus.

IV. Quintus modus percussioni addit

vel

vel alia gravissima injuria illis illata. Jam de percussione diximus. Circa injuriam , nota ly *gravissima* , per quod ostenditur, non reservari injuriam quamcumque mortalem, sed inter mortales gravissimam , ex quibus aliquas indicavi num. 1. Observa , quòd ibi dictum fuit de injuriis actualibus , quæ consistunt in actionibus , & etiam de contumeliis verbalibus : hìc autem voce injuriæ gravissimæ , putarem , significari injurias illatas tàm per actiones , & gestus , quàm per verba ; nisi Legislator aliter se explicasset.

V. Sextus modus ita dicit : *Patris, & matris percussio tàm ex odio , quàm ex contemptu.* Sive ergo percussio procedat ex odio , sive ex contemptu, alterutrum sufficiet ad hanc reservationem. Nomine autem odii puto intelligi odium habituale ; ità ut necesse sit , quòd percussio processerit ab hoc odio aliquatenùs diuturno : nec sufficit, quòd profluxerit ab odio actuali , & derepente exorto , seu ex iræ motu statim exurgente , seu ex actuali malevolentia ; cùm id à percussione irata videatur inseparabile : cùm igitur Legislator requirat odium , intelligetur de eo , quod communiter habetur ut tale , quod non consistit in actu transeunte aversionis , & malevolentiæ , sed saltem in aliqua diuturnitate hujus impiæ affectionis. Ex contemptu autem dicetur filius percutere , quando veluti pro nihilo filius habens genitorem , vel genitricem , vel ob modicam habilitatem , vel ob aliquod vitium, animo contemnente illos percutit , & reservationi subjicitur.

VI. Circa alios modos dicendi , suprà relatos , jam satis dictum existimo , tàm quoad ascendentes , quàm quoad injurias actuales , quoad contumelias graviores , aut gravissimas , atque quoad injurias actuales, & verbales.

CAPUT VIII.

Circa Homicidium.

§. I. *Referuntur varii modi reservationis.*

I. PRimus ità dicit : *Homicidium voluntarium , non solùm quoad committentes , verùm etiam quoad mandantes, consilium , aut assistentiam personalem efficaciter præstantes.* Secundus : *Homicida voluntarii , & de industria abortum procurantes , etiam fœtus inanimati , li-*

cèt non sequatur effectus ; nec non suffocantes parvulos ex negligentia in lecto , vel extrà. Tertius dicit sicùt primus , & tantùm mutat ly *assistentiam personalem efficaciter* in *auxilium efficaciter*: & additur *Infantium oppressio , seu suffocatio per incuriam , eorumque infra annum in lecto detentio absque necessariis cautelis , & custodia.* Quartus : *Homicidium voluntarium , etiam quoad mandantes , & consilium efficaciter dantes. Procuratio abortus , tùm opera , tùm consilio , etiam effectu non secuto.* Quintus : *Homicidium , & mutilatio voluntaria , nec non eorum mandatum , & consilium , effectu secuto. Abortus autem etiam fœtus inanimati , & ejus procuratio , licèt non sequatur effectus. Detentio infantium in lecto , antequam annum compleant , sine cautione , à propriis Parochis præscribenda.* Sextus : *Homicidium voluntarium , seu mandatum, vel consilium , effectu secuto. Procuratio abortus , etiam effectu non secuto , mandatumve , consilium , aut auxilium ad id datum.* Septimus : *Homicidæ voluntarii, qui homicidium mandaverint : qui operam suam , aut consilium præstiterint. Quicumque , tàm vir , quàm mulier , etiam præter matrem , & nutricem , infantem in lecto , anno non expleto , sine cunis , aut repagulo tenuerit , si periculum suffocationis animadvertit.* Octavus : *Homicidium voluntarium , seu procuratio abortus , aut suffocatio parvulorum in lecto , vel extrà.* Nonus : *Homicidium voluntarium , non solùm quoad committentes , verùm etiam quoad mandantes , vel consilium efficaciter dantes.* Decimus : *Homicidium , vel mutilatio voluntaria , nec non eorum mandatum , seu consilium efficax : atque abortus fœtus etiam inanimati , atque ejus procuratio , etiamsi non sequatur effectus. Detentio infantium in lecto , antequam annum compleant , cum periculo suffocationis.* Undecimus : *Homicidium voluntarium, ejus jussio , & procuratio , & consilium, secuto effectu. Procuratio abortus , secuto effectu , & detentio parvulorum in lecto.* Duodecimus : *Homicidium voluntarium, membrorumque mutilatio. Abortus ex industria , & infantium suffocatio.* Decimus tertius : *Homicidium voluntarium : procuratio abortus fœtus , tàm animati , quàm inanimati ; mandatum, opera, consilium ad illum procurandum, etiamsi non sequatur effectus. Detentio infantium in proprio lecto ante* annum completum sine debita cautione , ad periculum suffocationis evitandum. Decimus quartus : Homicidium voluntarium , & procuratio abortus , tùm opere , tùm consilio : detentio infantium , anno minorum, in lecto absque repagulis , quæ suffocationis periculum prudenter removent. Decimus quintus : Qui homicidium voluntarium commiserint , vel committi mandaverit , aut consuluerint : Qui studiosè abortum procuraverint , consuluerint, operamque præstiterint ; quive filios ex negligentia oppresserint.

§. II. Expenditur primus dicendi modus; sterniturque via ad cæteros faciliùs explicandos.

I. NEminem latet , homicidium , theologicè acceptum, non verificari de quacumque hominis occisione ; nàm & judex jubet malefactoris suspendium , & carnifex illud exequitur , quin dicantur homicidæ : significat igitur homicidium hominis injustam occisionem. Primò igitur in hac reservatione habetur homicidium voluntarium ; quæ vox voluntarii hoc in loco multum negotii facessit, ob variam significationem , quam habere potest, & quæ in præsentiarum in duplici sensu considerari potest : nempe, velùt ly voluntarium significet illud voluntarium requisitum ad peccandum mortaliter: & hoc modo videretur vox importuna , imò inutilis ; cùm jam neminem fugiat , non reservari , nisi certò mortalia , & proinde nisi certò voluntaria in illa specie: eapropter videtur, quòd ly voluntarium in hoc casu aliud significatum habere debeat , videlicèt , quod sit voluntarium , id est intentum , de industria commissum , & ex proposito privandi vita hominem. Cùm enim plures sequantur occisiones & quidem lethaliter criminosæ, quæ tamen non proficiscuntur ex voluntate determinata occidendi , sed vel ex culpabili inadvertentia , & negligentia , vel etiam contra intentionem peccantis , qui tàm grave malum nec intendit , neque ullo modo vult ; quamvis reputentur occisiones mortales , & proinde sufficienter voluntariæ ; & idcircò ly voluntarium in hoc casu videtur deposcere , quòd homicidium sit intentum , procuratum , & quod agens operetur ex intentione occidendi : quæ doctrina , quam existimo veram, eximit ab hac reservatione plures occisiones , tametsi lethales.

II. Et primò ab hac reservatione eximetur mater , vel nutrix illa (nisi aliundè reservetur , ut videbimus in §. sequenti) quæ suffocat infantem , retentum in proprio lecto, quamvis præviso periculo , nunquam tamen existimato eventuro : quod factum deplorat irremediabilibus lachrymis.

III. Similiter ab hac reservatione eximetur ille , qui volens vindicari de inimico, eligit ipsum aggredi , & eidem unum , vel alterum vulnus infligere , non grave , neque mortale , in aliqua parte corporis , remotiore à partibus vitalibus , nolens ullo modo eidem mortem inferre ; sed quia in facto pugio secavit venam , aggressore nolente , post paucas horas aggressus misserrimè moritur. Hic aggressor, quamvis reus homicidii ab omnibus habeatur , atque obnoxius omnibus damnis , ex hac morte secutis , non tamen huic reservationi , ob datam rationem.

IV. Pariter, qui aggressus ab inimico armata manu , ensem proprium evaginat sola intentione defendendi propriam vitam , & ut repellat fortiter insistentem , compellitur ipsum ferire ; at quia exit limites inculpatæ tutelæ , ex accepto vulnere aggressor ille moritur ; aggressus iste quamvis ob egressos advertenter limites inculpatæ tutelæ sit occisor ; cùm tamen nunquam habuerit intentionem aut occidendi , aut vulnerandi mortaliter , non incurret hanc reservationem , ob allatam rationem. Secùs autem , si exeundo limites tutelæ , proposuisset illum occidere; quia, ut patet, evaderet occisio per se intenta.

V. Eodem modo Medicus, qui ob negligentiam crassam , & lethalem in visitatione infirmi est causa , quòd hic moriatur , est coràm Deo reus homicidii , & omnium damnorum, ex ejus morte profluentium ; non tamen hujus reservationis ; quia nunquam habuit animum privandi vita infirmum ; imò nec putabat , quamvis ignorantia graviter vincibili , mortem illius secuturam.

VI. Inquires: àn istam reservationem incurrant pater occidens aggressorem impudicum filiæ , & maritus occidens aggressorem uxoris inventos in flagranti? Respondeo , juxta paulò ante dicta , quòd , si tàm pater quàm maritus , sine animo occidendi , sed duntaxat injuriam aliquo modo vindicandi , percutiant aggressorem illum , ex qua percussione moriatur , quamvis in foro conscientiæ homicidæ habeantur , videntur ab hac reservatione immunes , ob rationem eamdem suprà allatam ; quia in eo actu non habuerunt affectum occidendi : secùs verò dicendum , si , dùm gladium arripuerunt, secum

-eum decreverunt occidere impudicos illos: & idem dicas de occisione uxoris infide+ lis , & filiae impudicae, se prostituere vo-lentium.

VII. Quid dicendum de illo, qui putans occidere inimicum, per errorem occidit ami--cum? Respondeo, hanc occissionem in hac reservatione includi ; quia , dùm v. gr. sclo-pum explodit, reverà intendit occidere illam personam , contra quam displodit ; & quam--vis habituali intentione eam reputet Petrum inimicum , actualiter tamen vult illam , con--tra quam displodit , occidere : & proptereà est ipsi actualiter voluntaria, & ex proposi-to occisio illa ; licèt sit eidem habitualiter involuntaria occisio illius determinatae per-sonae amicae.

VIII. Sciscitaberis , àn , si quis, inflicto alicui vulnere lethali animo deliberato il-lum occidendi, facti poenitens, antequam vulneratus moriatur, currat ad pedes Con-fessarii , poterit ne hic illum absolvere , abs-que obtenta facultate? Putarem , esse ne-gativè respondendum ; quia in hac reserva-tione non ponitur illa particula *effectu secu-to* , quae ponitur in quibusdam aliis ; & cùm alioquin, ut supponitur, vulneratus sit cer-tò moriturus , hìc vulnerator habendus est verè homicida, & causa efficax illius mor-tis , jam imminentis ; idcirco mors illa cen-senda erit ut certò moraliter praesens , & proinde constituens vulneratorem huic reser--vationi obnoxium.

IX. In hac reservatione dicitur : *non so-lùm , quoad committentes, verùm etiam quoad mandantes.* Quis dicatur mandans , omnes norunt : at difficultas est , quando, qui man-davit , poenitens retractat , & revocat man-datum ; & nihilominus mandatarius illud exequitur , & occidit ; quid dicendum de hoc mandante? Respondendum videtur sub distinctione : vel enim personaliter revocavit mandatum ; & tunc jam patet , solum man-datarium reum esse homicidii, & reservatio-nis, damnorum , &c. ; cùm enim tota ratio agendi respectu ipsius esset mandatum , hoc seriò , & personaliter sublato , ratio agen-di. fuit sola ipsius perversa voluntas. Idem pariter dicas in casu , quo mandans non po-tuisset personaliter revocare , (si enim mo-raliter potuit , ad id tenebatur) adhibuit tamen personam fide dignam , vel chyrogra-phum , propria manu scriptum charactere jam noto mandatario , quibus hìc tenebatur credere , & desistere ab homicidio. Vel mandans usus fuit nuntio contemptibili , qui

nullius , vel modicae esset auctoritatis , cùm alioquin posset magis idoneum invenire ; & tunc non videretur adimplevisse suas partes, ut impediret homicidium , mandatario ur-genter commendatum; & proinde illum à reservatione non eximerem.

X. Includuntur in hac reservatione etiam *consilium dantes* ; proindè sufficietne ad evadendam reservationem , seriò revoca-re consilium datum? Solutio hujus quaesiti pendet à quaestione simili in materia jus-titiae circa damna proximi, in qua aliqui ex-cusant à restituendo consiliantem , qui sim-plici revocatione consilium datum retracta-vit : verùm alii sapientiùs distinguunt; & dis-tinctio haec deservit pro praesentis quaesiti solutione : si enim consilium fuerit merè approbativum , in quo nulla fuerit adducta ratio inducens ad homicidium , concedo, quòd sufficiat seria ejusdem retractio : at, si in consilio fuerit adducta ratio aliqua valdè movens humanam malitiam ad occi-dendum ; & tunc non est verum , sufficere simplicem revocationem consilii dati , sed insuper requiritur , quòd in revocatione af-ferantur rationes , elidentes motiva anteriùs allata , quae simplici revocatione non eli-duntur ; & alioquin consiliatus vi dictorum motivorum fuit inductus , aut confirmatus ad homicidium perpetrandum : & in hoc casu consilians non eximetur à reservatione, nisi afferat dicta motiva , quae convellant motiva priora. Si autem reverà haec motiva afferat , quae tollant & evertere debeant anteriora ; tunc , cùm motiva anteriora non sint amplius in consiliato ratio agendi , con-vincitur , quòd ratio agendi sit ejus malitia, & indocilitas , quae cedere debebant moti-vis noviter allatis ; & quod ipse , & non consiliator , teneatur reservatione. Demùm, quando consiliator accedit ad volentem oc-cidere , & illum invenit omnino firmatum in hac intentione , ità ut ejus consilium sit penitùs superfluum , & asserere possit coram Deo , quod consilium nullum influxum ha-buerit in occisione ; neque in hoc casu hac reservatione tenebitur ; cùm verum sit, quòd suum consilium *efficaciter* , ut loquitur haec reservatio , in occisionem influxum non habuerit.

XI. In hac reservatione includuntur etiam *assistentiam personalem efficaciter praestan-tes.* Idcirco quaeres , àn famulus , qui , gra-vi metu adactus, & jussus ab hero , comi-tatur istum , pergentem ad occidendum , ar-mis instructus , qui tamen nullum habet ani-mum

mum percutiendi, aut herum adjuvandi, quinimò cupit, ne homicidium sequatur, quòd tamen secutum fuit, quin famulus gladium vagina eximeret; hæc famuli assistentia personalis erit ne censenda reservata? Videtur respondendum sub distinctione: vel enim herus ille etiam sine famuli assistentia ad occidendum perrexisset, vel non? si reverà perrexisset, non apparet, assistentiam illam efficacitatem habuisse, ab hac reservatione postulatam; quia adhuc sine illa homicidium secutum fuisset : si autem herus sine famuli comitatu non perrexisset, hoc ipso assistentia famuli influxisse convincitur in homicidium; & proinde reservationi erit obnoxia. Neque opponas: quando ex actione mea, penitus sine animo facta, indirectè tantùm sequitur homicidium, juxta superiùs dicta, non sum reus hujus reservationis: igitur neque, quando ex assistentia mea penitùs sine animo præstita sequitur homicidium, ero in hac reservatione inclusus. Respondeo, concedendo, quòd pro assistentia tua non eris reus homicidii reservati in hoc casu, ob defectum voluntarii suprà explicati; & negando, quòd non evadas reus assistentiæ personalis reservatæ: aliud est, quòd sis reus homicidii in hoc casu reservati; & aliud, quòd sis reus assistentiæ reservatæ: homicidii reservati reus non es, quia nunquam illud intendisti; es tamen reus assistentiæ reservatæ, quippè quòd influxum efficacem habueris præsentia tua in homicidium, ut probavi : id autem sufficit, ut assistentia tua evadat reservata, ut apparet ex verbis casus. Neque te excusat metus gravis, quo adactus fuisti; quia metus non tollit voluntarium sufficiens ad peccatum mortale, ut ostendimus Tract. 3. cap. 4. §. 3. Cùm igitur metus ille relinquat, voluntariam fuisse assistentiam tuam, & simul verum sit, eam efficaciter influxisse, non eris immunis ab hac reservatione, in qua comprehenditur, nedum homicida volens occidere, verùm etiam volens efficaciter assistere personaliter.

XII. Procul dubio in hac reservatione includitur abortus fœtus animati, de industria procuratus; cùm sit verum homicidium: (de quo dicetur in §. sequenti) Et nota, semper præsumendum esse masculum, juxta praxim Romanæ Curiæ, à Naldo relatam: masculus autem animatur, ut volunt aliqui, quadragesimo die à sui prima conceptiono. in hanc igitur reservationem incidunt, præter agentes, etiam mandantes, & consulentes,

& personalem assistentiam efficaciter præstantes. At, quid de pharmacopola, potionem componente, quam novit ad hunc effectum mandatam? etiam hic, tanquam personalem assistentiam efficaciter præstans, reservatione tenebitur, ut patet. Verùm, quid dicendum de non impediente, cùm posset, imò etiam interius complacente? Hic, quamvis graviter peccet, non includitur in hac reservatione; in qua nil dicitur de non impedientibus, nec de merè internè complacentibus. Nota demùm, contra procurantes abortum fœtus animati extare excommunicationem, specialiter Episcopo reservatam, ut monui in Tractatu 8. cap. 1. §. 3. num. 5.

✠ Vide etiam, quæ eidem loco addita sunt ad uberiorem explicationem.

§. II. *Expenduntur alii modi reservandi, superiùs relati.*

I. IN secundo modo, præter *Homicidium voluntarium*, de quo latè diximus, reservatur *Abortus, de industria procuratus, etiam fœtus inanimati, licèt non sequatur effectus : nec non suffocantes parvulos ex negligentia in lecto, vel extrà.* Reservatur ergo etiam sola attentatio abortus cujusvis fœtus humani, quamvis inanimati, etiam effectu non secuto; nil clarius dici potest. Quid autem significetur nomine *procurationis* ? putarem, quòd nedum agens, verùm etiam mandans, consulens, & quovis modo efficaciter adjuvans in hac reservatione includatur; nàm de unoquoque istorum verificatur: *Procuratio abortus.* Itèm reservatur *Suffocatio parvulorum ex negligentia in lecto, vel extrà:* id quoquè clarum est. Quando autem dicetur id evenire ex negligentia? putarem, tunc extare hanc negligentiam, quando quis infantem secum tenet, qui nedum annum explevit, nec apponit repagula, quæ hoc periculum avertere queant: & intelligitur hic casus effectu secuto, & respectu cujuscumque personæ.

II. In tertio hòmicidio voluntario additur: *Auxilium efficaciter præstans* : igitur in hac reservatione includetur, qui quovis modo efficaciter auxiliatur ad homicidium patrandum tùm opere, tùm verbo. Additur etiam : *Infantium oppressio, seu suffocatio per incuriam; eorumque infrà annum in lecto detentio absque necessariis cautelis, & custodia* : igitur etiam sola detentio in lecto sine dictis cautelis, etiam effectu suffocationis non secuto, est reservata, si infans annem non expleverit : & reservatio com-, prehendit quamcumque personam retinen-, tem in lecto infantem.

III. In quarto modo reservatur *homicidium voluntarium, etiam quoad mandantes, & consilium efficaciter dantes*; de quibus satis dictum in §. primo; cùm alioquin in hac re-, servatione nihil dicatur de præstantibus assis-, tentiam personalem, sicùt dicebatur in primo. Additur: *Abortus procuratio tùm opere, tùm consilio, etiam effectu non secuto*. Quæ verba intelligenda, putarem, de quocumque abortu, nempè fœtus etiam inanimati; quandoquidem legislator nil distinguat: igitur procuratio abortus, cum verificetur etiam de inanimato, huic reservationi subjicietur.

IV. In quinto dicitur: *Homicidium, & mutilatio voluntaria, nec non eorum mandatum & consilium, effectu secuto.* Mutilatio est recisio alicujus membri: igitur etiam hæc, effectu mutilationis secuto, reservatur. Additur: *Abortus autem etiam fœtus inanimati, & ejus procuratio, licèt non sequatur effectus. Detentio infantium in lecto, antequam annum compleant, sine cautione, à propriis Parochis præscribenda.* Quoad abortum clarissimè exprimitur; & intelligitur de quovis procurare, quocumque modo. Quoad detentionem infantium in lecto, non restringitur reservatio ad solum lectum, sed extenditur ad quemvis alium locum, in quo simul dormiatur cum infante, & cum dicto periculo, & sine dictis cautelis. At inquires, utrùm, qui bona fide uteretur aliis cautelis, ab ipso putatis securioribus, quàm sint illæ à Parocho præscriptæ, incideret in hanc reservationem? Respondeo, quòd, si reverà bona fide ageret, & absque ulla dubitatione, à reservatione evaderet; quis enim dicat, hunc peccare mortaliter, dùm procurat in conscientia sua negotium securius agere? esset tamen monendus, ut præscriptis utatur.

V. Modi sextus, & septimus ex hactenus dictis remanent expensi, ut consideranti constabit. Solùm in septimo additur: *Si periculum suffocationis animadverterit.* Igitur in reservationem hanc non incidunt, nisi tale periculum animadvertant. Ità loquitur Lex. Verùm, cùm non animadvertere oriri possit ex inadvertentia crassa, & moraliter vincibili, excusabit ne ista ab hac reservatione incurrenda? Respondeo, distinguendo; quòd si sint personæ, reverà infantem illum diligentes, & nullam omni-

no dubitationem mens eorum passa fuerit, crederem eos immunes à reservatione; quia forte in nullo mortaliter peccaverunt: si autem aliqua etiam levis dubitatio eorum mentem pulsaverit, eamque dissimulaverint, reservatione tenebuntur; quia illa sufficit ad inducendam malam fidem.

VI. Quæ in octava reservatione continentur, satis arbitror explicata fuisse quoad primam partem homicidii voluntarii. Quoad secundam verò partem, in qua dicitur: *procuratio abortus,* & nil aliud, intelligitur reservata procuratio abortus etiam fœtus inanimati, cùm & hic sit verè abortus; & intelligitur, sive sequatur effectus, sive non, etenim reservatur *procuratio,* quæ verè extat, quamvis non sequatur effectus: & extenditur ad quoscumque quovis modo procurantes, dummodo reapse procuraverint sive facto, sive dicto, sive assistentia &c. Quoad tertiam partem, in qua dicitur: *suffocatio parvulorum, sive in lecto, sive extrà;* non sufficiet igitur periculum suffocationis, nisi hæc sequatur, aut in lecto, aut extrà.

VII. Nonus, & decimus modi reservationis, cùm sint jam expositis omnino similes, unus primo expenso in §. 1. alter quinto, & aliis in hoc paragrapho consideratis: ideo prætermittuntur, ne dicta repetamus. Undecimus modus, quoad homicidium, apponit, præter alias particulas in aliis expensas, aliam peculiarem, nempè, *procurationem* homicidii; quo verbo, cùm sit amplissimæ significationis, comprehenditur in hac reservatione quicumque actus, quodcumque verbum, officium, signum, obsequium &c., qui actus sint directi ad movendum, incitandum, promovendum, stabiliendum homicidium, tamen *effectu secuto.* Ità etiam reservatur *procuratio abortus, effectu secuto:* igitur quilibet abortus, etiam fœtus inanimati, quomodocumque procuratus, & à quocumque, effectu secuto, erit inclusus in hac reservatione. Tandem reservatur *detentio parvulorum in lecto.* Hæc absoluta locutio, puto, quòd non significet quamcumque detentionem, etiam submoto periculo, sicut neque quamcumque ætatem parvuli, in qua non solet esse periculum; sed intelligenda erit juxta consuetudinem Diœcesis, vel juxta explicationem legislatoris; & si nullæ extent, putarem, intelligi debere de detentione cum periculo, & de infante, qui annum non compleverit; ut vidimus in aliis.

VIII. Duodecimus reservationis modus

ii

similiter reservat *homicidium voluntarium,* *membrorum mutilationem* ; & cùm nullum personarum genus significet, sivè mandantis, sive consiliantis &c. , compellimur dicere, quod comprehendat solos occidentes, & mutilantes. Additur *abortus ex industria, & infantium suffocatio:* & hæc quoque duo crimina ex vi verborum reservata videntur respectu duntaxat illa operantium ; eo quia, ut notavi, nullum indicetur personarum genus. Suffocatio autem, sive in lecto, sive extrà contingat, reservatur ; quæ videtur postulare effectum secutum ; nam verbum *suffocatio* denotat factum, & non solùm periculum.

IX. Decimus tertius ità dicit: *Homicidium voluntarium. Procuratio abortus fœtus sive animati, sive inanimati, mandatum, opera, consilium ad illum procurandum, etiamsi non sequatur effectus. Detentio infantium in proprio lecto ante annum completum, sine debita cautione ad periculum suffocationis evitandum.* Omnia sunt expensa in anteà dictis. Circa homicidium, videtur, solos occidentes comprehendere ; non ità circa abortum ; cùm expressè comprehendantur nedum agentes, verùm etiam cooperantes, mandantes, consiliantes ad illum procurandum pro quovis fœtu, etiam effectu non secuto : Circa detentionem infantium nil addendum superiùs dictis. Similiter loquitur modus decimus quartus circa homicidium : circa abortum autem comprehendit solos agentes, & consiliantes : & circa detentionem infantium eodem modo loquitur ac modus præcedens, eodem pariter modo explicandus.

X. Decimus quintus, circa homicidium comprehendit committentes, mandantes, & consiliantes, de quibus satis dictum. Circa abortum reservat studiosam ejusdem procurationem, consilium, & cooperationem; quæ, putarem, intelligenda effectu secuto ; & quidem fœtus etiam inanimati, cùm Legislator nil distinguat. Circa infantium detentionem, reservat oppressionem ex negligentia, & restringit ad oppressionem filiorum: eapropter, si quis, ex dicta negligentia (de qua suprà dictum fuit) parvulum, qui non sit filius, opprimat, crederem eximi ab hac reservatione ; quod sapientioribus judicandum submitto.

* Auctor *suprà n. 6.* expendens & explicans secundam casus octavi partem, hisce conceptam verbis: *Procuratio abortus,* asserit, quòd incurritur reservatio, sive sequatur effectus, sive non ; etenim, ait, reservatur *procuratio,* quæ verè extat, quamvis non sequatur effectus, & extenditur, subdit, ad quoscumque quovis modo procurantes, dummodò reapse procuraverint sive facto, sive dicto, sive assistentia. *Num.* autem *præced.* ad examen vocans, ac declarans secundam partem casus decimi quinti, ità expressam: *Qui studiosè abortum procuraverint, consuluerint, operamque præstiterint,* puta, hæc intelligenda, effectu duntaxat secuto; seu censet, quòd reservationi non reddatur obnoxius, qui reverà studiosè abortum procuraverit, consuluerit, operamque præstiterit, nisi effectus sequatur. Hæc inter se minimè congruere videntur ; eumdem namque sensum omnino referunt utriusque casus verba ; ac etiam in hac postremò verificatur, quòd adest studiosa procuratio &c. quamquàm non sequatur effectus. Itaquè vel in neutro, vel in utroque casu incurritur reservatio. In his verò, similibusve casibus nostro quidem judicio mens investiganda est reservantis, ut omnis de medio dubitatio auferatur : vide, quæ in anteriori editione addidimus inferiùs, nempè, *cap. 11. §. 5. post num. 2.*

CAPUT IX.

Circa peccata Luxuriæ.

§. I. *Referuntur varii modi reservationis.*

PRimus modus ità loquitur : *Fœdissimum sodomiæ scelus, & quicumque concubitus consummatus contra naturam.* In secundo dicitur : *Fœdissimum sodomiæ scelus ; abusus fœminarum ; & crimen bestialitatis.* In tertio dicitur : *Qui cum brutis coierint ; & qui fœdissimum sodomiæ etiam imperfectæ scelus commiserint.* In quarto dicitur : *Bestialitas, crimenque sodomiæ.* In quinto dicitur : *Puberum sodomia, & bestialitas.* In sexto dicitur : *Omnis carnalis concubitus contra naturam consummatus.* In septimo dicitur : *Crimen sodomiæ, item bestialitas, & etiam tactus cum bestiis, si referatur ad pollutionem, & pollutio sequatur.* In octavo dicitur : *Fœda cum bestiis commixtio, & omnes concubitus contra naturam consummati ; quoad mares puberes.* In nono dicitur : *Bestialitas, sodomia quoad agentes ; nec non quilibet concubitus contra naturam cum fœminis, quoad mares tantùm.* In decimo di-

dicitur : *Bestialitatis , & sodomiæ pecca-*
tum consummatum , & activè commissum.
In undecimo dicitur : *Qui nefandum sodo-*
miæ peccatum tàm activè quàm passivè
commiserint ; vel cum brutis coierint.

§. II. *Expenditur primus modus; aperitur-*
que via ad cæteros breviùs expli-
candos.

I. SOdomia communiter cum Cajetano in
Sumula verbo *Sodomia* , definire solet : coitus inter personas ejusdem sexus.
Cùm igitur hæc sit sodomiæ essentia , quamvis mihi sit approbanda distinctio sodomiæ
in sodomiam propriè talem , & in impropriè talem : & duntaxat propriè talis, censeatur reservata : non tamen mihi approbanda videntur omnia exempla , à multis allata
ad hanc distinctionem explicandam. Nam,
quoties verificatur coitus consummatus inter
personas ejusdem sexus , toties reputanda
erit vera & propria sodomia : igitur, quando
inter duos masculos, aut inter duas fœminas
id contingat , sive præposterè, sive anteriùs
se conjungant, erit verum , & proprium sodomiæ scelus consummatum, & reservatum.
Etenim , ut optimè observat Joannes della-
Val in suo Compendio Bonacinæ, verbo *So-*
domia , in sodomia propriè accepta pecca-
tur contra sexum; & inde infert, quòd, quando mas præposterè consummat copulam cum
fœmina , quamvis non servet vas debitum,
servat tamen sexum debitum , nempè fœmi-
neum ; & ideo hæc est sodomia impropria:
quando ergo neque servatur sexus , neque sexus , tunc erit sodomia propriè dicta , &
reservata; ac proinde quando duo mares, vel
duæ fœminæ congrediuntur modis supradictis , erit sodomia propriè accepta , & reservata. Vide P. Gabrielem Antoine de Luxu-
ria, ubi de Sodomia disserit.

II. Nomine *Concubitus contra naturam*
significantur, præter omnes paulò antè dictos
congressus , etiam quicumque alii congressus
non naturales , sive cum personis humanis,
sive cum quibusvis aliis suppositis viventibus
diversæ speciei ab humana , puta , cum bestiis sive mares sint , sive fœminæ , quod peccatum vocatur bestialitas ad quam reducitur
etiam congressus cum dæmone , sive incubo,
sive succubo ; qui congressus habent etiam
speciem peccati , juxta qualitatem personæ,
sub cujus forma diabolus apparet; puta adulterii, si personæ conjugatæ; incestus , si con-

junctæ &c. hi omnes congressu consummati sunt in hac reservatione inclusi.

III. Quæres, àn irrumatio, quæ est quidam congressus immanis deformitatis , quo
membrum virile introducitur in os humanum
sive maris , sive fœminæ , & in eo consum-
matur pollutio , heu monstra humanæ libidinis ! sit in hoc casu reservata ? Affirmativè
respondendum, arbitror ; quia est quoddam
horribile scelus, genusque copulæ contra naturam à diabolo excogitatum, atque in corda quorumdam hominum , qui sunt portenta
libidinis , inductum. Et nota, quòd , ut reservatio in omnibus hactenus judicatis modis
peccandi incurratur , sufficit , ut in agente
consummatio sequatur.

IV. Interrogabis an, quando duo mares,
vel duæ fœminæ à parte ante congrediuntur,
sit necessaria consummatio in utrisque pro
reservatione? Respondeo negativè ; sed sufficit, in alterutro eorum sequatur; quia, quod
uterque eorum sit simul agens , & pariens,
sufficiet, ut in alterutro consummatio sequatur , ut crimen verificetur consummatum.

V. Fortassè deduces: igitur quando impuberes vel sodomiticè , vel aliquo ex dictis
modis congrediuntur , non incident in hanc
reservationem? Respondendum videtur concedendo ; nàm , si consummatio consistat in
seminis resolutione , cum impuberes sint inhabiles ad illam, non poterit verificari peccatum consummatum. Consultò locutus sum
sub conditione , si consummatio consistat
&c. : nùm quibusdam videtur, quòd consummare peccatum carnis in eo formaliter consistat , quòd saturetur præsens libido , sive semen effluat, sive non , dummodò præsens libido esaturetur, pro quanto statui illius personæ potest convenire : quòd àn verum sit,
sapientioribus decernendum relinquo , cùm
alioquin huic doctrinæ non adverser.

VI. Posito, quòd consummatio consistat
in seminis resolutione, si impubes, malitia in
ipso ætatem supplente, semen emittat in aliquo relatorum casuum , tenebitur ne hac reservatione? Vidi aliquos respondentes negativè ; quia dicunt ipsi , per accidens est quòd
impubes ille operetur ut pubes. Sed longè
probabilius respondendum est affirmativè; de
ipso namque verificatur totum id , quod ab
hac reservatione postulatur : cur igitur erit
eximendus? an fortè salacius ejusdem tempe-
ramentum , & procacior libido eidem favere debebunt ?

VII. Quid dicendum de carentibus utro-

que

que teste, si perpetrent aliquod ex suprà dictis criminibus? Putarem respondendum, eos non esse ab hac reservatione eximendos; tùm quia etiam concubitus naturalis pro ipsis est contra naturam; cùm sint inhabiles ad propagationem speciei : tùm quia illum consummant pro quanto possunt, ut dixi n. 5. neque de facili putandum est, Legislatorem favere voluisse concupiscentiæ effræni hujusmodi generis hominum ; sed de hoc iterum in capite sequenti.

VIII.   Quæres: utrùm, qui ad supradicta flagitia committenda abutitur cadavere humano, aut belluino, huic reservationi subjaceat? Respondeo negativè: peccat quidem coràm Deo, & effectivè peccato speciei correspondentis individuo, quo abutitur, & specie illius peccati, quale esset si corpora illa essent animata ; & tenetur in confessione explicare actus impudicos à se factos, & speciem cadaveris, quo abusus fuit; imò etiam qualitatem personæ, si esset cadaver humanum, puta virginis, conjugatæ, minimè tamen hanc reservationem incurreret, quæ afficit duntaxat actus propriè, & formaliter tales, qui non nisi cum viventibus propriè perpetrantur. Dices, in qua ergo specie peccati reponendus est actus hujusmodi? Respondeo in specie mollitiei, sicut contingit in eo, qui abutitur statua aliqua, alioque instrumento inanimato; tenetur tamen fateri qualitatem statuæ ob speciem, quam tribuit affectui pravo, sicuti qui se polluit cum imaginatione alicujus personæ, qui & realiter mollitiem committit, & mentaliter v. gr. adulterium perpetrat.

§. III. *Expenduntur alii modi reservationis suprà relati.*

I.   IN secundo, præter scelus sodomiæ, reservatur *abusus fœminarum, & crimen bestialitatis.* De sodomia satis dictum. Quoad abusum fœminarum, putarem, intelligendum esse de solo actu fœdissimo cum illis perpetrato ; alioquin nimis extenderetur hæc lex, si de omni actu, de quo verificatur abusus fœminæ, esset intelligenda, ut patet: igitur ad solam sodomiam est restringenda: & pariter de crimine bestialitatis dicendum est, nempè, reservationem restringi ad solum coitum bestialem. Eodem modo loquitur etiam tertius modus dicens : *Qui cum brutis coierint, & fœdissimum sodomiæ, etiam imperfectæ, scelus commiserint :* intelligendo nomine sodomiæ imperfectæ illam, quæ dici

solet impropria, ut animadvertimus in §. 2. n. 1. nempè, viri cum fœmina. In quarto modo reservatur bestialitas, crimenque sodomiæ, de quibus jam satis dictum in §. 2.

II.   Sciscitaberis, àn, quando reservatur sodomiæ scelus, quin aliud addatur, comprehendantur tàm agentes, quàm patientes? Respondendum puto affirmativè; nam quando Legislator non se declarat, nec restingit, sicut aliqui faciunt, ut vidimus, & videbimus, sed loquitur absolutè ; & cum alioquin sodomiæ scelus utrumque requirat, nempè, tàm agentem, quàm patientem; uterque ergo in reservatione includetur.

III.   In quinto similiter reservatur sodomia, & bestialitas : at in sodomia, ut reservatur, requiritur pubertas, dicendo *Puberum sodomia*; verùm inquires, àn uterque debeat esse pubes? Putarem, sufficere, ut agens sit pubes, ut ipse reservationi subjiciatur ; à qua eximendum, crederem, patientem, si ipse pubes non sit. In sexto dicitur: *Omnis carnalis concubitus contra naturam consummatus*, de quibus amplè diximus in §. 2. In septimo reservatur præter sodomiam, bestialitatem, *etiam tactus cum brutis, si referatur ad pollutionem & pollutio sequatur* : omnia sunt clara, quin indigeant explicatione.

IV.   In octavo reservatur bestialitas, sodomia, & quicumque concubitus contra naturam, quæ debent esse *consummata* : reservatur item sodomia impropria viri cum fœmina; quæ omnia reservantur duntaxat *quoad mares puberes.* Et nota, quòd in aliquibus Diœcesibus reservatur *bestialitas etiam non consummata.* Nonus modus similiter reservat bestialitatem, & sodomiam *quoad agentes* tanùm: reservat item *quemcumque concubitum contra naturam cum fœminis,* sed solum *quoad mares.* At inquires, utrùm (quod non rarò evenit) quando mas incipiendo copulam naturalem, ob aliquod motivum desistendo à conjunctione, consumat extra vas naturale, debeat censeri concubitus contra naturam, & inde reservatus? crederem, ita esse affirmandum; cum certè sit concubitus, qui evadit contra naturam, utpote à generatione data opera deviùs. In decimo reservatur crimen bestialitatis, & sodomiæ consummatæ, solùm *activè commissæ.* In undecimo demùm reservatur *sodomiæ peccatum, tam activè, quàm passivè commissum, & coitus cum brutis.*

CA-

CAPUT X.

Circa crimen incestus.

§. I. *Referuntur varii modi reservationis.*

I. PRimus modus ità dicit : *Incestus in primo , & secundo gradu consanguinitatis , & in primo affinitatis , & cognationis spiritualis: & quicumque actus, vel attentatio malitiosa cum filia spirituali.* Secundus dicit : *Incestus in primo , & secundo gradu consanguinitatis , & etiam concubitus inter cognatos spirituales: quilibet actus inhonestus , & quælibet attentatio malitiosa ad turpia cum filia spirituali.* Tertius hæc habet: *Incestus in primo , & secundo gradu consanguinitatis , affinitatis , nec non cognatione spirituali conjuncti ; quo in casu comprehendi etiam volumus peccatum , seu quemcumque actum luxuriæ externum inter Confessarium , & filiam spiritualem.* In quarto ità dicitur : *Incestus, quoad mares , in primo & secundo affinitatis , vel consanguinitatis gradu , & quæcumque impudicitia peracta , aut quovis modo attentata cum persona , cujus confessionem sacramentalem audierit.* In quinto dicitur : *Incestus puberum in primo , & secundo consanguinitatis gradu , & in primo affinitatis , etiam ex spirituali cognitione; & omnis actus luxuriæ Confessarii cum sua pœnitente , vel pœnitentis cum suo Confessario , sive sæpius , sive semel tantùm Sacramentum pœnitentiæ ab eo susceperit.* In sexto dicitur : *Incestus in primo , & secundo gradu consanguinitatis , aut affinitatis, vel inter spirituali cognatione attinentes.* In septimo dicitur : *Incestus tàm in primo, quàm in secundo gradu. Quælibet impudicitia peracta , vel quomodolibet malitiosè attentata cum filia spirituali ; nec non solicitatio in confessione ad turpia ex parte pœnitentis.* In octavo dicitur : *Quælibet impudititia , etiam solùm attentata , vel etiam verbalis cum propria pœnitente ; hæc etiam quoad masculos.* In nono dicitur : *Incestus, quoad mares puberes , ex consanguinitate in primo , & secundo , & affinitate in primo gradu , ac etiam ex cognitione spirituali. Lapsus carnis , & omnes actus venerei externi Confessarii cum sua pœnitente.* In decimo dicitur *Incestus in primo , & secundo gradu consanguinitatis , & affinita-* *tis , nec non cupula cum cognata cognatione spirituali , vel legali.*

§. II. *Expenditur primus modus , ut exindè cæteri breviùs explicentur.*

I. NOmine incestus significatur congressus , & quidem consummatus inter marem , & fœminam , consanguinitate , vel affinitate conjunctos intra eos gradus , intra quos nequit matrimonium valide iniri, contractique usus prohibetur. Quoad consanguinitatem , post legem Conciliorum Lateranensis IV. , & Tridentini , gradus isti sunt tantummodò quatuor : quoad affinitatem ortam ex copula conjugali , sunt similiter quatuor ; ortam verò ex copula illicita , sunt duo tantùm gradus : & de his omnibus videre potest tract. 14. capite de Matrimonio §. 18. & §. 25. ne hic inutiliter repetantur.

II. Cùm consanguinitas sit vinculum, seu conjunctio personarum , quæ per carnalem generationem ab eodem propinquo stipite, seu principio descendunt; idcirco in hoc casu reservatur incestus in primo , & secundu gradu consanguinitatis , videlicet , copula consummata inter patrem , & filiam , vel inter matrem , & filium , sive legitimi ii sint , sive non ; en primus gradus consanguinitatis in linea recta : tùm inter fratrem, & sororem , itidem sive tales sint ex legitimo matrimonio , sive extra matrimonium legitimum , modò progeniti sint ab eodem parente , quamvis ab altero parente tantùm , ut colligitur ex caus. 35. quæst. 10. cap. si cujus : en primus gradus , sed in linea collaterali. Reservatur præterea copula consummata inter avum sive paternum, sive maternum , & inter neptem ; vel inter aviam itidem sive paternam , sive maternam , & nepotem : en secundus consanguinitatis gradus in linea recta : tùm inter patruum , & filiam fratris , vel inter amitam , & filium fratris ; ac rursus inter avunculum , & filium sororis , vel inter materteram , & filium sororis ; ac denique inter filium , & filiam vel duorum fratrum , vel duarum sororum ; vel inter filium fratris , & filiam sororis , seu inter filium sororis , & filiam fratris : qui patrueles , vel consobrini vulgò , seu italicè *Germani* appellari solent ; qui omnes conjuncti invicèm sunt secundo consanguinitatis gradu in linea collaterali , vel æqua-

Ff 2   li

li, ut sic dixerim, ut contingit in patruelibus, sive consobrinis, vel ascendentium,
& descendentium, ut accidit inter patruum, vel avunculum, & neptem; vel
inter amitam, vel materteram, & nepotem.

III. Circa affinitatem, cùm ipsa sit propinquitas personarum, orta ex copula carnali consummata; & oriatur duntaxat inter mulierem & consanguineos viri, &
inter virum & consanguineos mulieris:
quando oritur, ut dixi, ex copula licita,
seu conjugali, extenditur usque ad quartum gradum inclusivè: in hoc casu reservatur incestus inter affines tantùm in primo gradu, puta, inter privignum, & novercam, inter socerum & nurum, inter virum uxoris, & istius sororem, id est, fratriam, vulgò *cognata*, vel inter uxorem
viri, & istius fratrem, id est, levirum,
vulgò *cognatus*: & hæ affinitates, ut vides,
oriuntur ex copula licita conjugali. Reservatur etiam incestus in primo gradu, ortus ex copula illicita, puta, si homo copulam habeat cum matre, aut sorore, aut
filia mulieris, à se carnaliter cognitæ; sicut etiam quando mulier copulam habeat
cum patre, aut fratre, aut filio hominis,
qui cum illa copulam habuit; quia cùm in
hac reservatione reservetur incestus in primo tantum gradu affinitatis, quin dicatur
ex qua copula ortus; sequitur, quòd ista,
cùm sit vera affinitas, includatur in reservatione.

IV. Interrogabis: àn maritus, qui copulam consummatam habet cum sorore uxoris suæ, vel uxor, quæ talem copulam habuit cum fratre mariti sui, possint, donec
dispensentur, licitè petere debitum ab uxore, vel marito respectivè? Respondeo cum
communi, quòd reus non possit licitè petere
debitum; eo quia petat incestuosè; quandoquidem evaserunt ex vi dictæ copulæ sibi invicem affines; & si petant, & consumment, incidunt in hanc reservationem. Reddere autem debitum innocenti, & petenti,
non est reo illicitum; quandoquidem innocens non amittat jus suum petendi. Consultò dixi *innocenti*; si enim vel uxor, vel maritus operam suam contulisset ad talem incestum, tùm reverà participasset in reatu
illius incestus, neque petenti reddendum esset debitum; quia non esset ampliùs innocens, & jus petendi amisisset, donec dispensetur ab habente facultatem dispensandi.

V. Inquires: quis habet facultatem dispensandi cum conjuge reo incestuoso? Respondeo, hanc dispensationem impertiri ab
Episcopo, novissimè probat ex multis auctoribus doctissimus Pater Ferraris in sua Bibliothecà Canonicà, verbo *Debitum conjugale*
art. 2. n. 9. Posse eam largiri etiam Regulares, & illos præcipuè, qui à Generali, vel
Provinciali deputati fuere, non minùs doctè,
quàm maturè, omnibus perpensis, probat
idem Auctor loco citato num. 12. usque ad
22., ubi concludit his verbis: Hinc dicto
privilegio Confessarii Regulares, absque ulla
speciali licentia, in foro conscientiæ uti possunt; præsertim cùm in dispensatione ad petendum debitum non agatur de valore Sacramenti, sed tantùm de honestate actus:
hæc ille ex Reinffesnel. Ego tamen eo non
uterer sine deputatione supradicta.

VI. Quæres: àn incestus, ortus ex consanguinitate merè uterina, seu ex parte solius matris, huic reservationi subjaceat? Respondeo cum communi affirmativè, ex causa
35., quæst. 10., canone *Si cujus*; quia etiam
consanguinitas merè uterina dirimit matrimonium: igitur sunt veri consanguinei; &
proinde incestus inter eosdem est reservatus.

VII. Quæres denuò: àn copulam habens
cum persona, quæ ignoratur esse consanguinea, aut affinis, & post factum dignoscitur esse talis, incidìdat in reservationem? Respondeo, juxta qualitatem hujus ignorantiæ
esse diverso modo resolvendum; si enim hæc
ignorantia fuerit affectata, & veluti consulto quæsita, procùl dubio juxta omnes non
eximit à reservatione; quia hæc ignorantia
in Jure æquivalet scientiæ. Si fuerit ignorantia revera invincibilis, juxta omnes eximit à reservatione; quia efficit incestum
non formaliter, & in specie morali talem,
sed merè materialiter. Si verò fuerit ignorantia crassa, & vincibilis, quia imprudenter dubium repulerit, cùm haberet motivum dubitandi, censetur mala fide egisse;
& idcirco post compertam veritatem reservatione tenetur.

VIII. Circa secundam partem hujus casus, quæ est de incestu spirituali inter conjunctos affinitate spirituali, quæ definitur:
Propinquitas personarum, orta ex Sacramentis Baptismi, vel Confirmationis; quæque exurgit inter baptizatum & baptizantem, inter baptizantem & baptizati genitores, inter patrinos & baptizatum, inter
patrinos & baptizati genitores; (& idem
est

est de Confirmatione) copula consummata inter has personas est reservata.

IX. At sciscitaberis: àn, quando tenetur
infans per procuratorem, contrahat hanc
cognationem procurator, aut principalis absens; & consequenter si copula committatur, quis eorum reservationi subjiciatur? Respondeo juxta dicta loco supracitato n. 7.
cum probabiliori, principalem contrahere
cognationem; quia procurator, non agit nomine proprio, sed nomine principalis, qui
dicitur tangere moraliter baptizatum per tactum physicum sui procuratoris. Imò, ità
declarasse Sacram Congregationem Concilii
in una Veronensi 29. Martii 1582., & 15.
Martii 1631. referunt Gallemart, Nicolius;
& alii apud laudatum Ferraris verbo *Baptis-*
mus art. 7. n. 17. Solus ergo principalis in
casu reservatione tenetur.

☞ Ex hac sententia, quam auctor propugnat, quæque verior nobis apparet, ut &
communior, nempè, quòd, qui per procuratorem puerum suscipit, spiritualem contrahat cognationem, sequitur; quod, si civitas aliqua infantem de fonte sacro per
aliquem à se deputatum lavaret, tunc singuli, qui ejusdem civitatis corpus constituunt, prædictam cognationem contraherent, singulique proinde huic reservationi
forent obnoxii, si crimen, de quo agitur,
perpetrarent, vel cum baptizato, vel cum
illius parente.

X. Interrogabis item: àn, qui personaliter tenet infantem in baptismo privato, cognationem contrahat, ut exinde, accedente
te copula &c.? Respondeo, quòd, quamvis multi Doctores graves, nempè Sotus,
Navarrus, Suarez, & alii docuerint, hujusmodi patrinum contrahere cognationem;
& proptereà etiam ego in prima editione
ità scripserim loc. cit. n. 8. tamen respondendum est, in dicto baptismo privato cognationem à patrino minimè contrahi, ut
& ego emendavi in secunda editione; quia
ità definitum fuisse à Sacra Congregatione
Concilii, refert laudatus Ferraris loco citato
n. 20.: illam tamen contrahit baptizans in
dicto baptismo privato, quamvis sit persona
laica, & quamvis baptizet in necessitate:
ità ex capite *Pervenit* 1. causa 30., quæst.
1. Proptereà, si concubinarius baptizet filium suæ concubinæ, ne obeat sine baptismo, contrahit cum illa cognationem; & si
post hoc factum illam carnaliter cognoscat,
hanc reservationem incurrit. Excipitur dun-

taxat legitimus maritus, qui in necessitate
baptizat propriam prolem, qui cognationem
non contrahit cum sua uxore, ex privilegio expresso in capite *Ad limina* 7. causa
30., quæst. 1.

XI. Cùm ex supradictis, tenens infantem
in baptismo privato cognationem non contrahat, inquires tertiò, àn illam contrahat patrinus, qui non in baptismo jam privatim collato, sed in solis solemnitatibus tenet infantem, ne dicatur infans carere patrino: ac proinde si accidat copula &c. incidat in hanc reservationem? Respondeo cum
Communi, neque hunc tenentem in solis
solemnitatibus contrahere cognationem; ità
declarante Sac. Congregatione Concilii 13.
Julii 1624. & in his casibus per accidens
est, infantem carere patrino: eapropter, si
copula accidat, non est reservata.

XII. Inquires iterùm: Cùm ad munus patrini non possint designari duo ejusdem sexus ex Tridentino, quid dicendum in casu,
quo essent duo ejusdem sexus, quorum
unus ageret nomine proprio, alter esset procurator alterius?

Respondeo ex declaratione Sacræ Congregationis Concilii 29. *Martii* 1582. cum
distinctione. Si persona illa, cujus vices
procurator gerit, sit diversi sexus à persona, quæ nomine proprio agit, tunc & hæc
persona & illa principalis, cùm duo sint
diversi sexus, cognationem cum infante baptizato, hujusque parentibus juxta leges Ecclesiæ contrahent. Si autem præfata persona principalis, agens per procuratorem, sit
sexus ejusdem cum persona, quæ agit nomine proprio, cùm ex Ecclesiæ legibus
duæ personæ sexus ejusdem nequeant in patrinos eligi, sola illa, quæ agit nomine
proprio, cognationem prædictam contrahet;
rationabilius enim est, ut, cùm una sola
contrahere possit, illa, quæ agit immediatè,
contrahat potiùs quàm illa, quæ agit per
alium; proinde juxta hanc distinctionem, si
præfati copulam committant, incurrent, aut
non hanc reservationem.

XIII. Interrogabis ulteriùs: quando ex
duobus patrinis diversi sexus designatis unus
tangit infantem, & alius tantùm asistit, quin
tangat, contrahet ne hic cognationem? Respondeo cum Sac. Congregatione, solum tangentem contrahere illam, ità in una Cremo-
nensi, teste doctissimo Fagnano in capite
Veniens 6., de Cognatione spirituali n. 8.
Sed quid dicendum, si ille, qui non tangit,
dùm

dùm infans baptizatur, illum tamen detulit ad baptismum? Respondetur ex Sac. Congregatione Episcoporum in una S. Marci 13. Februarii 1593. neque hunc contrahere cognationem, nisi tangat, dùm baptizatur. Imò declaravit Congregatio Concilii, contrariam consuetudinem esse abusum. Demùm, quid dicendum, dùm v. gr. commater suscipit infantem jam baptizatum de manu compatris, contrahet ne cognationem? Respondetur negativè; quia nec levat, neque suscipit de sacro fonte, sed post completam baptismi functionem: ità Sac. Congregatio Concilii 27. Septembris 1602: undè, si sequatur copula, non incurret hanc reservationem.

XIV. Sciscitaberis: si fidelis baptizet, vel teneat ad baptismum filium infidelium non baptizatorum, (ut passim evenit, dum baptizantur filii Judæorum, & Turcarum) vel è contrà infidelis baptizet, vel teneat filium genitorum fidelium, contrahent ne respectivè cognationem cum genitoribus eorumdem? Respondetur cum S. Thoma in 4. sent. dist. 4. q. 2. art. 3. quæstiunc. 1. ad 3. negativè contra Glossam Canonis 1. causa 30. quæst. 1. Angelico adhærent quamplurimi graves, quos inter Navarrus, Barbosa, Fagnanus, Valentia, Sanchez, Gonzalez, & novissimè Cardinalis Petra, &ᵃ præcipuè Sotus, qui in 4. sentent. dist. 42. quæst. 1. art. 3. conclusione 2. ità breviter & urgenter digerit rationem allatam à S. Doctore his verbis: „Glossa Canonis 1., causa 30., „quæst. 1. illud affirmat: at verò S. Tho„mas hic meritissimè negat; neque in du„bium revocari debet; quoniam fundamen„tum cognationis spiritualis est esse spiri„tuale, quod per regenerationem baptismi „suscipimus; & ideò, sicut non baptizatus „baptizans nullam contrahit cognationem „cum baptizato; ità ex adverso nec bapti„zatus ullam cognationem contrahit cum „non baptizato: hæc ille.“

XV. At quid dicendum, si Genitores post factum convertantur ad fidem, & baptizentur, tùnc germinaret ne noviter ista cognatio? Varia est Doctorum opinio: videtur gravioribus niti opinio affirmans: cujus sunt Archidiaconus, S. Antoninus, Rosella, Angelus, Cajetanus, Paludanus, Toletus, & alii. Sotus autem, Petrus de Ledesma, alii negant. Nota, quòd, si vellent isti contrahere matrimonium, profectò exponendus esset casus S. Sedi, & inde attendere oraculum, quid agendum esset. Pro

casu autem nostro, cùm probabilior, saltem probabilioritate extrinseca, videatur opinio affirmans, petenda esset facultas pro absolutione in casu copulæ.

XVI. De Hæreticis autem communiter asseritur, quòd, si invitentur, & quidem illicitè, ad munus patrini, cognationem contrahant, ut inter cæteros docent Thomas Sanchez, Reginaldus, Bonacina, Fagnanus, Petra, & alii; quia jam baptismum susceperunt, super quo, ut audivimus ex S. Th. fundatur cognatio spiritualis; eapropter copula perpetrata subjiceretur huic reservationi.

XVII. Quoad tertiam partem hujus casus, in qua reservatur *quicumque actus*, *vel attentatio malitiosa ad turpia cum filia spirituali*. In primis jam vides, Legislatorem expressè loqui de filia, non de filio spirituali. Nomine autem filiæ spiritualis, putarem, intelligi de filiatione fundata in administratione Sacramenti Pœnitentiæ, (ut videre est in aliis reservationibus.) Proptereà, si quis Sacerdos dirigeret mulierem aliquam in via spirituali, & nunquam illius confessionem audiset; neque ipse verè diceretur illius pater spiritualis, neque ipsa ejusdem spiritualis filia. Ut autem quis dicatur pater spiritualis, pro certo existimo cum aliis Scriptoribus, quòd sufficiat etiam semel audivisse confessionem mulieris; quæ idcirco verè dici potest filia, maximè si se declarasset, velle ipsum in patrem spiritualem: proptereà, si hic aliquid, post hanc confessionem & declarationem, attentaret impudicum cum eadem, proculdubio huic reservationi subjiceretur; & similiter dicendum de eo, qui ejusdem mulieris plures confessiones audivit, etiamsi nulla declaratio intervenisset.

XVIII. Verùm inquiri solet, àn etiam per unicam confessionem contrahatur hæc filiatio, nulla expressione adjuncta alectionis in patrem, neque ullo signo dato volendi eum habere in Confessarium habitualiter? Varia est Doctorum opinio, quæ varietas fundatur in varia resolutione alterius quæstionis, quæ est: àm impudicitia, perpetrata cum persona proprii Confessarii, sit circunstantia mutans speciem, àn solùm notabiliter aggravans? in qua quæstione mihi semper placuit, mihique fuit probabilior resolutio P. Thomæ Sanchez in tractatu de Matrimonio lib. 7. disp. 55. num. 4. videlicet, quòd mutet speciem; & si acciderit copula, sit incestus quidam spiritualis: & si sit alia impudicitia reductivè pertineat ad hunc incestum.

cestum ; quam sententiam plures sequuntur. Hoc igitur præsupposito, resolvendum videtur quæsitum propositum, dicendo, quòd contrahatur filiatio spiritualis ; & proptereà quòd attentando turpia, & multò magis perficiendo cum muliere, cui etiam semel ministravit Sacramentum Pœnitentiæ, incidat in hanc reservationem ; quia etiam per unicam confessionem subsistit hæc filiatio, cùm enim, loquendo per quamdam analogiam ad paternitatem naturalem, ista contrahatur per unicum actum completum, ità quoquè filiatio spiritualis., & paternitas spiritualis contrahetur etiam ex una confessione completa.

XIX. Reservatur autem *quicumque actus, vel attentatio malitiosa ad turpia cum filia spirituali.* Hæc verba, ut palam est, comprehendunt quamcumque actionem, quæ provocare, incitare, alicere valeat ad turpia: proptereà includunt, nedum facta, & opera ; sed etiam gestus, verba, litteras, nutus, & quodcumque aliud signum exterius, quod judicetur mortale., & provocans ad turpia. Ubi etiam nota, quòd ly *malitiosa* intelligitur de malitia exteriùs significata, nàm malitia merè interior non solet reservari, ex antedictis, præcipuè in tract. 14. c. 4. §. 10. n. 5. (nisi fortè verba legis demonstrent, etiam actum interiorem reservari, de quo dicam in cap. 12., §. 3. num. 2.) eapropter, quantavis sit malitia interior, si actus exterior gravis non sit, neque malitiam interiorem significet, non cadet sub reservatione. Exempli gratia : Confessarius invisit filiam febricitantem, & ardens concupiscentia interiori erga eamdem, pulsum ejusdem tangit, fingens se explorare gradum febris, imo aliquantispèr tactum malitiosè protrahit, quin aliquo signo suam malitiam, interiùs mortalem, denotet ; hic tactus non cadit sub reservatione, quia totam impudicitiam interiùs retinet, licèt in confessione teneatur illum exponere ; ad differentiam illius, qui in dicta hypothesi sine gravi malitia interiori actum aliquem exteriorem erga eamdem infirmam, gravi malitia exteriori refertum, faceret, puta, detrahendo velum tegens mamillas, vel tollendo tegmina, ipsam in lecto jacentem cooperientia, vel quidpiam simile agendo, quod à gravi attentatione exteriori, aut provocatione immune esse non potest.

XX. Verùm inquires : quænam esse poterunt hujusmodi signa provocantia, cùm jam de actionibus, & attentationibus, quæ facto, aut petitione peraguntur, non remaneat locus dubitandi ? Respondeo in primis, magnam rationem habendam esse ad multas circunstantias, priusquàm definiatur quænam sit attentatio reservata, videlicèt ad circunstantiam sermonum præcedentium, ad qualitatem actionum, ad ætates, & conditiones personarum, atque ad alia adminicula, quæ actionem, alioquin indifferentem, tanquam provocantem condemnare possunt; sicuti ex adverso actionem, alioquin fortè ex natura sua provocantem, tanquam indifferentem à reservatione absolvere : idcirco, salvo sapientiori judicio, reservationi subjectum crederem illum, qui cum filia spirituali, etiam extra confessionale, loqueretur de factis, & actionibus graviter obscœnis modo nimis aperto, terminis lubricis, quamvis nihil ab ea peteret, neque aliquid ab ea exigere velle significaret; quia hujusmodi sermones, verbis apertis, & inverecundis expressi inter personas diversi sexus, & præcipuè inter Confessarium, & mulierem pœnitentem graviter incitant ad libidinem, turpesque delectationes. Item illum, qui filiam induceret ad sibi nudandum pectus, quamvis se declarando, nil aliud velle, nisi venustatem illius admirari ; quia etiam hæc actio ex parte utriusque est vehemente alliciens, nedum ad impuras delectationes, verùm etiam ad turpia peragenda: & respectu talium personarum graviter turpis. Item illum, qui, quamvis sub joci specie, manum de repente injiceret in sinum filiæ ad tangendum mammillas; quia etiam actio ista, præcipuè in talibus personis, est graviter provocans ad turpia. Item illum, qui filiæ diceret, se illam ardenti amore deperire, vel ipsam diù noctuque fixam in corde retinere, vel de ipsa in somniis delectari ; jam patet vehemens provocatio ad turpes delectationes, & affectiones sensuales. Item illum, qui ejusdem pulchritudinem extollendo, diceret, adeo eximiam esse, ut oculos intuentium obstringat, & cunctorum corda rapiat, seseque vulneratum fateretur : ex his loquendi modis jam liquet, bitumen venereum exhalari. Item illum, qui annueret oculo, vel aliquo alio exteriori signo, ut filiam seorsim traheret, indicando, se velle secum aliquid agere, quod saltem prudentem suspicionem ingerat alicujus impudicitiæ attentandæ; quandoquidem omnes isti modi tractandi cum filia, aliique consisimiles, videntur non posse purgari à gravi provocatione ad impudicas delectationes, affectiones, atque actiones: undè à reservatione non eximunt, etiamsi per solam epistolam significetur.

XXI. Quid dicendum in casu, quo non Confessarius, sed filia prima esset ad illum incitandum ad turpia, ipseque assentiretur, vel statim facto, vel condicto tempore? Putarem, etiam in hoc casu ipsum incidere in reservationem; nam, cùm reservatio includat *quemlibet actum impudicum*, nec postulet, quod ipse sit primus, nec ne; cum verè assensu suo, & facto compleat impudicitiam, à filia promotam, reservationi subjicitur: imò etiam si facto non compleret, sed duntaxat solo assensu exteriùs explicato promitteret; quia etiam tunc peccat peccato gravi externo impudicitiae cum filia, exteriùs eidem significando, se vellet eidem assentiri.

XXII. Quæres demùm: àn Parochus, peccans aliquo ex dictis modis cum sua parochiana, includatur in hac reservatione, cùm videatur pater spiritualis omnium ovium suæ parœciæ? respondendum videtur, quòd, nisi Sacramentum Pœnitentiæ, saltem semel eidem ministraverit, vel illam Sacro baptismate abluerit, ex mero titulo Parochi non teneatur hac reservatione; quia non videtur extare fundamentum hujus filiationis; paternitas namque & filiatio ex solo titulo Parochi est nimis latè accepta: eapropter Parochus, ut talis, magis propriè dicitur, pastor, rector, & custos parœciæ, non verò in tota proprietate pater, eò quòd fœminam illam nullo modo ad gratiam regenerarit: in quo ergò fundabitur filiatio, quæ sit propriè talis? Tùm etiam, quia in aliis reservationibus, statim explicandis, nominantur *Confessarius*, *Pœnitens*; unde putarem, Legislatores loqui de filiatione, fundata in Sacramento Pœnitentiæ, vel ad summum etiam in Sacramento Baptismi.

§. III. *Expenduntur alii modi superiùs relati hujus reservationis.*

I. IN secundo modo hujus reservationis, suprà relato, continentur ea omnia, quæ in primo hactenùs tradidimus, & additur duntaxat *secundus gradus affinitatis*: proinde reservatur nedum copula v. gr. inter Socerum & Nurum, verùm etiam inter Socerum & filiam Nurus ex altero marito;

& ità respective applices ad alios affines in secundo gradu. Dicitur insupèr; *ac etiam concubitus inter cognatos spirituales*. Ubi observandum occurrit, quomodò Legislator non utitur verbo *incestus*, sicuti vidimus in primo casu; si enim reservaret has turpitudines inter cognatos spirituales sub nomine *incestus*, cùm hic nequeat verificari propriè, nisi inter virum, & mulierem, non daretur locus dubitandi, àn de istis solis loquatur; at cùm, relicto verbo *incestus*, assumat verbum *concubitus*, sub quo nomine comprehenduntur etiam conjunctiones impudicæ inter mares, relinquitur locus prudenter dubitandi, utrùm in hac reservatione includantur etiam concubitus innaturales inter mares: &, ut verum fatear, puto, eos includi; non enim Legislator usus fuisset ea voce, nisi hos concubitus contra naturam significare voluisset, cùm vox *incestus* satis significaret sola crimina inter marem, & fœminam: utendo igitur voce *concubitus*, deveniendo ad cognatos spirituales, nedum incestuosam copulam spiritualem, sed etiam concubitus innaturales inter mares, spirituali cognatione conjunctos, comprehendere voluit.

Itidem in casu comprehendi censemus sodomiam imperfectam inter ipsas personas, cognatione spirituali fœderatas, perpetratam; siquidem & hæc dubio procul est concubitus innaturalis.

II. In tertio modo nil est dicendum, quod in primo & secundo modo non fuerit expensum. In quarto modo manifestè reservatur incestus in primo, & secundo gradu consanguinitatis, & affinitatis, duntaxat *quoad mares*: & quod attinet ad filiam spiritualem, jam dictum habes in §. antecedente, limitando expressè ad filiationem ortam ex sacramentali confessione, dicendo: *cujus confessionem sacramentalem audierit*. In quinto modo quoad filiam spiritualem reservatur peccatum nedum respectu Confessarii, verùm etiam respectu filiæ; cùm clarè dicat: *& omnis actus luxuriæ Confessarii cum sua pœnitente, vel pœnitentis cum suo Confessario*: & majoris claritatis gratia, addit: *sive sæpius, sive semèl tantùm Sacramentum Pœnitentiæ ab eo snsceperit*. In sexto modo nil superest expendendum.

III. In septimo modo additur: *necnon sollicitatio in confessione ad turpia ex parte pœnitentis*; quibus verbis Legislator manifestè intendit sollicitationem, quæ à pœnitente fieret erga Confessarium, & quidem in confesfessione. Ex quibus verbis inquires duo: primum, àn, si mulier sollicitet quidem Confessarium in confessionali, sed non in confessione incurrat reservationem? Secundum, àn si sollicitans Confessarium in Confessione sit mas, subjiciatur huic reservationi? Ad primum videtur respondendum negativè; nàm stando in verbis legis, sollicitare in confessionali non est idem ac sollicitate in confessione; etenim, si sollicitans esset infirma lecto detenta, & in confessione sollicitaret Confessarium, dubio procùl reservatione teneretur, quamvis non esset in confessionali: ulteriùs sollicitare in confessionali est profanare locum; sollicitare autem in confessione est profanare Sacramentum; quæ quantum ab invicem distent, non est qui non videat. Ad secundum respondendum videtur pariter negative; quia, quamvis ly *ex parte pœnitentis* æquè significet tàm marem, quàm fœminam; tamen si conferantur anteriùs dicta cum his, quæ sequuntur, videtur Legislator loqui velle supra idem subjectum; subjectum autem anterius fuit fœmina, & non mas; ideo de fœmina quoquè locutus prudenter, & rationabiliter creditur etiam in hac postrema parte; & pœnitentis voce significare voluisse fœminam pœnitentem. Nihilominus ab aliquibus judicatur comprehendi etiam matrem; quia Legislator usus fuit voce pœnitentis, comprehendente & fœminam, & marem.

IV. Octavus modus hæc habet: *Quælibet impudicitia, etiam solùm attentata; vel etiam verbalis cum propria pœnitente; hæc etiam quoad masculos.* Jam patet quoad pœnitentem fœminam; cùm in §. primo explicaverimus has attentationes. Si fortè dubitabis, àn porticula *hæc etiam quoad masculos* ly *hæc* referatur ad solam impudicitiam verbalem; aut significet, quòd omnia illa reserventur etiam quoad masculos? Respondetur, verba illa esse intelligenda in hoc secundo sensu, videlicet, quod tota illa reservatio extendatur etiam respectu masculorum: & rationabiliter; si enim ly *hæc* denotaret solam impudicitiam verbalem, & non actualem, imprudens apparet reservatio: dum reservaret quod judicatur minus, & à reservatione eximeret, quod est gravius: id autem de sapiente Legislatore nec suspicandum est.

V. Nonus modus includit in reservatione solos mares puberes, dicendo: *Incestus quoad mares puberes ex consangninitate in*

primo, & secundo; ex affinitate in primo gradu. Igitur ob hac reservatione eximuntur mulieres quoad incestum carnalem, & addit: & etiam ex cognatione spirituali. Hinc statim exurgit dubium, àn etiam in incestu spirituali soli mares in reservatione includantur? Putarem, affirmativè respondendum, cùm hæc reservatio immediatè sequatur primam, & eadem periodo concludatur; prima pars expressè solos mares puberes afficit; per copulativam illam & etiam ex cognatione spirituali in eodem sensu, & de eodem personarum genere apparet quòd lex loquatur; ac proinde solos mares puberes huic reservationi esse obnoxios.

VI. Decimus modus reservat incestum carnalem in primo, & secundo gradu consanguinitatis, & affinitatis, de quibus diximus suprà num. I. deinde reservat copulam cum cognata spirituali, vel legali. Circa cognatam spiritualem, jam satis dictum. Circa cognatam legalem vide, quæ tradidimus in tract. 14. cap. 7. §. 18. ex quo loco quædam necessaria huc transfero. Cognatio legalis est conjunctio, seu propinquitas personarum, orta ex adoptione perfecta; qua persona aliqua assumitur in filium, aut filiam, aut nepotem, & deinceps, tanquam hæredem necessarium: & persona ità assumpta transit in patriam potestatem assumentis, seu adoptantis; & hæc cognatio legalis, sicuti pro semper dirimit matrimonium inter adoptantem & adoptatam, inter adoptantem & adoptatæ posteros usque ad quartùm gradum inclusivè; inter adoptantem, & uxorem adoptati; ità & inter adoptatum & uxorem adoptantis; inter adoptatum vel adoptatam, & filios vel filias adoptantis, at non pro semper, sed duntaxat quousque liberentur à patria potestate, aut per mortem adoptantis, vel per legitimam emancipationem; quæ omnia sunt deprompta ex capite unico *de Cognatione legali.* sicut igitur hæc cognatio inter indicatas personas dirimit matrimonium; ità efficit, ut copula inter easdem sit legaliter incestuosa; quæque in hac reservatione includitur. Nota, quòd ut hæc cognatio contrahatur, requiritur adoptio perfecta, legaliter facta auctoritate Principis &c. de quo videre potes, si libet, S. Th. in suplemento q. 57.

* Vide etiam inferius *cap. 7. de Matrimonio §. 18.*

CAPUT XI.

Circa alia peccata carnalia specialibus defor-
mitatibus affecta.

§. I. *Recensentur hæc peccata , à pluribus
diversimodè reservata.*

PRimus modus ita loquitur : *Carnalis Copula cum infidelibus.* Secundus : *Qui
virgines vi , aut dolo defloraverint.* Tertius :
*Parentes , qui post sponsalia induxerint,
vel consenserint , filias suas cum sponsis
commisceri , ante contractum matrimonium
in facie Ecclesiæ ; & ipsimet sponsi , si
se ità cognoverint.* Quartus : *Copula carnalis , post sponsalia antè legitimum matrimonium.* Quintus : *Virginum , aliarumque fœminarum raptus.* Sextus : *Stuprum
violentum.* Septimus : *Copula post sponsalia , etiamsi sint clandestina , matrimonio nondum celebrato , quoad mares tantùm.* Octavus : *Qui virginem , aut honestam mulierem rapuerit , aut per vim vitiarit.* Nonus : *Defloratio virginum per vim,
deceptionem, aut falsam promissionem facta : fornicatio inter sponsos ante celebratum in facie Ecclesiæ matrimonium ; &
multò magis consensus parentum aut majorum , puellæ custodum , in hoc delicto.*
Decimus : *Carnalis copula cum muliere quacumque soluta , ante contractum in facie
Ecclesiæ matrimonium , sub spe , aut cum
promissione futuri matrimonii.* Undecimus :
*Stuprum , aut vi , aut dolo commissum.
Raptus cujuscumque honestæ fœminæ aut
vi , aut dolo. Lenocinium parentum ad deflorationem filiæ , aut mariti ad adulterium uxoris. Cohabitatio eorum , qui vixerunt in concubinatu , dùm copula fuerit
cum scandalo ; etiamsi asserant , se castè
vivere. Copula sponsorum ante matrimonium , etiamsi sequatur ex privata promissione.* Duodecimus : *Copula inter sponsos
ante contractum matrimonium per verba de
præsenti , quoad mares.* Decimus tertius :
*Defloratio virginis cum ficta promissione
nuptiarum. Publicus concubinatus. Parentes filias , mariti uxores , cæterique honestas fœminas prostituentes.* Decimus quartus :
*Pater , aut mater , aut vir , qui consense-
rint , ut filia aut uxor se prostituant.*

§. II. *Expenditur primus reservationis modus circa infideles.*

I. NOmine copulæ carnalis intelligitur copula naturalis consummata : nomine
vero infidelium intelligitur soli non baptizati, nempè, Judæi, Turcæ, Gentiles, seu Pa-
gani; & etiam apostatæ baptizati , si universæ christianæ fidei, & legi abrenuntiarint, ut
profiterentur judaismum , mahometismum,
paganismum : & propterea nullius sectæ hæretici , verum baptismum admittentes , hic
significantur. Nota , huic reservationi subjici
tàm hominem fidelem habentem copulam
cum fœmina infideli , quàm mulierem fidelem congredientem cum homine infideli.

II. De duobus duntaxat personarum generibus scistandum occurrit, nempè , de Cathecumenis, & de Spadonibus : de Cathecumenis quidem , quia nondum sunt fidelium
cœtui aggregati per Baptismum ; & alioquin
fide sunt imbuti, eamdemque ètiam profitentur , & Sacramentum desiderant. De Spadonibus etiam , qui, cùm non valeant copulam
consummare , videntur exempti à reservatione , quæ loquitur de copula consummata.
Quoad Cathecumenos , profectò infidelibus,
strictò in sensu acceptis, accenseri non debent , cùm & mysteria revelata credant, &
baptismo flaminis , & fortè etiam perfecta
contritione sint donati , gratiaque habituali :
& propterea sub hoc aspectu considerati, infideles dici minimè debent ; tamen hæc omnia
procedunt in foro interiori , & divino : at si
spectantur relativè ad forum Ecclesiæ, quamvis locum segregatum teneant in Ecclesia,
eosdem fidelium agmini nondum accenset
Ecclesia, donec sancto lavacro expientur ; ea
propter , si casu contingat , Cathecumenum
repentinè morte corripi, illius cadaver in
Ecclesia non sepelitur : undè , si homo fidelis cum cathecumena, vel è contra, copulam
habeant , puto reservatione teneri.

III. Quod attinet ad Spadones , ne singulariter opinari videar, dico , Auctores eosdem à reservatione subtrahere. At fateor, mihi incredibile apparere, Legislatorem æquissi-
mum ac piissimum velle exemptionis privilegio donare homines istos; quia , quamvis seminis effusione copulam perficere nequeant,
eam tamen complent & consummant expleta
sua libidine : imo hujusmodi homines , quibus venus dominatur , quo remotiores sunt
à prægnationis periculo , eo audaciores sunt

in

in aggrediendis matronis, & virginibus, teste Spiritus sancti oraculo, Ecclesiastici cap. 20. ver. 2. *concupiscentiis spadonis devirginabit juvenculam*; idcircò in casu eosdem non absolverem sine obtenta facultate

§. III. *Expenduntur alii modi reservationis circa alia peccata, supcriùs relati.*

I. **I**N secundo reservationis modo reservatur *defloratio virginum, vi, aut dolo*: materia igitur hujus reservationis est virginum defloratio. Hæc defloratio contingit per copulam, etiam non consummatam, dummodò frangatur sigillum virginale. Pro hac reservatione requiritur, quòd hæc defloratio contingat vi, aut dolo. Nomine vis non intelligitur sola violentia actualis exterior seu corporalis, puta, quòd puella retineatur, ligetur &c. sed sufficit, quòd vis moraliter inferatur per minas, incutiendo ei timorem alicujus gravis mali, aut damni, nisi assentiatur, puta, quòd diffamabitur, calumnia gravi affligetur; lucris, quibus vitam honestè transigit, privabitur; aut per consimiles modo, libertati graviter nocentes. Nomine *doli* intelligitur quæcumque fraus, quodcumque mendacium, quodcumque falsum artificium, valens renitentem inducere ad assensum, qui alioquin non daretur, nisi extaret *vis*, *aut dolus*. Itaquè, si vir alias actiones impudicas perpetret citra deflorationem; aut si deflorans crimen committat absque ulla vi, aut ullo dolo, sed utatur solis precibus, non incurrit hanc reservationem. At inquires: si preces essent valdè instantes, & importunæ? Respondendum ex his, quæ traduntur à Theologis in tractatu de matrimonio, & distinguentibus preces in communes, & qualitatibus quibusdam affectas: preces communes, quantumvis instantes, neque vim, neque dolum ullum afferunt: & preces, qualitate aliqua affectæ, vim quamdam afferre possunt. Exempli gratia, preces, prodeuntes à viro gravi, qui pluriès indicavit verbis à se prolatis, se velle hanc virginem pauperem dotare, quin promiserit; ipsamque precibus aggrediatur, & instet ad copulam secum habendam; ipsaque, timens, si ullum absolutè repetitis vicibus repellat, ne ampliùs illa dotet, hoc timore subacta, cedat; putaremus, hunc rogantem vim quamdam suis precibus virgini attulisse, & huic reservationi subjectum: ex hoc exemplo alia deducas.

II. Tertius reservationis modus hæc habet: *Parentes, qui post sponsalia contracta induxerint, vel consenserint, filias suas cum earum sponsis commisceri, ante contractum matrimonium in facie Ecclesiæ; & ipsimet sponsi, si se ità cognoverint.* Clara sunt omnia: & nota, quòd, ad reservationem incurrendam respectu parentum, sufficit, ut consenserint, etiamsi per accidens copula non sequatur; quia jam consummarunt actionem, nempè consensum, qui est actio pro ipsis reservata. Nota item, solos parentes, & non alios majores hic notari; & respectu sponsorum requiri copulam. In quarto modo patet, solos sponsos committentes copulam reservatione affici: & nota, totiès ab ipsis incurri reservationem, quotiès renovatur copula. In quinto additur: *Nec non raptus virginum, aliarumque fæminarum.* Raptus nomine intelligitur abductio violenta fœminæ de loco ad locum, vel matrimonii contrahendi, vel explendæ libidinis causa. Præterquamquòd raptus sit impedimentum dirimens matrimonium, afficitur etiam hac reservatione. Debet igitur esse violenta abductio contra voluntatem fœminæ raptæ; si enim ipsa voluntariè sinat se rapi, raptor ab hac reservatione evadit. In quinto dicitur: *Stuprum violentum virginum, aliarumque fæminarum raptus.* Jam de utrisque diximus, dùm explicuimus deflorationem violentam, in qua propriè consistit stuprum: & raptum pariter explicuimus paulò antè. Verùm inquires, àn si quis raperet virginem, cùm qua tamen stuprum non committeret, aut mulierem raperet, cum qua nil impudicum perpetraret, teneretur ne hac resevatione? Respondeo, quòd, cùm in hac reservatione reservetur stuprum respectu virginum, qui illam raperet absque stupro, videretur ab hac reservatione eximendus; quia in casu reservatur stuprum violentum, & non raptus, respectu virginum. Ad secundum respondeo, quòd si mulierem raperet, quamvis nil impudicum committeret, afficeretur reservatione, in qua reservatur raptus respectu mulierum, quin aliquid dicatur de actibus impudicis. In sexto jam satis dictum circa *stuprum violentum.*

Auctor suprà cap. 8. §. 3. num. 10. expendens casum reservatum his verbis, ut refertur §. 1. *Qui homicidium voluntarium commiserint, vel committi mandaverint, aut consulerint. Qui studiosè abortum procuraverint, consulerint, operamque præstiterint &c.* putat, quæ circa abortum exprimuntur, esse intelligenda duntaxat effectu secuto;

atque adeo reservationem minimè incurrere qui abortum studiosè procurant, consulunt, operamque præstant, si effectus non sequatur : hic verò æstimans, momentoque suo ponderans casum tertium, sic §. 1. expositum: *Parentes, qui post sponsalia induxerint, vel consenserint, filias suas cum sponsis commisceri ante contractum matrimonium in facie Ecclesiæ &c.* censet, quòd ad reservationem incurrendam respectu parentum sufficit, ut consenserint, etiamsi per accidens copula non sequatur; quia jam consummarunt actionem, nempè, consensum, qui est actio pro ipsis reservata; quæ profectò inter se cohærere non videntur; cùm, ut nobis quidem apparet, in utroque casu sit idem omnino sentiendum ob omnimodam, quæ inter utrumque intercedit, similitudinem. Nam & qui studiosè abortum procuram, consulunt, operamque præstant, consummant actionem, quæ reservata est. Quare vel in utroque, vel in neutro casu reservatio incurritur, si sola actio ponatur, & non sequatur effectus. Sententia autem nostra est, in his similibusve casibus exquirendam esse, atque indagandam reservantis mentem, àn velit solummodò reservatam actionem, dùm sequitur effectus; àn etiam dùm effectus non sequitur.

Cùm juxta D. Thomam 2. 2. q. 154. art. 7. qualitercumque violentia adsit, salvatur ratio raptus ; si raptus fiat contra voluntatem parentum, seu tutorum duntaxat, etsi non contra voluntatem fœminæ abductæ, investiganda quoquè videtur mens reservantis, àn velit reservatum solummodò raptum, quo fœmina invita per violentiam abducitur ; àn verò etiam raptum, in quem fœmina abducta sponte & liberè consentit, & in quo solùm violentia parentibus, vel tutoribus infertur ; nàm in quinto casu *raptus virginum, aliarumque fœminarum* absolutè, & absquè ulla distinctione reservatur.

III. In septimo dicitur: *Copula post sponsalia, etiamsi sint clandestina, matrimonio non celebrato, quoad mares tantùm.* In hac reservatione duo sunt peculiaria; nempè quia reservat copulam post celebrata sponsalia, quamvis clandestina ; quod Legislator posuit majoris claritatis gratia, ne transgressores à clandestinitate evasionem sperarent. Cæterùm in omnibus reservationibus hujus casus, quamvis non apponatur hæc particula, quòd reservatur copula post sponsalia etiam clandestina, & privata, nihilominùs etiam in aliis reservationibus subintelligitur reservata ; nàm

eo ipso, quòd in omnibus dicitur *copula inter sponsos*, &c. reservata intelligitur copula inter quoscumque sponsos, sive sint tales per sponsalia solemnia ; sive per privata inter ipsos solos celebrata, cùm etiam ista sint verè sponsalia valida. Secundum peculiare est, quòd hanc copulam reservat quoad mares tantùm.

IV. In octavo dicitur: *Qui virginem, aut honestum fœminam rapuerit, aut per vim vitiarit.* De raptu jam satis diximus suprà tàm virginis, quàm honestæ fœminæ: ubi notandum, quòd, ut hæc reservatio incurratur, fœmina rapta debet esse honesta; nàm, si esset scortum, non incurreretur reservatio: quod non est verum in aliis reservationibus, in quibus dicitur, ut in quinto : *Raptus virginum, aliarumque fœminarum*; quo verbo significatur raptus cujuscumque fœminæ, quantumvis impudica fuerit; quia per hanc reservationem voluit Legislator tueri in aliis fœminis libertatem, quæ per raptum, qui est violenta abductio, semper gravi injuria afficitur: undè, cùm nullam qualitatem requirat in fœmina, quæ rapitur, sufficiet esse fœminam violenter abductam, ut reservatio incurratur: in ista autem reservatione requiritur in rapta honestas. Quoad secundam partem in qua dicitur, *aut per vim vitiarit*, requiretur vis in copula habita cum virgine, aut honesta fœmina, id est, quòd copula habeatur, ipsa nolente, & resistente : nec sufficiet solus dolus, aut sola fraus, aut deceptio falsæ promissionis; &c. quarum hæc reservatio non meminit, cùm solius vis mentionem faciat.

V. In nono dicitur : *Defloratio virginum per vim, deceptionem, aut falsam promissionem*, de quibus satis dictum suprà. *Fornicatio inter sponsos, ante celebratum in facie Ecclesiæ matrimonium*: etiam de hoc satis dictum animadvertendo, comprehendi tàm mares, quàm fœminas, ut patet ; & multò magis consensus parentum, aut majorum puellæ custodum in delicto ; etiam de hoc satis diximus notando, in hac reservatione comprehendi non tantùm genitores, sed etiam alios majores quoscumque puellæ custodes. Decimus modus hæc habet: *Carnalis copula cum muliere quacumque soluta, ante celebratum in facie Ecclesiæ matrimonium, sub spe aut promissione futuri matrimonii* : quæ reservatio, ut puto, est intelligenda de copula, obtenta sub spe, falsò aut verè insinuata, aut promissione sive vera, sive ficta, matrimonii.

In

VI. In undecimo plura dicuntur: *Stuprum aut vi aut dolo commissum*, de quo satis dictum. n. 1. *Raptus cujuscumque honestæ fœminæ, aut vi, aut dolo;* etiam de hoc satis dictum; dummodò applicentur ad hunc raptum dicta de vi aut dolo respectu stupri n. 1. *Lenocinium parentum ad deflorationem filiæ:* hæc sunt de se clara, dummodò observes, Legislatorem loqui de defloratione filiæ; quæ si casu fuisset jam deflorata, lenocinium parentum ad novam copulam non caderet sub reservatione: sicut nec lenocinium aliarum personarum, non genitorum, reservatur: quemadmodùm neque lenocinium pro altera virgine quæ non sit filia: *Aut mariti ad adulterium uxoris.* Interrogabis; quid dicendum, si tàm parentes respectu filiæ, quàm maritus respectu uxoris disimularent, permitterent, fingerent, se non animadvertere? Puto, quòd non posset dici verè lenocinium; nàm leno cooperatur positivè, & non merè negativè se habendo: *Cohabitatio eorum, qui vixerunt in concubinatu, dùm copula fuerit cum scandalo, etiamsi asserant, se castè vivere.* Jam apparet his verbis, Legislatorem velle eradicare scandalum concubinatus notorii; quod reverà nunquam penitus tollitur, nisi sequatur integra totalis, & constans separatio, absque eo quòd quidquam prosit protestatio de casto contubernio: idcirco sapiens Legislator, judicans hanc cohabitationem grave scandalum gignere eam reservationi subjacet. *Copula sponsorum ante matrimonium, etiamsi sequatur ex privata promissione sponsalium, vel matrimonii:* de quibus omnibus satis jam diximus. In modo duodecimo hæc copula reservatur *quoad mares* tantùm.

VII. In decimo reservatur: *Defloratio virginum cum ficta promissione nuptiarum:* si igitur defloretur ob alia motiva, declinatur hæc reservatio. *Publicus concubinatus;* de quo & jam patet, & dictum fuit. *Parentes filias, mariti uxores, cæterique honestas fœminas prostituentes;* de quibus omnibus jam dictum fuit. Solummodo nota, quòd, quicùmque prostituens honestam fœminam, sive virgo sit, sive non, huic reservationi subjicitur; atque strictiori jure parentes respectu filiarum, & mariti respectu uxorum. Neque putes, hanc reservationem declinare, si prostituens sit mulier, quæ alteram honestam, aut virginem, aut non, prostituat: quia reverà includitur in hac reservatione; cùm lex reservet actionem prostituendi, quin eam alliget mari, vel fœminæ.

VIII. In decimo quarto reservatur: *Pater, aut mater, aut vir, q.ii consenserint, ut filia, aut uxor se prostituant:* de quibus quamvis satis dictum, nihilominùs adverte, quomodò ad hanc reservationem incurrendam non requiritur inductio, sed sufficit consensus, qui non solùm sit expressè datus, verùm etiam tacitus, & implicitus, puta, dùm quis dissimulat scire; quia, quando silentium advertenter observatur à personis, quæ alioquin loqui, & impedire tenentur ex vi status, & officii, quo potiuntur, habetur in Jure pro consensu expresso: hinc regula Juris est: *Qui tacet, consentire videtur.* At sciscitaberis, etiam pro casu anteriori, àn prostitutionis nomine intelligatur respectu filiæ etiam unica copula; & respectu uxoris etiam unicum adulterium: àn verò requiratur continuatio in meretricatu? Respondeo, quòd, si attendatur ad vim vocis latinæ *prostituere*, per illam significatur agere meretricium, quod de unico lapsu propriè verificari non potest: proinde putarem, quòd, nisi genitores, aut mariti permittant, & filiam, & uxorem verè se prostituere, non teneantur hac reservatione; quandoquidèm certum sit, longè aliud esse concedere ut filia, aut uxor semel labatur cum uno tali; & aliud, quòd aut cuilibet v. gr. nobili volenti se tradat: aut uni tantùm ad ejus libitum, & quotiès voluerit, complaceat; si enim Legislator voluisset sibi reservare etiam permissionem unius lapsus, dixisset, sibi reservari permissionem deflorationis, aut copulæ filiæ, & adulterium uxoris, quod etiam de unico actu verificaretur; at, cùm usus sit voce *prostitutionis*, quæ sine multiplicatione actuum propriè verificari non potest, propthereà puto, quòd, nisi permittitur prostitutio, non incurratur reservatio.

CAPUT XII.

Circa peccata cum monialibus attentata.

§. I. *Recensentur vari modii reservandi hujusmodi crimina.*

I. CUM in omnibus penè Diœcesibus Catholicis extent Cœnobia sacrarum Virginum, Deo devotarum; & hæc sit delicatior pars corporis Ecclesiæ; proptereà ab omnibus Ordinariis, sollicitioris custodiæ earumdem gratia, solent reservari peccata, quæ earum castitati insidiantur. Aliqui ità primò loquuntur: *Qualibet impudicitia cum Monia-*

*nialibus perada , vel quocumque modo at-
tentata.* Alii secundò dicunt : *Violatio Monialium , nec non quælibet impudicitia cum
eisdem colloquio , litteris , nunciis , muneribus , aut aliis modis attentata.* Tertiò alii
dicunt : *Mittentes litteras , munera , aut
quid aliud Monialibus , vel accipientes ab
ipsis ad malum finem.* Quartò alii dicunt:
*Quodlibet colloquium cum Monialibus ad
malum finem::: missio , vel delatio litterarum , aut munerum , seu invicem acceptatio , ad eumdem finem.* Quintò alii dicunt:
*Accedentes ad monasteria Monialium ad
malum finem ; vel in colloquiis cum Monialibus , aut puellis educandis , dicentes verba turpia,& amatoria; aut qui mittunt , vel
recipiunt , vel deferunt litteras amatorias.*
In sexto dicunt: *Actus impudici , seu lasciva colloquia , vel litteræ amatoriæ cum Monialibus.* In septimo dicunt : *Sollicitatio cujuscumque Monialis , seu mulieris , in monasteriis degentis , tam ex parte ipsarum
Monialium , vel mulierum , quàm aliarum
personarum , cujusvis generis aut conditionis sint , colloquiis , litteris , muneribus , vel quocumque alio modo ad malum
finem.* In octavo dicunt : *Quodlibet colloquium cum Monialibus ; missio vel delatio
litterarum , aut munerum , dùm sint ad
malum finem.* In nono dicunt: *Accessus ad
Moniales sine licentia nostra , vel abusus
licentiæ.* In decimo dicunt : *Quælibet impudicitia , etiam duntaxat attentata ; necnon
quilibet sermo ad inhonestum finem cum
Monialibus , vel aliis fœminis , intra Monialium septa degentibus.* In undecimo dicunt:
*Profanos sermones , qui venerem redoleant,
coràm Monialibus instituere: coràm eis turpia verba proferre : litteras aut libros id
continentes ad eas mittere.* In duodecimo
ajunt : *Qui Moniales , etiam extra claustra , violaverint ; aut violare tentaverint.*

§. II. *Expenditur primus reservaeionis modus , sterniturque via ad alios explanandos.*

I. PRimus dicendi modus hæc habet: *Quælibet impudicitia , cum Monialibus
peracta , vel quocumque modo attentata.*
Monialium nomine in hoc casu significantur
Moniales professæ cujuscumque Instituti , ab
Ecclesia probati. An etiam intelligantur Novitiæ, jam habitu indutæ , & annum probationis percurrentes ? Videtur , quòd non;

eo quia hæc lex sit per se odiosa , & ideo
non trahenda extra proprietatem significationis verborum : Vide Donatum Laynensem tom. 4. tract. 16. q. 17. n. 2. Neque in
hac reservatione denotari videntur illæ Oblatæ , vel Conversæ , quæ alicubi professionem trium votorum solemnium non emittunt , quamvis fortè votis simplicibus teneantur; quia reverà non sunt Moniales professæ : nec multò minùs quæcumque aliæ mulieres, quamvis habitu indutæ , in Monasterio inser vientes.

II. Impudicitiæ nomine intelligitur , ut
ex verbis patet, *quælibet impudicitia.* Hæc
multiplex est , multisque modis generice peragitur. Datur impudicitia oris , consistens in
sermonibus graviter obscœnis; quibus adjun-
guntur epistolæ, schedulæ, &c. Datur impudicitia visus , consistens , respectivè ad hanc
reservationem , in visu graviter impudico,
qui à Moniali possit cognosci ut talis. Datur
impudicitia osculorum , ità ut in osculo exteriùs appareat impudicus animus. Datur impudicitia tactus , manifestata in tactu , exteriùs
facto , graviter impudico. Qui igitur cum Moniali habet ; vel eidem scribit ; vel per nuntium mittit sermones , & verba impudica actuum obscœnorum , amorum, aliarumque rerum venerearum , subjacet huic reservationi;
quia peragit cum eadem immediatè, aut mediatè actionem externam graviter impudicam.
Similiter, qui visu illam ità studiosè intuetur,
ut eidem significet , se illam amore venereo
prosequi , puta , figendo oculos in illius pectus , talibusque oculorum nutibus , ut concupiscentiam suam ipsa animadvertere queat,
hac reservatione tenetur , ob eamdem rationem. Impudicitia osculorum , quæ præterquamquòd etiam inter personas solutas diversi sexus , quamvis sine expresso animo impudico, semper tamen est supecta alicujus affectus venerei, proculdubiò in osculo dato in
facie Moniali à persona virili , non strictè
conjuncta , (de qua iterùm inferiùs) tanquam
attentatio impudica reprobanda est ;. & multò magis , qui tactu aliquo ex circunstantiis
impudico Monialem tangit.

III. Interrogabis , àn, dùm quis de joco-
sis cum Moniali tractans, exemplo injicit manum in sinum illius , ut jocando mammillas
tangat , huic reservationi subjiciatur ? Respondeo affirmativè, quandoquidem hæc actio,
præcipuè erga hujusmodi genus personarum,
non videtur posse purificari à notabili impudicitia , & à gravi attentatione scandalosa,

pro-

provocante in Moniali venereas complacentias : idque eo magis verum esset , si ludricis illis sermonibus antecedentibus immixtum fuisset quidpiam venereum ; aut circa mulierum venustatem , elegantiam , vivacitatem, & multò magis si de ipsius pulchritudine actum fuisset. Si enim etiam in muliere laica , & etiam magis in virgine , dicta actio, quamvis jocosè facta ab homine non marito, reputatur exterior gravis provocatio ad impudicitiam; eò quòd , juxta Medicorum doctrinam, tactus mammillarum admodùm mulieres commovere solent ; quantò magis in Moniali ?

IV. Quid dicendum de tactu faciei ? jam præsupponitur, quòd in hoc tactu nil præcesserit , aut in verbis , aut in gestibus , quod impudicitiam redoleat ; quia tunc non videretur dubitandum de reservatione : dubium igitur restringitur ad actionem consideratam in se & factam ab homine respectu Monialis ? Et respondeo , quòd tactus hujusmodi vel fit serio , & cum aliquo rationabili motivo , puta, ad tangendam duritiem tumoris in gena exorti, aut ob quidpiam simile ; & tùm nil ad reservationem. Vel fit serio absque ullo rationabili motivo , sed ex impetu affectionis; & tunc, cùm videatur non posse non esse indicium amoris non puri , & actio provocans complacentiam veneream , putarem , in hac reservatione includi. Vel fit ex joco , verùm hoc pejus videtur ; quia hæc excedens familiaritas circa personam Monialis nequit depurgari à nota attentationis , & provocationis impudicæ. Excipe genitorem , vel avum genam filiæ , vel neptis Monialis , blanditiei filialis gratia tangentem.

V. Tangens pulsum Monialis , non Medicus , affectu interiùs venereo, includeturne in hac reservatione ? Respondeo , quòd sive tangat ad petitionem Monialis , sive ad petitionem suam , dummodò nullum signum exteriùs impudicitiæ adjungatur. immunis est à reservatione ; quia , quantavis sit interior immunditia , non vitiat actum illum in ordine ad reservationem. Si verò tactum societ alicui signo exteriori impudico, puta, nimis morosè, & affectato pulsum tota manu stringendo , & hoc modo protrahendo tactum illum, ità ut Monialis aut advertat , aut advertere possit , & suspicetur impudicitiam tangentis; aut tactui adjungat suspiria, vel intuitus, amorem spirantes , reservationi subjicietur , quia alio signo exteriori sufficienter provocante manifestet animum impudicum erga eamdem.

VI. Quid dicendum de osculis , impudi-

citia duntaxat interiore affectis ? Putarem, nonnullas distinctiones præmittendas esse. Si deosculans sit mulier , cum earumdem mos sit visitationes suas osculis reciprocis, in facie datis , & receptis , inchoare , osculisque concludere ; quamvis erga Moniales non videatur mos laudabilis ; nil tamen exterius reservatum in illis reperio. Si deosculans sit vir , qui osculum det Moniali petenti , vel recipiat à Moniali petita , vel reciprocè simul osculum detur , & recipiatur, videntur distinguendæ personæ se osculantes : si enim sit genitor , qui filiæ Moniali osculum dare velit in fronte , aut ab ipsa recipere , aut sibi invicem reddere ; quamvis imprudenter agatur ex circunstantiis harum personarum , nisi aliud adsit , non puto actionem reservatam. Si vir osculans sit frater, qui sororem suam osculatur in fronte , vel vicissim in fronte se osculentur , quamvis imprudentissimè agant , si nil aliud accesserit , à reservatione absolverem. Quemcumque verò alium virum , sive conjunctum , sive non , qui osculum à Moniali petat , vel petenti det , quamvis in fronte , à reservatione non eximerem. Ratio est ; quia actio ista etiam inter solutos laicos diversi sexus est incentivum non leve affectionum venerearum ; & nisi consuetudo patriæ excuset, est strictè prohibenda. Proptereà extat propositio confixa ab Alexandro VII. n. 40. quæ dicebat : *Est opinio probabilis, quæ dicit, esse tantùm veniale osculum, habitum ob delectationem carnalem , & sensibilem , (nota, quòd non dicit veneream , aut sensualem, sed sensibilem) quæ ex osculo oritur , osculoso periculo ulterioris consensus , (nempè venerei ,) aut pollutionis ; eo quia talis actio* est nimis proxima delectationi venereæ , & falsum est , quòd excludatur periculum ulterioris consensus : proptereà osculans voluntariè hoc modo , se exponit voluntariè periculo proximo delectationis venereæ ; & idcireo reprobatur à Sancta Sede, quòd sit peccatum veniale, sed ab ipsa judicatur lethale : si igitur ità res se habet respectu laicorum diversi sexus ; quanto magis id verum apparebit inter virum , & Monialem ? Fortè dices , quòd in casu nostro nequidem quæritur delectatio sensibilis , quæ proximè disponat ad veneream ; sed quæritur duntaxat manifestatio affectus amicabilis. Respondeo, dicendo , esto , quòd osculans nil aliud intendat ; nihilominùs natura ipsius actionis in talibus personis non leviter ad venerem incitat, & allicit; & idcircò illam ab hac reservatione eximere non audeo. At quid dicendum, si vir in signum reverentiæ osculetur manum Monialis? Responderem, quòd si Monialis, cujus manum vir deosculatur, esset Abbatissa, aut Anus aliqua veneranda, nec quidquam omninò præcessisset aut comitaretur, quòd ob solam reverentiam obscularet, nulli putarem reservationi obnoxium : si autem Monialis non esset hujusmodi, sed speciosa, vivida, florens ætate, & homo peteret manum exosculandam, difficiliùs à reservatione eximerem; quia in his circumstantiis videtur actio non posse depurgari ab omni inductione in tentationem aliquam, castitati importunam.

VII. Si Monialis aliquid turpe committeret, vel attentaret cum altera Moniali, & ista assentiretur, inciderent ne ambæ in hanc reservationem? Affirmativè respondeo cum communi; quia in casu nullum genus personarum excipitur; quòd si tentata respuat tentatricem, hæc sola reservatione tenebitur, ut patet.

VIII. Sciscitaberis: si Monialis sit prima, quæ impudicitiam cum homine, vel muliere attentet, & homo ille, vel mulier illa merè passivè se habeat, puta, permittat se impudicè tangi, isti permittentes labuntur in hanc reservationem? Respondeo affirmativè; quia efficaciter cooperantur actui impudico Monialis, & verè perficiunt, & peragunt impudicitiam cum Moniali; eo enim ipso quòd, id permittendo, sacrilegè peccant, eo, inquam, ipso reservationem incurrunt. Si autem homo ille, vel mulier illa Monialem repellat, nulla incurritur reservatio, ut patet; non à Moniali, quia non attentat cum alia Moniali; non à laicis illis, qui laudem promerentur.

§. III. *Expenduntur alii modi reservationis supra relati.*

I. SEcundus modus explicitè dicit, quæ implicitè continet primus explicatus; dicit enim : *Violatio Monialium, nec non quælibet impudicitia cum eisdem, colloquio, litteris, nunciis, muneribus, aut aliis modiis attentata.* Quæ diximus in §. antecedente, deserviunt pro hac reservatione; solùm hic addo, quod in eo prætermiseram, nempè, etiam attentantem per nuntium reservationi subjacere, quemadmodùm & ipsum nuntium, si advertit, in littera contineri attentationem, & multò magis, si verbis attentet, quamvis

non pro se, sed pro alio; cum & ipse his modis Monialem provocet.

II. Tertius modus hæc habet : *Mittentes litteras aut munera, aut quid aliud Monialibus, vel accipientes ab ipsis, ad malum finem.* Jam patent actiones, quamvis non indicatæ, tamen in hac reservatione contentæ, nempè, facta impudica. Patent item actiones in ea expressæ, quæ consistunt in missione litterarum, & munerum. Ly *quid aliud*, putarem, significari nuntium, verba referentem. Ly verò *ad malum finem*, videtur hic præsupponere, talem finem aliquo modo fuisse exteriùs significatum; nàm quousquè interiùs consistit, & v. g. si munera sint de re aut bona aut indifferente, dicent fortè multi, quòd reservationi non subdantur. Ego verò, quamvis concedam, peccatum merè internum plerumque non reservari, tamen cum aliis rationabiliùs censeo, posse reservari etiam mortalia interna; non enim reservatio est de crimine in foro Ecclesiæ judicando, aut puniendo; sed est mera ademptio potestatis absolvendi in foro Dei & conscientiæ : indè comprehendere potest quodlibet peccatum, quod potest absolvi; & inter peccata, quæ possunt absolvi extant etiam mortalia interna: & ità videtur esse in hoc casu; nàm, cùm malus finis impudicitiæ sit sacrilegium internum huic reservationi subjacere potest; & cùm, Legislator dicat reservari munera ad malum finem missa, aut recepta; dico, quòd tametsi munera illa exteriùs sint indifferentia, si tamen ad malum finem sint missa, aut recepta, reservatio proculdubiò incurratur. Circa deferentem litteras, aut munera indifferentia, si ignoret omninò malum finem, eximitur, ut dixi suprà, à reservatione. Sed quid dicendum in casu; quo eidem innotesceret hic malus finis? Reverà, cùm Legislator meminerit tantùm mittentium, & recipientium, & omninò sileat de deferentibus, quamvis sacrilegè peccaret deferens conscius, à reservatione evaderet.

III. Quartus modus hæc habet: „Quodli-„bet colloquium cum Monialibus ad malum „finem; missio, vel delatio literarum, aut „munerum, seu invicem acceptatio ad eum-„dem finem; de quibus omnibus satis dictum: & nota, quòd hic comprehenduntur etiam deferentes conscii de malo fine, recipientes quoquè à Monialibus eadem, & per consequens etiam conscii deferentes, quæ à Moniali mittuntur ad accipientem. Quintus modus ita dicit: „Accedentes ad Monasteria Mo-„nia-

„nialium ad malum finem ; vel in colloquiis „cum Monialibus , aut puellis educandis, di‑ „centes verba turpia , & amatoria , aut qui „mittunt , recipiunt , vel deferunt litteras „amatorias." Hic reservatur etiam solus ac‑ cessus ad Monasteria ob finem impudicum, cum , ut suprà dixi, etiam hìc possit reserva‑ ri , & reapsè in hac clausula reservetur: com‑ prehenduntur attentantes illas actiones etiam cùm puellis educandis, & illi , qui ad easdem deferunt litteras amatorias, vel à puellis mis‑ sas deferunt ad alios.

IV. Sextus modus sic dicit : „Actus im‑ „pudici , seu lasciva colloquia , vel litteræ „amatoriæ cum Monialibus." In hac reser‑ vatione pauciora continentur , quàm in ante‑ cedentibus ; nàm hìc Legislator solùm clarè exprimit actus impudicos , colloquia impudi‑ ca , & litteras amatorias cum solis Moniali‑ bus: quidquid igitur est extrà hæc genera re‑ rum , non cadit sub hac reservatione. Quid denotetur nomine actuum impudicorum, tra‑ didimus in §. 2. nec non lascivorum collo‑ quiorum , ibidem , & alibi. An autem ultima pars , videlicet , *litteræ amatoriæ* , intelli‑ genda sit solùm de missis ad Moniales , àn etiam de receptis ab ipsis , putarem , quòd intelligi solùm debeat de missis ad easdem, quamvis responsionis gratia , dummodò ama‑ toria contineant ; & multò magis , si obs‑ cœna.

V. Septimus modus hæc profert : „Solli‑ „citatio cujuscumque Monialis , seu mulieris „in Monasterio degentis, tàm ex parte ipsa‑ „rum Monialium , vel mulierum , quàm alia‑ „rum personarum, cujusvis generis, aut con‑ „ditionis sint, colloquiis , litteris , muneribus, „vel quocumque alio modo ad malum fi‑ „nem." Pro materia igitur , suprà quàm ca‑ dunt actiones, hìc reservatæ , veniunt nedum Moniales , verùm etiam quæcumque aliæ mu‑ lieres in monasterio degentes, id est , com‑ morantes in eo , ut commensales , noctuque in eodem dormientes; & mul.ò magis puellæ in eo educandæ: proptereà, etiamsi essent fa‑ mulæ seculares Monasterii, quæ identidem exirent pro servitiis ejusdem , in illudque re‑ dirent ad commorandum in illo diù, noctùque; etiam istas sollicitare , dùm sunt in Monaste‑ rio , cadit sub reservatione, ut patet ex ver‑ bis sollicitare modis expositis, videlicet , col‑ loquiis , litteris , muneribus, quæ omnia in antedictis tradita habes; *vel quocumque alio modo ad malum finem;* qua clausula denota‑ tur , quòd, quicumque alius sollicitandi mo‑ tur

P. CUNIL. THEOL. MOR. TOM. II.

dus adhibeatur , dummodò fiat ad malum finem , in hac reservatione includitur : prop‑ tereà etiam utendo actione de se bona , puta, donando librum spiritualem , aut sanctam Imaginem , si fiat intentione , & fine impudi‑ co , cadit sub hac reservatione, ut probavi in numero 2.

VI. Octavus hæc habet: *Quodlibet collo‑ quium cum Monialibus , missio , aut delatio litterarum, aut munerum, dùm sint ad ma‑ lum finem.* Hæc omnia habes explicata in an‑ tecedentibus, precipuè in num. 2. Nonus ità dicit: *Accesus ad Moniales sine licentia nos‑ tra, vel abusus licentiæ.* Prima pars est ma‑ nifesta: secunda autem continet quemcumque abusum licentiæ, qui sit cum peccato morta‑ li : proptereà continet nedum omnia peccata mortalia, explicata in modis suprà relatis, ad impudicitiam spectantibus, verùm etiam quod‑ cumque aliud colloquium , & quamcumque aliam actionem , scriptionem , &c., in quibus involvatur peccatum mortale alicujus generis; nàm de his omnibus verificatur mortalis abu‑ sus licentiæ. Putarem , hac reservatione non prohiberi accessum conjunctorum strictissi‑ morum sine licentia. Decimus ità loquitur: *Quælibet impudicitia , etiam duntaxat at‑ tentata , nec non quilibet sermo ad inhones‑ tum finem cum Monialibus , vel aliis fœmi‑ nis , intra Monialium septa degentibus.* Hic restringitur materia reservationis ad solam im‑ pudicitiam , quamvis duntaxat attentatam, de qua diximus tàm in §. 2. quàm explican‑ do modos suprà relatos ; & memineris , quòd impudicæ attentationes fiunt etiam per lit‑ teras ; quemadmodum puto , quòd nomine *sermonis cujuslibet* denotetur etiam sermo scriptus , qui , cùm pluries legi possit , sæ‑ piùs efficaciùs movet sermone audito. Circa alias fœminas , in monasterio degentes , dixi‑ mus in num. 5.

Auctor §. *antecedenti* expendens casum in Veneta Dioecesi reservatum, hisce concep‑ tum verbis : *Quælibet impudicitia cum Mo‑ nialibus peracta, vel quocumque modo atten‑ tata,* censet num. 5. quòd, quantumvis sit inte‑ rior immunditia , non vitiat actum exterio‑ rem ad reservationem; adeoque immunem fo‑ re putat ab hac reservatione illum, qui tange‑ ret pulsum Monialis affectu interiùs venereo, dummodo nullum signum exterius impudici‑ tiæ adjungeret. In hoc autem perpendens ca‑ sus, in aliis Dioecesibus reservatos circa eam‑ dem materiem , oppositum prima fronte do‑ cere , atque proinde , paucis interjectis, pug‑

Hh   nan‑

nantia loqui videtur, cùm pluriès repetat munera ad malum finem missa, aut repetat, &c. tametsi exteriùs sint indifferentiæ, vel etiam bona cadere sub reservatione. Verùm ullo negotio à contradictionis nota eximitur, atque purgatur. Etenim animadvertendùm occurrit, in casu reservato in Veneta Diœcesi nil esse, quod indicit, reservari in ipso actum internum; imò in comperto est, solum reservari autem exteriorem; atque adeo optimè, nostro quidem judicio, existimat Auctor, reservationi obnoxium non esse actum exteriorem, si nullo modo impudicitia in ipso appareat, quantavis sit interior immunditia, ex qua proficiscitur. Nàm, juxta communem Doctorum sententiam, ut peccatum externum censeatur reservatum, satis non est, quòd habeat mortalem malitiam ex actu interno, sed insupèr requiritur, ut ipsa actio externa habeat malitiæ gravitatem. Quippe reservatio (nisi verba legis aliter prodant) præcipuè cadit in actum externum malum; ac proinde exigit actum externum mortaliter malum ex objeto. At in casibus, in aliis Diœcesibus reservatis, quos hìc ad examen vocat, supponit Auctor, ipsum etiam actum internum reservationi subjici: undè num. 2. in primis doctrinam præmittit, quam unanimiter amplectuntur Theologi, videlicèt, quòd etiamsi reapse sola peccata externa communiter reservantur; quia hæc reservatio ordinariè sufficit ad bonum regimen animarum: attamen & peccata merè interna possint absolutè reservari, cùm ad ea remittenda requiratur jurisdictio, quæ potest à Prælatis Ecclesiæ restringi, & denegari. Deindè apertè asserit, quòd, cùm malus finis impudicitiæ, in his casibus expressus, sit sacrilegium internum, reservationi subjacere potest; ac tandem pronuntiat, atque concludit, omnia in iisdem casibus percensita ratione pravi, & impudici finis, qui speciatim in ipsis reservatur, reservationi esse obnoxia, licèt in se indifferentia sint, vel etiam bona. In hoc sanè sensu, ut nobis quidem videtur, intelligenda sunt, quæ hìc habet Auctor; atque ideo vindicatus remanet à dicta contradictione, quæ ipsi ab aliquibus impingitur. Legantur etiam ea, quæ ipsemet docet suprà cap. 10. §. 2. num. 19. quæ hucusquè dicta confirmant.

„ * At illud præ cæteris cavere debet „Episcopus (sic enim monet S. P. Benedic„tus XIV. de Synodo Diœcesana lib. 5. cap. 5.

„num. 5. E. R. 1758.) ne peccata, quan„tumvis gravia, sed merè interna, sibi reser„vet; licèt enim etiam hæc reservari queant, „sicuti docent Vasquez quæst. 19. art. 3. „dub. 4. Cardinalis de Lugo disp. 20. sect. „2. num. 13. & Suarez de Fide disp. 21. „sect. 4. num. 2. ubi hæc habet: solent ali„qui Episcopi etiam hæresim mentalem „reseruare, quod quidem, in summo ri„gore Juris facere possunt; quia reser„vatio non est usus jurisdictionis externi „fori, sed est ablatio jurisdictionis pro „foro Sacramentali; quam Episcopus si„cut dare potest, ità etiam auferre; non „est tamen in praxi receptum, unquam „reservaentur, veluti prosequitur Suarez loc. „cit. Nihilominùs Doctores communiter non „consulunt, neque laudant talem reser„vationem, propter animarum pericula; „nàm actus interiores frequentes, & mo„lesti sunt, & difficilè cognoscuntur; & „ità etiam ego credo, regulariter non ex„pedire: quinimò Sotus in 4. dist. 18. q. 2. „art. 5. actus merè interni reservationem „acriter reprehendendam existimat: & re„verà, uti benè de Lugo observavit, solos, „scimus, Prælatos Regulares, quædam pec„cata sive externa, sive interna sibi olim „indiscretè reservasse. Cæterùm nec Epis„copi, nec Summi Pontifices actus merè in„ternos suis reservationibus complecti un„quam consueverunt: undè, etsi peccatum „hæresis gravissimum sit, & cùm in exter„num prodit Summo Pontifici reservetur, „quandiù tamen intra animum consistit, re„servationem effugit.

Hoc idem censet & P. Daniel Concina lib. 2. de Sacram. Pœnit. cap. 6. num. 2. postquam enim ostendit, reservari posse peccata mortalia interna, statim subdit: „Ejus„modi tamen reservatio expediens minimè „est. Nec hactenùs aut Romanus Pontifex, „aut Episcopus aliquis ejusmodi interna mor„talia peccata reservavit. Hinc juxta com„munem scientiam omnes Confessarii absol„vere valent ab hæresi, vel occisione merè „mentali.

Auctor tamen, ut jam advertimus, supponit, aliquos Episcopos reverà aliquando etiam actus internos sibi reservasse; & , hac admissa ab ipso suppositione, diversimodè casus superiùs allatos declaravit; nosque propterea ipsum à contradictione, quam aliqui in doctrinis expositis se deprehendere arbitrabantur, jure vindicavimus. Dùm autem dubium

bium exoritur, in quo sensu casus aliquis sit reservatus, mens Superioris reservantis, ut & alibi monuimus, inquirenda est, & exploranda, ut omne errandi periculum absit.

VII. Undecimus reservationis modus hæc habet: *Profanos sermones, qui venerem redoleant coram Monialibus instituere, coràm eis turpia verba proferre, litteras, & libros id continentes mittere.* Si igitur ad reservationem istam sufficit talia agere coràm Monialibus, multò magis talia cum illis habere. Quoad litteras, & libros, includit solos mittentes. At dices: quid de aliis muneribus, venerem redolentibus? puta, Monialis effigiem seminudam, & delicatè depictam, aut aliquid gestientem, quod ad venerem incitet? Vel effigiem amasii, quidpiam impudicum repræsentantem? Reverà, stando verbis reservationis hujus, non comprehenduntur, nisi epistolæ, & libri; undè videretur respondendum, alia munera eximi: si autem animadvertatur Legislatoris scopus, putarem, etiam alia munera, manifestè venerem redolentia, & provocantia, non esse eximenda: etenim libri aut manuscripta, de venereis tractantia, sunt munera venerem provocantia, quod est formale in eo munere: atqui plerumquè magis venerem provocat præfatum munus, vel aliud simile, quàm liber, vel manuscriptum: igitur rationabiliter existimandum est, hujusmodi in hac reservatione includi.

VIII. Duodecimus modus ait: *Qui Moniales, etiam extra claustra violaverint, aut violare attentaverint.* Ex his verbis apparet, Legislatorem loqui de impudicitia actionum, aut peracta, aut etiam solùm attentata. Verùm, cùm attentare violationem Monialis plures præeuntes actiones deposcere soleat, aut epistolarum, aut colloquiorum, aut similium; propterea putarem, quòd omnia hæc reservationi isti adjiciantur, cùm tales agendi modi proficiscentes ex animo iniquo seducendi Monialem, sint inchoare, & prosequi attentationem, etiam plurium mensium decursu: nec puto, verba hujus legis esse intelligenda de sola attentione actuali, consistente in aggressione repentina Monialis, sed de attentatione ex animo iniquo disponi, & evenire consuevit, videlicèt, per indicata media.

CAPUT XIII.

Circa alia peccata in grave damnum proximi tendentia.

§. I. *Recensentur nonnulli casus, vario modo reservati.*

IN primo dicitur: *Dilatio ultra biennium solvendi legata pia.* In secundo: *Negligentia, & malitia Notariorum, non denuntiatium intra bimestre legata pia: nec non suppressio, vel dispersio scripturarum, concernentium interesse Ecclesiarum, vel bonorum Ecclesiasticorum, etiamsi delinquentes non fuerint Notarii; & falsificantes scripturas, etiam continentes interesse Sæcularium.* In tertio: *Negligentia gravis eorum, qui possunt, in solutione legatorum piorum: Negligentia eorum, qui suorum majorum tabulas testamentarias post octo menses aperiri non curaverint.* In quarto: *Omissio restitutionis incertorum, quæ injustè retinentur, ultra octo menses, si excedant summam triginta librarum nummariarum.* In quinto: *Incensio domus, vel frugum, aliarumque rerum, & mandatum, & auxilium ad illam.* In sexto: *Adulteratio, vel occultatio, vel dispertio scripturarum, quæ pertinent tàm ad jura piorum locorum, quàm aliorum & Ecclesiasticorum & Sæcularium: item negligentia culpabilis, vel malitia notariorum, non denuntiantium intra trimestre legata pia: dilatio ultra biennium ad persolvenda legata pia.* In septimo: *Falsificatio scripturarum cum damno tertii, & occultatio, suppressio, vel destructio pariter scripturarum, concernentium bona, vel jura Ecclesiarum, vel piorum locorum.* In octavo: *Damnum datum incendio voluntario, arborumve injuriosa succisione, si excesserio ducatos decem, vel etiam in viis prædatio, & agrorum depopulatio.* In nono: *Occultatio piorum legatorum, si fuerit dolosa: item occultatio, sive usurpatio, sive retentio dolosa rerum, bonorum, aut Scripturarum, spectantium ad Ecclesias, vel Beneficia Ecclesiastica.* In decimo: *Incensio domus, frugum, aliarumque rerum, & mandatum, consilium, auxilium ad illam.* In undecimo: *Legatorum piorum intra semestre non solutio.* In duodecimo: *Qui pauperit non impediti, solutionem, ex legato pio debitam, longiùs biennio distu-*

le-

lerint. In tertio decimo : *Qui Notarii intra duos menses à morte testatoris legata pia non denuntiaverint.* In quarto decimo: *Qui piorum locorum bona, quæ administrant, conduxerint, vel aliis, adhibita fraude, locaverint.* In decimo quinto : *Negligentia crassa in executione piarum voluntatum.* In decimo sexto: *Quicumque occultaverint , aut quovis modo detinuerint scripturas , pertinentes ad quamcumque Ecclesiam , legata pia, Mensam , Jurisdictionem, & Curiam Episcopalem.* In decimo septimo dicitur : *Usura manifesta.* In decimo octavo : *Usurarii publici , vel usuras ex professo exercentes, & incendiarii.* In decimo nono: *Publicarum scripturarum falsificatio.* In vigesimo : *Qui integrè non solvit Decimas , Quartesia, Canones , & pensiones Ecclesiæ , aut locis piis.* In vigesimo primo : *Decimarum , seu primitiarum non facta solutio , non solùm quoad non solventes , verùm etiam quoad auxilium , consiliumque præstantes.*

§. II. *Expenduntur isti modi varii reservationum.*

I. IN primo , in quo dicitur : *Dilatio ultra bimestre solvendi legata pia :* jam intelligitur de iis , qui moraliter potuerunt solvere , aut se habiles reddere ad solvendum ; si enim impotentia aut physica, aut morali impediti fuerint , ità ut omissio solvendi nequeat judicari certè mortalis , neque dici poterit reservata. Perpendat ergo prudens Confessarius motiva omissionis ; & juxta eadem censeat de reservatione.

In secundo dicitur: ,,Negligentia, & ma-,,litia Notariorum , non denuntiantium intra ,,bimestre legata pia ; nec non suppressio, vel ,,dispersio scripturarum, concernentium inte-,,resse Ecclesiarum, vel bonorum Ecclesiasti-,,corum, etiamsi delinquentes non fuerint No-,,tarii ; & falsificantes scripturas , etiam con-,,cernentes interesse Secularium.'' Hæc reservatio habet plures partes. In prima reservatur nedum malitia, sed etiam negligentia, & quidem mortalis, Notariorum , non denuntiantium intra bimestre legata pia ; qui, etsi mortaliter peccent, quamvis non attingant terminum bimestris, tamen hanc reservationem non incurrunt , nisi ipse terminus expiraverit. Secunda pars reservationis reservat supprimere , occultare , & multò magis dispergere scripturas , concernentes interesse Eccle-

siarum, vel bonorum Ecclesiasticorum ; quo nomine significatur etiam bona beneficiorum, & quæ in titulo ecclesiastico fundantur , non verò bona alterius generis : & hæ actiones reservantur, nedum si fiant à Notariis , verùm etiam à quibuscumque. Tertia pars reservat falsificationem scripturarum in damnum cujuscumque personæ. Nota , hanc tertiam partem reservare respectu Secularium solam falsificationem , non suppressionem, vel occultationem , quemadmodùm eas reservat respectu Ecclesiasticorum una cum falsificatione. Hìc exurgit quæstio , àn , si quis habens scripturam legitimam , jura sua validè protegentem , illam inculpatè amittat, & ipse habens alia folia ejusdem characteris , peritus in imitandis characteribus, aliam omnino similem in folio vetusto efformet, eademque utatur , ad se , suaque bona protegenda in notabili quantitate, quibus certò moraliter à Judice privaretur , nisi se dicto folio tueretur , hìc tali folio , alioquin verissima continente , utens , censebitur ne falsificator scripturarum , & in hac reservatione inclusus? Respondeo dicendo , quòd possit dari ignorantia invincibilis in aliquo homine , qui putet, se rectè egisse ità faciendo , eò quòd reverà folium , quo utitur, nil omnino falsi contineat , sed duntaxat verum, undè putavit , se neque venialiter deliquisse ; & proptereà non sit falsificator formalis scripturarum , cùm nil omnino alteret de veritate scripturæ deperditæ , sed duntaxat unum folium materiale alteri materiali substituat : proptereà ità agentem hac ignorantia invincibili ab hac reservatione eximerem. An autem licitè agat utendo tali folio in tribunali , est quæstio pertinens ad tractatum de restitutione , de qua egimus suo loco.

II. In tertio dicitur : *Negligentia gravis eorum , qui possunt , in solutione legatorum piorum. Negligentia eorum, qui, suorum majorum tabulas testamentarias post octo menses aperiri, non curaverint.* Hæc reservatio duas partes habet; in prima punitur negligentia gravis eorum, qui possunt, & non solvunt legata pia : jam noveris, ea legata nuncupari pia , quæ diriguntur ad pias causas, videlicet, ad celebrationem Missarum, Officiorum, Sacrorum, Precum , ad erogationem eleemosynarum, quocumque titulo distribuendarum quibusvis personis, etiam Ecclesiasticis, aut Ecclesiis, aut pauperibus puellis dotandis, aut pauperibus secularibus , aut car-

cecarcere detentis, aut captivis redimendis &c. Duas tamen conditiones Legislator requirit: prima, ut negligentia sit gravis : quæ gravitas non potest definiri determinata regula, sed expendenda est juxta circunstantias rerum, personarum, locorum, & temporum ità ut, quando prudens Confessarius potest illam certè censere gravem, ab absolvendo abstineat ; gravitatem verò quàm maximè deducere poterit ex secunda conditione, à Legislatore statuta, videlicet ex potestate solvendi; nàm dicit: *eorum, qui possunt*; quæ potestas, ut jam dixi superiùs, debet esse & physica, & moralis ; & proinde putarem, quòd, quando reverà possunt moraliter, etiam dilatio duarum hebdomadarum sit mortalis, eùm nulla sit differendi ratio ; & alioquin legata pia cedant in suffragium animæ testatoris, cui injustè, & crudeliter differtur, quando nulla est ratio justa differendi. In secunda autem parte animadvertit contra negligentiam hæredum, qui pòst octo menses non curaverint, ut aperiantur testamenta suorum majorum: ubi ne putes, quòd ante terminum octo mensium non peccaverint mortaliter; quia multò minùs sufficit ad hunc reatum gravem, sed ante octo menses non incurrunt reservationem.

III. Quartus dicit : *Omissio restitutionis incertorum ultra octo menses, si excedat summam triginta librarum nummariarum.* Jam præsupponitur potentia moralis ad hanc restitutionem faciendam. Præsupponitur item, quòd peccaverint graviter, etiam ante octo menses eam omittendo, si debitum excedat dictam summam. Nota, quòd hic ly *debita incerta* non significat debita dubia, de quibus videlicet dubitetur, àn extent, quia dubitetur àn fuerint contracta ; vel si contracta, àn fuerint soluta : sed nomine incertorum significantur debita quidem certa, sed aut ignoratur, quibus sint solvenda, utpotè plurimis, & paulatim aucta usquè ad summam notabilem ; aut quamvis sciantur creditores, nescitur ubi sint, nec sciri moraliter potest ; aut quamvis sciantur creditores, & ubi sint, tamen ob moralem impotentiam transmittendi pecuniam absque prudenti periculo infamiæ, aut absque sumptu longè majori, & debitum excedente, aut ob periculum prudens illam amittendi, destinantur eroganda, aut in Sacrificia pro creditoribus aut inter pauperes, itidem pro animabus creditorum. Quintus modus dicit : *Incensio domus, vel frugum, aliarumque rerum ; &*

mandatum, & auxilium ad illam. Intelligitur de incensione ex proposito, & non casuali, quamvis ex negligentia mortali ; nàm qui sine voluntate directa incendit, verè non est incendiarius : reservatur item jubens, & auxilium præstans aliqua actione, etiam attendendo, ne quis superveniat, & impediat, aut distrahat. Quæres : àn consilians possit verè dici auxilium præstans ? Respondeo, quòd stando rigori & proprietati locutiònis consilians distinguitur ab auxiliante; quandoquidèm in connumeratione concausarum ad damnum proximi consilians distinguitur ab auxiliante : & quamvis etiam consilians quodammodò auxilietur, nihilominùs hic videtur denotari auxilians propriè talis, nempè opera & actione.

IV. Sextus modus dicit : *Adulteratio, vel occultatio, vel dispersio Scripturarum, quæ pertinent tàm ad jura piorum locorum, quàm aliorum, & Ecclesiasticorum, & Secularium*: de quibus satis dixisse, puto, in numeris præcedentibus: sequitur : *Item negligentia culpabilis, vel malitia Notariorum, non denuntiantium intra trimestre legata pia*: etiam de hoc satis dictum. Proindè non comprehenditur hac reservatione sola malitia Notarii non denuntiantis, sed etiam negligentia, quotiès à prudente Confessario judicabitur mortalis. Sequitur : *Dilatio ultra biennium ad persolvenda legata pia*: etiam de hoc satis dictum, nempè, nisi vera impotentia, aut physica, aut mortalis, excuset à culpa mortali hujusmodi dilationem, de qua latè diximus suprà. In septimo dicitur: *Falsificatio scripturarum in damnum tertii; & occultatio; suppressio vel destructio Scripturarum concernentium bona, vel jura Ecclesiarum, vel piorum locorum.* Expende, Lector, diversitatem actionum, quæ hic reservantur, necnon personas, respectu quarum reservantur. Prima actio reservata est *falsificatio Scripturarum*, continentium, quidquid sit, dumodo falsificatio ista redundet in damnum cujusvis personæ. Aliæ actiones reservatæ sunt *occultatio, suppressio vel destructio scripturarum*, non in ordine ad quoscumque, neque quodvis concernentium, sed duntaxat concernentium bona, aut jura Ecclesiarum, vel piorum locorum: igitur, stando verbis reservationis, falsificatio scripturæ, concernentis quidvis, erit reservata, dummodò fiat in damnum tertii. Et hic inquires, àn intelligitur, effectu secuto damni, vel sufficiat falsificasse scripturam ? Respondeo, sufficere falsificationem factam; quia hæc

hæc est actio reservata , dummodò tendat in damnum tertii : quod quamvis per accidens non sequatur , jam posita fuit actio reservata , & in suo esse consummata. *Occultatio* autem *suppressio , dispersio scripturarum*, ut sint reservatæ , debent esse scripturarum , concernentium bona , & jura Ecclesiarum , aut piorum locorum : & etiam istæ non eximentur à reservatione , quamvis non sequatur effective damnum istorum locorum; quia hoc damnum secutum ab hac reservatione non postulatur , cùm reserventur actiones jam factæ.

V. In Octavo dicitur : *Damnum datum incendio voluntario , arborumve injuriosa succisione , si excesserit ducatos decem : vel etiam in viis prædatio, & agrorum depopulatio.* In hac reservatione omnia sunt clara. De incendio jam diximus suprà. De arborum succisione injuriosa , jam patet valor damni reservati. Circa prædationem in viis , omnem prædationem includit, factam in viis ; quæ cùm variis modis exerceri possit , omnes modos includit. Circa *agrorum depopulationem* , notanda est vis hujus verbi , quod non significat quodcumque furtum mortalè , sed significat tale damnum , ut verificetur *depopulatio* , nempè italicè *saccheggio , distratione , disfacimento , dar il guasto.* In novo dicitur : *Occultatio piorum legatorum , si fuerit dolosa. Item occultatio , sive usurpatio , sive retentio dolosa rerum , bonorum : aut scripturarum, spectantium ad Ecclesias , aut beneficia Ecclesiastica.* Occultatio igitur legata pia dolosè , nota benè , quod nullum præscribitur tempus in hac reservatione , sed sufficit occultatio dolosa animo facta ; quamvis post factum & legata manifestentur , nihilominès occultatio illa est reservata ; quia actio à Legislatore reservationi subjecta. Item occultare , aut usurpare , aut retinere dolosè res, bona , aut scripturas , spectantes ad Ecclesias, aut beneficia Ecclesiastica. Distingue istas actiones , & res , circa quas exercentur , & subjecta , contra quæ exercentur , ne decipiaris in lege , alioquin clara : & accense reservationi actiones graviores hìc denotatis, puta , comburere , aut lacerare dolosè scripturas , quamvis hìc prætereantur ; collimant enim ad eumdem finem. In decimo modo idem omnino dicitur ac in quinto jam expenso ; sicut etiam undecimus supra expensus fuit.

VI. In duodecimo dicitur : *Qui pauperie non impediti , solutionem , ex legato pio debitam , longiùs biennio distulerint.* Lex clarissima : at inquires , quomodò pauperies excusare poterit à reservatione ? Fateor & ego imbecillitatem meam , quòd nescio satis percipere , quomodò pauperies excusare possit à reservatione , si non solvantur legata pia ante biennium ; cùm enim legata pia semper sint solvenda ex bonis hæreditariis , vel hæc bona extant , vel non ? si non extent , jam cadit obligatio ; si extent , sunt solvenda , quamprimùm fieri potest : proptereà , sive pauperies antecedat adventum hæreditatis , sive hæreditatem subsequatur, videtur non posse excusare à mortali omissionem solvendi ; cùm , ut dicebam , legata sint solvenda ex bonis hæreditatis ; qua adveniente ; statim separanda erant bona pio legato affecta , quibus legatum solveretur. Fortassè benignus Legislator excusare voluit à reservatione casum , in quo hæredes , pauperie valde afflicti , animo sincero supplendi quamprimùm , bonis etiam legato pio affectis usi fuerint , ut se à gravamine propriæ pauperiei subtraherent ; & deinde à spe supplendi decepti , ob alias ingruentes adversitates , supplere non potuerint , & biennium excesserint , quin supplerent. Verùm ne Confessarius fallatur , existimarem , satiùs esse in casu occurrente , humiliter petere à Legislatore suæ legis explicationem. Modus decimus tertius expensus fuit in sexto , cùm eadem verba contineat.

VII. Decimus quartus modus hæc habet : *Qui piorum locorum bona , quæ administrant , conduxerint , vel aliis , adhibita fraude , locaverint.* In prima parte hujus reservationis , putarem , Legislatorem loqui de conductione fraudulenta , sicut in secunda parte loquitur de locatione. Si enim administrator conducat bona loci pii eodem justo pretio absque ulla omnino fraude , & absque ullo pii loci detrimento , nullum invenitur peccatum , & ita nullam incurrere potest reservationem ; non enim administrator , quia talis , debet esse deterioris conditionis aliis conductoribus ; proptereà , si v. gr. prædium illud locari solet pro centum argenteis annuis , cur ipse administrator non poterit , erogato eodem pretio , sibi conducere ? cur hoc modo privandus erit ? Si igitur nulla adhibeatur fraus , poterit illud conducere ; & proinde duntaxat reservatione tenebitur , si fraude interveniente , condu

cat;

eat ; sicuti si fraude adhibita aliis locet. Modus decimus quintus ità dicit : *Negligentia crassa in executione piarum voluntatum.* Quando igitur prudens Confessarius censebit , intervenisse negligentiam crassam , reservationi subjectum agnoscet poenitentem. Hujus autem negligentiæ reum rectè judicabit , si potens dictas voluntates exequi , distulerit notabiliter : si aut nulla , aut levi tantùm sollicitudine tactus , oblitus fuerit, oblivione quidem graviter culpabili; quia hujusmodi obligationum aliquod signum exterius est adhibendum , ne recordatione elabantur : si distractus ab anxietate conquirendi bona sibi relicta , ultimum locum destinarit executioni piarum voluntatum ; aut similibus modis se gesserit.

VIII. Decimus sextus hæc habet : *Quicumque occultaverint , aut quovis modo detinuerint Scripturas , ad Ecclesiam quamcumque , Legata pia , Mensam , Jurisdictionem , & Curiam Episcopalem pertinentes.* Istæ igitur sunt actiones in hac reservatione comprehensæ respectu indicatarum personarum , & dictorum locorum : horum aliqua habes in antedictis explicata. Postrema verò , nempè , quoad Mensam , Jurisdictionem , & Curiam Episcopalem , statim trado. Mensa Episcopalis significat quæcumque bona temporalia pertinentia ad reditus , & proventus hujus Beneficii Episcopalis , quicumque sit justus titulus ob quem ad eamdem spectent. Jurisdictio significat potestatem spiritualem regendi suam Diocesim , & etiam potestatem temporalem regendi loca , huic Sedi subjecta. Curia Episcopalis significat totum ministerium Curiæ Episcopalis , & quidquid pertinet ad ministros ejusdem , atque ad ministrorum munera. Nota , quòd huic reservationi subjacet , nedum occultans , detinens scripturas solis temporibus , quibus sunt proferendæ , sed etiam quocumque tempore , ità ut statim ac noverit , se tales scripturas habere , statim debeat eas tradere illis , ad quos pertinent; aliter hac reservatione tenetur. Decimus septimus hæc habet : *Usura manifesta.* Ly *manifesta* dupliciter intelligi potest , videlicet, vel respectu notitiæ aliorum , vel respectu facti usurarii , & certitudinis ejusdem, quamvis non innotescat , nisi mutuanti , & mutuatario. Putarem , quòd in hoc secundo sensu non sit accipiendum verbum illud , sed in primo , nempè , quòd persona illa , usuras faciens , sit in loco illo manifestè hujus

criminis rea , saltem pluribus ; quia , cùm in secundo sensu non afferat scandalum , nisi soli mutuatario , & contingere possit, quòd mutuans ille vel tunc tantùm , vel rarò usuras fecerit , possumus interpretari , mentem Legislatoris noluisse illum includere , nisi per frequentiam manifestus fiat ; & propereà in modo decimo octavo clarè dicitur : *Usurarii publici , vel usuras ex professo exercentes, & incendiari :* igitur hæ duæ reservationes loquuntur de usurariis notoriis. Inquires , àn usurarius , semel , vel iterum usuras committens , si loquacitate culpabili mutuatarii per totum locum diffametur , & evadat notorius in eo loco , erit ne in hac reservatione includendus ? Responderem negativè: quia Legislatores videntur loqui de illis , qui manifesti evadunt ex frequentia suarum usurarum , & ex vi repetitionis earumdem,quas cum quibuscumque advenientibus perpetrant , & non de notorio per accidens , qui evasit ex injuxta diffamatione alicujus. Quoad incendiarios jam diximus : & nota , quòd hic comprehenduntur incendiarii cujuscumque rei notabilis.

IX. Decimus nonus dicit : *Scripturarum publicarum falsificatio :* de qua jam suprà diximus : & solum expendendum remanet ly *Publicarum ;* etenim si standum sit in rigore vocabuli , publica scriptura videtur illa , quæ prodit à publica potestate Principis , Magistratus , Tribunalia &c. Verùm crederem , in ampliori significatione esse accipiendam illam vocem videlicet , etiam per scripturas , privatim factas , inter contrahentes , quæ tamen deservire possent publicè notitiæ Tribunalis , in quo lis , aut causa aliqua judicanda sit , v. gr. chyrographum , quo quis fatetur se debitorem Petro &c. &c. ; quæ scripturæ non incongruè vocantur publicæ ratione finis , ad quem scribuntur ; quas falsificans hac reservatione tenetur.

X. Vigesimus hæc habet : *Qui integrè non solvit Decimas , Quartesia , Canones, & pensiones Ecclesiæ , aut locis piis.* Circa has obligationes plura diximus in quinto Ecclesiæ præcepto , ubi non pauca invenies , quæ possunt afferre lumen ad rectè intelligendam materiam hujus reservationis. Itaque præsupponitur , quòd omissio voluntaria solutionis debeat esse mortalis ex quantitate rei , non solutæ , quæ aut sit notabilis etiam in una vice , aut evaserit notabilis ex repetitione plurium omissionum , quæ tandem coaluerint in

ma-

materiam notabilem. Præsupponitur item potentia ad solvendum ; nàm si extaret impotentia inculpabilis, non teneretur. Neque excuses omittentem, qui contendat, se non teneri, & intereà non solvat ; nàm is tenetur in conscientia proferre ad Tribunal competens sua motiva, ut à judice dirimatur hæc causa ; si enim taceat, & intereà omittat, non est securus in conscientia. Tandem in vigesimo primo modo dicitur: *Decimarum, seu primitiarum non facta solutio, non solùm quoad non solventes, verùm etiam quoad auxilium, consiliumque præstantes.* Hæc reservatio continet non solutionem duarum rerum, scilicet, decimarum, & primitiarum, ità ut non so-

lutio aliarum rerum, quæ reverà neque ad decimas, nec ad primitias pertinent, non includitur in hac reservatione ; quandoquidem in aliquibus locis vigeat, aut non vigeat consuetudo solvendi, aut non solvendi quasdam res, ut videre potes in tract. 12. cap. 4.

Hactenùs scripta in his animadversionibus censeantur submissa, nedum correctioni S. Ecclesiæ, verùm etiam cujusvis Theologi, me sapientioris ; & quæcumque asserni ita recipiantur, ut siqua explicatio Episcoporum respectivè extaret in contrarium, illis utpotè legitimæ, standum sit, & nullatenùs, meæ interpretationi.

APPENDIX SECUNDA.
AD TRACTATUM
DE SACRAMENTO
PŒNITENTIÆ.
QUÆ EST DE INDULGENTIIS.

§. I. *De notitia Indulgentiæ, & de potestate illam conferendi.*

I. CUM Confessarium, deceat, saltem summatim scire, quæ ad Indulgentias spectant, idcirco capiti de Sacramento Pœnitentiæ adnectimus etiam hanc Appendicem, ob nexum quemdam, quem habere potest cum satisfactione sacramentali. Itaque Indulgentia est remissio pœnæ temporalis, per applicationem meritorum Christi, & Sanctorum ; quæ remissio fit extra Sacramentum, & Sacrificium Missæ. Dividitur Indulgentia in totalem, seu plenariam, qua tota pœna peccatis debita remittitur ; & in partialem, qua pœna ex parte tantùm remittitur. Hæc partialis ità intelligitur, puta, Indulgentia centum annorum, quæ, ritè suscepta, demit, in foro Dei de debitis, quantum demeret pœnitentia canonica, si per centum annos quis illam decurrisset.

II. Potestas concedendi Indulgentias res-

pectu universæ Ecclesiæ residet in solo Summo Pontifice de Jure divino, cui soli, S. Petri successori, collata fuit suprema potestas ligandi, & solvendi, sub Clavium nomine significata ; & ideo illas concedere potest eo gradu, eaque mensura, quæ sibi in Domino videbitur. Archiepiscopi tota sua Provincia, & Episcopi in sua Diœcesi Jure communi, ex decretis Pontificum proficiscente, possunt concedere duntaxat Indulgentias unius anni in Dedicatione Ecclesiæ, & in anniversario Dedicationis ; ex alia autem causa solùm quadraginta dierum : ità ex Concil. Lateranensi 4. cap. 62. Cardinales, qui non sunt Episcopi, possunt ex concessione, saltem tacita, Pontificis, concedere Indulgentias tantummodo centum dierum. Potestas concedendi Indulgentias non est Ordinis, sed jurisdictionis ; & idcircò Indulgentiæ concedi non possunt, nisi subditis : & quamvis Regulares sint exempti ab Episcoporum jurisdictione, possunt tamen

In-

Indulgentias ab Episcopis concessas lucrari; quia in favorabilibus possunt se subjicere jurisdictioni Episcoporum , ne privilegium exemptionis eisdem hanc spiritualem jacturam afferat.

✠ Est in Ecclesia Thesaurus, cujus dispensatio illi credita est. Thesaurus autem iste non aliud est , quàm valor satisfactionum Christi , quæ superabundantes , & infinitæ fuerunt ; & etiam Martyrum, & aliorum Sanctorum, qui ad expiationem propriorum peccatorum necessarius eis non fuit , manens in conspectu Dei. Merita tamen & satisfactiones Martyrum, & Sanctorum non aliunde, quàm ex meritis , & satisfactionibus Christi, quæ in eis operantur , valorem, & efficaciam habent. Legatur Em. Gott. *tract. de Ind. q.3. dub. 1. §. 3. & 4.* Indulgentiæ igitur nituntur meritis & satisfactionibus Christi & Sanctorum , quibus Thesaurus Ecclesiæ constat.

¶ Equidem possunt Episcopi Indulgentiam unius anni concedere in Dedicatione Ecclesiæ, sicut asserit Auctor *num. præced.* at in Anniversario Dedicationis non nisi 40. dierum Indulgentiam largiri valent. Perspicuum est id ex cap. *Cum ex eo 14. de pœnit. & remission.* in fine hisce verbis expresso : *Decernimus, ut, dùm dicatur Basilica, non extendatur indulgentia extra annum, sive ab uno solo , sive à pluribus Episcopis dedicetur , ac deinde in Anniversario Dedicationis tempore 40. dies de injunctis pœnitentiis indulta remissio non excedat. Hunc quoquè dierum numerum indulgentiarum litteris præcipimus moderari , quæ pro quibuslibet casibus aliquoties conceduntur.* Tales autem Indulgentias possunt Episcopi concedere etiam in perpetuum , id est, recurrente omni anno. Legatur P. Lucius Ferraris verb. *Indulgentia art. 2. num. 7.*

§. II. *De requisitis ad acquirendas Indulgentias pro viventibus.*

I. AD acquirendas Indulgentias, viventibus concessas, requiritur status gratiæ, saltem quando ponitur ultimum opus, à Bulla pro acquirenda Indulgentia præscriptum; quia personæ inimicæ Divinæ Majestati nulla sit remissio pœnæ ; cùm enim pœnæ æternæ reatui obnoxia sit, indigna prorsus est , cui remittatur ulla pœna temporalis : ut igitur vivens indulgentiam acquirat , nisi in Bulla præscribatur inter alia opera ponenda etiam confessio sacramentalis, requiritur, quòd

saltem per contritionem perfectam de statu peccati in statu gratiæ se constituat.

II. Consultò dixi , saltem dùm ponitur ultimum opus præscriptum ; quia tunc tantummodò applicatur indulgentia. Dixi, saltem ; quia non sine gravi motivo aliqui censent , quòd omnia opera injuncta facienda sint in statu gratiæ : nihilominùs communior saltem exigit , ut ultimum opus fiat in gratia, reliqua autem opera injuncta fieri debent, saltem sine actuali affectu ad peccatum lethale; imo animo pœnitente, atque ea intentione se transferendi ad statum gratiæ.

III. Opera injuncta pro acquirenda indulgentia fieri debent tempore, loco, & ordine, quo præscribuntur, atque integrè , & dirigi ad eum finem, propter quem conceditur indulgentia : puta, ad avertendam pestilentiam, ad pacem à Deo obtinendam, ad Deum placandum , &c. quia indulgentia non operatur effectum nisi juxta intentionem, expressam in verbis illam concedentis : eapropter quocumque modo, etiam ex ignorantia invincibili , omittatur aliquod ex injunctis , & præscriptis, indulgentia non acquiritur.

IV. Cùm itaque Indulgentia Plenaria sit plena, & totalis remissio pœnæ, peccatis debitæ; ut hanc quis consequatur, necesse est, ut nedum omnia sua peccata lethalia, verùm etiam venialia omnia sincerè detestetur ; ita ut non solùm ad nullum mortale , ut supponitur , sed neque ad ullum veniale affectionem habeat , & à quolibet eorum sincere abhorreat; quandoquidem impossibile sit , plenariam pœnæ remissionem consequi , si retineatur affectus etiam ad unum veniale ; quia hujusmodi affectus excludit plenariam pœnæ remissionem : quinimò nonnulli graves Theologi , laudati à S. Antonino 1. part. tit. 10. c. 3. §. 3. & ab eodem approbati, docent, quòd, ad hanc plenariam consequendam, requiratur præterea sincerum propositum , & sedula cura satisfaciendi Deo per opera pœnalia, christiano homini verè dolenti congrua; & hanc opinionem præ aliis tenent doctissimi Cajetanus , & Navarrus , quorum motiva sunt ; quia extat præceptum Divinum de agenda pœnitentia pro peccatis commissis, nempè faciendi fructus pœnitentiæ dignos, qui fructus pœnitentiæ interioris sunt opera pœnalia exteriora, eleemosynarum, jejuniorum, precum &c. Tùm etiam; quia aliter indulgentiarum usus redundaret, non in ædificationem populi fidelis, sed in destructionem spiritus pœnitentiæ, si paucis actionibus, & non

Ii   mag-

magni momenti, interpositis, plenariam quis consequeretur remissionem pœnæ pro innumerabilibus mortalibus à se patratis: undè dilataretur aditus libertati peccandi sub spe consequendæ remissionis plenariæ à cunctis pœnis, tot criminibus debitis: & exinde foveretur tepor, & desidia circa pias actiones, atque occasio à pravis hominibus arriperetur dissolutè vivendi. Momenta profectò non spernenda.

✠ Vide suprà §. 5. *De satisfactione sacramentali post num. 3.*

Licèt igitur à Pontifice concedatur indulgentia plenaria, ille tamen, qui habet affectum actualem venialiter malum, vel sua peccata venialia non retractaverit aliquo dolore universali, lucratur indulgentiam solum partialem, seu tantum quoad pœnam illorum peccatorum venialium, quæ quoad culpam jam fuerunt remissa. Si quis tamen dolet de omnibus peccatis in genere, & debitè peragit omnia requisita ad lucrandas indulgentias plenarias, ei propter talem dolorem remittitur omnis culpa venialis. Sic Pater Marcus M. Struggl. Ord. Serv. B. M. V. *tract. 13. q. 1. art 4. n. 38.*

V. Quando in Bulla concessionis indulgentiæ exprimitur, quòd ea conceditur *contritis & confessis*, probabilius videtur, requiri confessionem etiam ab eo, qui alioquin sperat, se esse in gratia; quandoquidèm confessio in dicto casu præscribitur, non eo fine, ut homo peccator redeat ad statum gratiæ, sed præscribitur ut opus pium, & religiosum, injunctum volenti acquirere indulgentiam. Non me latet, plures contrarium docere respectu habentis gratiam: at si verum sit, Bullas tantum valere, quantum sonant; profectò verbis Bullæ, dicentis *contritis,& confessis*, aut duntaxat *confessis*, non concordat, qui confessionem omittit.

☞ Nùnc sublata remanet dissensio, quæ inter Theologos effervuerat, ac firmata sententia, quam Auctor propugnat, ex Decr. S Congr. Indulgentiis, & Reliquiis præpositæ, à Sanctissimo Domino nostro P. Clemente XIII. feliciter regnante approbato *die 19. Maii 1759.* quod integrum hic escribere lubet: *Ut Christi fideles scire possint, quid sibi tenendum foret pro acquirendis indulgentiis in sententiarum varietate super intelligentia verborum*: qui verè pœnitentes, confessi, ac sacra communione refecti Ecclesiam visitaverint, *quæ indulgentiarum Brevibus inseri solent, in Sacra*

Congr. Indulgentiis, *sacrisque Reliquiis præposita, discussis die 31. Martii proximè præteriti nonnullis dubiis, eadem Sacra Congregatio fuit in voto, confessionem sacramentalem, quando in Brevibus apponitur pro indulgentiarum consecutione, peragi omnino debere etiam ab iis, qui sibi lethalis peccati conscii non sunt; nec non præfatam confessionem suffragari etiam posse, si expleatur in vigilia festivitatis. Quod autem ad Ecclesiæ visitationem spectat, eam impleri posse sive ante, sive post aliorum piorum operum implementum.* Duo itaque fuere sancita, nempè, 1. ad indulgentiam *contritis & confessis* concessam acquirendam, necessariam esse confessionem sacramentalem iis etiam, qui nullam mortalis peccati conscientiam gerunt: 2. ad lucrandam indulgentiam sufficere confessionem sacramentalem, in vigilia festivitatis peractam. Hinc amplius audiendi non sunt Theologi, qui asserebant confessionem, (quod etiam de communione affirmabant) ad indulgentiam lucrandam requisitam, aliquod diebus præcedere posse; quam quidem distantiam aliqui ex illis ad quatriduum, quidam verò etiam ad sex dies extendebant: non, inquam, sunt amplius audiendi; cùm ex relato S. Congr. Decreto exploratum sit, ad indulgentiam consequendam solummodò prodesse posse confessionem, factam die, qui festivitatem antecedit: & quidèm, ut probabilius videtur, non modò vespere, ut certum omnino semper fuit, sed etiam mane ejusdem diei præcedentis.

✻ Verumtamen aliud posteà, nempè, *die 9. Decembr. 1763.* ad rem hanc ejusdem Sacræ Congregat. Decretum emanavit, quod etiam modò hìc integrum oculis subjicere opportunum censemus. „Quum Sacra Congregatio (hisce est conceptum verbis) Indulgentiis, & Sacris Reliquiis præposita, die „31. mensis Martii an. 1759. fuerit in voto, „confessionem sacramentalem, quando in „Brevibus apponitur pro indulgentiæ consecutione; peragi omnino debere, etiam ab „his, qui sibi lethalis peccati conscii non „sunt, nec non præfatam confessionem suffra„gari etiam posse, si in vigilia festivitatis ex„pleatur, votumque Congregationis Sanctis„simus Dominus noster Clemens P. M XIII. „benignè approbaverit, illudque typis publi„cari sub datum 19. Maji prædicti anni man„daverit; quamplures supplices libelli tùm „Regularium Communitatum, & præsertim „Monialium, tùm etiam Parochorum, &
                                        „non-

„nonnullorum Episcoporum pro suis Diœce-
„sibus prorrecti sunt, quibus maxima expone-
„batur difficultas, quæ interdum, imò per-
„sæpè incidit pro sacramentali confessione
„sive in festo, vel ad minùs in vigilia per-
„agenda. Quamobrèm, ut adeò proficuus in-
„dulgentiarum Thesaurus reddatur fidelibus
„accommodè comparandus, enixis precibus
„supplicabant Sanctitati suæ, ut opportuno
„aliquo remedio de Apostolica benignitate
„providere dignaretur: quibus ad prædic-
„tam Sac. Congregationem remissis, pro-
„positum in ea fuit dubium :.... *An & quo-*
„*modò sit consulendum Sanctissimo super*
„*præfati Decreti executione, vel declara-*
„*tione in casu &c...* & responsum fuit...
„*Consulendum Sanctissimo Domino nostro,*
„*ut concedere dignetur indulgentiam om-*
„*nibus Christi fidelibus, qui frequenti pec-*
„*catorum confessione animam studentes ex-*
„*piare, semel saltem in hebdomada ad Sa-*
„*cramentum Pœnitentiæ accedere, nisi*
„*legitimè impediantur, consueverunt; &*
„*nullius lethalis culpæ à se post perac-*
„*tam ultimam confessionem commissæ si-*
„*bi conscii sunt, ut omnes & quascumque*
„*indulgentias consequi possint, etiam si-*
„*ne actuali confessione, quæ cæteroquin*
„*juxta præfati Decreti deffinitionem ad*
„*eas lucrandas necessaria esset. Nihil ta-*
„*men innovando circa indulgentias Jubi-*
„*læi tàm ordinarii, quàm extraordinarii,*
„*aliasque ad instar Jubilæi concessas, pro*
„*quibus assequendis, sicut & alia ope-*
„*ra injuncta, ita & sacramentalis con-*
„*fessio tempore, in earum concessione præs-*
„*cripto, peragantur,...* & facta per me in-
„frascriptum ejusdem Sacr. Congregationis
„Secretarium de præmissis omnibus Sanc-
„tissimo Domino nostro relatione, Sancti-
„tas sua, piis bonorum desideriis ac votis sa-
„tisfacere, & indulgentiarum gratias iis po-
„tissimùm, qui piè sanctèque vivendo do-
„nis divinæ misericordiæ digniores efficiun-
„tur, elargiri quàm maximè cupiens, benig-
„nè annuit, & præfatum indultum in forma
„suprascripta expediri, & publicari manda-
„vit, quibuscumque in contrarium non obs-
„tantibus.“

Itaque ex benigna S. P. concessione, nunc
omnes Christi fideles, qui semel saltem in
hebdomada ad Sacramentum Pœnitentiæ accedere, ni legitimè impediantur, consueverunt, & nullius lethalis culpæ, à se post
peractam ultimam confessionem commissæ, si-

bi conscii sunt, omnes, & quascumque indulgentias consequi possunt sine actuali confessione.

Ex his autem colligendum 1. est, ad consequendas indulgentias, quæ conceduntur,
verè pænitentibus, & confessis, necessarium
esse confessionem actualem iis, qui semel
saltem in hebdomada ad Pœnitentiæ Sacramentum accedere non consueverunt, etsi
post ultimam ab ipsis peractam confessionem nullum mortale peccatum admiserint;
atque ideo circa hos firmum & in suo robore permanere primum Decretum.

Colligendum 2. est, ad lucrandas indulgentias iis quoquè necessariam esse confessionem, qui, quamvis saltem semel in hebdomada soleant peccata sua confiteri, attamen post ultimam confessionem alicujus lethalis criminis sontes evaserunt; ideòque satis non esse ad illas consequendas, si actum
perfectæ contritionis eliciant.

Colligendum 3. est, necessariam non esse
confessionem ad adquirendas indulgentias iis,
qui consuescunt confiteri saltem semel in hebdomada, licèt quandoquè, legitimo aliquo detenti impedimento, id omittant. Hoc liquidò
constat ex verbis ipsius Decreti. Quodnam
autem legitimum censeri debeat impedimentum? fortasis non una erit omnium sententia. Salvo meliori judicio, existimamus, non
requiri tale impedimentum, ob quod quis
absolutè nequeat ad confessionem accedere;
sed sufficere arbitramur tale impedimentum,
ob quod quis commodè non valeat in aliqua
hebdomada peccata sua confiteri.

Observandum tandem speciatim occurrit
quod in postrema laudati Decreti parte continetur, nempè, nil innovatum esse circa
indulgentias Jubilæi, tàm ordinarii, quàm extraordinarii, aliasque, quæ ad instar Jubilæi conceduntur, atque ità ad illas acquirendas opus esse, ut sacramentalis peragatur confessio tempore in earum confessione præscripto.

Quæres, nùm in privilegio festivitatis,
pro qua indulgentia conceditur, fieri possit
communio ad indulgentiam lucrandam.

Resp. negativè; idque colligitur ex primo
relato S. C. Decreto *anni 1759.* quippe in
eo duntaxàt exprimitur, *confessionem suffra-*
gari posse, si expletur in vigilia festivi-
tatis, & Ecclesiæ visitationem impleri pos-
se, sive ante, sive post aliorum piorum ope-
rum implementum. De communione autem
nullum verbum occurrit. Videtur itaque ea

dif-

differenda ad diem ipsum festivitatis , pro qua indulgentia conceditur.

VI. Quando inter opera injuncta praescribitur oratio, haec debet fieri attentè, devotè, & vocaliter, neque adeo brevis, ut etiam in hac appareat actus poenitentialis : debet item fieri intra tempus praescriptum, & in loco , seu Ecclesia praescripta , atque ea intentione , quam habet concedens indulgentiam ; quae esse solet pro Ecclesiae sanctae profectu , praecipuè spirituali, pro haeresum extirpatione , & infidelium conversione, pro pace, & concordia christianorum Principum, & pro felicitate S. Sedis.

VII. Quando praescribitur jejunium, debet observari saltem ut alia Ecclesiae jejunia, & diebus , in Edicto determinatis. Quando jungitur eleemosyna, cùm injungatur ut opus poenale ponendum , debet esse talis , quae correspondeat statui , & conditioni personae , & cujus elargitio aliquam poenam afferat ; propterea , si dives duos , vel tres obolos erogaret , non videretur eleemosyna poenalis , & idonea ad indulgentiam; quidquid aliqui nimis molliter dicant.

VIII. Indulgentiae, quae acquirentur visitatione Ecclesiarum , Altarium &c. talem postulant visititionem , ut ex signis appareat , illud Altare visitari : & quidem visitari prece vocali coràm illo effusa, quae non sit adeo brevis , ut visitationis nomine sit indigna , puta , si recitatione unius pater , vel gloria patri absolvatur ; sed debet esse talis , ut prudenter censeatur , Ecclesiam , aut Altare per congruas preces effusas visitata fuisse.

§. III. *De adquisitione Indulgentiarum pro defunctis.*

I. Indulgentiae, quae in Bullis conceduntur pro defunctis, aut ut applicabiles etiam defunctis, conceduntur non per modum judicii, sed solius suffragii ; quia Ecclesia super animabus, quae ex hac vita migrarunt , non ampliùs judicat , sed duntaxàt offert satisfactiones illas Deo, ut quatenùs justitiae, & misericordiae suae libuerit , illas defunctorum animabus applicet in purgatorio degentibus. Cùm autem ipse dixerit , quòd eadem mensura , qua illos mensi fuerimus, remetietur & nobis; propterea illis animabus parum prodesse timendum est , quae , dum in praesenti vita degerent , aut nihil , aut modicum de operibus misericordiae praesertim erga de-

functos fuerunt sollicitae, ut proinde à Divina Providentia aliis animabus applicentur , quae, ut ait S. Augustinus , *dùm hic viverent , ea suffragia sibi prodesse posse meruerunt.*

II. Ut autem fidelis fructuosè indulgentiam applicet animabus defunctorum , praeter intentionem dirigendi opera illa , quibus indulgentia acquiritur , ad levamen defunctis, sicut, & ipsam indulgentiam; & praeter exactam injuncti operis executionem , exigitur juxta rationabiliorem opinionem Bellarmini, Angeli , & aliorum, ab Emmanuele Sa relatorum verbo *Indulgentia* n. 2., ut , & ipse applicans sit in statu gratiae: videtur namque repugnare, quòd inimicus Dei , qui prose ipso inhabilis est ad satisfaciendum Deo, valeat satisfacere pro alio ; & quòd actiones , ab inimico elicitae , quae nunquam sunt futurae gratae Deo , possint eidem esse acceptae pro alio , quamvis amico, oblatae. Nihilominùs, quia contraria opinio , nempe, quòd etiam homo peccator possit fructuosè, acquirere indulgentias defunctis applicandas, est eisdem defunctis favorabilis ; quandoquidem multi peccatores , qui pro defunctis sunt solliciti , ab hoc pietatis opere averterentur , si ad se justificandos tenerentur , ut fructuosa fieret eorum pro defunctis sollicitudo; & quia à gravibus Auctoribus haec opinio protegitur , nempe à Corduba lib. 5. q. 26. propositione 7. Naldo verbo *indulgentia* num. 6. Suarez disp. 53. sect. 4. n. 5. 6. Navarro notabili 17. de indulgentiis num. 4., & notabili 19. n. 6. Toleto lib. 6. cap. 26. num. 5. praeter alios non paucos à Bonacina citatos de indulgentiis puncto 7. num. 11. , & multò magis , quia haec traditur ex professo à Divo Thoma in Supplemento quaest. 17. art. 3. afferente etiam auctoritatem S. Augustini ; idcirco dicamus, & nos , peccatores posse defunctis fructuosè indulgentias applicare, dummodò actualem affectum ad mortale non habeant ; hortamurque illos , ut saltem displicentiam aliquam de suo malo statu concipiant. Et tandem sciat peccator, quòd , quamvis possit pro defunctis eas indulgentias applicare , quae sunt directè pro eis ab Ecclesia concessae; non tamen fructuosè applicare potest illas , quae pro illis indirectè sunt applicabiles ; nempe, quae directè conceduntur viventibus , cum facultate tamen easdem applicandi etiam defunctis. Ratio est; quia , cùm peccator in statu lethali non valeat fructuosè applicare sibi , ità neque aliis ; in tantum enim posset aliis, in

quan-

quantum conceditur, quòd cedere possit aliis
utilitatem ab ipso percipiendam; cùm autem
i pse ullam percipere nequeat, ità neque aliis
ullam applicare.

CAPUT V.

De Sacramento Extremæ-Unctionis.

§. I. *De institutione, materia, forma, &*
Ministro Extremæ-Unctionis.

I. SAcramentum Extremæ-Unctionis fuisse à Christo institutum, & voce tenùs
Apostolicis consignatum, dùm *per dies qua-*
draginta post resurrectionem apparens eis,
loquebatur de regno Dei , quod regnum est
Ecclesia, constans est, & semper fuit Traditio Apostolico-divina, & definitum fuit à Tridentino sess. 7. can. 1. *Si quis dixerit , Sa-*
cramenta novæ legis non fuisse omnia à Jesu
Christo Domino nostro instituta... videlicet
Baptismum... Extremam-Unctionem , &c.
Anathema sit. Hujus Sacramenti primùm
promulgatorem fuisse S. Jacobum Apostolum,
constat ex ejus Epistola cap. 5. Esse autem
verum Sacramentum, ex eo liquet, quòd
& fuerit à Christo institutum, & sit signum
sensibile , & sit collativum gratiæ; dicit
namque Jacobus de infirmo uncto, quòd, *si*
in peccatis sit , remittentur ei.

II. Materia remota ejusdem est oleum
olivarum, ab Episcopo benedictum, & quidem
eo anno: proptereà, qui uteretur oleo non
benedicto eo anno, quamvis validè, illicitè
tamen graviter ministraret; quia in re gravi
ageret contra Ecclesiæ consuetudinem, nisi
fortè necessitas illum excusaret. Si autem oleo
consecrato admisceatur aliud non consecratum , & hoc sit in minori quantitate, totum
evadet consecratum; illicitè tamen notabiliter
ageretur, nisi iterum necessitas id fieri postu-
laret. Materia proxima est unctio, facienda
digito pollice in forma crucis, & quidem necessitate præcepti Ecclesiæ, ità fieri jubentis.

✠ Utique Sacramenti Extremæ Unctionis
materia remota est oleum , liquor videlicet
ex baccis olivarum expressus, qui solum, in
communi modo loquendi , absolutè & sine
addito *oleum* nuncupatur Debet autem ejusmodi oleum esse simplex, hoc est , absquè
ulla alterius liquoris admixtione. Nihil tamen
detraheretur Sacramenti validitati , si , contra communem cæteroquin, & perpetuam Ecclesiæ praxim, infirmorum oleo admisceretur

aliquid balsami ; modò admixtio tanta non
esset, ut destrueret exteriorem olei speciem,
ità ut , non ampliùs oleum , sed potiùs un-
guentum , aut alterius generis mixtum arti-
ficiale censeretur. Debet prætereà oleum , in
Extrema-Unctione adhibendum, esse Episcopi benedictione anteà sacratum. Sed quæstio
est , nùm Episcopi benedictio sit necessaria
ex Christi Domini institutione, àn solum ex
Ecclesiæ præcepto. Diversæ sunt hac in re
Theologorùm sententiæ ; ut observat S. P.
Benedictus xiv. *de Synodo Diœces. lib. 8.*
cap. 1. E. F. 1760. Nonnulli autumant,
benedictionem fuisse oleo superadditam ab
Ecclesia, non verò institutam à Christo Domino ; ac proinde illicitum quidèm , sed validum pronuntiant Sacramentum , oleo non
consecrato administratum : quin imò , urgente necessitate , etiam absque culpa ità administrari posse, existimat. Victoria *in Summ.*
de Sacram. numer. 216. Alii è contrà sustinent, olei consecrationem , non tantùm
præcepti, sed etiam necessitate Sacramenti
requiri ; eamque prætereà consecrationem ità
à Christo Domino Ordini Episcopali annexam asserunt , ut simul asseverent , ne à
Summo Pontifice quidem eam posse secundi ordinis Presbyteris delegari. Inter hasce
duas extremas sententias medii quodammodò incedentes quidam , tria statuunt : nimirum 1. aliquam consecrationem ex Chri-
ti institutione requiri , ut oleum fiat apta
materia Sacramenti Extremæ-Unctionis. 2.
nunquàm in Ecclesia Latina fuisse ægrotantes
oleo inunctos, ab Episcopo anteà non consecrato. 3. deniquè ad Sacramenti validitatem
satis esse affirmant , oleum à simplici Sacerdote benedictum. Et profectò posse, saltem
ex commissione sive expressa, sive tacita
Romani Pontificis, à simplici Sacerdoti præ-
parari materiam aptam ad conficiendum Sacramentum Extremæ-Unctionis, res videtur exploratissima, quam nemini liceat in
quæstionem adducere ; siquidem in Ecclesia orientali mos viget à mille , & ampliùs
annis in ea receptus , ut ipsimet Presbyteri,
cùm se accingunt ad infirmum inungendum,
oleum , in ea Sacramentali Unctione adhibendum, benedicant. Hanc autem Orienta-
lium consuetudinem Ecclesia Latina non solùm non improbavit , sed ratam habuit. Sic
laudatus S. P. Benedictus xiv. *loc. cit.* ubi
alia plura ad rem hanc protulit scitu digna,
quæ tamen nos brevitati consulentes missa
facimus.

III.

III. Forma ejusdem Sacramenti est: *Per istam sanctam unctionem , & suam piissimam misericordiam indulgeat tibi Deus, quidquid deliquisti per visum , &c. amen,* exprimendo semper sensum, qui ungitur; dicendo *per auditum ,* quando aures; *per tactum,* quando manus, *per gustum,* quando.os; *per odoratum,* quando nares ; *per incessum,* quando pedes ; *per ardorem libidinis,* quando renes inunguntur. Mulieres tamen, propter honestatem, non unguntur in renibus: unde unctio illius partis in ipsis omittitur. Sacerdotibus verò, quia in palma manus semel fuerunt uncti , dùm ordinationem sacerdotalem susceperunt ; ideo non unguntur in palma , sed in exteriori parte manus. Exprimitur autem forma modo deprecativo; tùm quia irà docemur à S. Jacobo: *& orent super eum;* tùm quia , ut ait S. Thom. in 4. d. 23. q. 1. art. 4. q. 2. *infirmus indiget aliorum deprecatione :* & proptereà , si quis eam proferret modo indicativo , nedum graviter peccaret , verùm etiam , juxta communiorem, invalidè ageret. In casu , quo non vacet singulos inungere sensus, quia infirmus jam moritur , possunt ità uniri omnes formæ , uncta una parte corporis , quæ pluribus æquipolleat , puta , fronte , dicendo : *Per istam sanctam unctionem, &c. indulgeat tibi Deus quidquid per visum , auditum , odoratum, gustum , tactum , gressum , & renes deliquisti.*

* Ultrò Doctores omnes fatentur, ut animadvertit S. P. Benedictus xiv. de *Synod. Diœc. lib. 8. cap. 3. num. 2. nov. edit.* duas postremas unctiones, pedum, scilicet , & renum necessarias non esse ad validam Sacramenti confectionem; tùm quia non sunt in usu apud omnes Ecclesias; tùm quia illa renum, honestatis, & pudoris causa, semper omittitur in fœminis, & interdum etiam in vl.is, qui propter labefactatas corporis vires , morbique labores , dimoveri nequeunt sine gravi incommodo, quod adnotatur à Rituali Romano, atque à Cardinali Sanctorio *in suo Rituali pa, 325.* Haud difficulter quoquò iidem admittunt, cæteras quinque sensuum unctiones necessarias esse necessitate præcepti: sed dissentiunt, & disputant, r:im etiam necessariæ sint necessitate Sacramenti. Antiquiores Scholastici existimarunt, omnes pertinere ad substantiam, & integritatem Sacramenti , quod ex singulis, tamquam ex suis partibus essentialibus, constitui, atque integrari, sunt opinati. Ità docuerunt S. Bonaventura, Ricardus , Paludanus,

Sotus, quibus subscripsere Bellarminus, Gregorius de Valentia, Gonettus , aliique plurimi, præcipuè ex Theologis Moralibus.

Alii ex adverso validum censent Extremæ Unctionis Sacramentum , si vel una tantùm inungatur corporis pars, unica prolata forma universali , omnes sensus complectente. Ità Sylvius, Serarius, Becanus , Estius , Natalis Alexander , Jueninus , Tournely , Vanroy, Piette, aliique recentiores passim. Huic opinioni validissimum fundamentum præbet diversa in unctionum numero disciplina , quæ in diversis Ecclesiis olim viguit; & majus adhuc argumentum eidem suppeditant recentiora peculiarium Ecclesiarum Ritualia, unicam unctionem fieri permittentia , si omnes perfici nequeant.

D. Thomas *in Suppl. q. 32. art. 6.* circa hanc difficultatem dubitanter loqui videtur: *Dicendum* (ait *in corp.* assignans rationem, cur determinentur partes ungendæ) *quòd principia peccandi in nobis sunt eadem, quæ & principia agendi ; quia peccatum consistit in actu. Principia autem agendi in nobis sunt tria. Primum est dirigens, scilicèt vis cognoscitiva. Secundum est imperans, scilicèt , vis appetitiva. Tertium est exequens, scilicèt , vis motiva. Omnis autem nostra cognitio à sensu ortum habet ; & quia ubi est in nobis prima origo peccati , ibi debet unctio adhiberi, ideo inunguntur loca quinque sensuum , scilicèt , oculi propter visum, aures propter auditum , nares propter odoratum, os propter gustum , manus propter tactum, qui in pulpis digitorum præcipuè viget ; & propter appetitivam unguntur aliquibus renes ; pedes inunguntur propter motivam, qui sunt principalius ejus instrumentum : & quia principium primum operationis humanæ est cognoscitiva , ideò illa unctio ab omnibus observatur , quæ fit ad quinque sensus quasi de necessitate Sacramenti , sed quidam non servant alias: quidam verò servant illam , quæ ad pedes, & non quæ ad renes; quia appetitiva , & motiva sunt secundaria principia.* Ait itaque Angelicus , quòd illa unctio ab omnibus observatur, quæ fit ad quinque sensus, *quasi de necessitate Sacramenti :* non asserit absolutè , quòd sit de necessitate Sacramenti, sed *quasi de necessitate Sacramenti.* Quo limitato loquendi modo satis mentem suam indicat S. D.

„Sed, quoniàm, sic tandem concludit lau„datus S. P. Benedictus xiv. (*loc. cit. n. 5.*)
„ue-

„neque de hac quæstione, quæ sanè gravissi-
„ma est , nulla hactenùs ab Apostolica Sede
„prodiit sententia , non debet Episcopus in
„sua Synodo aliquid de ipsa decernere : sed
„duntaxat Parochos monebit, ut , cùm pru-
„denter timent , ægrotum decesurum, prius-
„quàm omnes absolvantur quinque sensuum
„unctiones , unicum sensum inungant , for-
„mam universalem pronuntiando : quinimò
„in prædicto eventu consultius esse , ut ca-
„put , è quo omnium sensuum nervi descen-
„dunt , sub eadem forma universali inunga-
„tur, non immeritò advertit Coninch *de Sa-
„cram. disp. 10. dub. 3. n. 2.* Ne verò Pa-
„rochi hac libertate abutantur , expedit ut
„Episcopus serió eosdem admoneat, a gravis
„culpæ reatu non excusari , qui extra casum
„veræ necessitatis vel unam ex quinque sen-
„suum unctionibus prætermittit.“

IV. A Tridentino sess. 14. can. 4. de fide docemur, ministrum hujus Sacramenti esse solum Sacerdotem pro valido ; pro licito
autem esse Parochum , vel simplicem Sacerdotem de illius licentia. Ratio primi est; quia
jurisdictio non est principium hujus administrationis , sed character Sacerdotalis. Ratio secundi est ; quia ad Pastorem propriè
pertinet ministrare Sacramenta ex vi sui ministerii , quod à nemine usurpari debet cum
illius injuria : cessat autem omnis injuria in
casu necessitatis , ne infirmus decedat sine
hoc Sacramento: in quo casu excusantur etiam
Regulares illud secularibus ministrantes , si
desit alius Sacerdos : alioquin ipsi Regulares
extra hunc casum in Clement. 1. de Privilegiis excommunicantur excommunicatione,
Pontifici reservata , si illud administrent sine
Parochi licentia.

* Clementinam , ab Auctore , *n. præc.*
citatam , in qua Regulares ægrotum ungen-
tes , nulla petita à Parocho venia , excommunicationi Summo Pontifici reservatæ subjiciuntur , cùm tanta severitate accepere nonnulli , ut asseruerint , eadem censura ipsos
Regulares irretiri , si Extremam Unctionem
ministrent ægroto , constituto in mortis periculo , etiam dùm Parochus abest. Sed jure
ac merito alii ipsos refellunt , ut advertit S.
P. Benedictus xiv. *loc. cit. num. 2.* Etenim,
cùm Ecclesia , urgente mortis periculo , cuilibet Sacerdoti potestatem fecerit absolvendi à quibuslibet censuris , & peccatis , ve-
rosimile certè non est , quòd cuipiam Sacerdoti interdixerit , ne in eodem statu ac
vitæ discrimine constituto , cùm Parochus

abest , administret Extremam Unctionem,
quæ est perfectio , & complementum Pœnitentiæ , neque ad sui validitatem requirit in
Ministro potestatem jurisdictionis, sicuti Sacramentum Pœnitentiæ. Quare S. Carolus
Borromeus , etsi Parochorum jura studiosè
semper tutatus fuerit, nihilominùs in Concilio
Mediolanensi v. *part.* 1. *Actorum Ecclesiæ
Mediolanensis pag.* 223. deficiente Parocho,
cuilibet Sacerdoti integrum esse voluit, sacro
oleo inungere infirmum , in mortis periculo
constitutum.

Duo adhùc supersunt observanda circa
Regulares in re , de qua agimus. 1. extra casum necessitatis ipsos non posse sine licentia Episcopi , vel Parochi administrare Extremam Unctionem neque advenis , qui in
eorum Conventibus infirmantur. Sic statuit
*Sac. Congreg. Concil. in Menopolitana 17.
Sept. 1670. 2.* posse autem ipsos sine ulla licentia ministrare Extremam Unctionem famulis, domesticis, & continuis commensalibus , intra eorum Monasteriorum septa residentibus. Vide P. Lucium Ferraris v. *Extrema Unctio , n. 27. & 28.*

V. Hinc deducitur , quòd , si infirmus sine
confessione decedat, teneatur Parochus, etiam
cum suæ vitæ periculo , illud moribundo ministrare , quia , tempore pestilentiæ, quia casu , quo esset interiù duntaxat attritus, virtute Sacramenti evadet contritus. In casu item
necessitatis potest à pluribus Sacerdotibus,
proferente unoquoque formam sensui , quem
ungit , correspondentem , ministrari.

* Quamquam Extrema Unctio validè conferri à pluribus simul Sacerdotibus valeat,
modo tamen singuli diversum infirmi sensum
cum forma eidem debita inungant ; usus tamen jam inde à pluribus seculis in Latinam
Ecclesiam invectus , extra articulum necessitatis fert , unus tantummodò sacro oleo li-
niat, totumque perficiat Sacramentum ; cui
mori citra lethalem culpam se non conformare nemo potest ; quippe nemini integrum est
in Sacramentis administrandis à norma recedere , in Rituali præscripta. Laudabile tamen
valdè fuerit, si , dùm res sacra peragitur, plures assistant Sacerdotes , vel saltem probi
viri ob rationem , quam adducit D. Thomas
lib. 4. contr. Gentes cap. 43. nempe ut *oratio totius Ecclesiæ ad effectum hujus Sacramenti coadjuvet.* Quod autem dictum est
de Extrema Unctione per unicum Sacerdotem administranda , locum tantùm habet in
Ecclesia Latina ; non verò in Græca, in qua
mos

mos est , nec à Romanis Pontificibus impro-
batus , ut in . ic Sacramento conferendo
septem Sacerdot , vel saltem tres præstò
sint. Legatur S. P. Benedictus xiv. *loc. su-*
pra cit. cap 4. *n.* , *& 8.* qui etiam in Bulla , quæ incipit : *Etsi Pastoralis* , quæque
habetur *Bullarii tom. 1. n. 57.* sanxit, necesse esse , ut Sacerdos Græcus , qui ungit,
idem & formam pronuntiet.

§. II. *De subjecto , effectu , & necessitate hujus Sacramenti.*

I. HOC Sacramentum , juxta definita à
Conciliis Florentino, & Triden-
no , conferendum est solis infirmis ; sic enim
docuit Apostolus Jacobus : *Infirmatur quis*
in vobis , &c.: & propterea communiter à
SS. Patribus appellatur oleum infirmorum. S.
Thomas in Supplem. quæst. 42. a. 2. docet,
quòd non cuilibet infirmo sit ministrandum,
sed infirmo constituto in mortis periculo , ut
juvetur , & disponatur ad gloriæ ingressum:
& proinde ab aliis SS. Patribus vocatur oleum
exeuntium. Non tamen est expectandum,
quòd omni spe vitæ , & sensibus sit destitutus; cùm valde prosit animæ infirmi illud suscipere , dùm potest per congruos actus interioris devotionis ad illius effectum magis se
disponere. Imò tenetur , quantùm est in se,
procurare statum gratiæ, si eo careat vel per
confessionem, si fieri possit , vel per contritionem perfectam, si non possit confiteri.

II. Debet igitur, si fieri potest, ministrari infirmo , dum est compos sui. Hinc docet Angelicus loc. cit. art. 3., furiosis , &
amentibus, qui semper rationis usu caruerunt,
non esse administrandum, cùm illud nunquam noverint : & addit, quòd, si lucidis intervallis donentur , sit illis infirmis eo tempore conferendum : si autem in infirmitate dictis lucidis priventur , nihilominùs sit eis administrandum, si absque irreverentiæ periculo fieri possit ; & maximè, si constet illud eos
optavisse , aut taliter vixisse , ut speretur illud optaturos , si compotes sui essent.

* Relege, quæ adjecimus *tract. 13. cap.*
2. §. 3. n. 1.

III. Peste infectis administrari potest,
utendo aliqua virga argentea, aut lignea, cujus extremitate tangatur oleum , & signetur
infirmus , ut ait Parochiale Ruremundense;
& peracta unctione , si virga sit argentea,
linteolo purgetur , & ad similem usum servetur : si verò sit lignea , postquam fuerit

purgata , comburatur; nàm, secundùm communiorem , Parochus tenetur illud ministrare peste infectis cum aliquo suo vitæ periculo , cùm sit Sacramentum valde utile animæ
decumbentis. Si autem medicorum judicio
valde magnum sit suæ vitæ periculum . Suarez , Tannerus , & alii , à Silvio citati in 3.
part. quæst. 32. Supplem. art. 3. concl. 4. Illum ab hoc onere eximunt, excepto casu , in
quo infirmus Sacramentum Pœnitentiæ non
suscepisset , ut diximus.

IV. Pueris , annum discretionis nondum
attingentibus , non est hoc Sacramentum
ministrandum , ait S. Thom. loc. cit. art. 4.
cùm respectu ipsorum nequeat verificari
sensus verborum formæ : eò quòd sint doli
incapaces.

V. Effectus primarius hujus Sacramenti
non est remissio venialium , ut expressè docuit S. Thomas loc. cit. q. 8. art. 5, ad 2.
,,Extrema-unctio non datur directè contra
,,veniale:" & 3. part. quæst. 65. art. 1. ad 8.
generatim docet : ,,Nullum Sacramentum no-
,,væ legis directè institui contra peccatum ve-
,,niale; quia potest tolli per Sacramentalia,
,,puta , per aquam benedictam, & alia hujus-
,,modi," Quandoquidèm contra peccatum
tàm mortale, quàm veniale est institutum Sacramentum Pœnitentiæ: imò , si esset institutum contra venialia , posset etiam à sanis
suscipi , qui à venialibus emundari indigent.
Hac ergo opinione quorumdam antiquorum
rejecta , effectus præcipuus Extremæ-Unctionis est gratia sanctificans , afferens jus ad auxilia , quibus anima infirmi corroboretur , &
confirmetur contra diaboli tentationes , &
morbi molestias. Alter est mundare animam
à reliquiis peccatorum , nempè , à langue-
re , & torpore ad opera bona , nec non à
pœnis , peccato debitis , juxta gradum dispositionis illud suscipientis : item excitare
animam ad actiones virtutum , patientiæ,
resignationis &c. , & ad repellendum timorem noxium , quo morituri non rarò exagitantur. Alter effectus est peccatorum venialium remissio, sicut commune est aliis Sacramentis vivorum, & etiam per accidens remissio mortalium , eo modo quo explicuimus in
tract. 13. cap. 1. §. 4. num. 2. Alter demùm
effectus , & quidem secundarius , & contingens, juxta ordinem Divinæ Providentiæ, est
convalescere ab infirmitate , si ità expediat
animæ decumbentis.

VI. Extremàm-Unctionem *non esse de ne-*
cessitate salutis, docet S. Thom. in Suppl.
quæst.

q. 29. art. 3. & 3. part. q. 65. art. 4. & illam recenset inter Sacramenta utilia, & convenientia. Plerique item docent, eam non esse necessariam necessitate præcepti, sive Divini, sive Ecclesiastici, cùm hæc præcepta nullibi legantur. Qui tamen positivè nollet illam recipere, juxta omnes lethaliter peccaret, tùm propter scandalum, quod fidelibus daret hac positiva repulsa, tùm propter virtualem contemptum, in hujusmodi repulsa apparentem.

Certum est apud omnes Theologos, Sacramentum Extremæ-Unctionis non esse necessarium absolutè, & necessitate, ut vocant, *medii*, ad salutem æternam consequendam. Quia lege ordinaria supponit gratiam justificantem jam infusam per Sacramentum Pœnitentiæ; cujus perfectio est ac consummatio. Sunt etiam, quemadmodum & Auctor refert, qui docent, neque necessarium esse necessitate præcepti, aut Divini, aut Ecclesiastici; ac proinde verba S. Jacobi: *Infirmatur quis in vobis? &c.* interpretantur non de præcepto, sed de consilio, & adhortatione. Verùm alii gravissimi Doctores oppositum defendunt, asseruntque, fideles periculosè decumbentes jure ac præcepto, tùm Divino, tùm Ecclesiastico, teneri sacram infirmorum Unctionem percipere; idque pluribus argumentis evincunt, & præcipuè ostendunt, relata S. Jacobi verba verum præceptum continere; quod & docet D. Th. in 4. dist. 17. q. 3. art. 1. q. 4. Lege inter cæteros, qui hanc sententiam propugnant, Honoratum Tournely de Sacram. Extrem. Unct. *quæst. ult. art.* 1. P. Renatum Hyacintum Drouven de re Sacramentaria *lib* 7. *cap.* 2. & P. Danielem Concina *tom. 10. lib. 1. dist. 1. de Extr. Unct. cap. 4.*

VII. Hoc Sacramentum itcrari potest; non tamen in eadem infirmitate, eodemque periculo: hinc, si infirmus ità convaluerit, ut relapsus censeatur nova infirmitas, vel saltem novus infirmitatis status, ut ait Angelicus quæst. 33. art. 2. tunc reiterari poterit. Ex omnibus, hactenus dictis, ejusdem Sacramenti hæc dari potest definitio: Sacramentum Extremæ-Unctionis est signum rei sacræ, quo aliquæ partes corporis unguntur oleo, per Episcopum consecrato, sub præscripta verborum forma, ad valetudinem animæ, & corporis.

* Utiquè, ut Auctor censet, eodem morbo & periculo perseverante, repetere Sacramentum istud non licet: si verò morbi vis ità

remiserit, ut recessisse periculum mortis videatur, iterùmque recrudescat, & novum mortis periculum urgeat, tunc iterùm unctio peragenda est, ut docet D. Th. *loco* ab Auctore *citato.* At quid agendum, dùm ambigitur, àn reverà morbi status sit mutatus, seu nùm idem, vel diversum sit vitæ periculum, in quo ægrotus versatur? In hoc casu expedit, ut ad Sacramenti iterationem Parochus propendat; eò quòd hæc iteratio conformior sit veteri Ecclesiæ consuetudini; & per eam novum spirituale subsidium, & levamen infirmo obveniat. Legantur Van-Espen *part. 2. tit. 8. cap. 3.* & S. P. Benedictus XIV. *loco pluriès citato cap. 8. num. 4.*

CAPUT VI.

De Sacramento Ordinis.

§. I. *De nomine, notione, materia, forma, & effectu Ordinis, generatim accepti.*

I. ORdinis nomine in præsenti primò denotatur gradus Ecclesiasticus, quo insignitus homo super laicorum lineam evehitur, & in serie Clericorum constituitur. Secundò; & magis propriè denotatur quidam officii Ecclesiastici gradus, qui sacro, solemnique ritu confertur: nec non ministerium, quo servitium aliquod in Sacrificii celebratione exhibetur. Hinc S. Th. q. 34. Supplem. art. 2. Ordinem generatim definit: *Signaculum quoddam Ecclesiæ, quo spiritualis potestas traditur ordinato*: quæ definitio, cum generica sit, optimè applicatur cuilibet Ordini; quandoquidem in quovis Ordine conferendo signum aliquod exterius exhibetur, verbisque talibus associatur, ut, talem aut talem potestatem ordinato cónferri, significetur.

II. Ordinem autem verum esse novæ legis Sacramentum, ità evincit Synodus Tridentina sess. 23. cap. 3. ,,Cùm Scripturæ testimonio; Apostolica traditione, & Patrum ,,unanimi consensu perspicuum sit, per sa-,,cram Ordinationem, quæ verbis, & signis ,,exterioribus perficitur, gratiam conferri; ,,dubitare nemo debet, Ordinem esse verè, ,,& propriè unum ex septem Ecclesiæ Sacra-,,mentis; inquit enim Apostolus: *Admoneo te, ,,ut resuscites gratiam Dei, quæ est in te ,,per impositionem manum mearum.*" Quibus verbis Synodus indicat, Ordini tria illa convenire, quæ ad constitutionem verè &

Kk pro-

propriè dicti Sacramenti sunt requisita; nempè, signum exterius, institutionem Christi, & promissionem gratiæ in digna susceptione ejusdem. Ordo namquè fuit à Christo institutus in Cœna, ut colligitur ex perpetua, & constanti Traditione : signum exterius apparet in manuum impositione, aliisque exterioribus instrumentis, & verbis, quæ in illius collatione exhibentur, & proferentur & tandèm promissio gratiæ denotatur in relatis Apostoli verbis. 2. Timoth. cap. 1. & in aliis Scripturæ locis ; tùm 1. ad Timoth. cap. 4. tum Actor. 13. Ex Patribus autem unum sufficiat afferre Augustinum (quem Calvinus ipse lib. 3. Institut. cap. 2. §. 16. recognoscit Antiquitatum Ecclesiæ sincerum depositarium) lib. 2. contra Parmenianum cap. 13. loquentem de Baptismo, & Ordinatione: *Utrumque Sacramentum est; & quadam consecratione utrumque homini datur, illud cùm baptizatur, istud cùm ordinatur; ideoque in Catholica neutrum licet iterari.*

III. Cùm igitur Ordo sit Sacramentum compositum ex signis sensibilibus, nempè, rebus, & verbis, indicatur, quòd constet materia, & forma ; & quòd materia quidem remota sint ipsæ res, quæ traduntur, proxima verò sit ipsa rerum traditio: forma autem sint verba, quæ in singulis conferendis proferuntur.

IV. Ut autem omnis confusio, & æquivocatio tollatur, sciendum est id, quod etiam indicavimus in tract. 13. cap. 1. §. 2. n. 2., nempè, quòd, sicuti quorundam Sacramentorum materiam remotam præscripsit specificè Christus, puta, aquam naturalem pro Baptismo, panem triticeum pro Eucharistia; ità aliquorum specificè determinandam reliquit Ecclesiæ. Dixi : specificè determinandam, nàm determinatio generica, nempè, quòd debeat esse aliquod signum sensibile, ipse Christus instituit ; hoc autem, aut illud sensibile, in aliquibus, ut dixi, Sacramentis ipse determinavit : in aliquibus verò Ecclesiæ determinandum reliquit ; & præcipuè in Sacramento Ordinis ; quàm profectò materiam, si ipse in specie præscripsisset, ipsa, & non alia, uti necesse esset. Cùm autem manifestè appareat, diversam esse materiam remotam Sacramenti Ordinis in Ecclesia Græca, & Latina, absque eo quòd Ordinatio peracta sit invalida, aut illicita ; rectè infertur, Christum illam reliquisse determinandam in specie beneplacito Ecclesiæ, dummodò ea in aliquo sensibili

posita sit : videmus namquè, Græcos ordinare suos Diaconos, & Sacerdotes per solam manuum impositionem, & orationem, quin instrumentis ullis offerendis utantur : videmus quoquè, Ecclesiam Latinam, præter manuum impositionem, & orationem, tradere etiam instrumenta, nempè, pro Diaconatu librum Evangeliorum, & pro Presbyteratu tradere etiam calicem cum vino, & patenam cum hostia ; & exinde colligitur, Ecclesiæ beneplacito relictum à Christo fuisse, determinare in specie materias pro Ordinibus conferendis ; & pro Græcis approbare illam, pro Latinis istam.

V. Materia, quæ in ordinationibus tangenda exhibetur ab Episcopo, debet ab ordinandis tangi tactu physico, eò quòd tactus physicus sit conformior naturæ Sacramentorum, quæ consistere debent in aliquo sensibili ; tùm quia hæc sententia sit communior, & probabilior, & in praxi tenenda, quandoquidem agitur de re, spectante ad valorem Sacramenti.

VI. Effectus Sacramenti Ordinis sunt duo, nempè, gratia habitualis, & character: gratia habitualis, per se quidem secunda, seu augmentum ejusdem ; per accidens autem prima, seu ut primò sanctificans, modo explicato in tractatu 13. cap. 1. §. 4. num. 2. Gratia ista Sacramentalis Ordinis affert dignè ordinato jus ad consequenda auxilia Divina, ut piè, devotè, & benè obeat munera Ordinis suscepti. Character est spiritualis potestas, quæ ordinato confertur, qui imprimitur in anima ; de quo vide tradita loc. cit. §. 2.

§. II. *De subjecto Ordinis.*

I. SUbjectum validæ Ordinationis debet esse masculus, & baptizatus : & , si sit adultus, debet habere intentionem saltem virtualem suscipiendi Ordinem. Debet esse masculus ; quia Christus solos viros elegit ad hoc Sacramentum suscipiendum ; idque patet ex omnibus Scripturis, quæ afferri solent, quasque supra indicavimus. Baptizatus autem ; quia Baptismus confert capacitatem ad cætera Sacramenta validè suscipienda, ut constat ex perpetuo sensu Ecclesiæ. Intentio autem, juxta doctrinam Concilii Tridentini, sæpè allatam.

II. Ut verò quis licitè ordinetur, requiruntur sequentia. Primo, quòd sit confirmatus : 2. ut habeat legitimam ætatem : 3.
ut

ut habeat primam Tonsuram, & Ordines anteriores, dùm vult suscipere posteriores: 4. ut habeat scientiam sufficientem, & requisitam pro Ordine respectivè suscipiendo: 5. ut habeat titulum, si sacrum Ordinem debet recipere: 6. ut habeat litteras Testimoniales probitatis morum: 7. ut servet interstitia præscripta, à quibus dispensare spectat ad Episcopum: 8. ut sit in statu gratiæ: 9. quòd nec sit irregularis, neque ulla censura irretitus: 10. ut sit vestibus, suo statui convenientibus, indutus.

* Duo adhuc præter recensita requiruntur, ut quis licitè ordinetur, videlicet. 1. ut ordinetur à suo proprio Episcopo, vel ab alio de ejus licentia, & cum suis dimissoriis: 2. ut ordinetur debito loco, & tempore. Videantur PP. Salmanticenses *tract.* 8. *de Ordine cap. 4. punct. 4. & 5. &* P. Lucius Ferraris *v. Ordo &c. art.* 2. His summatim positis.

III. Circa confirmationem, & ætatem requisitam hæc observanda occurrunt. Et primò quoad Confirmationem. Quamvis, qui Ordines suscipit non confirmatus, non incurrat suspensionem, tamen graviter peccat; tùm quia communiter Auctores illam postulant pro licita susceptione Ordinis; tùm quia non potest non videri notabilis deordinatio, si advertenter prætermittatur. Quoad ætatem legitimam; qui scienter illam non observat, est ipso facto ab Ordinis suscepti exercitio suspensus; quem si advertenter exerceat, incurrit irregularitatem: peccat præterea mortaliter, qui ignoranter suscipit; quia ignorantia est culpabilis: qui est suspensus ab executione Ordinis suscepti, non potest sine gravi peccato alterum suscepto majorem recipere, etiamsi ætatem ad istum requisitam attigerit; quia Ordo major virtualiter continet inferiorem, à quo exequendo jam est suspensus; undè censetur suspensus à suscipiendo majore. Hæc suspensio tolli potest ab Episcopo; quia neque suspensio, neque irregularitas, quæ incurritur propter executionem, sunt reservata: non tamen cessat suspensio, adveniente ætate, sed requirit absolutionem, cùm sit censura.

IV. Suscipiens Ordinem per saltum ex. gr. suscipiens Diaconatum, antequam fuerit ordinatus in Subdiaconum, incurrit suspensionem: & si exerceat, incurrit irregularitatem. A dicta suspensione potest Episcopus absolvere, quamvis delictum sit publicum; dummodò tamen ità ordinatus Ordinem non exer-

cuerit, ut statuit circa hoc Synodus Trident. sess. 23. cap. 14. de reform. Suscipiens Ordinem extra tempora constituta sine dispensatione, incurrit suspensionem ipso facto, per quam suspenditur ab exequendis Ordinibus susceptis: à qua potest per Episcopum absolvi. Ità etiam suspensionem incurrit à fortiori, quia plures Ordines Sacros suscipit eodem die sine dispensatione: sicut illam incurrit, qui eadem die suscipit minores Ordines cum Subdiaconatu absque dispensatione, incurrit, inquam, suspensionem ab exequendo Subdiaconatu. Requiritur autem pro collatione plurium Ordinum sacrorum eadem die licentia Papæ, sicut requiritur licentia Episcopi pro omnibus minoribus. Potestas dispensandi ab interstitiis spectat ad Episcopum; qui majorem habere debet rationem utendi hac potestate, dùm dispensat ab interstitiis à minoribus ad Subdiaconatum, & à Diaconatu ad Sacerdotium, quàm in reliquis Ordinationibus. Hac dispensatione uti potest etiam respectu Regularium, si motiva, ab eorum Superioribus exposita in supplicatione, rationabilia ipsi videantur: ità ex variis Juribus.

* Cùm malè promotis ad Ordines, & signanter cum promotis per saltum in casibus occultis Major Pœnitentiarius dispensare potest ad effectum, ut omissos Ordines occultè suscipiant à quolibet Antistite, etiam extra tempora, non servatis interstitiis, & absque Dimissoriis; non tamen ut plures Ordines sacros eodem die suscipiant. Benedictus XIV. in Bulla, quæ incipit: *Pastor bonus*, quæque habetur tom. 1. Bullarii *num. 95. §. 10.*

V. qui suscipit Ordines sine titulo, vel cum titulo fictitio, aut ab aliis commodato cum pacto, ut pòst Ordinationem restituatur, incurrit suspensionem ab executione Ordinum: imò, si obtineat litteras dimissoriales, ut ordinari possit ab alio Episcopo, duas suspensiones incurrit, unam pro defectu tituli, alteram pro dimissorialibus subreptitiè obtentis; & si Ordinem exerceat, incurrit, ut dictum fuit, irregularitatem. Qui suscipit Ordinem cum titulo Patrimonii, verè sibi donati, & pòst Ordinem reponet illi, qui sibi donaverat, invalidè donat ex Trident. sess. 21. c. 2. de Reform. neque incurrit suspensionem, si alios Ordines recipiat; quia reverà non caret Patrimonio, utpotè invalidè donato. Si autem habeat Patrimonium hypothecæ obnoxium pro debitis, reverà caret titulo habili ad alimenta; undè suspensionem

Kk 2 in-

incurrit. Qui ordinatur titulo Beneficii, si ipsi nondum collatum fuerit, suspensionem incurrit; quia sola spes habendi non efficit reverà possessionem tituli: si autem jam collatum fuerit, sed nondum illud adierit, cùm reverà habeat titulum, illam non incurrit. Titulus, sub quo quis ordinatur, debet esse perpetuus respectu ipsius ordinati, & qui alienari nequeat, & talis, ut congruæ sustentationi sufficere possit: & cùm triplex sit titulus, nempè, aut Beneficii, aut Patrimonii, aut paupertatis religiosæ regularis; sequitur, quòd, si Beneficium aut non sit perpetuum, aut sit insufficiens ad sustentationem, non possit quis ordinem licitè suscipere juxta Tridentinum loco citato. In aliquibus diœcesibus additur quidam titulus, qui est titulus servitutis Ecclesiæ, quæ talis esse debet, ut honestam sustentationem subministret, de quo viderint Episcopi. Qui habet Beneficium insufficiens, & simul tale Patrimonium, undè sufficiens titulus assurgere queat, licitè ordinatur; sicuti licitè alienare potest Patrimonium, qui certè habet bona, quibus per totam vitam honestè ali possit. Qui autem ex infortunio, aut aliqua causa culpabili, quæ prævideri non potuit, amittit Patrimonium, & jam est Sacerdos, non idcirco suspenditur ab executione Ordinum; quia jam ordinatus fuit cum vero titulo, quem absque culpa amisit.

Em. Cardinalis Lambertinus, posteà S. P. Benedictus XIV. *Instit.* 26. plura habet scitu digna circa materiem, de qua agit Auctor *num. præced.* Pauca hæc ex ipso, utpote magis necessaria, oculis subjicere operæ pretium censemus. "Illud monemus, *inquit n.* „26. duas in Jure Canonico sententias in eos „pronuntiari, qui fructus Beneficii se mini-„mè percepturos polliceantur, ut hoc modo „faciliorem sibi ad obtinendos Ordines viam „sternant, pactione, scilicet expressè vel „tacitè interjecta cum eo, per quem ad Be-„neficium nominantur, vel etiam cum eo, „qui Beneficium resignat. Prima quidem cap. „*Per tuas 37. de Simonia* continetur, ubi „Innocentius III. illis, qui hæc commiserant, „& tamen se nulli crimini obnoxios puta-„bant, his verbis respondet: *Hoc inqui-*„*sitioni tuæ taliter respondemus, quòd,* „*nisi cum eo fuerit misericorditer dispen-*„*satum, nec ad superiores ascendere, nec* „*in suscepto debet ordine ministrare.* Al-„tera legitur *cap. Si quis* 49. eodem titulo „*de Simonia,* in quo Gregorius IX. memora-

„ta suspensionis pœna neminem, nisi per se-„dem Apostolicam, dissolvi posse consti-„tuit: *Donec dispensationem super hoc per* „*sedem Apostolicam obtinere meruerint,* „*se suspensos.*"

Post exhibitam verò *num.* 27. Tridentinæ Synodi sanctionem, quæ habetur *sess.* 21. *cap.* 2. nempè, quòd Patrimonium, debita ratione confectum, sine Episcopi consensu alienari nequeat, donec ordinatus Beneficium Ecclesiasticum adeptus sit, quod pro vita sustentanda satis judicetur; hæc subdit *num.* 28. "Qui patrimonium divendit, nec „ullam mentionem facit, se ejus titulo Or-„dines suscepisse, si nullam incurrit cen-„suram, certum tamen est, quòd ejusmodi „alienatio inanis, atque irrita *ipso jure* de-„cernitur." Ità pluriès sancitum fuit à Sacra Congregatione, Concilii interprete, præsertim *die* 6. *Martii ann.* 1638.

„Quoniàm verò, *ait num.* 30. , sponsio-„nes nimis liberè fiunt, quæ Patrimonii „bonis innituntur, noverint omnes, si for-„tè pro sponsione pecunia solvenda sit, in „illa bona ejus tantùm exerceri posse, quæ „post honestam vitæ sustentationem ordi-„nato supersunt. Sciant etiam, posse cre-„ditorem accipere *in solutum,* ac vendere „jus sibi conveniens in ejusmodi Patrimo-„nium, quod post mortem ordinati ad hæ-„redes transferri deberet." Et hoc etiam probat ex ejusdem S. Congregationis decreto die 15. *Martii* 1642.

* Libet præterea hic summatim exhibere, quæ habet idem S. P. Benedictus XIV. *de Synod. Diœces.* lib. 12. cap. 9. nov. edit. nimirùm, quòd Beneficium, ad cujus titulum Ordines Conferuntur, debet tantum ex redditibus ferre, quantum sufficit ad Clerici sustentationem honestam, juxta taxam ab Episcopo definiendam; detractis tamen oneribus, quibus Beneficium prægravatur: non tamen detracta stipe, respondente numero Missarum, ad quas celebrandas Clericus adigitur lege sibi indicta à fundatore Beneficii, quod possidet, saltem nisi aliter Episcopus statuerit. Si verò Clericus ordinetur in loco domicilii, & Beneficium obtineat in alia Diœcesi, tunc, si Beneficium poscit perpetuam residentiam, sustentatio ista dirigenda est juxta taxam synodalem loci, ubi est Beneficium; secùs verò determinandum est, si residentiam non exposcat, juxta ac decrevit Innocentius XIII. in sua Constitutione, quæ incipit: *Apostolici Ministerii.*

Qui

VI. Qui sine sui Episcopi dimissorialibus Ordinem recipit ab alio Episcopo, suspensionem incurrit; & hanc probabiliùs incurrunt etiam Regulares, qui sine dimissorialibus suorum Superiorum Ordines sive à Dioecesano, sive ab alio Episcopo recipiunt. Dimissoriales debent obtineri ab Episcopo, vel ejus Vicario, speciale mandatum habente, vel à Capitulo Cathedrali, si Sedes vacaverit ultrà annum; aut, etiamsi non vacaverit tanto tempore, quis indigeat præfatis litteris ratione Beneficii obtenti, vel obtinendi, & compellitur ad suos Ordines suscipiendos. In his dimissorialibus quatuor exprimendæ sunt conditiones: nempè, legitimum examen cum approbatione; causa, cur à proprio Episcopo non conferantur Ordines; Ordines, ad quos recipiendos dimissoriæ conceduntur; & restrictio, vel ampla facultas illos recipiendi vel à tali, vel à quocumque Episcopo Catholico. Facultas, in dimissorialibus concessa, non expirat morte concedentis, si impertiatur ab Episcopo; sicuti nec concessa à Capitulo casu, quo Sedes impleatur per novum Episcopum.

§. III. De Ministro Sacramenti Ordinis.

I. SOlum Episcopum ex proprio munere esse Sacramenti Ordinis Ministrum ordinarium, certa res est, & definita de fide à Concilio Tridentino sess. 23. cap. 4. & can. 7. post Concilium Florentinum. Idemque ostendit perpetua Ecclesiæ prexis, quæ satis probat, exordium ab Apostolis sumpsisse, eosdemque illam à Christo accepisse, ut Scripturæ tùm Actor. 6., & 14. tùm 1. Timoth. 4. & 2. Timoth. 1., & ad Titum 1. manifestant. Episcopus namquè est Princeps Sacrorum; ad quem proinde spectat institutio ministrorum eorundem Sacrorum; quandoquidèm ista potestas instituendi Ministros est potestas Ordinis Episcopalis, & non jurisdictionis; quamvis enim ut illam Episcopus licitè exerceat, debeat in subditos exercere, vel in extraneos de suorum Superiorum licentia, validè tamen illam exercet in quoscumque baptizatos.

II. Proprius Episcopus talis dicitur ex triplici capite, nempè, aut originis, in cujus Dioecesi quis natus est; aut domicilii, in cujus Dioecesi commoratur, & fixum habet domicilium; aut Beneficii, in cujus Dioecesi beneficium possidet, & tenet.

* Etiam ratione familiaritatis, seu commensalitatis potest quis fieri subditus alicujus Episcopi quoad Ordines ab ipso licitè recipiendos. Ad hoc autem requiritur, quòd sit verè familiaris & commensalis Episcopi, id est, dominicæ potestati Episcopi verè subjiciatur, ejusque expensis tanquam domesticus commensalis continuè alatur. Itèm requiritur, quòd ipsum secum retinuerit per integrum, & completum triennium. Itèm requiritur, quòd is ante receptionem Ordinum obtineat testimoniales litteras proprii, originis scilicèt, aut domicilii, Episcopi, super suis natalibus, ætate, moribus, & vita, & eas Episcopo ordinanti consignet, in Actis illius Curiæ conservandas. Itèm requiritur, quòd Episcopus ordinans suum familiarem statim, id est, saltem intra terminum unius mensis à die Ordinationis, quacumque fraude cessante, reipsa conferat illi Beneficium sufficiens ad ejus congruam sustentationem, ac in Ordinationis hujusmodi testimonio expressam itidem familiaritatis, ac litterarum prædictarum mentionem faciat. Hæc omnia patent ex Concil. Trident. sess. 23. cap. 9. & ex Const. Innocentii XII. quæ incipit: *Speculatores domus Israel* edita 4. Novembris 1694.

Tali autem facultate ordinandi suos triennales familiares non gaudent Episcopi Titulares; adeòque nequeunt ipsos ordinare absque sui proprii Prælati expresso consensu, & dimissoriis. Sic expressè idem Tridentinum *sess. 14. c. 2. de reform.* addens quòd *contrafacientes ab exercitio Pontificalium per annum; taliter verò promoti ab executione Ordinum, sic susceptorum, donec Suo Prælato visum fuerit, ipso jure sint suspensi.* Vide PP. Salmanticenses tract. 8. cap. 4. punct. 3. & P. Lucium Ferraris V. Ordo &c. art. 3. qui etiam fuso calamo singillatim exponunt conditiones, quæ requiruntur ad hoc, ut quis dicatur proprius Episcopus vel ratione originis, vel ratione domicilii, vel ratione beneficii.

III. Dixi, Episcopum ex vi proprii muneris esse Ministrum &c. nàm Sanct. Thom. quæst. 38. Supplementi art. 1., & alibi docet, quòd simplex Sacerdos possit ex Pontificis commissione Minores Ordines conferre, quod deinde negat de Majoribus; & quoad Presbyteratum ferè omnes subscribunt; quoad Diaconatum aliqui non assentiuntur; quoad Subdiaconatum plures itèm dissentiunt: sed viderit Pontifex, quid possit, vel non. Abbates, habentes usum Mitræ, & Pastoralis, possunt

sunt

sunt conferre suis subditis primam Tonsuram, & Ordines minores.

IV. Si quis à Sede Apostolica obtinuerit privilegium recipiendi Ordinem à quolibet Episcopo, non indiget litteris dimissorialibus proprii Episcopi, sed duntaxat testimonialibus de sua vita, suisque moribus, sine quibus licitè à nemine ordinari potest ; & si ordinetur sine istis, incurrit suspensionem ab Ordinibus susceptis ; & collator remanet suspensus per annum à conferendis Ordinibus.

* Notandum etiam hìc est, quòd Episcopus, alienos subditos per dimissorias ad se directas ordinaturus, non tenetur quidem, ex communi & recepta sententia, ordinandum novo examini subjicere, cùm id à proprio Episcopo sit præstandum ; at si velit, potest novæ discussioni illum submittere, ut sæpiùs à Sacra Congregatione Concilii definitum est. Episcopus verò Suffraganeus, ad supplendas Diœcesani vices assumptus, nec tenetur, nec potest, ut ab eadem Congregatione decisum est in causa *Elvoren. Dubior die 21. Augusti 1721.* cui tamen fas est ab ordinatione illius abstinere, si aliqua justa causa suppetat ad eum removendum. Legatur S. P. Benedictus XIV. *de Synod. Diœc. lib. 12. cap. 8. num. 7.*

V. Episcopus, qui in Diœcesi alterius Episcopi de istius licentia Ordines confert, non potest illos conferre Clericis, qui non sunt subditi vel ipsius Episcopi ordinantis, vel illius Episcopi, de cujus licentia Ordines confert ; nisi habeant litteras dimissoriales suorum Ordinariorum. Hæc omnia ex variis Juribus depromuntur, citatis à probatis Doctoribus.

☞ S. P. Benedictus XIV. die 27. *Februarii 1746.* Constitutionem edidit, incipientem: *Impositi nobis,* de Regularibus ab Episcopo Diœcesano ordinandis. In ea primò commemorat Summus Pontifex, quæ passim sancita fuerint à suis Prædecessoribus, ad tollendam controversiam de Ordinationibus Regularium, àn scilicèt Regulares à quolibet Catholico Episcopo indistinctè ordinari possent : àn verò id juris competeret Episcopo illius Diœcesis, intra quam sita est religiosa domus, quam Regularis ordinandus inhabitat. Præcipuè verò commemorat Constitutionem Gregorii XIII. quæ incipit : *In tanta rerum,* super hoc negotio editum : Decretum, Sixti v. jussu editum, quod hujusmodi est SS. *D. N. Sixtus v. ex sententia.*

Congregationis respondit : Regulares posse concedere dimissorias ad Episcopum Diœcesanum ; eoque absente, vel etiam præsente, & Ordinationem non tenente, ad quencumque, dummodò ab eo Episcopo, qui Ordines contulerit, examinentur quoad doctrinam : Decretum item sequens, editum jussu Clementis XIII. de mandato SS. D. N. Clementis Papæ VIII.: „Tenore præsentium „mandatur omnibus, & singulis quorum„cumque Regularium Superioribus, ut de „cætero observent, & observari faciat ea, „quæ in Decreto S. Congregationis Concil. „Trid. continentur, cujus tenor est talis: „Congregatio Concilii censuit, Superiores „Regulares posse suo subdito, itidem Regu„lari, qui præditus qualitatibus requisitis, „Ordines suscipere voluerit, litteras dimis„sorias concedere, ad Episcopum tamen „Diœcesanum, nempe, illius Monasterii, in „cujus familia ab iis, ad quos pertinet, Re„gularis positus fuerit : & si Diœcesanus ab„fuerit, vel non esset habiturus Ordinatio„nes, ad quemcumque alium Episcopum; „dùm tamen ab eo Episcopo, qui Ordines „contulerit, examinetur quoad doctrinam, „& dùm ipsi Regulares non distulerint de „industria concessionem dimissoriarum in id „tempus, quo Episcopus Diœcesanus, vel „abfuturus, vel nullas esset habiturus or„dinationes. Verùm, cùm à Superioribus „Regularibus, Episcopo Diœcesano absen„te, vel ordinationes non habente, litte„ræ dimissoriæ dabuntur, in eis utiquè „hujusmodi causa absentiæ Diœcesani Epis„copi, vel Ordinationum ab eo non ha„bendarum, exprimendam esse. Quod qui „non fecerint, Officii, & dignitatis, seu ad„ministrationis, ac vocis activæ, & passivæ „privationis, ac alias arbitrio ejusdem SS. „D. N. Papæ reservatas pœnas incurrant. In „quorum fidem &c.

Datum Romæ die 15. Martii, 1596.

Præterea refert, eamdem Congregationem rescripsisse hac super re die 28. Febr. 1654. *Regulares, volentes se promoveri ad Ordines, non teneri ostendere dimissorias Ordinariorum propriæ originis ; sed sufficere ut observent formam præscriptam in Decreto S. Memor. Clementis VIII.* Innocentium verò XIII. in suis Apostolicis litteris, quæ incipiunt : *Apostolici ministerii* die 30. Maji 1723. declarasse, ad effectum eximendi Regulalares ab observantia allati Decreti Clementini, sufficere, quòd privilegia suscipiendi Ordines à quocumque ipsis concessa fuerint pòst Concil. Trident. (satis jam constat, hujusmodi antiqua privilegia à Concil. Trident. abrogata fuisse) quamvis suprà allato Decreto Clementino posteriora non sint, dummodò tamen directè concessa fuisse constet, non verò in communicatione privilegiorum de uno in alium Ordinem derivata; idque similibus datis litteris die 23. Septembris 1724. quarum initium est: *In supremo*, à Benedicto XIII. confirmatum.

Volens autem Summus Pontifex consueta Apostolicæ Sedis clementia uti, declarat, se, quæcumque hac in re inordinata admissa fuissent usquè ad diem datæ hujus Constitutionis, à districtioris judicii inquisitione liberare: quin imò omnes, qui in hoc deliquissent, sive Superiores Regulares, sive Regulares ad Ordines promotos, sive Antistites, qui eos ordinaverint, à quibuscumque sententiis, censuris; & pœnis Ecclesiasticis, quas hac de causa respectivè ante editam hanc Constitutionem incurrissent, quibuscumque innodati forsàn extitissent, auctoritate Apostolica tenore præsentium absolvit, & absolutos esse decrevit; & cum iisdem super quacumque irregularitate, per eos forsàn hac eadem causa, & occasione quomodolibet contracta, ad omnes etiam Sacros & Presbyteratus Ordines, eorum exercitium, atque ad omnia eorum respectivè Religionum munera, eadem auctoritate dispensavit. Ut autem in posterum omnia hoc in negotio ritè fiant, hæc, quæ sequuntur, statuit.

Primò confirmat, & innovat quæcumque hac in re à Gregorio XIII. Sixto V. Clemente VIII. & Innocentio XIII. in supracitatis ipsorum litteris, seu decretis statuta ac definita fuerunt; eaque omnia ut ab omnibus, ad quos spectat, inviolabiliter observentur, præcipit. Transgressores verò omnibus pœnis in iisdem litteris, seu decretis contentis, aliisque, per Apostolicas Constitutiones, & per Sacros Canones latis, atque statutis, cum effectu subjacere, easque ipso facto, & absque aliqua declaratione incurrere, decernit. Superiores nimirum Regulares eas omnes, quas supradictus Clemens VIII. in allato Decreto sanxit: Regulares autem qui contra illius Decreti præscriptum promoti fuerint, & Antistites, eos promoventes, Canonicas pœnas, atque censuras, quæ in suscipientes Ordines ab Episco-

po, qui proprius ad hunc effectum dici nequit, & in Episcopos, alienos subditos indebitè ordinantes, in Jure Canonico, & in Constitutionibus Apostolicis statutæ habentur.

Secundò decernit, ut Superiorum Regularium dimissoriæ, quæ ideo ad illum Antistitem directæ fuerint, quia Episcopus Diœcesanus extra Diœcesim commoratur, vel Ordinationem non sit habiturus, nullius sint roboris, nisi illis juncta fuerit autentica attestatio Vicarii Generalis, vel Cancellarii, aut Secretarii ejusdem Episcopi Diœcesani, ex qua constet, vel ipsum à Diœcesi abesse, vel Ordinationem habiturum non esse proximo legitimo tempore, ab Ecclesia statuto. Quod expressè declarari opus esse, dicit Sumus Pontifex, ad excludendam eorum arrogantiam, qui, cùm privilegio gaudeant suscipiendi Ordines extra tempora, existimarunt, Episcopos ipsorum voluntati adeo addictos esse debere, ut si quandocumquè ipsis placuisset ad Ordines promoveri, non statim, ipsoque die ab ipsis designato voti compotes fierent, jam dici posset, Ordinationem ab Episcopo non haberi; proindeque alius Episcopus adeundus esset. Quod si aliquis Antistes Regularem virum, in sua Diœcesi proprium domicilium non habentem, solis ipsius Superioris dimissorialibus litteris contentus, sine adjuncta præfata attestatione in forma probante, ad Ordines promovere præsumpserit, decernit, & declarat, hunc pœnas canonicas incurrere, in eos statutas, qui alienum subditum, legitimis dimissoriis destitutum, ordinaverint.

Tertiò, quemadmodum declarat, & vult, eorum Ordinum Regularium privilegia firma & rata esse, quibus indultum est, ut eorum alumni à quolibet Catholico Antistite, Sedis Apostolicæ gratiam, & communionem habente, ordinari valeant, dummodò hæc privilegia post Concil. Trid. & ipsis nominatim & directè, non autem, per communicationem concessa fuerint; ità prorsus omnia similia privilegia, quæ aliis Ordinibus ante idem Concilium ab ipsa etiam Sede Apostolica, & sub quibuscumque tenoribus & formis indulta sint, vel etiam post ipsum Concilium non ipsis directè concessa, sed per communicationem ad eos extensa esse dicantur, nulla & irrita, ac omni robore ad effectum, de quo agitur, penitus destituta esse, vult, & statuit. Decernit autem, nec privilegia nequaquam post Concil. Trid. indulta censeri, nisi vel post ipsius Concilii

aiconfirmationem reipsa fuerint concessa, vel nisi eorum, quæ anteà concessa, & posteriùs confirmata esse asseruntur, hujusmodi confirmationes in *forma specifica* cum litterali veteris indulti insertione, ejusque expressa innovatione factæ dignoscantur : declaratque, alterius generis confirmationes, quæ *in forma communi* nuncupantur, nemini ad prædictum effectum nullo modo suffragari. Quod verò ad usum eorumdem privilegiorum spectat, addit, monendos eos esse, quibus eadem pleno jure competunt, ut nec sine justa causa, nec extra debitas circunstantias pro libito ipsis utantur ; nec ad ostentandam duntaxat ipsorum privilegiorum singularitatem ; aut eo solo prætextu, ut jurium suorum indemnitati consulant; quasi vero Apostolica privilegia, non nisi cum Episcopi Diœcesani contemptu, suum robur habitura sint.

Postremò omnes tùm Antistites, tùm Regularium Ordinum professores hortatur, obtestaturque, ut tàm in hoc negotio, quàm in cæteris solliciti sint unitatem spiritus, & sinceræ dilectionis servare menores eorum, quæ inculcat S. Synodus Lateranensis sub Leone x. : *Una est Regularim, & Secularium Prælatorum, & Subditorum exemptorum universalis Ecclesia, extra quam nullus omnino salvatur, eorumque omnium unus Dominus, una fides ; & propterea decet, eos, qui ejusdem sunt corporis, unius etiam esse voluntatis.* Extat *tom. 2. Bullarii num. 27.*

§. IV. *De Ordinibus in specie ; & primò de quatuor Minoribus.*

I. SEptem esse Ordines, videlicèt, Presbyteratum, Diaconatum, Subdiaconatum, Accolythatum Exorcistatum, Lectoratum, & Ostiariatum, indubitabile est; quorum ab Ecclesiæ primordiis mentionem fieri, afirmat Tridentina Synodus sess. 23. cap. 2. Et reapse nobile testimonium habetur in Epistola S. Cornelii Papæ, & Martyris, ad Petri sedem evecti anno 251. scribentis ad Fabium Antiochenum apud Eusebium lib. 9. hist. cap. 43. in qua S. Pontifex loquens de Novatiano, dicit : *Ille ignorabat, unum Episcopum esse oportere in Ecclesia Catholica, in qua tamen sciebat Presbyteros esse quatuor, & quadraginta ; septem autem Diaconos, totidemque Subdiaconos ; Accolythos duos, & quadraginta ; Exorcistas, & Lectores, et Ostiarios quinquaginta duos.*

Quodnam testimonium luculentius desiderari potest pro antiquitate numeri Ecclesiasticorum Ordinum?

II. Quamvis autem septem sint Ordines; imò verò octo, si comprehendatur etiam Episcopatus ; non tamen dicenda sunt totidem Sacramenta Ordinis ; quia, ut ait S. Thomas q. 37. Supplementi art. 1. ad 2. *Distinctio Ordinis non est totius integralis in partes, neque totius universalis ; sed totius potestativi, cujus hæc est natura, quòd totum secundum completam rationem est in uno ; in aliis autem est aliqua participatio ipsius ; et ità est hic : tota enim plenitudo Sacramenti hujus est in uno Ordine, scilicet, Sacerdotio, sed in aliis est quædam participatio Ordinis ; et hoc est significatum in eo, quod Dominus dixit, Numerorum 11. Moysi : Auferam de spiritu tuo, & tradam eis, ut sustentent tecum onus populi ; et ideo omnes Ordines unum sunt Sacramentum :* & aliud affert exemplum in responsione ad 3. *In regno quamvis tota potestatis plenitudo resideat apùd Regem, non tamen excluduntur ministrorum potestates, quæ sunt participationes quædam Regiæ potestatis ; et similiter est in Ordine.*

III. Tonsura non est Ordo ; nàm per illam non datur specialis potestas circa Eucharistiam : per illam tamen homo fit capax jurisdictionis ecclesiasticæ, & beneficiorum ; & est quoddam præambulum, & dispositio ad Ordines. Ostiariatus materia remota sunt claves Ecclesiæ ; proxima vero est porrectio earumdem per Episcopum : forma sunt illa verba, ab Episcopo prolata : *Sic agite &c.* idque patet etiam ex Concil. Carthagin. 4. c. 9. celebrato anno 398. cui interfuit etiam S. Augustinus, magnum illud Ecclesiæ lumen. Ostiarii munia sunt : aperire, & claudere Ecclesiam : res ejusdem custodire : fideles admittere : infideles, & excommunicatos modestè repellere: convocare populum ad præstandum Deo cultum ; & fœminas ab Altari, in quo celebratur, discretè arcere : quæ munia indicantur à S. Isidoro Episcopo Hispalensi lib. 2. offi. cap. 14.

IV. Lectoratus materia remota est liber divinarum lectionum ; proxima porrectio ejusdem : forma verba illa, *Accipe, et esto relator &c.* ex laudato Concilio Carthagin. cap. 8. Lectoris munia sunt: legere alata voce populo Scripturarum Divina eloquia, sive ad horas nocturnas, sive ad concionem; nàm, dùm

dùm Episcopus erat concionaturus , lector stabat , & lectionem illius scripturæ præmittebat , quæ erat ab Episcopo in concione exponenda , ut habetur ex S. Cypriano in Epistolis 24. 33. & 34. Item explicare Cathecumenis fidei rudimenta , ut ait S. Thomas opuscul. 5.

V. Exorcistatus materia remota est exorcismorum liber ; proxima porrectio ejusdem: forma sunt illa verba: *Accipe , & commenda memoriæ &c.* Ex laudato Concil. c. 7. Munus Exorcistæ est , invocato nomine Domini , imponere manus super Energumenos, ad dæmones ex eorum corporibus depellendos : à quo munere exercendo , ob justa motiva, Exorcistæ modò suspenduntur. Hoc officium deducitur ex Actibus Apostolorum cap. 19. quod viguisse etiam apud Judæos , deducitur ex cap. 9. 12. S. Mathæi.

Exorcistæ munus est , sicut asserit Auctor, invocato nomine Domini , imponere manus super vexatos à spiritibus immundis , ad illos adjurandos, & ejiciendos. Ad hoc autem munus licitè exercendum tria necessaria sunt 1. ut fiat exorcizatio ex causa gravi, non ex levitate; non ad aliquid à dæmone addiscendum, sed ad liberandos Energumenos ab ipsius tyrannide. Sic Sanct. Thomas. 2. 2. q. 90. art. 2. 2. Requiritur, ut adjuratio fiat absque precibus , sed cum imperio , & objurgatione , ut docet idem S. D. ibidem; ità enim superbia dæmonis magis compescitur, & confunditur : 3. opus est , ut exorcizatio solemnis fiat ab habente potestatem , quæ non omnibus conceditur, sed duntaxat aliquibus, secundùm prudentiam Episcoporum, Ecclesiastico ordine Exorcistatus insignitis. Undè nullus potest exorcizare sine facultate Ordinarii, etiamsi sit Regularis, ut decrevit *S. Congregatio Episcoporum , & Regularium in Florentina* 22. *Februarii* 1625. & expressè confirmavit *S. Congregatio S. Officii die 5. Julii* 1710. per Litteram Encyclicam, directam omnibus Archiepiscopis, Episcopis, aliisque Ordinariis Italiæ & Insularum adjacentium, quam italico idiomate exaratam de verbo ad verbum excripsit P. Lucius Ferraris v. *Exorcizare num. 10.*

VI. Accolythatus materia remota sunt urceoli vacui ; proxima porrectio eorumdem : forma sunt illa verba : *Accipe urceolum &c.* ex laudato Concil. cap. 6. Additur, & candelabrum cum cereo, sed, ut notat S. Thomas in art 5. non est materia essentialis, sed additur ad ampliorem ministerii significationem. Accolythorum fit mentio non rarò in historia ecclesiastica , etiam antiquorum temporum , apud S. Cyprianum, & alios Patres. Accolythi nomen significat assectatorem ; quia assectatur ministros sacros ad altare, quibus ministrat urceolos pro sacrificio; & idcirco cùm per urceolos Accolythi ministerium magis accedat ad Eucharistiam, quam per candelabrum cum cereo , ideo illi, & non istud, sunt materia essentialis. Munus igitur illius est urceolos mundare , vino , & aqua replere ad celebrandum ; & lumen deferre ad Evangelium.

VII. Minores Ordines esse Sacramenta, fuit veterum Theologorum cum S. Thoma ferè communis opinio ; tum quia eorum collatio vocitetur ordinatio; tùm quia singuli respectivè ad Eucharistiam referuntur; tùm quia pro singulis præscribitur a Conciliis materia , & forma, quæ omnia non nisi Sacramentis attribui consueverunt. Plurimi tamen eruditi recentiores, concedentes , eos esse Ordines ecclesiasticos, Sacramenta esse inficiantur; quorum momenta in Theologia Scholastico-dogmatica legat , qui voluerit.

§. V. *De Ordinibus majoribus , seu sacris.*

I. Dicuntur tres alii Ordines majores , & sacri; tùm quia propius accedunt ad Eucharistiam ; tùm quia personam consecratam Deo efficiunt per votum solemne castitatis perpetuæ. Subdiaconatus materia remota sunt Calix & Patena vacui ; proxima, porrectio eorumdem: forma , verba illa : *Videte cujus ministerium &c.* ex laudato Concil. Carthagin. cap. 5. Traditur etiam liber Epistolarum ad ampliorem ministerii significationem, non ut materia essentialis ; calix namque, & patena magis ad Eucharistiam accedunt. Hinc neque Concilio Carthaginensi, neque à Florentino libri Epistolarum fit mentio. Munus igitur præcipuum Subdiaconi est patenam cum hostia , & calicem cum vino Diacono in altari porrigere ; secundùm verò solemniter legere Epistolam in Missa.

S. R. C. *in Coll. 5. Julii* 1698. sanxit, quòd, deficiente Subdiacono pro Missa solemni, data necessitate, potest permitti per Superiores , ut substituatur constitutus in minoribus Ordinibus ad cantandam Epistolam, paratus absque manipulo. Decretum hocce adfert P. Lucius Ferraris verb. *Resol. S. Congr. in indice Decretorum n. 531.*

II. Ex instituto Ecclesiæ addita fuere Subdiaconatui votum solemne castitatis, & onus horarum canonicarum ; quæ onera suscipere implicitè Subdiaconus censetur eo ipso, quòd sacram ordinationem voluntariè recipit. Proptereà , si expressè, quamvis impiè , non intenderet votum emittere , profectò non emitteret , cùm votum sit essentialiter voluntaria, saltem implicita , promissio : si igitur expressè nollet, profectò neque implicitè emitteret ; peccaret tamen graviter , & teneretur quamprimùm illud emittere. Neque obest, quòd, qui vult principale, nempè, Ordinem, velit etiam accesorium , nempè , votum.; id namque verificatur, quando utrumque est inseparabile , & independens à voluntate suscipientis ; secùs autem , quando sunt reapsè separabilia , & dependentia à voluntate suscipientis : constat autem , esse separabilia, cùm onus voti additum fuerit Subdiaconatui aliquot seculis, postquàm conserebatur sine tali onere. Si itaque intereà peccaret contra castitatem , non committeret sacrilegium , sed grave peccatum inobedientiæ contra legem ecclesiasticam , quæ mandat speciali modo Subdiaconis castè vivere etiam ex voto solemni. Circa horas nil addendum superest dictis in tract. 9. cap. 11. per totum.

Juxta Sylvium *in* 2. 2. *quæst. 88. art. 7.* qui sacros Ordines recipiunt , non emittunt, propriè loquendo , votum solemne castitatis ; „quia , *inquit ,* non se tradunt , ne„que etiam acceptantur ad continentiam „perpetuam , sed ad sacrum ministerium. „Interpretativè quidem promittunt servare „continentiam hoc ipso , quòd sacrum Or„dinem recipiunt , non quomodocumquè, „sed tùm juxta ritum Ecclesiæ Romanæ, „tùm post declarationem eis ab Episcopo „factam , quòd deinceps necesse ipsis erit „castitatem servare. At hæc eorum sive „promissio , sive ad legem ecclesiasticam „subjectio , non est conjuncta traditioni, „& reciprocæ acceptationi ad servandam „castitatem , sed ad ministerium sacrum: „ac proinde ad illud idem ministerium so„lemnizatur eorum promissio , non autem „ad castitatem. Unde Concilium Tridenti„num sess. 24. can. 9. damnans eos , qui di„xerunt, *Clericos , in sacris Ordinibus cons„titutos , vel regulares , castitatem solemni„ter professos, posse Matrimonium contra„here, contractumque validum esse, non obs„tante lege ecclesiastica , vel voto ,* clarè

„discernit votum solemne castitatis à lege, „qua in sacris constituti obligantur servare „continentiam.‟

„Dicitur tamen , *subdit ,* votum castita„tis solemnizari per susceptionem Ordinis sa„cri ; quia votum illud , saltem implicitum, „quamvis sit simplex , annectitur alicui so„lemnizationi, seu solemni consecrationi, sa„cræ scilicèt ordinationi , ex constitutione „legis ecclesiasticæ; atque ità ex vi ejusdem „constitutionis aliquo modo est solemne non „simplicitèr, sed quantùm ad dirimendum „matrimonium posteà contractum.‟

* At S. P. Benedictus XIV. *de Synodo Diœces. lib. 13. cap. 12. n. 13. nov. edit.* censet , castitatis votum sacris Ordinibus adnexum solemne esse , & haberi , juxta Decretalem *in cap. unic. de voto ,* in 6. cujus hæc sunt verba: *Illud solùm votum debere dici solemne , &c.* quod *solemnizatum fuerit per susceptionem sacri Ordinis ; aut per professionem expressam , vel tacitam, factam alicui de Religionibus , per Sedem Apostolicam approbatis.*

III. Quamvis Subdiaconatus admittatur ab omnibus catholicis inter Ordines sacros, magna tamen est inter eos contentio , àn sit verum Sacramentum? Antiqui Theologi, ut dixi de Ordinibus minoribus , affirmant; plerique recentiores eruditi negànt ; quorum momenta , & quidem non spernenda , videsis apud eosdem , confinia instituti nostri prætergredientia.

IV. Diaconatus materia in Ecclesia Latina est impositio manus Episcopi : forma verò verba illa : *Accipe Spiritum sanctum, &c.* & insupèr liber Evangeliorum, & quidem remota ; proxima verò porrectio ejusdem; forma verò : *Accipe potestatem , &c.* Prima namque, nempè, manus impositio, semper legitur adhibita , tùm in Actibus Apostolorum, tùm in utraque Ecclesia Orientali , & Occidentali : est igitur reputanda essentialis: multò magis quòd sæpè laudatum Concilium Carthaginense 4. cap. 4. expressè docet : *Diaconum consecrari per impositionem manus Episcopi ,* neque alterius materiæ meminit. quod profectò ommittere non debuisset , nisi impositio manus esset essentialis. Secunda autem materia, nempè, liber Evangeliorum pro Latinis credenda est essentialis integralis; tùm quia in Decreto Eugenii in Concilio Florentino sola exprimitur ; judicavit namque superfluam mentionem impositionis manus, utpotè jam notissimæ. Dixi, pro Latinis; nàm pro-

Græ-

Græcis nil additur impositioni manus. Hoc autem confirmat doctrinam datam in §. 1. num. 4. Et reverà in primordiis Ecclesiæ, quando nondum scripta habebantur Evangelia, liber ille exhiberi non poterat, cùm tamen Diaconi ordinarentur. At inquies, quando igitur in Diaconis Latinis imprimitur character? Salvo meliori judicio, putarem, in manus impositione ; quippè quæ intimior, significantior, & universalior materia est : nisi fortè aliquis cum Bellarmino malit dicere, duos imprimi characteres partiales ; unum in dicta manus impositione, quo confertur potestas ministrandi immediatè Sacerdoti celebranti; secundum, dùm traditur liber Evangeliorum, quo confertur potestas canendi solemniter Evangelium.

Dissident Theologi, ut nemo nescit, circa materiam Diaconatus. Existimant plures, libri Evangeliorum -traditionem constituere adæquatam hujus Sacramenti materiam. Nonnullis arridet opinio, qua asseritur, solam manuum impositionem esse materiam essentialem ipsius. Non pauci demùm sententiam amplectuntur, quæ utrumque ritum, nempè, impositionem manuum, & traditionem libri Evangeliorum conjungit, seu quæ statuit, ex utroque simul sumpto coalescere essentialem, & adæquatam Diaconatus materiam.

Ad formam verò quod attinet, qui primam sententiam propugnant, censent, formam sitam esse in verbis Episcopi, quæ traditionem libri Evangeliorum commitantur, nempè, *Accipe potestatem legendi Evangelium, &c.* Ex iis, qui secundam sustinent, autumant aliqui formam illis duntaxat verbis contineri, quæ proferuntur ab Episcopo, dùm ordinando manus imponit, videlicèt, *Accipe Spiritum sanctum, &c.* Alii verò contendunt, esse præfationem, sive orationem, quæ immediatè post illorum verborum *Accipe spiritum sanctum, &c.* prolationem, funditur ab Episcopo extensam tenente manum dexteram, nempè, *Emitte in eos, quæsumus, &c.* Qui tertiam demùm defendunt, putant, Episcopi verba, quæ duplicem illum ritum commitantur, ex æquo spectare ad essentialem Diaconatus formam. Hanc tertiam sententiam aliis prætulit Auctor.

V. Diaconatum esse Sacramentum, non est ità de fide, ut hæreticus sit, qui hoc neget ; cùm id negarit duo gravissimi Auctores Cajetanus, & Durandus absque hæreseos nota : est tamen modò adeo certum,

ut sine gravis temeritatis piaculo vix negari queat, tùm quia communis est Doctorum sententia, fundata in Actibus Apostolor. cap. 6. ubi leguntur Diaconi ordinati per manuum impositionem, quæ adjuncta verbis, *Accipe Spiritum sanctum*, in novo Testamento Sacramenti collationem significat, ut patet ex 1. ad Timoth. 4. tùm quia laudatum Concil. Carthaginense 4. cap. 4. docet, Diaconos *consecrari*; tùm quia S. Hieronymus contra Vigilantium Diaconatum appellat *Sacramentum Christi*; tùm deniquè, quia Concil. Trident. sess. 23. can. 6. definit, Hierarchiam ecclesiasticam, *divina ordinatione constitutam, constare ex Episcopis, Presbyteris, & ministris*; quo nomine saltèm Diaconi denotantur.

VI. Est igitur Diaconus Minister antonomasticè dictus, ut deducitur ex Epistola S. Ignatii martyris ad Trallianos ; cujus munera sunt ex vi suæ ordinationis, ministrare immediatè Sacerdoti solemniter celebranti, præcipuè porrigendo eidem calicem cùm vino, & patenam cum hostia in Altari; secundò canere solemniter Evangelium cum insignibus sui Ordinis; inter quæ præcipuum est stola transversim accommodata ; & etiam sacra vasa, Eucharistiam continentia, extrahere, & reponere in sacro loco. Munera autem, ex commissione Episcopi, vel Parochi ipsi competentia, sunt: predicare verbum Dei; baptizare solemniter ; &, necessitate ita compellente, etiam ministrare Eucharistiam: idcirco autem ad has actiones requiritur commissio, quia sunt actus jurisdictionis, & in carente jurisdictione exigunt commissionem habentis jurisdictionem.

VII. Presbyteratus materia remota duplex est, & utraque essentialis, juxta duas potestates, quæ ordinato conferuntur; una in ordine ad conficiendum Corpus Christi verum ; altera super Corpus Christi mysticum, nempè, super fideles absolvendo à peccatis. Itaque prima materia remota pro Sacerdotibus Latinis, & cujus porrectione, addita forma, quia constituitur simplex Sacerdos, est patena cum hostia, & calix cum vino: forma verò sunt illa verba: *Accipe potestatem offerendi sacrificium &c.* Altera materia, qua confertur potestas super Corpus Christi mysticum, est manuum impositio Episcopi, quæ fit post communionem ; forma verò sunt illa verba : *Accipe Spiritum sanctum ; quorum remiseris peccata &c.* Circa primam, ità habetur ex Decreto Eugenii ad Armenos; ubi S. P. idcirco impositionis manuum non meminit, quippè quòd notissima esset omnibus,

& ipsis quoque Armenis, ad quos instructionem suam dirigebat.

☞ Magnum & circa materiam Presbyteratus vigere inter Doctores dissidium, neminem fugit. Plures sentiunt, traditionem calicis cum vino & aqua, & patenæ cum pane super imposito esse solam materiam essentialem Presbyteratus. Alii existimant, impositionem manuum esse duntaxat materiam essentialem Sacramenti, de quo sermo est. Cùm autem triplex fiat in Presbyterorum ordinatione manuum impositio, una, videlicet, statim post Litanias ab Episcopo, & Presbyteris adstantibus, absque ulla verborum prolatione; altera immediatè post illam ab omnibus, qui adsunt, Sacerdotibus, & ab Episcopo, qui in Diaconum electum in Presbyterum divinam omnipotentiam invocat (quæ nonnullis videtur esse eadem cum præcedenti continuata); tertia denique quæ post communionem fit à solo Episcopo, ità Presbyterum alloquente: *Accipe Spiritum sanctum; quorum remiseris peccata remittuntur, eis, & quorum retinueris, retenta sunt*; secundam duntaxat, seu eam, quæ fit secundo loco, ad essentialem materiam Presbyteratus pertinere censent. Nonnulli tandem media via incedunt; contenduntque, materiam Presbyteratus ex utroque ritu consurgere, nempe, impositione manuum, & vasorum traditione. Et ex his alii putant materiam adæquatam ordinationis, ut collativæ potestatis Sacerdotalis, coalescere ex impositione manuum, quæ fit ab Episcopo, & Sacerdotibus adstantibus super caput ordinandi, nec non ex traditione instrumentorum; materiam verò ordinationis Presbyteri, ut judicis, esse tertiam impositionem manuum super caput ordinandi, factam à solo Episcopo. Alii verò autumant, adæquatam materiam ordinationis, ut collativæ potestatis Sacerdotalis ad offerendum Sacrificium, esse solam calicis cum vino, & patenæ cum hostia traditionem; materiam autem ordinationis, ut judicis, esse ultimam manuum impositionem.

Circa formam totidem sunt Theologorum sententiæ. Qui censent, porrectionem instrumentorum esse adæquatam materiam Presbyteratus, docent, illius formam adæquatam hisce verbis contineri, quæ eam porrectionem comitantur: *Accipe potestatem offerendi Sacrificium Deo, Missasque celebrandi tàm pro vivis, quàm pro defunctis. In nomine Domini. Amen.* Qui contendunt, manuum impositionem, quæ secundo loco fit

ab Episcopo, Sacerdotibus adstantibus, esse solam Sacramenti, de quo agitur, materiam, sentiunt, illius formam adæquatè comprehendi orationibus, quibus Episcopus Spiritum sanctum tunc invocat in eum, qui ordinatur. Qui demùm tertiam sententiam propugnant, quemadmodùm duplicem materiam, ità & duplicem formam essentialem agnoscunt. Et illi quidem, qui censent, materiam adæquatam ordinationis, ut collativæ potestatis Sacerdotalis, coalescere ex secunda impositione manuum, & ex traditione instrumentorum; materiam verò ordinationis Presbyteri, ut judicis, esse ultimam manuum impositionem, ajunt, primam formam consistere in illis verbis: *Accipe potestatem offerendi Sacrificium, &c.* secundam autèm in istis: *Accipe Spiritum sanctum, &c.* Illi verò, qui asserunt, adæquatam materiam ordinationis, ut collativæ potestatis Sacerdotalis, esse solam calicis cum vino, & patenæ cum hostia porrectionem; materiam autem ordinationis Sacerdotis, ut judicis, ultimam manuum impositionem, affirmant, primam repositam esse in verbis illis, quæ profert Episcopus dum instrumenta porrigit, scilicèt: *Accipe potestatem, &c.* secundam in istis aliis, quæ ultimam manuum impositionem comitantur, nimirùm: *Accipe Spiritum sanctum, &c.*

Utramque hanc sententiam satis probabilem judicat Em. Gotti *q. 6. dub. 2. §. 2. & 3.* & postremæ etiam Auctor subscripsit. Cæterum, cùm nihil certi hìc definiri possit, ait Ludovicus Habert *de Ordine part. 1. cap. 7.* cautè observandum est, quidquid præscribitur in Pontificali Romano; & si quid fuerit incautè omissum, illud supplendum est, ut docent Innocentius III. & Gregorius IX.; quia ritus integer necessarius est, saltem necessitate præcepti.

Cur autem in Sacramento Baptismi, & Pœnitentiæ manus impositio non requiratur, bene verò in Sacramento Confirmationis, & Ordinis rationem assignat D. Thomas *3. p. quæst. 84. art. 4. in corp.* quam abs re non erit hìc ob oculos ponere: *Dicendum* ait, *quod impositio manuum in Sacramentis Ecclesiæ fit ad designandum aliquem copiosum gratiæ effectum, quo illi, quibus manus imponuntur, quodammodò per similitudinem quandam continuantur Ministris, in quibus copia gratiæ esse debet. Et ideo manus impositio fit in Sacramento Confirmationis, in quo confertur plenitudo Spiritus sancti, & in Sacramento*

٤

Or-

Ordinis , in quo confertur quædam excellentia potestatis in divinis Mysteriis. Undè & 2. ad Timoth. 1. dicitur : Resuscites gratiam Dei , quæ est in te , per impositionem manuum mearum. *Sacramentum autem pænitentiæ non ordinatur ad consequendam aliquam excellentiam gratiæ; sed ad remotionem peccatorum. Et ideo ad hoc Sacramentum non requiritur manuum impositio; sicut etiam nec ad baptismum, in quo tamen fit plenior remissio peccatorum.*

VIII. Hinc inferendum est, duos imprimi charaĉteres , unum in ordine ad consecrandum, ut clarè , docet S. Thomas q. 37. Supplem. art. 5. *Ideo in datione calicis sub forma verborum determinata charaĉter Sacerdotalis imprimitur ;* alterum in ordine ad absolvendum, dùm Episcopus manus imponens dicit : *Accipe Spiritum sanĉtum , &c.* quâ aĉtione aliam , & novam confert potestatem; caraĉter enim nil aliud est , nisi po-estas spiritualis. Imò non videtur absonum affirmare, quòd tunc novum fiat partiale Sacramentum, quandoquidem extat novum signum exterius, à Christo institutuum, cum nova collatione gratiæ , definiente Tridentino sess. 23. can. 4. per prolationem illorum verborum *dari Spiritum sanĉtum*, id est, ejus gratiam. Eodem modo egerat Christus; quandoquidem Apostolos Sacerdotes instituit in Cœna ante passionem ; & deinde pòst Resurreĉtionem potestatem eisdem contulit per indicata verba remittendorum peccatorum: & in hoc consentiunt SS. Patres , nec discordat S. Thomas, dùm loc. cit. dicit, quòd *per manuum impositionem datur plenitudo gratiæ :* & in resp. ad 2. *Post resurreĉtionem dedit Apostolis potestatem Sacerdotalem quantùm ad aĉtum secundarium , qui est ligare , & solvere :* si igitur contulit novam potestatem, novum contulit charaĉterem. Hæc autem potestas absolvendi, cùm non solùm sit Ordinis, sed & jurisdiĉtionis, ut etiam alibi monuimus, in Sacerdotibus suspensa remanet , quousque eisdem assignentur ab Episcopo subditi per approbationem, ad audiendas confessiones in sua Dicecesi.

IX. Nec quidquam negotii facessit diversitas materiæ , & formæ , quæ ab Ecclesia Græca in ordinandis suis Presbyteriis adhibentur, nempe , sola manuum impositio pro materia , & sola prolatio horum verborum: *Divina gratia , quæ semper infirma sanat , & quæ desunt, supplet, creat, seu promovet N. venerabilem Diaconum in Presbyterum*, pro forma , absque eo quòd ab Ecclesia Romana improbetur hæc ordinatio : imò ut valida admittatur. Hoc enim confirmat doĉtrinam traditam in §. 2. n. 4. nempè, Christum reliquisse Ecclesiæ determinare nonnullorum Sacramentorum materias,& formas in specie.Neque tamen inferas, quòd , si Sacerdos Latinus ordinaretur Græcorum more, validè ordinaretur; quia, quemadmodùm pro solis Græcis Ecclesia ritum illum approbat ; ità pro Latinis alium ritum statuit necessariò observandum.

X. Presbyteratum verum esse Sacramentum, est de fide. Cùm enim de fide sit ex Tridentino, septem esse Ecclesiæ Sacramenta , quibus accensetur Ordo , de Presbyteratu saltem id verum esse debebit; cùm sit vertex , ad quem cæteri Ordines ut ad supremum referuntur.

XI. Hinc deducas, simplicis Sacerdotis munus ex vi proprii Ordinis esse duntaxat celebrare sacrificium: ex commissione autem ministrare Sacramenta Baptismi, Eucharistiæ, Pœnitentiæ, Extremæ Unĉtionis, & Matrimonii.

Nota. Sacerdos ex vi suæ ordinationis non solùm potestatem habet sacrificium offerendi, & absolvendi à peccatis; sed etiam solemniter baptizandi: ideòque est etiam ordinarius Minister Baptismi. Compertuum est hoc tùm ex Concilio Florentino in Decreto Eugenii : ubi agens Pontifex de Ministro Baptismi ait, *Minister hujus Sacramenti est Sacerdos, cui ex officio competit baptizare* ; tùm ex D. Thoma 3. p. q. 67 art. 2. in quo hæc habentur: *Dicendum , quòd Sacerdotes ad hoc consecrantur , ut Sacramentum Corporis Christi conficiant , sicut suprà diĉtum est. Illud autem est Sacramentum Ecclesiasticæ unitatis , secundùm illud Apostoli 1. Cor. 10.* Unus panis , & unum corpus multi sumus, omnes , qui de uno pane , & de uno calice participamus. *Per baptismum autem aliquis fit particeps Ecclesiasticæ unitatis , unde & accipit jus ad mensam Domini accedendi. Et ideo , sicut ad Sacerdotem pertinet consecrare Eucharistiam (ad quod principaliter Sacerdotium ordinatur) ità ad proprium officium Sacerdotis pertinet baptizare. Ejusdem enim videtur esse operari totum , & partem in toto disponere.* Hucusquè S. D.; quæ clarè ostendunt, Sacerdotem ex vi suæ ordinationis habere solemniter baptizandi. Quod & docuit Auĉtor cap. 1. de Sacramento Baptismi §. 4.

Licèt autem Sacerdoti ex vi suæ ordinationis competat solemniter baptizare, atque ideo sit baptismi ordinarius minister ; attamen hoc munus exercere licitè nequit nisi cum dependentia à Superiore , ejusque deputatione. Quemadmodùm enim quilibet Sacerdos ex vi suæ ordinationis valet ex officio absolvere à peccatis; ità potest , etiam ex officio baptizare : sed , sicut quilibet Sacerdos non potest quemcumque , & à quibuscumque peccatis absolvere , nisi à Pontifice., vel ab Episcopo ad id exponatur ; ità nec potest quilibet Sacerdos quemlibet solemniter , & ex officio baptizare , sic ut suprà quoscumque, in quibuslibet Diœcesibus , vel Paræciis possit id muneris ex officio exercere ; sed , ut licitè id possit , vel ubiquè , vel in certis locis, ex designatione superioris pendet. Ratio est ; quia per baptismum fideles introducuntur in Ecclesiam , & constituuntur in hac , vel illa Diœcesi , vel Paræcia ; ideoque ad Pastores Ecclesiæ spectat disponere, quosnam Sacerdotes debeant baptizando in Ecclesiam inducere ; eosque in hac , vel illa Diœcesi , aut Parochia constituere. Quapropter Ecclesia statuit , ut hoc officium regulariter à solis Parochis exerceatur. Est tamen discrimen inter facultatem absolvendi & baptizandi , quòd Sacerdos , qui non est ad absolvendum destinatus , inutiliter & in casum absolvit ; Sacerdos verò , qui non est destinatus ad baptizandum solemniter, baptizans , baptizat quidem illicitè , sed validè. Lege Em. Gotti *quæst. 4. de Ministro Baptismi dub. 1. §. 1. num. 7.*

* Non promoti ad Presbyteratum , si Missam celebrent , tradendi sunt à Judicibus S. Inquisitionis curiæ seculari puniendi ex Constitutionibus Pauli IV. Sixti V. & Clementis VIII. Item Urbanus VIII. in Constit. *Apostolatus Officium* iis pœnis subjicit etiam minores annis viginti quinque , dummodò vigesimum annum expleverint. Has Constitutiones approbavit, confirmavit, & innovavit Benedictus XIV. in Bulla , incip. : *Sacerdos in æternum* , quæ habetur *Bullarii tom. 1. num. 97.* & addit §. 4. singulas testium depositiones, nempè , quando testes in suis depositionibus sunt singulares , valere ad reorum torturam, si non ad pœnam : valere autem etiam ad pœnam, si ordinarius declaraverit per simplices litteras , reum à se non esse promotum, decernit §. 5. Deindè §. 6. ampliat pœnas Constitutionum Apostolicarum contra celebrantes unius tantùm Missæ partem , dummodò elevationem peregerint. Quòd si , non peracta elevatione , reum ab Altari discessisse probetur , tunc solùm con-

cedit , ut contra ipsum ad mitiorem pœnam deveniatur, arbitrio, & prudentia Judicis Ecclesiastici præfiniendam. Subdit verò §. 7. omnes deniquè exceptiones , suprà expressas, quæ ab hujusmodi reis, eorumque defensoribus , in ipsorum excusationem prætendi solent , seu singulatim , seu conjunctim considerentur , nullatenùs attendi , seu eisdem reis suffragari debere statuimus , quominùs ad realem eorum traditionem brachio seculari, vel si de Clericis in aliquo Ecclesiastico Ordine constitutis agatur , ad eorum degradationem, & traditionem pariter brachio seculari, etiam pro prima vice , procedatur; ad hoc ut condignis tantæ impietatis pœnis à Jure , seu aliàs statutis , & comminatis, cum effectu puniantur , & afficiantur.

Demùm §. 8. declarat insuper idem Sum. Pontifex, eisdem pœnis submitti quoscumque non Sacerdotes , qui confessiones sacramentales audire , & absolutionem pœnitentibus impertiri præsumunt. Si tamen non sit prolata absolutio, concedit tunc , ut Judex Ecclesiasticus mitiorem pœnam , pro suo arbitrio , & prudentia , delinquenti valeat irrogare.

XII. Episcopatus nedum est gradus simplici Sacerdotio major , ad actus hierarchicos in Ecclesia exercendos , ut contra Novatores tenent de fide Catholici omnes; verùm etiam esse Sacramentum , docent plures gravissimi Doctores, quos inter ex nostris duo Petri, de Palude , & de Soto : nempè putant, S. Thomam adversari huic opinioni , dùm in lect. 3. in 2. ad Timoth. cap. 1. dicit , quòd à Paulo Timotheus *ordinatus erat Episcopus, in qua ordinatione data ei fuerat gratia Spiritus sancti* , qui loquendi modus à S. D. adhibitus in opere , quòd versùs finem vitæ suæ exaravit, significare videtur , recensuisse Episcopatum inter Sacramenta ; cùm alioquin in q. 40. Supplem. art. 5. se accommodans sententiæ Magistri sententiarum , cujus libros commentariis illustrabat , junior docuerit , Episcopatum non esse Sacramentum. Quemadmodum autem in laudata lectione videtur , hanc opinionem non nihil emolliisse ; multò magis illam temperaturum credendum est , si scripsisset post celebratam Synodum Tridentinam; in cujus *sess. 23. cap. 3.* traditur , Ordinem esse verum Sacramentum ; quod ut Concilium probet, assumit textum D. Pauli 2. ad Timoth. cap. 1. *Admoneo te , ut resuscites gratiam Dei, quæ est in te , per impositionem manuum mea-*

mearum ; quæ verba refert Apostolus, ut dixit S. Thomas, ad ordinationem, qua ordinavit Timotheum in Episcopum : si igitur Episcopatus non esset Ordo, & Sacramentum, videtur quòd inutiliter uteretur Synodus eo textu, ad probandum ex Scripturis, quòd Ordo sit Sacramentum, ut consideranti clarè patet. Posito igitur, quòd sit Ordo, & Sacramentum, illius materia est manuum imposito Episcopi consecrantis; forma verò sunt illa verba : *Accipe Spiritum sanctum*, *&c.* Et quamvis ad consecrationem unius Episcopi tres Episcopi adesse debeant ; id tamen non videtur necessarium pro valore actus, ut colligitur ex antiquo tertii seculi Scriptore Constitutionum Apostolicarum lib. 8. cap. 27. aliàs 33. Imò refertur, S. Gregorium Magnum, & Gregorium XIII. in casu necessitatis indulsisse, ut Episcopus etiam ab uno duntaxat Episcopo consecretur. Hæc tibi sufficiant : si plura desideres, videsis Theologos Scholasticos dogmaticos.

☞ Celebris fervet inter Doctores contentio, nùm Episcopatus sit Sacramentum à Presbyteratu distinctum ?

Eximius Vir R. P. F. Bernardus M. de Rubeis O. P. inter cætera, quæ ad commune emolumentum, atque utilitatem in lucem emisit egregia volumina, Theologicis doctrinis, & recondita sacra eruditione referta. *Dissertationes Criticas, & Apologeticas, de Gestis, & Scriptis, ac doctrina S. Thomæ* publici juris fecit, quibus postremam Venetam operum ejusdem S. D. editionem adornavit, atque illustravit. Porrò *dissert.* 27. *cap.* 4. difficultatem hanc examini subjicit, & quænam præcipuè fuerit circa ipsam D. Thomæ sententia, accuratè expendit, ac pleno in lumine collocat. In primis ostendit, juxta mentem S. D. Episcopatum, si pro eminentiori quodam officio summatur, esse Ordinem à simplici Presbyteratu distinctum, ipsumque divina Jesu Christi institutione permanentem, atque indelebilem. Deinde demonstrat, eumdem. S. D. inficiari, Episcopatum esse Ordinem illum, qui dicitur Sacramentum, & characterem imprimere à simplici Sacerdotio distinctum. Ad utrumque evincendum luculentissima in medium adfert Angelici testimonia. Et huic sententiæ utpotè probabiliori est adhærendum: lege integrum *caput præcitatæ dissertationis*, in quo materiem hanc more suo uberrima eruditionis, atque

doctrinæ copia versat, ac discutit Auctor laudatus.

Placet hìc etiam innuere (neque enim alius opportunior nobis locus occurrit) Constitutionem S. P. Benedicti XIV. de Episcoporum Residentia, incip. : *Ad Universæ Christianæ Reipublicæ statum* editam *die 3. Septembris* 1746. In ea exponit in primis, quanti intersit, locorum Ordinarios in suis Diœcesibus assiduè residere, commemoratque & Concilia, & à Summis Pontificibus editas identidèm sanctiones, quibus negotium hoc impensè commendatur, & inculcatur tanquam unum ex præcipuis Ecclesiasticæ disciplinæ capitibus. Deindè absentiæ causas assignat, & tempora, à Concilio Tridentino permissa ; Canonica, & Pontificia statuta ad id confirmat, & innovat. Itèm confirmat pœnas in contravenientes, addita pœna privationis indultorum, competentium assistentibus solio Pontificio : Congregationem super residentia Episcoporum, ab Urbano VIII. institutam, ejusque sessiones in usum reducit : Singulis absentiæ causis opportuna rescripta comparat. An, & quatenùs permittendum Episcopo, ut absit causa litis ? Quid ratione infirmitatis extra Diœcesim contractæ ? Quid ad convalescendum ex morbo in Diœcesi contracto ? Quid ratione aëris insalubris ? Quid pro celebrandis Conciliis, Assambleis, Diætis, &c. ? Quid pro construendis processibus Apostolicis in causis Canonizationis ? Præceptum de præmissorum observantia, & de onere denuntiandi non residentes infrà certum tempus imponit. Peculiarem ad id commissionem Nuntio Apostolico Neapoli commoranti injungit. Postremò declarat sub ordinatione, & dispositione Constitutionis hujus comprehendi etiam Cardinales, qui Patriarchalibus, Primatialibus, Archiepiscopalibus, Episcopalibus Ecclesiis præsunt, & in posterum præerunt. Subditque, hæc statuta ab omnibus, ad quos spectat, inviolabiliter esse observanda, non obstantibus quibuscumque privilegiis, indultis, consuetudinibus etiam immemorabilibus. Habetur hæc Constitutio *Tom.* 2. *Bullarii n.* 18.

✠ S. Thom. 2. 2. *quæst.* 185. *art.* 1. inquirit : *Utrùm liceat Episcopatum appetere ? & in corp.* sic hoc dubium luculenter resolvit. *Dicendum*, inquit, *quòd in Episcopatu tria possunt considerari, quorum unum est principale & finale, scilicèt, Episcopalis operatio, per quam utilitati proximo-*

morum intenditur.... Aliud autem est alti-
tudo gradus ; quia Episcopus super alios
constituitur... Tertium autem est , quod consequenter se habet ad ista , scilicèt , reverentia , & honor , & sufficientia temporalium.... Appetere ergo , subdit , Episcopatum ratione hujusmodi circumstantium
bonorum , manifestum est , quòd est illicitum , & pertinet ad cupiditatem , vel
ambitionem.... Quantùm autem ad secundum , scilicèt ad celsitudinem gradus , appetere Episcopatum est præsumptuosum...
Sed appetere proximis prodesse , est secundum se laudabile , & virtuosum. Verùm , quia , prout est Episcopalis actus,
habet annexam gradus celsitudinem , præsumptuosum videtur , quòd aliquis præes-
se appetat ad hoc , quod subditis prosit,
nisi manifesta necessitate imminente , sicut
dicit Gregorius in Pastoral. quòd tunc laudabile erat Episcopatum quærere , quando
per hunc cuiquam dubium non erat ad su-
plicia graviora pervenire. Quodlib. autem
2. art. 11. docet , & ostendit idem S. D.
quòd , qui appetit prælationem , aut est
superbus , aut injustus.... & ideo ait , nullus suo appetitu debet ad prælationem pervenire , sed solùm Dei judicio. Et quodlibet. 3. art. 9. asserit , quòd semper vitiosum Pontificatum appetere. Gemina habet , & pluribus aliis in locis , quæ brevitatis gratia missa facimus. Tantùm verò abest,
ut S. Doctor ex iis fuerit , qui dicunt , &
non faciunt , &c. Matth. 23. ut non modò
non ambierit dignitates Ecclesiasticas , sed
etiam oblatas constantissimè recusaverit. Ab
Urbano IV. Romam vocatus (inquit Ecclesia
in ejus Officio) adduci non potuit , ut honores acciperet. Archiepiscopatum Neapolita-
num etiam deferente Clemente IV. recusavit.
Legatur disputatio. De vocandis ad Episcopatum , Auctore Antonio Charlas Presbytero sacræ Theologiæ Doctore , in qua
exemplis Christi , Apostolorum , aliorumque Sanctorum probatur , non esse licitum
Episcopatum desiderare ; ac insuper Patrum doctrina & rationibus hoc idem confirmatur.

CAPUT VII.

De Sacramento Matrimonii.

§. I. De Sponsalibus , & de requisitis ad eorum valorem.

I. SPonsaliorum nomine plura significantur : aliquando munera , quæ sponsus ad sponsam mittit : quandoquè dos , à
sponsæ genitoribus , vel aliis sponso data:
quandoquè dona , quæ titulo futurarum nuptiarum utrique sponso ab aliquibus conferuntur : aliquandò etiam matrimonium, nondum consummatum : quibus omnibus signi-
ficaris in præsentiarum prætermissis, Sponsaliorum nomine cum Augelico q. 43. Supp-
plementi art. 1. duntaxat indicamus mutuam
promissionem futuri matrimonii , vicissim
factam ab illis , qui matrimonium contrac-
turi sunt.

II. Hinc sex conditiones requirunt communiter Doctores ad sponsaliorum valorem;
1. quòd sit promissio mutua ; 2. vera, & seria; 3. voluntaria , & deliberata ; 4. exteriori aliquo signo sufficienter significata ; 5. inter personas , ad contrahendum habiles ; 6.
obligatoria statim , si absolutè ; expleta verò conditione , si sub conditione facta.

III. Promissio mutua dicitur illa , quæ,
nedum est alteri parti significata , ab eademque acceptata , verùm etiam per istius repromissionem alteri promittenti factam confirmata , & consummata in esse promissionis
mutuæ. Quòd præsupponatur acceptata, patet ex contractu de promissione , quæ nullam
parit obligationem , nisi acceptetur. Quòd
si Titius promitteret genitori, tutori , vel cu-
ratori Bertæ , se illam ducturum in uxorem ; si antequam illi id Bertæ significent,
ipsum Titium pœniteat promissionis ; non
idcirco , juxta mihi probabiliorem cum Sanchez lib. 1. de matrim. dis. 26. posset recedere à promissione facta , nisi à Berta rejiciatur. Ratio est ; quia , quemadmodùm , si
Titius ipse Bertæ per se promisisset , & ipsa
ad prudenter deliberandum modico tempore
suspenderet responsum , non posset Titius
intereà promissionem revocare ; ità neque in
casu : quandoquidem præfatæ personæ moraliter personam Bertæ gerunt ; & multò
magis tenetur , si etiam juramento promissionem confirmasset. Quòd artem requiratur
repromissio , evincitur tum ex definitione da-

ta , tùm ex natura contractus onerosi , ultrò citroque obligantis : undè nisi altera pars aut expressè repromittat , aut signo sufficienti repromissionem indicet , non esset contractus sponsaliorum , cùm desit conditio essentialis huic contractui ; præsumitur enim Titius promisisse promissione sponsalitia , cùm verba contrahentium communiter intelligenda sint juxta naturam contractuum.

IV. Interrogabis: igitur Titius ad nihil tenebitur? Respondeo , quòd ad nihil tenebitur ex vi contractus sponsaliorum , si animo ineundi sponsalia promiserit , ut supponitur : si autem promisisset absolutè , & independenter ab ineundis sponsalibus ; tunc tenebitur ex vi gratuitæ promissionis acceptatæ , si acceptata fuerit ; ita ut non possit alteri promittere , & multò minùs alteram licitè ducere , nisi de licentia Bertæ. Sicuti, si promisisti Petro, te eidem donaturum domum tuam, & ipse promissionem acceptaverit, non potes illam alteri promittere, aut vendere , nisi de licentia Petri. Si autem Berta in promissione sponsalitia nimis differret dare repromissionem , tunc posset compelli via juridica ad se declarandum , ut Titius eximatur ab onere expectandi. Interrogabis iterùm : Quid , si Titius dubitaret àn promiserit promissione sponsalitia , vel absoluta ? Putarem judicandum esse , promisisse promissione sponsalitia ; ita communiter exigente natura hujusmodi promissionum.

V. Debet esse promissio vera , id est, animo promittendi , quod perinde est ac se obligandi , cùm obligatio sit de essentia promissionis , ut diximus in tract. 10. cap. 2. §. 11. quatenùs distinguitur à simplici proposito , quantumvis efficaci. Qui igitur proferendo verba promissoria , positivè excludit animum promittendi , aut se obligandi invalidè promittit ; peccat tamen mortaliter , si proferat verba promissoria sponsalitia , & exigentia vicissim promissionem ; quia in re gravi , contractuque onerosi decipit alteram partem. Si verò promitteret sine animo, promissione merè liberali, & non sponsalitia, seu relinquendo alteram partem in sua libertate repromitendi ; multi dicunt , quòd peccaret solùm venialiter mendacio, nemini pernicioso: si verè altera pars relicta in sua libertate, & putans , illum verè ex animo promittere, verè repromittat ; tunc fictè promittens tenetur vel serio renovare promissionem , vel declarare fictionem promissionis emissæ , & repromittentem in sua libertate relinquere:

P. CUNIL. THEOL. MOR. T. II.

aliter gravitèr peccaret relinquendo repromittenti onus grave , quod ipse subire non vult, & quod alter subit ; quia putat , etiam fictè promittentem illud subiisse.

VI. Quid, si promittens verba promissoria protulerit, præscindens à se obligando, aut non obligando? Respondeo, quòd , si promittens alioquin sciebat, promissionem hujusmodi inducere obligationem , & repulerit illam , nolendo facere , quod fieri est consuetum , non promisit; sed peccavit juxta modò dicta: si verò illam obligationem expressè non repulerit, tenetur stare promissioni; quia censetur voluisse id agere, quod à natura hujus contractus postulatur , & prout alii agere consueverunt.

VII. Intentio prava non implendi promissionem sponsalitiam , etiam dùm profertur, non nocet valori promissionis , quamvis noceat conscientiæ promittentis ; qui eo ipso mortaliter peccat , utpotè habens voluntatem non implendi id , ad quod sub gravi tenetur: itaquè promissio tenet ; quia voluntas implendi non est de essentia promissionis, sicut voluntas se obligandi: qui verò dubitat, àn, dùm promisit , voluntatem habuerit seriò promittendi, aut se obligandi, reverà tenetur stare promissioni, contra nonnullos malè ratiocinantes ; quia , cùm constet certò de promissione , qua ratione ab obligatione eximendus erit dubitans , àn serio promiserit ? quandoquidem talis animus judicandus est juxta ea , quæ plerumquè eveniunt ; plerumquè autem evenit , quòd homines , in rebus gravibus promittentes, promittant animo veram & obligantem promissionem emittendi; inde in tali dubio possidet promissio certò facta, & promittentem obstringit.

VIII. Alia conditio est, quòd promissio sponsaliorum sit voluntaria , & deliberata, cùm enim hujusmodi promissio sit actus humanus , debet procedere ex advertentia , & deliberatione , eaque tanta , quæ sufficeret ad peccandum lethaliter in quocumque genere. Quamobrem , si promittens , vel nondùm pervenisset ad usum rationis , vel promitteret in ebrietate , vel dùm opprimitur delirio , deesset promissioni sufficiens deliberatio. Non tamen inde inferas , quòd ; si promittens vehementis æstuet passione,amoris, aut ardentissima rapiatur concupiscentia in mulierem , cui promittit , careat sufficienti deliberatione ; quia vehemens passio, nisi dementer , & rationis usum absorbeat , quamvis deliberationem minuat , sufficientem tamen relinquit, sicut ad mortaliter peccandum

Mm   ità

ita & ad promittendum, & contrahendam obligationem.

IX. Debet itaquè esse promissio immunis à quocunque notabiliter lædente plenam libertatem. Propterea lex ultima Codicis, & cap. *Gemma* de sponsalibus vetant, ne contractui sponsaliorum addatur pœna aliqua solvenda sponso, vel ejus consanguineis, si per eos steterit, ne matrimonium sequatur: sicuti etiam vetatur omne pactum lucrativum, ab altero contrahente additum sponsalibus, ex lege *Si ita stipulatus* §. *si tibi* ff. de verborum obligatione; & hæc justè prohibentur, ne matrimonia ineantur ob motiva voluntarium minuentia, qualia essent pœna solvenda, nisi contrahatur; & lucrum acquirendum, si contrahatur. Hic tamen nota, quòd promissio donandi, si matrimonium sequatur, valet, quando cessat omnis suspicio, quòd possit lædere libertatem, nempè, dum promittitur nomine dotis (italicè *sopradote*, ò *contraddote*) aut donationis propter nuptias, ad compensandam inæqualitatem inter contrahentes: puta dùm ignobilis ducit nobilem; longævus ducit juvenem; deformis ducit valdè pulchram; tunc enim cum fiat donatio ad compensandam justè inæqualitatem, a lege non prohibetur. Imo, si dicta promissio fiat ab aliquo extraneo, & non ab altero contrahentium, non censetur à lege prohiberi; reputatur enim liberalis donatio sub conditione honesta, nempè, si cum illo, vel illa contrahat, ut alliciatur ad matrimonium: idcirco lex allata vetat, id proponi ab altero contrahentium, aut consanguineo, non ab extraneo.

☞ Du licet distinguere pœnam Theologi solent. Alteram positivam vocant, quæ verè propriéque rationem pœnæ induit; & reposita est in diminutione possessionis, aut patrimonii, ut si quis promittat Franciscæ matrimonium, hac adjecta pœna, ut si à tali promissione resiliat, teneatur solvere centum aureos. Alteram negativam appellant, quæ consistit in amissione alicujus lucri, ut si quis promittat puellæ centum se daturum, si secum nubere velit, aliter non daturum; aut testator relinquat virgini legatum, si cum tali, vel tali matrimonium contrahat, secùs legatum amittat; quod adhuc bifariam potest contingere, vel retrahendo à matrimonio, ut si dicat: *promitto tibi centum, si non nupseris*; vel inducendo, & alliciendo ad illud; ut si dicat: *promitto, si nupseris*.

Convenit penès omnes, priorem pœnam, generatim & indistinctè factam, non solum illicitam, sed & invalidam esse, cum Jure canonico prohibita sit, ut ex cap. *Gemma* de sponsal. ab Auctore citato, compertum est. Et quidem prohibitio justa est, utpotè libertati matrimonii consulens. Quare lethaliter delinqueret, qui sciens, & advertens hanc prohibitionem, talem pœnam sponsalibus apponeret. Idemque asserendum; sive à sponsis, sive à sponsorum parentibus, consanguineis, affinibus, amicis &c. hæc pœnalis conditio adjiciatur. Nec refert, quòd pœna sit gravis, aut levis; lex enim pœnam quamcumque sponsalibus apponere vetat, nec distinguit inter gravem vel levem; & pœna etiam lædit libertatem matrimonii: & licèt in aliquo casu non læderet, per accidens hoc contingeret; lex autem non ad ea, quæ per accidens occurrunt, attendit, sed ad id, quod per se, & frequenter evenire solet.

Difficultas autem excitatur, àn licita, & valida sit pœna imposita parti, resilienti injustè à contractu sponsaliorum. Plures, quibus & P. Daniel Concina subscripsit *lib. 2. de Matrim. dissert. 2. cap. 1. num. 30.* asserunt, obligationem pœnæ, sponsalibus adjectam, esse injustam, & invalidam, sivè justè, sive injustè fidem quis frangere velit; & ideo non teneri nec in foro externo, nec conscientia eam solvere, qui ab his sponsalibus justè vel injustè resilieret.

Alii vero Doctores, præsertim Suarez *tom. 2. de Relig. lib. 2. de Juram. cap. 23. n. 5.* & Vasquez *Opusc. de Testam. c. 3. dub. 2. num. 28.* quibus adstipulati sunt PP Salmanticenses *tract. 9. de Matrim. cap. 1. punct. 8. n. 99.* sentiunt quidem, invalidam esse talem pœnam, si apponatur justè resilienti, vel sine distinctione justè vel injustè fidem sponsaliorum frangenti: censent verò, justam, & validam esse, si apponatur injustè ab eis recedenti, ac proinde teneri in utroque foro eam solvere, qui frangit injustè sponsalia sub tali pœna contractà. Ratio est, inquiunt, quia nec Jure naturali, nec positivo est nulla talis pœnalis conventio: non quidem Jure naturæ, quod omnes concedunt; quia non est nec contra rationem, nec contra naturam Matrimonii, eo quod talis obligatio ex voluntate imponentis oritur; & sic ex natura rei libertatem non adimit Matrimonii. Nec etiam Jure positivo; Jus enim canonicum in c. *Gemma* cit. loquitur de sponsalibus inter impuberes cele-

bra-

bratis, qui justè possunt, cùm ad pubertatem pervenerint, resilire. Reliqua autem Jura,
subdunt, vel correcta sunt per *Novellam 18.*
Leonis Imperatoris, ubi approbatur appositio
pœnæ injustè fidem frangenti sponsaliorum, ut
quidam volunt; vel solùm loquuntur, quando
potest quis liberè à sponsalibus recedere : eò
quòd ratio decidendi in illis est, ne libertas
matrimonii lædatur; & consequenter, quando
non potest quis liberè resilire (uti accidit, quando sine justa causa renuit fidem datam observare) non prohibent pœnam imponere ; erit-
que proinde obligatio eam observandi. Sic
quidem laudati PP. Salmanticenses. *n. 100.*
Legatur etiam P. Paulus Gabriel Antoine
tract. de Matrim. c. 1. q. 5. n. 9. ubi hæc
habet : „Porro pœna, in sponsalibus primò
„resilienti apposita, non obligat justè resilien-
„tem ; quia pœna justa supponit culpam , &
„innocenti injustè infligeretur. At obligat in
„conscientia injustè resilientem ; quia infert
„injuriam, propter quam debet ex pacto pœ-
„nam promissam subire."
    Ad pœnam verò negativam quod attinet,
hæc docent pluriès citati PP. Salmanticenses
n. 107. & seqq. si hæc pœna ab extraneis
ponatur, ut si quis dicat : *lego tibi centum, si
cum tali nupseris ; vel promitto totidem, si
cum tali nupseris,* talis promissio valida est ;
ità ut , qui non nupserit, lucrum vel legatum
amittat ; quia hoc propriè non est pœnam
apponere , sed spe lucri matrimonium alli-
cere , quod honestum est, & bonum ; quæ
tamen doctrina fallit in duobus casibus. Primus est, quando talis pœna apponitur in legitima; quæ invalida est, eò quòd privatio illius haberet verè, & propriè rationem pœnæ,
quæ non potest matrimonio contrahendo apponi. Secundus, quando is, cui hæreditas
legatum relinquitur , non gravatur ducere
indigno , vel inhonesto modo; nàm, si ita sit,
talis conditio censetur invalida *l. Cum ita
legatum, ff. de conditione & demonstrat. §.
videamus , l. 32. tit. 9. part. 6.,* eò quòd
talis conditio censetur, non natura, sed Jure
impossibilis ; id enim possumus , quod jure,
& honestè possumus *l. Nepos Proculo §. de
verb. signif.* ex quo sequitur, legatum, puellæ relictum , si Petro nubat , validum esse,
etiamsi illa de consensu patris non Petro, sed
alteri nubat; nàm virgo, nisi de parentis consensu , nulli potest honestè nubere.
    2 Si à contrahentibus talis pœna appona-
tur, quando à viro ponitur sic: *dabo tibi centum, si mecum contraxeris,* est invalida. Va-

lida tamen est, si à muliere imponatur promittendo ipsa centum , si cum ea vir nupserit.
Quare secuto primo modo matrimonio, non
tenetur vir stare promissis ; bene tamen mulier in secundo casu. Prima pars hujus asserti
expressè habetur *l. Si ita stipulatus fuero §.
si tibi nupsero , ff. de verb. signif.* Secunda
verò pars, quòd videlicet sit valida promissio
à fœmina adjecta, definitur ab Alexandro III.
c. De illis de cond. apposit. Et ratio est; quia
præsumitur , facere causa libidinis , quando
vir promittit mulieri ; ob quam causam, quia
turpis est, promissio à jure irrita redditur, ac
nulla; nisi quando vir ignobilis, aut senex aliquid mulieri nobili , aut juveni promittit,
quia tunc non causa libidinis, id facere præsumitur, sed in satisfactionem nobilitatis, vel
juventutis, quæ suo modo diminuitur cum
ignobili, aut sene contrahendo. At verò, quando fœmina viro promittit tantum se daturam,
si secum nubat , id fieri causa dotis præsumitur & sic talis promissio tenet.
    3. Si pœna de amittendo , seu non ac-
quirendo lucro , ad retrahendum à matrimonio apponatur, ut si aliquis promittat
centum alicui , si non nupserit , dicendum
est , quòd si fœmina vidua fuerit , id est,
matrimonium ratum consummaverit , talis
promissio vel legatum , sub illa conditione
relictum sunt valida & licita ; & sic , si ipsa
nupserit, id lucrum amittet. Nàm honestum
est à secundis nuptiis abstinere, *cap. fin. 31.
q. 1.* Undè conditio, nuptias prohibens , in
hoc casu valida est, & in legato vel contractu admittitur.
    4. Quando verò virgini, id est , quæ
nunquam nupsit, ac matrimonium consummavit , conditio apponitur abstinendi à matrimonio , ut si donatio vel legatum illi fiat
sub conditione ducendi vitam cœlibem , si
talis conditio adjiciatur contractui , non rejicitur, sed illum vitiat , irritumque reddit.
Ratio est ; quia hæc conditio Jure reputatur impossibilis , eò quòd à Jure reprobatur: & conditiones, quæ improbantur à Jure, vocantur impossibiles *l. Conditiones contra edicta , ff. de condition.* ea enim solùm
possumus, quæ Jure possumus: sed conditiones impossibiles , sive Jure , seu natura contractibus adjectæ , non rejiciuntur , sed eos
irritos reddunt. Si autem talis conditio abstinendi à matrimonio adjuncta sit legato, non
vitiat legatum, sed rejicitur : undè si virgini
legentur mille, si non nupserit, obtinebit illa,
ac si pura & absque omni conditione relicta

essent. Habetur expressè *l. Quoties* 22. *l. Cui tale* 71. *& leg. Titia, si non numpserit, ff. de condit. & demonstrat.* Et ratio decisionis est; quia, ut constat *ex l. 2. C. de induß. viduit.* Reipublicæ interest, ut multis ex legitimo matrimonio natis augeatur.

„Ratio autem, subjungunt iidem Sal„manticenses, quare conditio natura, vel „Jure impossibilis non rejiciatur à contrac„tibus, sed eos vitiet, & irritet; si tamen „legato adjiciatur, rejicitur, & legatum „tenet; ea est, quòd in contractu cùm „contrahentes sint superstites, possunt con„ditionem impossibilem illum vitiantem à „contractu repellere, & eum ad debitum „modum reducere: ac testator, qui mor„tuus est, hoc non potest facere. Undè „oportuit, quòd per legem ipsam reducere„tur ad modum debitum legatum, rejicien„do turpem conditionem. Quare idem dicen„dum est, quando talis conditio adjecta est „donationi causa mortis, eò quòd conditio„nes impossibiles non tantùm à legato, sed „& à donatione causa mortis rejiciantur, *l.* „*Quæ sub conditione, & in morte, ff. de* „*condit institut.*"

X. Duo sunt præcipuà, quæ præfatam libertatem adimere possunt, nempè, error & metus, quandò error continetur ignorantia, deceptio, dolus: quodlibet igitur horum, sufficiens ad reddendum irritum contractum matrimonii, sufficit etiam ad irritanda sponsalia juxta communem: de hoc errore iterùm disseretur in explicatione primi impedimenti, matrimonium dirimentis. Nunc sufficiat dicere, quòd, quando ignorantia, error, dolus versantur circa substantiam personæ, aut circa qualitatem aliquam, quæ, licèt non redundet in substantiam personæ, est tamen per se, & primario intenta, & explicata, reddit sponsalia nulla & irrita, juxta omnes, quia causat involuntarium simpliciter; contrahens enim non intendit se obligare, nisi tali personæ, aut tali qualitate affectæ. Et circa hoc observant Doctores, faciliorem esse causam solvendorum sponsaliorum, quàm matrimonii, utpotè vinculi strictioris, & venerabilioris: ac proinde, si qualitates contrahentium sponsalia, ignoratæ, tales sint, quæ sufficerent ad dissolvenda sponsalia, si advenirent post illa contracta, præbent aditum ad petendam dissolutionem, saltem apud judicem competentem.

XI. Attentè notandum, qualiter inter se differunt ignorantia, & error, deceptio, aut dolus, aut fraus; nàm ignorantia propriè dicitur, quando una partium ignorat qualitatem malam alterius, puta, infirmitatem gravem habitualem illius: error, quando creditur oppositum, puta, sanam esse, quæ est dicto modo infirma: deceptio, quando credit esse sanam; quia ità suadetur ipse contrahens à semetipso: dolus autem, & fraus, quando ità persona suadetur ab alia persona. Hæc autem omnia possunt se habere aut antecedenter ad contractum, aut concomitanter: antecedenter se habent, quando sunt vera causa contractus, ità ut nisi ignorantia, aut error, aut deceptio præcederet, nunquam contraheret; & ideo contrahit, quia ignorat, aut errat, aut decipitur: concomitanter autem hæc se habent, quando non dant causam contractui, nempè, quia, etiam semota ignorantia, errore aut deceptione, & cognoscendo rem, sicuti reverà est, adhuc contraheret.

XII. Hinc docet communis, quòd, quando ignorantia &c. est tantùm concomitans, nec nulla efficit sponsalia, nec rescindibilia relinquit; quia, ut patet, relinquit actionem contrahendi omninò voluntariam: quando autem ignorantia &c. est antecedens, & orta ex imprudentia, inadvertentia ignorantis, errantis, aut decepti, non reddit irrita quidem sponsalia, sed relinquit aditum ad petendam dissolutionem; quia nullo Jure declarantur irrita sponsalia, hoc modo contracta; eò quòd suæ imprudentiæ, & inconsiderantiæ imputare debet errorem &c. Dixi: relinquit aditum ad petendam dissolutionem, quæ fortè ab altera parte non concedetur, neque forsàm à judice, causam judicante. Quando autem, deceptio &c. processit ab altera tertia persona, quæ suasit, decepit &c., etiam tunc sunt valida sponsalia contracta, tamen faciliùs rescindibilia ab altera parte; & hac renuente, rescindetur à judice, de veritate informato. Quando demùm error, deceptio &c. processit ab altero contrahentium, qui fraudulenter, & dolosè egit, suasit &c. quod falsum erat; manent nihilominùs valida sponsalia, ut fert communior, & probabilior, si fuerint absolutè contracta; quia subsistit voluntarium simpliciter: attamen sunt omninò rescindibilia nedum à judice, verum etiam ab ipsa parte decepta; quippè quòd ità meretur dolosus modus procedendi partis decipientis; nec justum est, ut pars decepta in re adeo gravi, voluntario adeo imperfecto, & magna involuntarietate mixto, tanto oneri subjiciatur.

Al-

XIII. Altera causa, minuens voluntarium in sponsalibus, est, ut dixi, metus, ut etiam tradidimus in tract. 3. cap. 3. §. 3. Inde plurimi post Angelicum 2. 2. quæst. 89. art. 7. ad 3. docent, quod omnis metus gravis, qui vocitari solet cadens in virum constantem, sive sit gravis absolutè & in se, sive respectivè ad personam, cui incutitur, & sit injustè incussus à causa extrinseca, & ad extorquendum assensum, quamvis fortè irrita non reddat sponsalia, relinquit tamen illa rescindibilia, etiam ad beneplacitum ejus, qui metum passus est: dixi: quamvis fortè irrita non reddat sponsalia; quia reverà metus non tollit voluntarium simpliciter tale; cùm tamen hujusmodi voluntarium sit adeo injustè extortum, proptereà, juxta omnes, sponsalia hoc metu contracta rescindi possunt ad beneplacitum metum passi; quandoquidèm est valde absonum; quòd quis acquirat ex justitia jus ad aliquid contra alterum, à quo illud extorsit modo adeo injurioso: unde metum passus potest sponsalia rescindere, nisi tamen fuerint juramento firmata.

XIV. Debet igitur, ut possint ab eo, qui passus est metum, irrita reddi sponsalia, esse metus gravis vel in se, vel respectu personæ metum passæ. Debet item esse injustè incussus, idest, à persone non habente jus, malum illud comminandi; puta, si pater, inveniens Petrum filiam suam inhonestè aggredientem, comminetur ipsi mortem, nisi promittat, se illam ducturum in uxorem, est metus injustè incussus; quia pater ille non habet jus comminandi mortem; benè verò accusandi apud judicem: unde, si Petrus, ut accusationem evadat, spondeat filiæ, cùm metus sit justè incussus, quippè quòd de malo, nempè, accusatione, quam pater jus habet comminandi, sponsalia subsistunt. Debet item incuti metus injustus ad extorquendam promissionem, ut efficiat illam rescindibilem; quia, si metus incuteretur Petro non animo extorquendi promissionem, sed se vindicandi, puta, invadendo illum armata manu, & hic, ut mortem evadat, sponte promittat se filiam ducturum; tunc, cùm metus non sit incussus ad extorquendam promissionem, quæ sponte offertur ab impudico aggressore, promissio remanet valida; est tamen rescindibilis saltem à judice, si ipsi videbitur. Quòd si judex competens comminetur aggressori impudico carcerem, triremes &c., nisi promittat, se filiam ducturum; quamvis metus dirigatur ad extorquendam promissionem, cùm incutiatur

justè, nempè, ab habente legitimam auctoritatem; promissio erit valida, & irrescindibilis. Idcircò dedita opera dixi, quòd incutiatur metus à causa extrinseca, injustè &c. : quia de hoc duntaxat est quæstio; si enim metus excitetur ab animo ipsiusmet promittentis ob aliquod motivum ab ipso conceptum, & illum ad promittendum inducat, promissio tenet, & est irrescindibilis: puta, si impudens aggressor, horrens stuprum patratum, timeat, ne virgo violata illud indicet genitori, & consanguineis, à quibus gravia mala sibi imminere possint, & hoc timore adactus promittat, promissio tenet; quia est timor incussus, non à causa extrinseca, sed à se ipso. Addidi in fine: nisi fortè sponsalia essent juramento firmata; quia, quamvis plures dicant, quòd, cùm juramentum sit accessorium, nullis effectis sponsalibus ab eo, qui injustum metum gravem passus fuit; corruat etiam juramentum, nihilominùs non ità censet Sanct. Thomas 2. 2. quæst. 89. art. 7. ad 3. docens: *Quod in juramento, quod quis coactus facit, duplex est obligatio: una quidem, qua qui obligatur homini, cum promittit, & talis obligatio tollitur per coactionem; quia ille, quis vim intulit, hoc meretur, ut ei promissum non servetur; alia autem est obligatio, qua quis Deo obligatur, ut impleat, quod per nomen ejus promisit; & talis obligatio non tollitur in foro conscientiæ... potest tamen... Prælato denuntiare:* & exponendo eidem injuriam metus illati ad extorquendam promissionem, petere ab eo relaxationem juramenti, quam Prælatus eidem, cognita veritate, absque ulla difficultate concedet. Et nota cum communi, quòd, si passus metum nihilominùs vellet stare promissioni, altera pars resilire nullo modo potest, sed & ipsi stare tenetur, ne ex iniquitate sua utilitatem libertatis reportet.

XV. Metus levis non irritat sponsalia, saltem in foro externo; quia utpote levis potuit facilè repelli; & ideo non admittitur in tribunali, imò habetur pro nullo. Dixi: saltem in foro externo; quia multi contendunt, quòd in foro conscientiæ, si fuerit incussus ad extorquendam promissionem, posset sufficere, ut metum passus irrita reddat sponsalia, si voluerit: quia hic metus minuit plenam illam libertatem, quæ postulari videtur à contractu, cui adnectitur obligatio, afficiens personam pro toto vitæ suæ decursu, qualis est status matrimonii.

Vi-

✠ Videantur, quæ tradita sunt, *tom. I.*
tract. 10. cap. I. §. 2.

XVI. Altera conditio, ad valorem sponsaliorum requisita, est, quòd promissio, & repromissio aliquo exteriori signo manifestetur; quia contractus quilibet humanus ità postulat; cùm homines cognoscant duntaxat ea, quæ apparent, & cor soli Deo notum sit; aliquod ergo signum exterius requiritur, quod significet sive de se, sive ex consuetudine. Et quidem quoad forum conscientiæ, ut inducat obligationem, sufficit, quòd fuerit factum animo significandi mutuam obligationem, quamvis fortè in se sit incertum, & non sufficienter significans: si tamen apud sponsos significans fuerit, & animo contrahendi fuerit factum, obligationem parit in conscientiæ foro. Dico: in conscientiæ foro; quia forum externum judicat juxta allegata, & exteriùs prolata, & probata. Cùm autem hæc signa quandoquè sint obscura, dubia, & incerta; tunc ad examen vocanda est intentio illius, qui tale signum dedit, & juxta conscientiam, quam habuit, judicandum. Imò plerumque apud nobiles etiam silentium puellæ verecundæ coram genitoribus, aut tutoribus, aut aliis, curam ejus gerentibus, sponsalia cum aliquo juvene æquali contrahentibus, & pro puella respondentibus, ipsaque hilari facie tacente, habetur ut signum sufficiens assensus ejusdem. In re tanti momenti procurandum est, ut puella in plena libertate constituta expresè dicat, àn velit; qui multoties silent non tàm ob verecundiam, quàm ob metum; & ideo debent constitui in plena libertate, & coràm personis, nullam formidinem incutientibus.

XVII. Ultima conditio ad valorem sponsaliorum est habilitas personarum, sponsalia celebrantium. Prima inhabilitas est naturalis, nempè, amentia, ebrietas completa, ætas ante usum rationis, qui in Jure ante septennium completum non admittitur: si tamen in raro casu certò constaret, aliquem etiam ante septennium usu rationis donatum, & sponsalia contraxisse, essent valida; putarem tamen arbitrio prudentis judicis rescindibilia, nisi rata haberentur opportuniori ætate: quemadmodùm ab opposito valida non essent habenda etiam post septennium, si certò constaret, septennio majorem nondum habere rationis usum. Certum est, quòd contracta in hac puerili ætate remaneat infirma; & quamvis ab illis resilire non possint ante pubertatem, suspenduntur tamen, quousquè, adve-

niente pubertatis ætate, vel illa rata habeant, vel illa rescindant; cùm eis concedatur à Jure facultas rescindendi in capite *De illis*, & in capite *A nobis* de sponsalibus impuberum. Si autem ante pubertatem sponsalia juramento firmassent; ut licitè resiliant, petenda esset relaxatio juramenti, juxta superiùs dicta cum S. Thoma. Qui verò in pubertate consistens sponsalia iniisset cum impubere, non posset recedere à contractu, nisi expectata pubertate alterius, & deliberatione, àn resilire velit: quòd si dissolutioni dissentiat, pubes ille stare compellitur juxta communem; quia privilegium Juris concessum est in favorem impuberis.

XVIII. Alia est inhabilitas legalis, seu ex aliquo impedimento, quod dirimeret matrimonium, si celebraretur: quamobrèm, qui contrahit sponsalia absolutè cum impedimento, dirimente matrimonium, (de quo infrà) invalidè contrahit; quia, cùm matrimonium validum non foret, etiam promissio absoluta de eodem ineundo valida esse nequit. Imò invalida sunt absolutè contracta, etiam cum impedimento duntaxat impediente; (de quo etiam infrà) eò quòd, cùm non possint sine peccato gravi contrahi matrimonium; neque potest absque peccato absolutè promitti: promissio autem de re graviter illicita, nulla est. Dixi hactenùs de promissione absoluta; nàm de conditionata dicetur in §. 3.

§. II. *De effectibus Sponsaliorum validorum.*

I. Effectus sponsaliorum validorum sunt tres: primus obligatio contrahendi matrimonium tempore congruo: secundus inducere impedimentum dirimens matrimonium, si celebretur; cum conjunctis sponsi in primo gradu, nempè, ne sponsus validè ducere possit sororem, aut matrem, aut filiam sponsæ; & vicissim ne sponsa validè ducere possit fratrem, patrem, aut filium sponsi: quod impedimentum dicitur publicæ honestatis, de quo suo loco: tertius est afferre jus ad rem, nota benè, non in re, sed ad rem, erga corpus alterius sponsi; ex quo sequitur, quòd, si alter sponsorum carnaliter peccet cum altera persona, graviter violet nedum castitatem, verùm etiam justitiam; quia, qui promisit alteri, puta Petro, aliquam rem, non potest, salva justitia, illam alteri ad usum concedere; prop-

ter-

tereà est circunstantia in confessione exponenda.

II. Consultò notavi, quòd in vi sponsaliorum sponsi tradunt sibi invicem jus ad
rem in proprium corpus, & non jus in re,
quod duntaxat traditur ineundo matrimonium : ut indè inferas, quàm manifestè à veritate aberrent recentiores illi, qui sponsis,
nondum matrimonio conjunctis, permittunt,
absque mortali piaculo, quasdam actiones,
nempè, oscula, amplexus, tactus ex se non
admodùm turpes, quamvis affectu venereo;
quæ omnia non nisi habentibus jus in re convenire possunt, & nullo modo habentibus
duntaxat merum jus ad rem : quamvis enim
actus illi non sint ipsa copula, sunt tamen
actus, quibus exercetur jus in re imperfectum, & incompletum, quod jus in re sponsi merè promissi nullo modo habent; & proinde peccant lethaliter præfatos actus exercendo affectu venereo. Exempla patent in
aliis contractibus promissionis, & in aliis personis, solo jure ad rem gaudentibus. Electo
ad beneficium, quia habet solum jus ad rem,
nemo unquam concedet rebus beneficii aliquo modo, neque pro parte uti, antequam
habeat jus in re per collationem, & possesio-
nem. Promittit hoc anno quis promissione
acceptata vendere agrum Petro anno venturo, acquirit Petrus jus ad rem in agrum illum, ita ut alteri neque vendi, neque promitti possit : non potest tamen Petrus quidquam ex agro illo percipere, antequam, acquisito jure in re, agrum illum possideat,
& ità in aliis sexcentis. Quomodò igitur poterunt licitè sponsi actus indicatos in propria
invicem corpora exercere non adhuc habentes inter se invicem jus in re, sed duntaxat
ad rem ? Quomodò poterit Confessarius illos
actus eisdem permittere, absque gravi piaculo ? Excusabit ne illum ignorantia distinc-
tionis, & diversitatis quam afferunt jus in re,
& jus ad rem ? viderit ipse.

✠ Quæres, àn saltem licita sint oscula,
tactus, & amplexus inter sponsos futuros, si
absit periculum pollutionis, & delectationis
venereæ, solaque adsit delectatio sensibilis ?

R. Affirmant non pauci. Verùm opinio
hæc est omnino improbanda, utpote à veritate admodùm aliena. Ratio evidens est,
quippè sponsalia nullum planè jus præbent
ad talia peragenda. Exceptio autem periculi delectationis venereæ chimerica prorsus
est, & fictitia. Hæc sanè in praxi tenenda
sententia est, rejectis penitùs aliorum pla-

citis ; nihilque omnino à pio & prudenti
Confessario sponsis unquam permittendum,
ut à periculo innumera lethalia perpetrandi
arceantur.

§. III. *De Sponsalibus conditionatis.*

I. Sanct. Thomas, quæst. 43. Supplementi art. 1. circa sponsalia conditionata hanc tradit regulam : *Si fiat dicta
promissio sub conditione, distinguendum
est : aut est conditio honesta, ut cùm dicitur ;* accipiam te, si parentibus placet ; *&
tunc, stante conditione, stat promissio ; &
non stante, non stat : aut est inhonesta, &
hoc dupliciter; quia aut est contra bona matrimonii, ut ss dicam :* accipiam te, si venenum sterilitatis procures; *& tunc non
contrahuntur sponsalia; aut non est contraria bonis matrimonii, ut :* accipiam te, si
furtis meis consentias; *& tunc stat promissio, sed tollenda est conditio.* Quando igitur
apponitur conditio privata, non opposita bonis matrimonii, non est exequenda, & ità
corruunt sponsalia; si autem ponatur, revera transeunt de conditionatis in absoluta, &
tenent, ut docuit Angelicus.

D. Thomas, ut perspicuè constat ex ipsius verbis, ab Auctore relatis *num. præced.*
discrimen assignat, quod intercedit inter
conditionem inhonestam, quæ est contra bona matrimonii, & inter conditionem inhonestam, quæ non est contraria bonis matrimonii : asseritque, non contrahi quidem
sponsalia, si ipsis apponatur conditio primi
generis, nempè, quæ sit contra bona matrimonii; stare verò promissionem, subdit, si
apponatur conditio secundi generis, nimirùm,
quæ non sit contraria bonis matrimonii, do-
cetque, solùm in tali casu inhonestam conditionem esse auferendam. Juxta mentem igitur
S. D. quamvis conditio inhonesta non sit exequenda, attamen ratione illius non corruunt,
seu irrita non redduntur sponsalia, sed subsistunt. Et hanc sententiam ferè communiter
tùm Theologi, cùm Canonistæ amplexati
sunt. Docent quippè, conditiones turpes,
quæ matrimonii substantiam non inficiunt, non
secùs ac conditiones impossibiles, de quibus
Auctor *num. seq.* disserit, pro non adjectis
haberi, & sponsalia rata consistere, ac si
absque illis fuissent contracta ; & ad id evincendum adferunt legem Gregorii ix. in cap.
Finali de condit. apposit. quam *num. seq.*
citat Auctor ; quamque infrà, nempè, §. 6.
num.

num. 8. de verbo ad verbum excribit : etsi namque in illa loquatur solummodò Pontifex de contractu matrimoniali , attamen jure meritòque & ad sponsalia illam extendunt ; etenim , cùm sponsalia sint via ad matrimonium, idem favor est pro illis , ac pro isto : & cùm matrimonii sint initium , quod de illo sancitum deprehenditur , etiam de istis , nempè sponsalibus, censetur dispositum. Itaquè conditiones turpes , quæ bonis matrimonii non opponuntur, quia sunt contra bonos mores & ad scelera viam aperiunt, rejiciuntur , & pro non adjectis habentur , & sponsalia subsistunt , ac si non essent appositæ.

Diximus, Theologos, & Canonistas ferè communiter sententiam hanc fuisse amplexatos ; quia sunt , qui sentiunt , in tali casu perpendendam esse intentionem contrahentis. Quare , inquiunt , si quis contrahat sponsalia cum Berta , v. gr. sub hac turpi conditione , ut sibi copiam faciat sui corporis , & constet , ipsi animum fuisse huic turpi conditioni suum consensum, suamque promissionem alligandi , non tenetur in foro conscientiæ , nisi illa secuta. Lege Salmanticenses *tract. 9. de matrimon. cap. 7. punct. 6. num. 104.*

II. Aliquando inter se invicem promittentes apponunt conditiones imposibiles , puta , si digito tangas cœlum , si per aëra volaveris , promitto &c. , si hæ apponantur joci , & risus gratia , ut plerumque fieri solet , ad ostendendum potiùs animum à promittendo alienum ; patet , quòd nullum efficiant contractum : si autem animo verò promittendi fiant , quamvis joci causa dicantur, verè in foro conscientiæ contractum non impediunt ; & etiam in foro fori , si ex conjecturis probetur, animum promittendi adfuisse, quia ex capite *Finali* hujusmodi conditiones *habentur pro non appositis.*

III. Quando conditio est de futuro , si altera partium procuret, ne sequatur conditio ; qui hanc fraudem committit , tenetur stare contractui , si ex ipsius opera conditio non sequatur , posito , quòd altera pars stare velit ; quia fraus nemini suffragari debet ex regula Juris 162. Altera autem pars innocens remanet libera ; & juxta plures, cognita fraude procurantis impedire , potest promittere, & nubere alteri ; quia data opera studens impedire executionem conditionis , manifestat, se renuntiasse fidei datæ, quam apertè frangit, procurans impedire effectum.

IV. Hinc infertur , illum , qui conditio-

natè promisit uni , dicendo , v. gr. si hæres fias avunculi ; & deinde sub conditione etiam promittit alteri , invalidè & illicitè promisit huic secundæ : & quamvis conditio apposita in secunda promissione effectum habeat , tenetur stare primæ , & spectare executionem primæ conditionis ; cùm secunda promissio sit apertè injuriosa , & injusta, eò quòd fides, obligata primæ, nequeat obligari alteri. Quòd si cum secunda matrimonium ineat , graviter quidem peccat , sed matrimonium tenet ; cùm anterior promissio tantùm quoad licitum impediat , & non dirimat matrimonium subsequens, ut dicetur suo loco.

V. Quando sponsalia conditionata , purificata jam conditione , transeunt in absoluta , juxta communiorem , & probabiliorem cum Paludano in 4. dist. 29. quæst. 2. art. 4. Navarro in Enchiridio cap. 22. num. 62. & aliis , non requiritur novus consensus ; quia sponsi jam pro eo tempore purificatæ conditionis se obligarunt , & obligare voluerunt : unde , non retractato anteriore consensu , jam perseverat , & transit in absolutum. Dixi : non retractato consensu ; quia , si fortè retractatus fuisset, cùm jam peccaverit graviter , qui sine causa retractavit , tenetur novum interiorem elicere, ad valorem contractus requisitum. P. Gobat numer. 278. dicit , quòd , si , antequam purificetur conditio , sponsi se invicem carnaliter cognoscant, juxta stylum Curiarum Episcopalium Ratisbonæ , Augustæ, & Constantiæ , hic actus efficit sponsalia absoluta , quamvis graviter illicitus : quia manifestat animum absolutum reciprocè se volendi in conjuges.

VI. Conditio , quæ apponi solet , & debet inter habentes impedimentum dirimens matrimonium , *si Pontifex dispensaverit* , & revera habeant animum petendi dispensationem , sitque petitio impedimenti , dispensari consueti , quando conditio purificatur , àn transeant in absoluta absque novo consensu disputant graves Theologi. Probabilior mihi est negans, require novum assensum, nisi fuerit anterior retractatus ; quia , quamvis sibi spoponderint dùm essent inhabiles, censentur habuisse tunc voluntatem se obligandi, quamprimùm potuissent ; quæ voluntas , nisi retractetur , perseverat , quousquè , consecuta dispensatione, evadit absoluta : & ideo tenetur utraque pars expectare eventum dispensationis, eamque procurare , prout convenere, nem-

nempè, ut vel sponsus, vel sponsa, vel uterque pro dimidio, vel alio modo inter se pacto, illam procurent. Dixi, quòd sit impedimentum dispensari consuetum respectivè ad personas, dispensationem petentes; si enim esset ex illis, quæ aut nunquam dispensari consueverunt, aut non cum talibus personis, jam esset de conditione moraliter impossibili, & nulla esset promissio; cùm habenda esset ut conditio non apposita.

VII. Conditio, si genitores, genitor, avus, tutor &c. consenserint, cùm multis modis possit poni, atque in varios sensus explicari, proptereà examinanda est intentio promittentium. Si enim intellexerint, ut pater &c. assentiatur, & non ampliùs dissentiat, ità, & non alio modo, erit purificanda conditio: undè patre, &c. ultimo & firmiter dissentiente, cadet contractus, etiamsi semel anteà consenserit. Si intellexerint, dummodò pater assentiatur, id est, semel obtento assensu patris, quamvis posteà forte dissentiat; semel habito, transibunt sponsalia in absoluta. Si intellexerint de consensu etiam tacito, id est, patre non contradicente, quamvis ægro animo, ità purificabitur conditio. Quando autem ità dicunt, nulla facta intentione super qualitate assensus patris, & duntaxat dixerint, si pater assentiatur, abstrahendo ab aliis circunstantiis; videtur, quòd, quamvis priùs assenserit, si deinde dissentiat, non purificetur conditio; quia posterior dissensus tollit primum assensum. At quid, si, antequam pater assensum explicet, vel neget, morte corripiatur? Multi dicunt renovanda sponsalia; multi negant: ratio illorum est; quia valor promissionis pendebat ab assensu, qui nunquam fuit præstitus: ratio istorum; quia conditio illa erat in reverentiam patris: hoc igitur sublato, promissio transit in absolutam. Meliùs dicunt alii, quòd, si promittentes verè se diligant, jam statim assensum renovabunt: si autem alter renuat, ad quid velle contrahere cum persona reluctante, minùsque diligente? At dices, àn possit renuentem compellere ad standum promissioni? Respondeo, quòd judex sustinens primam opinionem, non compellet; sicut compellet tenens secundam. Iterùm repones mihi: at tu quod consilium dares? Consiliarer, ut renuentem rejiciat; stultissimum quippè est, velle toto vitæ decursu commorari cum conjuge renuente.

VIII. Conditio demum illa, plebejis consueta: te accipiam, si Deo placuerit, vim

habet juxta animum illam proferentis; si enim id expresserit, quasi significando absolutam promissionem suo tempore nubendi jam est promissio absoluta: si autem id expresserit, præscindendo ab omni obligatione, sed animo ostendendi duntaxat propositum firmum ipsi nubendi; jam non est promissio: & reverà videtur significare, se nupturum, si ejus negotia permiserint: si sibi utile videbitur: si statum meliorem non elegerit &c. & proptereà non esse promissionem. Vide Sanchez lib. 5. de Matrimon. disp. 7.

§. IV. *De requisitis ad licitè contrahenda Sponsalia.*

I. POst constitutas conditiones, requisitas ad valorem sponsaliorum, superest ut breviter videantur requisita ad licitam celebrationem eorumdem: & primò quidem, ne contrahantur inconsultis genitoribus, aut aliis majoribus, ad quos spectat cura filii, vel filiæ: & proculdubiò hi mortaliter peccant, si, inconsultis his majoribus, sponsalia absolutè contrahant; quandoquidem sit omissio gravis in re maximi momenti reverentiæ debitæ præfatis majoribus; quæ reverentia est unum ex tribus, quæ filii tenentur exhibere genitoribus, aliisque personis, genitorum vicem gerentibus: secus dicendum esset, si promissio esset duntaxat conditionata, si genitores contenti erunt; in hoc enim casu tenebitur filius, aut filia quamprimùm commonere parentes, ut videant, àn expediat, ne longo silentio promissionem, quamvis conditionatam occultans, reciprocus amor eo magis inflammetur; & deinde resistant parentibus, forte dissentientibus, cum non levi familiarum perturbatione &c.

De sponsalibus, & matrimoniis, quæ à filiis familias contrahuntur, parentibus insciis, vel justè invitis, legatur *Dissertatio Theologico-Legalis* Francisci Mariæ Muscettulæ Archiepiscopi Rossanensis. In ea inquirit. 1. An filiifamilias, contrahentes matrimonium, alioquin honestum, parentibus inconsultis, vel invitis, mortaliter peccent? 2. Quid præcipuè sentiendum sit, si filii contrahant, invitis parentibus, cum persona indigna? 3. An Episcopi, cæterique Prælati, ad quos spectat, possint favere filiis, indigna matrimonia inire contendentibus; & in specie, àn licitè valeant dispensare super denuntiationibus, à *Sac. Concil. Trid.* præscriptis; & àn potiùs possint,

ac

ac debeant præfata matrimonia etiam Juris remediis pro viribus impedire? 4. Utrùm permittendum sit filiisfamilias inire matrimonia cum persona, cùm qua præcesserunt sponsalia, juramento firmata? 5. Utrùm, si sponsalibus additum fuerit stuprum, teneatur filiusfamilias ducere fœminam, aliàs indignam, non obstante scandalo, atque injuria parentum, seu consanguineorum? Has omnes difficultates ipse examini subjicit, atque discutit. Huic Dissertationi, editæ Neapol. 1742. præter ejusdem Rossanensis *Appendiculam Italicam*, quæ ad calcem visitur, accesere ab aliena manu 1. locis quampluribus *Adnotationes* 2. *Mantissa de sponsalibus filiorumfamilias.* 3. *Diatribæ duæ* 4. *Additamenta.* 5. *Auctarium monumentorum.* Consulat igitur unusquisque hanc Dissertationem, cùm casus aliquis, ad hanc materiam spectans, occurrerit.

II. Laudabile etiam est, habito parentum consensu, celebrare sponsalia coram testibus idoneis, ut facilius arceantur prætextus, qui ab inconstantia contrahentium aliquando proficiscuntur. Debent autem sponsi inter se invicem ità se gerere, ut neque cognitione, neque verbo, neque opere quidquam committant, quod honestatem, castitatemque christianam dedeceat: & quia humana fragilitas, ad malum prona, in personis præcipuè in hujusmodi statu constitutis, sibi non rarò usurpat, quæ Deum graviter offendunt, ut indicavimus in §. 2. num. 2. proptereà sollicitè curandum est genitoribus, aut aliis, sponsorum curam habentibus, ne sponsi unquam soli relinquantur, ut cuivis indecentiæ securiùs præcludatur aditus: ne illicita perpetrantes, indigni reddantur illis gratiæ auxiliis, necessariis, ut connubium deinde celebrandum optimum finem consequatur.

§. V. *De dissolutione Sponsaliorum.*

I. PRima causa disolvendi sponsalia est mutuus, & planè liber utriusque sponsi consensus; cùm uterque possit cedere juri suo: & id verùm est, etiamsi fuissent juramento firmata; nàm, cùm sit juramentum promissorium futuri matrimonii, semper intelligitur factum, nisi promissarius remittat. Intellige tamen, dummodò ambo sint in statu pubertatis; si enim ambo sint impuberes, aut alter eorum, juxta superiùs dicta, expectandum est, quousquè adveniat ætas pubertatis utriusque, in qua aut ratam habeant, aut rescindant promissionem, ante pubertatem factam.

II. Secunda causa est notabilis mutatio, sponsalibus superveniens, quæ si anteà extitisset, sponsalia inita non fuissent, & proinde inita fuere, rebus extàntibus prout erant, vel saltem non notabiliter mutatis; hæc namque communiter censetur intentio promittentium. Proptereà, si superveniat notabilis deformitas in corpore; si infirmitas diuturna, & molesta, aut contagiosa; si infamia, aut paupertas, aut defectus dotis promissæ; aut hæresis; aut magna morum mutatio in deterius; aut gravis inimicitia inter sponsos, vel sponsorum consanguineos; aut corruptio sponsæ, quamvis violenta; aut quidpiam simile; potest altera pars resilire à contractu, quia ad hos casus non se extendit promissio. Imò, si aliquod horum extiterit etiam ante promissionem, sed fuerit callidè occultatum, ne impediretur promissio, & deinde post contracta sponsalia detegatur; quia eodem modo supervenire censetur, quod anteà dolosè latuerat; & in Jure perinde habetur aliquid noviter supervenire, ac cùm primùm innotescit dolosè occultatum, proptereà est motivum dissolvendi. Undè, si sponsa putabatur aut legitima, aut nobilis, aut virgo, aut dives, idque occultatum fuerit, & deinde detegatur aut spuria, vel naturalis, aut ignobilis, aut pauper, aut corrupta, altera pars justè resilire potest: ex leg. 5. Codic. de sponsalib. Imò, si altera partium contrahat cum defectu occulto, qui redditurus sit matrimonium notabiliter onerosum, & incommodum, peccat graviter, nisi illum revelet; quia in re notabili decipit alteram partem.

III. Tertia causa est, si ex matrimonio promisso mali eventus prudenter timeantur, qui non fuerint prævisi, nempe, scandala, inimicitiæ &c. cùm enim celebratio matrimonii tunc evadat illicita, nisi remediis congruis provideri possit; ruit etiam obligatio ad illud celebrandum.

IV. Quarta causa est fornicatio alterius sponsorum; innocens enim tunc resilire potest, quamvis sponsalia fuerint jurata, ex capite 25. *de jurejurando*; quia præterquam quod interveniat notabilis mutatio, promissio facta censetur sub hac conditione, ut nihil committatur contra legem sponsaliorum; quæ nam enim fidelitas sperari potest in marito, vel uxore, qui, vel quæ, etiam ante matrimonium, fidem non servat? A multis exten-

di-

ditur facultas resiliendi in sponso, si sibi certò innotuerit, sponsam permisisse etiam solùm se impudicè tangi ab alio; quemadmodùm facultas resiliendi in sponsa, si sibi innotuerit, sponsum pluries in hanc turpitudinem incidisse cum altera.

V. Quinta causa est professio alterius sponsorum in approbata Religione; quia vel ex implicito hujus contractus consensu, vel ex Ecclesiæ dispositione intelligitur conditio: nisi statum Religionis elegero: idque extenditur etiam ad sincerum ingressum Religionis; neque tenetur altera pars, in seculo remanens, expectare professionem alterius in Religione; tùm quia ex modo se gerendi partis ingressæ jam declaravit, se resilire à sponsalibus; tùm quia grave admodùm esset spectare per integrum annum. Attamen, si Religionem ingressus non profiteatur, sed ad seculum revertatur, tenetur ad petitionem partis relictæ stare sponsalibus. Hæc autem libertas ingrediendi Religionem non tollitur per juramentum, quo fortè fuerunt sponsalia confirmata; quia juramentum non mutat naturam hujus promissionis. Videtur huic doctrinæ obesse responsum quoddam Alexandri III. in cap. *Commissum* de sponsalibus, in quo dicitur, esse tutius, religione jaramenti servata, priùs contrahere, & posteà, si elegerit, ad Religionem migrare; sed respondet Sotus in 4. dist. 27. quæst. 2. art. 5. Quod servare juramentum sit tutius secundùm vulgi opinionem, non secundùm rei veritatem; ne ille ingrediens ab idiotis censeatur agere contra juramentum. Item, si parti relictæ grave oriretur incommodum, puta, infamia & tunc enim charitas obstringeret ad prius celebrandum matrimonium; &, eo non consummato, Religionem ingredi; ut suo loco videbitur.

VI. Quod dictum est de ingressu Religionis, affirmatur etiam de voto ingrediendi Religionem; cum enim ipse ingressus sit licitus, cur erit illicitum votum ingrediendi? salvo semper, ne damnum grave immineat parti relictæ, vel relinquendæ. Non tamen, eo ipso quòd votum emittitur, dissolvuntur sponsalia, sed quousquè adimpleatur per ingressum; quia, cùm possit evenire, quòd vel ab illa Religione, de qua vovit, non recipiatur; vel quòd à nulla alia, si in communi voverit, admittatur; his evenientibus, obligabitur stare promisso.

VII. Si quis autem, factis sponsalibus, sponsam defloravit, & deinde Religionem

voverit, non potest Religionem ingredi, relicta sponsa; quia tunc votum esset injustum, graviterque injuriosum defloratæ, quæ, alteri nubendo, cum suo gravi dedecore deflorata inveniretur. Nec proppereà putes, votum esse invalidum; remanet enim validum, sed suspendiur ejus executio; ad quam tenebitur, si vel fortè dissolvantur sponsalia, aut sponsa moriatur ante maritum; qui tunc vel dispensationem petet, si se imparem oneribus Religionis sustinendis dubitet, vel eamdem ingredi tenebitur. Idem dicendum, etiamsi emisisset votum Religionis, antequam puellæ, votum ignoranti, promittat, eamdemque defloret; ob eamdem rationem. Quod probatur etiam à pari; nàm, qui vovit Religionem, & post votum ære alieno gravatur, & potest, differendo ingressum etiam ad non breve tempus, creditoribus satisfacere, tenetur juxta omnes remanere in seculo, quousquè debita solvat; ità in casu nostro suspenditur executio voti, donec uxór vivat. Sed consultius est petere à Sac. Pœnitentiaria voti commutationem, vel dispensationem, exponendo sincerè petitionis motivum. Dixi: puellæ ingnoranti votum; nàm si ipsi innotecebat, non fuit decepta; sed seipsam decipere voluit.

VIII. Acriter disputant Theologi, àn etiam votum suscipiendi Ordinem Sacrum dissolvat sponsalia. Nobis, Angelicum sequentibus, cum Cajetano, Sylvestro, Soto, Petro de Ledesma, Vasquez, Suarez, & aliis dicendum est, dissolvi, (salvo semper injusto gravamine sponsæ, jam explicato) quia promissio ponsalis semper hanc reservationem includit, nisi meliorem statum elegero: & quamvis Jus canonicum id affirmet, & applicet ad statum Religionis; cùm tamen ratio omninò eadem sit status Religionis, & status Ordinis Sacri Ecclesiastici, nempè, Deo serviendi in statu solemni castitatis, & Ecclesiæ obsequio perpetuò se mancipandi; idcircò &c. Non sine causa diximus, ità esse affirmandum à sequentibus S. Thom. qui q. 53. Suppl. art. 1. ad 1. docet, quòd *propter votum simplex* castitatis *sint sponsalia dirimenda*; proinde à fortiori etiam propter votum suscipiendi Ordinis Sacri; quod præter perpetuam obligationem castitatis, inducit perpetuum vinculum Deo, & Ecclesiæ inserviendi: & ità tenent Cajetanus, Sotus: Vazquez, Suarez, •Henriquez, Pontius, Aversa, & alii, ab hoc citati q. 7. sect. 2. ob eamdem rationem allatam,

Nn 2   tam,

tam , nempè , status melioris Deo vacandi.

IX. Puto tamen cum aliquibus, tàm respectu voti Ordinis, quàm perpetuæ castitatis, addendas esse sequentes limitationes: prima est , nisi sponsalia fuerint publicè contracta; quia tunc moraliter impossibile esset , amovere scandalum pusillorum. Secunda, id esse verum pro foro conscientiæ tantùm; nàm , si in foro externo obligaretur à judice ad standum promisso, proculdubiò parendum esset. Tertia, ut vota illa emittantur sincero animo Deo in meliori statu vacandi; nàm , si emitterentur alio quovis fine, neque pro conscientiæ foro solverentur sponsalia. Quarta , ut omnia fiant semoto undequaquè scandalo; quòd si prævideatur certò moraliter secuturum, in nullo foro solverentur sponsalia. Qui autem post emissum votum castitatis obligatur ad matrimonium contrahendum, licitè quidem reddere debitum potest, non tamen licitè petere, nisi priùs dispensatione obtenta ab habente facultatem dispensandi : insuper , juxta omnes, etiamsi dispensetur ad petendum debitum, toties peccat contra votum, quoties aliquod peccatum contra castitatem committit extra matrimonium , in confessione exponendum : tandèm , si conjux moriatur , reviviscit votum , ità ut nubere iterum licitè nequeat, nisi obtenta nova à voto dispensatione, quæ semper cum modò dictis limitationibus concedi solet. Certum est item apud omnes , quòd votum sive simplex castitatis, sive suscipiendi Sacros Ordines , sive Religionis ingrediendæ præcedens sponsalia , eadem irritat, ex capite *Qui Clerici vel voventes &c.*

. X. Sexta causa, & quidem graviter peccaminosa, resiliendi à sponsalibus, est impedimentum dirimens, culpabiliter positum, nempè, affinitas carnalis cum sponsa , orta ex copula habita cum consanguinea sponsi, vel sponsæ in primo, aut secundo gradu ; quia, cùm talis affinitas dirimat matrimonium, illudque irritet, si celebretur; dirimit etiam sponsalia contracta, ut licitè resiliri possit à matrimonio promisso contrahendo , nisi obtenta priùs à S. Sede dispensatione ; quàm dispensationem sponsus reus sumptibus ordinariis, & moderatis procurare tenetur , si altera pars adhuc insisteret ; eò quòd non debeat sponsus infidelis reportare libertatem à vinculo ex duplici iniquitate sua: si autem sponsam deflorasset, & , quod magis est , etiam prægnantem fecisset, proculdubiò tenetur etiam magnis impensis procurare dispensatio-

nem, ad infamiam sponsæ evitandam. Cognatio item aut spiritualis , aut legalis sponsalibus superveniens, (de quibus infrà in impedimento cognationis) sponsalia dirimit, quemadmodùm dirimit matrimonium, ne licitè, & validè ampliùs contrahi possit, nisi obtenta à S. Sede dispensatione: unde circa debitum procurandi hanc dispensationem , resolvendum est ratione habita admodò asserta.

XI. Septima causa est matrimonium, cum alia persona contractum, quamvis illicitè, utpotè celebratum cum gravi injuria partis, quæ fuit derelicta, eò quòd sponsalia erant obstaculum impediens , ne cum alia persona contraheretur : unde remanet validum , sed fuit cum gravi peccato celebratum ; matrimonium enim est vinculum fortius , quàm vinculum sponsaliorum : ità ex capite *Sicut ex litteris* , & ex cap. *Si verum* de sponsalibus, & in cap. *De sponsa duorum.*

XII. Interrogabis : quid dicendum , si uxor illa ità injuriosè accepta moriatur ante sponsam illam anteriorem derelictam , quæ perseveret in anteriori animo , & intentione ; tenebitur ne homo ille , vel mulier illa ducere derelictam , vel derelictum ? Ità planè dicendum cum pluribus apud Sanchez lib. 1. disp. 82. tùm quia fuit suspensa , & non annullata obligatio ex parte personæ nocentis ; tùm quia nullum Jus afferri potest, declarans, sponsalia prima fuisse extincta ; tùm denique, quia non debet reus reportare utilitatem libertatis ex iniquitate sua. Decipiuntur itaque , qui oppositum docent , putantes anteriorem obligationem extinctam, cùm nullum Jus positivum afferri possit ; & alioquin ità petat Jus naturale exemplo obvio demonstratur in vendente equum Petro , quem eidem non tradidit ; & deinde vendente , & tradente illum equum Paulo , qui certè fit dominus equi , stante traditione ejusdem ipsi facta : nihilominùs, si equus ille aliquo casu redeat ad venditorem, quis unquam ambiget, posse Petrum compellere venditorem illum ad sibi tradendum equum ? ità in casu nostro. Porrò nemo dubitat , quòd infidelis sponsus , matrimonium iniens cum altera , teneatur sponsam derelictam in casu deflorationis , aut prægnationis, meliori quo potest fieri modo compensare, sive illam dotando , sive alio modo eidem providendo.

✠ Quemadmodùm certum est apud omnes, prioribus sponsalibus de futuro derogare posteriora sponsalia de præsenti, seu ipsum

sum

sum matrimonium ratum, cum alio, vel alia initum; ità extrà dubium omne versatur, sponsalia, legitimè contracta cum una vel uno, non dissolvi per sponsalia de futuro, postea contracta cum alia vel alio; cùm hæc posteriora, utpote contra fidem priorem celebrata omni Jure, omniumque consensu irrita sint, & nulla. Et hoc verum est, etiamsi posteriora sponsalia vel juramento firmata sint, vel solemniter v. g. coram Parocho, & testibus fuerint celebrata. Specialis autem examini subjicitur difficultas, àn priora sponsalia irrita remaneant, & nulla, si secundis sponsalibus carnalis copula accesserit. Circa hanc dissident Auctores. Quod veritati magis consonum nobis apparet, paucis ob oculos ponimus. Priora sponsalia legitimè contracta non disolvuntur per alia sponsalia posteriora, quamvis non prioribus, sed solummodò posterioribus accesserit carnalis copula, & etiamsi pars illa, cum qua posteriora sponsalia inita fuerunt, ignara fuerit priorum sponsalium, & consequenter fuerit decepta: unde adhuc subsistunt priora sponsalia, & posteriora irrita remanent, & nulla. Ratio est; quia copula non addit robur actui, qui de se nullus est, & irritus: cùm ergo jus priorum sponsalium nequeat tolli per secunda sponsalia injustè inita, neque etiam poterunt tolli per adjunctam copulam: atque ideo adhuc sponsus tenebitur ad contrahendum matrimonium cum priore sponsa.

Existimant tamen nonnulli, debere sponsum ducere secundam, si hæc ignara fuerit priorum sponsalium, & ex copula habita ipsi gravia damna infamiæ, vilitatis, &c. timeantur solo matrimonio reparanda, priori autem sponsæ nullum vel exiguum incommodum obventurum sit; addunæque, hanc in tali casu teneri ex charitate relaxare obligationem sponsi. Legantur P. Patritius Sporer *Theol. Sacr. p. 4. c. 1. sect. 2. sub sect. De causis justis dissolvendi sponsalia* §. 3. n. 2. P. Carolus Renatus Billuart. 3. p. tract. de Matrim. dissert. 2. de Sponsal. art. 5. & Petrus Collet *Iustit. Theol. tom. 5. tract. de Matrim. cap. 3. de Sponsal.* qui suso calamo difficultatem hanc discutiunt.

XIII. Octava causa, dissolvens sponsalia, est recessus alterius partis, quæ non vult stare contractui, & quidem, si absque justo motivo, peccaminosa graviter; tunc altera pars, si velit, justè recedit: si autem nolit, potest justè compellere ad observandum promissum, sed hoc nemini consulendum, eò quòd

matrimonia, ità inita, plerumque multorum inconvenientium sint foecunda. Hujusmodi autem recessus multotiès, quamvis non expressè, implicitè variis modis significatur.

XIV. Et primo, inducendo nonam causam, quæ contingit, si sponsus proficiscatur in regionem longinquam, eò domicilium translaturus ignorante, aut invita sponsa: ità ex declaratione Alexandri III. in rescripto ad Archiepiscopum Panormitanum in capit. *De illis* de sponsalibus, & matrim. *Dè illis autem, qui, præstito juramento, promittunt se aliquas mulieres ducturos, & postea, eis incognitis, dimittunt terram, se ad partes alias transferentes; hoc tibi volumus innotescere, quòd liberum erit mulieribus ipsis, si non est ampliùs in facto processum, ad alia se vota transferre.* Si igitur hoc declarat Pontifex, non obstante juramento, sponsalibus adjecto, multo magis verum erit de sponsalibus nudis. Peccat itaque graviter qui ità se gerit; & alter relictus, si voluerit, potest alia sponsalia celebrare. Excipiendus est casus justæ causæ longi, & diuturni itineris suscipiendi animo redeundi, quæ debet manifestari sponsæ, & hæc expectare tenetur, donec sponsus negotia necessaria perficiat, & revertatur; ex lege *Sæpè* ff. de sponsalibus: Si tamen nimis longa futura esset temporis mora, ut valdè notabile incommodum oriatur sponsæ expectanti, aut grande incontinentiæ periculum, aut quidpiam aliud, gravi molestia illam afficiens; putarem, quòd, hac notabili mutatione emergente, in contrahendis sponsalibus non prævisa, justè posset sponsa licentiam à sponso petere, & se in pristinam libertatem vendicare: quòd si sponsus nollet libertatem petitam concedere, posset illa coram judice causam instituere, & tunc stare decisioni judicis. Verum quidem est, in lege 2. Codicis de sponsalibus, & in lege 2. Codicis de repudiis concedi sponso ob causam voluntariam, tamen justam, tempus bienni intra Provinciam, & trienni extra Provinciam, ut abesse possit à sponsa; ut proinde videatur, & ipsa teneri hoc tempore expectare: nihilominùs, si ipsa nolit ob justa motiva tandiù expectare, recurrat ad judicem, &, expositis motivis, stet illius judicio.

XV. Alter recessus sponsi, implicitè significatus, fundat decimam causam resiliendi à sponsalibus; & est nimia dilatio ineundi matrimonium: & quidem procul dubio, si tempus celebrandi matrimonii præfixum fuerit eo animo, ut, elapso eo tempore, partes ad primam revertantur libertátem; si autem præfixio temporis constituta fuerit non animo finiendæ obligationis post elapsum terminum, sed duntaxat ad illam exequendam, & ne diutiùs protrahatur; & altera partium dilationes identidem interponat, adeò ut, qui ità differt prudenter judicetur in mora culpabili, præcipuè si pars innocens pluriès institerit; tunc pars innocens, & parata exequi, resilire potest, declarando se rescindere factam promissionem; & poterit inire nova sponsalia cum alia persona; tùm quia id deducitur ex capite *Sicut* de sponsalib. & matrim. tùm quia injustè protrahens jam indicat, se animum mutasse; tùm quia est injusta, & gravis vexatio partis innocentis, mutationem notabilem inducens in materia contractus, quæ materia est animus partis protrahentis, quæque indicat, se transiisse de bene affecta in malè affectam. Si demùm nullus terminus temporis constitutus fuerit, tenentur partes celebrare matrimonium, quando altera earum rationabiliter, & consideratis circunstantiis, prudenter petit: & si alia pars absque justo motivo renuat, postquam semel, & iterum petitio facta fuit, poterit illa, quæ petivit, licitè à sponsalibus recedere; tùm ob rationes modò datas; tùm ob legem 14. ff. de regulis Juris, in quarum una dicitur, quòd in omnibus obligationibus, in quibus dies non ponitur, præsenti die debetur; quod moraliter intelligendum est juxta naturam contractuum: si autem altera pars justum habet motivum differendi, tunc debet & alia expectare aliquo tempore, prudentum arbitrio, attentis circunstantiis rerum & personarum, determinando.

§. VI. *De Matrimonio, prout est contractus, nempè de illius notione, & de requisitis ad illius valorem.*

I. MAtrimonii nomine quatuor significantur: primum ipse contractus, quo contrahentes sibi invicem jus actualiter tradunt in proprium corpus ad prolem generandam; & hoc vocatur matrimonium legitimum. Secundum est ratio sacramenti, à Christo Domino adjecta huic contractui, inter baptizatos inito, habentis vim conferendi gratiam habitualem ipsum dignè celebrantibus; & hoc vocatur matrimonium ratum. Tertium est ipsum vinculum indissolubile remanens in contrahentibus, & inducens obligationem simul cohabitandi, fidem conjugalem servandi, debitum reddendi, prolem educandi, & se invicem in ferendis matrimonii oneribus adjuvandi. Quartum est ipsa copula, à qua denominatur matrimonium consummatum Modò nobis sermo est de matrimonio juxta primam, & tertiam significationem: & definiri potest cum Angelico q. 44. Supplementi a. 3. approbante definitionem Magistri Sententiarum, nempè, quòd matrimonium sit viri, mulierisque conjunctio maritalis inter legitimas personas, ad individuam vitæ consuetudinem retinendam instituta.

II. Conjunctionis nomine significatur vinculum, in conjugibus remanens ex contractu inito; id namque duntaxat est permanens, & perpetuò durans; quandoquidèm tàm actus contrahendi, quàm ratio Sacramenti in illius celebratione, quàm etiam actus consummandi sunt quid transiens, & solùm vinculum perpetuò duret,& quidem consecratum in baptizatis ex vi Sacramenti suscepti. Dicitur conjunctio viri & mulieris; quia non inter alios potest dicta conjunctio verificari, nisi inter personas humanas diversi sexus, cùm sit conjunctio instituta ad humanam speciem propagandam. Dicitur conjunctio non quæcumque, sed maritalis, tùm ad excludendam conjunctionem fornicariam, bonis matrimonii oppositam; tùm præcipuè ad denotandum, quòd sit conjunctio, principaliter maritum afficiens; cùm ex D. Paulo 1. Corinth. 11. vir non sit propter mulierem, sed mulier propter virum; quamvis afficiat etiam minùs principaliter uxorem. Dicitur inter legitimas personas, nempè, habiles ad dictum vinculum subeundum; cùm non omnes habiles sint, ut videbitur suis locis. Dicitur: ad individuam vitæ consuetudinem retinendam; nàm matrimonium est omnino indissolubile, & quidem Jure naturali, ut probat S. D. q. 67. Supplem. art. 1. At quia, ut docet art. 2., non spectat ad primaria legis naturalis præcepta, sed ad secundaria tantùm, quòd matrimonium sit indissolubile; idcirco in aliquibus casibus à Deo dissolutum fuit, ut suo loco videbitur.

III. Primum requisitum ad contractum matrimonii est mutuus amborum contrahentium consensus, quippè quòd sit contractus onerosus, recipocram inducens obligationem, qui consensus explicitè, vel implicitè terminetur ad omnia, quæ communiter intenduntur à fidelibus matrimonium contrahentibus: consensus, inquam, in præfatas obligationes sal-

saltem implicitus. Dixi, requiri ad valorem consensum se obligandi dictis oneribus ; non requiritur autem consensus illa exequendi, qui tamen requiritur, ad licitè contrahendum : undè, qui contraheret animo non implendi etiam unam ex dictis obligationibus, graviter peccaret ; qui verò contraheret animo non se obligandi alicui ex indicatis oneribus intrinsecis, & substantialibus huic contractui, profectò invalidè contraheret ; quia, ut sæpè dictum est variis in locis, voluntas se obligandi est de essentia contractus onerosi.

IV. Debet prætereà hic assensus esse nedum exterior & verbalis ; sed interior & verus, datus cum completa advertentia, & deliberatione, juxta dicta circa sponsalia, & liber ab errore, deceptione aut dolo, & immunis à metu & coactione, juxta dicta de sponsalibus, & iterùm dicenda, dùm de impedimentis erroris & vis disseremus. Debet item esse absolutus & præsens, id est, independens à conditione ulla in futurum exequenda, aut expectanda ; quia ita non haberet vim matrimonii, sed merè sponsaliorum : benè verò, si esset sub conditione præterita, vel præsente ; quia tunc consensus esset de præsenti, eò quod conditio vel fuit, vel est : v. gr. accipio te, si es primogenita : si pater meus obiit ; non enim suspenditur hoc modo assensus. Notandum tamen, non esse à Parochis adsistentibus regulariter admittendas has conditiones, sed hortandos esse contrahentes, ut absolutè se accipiant in conjuges. Notandum insupèr, quòd, quamvis conditiones de præterito, vel præsenti non suspendant assensum, & matrimonium, suspendunt tamen usum ejusdem: donec compertum fiat, conditionem extare, vel extitisse.

V. Sciscitaberis : quid : si conditio esset hujusmodi : accipio te, si es virgo ; valeret ne matrimonium ? Respondeo cum distinctione, juxta duplicem modum, quo haberi potest cognitio conditionis ; cùm enim conditio referat hunc sensum : accipio te, si ero certus te esse Virginem ; & hoc duplici via sciri possit, vel per speculationem à dignis matronis factam, earumdemque assertionem; vel per expererimentum à viro accipiendum in copula; si in primo sensu intelligatur, matrimonium tenet, si virgo reperiatur à matronis : quia jam conditio extitit tempore contractus, & consensus dati: si verò cognitio conditionis secundo modo fuerit posita, est

rescindendus contractus; quia vult obstringere sponsam ad concedendum usum sui corporis, antequam sciat, extare verum matrimonium, hoc enim ipso, quòd vir velit noscere per experimentum, & matrimonio uti nequeat ante cognitam conditionem extantem ; vult proinde impudicus ille id cognoscere ex copula ; quam tamen licitè petere non potest, antequam conditionem noverit.

VI. Hinc sequitur, quòd, qui matrimonium contraxit sub hac conditione de præsenti : si tu est legitima, vel legitimus, contraho; sin autem, non ; & contrahens hujusmodi assensum non reformaverit ; & ille vel illa se legitimam, vel legitimam falsò probaverit, & deinde post annum vel ampliùs verè detegatur illegitima, vel illegitimus, proculdubio matrimonium esset nullum, quamvis milliès fuisset consummatum ; quia semper defuisset verus consensus, utpotè pendens à veritate conditionis : undè, nisi renovetur consensus, non est matrimonium. Seciùs autem esset, si aliquando affectu verè maritali, & animo habendi eam personam ut conjugem, quæcumque illa sit, matrimonium consummasset : aut si, postquam novit esse spuriam, affectu maritali illam carnaliter cognovisset ; quia tunc Jura censent, matrimonium convaluisse, posito tamen quòd prima nuptialis celebratio facta fuerit coram Parocho, & testibus, ut dicetur suo loco.

VII. Quando conditio est de futuro, cùm non habeatur consensus, nisi expleta conditione, probabilior docet, quòd in actu contrahendi sit renovandus consensus, ob specialem rationem, quæ non militat pro sponsalibus conditionatis, ut indicavimus in §. 3. n. 5.: specialis una ratio hæc est ; quia, cùm agatur de valore Sacramenti, tutior pars est eligenda : alia item est ; quia in tantum à Tridentino præscribitur necessaria præsentia Parochi, & testium, ut ipsis innotescat matrimonium reapse fuisse celebratum: debet igitur ipsis innotescere etiam expletio conditionis, à qua pendebat veritas assensus præsentis, in quo consistit matrimonium ; erit ergo eis manifestandus assensus præsens : & proptereà solent Parochi à contrahentibus illum expressè exigere.

VIII. Quando contrahitur sub conditione indigna, & turpi, *si hæc sit contraria bonis matrimonii, non efficitur matrimonium*, ait S. Thom. q. 47. Supplem. a. 5. *si sit de præsenti, & non est contraria matrimonio, etiamsi sit inhonesta, stat matrimonium*

pu-

puta : accipio te, si promittas occidere inimicum, & ipse promittat, stat matrimonium. *Si autem sit de futuro necessario, sicut solem oriri cras; tunc est matrimonium; quia temporalia futura, jam sunt præsentia in suis causis;* & ità declaravit Gregorius IX. in capite *Finali* de conditionibus appositis: *Si conditiones contra substantiam Conjugii inserantur; puta, si alter dicat alteri: contraho tecum, si generationem prolis evites, vel donec inveniam honore, aut facultatibus digniorem,* (contra perpetuitatem vinculi) *aut si pro quæstu ad adulterandum te tradis, &c. matrimonialis contractus, quantumcumque sit favorabilis, caret effectu; licèt aliæ conditiones appositæ matrimonio, si turpes, vel imposibiles fuerint, debeant propter ejus favorem pro non adjectis haberi.* Quibus verbis non condidit Pontifex novum Jus, sed declaravit Jus naturale; quandoquidem impossibile sit, ut subsistat matrimonium sine sui substantia, cui repugnant directè indicatæ turpes conditiones; est enim de substantia matrimonii jus ad propagationem sobolis, obligatio ad servandam fidem, & obligatio ad vinculum indissolubile: qui igitur contrahere vult cum assensu contrario alicui istarum, non vult matrimonium, sed monstrum quoddam, à sua perversitate confictum. Conditio impossibilis, puta, si stellas numeres, si cœlum digito tangas, &c. accipio te; si dicantur per jocum, & alioquin adsit animus verè contrahendi, verum aderit matrimonium, & conditiones illæ jocosæ *deberent haberi pro non adjectis* : Si autem serió ponerentur, & animo non contrahendi, nisi ponantur in esse; jam patet, nullum esse matrimonium, saltem in foro conscientiæ, quia deesset verus assensus; quippè quòd pendens à re imposibili. Dixi : saltem in foro conscientiæ; quia forte in foro fori *propter favorem matrimonii haberentur pro non adjectis,* & compelleretur à judice ad standum matrimonio; ; in quo casu in illo, qui adjecit conditionem, requiritur consensus. At hi loquendi modi, si eveniant, non sunt à Parochis admittendi.

IX. Requiritur prætereà ad valorem matrimonii, ut assensus sit exteriùs significatus, & quidem, ut communior docet, per verba; ità præscribente capite *Tuæ Fraternitati* de sponsalibus; ubi expressè dicitur, esse necessaria verba, assensum exprimentia de præssenti; cùm debeat innotescere tàm parti contrahendi, quàm Parocho, & testibus: & ità plures requirunt verba, ut dicant, peccare mortaliter illum, qui, potens loqui, nollet assensum per verba significare, sed alio modo; tum quia talis sit Ecclesiæ consuetudo; tùm etiam quia certior, & determinatior est significatio assensus per verba, quàm per alia signa : imò nolens illam manifestare per verba, suspicionem aliquam gigneret de sinceritate consensus; & esset modestè repellendus.

X. Debet insuper à contrahentibus proferri assensus simultate morali, ut assurgat contractus, qui est ex natura sua duorum, vèl plurium conventio: undè sufficit, ut dùm alter propter suum assensum, perseveret, & duret assensus datus à primo. Non autem semper requiritur præsentia utriusque contrahentis, ut assensus dicatur simultaneus, cùm aliquando contrahatur per epistolam; & tunc debet epistola legi coram Parocho & testibus certis illam esse epistolam v. gr. Titii, & illum esse suum characterem, in qua dicat, se per illam epistolam recipere de præsenti Cajam in uxorem, & Caja dicat se recipere Titium; & tunc censentur consensus illi moraliter simul dati; quia consensus in epistola'expressus perseverare prudenter creditur, quousquè epistola legatur coram Caja, & Parocho, &c. & ipsa tunc suum præstat assensum.

XI. Similiter contrahitur matrimonium, & non raró maximè à personis Regiis per Procuratorem, prout conceditur à Jure Canonico in capite *Finali* de Procuratoribus. Cùm autem tunc duo actus exerceantur, unus à principali constituente Procuratorem, ut nomine suo contrahat, aut cum tali determinata persona, aut cum aliqua, quæ sibi opportunior videbitur : alter actus est ipsius Procuratoris, contrahentis cum illa nomine principalis; idcirco tunc duntaxat contrahitur matrimonium, quando Procurator nomine sui principalis profert assensum erga hanc personam, nempè, quando Titia acceptatur à Procuratore in uxorem nomine Caji; & tunc debet adesse Parochus cum testibus: nec officit, sit ne Procurator masculus, àn fœmina, dummodò sit legaliter Procurator. Modus autem contrahendi in casu debet esse: Ego Sempronius legitimus Procurator Titii, ad effectum contrahendi matrimonium nomine ipsius, accipio te Bertam in uxorem; & Berta dicat : & ego tecum, tanquam cum Procuratore legitimo Titii. N. accipio illum in maritum.

Ma-

Matrimonia, per Procuratores inter absentes inita, valere in ratione contractus etiam pòst Tridentinum, dummodò à Jure canonico præscriptæ conditiones ab iisdem Procuratoribus observentur, fermè apud omnes in comperto est. Dixi : fermè apud omnes; quippè non defuere, ut refert Collator Parisiensis, qui asseruerunt, prædicta matrimonia pro solis sponsalibus habenda esse, non pro veris contractibus; quam tamen opinionem communiter Theologi rejiciunt, oppositumque tuentur. Nùm verò matrimonia hujusmodi habeant etiam rationem Sacramenti ; non sine aliquo æstu Doctores inter controvertitur. Sententiam negantem propugnant Durandus, Canus, Cajetanus, Victoria; quibus alii plures adhæsere, præsertim Cl. Sylvius *in q. 44. Suppl. art. 1.* & postremis hisce temporibus P. Daniel Concina *lib. 2. de Matrim. dissert. 1. c. 4. num. 16.* Adfirmantem verò sustinent ex adverso Innocentius, Hostiensis, Paludanus, Cobarruvias, Navarrus, Dominicus Soto, Isambertus, quibus alii non pauci subscripsere, præcipuè Cardinalis Gotti, & Honoratus Tournely *de Sacr. Matrim. q. 1.* Fuere etiam qui incerti & ambigui hæserunt, ut Collator Parisiensis. *lib. 1. collat. 4. §. 1.*

Si quod sentimus, candidè prodere liceat, probabilior nobis apparet assertio illorum, qui defendunt, prædicta matrimonia valere etiam in ratione Sacramenti ; tùm quia Ecclesia matrimonia hæc approbat, & rata habet, eademque approbando, nunquam declaravit, se ea duntaxat habere, ut contractus merè civiles; quod tandem declarandum fuisset, ne decepti fideles sacramentali gratia, sibi tantoperè necessaria, privarentur; tùm etiam quia in hujusmodi matrimoniis nil desideratur eorum, quæ necessaria sunt ad verum Sacramentum ; quippè habentur materia, & forma legitima, Parochi, ac testium præsentia, coram quibus ex Decreto Tridentini celebrari debet matrimonium ut ratum sit, ac firmum ; nec demùm, ut supponitur, deest intentio faciendi, quod facit Ecclesia. Legesis præcitatum Tournely, qui etiam alterius partis argumenta dispellit.

XII. At quid dicendum, si ficto animo, & non assentiente, Titius instituisset Sempronium procuratorem ; & pòst ejus discessum, antequam iste contrahat, Titius assensum præstaret? Quidam dicunt apud Sanchez disp. 11. num. 13. matrimonium, per talem Procuratorem contractum, subsistere; ab eo adfuit assen-

sus. Quidam fortè probabilius apud Ægidium disp. 24. dub. 9. num. 72. negant, matrimonium subsistere ; eò quòd reverà ille non sit Procurator legitimus; quippè qui fictè institutus: cùm igitur in tantum validè contrahat, in quantum est verus procurator; cùm talis reverà non sit, invalidè contrahet: eapropter, nisi renovetur instrumentum procurationis, invalidè agit in foro conscientiæ.

XIII. Si, instituto legitimo Procuratore cum consensu, antequam iste contrahat, principalis revocet assensum, invalidè contraheret; quia de essentia matrimonii est assensus principalis contrahentis; qui si absit, dùm Procurator celebrat, irrita remanet celebratio. Neque apponendi sunt alii contractus civiles, qui, semèl instituto legitimo Procuratore, etiamsi principalis consensum mutet, & mutatio non perveniat ad notitiam Procuratoris, validè contrahit; quia in his contractibus suppletur à Republica defectus assensus personæ principalis, quæ, ità postulante bono communi, & subsistentia commercii civilis, vult, ut tales contractus subsistant ; non autem sic de matrimonio, qui est contractus talis naturæ, ut assensus à nulla auctoritate creata suppleri possit, si desit in contrahente.

XIV. Si, post institutum legitimum Procuratorem, ejusque discessum, principalis mutet voluntatem, & antequam procurator contrahat, iterùm assensum eliciat, & præstet, ità ut tempore celebrationis contractus, reverà principalis retractatum assensum denuò reassumpserit ; patet, quòd verò, & validè procurator contrahat ; quia adest assensus principalis, à vero procuratore illius nomine datus.

Quid dicendum, si Titius post institutum Sempronium procuratorem incidat in amentiam, stabitne matrimonium, ea perseverante, per procuratorem initum.

Respondet Sanchez *lib. 2. de Matrim. disp. 11. n. 12.* stare ejusmodi matrimonium. Hoc idem sentit & Joannes Cabassutius Juris canon. lib. 3. cap. 19. Verùm oppositum sustinet Pontius *lib. 2. de Matrim. c. 15. n. 14.* ce fultus momentis : *Quia*, inquit, *pro forma, & causa contractus est consensus expressus per verba procuratoris; at eo tempore impossibilis est consensus : ergo nullum matrimonium. Adde, si moreretur mándans, eo tempore nihil ageret Procurator ; ipsa enim morte cessaret consensus : ergo etiam amentia, quæ æquiparatur morti quoad con-* sen-

sensum. In quo (& sic solvit ipse Sanchezii, & Cabasutii argumenta) *videtur, longè diversam esse rationem de mandante, si in amentiam incidat, ac si dormiat; ille enim incapax est habendi consensus, hic verò minimè. Neque simile est, quòd Baptismus, petitus ante amentiam, validè conferatur in amentia: nàm ut Baptismus effeêtum habeat, satis est, voluntatem præcessisse, neque fuisse revocatam; eo enim ipso, posita materia & forma, ponitur effeêtus: at in matrimonio necessarius est assensus perseverans; etiam in ipso contraêtu.* Hæc sententia nobis magis arridet.

XV. Tandem pro valore contraêtus matrimonialis requiritur, quòd contrahentes sint personæ habiles, id est, nullo impedimento dirimente affeêtæ, ità ut, quamvis à partibus contrahentibus ignoretur etiam invincibiliter impedimentum, si hoc adsit, invalidè nihilominùs matrimonium celebratur: quia inhabilitas ad agendum, qualis inducitur ab impedimento dirimente, reddit actionem nullam.

XVI. Qui scit, quòd impedimentum dirimens efficit matrimonum nullum; & alioquin certus & suasus putat, se affici tali impedimento, quod tamen reverà non habet, nihilominùs vult iniqua conscientia contrahere; multi apud Sanchez lib. 2. disp. 33. dicunt, quòd, deteêta veritate, matrimonium subsistat; tùm quia impedimentum non extet; tùm quia hoc ipso, quòd contraxit, habuit consensum aliquem saltem sub conditione, si impedimentum forte non extet. At probabilior videtur opposita pariter multorum apud Tamburinum cap. 2. §. n. 13. quia non potest in tali contrahente adesse assensus; nàm eorum, quæ impossibilia certò cognoscuntur, non potest esse assensus: at in casu præsenti contrahens sibi est certus, extare impedimentum dirimens, ideòque reddens impossibile, sine dispensatione, matrimonium: ergo non potest habere consensum in matrimonium; potest quidem habere consensum utendi illa persona, at non matrimonium ineundi: quomodò enim fieri potest (solvendo fundamentum, oppositæ opinionis) ut sibi certus de impedimento, dicat: si impedimentum forte non extet? potest quidèm dicere: si impedimentum non extaret, contraherem matrimonium; at hoc modo dicendo, ex terminis non contrahit: vellet quidem contrahere, at de præsenti non vult; quia id est sibi impossibile,

sicut qui dicit: vellem volare, si possem; qui hoc ipso velleitatem declarando, voluntatem non habet.

§. VII. *De Matrimonii Sacramento: de ipsius materia, forma, & ministro.*

I. COntraêtum, alioquin naturalem, matrimonii inter fideles baptizatos fuisse à Christo elevatum ad Sacramenti gradum, de fide definitum habetur in Conciliis Florentino, & Tridentino; idque accepit Ecclesia ex perpetua, & constanti Traditione, quam SS. Patres indicant, præcipuè S. Innocentius 1. in Epistola 9. S. Augustinus lib. 1. de nuptiis cap. 10. lib. de Fide, & operibus, cap. 7. lib. de bono Conjugali cap. 18. & 24. S. Cyrillus Alexandrinus lib. 2. in Joann. cap. 22. & in Epist. 10. ad Nestorium, & alii similiter. Definitur matrimonium ut tale: Sacramentum novæ legis, quod dignè contrahentibus habet vim conferendi gratiam habitualem, afferentem eisdem jus ad obtinenda auxilia divina, ut se invicem christiano amore diligant, sibi fidelitatem servent, concordiam piè custodiant, prolem sanêtè educent, & alia onera illius status fruêtuosè sustineant, ut inquit S. Doêt. quæst. 42. Supplementi art. 3. scilicèt, *Matrimonium habet conferre gratiam adjuvantem ad illa opera, quæ in matrimonio requiruntur.*

II. Cùm autem omne Sacramentum constet materia, & forma; reliêtis variis opinionibus à Theologis scholæ examinandis, nobis dicendum videtur, quòd ipsius materia remota sint ipsa sponsorum corpora, in contraêtu celebrando tradenda; materia autem proxima sit ipsa reciproca traditio, in contraêtus celebratione expressa: forma demùm sit ipsa corporis traditi reciproca acceptatio, per assensum expressa. Quoad formam, de qua duntaxat inter Theologos est contentio, docet S. Doêt. loc. cit. art. 1. ad 1. *Verba, quibus consensus exprimitur matrimonialis sunt forma hujus Sacramenti; non autem benediêtio Sacerdotis, quæ est quoddam sacramentale:* nil clarius dici potest. Quam doêtrinam ità intelligas, ut verba contrahentium sint forma, quatenùs habent vim determinandi, cùm tale sit munus formæ; cùm autem habeant hanc vim, non quatenùs significant traditionem corporum, sed acceptationem; proptereà, quatenùs hanc significant, sunt formà; quatenùs verò traditionem,

sunt

sunt materia proxima , ut dixi. Et nisi hæc opinio esset vera, sequeretur inconveniens, nunquam solvendum, nempè, quòd matrimonia clandestina inter baptizatos non essent sacramenta, cùm illis desit præsentia , & benedictio Sacerdotis ; cùm alioquin certum sit matrimonia hujusmodi, celebrata ante Tridentini legem, & post legem, ubi non fuit acceptata , semper ab Ecclesia habita fuisse ut Sacramenta, neque Ecclesiam unquam eos , qui sic contraxerant , obligasse ad illa coràm Sacerdote renovanda. Hinc apparet , ipsos contrahentes esse hujus Sacramenti ministros, contra opinionem Cani, & nonnullorum; cùm enim Christus extulerit hunc contractum ad gradum Sacramenti , & hoc instituerit secundùm naturam hujus contractus ; & cùm natura ipsius sit , ut efficiatur à contrahentibus , neque alii sint ministri ejusdem contractus nisi soli contrahentes , fit exinde, quòd ejusdem , etiam ut Sacramentum est, soli contrahentes sint ministri: eapropter Concilium Florentinum in decreto Unionis docet, loquendo de hoc Sacramento : *Causa efficiens matrimonii est mutuus consensus, per verba de præsenti expressus.* Idemque clarè audivimus ab Angelico : *verba... sunt forma hujus Sacramenti , & non benedictio Sacerdotis* ; quæ alioquin talis esset , si Sacerdos esset minister.

III. Sciscitaberis , àn à contrahente matrimonium separari possit ratio Sacramenti à ratione contractus? Certum est apud omnes, gravissimum esse peccatum id attentare; quia est se directè opponere intentioni , & beneplacito Christi. Cæterùm gravissimi Doctores , nempè Basilius Pontius lib. 1. cap. 9. n. 3. Suarez disp. 7. sect. 1. quibus alii adhærent , negant posse separari ; nàm , dicunt ipsi , non est in potestate creaturæ separare , quæ Christus conjuncta esse voluit. Contrà alii pariter gravissimi, nempè, Durandus, Cajetanus , Victoria , Vasquez , & alii citati à Sporer cap. 1. sect. 4. §. 5. n. 359. affirmant, posse separari, quamvis illicitè ; nàm aliud est dicere, quòd Christus illa duo conjunxerit , quod est de fide ; & aliud , quod inseparabiliter conjunxerit , de quo disputatur : & pro negativa parte nulla probatio affertur ; pro affirmativa autem dicunt , quod, sicut quæcumque alia Sacramenta non subsistunt , quamvis cætera requisita adhibeantur, si desit intentio ministri, (rejecta jam à communiori Melchioris Cani opinione) ità etiam in casu præsenti.

§. VIII. *De solemnitatibus requisitis ad valorem Sacramenti Matrimonii.*

I. QUòd matrimonia clandestina etiam ante Concilium Tridentinum illicita fuerint , indicant multi Canones , quibus distinctè prohibentur : indicat etiam ratio naturalis , ob inconvenientia gravissima, quibus hujusmodi matrimonia remanent exposita , ut cuilibet facilè constare potest. Proptereà novo Jure à Concilio Tridentino nedum prohibita , verùm & invalida declarata fuerunt , nisi adsit præsentia Parochi, & duplicis testis , in sessione 24. cap. 4. de Reformatione matrimonii. Quemadmodùm itaque , etsi nonnulli contractus civiles Jure naturæ validi , & liciti essent ; nihilominùs , quia ex modo illos celebrandi plurima incommoda in dies profluebant , lex civilis quasdam addidit conditiones , quibus non extantibus eosdem irritavit ea potestate , quam habet Respublica super privatorum actiones in ordine ad publici boni conservationem : ità etiam Ecclesia super hunc contractum sacramentalem, suam in ordine ad publicum bonum volens exercere potestatem , vetuit , ob indicata gravissima incommoda , & scandala , quæ passim ex matrimoniis clandestinis effluebant, ne matrimonium celebretur, nisi præsente Parocho , & duobus testibus ; & si aliter celebretur , irritum sit , & nullum ; ità ut neque resolvatur in sponsalia , id est , neque valorem habeat simplicium sponsaliorum , ut declaravit Sac. Congregatio apud Fagnanum in caput *Ad audientiam* , &c.

II. Hæc Tridentina lex vim habet in regionibus catholicorum , in quibus fuit promulgata , & accepta : in regionibus autem hæreticorum, & catholicorum, in quibus nec promulgata, neque acceptata fuit , non obligat quoad valorem : unde in his locis validè celebratur clandestine matrimonium In regionibus autem hæreticorum , in quibus Tridentina lex acceptata fuerat , ex dispensatione Ecclesiæ valet matrimonium catholicorum, sine præsentia Parochi initum ; si ibi nullus sit Parochus catholicus , neque alius supplens ejus vices , aut si moraliter vocari non possit , aut adiri : debent tamen adhiberi saltem duo testes, ut declaravit Sacra Congregatio apud Bellarminum in Epistola ad Octavium Tricariæ Episcopum. Imò ex usu Ecclesiæ, validum est matrimonium hæretico-

rum

rum in locis, ubi publicè exercent suam religionem, dummodò celebratum sit juxta ritum, & leges sui loci, quamvis ibi Tridentina lex promulgata fuerit; & patet ex eo, quòd si redeant ad Ecclesiæ gremium, hæc non permittit, ut aliud matrimonium ineant, & eorum filios ut legitimos habet. Hìc addenda est Constitutio Benedicti xiv. quæ incipit : *Matrimonia*, data die 4. Novembr. anno 1741. qua declaravit, 1. matrimonia, quæ celebrantur in Hollandia, Zelandia, Frisia, aliisque fœderatis Belgii Provinciis, non servata forma, per Tridentinum præscripta, seu absente Parocho, *pro validis habenda esse, dummodò aliud non obstiterit canonicum impedimentum ;* adeoque, si contingat, utrumque conjugem ad Catholicæ Ecclesiæ sinum se recipere, *eodem, quo antea, vinculo ipsos omnino teneri :* si verò unus tantùm ex conjugibus convertatur, *neutrum posse, quandiù alter superstiterit, ad alias nuptias transire.* 2. Etiam matrimonia quæ catholicos inter & hæreticos in eisdem regionibus contrahuntur, non servata forma Tridentini, pro validis habenda esse, sicut priora, quamvis illicita ea declaret ex parte catholicorum. Hanc declarationem extendit ad illos etiam, qui addicti sunt copiis, seu legionibus militaribus, quæ ab isdem fœderatis Ordinibus mitti solent ad custodiendas, muniendasque arces conterminas, vulgo dictas *di Barriera*, dummodò uterque conjux ad easdem copias seu legiones pertineat, & hanc declarationem complecti etiam civitatem Mosæ Trajectensis, & Republica fœderatorum Ordinum oppignorationis nomine possessam. (In prædictis enim regionibus promulgata fuerat lex Tridentini) Pro illis verò Regionibus, & Provinciis, in quibus promulgata non fuit, respondit Congregatio Concilii ann.1605. die 19. Januarii Episcopo Tricariensi, valida esse illa matrimonia sine præsentia Parochi. Et Urbanus viii. in Constitution. *Exponi nobis* anno 1627. 14. Augusti idipsum statuit.

* Postquam verò (sic idem S. P. Benedictus xiv. *de Synod. Diæces. lib. 6. cap. 6. num. 13. nov. edit.*) supra memoratum Decretum nostrum anno 1741. in fœderatis Belgii Provinciis promulgatum est, quæsitum à nobis fuit, utrùm ea matrimonia comprehenderet, quæ in iisdem regionibus inirentur à contrahentibus, utrimque catholicis, non coram Parocho catholico, & duobus testibus: quin etiam petitum fuit, ut si forte illud

hæc minimè comprehenderet, ad ea saltem per viam induli extenderetur, quo conscientiæ catholicorum, qui in fœderatis Belgii Provinciis habitant, in tranquillo ponerentur. Responsum facile est, & dicta matrimonia nequaquam in Decreto comprehendi, & extensionem, quæ petebatur, absurdam, & mali exempli futuram. Et quidem, matrimonia catholicorum in Decreto non comprehensa, facilè intelliget quicumque advertat illud nominatim restrictum esse ad ea matrimonia, quæ in præfatis regionibus vel inter duos contrahentes hæreticos; vel inter unam partem catholicam, & alteram hæreticam contrahuntur. Extensio autem Decreti ad catholicorum matrimonia idcirco absurda, & mali exempli extitisset, quòd , cùm in iis locis Missionarii catholici adsint, coram quibus anteacto tempore à contrahentibus catholicis celebrata sunt matrimonia ; cùmque Concilii Tridentini Decretum inter catholicos illarum partium, & in peculiaribus eorum Parochiis, saltem postquam Provinciæ fœderati Belgii à catholici Principis dominatione in hæreticorum potestatem transierunt, ritè publicatum fuisse, constet; unusquisque videt quanta cum offensione universæ Ecclesiæ auditum fuisset, matrimonia catholicorum, quæ in regionibus illis juxta Tridentini formam celebrari possunt, à tam providæ legis observantia eximi per viam gratiæ, & dispensationis. Videantur Juenin *de Sacramentis dissert. 10. quæst. 5. cap. 4.* & Piette *quæst. Theolog. part. 6. pag. 441. edit. anni 1741.* qui docent, à contrahentibus catholicis servandum esse Concilii decretum etiam in iis regionibus, in quibus ab hæreticis non observatur.

Idem autem S. P. Benedictus xiv. pariter *de Synodo Diæces. lib. 6. cap. 5. num. 4. Edit. Rom. 1748. Edit. autem 1760. cap. 6. num. 1.* & 2. ad examen vocat, àn catholici, subjecti Principi hæretico, possint sine piaculo antè vel pòst celebratum matrimonium juxta Tridentinum, acatholicum Ministellum adire, suumque in conjugium consensum coràm eo præstare, ut legibus pareant, ab eodem Principe latis, pœnasque evadant transgressoribus inflicta. Sacra Congregatio S. Officii „hanc quæstionem, *inquit*, diligen-„ter, uti solet, examinavit, & die 29. No-„vembris 1672. in eum, qui sequitur, modum „definivit : *Catholici, qui matrimonio junc-„ti sunt coram Parocho, & testibus catho-„licis in pluribus locis (ità invaluit con-*
„*sue-*

„suetudo) solent eoram ministro hæretico „protestante rursùs conjungi ad vitanda „gravia damna, neque potest consuetu-„do hæc à Clero corrigi. Peccant ne? et „quo peccato Catholici, sic denuò conjunc-„ti coram ministro hæretico? Et quomo-„dò se gerere debet erga illos Ordinarius „loci? Sacra Congregatio respondit: Qua-„tenùs minister assistat matrimoniis Ca-„tholicorum uti minister politicus, non „peccare contrahentes: si verò assistat ut „minister addictus sacris, non licere; & „tunc contrahentes peccare mortaliter, & „esse monendos.‟

Subdit verò idem Summus Pontifex n. 5. „Huic Sacræ Congregationis sententiæ Nos „auctoritatem adjecimus in nostra Constit. „89. §. 10. Bullarii tom. 1., ubi fidelibus, „degentibus in Regno Serviæ, finitimisque „regionibus, interdiximus, ne, matrimonio „inter se catholico ritu celebrato, illud re-„novare præsumant coram Caddi: nostram „tamen interdictionem hac temperavimus li-„mitatione, nisi scilicet nuptiarum cæremo-„nia explenda coram Caddi actus sit merè „civilis, nullamque contineat Mahumetis in-„vocationem, aliudve superstitionis genus „includat.

III. Parochus, assistens, debet esse proprius, nempè, aut uterque utriusque sponsi, aut unus alterutrius, proùt declaravit Sacra Congregatio Concilii. Debet autem Parochus assistens animadvertere, quòd, si vocetur ad assistendum in Parœcia alterius Parochi, ut licitè agat, obtinere debet facultatem à Parocho, in cujus Parœcia assistit; nàm pro valore id non requiritur, juxta communiorem, contra Navarrum, & quosdam alios; eo quia sit verè Parochus alterutrius, & non agatur de jurisdictione contentiosa. Si tamen sinè licentia assisteret, incurreret suspensionem secundùm aliquos. Si verò assisteret Parochus aliquis sine licentia Parochi alterutrius sponsorum, jam patet, quòd invalidum fieret matrimonium; & Parochus ille remaneret suspensus ab officio, & beneficio parochiali, donec absolvatur ab Episcopo Parochi, cujus usurpavit ministerium; ex Tridentino loco suprà citato. Proprius autem Parochus ille censetur, in cujus Parœcia domicilium habent sponsi, vel continuæ habitationis, vel pro majori anni parte: undè invalidè assisteret Parochus, in cujus Parœcia pro minori anni parte commorantur, aut solius recreationis, vel rusticationis gratia.

Animadvertendum censemus, quòd, si quis in duobus locis quasi æqualiter plùs minùsve habitet, tunc is duos habebit Parochos, & coram alterutro contrahere poterit; sicut enim duplex inhabitationis domicilium, sic duos Parochos habet; neque unus spectare alterius licentiam debet, cùm par in parem potestatem non habeat: consilium tamen mutuo habere poterunt, & sæpè expediet. Regulariter autem, ut animadvertit Sylvius in Supplem. quæst. 45. art. 5. quæst. 5. videtur debere contrahere coram illo, in cujus Parochia manet tempore matrimonii contrahendi.

＊ Ad contrahendum validè matrimonium requiritur Parochus domicilii, aut saltem quasi domicilii, sive viri, sive mulieris. Ad domicilium autem alicubi acquirendum requiritur habitatio cum voluntate ibi semper manendi. Quid autem requiratur ad acquirendum quasi domicilium, ut validè contrahi possit matrimonium, exponit S. P. Benedictus XIV. in responsione, quam die 19. Martii anni 1758. dedit Venerabili Fratri Antonio Archiepiscopo Goano, quæ habetur in Appendice altera tom. 4. Bullarii. „Pòst „hæc, inquit, necessarium fore censemus „nonnihil adjungere, ut in propatulo sit „quidnam requiratur ad quasi domicilium „adipiscendum. Verùm hac in re non alio „pacto responderi potest, nisi quòd, ante-„quam matrimonium contrahatur, spatio „saltem unius mensis ille, qui contrahit, ha-„bitaverit in loco, ubi matrimonium cele-„bratur. Definitiones Congregationis Con-„cilii hac de re observari poterunt apud „Fagnanum in cap. Significavit, de Paro-„chiis, ubi earumdem contextu perpenso, „hæc habet sub n. 39. Vir & mulier Tra-„jectenses, timentes impedimentum à pa-„rentibus, cùm ad vicinam Urbem Aquis-„granam se contulissent, & ibi aliquandiù „morati matrimonium contraxissent; Sacra „Congregatio, consulta super validitate, „censuit exprimendum tempus, quo contra-„hentes Aquisgranæ manserunt; quod si „fuerit saltem unius mensis, dandam esse „decisionem pro validitate. Natalis Alexan-„der in Theologia Dogmatica, & Morali lib. „2. de Sacram. Matrimonii cap. 2. a. 2. „reg. 6. animadvertit, ad acquirendum quasi „domicilium, oportere, ut contrahentes, an-„tequam matrimonium celebrent, tanto tem-„pore eo in loco, ubi copulantur, fuerint „commorati, aut ibidem cogniti jam sint, at-
„que

„que pespecti. Dubitari autem posset, nùm „ad quasi domicilium acquirendum matri„monii causa, ut diximus, non solùm re„quiratur præcedens habitatio, verùm etiam „subsequens ad aliquod temporis spatium. „Verùm, cùm observaverimus, subsequentem „habitationem ab iis Auctoribus, qui hanc „tractarunt materiam, tanquam magni mo„menti adminiculum reputari, ut novum do„micilium quæsitum dicatur, nihil verò de „illa præscriptum fuisse à Concilii Congre„gatione in adducta paulò ante definitione „penès Fagnanum, nolumus hac de re quid„quam novi decernere.

IV. Respectu vagabundorum quibus nullus est Parochus fixus, cùm nullibi fixum habeant domicilium, ille censendus est proprius Parochus, in cujus Parœcia tunc degunt; qui, ut etiam licitè assistat, debet juxta Tridentinam Sanctionem loc. cit. cap. 6. obtinere licentiam ab Ordinario loci, eo fine, ut exploret, àn aliquod impedimentum subierint; & hæc verificantur, etiamsi unus tantùm sponsorum sit vagabundus.

☞ Em. Cardinalis Lambertinus *Instit. 33.* postquàm exposuit, quæ per Sacram Congregationem constituta fuerunt, & quæ etiam ab universis fermè Auctoribus probantur de Parochi præsentia in matrimoniis contrahendis requisita, peculiaria quædam addidit de Parocho proprio ad perficienda quarumdam particularium personarum matrimonia; quæ velùt normam in sua civitate, & Diœcesi observanda præcepit, ut dissensiones omnes de medio auferrentur, omnibusque controversiis aditus præcluderetur. Hæc autem utpotè scitu maximè digna summatim hìc exhibere, atque apponere, opportunum existimamus. Itaquè *num. 11.* statuit, Prætores, Judices, Medicos, facultatis alicujus professores, discipulos, famulosque, licèt exteros, ritè matrimonium contrahere, si adsit Parochus ejus loci, ubi degunt; quippè, si per aliquod temporis spatium in eodem loco versentur, domicilium, vel quasi domicilium, quod satis est ad matrimonium perficiendum, sibi conciliant. *Num. 12.* censet, Parochum illorum, qui perpetuò, vel ad certum tempus, non quidem pro custodia, sed pro pœna in carcerem conjiciuntur, esse illum, in cujus Parochia carceres collocantur; illorum verò, qui pro custodia solùm in carcerem detruduntur, donec causa ipsorum judicis sententia cognoscatur, non esse illum ubi carceres positi sunt, sed illum ubi domici-

lium situm habent; cùm ipsi nihil magis expetant, quàm ut, dissolutis vinculis, paternas ædes invisant. *Num. 13.* præcipit, certiorem fieri debere Episcopum, quando in Xenodochiis matrimonia ineunda sunt ab iis, qui in gravi vitæ periculo versantur, ut æternæ suæ saluti prospiciant. Præcipit, inquam, in his casibus certiorem fieri debere Episcopum, ut statuat, qui matrimonio celebrando intersit; cùm inter Capellanos, & Parochos, in quorum ditione sita sunt Xenodochia, magno studio contendatur. Et *Institut. 88.* ait, quòd Episcopi, cùm matrimonia fiunt in Xenodochiis, Capellanis concedunt, ut Parochi munere fungantur, ob eam videlicet causam, ut controversiis aditus occludatur, quæ inter illos ac Parochos haberi frequenter consueverunt, aut etiam ipsos inter Parochos, in quorum nempè ditionibus aut domicilium haberet ægrotus, aut Xenodochium positum esse. *Num. 14.* decernit, Parochum ad ineunda matrimonia puellarum, quæ in Hospitio spuriorum continentur, esse illum, cujus Parochiæ illud publicum Hospitium subjicitur; aliarum quoquè puellarum, quæ in aliis Hospitiis servantur, esse illum, cujus ditioni subditur ipsum Hospitium. *Num. 16.* sancit: Parochum pro matrimoniis Virginum, quæ in septis Monialium educantur, esse illum, in cujus Parochia est Monasterium, si in alia Parochia domicilium non habeant; sin autem paternum, maternum, vel fraternum domicilium habeant, esse illum, in cujus ditione domicilium illud collocatur; ità tamen ut denuntiationes publicæ in utraque Parochia fiant. *Num. 17.* Demùm idem ac de puellis, quæ in Monasteriis pro educatione servantur, omnino statuendum judicat de famulis, & ancillis, quæ penès Dominos vitam traducunt. Hæc omnia docet ipse innixus præsertim S. Congregationis Decretis. Lege etiam *Institutionem 88.* in qua occasione difficultatis, quæ ex *inst. 33.* concitata fuerat, ipsique proposita, eadem clariùs exponit, uberiùsque confirmat.

V. Nomine Parochi proprii intelligitur etiam proprius Superior, Parocho major, nempè proprius Episcopus. Item Legatus Sedis Apostolicæ in sua Provincia; & Summus Pontifex, ut patet. Item etiam ille, qui, quamvis reverà Parochus non sit, puta, ob vitium simoniæ in sui promotione, habetur tamen communiter bonâ fide ut talis, & habet titulum coloratum beneficii Parochialis. Item

Pa-

Parochus verus, quamvis nondum Sacerdos, eùm reverà sit Parochus; & ità declarasse Sacram Congregationem, refert Diana part. 12. traĉt. 3. resolut. 38. Itèm, pro valore intelligitur Parochus, quamvis excommunicatus etiam vitandus, interdiĉtus, suspensus, dummodò adhuc beneficium Parochiale retineat, nec sit degradatus, depositus, beneficioque privatus; eo quia adhuc sit Parochus, & alioquin assistere matrimonio non sit actus jurisdiĉtionis, sed meri testis, & assistentis. Non tamen poterit, diĉtis censuris detentus, alterum loco sui delegare; quia hic est actus jurisdiĉtionis, quam exercere non potest, donèc absolvatur.

¶ Praeter recensitos ab Auĉtore *n. praec.* possunt matrimonio assistere etiam Archiepiscopi in Diœcesibus Suffraganeorum, quando actu visitant, Cardinalis in Ecclesia sui Tituli, Capitulus Sede vacante, sive ejus Vicarius, Abbates Ecclesiae nulli Episcopo subjeĉtae, Vicarius Generalis Episcopi, quo eum unum Tribunal efficit. Videatur P. Daniel Concina *tom. 10. lib. 2. dissert. 2. cap. 4. n. 35.*

☞ Praecisa declaratione S. Congregationis, à Diana relata loco citato, cui, si vera sit, & authentica, dubio procul subscribendum est, veriorem existimamus sententiam illorum, qui asserunt, Parochum matrimonio assistentem Sacerdotem esse debere. Hoc erui clarè videtur ex Concilio Tridentino sess. 24. cap. 1. cujus haec sunt verba: *Qui aliter, quàm praesente Parocho, vel alio Sacerdote, de ipsius Parochi, seu Ordinarii licentia, & duobus, vel tribus testibus matrimonium contrahere attentabunt, eos sancta Synodus ad sic contrahendum omnino inhabiles reddit.* Igitur, qui Parochi vices gerere debet, necessum est ut sit *alius Sacerdos*: ergo, & Parochus sit Sacerdos, oportet; obvius quippe sensus istius diĉtionis *alius Sacerdos*, non alius profeĉtò est nisi hic: Si Parochus Sacerdos non assistit, assistat alius, qui sit Sacerdos. Praetereà Tridentinum ibidem declarat, se inhaerere vestigiis Concilii Lateranensis; Concilium autem Lateranense Presbyterum eum appellat, qui à Tridentino Parochus nuncupatur. Lege Sylvium *q. 45. art. 5.* qui ex Navarro *in addit. ad consil. 9.* tit. de *Clandest. dispen.* & ex Zerola *p. 2. v. Parochus,* refert, Sacram Congregationem Cardinalium inclinasse in *sententiam, ut Parochus, non Sacerdos, non possit matrimonio contrahendo interesse,*

sed debeat licentiam alicui Sacerdoti illi interessendi concedere. Quod quidem, ut nemo non videt, assertioni nostrae apertissimè favet.

·· Parochus irregularis, aut excommunicatus, vel alia censura irretitus, dummodò suo beneficio non sit privatus, nec denuntiatus, juxta communem opinionem validè, quamvis illicitè, matrimonio assistit: si verò sit denuntiatus, nec licitè, nec validè matrimonio assistit in sententia illorum, qui contendunt, Parochum esse matrimonii ministrum; quia in tali statu existens jurisdiĉtione caret. Imò, posito etiam quòd Parochus non sit matrimonii minister, ambigit Gibertus *tom. 1. consult. 52.* nùm matrimonio validè assistere valeat. Utcumque res se habeat, validum foret matrimonium; si Parochus etiam post denuntiatam excommunicationem, ex errori communi haberetur pro legitimo Pastore; quia, ubi est error communis, Ecclesia supplet defeĉtum. Hnc simoniacus, imò & quandoquè intrusus, licèt à parte rei non sint veri Pastores, validè matrimoniis interesse possunt secundùm Pikler, cùm scilicèt ob ignorantiam plebis communiter pro veris Parochis habentur. Existimat Auĉtor Collat. Andeg. invalidum semper esse matrimonium, coràm intrusis celebratum. Idque in praxi omnino servandum est. Lege Contin. *Praeleĉt. Theolog.* Honorati Tournely *Traĉt. de Dispensat. p. 1. cap. 13.*

✠ Vide etiam, quae ad rem hanc docet Auĉtor infrà, videlicet *traĉt. 15. capit. 2. §. 5. n. 15. n. 1.*

* Validum est matrimonium, quòd initur vel coràm Parocho, vel coràm Parochi Vicario, etiamsi illis ab Episcopo interdictum sit, ne matrimonii celebrationi assistentiam praestent. Cùm enim ea non sit Episcopi auĉtoritas, ut possit inducere impedimentum dirimens, quòd non est; aut aliquod matrimonium, quòd est Canonum praescripto nullum irritumque non sit, nullum irritumque statuere: illicitum quidem erit matrimonium, si celebretur coram eo, cui Episcopus hujusmodi celebrationi adesse vetuerit; graviter etiam peccabit is, qui spreta Superioris prohibitione, eidem assistentiam praebebit: at nulla ratione dici poterit, matrimonium ipsum nullitatis vitio subjacere. Sic S. P. Benediĉtus xiv. de *Synod. Diœces lib. 12. cap. 5. n. 2. & lib. 13. cap. 23. num. 3.* qui etiam priori in loco ad id firmandum declarationem affert Sacrae Congre-

ga-

gationis Concilii; *num* verò 3. animadvertit, quòd aliud esset de matrimonio, celebrato contra interdictum Papæ, munitum decreto irritante; siquidem, cum Papa possit per suam universalem legalem novum impedimentum dirimens matrimonio apponere, potest etiam in aliquo speciali eventu prohibere, ne inter peculiares personas matrimonium contrahatur; simulque decernere, ut contra suam prohibitionem contractum sit irritum. Nisi tamen adsit huic interdicto Decretum irritans, matrimonium valet, cum impedimentum illud impediens, non autem irritans, censendum sit.

VI. Potest Parochus ex concessione, sibi indulta à Tridentino loco citato, alium, & quidem duntaxat Sacerdotem, loco sui delegare, qui matrimonio assistat; quam licentiam vel voce, vel scripto concedere debet. Neque sufficit licentia generalis ministrandi in sua Parœcia omnia Sacramenta, juxta probabiliorem; sed requiritur licentia expressa etiam assistendi matrimoniis, quia reverà hæc non est administratio Sacramenti. Neque sufficit tacita, aut præsumpta licentia sub ratihabitione futura, juxta declarationem Sacr. Congregationis, relatam à Fagnano in cap. *Quod nobis*, de dispens. impuberum. Quòd si post datam legitimè licentiam, antequam Sacerdos delegatus ea utatur, Parochus obeat, si mors ejus innotescit Sacerdoti, non potest ea amplius validè uti; quia delegatio illa, cùm data fuerit ad hoc matrimonium, expirat cum concedente illam: si autem mors non innotuerit, multi dicunt, valere ob titulum coloratum, & errorem communem. Si verò licentia fuerit concessa in generali assistendi suo loco omnibus matrimoniis suæ Parœciæ, quidam dicunt cum Lugone lib. 1. respons. moral. dub. 35. valere. Fateor tamen, quòd non auderem consulere Sacerdoti illi, ut ea utatur; qua enim ratione perseverare potest facultas illa, mortuo jam concedente, ejusque morte jam nota? In tantum enim valere potest, quia virtualiter censetur perseverare intentio concedentis; hoc autem defuncto, quomodo perseverat illius intentio? & cùm mors sciatur, cessant titulus coloratus, & bona fides. Nota demùm, quòd nullus sit casus, in quo sine hac Parochi licentia assistere possit alius Sacerdos matrimonio, cùm à Tridentino nullus casus excipiatur; sicut etiam de testium præsentia est dicendum: unde Sacerdos, assistens concubinario moribundo, qui necesse habet

ducere suam concubinam, debet priùs tunc licentiam obtinere, & testes advocare, ut validè assistat; quidquid nimis animosè dicant quidam recentiores.

VII. Requiritur insuper pro valore etiam præsentia simultanea saltem duorum testium, ut jubet Tridentinum loco citato, qui sint ratione, auditu, & visu compotes : eò quòd debeant facultatem habere testificandi indubitanter, matrimonium fuisse initum, si casus occurrat. Cùm autem Tridentinum nullam in hujusmodi testibus qualitatem postulet, infertur, quoslibet, ratione & sensibus utentes, sive mares sive fœminas, de quibus nulla suspicio sit, quòd in occurente casu sint pejeraturi, esse idoneos testes; quamvis fortè pro aliis contractibus ineundis à Jure repellantur : unde nil refert, àn sint consanguinei, servi, excommunicati, infideles, impuberes, infames, &c. Verùm prudentia dictat, ut, nisi necessitas compellat, eligantur adultæ, fideles, probæ, & honestæ personæ. Dixi, requiri præsentiam simultaneam testium unà cum Parocho, ità postulante natura actionis; cum debeant esse præsentes, dùm datur utrimque consensus, qui debent advertere ad actionem, quæ fit. Neque acquiritur, quò sint rogati, aut data opera vocati; cùm pro valore sufficiat, ut etiam metu adacti, & inviti trahantur, dummodò reapse assistant, & advertant ad id, quod celebratur; quia habetur finis legis. Pro licito autem debent vocari, ut spontanei, & non coacti veniant.

VIII. Non est necessaria pro valore benedictio Parochi, neque ulla verborum prolatio, quæ ab ipso fiat : quamvis graviter peccent, qui ex proposito illam omittunt; quia in re gravi discordant à ritu Ecclesiæ. Sicuti graviter peccant, qui derepentè coram Parocho comparentes unà cum testibus sive spontanei, sive tractis, matrimonium ineunt, ut fieri solet à furtivè contrahentibus, non sine gravi scandalo, & deordinatione.

IX. Antequam celebretur matrimonium, ex gravi præcepto Concilii loco citato necesse est, ut *à proprio contrahentium Parocho, tribus continuis diebus festis in Ecclesia inter Missarum solemnia publicè denuntietur inter quos matrimonium contrahendum sit... Quòd si aliquando probabilis fuerit suspicio, matrimonium malitiosè impediri posse, si tot præcesserint denuntiationes; tunc vel una tantùm fiat,*

fiat, vel saltem Parocho, & duobus, vel tri-bus testibus præsentibus, matrimonium ce-lebretur: deinde ante illius consummatio-nem, denuntiationes in Ecclesiæ finnt, ut si aliqua subsint impedimenta, faciliùs dete-gantur; nisi Ordinarius ipse expedire judi-caverit, ut prædictæ denuntiationes remit-tantur, quod illius prudentiæ, & judicio sa-cra Synodus relinquit. Hinc requiruntur istæ denuntiationes sub præcepto gravi, ità ut graviter peccet, qui sine Episcopi licentia il-las omittit. Debent autem fieri à Parochis utriusque sponsi, nisi consuetudo aliter obti-nuerit, ut ab uno duntaxat eorum fiant, ubi matrimonium celebrandum est.

* Parochus, Matrimonio interesse præsu-mens, cui legitimæ non præcesserunt denun-tiationes, suspensione ab officio, triennio du-ratura, aut etiam graviori pœna plecti jube-tur *in cap. Cùm inhibito, §. final.* à qua qui-dem suspensione, cujus tempus est à Jure de-terminatum, non posse eumdem intra trien-nium ab Episcopo absolvi, docent Sanchez *de matrim. lib. 3. disp. 52. n. 2.* Gutierrez *de matrim. cap. 75. n. 22.* & Pontius *lib. 5. cap. 37. num. 11.* Ipsis verò contrahentibus, quia Ecclesiæ mandatum in re sanè gravi contemnunt, condignam pœnitentiam injun-gendam, *in eodem §. final.* statuitur. Testi-bus tamen, qui ejusmodi matrimoniis assis-tunt, nulla pœna neque à Concilio Latera-nensi, neque à Tridentino reperitur imposita: at nihilominus pleræque Diœcesanæ Synodi etiam in illos duxerunt animadvertendum pœ-na excommunicationis latæ sententiæ. Quam pœnam à prædictis Synodis potuisse validè infligi, adversus Sotum *in 4. dist. 28. q. 1. art. 2.* sustinet Sanchez *cit. lib. 3. disp 46. num. 8.* cujus opinionem, Fagnani etiam auc-toritate munitam, approbat & amplectitur S. P. Benedictus XIV. *de Synod. Diœcesan. lib. 12. cap. 6. num. 2.*

☞ Idem S. P. Benedictus XIV. in Apostolicis litteris, ad omnes Episcopos directis die 17. *Novembris 1741.* incip. *Satis vobis* regulas sancit pro Matrimoniis occultis, quæ vulgò *conscientiæ* apellantur. Positis ob oculos plu-ribus malis, quæ in dies oriuntur ex matri-moniis, quæ occultè contrahuntur, 1. mandat Episcopis, ut non de facili dispensent super denuntiationibus, memores eorum, quæ su-per hac re in Synodo Tridentina statuta fue-re. 2. admonentur iidem Episcopi, ut magna vigilantia curent, quòd remissis publicationi-bus matrimonium celebretur coràm Parocho, vel alio Sacerdote, ad id deputato, & testi-

P. CUNIL. THEOL. MOR. T. II.

bus confidentibus, ne ulla celebrationis noti-tia nascatur; cùm urgentissima causa requi-ratur, ut id secundùm Canones licitè fieri pos-sit. A S. enim Pœnitentiaria fit potestas ità celebrandi matrimonium tunc potissimum, cùm vir, & fœmina, in figura matrimonii publicè degentes, & quibus nulla viget criminis sus-picio, in occulto tamen concubinatu perse-verant. Proponitur autem hæc praxis, non quia dispensatio huic tantùm casui congruat, cùm alii similes, & fortassè urgentiores, esse possint, in quibus dispensari expediat; sed quia pastoralis officii partes versari debent in sedulò investiganda legitima causa dispen-sationis. 3. admonet, & impensè hortatur eos-dem Episcopos, ut dlligenter inquirant in personas, secretò contrahere petentes, àn, sci-licèt, ejus sint qualitatis, gradus, conditionis, quæ id postulet: àn sint sui, vel alieni juris; an filii familias, quorum nuptiæ patri justè dissentienti sint invisæ; nimiùm enim alie-num esset ab Episcopali munere, facilem filio occasionem inobedientiæ præbere; àn res sit de personis Ecclesiasticis, licèt in minoribus Ordinibus constitutis, pensiones, vel benefi-cia Ecclesiastica obtinentibus, ut detestabi-lis eorum detentio posteà in statu uxorato congruis remediis compescatur. Potissimum verò admonentur, ut sollicitè curent, ut, an-tequam secreti matrimonii licentiam conce-dant, contrahentes clara, & indubia docu-menta exhibeant status liberi.

Quod attinet ad ministrum secreti matri-monii, statuitur 1. ut ad id munus deputetur Parochus alterius ex contrahentibus. Et si quæ circunstantiæ occurrant, quæ alium Sacerdo-tem exposcere videantur, is eligatur, qui & probitate, & doctrina, & muneris obeundi peritia commendetur. Quisquis tamen depute-tur, ei præcipiatur, ne matrimonio intersit, nisi priùs paterna charitate conjuges monue-rit, sobolem procreandam regenerari quam-primùm oportere sacro baptismate; ac Chris-to judici districtam reddituros esse rationem, nisi filios ut legitimos agnoverint, eosque pie-tate imbuerint, & frui patiantur bonis tem-poralibus, à majoribus in supremis tabulis re-lictis, vel providè legum auctoritate delatis. 2. Statuitur, ut, celebrato matrimonio, indila-tè minister, coram quo initum est, exhibeat Episcopo illius scriptum documentum cum nota loci, temporis, & testium, qui celebra-tioni interfuerunt: & declaratur, Episcopo-rum munus esse, diligenter incumbere, ut præsatum documentum ad perennem memo-riam fideliter transcribatur in libro, prorsus

Pp dis-

distincto ab altero, in quo matrimonia publicè contracta de more adnotantur. Hujusmodi verò librum pro matrimoniis secretis in Episcopali Cancellaria sigillo obsignatum cautè custodiendum esse, & eo tantùm casu, accedente Episcopi licentia, aperiendum, quo alia id genus matrimonia describi oporteat, vel aliqua urgens necessitas id postulet: absoluta autem re denuo diligenter claudendum, & sigillis, ut anteà, obsignandum. Fides, & attestationes clàm initi matrimonii, à ministro exarandas, ac Episcopis exhibendas, transcribi debere in dicto libro de verbo ad verbum à persona ab ipsis Episcopis deputanda, quae apud omnes integritatis saeculorum habeat testimonium. Ipsas verò attestationes, & fides in secretiori loco chartas rectas ab Episcopis iisdem servandas esse. 3. Statuitur, ut, si ex occulto hujusmodi matrimonio proles nascatur, ea baptizetur in Ecclesia, in qua alii infantes indistinctè baptizantur; & quia ad operiendum clàm initum matrimonium facile est, in libro baptizatorum nullam fieri mentionem parentum, expressè decernitur, ut à patre baptizati, eoque defuncto, à matre, suscepta proles Episcopis denuntietur, vel immediatè, vel per personam fide dignam ab ipsis parentibus designatam, ut certò constet Episcopis, prolem tali loco, & tempore, vel suppressis, vel falsò expressis nominibus parentum baptizatam, legitimam esse, licèt occulti matrimonii foedere procreata sit. Et indicitur, ut haec omnia, ne eorum memoria excidat, in libro fideliter describantur ab eo, qui deputatus est ad occulta matrimonia adnotanda. Erat liber, in quem sic baptizatorum, & parentum nomina referuntur, quamvis distingui debeat ab altero matrimonium, eadem tamen diligentia in Cancellaria Episcopali obsignatus custodiatur.

Quòd, si qui hisce mandatis parere negligant, ii ab Episcopis debita poena puniantur. Quinimò si verò constiterit Episcopis, ex occulto matrimonio natam prolem, & baptizatam, suppressis parentum nominibus, nulla ipsis praestita notitia ab iisdem parentibus intra triginta dies, à nativitate numerandos, mandatur hìc Episcopis eisdem, ut occulta illa matrimonia revelent, ac nova faciant. Ac ne à consanguineis, & inobedientibus ob id pastores tanquam rei violatae fidei, proditique secreti accusari possint; vult Pontifex ab Episcopis sedulo curandum, ut minister, pro occulti matrimonii celebratione deputandus, clam & sponte sic contra-

hentes moneat, eo pacto, & lege illis permitti secretam celebrationem matrimonii, ut soboles inde procreanda non solùm baptizetur, sed etiam post Baptismum denuntietur Episcopo cum nota temporis, & loci administrati Sacramenti, ac sincera indicatione parentum, à quibus ortum habuit: alioquin matrimonium, licèt contractum data per Episcopum secreti fide, in lucem proferetur in gratiam filiorum. Vult praeterea Pontifex, attestationibus matrimonii clàm initi, & sobolis ex eo procreatae exceptis ex libris, caute, ut suprà dictum est, custodiendis, eam fidem habendam, quae aliis libris Parochialibus Baptismi, & matrimonii haberi solet.

Postremò cavè praecipitur, ut haec omnia ab Episcopis observentur; & declaratur, hac Constitutione minimè prohiberi ea validiora remedia, quae ad avertenda mala, ex occultis matrimoniis aliquando provenientia, ab Episcopis opportuna dignoscerentur.

X. Itaque, qui conscius est alicujus impedimenti inter sponsos, tenetur sub gravi illud Parocho manifestare, sive sciatur à sponsis, sive ignoretur; ità postulante reverentia Sacramenti, & obligatione naturali impediendi peccatum proximi; & gravi onere obediendi praecepto gravi Ecclesiae ad commune bonum respiciente. Dixi, revelandum esse Parocho, posito quod jam sciatur ab ambobus sponsis: quod si ignoretur ab uno, debet prius ignoranti manifestari, ità exigente charitatis ordine, & praecipuè si sit impedimentum, infamiam aliquam afferens, puta, incestus cum sorore vel matre &c.: si autem spes fructus non effulgeat, revelari debet parentibus sponsorum; sin autem, tandem Parocho; non obstante quòd secreto naturali, & etiam sub juramento secreti servandi sciatur tale impedimentum; quia hujusmodi secreta, & juramenta in casu essent vincula iniquitatis contra bonum commune, quod exigit, ne matrimonia invalida contrahantur.

XI. At quid, si sciens impedimentum, timeat sibi, vel suis ex revelatione grave malum imminere? In hoc arduo casu tradunt nonnulli hanc regulam, quòd, quando ex revelatione imminet grave malum ipsi revelanti, aut ab altero sibi inferendum, aut à se ipso, quia compellitur prodere reatum suum, infamiam sibi afferente, aut quando prudenter timetur grave scandalum oriturum, aut grave damnum alteri innocenti, cesset in his casibus sciens impedimentum obligatio illud revelandi; quia, dic-

 unt,

cant, neque lex charitatis, neque reverentia Sacramento debita, neque obligatio legis Ecclesiasticæ obligant eum tanto gravâ-
mine. Non ità dicendum est de ipsis sponsis, qui, si vel ambo, vel unus noscat impedimentum, tenentur in conscientia desistere à
matrimonio ineundo, vel antequam incetur,
petere dispensationem, quamvis revelando
infamia sequatur; quia, cùm sit lethale peccatum ità contrahere, ab hoc perpetrando tenetur omni modo desistere. Et idem dicendum est, si interrogentur, àn adsit impedimentum, eò quòd tenentur sincerò veritatem
fateri; quia matrimonium celebrando scienter invalidum & gravissimè peccant, & in
continuo statu peccati lethalis viverent, conjugaliter tractando. Itaque, quando sciunt tale
impedimentum, & dispensationem aut petere
nolint, aut obtinere nequeant, mutuò conveniant à matrimonio resilire. Si autem unus
eorum sciat impedimentum, quod absque
sui infamia, vel alterius, revelare non potest;
aut constanter dicat, se voluntatem mutasse, &
nolle ullo pacto contrahere matrimonium, sed
eligere statum perfectiorem, ipsumque eligat;
aut, si speret, revelationem, faciendam alteri
parti, bonum effectum habituram, eidem sub
sigillo naturali revelet; ut deinde vel concorditer recedant à matrimonio, vel dilationem opportunam concorditer ponant, quousque secretò impetretur dispensatio. Si autem
absque scandalo gravi differri nequeat, adeatur secretè Legatus; vel eo non extante,
Episcopus, qui in tali casu necessitatis potest dispensare, ut dicetur suo loco.

XII. Certum est, ad valorem matrimonii non requiri consensum parentum; tùm
quia ità definivit Trid. sess. 24. cap. 1. damnans sub anathemate decretos oppositum;
tùm quia ratio suadet, cùm matrimonium
sit contractus tradens jus alteri in proprium
corpus ad prolem generandam, qui, ut patet, ex natura sua independens est ab assensu cujuscumque alterius. Dixi: ad valorem;
nam procul dubio illicitè mortaliter contrahitur, inscitis parentibus, vel aliis majoribus, loco parentum habitis; eo quis graviter
delinquens contra reverentiam eisdem debitam. Quod si à filiis exponatur parentibus
voluntas contrahendi cum tali persona honesta, & pari, & parentes non habeant justa motiva resistendi, sed afferant duntaxat
frivola motiva, aut suggesta ab avaritia ad
augendas opes &c.; tunc, postquam filii pro-
cucaverint modestia, & efficacibus officiis
flectere parentes, & post expectatum de-

cens tempus, non erunt accusandi gravis
criminis, si matrimonium ineant; tùm quia
non adest justa causa impediendi; tùm quia,
& ipsi parentes peccant, quando sine justa
causa matrimonium impediunt, quod equidem
ex reciproco amore inter contrahentes proficisci debet, potiùs quàm ex
alio motivo, dilectionem praetereunte, ut
concordia, & fidelitas constanter servetur;
tùm quia filii impleverunt debitum suum.

XIII. Certissimum est, ut hoc sacramentum dignè, & licitè suscipiatur, requiri,
dùm celebratur, in ipsis contrahentibus statum gratiæ, ex dictis de Sacramentis generatim: unde, si forte peccato mortali invē-
niantur gravati, tenentur praemittere confessionem, vel saltem conari pro viribus ad actum perfectae contritionis.

Matrimonio jungendi non sunt, qui doctrina Christiana satis instructi non reperiuntur.
Hac de re fusè disserit S. P. Benedictus XIV.
de Synod. Diœcesana lib. 7. cap. 29. E. R.
1746. Refellit ipse sententiam illorum, qui
asseruere, fas non esse Episcopo quemquam
à matrimonio arcere, hac solùm ob causam
quòd doctrinam Christianam ignoret, sed
duntaxat posse blandis verbis, atque adhor-
tationibus eum inducere ad matrimonium
differendum, donec Christianis imbuatur
institutis. Refellit, inquam, hanc sententiam,
ostenditque, ei & Rituale Romanum, & S.
Carolum Borromæum, & quamplurimas
Episcopales Synodos, ac Summorum Pontificium edicta adversari. Speciatim refert, quod
sancitum est in Congregatione, habita coram
Sanct. mem. Innocentio XII. anno 1697.
nempe, non esse à Parochis matrimonium in
Ecclesia proclamandum, nisi antea sponsos reperierint in Christianæ religionis ru-
dimentis sufficienter instructos, quod quidem decretum confirmatum fuit à sol. rec.
Clemente XI. in suo Bullario pag. 326. Ac
denique, subdit: Nos ipsi in nostra Encyclica Epistola ad universos Episcopos
(quæ est 42. in nostro Bullario §. 11.) haec
scripsimus. Verùm, cùm matrimonio jungendi non sint, si Parochus, ut debet, priùs in-
terrogando deprehenderit, marem seu femi-
nam, quæ ad salutem necessaria sunt, ignorare, vis tanta, ac tam luctuosa ignorantia
locum relinquet Episcopo, qui Pastores
animarum admoneat officii sui: & huic si
desint, negligentiæ repetant pœnas.

Unum tamen advertendum addit num. 6.
quod rectè, inquit, consideravit Giribaldus
de Sacram. Matrim. tract. 10. c. 3. dub. 13.

num.

num. 3. nimirùm, quandoque evenire, ut quis præcipua fidei nostræ mysteria, & sciat, & credat; cætera pariter, quæ necessitate præcepti sunt addiscenda, aliquo saltem rudi modo perceperit, sed quia hebetis est ingenii, & exilis memoriæ, post omnem adhibitam diligentiam, illa memorata retinere, & recitare non valeat; in hoc autem rerum statu non debet perpetuò arceri à matrimonio, quod est institutum in officium naturæ, & proptereà nemini sine propia culpa est denegandum; sed curabit Parochus, ut, qui eo memoriæ defectu laborat, frequenter audiat, quæ semel crassè didicit, ne ab ejus mente penitus elabantur. In hujusce rei confirmationem allegat auctoritatem Cardinalis Augustini Valerii in notis ad celeberrimas *Constitutiones Gibertinas*, scilicet, editas à Joanne Mattheo Giberto Episcopo Veronensi.

§. IX. *De Matrimonii indissolubilitate quoad vinculum.*

I. **M**Atrimonii indissolubilitas est de Jure naturali, pertinente, ut notavit Angelicus in q. 67. Suppl. art. 2. ad secunda Juris naturalis præcepta, id circo à solo Deo quandoquè dispensabilia; solutio enim hujusmodi vinculi repugnat finibus matrimonii, legitimæ, videlicet, prolis susceptioni, ejusdemque convenienti educationi, atque animorum conjugum arctæ & fideli conjunctioni; & quamvis non sit consummatum ex semetipso tamen ad hæc omnia ordinatur. Dixi cum Angelico, indissolubilitatem hujusmodi pertinere ad secunda legis naturalis præcepta; quia, quæ sunt prima hujus præcepta, immutabilia sunt, quippè quòd oppositum eidem sit ab intrinseco malum; & proptereà ab ipso quoquè Deo, qui infinita bonitas & justitia est, sunt indispensabilia. Poterit igitur Deus aliquando matrimonium etiam consummatum dissolvere quoad vinculum, tanquam supremus omnium creaturarum Dominus, omniumque jurium earumdem, auferendo ab ipsis jus, quod invicem habent in corpus alterius: & cum infinitæ potestatis sit, ad hanc pertinebit illa incommoda impedire, quæ ex solutione profluere timerentur.

II. Cùm autem circa hoc factum solutionis matrimonii, etiam consummati, in veteri lege per libellum repudii jam consuetum, graves exurgant controversiæ, an reverà licitè fieret; idcirco S. D. in loco citato art. 3. problematicè procedit, utramque

opinionem referendo, tàm quòd id illicitum fuerit, quàm quòd licitè fieret; quarum opinionum motiva videsis ibidem, confinia instituti nostri excedentia: nobis impræsentiarum sufficit advertere, quòd, si illicitum fuerit, magis corroboratur indissolubilitas naturalis: si vero licitum fuerit, Deus absoluta potestate dispensaverit circa rem, ad secundi ordinis naturalia præcepta pertinentem, pro eo statu legis adhuc imperfectæ, ad evitanda majora inconvenientia, quæ ob illius gentis duram cervicem profecta fuissent, si matrimonium perpetuò constare debuisset.

* Relege, quæ ad rem hanc addidimus *tract. 1. cap. 11. de legibus* §. 111. n. 12.

III. Modò certum est de fide matrimonium consummatum esse indissolubile quoad vinculum Jure Divino positivo Christi, Matthæi 19. ubi Christus revocavit matrimonium ad sui primævam institutionem, & conclusit dicendo: *Quod ergo Deus conjunxit, homo non separet:* eo propter S. Paulus 1. Corint. 7. ait: *Iis, qui matrimonio juncti sunt præcipio, non ego, sed Dominus, uxorem à viro non discedere: quòd si discesserit, manere innuptam, aut viro suo reconciliari: & vir uxorem non dimittat.* Idemque docuit Concilium Florentinum in decreto de Sacramentis: *Vinculum matrimonii legitimè contracti perpetuum est:* & tandèm Tridentinum sess. 24. can. 5. definivit: *Si quis dixerit, per hæresim, aut molestam habitationem, aut affectatam absentiam à conjuge, dissolvi posse matrimonii vinculum; anathema sit;* & canone 7. *Si quis dixerit Ecclesiam errare, cùm docuit, & docet juxta Evangelicam, & Apostolicam doctrinam, propter adulterium alterius conjugum matrimonii vinculum non posse dissolvi; & utrumque, vel etiam innocentem, qui causam adulterii non dedit, non posse, altero conjuge vivente, aliud matrimonium contrahere; macharique eum, qui, dimissa adultera, aliam duxerit, & eam, quæ dimisso adultero, alii nupserit; anathema sit.* Eò quòd matrimonium consummatum sit signum perfectum unionis Verbi cum humana natura, quæ unio nunquam est solvenda.

IV. Neque obstare possunt verba Christi Mat. 19. *Quicumque dimiserit uxorem suam, nisi ob fornicationem, & aliam duxerit, machatur,* si rectè intelligantur juxta communem Patrum, nempe: *Quicumque dimiserit,* subauditur, quoad torum, & cohabitationem perpetuam, *nisi ob fornicationem, machatur;*

tur; id est, reus mœchiæ uxoris, *quia*, ut dixi Matth. 5. *facit eam mœchari, & qui aliam duxerit* ex quavis causa, *mœchatur*, id est, ipse adulterando. Verba igitur illa concedunt licitam dimissionem perpetuam uxoris, quoad torum duntaxat, & cohabitationem, non quoad vinculum, ob illius fornicationem, & infidelitatem conjugalem; ideo subdit statim, *& aliam duxerit, mœchatur*; si enim dimissio intelligeretur etiam quoad vinculum, profectò aliam ducendo non mœcharetur; qui sensus legitimus est, juxta alibi à Christo dicta tùm Mathæi 5. tùm Marci 10.

V. Etiam matrimonia infidelium non baptizatorum sunt insolubilia quoad vinculum, quamvis contrahantur in gradibus, ab Ecclesia prohibitis, quippè qui non subsint Ecclesiæ legibus: taliter tamen subsistit matrimonium insolubile, ut ex præcisa, & mera conversione alterius eorum ad fidem non solvatur, posito quòd infidelis pacificè, & sine irreligiosa molestia cohabitare assentiatur: si autem, ut Jura loquuntur, cohabitare nolit nisi cum injuria Creatoris, id est, aut legem Christi blasphemando, aut apostasiam suadendo alteri ad fidem converso, aut ad alia crimina inducendo; tunc ex Dei dispensatione, impertita Ecclesiæ in favorem Religionis, potest conjux conversus ad fidem rescindere vinculum matrimonii etiam consummati, & ad aliud ineundum transire: ità ex capite *Quanto de Divortiis*; & matrimonium dissolvitur eo ipso quòd fidelis aliud matrimonium ineat: nàm, si aliud non iniret, quamvis ab infideli molesto recessisset, non posset infidelis aliud matrimonium inire; quia solubilitas est tammummodò concessa in gratiam Christianæ Religionis, & non in commodum infidelis, injustè vexantis, & deducitur ex Apostolo I. Cor. 7. ubi de hoc sermonem habens dicit: *Quòd si infidelis discedit, discedat; non enim servituti*, (id est, jugo conjugali) *subjectus est frater, aut soror hujusmodi*. Et quamvis ex capite *Judæi*, & canone *Sæpè* 28. *q. I.* non pauci Scriptores dicant, quòd possit fidelis rescindere matrimonium, ineundo aliud, etiam ex solo motivo, quòd alter nolit converti, id nobis cum pluribus aliis non probatur; quia non extat motivum justum dissolvendi; cùm nulla inferatur injuria Religioni Christinæ, stante promissione pacificè cohabitandi & abstinendi ab omni suasione, Religioni contraria.

☞ Matrimonium, in infidelitate contractum, & consummatum, quemadmodum docet Auc-

tor, per conversionem alterutrius conjugis dissolvitur ex privilegio, in fidei favorem à Christo Domino concesso, & per Apostolum Paulum I. *ad Cor.* 7. promulgato, si infidelis cum converso cohabitare nolit, aut non sine contumelia Creatoris, nimirùm, non sine periculo subversionis conjugis fidelis, vel non sine execratione sanctissimi nominis Christi, & Christianæ Religionis despicientia. Non est tamen integrum, ut animadvertit Summus Pontifex Benedictus xiv. *de Synodo Diœcesana lib. 6. c. 4. num. 3. E. R. 1748.* conjugi converso transire ad alia vota, priusquàm infidelis interpellatus, aut absolutè recusaverit cum eo cohabitare, aut animum sibi esse ostenderit, cum illo quidem cohabitandi, sed non sine contumelia Creatoris: uti colligitur ex celeberrima Decretali Innocentii III. *in cap. Quanto de Divortiis.* Et si conjux infidelis, seu in sua infidelitate remanens absit, vel lateat, ità ut interpellari non possit, juxta sententiam magis receptam cui & Sacra Congregatio Concilii adhæsit in quadam causa Florentina, discussa 17. *Januarii 1722.* necessaria est dispensatio Summi Pontificis; cujus est declarare, àn in quibusdam circunstantiis desit obligare præceptum Divinum, quo prædicta interpellatio ante rescissionem matrimonii videtur injuncta.

Quamvis autem non desint, qui sentiant, interpellato conjuge infideli à fideli, eoque aut expressè abnuente legitimè cohabitare, aut intra terminum, sibi in interpellatione præfixum, nihil respondente, illicò resolvi conjugium, quo erant ambo constricti; attamen recentiores Theologi, & Canonistæ ferè communiter sustinent, non dirimi primum matrimonium, antequam conversus ad fidem aliud ineat; ità ut, si infidelis aliud contrahat, & convertatur, ad priorem conjugem innuptum redire debeat; à qua sententia, ut refert laudatus S. Pontifex Benedictus xiv. *loc. cit. num. 4.* ne latum quidem unguem S. Congregatio recessit. Et hanc etiam Auctor propugnat.

Alia extorta fuit controversia: àn Papa jus habeat primum matrimonium, in infidelitate contractum, & consummatum, suprema sua auctoritate relaxandi, & permittendi, ut posterior conversus maneat in secundo matrimonio, seu cum secunda uxore. Hæc quoquè controversia discussioni S. Congregationis proposita fuit, sed indecisa remansit; & eadem S. Congregatio satius duxit à sententia ferenda se abstinere, sicuti idem S. Pontifex renuntiat *num. 5.*

Duæ

Duæ ejusdem S. Pontificis Constitutiones, ad rem hanc pertinentes, hîc summatim referre operæ pretium existimamus. In prima edita *die 6. Januarii 1745.* quæ incipit: *In suprema;* quæque habetur *tom. 1. Bullarii n. 117.* facultatem concessit Sedis Apostolicæ in dominio Venetorum Nuntio pro tempore existenti dispensandi cum Neophytis, in loco pio Catechumenorum Venetiis ad fidem conversis, super interpellatione prioris conjugis in infidelitate relicti ad effectum contrahendi matrimonium cum fideli: „De Venerabilium Fratrum Nostrorum S. R. E. Car-„dinalium (sic Martino Junico Carracioli „Archiepiscopo Chalcedonensi, tunc Aposto-„lico Nuntio Venetiis commoranti) Genera-„lium Inquisitorum, adversùs hæreticam pra-„vitatem auctoritate Apostolica deputatorum, „consilio, Fraternitati Tuæ, & pro tempore „existenti Nuntio Venetiarum, ut cum qui-„buscumque utriusque sexus Neophytis, vel „infidelibus, vel Judæis, vel Turcis, aliisque „personis cujuscumque sectæ hujusmodi, in „dicto loco pio pro tempore existentibus, „seu in illum priùs receptis & admissis, „ac postmodùm inde egressis verè ad fidem „conversis, qui ante Baptismum matrimo-„nia, ut præfertur, contraxerint, ut eo-„rum quilibet, etiam superstite conjuge „infideli, Judæo, Turca, etiam ejus con-„sensu vel requisito; & non expectato, „vel minimè requisito; dummodò etiam „tibi constet, summariè, & extrajudicia-„liter, conjugem absentem moneri legiti-„mè non posse, aut monitum intra tem-„pus, in monitione præfixum, suam volun-„tatem significare neglexisse, matrimonium „cum quovis fideli, & catholico, præmis-„sis priùs proclamationibus, non denuntia-„tionibus, à Concilio Tridentino præscrip-„tis, in faciem Ecclesiæ ritè contrahere, „ac carnali copula consummare, & in ma-„trimonio sic contracto, quoad vixerint, re-„manere licitè, & liberè possint, auctori-„tate nostra Apostolica dispenses, & in-„dulgeas. Prætereà matrimonia inter Neo-„phytos hujusmodi, & alios fideles, & „Catholicos, aliàs ritè contracta, etiamsi „postmodum innotuerit, priores conjuges „Infideles, vel Turcas, aut Judæos, nonnul-„lis legitimis impedimentis detentos, suam „voluntatem significare minimè potuisse, „vel ad fidem etiam tempore secundi ma-„trimonii conversos fuisse, ullo unquam „tempore rescindi minimè debere, sed il-„la semper firma, valida, & inviolabilia

„existere, & fore; dicta auctoritate decer-„nas, & declares, plenam & amplam fa-„cultatem & potestatem, eadem auctoritate „tenore præsentium, tribuimus & impar-„timur: salva tamen semper in præmissis „auctoritate Congregationis eorumdem Car-„dinalium. Non obstantibus Apostolicis, „ac in Universalibus, Provincialibusque, „& Synodalibus Conciliis editis generali-„bus, vel specialibus Constitutionibus, & „Ordinationibus, cæterisque contrariis qui-„buscumque. " Hæc eadem facultas aliis etiam data fuit à pluribus Summis Pontificibus prædecessoribus.

In altera verò Constitutione, publicata die *18. Sept. 1747.* cujus initium est: *Apostolici Ministerii*, quæque extat *t. 2. Bullarii n. 98.* postquam retulit Theologorum, & Canonici Juris Consultorum opiniones circa celebrem quæstionem, quando solvatur matrimonium contractum ab Hebræo cum Hebræa, quæ se convertere recusat; & quando conversus novum matrimonium cum muliere Christiana; & quando Hebræus cum Hebræa contrahere possit, sic sancit: „Sed quidquid „sit de hujusmodi controversiis, quæ inter „Theologos, & Juris canonici professores „disceptantur, de quibus nihil nos definire „intendimus, singulas illorum sententias eo „loco, quo sunt, relinquentes, cùm nostra „mens & voluntas nequaquàm sit aliquid „nunc definire de matrimonio, quod à mu-„liere Hebræa contrahitur, posteaquàm, nol-„le se christianæ fidei nomen dare, declara-„vit: sed id solum motu proprio, ex certa „scientia, & plenitudine potestatis tenore „præsentium volumus, intendimus, ac ju-„bemus, ut, cùm aliquis Hebræorum chris-„tianam veritatem amplexus fuerit, non præ-„termittatur interpellatio, mulieri more re-„cepto facienda, àn velit, necne, se ad Chris-„tum convertere: dummodò tamen ex aliqua „gravi causa, vel à Nobis, vel à Romanis „Pontificibus successoribus nostris non cen-„seatur hujusmodi interpellatio omittenda, „ut videri licet in nostra Constit. *In Su-„prema* data die 16. *Januar. anno 1745.* „quæ est 117. in tom. 1. nostri Bullarii, „imò expressè vetamus, prohibemus, ac „interdicimus, ne conversi quovis tempo-„re, & quovis modo, sive in Judæorum „domicilio, nempe, Ghetto, Rabbinico ri-„tu, sive extra coram Notario, & testi-„bus Christianis, libellum repudii uxoribus, „quæ interpellatæ renuunt se convertere, „aut, amissa vigore dispensationis ejus-
„mo-

„modi interpellatione , quia ex probabili
„conjectura creditum est minimè se ad
„Christi fidem conversuras , dare , scribe-
„re , aut mittere audeant , & possint.“
Deindè pœnas contra delinquentes statuit,
& quidem si quis Neophytus Rabbinicis superstitionibus inveniatur dedisse uxori, recusanti se convertere, repudii libellum , in
eum tanquam *Judaizantem* animadvertendum esse , pronuntiat : si autem id fecerit
coram Notario , & testibus Christianis , minori pœna plectendum esse , qua plecti debet qui intra ipsum *Ghetto* Rabbinici superstitionibus libellum repudii scripserit. Declarat tandem , quod dictum est de marito erga uxorem, intelligendum esse etiam de uxore erga maritum.

VI. Si autem vir infidelis , qui convertitur , habeat plures uxores , illam retineat,
si cohabitare velit pacificè , quæ prima duc-
ta fuit , cum qua duntaxat validè contraxit ; quia in præsenti Religionis statu post
adventum Christi supremi omnium Domini , ejusque declarationem , matrimonium ab
ipso reductum fuit ad primævam sui institutionem , ut uni unus conjungatur ; quæ
lex cunctos homines afficit , utpote lex supremi omnium Domini ; & proptereà etiam
infideles invalidè contrahunt secunda matrimonia simultanea post primum , quod solum
validum est.

§. X. *De dissolubilitate matrimonii rati tantum.*

I. MAtrimonium fidelium baptizatorum
ratum duntaxat , id est , nondum
consummatum licitè dissolvitur quoad vinculum per professionem solemnem Religionis,
ab Ecclesia approbatæ : ità ex capite *Verum* , & ex capite *Ex publico* de conversione conjugatorum. Imò Concilium Tridentinum sess. 24. can. 6. id de fide definivit : *Si
quis dixerit , matrimonium ratum, non
consummatum , per solemnem professionem
alterius conjugum non dirimi; anathema sit.*
Quandoquidem hæc conditio: nisi Religionem
profitear ante consummationem, Ecclesiastico Jure saltem, & fortè etiam divino, imbibita censetur in contrahendo, ob communis boni felicitatem , nempè , eligendi statum pro
anima perfectiorem, cui altera pars cedere debet jus suum particulare; præcipuè, quia absque ulla honestatis suæ jactura cedit illud.

II. Et nota , non sufficere solum Religionis ingressum , sed expectandam esse profes-

sionem ejusdem ; qua emissa , alter relictus
potest ad novas nuptias convolare. Nota
prætereà , duorum mensium tempus concedi conjugibus ad consumandum ex debito
matrimonium , ità neuter possit ab altero
obligari ad consummandum ante duos menses ; quibus elapsis à die celebrati matrimonii , injustè negaret debitum petenti illud , graviterque peccaret denegando. Si tamen etiam ad plures alios menses protraheret , quamvis illicitè , denegationem debiti,
nec matrimonium consumaret , idque pro-
baret; valeret adhuc Religionem ingredi , &
profiteri posset.

III. Neque obest jussio Christi : *Qua
Deus conjunxit , homo non separet* ; quæ intelligitur de matrimonio consummato ; dixerat namque immediatè ante hæc verba : *Quia
jam non sunt duo , sed una caro* : quod de
matrimonio duntaxat consummato verum esse potest. Neque similiter obest , quòd matrimonium etiam ratum significet conjunctionem Christi cum Ecclesia. Nam duplex est
Christi cum Ecclesia conjunctio , una per
charitatem , altera per incarnationem : prima
solubilis est , non ex parte Christi , sed ex
parte membrorum Ecclesiæ , quæ membra,
ob sui inconstantiam in bono , facillimè solvunt erga Christum caritatis vinculum ; cujus conjunctionis symbolum est matrimonium
ratum : secunda autem conjunctio per incarnationem insolubilis est ; & hujus conjunctionis symbolum est matrimonium duntaxat
consummatum.

IV. Si uxor intra bimestre denegans debitum , quia cogitat de ingredienda , & profitenda Religione , vi oprimatur à marito,
si reverà semper resistat , plures rationabiliter dicunt apud Sanchez lib 2. disp. 22. n.
6. non privari privilegio ingrediendi , &
profitendi Religionem inter viduas : cùm
nemo sine sua culpa , & multò minùs per
injuriam alterius , privandus sit jure suo.
Maritus autem gravissimè peccaret id agendo contra justitiam ; & propterea ipse post
professionem uxoris non remaneret liber ad
contrahendum aliud matrimonium ; quia ex
parte sui illud consummavit , & vinculum
insolubile subiit.

V. Interrogabis, àn possit licitè infra bimestre debitum denegare conjux ille , ad
merum finem utendi jure suo , quin cogitet
de profitenda Religione ; Pontius libr. 6.
cap. 1. cum aliquibus respondet , adhuc licitè posse , quia fortè eo tempore vocabi-
tur à Deo ad statum Religionis : poterit
igi-

igitur debitum negare, ne impedimentum ponat vocationi forte adventuræ. Sed probabilior cum Navarro, Angelo, apud Laymanum cap. 6. §. 2. docet, non posse licitè debitum negare, nisi revera de Religione ingredienda, & profitenda aliquid saltem animo revolvat; quia privilegium negandi debitum est concessum ex solo motivo favendi cogitanti de Religione profitenda. Putarem nihilominùs, utramque opinionem conciliari posse, addendo, quòd si, nil cogitans de Religione ingredienda, prævideat periculum incontinentiæ in altero conjuge, aut hunc valdè irritandum, & ex hoc amorem conjugalem aut valdè tepefaciendum, aut extinctum iri (quæ inconvenientia sunt plusquam probabilissima) vera dubio procul sit secunda opinio; & teneatur conjux ad reddendum debitum titulo gravi charitatis Christianæ; his enim malis prævisis, non potest non esse tyrannica, & irrationabilis denegatio debiti cum manifesto periculo animæ conjugis, instanter petentis. Si autem conjux petens esset adeo mirabilis modestiæ, moderationis, & patientiæ, ut ex debiti denegatione constanti nullum certò moraliter prævideatur ex indicatis inconvenientibus secuturum, poterit forte esse vera prima opinio; at conjugem recentem hujus indolis quis inveniet? In praxi igitur, puto, non recedendum à secunda opinione: quando itaque conjux recens cogitat de Religione profitendi, sincerè id alteri manifestet, ut, cognito justo, & pio denegationis debiti motivo, præcludatur aditus inconvenientibus memoratis.

VI. Forte dices: si tale est jus bimestris, poterit igitur quis licitè matrimonium inire cum hoc positivo animo ingrediendi Religionem infrà bimestre, & intereà negandi debitum alteri conjugi. Respondeo cum communi, mortaliter peccare illum, qui cum tali animo contrahit matrimonium; tùm quia in circumstantia valde notabili decipitur alter contrahens, cui si id innotuisset, certè non contraxisset; tùm quia gravatur notabilissimo incommodo expectandi, donec alter Religionem profiteatur, tùm quia datur aditus suspicandi, quòd conjux relictus fuerit ob aliquod vitium, anteà ignotum; tùm denique, quia si Religionem ingrediens non profiteatur, & cogatur reverti ad conjugem relictum, difficilè resurgere poterit extinctus amor, quorum omnium inconvenientium est causa directa: ad differentiam illius conjugis, cui post celebratum matrimonium insurgit inspiratio Religionis profitendæ, qui duntaxat indirectè, per accidens, & permissivè se habet ad relata inconvenientia.

VII. An autem matrimonium ratum solvi possit per dispensationem Pontificis, variè opinantur pro utraque parte Doctores. Nobis adhærendum videtur gravissimis S. Antonino 3. part. tit. 1. cap. 21. §. 3. Sylvestro, Navarro, Medina, Suarez, Bellarmino, & aliis apud Sanchez lib. 2. disp. 14. n. 3. dicentibus, ob gravissimam causam, Pontificia prudentia discernendam, posse solvi: ratio est; quia id fecère Martinus v. & Eugenius iv. teste S. Antonino: Pius ii. & Pius iv. teste Navarro, Gregor. xiii. teste Præposito, Clem. viii. de Urban. viii. teste Conrado: atqui valdè injuriosum est Sedi Apostolicæ, asserere, tot Pontifices egisse, quod fieri non poterat: igitur, &c. Insupèr, etiam juxta adversarios, potest Pontifex dispensare ex gravissima causa vinculum professionis Religiosæ, quod est longè fortius vinculo matrimonii rati, eò quòd per professionem dissolvatur, ut diximus, matrimonium ratum: ergo etiam poterit ex justa causa hoc idem dissolvere. Si dicas, Ecclesiam nihil posse circa Sacramenta: respondeo id verum esse de Sacramentis, ab humano contractu independentibus; secùs de hoc, quod contractui humano innititur, in eoque fundatur; & idcircò directè dissolvit contractum, & exinde Sacramentum, quod nondum habet completam sui significationem conjunctionis Christi per Incarnationem.

§. XI. De dissolubilitate matrimonii quoad torum.

I. MAtrimonii consummati dissolutio quoad torum, conjugali vinculo remanente, duas causas legitimas recognoscit, nempè, majorem vitæ perfectionem, & crimen alterius conjugum. Major vitæ perfectio est prima causa licita, nempè, si ambo conjuges Religiosum statum assumant: si unus de licentia alterius Religionem ingrediatur, & profiteatur; in quo casu alter, remanens in seculo, tenetur emittere votum perpetuæ castitatis; ità ex cap. 4. & 8. de conversione conjugatorum: ut igitur cautiùs agatur, antequam conjux Religionem ingrediatur, optimum erit, ut remanens in seculo coram testibus spondeat, se emissurum votum castitatis, statim ac alter profesfessionem emiserit. Si autem remanens in seculo ; quamvis non sine mortali, servare fidem recuset, & nolit ampliùs castitatem vovere, & ex ejus ætate prævideatur scandala adulteriorum oritura; dicit Sanchez lib. 5. tract. 10. part. 3. c. 5. testans, esse communem opinionem, teneri Episcopum restituere conjugi illi malè feriato conjugem professum, ad debitum eidem reddendum, non ad petendum: & defuncto illo conjuge, vel eo in se reverso, & votum emittente, teneri ad revertendum in Religionem; ità postulante communi bono, & scandalorum præclusione.

* S. P. Benedictus xiv. de Synod. Diœces. lib. 13. c. 12. plura ad rem hanc habet scitu digna. In primis n. 10. decernit, quòd nostris temporibus, si de matrimonio agatur consummato, nequit uxor sine consensu viri, aut vir sine consensu uxoris, religiosam, & claustralem vitam amplecti, quemadmodùm perspicuè infertur ex Decretali Alexandri iii. in cap. Verum de convers. conjug. Addi autem, consensum hujusmodi liberum esse oportere, ac plenè voluntarium; si enim, ait, fuisset per vim, metumve extortus, posset utique, qui ipsum præstitit, alterum conjugem, licèt jam in claustris inclusum, ex iis revocare, ut rescripsit Innocentius iii. in Decretali: Accedens, eodem tit. Et quamvis, subdit, etiam consensus omnino fuisset liber, insuperque conjux, monasterium ingressus, religiosam professionem emisisset, si alter conjux ea, quæ sacris canonibus constituta sunt, ex parte sua non præstet, integrum ipsi est, professum è claustro revocare, licet professio ab eo validè emissa fuerit juxta celebre rescriptum laudati Pontificis Alexandri iii. in Decretali: Præterea, de convers. conjug. Quòd & docet Auctor n. præced. Deinde idem S. P. n. 11. adnotat, duo esse à sacris canonibus præscripta. Primum, ut si alter conjugum velit in monasterio sese recipere, ibique se Deo devovere, id ei nullatenùs concedatur, nisi alter quoque conjux cenobium ingrediatur, & in eo regularem professionem emittat; ut constat ex can. Quia Agatho, 27. q. 2. cui alii etiam canones consonant. Hæc est, inquit, prior regula à Jure canonico tradita. Sequitur altera, quam prioris limitationem meritò dixerit; qua nimirùm sancitur posse alterum conjugem, post matrimonium etiam consummatum, fieri religiosum, licèt alter ejus vestigia sequi detrectet; dummodò tamen hic provectæ ætatis sit, ab omni incontinentiæ suspicione immunis, &, si inter seculares versari maluerit, simplici castitatis

voto se obstringat : his quippè positis peculiaribus circunstantiis, alteri ex conjugibus fit facultas ingrediendi Religionem, alteri verò manendi in seculo, veluti prosequitur Alexander Pontifex in præcitata Decretali: Cum sis de convers. conjug. Insuper n. 13. ex eo quod modo dictum est, videlicet, quòd dùm uxor religiosam in Monasterio vitam amplectitur, satis est, ut vir in seculo se simplicis castitatis voto obstringat, si ab omni incontinentiæ suspicione maximè per ætatem vindicetur, infert, posse etiam in tali casu, si velit, ad sacrum Ordinem, indeque ad sacerdotalem gradum in seculo conscendere; si enim, ait, lex ipsi in tali casu indulget, ut simplici castitatis voto illigatus in seculo permaneat, cumulatiùs legem implet, si sacris Ordinibus initietur; cùm castitatis votum, sacris Ordinibus adnexum, solemne sit, & habeatur. Præterea n. 14. censet, non sufficere, si, muliere Religionem ingressa, alter conjux nec ætate grandevus, nec ob alias circunstantias ab incontinentiæ suspicione remotus, sacros suscipit Ordines; idemque existimat non satis tutò egisse aliquos Episcopos, qui quandoquè facultatem fecerunt ad sacros Ordines conscendendi viro licèt juniori, cujus uxor sanctimonialium vitam amplectebatur; longèque rectiùs fuisse facturos asserit, si, ubi peculiares facti circunstantiæ id suadere viderentur, eosdem monuissent, ut opportunam à Sede Apostolica dispensationem implorarent, cùm nulla de hoc Pontificia extet definitio. Demùm num. 15. ob oculos ponit, quod statutum fuit in Congregatione particulari, habita coram fel. record. Innocentio Papa x. nimirùm, quòd, si legitimè probatum fuerit adulterium uxoris, & hæc dein religiosam in Monasterio vitam eligat, non cogitur vir, licèt florens ætate, Religionem ingredi; sed satis est, ut ab eo simplex castitatis votum in seculo nuncupetur. Quin & in eo casu, si ex Episcopi testimonio constet, virum in seculo manentem vitæ esse probatæ, conceditur illi per indultum, ut nullo se castitatis voto obliget, adeo ut post uxoris mortem valeat ad alias nuptias transire. Ità ex resolutione à Congregatione. Ibid. num. 26.

II. Si unus conjugum sine licentia alterius Religionem profiteatur sincerè, & bona fide, nihilominùs nulla est professio, ex capite: Quidam, & ex capite: Accedentes de conversione conjugatorum : undè tenetur reverti ad relictum conjugem, ità exigente justitia, ut patet : & si conjux ille relictus moriatur

ante alterum male professum , hìc non tenebitur ad Religionem reverti , cùm ex professione invalida non oriatur debitum redeundi:
non tamen poterit novum matrimonium inire;
quia, cùm sincerè , & bona fide professionem
illam , quamvis irritam, emiserit , vovit castitatem , quo voto, quia sincerè facto , præsumitur, se voluisse obligare, quantum poterat, & eo modo quo poterat; cùm autem se
obligare potuerit ad non petendum debitum,
& ad servandam continentiam, idcirco præsumitur, quòd, si sincerè voverit, cùm ad hæc
duo obligare tunc se potuerit, ità de facto se
obstrinxerit, nempè, ad non petendum debitum , vivente conjuge , & ad continentiam
servandam, eo defuncto. Cautè tamen monet
Pontius lib. 9. cap. 11. n. 4. & alii post ipsum, hanc esse præsumptionem fori, & ità tenendum , posito quod præfatum animum habuerit vovendi ea , quæ poterat, etiam independenter à professione religiosa: quod si intentionem habuerit vovendi castitatem dependenter à professione religiosa, & non aliter, tunc docent, quòd nec teneatur abstinere
à petitione debiti, conjuge vivente, neque ab
ineundo alio matrimonio, ipso defuncto; quia
præsumptio Juris , & fori cedere debet foro
veritatis , & conscientiæ; cùm votum non se
extendat ultra intentionem voventis.

III. Solvitur etiam licitè matrimonium
consummatum quoad torum, si vir de licentia uxoris Ordines sacros suscipiat , dummodò & ipsa, modis suprà dictis, castitatem vo-
veat : ità ex Juribus paulò antè indicatis. Id
autem intelligas hoc modo: nempè : si , viro
de consensu uxoris sacros Ordines suscipiente, uxor sit jam quinquagenaria , & vir sep-
tuagenarius, sufficiet, ut uxor emittat votum
castitatis perpetuæ coram testibus: si verò
sint ætate hac minores , debet uxor , præter
emissum votum, etiam ingredi Monasterium,
ut ex Sacris Canonibus docet communis cum
Gutierrez , Sanchez , Pacejordano , & aliis;
nàm alioquin non satis provideretur periculis
incontinentiæ : & cùm istæ leges fundentur
non in præsumptione facti, sed in præsumptione juris , seu periculi , sunt ab omnibus
observandæ, etiamsi in aliquo particulari casu hæc pericula non extarent , ut diximus in
tract. 1. cap. 2. §. 5. n. 13. 14. & 15. Addunt quidam, quod, si uxor post mortem viri ordinati illicitè contrahat matrimonium,
invalidè etiam contrahat : quod non verificatur , si contrahat post mortem viri duntaxat professi , & non ordinati : alii è contrà
dicunt, in utroque casu esse quidem illicitum,

ut patet, ob votum violatum , attamen validum : pro prima, vide Azorium part. 1. lib.
3. cap. 14. pro secunda Pontium lib. 7. cap.
25. & elige quam rationabiliorem judicabis.
Intereà attentè nota , quòd , si vir de uxoris
licentia ad Episcopatum assumatur, illa priùs
teneatur ingredi Religionem , aliter non sit
assumendus, ità ex speciali capite *Sanè* de
conversione conjugatorum : vide Sanchez
disp. 43. Demùm , qui sine uxoris licentia
Sacros Ordines recipit , præter peccatum
mortale, incurrit irregularitatem, ex Extravaganti antiqua de voto: undè neque potest ministrare in Ordine recepto, neque ad altiores
promoveri , neque ad beneficium , neque ad
officium ecclesiasticum : & tenetur ad uxorem, petentem redditum, reverti, & debitum
reddere petenti : non autem potest ipse petere ob votum emissum : cùm enim Ordo sit
validè susceptus, votum quoque tenet in *his,*
in quibus servari potest.

* Legatur S. P. Bened. xiv. *loc. supra cit.*
n. 16. ubi refert , concessum esse etiam aliquando viro sexagenario majori, ut ad Sacerdotalem gradum ascendere posset, dummodò
uxor ferè sexaginta perpetuam castitatem vo-
veret. Item concessum esse etiam , ut vir sep-
tuagenarius de consensu uxoris, acciperet sacros Ordines, & uxor paris ætatis Tertiariæ habitum indueret; hac tamen supperaddita conditione, ut diversas omnino ædes incolerent.

IV. Altera causa licitæ dissolutionis quoad torum est votum castitatis, ab utroque
conjuge de reciproca licentia emissum ; quòd
tamen antequam emittatur, multa & matura
consultatione cum viris doctis , probis , &
prudentibus indiget.

V. Alia demùm causa licita est electio
simultanea conjugum vivendi in statu continentiæ sine voto ; & etiam hæc natura consideratione indiget , quamvis non tanta ac votum, ne tepescat concordia , & amor ; & ne
respectus humanus inducat ad quærenda illicita extra matrimonium, quæ in matrimonio
haberi licitè possunt.

VI. Solutio matrimonii quoad totum,
criminis causa, licitè fieri potest ab innocente in perpetuum , ob adulterium , fornicationem , bestialitatem, sodomiam , incestum
alterius conjugis : ex capitibus 5. & 8. de
Divortiis. Imò tenetur quandoquè maritus
ad divortium faciendum , quando uxor
non resipiscit , ne participet in crimine cum
eadem ; ità Sanct. Thom. q. 62. Supplem.
art. 2. *Si autem uxorem non pœniteat, tenea-*
tur dimittere, nec peccato consentire videa-
tur

tur, dùm correctionem debitam non apponit.

VII. Angelicus in articulo primo loci citati septem casus recenset, in quibus non licet conjugem quoad torum dimittere : *primus est, si ipse vir similiter fornicatus fuerit : secundus , si ipse uxorem prostituerit: tertius , si uxor , virum probabiliter mortuum credens propter longam ejus absentiam , alteri nupserit : quartus , si latenter cognita ab aliquo fuerit, sub specie viri lectum subintrante : quintus , si fuerit vi oppressa : sextus, si reconciliavit eam sibi post adulterium perpetratum , carnaliter eam cognoscens : septimus , si matrimonio in infidelitate utriusque contracto, vir dederit uxori libellum repudii & uxor alteri nupserit ; tunc enim , si uterque convertatur , tenetur eam vir recipere.* Secundo casui addendum est, ex communi , vel si occasionem adulterandi dederit, denegando pertinaciter ei debitum decenter petitum : & isti casus variis textibus Juris confirmantur.

✠ Non potest conjux alter , ut *primo loco* censet S. Th. conjugem ob adulterium quoad torum dimittere, si ipse similiter adulterium commiserit. Est autem animadvertendum, non referre , quòd alter altero priùs graviùsque, aut sæpiùs ceciderit. Quippe, etsi in crimen desit paritas quoad numerum, aut malitiam, est tamen paritas quoad conjugalis fidei violationem, quam Jura præcipuè attendunt, & ut radicem divortii assignant. Insurgit verò difficultas, àn valeat is , qui occultè solùm peccavit , ab ea, quæ publicè delictum commisit, separari, aut saltem ei debitum denegare? Negant SS. Thomas , & Bonaventura , & cum illis plures : quia *ajunt*, non videtur, quòd pari crimine infectus alium de eodem punire possit. Quia tamen aliquando fieret, ut maritus , alioquin parùm patiens, non reclamando seipsum de adulterio suspectum redderet, addunt Canonistæ nonnulli, posse eum se gerere quasi qui injuriam publicè innocenti condonet : imò, *inquiunt* , si ob publicum scandalum teneretur publicè nocentem dimittere, dimittere deberet ad breve tempus, & iterùm recipere simulando injuriæ condonationem, vel potiùs injuriam, qua parte publica est, verè condonando. Quòd *si vir egisset pœnitentiam , & uxor nollet agere , sed perseveraret in adulterio ; posset sine peccato accusare , & dimittere*, ait S. Antoninus relatus à Petro Collet *Instit. Theol. tom. 3. tract. de Decal. cap. 4. de IV. Decal. præcep. art. 4. sect. I.*

Item non potest conjux , ut *sexto loco* docet S. D. compartem adulteram dimittere, cùm suum ipsi crimen condonavit. Est autem observandum , quòd conjux innocens potest nocenti adulterium condonare vel *expressè*, cùm in verbis aut litteris manifestè indicat, se delictum remittere; vel *tacitè*, quod fit : 1. cùm conjugem ad copulam admittit : 2. cùm ei amicitiæ signa , seu licita , seu prohibita concedit : 3. cùm eum , non obstante criminis notorietate, retinet domi; nisi tamen retineat vel ex ignorantia juris sui , vel ex malè fundato judicis præcepto , vel ex metu præjudicii sibi imminentis. Cæterùm prædicta signa idem operantur, postquam partes judiciali sententia separatæ sunt , ac antè quid semper licita est condonatio , extra casum scandali. Sic præcitatus Collet *ibidem.* Vide, quæ habentur infrà §. 13. n. 16.

Addendum verò cum eodem , quòd , si conjugibus post alterius adulterium reconciliatis , fornicetur qui ante innocens alterum dimiserat , poterit is vice sua dimiti ; quia prior injuria fuit omnino delata per reconciliationem. Æquum tamen esset, subdit merito idem , ut qui sibi resipiscenti perpecit, & ei parceret resipiscenti.

VIII. In art. 3. loci citati docet Angelicus: *Quòd vir potest uxorem dimittere dupliciter: uno modo quoad torum solum , & sic potest eam dimittere , quàm cito sibi constat de fornicatione uxoris , proprio arbitrio ; nec tenetur reddere debitum exigenti, nisi per Ecclesiam compellatur & taliter reddens nullum præjudicium sibi facit. Alio modo quantum ad torum , & cohabitationem; & hoc modo non potest dimitti , nisi judicio Ecclesiæ : & si aliàs dimissa fuerit , debet cogi ad cohabitandum, nisi posset ei vir incontinenti fornicationem probare : hæc autem dimissio divortium dicitur ; & ideo concedendum est , quòd divortium non potest celebrari sine judicio Ecclesiæ. Ità etiam ex cap. 3. & 6. de divortiis :* & nota, quòd pars dimissa non potest absque alterius licentia ingredi Religionem , vel Ordines Sacros suscipere; quia dimittenti remanet jus iterum vocandi partem dimissam. Monet insuper Angelicus in art. 4. *Quod in causa divortii vir & uxor ad paria judicantur, ut idem sit licitum , & illicitum uni , quòd alteri ; non tamen pariter judicantur ad ill.1; quia causa divortii est majori in uno quàm in alio ; cùm tamen in utroque sit sufficiens causa ad divortium. Divortium enim pœna est adulterii, in quantum est contra bona*

ma-

matrimonii. Quantum autem ad bonum fidei, ad quam conjuges sibi invicem tenentur, tantum peccat contra matrimonium adulterium unius, sicut adulterium alterius : & hæc causa in utroque sufficit ad divortium. Sed quantum ad bonum prolis plus peccat adulterium uxoris, quàm viri, & ideo major est causa divortii in uxore, quàm in viro, & sic ad æqualia, sed non ex æquali causa obligantur, nec injustè ; quia in utroque est causa sufficiens ad hanc pœnam : sicut est etiam de duobus, qui damnantur ad ejusdem mortis pœnam, quamvis alius altero graviùs peccaverit.

✠ Utique, sicut optimè asserit Auctor, pars dimissa ob adulterium nequit absque alterius licentia ingredi Religionem, vel (posito quòd sit vir) Sacros Ordines suscipere; quia dimittenti remanet jus iterum vocandi partem dimissam ; at non eadem est innocentis conditio. Huic licitum est edere votum simplex castitatis, vel Ordinis recipere, vel ingredi Religionem, ibique irrevocabiliter profiteri, post divortii sententiam. Verùm sequentia & in favorem partis adulteræ adjicere libet. Si hæc peracta biennio toto pœnitentia, adhuc rejiciatur ab innocente, postquam innocentem Episcopus, aut alius vir gravis crebrò hortatus fuerit ad veniam, potest ea in Monasterio profiteri ; quia tunc vel concessa est ei facultas profitendi, ut ampliùs lavetur ab iniquitate sua, vel injustè denegata censetur. Addit Pontas v. *Divortium c. 13.* uxorem à viro revocari non posse, cùm is, cognito ejusdem novitiatu ac professione, non reclamavit; quia tunc tacere idem est ac assentiri.

IX. Aliæ item causæ legitimæ suppetunt intentandi divortium, in Jure recensitæ: prima, si tanta sit alterius sævitia, ut sine periculo nequeat illi cohabitare: secunda, si alter conjugum sit tali furore fixè raptus contra alterum, ut sibi prudenter metuere de aliquo gravi malo compellatur: tertia, si reapse absque furore tentaverit alteri vitam adimere aut veneno, aut alio modo: quarta, si unus alterum pluriès sollicitet ad graviter Deum offendendum. ità ut se cognoscat in gravi labendi periculo, & alter non desistat: quinta, si alter à catholica fide defecerit per hæresim &c. Si propter hos casus divortium sequatur, & deinde etiam emendatio ; iterum conjungi tenentur, & simul in pace cohabitare.

§. XII. De debito conjugali.

I. TEneri conjuges sub gravi reddere sibi invicem debitum, rationaliter petitum, nimis manifestum est tùm Jure naturali, tùm divina auctoritate : Jure naturali, quia finis primarius matrimonii est prolis generatio, quæ sine obligatione redendi debiti subsistere non potest ; agеretur enim contra jus, alteri stricto jure concessum auctoritate divina verbis Divi Pauli proposita, 1. Cor. 7. *Vir uxori debitum reddat, similiter & uxor viro, &c.* Observat autem Angelicus q. 64. Supplem. a. 2. *Quod petere debitum est dupliciter : uno modo expressè, ut quando verbis invicem petunt : alio modo est petitio debiti interpretata, quando scilicet vir percipit per aliqua signa, quòd uxor vellet sibi debitum reddi, sed propter verecundiam tacet : & ità, etiamsi non expressè petat verbis debitum, tamen vir tenetur reddere, quando expressa signa in uxore apparent voluntatis reddendi debiti.*

II. Aliquando evenire potest, ut denegatio debiti, vel nullum, vel veniale tantùm peccatum sit; primò, quando petens benevolè tantùm, & non instanter petit, sed amiciter acquiescit modestè neganti. Itèm, si petens petat frequentiùs, quàm decens sit ; nàm denegare petenti irrationabiliter, non est gravis injuria, neque injustitia: cavendum tamen est, ne sub gravi obliget charitas, & ne ex denegatione immineat petenti periculum incontinentiæ aut ne inde oritura sint dissidia: quia tunc ex charitate sub gravi tenetur conjux reddere : quamobrèm hortandi sunt conjuges, circa hoc punctum interrogantes, ne sint difficiles, morosi, & asperi in reddendo debitum; sed si ob aliquod motivum abstinere desiderent, id amiciter, & benignè exponant: si autem petens ægrè ferat recusationem, qui petitur, reddat; nàm experientia comprobat mala disidiorum, adulteriorum &c. profluentia ex hujusmodi repugnantia in debito reddendo. Peccabit igitur mortaliter conjux ille, qui suis dissolutionibus vel in materia luxuriæ, vel in quavis alia, se impotem efficit ad reddendum debitum; quia se impotem constituit ad id, quod stricto jure alteri debet: eadem ratione peccat, etiamsi ex pœnitentiæ actibus ità se debilitet, ut impos ad debitum efficiatur; quia non sunt facienda bona cum gravi injuria proximi. Hinc deducas, non posse unum conjugem licitè se ab alio ad notabile tempus elongare sine illius licentia: longitudo autem temporis metienda est à prudentia, perpendente conditionem, ætatem, & alias personarum circunstantias.

III. Quando reddens debitum prudenter timet de gravi nocumento suæ salutis corporalis, non tenetur reddere petenti, sed hunc amiciter moneat, sibi notabiliter nocere, vel ob magnam debilitatem sibi à recente morbo relictam vel propter periculum contagionis, si conjux sit morbo contagioso infectus, vel ob aliud simile prudens, & morale periculum morbi contrahendi ex redditione. At si petenti immineat periculum incontinentiæ? Huic periculo sibi subveniat recurrendo ad Deum; in alio lecto cubando &c. nàm Angelicus loc. cit. a. 1. ad 2. ait: *uxor*, (& idem est de viro) *non habet potestatem in corpus vir, nisi salva consistentia personæ ipsius: undè, si ultra exigit, non est petitio debiti, sed injusta exactio; & propter hoc non tenetur vir ei satisfacere.* Si tamen unus ante matrimonium non ignorabat, sed noverat morbum inficientem, quo alter laborabat, & nihilominùs contrahere voluit; nisi aliter convenerint, tunc tenetur saltèm moderatè reddere; quia ipsemet se injecit in tale periculum.

* D. Thom. *in 4. dist. 32. q. unic. art. 1. ad 4.* hæc habet: *Uxor etiam viro leproso tenetur reddere debitum, non tamèn tenetur ei cohabitare; quia non ità citò inficitur ex coitu, sicut ex frequenti cohabitatione; & quamvis generetur infirma proles, tamen melius est ei sic esse, quàm penitùs non esse.*

Hanc Doctoris Angelici doctrinam priùs tradidit Alexander III. cap. *Pervenit,* & cap. *Quoniam* tit. de conjugio leprosorum: *Quòd si virum,* ait Pontifex, *sive uxorem leprosam fieri contigerit, & infirmus à sano carnali debitum exigat, generali præcepto Apostoli, quod exigitur, est solvendum; præcepto nulla in hoc casu exceptio invenitur.*

Verùm sententia hæc de eo tantùm casu est intelligenda, in quo conjugi sano non immineat notabile contagionis periculum ex hujusmodi congressu; nisi enim debitum persolvere queat, quin morbum contrahat, extra dubium omne versatur, quòd ad id non adstringatur, ut consentiunt celeberrimi Canonistæ, & Theologi, præsertim Paludanus, Durandus, Sotus, Cajetanus, & Navarrus, relati à Joanne Pontas *Verb. debitum conjugale cas. 41.* & inter cæteros S. Antoninus, qui *3. p. Sum. Theol. tit. 1. c. 20.* §. *10.* S. Thom. sententiam cum ea duntaxat exceptione admittit.

Consona est hæc exceptio principio, quod tùm *in corp. præcit. art.* tùm *in resp. ad 2.* idem S. D. constituit, quodque affert Auctor n. *præc.* videlicèt, quòd nec vir uxori, neque uxor viro teneatur debitum reddere, *nisi salva incolumitate, & consistentia personæ.* Et sanè eadem ratione, qua S. Thomas asserit non teneri sanum ad cohabitandum leproso, eò quòd ex frequenti cum illo conversatione citiùs inficiatur sanus, quàm ex actu matrimoniali, censendum est, sanum non teneri ad redditionem debiti, si ipsi immineat grave periculum ex copula cum leproso. Quando autem periculum tale immineat, consulendi erunt periti Medici: generaliter verò observandum est, majus esse periculum à muliere leprosa, quàm à viro; & à lepra vetustiore, quàm ab alia.

Sic exponendam, & intelligendam. D. Thomæ doctrinam, sentit & Sylvius *in Suppl. q. 64. art. 1.* qui tamen tres excipit casus. Primus est: *Quando petenti* (etiam leproso) *est grave periculum incontinentiæ, ad eam enim vitandam aliter debet aliquanti corporalis morbi periculum negligere.* Secundus: *Quando Regni vel Provinciæ publica utilitas exposcit, ut Princeps relinquat prolem successorem, tenetur ad uxorem accedere etiam cum manifesto vitæ periculo; tenetur* (inquam) *non ex justitia, quæ sit inter eum & uxorem, sed ex justitia, qua est obligatus bono publico.* Tertius: *Quando ante contractum matrimonii alter noverat, alteram lepra, vel alio contagioso morbo laborare, & nihilominùs contraxit, non potest propter periculum contagionis illi negare debitum; quia voluntariè se conjecit in eam necessitatem per hoc, quòd sciens & volens dedit. potestatem sui corporis leproso;* quod & Auctor docet. Verùm hæc ultima decisio ad minus dubia videtur Continuatori Tournely c. 1. *de quarto Decal. præcept. a. 4. sect. 2. q. 2.* si indicari possit, morbum hunc saltem proximè mortem illaturum esse.

IV. Non tenetur uxor debitum reddere, quando pluriès experta fuit, non posse in lucem edere prolem viventem, sed mortuam tantùm; tùm quia ipsa subit speciale, & gravissimum mortis periculum; tùm quia concipere redundat in detrimentum animæ prolis conceptæ. Antequam autem statuat denegare semper debitum, quousquè concipere utiliter possit, multa consultatione opus est; quia gravissimum onus imponitur viro, numquam pro eo tempore petendi debiti: quamobrèm res est priùs cum peritis medicis examinanda; & deindè, quid agendum sit pro conscientia, cum doctis Theologis discutienda.

* Doctores plures, præsertim Joannes Major, Sanchez, Bonacina, Sambovius, Habertus,

An-

Antoine, aliique, quibus adstipulatus est, &
Continuator Tournely *cap. 1. de quarto Decalogi præcepto a. 4. sect. 2.* asserunt, conjuges licitè matrimonio uti posse in casu , quo
mulier hactenus mortuos edidit filios; imò aliqui eorum sentiunt , ipsam mulierem marito
graviter instanti obsequi debere , adeo ut lethaliter delinquat, si ipsi debitum pertinaciter
deneget. Et ad id evincendum hanc ipsi adferunt rationem; quia nempè contingere potest,
& reapse nonnunquàm contingit , ut mulier
post multos abortus feliciter tandem pariat;
testaturque citatus Samvobius, se nosse mulierem , quæ post quinque aut sex abortus feliciter duas edidit filias, quæ , dùm hæc scri-
beret , junctæ erant matrimonio. Enim verò
subdit Habertus *de Matrim. c. 6. §. 1.* propè
finem , abortus sæpè accidunt vel culpa conjugum; forte enim intemperantiùs, ac frequentiùs utuntur conjugio, ac propterea impeditur
fœtus conformatio , & mulieris vires debili-
tantur ; ità ut non sit virtus pariendi ; forte
etiam ipsa uxor fœtui non pepercit , nec ejus
incolumitati sàt consuluit ; vel ista fiunt per
occultam Dei providentiam, ut scribit S. Augustinus *lib. de Grat. & lib. arbitr. cap. 22.*
adeoque ejus benedictio efflagitanda est cre-
bris orationibus, eleemosynis , & aliis bonis
operibus. Cùm ergo ejusmodi conjuges felicem partum desperare non debeant , ab usu
conjugii abstinere non tenentur. Et hæc sententia juxta ipsum in praxi tenenda videtur.

Sylvius autem *in Suppl. q. 64. a. 2. q. 4.*
cui Auctor adhæsit, contendit non teneri mulierem in tali casu debitum reddere, hac ductus
ratione ; quia mulier periculum vitæ subit ex
morte fœtus in ventre. Si reverà tale ipsi in
hoc casu periculum immineat, idque experientia didicerit (quod tamen non ità facile cre-
diderim supponi posse) immunis censenda erit
ipsa ab obligatione reddendi debitum; se enim
habet conjugale debitum sicut alia justitiæ debita , quæ communiter non obligat cum tanto incommodo. At si hoc periculum absit,
tenebitur reddere , nec poterit se eximere
præcisè ob hoc motivum ; quia hactenùs mortuos peperit filios.

V.   Sola difficultas in partu non excusat
à debito reddendo ; quia non est incommodum afferens speciale , & morale periculum
mortis, sed satis commune, & implicitè acceptatum in contractu. Neque excusat à reddendo prolis multiplicatio in familia inope, si petens instanter petat , & moderatè; & præcipuè, si petenti immineat incontinentiæ periculum , aut dissidiis aperiatur aditus. Si verò

hoc periculum non subsit , & familia sit jam
gravata ultra vires , ità ut sufficienter ali nequeat; tunc non videtur mortale negare debitum, saltem si aliquotiès reddatur; & procu-
retur pacificè, ut suadeatur petens ad debitum
non exigendum , ne proles, jam multiplicata,
& non provisa, compellatur vitam transigere
lucris , per mala opera acquisitis.

VI.   Nulla est obligatio reddendi debitum
conjugi ebrio; aut mente capto; quia non petit ut homo, sed ut animal. Si verò timeantur
prudenter , aut aliqua gravis turpitudo inde
profectura , aut blasphemiæ , aut rixæ , &c.
tunc ad hæc mala impedienda reddendum erit;
quia, quamvis hæc in perpetrante illa non sint
peccata, nisi materialia , extat tamen in conjuge mente compote obligatio impediendi illa,
& non præbendi occasionem eadem committendi ; prout probavimus alibi, illicitum esse
dare occasionem stulto ad blasphemandum,
fornicandum, &c. ob rationes ibidem allatas,
nempe in tract. 1. cap. 2. §. 8. n. 5.

*   Si ambo conjuges sint amentes, continuò sejungendi sunt; nec licet sinere illos carnaliter copulari, tùm propter abortus periculum, tùm propter prolis educationem , tùm
etiam propter naturalem honestatem. Quamobrem lethaliter delinqueret, qui eos copula-
ret, vel copulari sineret, cùm impedire posset; tenereturque in confessione easdem illarum personarum amentium circunstantias exprimere, quæ forent exprimendæ , si copula
inter personas mentis compotes esset habita,
ut docet Sylvius *in Supplem. q. 58. art. 7.*
qui tales circunstantiæ sunt ab eo volitæ,
qui, cùm potuisset, non impedivit istas personas à commixtione. Similiter, si amentia se teneat ex parte uxoris, non est permittenda carnalis copula, tùm propter abortus, tùm propter prolis educandæ periculum. Si verò solus
maritus sit amens, non est uxoris interdicendus
usus matrimonii; quin potiùs illa tenetur viro
insano, qualiter potest petenti reddere debitum
si periculum est , ne alioquin , vel polluatur,
vel cum altera commisceatur. Quamvis enim
ipse non foret peccaturus ista faciendo, propter defectum usus rationis, uxori tamen incumbit, ne sinat, ea per maritum fieri, quæ natura
sua sunt contra legem , & peccata mortalia.

P. Basilius Pontius *lib. 10. cap. 14. n. 8.*
postquam statuit, non licere copulam, si uxor
amens sit , ob periculum manifestum prolis,
ac animadvertit, ejusmodi periculum non esse
in viro etiam furioso, subdit videndum etiam
ex medicorum consilio , àn amens ex coitu
deterior fiat , & majus salutis detrimentum

pa-

patiatur ; tunc enim judicandum erit, copulam esse illicitam mortaliter , vel venialiter juxta tradita supra isto capite , nimirùm , pro quantitate damni, cui ille redditur obnoxius. Quare , qui sanus est , non poterit ab insano in eo casu petere, neque reddere sine peccato mortali , aut veniali.

Quando verò unus conjugum est ebrius, quamvis alter per se, seu ex natura rei non teneatur ei petenti debitum reddere : attamen fieri potest, ut teneatur per accidens, si nempè sit periculum, ne ebrius, denegato sibi debito conjugali, vel ad aliam accedat, vel seipsum polluat , ob rationem , ab Auctore allatam ; quia nimirùm cavere debet hujusmodi turpitudines in sua comparte. Sive autem vir sit ebrius, sive mulier, parùm refert, quia non est ex parte mulieris ebriæ periculum vel abortus, vel occissionis fœtus, vel malæ educationis, sicut ex parte mulieris amentis aut furiosæ, cùm ebrietas citò transeat , non similiter amentia, vel furia. Videri possunt Bonacina q. 4. p. 1. & Sylvius in Suppl. q. 64. art. 1.

§. III. De honestate , & inhonestate actus conjugalis , aliarumque illecebrarum.

I. ANgelicus in quæst. 49. Supplem. a. 5. volens probare , quòd conjugalis copula ab omni culpa excusari non possit, nisi exerceatur cum intentione , saltem virtuali , alicujus boni , quod sit matrimonii proprium, ait: remota causa, removetur effectus: sed causa honestatis actus matrimonialis sunt bona matrimonii, (superiùs indicata) ergo sine eis non potest actus matrimonialis excusari... Dicendum ergo, quòd, sicut bona matrimonii, secundùm quòd sunt in habitu , faciunt matrimonium honestum, & sanctum ; ità etiam secundùm quòd sunt in actuali intentione , faciunt actum matrimonii honestum , quantùm ad illa duo bona matrimonii, quæ ipsius actum respiciunt: undè , quando conjuges conveniunt causa prolis procreandæ , vel ut sibi invicem debitum reddant , quæ ad finem pertinent, totaliter excusantur à peccato.

II. Sequitur in responsione ad 2. Dicendum , quòd, si aliquis per actum matrimonii intendit vitare fornicationem in conjuge, non est aliquod peccatum; quia hæc est quædam redditio debiti , quæ ad bonum fidei pertinet ; (id est, fidelitatis) sed si intendit vitare fornicationem in se ; sic est ibi aliqua superfluitas , & secundùm hoc est peccatum veniale, nec ad hoc est matrimonium

institutum , nisi secundum indulgentiam, quod est de peccatis venialibus. Nisi hæc adeo clare Angelicus diceret , quis recentiorum nobis fidem præstaret ?

III. Prosequitur in resp. ad 4. circa habentes finem conservandæ sanitatis : Dicendum, quòd, quamvis intendere sanitatis conservationem non sit per se malum ; tamen hæc intentio efficitur mala, si ex aliquo sanitas intendatur , quod non est ad hoc de se ordinatum ; sicuti , qui ex Sacramento Baptismi tantùm salutem corporalem quæreret, & similiter est in proposito in actu matrimonii. Si autem de consilio medicinæ verè copula judicaretur medium necessarium ad sanitatem conjugis, putarem, quòd vacaret etiam à veniali, dummodò non excluderentur alia matrimonii bona.

IV. Circa intendentes solam voluptatem (non constituendo in ea ultimum finem , ut supponitur) ità disserit loc. cit. in a. 6. Quidam dicunt... quod delectationem in eo actu quærere , sit peccatum mortale ; delectationem oblatam acceptare; sit peccatum veniale ; sed eam odire , sit perfectionis : sed hoc non potest esse ; quia juxta Philosophum Ethicorum 10. idem judicium est de delectatione , & operatione ; quia operationis bonæ est delectatio bona, & malæ mala: undè, cùm actus matrimonialis non sit per se malus, nec quærere delectationem est peccatum mortale semper; & ideo dicendum, quòd, si delectatio quæratur ultra honestatem matrimonii, ut scilicet aliquis in conjuge non attendat, quòd conjux sit, sed solum quod mulier, paratus idem facere cum ea, si non esset conjux, est peccatum mortale... si autem quæratur delectatio infra limites matrimonii, ut scilicet talis delectatio in aliis non quæreretur , quàm in conjuge, sic est veniale peccatum. Hinc inferas ex communi, gravi peccato mortali adulterii mentalis illos peccare, qui in actu conjugii aliam personam sibi imaginantur, quæ si sit altera conjugata, duplicis adulterii, si virgo, stupri &c. culpa committitur. Circa hoc punctum damnavit Innocentius XI. thesim n, 9. in qua dicitur: Opus conjugii, ob solam voluptatem exercitum , omni penitùs caret culpa, & defectu veniali. Putarem, non adversari doctrinæ Angelici , asserere neque venialiter peccare conjugatum graviter tentatum ad fidem frangendam , & debitum petentem ad fidem servandam , & conjugalem amorem magis fovendum ; quia tunc haberet pro fine unum ex bonis matrimonii , nempè fidelitatis defensionem.

Cir-

V. Circa copulam cum uxore, menstrui laborante, S. D. in 4. sent. dist. 32. q. 1. a. 2. q. 2. observat in primis, præceptum non cognoscendi carnaliter illam in veteri lege fuisse & cæremoniale, & morale: undè in nova etiam lege quatenus morale obligat; *Quia, cùm matrimonium sit ad bonum prolis principaliter ordinatum, prohibitus est omnis matrimonii usus, quo bonum prolis impeditur: & ideo hoc præceptum obligat etiam in nova lege.* Deinde distinguit fluxum menstruorum in naturalem, quo mulieres singulis mensibus ad modicum tempus laborant; & in innaturalem, qui ex infirmitate est quasi continuus.; deindè dicit; *In fluxu ergo menstruorum innaturali non est prohibitum ad mulierem menstruatam accedere in nova lege; tùm propter infirmitatem; quia mulier in tali statu non potest concipere; (undè nullum detrimentum timetur proli) tùm quia talis fluxus est perpetuus, & diuturnus, & opporteret quòd vir perpetuo abstineret. Sed quandò naturaliter mulier patitur fluxus menstruorum, potest concipere, & iterum talis fluxus non durat, nisi ad modicum tempus: undè prohibitum est ad talem accedere; & similiter prohibitum est mulieri in tali fluxu debitum petere.* Et deindè in quæstiunculà 3. docet. *Mulieri menstruatæ numquam licet petere debitum: si tamen vir ejus petat, aut petit scienter; & tunc debet eum avertere precibus, & monitis, tamen non ita efficaciter, ut possit esse occasio labendi in alias damnabiles corruptelas, si ad id pronus credatur: aut petit ignoranter; & tunc mulier potest aliquam occasionem prætendere, vel infirmitatem allegare, ne debitum reddat, nisi periculum viro timeatur: tamen finaliter, si vir non desistit à petitione, debet debitum reddere posceuti; passionem verò suam non est tutum indicare, ne forte vir ex hoc concipiat abominationem ad eam, nisi de viri prudentia præsumatur.* Habes ergo ex Angelico, quomodò resolvas in casu maximè practico, & ferè quotidiano. Sed àn obligatio, ab Angelico asserta, sit sub gravi? talis profectò non judicatur à plerisque recentiorum.

VI. Nobis tamen gravis videtur, nempè, graviter peccare maritum, copulam exercere volentem, dùm uxor patitur menstrua naturalia. Et primò quidem ex ipsis Angelici verbis, si benè illa perpendas. Secundò, quia in scripturis accessus ad menstruatam semper connumeratur aliis criminibus, mortali gravitate affectis: ità Levitici 18. *Ad mulierem*

quæ patitur menstrua, non accedes; cum uxore proximi tui non coibis: en, quomodo conjungit accessum illum cum alio delicto, sub gravi prohibito. Item & fortiùs: Ezechielis 18. *Si vir...oculos non levaverit ad idola domus Israel, & uxorem proximi sui non violaverit, & ad mulierem menstruatam non accesserit, & hominem non contristaverit, & pignus debitori reddiderit; per vim nil rapuerit... ad usuram non commodaverit, & amplius non acceperit, &c.* En, quomodò recenset accessum ad menstruatam peccatis, sub gravi prohibitis. Super quibus verbis S. Augustinus lib. 3. q. super Leviticum q. 64. *Talia prohibita sunt, quæ etiam tempore novi Testamenti... sine dubio constituenda sunt: quod videtur etiam per Prophetam Ezechielem significasse, qui inter alia peccata, quæ .... manifestæ iniquitatis sunt, etiam hoc commemorat ad mulierem menstruatam si quis accedat; quia in re non natura damnatur, sed concipiendæ prolis noxium prohibetur.* Eadem proferunt S. Hieronymus in cap. 18. Ezechiel. & S. Gregorius Magnus ad interrogationes S. Augustini Angliæ Episcopi cap. 10. eademque docet S. Bonaventura in Speculo animæ cap. 3. post medium: *Cùm tempore menstruorum debitum exigitur, quod est contra legem; si scienter fiat, est peccatum mortale.* Si igitur regula fixa omnium Theologorum est, illa peccata inter gravia recensere, quæ ab eloquiis divinis gravibus criminibus connumerantur; cùm ità connumeretur accessus ad menstruatam, juxta laudatorum Patrum explicationem; ergo inter gravia erit recensendus; & quidem secundùm limites, ab Angelico designatos. Ratio fundamentalis est, quæ indicatur à Sanctis Augustino, & Thoma: quia proles, quæ tunc forte concipitur, gravibus, & variis languoribus, & infirmitatibus est obnoxia.

Duplicem docet S. Thom. *in 4. dist. 32.* q. 1. a. 2. q. 2. distinguendum esse fluxum sanguinis, cui obnoxiæ sunt fœminæ: unum, quem *innaturalem* vocat, quò veluti morbo, vel continuè, vel quasi continuè, vel nimis diuturnè nonnullæ laborant: alterum, quem *naturalem* appellat, cui subjectæ sunt temporibus determinatis, quando sunt sanæ, quique juxta ordinem naturæ quibusdam quidem tertio quoque mense accidit, communiter autem, & regulariter singulis mensibus, & aliquibus etiam frequentiùs, sicut aliis nunquam, ut Auctor est Plinius *lib. 7. Hist. Natur. cap. 15.* Regularis fluxus, qui scilicèt contin-

git

git satis temporibus, solet durare duobus, tribus aut quatuor diebus, ut tradit Rodericus à Castro Lusitanus *in lib. de Morbis Mulierum lib. 5. cap. 9.*, & non raró, ut asserunt alii, ad octo circiter dies protrahitur.

Tempore fluxus innaturalis licitum esse usum matrimonii tàm petendo, quàm reddendo, unanimi consensu admittunt Theologi, idque luculenter: docet D. Thomas *loco cit.*, tùm quia ex coitu, quem conjuges tali tempore exercent, nullum proli damnum, vel damni periculum creatur, cùm fœmina, eo morbo oppressa, sit ad concipiendum inepta; tùm etiam qui onerosum nimis foret conjugibus, si adstringerentur ad diuturnam, vel perpetuam abstinentiam ab actu conjugali. Verba S. D. excripsit Auctor *numer.* 5. Summa igitur, in qua causa vertitur, in hoc reposita est, àn etiam tempore menstrui naturalis usus matrimonii licitus censeri debeat, necne? Hæc difficultas excitatur in primis respectu petentis.

Hujusce difficultatis decisionem, circa quam sæpè sæpiùs à pœnitentibus Confessarii interpellantur, laboriosam reddiderunt multiplices ac variæ, quæ inter Theologos vigent, opiniones. Has omnes recenset, atque exposit Thomas Sanchez *de Matrim. lib. 9. disp. 21.* Præcipuas duntaxat brevitatis gratia nos referemus. Veteres plures, & quidem magni nominis tùm Theologi, tùm Jurisconsulti, ab eodem Sanchez, aliisque relati, lethalis criminis reum evadere existimarunt petentem debitum, ac conjugale officium exercentem tempore menstrui naturalis. Illorum tamen aliqui variis exceptionibus suam sententiam limitant, ut videre est apud eundem Sanchez *loc. cit. n.* 2. Ipsis nuperrimè sese adjunxit P. Eusebius Amort *in sua Theologia Eclectica tom. 3. tract. de Sacram. Matrim. §. 6. De modo, & aliis circumstantiis requisitis ad licitum usum matrimonii quæst. 15.* ubi ponit hanc assertionem: *Usus matrimonii tempore fluxus menstrui est ex genere suo peccatum mortale, nec excusatur à peccato mortali in individuo: nisi vel causa necessitatis ex parte petentis, vel ratione circumstantiarum ut attenuantium omne morale periculum ad nocumentum uxoris, vel prolis.*

È converso nòn pauci petentem debitum tempore fluxus naturalis, etiam à culpa veniali immunem declarant: undè censent, dissuadendum quidem conjugibus esse coitum eo tempore, non autem sub peccato ne veniali quidem interdicendum, maximè, si indè quæ-

rant remedium concupiscentiæ, vel incrementum & conservationem amoris conjugalis. Et inter cæteros P. Schmet *Theol. Sacr. tract. 24. q. 29. n. 135.* ostendere nititur turpitudinem, quæ apparet in officio conjugali, tali tempore exercito, esse solùm physicam, non verò moralem, ferè sicut in coitu, qui fit tempore menstrui innaturalis, nullamque proinde tunc incontinentiam committi. Etiam P. Catalanus *part. 3. q. 13. c. a. n. 3.* excusat petentem à culpa veniali, si petat ob incontinentiam vitandam, aut fovendum conjugalem amorem; ut si aliquod, *inquit*, dissidium inter conjuges ortum fuisset, & sic sedari judicaretur, quia petitio honestaretur à fine; solùmque venialem culpam incurrere contendit, si petat ob voluptatem duntaxat; quia tunc indicaret animum in tali circumstantia nimiæ voluptati deditum. Eidem opinioni alii plures recentiores suffragantur.

Extrema rigoris & laxitatis declinanda sunt. Nimii rigoris apparet prima sententia, quam Auctor adoptavit. Extremum laxitatis omnino vitandæ, videtur secunda, quam benigniores Probabilistæ propugnant. Quare media via incedendum putamus, statuendumque, conjugale debitum exigentem temporis naturalis fluxus peccatum quidem perpetrare, at hoc peccatum non esse mortale, sed veniale solummodò, quamvis grave intra latitudinem hujus generis peccati. Et hæc decisio communi ferè Doctorum calculo D. Thomæ menti planè consona reputatur. Etenim S. D. loco superius laudato, ex una parte asserit quidem vetitum esse concubitum tempore, quo mulier mensis profluvio est affecta, atque adeo peccatum esse respectu poscentis; ex alia verò parte, licèt, quale sit ejusmodi peccatum, àn veniale, vel mortale, expressè non definiat, attamen eo ipso, quòd actum conjugalem in uxore, quæ quodammodò coacta intemperantiæ conjugis servit, ne eum in damnabile incontinentiæ periculum conjiciat, innoxium pronuntiat, satis indicat, in viro petente venialis confinia non excedere. Quare huic sententiæ subscripsere non solùm prisci plures primi subsellii Doctores, præsertim D. Antoninus *3. p. tit. 1. c. 10. §. 5.* sed & posteriores celebriores Theologi, sanioris doctrinæ prævalidi assertores, præcipuè Joannes Pontas *tom. 1. v. Debit. conjug. cas. 9.* P. Daniel Concina *lib. 2. de Matrim. dissert. 4. c. 8. quæst. 6.* & Petrus Collet *Instit. Theol. tract. de Decal. cap. 4. sect. 2.*

Et sanè ex nullo capite erui posse videtur,

tur , petere debitum conjugale tempore fluxus menstrui naturalis esse lethale peccatum
non ex Divina Scriptura , non ex SS. Patribus , non demùm ex ratione. · . ·

· Et 1. quidem non ex Divina Scriptura.
Utiquè in veteri lege , ut perspicuum est *ex
Levit. 18. & 20.* nec non *Ezechielis 18.* nefas erat , & sub pœna capitali prohibitum viro ad uxorem tempore menstruorum accedere ; & in eamdem pœnam fœmina quoquè
incurrebat tunc dum copulæ operam. At neminem fugit , præceptum illud , ut *cæremoniale* , quatenùs , nempè , accessum interdice-
bat septem diebus ob immunditiam , ut *judiciale* , quatenùs nimirùm pœnam mortis
imponebat , cum ipsamet lege obsolevisse,
quemadmodum & cætera omnia hujus generis præcepta cessarunt ; solumque ut *Morale*
nunc remanere, ut Angelicus docet loco pluriès citato ; sub quo respectu obligat quidem
Christianos; sed non tamen sub peccato mortali, sed veniali duntaxat. Hinc S. Antoninus
loco suprà relato: *Potest dici* , inquit , *quòd
illud præceptum Levit. 18. ad menstruatam
non accedes , sit judiciale ; undè modò non
ligat.* Et Cornelius à Lapide suprà cap. 20.
Levitici : ,,Congredi , *ait* , cum menstruata
,,non videtur ex solo Jure naturæ tàm malum
,,esse grave, & peccatum, nec proli generan-
,,dæ ità noxium , ut morte plectendum sit.
,,Undè Theologi graviores docent , non esse
,,mortale peccatum , si maritus congrediatur
,,cum uxore in menstruis constituta. Undè se-
,,quitur, congressum cum menstruata Judæis
,,hic vetari tàm severè , lege non tàm natura-
,,li , quàm positiva, & eis cæremoniali, perin-
,,de ac eadem vetitus fuit eis esus adipis , &
,,sanguinis sub pœna mortis. *c.* 7. *v.* 25. &
,,27. Pari ergò modo menstruatæ , & congre-
,,dienti cum ea intentatur hic pœna mortis
,,non tàm ob prævaricationem legis natura-
,,lis , quàm cæremonialis ; ità rigidè hanc im-
,,munditiam vetantis ; eò quòd Deus vellet
,,Judæos corpore esse purissimos. ·

. Subdit autem idem, quòd hæc lex cæremonialis ponitur hic inter alia naturalia præcepta ; ,,quia hæc omnia congressum , & libidi-
,,nem spectant, & quia congressus hic cum
,,menstruata Jure naturæ malus est , & veti-
,,tus , ac peccatum veniale ; accedente verò
,,hoc præcepto Dei positivo erat peccatum ;
,,mortale: nec mirum , naturale præceptum
,,cum positivo permisceri ; sic enim hæc præ-
,,cepta permiscentur *cap. præced. Exod.* 20.
,,& alibi.'' Hæc ille. Ex quibus facillimo negotio valet quisque colligere, erui non posse

ex Divina Scriptura hoc esse lethale peccatum.
2. Non ex SS. Patribus. Equidèm SS. Patres , præcipuè Hieronymus, Augustinus , &
Gregorius M. qui ab Auctore allegantur, acriter improbant , ac carpunt concubitum, dùm
mulier menstruis subjacet incommodir, peractum : sed hoc mirum esse non debet ; siquidem vivebant, scribebantque eo tempore,
quo ex id generis coitu filii gignebantur, nas-
cebanturque imperfecti , videlicet , vel lepræ
tabo infecti , vel exilitate , aut membrorum
inconcinnitate deformes; adeoque Augustinus
autumabat , legem Levitici & apud Christianos vigere. Verùm hac nostra ætate vel nullum est, vel valdè rarum periculum infectio-
nis prolis, aut quòd proles monstruosa in lucem edatur , ut infrà perspicuè manifestum
fiet. Insupèr , quamvis SS. Patres durè incre-
pent, ac reprehendant talem concubitum; attamen nullus illorum mortalis culpæ ipsum
expressè redarguit , ac condemnat, ut legenti
constare facilè poterit. Imò, quæ habet Augustinus *lib. 3. contra Julianum c. 21.* meridiana luce clarius patefaciunt, ipsum oppositum sensisse; ait quippè : *Pudicitia* conjugalis *nec menstruatis , nec gravidis utitur fœminis , nec ejus ætatis , qua certum est, eas
jam concipere non posse.* Quemadmodùm igitur mortaliter non peccat, qui citra periculum
abortus accedit ad uxorem prægnantem , vel
ad uxorem in tali ætate constitutam, ut gignere ampliùs non valeat ; ità neque mortaliter
peccat , qui rem habet cum uxore mensis
profluvio affecta : etenim eodem modo de iis
omnibus loquitur , ac censet S. D.

· 3. Demum non ex ratione, cui innituntur adversæ sententiæ Patroni , ex nunciamen-
to , quod in prolem reddundat, deprompta;
tùm quia ea adfertur à D. Thoma , & tamen
ex ipsa non infert, esse peccatum lethale; tùm
quia S. Antoninus loc. cit. sic arguit : *Non
est major timor de infectione prolis tempore
menstruorum, quàm tempore lepræ: petere
autem tempore lepræ non est mortale : ergo
nec tempore menstruorum;* tùm deniquè, quia
nunc corruit fundamentum, cui ipsa adhæret;
innumeri namquè conjuges coëunt tempore
menstrui naturalis ; & tamen aut nunquam,
aut rarissimè proli detrimentum aliquod evenit , puta ut nascatur leprosa , morbida , de-
fectiva , &c. Hinc Petrus Ballerinus *in suis
eruditis enarrationibus ad S. Antoninum
adnot. 2. in memoratum* §. 5. relatis his
verbis D. Hieronymi *in cap. 18. Ezech.
Per singulos menses gravia , atque tor-
pentia mulierum corpora immundi sanguinis*

nis effusione relevantur, quo tempore, si vir coierit cum muliere, dicuntur concepti fœtus vitium seminis trahere, ità ut, leprosi & elephantiaci (seu pessimo totius corporis cancro laborantes) *ex hac conceptione nascantur;* his, inquam, relatis verbis, subdit: *Quòd autem tùm dicebatur, aliisque veterum testimoniis traditur, nunc non accidit ampliùs, ut, observantibus quoquè Medicis, ex fœtibus, quotidie nascentibus, nec eo morbo unquam infectis, liquet. Forté autem evanuit sensim ea morbi causa, sicut aliæ aliorum morborum causæ antiquis ignotæ posteriùs emerserunt. Itaque ex hac parte, quæ prolis damnum respicit, nihil difficultatis superesse videtur.* Habertus etiam *de Matrim. cap. 6. §. 1. in resp. 2. ad q. 3.* asserit, non infici prolem, *ut patroni oppositæ sententiæ falsò supponi contra quotidianam experientiam; qua constat, conceptos ex corrupto sanguine menstruo haud nasci leprosos, & elephantiacos.* Ac demùm Cupetiolus *v. Copul. Conjug.* in notis: *Scotus,* ait, *vivebat eo tempore, quo ut in pluribus ex tali copula filii leprosi nascebantur. Hinc jure optimo suam rigidam sequebatur. At nostris temporibus,* subjungit, *quis vidit puerum leprosum nasci? Ego, jam, expleto anno septuagesimo octavo, unicum leprosum vidi, sed erat adultus. Hodiè reverà multi infantes debiles, infirmi &c. nascuntur; at quis probabiliter dicat, evenire ex tali copula, & non ex aliis capitibus, cùm præsertim tempore menstruorum mulier difficulter concipiat?*

Accedit, quòd, ut animadvertunt PP. Salmanticenses *tract. 9. de Matrim. cap. 5. n. 77.* aliique plures, etiamsi tunc proles alicui ex recensitis infirmitatibus obnoxia conciperetur, cùm melius sit illi esse cum aliquo morbo, quàm non esse; & si tunc is coitus non haberetur, forsàn posteà non generaretur, conqueri non posset de damno sibi illato, imò maximo afficeretur beneficio. Quare id damni non tanti faciendum est, ut lethalem culpam constituat. Hinc D. Thomas *in 4. dist. 32. art. 1. q. 4. & in Suppl. q. 54. art. 1. ad 5.* censet, haud licere uxori negare debitum marito leproso, præcisè ne nascitura proles eodem morbo inficiatur; etenim *quamvis,* inquit, *generetur infirma proles, tamèn melius est ei sic esse, quàm penitùs non esse.* Neque ex ratione igitur, atque adeo ex nullo capite erui potest intervenous culpæ mortalis in copula maritali, quæ exercetur tempore menstrui naturalis, etiam ex parte illius, qui debitum poscit.

Esse autem peccatum veniale debitum petere, & conjugale officium exercere, dùm mulier naturali fluxui subjecta est, imò inter venialia graviora esse percensendum, nullus prudens, ac cordatus ibit inficias. Et hæc sunt, quæ id luculenter evincunt adversùs supra relatos Doctores, aliosque, idem sentientes. Concubitus eo tempore peractus, quo mulier vacat consuetæ purgationi, dubio procul indecens est, turpitudinemque, inhonestatem, ac deformitatem nonnullam præsefert, quæ etiam ipsis Etnicis horrorem injecit. Præterreà magnam sapit incontinentiam contra rectæ rationis dictamen, non expectare tempus generationi magis idoneum, brevi affuturum. Hæc sanè malitia venialem produnt, & quidem gravem intra latitudinem hujus generis peccati. Nec ab hac petens eximitur, eò quòd petat aut ad incontinentiam vitandam, aut ad mutuum amorem fovendum, aut ad dissidia, & jurgia sedanda; quippe ad hos fines consequendos aliis mediis uti potest, ac debet sicut & in aliis pluribus casibus teneretur.

Hucusquè sermo habitus est de culpa, quam comittit, qui tempore fluxus menstrui debitum exigit. Nunc ineunda est disputatio, àn peccet, qui tali tempore præcisè debitum poscenti reddit. Et circa hoc variæ reperiuntur inter Theologos opiniones. Non vacat, singulas referre, atque discussioni subjicere; sed satis sit doctrinam Doctoris Angelici D. Thomæ ob oculos ponere. Itaque S. D. hanc versat, solvitque difficultatem loco superius citato *q. 3.* & in primis improbat, ac rejicit opinionem, quæ statuit, absolutè prohiberi mulierem, in hac infirmitate constitutam, debitum reddere marito, etiam enixè postulanti; deinde modum suggerit, quo se gerere debet ipsa erga maritum, dùm in hoc casu debitum poscit. Præstat integrum S. Doctor textum excribere: *Dicendum,* ait, *quòd circa hoc dixerunt quidam, quòd mulier menstruata sicut non debet petere debitum, ità nec reddere. Sicut enim non tenetur reddere, si habeat infirmitatem in propria persona, ex qua periculum ei immineret; ità non tenetur reddere ad vitandum periculum prolis. Sed ista opinio videtur derogare matrimonio, per quod datur omnimoda potestas viro in corpus mulieris, quantùm ad matrimonialem actum. Nec est simile de infirmitate corporis prolis, & periculo proprii corporis; quia si mulier infirmatur, certissimum est, quòd ex carnali actu periculum ei imminet; non autem ità certum est de prole, quæ for-*

té nulla sequetur. *Et ideo alii dicunt, quòd mulieri menstruatæ nunquam licet petere debitum : si tamen vir ejus petat ; aut petit scienter , & tunc debet eum avertere precibus , & monitis , tamen non ita efficaciter , ut possit esse occasio labendi in alias damnabiles corruptelas , si ad id pronus credatur : aut petit ignoranter , & tunc mulier potest aliquam occasionem prætendere , vel infirmitatem allegare , ne debitum reddat , nisi periculum viro timeatur : tamen finaliter , si vir non desistit à petitione , debet debitum reddere poscenti : passionem vero suam non est tutum indicare , ne forte vir ex hoc concipiat abominationem ad eam; nisi de viri prudentia præsumatur.* Mulier igitur , quæ , menstrua consuetudine laborans , marito instanter petenti debitum reddit , ut ejusdem incontinentiæ periculum declinet, nullum peccatum perpetrat; imò tenetur reddere, si monitioni ejus non acquiescat maritus, & à petitione non desistat.

Hoc idem & de viro asserendum existimamus, qui menstruorum uxoris conscius rem habet cum ipsa exigente, si admonita non resipiscat, & à petitione non cesset.

VII. Circa actum conjugalem, habitum uxore jam prægnante, ita docet Angelicus in 4. dist. 31. in expositione textus ubi affertur locus S. Hieronymi, actum illum reprehendentis : *Ex hoc imminet periculum abortus; & ideo Hieronymus vituperat accessum viri ad uxorem imprægnatam; non tamen ità quòd semper sit peccatum mortale, nisi fortè quando probabiliter timetur de periculo abortus.* Quando igitur non subest tale periculum ; erit veniale petere debitum ; reddere autem instanter petenti , neque erit veniale; ità postulante fidelitate promissa : & hoc modo consonè loquitur etiam prudentissimus ille Doctor S. Antoninus part. 3. tit. 1. cap. 21. §. 4. *Tempora prægnationis reddere,* (nota, quòd non dicit petere) *debitum , non est peccatum , & reddere debet , si non est periculum abortus ; potest etiam exigere in dicto casu absque mortali : sed ubi esset periculum abortus, nec debet exigi , nec reddi , aliàs esset mortale.*

* Tempore etiam puerperii nec petere licet , nec reddere debitum, ut respondit Gregorius cap. 10. ad interrogationes Augustini Angliæ Apostoli; idque partim ob mulieris indispositionem, partim ob nocumentum prolis jam natæ, vel ejus, quæ nasci posset ex tali complexu. Si tamen tali tempore congre-

diantur, non videtur esse peccatum mortale, nisi notabile aliquod damnum inde sit rationabiliter timendum ; puta , si probabile sit, infantem , necdum ablactatum , vitiato ex concubitu lacte graviter debilitatum iri. Lege Sylvium *in Suppl. q. 74. art. 7.* & Pontius *lib. 10. cap. 14. num. 1.*

VIII. Circa modum exercendi actum conjugalem, (prætermissis non paucis casibus, religiosæ modestiæ importunis , castisque legentibus molestis , & forte non necessarió discendis) hæc regula communiter videtur statui posse , quòd , nisi sit modus impediens conceptionem prolis , aut afferens periculum effusionis extra vas naturale , (qui modi juxta omnes semper sunt peccata mortalia, tàm in petente , quàm in reddente) non erit peccatum lethale : imò alius modus præter consuetum , si fiat absque dicto periculo , & ex rationabili motivo vel non nocendi proli jam conceptæ , vel ob dispositionem corporis conjugum , vel ob aliam justam causam , neque erit veniale. Audiatur Angelicus in 4. dist. 31. circa finem : *Usus contra naturam conjugii est , quando debitum vas prætermittit ; vel debitum modum, à natura institutum quantum ad situm : & in primo semper est peccatum mortale ; quia proles sequi non potest: unde totaliter intentio naturæ frustratur : sed in secundo modo non semper est peccatum mortale, ut quidam dicunt; sed potest esse signum mortalis concupiscentiæ:* (puta , si haberet affectum ad vas innaturale , aut quidpiam simile) *quandoquè etiam sine peccato esse potest, quando dispositio corporis alium modum non patitur ; alias tanto est gravius, quantò magis à naturali modo receditur.* Post auditum discipulum audiatur insignis Magister Albertus Magnus , qui in Philosophicis profundissimè doctus, circa rem, ad medico-physicam potiùs, quàm ad moralem pertinentem, plurimi fieri debet , & citatur ab alio eximio Doctore S. Antonino 3. p. tit. 1. cap. 20. §. 3. qui pòst relatas aliorum opiniones , condemnantium tanquàm mortale modum coëundi non consuetum, præcipuè ob periculum, ne proles concipiatur, ità subdit: *Sed Albertus Magnus in 4. sent. dicit, quòd nihil horum, quæ facit vir cum uxore in actu conjugali, servato debito vase , est de se mortale , sed potest esse signum mortalis concupiscentiæ; quando ei non sufficit modus determinatus à natura, sed alium invenit causa delectandi, cùm non subest causa infirmitatis , vel alia rationabilis. Ex quibus videtur sentire*

Al-

Albertus , quòd non impeditur generatio prolis per tales modos indebitos , servato debito vase ; qui fuit maximus Philosophus : & subjungendo , reprehendendos esse conjuges, qui sine causa hoc agunt , concludit : *Nec de facili est præcipitanda sententia de tali modo , quòd sit mortale in se.*

IX. Circa rem igitur, non rarò praxi obnoxiam , quando pœnitentes sciscitantur ; àn liceat illis modis uti ; interroget Confessarius de causa, & si rationabilem inveniat, permittat , dummodò non sit periculum effusionis extra vas.: si nullam justam causam afferat pœnitens , Confessarius benignè illum reprehendat, & efficaciter hortetur , ut consueto modo utatur : & quando comperit ex experientia , pluriès à pœnitente allata , nullum esse effusionis periculum, dicat nihilominus, esse veniale ex gravioribus in eo genere ; & inculcet, ut abstineat, memor sententiæ B. Alberti Magni , & documenti S. Antonini: *ne præcipitet sententiam , quòd sit mortale in se.*

X. Inchoare actum conjugalem (abominabilè dictum, tamen necessarium scitu, cum effrænis conjugum libido aliquando id attentare , & agere non horreat) in vase fœdissimo , aut in ore , quamvis animo consummandi in vase naturali, semper est mortalissimum; quippè quod nulla ratione excusabile , & confinia juris conjugalis excedens, sitque inchoatio nefandæ , & cujusdam diabolicæ copulæ , nec non plusquam brutalis libidinis argumentum.

XI. Circa oscula , & amplexus , seorsim ab actu conjugali , minor est difficultas, cùm ex se inter conjuges non videantur notabiliter excedere confinia juris conjugalis: imò levia admodùm habenda videantur, si fiant ad finem fovendi amorem reciprocum, & magis arcendi alteram compartem ab extraneis amoribus. Circa tactus verò plures plura dicunt, quæ legat, qui voluerit. Nos, optantes ab his importunis casibus breviùs expediri , quàm fieri possit, afferemus judicium duorum doctissimorum Cajetani, & Navarri , eorum verba exhibentes , neutinem urgentes , ut potiùs istos , quàm alios Doctores sectetur ; sed unumquemque relinquentes dictamini suæ conscientiæ , validiori ratione ductæ. Cajetanus in summula peccatorum, ab ipso scripta, dùm esset Cardinalis , & pòst alia doctissima opera , verbo, *Matrimonium* , capite *Usus matrimonialis conjugii*, propè finem hæc habet. „Duodecimum est impudicitia , consis-„tens in tactibus venereis : verumtamèn tac-

„tus venerei tripliciter inveniuntur inter conjuges : primo ratione usus conjugii , & sic „ut liciti , & quandoquè necessarii transeunt. „Secundo, non propter actum conjugalem, „sed nihil aliud intenditur, quàm sistere in „hujusmodi tactibus, & tunc propriè est im„pudiciria ; & si sine periculo pollutionis in „utroque conjuge fiant , tolerabile , utpote „veniale ; quia non nisi superfluitas est de„lectationis intra conjugales terminos ; si ve„rò cum periculo pollutionis in altero ipso„rum fiant.....undè experta persona est , se „pollui ex similibus tactibus, tot , ac tali„bus , & advertit periculum , & non obviat; „nescio excusare à mortali, etiamsi pollutio „non sequatur, (& id affirmant omnes). „Tertio, fiunt hujusmodi tactus ex intentio„ne , aut quasi , ut polluantur ; & est ma„nifestè peccatum nefandum : dixi autem: „quasi , propter vacantes hujusmodi tacti„bus, non cogitando si eveniat pollutio, „aut non eveniat , essent autem contenti, „ut eveniret ; dant siquidem operam actibus „illicitis, ex quibus nata est sequi pollu„tio ; & ideo tamquam intenta imputatur „illis , sic malè affectis.“ Hæc Cajetanus. Pariter Navarrus in Man. cap. 16. num. 42. hæc scribit : „Decimo octavo peccat , qui, „vel quæ conjux impudicis tactibus se pol„luit , aut habet tactus hujusmodi, inten„dens habere illam (videlicet pollutionem) „vel cum periculo probabili habendi , juxta „sententiam Cajetani.“ Hæc Navarrus, se Cajetano conformans. Addo tamen , à pluribus Theologis etiam benignioris doctrinæ magnam rationem haberi de hujusmodi tactibus in partibus obscænis , præsertim morosè , & sejunctim à copula factis , ut videre est apud Colleg. Salmanticense in capite de usu matrimonii, accusans illos ut graves, utpote nimiùm christianam modestiam conjugalem dedecentes , nimisque pollutione provocandi proximos.

* Sunt tactus quidam adeo turpes, & infames ex defectu proportionis inter membrum tangens, & tactum, ut ne quidem copulæ intuitu valeant à gravi peccato excusari ; quia nimirùm graviter dedecent naturam rationalem , & indicia sunt libidinis prorsùs dominantis , quæ charitatem, non secùs ac summum frigus calorem, omnino expellit. Quare cum infames illas , & præpudiosas turpitudines in conjugibus à mortali excusasset Sanchez in prima editione , in posteriori editione ann. 1614. sententiam retractavit ; nec enim conjugium potest excusare actiones , quæ ex

se ad copulam conjugalem non ordinantur. Alquae ex illis turpitudinibus ob oculos ponit Auctor *supra n. 10.* alias recensent Casuistae nonnulli, quas ex eorum scriptis excribere pudor non sinit ; adeo enim à ratione, & christiana pudicitia alienae sunt, ut ipsa natura vel impudentissimos doceat eas esse horrenda crimina, superfluumque sit legentium oculos, & mentem offendere. Consule Ludovicum Habert *de Matrim. c. 6. §. 3. q. 8.* P. Antoine *Tract. de obl. c. 3. q. 8.* Continuatorem Tournely *tract. de praecept. secundae tabulae c. 1. art. 4. sect. 3.* & P. Daniel Concina *lib. 2. de Matrim. dissert. 4. cap. 9. n. 14.*

XII. Qui nupsit post emissum votum vel Religionis, vel suscipiendi sacrum Ordinem, jam patet, quòd moraliter peccaverit, neque potest intra bimestre à contracto matrimonio licitè reddere debitum, nec multò minùs petere , juxta omnes; quia intra illud bimestre potest votum adhuc implere ; & alioquin consummando matrimonium se reddit impotentem ad votum implendum: post bimestre autem si petat, & consummet, juxta omnes, mortaliter peccat prima vice petendo ; quia sibi viam occludit implendi votum : aliis autem vicibus petendo, non peccat; quia jam votum, durante matrimonio consummato, non ampliùs potest impleri: probabilius etiam est, quòd peccet graviter prima vice reddendo post bimestre, ob dictam rationem , nempè , sibi viam praecludendi impletionis voti. Ne autem peccet lethaliter reddendo instanter petenti, debet ei revelare votum suum, illudque quamprimùm exequi, ne diutiùs torqueat alterum conjugem innocentem, qui profectò ab hoc onere liberandus erat, etiam statim post celebratum matrimonium. Mortuo autem conjuge innocente, votum, quod erat suspensum , iterum obligat , & implendum est , si fieri possit.

* Idem omnino sancit Auctor de eo, qui nubit post emissum votum Religionem ingrediendi, & profitendi, ac de eo, qui matrimonium init post votum duntaxat Ordines Sacros suscipiendi; cùm tamen, ut nobis quidem videtur, latum inter utrumque discrimen intercedat. Utique, qui nubit post emissum votum Religionem ingrediendi , & profitendi peccat nubendo, & prima vice consummando, sive petendo, sive reddendo: peccat quidem nubendo ; quia transgreditur votum Religionis cùm nuptiis incompossibile : pecat prima vice consummando; quia est

ei liberum Religionem ingredi , & ad id ante consummationem tenetur , cùm professio Religiosa matrimonium ratum dissolvat. At matrimonio prima vice , etiam intra bimestre , consummato, potest petere debitum; quia haud ampliùs est impeditus : non voto castitatis ; quia votum Religionis non est votum castitatis ; nec voto Religionis ; quia matrimonio semel consummato, non potest Religionem ingredi. Attamen non ob id cessat votum, sed suspenditur , ut observant PP. Salmanticenses *tract. 15. de Statu Religioso cap. 2. punct. 1. n. 15.* ,,Undè , subdunt, cùm primùm illud possit exequi, tenetur : & sic , si conjux velit simul ingredi Religionem , si committat adulterium, ,,in haeresim labatur , aut moriatur , aut liberè facultatem ingrediendi concedat, aut ,,alia causa subsit justi divortii , tenetur ,,tunc ingredi Religionem : & si tunc non ,,impleat, graviter peccabit , aut etiam remittendo adulterium ab altero commissum, ,,aut ipse adulterando , quomodò fieri potest compensatio in delicto , ut non detur ,,justa causa divortii ; quia sic denuò se impotentem reddit ad statum promissum , & ,,propria sponte, non obligatione matrimonii ,,coactus , ab eo retrahitur.

In casu autem adulterii , licèt prima vice petendo, aut reddendo peccet ; attamen non posteà, quia per remissionem factam amisit jus ad Religionis ingressum , vivente uxore, ut docet Felix Potestas *tom. 1. part. 4. c. 9. n. 4266.*

Qui verò matrimonium init post votum suscipiendi Ordines Sacros, peccat solùm nubendo , non consummando , etiam petendo, quidquid in oppositum sentiant nonnulli, quibus & Auctor adstipulatus est. Quippè nubendo factus est impotens ad votum implendum ; nàm per Sacri Ordinis susceptionem non dissolvitur matrimonium ratum, anteà contractum , sicut dissolvitur per solemnem Religionis professionem.

In casu autem , quòd alter conjux adulterium committit, tunc tenetur implere votum suscipiendi Sacros Ordines , nec potest ulteriùs petere , aut reddere ; quia, cùm adulter amiserit jus ad petendum, est ei liberum non petere, nec reddere, & sic votum implere. Idemque asserendum in aliis casibus , suprà recensitis. Videtur Felix Potestas *loco citato n. 4267.* Et ità clarius exposita remanent , quae tradit Auctor *num. praeced.* quaeque nos in anteriori adjecimus editione.

Ob-

Observandum insuper, quòd peccet graviter prima vice reddendo, etiam transacto bimestri, qui nupsit pòst emissum votum Religionis, &c. Oppositum quidem in anteriori editione docuimus, quorumdam Doctorum, & præsertim PP. Salmanticensium *loco supra cit.* auctoritate nisi. At modo, re maturiùs perpensa, seriùsque discussa, asserimus, amplectendam esse sententiam Auctoris, qui *num. præced* meritò censet probabilius esse, quòd graviter peccet prima vice reddendo, bimestri etiam elapso; eò quia etiam simpliciter reddendo sibi viam præcludit impletionis voti. Ne autem peccet lethaliter, reddendo instanter petenti, id exequi debebit, quod *ibidem* Auctor idem suggerit. Legantur P. Basilius Pontius de Sacramento Matrimonii *lib.* 10. *c.* 5. *n.* 2. *&* 3. ubi absolutè asserit, certum esse, illum, qui emisit Religionis votum, obligari ante consummationem matrimonii ad ingrediendam Religionem; & P. Renatus Hyacintus Drouven de *Re Sacramentaria tom.* 2. *lib.* 2. *quæst.* 4. *cap.* 3. *§.* 3. qui ad hoc quæsitum. 1. *Utrum voto simplici amplectendæ Religionis obstrictus, si posteà contraxerit matrimonium, ante ejus consummationem profiteri vitam Monasticam teneatur?* nulla adhibita distinctione, affirmativè responderit.

XIII. Similiter, qui nupsit cum voto castitatis perpetuæ, graviter peccavit nubendo; quia se constituit in statu votum non implendi, & tenetur intra bimestre abstinere à petendo, & reddendo, cùm saltem quoad hoc possit votum implere: post bimestre autem tenetur reddere petenti; ipse verò nunquam petere potest sine peccato: ut autem à tanto periculo se liberet, dispensationem obtineat habente facultatem dispensandi: & circa hoc vide tradita in tract. 4. c. 10. §. 5. n. 57.: & meminerit dispensatus ad petendum debitum, etiam alibi diximus, quòd quilibet actus impudicitiæ extra matrimonium est contra votum; & quòd, mortuo conjuge, votum reviviscit, ità ut neque ulteriùs nubere possit absque dispensatione nova, ità omnes, juxta stylum Sacræ Pœnitentiariæ.

Ad uberiorem doctrinæ, ab Auctore *n. præced.* traditæ, explicationem sequentia animadvertenda occurrunt cum Cl. Sylvio in *Suppl. q.* 53. *art.* 1.

1. Ordinariè peccat mortaliter is, qui, post votum simplex continentiæ contrahit matrimonium; quia ordinarium est, quòd con-

trahentes habeant voluntatem consummandi.

Si quis autem voto simplici obstrictus contraheret animo transeundi ad Religionem ante consummationem, non peccaret quidem contra suum votum; sed tamen, nisi haberet justam causam id faciendi peccaret, tùm decipiendo sponsam, tùm ei nocendo; quippè quæ non tàm facilè alteri nubet ob suspitionem vel copulæ, vel alicujus, quòd in ea sponso displicuerit.

Dixi: *nisi haberet justam causam*: Si enim rationabiliter aliqua causa subsit, non est illicitum habenti votum continentiæ matrimonium contrahere animo non consummandi illud, sed ingrediendi Religionem.

2. Qui post votum simplex continentiæ contraxit matrimonium, juxta D. Thomam *in Suppl. q.* 53. *art.* 1. *ad* 3. non potest sine peccato mortali illud consummare, ne quidem reddendo debitum; nisi priùs tenet ea media, quibus possit votum suum observare. Nàm per consummationem facit contra votum, & reddit se impotentem ad illud deinceps observandum: anteà verò sunt ei aliquot modi possibiles ad non violandum votum, ut si dispensationem obtineat, sì alteri persuadeat vel continentiam vovere, vel cedere juri petendi debitum, aut si alter jus petendi amiserit ante consummationem matrimonii. Quandò nihil est istorum, subdit idem Sylvius, si is, qui voverat, est ad Religionem idoneus, tenetur eam ingredi ad præstandum, quod promisit, quia non superest ei alia via. Si verò non est idoneus ad Religionem, & satis certum est, eum in nullo Monasterio esse recipiendum, non licet quidem ei matrimonium consummare debitum exigendo, eò quod votum servare debeat, quantùm potest; non peccabit tamen, ne quidem prima vice, si rogatus consumet; quia ad hoc tenetur, cùm non potest modis prædictis servare continentiam.

3. Qui post votum simplex consummavit matrimonium absque dispensatione, sivè benè fecerit, sive malè, non peccabit deinceps reddendo debitum; peccaret tamen petendo. Prius probatur; quia pòst consummationem matrimonii est obligatus ad reddendum debitum; idque sive petatur formaliter, sive interpretativè. Posteriùs; quia adhuc tenetur servare votum, quantum potest: potest autem non petere debitum; nàm ex matrimonii vinculo non obligatur ad debitum petendum: ergo non potest petere debitum sine peccato. Ità D. Thomas *loco citato ad* 4. addens, quòd, mortua uxo-

re,

re, tenetur totaliter continere.

Notandum demùm & hìc discrimen, quod intervenit inter eum, qui nubit pòst emissum votum castitatis, & eum, qui matrimonium contrahit pòst emissum votum non nubendi. Qui nubit pòst emissum votum castitatis ad omnia recensita tenetur. Qui verò matrimonium contrahit pòst emissum votum non nubendi, peccat contrahendo, sed pòst contractum matrimonium licitè debitum petere, & reddere potest: at, uxore mortua, à nuptiis abstinere debet.

XIV. Si alter conjugum pòst contractum matrimonium votum castitatis emittat, tenetur abstinere à petendo debito: reddere autem tenetur petenti, qui suo jure privari nequit, & non debet difficultates opponere petenti. Si votum emiserit de licentia alterius, qui tamen non intendisset, concedendo licentiam, cedere juri suo, quod non est de facili praesumendum, tenebitur pariter reddere: si autem & ille cessiset juri suo, tunc nec reddere potest. Si verò, stantibus his, stimulis importunis vexentur, ità ut in periculo labendi se experiantur, dispensationem petant, vel commutationem voti. Hinc patet, haec vota non esse emittenda, nec admittenda ab altero, nisi post longam orationem, & maturam consultationem cum viris doctis & experitis; qui plerumque, ne emittantur, consilium dabunt.

XV. Quod autem aliqui dicunt, posse alterum conjugem liberum à voto, & jus suum amittere nolentem, licitè reddere illicitè petenti, ità absolutè non approbatur ab aliis; eò quòd manifestè cooperetur peccato alterius: nisi addatur limitatio, nempè, nisi prudenter timeat morali certitudine, petentem in alias turpitudines prolapsum, vel odia, & gravia dissidia inde oritura; quia tunc reddendo, permittit minus malum, ut longè majus impediat. Conjux itaque liber charitativè aget, si ipse primus petat, statim ac animadvertit in altero ligato signa quaedam remota voluntatis petendi; & hunc inducat ad petendam dispensationem, ut ab his offendiculis se expediat. Multò minùs verum esse potest, licitum esse sibi invicem reddere, si ambo conjuges sint eodem voto obstricti, ob allatam rationem, eò quòd cooperentur alieno peccato; & alioquin votum simul emittendo cesserunt juri petendi, & reddendi, ut optimè notavit Navarrus cap. 16. cum aliis. Imò ità expressè docuit S. August. in Epist. 199. novae editionis: Quod Deo pari consensu ambo

voveratis, perseverantèr usque in finem reddere Deo ambo debuistis; à quo proposito si lapsus est ille, tu saltem instantissimè persevera. Haec igitur vota non emittantur, nisi post longam & maturam cum doctis, & expertis consultationem.

✠ Recole, quae adjecta sunt tit. 1. tract. 4. cap. 10. §. 5. post num. 5.

XVI. Circa locum exercendi actum conjugalem, excluditur communiter locus Sacer cum S. Antonino 3. p. tit. 1. cap. 21. §. 2. Secundus casus est quantum ad locum, ne videlicet in loco Sacro: sive ergo habeatur alius locus, sive non possit haberi alius locus ad haec, certum est, quòd non licet petere, sed nec reddere alteri illud, quod reddi non potest sine irreverentia loci Sacri: nàm propter hoc indiget reconciliatione, secundùm Joannem Andream, quantum est ex natura facti; licèt per accidens, si est occultum non indigeat reconciliatione, quod etiam ponit Hostiensis: propterea secundùm aliquos Auctores duntaxat excusantur, si diutius in loco Sacro commorari compellerentur, & interereà gravi tentatione incontinentiae pulsarentur cum periculo gravi consensus.

* Dissidium non leve inter Theologos est, àn valeant conjuges absque peccato actui matrimoniali operam dare diebus Dominicis, ac Festis: Affirmant plurimi Probabilistae, quos recensere longum nimis foret. Negant alii, asseruntque, peccare venialiter conjuges illis diebus debitum petentes, nisi rationabilis causa excuset. Fatentur tamen, licitè debitum reddi posse, si petens monitioni non acquiescat. Imò, ajunt, petitio videtur posse excusari à culpa per grave periculum incontinentiae, quòd vix aliter amoveri posset. S. P. Benedictus XIV. de Synod. Dioec. lib. 5. cap. 1. n. 8. pluris oculis subjicit Ecclesiae sanctiones: ex quibus colligitur, in solemnioribus festivitatibus, ac jejunii diebus, quibus peculiariter erat orationi vacandum, vetitum fuisse conjugibus matrimonii usum; hisque relatis, sic mentem suam aperit: „Haec fortassè, inquit, aliaque hu-„jus generis multa, ignota fuerunt nonnul-„lis Theologis Moralibus, qui antiquam dis-„ciplinam ex hodierna metientes, atque il-„lam huic accommodantes. (quod saepè ab „isdem fieri, notavit Cardinalis Bona Rer. „Liturg. lib. 1. cap. 18. n. 1.) non dubi-„tarunt affirmare; nunquam ab Ecclesia „fuisse usum conjugii certis diebus interdic-„tum; cùm potiùs asserere debuerint, nunc „in-

„intra meri consilii limites contineri , quod „olim severa lege erat prohibitum; sicuti sci- „tè ponderat Catalanus *in Coment. ad Pon-* „*tif. Rom. tom. 3. t. de Ordine ad Synod.* „§. 22. Hucusque S. P. Bened. Habent hìc, ut observat recens Theologus, quod discant tùm severioris , tùm mitioris Ethices sectatores.

Aliud excitatur dubium: àn licitum sit accedere ad Eucharistiam post conjugalem copulam? Missis laxis nonnullorum Theologorum circa hanc difficultatem opinionibus, sequentia subjicimus , quæ probabiliora existimat Sylvius *in 3. part. q. 80. art. 7.*

Primum, *ait*, sive illa (nempè copula conjugalis) fuerit per redditionem debiti ; sivè per petitionem , conveniens est eodem die à communione abstinere. De Consecratione dist. 2. cap. *Omnis* : nisi justa aliqua causa oppositum suadeat , ut festi solemnitas, dies indulgentiarum, specialis devotio, nota quædam ex communionis omissione.

Secundum: is, qui debitum reddit , potest absque ulla culpa communicare ; & quandoque etiam is, qui petit, ut *si* petit causa prolis. Qui verò venialiter delinquit in petendo, sæpe venialiter peccabit eodem die communicando , nisi causæ aliquæ rationabiles indecentiam resarciant.

Tertium : conjux quæ est communicatura , non propterea excusatur à redditione debiti, si alter instat ; sicut nec excusatur ex eo quod illo die communicaverit: quamvis, si honestè suadere possit dilationem , hoc facere debet ex decentia , & Sacramenti reverentia. Eadem fermè ex Doctrina, quam tradit D. Th. *loc. cit. ad 2.* colligit & docet etiam P. Daniel Concina *lib. 3. de Euchar. dissert. 1. cap. 11. §. 3. n. 21.* qui insuper tàm ibi , quàm etiam *lib. 2. de Matrim. dissert. 4. cap. 8. n. 11. & seqq.* jam indicatas laxas quorumdam Probabilistarum circa hoc punctum opiniones refellit , easque longè à Sacrorum Canonum, Conciliorum, ac Patrum doctrina distare , ostendit. Legatur speciatim Cathecismus Concilii Tridentini *part. 2. cap. 4. §. 58. & cap. 8. §. 34.*

XVII. Illicita mortaliter est petitio debiti conjugi illi , qui copulam consummatam habuit cum persona consanguinea sui conjugis in primo, aut secundo gradu; eo quia peccando cum tali persona contraxit affinitatem cum suo conjuge, quæ affinitas, utpote ex copula illicita, non sè extendit ultra secundum gradum ; habere ante copulam cum persona affini est incestus : idcirco ille conjux , qui dicto modo peccavit , non potest petere de-

P. CUNIL. THEOL. MOR. T. II.

bitum, ne incestum committat ; & privatur hoc jure petendi, donec obtinuerit dispensationem ab habente facultatem dispensandi: tenetur tamen debitum reddere conjugi innocenti , qui non debet privari jure suo. Dixi: conjugi innocenti; quia, si & ipse operam contulisset ad incestum conjugis cum persona sua consanguinea, perderet quoquè & ipse jus ad petendum ab affini ; quia talis evasit etiam per cooperationem suam. Omnia hæc sunt communia, deprompta ex variis canonibus.

XVIII. Circa modò dicta notandum est, quòd ab incurrendo hoc impedimento, non petendi debitum , non excusat ignorantia legis, illud inducentis; quia, ut dicitur in capite de ignorantia 13. *ignorantia facti, non Juris , excusat* : hoc enim ipso quòd noverat, se incestum committere cum persona conjugis consanguinea , & sibi affini , tenebatur scire, quòd contrahebat affinitatem cum suo conjuge; eo quòd cum persona affini nequit licitus haberi congressus : aliud tamen esset, si ignorasset invincibiliter personam illam esse consanguineam conjugis ; quia , cùm non perpetrasset incestum formalem, nec impedimentum petendi debiti contraxisset : secùs verò, si dubitasset esse consanguineam conjugis , aut ex metu quamvis gravi peccasset ; contraxisset enim dictum impedimentum; quia in dubio illo tenebatur abstinere, & metus ille relinqueret voluntarium simpliciter incestum commissum ; non enim hæc privatio petendi est censura, à qua incurrenda excuset metus gravis , sed justa punitio, sequens delictum incestus.

XIX. Non privatur jure petendi debitum conjux, qui baptizat proprium filium in necessitate , ut docet S. Th. in 4. dist 42. q. 1. art. 1. : *Aut inducitur cognatio causa necessitatis , sicut cùm pater baptizat puerum in necessitate ; & tunc non impedit actum matrimonii ex neutra parte: aut inducitur extra casum necessitatis , ex ignorantia tamen ; & tunc si ille , ex cujus actu inducitur , diligentiam adhibuit, est eadem ratio, sicut est de primo:* (id est , non privat jure petendi) *aut ex industria extra casum necessitatis ; & tunc ille , ex cujus actu inducitur , amittit jus petendi debitum: sed tamen debet reddere ; quia ex culpa ejus non debet incommodum alius reportare.*

XX. Conjux, qui committit adulterium, juxta communem, fundatam in lege Canonica, privatur jure petendi debitum hoc modo, nempè, quòd non possit constringere alterum conjugem innocentem ad sibi reddendum de-

Ss   bi-

bitum: ex quo patet, quòd innocens possit, si
velit, hoc jus illi restituere. Circa hoc Cajetanus, cui etiam multi subscribunt contra
Navarrum, & alios, contendit, quòd ad hoc,
ut nequeat reus obstringere innocentem ad sibi reddendum, requiratur ut innocens conscius sit adulterii à conjuge commissi; quia, si
innocens reatum alterius ignoret, & reus poterit obligare ad reddendum, & innocens ignorans reddere tenebitur: rationem affert; quia
cum privatio juris petendi sit poena, nemo tenetur sibimet illam inferre, sed inferri debet
à Judice, qui judex in hoc casu est conjux innocens: quandiu igitur hic ignorat crimen,
illud punire non potest. Addendum, putarem,
quòd, cùm nemo teneatur crimen suum prodere, si conjux reus non peteret sicut antea
consueverat, daret occasionem alteri innocenti suspicandi de patrato crimine; unde
innumera profluerent incommoda, ut patet.
Si autem conjux innocens noverit adulterium
alterius, potest ei denegare debitum, etiam
pro semper: ipse tamen potest illum obstringere ad sibi reddendum. At interrogabis:
numquid per hanc petitionem censebitur remittere eidem injuriam? Respondeo, quòd in
foro fori hæc petitio, præcipuè aliis amatoriis
signis sociata, reputatur pro remissione, nisi
fortè petens expressè se declaret, per illam
petitionem non intendere injuriam remittere,
neque cedere juri suo denegandi, sed duntaxat intendere uti jure suo: pro foro autem
conscientiæ dicendum, quòd, si petat, aut petenti reddat animo positivo non cedendi juri
suo, denegandi si voluerit, reus reverà non
acquirit jus deperditum: si verò sponte petat, aut petenti reddat, amatoriè se gerendo,
& præscindendo à condonatione, ab eademque abstrahendo, jam censebitur remittere,
præcipuè si reo petenti reddat ità amatoriè:
nec absque novo reatu poterit ampliùs petenti denegare. Reo itaque non relinquitur facultas petendi non ut strictè debitum, sed
amiciter, & suppliciter. Monendum tamen
censeo, quòd, si conjux innocens, & conscius
criminis prudenter prævideat, ex denegatione, præcipuè diuturna, debiti, imminere reo
pericula gravis incontinentiæ, aut concipiendi odium, excitandi dissidia &c. putarem,
quòd ex charitate teneretur innocens hæc
mala impedire, aut petendo ipse tali frequentia, quæ alterius infirmitati sufficiens esse possit, quamvis declarando, se non remittere;
aut, si hæc non sufficiant ad præcavenda dicta inconvenientia, eidem remittendo injuriam, & maximè post elapsum aliquod tem-

pus denegati debiti, ne aversio, & odium permanens excitetur, & foveatur in reo. Moneo
item, quòd innocens teneatur ex animo remittere offensam, & parcere adultero quoad
animum, hoc idem significando, quod parcit
pro offensa: at quòd non remittit jus deperditum; quia, cùm omnes fideles teneantur remittere quascumque alias offensas ex lege
Christi, multò magis conjuges: & sicuti remittendo non tenentur fideles relaxare debita, ex irrogatis offensis secuta, ità etiam conjux innocens remittendo injuriam non tenetur relaxare reo amissum jus. Nihilominùs se
gerat modo insinuato, & christiana utatur
œconomia in castigando reo.

XXI. Illicitus est congressus conjugalis,
quando oritur dubium de valore celebrati
matrimonii: ut autem hæc difficultas satis implexa clarè resolvatur, observa cum Angelico
in 4. dist. 38. in fine expositionis literæ, loquente de impedimento ligaminis, quod etiam
de aliis est intelligendum: *Si oriatur dubita-*
tio aliqua de vita prioris viri ex aliqua cau-
sa, quæ etiam certitudinem facere possit,
non debet nec reddere, nec exigere debitum,
si autem causa illa facit probabilem dubita-
tionem, debet reddere, sed non exigere: si
autem sit levis suspicio, potest utrumque li-
cite facere; quia debet illam causam potiùs
abjicere, quàm secundùm hoc conscientiam
formare: optimè tamen faciet, si doctum Confessarium consulat, àn causa illa sit abjicien-
da. Idem pluribus annis ante Angelicum docuit Lucius III. in cap. *Dominus* de secundis
nuptiis: *Si aliquis, vel aliqua de morte prio-*
ris conjugis adhuc sibi existimat dubitan-
dum, ei, qui sibi nupsit, debitum non deneget
postulanti, quod à se tamen noverit nullate-
nùs exigendum. Et Innoc. III. non multò ante Angelicum in cap. *Inquisitioni* de sent.
excom. *Distinguendum, utrum alter conju-*
gum pro certò sciat impedimentum conjugii,
propter quod sine mortali peccato non valet
carnale commercium exercere, quamvis il-
lud apud Ecclesiam probare non possit, àn
non suiat certo, sed credat: in primo casu
debet potiùs excommunicationis sententiam
humiliter sustinere, quàm per carnale com-
mercium peccatum operari mortale. In se-
cundo distinguimus, utrùm habeat conscien-
tiam hujusmodi ex credulitate levi, & te-
meraria, àn ex probabili, & discreta; &
quidem ad sui Pastoris consilium conscien-
tia levis, ac temeraria credulitatis, explo-
sa, licitè potest non solùm reddere, sed exi-
gere debitum conjugale: verùm, cùm cons-
cien-

cientia pulsat animum ex probabilitate probabili, & discreta, quamvis non evidenti, & manifesta, debitum quidem reddere potest, sed postulare non debet; ne in alterutro, aut contra legem conjugii, vel contra judicium conscientiae committat offensam.
Opinio itaque quorundam recentiorum, dicentium, quòd quando sunt opiniones utrinque probabiles de valore, vel non valore matrimonii, possit dubitans nedum reddere, verùm & petere debitum, reprobatur his oraculis: quid enim efficit opinio utrinque probabilis, nisi rem esse dubiam? atqui in tali dubio negant Pontifices, & post ipsos Angelicus, debitum licitè peti posse: igitur &c.

XXII. Quid itaque agendum dubitanti vel dubitantibus utrisque; quia tunc nec reddere possent? Debet, qui dubitat, desistere à petendo debito, quousque omnem, quam possit, diligentiam adhibeat, ut veritatem assequatur: & si veritas declaret, fuisse impedimentum dirimens, procuranda statim erit dispensatio, & intereà abstinendum erit etiam à redditione debiti. Id autem quomodò exequendum sit, commodiùs dicetur suo loco, nempe, §. 30. hujus capitis de matrimonio. Si autem veritas haberi non possit post adhibitam omnem moralem diligentiam, sed adhuc dubium subsistat; dicunt quamplures cum doctissimo Soto l. 4. de just. q. 5. a. 4. & in 4. dist. 27. q. 1. a. 4. licitè posse etiam petere: rationem afferunt; quia ità resolvitur quaestio quaecumque de dubitante circa legitimam possessionem rei, quam bona fide possidere coepit, nempe, quòd post omnem moralem diligentiam adhibitam, si dubium purgari nequeat, quiete possideat; propter illud solemne in materia justitiae: *in dubio melior est conditio possidentis:* eò quòd ipsa possessio bona fide coepta afferat titulum justae possessionis, quo caret, qui non possidet: & id quoque verificatur in casu nostro pro valore matrimonii; quandoquidem omnis moralis adhibita diligentia ad assequendam veritatem efficit ignorantiam invincibilem de contrario, si veritas haberi non potuit.

XXIII. Consultò semper dixi de dubio, exorto post contractum bona fide matrimonium; nam, si, antequam contraheretur, ab hujusmodi dubio pulsabantur contrahentes, & nihilominus contrahere voluerint, antequam veritas illucesceret; juxta omnes, nec petere nec reddere possunt debitum conjugale, eò quòd possessio, quae incipit cum mala fide, nullum jus tribuit in dubio de possessione: propterea & graviter peccarunt contrahendo,

& semper peccant consummando. Si verò unus duntaxat contrahentium dubitavit, nec diligentiam adhibuit, ut dubium purgaret, neque alteri contrahenti quidquam manifestavit, tenetur, ut dictum est, à petendo abstinere: reddere autem debet petenti innocenti post bimestre. Dixi: post bimestre; quia, cùm intra bimestre negare licitè possit, reddere non debet; & intereà pacificè conquiescere faciat conjugem, atque omni diligentia procuret, ut dubium purificetur; quòd si purificari non possit, reddere tenetur debitum post bimestre: an autem petere possit illud, non ausim affirmare, ob canones allatos, loquentes de contrahente bona, & non mala fide. Quid igitur ei agendum erit? exponat sincere casum sacrae Poenitentiariae, si sit occultum, & sublationem impedimenti similiter petat sub conditione quòd adsit; & eâ obtenta petere licitè poterit.

† Sentiunt plures gravissimi Doctores, quòd, qui post contractum bona fide matrimonium dubitat de ejus valore, non possit debitum petere etiam post omnem adhibitam diligentiam ad inveniendam veritatem, si reapse dubium adhuc perseveret, ne ultrò se peccandi periculo exponat. Censent tamen, etiam dubio persistente, teneri debitum reddere. Videatur P. Antoine *tract. de Obligat. cap. 3. resp. 2. ad q. 2. n. 4.*

* APPENDIX.

In qua casus nonnulli, matrimonii usum spectantes; proponuntur ac resolvuntur.

Libet in hac Appendice casus nonnullos, matrimonii usum spectantes, ex animis subjicere, ac discutere; utpote qui non rarò in praxi occurrunt; atque adeo illorum notitia Confessariis, in quorum gratiam hoc opus conscriptum est, valdè necessaria censetur. Id autem praestabimus maxima, quà fieri poterit verecundia, cautionibusque adhibitis, ne cujusquam aures offendamus. Itaque

Quaeres 1. num uxor teneatur reddere debitum marito, qui senio confectus, nequit ampliùs prae naturae debilitate copulam perficere?

Resp. Difficultatem hanc excitat, sicque decidit Joannes Pontas *Verb. Debitum Conjugale cas.* 40. Si non ità impotens, ait, sit vir, quin aliquando, puta, semel in uno, aut altero mense copulam perficere valeat, certum videtur illius uxorem ad debitum ei persolvendum etiam sub peccato mortali teneri : at è contrà, si tanta laboret impotentia, ut copulam sæpiùs tentatam perficere, ac semen intra vas muliebre nullatenùs emittere valeat , tenetur uxor debitum prorsus denegare. Hac siquidem de causa: *Qui impotentes sunt , minimè apti ad contrahenda matrimonia reputantur ,* ut loquitur Alexander III. ad Ambianensem Episcopum rescribens in cap. *Quod sedem 2. de frig. & malef. l. 4. tit. 15.* In eamdem sententiam concedit & Continuator Tournely *tom. 3. cap. 1. de Quarto Decal. præcep. art. 4. sect. 2.*

Quæres 2. an lethaliter delinquat uxor, quæ conjugale debitum reddit viro, quem experientia novit in aptu ipso sese retrahere cum effusione seminis extra vas ?

Resp. Virum, qui ità se gerit, turpissimo se crimine commaculare, certissimum est: *Illicitè namque* (verba sunt S. August. *lib. 2. de adult. conjugiis c. 12.*) *& turpiter etiam cum legitima uxore concumbitur , ubi prolis concejtio devitatur, quod faciebat Onam filius Judæ, & occidit illum propter hoc Deus.* Idem repetit & *lib. 1. de Nuptiis c. 15. n. 17.* Quod autem spectat ad uxorem, quæ viro sic se gerenti debitum persolvit, ità difficultatem extricat præcitatus Pontas *ibidem cas. 55.* „Si viro , *inquit* , ità se interdum „retrahenti nullatenus consentiat uxor imò „verò quantum possit , obsistat , nulli eam „obnoxiam esse peccato, certum videtur, „quòd exemplo *Her & Onam* filiorum Ju„dæ (*Gen. 38.*) probari potest; quamvis „enim punitio Onam terribilis fuerit ; ejus „tamen uxor Thamar à Deo ob nefandum vi„ri scelus punita non fuit , ac certè quidem, „quia ipse se retrahenti non consentiebat; „imò prolem ex benedicta à Domino stirpe „Abrahæ, Judæque Patriarchæ soceri sui ve„hementer exoptabat." Præivit ipsi in hac propugnanda sententia P. Basilius Pontius *de Sacr. Matrim. lib. 10. cap. 11. n. 8.* sed aliis innixus argumentis.

Verùm eam ut laxam, & evidenter falsam improbant, atque explodunt graviores Theologi. Speciatim P. Daniel Concina Pontasium refellit *lib. 2. de Matrim. diss. 4. cap. 9. n. 5.* Quid hinc ? (sic ipse post exhibitam illius responsionem , & probationem) Ergo non peccavit Thamar , quia percussa non legitur ? Inepta consecutio ista. Semperne Deus omnes peccatores manifesto temporali supplicio plectit ? Severè animadvertit Deus , & in *Her* primogenitum nequam, & in *Onam* rem detestabilem agentem. Punitionem Thamar

non legimus ; at non indè legitimè infertur: ergo non peccavit, si advertit, & non negavit congressum ; quia , ut dixi , non omnia scelera Deus in hoc mundo punit. Peccat ergo talis mulier debitum non negando, quando experientia didicit , belluinum maritum consuescere semen ad generationem destinatum prodigere ; quoniam debitum reddendo , rei natura sua malæ , & illicitæ dat operam.

Huic opinioni subscripsit & Continuator Tournely *loc. supra cit.* posite tamen , quòd mulier ex continua experientia compertum habeat , maritum detestabile Onani scelus perpetrare , sive ne proles concipiatur, sive alia de causa. „Nàm aliter dicendum , sub„dit , si vir identidem copulam perficiat; „quia non licet ob incertum crimen jure „suo radicali quempiam spoliare. Interim, „*addit* , uxor virum seriò monere debet, ut „à tanto crimine abstineat.

Idem verò Theologus tùm *ibidem*, tùm etiam *tract. de Matrim cap 7. num 17.* in controversiam vocat : an possit uxor , quæ alterum Onam in matrimonio experitur, debitum reddere ad evadendam mortem , quam maritus illi comminatur , ni acquiescat ; aut petere , vel reddere debitum ad vitandum grave incontinentiæ periculum , in quo versatur. Refert ipse in primis sententiam illorum Theologorum , qui id negant ; illorum argumenta ob oculos ponit : deinde contra ea plures difficultates proponit; ac tandem anceps hæret, sicque concludit *loc.* postremùm *cit. n. 22.* „Verùm hæc , quod jam „monui *tom. 4.* non tàm asserendo , quàm „doctiorum examini subjiciendo , dicta sint. „Qui , Theologum hærere , ac judicii sus„pensum esse, mirabitur , is vel Theologos „nullos legit , vel Augustinum nec à limine „salutavit." In institutionibus verò Theo„gicis *tract. de Decal cap. 4. art. 4. sect. 2.* ad secundam partem propositi casus quod „spectat , hæc docet : „Poterit, inquit, quan„tum existimo (mulier, quæ versatur in gra„vi incontinentiæ periculo) debitum redde„re , aut petere , saltem sine gravi culpa , si „post adhibita remedia orationis, eleemosy„næ &c. idem grave incontinentiæ periculum „continuare supponitur. Sicut enim ob gra„vem causam licet Sacramenta petere ab in„fami Ministro ; qui potest is id , quod peti„tur, legitimè dare ; sic & videtur uxor uti „posse jure, quod habet ad copulam ; quia „penes maritum est legitimè copulari. Equi„dem constat, eum non id facturum sine pec„cato, sed constat etiam, malum Parochum „non

„non daturum Sacramenta sine crimine. "

Quæres 3. nùm graviter peccet mulier, quæ, cùm frigidior sit à natura, tactibus sese ad seminandum excitat, postquam vir seminavit, & se se retraxit?

Resp. Circa involutam hanc, ac salebrosam difficultatem non nisi aliorum sensa promere in animo est. Sunt, qui sustinent, posse mulierem in tali casu tactibus se excitare ad seminationem; quia, inquiunt, ista excitatio est actus conjugalis consummatio & perfectio; & alioquin maximo periculo committendi peccata mortalia exponeretur. Sententiam hanc nuperrimè adoptavit P. Carolus Renatus Billuart O. P. *tom. 19. tract. de Matrim. Dissert. 4. art. 3.* Eam verò rejicit Ludovicus Habert *de Matrim. cap. 6. §. 2.* sed obscurè, ut animadvertit Continuator Tournely *tract. de Matrim. cap. 7. num. 24.* Interim ille hisce verbis Confessarium monet; „Quoniam, ait, isthæc incommoda „accidunt ex natura frigidiore in quibus„dam mulieribus, consulet Confessarius, „ut ante actum conjugalem faciant, quæ „necessaria sunt ad commovendam libidi„nem, secluso tamen pollutionis periculo." Et relata S. Augustini auctoritate ex *lib. 1. de nup. & concupisc. cap. 24.* sic concludit: „Igitur tactus, & alia, quæ præmittun„tur, non voluptatis, sed necessitatis gra„tia ad commovendum libidinosum illum ar„dorem in ordine ad copulam sunt prorsus „innoxia, sicut & ipsa copula; iisque uti „possunt, & debent mulieres naturæ frigi„dioris, ne post concubitum acrioribus „urantur ignibus." *Id & ego suaderem*, inquit præcitatus Continuator Tournely ibidem; *sed fœminas, contrariam opinionem animo repugnante sequentes, acriter redarguere non ausim.*

Addit Sanchez *lib. 9. disp. 17. num. 11.* pòst Cardinalem Cajetanum, Tabienam, &c. fas esse marito, ubi ipse semen effudit, copulam continuare, donec fœmina seminet; quia id pertinet ad completam uxoriæ copulæ consummationem. Videatur & Paulus Zachias *Quæst. Medico Legal. tom. 2. lib. 7. tit. 3. quæst. 6.*

Hæc prudens Confessarius præ oculis habeat; sitque valdè cautus, & circumspectus, dùm de istis materiis disserere cogitur; & requisitus semper ea suggerat, quæ, habita ratione circumstantiarum, ad removendum pœnitentem à periculo peccandi apriora sibi videbuntur.

Quæres 4. an sit lethalis culpa delectatio morosa de cogitatione concubitus habiti, vel habendi ab altero conjuge, dùm talis copula de præsenti nequit haberi?

Resp. Ut perspicuè quæstioni respondeamus, quod certum est ab eo, quod in controversiam vocatur, secernamus oportet. Certum est, illicitos esse conjugibus, quemadmodùm solutis, tactus libidinosos cum semetipsis, quando sunt absentes, nec habere congressum valent; quippè tactus libidinosi suapte natura inclinant ad pollutionem, ac proinde conjuges peccant mortaliter in casu absentiæ, tales actus exercentes. In hoc itaque reposita difficultas est, àn sola delectatio morosa de cogitatione concubitus habiti, vel habendi ab altero conjuge, dùm talis copula de præsenti nequit haberi, sit mortale peccatum?

Dissident invicem Theologi super hac quæstione. Negant plures recentiores. Affirmant è converso alii non pauci, iique graviores, quorum sententia probabilior est, dùm delectatio est cum commotione carnis, alteratione spirituum, & partium titillatione, ut communiter est ejusmodi delectatio. Licèt enim delectatio isthæc sit de actu licito & honesto, seu objectum respiciat licitum & honestum; attamen, cùm actus, alioquin licitus & honestus reipsa, hìc & nunc exerceri nequeat, ut supponitur, jam delectatio impræsentiarum vitiosa evadit & criminosa, cùm gravem importet genitalium spirituum commotionem, quæ de se ad mollitiem tendit, in iis, in quibus ad matrimonii usum tendere actu non valet. Hinc ut laxa, & à veritate prorsus aliena rejicienda sententia est, quam his verbis exponit P. Sporer *part. 4. cap. 2. sect. 2. §. 4. num. 505.* „Licita est, „conjugibus delectatio morosa venerea, seu „voluntaria admissio, approbatio, *ac veluti* „*fruitio delectationis venereæ*, exurgentis in „partibus verecundis ex commotione spiri„tuum generationi inservientium, ex copula „conjugali tantum cogitata, *etiam altero* „*conjuge absente*, vel aliàs ipsa copula im„pedita, vel prohibita, seclusis semper tri„bus prædictis, periculo pollutionis, dubio „de matrimonii valore, & voto castitatis. „Communis DD." Doctores illi, ut animadvertit P. Daniel Concina *loco supra relato n. 19.* pugnantia loquuntur, & chimerica commenta somniant. Qua enim ratione à fruitione delectationis venereæ, exurgentis in partibus verecundis ex commotione spirituum, separant pollutionis periculum? Tali fruitioni venereæ voluntariæ cum alteratione spirituum, partiumque titillatione insitum inest pollutionis

nis periculum. Legatur & Continuator Tournely *tract. de Decal. cap. 6. de 9. Decal.*
præcept. concl. 8.

Quæres 5. quandonàm intemperantia in
actu conjugali exercendo ad mortalem culpam pertingat?

Resp. Concors est Theologorum sententia, intemperantiam in actu conjugali exercendo esse peccatum per se, & ex natura sua
solummodò veniale: idque probant ipsi auctoritate tum S. Augustini *lib. 1. de Nupt. &*
concup. c. 14. tum etiam D. T. *q. 49. Suppl.*
art. 6. Tunc verò per accidens intemperantia in actu conjugali exercendo ad mortalem
culpam pertingit, quando graviter nocet valetudini sive petentis, sive reddentis ; tunc
enim se habet, ut peccatum gulæ; quod in pari casu lethiferum esse in competto est apud
omnes. Legantur Ludovicus Habert *loc. supra*
cit. §. 3. q. 7. & Petrus Collet *cir.* pariter
c. 1. de 4. Decal. præcept. a. 4. sect. 3.

Notandum verò quòd , quando unus conjux est in petendo frequentior , importunior,
& molestior, quàm par sit, potest alter absque
peccato, saltem mortali, negare, si nullum
sit incontinentiæ periculum; quia in omnibus
rebus debet modus servari. Si verò vel illius
periculum sit , vel is , qui aliàs moderatè petere solet , nunc mukum insistat, mortale est
negare. Ità Sylvius *in Suppl. q. 64. a. 1.*

Quæres 6. nùm peccet mortaliter maritus, qui uxorem suam ità adamanter singulis
propè diebus deosculatur , ut inde carnales
motus, & quidem vehementes, in se excitari
sentiat?

Resp. Et hanc difficultatem decidit citatus pluries Joannes Pontas *t. 2. V. Osculum*
cas. 2. asseritque in primis , dubio procul
peccare mortaliter maritum , si ex talibus
osculis nascatur pollutio , vel in proximum
fœdi hujus peccati periculum deveniat : at,
utroque secluso , lethalis noxæ damnandum
non esse , censet ; càm & ipse carnalis actus
sit inter conjuges non modò licitus , verùm
etiam quandoque meritorius. Ad hanc suam
assertionem roborandam affert auctoritatem
Merbesii, quem laxioribus opinionibus infen-
sissimum esse norunt omnes. Hic autem *Snm.*
Christ. part. 1. q. 79. post medium hæc habet : *Oscula , tactus , & amplexus inhonesti,*
inter conjuges accidere soliti , excusantur à
peccato mortali, modò se se contineant intra
limites affectus conjugalis , & absit pollutio-
nis periculum. Et paulò post: *Aspectus , vel*
osculum conjugum matrimonii honestate ex-
cusantur. Non tamen diffitendum est, subdit

præcitatus Pontas , quin talia , quibus liberiùs, ac frequentiùs indulgent conjuges, gravia venialia sint delicta : unde sapientis est
Confessarii , ut eos increpet , suadeatque illis , ut mutuum amorem moderentur ; & intra honestatis conjugalis limites cum omni cura satagant se continere.

§. XIV. *De impedimentis matrimonii ; &*
primò de solùm impedientibus.

I. DUplex impedimentorum matrimonii
series invenitur ; prima est eorum,
quæ impedientia duntaxat matrimonium appellantur, quæ, videlicèt, impediunt , ne licitè celebretur , celebratum tamen validum
relinquunt : secunda est eorum , quæ dirimentia dicuntur , quæ scilicet nedum impediunt , ne licitè contrahatur , verùm etiam,
quæ contractum nullum , & irritum efficiunt. Et nota semper pro omnibus , qoòd
nulla ignorantia quamquàm invincibilis excusat ab utrisque impedimentis incurrendis;
quia statuuntur non tantùm in pœnam , sed
præcipuè ut absterreantur homines ab illis
actionibus, quibus impedimentum affigitur.

II. Impedimenta, nunc temporis impedientia, hoc hexametro continentur: *Ecclesiæ ve-*
titum , tempus , sponsalia , votum. Ecclesiæ
vetitum significat prohibitionem ab Episcopo, vel Parocho factam , ne contrahatur matrimonium , ob ortam difficultatem alicujus
impedimenti, donec veritas illuceat : ex cap.
de matrimonii contractu , & cap. ultimo de
clandest. Desponsat. Significat insuper prohibitionem, ne contrahatur sine præviis denuntiationibus. Item , ne contrahatur ab excommunicatis sine prævia absolutione. Tandèm
ne contrahatur , invitis rationabiliter majoribus : & hæc omnia obligant sub gravi.

III. Tempus significat tempora celebrandis nuptiis interdicta , quæ juxta legem Tridentini sess. 24. c. 10. sunt , à prima Dominica Adventus inclusivè usque ad diem Epiphaniæ inclusivè , id est , usque ad primam
diem pòst diem Epiphaniæ ; & à die Cine-
rum usque ad Octavam Paschæ inclusivè;
quæ prohibitio non cadit super privatà celebratione , sed super solemni juxta Rituale Romanum. Solemnitates nuptiarum , prohibitæ , sunt , nuptias benedicere , sponsam
traducere , nuptialia celebrare convivia : matrimonium autem omni tempore contrahi
potest. Quamobrem nedum contrahere privatè coram Parocho , & testibus , verùm etiam
sine pompa sponsam domum traducere, & mo-

de-

deratum convivium parare, non videntur
prohibita; nisi tamen consuetudo aliter ferat;
nàm in Diœcesibus, ubi neque celebrandi
privatè matrimonium est consuetudo, erit
sub gravi observanda.

S. P. Benedictus XIV., dùm Bononiensi
Cathedræ insideret, universis, qui in sua
Diœcesi curam animarum gerebant, *Institu-*
tionem 80. scripsit de iis matrimoniis, quæ
vetitis temporibus contrahuntur. Porrò in
ea duo præcipuè ostendit ipse, nempè, 1.
impertiendas non esse benedictiones, à Missali indictas, illis conjugibus, qui vetitis
temporibus matrimonio junguntur, licèt ad
rem gerendam facultas necessaria interveniat. 2. neque ullam religionem, aut criminis metum injiciendum illis, qui matrimonio indulgeant, quod vetitis temporibus
celebrarunt. ,,Circa primum hæc potissi-
,,mùm, inquit, pro certo asserimus, primò,
,,matrimonium quocumque tempore contra-
,,hi posse; secundò, illud solum certis tem-
,,poribus ab Ecclesia prohiberi, pompam,
,,nempè, apparatumque nuptiarum; ter-
,,tiò, hujus pompæ nomine benedictiones
,,præsertim nuptiarum, conineri, ità ut,
,,sicut solemnis pompa interdicitur in ma-
,,trimoniis, quæ vetito tempore fiunt, etiam
,,benedictiones elargiri non liceat; quar-
,,tò, cùm facultas obtinetur matrimonium
,,ineundi vetitis temporibus, non ideo per-
,,mitti affirmamus, ut etiam benedictiones
,,matrimonio superaddantur, aut illa pom-
,,pæ species intimatur." Singula percurrit
ipse, ac in bono lumine collocat. Deinde
sermonem convertit ad aliam quæstionem:
utrùm matrimonio vacare liceat, quod initum fuit feriarum temporibus? Refert in primis, Canonum Interpretes magis præclaros in
ea fuisse opinione, ut id sine culpa fieri non
posse putaverint, adducti auctoritate *Capitis*
Capellanus, potissimùm verbis, *quocumque*
tempore de Feriis, quorum testimonii Fagnanus etiam probat, atque integrè commemorat. Verùm nullum crimen admittere sponsos, si in hoc casu matrimonio indulgeant,
existimat ipse, ,,quod etiam, ait, à celeber-
,,rimis Theologis, & Canonum Interpretibus
,,meritò defenditur. Ac primum, *subdit,*
,,Cardinalis Bellarminus S. Thom., Cajeta-
,,num, & Navarrum priùs nominat, ac dein-
,,de sic tradit: *Non interdici illis temporibus*
,,*celebrationem matrimonii per verba de*
,,*præsenti, & etiam consummationem, sed*
,,*solemnem tantùm sponsæ deductionem, &*
,,*publicam illam pompam, & convivia, quæ*

,,*in solemnitate nuptiarum adhiberi solent.*
,,Ipsius sententiam plurimi alii unanimes se-
,,quuntur. Illam tenendam reipsa dicimus,
,,ne vinculum fidelibus injiciatur., quod à
,,nulla lege clarè præscribitur. Insupèr id
,,consuetudini & instituto Ecclesiæ valdè
,,consentaneum est, quæ humanæ fragili-
,,tatis gratia, rationeque habita, paulatim
,,à veteri disciplina recessit, cùm de re
,,hujusmodi quæstiones inducerentur." Neque huic sententiæ adversari aut Decreta,
à Sacra Congregatione Concilii typis evul-
gata, aut Tridentinum Concilium, statim
patefacit: ac demùm, relata decisione S.
Congregationis, videlicet, quòd possit fieri traductio sponsæ seu uxoris ad domum
viri, *dummodò fiat absque solemnitatibus,*
sic Institutionem concludit. ,,Quamobrèm
,,nemo in posterum hac de causa nec si-
,,bi nec alii religionem aut scrupulum in-
,,jiciat; quòd, si pravas consuetudines in
,,hac re de medio tollere vehementer cu-
,,piat, curam omnem, studiumque confe-
,,rat, ut penitus extinguat illam falsam opi-
,,nionem vulgi, quæ jam nimis invaluit, nem-
,,pè, infaustis auspiciis uxorem duci mense
,,Majo, &c.

IV. Sponsalia, cùm alia persona inita,
& nondum dissoluta, sunt tertium impedimentum impediens, ob gravem injuriam, quæ
irrogatur primis sponsalibus, primoque sponso, patet ex Jure naturali.

V. Votum denotat votum simplex castitatis anteà emissum, aut votum Religionis ingrediendæ, & profitendæ, aut votum suscipiendi sacros Ordines, aut votum non nubendi, & ducendi vitam cælibem: undè graviter
peccat, qui cum aliquo hujusmodi votorum
ante obtentam dispensationem nubit; quia
se constituit in statu illud non observandi.

VI. Si voverim castitatem conditionatè
de futuro, tenebor ne expectare eventum conditionis? Respondent Auctores cum distinctione: si conditio ponenda non pendeat à
tua voluntate, peccas graviter nubendo:
v. gr. si præservabor à doloribus calculi per
biennium, expectandum est biennium; & si
præserveris, teneberis ad castitatem, nec poteris nubere sine justa dispensatione: si autem
conditio pendeat à tuo arbitrio, puta voveo
castitatem, si infrà biennium lapsus fuero in
fornicationem; tunc dicunt, quòd non peccas nubendo ante biennium; quia non teneris expectare conditionis eventum: imò
teneris nunquam ponere conditionem, &
nubendo magis te tutum reddis à labendo.

Quòd

Quòd si pòst ductam uxorem labaris ante biennium; teneberis ad non petendum debitum, & ad castitatem ex voto, quod jam transit in absolutum: reddere tamen debitum debes alteri; & ad petendum indeges dispensari ab habente facultatem; qua obtenta, gerere te debebis, sicut explicavimus in §. anteced. n. 13.

VII. Dispensandi ab impedimentis impedientibus potestatem habet Episcopus in sua Diœcesi, exceptis duntaxat votis castitatis perpetuæ, & Religionis, quæ à solo Pontifice dispensantur: & nota, quòd sub voto castitatis venit etiam votum virginitatis, ut plerumque intelligitur, nisi fortè vovens expressè intellexerit se obligare ex voto ad abstinendum à primo lapsu.

Non solùm in votis castitatis perpetuæ, & Religionis nequit Episcopus dispensare, sed neque etiam in sponsalibus. Quando sponsalia valida sunt juramento firmata, neque Pontifex potest dispensare sine gravissima causa, quæ commune bonum respiciat; quippe jus, acquisitum alteri, firmatumque juramento, nequit etiam à Summo Pontifice auferri, nisi ob gravissimam, ac bono publico necessariam causam. Si verò sponsalia valida non fuerunt juramento firmata, utique ob causam verè justam, & gravem poterit dispensare Pontifex, at non Episcopus; nàm generatim Episcopus nequit dispensare in casu, quo jus est acquisitum alteri tertio, talis enim potestas est penès solum supremum Principem. Et nominatim quoad præsentem materiam, videtur hæc dispensatio Episcopo interdicta Cap. ex litteris 2. de Sponsal. &. Matrim. Hæc dispensatio solùm locum habet, cùm sponsalia validè contracta adhuc equidem valent, & altera pars nondum remittit suum jus, quod habet in aliam, subest tamen aliqua causa, quæ suadeat dissolutionem; neque enim quisquam absque rationabili causa potest alteri auferre jus suum; quando autem adest certa causa sufficiens ad dissolvenda sponsalia, certè nulla requiritur dispensatio, sed neque auctoritas vel sententia judicis; sed partes resilire possunt propria auctoritate per se loquendo, secluso, scilicet, scandalo; quod tamen scandalum cessat, si sponsalia fuerunt occulta, aut causa resiliendi notoria; aut contra sponsalia quidem sunt publica, causa tamen occulta, ut coram judice probari non possit: tunc enim frustrà imploraretur auctoritas judicis; ac proinde pars gravata utatur jure suo, & auctoritate privata. At verò, quando causa

resiliendi dubia & controversa est, cùm scilicet dubitatur de existentia, vel sufficientia causæ ad resiliendum, omninò ad Episcopum spectare debet dijudicare, & sententiam ferre ob probabile periculum injustitiæ, dùm spoliatur alter in dubio jure sibi acquisito. Imò in puro dubio post inquisitionem perseverante, ne quidem in foro externo per sententiam Judicis potest fieri dissolutio; fieret enim injuria parti possidenti jus, alias certum ex sponsalibus certis. Sic P. Patritius Sporer Theol. Sacram. part. 4. cap. 1. sect. 2. num. 227. & seq. qui ex pluribus Doctoribus hæc omnia hausit. Legatur & S. P. Benedictus XIV. de Synod. Diœces. lib. 9. cap. 2. num. 1. ubi addit, neque impedimentum proveniens ex hæresi posse ab Episcopo relaxari.

§. XV. *De impedimentis dirimentibus; & primo de impedimento erroris.*

I. STatuere impedimenta, matrimonium dirimentia pro fidelibus, ad solam Ecclesiæ auctoritatem pertinet; quia, quamvis matrimonium sit secundum se contractus humanus, & secundùm hanc acceptionem subjici possit legibus civilibus; cùm tamen Christus in baptizatis hunc contractum elevaverit ad Sacramenti veri dignitatem., illum eripuisse videtur à potestate laicali: & proptereà S. Thomas q. 57. Supplementi art. 2. ad 4. docet, quòd *prohibitio legis humanæ non sufficeret ad impedimentum matrimonii, nisi interveniret auctoritas Ecclesiæ, quæ idem etiam interdicit.* Possunt tamen Principes supremi, qui infideles non baptizatos in suis ditionibus habent, respectu ipsorum constituere matrimonii impedimenta; quia, cùm inter infideles matrimonium non sit nisi merus contractus civilis, subjicitur legibus Principum, sicut alii contractus: & ideo Angelicus loco citato q. 40. a. unico ad 4. docet, quòd *ex qualibet istarum legum,* (nempè naturalis, Ecclesiasticæ, & civilis) *potest aliqua persona effici ad matrimonium illegitima,* respectivè loquendo.

II. Quindecim sunt impedimenta dirimentia matrimonium, ab Ecclesia constituta, & declarata, sequentibus hexametris comprehensa.

Error, Conditio, Votum, Cognatio, Crimen:
Cultus disparitas, Vis; Ordo, Ligamen,
Honestas
                      Ætas

*Ætas, Affinis, si Clandestinus, &
Impos,
Raptave sit mulier, parti nec reddita
tutæ,
Hæc facienda vetant connubia, facta
retractant.*

III. Error circa personam, v. gr. putando, esse Bertam, quæ est Titia, Jure naturali irritum reddit contractum matrimonii ; *quia est error in eo, quod est substanti.1, & materia contractus*, ait S. Th. quæst. 51. Supplem. art. 1. & cum eo communis; nàm matrimonium non est contractus duntaxat inter personas, sed de ipsismet personis, quæ se invicem tradunt sibi invicem. Si tamen volens contrahere cum Berta, cui substituitur Titia, reverà in animo velit contrahere cum præsente ; quia v. gr. illi placet, quæcumque illa sit, etsi habitualiter putet esse Bertam, verè in foro conscientiæ validè contrahet cum Titia ; quia extaret consensus de præsenti cum præsente, quam vult, nec interfuit error ; quia hanc vult : vide Navarrum cap. 22. n. 32.

IV. Quid dicendum, si error esset tantùm concomitans, & non antecedens, neque dans causam contractui, nempè, ea animi dispositione contrahendo cum Titia loco Bertæ, quam vult, ut si sciret, illam non esse Bertam, sed Titiam, perinde contraheret? Respondeo invalidè contraheret ; quia reverà de præsenti non contrahit cum illa, quæ ipsi offertur, sed cum illa, quam putat esse, nempè, cum Berta, quam vult. Ratio autem evidens traditur ab Angelico 1. 2. q. 6. art. 8. eò quòd error concomitans, quamvis non efficiat actum positivè *involuntarium*, efficit tamen *non voluntarium*, id est, efficit ut contractus, qui nunc fit, non sit actualiter de præsenti volitus, prout requiritur à matrimonio ; quamobrem contrahens nunc cum Titia, quam putat esse Bertam, quamvis diceret, & se declaret, quòd contraheret etiam cum Titia, si sciret, hanc præsentem esse Titiam, adhuc non faceret matrimonium ; quia sic dicendo ex terminis non consentit in Titiam, sed duntaxat ostendit se perinde consensurum etiam in ipsam, si illam nosceret: ità plures cum Sanchez lib. 2. disp. 40. & lib. 7. disp. 18. & quidem rationabiliter.

V. Quando error versatur circa meras qualitates personæ, puta, nobilitatem, divitias, virginitatem, indolem, probitatem, &c. *non evacuat matrimonium*, ait Angelicus q. 51. Suppl. art. 2. ad 4. & cum eo communis;

P. CUNIL. THEOL. MOR. T. II.

quia relinquit consensum absolutum in personam, cum qua contrahit, & quæ est objectum directum contractus, cùm defectus accidentium non auferat substantiam rei, neque consensum absolutum in ipsam ; ità ex causa 29. q. 1. Si autem error qualitatis aut redundet in personam, aut expressè, & per se intendatur illa qualitas tanquam objectum primarium consensus, tunc nullum efficit matrimonium, juxta Angelicum loc. cit. & communem ; quia deest consensus. Dicitur autem, redundare in personam, quando qualitas illa distinguit, & determinat personam, ut eam decernat à quavis alia : puta, dùm quis intendit contrahere cum sola primogenita Petri. Dicitur verò qualitas esse primariò intenta, quando efficit assensum conditionatum, nempè, ità contraho cum Berta, ut, nisi sit nobilis, aut pulchra, aut dives &c. non intendo contrahere ; (qui error facilè evenire potest, dùm contrahitur per procuratorem, maximè circa pulchritudinem ; nàm, dùm contrahens est præsens, jam videt illam, àn pulchra sit, necne) & tunc, deficiente qualitate, non est matrimonium, saltem in foro veritatis; & conscientiæ; quia deest consensus, cùm desit objectum primarium illius. Dixi : in foro conscientiæ ; quia in foro fori non admittitur exceptio, nisi fuerit exteriùs coràm testibus declarata ; quòd si non fuerit hoc modò declarata, sed duntaxat interiùs retenta, compelleretur à judice stare matrimonio ; & tunc similiter, pro conscientia, novum assensum præstare debebit in personam illam & matrimonium inire. Caute ergo procedat, qui hoc modo qualitates intendit, & se coram testibus declaret.

§. XVI. *De impedimento conditionis.*

I. COnditionis nomine significatur conditio servilis, id est, servitus propriè dicta, qualis est mancipiorum ; quæ, si à contrahente libero ignoretur, irritum reddit matrimonium : ex cap. *Si quis ingenuus* 29. q. 7. & ex cap. 2. & 4. de conjug. servorum. Quia, ait Angelicus loc. cit. q. 52. art. 1. est qualitas nimis clarè redundans in personam, nimisque recedens ab æqualitate, quæ inter conjuges requiritur respectu usus matrimonii, cohabitationis, & prolis educandæ. Dixi : si ignoretur à libero ; nàm ex communi cum Angelico, *si alter conjugum sciat alterius servitutem, nihilominus esset matrimonium*; quia cederet juri suo quoad dicta gravamina; cùm lex statuta fuerit in

Tt   fa-

favorem liberi. Hinc sequitur Angelicus cum communi ; *Propter hoc servus si contrahat cum ancilla, quam putat esse liberam, non propter hoc impeditur matrimonium ; quia non potest aliquis requirere majorem obligationem ex parte alterius, quam ipse facere possit ; & ideo nihil prohibet, circa servos esse conjugia.*

II. Docet Angelicus in art. 2. quòd mancipium non teneatur petere licentiam à suo domino ad nubendum ; nàm *servitus, quæ est de Jure positivo, non potest præjudicare his, quæ sunt de Jure naturali: sicut autem appetitus naturæ est ad operationem individui, ità est ad conservationem speciei per generationem : undè, sicut servus non subditur domino, quia liberè possit comedere, & dormire, & alia hujusmodi facere, quæ ad necessitatem corporis pertinent, sine quibus natura conservari non potest ; ità non subditur ei quantum ad hoc, quòd possit libere matrimonium contrahere, etiam domino nesciente, aut contradicente.*

III. Sequitur Angelicus in resp. ad 3. *Si servus, volente domino, matrimonium contraxit, tunc debet prætermittere servitutem domini imperantis, & reddere debitum uxori* (si instanter petat) *quia propter hoc quod ei dominus concessit, ut matrimonium contraheret, intelligitur ei concessisse omnia, quæ matrimonium requirit. Si autem matrimonium, ignorante, vel contradicente domino, est contractum, non teneretur reddere debitum, sed potiùs domino obedire, si utrumque esse non possit : sed tamen in his multa particularia considerari debent, sicut & in omnibus humanis actibus, scilicet, periculum castitatis imminens uxori, & impedimentum, quod ex redditione debiti servitio imperato generatur, & alia hujusmodi ; quibus omnibus ritè pensatis, judicari poterit, cui magis servus obedire teneatur, domino, vel uxori.*

§. XVII. *De impedimento Voti, & Ordinis.*

I. **N**Omine voti intelligitur votum solemne castitatis, emissùm in Religione approbata : ità ex pluribus canonibus, & ultimo ex can. 9. sess. 24. Concilii Tridentini ; quod dirimit matrimonium celebratum post dicti voti emissionem. Non autem ità dirimit votum castitatis perpetuæ simplex : quia Ecclesia ità non disposuit : &

quidem congruenter ; quia **votum solemne** affert secum quemdam modum actualis traditionis personæ, & proprii corporis ad castè vivendum Deo, quæ traditio acceptatur actu ab Ecclesia Dei nomine; proinde refert quamdam speciem matrimonii, spiritualis, & non duntaxat sponsaliorum, sicut votum simplex: quemadmodùm autem sponsalia sunt revocabilia, non verò matrimonium; ità votum simplex more sponsaliorum matrimonium non dirimit: secùs autem solemne ab Ecclesia acceptatum, sicuti matrimonium dirimit sequens matrimonium, si celebretur.

Animadvertendum est autem, quòd Gregorius XIII. in Bulla, quæ incipit : *Ascendente Domino*, declaravit, tria vota Religionis substantialia, in Societate Jesu pòst biennium probationis emissa, matrimonium dirimere, etiamsi sint simplicia, quamdiù, qui sic voverunt, non dimittuntur ; ità ut, si matrimonium attentetur ab eo, quem Societas retinet post ejusmodi votorum emissionem, illud sit reverà nullum ; ac proptereà quod docet D. Th. *in Suppl. q. 53. art. 1.* videlicet per obligationem voti simplicis non dirimi matrimonium, intelligendum est, ut notat Cl. Sylvius, de voto simplici, sive secundum suam naturam, sive secundùm Jus commune considerato.

Non valent tamen eadem vota dirimere matrimonium semel ratum, tametsi inconsummatum, ut adversùs Pontium ostendit præcitatus Sylvius *in Suppl. q. 61. art. 2. quær. 1.*

II. Similiter Ordo sacer, quilibet ex tribus, susceptus ante matrimonium, illud dirimit, ut definit Tridentina Synodus loco citato, & quidem tùm propter votum castitatis solemne adnexum, tùm vel maximè ob specialem legem afficientem ipsummet ordinem, etiamsi votum expressa voluntate contraria non emitteretur ; nàm Consilium in citato can. 9. ratione solius ordinis sacri suscepti, quin meminerit voti adnexi, dirimit matrimonium subsequens, dicendo : *Clericos in sacris constitutos, &c.* Quamobrem, quamvis ordo sacer susciperetur ex metu gravi, adhuc esset impedimentum dirimens; quia metus ille, ut sæpè dictum est, non tollit simpliciter voluntariam susceptionem, & proinde validam, & sufficientem ad impedimentum.

II. Ordinem sacrum susceptum post matrimonium ratum, & ante illius consummationem, illud non dirimere, apparet expressum ex Extravaganti Joannis XXII. tit. 5. in

qua

qua dicitur , quòd , si maritus ante matrimonii consummationem suscipiat sacrum ordinem sine conjugis licentia, irregularis fiat,
atque moneatur, non tamen compellatur, Religionem profiteri : & si nollit , uxori repe-
tenti restituendus est , & matrimonium cum
ea consummet , nempè , reddendo ei debitum, non illud ab ea exigendo, ut notat
Glossa ibidem ; nisi ad illud petendum dispensationem obtinuerit.

IV. Pœnæ audentium contrahere matrimonium post ordines sacros , aut professionem Religiosam , etiam monialibus applicabiles respectivè , sunt excommunicatio ipso
facto incurenda : ex Clementina unica de
consanguin. & affinit. Itèm irregularitas , ob
bigamiam similitudinariam ; itèm privatio beneficiorum , si quæ habeant ; sed hanc incurrunt post sententiam judicis.

§. XVIII. *De impedimento cognationis.*

I. COgnationis nomine designatur conjunctio quarumdam personarum.
Cognatio autem matrimonium dirimens triplex est , legalis , spiritualis , & naturalis seu
carnalis. Legalis est conjunctio , seu propinquitas personarum, orta ex adoptione perfecta, qua persona aliqua assumitur in filium aut
filiam , aut nepotem , & deinceps , tanquam
hæredem necessarium; & persona ità assumpta transit in patriam potestatem adoptantis.
Hæc cognatio legalis dirimit pro semper matrimonium inter adoptantem, & adoptatum;
nec non inter adoptantem, & adoptati posteros usquè ad quartum gradum inclusivè: itèm
inter adoptantem , & uxorem adoptati , nec
non inter adoptatum & uxorem adoptantis:
item inter adoptatum , vel adoptatam, & filios , vel filias adoptantis : at non pro semper, sed duntaxat quousquè liberentur à patria potestate aut per mortem adoptantis, vel
per legitimam emancipationem , ità ex capite unico de Cognatione legali.

II. Diximus, quod oriatur ex adoptione
perfecta; nàm juxta Angelicum q. 57. Suppl.
art. 1. ad 1. ,,Duplex est adoptionis species;
,,una, quæ perfectè naturalem filiationem imi-
,,tatur, & hæc vocatur arrogatio, per quam
,,traducitur adoptatus in potestatem adoptan-
,,tis, & sic adoptatus succedit patri adoptanti
,,ex intestato, nec potest eum pater sine cul-
,,pa privare quarta parte hæreditatis: sic autem
,,adoptari non potest nisi ille, qui est sui juris
,,qui scilicet non habeat patrem , aut si ha-
,,bet, est emancipatus, & hæc adoptatio non

,,fit nisi auctoritate Principis. Alia adoptatio
,,est, quæ imitatur imperfectè naturalem filia-
,,tionem, quæ vocatur simplex adoptio , per
,,quam adoptatus non transit in potestatem
,,adoptantis, undè magis est dispositio quæ-
,,dam ad perfectam adoptionem, quàm adop-
,,tio perfecta: & secundùm hanc potest adop-
,,tari etiam ille, qui non est sui juris , & sine
,,auctoritate Principis; & sic adoptatus non
,,succedit in bonis adoptantis, nec tenetur
,,ei adoptans aliquid de bonis suis in testa-
,,mento dimittere , nisi velit.'' Impedimentum oritur ex adoptione perfecta.

* Observat S. P. Benedictus XIV. *de Sy-*
nod. Diœces. lib. 9. cap. 10. n. 5. nov. edit.
& cognationem legalem, & quæ ex ea ad nuptias profluunt obstacula, eo prorsus modo,
quo à Jure civili statuta fuerant, universim
recepisse , approbavisseque Nicolaum I. *in*
responsione ad consulta Bulgarorum cap. 2.
cujus responsionis fragmenta referuntur *in*
Can. Ita diligere 30. q. 3. & in cap. unic.
de Cognat. legal. Quamobrèm , *subdit* , si
quæstio incidat sive in Tribunali Ecclesiastico,
sive etiam in Synodo : àn in hoc, vel illo casu adsit impedimentum cognationis legalis;
necessario recurrendum erit ab leges civiles,
atque ad earumdem normam controversia de-
cidenda. Disputant ex. gr. Doctores : nùm
præfata ad matrimonium obstacula à sola inducantur arrogatione , àn etiam ab adoptione simplici , & imperfecta. Ex utraque oriri,
affirmant Glossa , Panormitanus &c. Contrà,
illa ex sola arrogatione promanere , contendunt Innocentius , Sylvester &c. Tàm prioris , quàm posterioris sententiæ patroni unicè insistunt Juris civilis textibus ; quos de
qualibet adoptione indiscriminatim loqui, defensores primæ sententiæ autumant ; aliis ex
adverso opinantibus , eos de sola irrogatione
intelligendos.

III. Notandum prætereà ex eodem Angelico in resp. ad 3. ,,Quòd adoptio ordinatur ad
,,hæreditatis successionem , & ideo illis solis
,,competit adoptare , qui habent potestatem
,,disponendi de hæreditate sua: undè, qui non
,,est sui juris, vel est minor viginti quinque
,,annorum , aut mulier, non potest adoptare
,,aliquem , nisi ex speciali concessione Princi-
,,pis. Monet insuper ad 6. Quòd, sicut contin-
,,git amitti filios , ità & nepotes , & deincèps:
,,& ideo cum adoptio sit inducta in solatium
,,filiorum amissorum, sicut aliquis per adop-
,,tionem potest subrogari in locum filii, ita in
,,locum nepotis , & deincèps. *Nemo igitur*
,,*adoptatur in patrem , aut fratrem.* Monet

Tt 2 ,,tan-

„tandem ad 4. quòd per eum, qui habet im-
„pedimentum perpetuum ad generandum non
„potest hæreditas transire in posterum ; &
„ideo ei non competit adoptare, sicut nec
„naturaliter generare:" nisi id fiat ex speciali Principis concessione.

IV. Cognatio spiritualis est propinquitas
spiritualis personarum, orta ex Baptismo, &
Confirmatione: & est inducta Jure Ecclesiastico, nec non declarata impedimentum dirimens: de qua cognatione omnia diximus in
c. 1. hujus tractatus, §. 5. n. 5. 6. 7. 8. 9.
& 10. quin hic iterum repetantur.

✠ Sedes Apostolica difficiliùs dispensat
in impedimento cognationis spiritualis, quàm
in impedimento cognationis carnalis, ut Fagnanus advertit in cap. *Ex litteris de cognat.*
spir. ubi subdit etiam, ei, qui carnaliter cognovit personam, cum qua cognatione spirituali-
li junctus erat, si dispensationem petat, non
cognationem duntaxat, verùm & crimen admissum in supplicatione exprimendum es:e.

V. Cognatio carnalis, seu naturalis,
quæ consanguinitas vocitari solet, *est vinculum, seu conjunctio personarum, qua
per carnalem generationem ab eodem propinquo stipite, seu principio descendunt.*
Dixi: propinquo stipite; quia descendentes
à valdè remoto stipite non dicuntur consanguinei: aliter omnes essent consanguinei, cùm
omnes ab Adamo descendant. Et quamvis
Legistæ aliquam distinctionem faciant inter
consanguineos ratione sexus virilis, quos vocant agnatos, & consanguineos ratione sexus fœminalis, quos cognatos appellant;
apud Theologos tamen pro eodem sumuntur. Dirimit autem matrimonium usquè ad
quartum gradum inclusivè.

VI. In coordinatione consanguinitatis duæ
distinguuntur lineæ, nempè, recta, & transversa, aut collateralis; sicut etiam distinguuntur varii gradus intra easdem. Linea consanguinitatis absolutè accepta definitur: *Ordinata connexio personarum habentium inter
se consanguinitatem in ordine ad eumdem
stipitem*: gradus consanguinitatis definitur:
*Distantia unius personæ ab altera in ea-
dem linea consanguinitatis in ordine ad
eumdem stipitem.* Stipes autem est illa persona, in quam, velut in principium originis,
personæ consanguineæ concurrunt. Linea recta alia est ascendentium, alia descendentium.
Linea transversa alia est æqualis, alia inæqualis. Linea recta ascendentium *est coordinatio
personarum secundùm habitudinem ad suum
principium originis*: v. gr. pater, mater,

avus, avia; proavus, proavia; abavus, abavia. Linea recta descendentium *est coordinatio personarum secundum habitudinem principii ad derivatos*: v. gr. filius, filia; nepos, neptis; pronepos, proneptis; abnepos,
abneptis. In utraque hac linea tot sunt gradus, quot sunt personæ, dempta una: undè
filius distat à patre uno gradu; nepos ab avo
duobus gradibus &c. Linea transversa collateralis *est coordinatio personarum, descendentium quidem ab uno communi stipite, sed
quarum nulla descendit ab altera*; ut sunt
frater, & soror; consobrinus, & consobrina
&c. Linea transversa æqualis *est habitudo inter personas, ab eodem communi stipite
æqualiter distantes*: v. gr. inter fratres, &
sorores, patrueles, & consobrinos. Linea
transversa inæqualis *est habitudo inter personas inæqualiter à communi stipite descendentes*: v. gr. patruus, & nepos ex fratre.

VII. In linea recta, (facile captu) usque
ad quartum gradum ascendendo, sunt pater,
& mater; avus, avia; proavus, proavia; abavus, abavia: descendendo, sunt filius, filia;
nepos, neptis; pronepos, proneptis; abnepos,
abneptis. In linea transversa ascendendo primo sunt patruus, id est, patris frater, & amita; patris soror, & horum filii patrueles tui;
avunculus, id est, matris frater; matertera,
id est, matris soror, & horum filii consobrini tui: secundo avi paterni frater, id est, patruus magnus, & ejusdem avi soror, id est,
amita magna, tùm, frater & soror aviæ itidem paternæ, fortasis eodem nomine nuncu-
pandi; ac rursus aviæ maternæ frater, id est,
avunculus magnus, & ejusdem aviæ soror,
id est, matertera magna; tùm frater & soror
avi itidem materni, forsitàn ipso nomine donandi: tertio proavi paterni vel proaviæ paternæ frater & soror, id est, magnus propa-
truus, & magna proamita; ac rursus proaviæ
maternæ, vel proavi materni frater & soror,
id est, magna promatertera, & magnus pro-
avunculus: & hic sistitur ascendendo: quandoquidèm abavi, & abaviæ fratres jam quartum gradum excedunt, & incohant quintum,
qui non dirimit. In linea transversa descendendo vix inveniuntur vocabula; undè ità
denominantur: Primo frater, soror. Secundo
horum filii descendentes ex fratre, vel sorore. Tertio horum filii ex fratre, vel sorore
descendentes. Quarto horum filii ex fratre,
vel sorore descendentes. Cuncta videbis in
arbore hic posita.

Duo hic paucis observanda occurrunt majoris claritatis gratia; 1. fratres, ab eodem patre,

tre, & ab eadem matre prognatos, *germanos fratres* nuncupari ; prognatos ab eodem patre, sed non ab eadem matre *consanguineos fratres* dici ; prognatos demùm ab eadem matre, sed non ab eodem patre *uterinos fratres* vocari, 2. totam columnam arboris consanguinitatis, quæ sita est in parte sinistra ejusdem, consanguineos indicare ex parte matris ; columnam verò , quæ posita est in parte dextera, consanguineos prodere ex parte patris , ut liquet ex secundo gradu , *patruus , amita, & avunculus , matertera.*

VIII. Consanguinitas juxta descriptos gradus, lineæ tam rectæ, quàm transversæ, equalis , vel inæqualis , quæ jamdiù dirimebat usque ad septimum gradum inclusivè, modò dirimit, ut suprà diximus, usque ad quartum gradum inclusivè, ex lege Concilii Lateranensis IV. cap. 30. relati in cap. *Non debet* de consanguinitate , & affinitate ; & novissimè ex lege Concilii Tridentini sess. 24. de reform. matrim. & quidem honestissimo fine commodioris modi jungendi fœdera consanguinitatis inter cives, & ad faciliùs removenda offendicula incestuum; nec non ad tollenda pericula contrahendi irrita matrimonia: cùm non adeo facile sit discernere alios gradus , à quarto remotiores.

＊ Consanguinitas in quolibet gradu lineæ rectæ irritat matrimonium , saltem Jure humano , ut compertum est *ex responsione* Nicolai I. *ad consulta Bulgatorum cap. 39.* Imò juxta multos etiam Jure naturali, saltem seclusa necessitate conservandi speciem humanam. Consanguinitas autem in linea collaterali nunc irritum reddit matrimonium duntaxat usquè ad quartum gradum inclusivè, ut patet ex lege Concilii Lateranensis, ab Auctore *n. præced.* citata ; cùm anteà usque ad septimum dirimeret.

IX. Nemo catholicorum ambigit, consanginitatem in primo gradu descendentium , & ascendentium in linea recta dirimere Jure naturali : *Inordinatum est enim , quòd filia Patri per matrimonium jungatur in sociam... quam oportet per omnia Patri esse subjectam, velut ex eo procedentem: & ideo de lege naturali est , ut pater , & mater à matrimonio repellantur ; & magis etiam mater , quàm pater; quia magis reverentiæ, quæ debetur parentibus , derogatur , si filius matrem , quàm si pater filiam ducat uxorem , cùm uxor viro aliqualiter debeat esse subjecta ,* ait Angelicus q. 44. Supplem. a. 3. Videtur etiam Jure naturali prohibitum matrimonium inter fratres , & sorores ; lici-

tum, duntaxat in exordio mundi : undè S. Augustinus lib. 14. de Civitate Dei cap. 16. *Commixtio sororum , & fratrum tantò facta est damnabilior , Religione prohibente, quanto fuit antiquior compellente necessitate.* Idque comprobatur facto Abrahæ Genes. 12. & 20. & Isaac Genes. 26. qui , volentes occultare Saram , & Rebeccam esse eorum uxores , significarunt, esse sorores; quæ cautela nihil profuisset, si apud illos, quibus hæc dicebant , quique sola naturali lege regebantur, non fuisset jam solemne , non ducere sorores.

X. Hinc, si duo infideles, frater, & soror, matrimonio juncti converterentur ad fidem, juxta hanc opinionem, quæ defenditur à Soto in 4. dist. 40. art. 4. cui plures cum Sanchez subscribunt lib. 4. disp. 52., separandi essent. At , quia opposita opinio D. Bonaventuræ in 4. dist. 40. q. 2. Sylvestri verbo *Matrimonium* q. 6. num. 5. & aliorum sua probabilitate non caret , idcirco , occurrente casu , exponeuda esset res sanct. Sedi , & agendum , quod illa decerneret. Hic inutile non erit addere , quod statuitur ab Innocentio III. in cap. *Gaudemus de Divortiis* 8. nempè , Paganos , qui uxores duxerunt *in secundo , vel tertio , vel ulteriore gradu sibi conjunctas ,* post conversionem suam *posse insimul remanere.*

XI. Quod autem Angelicus dixerit, quosdam alios consanguinitatis gradus dirimere Jure divino; intellige de positivo, in lege Mosaica contento , & ex legibus , quæ judiciales dicebantur ; quarum obligatio cessavit, Christo regnante , & in quibus potest Ecclesia dispensare. Idcirco cæteri gradus sive in linea recta, sive in transversa , dirimunt Jure Ecclesiastico , ut docet Cajetanus 2. 2. q. 154. art. 9. & alii , à Sanchez relati loc. cit. Tùm quia in cit. cap. *Gaudemus* titulo *de divortiis* , concedit Pontifex infidelibus ad fidem conversis , qui in secundo gradu matrimonium contraxerant, ne separentur, quin distinxerit inter gradus rectæ , vel transversæ lineæ : Tùm quia Tridentinum sess. 24. cap. 5. similiter , nulla facta discretione gradus recti à transverso , dicit : *In secundo gradu nunquam dispensetur , nisi inter magnos Principes , & ob publicam causam.* Si igitur Ecclesia dispensare potest, non sunt de Jure naturali.

✝ Consanguinitas inter duas personas potest esse duplex , ex duplici capite proveniens. 1. quia sunt duo stipites , ut si duo fratres contrahant cum duabus fœminis inter se consobrinis, liberi, ex his duobus conjugiis nati, erunt in secundo gradu ex parte patrum, & in tertio gradu ex parte matrum: & tunc dicuntur esse in secundo, & tertio ex duobus stipitibus. 2. quia, licèt sit unus stipes, ab eo descendentes matrimonia inter se contraxerunt, ex quibus nati liberi sunt inter se consanguinei. Cùm autem est duplex consanguinitas, duplex est quoquè impedimentum, quod exprimi debet in petitione dispensationis.

§. XIX. *De impedimento criminis.*

I. CRiminis nomine denotantur nonnulla crimina, quæ facilè perpetrari possent, nisi Jura ecclesiastica sancirent, validum contrahi non posse matrimonium inter reos hujusmodi delictorum. Primum itaque horum criminum est uxoricidium, vel mariticidium ex prævia conspiratione, eoque animo, ut post illius mortem matrimonium celebret conjux superstes cum persona, quæ in mortem conspiraverit; effectu mortis secuto, dirimit matrimonium inter conspirantes: ità ex capite: *Si quis viventi* 31. q. 2. & ex capite: *Laudabilem* de convers. infidel. & alibi: sufficit autem ut mors secuta fuerit ex conspiratione sive physica, sive morali, nempè, suasione, consilio, jussione; imò etiam solo consensu prævio in occisionem exequendam ob sui gratiam, ad contrahendum matrimonium. Non tamen sufficit, quòd alter occidat, vel occidere faciat absque ulla cognitione, scientia vel consensu alterius; ex dicto capite: *Laudabilem*; neque sola ratihabitio occisionis factæ in sui gratiam; quia ratihabitio non est machinatio, aut conspiratio in mortem inferendam, & idcirco in nullo Jure exprimitur ratihabitio; cùm reverà non præbeat occasionem, aut motivum occisionis jam factæ. Neque sufficit, ut ad occisionem conspirent ex odio, aut ne accusentur de adulterio perpetrato, aut ne occidantur deprehensi in adulterio flagranti, vel ex alio motivo, nisi sit ad ineundum matrimonium; ita ex capite: *De eo, qui duxit.* Proptereà, si Petrus ex suasione Annæ occideret uxorem suam, ut matrimonium inire posset cum Joanna omnino inscia, & reverà occideret. Petrus posset aut cum Anna, aut cum Joanna matrimonium inire, (nisi cum eis fuisset mœchatus, de quo statim) cum Anna quidem; quia, quamvis occidisset ex illius suasione, non tamen ut eamdem duceret; cum Joanna

etiam, quæ nullo modo conspiravit.

II. Notandum, quòd in conspirantibus non requiritur promissio futuri matrimonii, sed sufficit, ut intentio occidendi manifestetur alteri ob ineundum matrimonium. Quòd si hæc iniqua intentio alteri declarata, ab isto serio, & constanter reprobatur, cum protestatione se nunquam initurum matrimonium secum; si nihilominùs alter occidat, non videtur exinde impedimentum oriri, cùm reverà nulla fuerit conspiratio; & quamvis impedimentum non exurgat, optimè faciet, si nubere occisori constanter recuset.

III. Secundum crimen dirimens est homicidium cum adulterio, nempè, quando etiam solus conjux adulter, adulterio perpetrato, suum occidit conjugem, vel conjugem alterius, ex intentione nubendi cum adultero, quamvis omnino inscio; oritur impedimentum inter illos, ex capite: *Super hoc*, & cap. *Significavit nobis de eo, qui duxit*, & ex cap. *Si quis viventis* 31. q. 1. Requiritur ergo adulterium perpetratum ante occisionem; neque refert si post, vel antè machinationem mortis. Requiritur prætereà, quòd mortis illatio sit ex intentione nubendi cum adultero, vel adultera; nàm, si inferatur ex alio motivo, etiam liberiùs peccandi inter se, vel nubendi cum aliquo alio, sed non cum adultero, non exurgit impedimentum.

IV. Sapienter monet Sanchez lib. 7. disp. 78. num. 19. quòd, si occisor contrahat cum persona adultera, in foro externo præsumitur, quòd intentio contrahendi fuerit causa occisionis; ac proinde in casu dubii, nempè, quòd occisor dubitet, àn hæc fuerit intentio, præsumendum erit, eam fuisse etiam in foro conscientiæ. Si tamen certè, & semota omni dubitatione, occisor affirmet, nullam præcessisse intentionem contrahendi cum persona adultera, in hoc foro non exurgit impedimentum.

✠ Ad contrahendum impedimentum ex parte conjugis non requiritur, ut utraque pars sit fidelis; undè, si mulier fidelis maritum occidat, ut nubat Gentili, ad fidem convertendo, non stabit matrimonium. Ità statuit Cœlestinus III. cap. 1. *de Conversione infidelium.*

V. Tertium crimen dirimens est adulterium cum sola promissione futuri matrimonii de futuro, sive promissio præcedat, sive subsequatur adulterium: ità ex capite: *Relatum* 1. q. 1. & ex capite: *Propositum*, ex capite: *Ex litterarum*, & alibi; ne, ob promissionem futuri matrimonii, inducantur conjuges

ad

ad intentandam mortem conjugi innocenti:
proptereà neque sufficit solum adulterium, neque sola promissio, sed requiritur utrumque;
peccant tamen lethaliter, qui talem promissionem faciunt, etiam sine ullo adulterio, ob
aditum, quem aperiunt tentationi inferendi
mortem conjugi : & deducitur ex capite: *Finali, de eo qui duxit* ; ubi graviter reprehen-
ditur hujusmodi promissio, & imponitur pœnitentia, promittentibus injungenda.

VI. Non requiritur ad incurrendum hoc
impedimentum, quòd adulterium committatur ex pacto nubendi post mortem conjugis,
sed sufficit adulterium perpetratum, etiam
sine hoc pacto, dummodò vel antè, vel post
extet promissio. Observant plures apud Sanchez loc. cit. n. 7. quòd, si promissio facta
fuisset ante adulterium, & ante ipsum seriò retractata, non exurgeret impedimentum,
si deinde perpetretur adulterium ; quippè
quòd non amplius verificatur adulterium cum
promissione ; secùs autem, si promissio sequatur adulterium, quamvis deinde retractetur ante mortem conjugis ; quia adhuc verificatur, fuisse simul conjuncta promissionem,
& adulterium, quamvis post adulterium revocatam.

VII. Ad incurrendum hoc impedimentum requiritur adulterium consummatum, &
quòd ab utroque sciatur, esse tale, nempè
complicem esse conjugatum : non tamen requiritur, quòd promissio sit mutua, sed sufficit, quòd sit acceptata, etiam solo silentio
ejus, cui fit. An autem dirimat matrimonium
promissio ficta, verbis duntaxat, & non ex
animo facta, diversa est opinio. Profecto pro
foro externo sufficit etiam promissio, verbis
solummodò facta; quia præsumit animum verbis expressum : pro foro autem conscientiæ
dicunt aliqui, quòd non generet impedimentum, cùm reipse nulla sit promissio, sed merum mendacium. Attamen, cùm scopus legis
sit præcavere pericula homicidiorum inter
conjuges, profectò videtur comprehendi
etiam promissio verbis duntaxat expressa,
cùm hæc duntaxat, & non merè interna,
possit esse occasio uxoricidii, vel mariticidii.
At quid, si esset promissio conditionata?
Respondeo, quòd sive impleatur conditio ante conjugis mortem, sive non impleatur, est
impedimentum dirimens ; quia si impletur
jam evadit absoluta, & procul dubio dirimens ; si verò non impletur, adhuc est in linea veræ promissionis, & proinde dirimens:
videri potest Sanchez l. 7. disp. 97.

VIII. Quartum crimen est adulterium

conjunctum cum matrimonio inito, vivente
adhuc altero conjuge; quia, præterquàmquòd
hoc matrimonium sit invalidum, ut pater,
conjunctum cum adulterio evadit etiam impedimentum dirimens, ne ampliùs validè simul contrahere possint : ità ex cap. *De eo,
qui duxit*, & alibi.

§. XX. *De impedimento disparis cultus.*

I. **D**Isparitas cultus significat, quòd contrahentium unus sit baptizatus, &
fidelis; alter non, sed infidelis. Hæc matrimonia semper fuisse Jure naturali, & divino prohibita (non dico invalida, sed prohibita) docent multi, ob magnum perversionis
periculum, quod imminet fideli ex continua,
intima, & benevola conversatione cum infideli, ut patet exemplo sapientissimi, & olim
sanctissimi Salomonis 3. Reg. c. 11. & solùm in aliquibus casibus fuisse permissa,
quando nempè spes affulgebat, nullum subesse perversionis periculum, imò potiùs spe-
rabatur beneficium conversionis infidelis, &
quòd proles in vera fide esse educanda: exinde ità contraxerunt Joseph Ægyptius cum
Asareth filia Putipharis, Gen. 41. & Moy-
ses cum Sephora Madianitide Exod. 2. Es-
ther cum Assuero, Est. 2. & in nova lege
S. Cæcilia cum Valeriano, S. Clotildis cum
Clodoveo nondum baptizato, S. Monica cum
Patritio, & alii cum aliis.

II. Hinc hujusmodi matrimonia non sunt
irrita Jure naturali, vel divino : non naturali ; quia præter exempla allata, Ismaël duxit
Ægyptiam, Genes. 26. Esau mulieres Cha-
naneas, ibidem ; & Roboam, quamvis natus
ex Salomone, & uxore Madianitide, habitus
fuit ut legimus successor in Regno, 3. Regum cap. 14. Non Jure divino, quod non
invenitur neque in veteri, neque in nova sacra pagina ; prohibita quidem inveniuntur, at
non declarata nulla, & irrita : & ità prohibuit Apostolus 2. Corinth. 6. *Non jugum ducere cum infidelibus* ; cùm jam in prima cap.
7. dixisset : *cui vult nubat, tantum in Domino*, ut ostenderet, non esse invalidum.
Jure igitur duntaxat Ecclesiastico in nova
lege sunt irrita matrimonia baptizatæ personæ cum non baptizata : & quamvis nullus
habeatur Canon generalis Concilii, plures
extant Canones Conciliorum particularium:
imò habetur antiqua Ecclesiæ consuetudo,
quæ alicubi à principio, alicubi paulò pòst,
alicubi tardiùs viguit. A multis tamen annis
est communis, & approbata à sensu com-
mu-

communi Prælatorum. Hinc in casu urgentissimæ necessitatis poterit hoc impedimentum à Pontifice dispensari ; quippè quòd Jure humano in Ecclesiam invectum sit.

III. Quando ambo infideles conjugati convertuntur ad fidem , jam verum matrimonium perseverat , ut patet : quando verò unus tantùm eorum convertitur , jam diffusè dictum fuit in §. 9. n. 5. & 6. quin hic quidpiam addendum supersit.

IV. Matrimonia', inita inter conjuges, quorum unus sit catholicus, hæreticus alter, valida sunt , cùm ambo sint ritè baptizati, ut supponitur; at per se loquendo , sunt graviter illicita , tùm Jure naturali , ob perversionis periculum ; tùm quia communicatur in re sacra cum hæretico ; tùm quia ministratur Sacramentum indigno; tùm propter tacitum pactum educandi medietatem prolis hæreticè ; tùm deniquè , quia prohibentur à generali Concilio Calcedonensi cap. 13. ac proinde etiam in civitatibus, ubi mixtim cum hæreticis degunt catholici , per se loquendo mortaliter illicita sunt præfata connubia ob indicata motiva, juxta communiorem, & probabiliorem. Dixi : per se loquendo ; nàm , si interveniant hæ conditiones , nempè , quòd esset subversionis periculum ; quòd conjux hæreticus juramento se obstringat , nullam molestiam allaturum alteri in negotio religionis , & eodem juramento se obstringat , se concessurum , ut proles omnis catholicè educatur ; obtenta prius licentia à Pontifice, vel ab Episcopo respectivè , licitè matrimonium iniretur. Itèm ex aliqua gravi causa , quæ in Regiis contrahentibus facilè emergere potest, licitè petitur à sanct. Sede licentia, quæ, quibusdam positis conditionibus, concedi solet, sicut factum fuit , dùm Urbanus VIII. ob Religionis bonum indulsit, ut Henrica Borbonia nuberet Carolo Regi Anglorum heretico.

Refellenda hic est singularis sententia nuperi Theologi Germanici P. Francisci Schmier, qui tom. 2. lib. 4 tract. 3. cap. 5. sect. 3. §. 1. num. 57. contra communem fidelium sensum , & unanimem Doctorum opinionem, ut & ipse fatetur , asseruit, irrita esse matrimonia chatholicorum cum hæreticis, si ea conditione inita sint, ut pars filiorum in hæretica Secta educetur. Refellenda, inquam, est singularis hæc sententia , oppositumque firmiter statuendum , nempè , valida illa esse, etiamsi exposita conditio interveniat. Quippè conditio , quæ spirituali prolis bono repugnat , ipsam matrimonii substantiam minimè destruit : quemadmodum valeret , ac

ratum foret matrimonium , si eo pacto contraheretur , ut proles vel ad furtum , vel ad artes magicas enutriretur.

§. XXI. De impedimento vis , seu metus.

I. CUM homo circa actus , à voluntate elicitos , non possit pati vim , seu violentiam propriè dictam , ut communiter docent Philosophi , patitur tamen vim metaphoricè acceptam , quia præfati actus veluti per vim extorquentur ; quæ vis metaphorica est metus gravis , & proinde nomine vis significatur metus gravis , qui à Juristis vocitari solet cadens in virum constantem ; qui videlicet aptus sit compellere , & adigere hominem etiam fortis animi ad volendum, quod nullo pacto vellet, semoto tali metu. Metus gravis talis dicitur respectu mali imminentis nedum ipsi timenti , verum etiam valdè conjunctis, puta , uxori, genitoribus, filiis , &c.

II. Metus gravis dividitur in gravem absolutè , & in gravem respectivè ; primus est talis respectu cujuscumque : secundus est talis respectu talis personæ, puta, respectu fœminæ, puellæ, &c. qui non censetur talis respectu viri. Metus gravis absolutè talis respectu cujuscumque est metus mortis , mutilationis , gravis percussionis, servitutis , exilii , diuturni carceris, gravis infamiæ , violenti stupri , amissionis status justè acquisiti, privationis officii, à quo pendet ratio victus, & sustentationis , amissionis majoris partis bonorum, exhæredationis , excommunicationis injustæ, & his similium. Metus gravis respectivè ille est , ut indicavi , qui talis est respectu talis personæ, fœminæ, puellæ, hominis modici spiritus, ut apud prudentes censeatur gravis. Metus itaque gravis , sive absolutè , sive respectivè , injustè incussus ab exteriori causa ad extorquendum matrimonium, irritat , & invalidum efficit matrimonium, tali metu contractum, ex capitibus 14. 15. & 28. de sponsalibus; & quidem Jure Ecclesiastico, & etiam Jure quodam naturali; cum contra Jus naturale videatur, quod per injuriam adeo gravem aliquis sibi acquirat jus perpetuum in personam alterius. Ratio autem, cur voluerit Ecclesia, ut irritum sit matrimonium, ad diferentiam plerorumque contractuum, cum tali metu initorum, qui sunt in se validi, est ; quia alii contractus , tametsi validi , remanent tamen rescindibiles ad beneplacitum illius, qui passus est metum; at contractus matrimonii , semel validè initus , non est rescin-

cin-

cindibilis ex Jure divino; & proinde Ecclesia providè disposuit, ne initus cum tali metu, sit validus.

III. Dixi, quòd, ut hic metus nullum efficiat matrimonium, debet esse injustè incussus ab extrinseco ad extorquendum consensum in matrimonium: quæ omnia explicata habes in hoc cap. §. 1. n. 13. & 14. quin hic inutiliter repetantur: videas igitur ibidem.

IV. Metus levis non reddit irritum matrimonium, neque metus reverentialis: non levis, quia, utpote talis, debuit repelli, neque admittitur in foro: non reverentialis, absolutè loquendo; quia non affert aliud incommodum nisi ruborem, & displicentiam quamdam, agendo contra voluntatem, & reverentiam majoribus debitam; quem ruborem subire, & quam displicentiam perferre, negando consensum, á majoribus optatum, non est tale incommodum, ut propter illud nullum efficiatur matrimonium, juxta communem, quousquè citra hos limites contineatur. Idcirco autem dixi: absolutè loquendo; quia si metus exiret limites solius ruboris, aut displicentiæ perferendorum; quippè quòd Genitores, Tutores, aliique majores expressiones quasdam proferrent, significantes gravem mœrorem, contristationem, & offensam ex denegatione optati consensus; ut exinde in animo puellæ excitaretur me us ne in posterum malè, & durè tractetur, ne amplius benignè aspiciatur, ne via alteri matrimonio obstruatur, vel quid piam simile; tunc puto probabiliorem opinionem Navarri lib. 1. Consilior. consil. 9. & 10. & in Manuali cap. 21. & 25. quam adoptarunt etiam Lessius, Layman, Tannerus, Barbosa, & alii, nempè, hujusmodi metum reverentialem, ab his circunstantiis excitatum, irritum reddere matrimonium: cùm reverà notabiliter minuat voluntarium illud, postulatum à contractu, totius vitæ cursu duraturo.

V. Duo monita duntaxat supersunt addenda circa illam circunstantiam, quòd metus fuerit injustè incussus ad extorquendum contractum: si enim incutiatur ad alium finem, non reddit irritum matrimonium; v. gr. quis justè damnatus perpetuo carceri, ut se liberet, sponte promittit Judici, se ducturum in uxorem suam concubinam, judex iniquè assentitur, matrimonium subsistit; quia metus non fuit incussus ab extrinseco, neque ad extorquendum matrimonium, sed ipse reus à semetipso extorsit assensum in matrimonium, ut pœnam justam evaderet. Deprehen-

ditur quis à genitore in stupro cum propria filia invita, currit pater ad pugionem, stuprator, ut se eximat à vulnere, vel morte, offert matrimonium cum stuprata; tenet matrimonium; quia ipse stuprator à se extorsit, suo metu adactus, matrimonium.

VI. Monendum secundò ex Bonacina de Impedim. q. 3. punct. 8. num. 10. & seq. cum aliis, quomodò cautè observari debeat; àn ille, cui metus incutitur, dederit causam, ut sibi metus incuteretur ob culpam, propter quam licitè possit ad matrimonium compelli; si enim causa, quam reus dedit, ut sibi metus incuteretur, non sit earum, propter quas compelli possit justo jure ad matrimonium, injustè incuteretur ad illud extorquendum: v. gr. stupratori violento filiæ Petri dicit Petrus pater: aut te accuso ad judicem, aut contrahe cum filia violenter stuprata: si stuprator eligat matrimonium, subsistit; quia stuprator violentus justo jure à judice compelli potest ad ducendam violenter stupratam: non ità, si stuprator non fuerit violentus, sed stupraverit filiam sponte consentientem, & forte procurantem; justè quidem dicit Petrus: te accuso; at injustè dicit: aut duc filiam; quia non semper justo jure obligatur stuprator non violentus ducere stupratam; & tunc invalidum esset matrimonium; quia metus injustè incuteretur ad illum extorquendum: si autem, dùm dicit Petrus stupratori: te accuso; hic, ut accusationem evadat, sponte offerat stupratam consentientem ducere, jam patet, validum iniri matrimonium; quia timor incussus à Petro fuit in ordine ad accussandum, & non ad extorquendum matrimonium, quod ex metu à reo in se excitato prosilivit; & alioquin metus accusationis fuit justus, cùm Petrus haberet jus accusandi stupratorem. Ità quoquè Titius obvium habet occisorem sui fratris, cui dicit: modò pergo te accusare ad judicem; occisor, ut se eximat ab accusatione offert connubium cum sua filia, aut sorore gratis, & absque dote sibi eroganda; matrimonium subsistit, ob modò dicta: si autem Titius diceret: aut te accuso, aut dum filiam meam, & reus eligeret ducere filiam, invalidum esset matrimonium; quia, quamvis habeat jus accusandi occisorem fratris, non tamen habet jus inducendi ad matrimonium; quia causa accusationis, data ab occisore, non est talis conditionis, ut possit propter eam justo jure compelli occisor ad matrimonium: ità probabiliùs dicendum contra non paucos, oppositum docentes apud Sanchez lib. 4. disp. 13.

VII. Ex hactenus dictis inferas primò, quòd, quando matrimonium est invalidum ob consensum metu gravi injustè incusso extortum, corruit, etiamsi fuisset juramento firmatum, ex communiori; quia juramentum non confirmat, nec convalidat, quod non est; atqui ex dispositione Juris non est consensus sufficiens: igitur à juramento non convalidatur: & videtur deduci ex cap. 2. *De eo, qui duxit*; irritatur enim à Jure hìc assensus ob publicam utilitatem. Inferendum secundò, matrimonium ità irritum neque resolvi in sponsalia valida; si enim ita resolveretur, non esset vera irritatio ejusdem, quia saltem valeret ad inducenda sponsalia. Inferas tertiò, graviter peccare illum, qui consensu ità extorto celebrat matrimonium: quia illud celebrat cum impedimento dirimente.

✠ Excitatur difficultas: àn matrimonium, gravi metu contractum, subsequenti copula, vel cohabitatione ratificetur? Sic nos hanc breviter, ac dilucidè dirimimus. 1. Si post matrimonium, ex gravi metu injustè incusso initum, habeatur copula sponte, & affectu maritali, id est, animo vivendi conjugaliter, matrimonium omninò ratificatur. Ità S. Thomas *in 4. dist. 29. quæst. unic. art. 3.* Si verò copula non sponte ac liberè, sed ex metu gravi illato subsequatur, mortaliter delinquunt utrique contrahentes, nec matrimonium revalidatur. Delinquunt quidem mortaliter; quia actum purè fornicarium perpetrant. Non revalidatur autem matrimonium; quia si positivus consensus gravi metu extortus satis non est ad valorem matrimonii, multò minùs sufficiens erit tacitus consensus, qui per copulam habetur pari metu productus.

2. Matrimonium, ob gravem metum initum, vires sumit per spontaneam habitationem, etiam sine copula; quia cohabitatio spontanea est signum sufficiens novi consensus, qui duntaxat ad matrimonii valorem requirebatur. Ut autem per cohabitationem vires sumat, seu ratificetur prius matrimonium, quatuor sequentes conditiones interveniant, necesse est. 1. ut cohabitatio sit spontanea. Porrò cohabitatio censetur spontanea, cùm eousquè sublata est incussi timoris causa, ut metum passus vel fugere, vel commodè reclamare potuerit. 2. ut habitatio à copula sejuncta sit diuturna; quod quidem discutiendum relinquitur arbitrio Judicis, qui in dubio fugiendi opportunitatem, habitationisque moram accuratè perpendat. 3. ut pars, metum passa, sciat, ma-

trimonium nullum fuisse, & invalidum. 4. demùm, ut adhuc persevereret consensus partis, quæ metum incussit. Vide hæc omnia uberiùs exposita à P. Philippo de Carboneano apud P. Antoine *tract. de Matrim. cap. 3. post num. 7.*

Hìc disserendum esset de impedimento Ordinis, de quo disseruimus in §. 17. dùm egimus de impedimento voti.

§. XXII. *De impedimento ligaminis.*

I. Ligamen denotat vinculum prioris matrimonii sive rati, sive consummati, quo persistente, Jure Divino irritum est in nova lege alterum matrimonium; & expressè habetur in capite 2. de secundis nuptiis, & Clement. 3. cap. *In præsentia* de sponsalibus, & matrimonio. Non potest igitur alterum matrimonium iniri, nisi priùs certò constet de obitu alterius conjugis.

II. Tota difficultas devolvitur ad gradum certitudinis de morte conjugis. Regula certa statuitur à Doctoribus, quod nec sola absentia multorum annorum, neque sola fama de morte conjugis sufficiat ad fundandam moralem certitudinem, ut novum ineatur connubium; sed requiratur testimonium authenticum de morte conjugis, quod testimonium approbetur ab Ordinario, sine cujus assensu, & consilio in eo casu non debent Parochi quidquam agere. Et nisi possit haberi testimonium authenticum de morte, requiritur testificatio virorum fide dignorum, quæ itidem admittatur ab Ordinario, ne in re adeo gravi erretur, cum scandalo non levi multorum pusillorum fidelium.

III. Si quis igitur post contractum omnino bona fide novum matrimonium incipiat prudenter dubitare de morte prioris conjugis, tenetur abstinere à petendo debito, reddere autem debet petenti inscio; nec petere potest, donec dubium solidis motivis evacuetur. Si verò uterque matrimonium ineundo dubitavit, uterque à petendo abstinere debet, & à reddendo; nemo enim eorum possidere potest hoc jus, cùm possesio nunquam inchoëtur cum mala, aut dubia fide. Circa hoc punctum, vide superiùs tradita in §. 13. num. 21. 22. 23.

✠ Si alicui post contractas bona fide secundas nuptias de prioris conjugis vita constiterit, tenetur posteriorem statim relinquere, & ad priorem reverti; quippe prius matrimonium subsistit, & posterius irritum est.

§. XXIII.

§. XXIII. *De impedimento honestatis.*

I. HOnestatis nomine significatur justitia quædam publicæ honestatis in quadam affinitate, & propinquitate quarumdam personarum, Jure civili, & canonico inducta, quæ profluit ex sponsalibus validis, & absolutis, nec non ex matrimonio rato duntaxat, nondum consummato, ob publicam honestatem; quippè quòd decens sit, ut inter personas, tali propinquitate conjunctas, matrimonium non contrahatur. Si itaque oriatur ex sponsalibus, efficit ut sponsus nequeat validè ducere sororem, aut matrem aut filiam sponsæ; sicut neque sponsa possit validè ducere fratrem, patrem, aut filium sponsi: ex lege Tridentini sess. 24. cap. 3. & id verum est, tametsi sponsalia justa ex causa fuerint dissoluta; ex capite: *Si quis* 27. quæst. 2. aut quamvis dissolvantur mutuo consensu sponsorum ex capite 5. de desponsation. impuberum; quandoquidem hoc impedimentum non pendet à voluntate contrahentium, sed ab Ecclesiæ institutione, quæ voluit, esse perpetuum; & circa hoc extat declaratio Sacr. Congregationis sub die 6. Julii 1658. apùd Fagnanum in capite: *Ad audientiam* de sponsalibus, quæ reddit improbabilem quorumdam recentiorum oppositam opinionem. Itaquè hoc impedimentum non extenditur ultra consanguineos sponsorum in primo gradu.

II. Quando hæc propinquitas oritur ex matrimonio rato, nec consummato, nullum efficit matrimonium usque ad quartum gradum consanguinitatis inclusivè, juxta declarationem S. Pii v. in Bulla 62. in qua asserit, Concilium Tridentinum circa hoc nihil innovasse. Itaquè, si Cajus contraxit matrimonium cum Berta, quamvis illud non consummaverit, puta, ex repentina morte Bertæ, Cajus non posset ampliùs contrahere cum aliqua Bertæ consanguinea usque ad quartum gradum inclusivè; sicut nec Berta cum aliquo consanguineo Caji usque ad dictum gradum, si Cajus præmoriatur consummationi.

III. Valdè notandum, quòd hoc impedimentum subsistit, quamvis posteà detegatur matrimonium, etiam duntaxat ratum, fuisse nullum ob aliquod impedimentum illud dirimens, dummodò non fuerit nullum ex defectu consensus, quia tunc hoc impedimentum non exurgit: puta, quia error fuit circa personam; aut ignorata fuerit conditio servilis; aut quia fuerit initum ex metu

gravi injusto; aut datus fuerit consensus in plena ebrietate, aut in amentia; in quibus casibus, cùm desit consensus, Jure, aut naturali, aut ecclesiastico, non oritur ex tali matrimonio dictum impedimentum; ità communis ex variis Juribus.

IV. Si matrimonium esset invalidum defectu assistentiæ Parochi, & testium, dicit Sanchez lib. 7. disp. 70. cum aliquibus, quòd judicandum esset invalidum defectu consensus; quia consensus clandestinus non est consensus idoneus. At longè probabilior est opinio Perez disp. 32. sect. 3. & aliorum, reverà esse invalidum, at non defectu consensus, sed defectu solemnitatis à Jure requisitæ, qui defectus constituit aliud impedimentum distinctum à defectu consensus, ut patet ex enumeratione impedimentum; ac proinde ex defectu solemnitatis oritur impedimentum publicæ honestatis supradictæ usquè ad quartum gradum: quæ opinio est in praxi tenenda, utpote favoravilis Sacramento, & in qua agitur de valore ejusdem.

V. At quid dicendum, si consensus esset duntaxat conditionatus, & pendens à conditione? Respondeo, quòd, nondum posita conditione, non pariet impedimentum, cùm reapsè nondum sit datus consensus : si autem conditio ponatur, neque fuerit retractatus consensus, jam pariet impedimentum usque ad quartum gradum; quia consensus jam transivit in absolutum.

✠ Animadvertendum est, matrimonium, irritum ob impedimentum publicæ honestatis, non parere aliud publicæ honestatis impedimentum in præjudicium priorum sponsalium. Hinc matrimonium, contractum cum sorore, matre, vel filia sponsæ, non habet vim quasi reciprocam disolvendi præcedentia sponsalia. Cap. unic. *de sponsalibus in 6.*

§. XXIV. *De impedimento ætatis.*

I. IMpedimentum ætatis denotat, irritum esse matrimonium, quod contrahitur ante annos pubertatis; qui pro masculis sunt quatuordecim completi, pro fœmellis sunt duodecim completi, ità ex capite 10. *Ex litteris* de desponsat. impuberum, & alibi. Id intelligendum est ordinariè; nàm, si in contrahentibus prudentia, & malitia suppleret ætatem, nempè, si tanta discretione donarentur, ut percipere valerent gravitatem hujusmodi contractus, & tanto vigore naturali, ut essent ad copulam conjugalem habiles, matrimonium subsisteret: ità ex capîte *De illis*, & ex capite *Tuo* de despons. impuberum.

II. Cùm autem hoc impedimentum profluat partim ex Jure naturali, in quantum affert defectum legitimi consensus, partim ex Jure positivo, in quantum involvit defectum præstandi officium conjugale; hinc fit primò, quòd, si duo conjugati infideles, qui contraxerunt ante pubertatem, tamen cum consensu sufficientis discretionis, & convertantur ad finem; tale matrimonium ut validum habendum sit. Secundò, posse de plenitudine potestatis Ecclesiasticæ dispensari, ut duo impuberes nubant, si certò conset de sufficienti discretione. Tertiò, connubium validum esse habendum, si duo paucis ante pubertatem mensibus nubant, dummodò certò constare, eos sufficienti discretione fuisse donatus.

III. Notandum, quòd, quando matrimonium est invalidum defectu ætatis, resolvitur in sponsalia valida, ipsisque æquivalet; ita ex capite unico de desponsat. impub. in 6. dummodò tamen illud matrimonium, quamvis irritum, initum fuerit coram Parocho, & testibus: proinde ex matrimonio hujusmodi, defectu ætatis nullo, non consurgit impedimentum publicæ honestatis usquè ad quartum gradum, sicut in rato; sed duntaxat usquè ad primum gradum, sicut dictum fuit de sponsalibus validis.

§. XXV. *De impedimento affinitatis.*

I. AFfinitas definitur conjunctio, seu propinquitas personarum, orta ex copula carnali completa, id est, per se sufficiente ad generationem, sive fuerit licita, sive illicita; & oritur duntaxat inter consanguineos viri, & mulierem; & inter consanguineos mulieris, & virum: ex capite: *Porro* 35. quæst. 5. Quando oritur ex copula licita, seu conjugali, extenditur usquè ad quartum gradum inclusivè; ità ut neque uxor possit ampliùs nubere cum consanguineis viri usque ad quartum gradum, neque maritus possit ampliùs contrahere cum consanguineis uxoris usquè ad dictum gradum: ex cap. 8. *de consanguin.* Quando oritur ex copula illicita, id est, non conjugali, non se extendit nisi ad secundum gradum inclusivè, ex Jure novo Tridentini sess. 24. cap. 4. & ex Bulla 61. S. Pii v.

II. In affinitate computantur lineæ, & gradus, sicut computata fuere in consanguinitate: quapropter quo gradu consanguineus

aliquis est uni conjugum, vel copulatorum conjunctus, eodem gradu est affinis alteri conjugi, vel copulato: proinde consanguineus mariti, aut viri fornicantis in primo gradu, aut secundo, &c. est affinis uxori, vel fornicariæ, quacum ille rem habuit in primo, aut secundo &c. gradu; & similiter consanguineus mulieris, vel fornicariæ in primo &c. est affinis viro, vel fornicanti in primo &c.

III. Valdè probabilis est opinio Soti in 4. dist. 41. art. 3. quòd affinitas in primo gradu lineæ rectæ, orta ex legitimo matrimonio, dirimat Jure naturali; eaque deducitur ex S. Augustino lib. 22. contra Faustum cap. 61. *Si vir & uxor non duo, sed una sunt caro; non aliter mirus est deputanda, quàm filia:* & videtur tradi ab Angelico lect. 1. in 1. Corinth. cap. 5. *Uxor patris repellitur à matrimonio, sicut persona patris, vel matris,* quæ repelluntur Jure naturali. Ratio etiam suadere videtur; quia affinibus in primo gradu lineæ rectæ obstat æqualitas & libertas, in matrimonio requisita. Idcirco Jure naturali dirimitur matrimonium vitrici cum privigna, & novercæ eum privigno, soceri cum nuru, & generis cum socru. In reliquis gradibus lineæ rectæ, & in omnibus lineæ collateralis impedimentum dirimens est duntaxat Juris positivi; & idcirco justis de causis potest ab Ecclesia dispensari; quemadmodùm Innoc. III. in capite: *Finali* dispensavit ob infirmitatem recenter conversorum ad fidem, ut contraherent cum uxoribus viduis suorum fratrum: & Alexander VI. dispensavit, ut Emmanuel Rex Portugalliæ successivè contraheret cum duabus sororibus: & Julius II. ut Henricus VIII. Rex Angliæ duceret Catharinam uxorem Arturi fratris sui defuncti; quam dispensationem Clemens VII., post consultationem doctissimorum totius orbis virorum, legitimè concessam declaravit in decreto, relato ab Alphonso de Castro lib. 1. de lege poenali cap. 12.

IV. Quid sentiendum, quando affinitas supervenit matrimonio ob copulam incestuosam, habitam ab altero conjugum cum consanguineis in primo, vel secundo gradu alterius conjugis, jam traditum habes in §. 13. num. 17. & 18., quin hìc inutiliter repetatur.

V. Ex dictis patet, quòd consanguinei conjugum seu copulatorum non evadunt affines inter se invicem; & proinde quòd consanguinei uxoris, non sunt affines consanguineis mariti, sed soli marito; sicut consanguinei mariti non sunt affines consanguineis

neis uxoris, sed soli uxori : & idem dicas
de conjunctis fornicarii, & fornicariæ usque
ad secundum gradum. Hinc duo fratres va-
-lidè, & licitè contrahunt cum duabus sororibus ; & filius mariti ex alio matrimonio licitè, & validè contrahit cum filia uxoris ex
alio matrimonio, quia affinitas non parit affinitatem.

* S. P. Benedictus XIV. *de Synod. Diæces. lib. 9. cap. 13.* examini subjicit, àn validè contrahi possit matrimonium inter vitricum, & uxorem privigni ? Porrò *num. 2.*
refert, hujus quæstionis articulum in Sacra
Congregatione Concilii maturè discussum
fuisse ; & expensis rationum momentis à se,
qui tunc ejusdem Congregationis à Secretis
erat, in utramque partem abductis, quæ legi
possunt *in Thesaur. Resol. tom. 2. pag. 26.*
eamdem Sacram Congregation. *die 8. Martii 1721.* validum pronuntiasse matrimonium
inter vitricum, & uxorem privigni contractum. Hujusce decisionis rationes affert ipse
fuso calamo *ibidem* ; quas non brevitatis gratia prætermittimus.

Circa verò matrimonium cum noverca,
vel nuru (de quo Auctor *præced. num. 111.*)
sic subdit idem Summus Pontifex *num. 4* ,,In
,,Synodo Lymna decretum est, ut Indi Pe-
,,ruani, qui matrimonium contraxerunt cum
,,noverca vel nuru, non admittantur ad Bap-
,,tismum, nisi priùs conjugium præfatum ve-
,,luti Jure naturæ irritum solvant, uti refert
,,Acost. *de procuranda Indorum salute tit.*
,,16. *cap. 21.* Synodus hæc certum ponit, af-
,,finitatem, quæ ex matrimonio causatur, Ju-
,,re naturæ dirimere matrimonium in primo
,,gradu lineæ rectæ : id autem certum non
,,est, cùm probatissimi Auctores doceant,
,,nullam affinitatem, ne eam quidem, quæ
,,est, in primo gradu lineæ rectæ, dirimere
,,matrimonium Jure naturæ, sed Jure tantùm
,,Ecclesiastico, & consequenter super eo im-
,,pedimento, gravissimis urgentibus causis,
,,posse à Summo Pontifice dispensari: Sylvius
,,*Oper. tom. 5. in verb. dispensatio tertio.* At,
,,quidquid sit de potestate, à simili dispen-
,,satione Romani Pontifices, etsi pluriès ro-
,,gati, abstinuerunt. Legi potest Rigantius
,,*tom. 4. ad regul. 49. Cancellariæ num. 18.*
,,*& seq.* ubi etiam mentionem facit nostri
,,consilii, reverenter exhibiti, dùm in mino-
,,ribus essemus, Benedicto XIII. nostro Be-
,,nefactori, ut à simili dispensatione, pro qua
,,rogabatur, abstineret, prout abstinuit.

§. XXVI. *De impedimento clandestinitatis.*

I. CIrca hoc impedimentum omnia, quæ
hìc desiderari possunt, fusè tradita
invenies in toto paragrapho octavo, ubi disseruimus de solemnitatibus requisitis ad valorem matrimonii inter baptizatos.

§. XXVII. *De impedimento impotentiæ.*

I. NOmine impotentiæ significatur inhabilitas ad copulam naturalem, &
prolificam : cùm autem plura sint necessariò
explicanda mentibus castis importuna, ea mo-
destiori, & breviori, quo fieri poterit, calamo ità percurremus, ut tamen necessaria
scitu non prætereamus.

II. Hæc impotentia vel ortum habet ex
maleficio, quod diaboli ope habuit effectum,
vel ortum ducit à principio naturali, nempè ex naturali constitutione personæ ; &
hæc in viro procedit aut ex nimia naturæ
frigiditate, aut ex testiculorum carentia,
vel attritione ; aut ex debilitate complexionis, aut ex improportione excedente &
monstruosa membri virilis, aut ex nimia ejusdem modicitate; ità ut ad penetrationem fœ-
minei vasis, & ad emittendum intra idem
semen prolificum sit inhabile. In fœmina autem impotentia naturalis oritur regulariter
ex nimia vasis arctitudine.

III. Impotentia alia dicitur absoluta : &
alia respectiva : prima efficit personam impotentem respectu omnium aut virorum, aut
fœminarum ; secunda efficit impotentem respectu duntaxat alicujus. Utraque hæc impotentia subdividitur in perpetuam, & tempo-
raneam : perpetua censetur illa, quæ tolli
non potest aut sine peccato, aut sine vitæ periculo : temporanea, quæ tolli potest sine
peccato, miraculo, aut vitæ periculo, sed
modis licitis, & ordinariis sive naturalibus,
quamvis aliquod incommodum afferentibus;
sive spiritualibus, puta, exorcismis, & precibus contra maleficia.

IV. Sterilitas non comprehenditur in hac
impotentia ; quia reverà talis non est, cùm
non prohibeat copulam ex se sufficientem
ad prolis generationem, quamvis generatio
per accidens non sequatur vel ex morbo,
vel ex aliquo alio defectu accidentali viri,
aut mulieris.

V. Certum est apud omnes, impotentiam
absolutam perpetuam, antecedentem matrimonium, quamvis in uno duntaxat conjugum

gum inveniatur, dirimere , & irritum reddere matrimonium tùm Jure naturali , tùm positivo; naturali quidem, quia , cùm matrimonium consistat in mutua corporum traditione ad finem prolis generandæ, posita impotentia perpetua ad prolem generandam, irritum evadet matrimonium ; innofficiosa namque est potestas , tradita ad actum moraliter impossibilem. Positivo autem in toto titulo *de frigidis & maleficiatis* in 4. Decretalium , & alibi : & hæc impotentia irritat matrimonium respectu cujuscumque: impotentia autem , solùm respectiva , irritat matrimonium respectu illius personæ, cum qua maritalis congressus haberi non potest.

VI. Hinc inferas , Eunuchos, & Spadones , utroque testiculo privatos, invalidè matrimonium contrahere cum quacumque, ob impotentiam perpetuam emittendi semen prolificum , ex declaratione Sixti v. in Bulla 59. : Similiter, qui utrosque testiculos habent attritos , aut qui , licèt attritos non habeant , ob nimiam frigiditatem temperamenti semen emittere non possunt, invalidè contrahunt, ob dictam rationem: non ità dicendum de habente unum testiculum , & de accidentaliter impotente ad copulam ob infirmitatem non perpetuam; quia primus potitur organo sufficiente ; & secundus, sublata infirmitate, poterit id , à quo impeditur propter infirmitatem.

VII. Senes adeo annosi, qui, quamvis habuerint potentiam , illamque exercuerint, ætate tamen ità sunt confecti , ut illam in posterum non possint exercere , in vera sententia Navarri cap. 2. n. 59. Sanchez lib. 7. disp. 92. & aliorum, quidquid dicat Henriquez lib. 12. cap. 7. num. 3. ; in vera, inquàm , sententia invalidè contrahunt ; quia reverà sunt pro futuro perpetuò impotes: imò semper in deterius sunt ituri; quid enim prodest potentiam olim habuisse , qua modò carent, & quam certò moraliter numquam sunt recuperaturi? Neque est admittenda exceptio quorumdam recentiorum, nempè , quod post factum debeat reputari validum matrimonium , & post expertam triennio inutilem attentationem copulæ , teneantur deinceps , vivere , ut frater & soror : videtur namque exceptio absurdior opinione rejecta ; si enim certum est senem illum non posse copulam perficere ; qua ratione post factum, id est , post contractum, nescio qua bona fide matrimonium censendum erit validum ? vel enim impotentia illa

pro futuro est perpetua , vel non : si perpetua , igitur invalidum : si non perpetua, variatur casus , qui est de impotentia certa , & perpetua pro futuro : si igitur est certò perpetua pro futuro, quis excusare poterit à peccatis mollitiei coram Christo judice attentationes illas ad copulam perficiendam, quam certus erat, se nunquam posse perficere ? Non ità dicendum de muliere vetula; quæ , nisi arctitudine impediatur , (de qua paulò infrà) semper est idonea ad perficiendam copulam cum viro non impote.

VIII. Quando maleficium , præcedens matrimonium, ex quo oritur impotentia , ex occulta Dei providentia , nullo modo licito tolli potest post triennalem experientiam, jam efficit impotentiam perpetuam , & irritum reddit matrimonium, cum tali impedimento initum. Verùm , si conjux, post initum secundum matrimonium, experiatur, reddita sibi esse potentiam consummandi, tenetur redere ad priorem conjugem ; quia primum matrimonium fuit validum; eò quòd impotentia non fuerit perpetua, sed duntaxat præsumpta ut talis; matrimonium autem non redditur irritum ex impotentia præsumptivè perpetua, sed reverà tali : debet autem securus esse , quòd sublatum sit maleficium; nàm , si dubitet coram Deo, respectu prioris conjugis non esse sublatum, non tenetur ad illam redire ; ex capite : Si *sortiarias* 33. quæst. 1. Si autem dubitet , àn maleficium præcesserit matrimonium, àn eidem supervenerit ; valde dissident Doctores ; multi Canonistæ apud Mascardum de probationibus conclusione 1027. n. 1. & multi Theologi apud Sanchez lib. 7. disp. 107. n. 5. dicunt præsumendum , non præcessise matrimonium ; & illud non dirimere, quia in dubio standum est in favorem matrimonii. Alii Canonistæ , cum quibus ipse Mascardus loc. cit. num. 3. , & etiam conclus. 816. & multi Theologi cum Bonacina quæst. 3. punct. 3. num. 11. dicunt , præsumendum, quòd præcesserit , & idcirco matrimonium nullum efficere; quia , quamvis causa matrimonii sit favorabilis , quando matrimonium potest sortiri suum effectum , nempè , potestatem prolis generandæ ; non tamen quando judicium in illius favorem retorquetur in ipsius damnum , juxta regulam Juris : *Quod gratia in 6.* id autem eveniret in præsenti; nàm , si judicetur matrimonium subsistere, eò quòd præsumatur maleficium non præcessisse , favor iste retorquetur in damnum ipsius matrimonii. Hæc videtur probabilior.

IX.

IX. Quando impotentia est ex parte mulieris, quæ judicio prudentum matronarum, aut sapientium medicorum adeo arcta est, ut respectu cujuscumque viri impotens ad copulam censeatur, nequit validè contrahere, ex communi : si autem impotentia illa sit dictorum judicio remediabilis per incisionem non mortalem, quamvis satis, molestam, & dolorosam, si mulier acquiescat se incisioni submittere, ut patet, contrahet matrimonium : si verò nolit se subjicere incisioni, & impotens judicetur respectu cujuscumque viri, invalidè contrahet. Si verò contrahat bona fide, & post matrimonium detegatur dicta arctitudo, ità ut sine incisione copula haberi non possit ; tenetur, juxta communem, pati incisionem non periculosam vitæ, quamvis magno dolori conjunctam ; quia ex vi contractus initi tenetur, etiam cum gravi incommodo, se reddere idoneam viro in re adeo gravi, & levare virum ab onere gravissimo, quale est nunquam habendi copulam ad prolis generationem. Si verò intervenire debeat grandis morbus in incisione; dicunt Auctores apud Bonacinam quæst. 3. punct. 13. num. 7., quòd non teneatur incisionem illam pati, & adhuc subsistat matrimonium, cùm reapse non verificetur impotentia absoluta, eò quòd per remedium tolli potest, quamvis non sine molestissimo morbo, & incommodo, citra mortem. Resolutio forte vera, at summè dura pro marito, præcipuè prolem optante ob gravia motiva : propterea putarem, quòd, dummodò moraliter certa sit mulier medicorum judicio incisionem non esse mortalem, ipsa teneatur eidem se subjicere; quia eo ipso quòd contractum init tradendi corpus suum ad prolem suscipiendam, tenetur se huic honesto scopo idoneam reddere per media, quæ, quamvis molesta, mortem tamen non sunt allatura : & profectò, si comparetur incommodum, ab ipsa sustinendum, cum incommodo à marito per totam vitam perferendo, & toti familiæ resultaturo, longè gravius apparet hoc, quàm illud; cùm incommodum uxoris sit paucorum dierum, & ad summum paucarum hebdomadarum ; mariti autem perpetuum : incommodum uxoris spectat ad solum corpus, mariti autem ad corpus, ad animam, atque ad familiam.

X. Qui nubit cum dubio, àn sit impotens perpetuus, àn temporaneus, peccat mortaliter; quia se exponit periculo decipiendi in re gravi alterum conjugem, nec non reddendi Sacramentum nullum : conceditur ta-

men hujusmodi conjugibus à Jure triennium, ad experiendum, àn matrimonium consummare queant, & interea omnia media licita adhibeant : triennio autem expleto, si adhuc impotentia perseveret, irritum efficitur matrimonium, ex cap. 5. de frigidis & maleficiatis ; in quo capite conceditur illis, qui bona fide nupserunt, ut, si velint, simul permaneant, tamen sicut frater, & soror, interdicta ipsis sub mortali omni actione, cogitatione, & affectione conjugali, sicut interdicitur non conjugatis, cùm reverà non sint conjuges. Illud triennium experientiæ, si impotentia sit ex parte viri, vel ex maleficio incipit à die primæ attentationis copulæ : quando impotentia se tenet ex parte uxoris, incipit à die, qua cœperunt adhiberi remedia ; cavendum tamen est, ne differatur data opera, & malitiosè remediorum applicatio ; quia dilatio esset peccaminosa. Hoc triennii privilegium denegatur illi, qui nupsit, sciens, se habere impotentiam perpetuam ; qui statim tenetur non uti matrimonio, & separationem procurare per legitimam judicis sententiam ad evitanda scandala.

XI. Impotentia, superveniens matrimonio, illud nunquam dirimit, si fuerit consummatum ; si verò fuerit ratum duntaxat, poterit dissolvi, non ex vi impotentiæ, sed, ut diximus in toto §. 10. per professionem Religionis approbatæ, vel per Pontificis dispensationem : in casu autem, quo nolit Religionem profiteri, matrimonium subsistit ; & tunc tenetur, ut dixi num. 9. sustinere omnia remedia citra mortem, ut se potentem reddat.

XII. Circa Hermaphroditos, in quibus reperitur uterque sexus; si unus sexus prævaleat alteri, puta, virilis, poterit licitè ducere mulierem ; sicut si prævaleat sexus muliebris, poterit licitè nubere viro ; eò quòd judicio peritorum Anathomicorum judicetur talis, aut talis sexus, qui in eo prævalet : proinde, si contraheret secundùm sexum minùs prævalentem, nedum illicitè, sed & invalidè contraheret ; quia sicut duo viri, vel duæ fœminæ invalidè nubunt, ità etiam contrahens juxta sexum minùs prævalentem; quando autem sexus est omnino æqualis, quod rarissimè evenit, tunc in tali hypothesi potest Hermaphroditus alterutrum eligere, & secundùm à se factam electionem contrahere ; eò quòd tale jus videatur ipsi à natura concessum : at semel electo sexu, juxta illum se debet gerere,

&

& vivere ; ità ut , si post mortem conjugis vellet sexus electionem mutare , & secundùm novam electionem contrahere , juxta omnes graviter peccaret : tùm ob abusum sui sexus jam rejecti , tùm ob perjurium quod incurreret (de quo statim). Fatentur tamen omnes , quòd , si juxta novam sexus electionem contraheret , validè contraheret; tùm quia verè est potens juxta noviter electum ; tùm quia in nullo Jure tale matrimonium initum declaratur.

XIII. Parochus , vocatus ad assistendum matrimonio , quorum unus contrahentium est Hermaphroditus , tenetur , antequam assistat , efficere , ut Hermaphroditus coram judice Ecclesiastico declaret sexum, quem eligit , & cum juramento affirmet , se juxta sexum electum ducturum vitam in posterum usquè ad mortem : & nisi certus sit, tale juramentum ab eo fuisse emissum coram Episcopo , aut alio Judice Ecclesiastico, non potest licitè assistere , juxta omnes.

XIV. At quid dicendum, si duo Hermaphroditi æqualis omnino sexus contrahere, vellent ? Casus quidem peculiaris , & fortè merè possibilis , aut vix unquam eventurus. Respondet Perez disp. 37. sect. 15. neque licitè, neque validè posse contrahere ; quia esset contractus quidam virtualis Polygamiæ simultaneæ , à Christo vetitæ ; nàm pateret usus promiscuus utriusque sexus , à quo nedum honestas , sed & natura ipsa tanquam à re detestabili abhorret.

§. XXVIII. *De impedimento raptus.*

I. RAptus significat violentam fœminæ abductionem de loco ad locum , matrimonii, aut explendæ libidinis causa. Duobus modis committitur : uno , quando persona abducitur per vim ; altero , quando abducitur quidem persona consentiens, sed invitis parentibus, aut custodibus suis, sub quorum cura , & potestate degit. Raptus , inducens impedimentum dirimens matrimonium inter raptorem, & raptam, tunc evenit, quando ipsa violenter abducitur contra suam voluntatem ; nàm, si ipsa spontè consentiat in sui abductionem, quamvis aliis invitis , erit quidem raptus à Jure punibilis, sed non inducens impedimentum , juxta probaliorem Sanchez lib. 7. disp. 13. num. 3. & nonnullorum contra Navarrum lib. 5. consil. num. 1. & alios. Ratio est ; quia lex Tridentina sess. 24. cap. 6. de reform. matrimonii, induxit hoc impedimentum, ad tuendam libertatem matrimo-

nii ; in cujus evidens signum , quando rapta constituitur in loco tuto , ubi possit de se liberè disponere , si assentiatur raptori, matrimonium tenet , juxta omnes, quidquid resistant parentes &c. ; neque Tridentinum exigit , ut reddatur parentibus , sed loco tuto , & libero ab omni metu : igitur si ipsa omninò liberè consentiat in sui raptum , non erit raptus , qui inducat impedimentum. Nec sunt admittendi , qui dicunt , non incurri impedimentum , quamvis violenter rapiatur ad libidinem , si non rapiatur ad matrimonium , quod deinde liberè contrahit; tùm quia est semper raptus in eodem ordine , & ad eumdem scopum , à Tridentino inspectum ; tùm quia ab Emmanuele Sa verbo *matrimonium* num. 9. indicatur declaratio Sacr. Congregationis , nostram sententiam protegentis : secùs dicendum , si raperetur ob alium finem , libidini , & matrimonio extraneum , & ibi liberè in matrimonium propositum assentiretur ; tunc enim in foro conscientiæ validum esset.

II. Pariter dicendum est quoad sponsalia, nempè, invalida esse , si rapiatur violenter puella, aut mulier ad ipsa contrahenda; quandoquidem non satis providisset Concilium pro evitando inconvenienti, si sponsalia , quæ habent vim obligandi sponsos ad contrahendum matrimonium, essent valida, quamvis inita cum muliere violenter rapta & promittente sub potestate raptoris ; & ita declarasse Sacr. Congregationem , affirmat Molina, disp. 10. num. 22.

III. Quid dicendum , si mulier , à Titio rapta, & nondum in loco tuto constituta, contrahat spontè non cum Titio raptore , sed cum alio tertio , qui nil operæ præstitit ad raptum Titii ? videtur validum esse matrimonium; quia lex illud irritum reddit inter raptorem & raptam, quin aliquid loquatur de alio tertio innocente. Videri potest Gutierrez cap. 186. num. 10. alios afferens. Est tamen semper illicitum , in tali circumstantia matrimonium inire ; quia malè sonat, donec in loco tuto, & libero mulier constituatur , & obtineat etiam à parentibus petitam concessionem.

IV. Quid iterum dicendum, si post contractam legitimè sponsalia nimis differatur celebratio matrimonii ; & sponsus, more impatiens, sponsam rapit , ipsa renuente , & resistente; erit ne raptus dirimens? Magna est contentio inter Doctores , quorum aliqui cum Sanchez loc. cit. n. 15. affirmant ; quia est raptus violentus ad contrahendum matrimonium.

sium. Alii, nempè, Barbosa, Lessius, Henriquez apud Tamburinum lib. 7. in Decal. cap. 6. §. 2. n. 15. negant; quia non est abductio injuriosa, abducendo personam, quæ sibi debetur. Alii distinguunt apud Gobat casu 19. n. 554. Si sponsa illa habeat justum resiliendi motivum, cum abductio evadat injuriosa, incurritur impedimentum: si nullum habeat resiliendi motivum, non incurritur; quia non videtur injuriosa: si cui autem placet hæc opinio, adjungat, quòd injustè differantur nuptiæ, ità ut injuriosa evadat sponso expectanti hujusmodi dilatio; tunc enim videtur valdè minui deformitas raptus rei, sibi justè debitæ, & injuriosè dilatæ. Intereà, quod verum esse debet apud omnes, est, primò, quòd semper hujusmodi raptus est mortaliter illicitus, cùm non desint alia media legitima obtinendi per judicem sponsam, sibi debitam; & alioquin illam rapere semper scandalum pariat: secundo, quòd pro praxi standum sit primæ opinioni, cùm agatur de materia Sacramenti, & rationi satis firmæ innitatur.

. V. Pœnæ, quibus punitur Jure civili raptus, videndæ sunt apud Julium Clarum in §. *raptus*, & apud Molinam disp. 10. num. 3. Ecclesiasticæ autem, quæ nostra intersunt, reducuntur à Tridentino sess. 24. cap. 6. de reform. matrim. ad tria genera: prima, quòd raptor, & omnes, consilium & favorem præstantes, sint ipso facto excommunicati, perpetuo infames, & dignitatum omnium incapaces: excommunicatio autem non censetur reservata, cum nulla à Concilio fiat reservationis mentio. Circa verò infamiæ perpetuitatem, & sublationem ejusdem, plura videsis apud Molinam tom. 1. de just. disp. 59. Secunda est, ut raptor, sive eamdem ducat, sive non, teneatur ad decenter dotandam raptam arbitrio judicis, nec non ad alia damna, si quæ evenerint, Jure naturali resarcienda, non expectata judicis sententia. Tertia, ut invalidum sit matrimonium cum rapta, dum rapta est, in potestate raptoris, etiamsi liberè in matrimonium assentiatur: ut autem matrimonium validè celebretur, debet subtrahi à potestate raptoris, & in loco libero à quocumque metu constitui; & tunc si liberè assentiatur, validum erit matrimonium: at semper illicitum, donec accedat assensus majorum, juxta alibi dicta §. 8. num. 12.

✠ Observandum in primis, non referre, an quis per se, vel per alium rapiat, ex Regula Juris 72. in 6. Advertendum insuper,

P. CUNIL. THEOL. MOR. T. II.

non sufficere ad incurrendum impedimentum, si fœmina virum rapiat; quia Concilium Tridentinum loquitur de solo raptore.

§. XXIX. *De dispensatione impedimentorum dirimentium.*

I. CUM in expendendis impedimentis animadvertimus, quædam eorum dirimere matrimonium Jure naturali; certum remanet, circa illa nullam extare in Ecclesia facultatem dispensandi; quæ enim Juris naturalis sunt, dispensari nequeunt ab humana potestate: idque facto comprobatur: quia nunquam Ecclesia in illis dispensasse perhibetur. Certum quoquè est, in cæteris aliis, quæ sunt humani Juris, solum Pontificem Summum, ut supremum Ecclesiæ Caput, posse potestate ordinaria dispensare.

II. Dixi, potestate ordinaria solum Pontificem dispensare; nàm in aliquo extraordinario casu, putant communiter plè, & prudenter Doctores, quòd dispensare possit etiam Episcopus tanquam specialiter à S. Sede interpretativè delegatus: & primò quidem, quando publicè constat de matrimonio celebrato; impedimentum verò inter conjuges, quorum uterque, vel unus saltem bona fide contraxit, est occultum, ità ut conjuges absque gravi infamia separari nequeunt, aut sine gravi scandalo, alteriusve gravis mali periculo; neque recursus moraliter haberi queat ad Pontificem, ipsiusve Legatum, potestate dispensandi forte donatum, quia vel ratione paupertatis, vel propter locorum distantiam, vel propter aliud impedimentum redditur moraliter impossibilis accessus ad præfatos; dicunt Doctores, tunc posse Episcopum, tamquam specialiter à Pontifice interpretativè delegatum, dispensare à tali impedimento. Ratio est; quia non apparet credibile, quòd Pontifex in iis circunstantiis velit sibi duntaxat reservare dispensationem; quæ eo ipso redundaret non in ædificationem, sed in destructionem fidelium. Pontifices namque ignorare non possunt, hanc opinionem apud Doctores jam invaluisse; cui cùm hucusquè non contradixerint, jam annuere censentur. Imò S. P. Benedictus XIV. fol. reg. in suo op. de Synodo Diœcesana, lib. 7. c. 31. fol. 527. hæc scribit: *Præsumendum est, Summum Pontificem delegare Episcopo potestatem dispensandi, quam certò, requisitus, non esset ei denegaturus.*

III. Dixi de conjugibus, quorum alter saltem bona fide contraxerit; nam, si ambo

Xx ma-

mala fide contraxissent , aut , tametsi ignorarent impedimentum, omisissent sine licentia denuntiationes ad matrimonium prærequisitas ; in hoc casu plures putant, recurrendum esse ad Pontificem , & reservationem vigere; eo quòd , sicut piè creditur Pontifex annuere in casu bonæ fidei saltem unius contrahentium ; ità prudenter creditur nolle favere iniquitati, & fraudi eorumdem. Recursus autem in casu occulto haberi potest per litteras ad Sac. Pœnitentiariam ; qua de re inferiùs sermo redibit.

   IV. Secundus casus, in quo potest Episcopus ut specialiter delegatus dispensare, videtur esse, quando impedimentum animadvertitur etiam antequam contrahatur matrimonium , attamen tales adsunt circunstantiæ, ut absque gravi infamiæ nota, aut gravis scandali periculo, aut absque aliquo alio gravi incommodo, moraliter certo, nequeat differri celebratio nuptiarum, quousquè petatur dispensatio à Pontifice , vel Legato , qui sit facultate donatus Si enim hæc sunt justa motiva, ut possit Episcopus, post initum matrimonium dispensare, cur non erunt rationabilia, ut possit etiam antè , ad impedienda tot mala ? Una duntaxat potest esse disparitas, nempè, grave incontinentiæ periculum post contractas nuptias ; quod non adest antequam celebrentur: at aliquando possunt talia inconvenientia prudenter timeri ex dilatione , quæ & æquivaleant , & præponderent dicto incontinentiæ periculo , quòd tandem pendet à sola voluntate nuptorum; cùm alioquin infamia , scandalum, dissensiones &c. ex dilatione profluentia, impediri nequeant; eo vel magis, quia, & hanc opinionem adoptari, non ignorant Pontifices , cui non se opponendo, suo silentio subscribere videantur; quæ semper intelligenda sunt solummodò, dùm agitur de impedimento occulto, & de moraliter impossibili accesu ad Pontificem, nec non de morali certitudine gravium inconvenientium, ex dilatione prævisorum.

   * Hanc facultatem (sic S. P. Benedictus XIV. de Synod. Diœces. lib. 9. cap. 2. n. 2.) nullius præcedentis Doctoris patrocinio fretum , se omnium primum Episcopis vindicasse, gloriatur Sanchez lib. 2. disp. 40. num. 7. sed eum posteà sequuti sunt Pontius, Hurtadus , Bonacina , Barbosa , aliique ab eodem S. P. ibidem relati. Sed (ità statim subdit idem) quamvis hæc opinio , teste citato Bonacina, hodie sit ferè communis, eam tamen acriter reprehendit , & exagitat Fagnanus in cap. Nimis , num. 34. & 35. de

Filiis Presbyter. fortassè , quia , ut adnotavit Perez de Matrim. disp. 44. sect. 6. num. 13. est moraliter impossibile , eas omnes concurrere rerum circunstantias , quas sibi fingit Sanchez, in quibus nequeat matrimonium retardari absque scandalo ; cùm alii plurimi semper prestò sint modi , ab eodem Perez indicati , protrahendi tempus nuptiis absque ulla suspicione criminis , & infamia eorum, qui jam erant ad eas celebrandas accincti. Quare num. seq. de hac extraordinaria potestate, quæ ex præsumpta Summi Pontificis voluntate in aliquo eventu urgentissimæ necessitatis, & impedimenti occulti competat Episcopis, se nolle ullum ferre judicium pronuntiat.

   V. Legitimæ dispensandi causæ ab impedimentis plerumque sunt conciliare familias inter se valdè dessidentes , & extinguere graves inimicitias diu gliscentes ; difficultas inveniendi sponsum , aut sponsam æqualem intra Regionem, conservatio familiæ illustris intra eumdem sanguinem ; conservare magnas ditiones, ingentesque opes intra eamdem familiam ; insigne promeritum de Ecclesia; ingens pecuniarum oblatio , ad aliquod opus valdè pium erogandarum ; evitatio infamiæ, aut magni scandali ; & tandem quæcumque alia , quæ prudentiæ Summi Pontificis sufficiens judicabitur , in supplicatione exposita. Neque vertendum est vitio acceptionis personarum , quòd faciliùs dispensetur cum nobilibus, & opulentis, quàm cum pauperibus; id namque fit magna ex convenientia, cùm valdè expediat Ecclesiæ, habere hujusmodi personarum genera erga se benè affecta, dùm ex earumdem favore plures ad Dei gloriam sibi utilitates proveniunt; plurimumque conferat publico bono, etiam civili , ut divitiæ in familiis illustribus conserventur , neque in plures familias dispergantur, quarum nulla ampliùs valeat publicis necessitatibus opem ferre.

VI. Circa modum petendi dispensationem, nota , quòd, cùm ad valorem dispensationis requiratur ut motivum ejusdem verum sit, & subsistat dùm dispensatio conceditur ; & insuper quòd in petitione nihil corum omittatur , quæ à jure , & stylo Curiæ postulantur ; nihilque reticeatur veri , propter quod dispensatio aut nullo modo concederetur, aut nisi limitato modo ; idcirco in litteris supplicibus exponendum est v. gr. præter gradum consanguinitatis , & affinitatis , si inter eos copula præcesserit: itèmque, si hæc fuerit perpetrata spe dispensationis faciliùs obtinen-

                                dæ:

dæ : si inter eos attentatum fuerit matrimonium: si contractum fuerit matrimonium cum notitia impedimenti : si præmissis, vel omissis denuntiationibus. Præterea, si plura adsint impedimenta ejusdem rationis, puta, plures incestus cum eadem consanguinea, aut affini : si gradus sit æqualis, vel inæqualis, quod oritur ex eo, quòd persone sit propinquior stipiti &c.

VII. Regulam exponendi supplicationem, ne erres in re adeo gravi, excripsi ex doctissimo Sylvio in Suppl. quæst. 50. art. unica, quæsito 3. conclus. 4. Si ad obtinendum dispensationem adfertur unica causa, eaque falsa sit, dispensatio erit invalida. Idemquè judicium est, si plures afferantur, eædemque falsæ. Si autem exponantur plures, quarum nulla per se sufficit, sed simul junctæ faciant unam causam sufficientem, si omnes veræ sint, valet dispensatio : si una sit falsa, non valet. At si exprimantur plures, quarum una sola est sufficiens, propter quam scilicèt, etiam quando sola est, Pontifex solet dispensare, ideòque meritò præsumitur dispensaturus fuisse, quamvis ea sola fuisset expressa, ea existente vera, etiamsi aliæ non sint veræ, valet dispensatio; illa autem existente falsa, dispensatio nullius est valoris, nisi aliquæ aliæ, quæ sufficiant, sint veræ. Videri possunt Sanchez lib. 8. disp. 21. Suarez tom. 1. de Religione, Pontius lib. 8. c. 17. Bonacina disp. 1. de Legibus quæst. 2. punct. 4. Hæc Sylvius.

* Notatio. S. Pius v. in Constit. quæ incipit: *Sanctissimus*, edita *ann. 1566. statuit & ordinavit, quòd de cætero in quibuscumque dispensationibus... consanguinitatis, & affinitatis...: gradus remotior attendatur, trahatque secum propinquiorem, ac ob id sufficiat remotiorem tantùm gradum exprimere*, excepto solo primo gradu, *cùm in eo Sanctitas sua nunquam dispensare intendat.* Vult tamen idem Summus Pontifex, ut is, quocum sic dispensatum est, obtinere teneatur ab Apostolica Sede litteras declaratorias, quibus constet dispensationis, sine mentione gradus propinquioris consequutam, de *subreptionis*, vel *obreptionis* vitio notari non posse. Videatur S. P. Benedictus xiv. in Decreto, edito die 27. Septembris 1755. quod incipit: *Cum super matrimonio*; quodque extat *tom. 4. Bullar. n. 51.* ubi post hanc relatam S. Pii v. Constitutionem §. 6. subdit : „Juxta quoquè communem Doctorum sententiam, in Tribunalibus receptam, „illicitum tantùm est, sed non invalidum

„matrimonium, quod contrahitur ope dis-„pensationis obtentæ super quarto gradu, „nulla tertii gradus facta mentione, ante-„quam litteræ declaratoriæ præscriptæ à S. „Pio v. fuerint obtentæ, proùt dùm in mi-„noribus Secretarii Concilii munere fungere-„mur, fusè à Nobis comprobatum est, & à „Congregatione admissum in discussione „causæ *Lucerien. Nullitatis matrimonii,* „quæ fuit proposita, & resoluta *die 18. Mar-„tii 1722.* ut videri potest *tom. 2. Thesauri „Resolution.* prædictæ Congregationis &c." Hæc autem ad dubium, primo loco sic propositum : *An constet, de nullitate matrimonii*, nimirùm contracti inter Joannem Sapicam, & Constantiam Radzwiliam, prævia Pontificia dispensatione super quarto gradu consanguinitatis, licèt inter se essent conjuncti tertio, & quarto ; hisce verbis respondit; *ad primum negativè, & Episcopus mandet, quòd Conjuges continuent in separatione, donec obtinuerint litterras declaratorias.* Legatur Sylvius *in Suppl. q. 54. art. 4.* PP. Salmanticenses *tract. 9. de Matrimon. cap. 14. punct. 4.* Continuator Tournely *tum tract. de Legibus cap. 6. art. 3. sect. 4.* & P. Philippus de Carboneano *in not. ad 3. tract. de Matrim.* P. Antoine, qui plura ad rem hanc docent scitu digna.

§. XXX. *De modis, quibus Matrimonium, invalidè contractum, redintegrari, seu, ut ajunt, revalidari potest.*

I. QUando matrimonium fuit contractum coram Parocho & testibus, & nullitas ejusdem est occulta, neque impedimentum aliis notum est, & abest periculum ne innotescat, sufficiet, ut, submoto impedimento per obtentam dispensationem, liberè consensus inter conjuges renovetur, quin opus sit alia solemnitate : ità declarasse S. Pium v. refet Navarrus; eò quòd Tridentina lex hunc casum non comprehenderit, & alioquin suum finem assequatur, qui est, ut publicè constet de celebrato connubio; id autem reverà constat, quando defectus est occultus; ità ut non possint aliæ nuptiæ contrahi viventibus illis conjugibus; & propterea sufficiet, ut inter se invicem illud convalident. Quòd si impedimentum aut sit jam notorium, aut subsit periculo notorietatis, tunc renovandus erit assensus coram Parocho, & testibus, nàm Tridentina lex non alio modo in hoc casu posset suum sortiri intentum; quandoquidem publicè probari non posset va-

lor

Jor matrimonii ; quia alter conjux , probato impedimento ; nequiret impediri ab altero matrimonio ineundo, si convalidatio
tantùm occultè fieret.

II. Quando matrimonium fuit invalidum
ex defectu veri consensus in utroque conjuge ; quia vel ex metu gravi injustè incusso
ad illud extorquendum , vel ex errore circa personam &c. processit; tunc uterque conjux novum assensum liberè præstare debet,
& exteriùs sibi invicem significare , saltem
habendo copulam affectu reciproco maritali : ex cap. de conjug. servorum; præsupposito jam quòd antea celebratum fuerit solemniter. Si verò fuerit invalidum ex defectu veri consensus in uno conjugum , juxta
S. Thomæ q. 47. Suppl. art. 4. Paludani,
S. Bonaventuræ , Soti , Navarri , & aliorum nonnullorum sententiam , sufficit ad illud redintegrandum, seu revalidandum , ut,
qui sine consensu contraxit, consensum præstet , aliquo exteriori signo manifestum , saltem copulam petendo maritali affectu ; quapropter in altero conjuge inscio non requiritur renovatio consensus , neque notitia de
anteriori defectu consensus alterius ; præsupponitur namque consensus verus , ab inscio
jam præstitus, adhuc habitualiter perseverans, quippè qui non fuerit retractatus, neque de hoc constet ; qui proinde moraliter
simul est cum noviter præstito ab altero, qui
habet inscium ut verum conjugem; idque declarat , petendo , aut reddendo debitum affectu maritali.

III. Si dicas , hoc verum esse , si alter
inscius retineat assensum semel datum; at , si
forte non perseveret assensus ille , & esset in
tali animi dispositione, quod , si sciret, se esse liberum, nolet contrahere ? Respondetur,
quòd nisi certò constet , inscium conjugem
retractasse consensum datum, prudenter præsumitur perseverare , cùm conjugaliter vi-
xerit. Circa autem dispositionem illam animi,
dico, quòd dissensus sub conditione ponen-
dus , nempè , in casu , in quo sciret , se esse
liberum, non destruit præteritum consensum
absolutum ; quia aliud est dicere : nolo ampliùs hunc conjugem; & aliud est dicere: nollem hunc conjugem, si scirem , me liberum;
nàm hoc *nollem* non est idem *ac nolo ampliùs*; & propterea prudenter creditur adhuc
perseverans anterior absolutè datus. Verum
nemo ambigit , longè tutius , & melius esse,
si cauta dexteritate procuret , ut etiam inscius consensum renovet; dummodò absit periculum, ne in suspicionem excitetur de non

præstito consensu, & exinde oriatur separatio, quæ scandalum pariat.

IV. Quando matrimonium est nullum ex
quovis alio impedimento dirimente , ut redintegretur, seu revalidetur, ut ajunt , necesse est primò, obtinere à Sacr. Pœnitentiaria , in casu occulto , ut supponitur , vel
ab Episcopo in necessitatibus suprà indicatis
dispensationem: præterea necese est , ut pars
conscia nullitatis nullo modo reddat debitum, quousquè habeatur dispensatio , cùm
nullo modo sint conjuges ; & multò minùs
ne illud petat : insuper requiritur , ut uterque conjux novum consensum præstet , atque exteriùs significet, eò quòd utriusque
consensus anterior fuerit nullus, utpote inter personas ad contrahendum inhabiles, &
exinde juxta verba , quæ in rescripto dispensationis semper ponuntur , debeat manifestari nullitatis anterioris consensus: *Ut
conjux de nullitate prioris consensus cer-
tioretur ; sed ità cautè , ut latoris delictum
nusquam detegatur.* Ratio autem hujus
manifestationis faciendæ est ; quia alioquin pars
ignara impedimenti & nullitatis, novum consensum non eliceret, sed duntaxat ratificare
se crederet consensum anteà datum; qui cùm
nullus fuerit, incapax est qui ratificetur : debet igitur certior reddi , quod prior consensus fuerit nullus , & propterea quòd novus
postuletur.

V. At quomodo id agendum, ne crimen
detegatur, aut, ne exurgant scandala separa-
tionis in casu, quo amor refriguerit , & conjugem innocentem jam multum tædeat alterius? En Angustiæ , & anxietates , quibus
tranquillandis , tota Theologorum sagacitas
vix potuit unquam opem ferre sufficientem.
Si enim amor non refriguerit; sed semper ardens perstiterit, nil facilius ; potest enim
pars , conscia de impedimento, dicere alteri , se magna anxietate affligi propter consensum in celebratione nuptiarum datum, &
propterea sibi à Confessario impositam fuisse
obligationem , ut novus consensus ab ambobus præstetur, & subjungat, se reapse velle
ipsum, vel ipsam, ut verum conjugem: & tunc
alter similiter dicat, se pariter velle ipsum in
conjugem, ità ut, si ob aliquam causam fuisset nullus anterior assensus , hoc novo spontè præstito matrimonium ineatur.

VI. At interrogabis primò, quid intereà
consulere debeat Confessarius pœnitenti cons-
cio impedimenti , & proinde obstricto sub
mortali, nedum ad non petendum , sed neque ad reddendum debitum, donec dispen-

satio executioni mandetur , & ad abstinendum à quibusvis blanditiis conjugalibus ? En modus difficillimus ob periculum aut manifestandi crimen , aut dissensionum conjugalium , aut violandi tori. Primò procurandum est , ut conjux conscius impedimenti emittat ad breve tempus votum castitatis , & voto revelato alteri conjugi illum amiciter roget , ut pro eo brevi tempore , à petendo debito , aliisque conjugalibus blanditiis desistat. At , si hic nolit cedere juri suo , neque à petendo desistere ? tunc revelandum ei erit impedimentum in genere tantùm , dicendo , extare inter eos impedimentum tale , quod irritum reddit matrimonium contractum , & ità judicasse omni certitudine confessarium doctissimum à se requisitum. At si alter dicat: igitur si nullum est matrimonium, separemus ab invicem , & ego ad alias nuptias convolare intendo ; quid tunc agendum? quot scandala , quot turbæ , quot tumultus , murmurationes , judicia , obtrectationes erumpent & maximè si jam plures anni processerint in matrimonio putativo , si proles jam suscepta fuerit , & data alteri conjugio , &c.? Videas igitur , mi lector , necessitatem manifestam admittendi opinionem , allatam in paragrapho antecedente num. 2. nempè , in his casibus , ad præcavenda tot , & tam gravia mala , recurrendum esse statim ad Episcopum , qui dispensationem concedat , & relaxet impedimentum , citiùs quàm fieri possit ; & intereà ad hoc brevissimum tempus iter aliquod conjux sciens arripiat , dicendo conjugi inscio , sibi & negotiis suis esse iter illud indispensabile ; operante intereà apud Episcopum prudente Confessario : si vero conscia sit mulier , excogitet aliquod strata gemma , cujus sagacitati fortè non deerit; nam ego ignoro , quid suggeram.

VII. Interrogabis iterum: quomodò igitur , post obtentam dispensationem ab impedimento , requirendus erit ab inscio novus consensus , cùm expressè in rescripto dicatur , quòd certior fieri debeat de nullitate prioris matrimonii. En novæ difficultates, & angustiæ. Tres modos se gerendi tibi trado à Doctoribus excogitatos. Primum jam indicavi , nempè , quòd conscius dicat alteri , se nimiùm agitari ob timorem non præstiti consensus , prout opus erat , & idcirco opem imploret dulcioribus verbis ab altero inscio, dicendo : an in casu , quo nullum , & irritum esset matrimonium celebratum , vellet adhuc contrahere ? & si alter respondeat, ità; subjungat conscius : dicas itaque mihi:

volo , & intendo tecum contrahere ; & si inscius ita reapsè respondeat, & dicat; etiam conscius subjungat : & ita volo , & intendo; & sic fiet matrimonium. Et nota , quòd non sufficit , ut inscius dicat; vellem, si non esset; quia aliud est dicere vellem, si non esset , & aliud est dicere volo de præsenti , sicut requiritur ad hunc contractum celebrandum. Et oppositioni , quæ fit de certiorando inscio circa nullitatem matrimonii , respondent Doctores , hujusmodi se gerendi protectores, certiorandum esse inscium, quando moraliter fieri potest , non quando timetur prudenter, quòd aperiatur aditus scandalis memoratis: & hi Doctores sunt gravissimi Scotus , Richardus, Paludanus, Navarrus, & alii, à Sanchez relati lib. 2. disp. 36. n. 3.

VIII. Alterum excogitarunt modum doctissimi Cajetanus, Sotus , Ledesma apud Sanchez loc. cit. nempè , requiri quidem absolutum utriusque conjugis, novumque de præsenti consensum ; attamen non esse necesse, quando prudenter timetur supra memorata inconvenientia , ut conjugi inscio indicetur nullitas matrimonii , sed sufficiat , ut conscius dicat inscio : ità te diligo , & sum te contentus , ut, si te conjugem non haberem, te adhuc vellem , & reapse ità nunc te volo: numquid & tu simili modo me nunc vis in conjugem ? & procuret ut respondeat : ità & ego te volo in conjugem. Verùm videtur hic modus se gerendi , quod nedum certiorem non reddat inscium de nullitate , sed neque verbum in genere faciat de nullitate, ideo apparet minùs aptus primo : nihilominùs nihil detraho huic excogitationi ob auctoritatem illam proponentium.

IX. Alium suggerunt modum redintegrandi , seu revalidandi , ut ajunt , matrimonium unà cum doctissimo Sanchez loc. cit. Bartholomæus de Ledesma, Bonacina, & alii, nempè , quòd , quando prudenter timentur supra indicata illa gravia inconvenientia , neque opus sit manifestare inscio nullitatem matrimonii , neque requirere novum consensum ab eodem ; nàm si fuerit persona sagax , ajunt ipsi , facilè conjicere potest , novum postulari consensum , ut convalidetur matrimonium , quod alioquin ipse optat dissolutum iri : propterea , subjungunt , sufficiet , quòd affectu' maritali copulam petat, & illam petendo consensum interiorem renovet ; quia , dicunt ipsi , alter inscius , aut petendo , aut reddendo virtualiter vult matrimonium inire ; cùm ideo petat, aut reddat, quia vult exercitè illum habere ut conjugem

quæ

quæ opinio adhuc magis se elongat à conditione illa in rescripto posita ; nihilominùs eam proponunt præfati Doctores. Si autem interroges: quam ego eligam ? Respondeo, me usquè modò ignorare : nàm ex quo quadraginta annorum decursu, quibus, obedientia compellente, audiendis confessionibus operam dedi, cùm plurimi implexi casus mihi occurrerint, multique alii Confessarii benignitate sua sæpè consultationis gratia ad me accesserint, nunquam, Deo benè propitiante, hic casus extricandus evenit: si occurrerit, luminum Patrem ex corde invocabo, qui numquam deest omnibus invocantibus eum in veritate ; & post maturè perpensas circunstantias, modum opportuniorem, eo suggerente, amplectar.

* Legatur *Institutio 87.* Em. Lambertini, posteà S. P. Benedicti xiv. in qua *instruuntur Parochi, & Confessarii, quemadmodùm confugere debeant ad Cardinalem Pœnitentiarium ; & executioni mandare, quæ ab illo præcipiuntur, præsertim in difficultatibus, ad matrimonium pertinentibus.* In ea, speciatim n. 66. expenditur difficultas, de quâ disserit Auctor *n. præced.* in eo reposita, nempè, qua ratione fieri possit, ut alter conjugum, ignarus impedimenti, certior de ipso reddatur, ità ut latoris crimen nequaquam innotescat, juxta postremam clausulam, quæ sic in dispensationibus matrimonialibus enuntiatur : *dicta muliere de nullitate consensus certiorata, sed ità cautè, ut latoris delictum nunquam detegatur.* In primis n. 68. rea jicitur sententia illorum, qui instructionem solùm, non verò conditionem indici per illam Sacræ Pœnitentiariæ clausulam arbitrantur; ac veram esse conditionem ex ablativo absoluto, quò enuntiatur, ut est Juristarum sensus, demonstratur. Deinde n. 71. asseritur, quòd, qui periti sunt mortis, & instituti Sacræ Pœnitentiariæ jam pro certo tenent, ad confirmandum matrimonium requiri novum consensum, & simul ignaro conjugi detegendum impedimentum. Quamobrèm *subditur ibidem*, rationem, modumque perscrutantur, ne crimen impedimenti causa in lucem proferatur. Posteà quatuor modi, à Doctoribus excogitati, afferuntur, & explicantur ; tresque illorum ab Auctore etiam expositi *n. præced.* improbantur ; ac tandem admittitur, ac præfertur cæteris modus, tertio loco sic propositus *num. 73.* Impedimenti conscius liberè declaret, haùd ritè matrimonio consensisse, cùm primò celebratum fuit ; ideòque oportere consilio Confesarii, atque internæ tran-

quilitatis causa, ut ambo consensum renevent, seque id libenter facturum, ostendat. Quòd si alter conjux eamdem voluntatem patefaciat, id satis erit, ut novus consensus juxta præscriptam normam elicitus intelligatur. Hic sanè modus æquitati potiùs consentaneus videtur. Nam conjux ignarus matrimonium irritum cognoscit, non tamen crimen notum efficitur, ex quo consecutum est impedimentum; neque ullum mendacium admiscetur. Quippè certissimum est, primo matrimonio haùd ritè traditum fuisse consensum ; neque à veritate abhorreret, si impedimenti conscius affirmaret, primo matrimonio se-nequaquam consensisse ? nàm verus consensus appellari nequit, qui ritè præstitus non fuit.

Sed quid, si timor occurrat, ne, parte ignara certiorata de nullitate consensus, futurum sit, ut illa renuat novam celebrationem; adeoque, sic soluto matrimonio, nata antecedenter proles timeatur, ne declaretur illegitima ? Tunc utiquè de prole non est cur dubitaretur, ut asseritur n. 80.; nàm semper habetur, ut legitima, cùm impedimentum est occultum, & unus saltem ex conjugibus in bona fide versatur. Verum, si adhuc perseveret metus scandalorum, modusque expositus gravissimis obnoxius judicetur incommodis, ad majorem Pœnitentiarium confugiendum erit, vel consulendus Episcopus, qui, divinam opem priùs exposcens, id suadebit, quod magis erit opportunum. Etenim continget fortassè, ut rebus omnibus diligenter examinatis præter quatuor rationes superiùs expositas, alia deprehendatur, ob quam ignaro conjugi irritum matrimonium declaretur, nec tamen pateat crimen, quod impedimentum induxit, & nulla prorsùs incommoda consequantur.

X. Ad calcem hujus capitis monitum necessarium reservavi, ab omnibus fermè Doctoribus tàm benignioribus, quam castigatioribus inculcatum ; & est, ut Confessarius attentè caveat, ne, dùm audit pœnitentem jam conjugatum incidisse ante matrimonium in aliquod impedimentum dirimens, (quod non sit defectus consensus, facilè supplebilis, ut vidimus) caveat, inquam, ne præcipitanter, & intempestivè declaret nullitatem matrimonii celebrati ; sed, eo mente notato, observet, àn pœnitenti dubium aliquod excitetur de valore sui matrimonii ; & si videat, illum esse in plena bona fide valoris ejusdem cum ignorantia invincibili nullitatis ; & prudenter timeat, si nullitatem revevelet, quòd se subjiciet supradictis angustiis, & constituet pœnitentem in statu præcipitandi in supra memorata gravissima pericula, nempè, aut perpetrandi innumerabilia mortalia cum conjuge putatitio, aut volendi separationem cum ingenti scandalorum, turbarum, &c. multitudine; sileat etiam ipse, & rem Deo commendet, ità expressè docet etiam castigatissimus, & perdoctus recentior in cap. 6. & de consanguinitate his verbis: Confessarius, ex confessione deprehendens, pœnitentes contraxisse cum impedimento dirimente, quod invincibiliter ignorant, non debet illos de eo admonere, quin priùs sciat, id posse fieri sine periculo gravis incommodi, scandali, vel peccati respectu illorum: in his autem, & aliis gravibus difficultatibus consulendi sunt viri docti, & præsertim Episcopus loci, vel ejus Vicarius Generalis: hæc ille: hæc ego.

Summus Pontifex Benedictus xiv. die 3. Novembris 1741. Constitutionem edidit, incipientem: *Die miseratione;* in qua, ad impediendas faciles, & nonnunquam fraudulentas matrimoniorum solutiones, quemdam ordinem in judiciis id genus omnino servandum ille præfinit. Ejus synopsim sic exhibet Petrus Collet. in calce *tom. 5. Inst. Theolog. pag. 875.* edit. Venetæ 1757. Constitutionis hujus capita hæc sunt.

I. Summus Pontifex iis, quæ alias præscripsit Judicibus, quibus extra Curiam Romanam committuntur causæ matrimoniales, illud adjungit: quòd, quamvis Decretum Concilii Tridentini, quo causæ matrimoniales Episcoporum examini, & jurisdictioni reservatæ sunt, minimè obstet commissionibus, quæ pro iisdem causis definiendis à Sede Apostolica alicui ex inferioribus in secunda instantia fierent; nihilominùs vult, & præcipit, ut ii, ad quos pertinet cura expediendi hujusmodi commissiones, & delegationes, in posterum causarum matrimonialium cognitionem non committant, nisi Episcopis, præsertim vicinioribus; vel si nullus sit Episcopus, cui commodè committi possit, tùm commissio dirigatur uni ex iis, qui secundùm ordinem & modum, aliàs præscriptum, pro judice idoneo ab Episcopo cum consilio Capituli fuerit nominatus.

II. Quoad ordinem, & seriem judiciorum in causis matrimonialibus pro congrua earum terminatione servandam, decernit, ut ab omnibus locorum Ordinariis in suis Diœcesibus eligatur persona aliqua idonea, quæ sit, si fieri potest, ex Ecclesiastico cœtu, Juris scientia, & morum probitate prædita, quæ matrimoniorum Defensor nominabitur, cum facultate tamen eam suspendendi, vel removendi, si justa causa adfuerit, & substituendi aliam, requisitis qualitatibus ornatam; quòd etiam fieri poterit, quoties persona hæc, oblata agendi occasione, erit legitimè impedita. Hujus autem Defensoris, ut declarat Pontifex, officium erit, venire in judicium, quoties contigerit disceptari de validitate, vel nullitate alicujus matrimonii; idemque debet in quolibet actu judiciali citari, & adesse examini testium, voce, & scriptis matrimonii validitatem tueri, eaque omnia deducere, quæ ad matrimonium sustinendum necessaria censebit.

III. Vult Pontifex, ut hic defensor censeatur pars necessaria ad judicii validitatem, & integritatem, & ut semper in judicio adsit, sive unus ex conjugibus, qui pro nullitate, sive ambo, quorum alter pro nullitate, alter pro validitate matrimonii agit, in judicium veniant; & ut idem defensor, cùm ei munus hoc committitur, juramentum præstet fideliter officium suum obeundi, idemque juramentum præbeat rursus, quoties contigerit, ut in judicio adesse debeat pro tuenda alicujus matrimonii validitate. Quæcumque vero, eo non legitimè citato, peracta in judicio fuerint, omnino irrita sint.

IV. Vult, ut, proposita aliqua controversia matrimoniali, si judex sententiam ferat pro matrimonii validitate, & nullus sit, qui appellet, ipse etiam defensor ab appellatione se abstineat: quod etiam servetur si à Judice secundæ instantiæ pro validitate judicatum fuerit, postquam Judex primæ instantiæ pro nullitate sententiam tulerit. Sin autem contra validitatem matrimonii sententia feratur, defensor inter legitima tempora debeat appellare adhærens parti, quæ pro validitate agebat: quum autem in judicio nemo erit, qui pro validitate negotium insistat, vel si adsit, lata contra eum sententia judicium deseruit, ipse defensor ex officio ad superiorem Judicem tenetur provocare, ut declarat rursus Summus Pontifex.

V. Decernit, ut, si appellatione pendente, vel nulla interposita ob malitiam, vel oscitantiam, vel collusionem defensoris, & partium, ambo, vel unus ex conjugibus novas nuptias celebrare ausus fuerit; decernit, inquam, ut non solùm serventur ea, quæ adversùs contrahentes ma-

tri-

trimonium contra interdictum Ecclesiæ statuta sunt, præsertim ut à cohabitatione separentur, quoadusquè altera sententia super nullitate emanaverit, à qua intra decem dies non sit appellatum, vel appellatio interposita deserta deinde fuerit; sed ulteriùs, ut hujusmodi contrahens, vel contrahentes omnibus poenis, contra polygamos à Sacris Canonibus, & Apostolicis Constitutionibus latis, subjaceant.

VI. Declarat, delata causa ad alterum judicem appellationis, ea omnia in secunda instantia servanda esse coram altero Judice, quæ coram primo in prima instantia ex hactenus dictis servanda sunt. Et si Judex in secunda instantia sit Metropolitanus, aut Sedis Apostolicæ Nuntius, aut Episcopus vicinior, defensore illo utendùm esse, qui ab ipso fuerit deputatus, quemadmodùm ipsis deputare illum mandat hic Pontifex. Si autem secundæ instantiæ Judex sit Commissarius, cui à Sede Apostolica causæ cognitio demandata sit, & qui Tribunal, & jurisdictionem ordinariam non habet, & proptereà caret defensore matrimonii, vult Pontifex, ut illo defensore utatur, qui constitutus fuerit ab Ordinario, in cujus Dioecesi causam cognoscet, etiamsi idem Ordinarius sit, qui primùm in eadem causa pronuntiaverit.

VII. Sic instructo judicio, si in secunda sententia æquèac in prima matrimonium nullum judicatum fuerit; & ab ea pars, vel defensor pro sua conscientia non crediderint appellandum, vel appellationem prosequendam minimè censuerint, vult Pontifex, ut sit in arbitrio conjugum novas nuptias contrahere, modo alio impedimento non detineantur: ità tamen, ut potestas hæc intelligatur facta conjugibus, salvo semper jure causarum matrimonialium, quæ nunquam transeunt in rem judicatam: sed, si quid non deductum, vel ignoratum detegatur, resumi possunt, & rursùs in judicialem controversiam revocari. Quòd si à secunda sententia super nullitate vel·altera pars appellaverit, aut hujusmodi sit, ut ei salva conscientia defensor acquiescendum non putet; tùm indicit, ut firma remanente utrique conjugi prohibitione ad alias transeundi nuptias sub poenis, superiùs commemoratis, causa in tertia, vel quarta instantia cognoscatur, servatis omnibus, quæ in prima, & secunda demandata fuerint. Merces verò, defensori exhibenda, constituetur ab ipsius causæ Judice; & à parte, quæ pro validitate agit, solvetur, si ipsi

facultas sit; sin minùs à Judice subministrabitur, vel ab Episcopo loci, in quò judicium fit, ex pecunia mulctarum, quæ in causas pias erogandæ essent.

VIII. Quoad causas matrimoniales, Romæ disceptandas, cùm earum cognitio ad Cardinalem in Urbe, ejusque districtu Vicarium Pontificium spectet, mandat Pontifex, ut ea omnia serventur, quæ in causis pertractandis extra Curiam superiùs præscripta sunt; tùm etiam in aliis causis, quæ vel ex consensu partium, vel per appellationem Romam deferuntur; quas judicari vult vel in Congregatione Cardinalium Concilii, vel in causarum Palatii Apostolici Adulterio, nisi ipsi Pontifici videatur particularis Congregatio deputanda. Et, cùm causa agitabitur in dicta Congregatione, defensor à Præfecto ejusdem Congregationis, si in Auditorio Palatii ab Auditore Decano, si in Congregatione particulari à persona ejusdem Congregationis digniore deputetur. In quocumque ex his Tribunalibus causa agitetur, unica sententia minimè sufficiat ad tribuendam conjugibus facultatem novas nuptias contrahendi; sed, si unica illa sententia prolata fuerit in congregatione Cardinalium Concilii, rursus in eadem ad instantiam defensoris proponatur. Si verò in Congregatione particulari, ad petitionem ejusdem defensoris altera particularis Congregatio deputetur. Si demùm in Auditorio prædicto, ab eodem defensore interposita appellatione, aliis Auditoribus juxta ordinem in gyrum proponatur; vel ab omnibus Auditoribus simul rursus examinabitur, si universo Tribunali commissa primùm causa fuerit. Nullo enim in casu solutum censeri debet matrimonium, nisi duæ sententiæ penitùs conformes, à quibus nec pars, nec defensor crediderint appellandum super nullitatem emanaverint. Quòd si secùs actum fuerit, & novum initum matrimonium, transgressores poenis supra statutis subjiciantur.

IX. Quoad preces, porrigi solitas apud Sedem Apostolicam pro dispensatione matrimonii rati, & non consummati, quæ plerumque pro voto consultivo ad Congregationem Cardinalium Concilii, vel ad Congregationem particularem, ad id deputatam, remitti solent, ut hujusmodi instantiæ ordine, & rite procedant, supplex libellus exhibendus est Summo Pontifici, in quo plena totius facti species, causæque omnes contineantur, quæ ad obtinendam dispensationem petitam conducere posse à supplicancante censetur, ut Pontifex, eo maturè consideratò, deliberare possit, an petitio rejicienda sit, vel alicujus Congregationis examini committenda; à qua posteaquam suum votum consultivum editum fuerit, à Secretario ejusdem Congregationis totius negotii series exactè Romano Pontifici referenda erit, qui pro sua prudentia judicabit, àn Congregationis resolutio sit approbanda, vel potiùs totius causæ examen rursus alteri Congregationi committendum. Hæc sunt, quæ à Summo Pontifice hac Constitutione servanda decernuntur in causis matrimonialibus.

TRACTATUS XV.

DE CENSURIS.

CAPUT PRIMUM.

DE CENSURIS GENERATIM.

§. I. De notione, & Divisione Censuræ.

I. Censura generatim est pœna spiritualis, & medicinalis, inflicta ab Ecclesiastica potestate, privans hominem baptizatum usu aliquorum bonorum spiritualium, Ecclesiæ dispensationi commissorum, in ordine ad salutem. Dicitur pœna; eò quòd semper præsupponat culpam: Dicitur spiritualis; quia spectat ad animam: Dicitur inflicta ab Ecclesiastica potestate; quia à sola persona Ecclesiastica infligi potest: dicitur privans hominem baptizatum; quia solis Ecclesiæ subditis potest infligi: dicitur usu aliquorum bonorum spiritualium; quia est diversa à pœna civili; & si quandoquè secundario privet bonis temporalibus, id efficitur per ordinem ad bona spiritualia: dicitur aliquorum, etiam ut ostendatur, quomodo non privet omnibus, utpote potestati Ecclesiæ non subjectis, qualia sunt character Ordinis, gratia habitualis, virtutes, & actus earumdem &c. & ideo dicitur Ecclesiæ dispensationi commissorum, qualia sunt usus Sacramentorum, exercitium Ordinis &c. Dicitur in ordine ad salutem; quia censuræ feruntur, ut homo avertatur à peccato, & ab actionibus animam lædentibus: propterea censura dicitur pœna medicinalis.

II. Censura triplex est, nempè excommunicatio, suspensio, & interdictum: quarum notio dabitur, dùm de illis seorsim agetur, ne idem pluries repetatur. Et quamvis Soto in 4. dist. 22. quæst. 3. art. 1. Censuris accenseas etiam cessationem à divinis, irregularitatem, degradationem, & depositionem; communiter ab aliis non approbatur. Nam cessatio à divinis est simplex prohibitio ne peragantur divina; quæ non fertur in pœnam solius delinquentis, sicuti fertur censura, quandoquidem etiam innocentes privantur divinis officiis, quibus interesse consueverant: tùm etiam, quia violans cessationem à divinis non incurrit irregularitatem, sicut incurritur à violante censuram. Neque irregularitas, quæ plerumquè non est pœna, sed mera inhabilitas, orta non ex peccato, sed ex alio capite; & illam violans, non incurrit aliam irregularitatem. Neque demum degratio, & depositio, quæ cùm sint vincula indissolubilia, & durent sine spe restitutionis ad pristinum, non habent rationem censuræ, quæ cessat, & aufertur, reo emendato.

III. Tres memoratæ censuræ dicuntur aut latæ à Jure, aut latæ ab homine: latæ à Jure dicuntur illæ, quæ à Superiore statuuntur per modum legis, perpetuo duraturæ, contra delinquentes tali, aut tali crimine: latæ ab homine non infliguntur per modum legis, sed ut præceptum transitorium contra inobedientes; hinc latæ ab homine cessant, mortuo Superiore infligente; secùs autem latæ à Jure: & propterea censura à Jure non potest ferri nisi si ab habente jurisdictionem codendi leges, quales sunt Pontifex , Legatus Pontificis, Concilium Generale, Episcopus pro sua Dioecesi, Archiepiscopus in Concilio Provinciali, etiam pro dioecesibus suorum suffraganeorum , & alii gaudentes jurisdictione Episcopali : proinde etiam Capitulum , Sede vacante , potest censuras ferre in perpetuum duraturas, nisi revocentur ab Episcopo electo , aut succesore suo.

* Censura à Jure, ut Auctor docet, non cessat morte Legislatoris. At censura ab homine expirat quidem morte Superioris , aut ejus amotione , si hæc eveniat antequam illa contrahatur; sed jam contracta manet post ejus mortem , donec tollatur per absolutionem. Vide P. Antoine *tract. de Censuris cap. 1. in resp. ad q. 2.*

IV. Præfatæ censuræ aliquando dicuntur latæ sententiæ, aliquando ferendæ sententiæ : primæ incurruntur ipso facto absque alia Judicis declaratione : secundæ requirunt sententiam Judicis declaratoriam criminis patrati. Cognoscitur autem censura latæ sententiæ ex verbis , in lege expressis : v. gr. *ipso facto , ipso jure , statim , continuò , ex tunc , ominò , mox , prorsùs , incontinenti &c.* id est , per adverbia , significantia illicò incurri: item, si ponatur censura per verbum præsentis, vel præteriti temporis; v. gr. qui hoc fecerit , *excommunicatur , suspenditur* ; vel *est excommunicatus, suspensus;* vel *noverit , se esse excommunicatum &c.* vel *noverit se excommunicari &c.* vel *illum excommunico , suspendo &c.* vel *declaro, volo , definio illum excommunicatum , suspensum &c.* ; vel *anathema sit* : vel *habeatur excommunicatus , &c.* vel *incidat , incurrat excommunicationem &c.* ità communior. Censura ferendæ sententiæ apparet , si dicatur: *incurrat censuram comminatoriam,* vel *præcipimus sub pœna excommunicationis , sub interminatione anathematis , suspensionis &c.* vel *excommunicabitur , suspendetur &c.* Formula imperativi modi , v. gr. *suspendatur , excommunicetur , subjaceat excommunicationi, incurrat excommunicationem &c.* est dubia , àn significet sententiam latam, àn ferendam; & ideo, nisi addatur aliquid declarans mentem legislatoris, quòd sit latæ sententiæ , juxta plures intelligenda erit ferendæ sententiæ; quia odia sunt restringenda.

§. II. *De habentibus potestatem inferendi Censuras.*

I. PRæsupponendum est, quòd ferens censuram non debet habere usum jurisdictionis impeditum, qualem habet excommunicatus vitandus. Item non potest quis ferre censuram in casu , quo fuisset interposita appellatio legitima ad Superiorem. Neque potest quis ferre censuras in causa propria contra partem alteram ; cùm nequat esse simul judex & pars, Superior & subditus respectu ejusdem materiæ ; excipiendus tamen est, cum Suarez tract. 5. de cens. disp. 2. sect. 4. num. 7. casus necessitatis se defendendi à violentia , sibi illata.

II. Jure ordinario potestas ferendi censuras residet in summo Pontifice respectu totius orbis Christiani; in Patriarchis , Archiepiscopis , & Episcopis respectu suorum subditorum ; quippè qui omnes respectivè gaudent jurisdictione ordinaria in foro externo ad continendos subditos in officio , & benè regendas oves , sibi commissas , ad quem finem est necessaria potestas hujusmodi. Eadem potestate ordinaria pollet Concilium Generale in cunctos fideles, Concilium Provinciale in sua Provincia , & Concilium Dioecesanum in sua Dioecesi. Ità Cardinales eadem potestate ordinaria fruuntur respectu Ecclesiarum , in quibus habent jurisdictionem in foro externo. Item Legati à latere Pontificis in loco suæ legationis. Vicarius Papæ, & Vicarius Episcopi, ut docet communis ex variis canonibus.

III. Superiores Generales, & Provinciales Ordinum Regularium hanc potestatem habeat ordinariam à Pontificibus concessam; Superiores verò locales consulere debent suorum Ordinum statuta , & Constitutiones. Suarez tamen loc. cit. judicat, eos illam habere respectu suorum subditorum.

IV. Parochi , juxta communem, carent dicta potestate; quia non habent jurisdictionem in foro externo. Si tamen alicubi consuetudo obtinuisset , ut Parochus possit aliquam censuram inferre , ea gaudebit ; quia in eo casu Pontifex intendit illi , mediante consuetudine, potèstatem concedere : cavere tamen debet, ne abutantur hujusmodi potestate circa alias censuras ; sed eadem uti circa illam determinatam censuram, sibi ex consuetudine concessa.

V. Potestas ferendi censuras delegari potest habenti saltem primam Tonsuram ; cùm hu-

hujusmodi Clericus esse possit Vicarius Episcopalis, ut fert communis opinio. Non Clerico autem, quamvis sit professus Regularis, delegari non potest; neque Clerico conjugato, nisi de plenitudine potestatis Pontificiæ, quæ in omni Jure humano dispensare valet.

§. III. *De materia Censuræ.*

I. CErtum est materiam remotam censuræ esse peccatum, cum pœna non infligatur nisi propter culpam : & quamvis censura, præsertim excommunicatio, non infligatur, nisi peccatori, aliquando tamen tàm suspensio, quàm interdictum infliguntur etiam innocentibus propter peccata aliorum ; & tunc peccatum reorum punitur etiam in illis. Certum quoquè est peccatum merè internum non esse materiam censuræ, cùm Ecclesia non puniat nisi eos actus, de quibus in foro externo potest judicare. Actus verò internos, habentes ordinem ad externos, sicut potest præcipere, ut patet in attentione ad Horas Canonicas ; ita potest etia censura punire, ut patet in inquisitore, qui ex odio, aut avaritia punit non reum; illumque Ecclesia excommunicat per ordinem ad injustitiam exterius manifestatam. Ex Clement. 1. §. *Verum* de hæreticis.

II. Peccatum, censura punibile, debet esse lethale externum, ut pœna commensuretur culpæ. Peccatum autem veniale puniri potest censura levi, ut patet in excommunicatione minori, qua punitur loquens cum excommunicato vitando, ex cap. 1. de sent. excom. in 6. Dixi : lethale externum, quia, si actus exterior esset levis, quamvis profluens ab animo graviter criminoso, non incurreret censuram gravem, contra tale peccatum illatam. Quando autem actiones natura sua leves, puta, quòd Clericus induat vestem non nigram, vel noctu deferat arma, & fertur nihilominùs contra illas gravis censura ; tunc non sunt censendæ ampliùs actiones leves, sed graves, & mortales ; quia non considerantur ampliùs secundùm suam speciem, sed relativè ad finem gravem, propter quem sub censura prohibentur.

III. Aliquando censura videtur requirere actum completum cum effectu secuto; aliquando non, sed punit ipsam actionem, etiam effectu non secuto; idcirco verba legis sunt perpendenda ; puta, dùm sub censura vetatur Clerici percussio, requiritur effectus secutus percussionis : eapropter, quamvis etiam quis sclopum exploderet contra Cle

ricum, si illum minimè tangat, censuram non incurrit, neque explodens, neque mandans explosionem : secùs dicendum, si infligeretur censura contra mandantes ; sufficeret enim tunc expressisse mandatum, nulla secuta percussione.

IV. Non incurritur censura, quandò actus exterior non inficitur malitia, quæ sub censura prohibetur ; puta, si quis ex ignorantia proferat hæresim, quam putat esse veram doctrinam. Neque, quando actio exterior non dedit causam sufficientem effectui sub censura prohibito ; puta, si censura sit cotra homicidium, illam non incurrit, qui vulnerarit vulnere non valente inferre mortem ; quæ tamen vulnerato accidit ex non observata Chirurgi directione, ob inordinatum modum se gerendi &c.; quia inordinata mors non supervenit ex vulnere, sed ex deordinato vivendi modo ipsius vulnerati: ità Suarez disp. 5. sect. 3. num. 6. & Alterius lib. 3. cap. 2. & ilii post ipsos. Neque incurritur, quando infertur censura in pœnam peccati commissi, quando nondum fuerat lata ; ratio patet, quia non potest incurri pœna, quæ nondum est imposita ; & præcipuè loquendo de censura, quæ imponitur ad frangendam audaciam peccantis, quæ est pœna medicinalis, & non in meram vindictam : actio autem perpetrata, antequam censura infligatur, neque potest præsupponere contumaciam contra legem censuræ, neque esse medicinalis ad arcendum à peccato jam commisso. Aliud autem est dicendum de pœnis, quæ non sunt censuræ, puta, de depositione, degradatione, quæ sunt vindictæ justæ de patrato anteà crimine.

§. IV. *De subjecto Censuræ.*

I. QUinque conditiones à Doctoribus recensentur requisitæ in subjecto censuræ : prima, ut sit persona viatrix ; quia potestas, à Christo Ecclesiæ concessa, ligandi, est *super terram* ; eo vel magis quia censura fertur ob contumaciam, emendationem peccantis, quæ in defuncto locum non habent. Secunda, ut sit babtizata, juxta illud D. Pauli 1. Corint. 5. *Quid enim mihi est de iis, qui foris sunt, judicare?* Tertia, ut sit in ætate usus rationis, & discretionis, dolique capax ; quia, nisi peccare possit, neque puniri poterit. Impuberes autem, quamvis licitè excommunicari non possint, censura lata ab homine, ex cap. 1. & 2. *de delictis puerorum,* & ex Glossa ibi

dem:

dem; validè tamen excommunicarentur, cùm nullum extet Jus, irritam declarans talem excommunicationem; & reapsè impuberes ligantur interdicto locali. Hinc amentes, & furiosi non ligantur censura, si in eo statu actionem vetitam perpetrent; neque dormientes, & plenè ebrii: si in eo statu actionem vetitam faciant: nisi tamen illam se patraturos prævidere debuerint; quia tunc esset voluntaria in causa, malitiosè non impedita.

II. Quarta conditio est, quòd persona nominetur in censura excommunicationis; cùm Universitates & Communitates non sint excommunicandæ ex cap.: *Romana* de sentent. excom. in 6. quia, cùm sit gravissima pœna, cavendum est, ne in ea comprehendantur innocentes. Aliæ autem censuræ ferri possunt in Communitates, ex cap.: *Si sentent.* loc. cit. & tunc intelligitur suspensa Communitas, aut Capitulum collectivè sumptum; id est, quod actiones, & officia, quæ competunt Communitati, collectivè acceptæ; non autem distributivè, ità ut singulæ personæ Communitatis non censeantur suspensæ ab officiis, & beneficiis suis personalibus; quia pœna est strictè interpretanda: nisi tamen aut ex verbis expressis, aut ex subjecta materia, aut ex circunstantiis intelligendæ essent etiam singulæ personæ comprehensæ. Ità Altierius tom. 2. disp. 7. cap. 2. & alii post ipsum. Neque opponas, quòd interdictum comprehendat nedum Communitatem, verùm etiam singulos Communitatis; nàm effectus interdicti non possunt convenire Communitati ut sic, sed duntaxat personis, illam componentibus; cùm auditio Missæ, perceptio Sacramentorum &c. non verificentur de Communitate ut sic, sed de singulis personis: effectus vero suspensionis possunt competere Communitati, v. gr. Capitulo ut sic, & prout contra distinguitur à singulis personis; cùm competant eidem quædam actiones, & jura, quæ singulis non competunt.

III. Quinta conditio est, ut censura feratur in inferiorem, ut patet: proinde Sum. Pontifex nulli censuræ potest esse subjectus. Episcopi autem excommunicationi à Pontifice generaliter latæ subjiciuntur, nisi excipiantur: ità Navarrus cap. 27. n. 16. Sylvester verbo *Episcopus* circa finem, Suarez disp. 5. sect. 4. numer. 2. & alii ex variis textibus Juris. Si verò censura, generaliter lata, sit suspensio, vel interdictum, Episcopi non comprehenduntur, quamvis expressè non excipiantur; ità ex cap. *Quia periculosum* de sentent. excom. in 6. & est communis. An

autem Cardinales comprehendantur in censuris à Pontifice generaliter latis, quando non fit eorum mentio? Ugolinus Tabula 1. de Censuris cap. 17. §. 6. n. 10. & Azorius 1. part. lib. 5. c. 19. §. 5. affirmant: Altierius autem tom. 2. disp. 7. c. 4. negat, cujus auctoritas in hac materia est magna; quippè qui ex professo doctissimè de censuris disseruerit, & Romæ opus ediderit.

IV. Qui accepit à Pontifice facultatem ferendi censuram contra aliquod peccatum, si ipse incidat in illud, non incurrit censuram; quia nequit esse sibi ipsi superior, & inferior in eodem genere agendi: secùs dicendum, si esset duntaxat vulgator censuræ; quia esset subditus illam inferenti, sicut alii. Excipienda tamen est censura interdicti localis, in quo loco sit & ipse Superior; qui tenetur & ipse servare interdictum, & subjacet legibus à Jure latis contra violantes interdictum. Neque opponas, quòd ipse sit superior, qui intulit, quia non subjacet legibus interdicti tanquam à se latis, sed quia sunt latæ à Jure communi, cui & ipse subjectus est. Excipe Pontificem, qui solus est humano Jure superior.

V. Æqualis non potest subjici censuræ latæ ab æquali, cùm par in parem non habeat imperium. Si autem æqualis illam ferat potestate à Superiore sibi delegata; tunc alter æqualis subjacet censuræ illi; quia, qui alioquin esset æqualis, evadit superior ratione potestais sibi delegatæ.

VI. Quando quis committit actum, à pluribus superioribus, eadem potestate gaudentibus, sub eadem censura vetitum, unam tantùm censuram incurrit; quia sunt formaliter unum, quamvis materialiter plures: proinde, qui committit peccatum à pluribus Pontificibus sub tali censura prohibitum, unam censuram incurrit; quia offendit eamdem formaliter potestatem. Si verò inferentes censuram etiam eamdem, sint diversæ potestatis, puta, si actus ille prohibeatur & à Pontifice, & ab Episcopo sub tali censura, proculdubiò illum perpetràns duplicem censuram incurrit; quia duplicem offendit potestatem: idemque dicendum, si censura feratur & à Jure communi, & ab Episcopo, nec non si ab Episcopo, & ab Inquisitore; quia similiter duplex violatur potestas.

VII. Censura, lata Contra facientes aliquid, non ligat mandantes, consulentes &c. ità cum Cajetano verbo *excommunicatio* cap. 1, & Navarro cap. 27. num. 51. & aliis, contra Sylvestrum verbo *excomm.* cap. 10. num.

n. 5. tùm quia verba legis odiosæ sunt strictè interpretanda ; tùm quia censura non ligat præter intentionem in verbis legislatoris expressam: proindè, si feratur contra mandantes &c. non expressis facientibus, illos solos ligabit , qui exprimuntur. Secùs dicendum , si verba legis etiam alios comprehenderent, dicendo : *concurrentes , causam & influxum præstantes, cooperantes* &c. Quod autem ait Sylvester , quòd agentes , & consentientes pari pœna puniuntur ; verum duntaxat est, quando etiam agentes & consentientes exprimuntur , vel expressè , vel implicitè, in præfatis dicendi modis.

VIII. Quando mandans, consulens &c. reverà nullum influxum habuerunt in actionem vetitam , non incurrunt censuram : ità cum Navarro loc. cit. alii : quia in tantum illi in censura comprehenduntur , in quantum censentur influere: proinde, qui mandat, consiliat v. gr. percussionem Clerici alicui , jam efficaciter determinato percutere; ità ut nihil omnino animi augeat &c. non incurrit censuram: secùs dicendum , si consilio , mandato animum instauraret , confirmaret &c. quia reapsè aliquo modo influeret: imò, si dubitaret, àn influxerit, censuræ subjici judicandum esset; quia esset certus de mandato , consilio &c. dato, & duntaxat dubius de effectu; in quo casu possideret lex : sicuti in casu de voto qui scit, se verba votum significantia expressisse ; & dubitat, àn ex animo protulerit, voto tenetur; quia in his circumstantiis possidet obligatio.

Mandantes, consentientes , & consulentes Clerici percussionem, effectu secuto, excommunicationem incurrunt. Itèm non impedientes, si ex officio ad hoc teneantur, vel si potuerint impedire sine damno, periculove suo, & dolosè permiserit *c. 47. de sent. excom.* Itèm ratam habentes percussionem, suo nomine factam , etiamsi non consuluerint , nec mandaverint c. 13. *de sent. excom. in 6.* Lege P. Antoine *de Censuris cap.* 2. q. 6.

IX. Quando mandans actionem serio & efficaciter retractat mandatum mandatario datum , & huic innotescat retractatio , si effectus sequatur, mandans non ligatur; quia, cùm tota ratio agendi fuisset mandatum, hoc serio retractato , cessat ratio agendi ; & tunc tota ratio agendi est mandatarii malitia. Non ità sentiunt plerique probabilistæ de retractante consilium datum ; quia ajunt ipsi , quamvis retractetur consilium, adhuc perseverat in mente consiliati ratio, quæ illum convicit, & induxit ad statuendam executionem actio-

nis vetitæ. At, salva reverentia his Doctoribus debita, duplici distinctione utendum esse, putarem : prima , si consilium fuerit merè & simpliciter approbativum, nullam afferens rationem , sed solùm approbationem mali consilii , seu propositi significans , hoc serio revocato, & retractato, addita præcipuè aliqua ratione christiana, putarem, quòd talis consilians censuram nullam incurreret; quia ex parte sui totum, quod poterat ad actionem impellere , sustulit. Si verò fuerit consilium etiam rationes inducentes afferens ; tùm secunda distinctione utendum putarem ; vel enim ille consulens verè affert rationes fortiter , & efficaciter elidentes motiva anteriùs allata, ità ut ex natura sua removeant omnem vim anteriorum motivorum ; & in hoc casu , cùm reverà tollat totum anteà positum quod poterat inducere, ratio agendi non erit hoc, quod poterat inducere, quod ampliùs extare non debet, utpote convulsum, & elisum ab urgentioribus motivis adductis ; sed ratio agendi erit malitia , indocilitas , & obstinatio consiliati , sicuti dictum est de mandatario; & consilians non incurreret censuram: si autem motiva, allata ad tollendum consilium, reverà non elidant anteriora motiva, vel dubitari possit, àn sufficientem vim elidendi habeant; tunc subjacebit censuræ, quamvis retractet ob indicatas rationes.

§. V. *De modis ferendi Censuras.*

I. CErtum est, ad ferendam censuram requiri signum aliquod externum Superioris , cùm innotescere debeat. Certum quoquè est, sufficientia esse qualiacumque verba , vel signa, quibus intentio Superioris significetur ; sicuti etiam necessarium esse declarare , quænam censura infligatur. Et quamvis, quando infligitur excommunicatio, vel suspensio, non sit necesse addere, quod excommunicatio sit minor , vel major , & suspensio ab officio, vel beneficio; quia, quando infligitur excommunicatio sine addito, semper intelligitur major ; & suspensio sine restrictione, semper intelligitur ab officio, & beneficio ; nihilominùs qualitas seu species censuræ semper est exprimenda , nempè , aut excommunicatio, aut suspensio, aut interdictum.

II. Quando censura alternativè ponitur, puta : qui hoc fecerit, incurrat excommunicationem, vel suspensionem, licitè ità ferri potest ; & tunc est in optione rei alterutram eligere ; ità probabilior cum Altzerio lib.

lib. 3. disp. 9. cap. 18. & Suarez disp. 3. sect. 2. num. 12. & aliis, nihil enim absonum in hoc relucet, quamvis sit insuetum : ità enim non rarè fieri solet etiam à lege civili quoad poenas temporales.

III. Censura est ferenda in scriptis cum expressione causæ, propter quam fertur : ita ex capite 1. *Cum medicinalis* de sent. excom. in 6. ità ut, qui illam solo verbo infert, mortaliter peccet, & incurrat suspensionem ab ingressu Ecclesiæ, & à Divinis per mensem : quam suspensionem non incurrit, si sit Episcopus ; quia in laudato capite non exprimuntur Episcopi : quando autem in censura suspensionis, vel interdicti non exprimuntur Episcopi, non censentur comprehensi, ut diximus etiam suprà : & indicatur in capite: *Quia periculum*; peccant tamen mortaliter, ut dixi. Videri possunt Navarrus cap. 27. num. 8. & Alterius tom. 2. disp. 7. cap. 3. Nota nihilominùs, quòd, quamvis censura non feratur in scriptis, adhuc est valida ; quia fieri in scripto non est de essentia censuræ, sed de modo accidentali ejusdem ferendæ; & deducitur ex capite 1. de sent. excom. in 6. Videri potest etiam Suarez disp. 2. sect. 13. num. 8.

IV. Ad infligendas censuras, latas à Jure, vel ab homine per statutum generale contra actum futurum, nulla requiritur monitio præcedens; eò quòd lex, aut statutum sufficienter per se moneant, cùm sint publica & permanentia : v. gr. Clericus, qui talibus diebus loquetur cum Monialibus, sit ipso facto excommunicatus, loquens incurrit absque ulla prævia monitione, ità ex cap. 26. *de Apellation.* & idem dicas de sententia declaratoria censuræ à dictis Juribus illatæ, & contractæ, quæ nulla indiget prævia monitione: debet tamen ante sententiam declaratoriam citari reus, ut juridicè constet de delicto, ab ipso patrato; eò quòd contra partem inauditam non possit aliquid in judicio validè definiri: ità ex cap. *De causa posses.* Quando verò censura fertur ab homine non per statutum generale, sed per sententiam particularem contra aliquem, tunc, ut sit valida, præcedere debet aliqua monitio delinquentis ; eò quòd non præsupponitur contumacia delinquentis, nisi præcesserit monitio & comminatio censuræ: ità ex c. 9. & 48. *de sentent. excom.* in 6. Itaquè, ut licitè feratur censura per sententiam particularem, trina præcedere debet admonitio cum requisitis intervallis, saltem duorum dierum, inter unam, & alteram: ità ex c. 9. *de sentent. excom.* in 6. Si verò urgens

causa non permittat talem ritum servare, sufficiet unica monitio pro trina, concedendo intervalla : vel etiam, si necessitas compellat, sine intervallis, dicendo : moneo te semel pro tribus vicibus: & fiat in scripto, in quo exprimatur causa censuræ ; & reo, petenti exemplar scripturæ, tradatur infra mensem, ita in cap. 1. de sentent. excom. in 6.

V. Quando censura est à Jure, seu per statutum generale, & sit ferendæ sententiæ, antequam censura infligatur, necessaria est citatio rei, & condemnatio juridica, seu legalis : proinde non debet infligi censura reo etiam convicto, & manifesto, nisi præcesserit monitio, juxta paulò antè dicta; ita ex cap. 26. *de Apellat.* Quando autem est latæ sententiæ, ut declaretur contracta, exigitur, ut dixi suprà, ut, citata parte, constet juridicè de crimine patrato. Nàm, quando censura fertur non per modum censuræ propriè dictæ, id est, non per modum poenæ medicinalis præservantis, sed per modum poenæ vindicativæ post delictum perpetratum, nulla requiritur monitio.

VI. Quando censura fertur contra personam particularem, monitio debet fieri coram illa persona: neque sufficit, quòd fiat ad domum illius; nisi tamen ipsa persona dolosè se subtraxerit, vel per vim impediat, ne monitio fiat, aut si non habeat domicilium ; quia in his casibus sufficiet, ut fiat in Ecclesia præcipua illius loci: quòd si saltem semel facta fuerit coram persona ; tunc aliæ duæ possunt fieri ad domum: aut si facta ad domum innotuerit personæ, aliæ poterunt similiter fieri ad domum : ità ex variis Juribus citatis, Suarez disp. 3. sect. 11. Alterius lib. 3. disp. 3. cap. 3. & alii. Et notandum, quòd, quando monitio fit personæ, debent esse idonei testes, qui factam fuisse testari possint. Porrò, quando facienda est denuntiatio personæ censura affectæ, fieri debet publicè in Ecclesia chyrographum affigendo ad januas ejusdem, in quo exprimatur causa, & reatus censuræ.

VII. Cùm, ut jam notavi, excommunicatio non feratur contra Communitates, ne adeo gravi poena innocentes implicentur; suspensio tamen, & interdictum, ut suprà dixi, aliquando infliguntur : & tunc, quando sunt ferendæ sententiæ, monitio facienda est personæ illi, ob cujus delictum ferenda est censura ; cùm ipsa persona, & non Communitas, sit delinquens & rea : ità citati Doctores,

§. VI.

§. VI. *De justitia causæ, ob quam Censu-*
ra infligitur; & de loco ferendæ, vel
latæ Censuræ.

I. CErtum est apud omnes, quòd si censura sit injusta ex defectu amoris
justitiæ in Judice, puta, quia illam infert ex
odio, indignatione, rencore &c. dummodò
nil substantiale à Jure requisitum omittat,
est valida; quamvis graviter peccet illam
inferens, eo quia nulli nocet, nisi sibi soli
graviter peccando. Si feratur non servato ordine substantiali Juris, puta, si nulla præcesserit monitio, vel quidpiam simile, est invalida; quia non potest dici sententia legitima,
ut patet: dixi substantiali; quia si desit aliquid accidentale, puta, aliqua ex monitionibus faciendis, aut aliquod intervallum, aut
non fiat in scripto &c. remanet valida; quia
defectus est accidentalis.

II. Censura duplici capite dici potest injusta: primò materialiter, quando infligitur
innocenti, legaliter & juridicè probato reo:
secundò formaliter quando omittuntur ea,
quæ à Jure præscribuntur, ut necessariò præstanda: quando est injusta formaliter, nemo
ambigit, eam esse invalidam: quando verò
est injusta materialiter, plurimi cum Cajetano 2. 2. q. 70. a. 4. & Soto in 4. dist. 22.
quæst. 1. art. 3. docent, similiter esse invalidam: & in hanc opinionem inclinare videtur etiam S. Thomas in 4. dist. 18. quæst.
2. art. 1. quæst. 4. ubi hæc habet: *Contin-*
git autem quandoquè, quòd est debita causa
ex parte excommunicationis, (nempè, quòd
est lata servato ordine Juris) *quæ non est de-*
bita ex parte excommunicati, (eo quod sit
innocens) *sicut, cùm aliquis pro falso crimi-*
ne in judicio probato excomunicatur: & tunc,
si humiliter sustineat, humilitatis meritum
recompensat excommunicationis damnum:
ubi occurrit observandus modus loquendi S.
Doctoris, si enim excommunicatus ille judicaretur ab Angelico obligatus in conscientia
sub mortali, ad se gerendum tamquam excommunicatum, non diceret: *si humiliter*
sustineat, sed quòd teneatur sustinere; &
proindè sustinendo, judicatur abundantiùs
agere. Neque obsunt verba sequentia, nempe
quòd humilitas illa recompensat damnum
censuræ: loquitur de damno auxiliorum illorum externorum, nempè, audiendi Ecclesiam,
recipiendi Sacramenta &c. à quibus si innocens ille reverentiæ gratia abstinere velit, hoc
humilitatis meritum compensabit illud dam-

num coram Deo. Ratio autem assertionis est;
quia Ecclesia nunquam intendit pœnis adeo
severis punire innocentes, quod esset injustum, & nefas suspicari de Sancta Matre: igitur non intendit innocentem subesse pœnis
suis. Quomodò igitur se gerere debebit innocens ille? Posset quidem, ait Cajetanus loc.
cit. omnia facere privatim, quæ potest quicumque alius innocens; & coram illis, qui
certi sunt de illius innocentia, protestando,
se neutiquam agere in contemptum censuræ,
sed ne tantis bonis privetur, innixus opinione graviori, & communiori. (Dixi: privatim;
quia publicè nunquam licet sine mortali.) At
quia vix hæc fieri possunt tam occultè, quin
aliquod scandalum suboriatur; proinde prudentiùs aget, si exteriùs se gerat tanquam
censura ligatum; & intereà procuret per
appellationem ad Superiorem, ut manifesta
fiat sua innocentia; cum alioquin anima sua
coram Deo nullum detrimentum patiatur,
eò quòd perseveret esse particeps bonorum
communium Ecclesiæ. Porro in dubio, an
censura fuerit formaliter, justa tenebitur, secundùm omnes, se gerere ut censura ligatum
etiam in foro conscientiæ; nàm in dubio favendum est Superiori, qui certus est suæ potestatis, quæ in dubio non est exponenda periculo violationis.

III. Circa observanda quoad locum ferendæ censuræ, notandum primò, quod censura, quæ fertur per modum statuti, & legis,
afficit solos delinquentes, existentes in loco,
jurisdictioni Superioris subjecto; statutum
namque dicitur lex territorii: censura verò
lata per modum sententiæ afficit personam
subditam, ubicumque fuerit, tametsi extra
territorium Superioris; sive lata fuerit per
sententiam generalem, sive per sententiam
particularem; cùm respiciat personas secundùm se. Notandum secundo, quod, quæ fiunt
extra territorium proprium, possunt pertinere vel ad jurisdictionem gratiosam, seu voluntariam, quæ videlicet non requirit processum, cognitionem causæ, seu strepitum
judicialem; quædam verò spectant ad jurisdictionem contentiosam, quæ, nempè, requirunt processum, causæ cognitionem, & strepitum judicialem. His præmonitis. Quando in
ferenda sententia opus est jurisdictione contentiosa, servanda est à Superiore circunstantia loci proprii territorii, quia non potest
in alieno territorio, absque licentia Superioris illius loci, erigere Tribunal, quemadmodum requiritur ad ferendam censuram cum
jurisdictione contentiosa; & ità nequè ad ju-
di-

dicialiter absolvendum : secùs autem , si non requiratur hæc contentiosa jurisdictio, etiam- si censuram ferat per modum statuti.

IV. Superior non potest ferre censuram per statutum contra existentes in alieno ter- ritorio : undè delinquens extra territorium non incurrit illam : puta , si in Diocesi Ve- neta extaret statutum , ut qui adulterium perpetrat , sit excommunicatus ; subditus Venetus , illud perpetrans Patavii , non in- curret censuram ; quia delinquit extra di- tionem Veneti Præsulis. Si autem censura puniatur actus, qui censetur consumari in- tra Diœcesim, quamvis extra Diœcesim com- mittatur , incurreret censuram : puta , si ex- taret censura contra Canonicos non residen- tes , & absentes per mensem , Canonicus Venetus , Patavii commorans , censuram in- curreret ; quia censetur peccatum non resi- dendi consummare Venetiis , & hoc ex fic- tione Juris , ut explicui in tract. 1. cap. 2. §. 8. num. 10. Hinc apparet, quid dicendum sit , si Episcopus tulisset censuram contra suos Clericos accedentes ad Monasteria Mo- nialium , à sua jurisdictione exemptarum, posita in sua Diœcesi ; nec non contra lo- quentes cum eisdem ; nàm primam censuram incurret Clericus accedens ad illud Monas- terium , quamvis exemptum ; quia accessus ad illud fit in loco , suæ ditioni subjecto, & per vias absque ad januas Monasterii, quæ viæ subduntur suæ ditioni : secundam autem non incurreret ; quia locutio cum eisdem fit in loco exempto , nempè , intra locutorium, exemptum à sua jurisdictione.

V. Quando crimen incipitur in loco ju- risdictionis , & extra eumdem perficitur , vi- detur censura non incurri ; quia , cùm cen- suræ soleant ferri contra actum completum, nisi aliter exprimatur , cùm consummatio fiat extra locum jurisdictionis , illa non in- curritur ; qui iniquè , v. gr. in loco subjecto seduceret conjugatam ad adulterium , & dis- cederet à territorio , illudque extra patraret, censuram non incurreret latam contra tale delictum.

VI. Extraneus perveniens ad Diœcesim, in qua crimen aliquod sub censura prohibe- tur , animo ibi non manendi , neque sistendi ad longum tempus, sed modico tempore, pu- ta , quousque perficiat breve negotium, & intereà committens illud crimen, quibusdam cum Bonacina videtur non incurrere censu- ram , eò quòd non sit subditus illi Diœcesi. Sed mihi probabiliùs distinguit Suarez disp. 3. sect. 5. num. 18. cum Sayro lib. 5. cap. 7.

num. 22. & aliis ; & dicit , quod homo ille incurrat censuram latam per modum statuti, non vero latam per modum sententiæ ; quia censura lata per modum sententiæ loquitur incontinenti, & directè fertur in personas sub- ditas, sive ab origine , sive ab eo translatum domicilium : lata verò per modum statuti, cùm sit localis , afficit peccantes in illo loco: & hæc opinio consonat alteri à nobis traditæ in tract. 1. cap. 2. §. 8. num. 8. de obliga- tione viatorum legibus loci.

§. VII. *De causis à Censura excusantibus.*

I. PRima causa excusans ab incurrenda censura est ignorantia inculpabilis Juris tàm communis, quàm particularis: ità passim Auctores apud Altierium lib. 3. disp. 2. cap. 3. quia ignorans inculpabiliter cen- suram non potest esse contumax ullo mo- do contra legem , ferentem illam. Qui igi- tur scienter peccat peccato gravi contra le- gem Dei ; ignorat autem ignorantia incul- pabili tali peccato adnexam censuram; quam- vis peccet contra Deum , non peccat con- tra Ecclesiam , ignorando inculpabiliter ejus legem vetantem sub censura actum illum: ità communior & probabilior Soti , Sylves- tri , Navarri, Vasquez , Suarez , & alio- rum , contra Avilam , & Covarruviam. Si- militer excusat ignorantia invincibilis facti: ità ex capite : *Si vero* de sent. excom. ob ra- tionem allatam ; quia ignorantia invincibilis excusat à reatu circa id , quod invincibiliter ignoratur ; neque potest conjungi contuma- ciæ , à pœna censuræ requisitæ : qui igitur percutit hominem invincibiliter ignorans esse Clericum, non incurrit excommunicationem: ità passim Doctores.

Ignorantiam invincibilem sive legis eccle- siasticæ , aut Juris , sive facti eximere à censura incurrenda , certum est apud omnes. Nùm autem invincibilis ignorantia legis cen- suræ excuset ab ea contrahenda , magna est inter Theologos disceptatio. P. Antoine *tract. de Censuris cap. 1. quæst. 4.* fussè hanc ver- sat difficultatem , & post plures , gravesque Doctores decernit , ignorantiam invincibilem solius censuræ, latæ per legem Papalem , aut canonem universalem non excusare ab ea in- currenda illum , qui scit legem eamdem : un- dè juxta ipsum ad censuram contrahendam satis est , quòd quis sciat , vel scire possit ac debeat actionem , vel omissionem, cui censu- ra annexa est , esse ab Ecclesia graviter præ- ceptam, vel prohibitam. Quare, si quis, v. gr.

sciat

sciat vetitam esse ab Ecclesia Clerici verberationem, & hunc, quem verberat, esse Clericum, excommunicatione irretitur, quamvis ignoret, huic illicitè percussioni Clericali hanc esse pœnam adjectam. Oppositum alii sustinent, statuuntque, etiam ignorantiam prorsùs invincibilem solius censuræ ab ea incurrenda excusare. Quamobrèm, inquiunt, si quis sciret, Jure Ecclesiastico interdictum esse ingressum in Monasteria Monialium, sed invincibiliter ignoraret censuram, quæ contra delinquentes imponitur, ab eadem censura foret immunis. Et hanc ipsi ad hoc evincendum rationem in medium adferunt. Censura non contrahitur nisi à contumaci; porrò talis homo non est contumax eo modo, qui ad censuras contrahendas requiritur. Ut enim quis contumax sit hoc modo, non sufficit, ut qualitercumque legem Ecclesiæ transgrediatur, sed eam debet transgredi, cùm monitus est de pœna per eam infligenda; & idcirco ad censuram necessaria est monitio; qui autem pœnam lege latam ignorat invincibiliter, monitus non fuit. Hac una ratione in nihilum occidunt, quæ ab Antoine producuntur, atque adeo huic secundæ sententiæ adherendum censemus. Verùm, quia non ità frequenter occurrit, ignorantiam solius censuræ annexæ legi universali esse invincibilem, ideo facile ab ea exempti reputandi non sunt ejusdem legis transgressores.

II. Ignorantia vincibilis, & mortaliter culpabilis, crassa, & supina, sive juris, sive facti, quæ non valet excusare ignorantem à reatu mortali, non excusat à censura incurrenda, ità Suarez disp. 4. sect. 10. num. 10. Altierius lib. 3. disp. 2. cap. 3. cum quibus alii plures. Fundamentum desumitur ex cap. 2. *Cum animarum* de Constitution. in 6. ubi docemur ignorantiam, quæ non sit crassa & supina, excusare à sententiis quorumcumque Ordinariorum: igitur, quæ est crassa, & supina, non excusabit. Hinc certum est, quòd, quando ignorantia est vincibilis, & culpabilis tantum venialiter, excuset à censura, quæ, cùm sit pœna gravis, est improportionata peccato levi. An autem possit inveniri ignorantia vincibilis, & culpabilis mortaliter, quæ non sit crassa, & supina? videtur Soto, Avilæ, & aliis apud Bonacinam disp. 1. q. 2. punct. 1. num. 4. posse inveniri: puta, cùm quis studuit quidem, & interrogavit, ut veritatem assequeretur, sed non studuit, neque interrogavit pro merito materiæ, quantum moraliter poterat, & tenebatur; ad differentiam illius, qui aut nihil, aut modicum studuit, & nil vel modicum sciscitatus fuit: cujus ignorantia meritò dicitur crassa, & supina, quod profectò dici non potest de primo. An iterùm per quamcumque ignorantiam mortaliter vincibilem incurratur censura? videtur depromendum ex verbis legis, ferentis censuram; si enim verba absolutè prohibeant crimen aliquod sub censura, v. gr. qui voluntarium homicidium commiserit, sit excommunicatus, proculdubio sufficiet quæcumque ignorantia mortaliter vincibilis; quia, cùm lex aliud non requirat, quàm peccatum voluntarie patratum, hoc voluntariè patrato, censura incurritur. Si autem lex non absolutè prohibeat crimen sub censura, sed significet postulare aliquid aliud, nempè, aut certam scientiam, aut ausum temerarium, dicendo v. g. *qui temerè hoc fecerit: qui ausus fuerit: qui præsumpserit hoc facere: qui scienter id fecerit, &c.* quamvis illud faciendo ex ignorantia mortaliter vincibili peccet, nisi accedat aliqua dictarum conditionum, non videtur incurrere censuram; cùm lex non operetur ultrà verba, quæ continet, & exprimit, ut ait Bonacina loc. cit. quæst. 1. punct. 3. num. 18. alios referens, & asserens, id esse commune: & hinc infert quæst. 2. punct. 1. n. 12. Ignorantiam etiam crassam excusare, quando in lege adsunt dictæ formulæ. Non autem approbare possumus id, quod ibidem infert num. 11. contra Suarez, nempè ignorantiam etiam affectatam (qua quis fugit scire legem, & procurat nescire legem, & alia, quæ scire tenetur) in casu dictarum formularum excusare, quod meliùs negat Suarez disp. 4. sect. 10. n. 3. quandoquidem ignorantia affectata, nempè quæsita, & volita ad liberiùs peccandum, in Jure æquiparatur certæ scientiæ. Quæ hactenùs diximus de censura generatim, intelligenda sunt etiam de irregularitate inflicta ex delicto; nàm, quod incurritur ex defectu, non requirit cognitionem, sed incurritur etiam ab omnino ignorante, ut dicetur suo loco.

III. Secunda causa, excusans à censura incurrenda, est appellatio legitima ad Superiorem, dummodò fiat ante conditionem expletam; v. gr. si Titio dicatur: nisi infrà mensem restitueris bona, quæ Ecclesiæ rapuisti, ipso facto eris excommunicatus; appellatio valet ante expiratum mensem, & effectus censuræ suspenditur, ità in capite: *Præterea* 2. de Appell. & cap.: *Pastoralis* ejusdem tituli: expirato verò mense, non valet appellatio, nec per eam suspenditur effectus censuræ. Ità neque valet appellatio à censu-ra, ipso facto purè, & absolutè lata : v. gr. contra Clericos publicè aleis ludentes : un-dè, si Titius probetur publicè lussisse aleis, jam est excommunicatus, quin appellatio. sua possit suspendere effectum consuræ : poterit quidem sua appellatio habere vim devolven-di causam ad Superiorem, ut judicet de jus-titia censuræ ; non tamen potest habere vim, ut suspendat effectum. Qui autem interpo-suit legitimam appellationem infra tempus, quamvis posteà illam non prosequatur, ad-huc suspendit effectum, ob. causam jam de-volutam. ad aliud. Tribunal ; ex capite : *Licet* de sent. excomm. in 6.

IV. Appellatio legitima, facta post sen-tentiam declaratoriam censuræ incursæ, ha-bet effectum, ut non efficiat vitandum ipsum declaratum, & denuntiatum ; cùm appellatio. suspendat declarationem, & denuntiationem: Suarez disp. 3. sect. 17. n. 20. addit : dum-modò factum non. sit adeo manifestum, ut nulla possit tergiversatione celari ; tunc enim. non esset. appellatio, sed. mera elusio senten-tiæ, & declarationis.

V. Sciscitaberis : quid requiritur, ut ap-pellatio. sit legitima? Duæ requiruntur con-ditiones ; prima, quod fiat ex probabili sal-tem ratione, & sufficienti causa, quæ sal-tem bona fide credatur sufficiens ; qua defi-ciente, esset fraus, quæ nemini suffragari debet. Secunda., ut jam dixi., ut fiat debi-to tempore : & quamvis pro aliis sententiis præfiniantur decem dies ; communior tamen. docet, quòd. possit protrahi pro censuris ultra decem dies, dummodò fiat intra tem-pus præfinitum. à Judice, quo.expirato, in-curritur censura : undè v. gr. qui jubetur. sub excommunicatione, ipso facto incurren-da, restituere infra mensem, poterit protra-here appellationem etiam ad quindecim. dies: securiùs tamen, & laudabiliùs aget, si, quam-primùm fieri potest, appellet, cùm etiam ex hac sollicitudine indicetur justitia appellatio-nis: videtur. item necessarium, quòd. fiat in scriptis, exprimendo. appellationis motivum.. Et nota, quòd v. gr. Episcopus potest ab-solvere illum, qui à suo judicio appellavit;. quia appellatio non tollit ab ipso potestatem absolvendi, quamvis impediat potestatem li-gandi : undè tollit vinculum, quod appellans. per appellationem intendit excutere : ità Al-tierius lib. 4. disp. 2. cap. 5. dub. 4.

VI. Tertia causa, excusans ab incurren-da censura, est impotentia etiam moralis po-nendi actionem, sub censura præceptam : ità

Sotus in 4. dist. 22. quæst. 1. art. 2. & alii cum ipso ; quia lex humana in tali. casu de-sinit obligare, neque efficitur. inobediens con-tumax : proindè, qui non potest sine gravi damno., & jactura longè majori v. gr. face-re restitutionem, aut solvere pensionem, jus-sam sub censura, excusatur ab ea incurren-da. Qui verò debens sub censura solvere intra mensem, & potens solvere circa ini-tium mensis, prævidet in poterum se red-ditum iri impotentem, tenetur quamprimùm solvere, alioquin incurreret censuram ; quia aliter agendo manifestat contumaciam, suf-ficientem ad censuram incurrendam, quam incurrit non statim ac non solvit, sed elap-so mense..

VII. Quarta causa,. excusans, est metus gravis ; cùm enim excuset ab implendis le-gibus humanis, multò magis ab incurrendis censuris, præsupponentibus contumaciam, quæ non adest in operante ex metu. Excipe casum, in quo. metus incuteretur in con-temptum legis Ecclesiasticæ, seu. ipsius cen-suræ ; quia tunc, ut pluriès diximus, ex obli-gatione Juris naturalis teneretur abstinere ab actu vetito sub censura, etiam vitam amit-tendo ; quia Jus naturale obstringit ad nun-quam contemnendam legem ullam, quamvis minimam. Qui itaque v. gr. adulterium ex metu gravi committeret, puta, ne amittat vitam., famam, ne vulneretur, &c. peccaret quidem graviter contra castitatem, & jus-titiam; censuram tamen non incurreret adul-terio adnexam, si adnecteretur. Ità. etiam si quis jam excommunicatus, metu gravi. adactus,. celebret, Sacramenta ministret, &c. non incurrit irregularitatem ; quia Ecclesia in eo casu non censetur obligare cum tanto onere, & præcipuè si nequeat eas actiones omittere sine scandalo, &c. ità Sotus loc. cit. art. 4. Navarrus cap. 27. n. 339. Azo-rius 1. p. lib. 10. cap. 13. q. 6. & alii.

Communis quidem Theologorum senten-tia est, metum gravem, cadentem in. virum constantem, à censura excusare, si res, quæ fit ob talem metum, sit prohibita duntaxat Jure ecclesiastico, dummodò tamen metus non. sit incussus in contemptum potestatis ec-clesiasticæ. At concors non est illorum opi-nio, eumdem metum excusare, si res, quæ fit ex metu, non ecclesiastico solùm, sed divino, & naturali Jure. vetita. sit ; sunt enim, qui contendunt, in tali casu censu-ram incurri. Lege Petrum Collet *Tract. de Cens. part. 1. cap. 4. q. 2.*

XIII. Quinta causa excusans est bene-

pla-

placitum illius, in cujus favorem fuit lata censura; v. gr. Titius obtinuit, ut Prælatus sub censura jubeat Cajo solutionem sui debiti cum Titio infra mensem; poterit Titius, juxta probabiliorem Suarez disp. 3. sect. 6. n. 8. & aliorum, contra Navarrum, & alios protrahere terminum mensis ad annum, quin Cajus incurrat. Ratio mihi evidens; nàm potest Titius remittere integrè debitum, ut nemo inficiatur; in quo casu censuram non incurrit Cajus non solvendo: ergo etiam poterit prorogare terminum; quia tota ratio vigoris censuræ est justus favor Titii: sicut igitur, quando cedit huic favori remittendo debitum, Cajus non incurrit; ita neque quando cedit protrahendo. Si objicias, quòd hoc esset suspendere censuras. Respondeo, id non esse suspendere directè, & potestativè, sed indirectè, & subtrahendo materiam censuræ; quæ materia subest dominio Titii.

§. XVI. *De absolutione generatim à Censuris.*

I. NEmini dubitandum, quòd censura, lata ad homine, sive per sententiam generalem, sive per statutum particulare, possit absolvi ab ipso, à suo successore, à suo superiore in jurisdictione, & à suo specialiter delegato: ex capite: *Per tuas*; & ex capite: *Sacro* de sent. excomm. Ratio de se patens. Nota pro delegato, quòd, expirato termino suæ delegationis, cessat in eo absolvendi potestas: hoc autem tempus comprehendit etiam casum, in quo concessisset reo tempus ad resipiscendum, puta, si infra annum id præstiteris, & ipse intra annum præstet, poterit à delegato absolvi, non autem elapso anno: ità ex capite: *Quærenti* de officio delegati, & ità post Suarez disp. 7. sect. 2. n. 7. & Altierium lib. 4. disp. 2. docent alii. Hinc, mortuo Episcopo, potest, excommunicatus ab ipso, absolvi à Capitulo, quod succedit in jurisdictione Episcopi donec eligatur successor: ex capite: *De obedientia*, in 6. & ità mortuo Pontifice, potest summus Pœnitentiarius absolvere à casibus Pontificiis sicut poterat anteà; ex Clementina *ne Romani* de electione. Hinc etiam deducitur, quòd, mortuo superiore, qui intulit censuram, hæc perseverent; ex capite: *Si Episcopus* 11. q. 3. ex capite: *Pastoralis* §. *præterea* de officio Ordinarii.

II. A censura, non reservata, lata ab Episcopo per sententiam generalem, potest Jure

communi absolvere, quicumque potest absolvere à peccatis mortalibus: ex cap. *Frequentibus* de instit. & ex cap. *Nuper* de sentent. excomm. nisi fortè in aliqua diœcesi esset vetitum, ne Confessarii ab hujusmodi censuris absolvant, sed de licentia speciali Ordinarii. Hinc, si aliquis, irretitus censura dicto modo lata, alio transferret domicilium, potest à quolibet Confessario absolvi: secùs dicendum, si esset irretitus per sententiam, particularem contra se latam; quia tunc absolutio spectat ad tribunal, à quo fuit illata.

III. Similiter à censuris Juris communis nemini reservatis possunt absolvere omnes Confessarii approbati; quia, quando Pontifex illas nemini reservat, censetur concedere facultatem absolvendi ab illis cuilibet legitimo Confessario; ità ex consuetudine, ubique jam obtinente.

IV. Quamvis reus censura ligatus emendetur, non ideo in foro conscientiæ cessat censura, quæ perdurat, quousque à legitima potestate absolvatur: ità ex damnatione thesis 44. ab Alex. VII. facta, in qua dicebatur: *Quoad forum conscientiæ, reo correcto, ejusque contumacia cessante, cessant censuræ.*

V. Absolutio à censura per quælibet verba, aut signa externa sufficienter manifestantia validè impertitur. Observanda tamen est formula, in Rituali expressa. Validè impertiri potest etiam absenti, indisposito, imò invito; eò quòd sit pœna, cujus sublatio unicè pendet à voluntate potestatem habentis absolvendi. Ut autem licitè impendatur, danda est præsenti, si fieri possit, & aliquo modo disposito, saltem per seriam voluntatem non ampliùs patrandi delictum, censura affectum: nisi fortè absolveretur, ne deterior evaderet.

VI. Absolutus ab una censura, neque absolvitur ab aliis diversæ speciei, neque ab aliis ejusdem speciei, si illas incurrerit ob diversa crimina, quibus fuerunt annexæ: ex cap. 27. *de sent. excomm.*; quia nullam inter se invicem connexionem habent: hinc, qui pluriès v. gr. percussit eumdem Clericum, vel plures Clericos, id explicare debet, & ab omnibus illis excommunicationibus absolvi.

VII. Qui confessus fuit peccata sua Confessario habenti facultatem super tali censura, & oblitus fuit invincibiliter fateri illud peccatum tali censura affectum, potest censeri absolutus ab illa censura, quia Confessarius in

Zz 2 ab-

absolutione à censuris, quam præmittit Sacramentali, absolvit pro quanto potest; (quod
regulariter non verificatur de reservatione, ut
diximus suo loco) tenetur tamen, cùm meminerit, peccatum illud fateri, ut directè
absolvatur, ut dictum fuit de Sacramento
Pœnitentiæ. Si autem ab illa censura non potuisset absolvi, nisi pòst satisfactionem partis
læsæ, probabilius est, quòd non fuerit ab illa
absolutus; quia non censetur Confessarius
voluisse absolutionem impertiri, quam licitè
impendere non poterat.

VIII. Ille, qui in foro tantùm conscientiæ
absolutum fuit à censura notoria, adhuc tenetur in foro externo se gerere ut censura affectum, donec in foro externo absolvatur; tum
propter evitandum scandalum; tùm, ne violetur jus Tribunalis Ecclesiastici : undè,
quousquè ab hoc absolvatur, potest compelli ad luendam pœnam censuræ adnexam.

IX. Absolutio à censura, extorta à Superiore per metus incussionem, aut alio modo
graviter injurioso, est nulla, quamvis etiam
non extorqueatur à reo, sed ab alia tertia
persona; imò, qui illam ità extorquet, incidit in excommunicationem ex capite unico:
De iis, quæ vi in 6. : & similiter, si extor-
quatur per fraudem, dolum, &c. versantem
circa motivum finale censuræ, est nulla; quia
deest voluntas absolvendi, quæ subsistere
non potest, subsistente realiter motivo finali censuræ.

X. Absolvens potestate ordinaria (nota
benè) potestate ordinaria à censuris, antequam satisfactum fuerit parti læsæ, dùm hæc
potuit satisfieri, validè absolvit; ità communis ex capite: Venerabilem §. sane de sentent. excomm.; quia habens potestatem ordinariam, potest illa uti independenter ab omni conditione : peccat tamen graviter ità absolvendo, nedum contra charitatem, ut docent omnes, verùm etiam contra justitiam,
ut docent multi; quia ex officio suo tenetur procurare redintegrationem partis læsæ.
Qui autem absolvit potestate, sibi delegata,
si eam habeat absque ulla limitatione, agendo dicto modo, validè absolvit & ipse, sed
illicitè, ob allatam rationem : si verò eam
habeat cum limitatione, nempè, cum conditione ut satisfiat parti læsæ, tunc examinanda erunt verba, quibus ipsi delegatur potestas; si enim verba significent conditionem
sine qua non, v. gr. non possit dari absolutio, nullius sit valoris, &c. nisi satisfiat læsæ parti, nisi redintegretur, &c. tunc proculdubio esset invalida absolutio, nisi satisfiat

parti læsæ, si hoc fieri possit; nàm si hoc
fieri non possit aut absolutè, aut sine gravi
damno, cui non subjacet pars læsa; tunc
posset dari absolutio, & differri redintegratio
ad tempus magis opportunum : quòd si pars
læsa vel majori, vel æquali damno succum-
beret, tunc reus satisfacere debet, neque beneficio absolutionis frui, nisi resarciat partem læsam. Si autem verba non significent
potestatem limitatam sub dicta conditione,
sed duntaxat injungant præceptum, aut monitionem de satisfacienda parte; tunc validè
quidem, sed illicitè impertiretur absolutio,
antequam pars læsa redintegretur, si hæc
redintegrari potuerit ante absolutionem. Si
demùm verba sint æquivoca, puta : concedimus facultatem absolvendi, satisfacta parte;
tunc videtur probabilior opinio Cajetani verbo absolutio, Sayri lib. 2. cap. 18. n. 10.,
Suarez disp. 4. sect. 5. n. 44. & aliorum,
hujusmodi verba facere sensum conditionatum, & limitantem facultatem concessam;
tùm quia hic sensus est conformior Juri; tùm
quia concedens credendus est, prudenti
dirigente, voluisse dicto modo concedere.

XI. Quando necessitas postulat, ut detur
absolutio ante satisfactionem partis, debet
absoluturus exigere à reo cautionem pigno-
ratitiam, vel fidejussoriam, vel, si aliud haberi nequeat, juramentum, de satisfacienda parte, quamprimùm poterit. Si autem, pœnitente satisfactionem offerente, pars læsa recuset
illam, tunc absolvendus est; quia non stat
per ipsum, quominùs satisfactio sequatur. Si
tandem dubitetur, àn pœnitens teneatur satisfacere partem; tunc distinguendum est,
nàm si hoc dubium subsistat etiam in foro
externo, juxta Navarrum cap. 26. num. 7.,
Suarez disp. 7. sect. 5. num. 4., & alios, potest in foro externo absolvi; si verò dubitatio contingat etiam in foro conscientiæ, tunc
si Confessario appareat, ipsum teneri, non
debet absolutionem dare, nisi satisfacta parte; quia tenetur agere juxta conscientiam rationabiliter formatam : si verò etiam ipse dubitet, poterit illum absolvere; cùm juxta regulam Juris : In dubio potiùs favendum est
reo, quàm actori. Vide laudatos Doctores.

* Quæres hìc, quem effectum pariant, &
quanta virtutis sint absolutiones generales à
censuris, quas nonnumquàm Subditis suis
impertiuntur Prælati Regulares?

Resp. has esse in multiplici differentia :
quippè aliæ sunt, quas Prælati Regulares
in fine visitationis, & in quibusdam anni solemnitatibus dant suis subditis Religiosis:

aliæ,

aliæ, quas Præsidentes electionum tribuunt ante electionem. Primæ cadunt super excommunicationibus, suspensionibus, & irregularitatibus, quas subditi fortè ignoranter contraxerunt, vel obliti sunt, ità ut si postea meminerint, & cognoscant, se aliquam censuram, vel pœnam reservatam incurrisse, non teneantur ampliùs pro absolutione ab illis censuris, vel pœnis recurrere ad Superiorem facultate præditum; sed satis sit quòd confiteantur communi Confessario peccata, ob quæ illis irretiti fuere; nàm peccata illa, ut supponitur, erant duntaxat reservationi obnoxia ratione censuræ, qua sublata, cessat reservatio peccati. Hæ tamen absolutiones non sunt *Sacramentales*, nec per eas quis absolvitur à culpa, cùm tunc non fiat confessio specifica peccatorum, sed sunt quædam absolutiones deprecativæ, per quas subditi absolvuntur *ab omnibus censuris, & à pœna debita pro peccatis, jam quoad culpam dimissis, adhuc in hac, vel altera vita exsolvenda.* Legatur P. Lucius Ferratis *V. Præl. Regul. num.* 67. qui *num. seq.* 68. enixè deprecatur, & seriò monet Prælatos omnes Regulares ad has generales absolutiones suis subditis impertiendas diebus omnibus, & Festivitatibus, quibus id eis est à Sede Apostolica per specialia privilegia concessum, ne tanto spirituali bono fraudentur.

Animadvertendum autem cum Passerino *de elect. canon. cap.* 16. *num.* 119. quò hujusmodi absolutiones, sicut & dispensationes ab irregularitatibus, cùm sint datæ causa non cognita, nec parte audita, nec serviant ad exemplum externum, & emendationem aliorum, dantur, ut valeant pro solo foro conscientiæ: & iis non obstantibus potest delictum absolutum deduci ad forum contentiosum, & de eo cognosci: & potest delinquens excommunicatus denuntiari, & debet iterum absolvi, cùm absolutio pro foro conscientiæ non valeat pro foro contentioso.

Absolutio verò, quæ datur à Præsidentibus electionum ante electionem capitularem, cadit super censuras, & irregularitates, quæ possunt esse impedimentum inhabilitatis alicujus ad electionum, seu ut eligere, & eligi possit. Talis autem absolutio non se extendit ad censuras, & irregularitates, ad quas non se extendit facultas absolventis. Quare, si quis Religiosus esset aliqua censura ligatus, à qua Præses Capituli non posset absolvere, tunc ipse non esset absolutus; & sic non

posset in dicta Capitulari electione eligi, aut eligere. Item talis absolutio non prodest absentibus; etsi namque absolutio ab excommunicatione dari possit etiam absentibus per litteras, ut communiter censent Doctores; hæc tamen ad præsentes duntaxat dirigitur. Insuper talis absolutio datur pro determinato tempore, seu pro tempore electionis *& ad effectum electionis faciendæ;* cùm detur ad cautelam, ne ex titulo censurarum possit postea electio, aliàs valida, impugnari. Quamobrèm, completa electione, seu transacto tempore electionis, capitulares, qui aliqua censura erant innodati, in eamdem reincidunt: undè, ut electus valeat deinde officium exercere, opus est, ut absolutionem petat à Sacra Pœnitentiaria. Quippè absolutio, quæ à Præside tribuitur, hunc duntaxat præstat effectum, quòd possit canonicè eligi; non autem quòd valeat officium, ad quod electus est, exercere. Imò ex vi talis absolutionis, ante electionem datæ, excommunicatus v. gr. nec poterat, nec potest divinis interesse, aut alia facere, excommunicatis interdicta.

Castellin. *cap.* 13. *num.* 19. putat, hujusmodi absolutionem non valere etiam pro determinato effectu, si censuræ v. gr. excommunicationis præcesserit aliquis rumor, vel instantia, vel juridica oppositio. Et de instantia quidem juridica, seu oppositione id est certum; siquidem, parte instante, & opponente nequit judex absque injustitia absolvere reum, contra quem opponitur censura, sed via Juris debet contra illum procedere, *sed quod sufficiat,* ait Passerinus loc. cit. num. 118. *rumor aliquis non juridicus, ad hoc ut censura ligatus non sit capax illius absolutionis, tunc cùm nullus instat, vel opponit, non video unde sit fundatum; cùm censura ex illo rumore non desinat esse occulta. Et quamvis esset publica, Prælatus pro foro conscientiæ posset absolvere, & ad effectum tollendi inhabilitatem excommunicati, aliis parte non opponente, nec instante.*

CA-

CAPUT II.

De Censuris in particulari ; & primo de excommunicatione.

§. I. *De notione , & divisione Excommunicationis : necnon de primo Excommunicationis majoris effectu , quoad suffragia Ecclesiæ communia.*

I. EXcommunicatio in genere est censura Ecclesiastica , qua homo baptizatus privatur respective bonis communibus Ecclesiæ , dependentibus à potestate, & dispensatione ejusdem. Dividitur in eam, quæ est ferendæ sententiæ , seu comminatoria , & in eam , quæ est latæ sententiæ, seu effectiva ; quod jam habes explicatum in cap. anteced. §. 1. num. 4. Dividitur præterea in majorem , & minorem ; major privat omnibus indicatis bonis communibus Ecclesiæ , quæ num. seq. indicabuntur ; minor privat duntaxat aliquibus bonis communibus Ecclesiæ , nempè , receptione , & administratione licita Sacramentorum , & electione passiva ad dignitates, & beneficia Ecclesiastica ; & contrahitur plerumquè ob pecatum veniale , nempè, culpabiliter communicando etiam in civilibus cum excommunicato vitando : de qua fusè disseretur suo loco : quinam autem sint vitandi , dicetur , dùm agemus de excommunicatione minori in §. 9.

II. Cum itaque excommunicatio major privet excommunicatum , 1. communibus Ecclesiæ suffragiis : 2. participatione tàm passiva , quàm activa Sacramentorum : 3. sepultura ecclesiastica , & sacris functionibus : 4. capacitate ad officia , beneficia , & dignitates : 5. jurisdictione ecclesiastica , voceque activa & passiva : 6. communicatione civili cum fidelibus : 7. etiam communicatione judiciali , & forensi : 8. impetratione gratiarum , & retentione obtentarum in eo statu ; idcirco quoad primam privationem , de qua disserimus in præsenti , observandum est , quòd Ecclesiæ suffragia communia dicuntur illa , quæ ab ecclesiasticis personis offeruntur tanquam ab Ecclesiæ ministris pro populo fideli ; & sunt sacrificia , horæ canonicæ , publicæ supplicationes , processiones , & alia his similia , quibus personæ ecclesiasticæ , Deum deprecantur nomine Ecclesiæ , ac in persona ejusdem. Suffragia autem privata sunt illa , quæ quilibet fidelis etiam ecclesiasticus offert Deo , non ut Ecclesiæ minister , neque Ecclesiæ nomine , sed pio privato suo instinctu : hujusmodi sunt preces privatæ , eleemosynæ , jejunia. &c. Hæc autem inter suffragia communia , & suffragia privata est differentia , quòd prima nedum habent valorem ex merito offerentis , sed præcipuè ex nomine Ecclesiæ, in cujus persona offeruntur ; secunda verò valorem , & efficaciam habent ex solo merito offerentis.

III. Excommunicatus itaque majori excommunicatione , primo privatur communibus modò explicatis Ecclesiæ bonis : ità ex capite : *A nobis* de sentent. excommunicationis ità ut , qui applicaret dicta Ecclesiæ bona , & suffragia excommunicato, peccaret mortaliter : imò , juxta plures, incurreret etiam excommunicationem minorem ; quia communicaret cum illo communicatione vetita : excipiunt aliqui solum diem Parasceves , in quo etiam Ecclesia solet pro illis supplicare : & hæc verificantur etiam de excommunicatis toleratis , & non vitandis , ut docet communior contra Navarrum , & quosdam alios ; eò quòd, nisi hoc esset verum , tolleretur proprior effectus majoris excommunicationis , qui in tali privatione consistit ? tùm etiam , quia à Concilio Constantiensi , in quo fidit Navarrus , nil circa hoc discretum fuit inter vitandos & non vitandos , quibus duntaxat concessit commercium civile.

IV. Sacerdos , agens ut minister Ecclesiæ , graviter peccaret , applicando Sacrificium Missæ pro excommunicato : non autem , si ut persona privata oret in *Memento* mentaliter pro resipiscentia excommunicati , ut docet Sotus in 4. dist. 22. quæst. 1. art. 1. & cum eo plures alii; quia id non vetatur ab Ecclesia , cum sit actus charitatis fraternæ , dùm tantùm vetat applicationem bonorum communium.

* Vide , quæ ad rem hanc tradidimus suprà *in Append. ad* §. *10. cap. 3. tract. 14.*

§. II. *De secundo excommunicationis effectu, quoad participationem Sacramentorum.*

I. Excommunicatus, invincibiliter ignorans, vel oblitus suam censuram, juxta communiorem & probabiliorem, & validè, & fructuosè suscipit Sacramenta: validè quidèm ; quia jam pro valore adsunt, ut supponitur, requisita respectivè: fructuosè etiam ; quia non ponit obicem gratiæ, eò quòd invincibiliter illum ignoret : & idem dicas, posito quòd invincibiliter ignoret, se non posse absolvi à peccatis, quin priùs absolvatur à censura, ob eamdem rationem. Secùs dicendum, si de hoc dubitasset ; nàm tunc tenebatur sciscitari à sapientibus ; & multò magis, si id scienter agere præsumeret : in utroque enim casu sacrilegium perpetraret, nullam tamen censuram incurreret : excipe Sacramentum Ordinis, quod si dicta dubia, aut mala fide suscipiat, incurrit suspensionem ; & si Ordinem exerceat, etiam irregularitatem. Si autem suscipiat quodvis Sacramentum metu prudenti gravissimi incommodi declinandi, excusaretur juxta dicta in cap. præced. §. 7. n. 7.

II. Sacerdos, ministrans Sacramenta excommunicato non vitando, graviter peccat ; quia præbet Sacramenta illi, quem scit, esse indignum, Ecclesiæ judicio : non tamen ullam censuram incurrit, cùm in nullo Jure inveniatur. Si verò ministret vitando, præter culpam gravem, incurrit excommunicationem minorem ; ob communicationem cum eodem ; item interdictum ab ingressu Ecclesiæ, ex capite : *Episcoporum* de privilegiis in 6. item aliquando incurrit prætereà excommunicationem majorem, Papæ reservatam ex capite : *Significasti* de sentent. excomm. quæ est contra Clericos participantes in divinis officiis, & à fortiori in Sacramentis cum vitando. Ut autem hæc excommunicatio incurratur, quinque exiguntur conditiones : 1. ut sit persona Clericalis : 2. ut sciat, illum esse excommunicatum à Pontifice : 3. ut participet sponte, & sine metu : 4. ut participet cum nominatim denuntiato : 5. ut recipiat talem excommunicatum, admittendo illum ad officia divina ; quem si non admittat, sed duntaxat intersit cum illo divinis officiis, ut facerent alii de populo, non incurrit hanc censuram. Videantur

Navarrus cap. 17. n. 93. & Suarez disp. 10. sect. 2. n. 9.

III. Sacramenta, administrata ab excommunicato vitando, quæ profluunt à potestate Ordinis, sunt valida, si adsint materia, forma, & intentio, ut supponitur ; quia, cùm non possit privari charactere Ordinis, ità neque valore actuum ab eodem profluentium : quæ verò profluunt à potestate jurisdictionis, sunt invalida; cùm privetur omni jurisdictione : proinde Sacramentum Pœnitentiæ, ab ipso administratum, est invalidum, etiamsi illius censura à pœnitente ignoretur invincibiliter ; qui, cùm id noverit, tenebitur confessiones illas repetere. Excipe casum, si confessio fieret in loco, in quo ignorabatur ipsum esse excommunicatum, & in quo communi errore, & cum titulo colorato habebatur, ut legitimus minister ; quia tunc dicunt Vazquez de excomm. dub. 4. & Suarez disp. 11. sect. 2. num. 14. & Altierius lib. 1. disp. 8. circa finem, & alii multi, esse validum ; quia in talibus circunstantiis Ecclesia supplet jurisdictionem: ipse tamen excommunicatus vitandus administrando incurrit irregularitatem, ex capite : *Si quis Episcopus* 11. quæst. 1. & ex cap. *Is, cui* de sent. excomm.

Excipe etiam casum extremæ necessitatis, nempè, articuli mortis, in quo insuper validè absolvit excommunicatus vitandus, juxta ea quæ adjecimus *tract. 14. cap. 4. §. 13. num. 1.* Vide & quæ addita sunt *tract. 13. cap. 2. §. 3. post num. 4.*

IV. Sacramenta, administrata à non vitando, sed tolerato, sunt valida ; ut colligitur ex dictis: proinde Sacramentum v. g. pœnitentiæ, administratum ignoranti illius censuram, est validum, & cum effectu: si autem recipiat à sciente illius censuram, & absque ulla necessitate, probabilius est, pœnitentem illum graviter peccare ; quia aut cooperatur illicitæ administrationi, si fuerit paratus ministrare ; aut inducit ad illicitè ministrandum, si non erat paratus: ità cum Navarro cap. 9. num. 10. disp. 11. sect. 4. plures alii : quis enim divinare potest, à censura absolutus fuerit ? cùm alioquin alius idoneus adiri potest.

* *Relege, quæ supra tract. 13. cap. 2. §. 3. post. n. 4. exposita sunt.*

§. III.

§. III. *De tertio excommunicationis effectu,*
quoad privationem sacrarum functionum
& sepultura Ecclesiastica.

I. QUicumque excommunicatus majori
excommunicatione privatur facul-
tàte audiendi Missam , graviterque peccat, si illam audiat; nisi fortè ad illam audiendam aliqua necessitate compellatur ; puta, vitandi scandali &c. & etiam , juxta Suarez disp. 12. sect. 1. num. 3. Missæ inserviendi, si hæc nequeat sine scandalo omitti ; &
non alius adsit, qui inservire possit. Audiens
autem sine necessitate, nullam censuram incurrit , neque si compellat coram se celebrari, dummodò sit persona laica ; nàm, si sit
Sacerdos excommunicatus , & jubeat coram
se celebrari, vel alia divina officia persolvi,
incurrit irregularitatem, ex cap.: *Tanta* de excessibus Prælatorum, & ex cap.: *Illud* de Clerico excommunicato ministrante. Si demùm,
dùm celebrat Sacrum , interveniat excommunicatus vitandus , qui admonitus à celebrante ut exeat , nolit discedere : novam incurrit excommunicationem reservatam Pontifici ; ità ex cap. : *Eos* de sent. excomm.

* Eamdem excommunicationem incurrunt
quicumque prohibent , ne excommunicatus
nominatim denuntiatus exeat. Videatur P.
Antoine *tract. de Censuris cap. 2. respons.*
2. ad q. 3. num. 5.

II. Excommunicatus autem, qui non procurat, quamprimùm potest , absolutionem à
censura, est reus in causa omissionis Missarum
non auditarum, ut docet probabilior ; alioquin reportaret solutionem à debito præcepti
ex iniquitate sua : tenetur ergo tollere impedimentum, quod illum non dispensat , sed impedit ab implendo præcepto. Si enim, etiam
juxta adversarios , est reus annuæ confessionis, & paschalis communionis omissæ ob dilationem absolutionis à censura sine motivo,
cur non erit reus etiam Missarum non auditarum , saltem post aliquod tempus ab incursa censura, puta, post hebdomadam ?

III. Audientes Missam scienter cum vitando, peccant mortaliter juxta communem
Doctorum; quia in divinis participant cum
eodem , & incurrunt excommunicationem
minorem. Qui autem coram eo celebrat;
præter lethale peccatum, incurrit etiam interdictum ab ingressu Ecclesiæ excap.: *Epis-*
copum de privil. in 6. Et si celebret , vel
actum Ordinis exerceat , dum est interdictus,
incurrit irregularitatem, Suarez disp. 12. sect.

2. Altierius lib. 1. disp. 13. cap. 2. & alii.

IV. Si ad celebrationem , vel ad divina
officia interveniat vitandus, debet statim moneri, ut discedat: si nolit, potest etiam compelli, quamvis esset Clericus : si autem neque compulsus discedat, cessandum est à divinis officiis , & à celebratione , si nondum
facta fuerit consecratio ; quæ si fuerit facta,
potest Sacerdos prosequi usquè ad sumptionem inclusivè, & statim ab altari discedere,
se recipiendo in alium locum, ut cætera compleat : alii verò, adstantes illi Missæ , debent
inde exire , in quocumque statu fuerit Missa:
ità communis ferè quoad singula capita. Si autem vitandus Ecclesiam ingrederetur non ad
audiendam Missam, sed duntaxat ad transeun-
dum, vel ad se recipiendum in locum securum
à persequentibus illum, vel ad Ecclesiam cu-
riosè conspiciendam , vel etiam ad orandum
seorsim in aliqua capella, dicit Suarez disp.
12. sect. 2. num. 16. cum aliis, neque Sacerdotem, neque adstantes teneri discedere; quia
reapsè in his casibus illi non communicant in
divinis : & similiter dicendum , si feratur eo
tempore cadaver vitandi in Ecclesiam, dummodò neque Sacerdos , neque adstantes intendant ullo modo cum illo communicare:
ità Bonacina de excomm. disp. 2. q. 2. n. 14.
& alii cum ipso.

V. Quæ hactenùs diximus contra vitandum, non sunt applicanda tolerato , seu non
vitando ; peccat tamen ipse mortaliter assistendo divinis officiis; quia privatur hoc jure cap. 15. de sent. excomm. Nomine autem
divinorum officiorum, præter Missæ auditio-
nem, intelliguntur horæ canonicæ, orationes
publicæ, processiones , benedictiones solemnes, cantus solemnis Epistolæ, aut Evangelii, aliaque hujusmodi, quæ ex Ecclesiæ instituto publicè , aut solemniter celebrantur.
Tenetur tamen excommunicatus persolvere
horas solus , & sine socio , si ad eas teneatur, ex capite: *Excommunicatus* 11. quæst.
2. neque dicat: *Dominus vobiscum,* sed *Do-*
mine exaudi orationem &c. Neque potest se
tergere aqua lustrali, quæ , cum sit quoddam
sacramentale, habet valorem ex meritis Ecclesiæ ; quibus omnibus privatur excommunicatus : ità Navarrus cap. 27. num. 17.
post quem Suarez & alii. Possunt tandem
excommunicati tàm vitandi , quàm tolerati,
interesse concioni ; tùm quia concio non
veniat sub nomine officiorum divinorum; tùm
quia concio est opus tendens ad illorum emendationem ; ità Navarrus loc. cit. num. 36.
& communiter.

* Ut ·

* Utiquè, ut adnotant Doctores communiter, quando excommunicatus horas canonicas recitat, debet omittere salutationem,
Dominus vobiscum, & loco illius dicere,
Domine exaudi orationem meam ; adeo ut,
si sit Sacerdos, aut Diaconus, dicendo *Dominus vobiscum*, irregularis fiat, ut advertit Navarrus cum communi sententia *lib.
de Orat. cap. 7. n. 16.* quia juxta usum Ecclesiæ ille versiculus à solis Sacerdotibus, vel
Diaconis dici potest, & per se fert personam
publicam. Hoc, subdit Suarez *disp. 12. sect.
2. n. 13.* limitandum est, nisi intercedat excusatio à culpa : hæc enim irregularitas, quæ
est pœna, non incurritur nisi propter culpam, ut ratio pœnæ postulat: & significatur
in *cap. penult. de sentent. excomm.* Et quoniam illa pœna gravis est, censeo non incurri sine culpa mortali. In hoc ergo potest facile excusari culpa mortalis ex inadvertentia
cum levi negligentia: item, si fiat ex quadam
verecundia sine contemptu, licèt fiat adver-
tendo, ex levitate materiæ potest esse venialis culpa; quia est actio valdè privata, & nihil ferè offendens Ecclesiam. In his ergo casibus non incurretur irregularitas. Legatur
Bonacina *de Excomm. disp. 2. q. 2. punct.
13. §. 1. n. 6.* qui cum aliis absolutè non
admittit, excommunicatum in tali casu incurrere irregularitatem; nàm, *inquit*, parvitas materiæ, sicut excusat à mortali, ità videtur excusare ab irregularitate, quæ imposita est ob peccatum mortale.

Quando res sacra non habet alium usum
nisi ad lucrandam indulgentiam, vel Ecclesiæ deprecationem sibi applicandam, tunc
non posse excommunicatum licitè uti hujusmodi re, sentiunt aliqui, relati à Suarezio
loc. cit. sect. 5. in Corollario; quia se immis-
cet ecclesiasticæ communioni, & vult esse
particeps suffragiorum Ecclesiæ, quibus est
privatus, cùm in ea re nullus alius usus
inveniatur. Hujusmodi videtur esse usus aquæ
benedictæ ; nam in eo nulla alia religio, aut
cultus fingi potest. Quod quidem verum
censeo, *subdit*, Suarez, si actum illum sub
hac propria ratione, & intentione conside-
remus. Verumtamen hoc etiam pendere potest ex personali intentione operantis, qui,
supposito usu illius aquæ, potest illa uti tamquam memoriali quodam, quo ad actum pœnitentiæ excitetur ; & quia illam jam appre-
hendit ut rem quamdam sacram, potest in
quemdam Dei cultum se illa aspergere. Et
ad hunc modum nulla erit res sacra, quæ non
possit habere aliquem studiosum usum quasi

personalem, ut si dicam, qui excommunicato licitus sit ; quamvis principalis usus ejus,
propter quem plenariò est instituta, sit alius
pendens ex participatione communium bonorum spiritualium Ecclesiæ, quibus excommunicatus privatus est.

VI. Excommunicatus, obiens ante absolutionem à censura, quamvis contritus, privatur Ecclesiastica sepultura in loco, ad cadavera fidelium recondenda destinato, & benedicto, puta, in Ecclesia, Cœmeterio, vel
alio consimili : quòd si esset vitandus, graviter peccaret illum sepeliens : si toleratus,
non peccaret graviter ; quia grave præceptum Concilii Constantiensis loquitur de vitando. Per sepulturam vitandi polluitur Ecclesia, à qua sunt & ossa, si cognosci possint,
ejicienda: ex capite: *Sacris* de Sepulturis. Sepeliens autem scienter vitandum in loco sacro, præter peccatum mortale, ut dixi, incurrit etiam excommunicationem, à qua non
potest absolvi, nisi antea satisfecerit ad arbitrium Episcopi: ità ex Clement. 1. de sepulturis. An autem, ut censuram incurrat, requiratur quòd propriis manibus sepeliat? Cajetanus verbo *excomm.* capite 46. Navarrus
cap. 27. n. 137. & alii plures affirmant. Suarez loc. cit. sect. 5. Altierius lib. 1. disp. 14.
cap. 3. & alii negant ; sed sufficere dicunt,
quòd mandaverit : videtur hæc probabilior;
qui enim per alium facit, per seipsum facere videtur.

§. IV. *De quarto effectu excommunicationis respectu beneficiorum, & fructuum inde perceptorum.*

I. PRæsentatio, resignatio, electio, permutatio, & quæcumque alia provi-
sio, etiam solius pensionis clericalis, facta
pro excommunicato, quamvis tolerato, est
nulla ; ità ex pluribus canonibus, & præcipuè ex cap. : *Postulastis* cap. 7. de Clericis
excomm. proinde non potest percipere, neque retinere fructus beneficii. Et hoc verum
est, quamvis ignoret invincibiliter suam excommunicationem, ut tenet communior, &
probabilior contra Navarrum, & alios nonnullos ; quia, tametsi non peccet ab invincibilem ignorantiam, invalidè tamen recipit ob defectum requisitæ dispositionis, &
habilitatis, quæ est immunitas à censura;
neque aliter intendit Pontifex, ut beneficia
conferantur. Videri potest Suarez t. 5. disp.
13. sect. 1. Si verò sit innocens, non privatur beneficio, cùm Ecclesia nolit innocentem

pu-

punire: quòd si in foro probetur legaliter reus, debet se gerere ut talem , quousquè per appellationem innocentiam suam innotescere faciat. Si demùm ignorantia invencibili accepit beneficium , & triennio bona fide illud possederit, Navarrus, Garcia, & alii, à Bonacina citati disp. 2. q. 2. punct. 6, n. 2. affirmant , posse illud retinere ; cùm à Jure soli simoniaci, & intrusi priventur juvamine triennalis possessionis: igitur non comprehenduntur excommunicati : contrarium tamen docent Rebuffus, Altierius, & alii, citati à Bonacina ibidem.

II. Sed àn illa, quæ hactenùs diximus de præsentatione , resignatione , electione , & permutatione , debeant verificari etiam de acceptatione , discrepant Doctores : Suarez disp. 13. sect. 1. n. 17. & disp. 15. sect. 2. n. 15. cum nonnullis docet , quòd , quamvis non fuerit excommunicatus quando fuit electus &c. si sit excommunicatus, cum acceptat, totum sit irritum. E contrà Sayrus lib. 2. cap. 5. n. 11. & alii apud Bonacinam loc. cit. punct. 3. n. 9. sustinent, validam esse acceptationem, idque confirmant præcipuè ex decisione Rotæ , quam citat Covarruvias in cap.: Alma mater 1. part. §. 7. n. 4. notabil. 11. eo quia Jura, quæ annullant electionem, collationem &c. factas excommunicato, nil loquantur de acceptatione ; & multò minus de apprehensione beneficii: secùs autem dicendum, si , dùm fuit præsentatus, electus &c. erat excommunicatus , & absolutus solùm quando acceptat ; quia juxta axioma legale, quod ab initio fuit invalidum, tractu temporis non convalescit: rationem addunt; eò quòd beneficium retineri nequeat sine titulo ; titulus autem præsentationis, electionis &c. fuit invalidus , quia excommunicato , & inhabili collatus : igitur invalidè acceptatur.

III. Quid igitur agendum illi , qui fuit præsentatus, electus &c. dùm erat excommunicatus? debet petere absolutionem : & iterum præsentari, eligi &c. ità ut Beneficium, pensio &c. ipsi denuò conferatur ab habente facultatem circa illud. Opportune autem monet Bonacina loc. cit. n. 12. excommunicatum , qui cum tali vinculo obtinuit beneficium, cujus collatio tunc pertinebat ad Episcopum , non posse obtinere dispensationem retinendi beneficium ab Episcopo , si perseveraverit in excommunicatione usquè ad mensem illum , in quo collatio beneficii pertinet ad Pontificem ; eò quod procurare debet, ut ab eo sibi conferatur beneficium , ad quem tunc spectat hujusmodi collatio : usu

tamen receptum est, ut collatio in foro conscientiæ obtineatur à Sacra Pœnitentiaria, dummodò delictum si occultum.

IV. Sed adhuc interrogabis: quomodò intereà se gerere debet excommunicatus occultus, cui conferendum est subito beneficium? numquid tenebitur se prodere excommunicatum? Respondent Suarez disp. 13. sect. 1. n. 11. & alii apud ipsum , quòd potest se alio honesto titulo excusare , si possit : quod si non possit , & alioquin ex manifestatione suæ censuræ immineat scandalum , aut infamia , non teneatur se manifestare , & possit acceptare beneficium , petendo quàm primum absolutionem , & revelando Superiori motivum removendi scandalum , aut infamiam, quæ ut declinaret, compulsus fuit acceptare ; nàm lex humana cum onere adeo gravi non obligat: si autem ex sui manifestatione hæc mala non immineant, se manifestet. Ex dictis apparet, quomodò præsentatus, electus &c. dùm erat excommunicatus, nequeat retinere fructus beneficii, quod suum non est.

V. Beneficiarius, qui post obtentum beneficium incidit in excommunicationem, privatur fructibus beneficii , correspondentibus tempori, quo in censura permansit; ità communis: àn verò privetur ipso facto , àn post sententiam judicis? probabilius videtur, quòd ipso facto: nàm Canon in cap. 53. de apellationibus , dicit : Quod illi excommunicato proventus Ecclesiastici merito subtrahuntur , cui Ecclesiæ communio denegatur. Quandoquidèm ly subtrahuntur significat factum ex vi censuræ , & non mandatum de imponenda illa pœna ; tùm etiam , quia hæc privatio fructuum beneficii æquiparatur in canone privationi communionis Ecclesiæ; quæ procul dubio incurritur ipso facto. Hanc tenent plures graves Auctores Covarruvias lib. 3. variarum c. 13. n. 8. Suarez dist. 13. sect. 2. n. 4. Sayrus lib. 2. c. 5. n. 15. Henriquez lib. 13. n. 4. Ugolinus tabula 2. c. 12. Moneta de distrib. part. 2. q. 13. n. 22. Altierius lib. 2. disp. 6. c. 8 Reginaldus lib. 32. n. 56. & alii, contra Bonacinam , & alios, ab ipso relatos loc. cit. punct. 4. §. 2. n. 2.

§. V. De quinto excommunicationis effectu, privandi actibus jurisdictionis.

I. GEsta ab excommunicato vitando , & agente ex officio, & usu suæ jurisdictionis, sunt invalida ; quia ex pluribus canonibus privatur sua jurisdictione. Excipitur casus , in quo Pontifex eligatur à Cardinalibus
bus

bus excommunicatis : ex Clementina: *Ne Ro-*
mani de elect. in 6. Consultò dixi: suæ jurisdictionis , quæ sit propriè talis ; quia actus,
qui non sunt jurisdictionis propriè talis, validi sunt : ita validè assisteret matrimonio Parochus vitandus ; quia ille non est actus jurisdictionis, sed meri testis ; ut dictum fuit tract.
14. c. 7. §. 8. n. 5. peccarent tamen mortaliter ipse, & contrahentes, eum adhibentes, &
incurrerent excommunicationem minorem.

* Vide adjecta superiùs , nempè , *tract.*
14. cap. 7. §. 8. post num. 5.

II. Actus jurisdictionis excommunicati
non vitandi sunt validi; quia, cùm Ecclesia illum toleret , nec vetet cum illo communicare in rebus sacris , infertur , quòd illum
non expoliet sua jurisdictione : illicitè tamen mortaliter agit , ut patet. Cùm autem
communicare cum illo concedatur, non in
sui favorem, sed aliorum , ut constat ex
extravaganti: *Ad evitanda;* propterea potest
dari exceptio contra actus jurisdictionis ab
eo elicitos, si quis nolit secum communicare : unde , si excommunicatus velit concurrere ad suffragium dandum in aliqua
electione, potest repelli ab aliis ; sicuti etiam
Episcopus , vel alius Superior ad quem
spectat confirmatio electionis, potest illam
rejicere, si excommunicatus interfuerit , ac
si facta non fuisset : ex capite *de excep-*
tionibus in 6.

III. Hinc infertur , sententiam , latam à
tolerato, validam esse ; donec contra ipsam
excipiatur : sicuti etiam Sacramentum Pœnitentiæ ab eo administratum validum esse;
& similiter validas esse leges ab eo latas,
dispensationes in votis , concessiones indulgentiarum , censuras latas , collationes beneficiorum , præsentationes &c. Item facultas
administrandi Sacramenta, aliis concessa ab
Episcopo excommunicato tolerato, antequam
fieret vitandus, perseverat in illis; quia, sicut
dicta facultas non expirat per mortem concedentis, ità neque per lapsum in excommunicationem non vitandum , ità Sayrus lib. 1.
cap. 11. n. 11. Sotus dist. 18. quæst. 4. art.
3. Avila 2. part. c. 6. disp. 6. dub. 4. & alii.
Vicarius Generalis Episcopi , qui acceperat
jurisdictionem , illam amittit statim ac Episcopus evadit excommunicatus vitandus ; eò
quòd sit unum & idem Tribunal , neque
detur appellatio à Vicario ad Episcopum:
unde , etiamsi causa aliqua inchoata jam esset , res manet infecta , nec Vicarius prosequi illam potest; ex capite: *Romana* de offic. Vicar. in 6. Non autem res maneret in-

fecta , si causa jam esset inchoata apud Vicarium foraneum ; quia non est idem Tribunal cum Episcopo ; sed datur appellatio
ab illo ad istum.

§. VI. *De sexto excommunicationis effectu,*
privandi communicatione civili.

I. EXcommunicatus toleratus spontè se
ingerens ad tractandum civiliter cum
aliis fidelibus, plerumque peccat tantùm venialiter; quia in re levi deobedit Ecclesiæ ju-
benti, ne communicet, in capite: *Nuper* , &
in c. *Si aliquando* de sent. excom. ità communis: quando autem à fidelibus invitatur, nullo modo peccat; ità plures, & quidem probabiliùs, contra Sylvestrum, Cajetanum, & quosdam alios. Ratio est; quia, cùm ex privilegio
Concilii Constantiensis permissum sit fidelibus conversari cum toleratis, in extravagantis
Ad evitanda; si ipse peccaret venialiter con-
versando invitatus, illi cooperarentur peccato
veniali ipsius, quod absque veniali fieri non
potest : inde privilegium hoc esset perniciosum ; quod asserere nefas judicamus.

II. Communicare in civilibus cum vitando, plerumquè est peccatum veniale, ut docent Cajetanus verbo *excomm.* in fine, Suarez disp. 15. sect. 5. & alii; quia talis communicandi modus censetur levis transgressio : cui tamen est semper adnexa excommunicatio minor. Si tamen hæc communicatio esset frequens , aut cum animo perse-
verandi , videtur probabilius cum Suarez
loc. cit. , esse peccatum lethale, contra alios
dicentes esse veniale, dempto contemptu legis. Ratio nostra est ; quia prohibitio Ecclesiæ abstinendi à tali commercio est de se gravis , ut patet ex capite: *Sacris* de his, quæ
vi, & ex cap.: *Severè* de sent. excomm. proinde evadere non potest levis , nisi ex parvita-
te materiæ , quæ verificari non potest in casu dictæ frequentiæ.

III. Qui communicat cum excommunicato in crimine criminoso, incurrit excommunicationem majorem , à qua nequit absolvi,
nisi ab illo, à quo potest absolvi principalis:
ut autem participans, hanc excommunicationem incurrat, requiritur primò , quòd
principalis jam excommunicationem contraxerit ; secundò , quòd participet in crimine
illo, propter quod excommunicatus fuit; tertiò , ut noverit , ipsum fuisse excommunicatum ob tale crimen; quartò, quòd sit vitandus;
quintò , quòd participet per actionem , quæ
sit notabilis cooperatio : ità communior.

Aaa 2   Quin-

IV. Quinque actionum genera sunt fidelibus vetita, ne in illis cum excommunicatis vitandis communicent, hoc exametro comprehensa, *Os, Orare, Vale, Communio, Mensa negatur.* Nomine *Oris* significatur quæcumque communicatio per locutionem, per epistolas, per nutus, & signa, per nuntios, per amplexus, oscula, munera danda, & recipienda, aliave amicitiæ signa. *Orare* significat communicationem in orando simul, circa quod aliqua diximus in §. 1. num. 2. 3. & 4. *Vale* significat salutationem, & resalutationem, & quamvis etiam pileus duntaxat elevetur, ut docet probabilior: dicere autem illi salutanti: Deus te illuminet, vel quidpiam simile, non censetur illicitum; quia id non est resalutare, sed bene precari apud Deum. *Communio* significat communicationem civilem in contractibus, quamvis valide ineantur; cohabitationem vel in exercitio corporali, vel cubando in eodem lecto, non autem in diverso lecto, si in diversorio forte non sit aliud cubiculum, dummodo non fiat ad modum societatis. *Mensa* significat simul discumbere in eadem mensa, vel refectorio: quod si in diversorio, quo plures itinerantes conveniunt, non adsit alia mensa, quàm una, ad quam sedeat etiam vitandus, tunc non tenentur accumbentes surgere, & discedere, dummodo non comedant secum in eadem patina neque sociali modo.

V. Quinque sunt causæ excusantes ab observandis his vetitis, hoc hexametro comprehensæ; *Utile, Lex, Humile, Rex ignorata, Necesse. Utile* denotat utilitatem spiritualem tàm vitandi, quàm communicantis cum illo ex c. 43. *de sent. excomm.* & etiam utilitatem temporalem notabilem communicantis, puta, petere subsidium, solutionem debiti activam, vel remissionem passivam; consilium omnino necessarium, quod solus vitandus dare possit; neutiquam tamen novum contractum inire, ex cap. 34. ibidem. Hinc licite vitandus excitatur ad pœnitendum: consulitur, si medicus sit, nec alius adsit: licite ab eo recipitur legatum, juxta aliquos Doctores: licite etiam ipse petere potest ab aliis solutionem sui crediti.

VI. Nomine *Legis* denotatur lex matrimonii: proinde conjugi licet ab altero, qui sit excommunicatus vitandus, petere, eique reddere debitum; ità probabilior cum Altierio lib. 1. disp. 15. cap. 2. licet inter se invicem colloquia habere, obsequia præstare ad familiæ regimen, sicut anteà faciebant: ex capite: *Quoniam multos 11. q. 13.* & ex capite: *Inter alia*; in quibus absolute conceditur uxori facultas communicandi cum viro excommunicato: & similiter dicendum de viro respectu uxoris, juxta Navarrum cap. 27. num. 26. Suarez disp. 15. sect. 4. n. 14. & alios graves, contra Sylvestrum, & alios; nàm in correlativis, dispositum pro uno, censetur dispositum etiam pro altero. Non tamen ità est dicendum de conjugibus futuris, seu sponsis, ob disparem manifestam rationem. Excipiuntur aliqui cassus, in quibus illicita est communicatio inter conjuges: primus, ne communicent in crimine, propter quod lata fuit excommunicatio; quia etiam incurreret excommunicationem eamdem ille, qui communicat: secundus, ne communicet in divinis, in quibus conjux non est alteri subjectus: tertius in casu divortii quoad habitationem; quia tunc cessat ratio concessionis.

VII. *Humile* significat officium subditorum, & famulorum, qui jam inserviebant hero antequam esset vitandus: ex capite: *Quoniam multos 11.* quæst. 1. cui communicare possunt communicatione usuali, domestica, & ordinaria: & proptereà Religiosi suo Superiori, & Magistro, Milites suo Duci, filii, etiam adoptivi, suo patri communicare possunt: item privilegio filiorum gaudent etiam alii affines, qui loco filiorum habentur, ut gener, nurus, privignus, privigna; sicuti patris nomine veniunt etiam avus, avia, abavus, abavia, noverca, vitricus, socer, socrus. Item agricolæ possunt communicare in his, quæ ad agriculturam spectant. Non potest autem communicare cum vitando filius emancipatus, nisi in his, quæ sunt filii, quoad reverentiam, obedientiam, & amorem. Famuli, qui anteà non serviebant, nequeunt famulatum vitandi suscipere, juxta probabiliorem Suarez loc. cit. sect. 6. n. 13. Altierii lib. 5. disp. 15. c. 3. & aliorum. Item neque frater cum alio fratre, neque famulus cum alio famulo, per se loquendo; quia in privilegio non exprimuntur: per accidens tamen ratione subjectionis patri, aut hero, possunt; ità Suarez n. 23. & alii secum. Item pupillus tutori, qui non sit commensalis, potest communicare in iis duntaxat, quæ spectant ad tutelam; si verò sit commensalis, in cæteris ordinariis, & usualibus. Et hactenus dicta intelliguntur etiam de personis correlativis. Tandem vassalli non possunt communicare suo Principi vitando; ità ex capite: *Nos Sanctorum 5.* q. 6. tenentur tamen ipsi tributa dare.

Res

VIII. *Res ignorata* significat ignorantiam invincibilem, & inadvertentiam, quæ excusant à peccato, & ad incurrendam minorem excommunicationem. Qui autem dubitat, àn aliquis sit vitandus; si sciat, esse excommunicatum, potest abstinere; quia à quolibet excommunicato possumus: plures tamen dicunt, quòd non teneatur, nisi in casu, quo communicare esset scandalum, vel periculum actus invalidi.

IX. *Necesse* significat necessitatem tàm spiritualem, quàm temporalem, pertinentem ad victum, vestitum, habitationem, neque tantùm extremam, sed etiam talem, propter quam ex consiliò teneremur succurrere indigenti: ità ex laudato capite: *Quoniam multos* 11. quæst. 3.: & id verificatur, nedum respectu aliorum erga vitandum, sed etiam respectu istius erga alios; ut docet Suarez cum aliis; quia non est credendum, Ecclesiam velle obligare contra divina consilia, & Jura naturalia. Potes itaque vitando dare elecmosynam, qua eget; equum commodare sibi necessarium; tractare secum ad pacem ineundam cum inimicis, vel ad evitandum grave malum imminens: neque teneris rescindere cum tuo gravi damno contractum societatis cum illo initum ante censuram: potes item illum consulere, si advocatus sit, tibique necessarius; illum vocare ad tibi medendum, si medicus, & alius non adsit &c.

§. VII. *De septimo effectu, privandi actionibus forensibus.*

I. OMnis judex, sive Ecclesiasticus, sive Secularis, privatur usu jurisdictionis, quousquè vitandus perseveret: ita ex cap.: *Ait apertè*, & ex capit.: *Decernimus* de sent. excomm. in 6. quia non est conveniens, quòd expulsus publicè ab Ecclesia, judicet membra Ecclesiæ: & idcircò invalidè judicat, etiamsi duntaxat sit judex arbiter in forma judicii, juxta legem 1. ff. *de arbitris*; non autem, si sit arbiter ex partium consensu electus tanquam vir prudens, & peritus, tamen sine jurisdictione. Peccabit ergo mortaliter vitandus sententiam judicialiter proferens; quia deobedit Ecclesiæ in re gravi, (quod peccatum incurrit, juxta probabiliorem, etiam toleratus, quamvis istius judicium sit validum) & profert judicium nullum. Vide Altierium lib. 2. disp. 2. cap. 1. Hinc invalidè confertur excommunicato dignitas, quamvis secularis, afferens jurisdictionem, juxta probabiliorem Sayri lib.

1. cap. 5. num. 36. & aliorum, à Bonacinâ citatorum disp. 2. quæst. 2. punct. 7. n. 4. Valebit autem, si sit dignitas nullam conferens jurisdictionem.

II. Excommunicatus toleratus privatur jure agendi judicialiter in causis etiam civilibus: ex capite: *Decernimus* de sent. excomm. sive agat per se, sive per alterum: Excipitur casus necessitatis. Potest autem seipsum defendere, ut nemo ambigit, ex cap.: *Intelleximus* de judiciis; quia semetipsum defendere est juris naturæ, agendo etiam per se ipsum sine procuratore; itaque potest appellare, convenire, & in Jus vocàre alterum, excipere contra actorem, & alios actus facere, ex laudato capite: *Decernimus*. Si excommunicatus vitandus personam actoris faciat, validè agit, si non fuerit à Tribunali repulsus; quia, quamvis Jura prohibeant ipsum agere, non tamen irrita declarant illius acta, ex c. 1. de exceptionibus in 6. ita Suarez d. 16. sect. 3. Altierius lib. 2. d. 3. cap. 1. & alii. An autem agendo peccet lethaliter? respondent iidem loc. cit. quòd, si semèl, aut iterùm agat, non peccet graviter ob parvitatem materiæ; secùs verò, si sæpiùs.

III. Vitandus, quamvis illicitè graviter obeat munera advocati, procuratoris, tutoris, & similium, valida nihilominùs sunt acta per ipsum; quia nullo Jure irrita redduntur, & docent laudati Scriptores: ac proinde retinere potest, quæ accipit in pretium suarum operarum. Toleratus licitè potest ferre testimonium: ex capite: *Testimonium* de testibus; & ex capitibus: *Veniens*, & *Decernimus* de sent. excomm. dummodò tamen non se ingerat, sed vocetur. Illicitè testimonium fertur à vitando: validè tamen; quia est actio favens alteri, & non sibi; tum quia nullo Jure declaratur irritum: ità cit. Doctores.

§. VIII. *De ultimo effectu, nullitatis gratiarum impetratarum.*

I. QUivis majori excommunicatione innodatus non sortitur effectum gratiarum Apostolicarum, pro se obtentarum sive per se, sive per procuratorem, & sunt irritæ: ex cap. 1. de rescriptis in 6. Circa hoc punctum plura videri poteris apud Suarez disp. 17. sect. 1. Altierium lib. 2. disp. 7. & 9. Bonacinam disp. 2. quæst. 2. puncto ultimo.

✠ Legatur celebre opus S. P. Benedicti XIV. *De Synod. Diœces.* edit. Ferrar. *an-*

ann. 1760. lib. 10. in quo plura sanè de *Excommunicatione* occurrunt, scitu & observatu digna. Et quidem *c. 1.* ostenditur, censuras, præcipuè latæ sententiæ, Synodalium Constitutionum transgressoribus, non nisi sobriè, & circumspectè, infligendas esse; sed simul nonnullorum opinio refellitur, qui excommunicationes, speciatim latæ sententiæ, tamquam perniciosas deleri, & abrogari vellent. *Cap. 2.* auctoritate, & exemplis earumdem censurarum immoderatus usus improbatur. *Cap.* demum 3. eorum probatur sententia, qui asserunt, interdum decerni posse censuram latæ sententiæ ad cohibendam culpam, quæ in se spectata est levis, si ob adjunctas circunstantias fiat gravis.

§. IX. *De excommunicationis minoris effectibus.*

I. Quid sit Excommunicatio minor, traditum habes in §. 1. n. 1. Hæc incurritur communicando in prohibitis cum excommunicato vitando, nedum vivente, verùm etiam mortuo, lavando illius cadaver, illud vestiendo, ad sepulturam comitando; ità Altierius lib. 1. disp. 13. cap. 1. & disp. 14. cap. 1. afferens textus Juris.

II. Excommunicatus vitandus ille est, qui per sententiam judicis Ecclesiastici publicè denuntiatur tanquam excommunicatus; item Clerici percussor notorius, sive notorietate Juris, nempè, per confessionem in judicio factam; sive notorietate facti, nempè, cujus percussio fuit publica, ità ut nulla possit tergiversatione celari, neque excusari ullo Juris suffragio, quamvis nondum sit denuntiatus ut excommunicatus: debet autem percussio fuisse facta saltem coràm sex, ut docet Sylvester verbo *notorium.*

Subjicere hic opportunum erit, quæ habet Felix Potestas *de Ministro Sacramenti Pœn. cap. 5. n. 3317.* Occultum non est, inquit, quod est notum majori parti viciniæ, Parochiæ, aut Monasterii, dummodò ibi sint saltem decem personæ. Fagundez ait, non esse publicum in magna civitate, si sit notum septem, vel octo personis. Et Donatus *tom. 1. part. 2. pag. 67.* si sit notum octo, vel decem personis.

Et *num. 3318.* subdit: crimen commissum in domo, aut familia, non est per se publicum, quia domus privata non est universitas, seu communitas. Donatus *loc. cit.* nisi ex circunstantiis prudenter judicetur fore faciliter evulgandum, puta, si ibi

reperti sint exteri plures loquaces &c.

Sequentia insuper utpotè scitu digna adnotanda sunt cum Continuatore *Prælect. Theol.* Honorati Tournely *tract. de Cens. p. 2. c. 1. a. 5. sect. 7.* 1. excommunicatos sive vitandos, sive etiam occultos, ex parte sua teneri communionem aliorum, quantum possunt, vitare tàm in civilibus, quàm in divinis; hoc enim intendit Ecclesia, quæ nusquàm excommunicatis favere, aut suffragari voluit. Ità Cabassut. *l. 5. cap. 11. num. 4.* 2. teneri Jure naturali quemlibet fidelem, qui certò constat, contractam ab aliquo fuisse excommunicationem, eum, etiam si non sit denuntiatus, privatìm vitare, præterquam in casibus necessitatis, aliisque, in quibus eum, si denuntiatus esset, vitare non teneretur. Ratio est; quia, qui se ità vitari sentit, verecundiæ rubore suffusus inducitur ad satisfaciendum pro excessibus suis; atqui tenetur unusquisque ad cooperandum, quantum potest, pœnitentiæ, & conversioni peccatorum: ergo. Ita expressè D. Gibert *p. 263.* & alii passim. Excipe, nisi vitando proderet aliis occultum hujus excommunicati crimen: hac enim de causa, *eum, qui Parisiis excommunicatus denuntiatus est, non debeo vitare Bononiæ in publico, sed tantùm in occulto, si ibi nesciatur; quia, quod est publicum Parisiis, est occultum ibi.* Ità Paludanus. Relege tradita §. 6.

III. Primus effectus excommunicationis minoris est privare passiva Sacramentorum participatione; proinde peccat mortaliter recipiens quodvis Sacramentum, antequam absolvatur: imò graviter etiam peccat ministrans illi Sacramentum, si illum noverit hoc vinculo detentum. Non tamen graviter peccat, qui, huic excommunicationi subjectus, sacramenta ministret, ut docent plures cum Navarro cap. 17. n. 27. quia id nullo Jure invenitur ipsi vetitum. Sotus tamen in 4. dist. 22. q. 2. art. 3. cum aliquibus putat, eum peccare venialiter; sed alii id negant, ob datam rationem. Excipe, nisi celebrando ministret sibi Sacramentum Eucharistiæ; tunc enim peccaret lethaliter, non quia conficiens Sacramentum, sed quia recipiens.

* Excommunicationi minori subjectus privatur etiam licita administratione Sacramentorum, ut constat ex cap. ultimo: *de Cleric. excomm.* ubi dicitur, *peccare conferendo Ecclesiastica Sacramenta.*

IV. Secundus effectus excommunicationis minoris est impedire sic excommunicatum, ne possit præsentari, aut eligi ad Beneficium, vel

vel Ecclesiasticam dignitatem, & multò magis ne ei licitè conferatur : ex capite: *Si celebrat* de Clerico excommunicato ministrante ; dicti tamen actus sunt validi, quamvis irritandi: propterea graviter peccat tàm excommunicatus recipiens, quàm præsentans, eligens, conferens, hæc agens. Hæc tamen excommunicatio non privat eadem innodatum facultate eligendi, præsentandi, conferendi : ità ex laud. capite: *Si celebrat.* Hinc hæc censura detentus, potest absque peccato cum aliis fidelibus communicare, etiam in divinis, participare suffragia &c. imò & absolvere à censuris, & peccatis, cæterosque actus jurisdictionis exercere; quia non est his privatus ab ullo Jure.

V. Absolutio ab excommunicatione minori, lata à Jure, potest impertiri à proprio Sacerdote, ex cap.: *Nuper* de sent. excomm. Proprius autem Sacerdos est Pontifex, proprius Episcopus, & proprius Parochus, qui, utpotè gaudentes potestate ordinaria, possunt etiam extra Sacramentum ab eadem absolvere; non enim videtur limitata eorum facultas ad absolvendum intra confessionem. Item potest absolvere quilibet Confessarius approbatus, potestate quidem delegata, qui ex vi delegationis potest dici proprius Sacerdos. Dixi: lata à Jure; quia in casu, quo feratur ab homine, tunc censeretur reservata ipsi inferenti, vel alteri delegato ab eodem: non est tamen in usu, quod feratur ab homine.

Hinc disserendum esset de excommunicationibus singulatim; quæ cùm quamplurimæ sint, ratio instituti nostri non patitur ut de illis disseramus, quas proinde videndas transmittimus in Canonistis, à quibus adamussim examinantur conditiones, ad easdem incurrendas requisitæ; quandoquidem illas duntaxat recensere, secluso ipsarum maturo & prolixo examine, confusiones multas, æquivocationesque perniciosas potiùs mentibus ingerere valent, quàm discretam & proficuam legenti afferre notitiam: de illis verò cum tanta prolixitate pertractare, canonicum scriptorem ex professo disserentem magis decet, quàm Compendiarium Moralis Theologiæ collectorem.

CAPUT III.

De Suspensione.

§. I. *De notione, & divisione Suspensionis.*

I. SUspensio est censura Ecclesiastica, qua persona Ecclesiastica impeditur à

functionibus sui Ordinis, vel Beneficii, vel Officii exercendis, sive in toto, sive in parte; sive in perpetuum, sive ad tempus.

II. Suspensio alia est ab officio tantum, sive illud sit Ordinis, sive jurisdictionis: alia est à Beneficio tantùm, sive sit curatum, sive simplex, sit dignitas tantum : alia est à Beneficio, & officio simul. Item alia est ab officio pro toto, qua quis privatur omni usu officii sui : alia pro parte, puta, ab audiendis confessionibus, non autem à ministrandis aliis Sacramentis, aut aliis, ad proprium ministerium spectantibus. Item alia est pœnalis, quæ fertur in vindictam delicti præteriti, quæ non fertur per modum censuræ, sed pænæ: alia medicinalis, quæ intendit emendationem delinquentis; & hæc propriè est censura. Item alia est temporaria, quæ fertur ad tempus limitatum, puta, ad mensem: alia perpetua, quæ fertur absque tali limitatione. Demùm alia est à Jure, quæ statuitur per modum legis, perpetuò duraturæ; alia ab homine, quæ fertur per modum præcepti transitorii contra inobedientes : & hæc cessat morte illam ferentis: non autem illa, quæ fertur per modum legis.

* Vide, quod notavimus suprà *cap. I.* §. *I. post num. 3.*

§. II. *De effectibus suspensionis.*

I. SUspensio, lata absolutè, nulla addita limitatione, habet effectum suspendendi ab omnibus, id est, tàm ab officio, quàm ab executione Ordinis, & ab adnexis eisdem; quia verba generalia sunt generaliter accipienda. Suspensio, lata limitato modo, exprimendo effectum particularem, eo duntaxat privat; puta, si Episcopus suspendatur à Pontificalibus, privatur duntaxat usu horum, & actionibus illis, quæ cum Pontificalibus exercentur, nempè, ordinationibus, consecrationibus Ecclesiarum, confirmationibus &c. Non autem intelligitur privatus illis, quæ sunt jurisdictionis, quæve sine Pontificalibus administrantur. Ità suspensus ab Ordine, non est suspensus à jurisdictione, neque à Beneficio; nisi tamen beneficium ità adnectatur Ordini, ut nequeat munera ex debito præstanda præstare: & tunc non posset recipere fructus beneficii, juxta probabiliorem; quia juxta Apostolum: *Qui non operatur, non manducet;* fructus enim debentur propter ministeria : undè tunc suspenditur indirectè à fructibus. Ità suspensus à Subdia-

co—

conatu, censetur suspensus ab Ordinibus eo superioribus; qui enim privatur jure minori intra eamdem lineam, censetur privatus jure majori; nisi forte superior se clarè exprimeret: è contra autem suspensus à Sacerdotio, non censetur suspensus ab Ordinibus infra ipsum.

II. Hinc deducitur, quòd suspensus ab Ordine, quin aliud addatur, censetur suspensus ab omni Ordine; quia prolatio absoluta æquivalet universali: & similiter suspensus ab officio sine ulla limitatione addita, censetur suspensus ab officio tàm Ordinis, quàm jurisdictionis, nempè, ab utraque potestate, ut docet communis. Proinde, si v. gr. Episcopus suspendatur ab officio absolutè absque ulla addita limitatione, non poterit celebrare, ordinare, Sacramenta administrare, beneficia conferre, excommunicare &c. Et quamvis suspensus ab officio ex terminis non censeatur suspensus à Beneficio, id est, à fructibus, & proventibus beneficii percipiendis; ut tamen fructus percipiat, debebit per alterum supplere, cùm ipse ab actionibus beneficii suspensus sit; & nisi suppleat, non poterit fructus percipere, ut dixi suprà. Quando autem per alterum suplet, sufficiet, ut dando substituto congruam pensionem stipendiariam, sibi deindè retineat, quæ sufficiunt ad congruam sustentationem suam: hoc tamen verum esse putant aliqui, nisi habeat alia bona patrimonialia, quibus se sustentare possit; quæ si habeat probabilius est, nihil sibi retinere posse pro rata, temporis, quo est suspensus ab officio; cùm fructus dentur propter ministeria; aliter sine ullo labore fructum reportaret ex delicto suo.

III. Qui suspenditur à beneficio, id est, à proventibus beneficii, tenetur adhuc onera beneficii perficere, juxta communem; & nisi habeat patrimonialia, quibus congruè se sustentet, potest sibi retinere eos beneficii fructus, qui darentur substituto, onera illa implenti, juxta Avilam 3. part. disp. 2. dub. 2. conclus. 3. & Sayrum lib. 4. cap. 6. n. 12. & alios nonnullos. Fructus vero, quos suspensus à beneficio non potest percipere, applicandi sunt in utilitatem Ecclesiæ: si autem sint distributiones, quæ dantur intervenientibus divinis officiis, & ipso reapsè intersit, potest illas recipere: si vero sint distributiones, quæ dantur ratione beneficii, illas recipere non potest, cùm sit privatus beneficii fructibus, sed dandæ sunt aliis Clericis. Imò Suarez disp. 17. sect. 1.

num. 15. cum aliis, ab eo citatis, putat, suspensum à beneficio intelligi etiam suspensum à percipiendis fructibus pensionum Clericalium, si quas habeat, quæ sunt jus quoddam percipiendi portionem fructuum alicujus beneficii; quamvis aliter doceat Altierius tom. 2. disp. 5. cap. 1.

IV. Suspensus à beneficio, id est, proventibus, ob sui contumaciam, probabilius est, quòd nil ei tribuendum sit ad sustentationem, quamvis obeat onera beneficii; eo quia stat per ipsum, liberari à suspensione per humiliationem, & obedientiam debitam. Si suspensio lata fuerit in pœnam delicti jam patrati, danda ei erit portio ad sui sustentationem, à superiore taxata, si suspensio fuerit lata ab homine per sententiam: si verò fuerit lata à Jure, & delictum non fuerit deductum ad forum, taxatio dictæ portionis fieri poterit à viro aliquo Ecclesiastico docto, & probo. Videri potest Altierius loc. cit. cap. 4. Nam res est valdè controversa inter DD.

V. Suspensus ab officio nequit Sacramenta ministrare: quæ tamen potest accipere; quia id non est actus officii, nec jurisdictionis: potest item sepeliri Ecclesiastica sepultura, recipere indulgentias &c. Nequit tamen, juxta Altierium tom. 4. disp. 3. cap. 1. & alios nonnullos, recipere Sacramentum Ordinis, quod recipitur ad exercenda sacras functiones, à quibus est suspensus: aliis tamen nonnullis non placet hæc opinio; quia odia non sunt amplificanda, sed restringenda.

VI. Suspensus à divinis officiis non potest illa ex officio in choro persolvere, puta hebdomadarium agendo &c.; sed potest illa persolvere, sicut persolveret persona laica: hinc non potest distributiones recipere, juxta probabiliorem Navarri num. 116. & aliorum contra nonnullos; quia distributiones dantur canentibus ex officio: tenetur autem ad horas privatim recitandas, ut palam est.

VII. Suspensus ab officio sine limitatione loci, est ubiquè suspensus; quia est censura afficiens personam, quam comitatur, ubicumque sit. Similiter suspensus à beneficio, sine restrictione loci censetur suspensus nedum à beneficio existente intra territorium Superioris, sed etiam à beneficiis, quæ alibi tenet; quia, cùm Episcopus possit ità illum suspendere, posito quod suspensioni nulla addatur restrictio, censendus est ab omnibus illum suspendisse.

VIII. Sententia suspensionis latæ, vel con-

contractæ, incipit ab hora, in qua contrahitur, vel fertur, usque ad ultimam horam temporis constituti, puta mensis, anni &c. quin ulla ratio habeatur, àn annus sit bissextilis, àn mensis habuerit 28. 30. vel 31. dies : non tamen dies inchoata debet haberi ut completa, ut in quibusdam aliis casibus; quia pœna imposita debet compleri ; ex capite : *Si annum* de judicis.

* Quæres: nùm Episcopus ex informata conscientia possit suspendere tùm ab Ordine tum à Beneficio?

Resp. Priusquàm propositam dirimamus difficultatem, animadvertendum occurrit, quòd suspensio ex informata conscientia nullis præmissis monitionibus infligitur : unde non est censura, sed pœna, quippè suspensio ubi est censura prævias omnino exigit monitiones ; & ubi est pœna, eas minimè exposcit. Competere autem Episcopis facultatem suspendendi ex informata conscientia, extra dubium omne versatur; cùm hæc fuerit illis collata à Concil. Trid. *sess. 14. c. 1. de reform.* Quare in controversiam duntaxat vocatur: ad quid hujusmodi facultas se extendat.

Fuere, qui asseruerunt, Episcopum ex informata conscientia suspendere solummodò posse ab ascensu ad Ordines ; eo quia Concilium Tridentinum *loc. cit.* dùm facultatem tribuit suspendendi ex informata conscientia, sermonem habet de suspensione ab ascensu ad Ordines.

At hi procul sanè à veritate aberrarunt; siquidem ex verbis Concilii ,,colligitur in ,,observat S. P. Benedictus xiv. *de Synod.* ,,*Diœces. lib. 11. cap.* 8. *n. 3.* posse Episco-,,pum ob occultum crimen, etiam extraju-,,dicialiter cognitum, non solùm Clericis pro-,,hiberi ascensum ad superiores ordines, sed ,,etiam à suscepti jam ordinis ministerio eos-,,dem interdicere; quamvis enim in secunda ,,decreti parte, ubi de suspensione est sermo, ,,non iterentur illa verba: *etiam ob occultum* ,,*crimen, quomodolibet, etiam extrajudicia-* ,,*liter,* constans nihilominùs, & perpetua Sa-,,cræ Congregationis Concilii sententia fuit ,,ob continuitatem sermonis censeri repeti-,,tam, eamque utrumque casum complecti. ,,Ab Episcopo siquidem Aleriensi interroga-,,ta *die 24. Novembris 1657.* re sedulò exa-,,minata, affirmativè respondit. Et cohæren-,,ter ad hanc responsionem eadem Sacra Con-,,gregatio *die 16. Decembris 1730.* sustine-,,ri dixit, *suspensionem à Divinis*, ab Epis-,,copo *Capritano ex informata tantùm cons-* ,,*cientia duobus Sacerdotibus inflictam*, ut

P. CUNIL. THEOL. MOR. T. II.

,,videre est, *in Thesaur. Resolut. tom.* 5. ,,idemque responsum dedit in causa *Orita-* ,,*na,* seu *Tarentina,* 20. Augusti 1735. ,,*ejusd. Thesaur. tom. 7.*"

Adeo porrò verum est (pergit idem S. P. *num. 4.*) posse Episcopum virtute prædicti Decreti ex causa sibi nota Clericum interdicere tam sacrorum exercitio, quàm ascensu ad altioris ordinis gradum, ut neque teneatur *causam suspensionis, seu delictum manifestare ipsi reo, sed tantùm Sedi Apostolicæ, si suspensus ad eam recursum habuerit.* quod totidèm verbis à Sacra Congregatione responsum legimus Episcopo Vercellensi *die 21. Martii 1643.* Atque, universim loquendo, Episcopum, renuentem alicui ordines conferre, nullo jure obstringi ad manifestandam causam, cur eum repellat; neque ei, qui repulsus est, ullam competere appellationem, sed tantùm permitti adire Sedem Apostolicam, eique suas querelas exponere, eadem Sacra Congregatio disserte declaravit *die 20. Aprilis 1668.*

Ex hoc verò, subdit *n. 5.* quòd suspensus ab Episcopo ob occultam causam, quam tamen Episcopus sibi notam asserit, appellare nequeat ad Superiorem, necessariò consequitur, quòd, si nihilominùs appellationem interponere, ejusque obtentu in Altari ministrare, se quovis modo suum ordinem solemniter exercere præsumat, statim incidat in irregularitatem. Quidquid enim in contrarium senserint nonnulli Doctores, ità expressè diffinivit Sacra Congregatio Concilii *in Segonien.* 21. *Junii 1625.*

Ad secundam autem proposti casus partem quod attinet ; sentiunt nonnulli ; posse Episcopum ex informata conscientia suspendere à beneficio : & ad id asserendum moventur ex eo, quod, ubi agitur de suspensione ab exercitio ordinis suscepti, videtur, simul agi de suspensione à beneficio, ut præferunt verba illa Trid. Concilii : *Aut qui à suis ordinibus, seu gradibus, vel dignitatibus Ecclesiasticis fuerit suspensus.* Alii verò autumant, Episcopum ex informata conscientia nec posse suspendere ab exercitio beneficii.

Verùm sententia hæc à vero prorsùs abludit ; enim Sac. Congregatio, ut compertum est ex relata paulò ante declaratione *in Segonien.* sustinuit suspensionem, quam Episcopus ex informata conscientia inflixerat ab exercitio curæ. Etsi igitur adhuc decisum non sit, àn Episcopus suspendere queat ex informata conscientia à beneficio ; attamen decisum est, ut observat Auctor *Additionum ad*

Bbb   *Bi-*

Bibliothecam P. Lucii Ferrariæ verb. *Suspensio num. 15.* posse suspendere ex informata conscientia ab exercitio beneficii, quæ suspensio partialis est, nec fructibus privat.

Non pigeat hic subnectere animadversionem laudati S. P. Benedicti XIV. *loco cit. num. 6. Sed, quamquàm hæc, ait, verissima sint; attamen reprehensibilis foret Episcopus, si in sua Synodo declarat, se deinceps, ex privata tantùm scientia, pœnis suspensionis à divinis animadversurum in Clericos, quos graviter deliquisse compererit, quamvis eorum delictum non possit in foro externo concludenter probari; aut illud non expediat in aliorum notitiam deducere: ejusmodi siquidem Constitutio quamdam redoleret ambitionem, atque potestatis ostentationem; ipseque Episcopus traduceretur veluti in superbiam elatus, quasi vellet in suum Clerum sibi dominatum adstruere, qui in exosam degeneret tyrannidem.*

§. III. *De violatione suspensionis.*

I. NEmo ambigit, suspensum peccare lethaliter exercendo actus, à quibus est suspensus; cùm violet in re gravi Ecclesiasticum præceptum. Dari tamen potest in aliquo casu parvitas materiæ, ut tantùm venialiter peccet puta, si suspensus ab ingressu Ecclesiæ, modico tempore in ea moretur, dùm recitantur officia divina. Si autem actum aliquem, à quo est suspensus, sed nondum ut talis denuntiatus, exerceat requisitus ab aliis, dicunt aliqui cum Bonacina de Suspens. punct. 4. n. 4. quòd non peccet lethaliter, neque irregularitatem incurrat; quemadmodùm graviter peccat, & irregularitatem incurrit, si actum sponte exerceat. Hinc deducitur, communicantem cum suspenso, nondum declarato, & denuntiato, in illis actibus, à quibus est suspensus, non peccare mortaliter; quemadmodùm mortaliter peccaret communicando in dictis actibus cum suspenso, denuntiato ut tali; quia cooperaretur peccato lethali alterius. Excipe casum necessitatis, juxta dicta de excommunicatis.

II. Suspensus ob delictum, violans suspensionem per exercitium solemne majoris ordinis, à quo est suspensus, incurrit irregularitatem: ex cap. *Is, cui de sentent. excomm.* in 6. & ex cap. 1. *de sent. & re judicata* in 6. & alibi. Propterea, si exerceat actum illius ordinis non solemniter, puta, legendo Epistolam, dùm munus Accolyti

exercet, illam non incurrit; quia non agit solemniter ex officio. Similiter, si exerceat actum ordinis minoris, quamvis solemniter, si sit suspensus ab ordine generaliter, non incurrit irregularitatem, juxta S. Antoninum, & alios, à Bonacina relatos loc. cit. n. 5. Suarez tamen, Navarro, & aliis videtur, dicendum esse oppositum: & putarem, hanc esse probabiliorem; quia vere delinquit solemniter contra suspensionem.

III. Si suspensus ab ordine, aquam, cereos, panem &c. benedicat cum stola juxta ritum Ecclesiæ, cùm violet suspensionem, incurrit irregularitatem. Suspensus ab ingressu Ecclesiæ, si in ea celebret, incurrit irregularitatem; quia violaret suspensionem per exercitium ordinis sacri publicum in ea. Si autem celebret in Oratorio privato, non deputato ab Episcopo ut perpetuò in eodem celebretur, illam non incurreret; quia non violaret censuram, dicunt Auctores apud Bonacinam ibidem. Alia dicemus in cap. 5. §. 5.

IV. Episcopus, suspensus à Pontificalibus, fit irregularis, si exerceat actus, solis Episcopis consecratis convenientes; secùs, si exerceat actus non proprios ordinis Episcopalis, vel qui possunt fieri ab Episcopo non consecrato. Suspensus à divinis officiis, fit irregularis, si eadem persolvat ex officio, & eo modo, quo persolvi solent ab initiatis sacro ordine; tenetur tamen alioquin horas persolvere, ut dixi suprà.

V. Suspensus à beneficio, si fructus beneficii percipiat (modo dicto in §. 2. n. 3. & 4.) quamvis graviter peccet, violando suspensionem, obedientiam, & justitiam; non tamen fit irregularis, quia hæc perceptio non est actus ordinis.

VI. Actus jurisdictionis, facti à suspenso denuntiato, invalidi sunt, nisi adsit titulus coloratus, & error communis; quia ab eo sublata fuit jurisdictio: proinde invalide absolvit: validi tamen sunt actus correspondentes charácteri ordinis, puta, consecrare, confirmare &c. quia, quamvis graviter peccet, irregularitatemque incurrat, validi remanent, quippè quod profluant à charactere indelebili. Excipe casum tituli colorati, & erroris communis; quia tunc Ecclesia supplet jurisdictionem, ut alibi explicavi. Actus autem jurisdictionis, facti à suspenso tolerato, & non denuntiato, validi sunt; quia, cùm toleretur ab Ecclesia, non abstulit ab eo jurisdictionem; sunt tamen graviter illiciti; quia contra obedientiam Ecclesiæ debitam in re gravi.

§. IV.

§. IV. *De suspensionibus, quibus Eccle-*
siastici sunt obnoxii.

I. CEnsura suspensionis à Clericis incurritur ipso facto: 1. qui ordines recipiunt ab alieno Episcopo sine dimissorialibus proprii Episcopi: 2. qui illos recipiunt
à proprio Episcopo, sed in aliena Dioecesi
absque Dioecesani licentia: 3. qui illos recipiunt titulo ficto: 4. qui illos recipiunt
per saltum: 5. qui illos recipiunt, detenti
censura aliqua: 6. qui illos recipiunt extra tempora, statuta à Jure, sine legitima dispensatione: 7. qui illos recipiunt sine legitima ætate, aut licentia: 8. qui illos recipiunt
post matrimonium contractum, quamvis non
consummatum: 9. qui furtivè ordinantur,
nempè, qui repulsi, se intrudunt inter ordi-
nandos, aut alterum loco sui examini subs-
tituerunt: 10. qui eodem die duos ordines
sacros recipit: 11. qui ordinat, vel ordinatur simoniacè: 12. Parochus, vel Sacerdos
jungens matrimonio sponsos alterius Paroe-
ciæ sine Parochi licentia. Hæ sunt præcipuæ
suspensiones, quas Clerici incurrunt. Alias
facilè videre poteris in Bonacina, qui pro
Clericis recenset triginta novem; pro Episcopis triginta quinque; pro Capitulo quinque;
pro Regularibus octodecim. Notandum, quòd
Episcopi non incurrunt suspensionem, nec
interdictum, lata à Jure, nisi fiat ipsorum
speciaclalis mentio: ex cap. *4. de sent. ex-*
comm. in 6. & etiam alibi diximus.

§. V. *De modis, quibus aufertur suspensio.*

I. SUspensio tollitur primò per termina-
tionem temporis, pro quo fuit illata, puta, per annum, quin alia sit opus absolutione. Quidam autem pòst Sylvestrum
addunt, quòd, quando fuit illata sub conditione, puta, satisfactionis præstandæ; tunc
sit etiam opus absolutione: sed probabilius
videtur oppositum, tum ex cap.: *Dilecti filii,*
tùm quia non operatur ultra verba expressa:
data igitur satisfactione, cessabit. Neque opponas exemplum excommunicationis, quæ in
omni casu requirit absolutionem; quia quoad
excommunicationem extat uxus & praxis
contraria.

II. Tollitur secundò per absolutionem,
ad quam licèt non requirantur determinata verba, optimum tamen est exprimere
restitutionem ad munus, à quo fuerat suspensus: neque est necessarium exprimere

causam, ob quam fuerit illata. In delictis
tamen valde gravibus petendum est juramentum de obediendo Ecclesiæ, nec non
satisfactio, & cautio.

III. Episcopus absolvere potest suos subditos à suspensione, perpetua, vel temporaria, reservata Papæ, dummodò proveniat à
delicto occulto, neque ad forum contentiosum deducto; ex Tridentino sess. 13. cap.
6. Si autem lata fuerit in puram pœnam
pro delicto præterito, cùm indigeat, non
absolutione, sed dispensatione, non potest
auferri ab alio inferiore illo, qui eam intulit; quamvis nullum verbum reservationis expresserit: quandoquidèm dispensatio
ex natura sua reservari censetur, nisi expressè concedatur alteri facienda: ità Glossa in cap.: *Cupientes* de election. in 6. verbo
suspensos; eo vel magis, quia hujusmodi
suspensiones infligi consueverunt ob delicta
ad forum devoluta.

CAPUT IV.

De degradatione.

§. I. *De notione Degradationis, & de mo-*
tivis ejusdem inferendæ.

I. CUm Degradatio duplex sit, nempè,
verbalis, & actualis, seu realis; verbalis, quæ etiam dici consuevit depositio,
est sententia ecclesiastica, qua persona ecclesiastica privatur omni officio, & beneficio in
perpetuum, sine spe illa in posterum recuperandi: quamvis degradatus per istam verbalem non amittat privilegium status clericalis. Realis, seu actualis est pœna ecclesiastica, qua persona ecclesiastica reapsè & actualiter privatur omni officio & beneficio, &
etiam statu clericali, sine spe eadem nunquam
consequendi, & fit aliqua solemnitate.

II. Hinc notandum est discrimen inter
degradationem, seu depositionem vervalem,
& degradationem realem: nàm degradatio
realis solet fieri solemniter, nempè, coram
personis, habentibus usum Mitræ, & Pastoralis, vel aliis, in dignitate constitutis, ex
Conc. Trid. sess. 13. cap. 4. ubi degradan-
dus introducitur coram Episcopo, omnibus
insignibus sui ordinis ornatus, nec non va-
sibus ad suum ministerium spectantibus, quibus omnibus gradatim ab Episcopo expolia-
tur, & tandem capillis tondetur; additis
quibusdam verbis, terrorem incutientibus, &
abominationem significantibus: & ita degra-

datus non amplius gaudet privilegiis status Clericalis , nempè , fori , & canonis. Verbaliter autem degradatus , seu depositus potest esse absens , quia contumaciter noluit comparere; & ideo gaudet adhuc privilegio fori , & canonis; nisi fortè evaserit incorrigibilis in delictis suis : ità Auctores ex variis Juribus.

III. Degradatus quovis modo, non potest ad statum pristinum remeare, nisi ex sola auctoritate Pontificis; cùm nemo inferior Pontifice possit in Jure communi dispensare; degradatio autem suos effectus habet à Jure communi. Cùm autem degradatio non tollat characterem , validè sunt actiones, eidem correspondentes , quamvis sacrilegæ. Tenetur adhuc ad horas canonicas , quas recitare potest etiam cum aliis, nisi sit insuper excommunicatus ; nec non ad castitatem servandam , ut patet.

IV. Crimina , punibilia degradatione verbali , sunt adulterium, concubinatus perseverans post monitionem , simonia notoria, stuprum , incestus , furtum, perjurium , homicidium, etiam solo consilio patratum, permissio ut parochianus decedat sine Baptismo, nec non cætera crimina, quæ inferunt irregularitatem ; de quibus in capite 6. disseritur, & de his videri potest Molina tom. 4. disp. 49. tract. 3.

V. Crimina, punibilia degradatione reali, seu actuali, sunt, homicidium qualificatum, hæresis, sodomia sæpiùs exercita , & alia videnda in Molina loc. cit. n. 17. Addit Bonacina cum aliis disp. 4. n. 7. quòd, quando in Jure invenitur illata depositio, intelligendum sit de verbali ; quia odia sunt restringenda. Degradatus autem, juxta probabiliorem, non est alendus fructibus beneficii, anteà possessi, quamvis teneretur mendicare ; quia id sibi imputare debet ; & Bonacina ibid. testatur n. 8. id esse usu comprobatum.

§. II. De habentibus facultatem degradandi tàm verbaliter, quàm realiter & de iis, qui degradari possunt.

I. DEgradatio verbalis , seu depositio fit ab Episcopo, & ex ejus delegatione fieri potest à solo suo Vicario Generali, ità ex Trident. sess. 13. cap. 7. Degradatio verò realis sive actualis à solo Episcopo, & non ab alio, ibidem. Hinc Prælati Regulares non habent facultatem degradandi suos subditos, nisi per privilegium , vel consuetudinem id eis concedatur. Degradatio verbalis , utpotè

actus pertinens ad jurisdictionem, potest fieri ab Episcopo , etiam solùm electo, & confirmato, quamvis nondum consecrato: degradatio verò realis ab Episcopo , qui sit etiam consecratus ; quia, sicut ordinare non potest nisi Episcopus consecratus , ità neque actualiter , & realiter degradare ab ordine ; quia uterque actus pendere videtur à consecratione : ità Abbas in cap.: Transmissum n. 4. de electione. Barbosa 3. part. de potestate Episcopi allegat. 110. n. 24. & alii.

II. In degradatione reali Sacerdotis requiruntur præsentes sex alii Episcopi, vel, si isti nequeant haberi , totidem Abbates , aut, in defectu istorum , sex aliæ personæ Ecclesiasticæ in dignitate constitutæ. In degradatione Diaconi , & Subdiaconi tres sufficiunt ex cap. : Degradatio de poenis in 6. illi verò considentes sunt conjudices causæ, ab ipsis cognitæ per examen &c. ex cap. 1. in fine 16. q. 7. & ex cap. : Non potest de sententia & re judicata : vide Barbosam loc. cit. n. 26. qui omnes assentiri debent sententiæ, nemine discrepante ; ità ex laudato cap.: Non potest. Hæc actio fieri debet in aliqua Ecclesia , seu Oratorio, quamvis id non pertineat ad substantiam degradationis : ex cap.: Episcopus 11. q. 3. debetque Episcopus indui Pontificalibus.

III. Personæ degradandæ sunt solæ Ecclesiasticæ : & quamvis non sit in usu , ut Clerici Minoribus insigniti degradentur , tamen degradari possunt ex cap. : Si quis Episcopus 27. q. 1. cùm degradatio fieri debeat usque ad exuendam vestem clericalem , ex cap.: Degradatio de poenis in 6.

IV. Regulariter loquendo, nemo potest degradari , nisi per viam accusationis, vel solius inquisitionis , ex cap. : Dilectus filius 2. de simonia. Si tamen delictum fuerit notorium , ut nulla possit tergiversatione celari , vel reus deprehendatur in flagranti, à Judice & aliis testibus poterit puniri alterutra via ; & etiam , quando spontanea confessione reus suum delictum fatetur: in quo casu videtur mitiùs agendum esse , nisi scandalum , & delicti atrocitas compelleret procedere ad degradationem.

V. Reus, degradatus degradatione reali, & validè, nequit , ut dixi, restitui nisi de plenitudine potestatis Pontificiæ: ex cap.: De lapsis, & cap. : Qui semel dist. 5. Quando autem contingit error in processu, & reus petat restitui juridicè, potest restitui per Episcopum ex cap.: Episcopus Presbyter 11. q. 3. quæ restitutio, cùm judicialiter fiat, probabiliùs est

re-

requirere assistentiam eorum, qui degradationi interfuerunt. Quando restitutio fit à Pontifice, potest illa fieri quomodò ipsi placuerit. Quando autem fit ab Episcopo, debet degradatus iterùm indui, & ornari insignibus sui Ordinis, suique gradus solemniter, sicuti solemniter degradatus fuerat, ità in lauto cap. *Episcopus Presbyter.*

VI. Degradatus degradatione verbali, sine respectu ad degradationem realem, potest restitui per Episcopum, dummodò illata fuerit propter adulterium, & crimina, illo minora, ex capite: *Si Clericis* de judiciis, ità Barbosa de potest. Epis. 3. p. alleg. 110. n. 20. & alii post ipsum, & Altierius tom. 2. disp. 2. c. 9. qui addit, juxta aliquos etiam à Capitulo, Sede vacante, restitui posse, tamen post actam condignam pœnitentiam.

CAPUT V.

De interdicto.

§. I. *De notione, divisione, intelligentia, & causis Interdicti.*

I. **I**Nterdictum est censura Ecclesiastica, qua privatur homo participatione quorumdam Sacramentorum, divinis Officiis, & sepultura Ecclesiastica. Triplex est, personale, locale, & mixtum. Personale interdicit personæ audire divina officia, ubicumque fuerit: locale interdicit, ne in loco aliquo eadem celebrentur; undè nedum incolæ, sed neque advenæ possunt ibi illa audire, quamvis incolæ possint illa alibi audire: mixtum interdicit hoc idem tàm loco, quàm personis ibi commorantibus. Hinc, juxta communiorem, si interdicatur aliqua Ecclesia particularis, potest quis in aliis Ecclesiis illius Civitatis audire, & persolvere divina officia.

II. Interdictum tàm locale, quàm personale est duplex, aliud generale, & aliud particulare: generale est, quo interdicitur locus universalis, puta, Regnum, Provincia, Civitas, Castrum, Villa: proindè, si interdicatur Parœcia, qui sit totus ambitus Villæ, & Castri, interdicitur Villa, & Castrum: si autem sint ibidem aliæ Ecclesiæ præter Parochialem, est interdictum solius Parochialis. Ità, si interdicantur omnes Ecclesiæ loci, non censentur interdicta Oratoria, in quibus ex privilegio consuetum est celebrari sacrum, juxta Suarez tom. 5. de cens. disp. 32. sect. num. 10. & alios. Interdictis omnibus indistinctè Ecclesiis civitatis, àn cen-

seri debeat interdicta etiam Cathedralis? Negat Altierius de interdicto disp. 1. capit. 4. quia est speciali nota digna; & sicuti nomine Clericorum in pœnalibus non comprehenduntur Canonici, ità neque in hoc casu Cathedralis. Bonacina autem de interd. punct. 1. num. 10. affirmat; quia *omnes* comprehendit etiam illam: putarem verisimiliorem opinionem Altierii. Interdicta Diœcesi, quidam dicunt, intelligi interdictam civitatem, quæ est caput Diœcesis: quidam negant, nisi exprimatur; quia Diœcesis sumitur in sua specie, prout differt à civitate, & in odiosis strictior facienda est interpretario. Quænam sit verò conformior, judicet Lector, mihi hæc secunda magis arridet.

III. Interdictum personale generale illud est, quo interdicitur Populus totius aut Regni, aut Provinciæ, aut Civitatis, aut Oppidi, aut Villæ; particulare verò quo interdicitur aliqua pars communitatis, aut aliqua specialis persona. Quando interdicitur Clerus, & interdictum fertur à Pontifice, probabilius cum Navarro, Suarez, Covarruvias, & aliis, comprehenduntur etiam Regulares: eò quòd communitas distinguatur in Clerum, & Populum, tamquam in partes illam dividentes; secùs autem, si inferatur ab Episcopo, qui in Regulares jus non exercet: interdicto autem Clero, non intelligitur interdictus populus, sicuti neque è contra: undè populus potest alios Sacerdotes vocare, &c. Interdicta familia aliqua comprehenduntur etiam Clerici illius familiæ; sicuti, interdicta Academia, vel Universitate quoad ejus Doctores, comprehenduntur etiam Clerici, in ea docentes; quia omnes sunt respectivè partes illius corporis civilis.

IV. Quando interdicuntur incolæ omnes civitatis, comprehenduntur etiam incolæ absentes; quia reverà sunt partes civitatis: non autem comprehenduntur advenæ, ibi aliquo motivo commorantes, & habentes alibi domicilium suum; quia verè non sunt incolæ: puta, scholares: neque incolæ illi, qui alio transferunt domicilium suum; quia desinunt esse incolæ. Si autem advena, puta, scholaris, & ibi, & alibi teneat domicilium, ait Suarez cum aliis nonnullis, quòd censeatur interdictus, dùm ibi moratur: non verò censeatur, quando alibi commorantur; quia justum videtur, quòd si ratione domicilii in loco interdicto est interdictus, ob eamdem rationem dùm alibi moratur non sit interdictus. Hinc deducitur, quòd transferens domicilium à loco immuni ad locum interdictum, in-

ter•

terdicto fiat obnoxius, cùm evadat membrum illius communitatis, & loci.

V. Interdicta aliqua civitate à Pontifice, intelliguntur interdicta suburbia civitati proxima, aliaque ædificia civitati contigua, quamvis extra mœnia civitatis posita, etiam quamvis non sint subdita illi domino, propter quem illarum fuit interdictum; neque Episcopo illius Diœcesis: ità communis, ex cap.: *Si civitas* de sent. excomm. in 6. Si enim dicta loca non comprehenderentur, parvipenderetur interdictum; quandoquidem incolæ facillimè possent eò pergere ad celebranda ea omnia, à quibus per interdictum prohibentur. Si dicas: igitur ità dicendum erit, si interdictum inferatur ab Episcopo; quod tamen est absurdum, cùm unus Episcopus careat jurisdictione in Diœcesi alterius, in qua comprehenduntur loca illa: Respondetur, quòd etiam tunc comprehenduntur loca illa, non quidem jure Episcopi, ferentis interdictum, sed jure communi ex laudato cap.: *Si Civitas* ob rationem allatam. Quando à Pontifice interdicitur Civitas, censentur comprehensæ etiam Regularium Ecclesiæ; quia fertur ab habente potestatem in illas: secùs, quando interdicitur ab Episcopo. Nota, quòd, quando Superior fert interdictum contra Civitatem, in qua & ipse moratur, vel ad quam pergit, tenetur & ipse, excepto solo Pontifice, interdictum servare; ità disponente Jure communi, cui & ipse subjicitur.

VI. Causa efficiens, ferens interdictum est Superior, nempè, Pontifex respectu totius Orbis Christiani; Episcopus respectu suæ Diœcesis, etiam sine consensu Capituli, ob derogationem factam Juri antiquo in cap.: *Quæsivi* de iis, quæ fiunt à majore; & etiam Capitulum, Sede vacante. Prælati Regulares possunt personale interdictum ferre, non locale; quia eorum jurisdictio cadit potiùs in personas, quàm in loca. Causa, propter quam fertur interdictum, est delictum grave, ob finem emendandi delinquentes.

§. II. *De primo effectu interdicti, qui est privatio nonnullorum Sacramentorum.*

I. QUamvis dixerimus, tres esse interdicti effectus, nempè, privare nonnullis Sacramentis, divinis Officiis, & sepultura Ecclesiastica; hi tamen, juxta moderationem Juris antiqui, factam à Pontificibus Bonifacio VIII. Martino V. & Eugenio IV., non ità sunt connexi, ut non possint arbitrio Superioris sejungi: & proinde attentè perpendenda sunt verba, quibus interdictum fertur. Tempore interdicti localis, sive generale sit, sive particulare, potest administrari Baptismus, etiam solemniter, & Confirmatio, ex capite: *Quoniam* de sent. excomm. in 6.: proinde potest confici Chrisma in die Cœnæ Domini, januis tamen Ecclesiæ clausis, & absque campanarum pulsatione, & cum exclusione populi interdicti. Qui est interdictus personaliter ratione interdicti generalis personalis, potest Confirmationem recipere ex capite: *Quanto*, ex cap.: *Responso*, & ex capite: *Alma mater* de sent. excomm. in 6.: non autem, qui est personaliter specialiter interdictus, vel fuit causa interdicti illati; nisi priùs condignam satisfactionem dederit. Similiter interdictus personaliter generaliter potest ministrare Baptismum; secùs autem interdictus personaliter in particulari, nisi in casu necessitatis. Ità Episcopus personaliter specialiter interdictus nequit ministrare Confirmationem.

II. Sacramentum Pœnitentiæ licitè ministretur cuicumque sive sano, sive infirmo tempore interdicti, cum solita prævia absolutione à censuris. Excipe excommunicatos, ut supponitur, & etiam eos, qui causam culpabiliter dederunt interdicto, nisi priùs satisfaciant; & si non possint, nisi congruam dederint cautionem; & si neque hoc possint, nisi jurent, se satisfacturos, & procuraturos, ut etiam alii satisfaciant: ex capite: *Alma mater*, citato. Potest autem hoc Sacramentum ministrari à quolibet Confessario approbato, qui non dederit causam interdicto, neque sit specialiter personaliter interdictus; qui si talis esset, non posset, nisi in casu necessitatis.

III. Tempore interdicti localis licitè ministratur etiam Eucharistia solis morientibus, scilicèt, in probabili periculo mortis constitutis, illam ad ipsos deferendo cum consueta solemnitate, etiam pulsando campanarum: ità ex loc. cit. Licitè etiam illam recipiunt non morituri extra locum interdictum, dummodò recipiens non dederit causam interdicto, neque sit personaliter specialiter interdictus: & similiter non potest illam ministrare, qui dedit causam interdicto, aut est specialiter personaliter interdictus, nisi in necessitate, & in defectu aliorum: unde, si esset Parochus, deberet alteri committere communionem infirmi: isti autem personaliter specialiter interdicti, aut dantes causam interdicto, ut illam licitè recipiant in

nonecessitate, debent ante receptionem præstare satisfactionem ; & si non possint, dare cautionem de satisfaciendo. Tempore interdicti localis generalis nemo potest tempore Paschali illam sumere, cum in capite: *Si sententia* de sent. excomm. excipiatur solus articulus mortis. Ità Suarez, & alii cum illo.

IV. Sacramentum Ordinis tempore interdicti localis non potest administrari ex capite: *Non vobis* de spons., & ex capite: *Responsa* de sent. excom. ; quia non est de exceptis : in loco autem non interdicto potest administrari alicui, non specialiter personaliter interdicto. Ità neque Sacramentum Extremæ-Unctionis in loco interdicto, quamvis personæ non interdictæ; neque illis diebus, in quibus ex privilegio posset audiri Sacrum; personaliter autem specialiter interdictus non potest illud ullibi recipere, ità communiter ex capite: *Quod in te* de pœnitentiis, & remissionibus.

V. Sacramentum Matrimonii nequit à personaliter interdictis licitè ullibi celebrari, neque in loco interdicto à personis non interdictis, ità communis. Dixi : licitè, quia validè celebratur, quamvis peccetur mortaliter. Dixi: matrimonium, quia sponsalia, utpotè contractus merè humanus, & validè, & licitè celebrantur. Benedictiones autem, quæ fieri solent super noviter conjugatos, dummodò fiant personis non interdictis, & sine solemnitate, & conjugati privilegium habeant adsistendi divinis, licitè possunt fieri. Ex laud. cap. : *Alma mater*.

☞ Sunt, qui censent, tempore interdicti periculosè decumbentibus extremam-Unctionem conferri posse, si nequeant alia Sacramenta suscipere ; quia tunc est necessaria. Juxta multos etiam non solùm validè, sed & licitè matrimonium contrahitur in omnibus interdictis. Lege P. Paulum Gabrielem Antoine *Tract. de censuris c. 3. q. 3. n. 2.*

§. III. *De secundo effectu interdicti, privationis Officiorum Divinorum.*

I. OFficiorum divinorum nomine non intelligitur Officium divinum, quatenus est oratio, Deo oblata à privata quadam persona, quæ in quolibet loco fieri potest; sed prout est quædam precandi forma publica ab Ecclesia instituta, ut persolvatur in templis à deputatis ministris quasi ex officio, & nomine Christiani populi Deo offerenda, & hæc tempore interdicti recitari non potest; & sub hoc nomine veniunt aliæ preces publicæ, quæ aliquando Officiis adnectuntur; nempè, Psalmi Pœnitentiales, horæ B. Virginis, Officium Defunctorum, Litaniæ, &c. Item intelliguntur etiam Sacramentalia, nempè, benedictiones solemnes, quæ vel præcedunt, vel subsequuntur Sacramentalium actiones: ex. gr. benedictio Templi, Vasorum Sacrorum, Corporalium, Vestium Sacrarum, Romanorum, Campanarum, Candelarum, Fontis Baptismalis, *Asperges* ante Missam; Benedictio solemnis Episcopi, Professio solemnis in Religione, Benedictio solemnis nuptiarum, Processiones ; & si quæ aliæ solemniter fieri consueverunt.

II. Non vetatur recitatio officiorum, quæ ex modo suo non postulat personam Ecclesiasticam deputatam, eo quod censeantur preces privatæ: neque Litaniæ Confraternitatum, tamen sine superpelliceo, aut veste Ecclesiastica, & fiant sine processione publica à fratribus laicis; neque alia consimilia.

III. Tempore interdicti localis generalis prohibentur celebrationes Missarum, pulsatio Organorum, & Campanarum pro officio, sicut & officia ne publicè fiant. Nàm celebrare privatim unam Missam singulis diebus, & divina officia in Ecclesiis, & Monasteriis, & Hospitalibus privatim, scilicèt, januis clausis, & non extra dicta loca, ità ut illi, quibus vetatur interesse, nequeant videre, aut audire, concessit Bonifacius VIII. in cap.: *Alma mater* : debent autem hæc fieri submissa voce, & non cantu, ne audiantur ab existentibus extrà, & exclusis personis interdictis, & sine pulsatione campanarum. Personæ autem personaliter interdictæ neque possunt Missam celebrare, neque audire. In interdicto autem locali, non generali, sed speciali, non est licitum singulis diebus Missam aut divina officia celebrare, sed duntaxat singulis hebdomadis unam Missam, ad renovandam Eucharistiam. Ex capite: *Alma mater*.

IV. Tempore interdicti generalis localis licitum est pulsare campanas ad vocandum populum ad concionem, ad comitandam Eucharistiam pro infirmis, ad Salutationem Angelicam matutinam, meridianam, & vespertinam, & ad indicandum diem festivum, aut jejunii, & ad ostendendas Reliquias : ex laud. capit. : *Alma mater*. Item licitum est in Festis Nativitatis Christi, Paschæ, Pentecostes, & Assumptionis B. V. celebrare divina officia, & Missas publicè, januis apertis cum sono campanarum, & alta voce ; & possunt etiam admitti illi, quorum causa latum

tum fuit interdictum, dummodo arceantur
ab altari, neque admittantur ad oblationes:
ex laudato capite: *Alma mater.* Imò à Martino v. & Eugenio iv. addita sunt festiva
Corporis Christi cum Octava, & Conceptionis B. V. cum octava. Circa duo Pascha-
ta, & Natale, plures cum Soto in 4. dist. 22.
q. 3. a. 1. intelliguntur tres dies dictarum
solemnitatum, contra Suarez: prædicta autem
festa incipiunt à primis Vesperis usque ad
completorium diei, hora consueta canendum
inclusivè: non autem licet in præfatis festis
accipere Sacramenta, nisi illa tantùm, quæ
possunt recipi aliis diebus, de quibus diximus §. 2. E nota, ista omnia concedi in interdicto generali, non in speciali.

V. Pariter tempore interdicti generalis
localis omnes Clerici etiam extranei possunt
admitti ad divina officia, adhibitis suprà indicatis cautionibus: & nomine Clericorum
veniunt etiam Regulares in favorabilibus ex
canon.: *Duo sunt* 11. q. 1. excipe Clericos,
qui fortè causam dederunt interdicto, ex cap.:
Alma mater; & excipe Clericos conjugatos, neque addictos alicui sacro ministerio,
qui in Ecclesia Latina reputantur ut seculares; quamvis, si deferant habitum clericalem, & tonsuram, & alias habeant conditiones à Trid. sess. 23. cap. 7. requisitas,
gaudeant privilegio fori, & canonis: si autem sint alicui sacro ministerio addicti, admitti possunt.

VI. Tandem tempore interdicti, generalis localis non possunt admitti ad divina officia laici, nisi habeant privilegium; quo privilegio gaudentes, tenentur audire illud Sacrum, quod in dictis Ecclesiis, ut diximus
suprà, diebus festivis celebrari potest; imò
etiam secum ducere suam familiam, juxta
Navarrum cap. 21. n. 188. & Sotum loco
citato, & etiam famulos: non tamen possunt famuli audire sine dominis suis.

§. IV. *De tertio effectu privationis sepultu-ræ ecclesiasticæ.*

I. **I**Nterdictum quodlibet, latum simpliciter absque ulla restrictione, privat
locum, & personas in eo existentes sepultura
ecclesiastica, ex pluribus canonibus; præcipuè ex Clement. 1. de Supulturis: ità ut laici, quamvis non interdicti, nequeant sepeliri in loco sacro interdicto; tametsi possint
sepeliri in non interdicto, dummodò causam
non dederint interdicto: proinde isti, personaliter non interdicti, possunt deferri, & se-

peliri ecclesiasticè in loco sacro non interdicto: si autem aliò non deferantur, debent
sepeliri in loco ab Episcopo deputato, at
non benedicto. Si verò laici habeant privilegium assistendi officiis, poterunt etiam gaudere sepultura ecclesiastica, juxta Navarrum
loc. cit. n. 181. contra alios; quia sepultura
est quid accessorium divinis officiis. Imò probabilius videtur, & certè mitius cum Sylvestro verbo *Interdict.* cap. 5. q. 2. & Soto loc.
cit. quòd illis diebus festivis, in quibus celebrari possunt divina oficia, possint interdicti
sepeliri ecclesiasticè; quia si in illis diebus
possunt communicare ecclesiasticè, dùm vivunt, poterunt etiam mortui, eo magis, quia
sepultura ecclesiastica redolet aliquid officii
divini, propter psalmos, qui recitantur.

II. Sepeliens interdictum interdicto personali generali, juxta Suarez disp. 55. sect.
3. n. 2. & alios, non peccat, saltem *ex vi*
censuræ, quia non est vitandus; & proinde
non incurrit excommunicationem latam contra sepelientes interdictos, in Clement. 1. de
sepulturis; quam incurrit sepeliens specialiter, & nominatim interdictum. Ut autem
quis censeatur specialiter, & nominatim interdictus, sufficit, ut sit membrum alicujus
communitatis, quæ denuntiata fuit interdicta: quandoquidem valde difficile sit, omnia, & singula communitatis membra singillatim nominare: & hæc est probabilior.

III. Tempore interdecti localis generalis, & specialis, Clerici, qui non fuerunt interdicti, & interdictum observarunt, nec
eidem causam dederunt, possunt sepeliri in
loco sacro, etiam specialiter interdicto, tamen sine solemnitate ulla: ex capite: *Quod in
te* de pœnit. & remiss. imò ex capite: *Alma
mater* possunt sepeliri cum officio, & Missa, januis tamen Ecclesiæ clausis: & idem
dicas de Religiosis, qui, ut dixi, in favorabilibus accensentur Clericis.

IV. Persona interdicta non privatur jurisdictione, quam habet: quia hæc privatio
non recensetur inter effectus interdicti. Hinc
interdictus, etiam personaliter denuntiatus,
potest excommunicare, absolvere, indulgentias concedere, &c.

V. In calce videndum superest aliquid
de persona interdicta ab ingressu Ecclesiæ,
quæ privatur exercitio Ordinis Sacri in Ecclesia proinde nequit licitè celebrare, & ministrare Sacramenta.

§. V.

§. V. *De interdicto ab ingressu Ecclesiæ.*

I. QUI est interdictus ab ingressu Ecclesiæ, privatur exercitio Ordinis Sacri in Ecclesia; proinde non potest licitè celebrare, nec Sacramenta ministrare: &
contra agens fit irregularis ex capite: *Is, cui*
de sent. excomm. in 6. Poterit autem celebrare
in Oratorio privato extra Ecclesiam: neque
potest in Ecclesia sepeliri, ità loc. cit. neque
potest in Ecclesia adire officia divina, id est,
ut illa audiat; non autem, si per eam transeun-
do audiat: & si contrà agat, peccat mortaliter; quia deobedit Ecclesiæ in re gravi: non
tamen fit irregularis, imò juxta Suarez disp.
34. num. 36. non peccat, si, dùm recitantur
divina officia, intret Ecclesiam, non auditu-
rus, nec per se privatim oraturus: si autem
officia etiam extra Ecclesiam constitutus audire vellet, vel Missam, quæ in eadem celebratur, graviter deobediret præcepto; quia
formaliter audiret, quamvis materialiter esset extrà. Potest nihilominus hic interdictus
accipere Sacramenta in Ecclesia, dùm officia
non celebrantur; quia circa hoc non est interdictus, sed duntaxat à divinis officiis, &
sepultura. Hactenus dicta de interdicto ab ingressu Ecclesiæ, verificantur etiam de suspensione ab ingressu Ecclesiæ.

§. VI. *De peccato, & pœnis violantium*
interdictum.

I. LAici, violantes interdictum locale generale, vel speciale, mortaliter peccant. Cajetanus tamen verbo: *Interdictum* versùs finem, cui adhærent Navarrus, Sylvester, Valentia, putat, esse solùm veniale, si
desit contemptus, violentia, inductio ut Clerici violent, scandalum, aut alia circunstantia, quæ gravem efficiat violationem. Violantes autem interdictum personale, peccant
lethaliter ex communi, nisi levitas materiæ
excuset à tanto, vel gravis necessitas excuset à toto; quia operantur personaliter contra grave præceptum Ecclesiæ: Cajetanus
ibidem, cui subscribunt Navarrus, Sylvester,
Angelus. Altierius putat, quòd personæ non
specialiter interdictæ peccent tantùm venialiter, nisi addantur circunstantiæ indicatæ.
Violantes graviter, non incurrunt aliam censuram, nisi forte aut cogant aliquem celebrare divina officia in loco interdicto, aut prohibeant, ne interdicti exeant, postquam fuerint admoniti de exeundo; quia tunc incur-

runt excommunicationem, Summo Pontifici
reservatam ex Clement. 2. *de sententia ex-*
comm. quam etiam incurrunt ipsi admoniti,
si nolint exire.

II. Clerici utriusque Cleri, violantes interdictum tàm generale, quàm speciale, tàm
locale, quàm personale, lethaliter peccant
ob de obedientiam &c., nisi levitas materiæ
excuset à tanto. Si tamen metu gravi, aut
diutini carceris, aut verberum, aut amissionis bonorum &c. jubeantur à Principe, ne servent interdictum, Bonacina de Interdict. disp.
5. punct. 7. n. 3. dicit, quòd excusentur; quia
leges positivæ humanæ non obligant cum tanto onere, nisi tamen metus incutiatur in contemptum interdicti, aut interveniat grave
scandalum, ob præceptum naturale, sæpè
dictum, tunc strictè obligans. Cognoscitur
autem tunc juberi in contemptum, ait ipse,
quando Princeps, qui ante interdictum parum
curabat de actionibus, quæ prohibentur, post
interdictum sollicitè vult, ut observentur; &
citat Altierium disp. 8. cap. 6. dub. 2.

III. Clerici, scienter violantes interdictum
per exercitium alicujus Ordinis Sacri, incurrunt irregularitatem, ex cap.: *Is, cui* de
sent. excomm. in 6. alibi: incurrunt item suspensionem ab officio, & consequenter privantur jurisdictione, violando interdictum
locale, ex capite: *Tanta* de exces. Prælat.
videtur tamen hæc suspensio potiùs ferenda, quàm lata: incurrunt item suspensionem
ab ingressu Ecclesiæ violantes interdictum
locale, saltem generale, ex capite: *Episcopo-*
rum de privilegiis. Imò Regulares, non
servantes interdictum locale generale, quando servatur ab Ecclesia Cathedrali, aut Matrice, aut Parochiali, incurrunt ipso facto
excommunicationem, etiamsi interdictum sit
irritum; ex Clement. 1. *de sent. excomm.*
Triplici modo à Clericis utriusque Cleri violatur interdictum: primo, si interdicto ligatus functiones sacrorum Ordinum exerceat: secundo, dùm, etsi non sit ipse interdictus, illas exercet in loco interdicto: tertio, dum, etsi nec ipse, nec locus sit interdictus, confert Sacramenta personæ interdictæ: & in primis duobus casibus incurrit
irregularitatem, in tertio autem multi dicunt, quòd non incurrat; quia hic casus
non est expressus in Jure.

IV. Ex his infertur, Sacerdotem celebrantem, aut ministrantem Sacramenta in loco
interdicto, quæ tempore interdicti prohibentur, fieri irregularem, etiamsi ministret
in illis solemnitatibus, in quibus, ut vidimus, Cco mus,

mus, permittuntur divina officia; quia, his permissis, non permittuntur Sacramenta. Imò fit irregularis, etiam aspergendo solemniter populum cum: *Asperges me* &c. & faciendo benedictiones solemnes, superiùs memoratas, & recitando divina officia solemniter.

· V. Clerici, violantes interdictum per aliquam actionem non propriam Ordinis sacri, quamvis mortaliter peccent, non incurrunt irregularitatem: proinde neque pulsando campanas, neque recipiendo Sacramenta, neque assistendo privatim matrimonio, neque baptizando sine solemnitate, illam incurrunt; quia hæ actiones non sunt propriæ Ordinis sacri: illam autem incurrunt, si celebrent in altari interdicto, si sponsos benedicant, si solemnitates Baptismi exerceant; quia sunt actiones Ordinis sacri. Nota, Clericum interdictum, & celebrantem in loco interdicto, duplicem incurrere irregularitatem, necessariò exponendam pro dispensatione; quia duplici actione Ordinis sacri violat censuram: celebrans verò coram persona interdicta, non incurrit tertiam irregularitatem.

VI. Clerici, communicantes cum nominatim interdictis in illis actionibus, à quibus sunt interdicti, peccant lethaliter, sicut etiam Clerici habentes regimen illius Ecclesiæ, & hanc communicationem permittentes; secùs autem, si communicent in solis civilibus aut, cum interdictis non nominatim denuntiatis: dicuntur autem nominatim denuntiati, qui aut nomine proprio significantur, aut nomine sui officii, vel alio signo, talem personam denotante.

§. VII. *De relaxatione interdicti.*

I. INterdictum, latum ad tempus, aut sub conditione, elapso tempore, aut impleta conditione, cessat; ad differentiam lati absolutè, ad cujus relaxationem requiritur absolutio, quam multi affirmant necessariam etiam pro lato sub conditione. Interdictum locale non cessat, si destruatur locus, aut incendatur; quia remanet solum, in quo fundabatur: proinde, si incendatur Ecclesia interdicta, in ejus solo nequit quis sepeliri: ità cum Suarez disp. 38. sect. 1. num. 13. etiam alii.

II. Interdictum generale, latum in aliquam communitatem, si dissolvatur communitas, cessat quoad personas innocentes, non quoad reas; quia in tantum innocentes tenebuntur, in quantum erant pars illius communitatis,

qua soluta, non ampliùs tenentur: non sic personæ reæ; quia respectu istarum est interdictum personale, quod comitatur personam ubiquè.

III. Episcopus absolvere potest ab interdicto locali, lato à Jure; quia non est reservatum, ex capite: *Nuper* de sentent. excomm. itèm etiam à personali, si sit occultum, neque Pontifici reservatum, ex eodem capite. Non potest autem, si fuerit latum à Pontifice. Parochus verò duntaxat potest absolvere ab interdicto personali particulari non reservato, ex eodem capite.

IV. Interdictum non tollitur, quamvis Superior, qui illum intulit, non observet, & inferiores tenentur illud observare; quia non datur sufficiens ratio judicandi fuisse sublatum: ita Altierius disp. 10. c. 6. & disp. 11. c. 6. & alii contra alios oppositum docentes.

CAPUT VI.

De Cessatione à divinis.

§. UNICUS. *De notione Cessationis à divinis; & de causis, & effectibus ejusdem.*

I. CUM Cessatio à Divinis quamdam convenientiam habeat cum interdicto, idcirco de eadem hìc disserimus: & est prohibitio Ecclesiastica, qua Clerici cessare debent ab Officiis Divinis, & ab administratione Sacramentorum, & sepultura laicorum in loco sacro. Et est duplex, alia generalis, qua prædicta prohibentur in aliquo Regno, civitate, oppido, rure: alia particularis, qua prædicta vetantur alicui particulari Ecclesiæ, vel aliquibus Ecclesiis. Cessatio non est propriè censura; quia est simplex prohibitio, & violantes ipsam, peccando lethaliter, non incurrunt irregularitatem. Regulares tamen ipsam non servantes, quando eam servat Ecclesia Matrix, aut Parochialis loci, incurrunt excommunicationem ex Clement. 1. *de sentent. excomm.* qui etiam tenentur illam observare, quando est generalis, quamvis non servetur à Matrice: vide Altierium de Interdicto disp. 2. c. 1. & 2. Cessatio numquam incurritur ipso facto, & semper comminatoriè fertur.

II. Cessationem possunt inferre Pontifex, Episcopus, & Capitulum, Sede Vacante, & Concilia. Fertur hoc modo: Nos, ob talem causam, præcipimus, talem civitatem, aut Ecclesiam abstinere à Divinis Officiis, ab administratione Sacramentorum, & à sepultura lai-

laicorum in loco sacro. Motivum illam inferendi debet esse etiam gravius motivo interdicti, cùm privet majoribus bonis, ut statim videbitur.

III. Primus effectus cessationis est prohibitio, ob quam Clerici abstinere debent ab Officiis Divinis, & Horis publicè recitandis, à celebratione Missarum, quin observari possit moderatio, quæ conceditur tempore interdicti, & quam attulimus in capite antecedenti §. 3. num. 2. & seqq. undè in cessatione numquam celebranda sunt prædicta. Licet tamen pulsare campanam ad salutationem Angelicam, & ad alia, quæ non sint Officia, vel Missæ. Licitum est, unam duntaxat Missam cum uno tantùm serviente semel in hebdomada celebrare ad renovandam Eucharistiam pro infirmis, ex capite: *Quod in re*. Licitum est, privatas orationes facere etiam in Ecclesia: & qui tenentur ad Horas, palàm est teneri privatim illas persolvere. Imò, si quis ex privilegio speciali posset Missam celebrare, nemo laicorum posset illam audire.

IV. Secundus cessationis effectus est privatio Sacramentorum: excipiuntur, ex benigna, & communiori Doctorum interpretatione, si tamen vera sit, Sacramenta Baptismi, Pœnitentiæ, Confirmationis, & Eucharistiæ, pro morientibus deferendæ cum solito comitatu, ob reverentiam eidem debitam. Dixi: si hæc interpretatio vera sit; quia in rigore Juris, solum Baptisma pro parvulis, & sola Pœnitentia pro morituris conceditur, & nil aliud.

V. Tertius cessationis effectus est privare laïcos sepultura sacra; qua non privantur Clerici, ex dicta interpretatione Doctorum, si iterum vera sit, dummodò sepeliantur sine solemnitate funebri. Dixi: si vera sit; quia non invenitur in Jure, sicuti invenitur pro tempore interdicti. Isti efectus restringi non possunt; aut alterari ab Episcopo, illam inferente; ex capite: *Non est vobis* de sponsalibus.

VI. Violantes cessationem, ut dixi, peccant lethaliter, non tamen incurrunt irregularitatem. Regulares tamen, ut dixi num. 1. excommunicationem contrahunt. Ille, propter quem lata fuit cessatio, & noluit ad præviam monitionem desistere à delicto, tenetur restituere damna Clericis obventa circa distributiones, & alia Ecclesiastica lucra; quia fuit causa efficax horum damnorum. Cùm autem cessatio feratur ab homine, ab eo tolli potest, qui illam intulit.

CAPUT VII.

De Irregularitate.

§. I. *De notione, & divisione Irregularitatis generatim; nec non de effectibus ejusdem.*

I. IRregularitas est impedimentum canonicum, proveniens ex defectu, aut delicto, impediens directè hominem baptizatum à susceptione Ordinum Ecclesiasticorum, aut eorumdem usu, ob reverentiam debitam rebus divinis. Dicitur impedire hominem baptizatum; cùm hic solus sit capax Ordinum: dicitur impedire directè, ut distinguatur à censuris; tùm quia censuræ privant ratione delicti, non sic semper irregularitas; tùm quia censuræ finis est resipiscentia delinquentis, irregularitatis autem finis est reverentia divinorum; tùm quia censuræ etiam feruntur ab homine, irregularitates verò solùm à Jure. Nota, nomine Ordinum intelligi etiam primam Tonsuram ex capite: *Cum contingat* de ætate, & qualitate Ord. & ex decisione sac. Rotæ 3. Junii 1583.

✠ Utique, sicut Auctor censet, irregularitas à solo Jure, & non ab homine induci potest. Quare jus instituendæ irregularitatis soli Ecclesiæ, vel Romano Pontifici competit, cum illis solùm competat Jus canonicum & commune condere. Hinc colligendum est, nullam esse irregularitatem, quæ vel peculiaribus Diœceseos statutis, vel ipsa simplici consuetudine introducatur. Legatur S. P. Benedictus XIV. *De Synod. Diœces. lib. 11. cap. 3. num. 6. &. 7.*

II. Irregularitas duplex est; una ex defectu, & indecentia, quæ nullum præsupponit delictum; & habet sex origines, nempè, ex defectu animi, ex defectu corporis, ex defectu natalium, ex defectu libertatis, ex ætatis, ex defectu Sacramenti, quæ est bigamia, & ex defectu lenitatis. Altera est ex delicto, seu facto criminoso, & habet quinque origines, nempè, ex iteratione Baptismi, ex indebita susceptione & usu Ordinis, ex actu infidelitatis, aut hæresis, ex infamia, & ex homicidio illicitè patrato. Neta, quòd ad incurrendam irregularitatem ex delicto requiritur culpa mortalis, externa, consummata; neque excusat ab ea incurrenda ignorantia invincibilis; quia non est propriè censura, sed impedimentum inhabilitans.

Ccc 2 * Con-

* Concors est Thologorum sententia, irregularitatem ex *defectu* contrahi etiam ab homine, illam invincibiliter ignorante. At circa irregularitatem ex *delicto* non una est communium opinio. Sylvius *in Supplem. quæst. 21. art. 4.* hæc habet, *An ea irregularitas, quæ est ob peccatum, incurratur ab ignorante illam, dubitatur. Navarrus negat, ne improbabiliter, quantùm ad forum conscientiæ: in foro autem externo non facilè admittitur talis excusatio.* Videatur idem Sylvius *tom. 5. resol. variar. verbo Irregularitas cas. 8. conclus. 1. & 2.* & relegatur Auctor suprà *cap. 1. de Censuris generatim § 7. num. 2.*

III. Primus irregularitatis effectus est impedire susceptionem Ordinum, etiam Tonsuræ, & usum Ordinum susceptorum, ità ex capite: *Curandum* dist. 24. & alibi: validè tamen suscipiuntur, quamvis illicitè mortaliter: & quando irregularitas est totalis, impedit ab usu omnium: quando partialis, impedit ab usu illius, cui exercendo positum est impedimentum, puta, si Sacerdoti amputetur digitus pollex, est irregularis respectu Missæ celebrandæ, non respectu aliorum Ordinum, quos ministrare potest. Irregularitas etiam totalis non prohibet ab illis actibus sacris, quos etiam laicus exercere potest, puta, recipiendi Sacramenta, excepto Ordine, baptizandi privatim in necessitate &c. Violans irregularitatem, non incurrit aliquam censuram; quia non habetur in Jure: peccat tamen lethaliter, propter inobedientiam Ecclesiæ in re gravi.

IV. Alter effectus irregularitatis, est reddere incapacem beneficiorum: quæ invalidè recipit irregularis, nec recepta in eo statu retinere potest, nisi, obtenta priùs dispensatione ab irregularitate, procuret, ut sibi denuo conferantur; quod verum est, etiamsi irregularitas sit occulta: & idem dicendum de pensione Clericali, nec non de dignitatibus, & prælaturis Regularium. Si autem irregularitas accidat post jam possessum beneficium, vel pensionem, juxta communiorem cum Navarro cap. 27. num. 249. & Suarez disp. 44. sect. 4. n. 33. non privat illum ipso facto suo beneficio, nec fructibus, ex capite: *Minor* dist. 50. dummodò oneribus vel per se, vel per alium satisfaciat. Irregularis tamen ob homicidium, debet privari beneficio ex Trid. sess. 14. cap. 7. de Reform.

V. Irregularis non potest licitè exercere actus jurisdictionis, qui sunt etiam Ordinis,

puta, absolvere à peccatis, benedicere solemniter, &c. illos autem, qui sunt simplicis jurisdictionis, non prohibetur facere: undè potest delegare ad ministrandam pœnitentiam, potest matrimonio assistere, potest excommunicare, & absolvere à censura; quia isti sunt solius jurisdictionis, qua non privatur irregularis.

VI. Confessio facta irregulari est valida, si fiat bona fide, & ignorando ejus irregularitatem: aliter scienter facta sine necessitate, est sacrilega; quia confitens cooperatur peccato mortali confessarii irregularis: si autem fiat eidem nominatim denuntiato irregulari, est invalida; cùm sit vitandus.

VII. Dubitans de irregularitate, si dubium sit Juris, nempè, an extet lex vetans hanc actionem, postquam diligenter perquisierit, & dubium tolli nequeat, potest se tanquam non irregularem gerere; quia, adhibita necessaria diligentia, si non invenis legem, laborat ignorantia inculpabili, quæ reum non efficit transgressorem legis, quæ in casu non est sufficienter proposita. Si autem sit dubium facti, nempè, sciendo extare legem contra talem actionem, dubitet, an tale factum egerit, debet se gerere ut irregularem, quamvis, post adhibitam diligentiam, nequeat dubium tolli, ut probabilior docet cum Garcia part. 7. c. 1. n. 18. ex cap.: *Significasti*, & ex cap.: *Ad audientiam* de homicidio; quia etiam in foro externo in dubio facti judicatur irregularis, & quamvis illud caput: *Ad audientiam* loquatur de irregularitate propter homicidium, ex eo tamen deducitur fundamentum pro aliis irregularitatibus. Undè, qui, v. gr. dedit potionem fœminæ ad abortum, & dubitat, an fœtus fuerit animatus; sicut etiam consulens homicidium, si dubitet, an habuerit effectum, debent se tenere ut irregulares.

§. II. *De Irregularitatibus in particulari; & primò & defectu animi, & corporis.*

I. A Mentes sunt irregulares, etiam Jure naturali, utpotè omnino incapaces Ordinis, Illiterati, qui nil sciunt latini idiomatis, sunt irregulares, Jure saltem positivo; cùm plures asserant etiam naturali Jure; & quamvis recipiant characterem, illo uti licitè non possunt: tolletur autem irregularitas per acquisitionem scientiæ necessariæ. Neophyti, qui adulta ætate Christi fidem recenter susceperunt, sunt irregulares ex distinct. 48. cap. 2. & 2. & ex capite; *Neophytus* 61. ibidem.

Dis-

Discernere verò, quando Neophyti sint promovendi, spectat ad Episcopum respectu Ordinum conferendorum, & ad Pontificem respectu Episcopatus conferendi: dispensare autem cum Neophytis spectat ad Pontificem; cujus est dispensare in irregularitate ex defectu.

II. Defectus corporis tunc efficit personam irregularem, quando impedit, ne usus & exercitum Ordinis decenti modo peragi possit ; aut talem inducit deformitatem, ut vel horribilem, vel contemptibilem efficiat personam. Proptereà, qui caret lumine oculi sinistri, qui caret omninò altero oculorum, est irregularis : non tamen, si careat visu oculi dexteri, si habeat utrumque oculum integrum : item, qui caret naso, etiam ob infirmitatem, quæ supervenerit, vel habeat ità deformem, ut risum, vel horrorem excitet; qui habet labia multùm corrosa, & abscissa ; qui linguam ità innodatam habet, ut vix possit integra verba proferre; qui dentes ità prominentes habet, ut ore egrediantur, & deformitatem magnam inducant: item surdus utraque aure antequam ordinetur ; si verò evadat post Sacramentum, potest Missam celebrare submissè: qui autem caret auriculis exterioribus, etiamsi audiat, est irregularis : item si gibbosus nimis deformis sit, aut ventrem habeat immaniter turgidum, aut crura enormiter distorta, aut careat aliquo pede: item, qui sine baculo incedere non potest neque ad altare : qui est hermaphroditus, aut dœmoniacus, aut laborans' morbo caduco, aut gallico, exteriùs apparente, aut lepra, aut caret aliquo corporis membro visibili, (aut etiam occulto ob sui culpam) sunt irregulares.

III. Notandum tamen, quòd non eodem modo defectus corporis impediunt ab Ordine suscipiendi, & ab exercendo jam accepto; nàm, si superveniat Ordinibus jam susceptis, non semper impedit ab eorumdem exercitio: proinde, si Sacerdoti accidat morbus, quo amittat aliquod membrum, dummodo non reddatur multùm deformis, aut inhabilitetur ad sua munera, poterit illa præstare, vel saltem illa, ad quæ remanet habilis, si ab aliquo impediatur : itaquè, qui privatur digito pollice, quamvis non possit amplius celebrare, cùm hostiam elevare non possit; poterit absolvere, benedicere, canere Evangelium, &c. Circa hæc tamen, in casibus ocurrentibus consulendi sunt viri pii, & docti : at ad Episcopum spectat judicare ; & si opus fuerit, privilegium à S. Sede petendum erit.

§. XXV. De defectu natalium.

I. Illegitimè, id est, non ex legitimo matrimonio, quamvis occulti, sunt irregulares ex cap. 1. de fil. presbyt. Qui nascitur ex matrimonio nullo ob impedimentum dirimens, occultum tamen, quod ab altero conjuge ignoraretur, non est illegitimus, ex capite: Pervenit, & ex capite: Ex tenore qui filii &c. dummodò connubium fuerit in facie Ecclesiæ celebratum : ità multi contra Cajetanum, & Suarez, contendentes utrumque conjugem debere esse ignarum. Expositi, quorum genitores ignorantur, sunt irregulares. An autem irregularem se credere debeat ille, cui mater asserit cum juramento in articulo mortis, esse illegitimum ; putarem, affirmativè respondendum contra non paucos, oppositum, profectò nimis animosè, docentes; quodnam enim testimonium validiùs matre Catholica moritura, id cum juramento affirmante ?

II. Isti illegitimi evadunt legitimi per subsequens genitorum matrimonium, & habiles ad Ordines, & dignitates Ecclesiasticas, excepto Cardinalatu, ut statuit Sixtus v. in suo motu proprio : ut tamen per subsequens matrimonium legitimentur, requiritur, quòd tàm tempore conceptionis, quàm nativitatis, potuerint genitores matrimonium cotrahere ; nàm, si tunc non potuissent contrahere, subsequens matrimonium illos non legitimat, ità communior & probabilior ex capite: Tanta, qui filii sint, &c. Undè neque spurius, id est, natus ex adulterio, aut ex incestu, aut ex sacrilegio ; neque, manzer, id est, natus ex meretrice, incerto patre, legitimari possunt, saltem ad Ordines.

III. Illegitimus, suscipiens Ordines sine dispensatione, peccat mortaliter, quia agit contra præceptum grave Ecclesiæ ; & privatur executione Ordinum susceptorum: nullam tamen pœnam incurrit, juxta Navarum cap. 27. num. 96. contra nonnullos.

IV. Irregularitas ex defectu natalium tollitur primò per legitimationem, factam à Pontifice, ex qua legitimatus remanet habilis ad ordines, & beneficia ubiquè ; atque in ditione S. Petri etiam, ad dignitates seculares, & ad hæreditatem, absque præjudicio tamen tertii, ex capite : Venerabilem. Dixi: per legitimationem, & non per dispensationem ; quia, quando tollitur per dispensationem, evadit habilis ad solos actus in in dispensatione expressos : quia dispensatio cùm sit odiosa, utpotè contra Jus commune, strictè interpretatur ; quando verò tollitur per legitimationem, evadit habilis ad omnia, ac si esset legitimus. Legitimatus autem à potestate seculari, non redditur habilis ad Ordines, Beneficia, aliasve res Ecclesiasticas. Secundò tollitur dicta irregularitas per professionem religiosam ; ex qua remanet habilis ad Ordines, non verò ad Prælaturas, etiam suæ Religionis, ex cap.: 1. de fil. Presbyt. & quoad hoc solus Pontifex dispensare potest ; nisi fortè in aliqua Religione extaret privilegium Papæ, quod me latet : neque sit habilis ad hæreditatem, juxta probabiliorem ; quia id ex nullo Jure constat. Tertiò tollitur per dispensationem Papæ, quæ, ut dixi, strictè est interpretanda, & potest dispensare ad quod sibi placuerit. Episcopus autem potest duntaxat dispensare quoad Ordines minores, & quoad unum beneficium simplex, quod non requirat Ordinem Sacrum ex capit. : de fil. Presbyt.

✠ Necessitas recurrendi ad summum Pontificem pro dispensatione ad Ordines Sacros & beneficia duplicia locum habet, etiamsi illegitimitas omnino occulta sit. Ubi tamen irregularitas penitùs occulta est, haùd necesse est ut ad Datariam, sed sufficit, ut ad Pœnitentiariam recurratur. In hac verò dispensatione petenda omnino exprimendum est, àn illegitimus sit ex soluto & soluta; ex soluta & conjugato ; ex Sacerdote, àn ex laico ; tùm quia, qui ex graviori nati sunt crimine, difficiliùs dispensantur ; tùm quia iidem aliquando duplici egent dispensatione. Sic illegitimus, qui in eadem Ecclesia, in qua pater suus Sacerdos beneficium habet vel habuit, beneficium habere vult, indiget dispensatione gemina, qua & ad beneficium ut sic, & ad beneficium in tali Ecclesia obtinendum idoneus reddatur. Ità Petrus Collet Inst. Theol. tom. 3. tract. de Irregul. p. cap. 1.

§. IV. De defectu ætatis ; & libertatis.

I. DEfectus legitimæ ætatis, ad suscipiendos Ordines requisitæ, inducit in ordinato irregularitatem, quandiù defectus durat: ex canon. 1. dist. 50. & cap. ult. de tempore Ordinat. Tollitur hæc irregularitas, adveniente ætate præscripta, juxta plures; & certè ex dispensatione Pontificis. Ordinatus ante legitimam ætatem remanet ipso facto

suspensus ab executione Ordinis, ex Constit. Pii II. Cum ex Sacrorum : quòd si Ordinem exequatur, incurrit novam irregularitatem, ob violationem suspensionis.

✠ Irregularitas ex defectu ætatis non potest contrahi per nimiam, & decrepitam ætatem. Si tamen talis sit senectus, ut in morbum declinet, sive æquivaleat, ità ut obstet, ne sacræ functiones eo quo par est modo exerceri possint, tunc instar morbi perpetui pariet irregularitatem ; vel si mavis, ait Collet loc. sup. cit. cap. 4. concl. 2. incapacitatem quamdam. in qua, utpote quæ Juris naturalis esse possit, nec ipse Pontifex dispensare queat.

II. Defectus libertatis primò evenit in conjugato, qui non potest sine uxoris licentia recipere Ordines ; & illos recipiens, incurrit irregularitatem ex extravag.: Antiquæ de voto ; & remanet suspensus ab Ordinibus susceptis, & ab aliis suscipiendis, & inhabilis ad obtinenda officia, & beneficia, ex eadem extravaganti.

III. Secundus defectus libertatis contingit in mancipiis, quæ in eo statu sunt irregularia, ex titulo de servis in ord. dist. 53. Si tamen ordinentur de consensu expresso, vel tacito sui domini, evadunt libera, ex cap.: Si servus, sciente dist. 5. Si absque dicto consensu recipiat minores Ordines, remanet adhuc mancipium ; si verò recipiat majores, evadit liberum, dummodò vel se redimat, vel aliud mancipium substituat; aliter remanet mancipium, & debet servire in iis, quæ non dedecent Ordines susceptos. Episcopus autem, qui illud scienter ordinavit, peccavit mortaliter, & tenetur reddere domino duplicatum pretium, aut duos substituere servos: ità ex capite : Si servus, absente domino dist. 54. quæ pœna, cùm sit non mera pœna, sed consonans æquitati naturali, debet solvi ab Episcopo ante omnem sententiam, juxta probabiliorem Suarez disp. 5. sect. 3. Si verò Episcopus omnino bona fide egit, tenentur ad dictam pœnam cooperatores scientes : si autem & isti bona fide egerint, tenetur mancipium ad eamdem pœnam, vel saltem ad aliud substituendum suo loco, ex cap. : Ex antiquis dist. 64. Si demùm sit ordinatum ad Sacerdotium, non debet redigi in servitutem, se compelli ad satisfaciendum meliori modo, quo potest, ex laudato capite : Ex antiquis, & capite : Frequens dist. 54.

IV. Tertius libertatis defectus contingit in obligatis ad ratiocinia, qui sunt irregula-

la-

lares, quousquè tales sint; & tenentur reddere rationem administrationis publicæ vel privatæ, ut Thesaurarii, Depositarii æris publici, Advocati, Magistratus, Judices, & alii forenses obligati : itèm Tutores, Curatores, Procuratores, ex cap. 1. & 2. *Ne Clerici vel Monachi.* Qui autem gerunt administrationem personæ Ecclesiasticæ, vel personarum miserabilium, ut viduarum, pupillorum, pauperum, causarum piarum &c. non afficiuntur hoc impedimento ex cap.: *Pervenit* dist. 86. sicuti neque, qui sunt obstricti absque ulla administratione reddere rationem de aliquo contractu; nisi fortè, antequam promoveantur, vel in ipsa promotione moveatur lis in dolo, aut infidelitate in contractu; tunc enim debent se prius litè expedire, neque promoveri, antequam hæc terminetur: qui autem, finita administratione, & expletis ratiociniis, remanet debitor, & sufficientem dat cautionem de solvendo, juxta communiorem non est irregularis, contra nonnullos, sustinentes, quòd si remaneat debitor Reipublicæ, nondum sit immunis ab irregularitate; quæ opinio mihi non displicet.

V. Quartus libertatis defectus evenit in Curialibus, deservientibus in Curia Principis ex obligatione, qui, quandiù tenentur, sunt irregulares, ut docet communis. Sicut etiam feudatarii illi, qui sunt obstricti personaliter servire suo domino: nec non alii ministri agentes causas civiles, nisi priùs officiis illis se abdicent.

§. V. *De defectu bigamiæ.*

I. TRriplex est bigamia; prima vera, quando quis verè matrimonium init & consummavit cum pluribus uxoribus successivè. Secunda est interpretativa, quæ multis modis contingit; primò, quando jam conjugatus invalidè nubit alteri, & consummat. Secundò, quando habita una uxore, eaque defuncta, matrimonium contrahit cum altera cum impedimento dirimente, & illud consummat maritali affectu; qui enim nubit secundæ cum consensu ficto, ut copulam obtineat, non est bigamus, quamvis graviter peccet. Tertiò, quando duo matrimonia cum impedimento dirimente contraxit, illaque consummavit. Quartò, si cum fœmina non virgine contrahit matrimonium, quamvis invalidum ob latens impedimentum, illudque consummat: ità ex capitibus: *Nuper* de bigamis, *Maritum* dist. 3. *Curandum* dist.

24. Quintò, quando quis, contracto matrimonio cum virgine, illud consummat, postquam illa adulterata fuit cum alio, etiam coacta, ex capite: *Si cujus,* & ex capite: *Laici* dist. 3. Sextò, si uxorem cognoverit, postquàm fuerit adulterata, ibidem. Ratio omnium est; quia in omnibus dictis casibus matrimonium deficit aliquo modo à perfecta significatione unionis Christi cum Ecclesia. Tertia est bigamia similitudinaria, quando quis post emissum votum, non simplex, sed solemne castitatis, matrimonium celebrat, illudque consummat; ex capite: *Quotquot* dist. 27. quæst. 1. & ex cap.: *Nuper* de bigamis. Et omnes istæ bigamiæ efficiunt irregularem.

II. Irregularitas propter bigamiam dispensatur à Pontifice; quia non est de Jure divino impedimentum, sed de Jure Ecclesiastico, quamvis à D. Paulo. 1. ad Timoth. 3. ponatur inter requisita ad Episcopatum: ponitur enim non ut constituta à Christo, sed ut imposita ab ipso Apostolo; ità interpretante Ecclesiæ praxi verba Pauli. Nota, quod in supplicatione pro dispensatione necessarium est exponere qualitatem bigamiæ, àn veræ, àn interpretativæ, àn similitudinariæ: quamvis optimum etiam sit exponere multiplicitatem matrimoniorum initorum, quod à multis non creditur necessarium. Episcopus autem creditur, posse dispensare in irregularitate ob bigamiam duntaxat similitudinariam, ut aparet ex capite 1.: *Qui Clerici, vel voventes.*

III. Bigamus, qui fuit initiatus minoribus Ordinibus, non gaudet privilegio Clericorum; ex capite unico *de bigamis* in 6. Si autem sit initiatus Ordine Sacro, gaudet; cùm enim nequeat vitam ducere ut laicus, sed clericalem, gaudere debet Clericorum privilegiis. Circa irregularitatem ex defectu lenitatis dicetur opportuniùs in §§. 10. 11. 12.

§. VI. *De irregularitatibus ex delicto; & primò de infamia.*

I. CUM infamia sit publica mala opinio de vita & moribus alicujus; alia est Juris, alia facti : infamia Juris incurritur propter aliquod crimen, cui in Jure aut canonico, aut civili, imposita est pœna infamiæ, quæ delicta recenset Suyrus lib. 7. cap. 11. & sunt : apostasia à fide; hæresis, ejusque favor; raptus mulierum: perjurium in judicio; simonia; sodomia; crimen læsæ Majestatis; usu-

ra;

ra; duellum ; bigamia simultanea ; lenocinium; persecutio Cardinalium; pugna publica cum feris. Ut autem hæc infamia incurratur, debet crimen esse notorium majori parti viciniæ, collegii, aut loci, in quo quis degit. Plures cum nostris Sylvestro verbo *Crimen* quæst. 2. num. 3. & Donato 1. s. tract. 5. q. 21. num. 5. apud P. Lucium Ferraris verbo *Hæreticus* num. 43. excipiunt hæreticum, qui quamvis occultus, probabilius est, quòd incurrat irregularitatem; tùm quia Jura non distinguunt; tùm præcipuè, quia Clemens VII. concessit Inquisitoribus facultatem dispensandi in irregularitate ob hæresim occultam: igitur eam incurrit hæreticus occultus. Propterea emendandum est, quod diximus in prima editione. Item infamia Juris incurritur per difinitivam sententiam judicis, condemnantis aliquem de crimine infamiam inferente, puta, furto: item, quando reus confessus fuit crimen suum in judicio: unde Juris infamia incurritur per notorietatem facti, vel per sententiam judicis, vel per confessionem rei. Infamia autem facti evenit ob commissionem criminis, quod apud prudentes viros infamans censetur, & innotescit majori parti viciniæ, loci &c. Infamia itaque tàm Juris, quàm facti, proveniens ex delicto, efficit hominem irregularem, ex capite: *Infames* 2. part. quæst. 1. causa 6.

II. Infamia facti tollitur per emendationem notoriam vitæ, & morum. Infamia Juris tàm Ecclesiastici, quàm civilis, tollitur à Pontifice ; civilis verò solius à Principe. Infamia orta ex adulterio, & delictis illo minoribus, potest tolli per Episcopum. Infamia ob quodvis delictum patratum ante Baptismum tollitur per idem Baptisma.

III. Infamis in uno loco, ubique est talis; nam alioquin frustraretur finis legum infamiam infligentium. Adjunt Auctores, infamiam, quæ hominem inhabilem reddat ad ordines, oriri etiam ex professione alicujus artis aut officii, habiti communiter apud prudentes ignominiosi, puta, lictoris, mimi, histrionis, &c. non autem transfunditur in eorum filios, nisi aliunde reddantur indigni, sicuti transfunditur in filios proditoris Principis ; in filios injicientis manus violentas in Cardinalem ; & in filios hæreticorum ; ex cap. : *Ad legem Juliam* Majest. & ex capite : *Salicis* de pœnis. Hinc collatio beneficii facta infami, utpote irregulari, est invalida.

* Duo observanda occurrunt cum Continuatore Tournely *tract. de Irreg. part.* 2.

cap. 6. circa ea, quæ docet Auctor *numeris præcedentibus.*

Primum est, quòd Episcopus non potest dispensare in infamia, orta ex adulterio, & delictis illo minoribus, ut quis de novo ad Ordines vel Beneficia promoveatur, sed tantùm ut acceptis uti possit. Vide Interpretes in cap. 4. *de Judiciis*, Barbosam, & Salmanticenses.

Secundum est, quod infamia facti tollitur per mutationem loci; quia implicat, eum, qui alicubi ignotus est, ibidem infamem esse, præsertim cum ex Jure, *tamdiù debeat quisque præsumi bonus, donec non constet eum esse malum.* Infamia verò juridica sive tollatur per loci mutationem, sive non, non tollitur irregularitas indè contracta; quia irregularitas est impedimentum personale, & perpetuum, cùm illimitatè ponitur à Jure : atqui impedimentum hujus generis personam ubique comitari debet, donec idem tollatur auctoritate, qua constitutum est. Confirmatur; quia alioqui Jus, irregularitatem hanc decernens, facilè eluderetur. Ità Ugolinus *cap.* 60. §. 6. Plura de infamia, & irregularitate, quæ ex ipsa oritur, nec non de ejusdem dispensatione videsis apud Suarezium *tom.* 20. *de Censuris disp.* 48.

§. VII. *De irregularitate ob iterationem Sacramentorum.*

I. ITeratio culpabilis Baptismatis tàm in ministrante, quàm in recipiente, inducit irregularitatem, & tot irregularitates, quoties iteratur ; & comprehenduntur etiam omnes ex officio adsistentes huic reiterationi; ex cap. : *Litterarum* de Apostatis, & ex cap. : *Confirmandum* dist. 30. Debet itaque intervenire culpa, cùm irregularitas hæc infligatur in pœnam; & privat rebaptizantem promotione ad superiores Ordines, ex laudato capite : *Litterarum.*

II. An incurratur in iteratione Confirmationis, & Ordinis, disconveniunt Doctores. Sancto Antonino 3. p. tit. 28. cap. 6. & aliis nonnullis videtur, incurri ob identitatem motivi: aliis autem communiùs videtur, quòd non incurratur ; quia de his Sacramentis nil exprimitur in Jure.

III. Ab hac irregularitate, propter iterationem publicam, solus Pontifex dispensat: si autem fuerit occulta, etiam Episcopus juxta concessionem, sibi factam à Tridentino sess. 24. cap. 6. circa irregularitates ex delicto occulto.

§. VIII.

§. VIII. *De irregularitate ob indebitam susceptionem, & indebitum usum Ordinum.*

I. EXcommunicatus majori excommunicatione, si scienter, vel cum ignorantia vincibili recipiat Ordines, incurrit irregularitatem ex cap. : *Cum illorum* de sent. excomm. in 6. ultra suspensionem ab Ordine suscepto, ut alibi diximus: eademque incurrit etiam suspensus & interdictus, Ordines suscipiens juxta probabiliorem Sylvestri verbo *irregularitas*, & Altierii de interdicto disp. 9. cap. 1. Item, qui eadem die, non advertente Episcopo, suscipit duos Ordines Sacros, vel aliquem minorem cum Subdiaconatu, præter suspensionem, incurrit irregularitatem ex cap. 23. *de eo, qui ordinem furtivè suscipit.* A qua, si delictum sit occultum, potest Episcopus dispensare, si autem publicum, solus Pontifex.

S. P. Benedictus xiv. *de Synod. Diœc.* ☞ *lib. 12. c. 3. n. 6.* refert ,,quòd in nonnullis ,,Diœcesibus eousque processerat Clericorum ,,audacia, ut, quamvis suspensione irretiti ab ,,exercitio se abstinerent Ordinum, quibus ,,erant initiati, attamen nulla impetrata ab- ,,solutione à censura, ad superiorem Ordinem ,,ascendere non dubitarent. Episcopi, *sub- ,,dit*, in quorum Diœcesibus hæc frequen- ,,tiùs eveniebant, ad eorum sacrilegam co- ,,hibendam temeritatem, cùm inutilia exper- ,,ti fuissent alia, quæ jam adhibuerant, re- ,,media, quæsierunt à nobis, in minoribus ,,tunc constitutis, àn sibi fas esset eos Sy- ,,nodali decreto declarare irregulares. Huic ,,interrogationi (sic *seq. num. 7.*) indubitan- ,,ter respondimus, id nequaquam ab Episco- ,,pis posse decerni; apud omnes enim Cano- ,,nistas principii loco est, irregularitatem à ,,solo Jure, & non ab homine induci posse: ,,à Jure autem irregularitate quidem afficiun- ,,tur, qui, contempta, qua ligantur, censu- ,,ra, in suscepto Ordine ministrant : nun- ,,quam verò irregulares pronuntiantur, qui ,,cùm ejusdem censuræ vinculo ad superio- ,,rem Ordinem ascendere præsumunt. Scimus ,,enim verò, *inquit*, non desuisse Doctores, ,,quibus vi um cùm fuerit, ascensum ad al- ,,tiorem Ordinem quoddam esse exercitium ,,inferioris Ordinis jam suscepti; idcirco do- ,,cuere, irregularitatem à Jure, in primo ca- ,,su irrogatam, etiam secundum complec- ,,ti... Sed simul non ignoramus, veriorem,

P. CUNIL. THEOL. MOR. T. II.

,,& communiorem esse sententiam opposi- ,,tam, quæ, quamquàm sacrilegii reum fatea- ,,tur, qui, sciens se censuræ vinculo obstric- ,,tum, superioris Ordinis gradum audacter ,,conscendit, eum tamen ab irregularitate ,,absolvit; quam quidem sententiam ample- ,,xata est Sacra Congregatio Concilii in *Ca- ,,rinolen. seu Napolitana Ordinationibus, ,,die 31. Januarii 1688.* siquidem, recipiens ,,altiorem Ordinem, non nisi improprie dici- ,,tur solemniter ministrare in inferiori Ordi- ,,ne, à cujus exercitio est suspensus : in hac ,,autem materia odiosa, & pœnali, non cen- ,,setur cadere sub legis censuram, quod non ,,nisi improprie verba legis comprehendunt, ,,ut appositè ratiocinantur Suarez *de Cen- ,,suris disp. 42. sect. 3. num. 2.* Sayrus de ,,Censur. *cap. 16. n. 22.* Laymam *Theolog. ,,Moral. lib. 1. tract. 5. cap. 3. num. 5. ,,&c.*" Quamvis igitur sit irregularis, qui, suspensionis censura ligatus, susceptum Ordinem solemniter exerceat, ut & Auctor docet mox *num. 3.* attamen non est irregularis, qui cum ejusdem censuræ vinculo ad superiorem Ordinem ascendere audet.

II. Qui recipit Ordines per saltum, licèt sit suspensus, non tamen fit irregularis; quia id non habetur in Jure, ut docet communior; si tamen Ordinem, à quo est suspensus, exercet, illam incurrit, juxta alibi dicta. Qui furtivè, id est, sine dimissorialibus, aut titulo ficto, aut sine approbatione Episcopi Ordines suscipit, est suspensus, & etiam irregularis; & quia solet Episcopus ante ordinationem præmittere denuntiationem, qua sub excommunicatione jubet, ne quis furtivè accedat, propterea dispensare ab hac irregularitate spectat ad Pontificem. Conjugatus, suscipiens Ordines, & committit peccatum mortale, & incurrit irregularitatem, ex Extrav.: *Antiquæ concertationis* de voto, & voti redemptione. Item recipiens Ordines ab Episcopo, qui renuntiavit dignitati Episcopali, ex cap. primo *de ordinatis ab Episcopo, &c.* Item, qui recipit Ordines in statu peccati mortalis notorii ; quia est infamis infamia facti.

✝ Recole adjecta *tract. 13. cap. 2. §. 1.* post *num. 7.* propè finem.

III. Qui est ligatus censura, aut excommunicationis majoris, aut suspensionis, aut interdicti, si exerceat solemniter, & ex officio Ordines etiam minores, etiamsi occultus & toleratus, incurrit irregularitatem, nisi fortè excusetur ratione necessitatis, aut scan-

Ddd d adan vitandi, vel inculpatæ oblivionis ; ità ex cap.: *Si quis Episcopus* q. 3. cap. 1. & alibi. Imo duplicem irregularitatem incurrit, si, duplici censura detentus , Ordines dicto modo exerceat : quænam autem sint actiones solemnes Ordinum , jam sæpè diximus; in quibus comprehenditur etiam absolvere sacramentaliter, etiam occultè; quia est semper actio ex officio , & natura sua solemnis. À qua irregularitate. dispensare potest Episcopus , si delictum sit occultum , & violatio censuræ sit occulta , ex laudato Concilii capite ; si verò delictum fuerit publicum, solus Pontifex.

V. Clericus , scienter & solemniter ministrans in Ordine Sacro , quem non habet, præter excommunicationem inferendam , incurrit irregularitatem ex cap. 1. & 2. *de Clerico non ordinato ministrante*; qui itèm non amplius debet ordinari , ut jubetur in dicto capite ; neque debet ad ulteriores Ordines promoveri , & remanet suspensus ab ultimo, quem recepit. Vide Suarez disp. 11. sect. 3. Hinc infertur , Clericum non Sacerdotem sacramentaliter absolventem, solemniter baptizantem, sponsis benedicentem, quamvis non solemniter , fieri irregularem ; sicuti etiam quando ordinatus per saltum exercet actum Ordinis prætermissi: & ab hac irregularitate, quippè quæ lata Jure communi , solus Pontifex dispensare potest , ad hoc ut ad ulteriores Ordines queat promoveri.

§. IX. *De irregularitate ob apostasiam, vel hæresim.*

I. HÆretici, juxta graves Doctores, etiam occulti, & multò magis apostatæ à fide, eorumque fautores, & defensores, etiamsi occulti , sunt irregulares ex cap. 2. *Saluberrimum* q. 1. de hæreticis in 6. dummodò sufficienti signo exteriori hæresim significarint. Itèm Religiosi apostatæ à sua Religione sunt irregulares , ex cap: *Hi , qui* , dist. 50. & in cap. *Finali.*

II. Filii hæreticorum , in hæresi morientium , usque ad secundam generationem per lineam virilem , & usque ad primam per lineam fœmineam , sunt irregulares; ex cap.: *Statuimus* 2. de hæreticis. Non autem videtur multis irregularis esse , qui natus est ex patre catholico, deinde lapso in hæresim , & in eadem mortuo.

* Observat S. P. Benedictus xiv. *de Synod. Diar. lib. 11. cap. 1. n. 4.* quarumdam

Synodorum,& quorumdam Capitulorum statuta, queis ab ordinibus , & beneficiis arcentur descendentes ex Judæis , sacris adversari canonibus: hi siquidem , consentiente Apostolo 1. *ad Timoth. 3.* ubi in Episcopum ordinari vetuit *neophytum , ne in superbiam elatus in judicium incidat diaboli,* solos Neophytos, id est , recèns ad fidem conversos, irregulares pronuntiarunt. Ità decrevere Concil. Nicænum *can.* 2. 1. Laodicenum *can. 3.* Arelatense 2. *can. 1.* Descendentes autem à Judæis nunquam ordinum, & beneficiorum dixere incapaces : quinimò Alexander iii. *in cap. : Eam te, de rescriptis,* ad Episcopum scribens Tornacensem , in Canonicum recipi jussit, qui ex Judaismo ad christianam fidem fuerat conversus. Aliter dicendum foret , si in beneficii erectione à fundatore cautum esset, ne unquam illud conferatur descendenti à Judæis ; quoniam in beneficii fundatione permittitur fundatori leges & conditiones illi apponere , etiam Juri communi adversantes ; sicuti ad rem animadvertunt Solorzan. loc. cit. verb. *Sed licet ,* & Formosin *in cap. Ex speciali num. 35. de Judæis.* Idem judicium ferendum esset , si Summus Pontifex justis de causis statuisset , ne in aliqua regione descendentes à Judæis promoveantur ad Ordines ; quod reapse in regno Portugaliæ servari , jussit Sixtus v. suis Apostolicis litteris datis *die 15. Januar. 1588.* & confirmatis à Clemente viii. *die 18. Decemb. 1600.* quarum executionem inculcavit Sacra Congregatio Sancti Officii Epistola ad Collectorem ejusdem regni , data *anno 1611.* Quod autem diximus de Judæis (sic idem S. P. Benedictus xiv. *n. 5.*) etiam in iis locum sibi vindicat , qui originem ducunt ab aliis infidelibus, videlicet, & hos ab Ordinibus recipiendis prohiberi non posse , si cæteris polleant qualitatibus, animique dotibus, à sacris canonibus præscriptis. Non tamen idcirco improbamus, *subdit num. 6.* Constitutionem, conditam à Synodo Mexicana, quæ *lib. 1. tit. 4. §. 3.* Maurorum, aliorumque infidelium filios circumspectè admodùm Ordinibus initiari præcepit. Aliud quippè sit , descendentes ab infidelibus ab Ordinibus prorsus excludere; aliud cum cautela & delectu illos promovere. Primum improbavimus ; alterum commendamus , ne secùs homines suspectæ fidei sacris addicantur ministeriis. Etenim, quanquàm Ecclesia ex hominibus coaluerit ab infidelitate conversis , nunquam tamen neophytos inter sacros Ecclesiæ ministros cooptari permisit , nisi anteà probati certum suæ fidei dedissent testimonium ; ut patet ex Concil. Nicæn. *can.* 2. Quantum verò temporis neophyti probationi sit præmittendum, non conveniunt Doctores. Alii unum annum satis esse putant : alii biennium requirunt: alii exigunt decennium : alii demùm cum Covarruvia, y Gibalino *de irregul. cap. 3. q. 3.* cùm nullum hac de re sit certum tempus definitum à Jure, id relinqui autumant arbitrio Episcopi , cujus est perpendere , àn recenter ad fidem conversi tantæ sint virtutis , atque in fide constantiæ , ut Ecclesiastica ministeria illis rutò committi valeant. Quæ autem diximus de neophytis , congruere possunt etiam eorundem filiis, si experientia compertum sit , eos aliquando in fide nutasse ; nàm & istos probare oportebit , priusquàm Ordinibus initientur : non exinde tamen licebit inferre , eos posse itidem absolutè, ac perpetuo ab Ordinibus arceri : multòque minùs ab iisdem excludi poterunt infidelium nepotes , pronepotes, atque abnepotes.

III. Ab hac irregularitate ob hæresim dispensat solus Pontifex , ut docet probabilior tàm quoad susceptionem Ordinum, quàm quoad usus susceptorum.

* Sancta Tridentina Synodus *sess. 24. c. 6.* sic sanxit : *Liceat Episcopis in irregularitatibus omnibus , & suspensionibus , ex delicto occulto provenientibus , excepta ea , quæ oritur ex homicidio voluntario; & exceptis aliis, deductis ad forum contentiosum, dispensare; & in quibuscumque casibus occultis , etiam Sedi Apostolicæ reservatis , delinquentes quoscumque sibi subditos, in Diœcesi sua per seipsos, aut Vicarium ad id specialiter deputandum , in foro conscientiæ gratis absolvere imposita penitentia salutari. Idem & in hæresis crimine in eodem foro conscientiæ eis tantùm, non eorum Vicariis sit permissum.* In quæstionem autem vetitur à Theologis, àn, sublata Episcopis per Bullam Cœnæ facultate absolvendi ab hæresi occulta , ablata etiam censeri debeat facultas dispensandi ab irregularitate, ob illam contracta. Affirmant Doctores plures, quibus & Auctor subscripsit, asserens *n. præced.* quod ab hac irregularitate ob hæresim dispensat solus Pontifex tàm quoad susceptionem Ordinum, quàm quoad usum susceptorum. Ad sic sentiendum moventur ipsi ex cap.: *Cum illorum* de sent. excomm. ubi generatim dicitur, Episcopos non habere dispensandi facultatem in his casibus, in qui-

bus absolutio est illis interdicta ; *cùm majora illis intelligantur prohibita, quibus vetita sunt minora;* ubi glosa, Panormitanus, & alii advertunt , potestatem dispensandi majorem vocari,quàm potestatem absolvendi ab excommunicatione:& pro regula statuunt, non posse quem dispensare, ubi non potest absolvere; quamvis è converso possit quis interdum absolvere,& non dispensare; quia, concesso minori, non proptereà conceditur , quod majus est. ,,Quod argumentum, inquit Suarez *tom: ,,20. de Censur. disp. 43. sect. 1.* adeo apud ,,me urgens est, ut, considerata restrictissima ,,reservatione hæresis , quæ nunc est in usu ,,Ecclesiæ, probabilissimum existimem, etiam ,,quoad dispensationem hujus irregularitatis ,,nunc esse reservatam Summo Pontifici non ,,solùm quoad promotionem, sed etiam quoad ,,exercitium Ordinum."

Nihilominùs alii, & quidem gravissimi, oppositum sustinent hac innixi ratione , nempè,quia facultas absolvendi ab hæresi occulta , & facultas dispensandi ab irregularitate ob illam contracta , sunt duæ diversæ facultates ad duos actus distinctos , quarum unus non pendet ab alio : undè non sequitur, *ajunt* , quòd , sublata facultate absolvendi, censenda sit etiam ablata facultas dispensandi. Videantur Cardinalis de Lugo de fide *disp. 32. sect. 4. n. 130.* & Felix Potestas *tom. 1. part. 4. cap. 5. num. 3338.*

Sententia hæc non leve probabilitatis pondus sibi conciliare videtur ex his , quæ habentur in vita S.Francisci Salesii, à Petro Hyacintho Gallizia italico idiomate descripta *lib.* 2. *cap. 32.* Quippè refert ipse , Salesium ad Episcopatum electum , coram S. P. Clemente VIII. examen subjisse, promovendis , ad Episcopatum ab eodem Pontifice indictum, atque inter quæstiones, eidem propositas, de hac in primis fuisse à Pontifice interrogatum , nùm Episcopi possint dispensare ab irregularitate, ex delicto occulto proveniente. Salesius , *subdit* , affirmativè absque ulla limitatione respondit , & ad suam evincendam , firmandamque responsionem , Tridentini sanctionem superiùs relatam in medium protulit ; ac insuper difficultates aliquas contra suam responsionem à Pontifice objectas dissolvit. Hinc autem, *pergit idem,* occasionem sumpsit Pontifex ipsum ulteriùs interrogandi, valeant ne Episcopi ab hæresi absolvere? Et Salesius pariter affirmativè respondit, & ad hanc quoquè suam probandam responsionem , ejusdem Concilii auctoritatem adduxit. Verùm Pontifex, qui nuper justis de causis talem facultatem, à Tridentino Episcopis concessam, revocaverat, mòx subjecit, aliam sibi mentem, aliam esse voluntatem. Ad quod Salesius ut verus atque obsequens Ecclesiæ filius summa animi demissione reposuit: Beatissime Pater, si quidem hæc est mens Sanctitatis vestræ, eidem acquiesco, atque à mea sehtentia recedo. Narrationi huic integra habenda fides est, cùm ut fide omnino digna referatur quoad secundam partem & à S. P. Benedicto XIV. *de Synod. Diœc. lib. 9. cap. 4. n. 9.* Videtur itaque S. P. Clemens VIII. suo silentio primam ad probasse Salesii responsionem, quòd scilicèt Episcopi vi facultatis, iisdem à Tridentino concessæ, queant dispensare ab omni irregularitate ex delicto occulto proveniente, adeoque & ab ea, quæ ex delicto hæresis proficiscitur. Si enim aliter sensisset Pontifex profectò sententiam suam pandere non omisisset, sicuti non omisit, dùm sermo fuit de facultate Episcoporum circa absolutionem ab hæresi occulta, &c.

Inter cæteros sententiam hanc amplexatus est Em. Cardinalis Albitius *de Inconst. in fide cap. 25.* In primis *num 42.* ob occulos ponit varias Doctorum responsiones ad argumentum oppositæ opinionis, desumptum ex indicato textu Juris Canonici; & præsertim *num. 43.* asserit, quòd non habet locum argumentum à minori ad majus, quando sumus in privilegiis; & propterea, *subdit,* per privilegium quis quandoque potest majora, qui non potest minora. Deinde *n. 44.* ex praxi Sacræ Pœnitentiariæ suam assertionem confirmat: sed quod, *inquit,* tollit omnem difficultatem, est, quod ità servatur in praxi; nàm licèt Sacræ Pœnitentiariæ à sanctæ mem. Papa Urbano VIII. sublata fuerit facultas absolvendi ab hæreri occulta hæreticos, si habent complices, vel conscios; non tamen adempta est illi facultas dispensandi super irregularitate ob dictam hæresim contracta: ideo, obtenta absolutione ab hæresi à Suprema, & universali Inquisitione, hæretici absoluti adeunt Sacram Pœnitentiariam, & ab illa obtinent dispensationem supra irregularitate, eam ob causam contracta: & ità, *subdit,* observatum fuit toto tempore, quo fuit Corrector, demùm Datarius Sacræ Pœnitentiariæ. Idem testatur P. Thesaurus *in sua praxi M. S. tit. 5. ad 4.* Eamdem facultatem M. Pœnitentiario attribuit etiam S. P. Benedictus XIV. in Constitut. quæ incipit: *Pastor Bonus* edita *idibus Aprilis 1744. §. 16.*

Nihilosecius limitat præcitatus Cardinalis suam assertionem *n. seq. 45.* Advertendum tamen est, *ait,* quòd, licèt Episcopus per supradicta possit dispensare super hujusmodi irregularitate, ut Clerici in susceptis Ordinibus minoribus, & fortassè sacris, ministrent, non tamen poterit dispensare cum Sacerdote in Altaris ministerio; quia, cùm sit res gravissima, soli Pontifici est reservata. Posteà plures allegat Doctores ita sentientes, & præcipuè Pegna, qui *part. 3. comment. 175.* refert, S. Pium V. *anno 1567.* Pontificatus sui II. inhibuisse generali Inquisitori Hispaniæ, ne posset cum Clericis lapsis in hæresim dispensare, ut vel ad superiores Ordines ascendant, vel si Sacerdotes sint, possint in Altaris ministerio deservire.

Verùm, si, quod post seriam discussionem sentimus, pandere licitum sit, sufficiens nobis non suppetit fundamentum ad hanc admittendam limitationem, imò potiùs oppositum apparet. Quandoquidem ex una parte Tridentina Synodus absolutè concedit Episcopis facultatem dispensandi *in irregularitatibus omnibus, ex delicto occulto provenientibus, excepta ea, quæ oritur ex homicidio voluntario, & exceptis aliis deductis ad forum contentiosum*; ex alia verò parte nullam facessit difficultatem relata à Pegna S. Pii V. prohibitio, specialim; quia, ut animadvertunt nonnulli, illa facta fuit Inquisitori, non Episcopis. Ipsemet P. Suarez ambigit, nùm ad Episcopos sit ipsa extendenda. Hinc Doctores plures, & præsertim Thomas Sanchez *lib. 2. in Decal. cap. 25. n. 18.* Cardinalis de Lugo, & Felix Potestas *locis citatis,* nulla habita limitatione, sustinent, posse Episcopos dispensare in irregularitate, ob hæresim occultam contracta. Et hanc sententiam postremis hisce temporibus adoptarunt & Continuator Tournely, & P. Philippus de Carboneano. Ille quippe *tract. de Irreg. part. 3. cap. 5. in calce* sic paucis, nulla facta exceptione, sese exprimit. *Ubique verò Episcopus cum hæreticis occultis dispensare potest.* Iste autem *in notis* ad P. Antoine *q. 7. cap. 3. de peccatis fidei oppositis* assertionem quidem affert Cardinalis Albitii, nempè, quòd vigore Bullæ Cœnæ non censeatur Episcopis sublata facultas dispensandi ab irregularitate, ex hæresi occulta proveniente; limitationem verò ab eodem Cardinali positam prætermittit. Et sanè allata argumenta satis valida videndentur, ad hanc absolutè facultatem Episcopis adjudicandam. Nihilominùs hæc omnia Sapientiorum judicio submittimus.

„Sed, quidquid sit de Episcopis (sic *n. 47.* „prædictus Cardinalis Albitius) certum est, „Inquisitores nullam habere facultatem dis„pensandi super irregularitate, ob hæresim, „vel apostasiam, vel etiam in fide inconstan„tiam contracta, etiam occulta, & in foro „conscientiæ, ut testatur Pegna dicto: *Commeut. 175. part. 3.* " Equidem Clemens vii. facultatem concessit Inquisitoribus, & eorum Commissariis dispensandi cum Clericis secularibus, vel personis Religiosis super quavis irregularitate, contracta ob hæresim, vel apostasiam. At, talem concessionem fuisse revocatam per inhibitionem S. Pii v. censet idem Pegna. „Vel certè dici potest, „*subdit* Suarez *loc. cit.* illam concessionem „fuisse personalem, & non perpetuam, quan„tum ex tenore ejus colligi potest. Deniquè „certum videtur, *addit idem*, non fuisse „usu receptam; ideoque standum esse Juri „communi, nisi constet, in aliquo esse à Pon„tificibus immutatum." Legantur etiam Tho„mas Sanchez, & Cardinalis de Lugo *loc. cit.*

§. X. *De irregularitate propter homicidium licitum, & justum, & mutilationem; ubi etiam de defectu lenitatis.*

I. CUM irregularitas ex defectu lenitatis incurratur ob homicidium, vel mutilationem, justè factam, ut evenit in carnificibus; idcirco, ut incurratur, debent prædicta fieri in hominem viventem ab homine doli capaci, baptizato, & proximè influente in dictas actiones in poenam illatas, & extra casum necessitatis, & justæ suæ defensionis, ex capite: *Si quis viduam* dist. 50. & ex capite: *Si quis post Baptismum* dist. 51. ex Clement.: *Si furiosus* de homicidio. Hinc sequitur, omnes, proximè confluentes ad mortem, vel mutilationem justam, hanc irregularitatem, excepto solo Pontifice: proptereà Judices, Assessores, Fiscales, Lictores, Consiliarios, Accusatores, Notarios, Testes, aliosque cooperantes illam incurrere.

II. Si quis Doctor consularius, àn quis occidendus sit, vel mutilandus, & ipse affirmativè respondeat; vel interrogatus de qualitate poenæ infligendæ, ipse respondeat, mortem, aut mutilationem esse inferendam, & hæc sequatur, fit irregularis. Secùs verò, si interrogatus veritatem aperiat, res-

pondendo interroganti, suam obligationem esse vel accusandi, vel condemnandi, &c. quin inducat ad illas actiones, sed duntaxat interrogantem illuminando de debito sui muneris pro conscientia, relinquendo illius arbitrio id agere, vel omittere: imò optimè faciet, si protestetur, se non intendere concursum ullum habere in factum, sed duntaxat ut Doctorem se aperuisse veritatem obligationis. Hinc Confessarius, nolens absolvere in confessione judicem, vel alium ministrum, qui non vult implere obligationem circa mortem, aut mutilationem malefactoris; & qui dicit illis: non possum vos absolvere, nisi proponatis parere legibus vestris tàm naturalibus, quàm positivis, circa hoc punctum, non incurrit irregularitatem; quia facit quod debet. Cavere tamen debet, ne dicat directè: illum suspendere facias, mutilare, &c. sed tantummodò obedias legi tibi præcipienti, &c. Plura circa hoc videre poteris in Sayro lib. 6. de Censuris capitibus 15. 16. 17. 18. 19. & in Bonacina de Irregularitate quæst. 4. punct. 1. Hinc quicumque aut suasione, aut actione accelerat mortem, aut mutilationem justè condemnato, fit irregularis: item porrigens gladium justè bellanti, ut aliquem ex inimicis occidat.

III. Accusans aliam in causa criminali justa, si accuset, non ut puniatur morte, aut mutilatione, sed duntaxat ut redintegretur in damnis, sibi, vel suæ Ecclesiæ illatis, & protestetur se non petere vindictam, non incurrit: si verò accuset ad petendam justam vindictam, & hæc sequatur, incurrit: ex cap. penult.: *de homic.* in 6. & ex Clement. in homicid. 2. part. §. 5.

IV. Ab incurrenda irregularitate excusantur ab Auctoribus apud Bonacinam punct. 2. num. 7. etiamsi sequatur mutilatio, accusantes justè aliquem, cum protestatione quòd accusant pro mera redintegratione in damnis illatis, & nullatenùs ad vindictam: alioquin manerent Clerici expositi malefactorum rapinis; quia scirent, se non posse ab aliis accusari, cum ingenti subversione pacis, & boni communis. Item, si accusent de injuria non illata, sed inferenda, quam aliter evadere non possunt, nisi accusando, addita protestatione modo dicta. Et nota, adeo esse necessariam hujusmodi protestationem, ut si omittatur etiam ex oblivione inculpabili, & sequatur mutilatio, accusator fiat irregularis; quæ protestatio fieri debet coram judidice, petendo solam redintegrationem, vel solam damni inferendi impeditionem, & quòd nullo modo intendit causam sanguinis: ex capite 2. *de homicidio* in 6. Et hanc protestationem debet præmittere etiam laicus, si non vult fieri irregularis. Et proinde, si Clericus, consulens accusationem, simul consulat protestationem, non fit irregularis; quia si non fit irregularis accusans cum protestatione, multò minùs consulens accusationem, & protestationem. Plura videas in Sayro loc. cit.

V. Testis in causa sanguinis fit irregularis; quia, tametsi justè, cooperatur proximè mutilationi, aut morti, ità ex capite: *Si quis viduam* dist. 30. Neque excusare valet protestatio, quæ duntaxat excusat dùm agitur de proprio interesse, capite: *Prælatis 2.* de homicidio. Hinc Clerici non sunt compellendi ad testimonium ferendum contra reum in tali causa. Ab Auctoribus autem excusatur ab irregularitate testis, qui ex metu gravi compellitur ad testimonium ferendum in causa sanguinis; quia, sicuti hic metus excusat ab incurrendis censuris, ità etiam ab ista irregularitate; nec non, quando à Jure naturæ inducitur ad testandum contra proditorem Patriæ, aut in proprio interesse, ut diximus.

VI. Advocatus contra reum, Procurator, Fiscalis, aliique ministri tribunalis in causa sanguinis, incurrunt irregularitatem, quin adjuventur à protestatione: ità ex Juribus allatis.

§. XI. *De irregularitate ex deffectu lenitatis propter bellum.*

I. PUgnantes in bello etiam justo mutilando, occidendo, irregularitatem incurrunt defectu lenitatis: ex capite: *Petitio tua* de homicidio. Consulens autem Principi bellum justum, non fit irregularis ex dicto capite: *Petitio tua*. Clerici, qui in ersunt bello justo, non incurrunt illam, si hortentur milites ad viriliter agendum, fortiter dimicandum, &c. in bello justo, ex laudato capite. Similiter neque Duces exercitus, Consiliarii militares, Tibicines, Timpanistri, aliique officiales eam non incurrunt, dummodò per se neque occidant, neque mutilent: neque conficientes, vendentes, præbentes arma pro bello justo, ex laudato capite. Secùs autem, si bellum sit injustum; tunc enim præfati omnes sunt irregulares; imò etiam

sarcinas custodientes, & alio quovis modo cooperantes; quia reverà cooperantur morti, & mutilationi culpabili, nec excusantur à laudato capite: *Petitio tua*.

II. Clerici, pugnantes in bello justo de licentia Pontificis, illam non incurrunt; sicuti neque præbentes arma ad pugnandum generaliter, dummodò non contra hunc, aut illum determinatè; neque pugnantes justè pro defensione Patriæ necessitate postulante.

* Vide *Instit.* 101. Em. Cardinalis Lambertini, posteà S. P. Benedictus XIV., ex qua ad rem hanc plura excerpsimus, atque addidimus *tom. 1. tract. 4. cap. 9. §. 4. post num. 30.*

§. XII. *De irregularitate ob exercitium Medicinæ, Chirurgiæ, &c.*

I. LAici, exercentes Medicinam, aut Chirurgiam secundùm regulas artis, non incurrunt irregularitatem, quamvis mutilent, aut inculpabiliter vitam adimant; quia non agunt ex defectu lenitatis, sed ad succurrendum proximo. Si autem ex negligentia eorum gravi infirmis compellatur mutilationem subire, aut mortem, tunc illam incurrunt ex delicto.

II. Assistentes infirmo, si assistentiam præstent debita cautela, & discretione, etiamsi per accidens ei mors acceleretur, non incurrunt irregularitatem, neque ex defectu lenitatis, neque ex delicto: benè verò, si ex gravi omissione cautelæ, & diligentiæ. Similiter suadens alicui actionem aliquam piam, puta, se projiciendi in flumen, scientem natare, quamvis cum aliquo periculo, ut liberet aliquem certò submergendum, & reapsè ipse quoquè submergatur, non incurrit irregularitatem; quia non intendit mortem se projicientis, sed liberationem illius, cui imminet immersio.

III. Clerici, etiam beneficiarii, non incurrunt illam, exercendo medicinam vel chirurgiam secundùm regulas artis, præter abscissionem, & adustionem; quæ etiam ipsis conceduntur, si non sint in Sacris: abscissio, & adustio prohibentur solis constitutis in Sacris, ex capite: *Sententia sanguinis, ne Clerici, vel Monachi,* & ex cap.: *Tua nos* de homicidio. Imò neque constituti in Sacris illam incurrunt, quando tempore necessitatis, & nullo extante, qui amputet, vel adurat, has actiones exercent; quia necessitas nulli subest legi positivæ humanæ.

Dis-

Dissensio est inter Doctores: an sectio, vel apertio venæ comprehendatur sub incisione, ità ut Clericus sacris initiatus, scindendo venam ad emittendum sanguinem, sit irregularis, secuta morte. Bonacina cum aliis affirmat contra Rodriguez, & Molinam; quia qui venam aperit, proindè dicitur incidere; & huic sententiæ libenter subscribo, ait Cl. Sylvius *tom. 5. Resol. Var.* Verb. *Chirurgus post consl. 2.*

Animadvertendum autem 1. est, quòd Clericus exercens officium Medici, vel Chirurgi, abscindendo, vel adurendo secundùm regulam artis, si mors non sequatur, non est irregularis; quia irregularitas non consurgit ex quacumque mutilatione, vel abscissione, sed ex ea solùm, quæ dirigitur ad privationem partialis vitæ, & est conjuncta cum defectu lenitatis, ut ex illa, quæ fit à judice, vel à ministro justitiæ; ex illa autem, quæ ordinatur ad vitam conservandam, non oritur.

Animadvertendum 2. est, quod Sacerdos, qui secundùm regulam artis applicat emplastrum mollificativum, quo apostema sese aperit, & mors inde sequitur sine ejus culpa, non est pariter irregularis; quia non exercet chirurgiam scindendo, vel urendo. Idemque judicium est, si secundùm peritiam artis jubet, vel consulit incissionem, vel adustionem; quia Clericis inhibetur ipsa incisio, & adustio; non autem mandatum, vel consilium de incidendo, vel adurendo: censura vero, vel pœna, lata contra facientes, non ligat mandantes, & consulentes, nisi exprimatur. Sic cum aliis præcitatus Sylvius *concl. 3. & 5.* Legatur etiam S. P. Benedictus XIV. *de Synod. Diœc. lib. 13. cap. 10.* ubi plura docet circa hanc materiem.

§. XIII. *De irregularitate propter homicidium ad sui, proximi, & cæterarum rerum defensionem; nec non de casuali.*

I. OCcidens aliquem injustum invasorem actualem cum moderamine inculpatæ tutelæ (juxta dicta in tr. 8. cap. 2. §§. 1. 2. 3.) ut se defendat à morte, vel gravi vulnere, non incurrit irregularitatem: ex Clement.: *Si furiosus* de homicidio: idemque dicendum de defendente suam pudicitiam, aut notabilem quantitatem bonorum temporalium necessariorum ad conservandum statum suum justè acquisitum: nec non de defendente vitam proximi sui (intellige semper cum moderamine, loco citato explicato): & circa hoc cautè legendus est Bonacina de irregularitate, q. 4. punct. 6. ubi docet thesim, quæ post ipsius mortem damnata fuit ab Alexando VII. n. 18. circa occidentes judicem, &c.

Citata ab Actore Clementina eos duntaxat ab irregularitate eximit, qui occidunt, cùm aliter mortem propriam vitare nequeunt. Quare irregularis evadit, qui alium necat vel ob honoris, aut bonorum defensionem; vel ut servet vitam patris, fratris, alteriusve consanguinei, aut proximi innocentis, quam aliter servare non potest; hi enim casus minimè excipiuntur. Lege Contin. Prælect. Theolog. Honorati Tournely *Tract. de Irregular. part. 2. c. 8. art. 2.* & ea, quæ addita sunt *tom. 1. tract. 8. cap. 2. §. 2. post num. 3. & §. 3. post. num. 4.*

II. Homicidium merè, & simpliciter casuale illud est, quod prævideri nec potuit, nec debuit, neque in se, neque in sua causa: & hoc si eveniat, non inducit irregularitatem; ex capite: *Lator*, & ex capite: *Dilectus* de homicidio, quippè quod non sit voluntarium: secùs autem dicendum de interpretativè volito in sua causa; quemadmodùm etiam de occidente, vel mutilante hominem, dùm daret operam rei illicitæ, habenti adnexum periculum homicidii, vel mutilationis; quia etiam hoc reputatur sufficienter volitum in sua causa. Hinc aromatarius conficiens medicinas ex rebus corruptis, undè infirmus moriatur, incurrit irregularitatem; Magister, indiscretè tractans discipulos; aut percutiendo, ità, ut ex verberibus sequatur mors, vel mutilatio, fit irregularis: vel, si projiciens contra aliquem magno impetu librum, excutiat oculum, aut auriculam adeo frequenter, & indiscretè trahat, ut graviter lædatur, marcescat, & amputari debeat, &c. Ità etiam mandans v. gr. Titio, ut fustibus percutiat Sempronium, qui in rixa Titium mutilat, vel occidit, mandans ille incurri irregularitatem; quia jussit actionem, cui adnexum erat tale periculum. Similiter dormiens cum infantulo, illumque inadvertenter opprimens, & suffocans; aut projiciens lapidem in Cajum, excutit oculum à Sempronio, parùm à Cajo distante; aut incutiens terrorem etiam ex joco mulieri prægnanti, quæ ob dictum terrorem abortum fœtus animati subeat; aut notabiliter negligens in custodienda fera, quæ exinde fugiens aliquem

quem dilaniet , vel detruncet ; fiunt omnes illi irregulares ob dictam rationem.

§. XIV. *De irregularitate propter homicidium , vel mutilationem voluntariam.*

I. Homo baptizatus occidens , vel mutilans sufficienti voluntate hominem, incurrit irregularitatem ; ità ex pluribus textibus Juris , quos referre est superfluum. Sed attentè nota , quòd nomine membri mutilati non intelligitur quæcumque pars humani corporis , sed illa pars significatur , quæ aut habet officium distinctum ab aliis partibus, ut omnes conveniunt , puta, manus, pes, nasus, auricula, oculus, &c. aut etiam officium conjunctum cum aliis partibus , puta, digitus , manus , ut docent Cajetanus 2. 2. quæst. 68. art. 1. Sotus lib. 5. de just. quæst. 2. art. 1. & alii cum ipsis contra alios. Hinc mammillam à fœmina abscindens incurrit irregularitatem ; quia illa est pars proprium officium habens ; secùs illam ab homine abscindens ; quia nullum officium habet , nisi ad merum ornatum , ut etiam alibi dixi cum Soto.

II. Mandans homicidium , vel mutilationem , nisi revocet seriò mandatum , & revocatio innotescat mandatario, incurrit irregularitatem ; quamvis tacitè duntaxat mandet , id est, talia verba proferendo, ut v. gr. servus , aut filius sibi suadeant , gratum fore hero , aut genitori ut inimicum mutilet , vel occidat; eo quod sufficienter inducit , & influit in actum illum : imò , etiamsi mandet tantùm verberationem , & ex ea sequatur in verberante, aut verberato mutilatio , ob rationem suprà allatam ; quia mandat actionem , cui adnectitur periculum mutilationis, vel mortis.

III. Consulens mutilationem , vel mortem , similiter incurrit irregularitatem , cùm in effectus illos influat , etiam quamvis revocet , & retractet consilium ; eò quòd retractatio non tollat à mente consiliati motiva, quæ illum induxerunt ad statuendam mutilationem , vel mortem : ad differentiam mandantis , & seriò revocantis respectu mandatarii , in quo tota ratio agendi erat mandatum ; quo seriò revocato , tota aufertur ratio agendi; quæ non aufertur sola retractatione consilii respectu consiliati, in quo, ut dixi, remanent motiva , & argumenta inducentia. Putarem tamen (juxta tradita in tract. 9. cap. 5. §. 23. num. 4.) quòd, quando consi-

lians affert motiva efficacissima , & optimè valentia evertere motiva anteriora ; sicut , ut ibidem dixi me referendo sapientiori judicio , non tenetur ad restitutionem ; ita neque hic incurreret irregularitatem. Illam itaque proculdubio incurrunt cooperantes , & consilium ferentes ad præfatas actiones, sicuti etiam non impedientes illas , dùm ex justitia impedire tenentur. Qui ratum habet homicidium , vel mutilationem , nomine suo patrata , ipso tamen anteà nihil sciente , non incurrit irregularitatem; sicuti ex Jure speciali incurrit excommunicationem, qui ratam habet percussionem Clerici , nomine suo factam, quamvis ipso omninò inscio.

§. XV. *De dispensatione in irregularitate.*

I. EX Concilio Trid. sess. 24. c. 6. Episcopus potest dispensare cum suis subditis, sicuti in omni suspensione, ità in omni irregularitate, proveniente ex delicto occulto, & non ad forum contentiosum deducto, excepta illa , quæ contrahitur ob homicidium voluntarium. Sicuti etiam dispensare potest cum illegitimo ad Tonsuram, & Ordines Minores, & ad Beneficium simplex, quod non requirat Ordinem majorem; ità ex capite 1. *de filiis presbyter.* in 6. sicuti etiam in bigamia similitudinaria ex cap. 4. *de Clericis conjugatis :* in cæteris autem omnibus irregularitatibus solus Pontifex , vel alius habens ab eo privilegium, dispensat. Et nota, cum facultas dispensandi in irregularitate nunquam censetur concessa , nisi clarè & distinctè exprimatur. Ita Stylus Curiæ.

* De dispensatione irregularitatis plura docet scitu digna Continuator Tournely *tract. de Irregularit. part. 3. cap. ult.* & præsertim declarat , quodnam delictum in præsenti materia occultum dicatur, & quandonam deductum ad forum contentiosum, ut pariat irregularitatem : *Regula* autem 7. censet irregularitates , Papæ reservatas, in duplici casu ab Episcopo relaxari posse. 1. quidem cum dubiæ sunt. Ratio est; quia reservatio, utpotè odiosa , restringi debet ad casus certæ irregularitatis: unde Episcopi in dubio castitatis voto , dubia censura , dubio & incerto matrimonii impedimento dispensare possunt. Videatur Fagnanus in cap. *Veniens, de filiis Presbyt.* 2. eædem irregularitates ab Episcopo relaxari possunt vel in perpetuum , vel ad tempus , cùm irregularis vel nunquam ad Apostolicam Sedem recurrere poterit propter

ter paupertatem suam: vel saltem hìc & nunc recurrere nequit ob imminens scandalum. Ratio est; quia alioqui reservatio esset in destructionem.

II. Paulus III. Generali Societatis Jesu, & per communicationem etiam aliis Religionum Prælatis, concessit privilegium dispensandi in omnibus irregularitatibus suos subditos, exceptis illis, quæ incurruntur ob homicidium voluntarium, mutilationem & bigamiam. Imò Benedictus XIII. in Bulla, quæ incipit: *Pretiosus* data anno 1727. §. 25. concedit Prælatis Ordinis nostri, *dispensare posse super quavis irregularitate; ex homicidio voluntario orta duntaxat excepta. Possit tamen solus Magister Ordinis ab irregularitate hujusmodi dispensare cum fratribus suis subditis, dummodò homicidium non fuerit appensatum, & intra Claustra extiterit consummatum.* Quando dispensatur in irregularitate, potest dispensans hac formula uti juxta Rituale: Auctoritate mihi concessa dispenso tecum

super irregularitate, quam contraxisti ob talem causam ; & habilem te reddo, & restituo te executioni Ordinum , & officiorum tuorum , & ad omnes Ordines suscipiendos, si pœnitens Ordine sacro careat.

* Animadversione dignum est , quod præcitatus Continuator Tournely docet *ibid. Regula* 2. nimirùm, irregularitatem quamlibet , ex delicto proprio consurgentem , tolli per Baptismum ; vel accuratiùs loquendo, nullam irregularitatem ante Baptismum incurri ratione proprii delicti. Ratio est; quia Baptismus omnem maculam, ac proinde omnem , quæ ex ea macula sequi posset , indecentiam tollit: undè ex consequenti aufert omne fundamentum irregularitatis ex delicto, quæ post Baptismum suboriri posset : aliud est, *subdit,* de irregularitate ex defectu, nisi defectus sit lenitatis; nàm bigami, illegitimi, laborantes aliquo corporis vel animæ defectu, quo quis ad Ordines inhabilis fit, accepto etiam Baptismo , ad Clericatum absque dispensatione promoveri non possunt.

TRACTATUS XVI.

DE STATU RELIGIOSO.

CAPUT PRIMUM.

DE NOTIONE STATUS RELIGIOSI, EJUSDEMQUE OBLIGATIONIBUS.

§. I. *Explicatur notio Status Religiosi.*

I. Religione, inter morales virtutes eminentiori, nomen Status Religiosi depromptum dignoscitur; illius namque officium in præstando cultum Deo, tanquam Supremo universarum creaturarum Domino, positum esse, fatentur omnes. Cùm igitur, à quocumque Statu Religioso cujusvis Instituti specialis emittatur professio, se exercendi in operibus, ad divinum cultum vario modo tendentibus; hinc factum est, ut hujusmodi status vitæ Status Religiosi nomine donaretur. Vox autem Status ex ipsa suimet significatione immobilitatem quamdam, seu stabilitatem refert; ità ut, qui in hunc statum cooptari desiderat, ad opera divini cultus, ab unoquoque Religioso Instituto præscripta, se firmet, stabiliter, & usque ad mortem dicare constituat. Ex his definiri potest Status Religiosus cum Sanct. Thom. 2. 2. quæst. 186. art. 2. *Disciplina quædam, seu exercitium perveniendi ad perfectionem*; & quidem per observantiam trium votorum solemnium, paupertatis, castitatis, & obedientiæ, veluti per media præcipua; nec non per observantiam, & praxim aliarum virtutum &c.

II. Requiritur ad statum Religiosum, propriè talem, quòd sit approbatus ab Ecclesia, ut habetur ex cap: *Nimio* Concil. Later. 4. tit. de Relig. domib. & ex Gregor. IX. cap un.co de Relig. domib. in 6. Ratio quoque idem manifestat; nàm vota paupertatis, & obedientiæ Religiosæ requirunt auctoritatem Superioris, gaudentis spirituali jurisdictione; paupertas namque postulat, non posse uti aliqua re temporali sine dependentia à Superiore: quemadmodùm & obedientia respicit præceptum Su-

perioris, Christi vicem gerentis; quam auctoritatem nemo habere potest, nisi ex Ecclesiæ approbatione, à qua profluit quæcumque jurisdictio spiritualis.

III. Requiritur insuper emissio trium votorum prædictorum, ut apertè docet S. Th. loc. cit. art. 3. 4. & 5. Quandoquidem Status Religiosus est quædam schola perfectionis acquirendæ; perfectioni autem, quæ in stricta cum Deo conjunctione consistit, maximè adversantur tria illa à S. Joanne in sua 1. Epist. cap. 2. indicata, nempè, *concupiscentia carnis, concupiscentia oculorum, & superbia vitæ*: idcirco necesse est, ut ad perfectionem religiosam tendens, his tribus omnino valedicat; quod efficitur per emissionem illorum trium votorum solemniter factam; qua persona sub Religionis potestate constituatur, ab eademque nomine Ecclesiæ acceptetur, ut exinde reciproco pacto vovens fiat membrum Religionis, & Religio evadat mater, rectrix, & domina Religiosi, qui, cùm se devoverit Religionis servitio juxta propria instituta, ipsa quoque ad eumdem alendum, & gubernandum quoad tempus totius vitæ fideliter teneatur.

IV. Hinc præfatorum votorum emissio, ab Instituto aliquo Regulari Ecclesiæ nomine acceptatorum, fieri debet sub determinata aliqua norma, seu regula vivendi; nempè, juxta Constitutiones, ab Ecclesia approbatas, quas in singulis Ordinibus Regularibus profitentur illi, qui eisdem adscribuntur: non enim hactenùs apparet, fuisse in Ecclesia diverso modo emissa prædicta vota, ut docent Navarrus lib. 3. Consil. rit. de Regularib. concl. 9. Rodericus tom. 3. quæst. 21. art. 1. & q. 78. art. 2. Lezana tom. 1. c. 2. n. 1. & alii; quandoquidem Constitutiones Ordinum nedum sunt præfatorum votorum

an-

antemurale; verùm etiam media necessaria ad consequendum finem, quem unaquæque Religio, ad inserviendum Deo, atque ad perficiendos suos alumnos, sibi præfixit.

§. II. *De obligatione tendendi ad perfectionem, essentialem eidem statui.*

I. CUm juxta S. Thom. 2. 2. q. 186. art. 2. scopus, ad quem collimat Status Religiosus, *(qui est disciplina, vel exercitium perveniendi ad perfectionem)* sit ipsa perfectio; & hæc perfectio, ex eodem S. D. ibidem, sit perfectio charitatis, ait enim: *Perfectio charitatis est finis Status Religiosi;* idcirco explicandum est, quid significetur nomine perfectionis charitatis. Perfectio charitatis in hac peregrinatione assequibilis in eo videtur posita, quòd anima, habitu jam charitatis ornata, ex vi repetitorum actuum virtutum moralium ità passiones immoderatas domuerit, sensusque sui corporis ità cohibuerit, ut ei promptum ac facile sit in actus virtutum theologalium, & præcipuè amoris erga Deum frequenter erumpere, nec non imperare aliis facultatibus praxim aliarum virtutum moralium, quin resistentiam aut ullam, aut valde modicam experiatur; eapropter facillimum eidem sit, quoscumque actus virtutis tàm ad Dei gloriam, quàm ad proximi utilitatem operari, juxta spiritum, vocationemque proprii Instituti: & circa hanc perfectionem, quæ est scopus Status Religiosi, potest religiosus semper proficere, tùm quoad intentionem actuum virtutum, & præcipuè amoris in Deum, quàm quoad extensionem imperativam hujus amoris super actus aliarum virtutum; & exinde habituali quadam & ferè continua gaudeat conjunctione cum Deo intellectuali, & affectiva. Proptereà notandum, quædam esse media necessaria cuicumque personæ, pro quocumque statu ad perfectionem tendenti; & sunt cohibitio passionum per praxim virtutum theologalium, & moralium, mortificatio sensuum, & orationis studium: quædam verò esse necessaria in particulari, & respectivè ad statum personæ, ad perfectionem tendentis; & hujusmodi sunt pro statu Religiosorum præter modò indicata, omnibus communia, observantia exacta votorum solemnium, & regularum proprii cujusque Instituti: & in hoc sensu docuit S. Thom. 2.2. q. 186. art. 2. in arg. sed contra quòd *Ad ea, quæ sunt supererogationis, non tenetur aliquis, nisi ex propria obligatione: sed non*

quilibet Religiosus *obligat se ad omnia, sed ad aliqua determinata, quidam ad hæc, quidam ad illa: non ergo omnes tenentur ad omnia:* & in fine corporis articuli concludit, *Non tenetur Religiosus ad omnia exercitia, quibus ad perfectionem pervenitur, sed ad illa, quæ determinatè sunt ei taxata secundùm regulam, quam professus est.* Per quæ verba non excludit S. D. tria memorata, nempe, cohibitionem passionum, mortificationem sensuum, & orationis studium, communia ex Evangelio quibuscumque tàm Ecclesiasticis, quàm Secularibus, perfectionem assequi optantibus; quippe quæ sint media necessaria ad charitatem nedum augendam, sed & conservandam: sed ly *non omnia,* ab Angelico indicata, sunt quæ omnino supererogatoria sunt; puta, corporis cruciatus per cilicia, flagellationes, severissima jejunia, longas vigilias, aliaque similia, quæ passim leguntur à Sanctis adhibita: ad hæc, inquam, non tenetur Religiosus ex vi hujus obligationis, sed prout hujusmodi, aut alia præscribuntur à sua regula.

II. Ad hunc felicem perfectionis terminum conari tenetur ex vi professionis suæ quæcumque Religiosa persona, non quocumque modo, sed, ut verbis Auctorum à Collegio Salmanticensi approbatorum, tract. 15. cap. 1. punct. 2. art. 16. utar, *tenetur semper totis viribus, magnoque studio* præfatam perfectionem procurare; eò quòd vel sit de ipsa Status Religiosi essentia, ut tenet probabilior, ex data definitione S. Thomæ; vel saltem proprietas inseparabilis Status Religiosi, ut contendunt alii: concordantibus alioquin omnibus, teneri Religiosum sub mortali nunquam deponere animum sincerum conandi, studendi, procurandi ad præfatam perfectionis metam pervenire: & hujus obligationis executio, ut ajunt indicati Scriptores, (minimè de severitate doctrinæ suspecti) consistit in *continuo quodam motu erga* perfectionem: ità ut nunquam ab hoc motu, & progressu Religiosus homo quiescat, nec dicat: satis est sed semper ad altiora adspiret, juxta vocationem sui Instituti.

III. Cùm igitur hæc vera sint, & ab universis admissa, nonne videtur justum, & rationabile motivum habuisse eximius ille ac piissimus Doctor Martinus Navarrus, Canonicus Augustiniani Instituti professor, dicendi in cap: *Quia porro* 12. q. 1. n. 10 hæc verba: *Terribilis est multis Religiosis hæc sententia, quâ neque actu, seu actualiter, nec virtute, seu virtualiter habent animum se in*

Eee 2   *dies*

dies magis in charitate perficiendi; nec curant plus quàm boni Clerici seculares, vel laici ad eam tendere? Qua enim veritate affirmare potest Religiosus, se habere animum sincerum, volentem, sollicitum tendendi *magno studio, totisque viribus* ad perfectionem charitatis, qui contentus abstinere à peccatis mortalibus, modicam, vel nullam sollicitudinem impendit abstinendi à venialibus deliberatis? qui in sensibus sui corporis reprimendis nullum studium adhibet? qui viam pœnitentiæ, & mortificationis quasi omnino ignorat? qui quasdam regulares observantias jam stabiliter dimisit, quasdam rarò exequitur, cæteras ex mera consuetudine absque ullo spiritus fervore perficit? qui, quæ Dei sunt, pluribus distractionibus, negligentiis, deordinationibusque commaculat? qui orationi vocandi nulla cura tangitur? qui conversandi cum Deo in corde suo nullum penitus usum habet? qui temporis insumendi in ludis, solatiis, spectaculis, aliisque dedecentibus modis nullo conscientiæ stimulo pungitur? qui totus est in propriis commodis procurandis, in magna fama sibi concilianda; qui, ut paucis multum dicam, hujus gravissimæ obligationis tendendi ad perfectionem charitatis tali oblivione occupatur, ut ferè nunquam menti suæ se illa offerat; eamque, se offerentem, concito gradu vix transeuntem dimittit? Hujusmodi Religiosus, repeto, dici poterit *magno studio, totisque viribus* ad perfectionem charitatis conari, quemadmodùm sua requirit obligatio sub gravi? Nomine igitur merito jure protulit Navarrus, terribilem esse multis Religiosis hanc sententiam?

IV. Hinc nedum mortaliter peccat Religiosus, qui relinquit media, ad perfectionem conducentia juxta status sui vocationis, ex contemptu, nempè; ex animo se non subjiciendi regulis, ut explicat S. D. loc. cit. art. 9. ad 3. nedum peccat mortaliter, juxta omnes, qui regulas non observat eo pravo fine, ut suam perfectionem impediat, nedum qui suo pravo exemplo regulæ relaxationem inducit, vel ampliat; verùm etiam lethaliter peccat, juxta Sylvestrum verbo: *Religio* cap. 1. q. Tabienam verbo: *Religio* q. 4. n. 5. Cordubam in regul. S. Francisci q. 3. dub. 3. Ascanium Tamburinum de Jure Abbatum tom. 3. disp. 3. quæst. 6. num. 3. Garciam tom. 1. tract. 5. definit. 2. dub. 7. n. 2. Lezanam tom. 1. c. 1. n. 10. Barbosam de Jure Eccles. lib. 1. cap. 42. n. 12. & Colleg. Salmant. loc. cit. n. 21. & alios, qui contentus servare præcepta regulæ, sub gravi obligan

tia, consuetudinem habet transgrediendi cætera tale vinculum non afferentia, nullam rationem habens de sui Ordinis Constitutionibus, vitamque transigens modo dudum descripto: idque probant indicati Auctores ex S. D. qui loc. cit. a. 2. docet: „Tertio modo pertinet „aliquid ad perfectionem instrumentaliter, & „dispositivè, sicut paupertas, continentia, abs„tinentia, & alia hujusmodi. Dictum est au„tem, quòd ipsa perfectio charitatis est finis „Status religiosi. manifestum est autem, quòd „ille, qui operatur ad finem, non ex necessita„te convenit, quod jam assecutus sit finem; sed „requiritur, quòd per aliquam viam tendat „ad finem; & ideo, qui Statum Religionis as„sumit, non tenetur habere perfectam chari„tatem, sed tenetur ad hoc tendere, & operam „dare, ut habeat charitatem perfectam. Simi„liter etiam non tenetur ad omnia exercitia, „quibus ad perfectionem pervenitur, *(cùm „hæc sint penè innumerabilia, imò quam„plura etiam sui vocationi adversantia, ut „patet)* sed ad illa, quæ determinatè sunt ei „taxata secundùm regulam, quàm professus „est." atqui Religiosus, vitam ducens modò superiùs descripto, non adhibet instrumenta, & media ad perfectionem consequendam neque ad id operam dat, dùm non vivit juxta ea, quæ sibi sunt per regulam taxata: ergo vivit modo contrario illi, ad quem gravi obligatione tenetur: ergo notabiliter violat obligationem gravem tendendi ad perfectionem.

Præstat integrum D. Thomæ textum adferre, ut clarè innotescat, in quo sita sit perfectio, ad quam omni nisu adspirare tenetur quicumque sese Deo per solemnem professionem dicarunt, quidque agere debeant, ut huic obligationi satisfaciant: „Dicendum, *inquit,* „S. D. 2. 2. q. 186. art. 2. in corp. quòd ad „perfectionem aliquid pertinet tripliciter. Uno „modo, essentialiter. Et sic, sicut suprà dic„tum est, ad perfectionem pertinet perfecta „observantia præceptorum. Alio modo ad per„fectionem pertinet aliquid consequenter, si„cut illa, quæ consequuntur ex perfectione cha„ritatis, puta, quòd aliquis malè dicenti bene„dicat, & alia hujusmodi impleat, quæ etsi „secundùm præparationem animi sint in præ„cepto, ut scilicet impleantur, quando neces„sitas requirit, tamen ex superabundantia „charitatis procedit, quòd etiam præter ne„cessitatem quandoque talia impleantur. Ter„tio modo pertinet aliquid ad perfectionem „instrumentaliter, & dispositivè, sicut pau„pertas, continentia, abstinentia, & alia hu„jusmodi. Dictum est autem, quòd ipsa per„fec-

„fectio charitatis est finis Status Religionis. „Status autem Religionis est quædam discipli-„na, vel exercitium ad perfectionem perve-„niendi; ad quam quidem aliqui pervenire ni-„tuntur exercitiis diversis, sicut etiam medi-„cus ad sanandum uti potest diversis medi-„camentis. Manifestum est autem, quòd ille, „qui operatur ad finem, non ex necessitate „convenit, quòd jam assecutus sit finem; „sed requiritur, quòd per aliquam viam ten-„dat ad finem. Et ideo ille, qui Statum Reli-„gionis assumit, non tenetur habere perfectam „charitatem, sed tenetur ad hoc tendere, & „operam dare, ut habeat charitatem perfec-„tam. Et eadem ratione non tenetur ad hoc, „quòd illa impleat, quæ ad perfectionem cha-„ritatis consequuntur. Tenetur autem, ut ad „ea implenda intendat, contra quod facit con-„temnens. Undè non peccat, si ea prætermit-„tat, sed si ea contemnat. Similiter etiam non „tenetur ad omnia exercitia, quibus ad per-„fectionem pervenitur, sed ad illa, quæ deter-„minatè sunt ei taxata secundùm regulam, „quam professus est." Itaque juxta S. D. per-fectio, ad quam anhelare debent, qui se per solemnem professionem Deo manciparunt, est perfectio charitatis; quamvis enim ipsi non teneantur habere charitatem perfectam, atta-men adstringuntur semper operam dare, ut habeant charitatem perfectam: unde talis obli-gatio, quam contrahunt in sua professione, consistit in continuo quodam motu tendendi ad hanc charitatem perfectam acquirendam, ita ut ab hoc motu, & progressu numquam quiescant. Ut autem gravi huic obligationi satisfaciant, non tenentur tendere, & obniti ad perfectionem per omnia opera consiliorum, aut supererogationis, sed per illa tantùm, quæ sunt secundùm regulam, & observan-tiam suæ Religionis.

Cl. Sylvius, D. Thomæ doctrinam expen-dens, sic suo commentario eam illustrat. Do-„cet, ait, non quemlibet Religiosum teneri „ad omnia consilia; quoniam ad ea, quæ sunt „supererogationis non tenetur aliquis nisi ex „propria obligatione, quando nimirùm non „occurrit casus necessitatis; qui si occurre-„ret, jam non essent consilia, sed præcepta: „atqui non omnes Religiosi se obligant ad „omnia consilia, sed ad aliqua determinata: „ergo non omnes tenentur ad illa. Confirma-„tur: quædam consilia sunt, quæ consequen-„ter se habent ad perfectionem, veluti bene-„dicere maledicentibus, & rapienti pallium „addere & tunicam: sed Religiosi non tenen-„tur ad hoc, ut jam habeant perfectionem:

„ergo non tenentur ad illa consilia actualiter „exequenda extra tempus, quo honor Dei, „aut salus proximi peculiariter id requirat; „quo casu quilibet Christianus ad ea tene-„tur. Probatur conseq. Qui enim ad finem „aliquem tendit, non est necesse, quòd eum „jam sit adeptus, sed oportet, quòd ad eum „conetur: Religiosi autem sunt in statu ten-„dendi ad perfectionem; & qui Religionem „profitentur, non profitentur se esse perfec-„tos, sed profitentur, se adhibere studium „ad perfectionem consequendam.

„Quod autem attinet ad ea consilia, qui-„bus ad perfectionem potest perveniri; ne-„que ad illa omnia tenentur Religiosi, sed „ad illa sola, quæ secundum uniuscujusque „Religionis regulam sunt præscripta: quoniam „ad alia non tenentur ex præcepto, cùm „ea nullus legitimè ipsis præcipiat: nec te-„nentur etiam ex voto, cùm illa non vove-„rint; & satis est ut tendere, ac pervenire „possint ad perfectionem per observantiam „regularem sui Instituti, quandoquidem il-„lud Institutum sit per Ecclesiam probatum „velut ad istum finem sufficiens.

„Cæterùm, subdit, etsi Religiosus non „ad omnia consilia teneatur, ideoque non „peccet eorum observantiam prætermitten-„do, aut prætermittere volendo, si tamen „illa contemnat, graviter peccabit. Con-„temnit autem, non qui tantùm ea negli-„git, sed qui ea vel secundùm se, vel se-„cundùm quod à Christo consuluntur vili-„pendit, sciens ac volens nihili, aut par-„vi æstimans ea, quæ Christus tanquam mag-„na, multùmque ad perfectionem ducen-„tia consuluit. Quod peccatum, quamvis in „omnibus grave foret, maximè tamen in „Religiosis, qui, cùm faciant professionem „acquirendæ perfectionis, peculiariter in „eis est irrationabile, quod parvipendant ea, „quæ ad perfectionem sunt à Christo data „consilia, ideoque grave peccatum mortale „in ipsis foret; sicuti, & graviter pecca-„rent, si sic consilia contemnerent, quòd „firmiter statuerent ea non servare; quia „hoc esset animum firmare contra spiritua-„lem profectum." Hucusquè præcitatus Theologus.

Hinc colligunt Salmanticenses tract. 15. cap. 1. punct. 1. n. 18, obligationem ten-dendi ad perfectionem, quam contrahunt Re-ligiosi, non esse distinctam ab obligatione servandi vota, & observantias regulares suæ professionis, sed esse eamdem cum illa, vel in ea imbibitam; sicut obligatio obediendi Deo,

Deo, ei placendi, in eoque ultimum nostrum finem collocandi, non est distincta ab obligatione servandi mandata Dei, sed in ea inclusa. Ex quo fit, *subjungunt*, non committere duplex peccatum, in confessione detegendum, Religiosum, qui contra aliquod votum, vel præceptum delinquit: unum contra illud, & aliud contra istam obligationem: sed unum duntaxat; quia una est obligatio, quæ frangitur.

Sentiunt autem ibidem *n.* 22. quòd non tenetur Religiosus vi hujus obligationis domitas, & superatas habere passiones inordinatas, dummodò ad illas evincendas conetur; quia per hoc suæ satisfacit obligationi. Sicut miles, cui imperatum est cum hoste pugnare, adimplet præceptum præliando, tametsi non vincat inimicum.

V. Objicies: S. D. loc. cit. docet, solùm contemnentem instrumenta ad perfectionem acquirendam, agere contra debitum tendendi ad perfectionem; ait enim: *contra quod facit contemnens:* idemque repetit in resp. ad 1. *& ideo religiosus non est transgressor professionis, si non sit perfectus; sed solùm si contemnat ad perfectionem tendere:* igitur quamvis Religiosus non observet regulas constitutionesque sui Ordinis, quamvis desidiosè vivat, & ad venialia præcavenda, virtutesque exercendas, suæ vocationi congruas, modicam sollicitudinem habeat, quæ alioquin sunt media, & instrumenta perfectionis acquirendæ, dummodò absit contemptus, & præcepta, votaque custodiat, non erit gravis transgressor obligationis tendendi ad perfectionem.

VI. Respondeo in primis, objectionem propositam illud deducere, quòd neque per somnium potuit Angelicus verbis à se prolatis docere; quâ enim ratione dici poterit, quòd S. D. qui præcisè statuit, *requiri, quòd per aliquam viam Religiosus ad finem perfectionis tendat; & teneri operam dare, ut habeat charitatem perfectam; teneri ut ad ea implenda intendat, quæ perfectionem charitatis consequuntur, juxta ea, quæ sibi sunt taxata per regulam;* & deinde immediatè ità Religiosum dimiserit libertati suæ, ut sub gravi non teneatur, nisi ad ea, ad quæ tenentur universi Christi fideles, qui, ut salutem assequantur, ad præcavenda mortalia in specie unica obligatione tenentur? Quis sibi fingere poterit, ut Religiosus, quem, universi Theologi cum eodem Angelico asserunt, teneri *seria* diligentia, *perpetuo conatu, impensoque studio* ad perfectionem charitatis nanciscendam, relictus fuerit ab Angelico plenæ suæ libertati, exequendi, vel non exequendi ea media, quæ necessaria ipse asseruit ad perfectionem attingendam, etiamsi stabiliter, perpetuò, aut plerumque illis non utatur; & à quocumque reatu absolvatur, posito quòd illa media non contemnat? Quid, amabo, amplius exigitur à laico fideli, vel Clerico? Nonne etiam isti, si opera supererogationis ex contemptu non faciant, lethaliter peccant? In quo igitur discernetur obligatio istorum ab obligatione Religiosi Deo mancipati? Non tenentur illi tendere ad perfectionem charitatis, quia nulla obligatione devinciuntur; non tenetur Religiosus, ex sensu objectionis; quia, quamquàm sit gravi obligatione affectus, tamen contra hanc graviter non peccat, nisi contemnat: nonne & laicus contemnens similiter peccat? in quo ergo discriminabuntur? Vides, lector æquissime, hallucinationem, obliquamque intelligentiam verborum S. Doctoris, quæ, non nisi cum ipsius gravi injuria, possunt ad tàm perniciosum sensum detorqueri.

Difficultatem facessit, quòd asserit Auctor num. præcedenti, nempè, quòd Clerici, vel Laici non teneantur ad perfectionem. Etsi namque, ut Doctores plures animadvertunt, ad sublimiorem illam, ad quam Religiosi anhelare adstringuntur, minimè obligentur; attamen & ipsi suo modo ad perfectionem tendere debent; idque clarum est tùm ex divina Scriptura, tùm ex SS. Patribus. Ex divina quidem Scriptura. Quippe omnibus Christianis Christus dixit *Matth. c.* 5. *Estote perfecti, sicut & Pater vester cœlestis perfectus est: cap.* 7. *Intrate per angustam portam: & cap.* 11. *Tollite jugum meum super vos.* Omnibus Christianis dixit Paulus ad *Ep.* 4. *Induite novum hominem, qui secundùm Deum creatus est in justitia, & sanctitate veritatis:* & *cap.* 6. *Accipite armaturam Dei, ut possitis resistere in die malo, & in omnibus perfecti stare.* Omnibus Christianis dixit Petrus 1. *cap.* 1. *in omni conversatione sancti sitis, quoniam scriptum est: sancti eritis, quoniam ego sanctus sum; &c.* 2. *Vos autem genus electum, regale sacerdotium, gens sancta, populus acquisitionis.* Omnibus Christianis demum dixit Jacobus *c.* 1. *Sitis perfecti, & integri in nullo deficientes.*

Ex SS. Patribus verò, præcipuè ex Ambrosio, & Joanne Chrysostomo. *Christianum cum dico,* ait ille *Serm.* 17. *in psalm.* 118. *perfectum dico. Hoc phant est,* inquit iste *lib.* 5.

ad-

adversùs vitæ Monasticæ vituperatores n. 13. quod evertit orbem universum, quòd summa vita benè agendæ diligentia Monachis opus esse arbitramur, ceteris negligentèr vivere licere. Non ita planè, non ita est; sed eadem ab omnibus Philosophiæ ratio requiritur. Alia plura habet ibidem, quæ hoc idem confirmant. Lege inter cæteros Auctoris Operis, ex gallico italicè exarati, cui titulus: *Avvisi, è Reflessioni supra le Obligazioni della stato Religioso tom. I. c. 2. num. 6. & seqq.* ubi materiem hanc versat, & in propatulo ponit.

VII. Loquitur itaque S. D. de transgressore non obfirmato, non perpetuo, non teneris, paulò ante descripti; sed de transgressore, qui ex infirmitate, & cum aliquali horrore sui defectus labitur indentidem in quasdam venialitates, & regularum violationes; retinendo tamen animum constantem, & firmum proficiendi ad perfectionem charitatis, & reapsè identidem ad hoc conantem, cui animo non repugnat nisi contemptus, prout intelligitur ab Angelico, id est, animus se non subjiciendi regulis. Et nisi hoc modo explicetur Angelicus, sequeretur, quod, qui constitueret non amplius conari ad perfectionem, cum protestatione, quòd non faciat ex contemptu, sed ut indulgeat suæ imbecillitati, non peccaret mortaliter; quod tamen à nullo theologorum admittitur, affirmantibus cunctis, animum verum & sincerum tendendi ad perfectionem debere esse perpetuum, & nunquam deponendum: erit igitur S. Thomas intelligendus vel modo explicato, vel de contemptu etiam duntaxat implicito, qui à mortali reatu immunis esse non potest.

VIII. Circa quod, ut clariùs me explicem, præmitto tanquam certum, omnes illas actiones, quæ, quando sunt expressæ, formales, & explicitæ, habentur ut peccata mortalia, etiam quando sunt interpretativè, virtualiter, & implicitè factæ, judicantur tales: do exempla: Simonia nedum formalis, & expressa est peccatum lethale, verùm etiam, quando est interpretativè, virtualis, implicitè simonia: & similiter est de blasphemia, de pactis cum dæmone, de usura gravi, & de quocumque alio crimine mortali; nàm, quoties verificetur, fuisse simoniam, blasphemiam, pactum, usuram implicitè talia, dubio procul mortalia censentur: ita quoquè est de contemptu cujuslibet obligationis; qui, cùm ab omnibus Theologis affirmetur mortalis, quando est ex-

pressus, formalis, & explicitus; mortalis quoque habendus erit, quoties verificetur interpretativus, virtualis, & implicitus. Hoc posito, scistitor à te, mihi dilecte frater, quando censebis aliquem Religiosum reum contemptus impliciti, & virtualis? Respondebis, quando ex modo se gerendi apparet, ipsum nullam omnino rationem habere alicujus legis, aut obligationis: nempè, quando degit in continua obligationis transgressione firmiter, & stabiliter: quando, proposita quacumque occasione legis violandæ, violat: & proposita occasione observandæ, non curat; atque ita se gerit, ac si nullo erga easdem vinculo tenetur: ita enim judicamus cæteros divinarum legum implicitos contemptores, legumque Ecclesiasticarum; qui earumdem censentur virtuales, & impliciti contemptores, quando dicta promptitudine, atque stabilitate illas transgrediuntur, nullam omnino rationem habentes de multitudine, consuetudine, & firmitate transgressionum, æque de semper majori animi obfirmatione in illis violandis: ex quo enim alio capite deduci poterit contemptus implicitus? Rectè respondisti sciscitanti, quandoquidem non suppetant alia indicia interpretativi, & impliciti contemptoris. Pari igitur modo discurrendum erit de contemptore gravis obligationis tendendi ad perfectionem, jureque meritò habendus erit interpretativus, implicitusque contemptor ejusdem qui & erga sui instituti leges (quibus tanquam mediis ad perfectionem uti tenetur ex S. Thomæ doctrina) dicto modo se gerit, & de passionibus refrænandis nil curat, & de oratione, mortificatione, cæterisque virtutibus comparandis tanta ducitur indifferentia, ac si nullo vinculo ad perfectionem assequendam teneretur. Hunc itaque existimo verum, & genuinum sensum illius exceptionis, insertæ ab Angelico in superiùs allata doctrina, dùm dixit: *Requiritur, ut per aliquam viam tendat ad finem,* (perfectionis charitatis) *tenetur ad hoc tendere, & operam dare, ut habeat perfectam charitatem: tenetur, ut ad ea implenda intendat:* en positiva, gravis & stricta obligtio. *Contra quod facit contemnens* nempè, sive expressus, & formalis, sive implicitus, & virtualis: *unde non peccat, si ea prætermittat* ex infirmitate aliquoties, & identidem; *sed si ea contemnat,* sive explicitè, sive implicitè, modo explicato.

IX. Confirmantur hactenus dicta quadam si-

similitudine, indicata ab Angelico loco cit. Scholaris quidam suscipit onus addiscendæ philosophiæ: fiat hypothesis, quòd ad illam discendam teneatur sub mortali ex vi præcepti gravis, sibi à Superiore imposui: sciscitor, quando peccabit graviter contra suam obligationem? peccabit ne mortaliter duntaxat, quando formali actu contemnit suam obligationem; àn verò etiam, quando suæ obligationi notabiliter deest, puta, nunquam aut rarò exercitationibus philosophicis operam dando, ducumenta præceptoris non retinendo, nunquam, vel rarissimè tradita meditando, ità ut, expleto cursu, quamvis aliquid modicum insulatim perceperit, nihil tamen coordinatum, connexum, fundatum proferre queat? Profecto nullus absolvet hujusmodi scholarem ob omissione mortali contra suam obligationem gravem comparandæ philosophiæ: ità quoquè discurrendum de obligatione circa studium perfectionis charitatis: *sicuti, qui intrat scholas, non profitetur se scientem, sed profitetur se studentem ad scientiam acquirendam*, ait Angelicus; ità Religiosus, *profitetur se adhibere studium ad perfectionem consequendam*: igitur, sicuti graviter peccat studens ille, qui tenetur gravi obligatione studere philosophiæ, si descripto modo se gerat; ità deficit graviter contra studium perfectionis, ad quod sub gravi tenetur Religiosus, si paulò ante descripto modo in studio perfectionis se gerat. Neque iterum obtrudas, contra hanc obligationem peccare solum contemnentem; nàm & ego iterum dicam distinguendo, solum contemnentem vel explicitè, vel implicitè, concedo; duntaxat explicitè, nego.

X. Hinc detegitur eorum hallucinatio, aliquando etiam à me audita, qui dicunt, in tribus votis, eorumdemque observantia, charitatis perfectionem esse repositam: verum dicerent, si sola tria illa vota esse media, & quidem efficacissima ad charitatem augendam & corroborandam affirmarent: at falsum est, in eisdem solis charitatis perfectionem esse constitutam. Quot Sancti fuerunt, & coluntur, Principes, Conjuges, Episcopi, Duces, Milites, Vidui, qui, utpotè Sancti, Charitatis viatricis perfectionem proculdubio nacti sunt, quin vota illa emiserint, & observarint? non igitur charitatis perfectio in tribus illis votis consistit. Neque respectu religiosæ personæ observantia simplex & mera eorumdem votorum sufficit ad perfectionis studium, nisi consocietur studio, & exerci-

tio aliarum virtutum, quibus passiones frænentur, sensus coërceantur, &c. ut spiritus eo majori unione cum Deo gaudeat per praxim frequentem, & repetitam actuum virtutum theologalium, & præcipuè dilectionis erga Deum.

XI. Distinguendus igitur est terminus ad quem sincerè, & seriò adspirare & tendere tenetur Religiosus, (qui terminus ex Angelico *est perfectio charitatis*) à mediis, ad hunc terminum conspirantibus: his mediis accensentur præcipuè illa tria vota: accensentur item observantia regularum Instituti, fuga sollicita venialium, praxis frequens orationis, exercitium actuum virtutum moralium, repetita elicientia actuum virtutum theologalium, quàm maximè charitatis; (quæ non augetur à Deo, nisi dependenter ab actibus amoris, ad augmentum disponentibus) & proinde seriò tendens, prout tenetur, ad perfectionem charitatis, his mediis sedulam operam dare necesse habet; neque sibi de votorum observantia blandiri, quæ, ab omnibus hic recensitis disjuncta, ad perfectionem charitatis modicum conferre potest.

XII. Explico, simul & urgeo. Certum est, tria illa vota pertinere ad tres particulares virtutes morales paupertatis, castitatis, & obedientiæ: certum quoquè est unamquamque virutem moralem intra certos terminos concludi; neque exire posse confinia suæ materiæ: si igitur, juxta indicatam hallucinationem, in sola votorum observantia perficeretur Religiosi obligatio gravis tendendi ad perfectionem, sequeretur, quòd, quamquàm nulla sollicitudine tangeretur, se exercendi in aliis virtutibus moralibus, & theologalibus; non contraveniret suæ obligationi, dummodò pauperem, castum, & obedientem se custodiret, & propterea, quamvis vel nullam, vel modicam rationem haberet acquirendi humilitatem, patientiam, poenitentiam, misericordiam, studium orationis &c. imò, quamvis omitteret sedulam curam augescendæ fidei, spei, charitatis, adhuc suæ obligationi, serio, & toto conatu tendendi ad perfectionem charitatis, optimè satisfaceret. Quis autem audivit unquam perfectionem adeo portentosam? Quis unquam dicet, hominem sincerè conantem studere perfectioni, qui memorata exercitia negligat, contentus duntaxat se custodire in statu viri casti, pauperis, & obedientis? Qui talem perfectionem sibi abdoptavit, eam sibi retineat: at perfectionis metam numquem attinget: imò sibi caveat, ne, si non no apprehenderit disciplinam, justè irascatur Dominus, & tandem pereat de via justa.

* Videantur, & seriò perpendantur, quæ docet D. Thomas 2.2. quæst. 186. art. 9. iis namque magis magisque firmantur, ac perspicua redduntur, quæ in toto præced. §. tradita sunt.

§. VI. De necessitate trium votorum ad statum Religiosum.

I. CUM Status Religiosus ex ipsamet voce Status postulet firmitatem, & perpetuitatem personæ se divino cultui devoventis, & hæc perpetuitas non habeatur ex lege aliqua, aut statuto; eò quòd hic status voluntariè assumatur; hinc sequitur, quòd vinculum, & obligatio permanendi in eo statu oriri debeat ab ipsa voluntate statum assumentis, ac proinde ex voto, quo perpetuò persona adjiciatur divino cultui. Cùm autem Status Religiosus sit essentialiter studium, & schola perfectionis acquirendæ, necesse erit, ut vota, hujusmodi statum constituentia, sint circa abdicationem earum rerum, quæ perfectioni acquirendæ nimis adversantur: hujusmodi verò res sunt illa tria bona mundana, in quibus mundialis felicitas censetur reposita, nempè, divitiæ, carnis illecebræ, & honores, juxta illud Joannis, suprà relatum: omne, quod in mundo est &c.: ut igitur constituatur Status Religiosus per contrapositionem ad statum mundialem, tanquam status inimicorum irreconciliabilium, necesse erit, ut Status Religiosus eas obligationes perpetuas intrinsecè involvat, quibus profitens hunc statum teneatur perpetuò abdicare à se omnem sollicitudinem circa tria præfata bona mundialia: hoc autem fit per emissionem trium votorum, paupertatis, castitatis, & obedientiæ; quorum primum evellit sollicitudinem acquirendi, & possidendi bona temporalia; secundum eradicat omnem spem fruendi illecebris quibusvis carnalibus; tertium captivat perpetuò liberum arbitrium, ne de suis actibus disponat, nisi prout censebitur à legitimo Superiore; cujus nutu duntaxat potest, præcipuè quoad omnia exteriora, libertate sua uti, quo voto tollitur aspiratio ad quemvis honorem. Hæc omnia egregiè explicantur à S. D. loc. cit. in art. 6. quem legas.

II. Si dicas, quòd perfectio vitæ Religiosæ præcipuè in actibus interioribus, & ma-

ximè amoris Dei, sit reposita, nec non in observantia cæterarum Instituti regularum: Respondet S. D. loco cit. ad 1. quidem, in actibus dilectionis præcipuè perfectionem esse repositam; vota tamen ad illos ordinari sicut media ad hunc finem: & proinde non illi actus, sed vota constituunt Statum Religiosum; eò quòd sint via, & tendentia quædam ad dictum finem; cæteræ autem regulæ, ait ad 2. ordinantur ad tria vota respectivè, ut illas consideranti constabit.

III. Observat demùm S. D. in art. 8., quòd in voto obedientiæ alia duo contineantur, tanquam in principali; tùm quia in ipso offertur Deo, quod majus est, nempè, propria voluntas; tùm quia, tametsi Religiosus teneatur ex voto ad continentiam, & paupertatem; hæ nihilominus sub obedientia cadunt; tùm denique, quia votum obedientiæ propriè se extendit ad actus propinquos fini Religionis.

CAPUT II.

De Voto Paupertatis.

§. I. De materia voti paupertatis Religiosæ.

I. MAteria voti paupertatis Religiosæ sunt bona exteriora, nempè, quidquid pecunia æstimari potest, aut comparari; & propfereà nedum dominium rerum temporalium, quod est jus disponendi de re aliqua, verùm etiam ususfructus, & usus, & possessio sunt hujus voti materia, & quidem proxima, quibus omnibus privatur persona, votum paupertatis emittens; & quamvis in tractatu 9. suis locis de his omnibus speciebus dominii disseruerimus; nihilominùs, quid hæc sunt, iterùm hic breviter indicare, non erit importunum. Ususfructus est jus utendi, & fruendi re aliqua aliena, salva rei substantia; puta, jus utendi fructibus agri, quibus &. vesci potest usufructuarius; & quod superest, donare, vendere, &c. salva agri, & arborum substantia. Usus est jus utendi re aliena, at non simul fruendi, salva pariter rei substantia; puta, jus vescendi fructibus agri duntaxat ad proprium usum; non verò donandi, vendendi, &c. Possessio est jus insistendi rei non prohibitæ possideri, nempè, detinendi rem actione exteriori acceptam justè, ut supponitur. His itaque omnibus privat Religiosa

pau-

paupertas; quippè quòd involvant aliquod dominium, & sint res pretio, & pecunia æstimabiles.

II. Disputari solet : àn paupertas Religiosa privet etiam usu meri facti? Nota, quòd hic usus consistit in actione, qua homo percipit utilitatem ex re aliqua, quamquàm nullum jus in ipsam habeat. Huic usui facti correspondet nedum actualis, sed etiam habitualis detentio rei, ut illa homo utatur, quando ipsi necesse fuerit ; sicuti Religiosus utitur vestibus, libris, &c. suo usui concessis; quæ detentio non est possessio, sed quidam potiùs moraliter continuatus usus facti ; qui idcirco non includit possessionem, quia non exercetur nomine proprio, sed nomine alterius, nempè Superioris, vel Religionis, concedentis. Ità explicato usu meri facti, videtur dubitari non posse, quòd non comprehendatur sub voto, imò neque comprehendi possit ; quandoquidem, si versetur circa necessaria ad vitam, jam patet, quòd Jure naturali excludatur à voti obligatione: si autem versetur circa alia necessaria, & convenientia, ut Religiosus efficiatur idoneus ad inserviendum Religioni, puta, circa usum librorum, patet similiter, quòd hic usus non cadat sub voti obligatione ; eo quia Religio ipsa teneatur de his providere suis alumnis, eosdemque incitare, ut illis mediis utantur, ad finem instituti consequendum.

III. Neque opponas, quòd in hujusmodi usu reluceat aliquod jus, puta, in usu alimoniæ ; qua utendo, Religiosus illam consumit ; nemo autem aliquid consumere potest, quod sub suo jure non cadat : atqui ex vi voti Religiosus omni jure circa temporalia privatur : ergo etiam jure usus facti. Respondeo dist. primam propositionem : relucet aliquod jus impropriè, & vocetenùs tale, concedo; propriè tale, nego ; & distinguo minorem: nemo consumere potest id, circa quod non habet, vel jus propriè, vel impropriè tale, concedo ; duntaxat propriè tale, nego. Privatur quidem religiosus ex vi voti omni jure, propriè dicto, quale est illud, quod exercetur nomine proprio ; non autem jure impropriè tali, quòd exercetur nomine alterius, & dependenter ab illius auctoritate.

IV. Possidere bona immobilia, & proventus in communi, apertè concessit Religionibus Tridentina Synodus sess. 25. de Regularibus cap. 3. *Exceptis domibus Fratrum S. Francisci, Capuccinorum, & eorum, qui Minores de Observantia vocantur.* Id autem non repugnat voto paupertatis, eò quòd dominum horum bonorum sit penès Religionem ; quæ bona nequeunt distrahi, vel expendi, nisi de licentia Capituli, Superiorum, &c. proùt unaquæque Religio in suis statutis constituit.

* Bona immobilia, & mobilia pretiosa Conventuum, & Ecclesiarum, alienari nequeunt sine licentia Sedis Apostolicæ, ut & Auctor docet infrà *cap.* 4. §. 2. *n.* 1. Non sufficit igitur ad illa distrahenda licentia Capituli, Superiorum, &c. legatur S. P. Benedictus XIV. *de Synod. Diæces. lib.* 9. *cap.* 8. *num.* 9. propè finem, & *lib.* 12. *cap.* 8. *n.* 9. & *seq.*

V. Hinc deducitur, & habetur etiam in Clementina : *Exivit* de verborum significat. quòd omnes Religiones dominii capaces possunt recipere hæreditates, legata, donationes, &c. eaproptèr, si earum Religiosi ante professionem de suis bonis non disponant, ipsæ Religiones succedunt in dictis bonis, quamvis Religiosus de hoc nihil dixerit: quia, cùm non disposuerit secuta professione, ipsum monasterium succedit in omnibus juribus temporalibus Religiosi professi.

Legantur PP. Salmanticenses *tract.* 11. *cap.* 2. *punt.* 12. §. 1. ubi rem hanc luculenter exponunt, aliasque difficultates ad hanc materiam spectantes proponunt, ac resolvunt ; præsertim verò, posteaquam *n.* 161. statuerunt, hæreditatem, vel legatum, Religioso relictum, immediatè ad Monasterium, non ad Religiosum pertinere, inquirunt, *n. seq.* 165. àn validum sit, & firmum legatum, quod relinquitur Religioso ea conditione, ut ipse illud possideat absque dependentia è Superioris voluntate? Animadvertunt autem, tripliciter hoc contingere posse. 1. videlicet, quòd testator relinquat tàm commoditatem legati, quàm ejus proprietatem, & dominium Religioso ea conditione, ut nequeat Superior illud impedire ; & sic, censent probabilius, legatum caducum esse, & nullum ; quia Religiosus est incapax, ratione voti paupertatis, omnis proprietatis, & dominii ; & ita ipsi non potest tale legatum competere : nec etiam Monasterio; quia talis clausula non solùm continet conditionem impossibilem, aut turpem rejiciendam, sed ingreditur substantiam ipsius legati, & sic vitiat illud. 2. Potest illa clausula intelligi, ut testator relinquat Religioso commoditatem, & dominium Monasterio, (quod semper præsumendum est, nisi constet de opposito) sub conditione, *ne Superior possit illam auferre.* Et tunc, *inquiunt*, rejicitur illa conditio ut turpis,

pis, & impossibilis , & subsistit legatum, ut probat Sanchez *lib. 6. cap. 17. n. 2. 3.* Accidere potest , ut legatum Superioris voluntati relinquatur subjectum, addita hac pœna, *ut si Superior usum, & commoditatem illius neget subdito, cesset legatum , & transeat ad extraneum ;* & in tali casu , *ajunt,* valet legatum : & si Superior velit illius commoditatem à subdito auferre, cessat, & transit ad substitutum ; quia illa non tàm est pœna, quæ judicis sententiam requirit, quàm conditio , sub qua solùm censetur testator relinquere Monasterio legatum ; & sic , ea cessante , cessat legatum , & tempus , pro quo fuit relictum.

VI. Cavendum tamen est Religionibus, ne nimia opum, & redituum abundantia noceat disciplinæ , & tepescere faciat charitatem ; quia , regulariter loquendo , nimia hæc redituum abundantia multis commoditatibus aditum pandit , & elongat Religiosos à ministeriis laboriosis, præcipuè, audiendi pauperum , & peccatorum confessiones ; nàm multi , tenentes ad pompam litteras patentes audiendi confessiones , aut nullius , aut non nisi alicujus Magnatis confessiones audiunt; quemadmodùm enim indigentia temporalium solet acuere sollicitudinem charitatis in succurrendis proximis , etiam honesto motivo secundario consulendi necessitatibus monasterii ; ità abundantia avertere consuevit ab hujusmodi ministeriis obeundis : & appositè dixit S. Thomas 2. 2. q. 88. art. 7. *Quòd habere superabundantes divitias in communi , sive in rebus mobilibus , sive immobilibus , est impedimetum perfectionis , licèt non totaliter excludat eam : habere autem de rebus exterioribus in communi sive mobilibus , sive immobilibus , quantum sufficit ad simplicem victum , perfectionem Religionis non impedit , si consideretur paupertas per comparationem ad communem finem Religiosum , qui est vacare divinis obsequiis.*

VI. Cavere itèm debent Religiones , ne bona superflua proprio statui retineant. Si enim neque laici licitè retinere possunt superflua personæ, & statui suo , sed , juxta Christi mandatum , tenentur in eleemosynas erogare ; multò magis ad id tenebuntur Religiones opulentæ , voto paupertatis obstrictæ : & quemadmodùm contra Christi mandatum peccant laici, si, quod superfluum habent, in eleemosynas non erogent , sed potiùs in novas & superfluas eorum statui vanitates, voluptates, & tripudia nova consumant, falsò

putantes , quòd ità expendendo pecuniam, hæc illis non sit superflua ; cùm excogitandarum vanitatum, & voluptatum nullus sit finis; ità , & multò graviùs Religionum Superiores, & monasteria peccabunt contra Christi mandatum , si , quod superest personis, & statui pœnitentiæ , & paupertatis voto devinctis, impendat in novas commoditates procurandas , in nova solatia , in nova mobilia etiam ecclesiastica , (habendo jam convenientissima) & non in subveniendo tot pauperibus, quorum multitudo variorum statuum jam replet civitates , oppida , rura , imò & vias penè omnes cujuscumque loci habitati : quam obligationem multa monasteria opulenta maturiùs perpendere deberent , ne in Christi judicio , à sinistra ejus posita , ille ipsis improperet, quod esurierit, sitierit, nudus fuerit , &c. nec ab ipsis fuerit , prout tenebantur , subventus. Et circa hoc punctum non sunt ampliùs audiendi Scriptores illi , perniciosa liberalitate concedentes monasteriis retinere superflua , quippè qui scripserint ante annum 1679. quo ab Innocentio XI. reprobata fuit thesis n. 12. quæ vix in aliquo personarum genere superfluum inveniebat; & ideo quadantenùs excusandi. Si qui verò idem docuerint post thesim confixam , nullo modo sunt excusandi , neque multò minùs audiendi , sed charitativè reprehendendi ; cùm ex terminis ipsis ab invicem pugnent votum paupertatis , & superfluorum retentio.

§. II. *De variis contra paupertatis votum peccandi modis : & primò quoad adquisitionem rerum.*

I. JAM patet ex dictis , Religiosum graviter contra hoc votum peccare , si dominium , aut proprietatem alicujus rei pretio æstimabilis , & valoris, ad grave sufficientis , habeat , volendo illam habere tanquam dominus. Quòd si duntaxat optet habere, vel delectatione morosa delectetur , ac si rem aliquam haberet ut dominus, distinguendum videtur; si enim hoc desiderium , & hanc delectationem retineat in sensu composito voti , palàm est , eum peccare mortaliter , & sacrilegè in affectu contra votum ; quia concupiscit, & delectatur de re, sibi graviter illicita : si verò optet , ac delectetur in sensu diviso à voto ; id est , si votum non tenerer, vellem illam rem habere , &c. videtur non peccare lethaliter; eò quòd non sit de objecto de se , & ab intrinseco malo , sed malo duntaxat , quia prohibito sibi ; eo modo , quo

Fff 2   quis,

quis, firmus in voluntate servandi jejunium, delectetur, & optet comedere carnes, si jejunium præceptum non esset : erit autem veniale, & quidèm pingue.

II. Cùm autem triplici modo peccare possit Religiosus contra hoc votum, nempè, aut malè acquirendo, seu recipiendo; aut malè possidendo; aut denique malè utendo; idcirco, incipiendo ab acquisitione; graviter peccat Religiosus, qui sine Superioris licentia acquirit, aut recipit quantitatem notabilem rei pretio æstimabilis, ad mortale sufficientem. Ratio patet; quia sacrilegè disponit de re notabili, eam sibi applicando sine Superioris licentia. Quænam verò quantitas requiratur ad violationem voti mortalem, difficile est determinatu : quæ difficultas in varias opiniones traxit Auctores; quibus examinatis, salvo meliori judicio, putarem dicendum, hanc gravitatem esse deducendam nedum ex ipsa quantitate rei in se, sed ex quantitate ista comparata voto, & disciplinæ regulari, quæ vigeat in monasterio: comparata quidem voto; eò quòd sublatio ista rei affert violationem promissi, in ordine ad divinum cultum Dei facti : undè in hypothesi quòd unus aureus sit materia gravis pro furto respectu cujuscumque; non propterea quis dicet, quòd qui vovisset erogare in eleemosynam duos tantùm argenteos, & omitteret, idcirco eum non peccaturum mortaliter, sed omnes affirmarent omissionem esse lethalem; eo quia vovens deesset in re notabili Deo promissa : Hinc doctissimus Suarez, qui sapienter, & diffusè de hoc disserit tom. 3. de Relig. lib. 8. c. 6. & lib. 7. c. 11. art. 24. censet, quòd quantitas, quæ omissa in eleemosyna, voto promissa, sufficeret ad omissionem gravem, sit computanda quantitas sufficiens ad violationem gravem voti paupertatis, si eam Religiosus sibi applicet sine licentia; & proinde ex hoc capite, nempè, comparativè ad votum, putarem, quòd quantitas octo librorum Venetarum sit gravis respectu cujuscumque Religiosi cujusvis Instituti. Per comparationem verò ad disciplinam monasterii, putarem, quòd, si disciplina vigeat, & exacta rerum communitas observetur, etiam minor quantitas ea, quam modò assignavimus, sufficiat ad mortale; quia etiam ex hoc capite augetur malitia sublationis per ordinem ad cultum Dei, in voto emisso consideratum; nemo enim dubitabit, quòd horribilius appareat vitium proprietatis in tali monasterio, quàm in alio disciplinæ jam collapsæ, & in quo peculii abussus jam prævaluit.

III. Dices, à plerisque comparari furtum Religiosi furto filii familias; qui profectò propter sublatam dictam summan, per se loquendo, non censetur reus culpæ lethalis. Respondeo, per id corroborari potiùs doctrinam positam; dummodò perpendatur, quid intersit inter patrem carnalem, & patrem spiritualem, seu Superiorem monasterii : ille namque rationabiliter censetur non invitus circa dictam summam; quia, & filius est aliquid sui, & tandem in filium devolvenda sunt aut omnia, aut ex parte, bona patris. Superior autem prudenter debet censeri invitus, ità ut, præcipuè ubi viget disciplina, & vita communis, ex vi sui muneris obsistat, quantum potest, hujusmodi violationibus sacri voti; & proinde velit quoad hoc punctum indulgere minùs quàm potest, & nil faveat violatori. Dixi præcipuè ubi viget disciplina; nàm etiam ubi est collapsa, cùm agatur de voto, censendus est Superior, ne suo muneri graviter desit, eamdem habere sollicitudinem, ne circa illud nimis laxetur; undè se restringat ad eam summam, quæ minùs vulneret votum emissum. Itaquè neque approbo absolutè regulam dicentium, summam notabilem pro Religioso esse illam, quæ statuitur pro furto absolutè; neque illam, quæ statuitur pro furto filiorum familias; sed esse illam, qua notabiliter læditur tàm fidelitas promissi, Deo nuncupati, quàm voluntas Superioris rationabiliter volentis quoad hoc minùs, quàm potest, relaxare, considerata disciplina monasterii communem vitam servantis: quibus perpensis, putarem, quòd excedere quatuor libras nummarias, nempè medium ducatum argenteum Venetum, non vacet à mortali.

IV. Licentia Superioris, quando mortaliter haberi potest, debet esse expressa, ità postulante regulari modo procedendi: quando autem moraliter haberi non potest, sufficit licentia præsumpta, & interpretativa, credendo sincerè, quòd, si Superior adesset, illam concessurus esset. Distinguendum tamen est; nàm, si res sit usu præsenti consumenda, puta, cibus oblatus, non requiritur ulterior expositio Superiori facienda; quia ratihabitio esset inutilis, utpote de re jam consumpta: si verò res accepta existat, illam recipiendo cum licentia præsumpta, eadem Superiori tradatur, ut vel ratam habeat acceptionem, vel revocet illam, si voluerit. Neque admittenda videtur opinio nonnullorum, sufficere licentiam præsumptam, etiam quando Superior moraliter adiri potest, à quo adeun-

do

do retineatur Religiosus ob aliquem pudorem, humanumve respectum ; tum quia nulla est sufficiens ratio, excusare valens Religiosum, ità se gerentem ; tùm quia est aperire aditum relaxationi voti ; tùm quia in materia justitiæ, non licet sibi applicare aliena bona cum solo præsumpto, & probabili consensu domini, quando expressus haberi potest : ergo à fortiori neque in materia hujus voti, quod addit titulo justitiæ etiam vinculum Religionis : tùm denique, & urgentiùs ; quia in Jure nunquam aliquid non expressum vim habet operandi, nisi in quantum continetur in aliquo jam expresso : atqui in casu nostro nihil est inveniri expressum, in quo hoc tacitum contineatur ; quin potiùs omnium Religionum regulæ oppositum continent : cùm igitur hic tacitus consensus non habeat actum aliquem expressum Superioris, in quo contineatur, sine fundamento sufficere asseritur ad sibi applicandum recepta, quando expressus haberi potest : imò Superiores prudentes, & cordati has licentias reprobare tenentur, quando potest haberi expressa, ne voti disciplina relaxetur.

* Addenda hìc sunt majoris explicationis gratia, quæ habet P. Antoine *tract. de Obligat. cap. 2. q. 5.* Licentia, *inquit*, Superioris requisita debet esse vel expressa, vel implicita, quæ scilicèt contineatur virtualiter, & implicitè in alia expressa, vel tacita, quæ rei cognitionem in Superiore supponit, & quæ ex circumstantiis prudenter adesse judicetur, ut cùm Prælatus, sciens subditos aliquid accipere, retinere, donare, non prohibet, cùm facilè possit; nàm tunc tacitè consentire censetur : secùs, si difficilè impedire posset, eò quòd, v. gr. timet, ne domus turbaretur tuis querelis ; tum enim merè tolerat, non concedit : undè non excusaris. Licentia tamen tacita, vel generalis in Religionibus benè ordinatis non conceditur, nisi in rebus levis momenti, & crebrò occurrentibus.

V. Quòd si Religiosus rem illam reciperet, credens, quòd illam recipiendo, displiceret Superiori, proculdubio peccaret contra votum graviter, vel leviter pro ratione materiæ ; quia recipere sine licentia præsumpta mala fide, atque ex propria voluntate, independenter à voluntate Superioris, qui prudenter censeri non potest velle, quod sibi displicet : idque asseritur ab omnibus, loquendo de voluntate renuente circa substantiam rei; pluribus deinde affirmantibus, quòd si Religiosus sit certus de voluntate Superioris circa substantiam rei, & solùm credat, quòd sit renuens circa modum recipiendi sine licentia, non peccet graviter, si ob pudorem ratihabitionem non petat. Verùm id videtur sine fundamento affirmari ; nàm certum est apud omnes, licentiam requiri pro valore actus, cùm vigor voti in dependentia à voluntate Superioris positus sit, ut validè accipiatur, donetur, &c. qua igitur ratione fieri poterit, ut contra votum non agam, dùm potens habere licentiam, pudore victus, non petam? cessat ne vinculum legis, dùm, potens dispensationem petere, sola præsumpta legislatoris voluntate, me dispensem? minimè gentium : ità in præsenti, non cessat vinculum obligationis petendi licentiam, si, potens petere, pudore victus omittam, Superiore rationabiliter invito circa hunc modum me gerendi.

VI. Licentia, à Superiore extorta per metum, dolum, fraudem, aliosque modos, voluntarium minuentes, non sufficit ad excusandum Religiosum à crimine proprietatis, ea acquirendo, per hujusmodi licentiam concessa ; cùm licentia debeat esse omnino voluntaria.

VII. Ex licentia, injustè, & irrationabiliter negata, si denegetur pro actione, cujus omissio efficiat Religiosum deficientem contra præceptum graviter obligans in materia justitiæ, vel charitatis, non sequitur, ut Religiosus peccet, agendo contra negationem, ut patet ; quia votum nequit esse ligamen iniquitatis: si autem ex denegata licentia nil sequatur in Religioso contra præcepta; tunc, quamvis Prælatus denegans fortè graviter peccet contra justitiam, aut charitatem, aut pietatem, Religiosus contra talem negationem licitè agere nequit ; quandoquidèm nil esset perniciosius disciplinæ voti, quàm facultas agendi in tali casu : nil namque facilius esset Religiosis, quàm sibi suadere, licentiam injustè denegari. In hoc itaque casu paupertas, & dependentia subditi non est irrationabilis, sed honesta, & debita ; & eo perfectior, quo minori ratione denegatur petita licentia. Id confirmatur à simili in voto obedientiæ, ad quam tunc duntaxat subditus non tenetur, quando obedire nequit sine peccato: at quando obtemperare potest sine culpa, quantumvis sit imprudens præceptum, non dispensatur subditus ab obediendo.

VIII. Igitur quæcumque bona *à Religiosis, quovis modo acquisita, statim ea Superiori tradantur, conventuique incorporentur* monet, jubetque Synodus Trid. sess. 25.

cap.

c. 2. de Regular. nàm quidquid Religiosus quovis modo acquirit, semper monasterio acquirit, ut habetur in cap. : *Statutum* 18. q. 1. Imò, etiamsi Religiosus malè acquireret, puta, si donatum contra prohibitionem, semel tamen acquisitum acquirit monasterio ; quæ acquisitio firma non est, nisi à Superiore approbetur ; qui secundùm motiva, quæ sibi videbuntur, poterit illam rescindere, & rem donatori restituere.

IX. Circa usu consumptibilia, notă primo, quædam unico actu consumi, ut esculenta, & poculenta; quædam, quamvis corruptibilia, habere tamen usum permanentem, quamquàm usu consumantur ; hæc possunt accipi, vel ad unum actum transeuntem, vel ut retineantur ad usum durabilem. Nota secundò, hæc bona vel accipi à Religioso ex ipso monasterio, vel ab extraneo, & ad merum usum, & non ut possideantur. His prænotatis: certum est, quòd accipere hujusmodi, & dictis modis ex bonis monasterii sine licentia, sit contra paupertatis votum : eò quòd fiat independenter à voluntate Prælati, & violentur simul religio, & justitia ; cùm & sit contra votum, & accipiatur alienum: quando autem hæc acceptio sit lethalis, difficile est determinare: si sermo sit de esculentis, & poculentis, audi doctum, & pium Suarez loc. cit. lib. 8. c. 11. ubi, cùm n. 40. cautè præmiserit, duo extrema esse cavenda: primum, ne nimis alleviando culpam, relaxationi locus aperiatur : secundum, ne nimis aggravando, fragilitas humana periculo exponatur; ideoque subdit, ad lenitatem potiùs esse inclinandum: „In bonis usu con-„sumptibilibus, ait ipse, pertinentibus ad ci-„bum, & potum, si tantùm ad proprium „usum actualem, ut sic dicam, & transitorium „aliquid sumatur, regulariter non videtur pec-„catum mortale, nisi damnificatio Religionis „esset nimia, & in re extraordinaria, & pre-„tiosiore; extra hujusmodi enim casum res „hujusmodi reputantur levioris conditionis: „& quamvis Prælatis hoc displiceat, non ta-„men ità sunt voluntarii, ut illam reputent „materiam gravem in ordine ad paupertatem, „sed solùm in ordine ad decentiam, & per-„fectionem Religionis: secùs verò esset, si „hujusmodi res in magna quantitate accipe-„rentur, & occultè retentæ paulatim consu-„merentur; nam illud esse posset grave pec-„catum. De aliis verò rebus, quæ usu non „consumuntur statim, si non accipiantur ut „occultè, & ut propriè possideantur, sed so-„lùm ad usum publicum, & expositum arbi-

„trio Superioris, sicut retinentur res aliæ; „ordinariò, existimo, materiam esse solùm „peccati venialis, nisi peculiares circuns-„tantiæ intercedant, quæ indicent deformi-„tatem graviorem : ut, si id fiat frequen-„ter, & quasi ex animo deliberato applican-„di illo modo res Monasterii ad suum usum; „vel si ob eam causam privarentur alii usu „talis rei, cum notabili incommodo illo-„rum, aut Monasterii. Hæc Suarez.‟

X. Circa hæc observandum addo, primò, quòd, si Superior interdixisset expressè hujusmodi rerum acceptiones ; nemini liceret accipere absque culpa gravi, aut levi pro quantitate materiæ. Secundò, quòd, ubi non viget consuetudo res hujusmodi sic accipiendi, non sit introducenda ; cùm tendat ad corruptelam contra votum : & Superior, dissimulando, non esset tutus in conscientia ; quia ipsi demandata est cura disciplinæ Monasterii, ne abusus contra eamdem introducantur : propptereà, ubi viget observantia regularis, & communitas obstare tenetur hujusmodi consuetudinibus ; atque religiosi, hos abusus introducentes, vel de recenti introductos foventes, non sunt immunes à culpa plerumquè gravi, quippè quòd abusus vergat in detrimentum commune disciplinæ regularis.

XI. Accipere hujusmodi res ad quemvis proprium usum ab extraneis, est contra votum paupertatis ; quia, cùm usus ille acceptatus sit pretio æstimabilis, sive res statim absumatur, sive tractu temporis, jam religiosus accipit aliquid pretio æstimabile sine licentia, & peccat contra votum ; & in hoc conveniunt omnes. Hinc, quando res per usum tota consumitur, & tanti valeat, ut sit summa sufficiens, erit culpa gravis: puta, si ab extraneo accipias vasculum liquoris exquisiti, & valoris unius aurei, illumque sine licentia absumas. Si verò res, ab extraneo accepta ad usum, non sit ipso usu consumptibilis, sed diù duratura, puta, liber magni valoris; tunc non est mensurandi culpa ex pretio rei concessæ ad usum, sed ex ipso usu, nempè, quanti æstimari possit talis usus: unde, si usus sit brevis temporis, erit culpa venialis; si verò esset adeo diuturnus, ut æstimaretur multi pretii, esset culpa lethalis. Quoad usum verò pecuniæ, mutuo acceptæ; cùm pecunia transeat in dominium accipientis, non est dubium, quòd, si sit summa sufficiens, acceptio sit mortalis ; tùm quia sibi usurpat dominium rei mutuo acceptæ : tùm quia ipse non potest de suo restituere, cùm nihil

nihil habeat quod suum sit; neque possit restituere de rebus Religionis; quæ, cum non consenserit in talem contractum, neque restituere tenetur : & quoad hoc peccat etiam contra justitiam respective ad mutuum dantem, qui mutuo non dedisset, si hæc sibi innotuissent. Excipitur casus necessitatis, ut notant omnes cum Turrecremata in cap.: *Non dicatis* art. 5. puta, si religiosus itinerans infirmetur in aliquo diversorio , & non habeat sufficientem summam suis necessitatibus providendis; quia tunc licite mutuare potest ab aliquo pecuniam ; tunc enim juste præsumitur assensus Religionis , quæ restituere tenetur mutuo accepta &c.

XII. Accipere ab extraneo rem, vel pecuniam duntaxat ad custodiam , eidem reddendam quando repetierit , directe & per se non videtur esse contra votum ; quia nil sibi religiosus applicat : minùs tamen decet Religiosum id agere sine licentia Superioris expressa: imò plerumque est grave peccatum contra obedientiam, quæ in monasteriis ordinatæ disciplinæ solet religiosis imponi à Superioribus, nec non à legibus , ne hujusmodi custodiam religiosi suscipiant; & quia obedientia versatur circa rem notabilem, ut supponitur , & ad vitandas perturbationes in casu , quo res deposita aut amittatur, aut furto surripiatur ; idcirco obligat sub mortali.

* Vide , quæ habet Auctor *tom. 1. tract. 10. cap. 14. num. 6.* quæque nos *ibidem* adjecimus.

XIII. Accipere ab extraneo summam, erogandam in eleemosynas ; si ab ipso dante destinentur pauperes , quibus sit eroganda , conveniunt omnes , non requiri licentiam, ex vi voti paupertatis ; quia religiosus nil sibi acquirit : si autem relinquat religioso electionem pauperum , Lezana docet requiri licentiam; ità in Summa part. 1. c. 9. n. 39. quia tunc non habetur ut merus minister, sed ut administrator. Passerinus autem de Statibus t. 1. q. 186. art. 7. inspectione 9. n. 198. afferens Sanchez & Suarez, dicit , neque in hoc casu requiri licentiam, quia, quamvis eligat ipse pauperes, nihil omnino acquirit , neque ullum commodum pretio æstimabile : hæc videtur magis ad verum accedere : dixi : ex vi voti paupertatis; quia aliunde peccare potest contra votum obedientiæ , ob prohibitionem forte à regulis, vel Superioribus factam.

* Observa , quòd, ut docet Sanchez, non peccat religiosus contra votum paupertatis,

si inconsultò Superiore recuset acceptare rem, sibi ex liberalitate oblatam; quia vi illius non obligatur ad acquirendum Religioni, sed ad non alienandum, accipiendum, utendum sine licentia. Potest tamen peccare contra charitatem, impediendo sine justa causa bonum Religionis, cui illa res ipso acceptante acquirenda erat. At non peccabit , subdit P. Antoine *loc. superius cit. n. 6.* si donum non necessarium Religioni recuset ex justa causa v. gr. ut liberior sit ad sua ministeria obeunda, vel ad majorem ædificationem.

§. V. *De modo peccandi contra hoc votum per detentionem rerum.*

I. MAnifestum est , quòd non quæcumque rerum detentio sit contra votum ; imò necessarium esse religioso retinere vestes , lectum, libros &c. dummodò hæc retineat ad merum usum , & de Superioris licentia. Retentio itaque illa voto repugnat , quæ fit independenter ab hujusmodi licentia , & nomine proprio. Indicia verò hujus animi proprietarii plerumque isthæc sunt. Primum , & indubitabile, retinere sine dicta licentia. Secundum , si , obtenta licentia, ita occulte retineantur, ut à Superiore inveniri non possit , aut sine magna difficultate, ne rem auferat; ita S. Bonavent. in specul. disciplinæ ad Novit. p. 1. cap. 4. Sylvester verbo *Religio* cap. 6. quæst. 7. Valentia disp. 10. quæst. 4. punct. & alii; idque verificatur , ut notat Suarez loc. cit. cap. 11. num. 4. nedum de dono receptis ab extraneo , sed etiam de receptis à Religione , etiam commodato, præcipuè ad diuturnum tempus: & erit culpa gravis , aut levis pro ratione materiæ , & actionis ; magis namque requiritur ad grave in mero usu occulto, quàm in donatione; quia , quamvis acquisita non retineantur nomine proprio, in modo tamen se gerendi res subtrahitur à potestate Superioris. Tertium , claudendo sub clavi particulari rem , quamvis cum licentia acquisitam, nisi Superior clavem illam concesserit ; qui usus non est à Superioribus permittendus , nisi ex gravissima causa , ut communiter docent Auctores; & quàm maximè ubi hic abusus non obtinet. Requiritur tamen in Religioso , etiam ubi invaluit, animus aperiendi ad nutum Superioris.

II. Retinere rem cum licentia quidem, sed irrationabiliter concessa , sine justa causa, quamvis non sit peccatum proprietatis, ut patet , est tamen grave , vel leve , pro ma-

materia , contra paupertatem , tàm in concedente , quàm in retinente ; & hoc verificatur
circa bona superflua personæ , & statui religiosi; ità Navar. Com. 2. in Regul. n. 12.
referens Cardinalem Alexandrinum, & lib. 3.
de restit. cap. 1. num. 3. ubi Navarrus dicit,
peccare peccato etiam proprietatis; quod non
videtur verum , cùm non retineat nomine
proprio , sed nomine Religionis , & Superioris, qui injustè licentiam concessit : eamdem
tenent S. Antoninus 3. p. tit. 16. Turrecremata in c.: Non dicatis, qui citat Hambertum;
Dionys. Carthus. de reformatione Claustr. 2.
5. Majorem in 4. dist. 38. q. 9. Graphis 2. p.
decis. lib. 13. cap. 19. num. 30. Azorium
tom. 1. lib. 12. cap. 12. quæst. 1. Molinam
tom. 2. de Justitia disp. 276. & alios. Ratio
est ; quia , juxta omnes, licentia, injustè concessa ab homine circa ea , quæ sunt Juris altioris humano, est invalida ; atqui in casu
nostro est hujusmodi, cùm sit circa ea , quæ
spectant ad votum Deo factum : igitur peccant & concedens , & retinens , & quidem
contra paupertatem ; eò quòd retinere superflua, ex terminis repugnat pauperi ex voto. Si
enim abundantia nimia dissonat paupertati;
quid erit dicendum de superfluitate , quæ ex
Christi mandato neque à laicis retineri potest ? Accedit præceptum Tridentinæ Synodi
sess. 25. de regul. c. 2. quo jubetur tàm Superioribus, quàm subditis, ut Mobilium usum
ità Superiores permittant , ut eorum supellex statui paupertatis , quam profesſſi
sunt , conveniat ; nihilque superfluum in
ea sit..... Quòd si quis aliter quicquam tenere deprehensus fuerit , is biennio activa
& passiva voce privatus sit , atque etiam
juxta suæ regulæ , & Ordinis constitutiones
puniatur : quæ verba gravitatem præcepti
manifestant etiam ex pœna trangressoribus
injuncta.

* Animadvertendum hìc est, fieri posse
ut , quòd non repugnat paupertati Religiosæ,
spectatæ in genere, repugnet paupertati , ut
est propria talis Religionis. Sic in quibusdam
Religionibus quædam permittuntur, quæ non
permittuntur in aliis , repugnante earum
Instituto.

III. Hinc inferas, mortaliter peccare, pro
ratione materiæ, tàm Superiores concedentes,
quàm subditos retinentes utensilia argentea,
sive ex alia materia pretiosa , tàm pro tabac-
co , quàm pro mensa, quàm pro aliis quibusvis privatis , & domesticis usibus ; cùm haberi possint alia, statui pauperum convenien-
tiora, & æquè utilia. Neque audiendæ sunt

omnino futiles excusationes , nempè , argen-
teà diutius duratura ; quia status paupertatis
ad hoc non inspicit, sed ad decentiam vitæ
pœnitentis, humilis, pauperis : aliter & indu-
sia lanea quæ pluris valent, & breviùs durant
lineis, dimitti possent, cùm tamen id falsum
sit, & sic de aliis; quia, ut dixi , ad hoc Religio non inspicit. Itèm peccant mortaliter
tàm Superiores concedentes, quàm subditi
retinentes vestes seculares , ut larvati discur-
rere possint per ea loca, in quibus inconveniens est , religiosum habitum comparere:
quænam enim necessitas, aut convenientia est,
ut ad ea loca se conferant, ubi quaquaversùm
offenduntur occasiones peccandi , à quibus
seculares ipsi, aliquo Dei timore tacti, solici-
tè fugiunt ? in quibus castitas mentis , & non
rarò etiam corporis periculum subit ? eapropter, si hujusmodi indumenta superfluis non
accenseantur, quid unquam superfluum erit
reputandum ? His addo declarationem Sacr.
Congregat. relatam à Fagnano in c. Monachi:
Regulares, præter supellectilem , quæ statui paupertatis regularis convenit , non
posse de licentia suorum Superiorum Regularium alia bona mobilia superflua , & dependenter à voluntate eorumdem Superiorum , & ad solum usum proprium possidere , seu retinere ; & possidentes , vel tenentes mobilia superflua , non excusari
propter licentiam Superiorum à culpa , &
pœna. Quid clariùs ?

IV. Dictorum occasione sciscitaberis: peccant ne Religiosi mortaliter ex alio capite, præfatis indumentis utentes , ullamve censuram
incurrunt ? Huic quæsito respondet Doctissimus noster Bannez in 2. 2. q. 12. a. 4. concl.
2. Religiosus , dimittens habitum suæ Religionis , & assumens alium quemcumque,
ut , occultata persona , liberè possit di-
vagari per vicos , & plateas , absque eo
quòd cognoscatur cujus Religionis sit, etiamsi id faciat tantùm ad horam , incurrit excommunicationem : conclusio hæc certa est
apud omnes : ità Bannez. Hæc Bannez assertio fundatur in lege Canonica 6. Decretal.
tit. 23. c. Ut periculosa , in qua dicitur : Ut
periculosa : (nota scopum Canonis) evagandi materia subtrahatur , districtiùs inhibemus , ne de cætero aliquis , quamcumque
Religionem tacitè , vel expressè professus,
in scholis , vel alibi habitum suæ Religionis
dimittat... Si quis horam violator temera-
rius extiterit , excommunicationis incurrat
sententiam : atqui temeraria habitus dimissio illa est , quæ sit absque rationabili , &
jus-

justa causa, ut affirmant communiter Canonistæ & Theologi, teste Sylvestro verbo *excomm.* cap. 9. n. 15. *temere*, id est, *sine causa rationabili, secundùm omnes Doctores:* cùm igitur depositio habitus, ad larvam assumendam, sit ex irrationabilissima causa, nempè, ex motivo, propter quod Canon fuit, constitutus, nempè, evagandi per plateas, per theatra, &c. proinde censura incurritur. Sententiam Bannez sequuntur Sylvester loc. cit. Graffius lib. 3. de Regularib. c. 5. n. 77. Suarez t. 4. de Relig. tract. 8. lib. 1. cap. 5. n. 8. Barbosa in lib. 6. Decretal. in cap. *Ut periculosa*, Salonius quæst. 5. art. 6. Lezana tom. 2. verbo *Ludus*, Colleg. Salmant. tract. 15. cap. 6. punct. 6. n. 149. & 151. Diana tom. 7. tract. 5. Comittolus lib. 6. q. 8. Clericatus discordia 43. p. 4. Rotarius t. 1. lib. 3. cap. 1. punct. 1. res. 6. Larvis ergo utentes Religiosi, ad publicè discurrendum occultati per civitates, graviter peccant, & excommunicationem ipso facto incurrunt. Hinc reprehendendus videtur Manrique, qui in sua Opella morali part. 3. c. 2. §. 8. oppositum liberè docet, nullo prorsus adducto fundamento, præter illud, quod ità viderit fieri à viris, quos ipse vocat timoratos; sed qua ratione Religiosis timoratis accensendus sit Religiosus larvatus, vagans per vicos & plateas, fateor, me non percipere.

V. Objicies: Clerici seculares, larvati incedentes, videntur non peccare mortaliter, quamvis habitum clericalem deponant, & personam occultent, ut alii credantur quàm sint: ergo neque claustrales graviter peccabunt. Respondeo, falsum esse, Clericos non peccare, & quidem graviter: ita communis Doctorum, qui de hoc disserunt, & dubio procul omnes illi, quos vidi; quorum nemo est severæ doctrinæ sectator: hi sunt Reinffestuel tom. 4. in lib. 3. decret. tit. 1. §. 5. n. 138. afferens Belletum, & alios: Laurentius in lib. 3. Decret. tit. 1. q. 8. n. 2. citans Sylvestrum, & Sanchez: & aliis omissis, P. Lucius Ferraris recentissimus & perdoctus Auctor Bibliothecæ Canonicæ, tom. 1. littera C. art. 4. n. 14. qui hæc profert: Clerici non possunt personati incedere, seu larva, ut vulgo dicitur *maschera*, se tegere; ex cap.: *Cùm demum* 12. de vita & honest. Cleric. ex cap. Nullus dist. 33. ex cap.: *Nullus præsbyter.* d. 5. de consecr. hæc ille: & addit, Sac. Congreg. sub die 10. Aprilis, 1654. declarasse, Clericis, incedentibus personatis tempore bachanalium, posse ab Episcopo imponi pœnam excommunicationis. Cùm igi

tur etiam Clerici mortaliter peccant, & pœna excommunicationis puniri possint, à fortiori peccant Regulares professi, qui pœnæ prædictæ jam subjiciuntur, ut ostendi.

VI. Claudo hunc paragraphum præcepto Synodo Tridentinæ loc. cit. cap. 2. „Ne„mini Regularium, tàm virorum, quàm mu„lierum liceat bona immobilia, vel mobilia, „cujuscumque qualitatis fuerint, etiam quo„vis modo ab eis acquisita, tanquam pro„pria, aut etiam nomine conventus posside„re, vel retinere, sed statim ea Superiori tra„dantur, conventuique incorporentur. Nec „deinceps liceat Superioribus bona stabilia „alicui regulari concedere, etiam ad usum„fructum, vel usum, administrationem, aut „commendam. Administratio autem bono„rum monasteriorum, seu conventuum ad „solos Officiales eorumdem, ad nutum Su„periorum amovibiles, pertineat.‟ Hinc deducas, qualiter peccent contra hoc grave Synodi præceptum Superiores illi, qui suis subditis liberam concedunt censuum libellariorum administrationem, ut illis utantur ad suum beneplacitum; nec non, quomodò peccent subditi, licentia injustè concessa utentes; & multò magis, si pecuniam censuariam expendant in ludos, & in res superfluas, & dedecentes, & fortè criminosas; ad quæ omnia nullo modo se extendere potest Superioris facultas, cùm voto adversentur.

§. IV. *De modo peccandi contra paupertatem per usum.*

I. NEminem latere potest, usum proprietarium, nempè, utendi rebus concessis cum dominio, & pro omni libito, interdici Religiosis ea ratione, qua interdicitur dominium; nil enim refert, quod dominio rerum privetur, si eisdem uti possint tanquam domini, & pro omni genio: quinimò magis obligat paupertas pro praxi in usu rerum, quàm in earum dominio; cùm nil prosit carere dominio, si pro genio de eisdem. disponere queant, ut patet. Tenentur igitur uti rebus sibi concessis ad eos usus, ad quos sibi conceduntur, & non aliter, nisi licentia ad alios usus petatur.

II. Hinc nedum est Religioso illicitum graviter, vel leviter pro ratione materiæ recipere, & retinere sine licentia, ut dictum fuit; verùm etiam donare, commutare, destruere, commodare sibi concessa, etiam intra Religionem, sine licentia; quandoquidem etiam commodare, est disponere de re, præter usum

sibi concessum , qui est, ea' re utendi ad talem determinatum usum ; puta, uti libro ad
legendum, non ad commodandum alteri. Similiter neque potest, sibi concessa ad vescen-
dum , dare alteri sine licentia ; quia est disponere de cibo ultra usum sibi concessum.
Multò minùs potest pecuniam, sibi pro emen-
di , v. gr. libris concessam , in aliud expen-
dere sine licentia ; & sic de aliis.

* Notandum hìc est , quòd , si Religiosus
sine licentia valida Superioris aliquid donet,
vel alienet , accipiens tenetur illud restituere
Religioni. Quia Religiosus caret potestate alie-
nandi, & sic transferendi ejus dominium.

Qui autem donum accipit à Regularibus,
excedens summam *scutorum decem* , in casum incidit reservatum Summo Pontifici;
nullam tamen censuram incurrit. Reservatio cadit in recipientes, non verò in donan-
tes. Vide Const. Clementis VIII. quæ incipit : *Religiosæ Congregationes* ; & Constit.
Urbani pariter VIII. quæ incipit : *Nuper à*
Congregatione. Ab hujusmodi casu ne quidem Summus Pœnitentiarius absolvere potest, quoadusquè restitutio facta non sit. Hæc
omnia confirmata fuere à S. P. Benedicto XIV. in Const. quæ incipit: *Pastor bonus*,
edita *idibus Aprilis 1744*. Sic sese explicat
ipse §. 16. ,,Accipientes munera à Regulari-
,,bus, exceptis rerum medicinalium , seu de-
,,votionis muneribus , ultra valorem decem
,,scutorum monetæ , contra præscriptum à
,,Prædecessoribus Nostris Clemente VIII. &
,,Urbano pariter VIII. in suis Constitutioni-
,,bus, XIII. Kalendas Julii anni MDXLIV. ; &
,,XVI. Kalendas Novembris anni MDCXL.
,,respectivè editis, non absolvat , nisi facta
,,restitutione ; *vel* , si eam de præsenti ne-
,,queant adimplere , eum obligatione eam-
,,dem , quàm primùm poterunt , faciendi.
,,Qui verò infrà prædictum valorem ejusmo-
,,di munera acceperint, eos, injuncta arbitrio
,,ipsius Majoris Pœnitentiarii , seu Confessa-
,,rii, per eum eligendi , eleemosyna , quæ in
,,beneficium Religionis; seu Conventus , cui
,,de jure facienda esset restitutio , si cautè
,,fieri possit, erogetur , absolvere , seu absol-
,,vi mandare possit.

III.   Peccat Religiosus graviter ◾el leviter pro ratione materiæ contra usum rerum
sibi concessarum , si ex negligentia illas per-
dat; si sinat, eas vel à tineis corrodi , vel de-
teri, vel marcescere ; si tanta incogitantia illis utatur, ut , ex modo indiscreto illas adhibendi, sit causa , quòd aut citiùs consumantur, aut in majori quantitate , quàm necesse

sit. Et circa hoc vereor , ne faciliùs peccetur graviter in monasteriis vitæ communis ; cùm
enim ibi ex communi penu Religiosi quoad
omnia provideantur , loco manifestandi gra-
titudinem erga beneficentiam Religionis se-
dulæ matris , & solicitiori custodiendi sibi
concessa ; turpi ingratitudine incidunt in indicatam socordiam, qua nedum reatu ingrati
animi gravantur , sed quàm maximè violati
voti paupertatis; & non rarò in materia notabili; quæ talis sensim evadit , dùm , modò
aliquid deperdendo , modò alicujus obliviს-
cendo, modò aliud non curando, modò aliud
perire sinendo , modò aliud oscitanter tractando , & identidem his modis se gerendo,
facillimè ad eam summam ascendunt, quæ
gravem voti violationem constituat.

IV.   At sciscitaberis : ut negligentia in
tractandis rebus ad usum concessis censeatur gravis, quanta esse debebit ? Respondeo doctrina , ab universis admissa in materia contractuum , dicendo , quòd quando
omittitur ea diligentia , quæ saltem à diligentioribus impendi solet , tunc , si quod
deperditur &c. sit notabile , erit culpa gravis. Rationem affero ex communiter admissis in contractu , cedente in utilitatem
utriusque contrahentis , in quo committens
culpam levem juridicam , tenetur juxta omnes ad restitutionem : culpa autem levis juridica , ex communi , est omissio diligentiæ
præstitæ à diligentioribus : (ad differentiam culpæ levissimæ , quæ est omissio diligentiæ præstitæ à diligentissimis) cùm autem contractus , initus inter Religionem &
Religiosum , sit in utilitatem utriusque, tenetur utraque pars pro culpa levi juridica:
igitur graviter peccabit Religiosus, damnum
afferens Religioni in suis bonis , si in eisdem, sibi concessis , custodiendis , & uten-
dis, nòn præstet diligentiam, quam diligentiores præstare consueverunt. Dixi : saltem;
quia timeo , ne teneatur etiam pro culpa levissima juridica , omittendo , nempè, custodiam diligentissimorum ; eo quia Religiosus
respectu Religionis se habeat potiùs ut Præ-
carius , quàm sub alio titulo ; Precarius autem, ex communi, teneatur etiam pro culpa
levissima, seu ex omissione custodiæ diligentissimorum. Non igitur sine causa dixi , me
multùm vereri , ne graviter hoc votum violetur ex hoc capite, etiam ubi viget communitas rerum ; & quidem ob descriptam incuriam.

* Quoties Religiosus damnum injustè intulit sive extraneis, sive Religioni , ejus bona
usur-

usurpando vel destruendo, vel aliter nocende, tenetur restituere, quantum potest, ex iis bonis, de quibus licitè potest disponere in alios usus, vel imminuendo expensas, quas licitè posset ex Conventus bonis facere, nisi condonet Prælatus, vel dominus; nàm injuria omnis Jure naturali resarciri debet, quantum fieri potest, nisi condonetur. Sic pòst alios P. Antoine *loc. supr. cit. n. 7.*

V. Circa ludos alearum, italicè *di fortuna*, & præcipuè chartarum, quantum dedeceant Ecclesiasticas personas, & præcipuè Regulares, declarant Sacri Canones, Ordinumque regulæ; & id circo Theologi communiter damnant peccati lethalis Religiosos, hujusmodi ludis., præcipuè frequenter, operam dantes: sufficiet afferre duos recentiores perdoctos, nec de severitate doctrinæ suspectos. Primus est P. Passerinus tom. 2. q. 187. art. 2.: ,,Ludi chartarum, ,,ait ipse, maximè cupiditati, & avaritiæ ,,deserviunt, eò quòd de uno ex illis ad ,,aliud est facilis transitus..... Indè est, ,,quòd nedum in Religionibus observanti- ,,bus, sed & in omni Religione Prælati ,,hujusmodi pestes, & ludos voluptuosos, ,,nulla consuetudine obstante, juxta sanci- ,,ta in Concil. Tridentino sess. 22. cap. 1. ,,de reformat. extirpare debent: & gra- ,,viter peccant, si id non faciant, & si ,,hujusmodi ludos permittant; & multò ,,ampliùs, si dent licentiam eis ludendi suis ,,subditis, (at, dico ego: quid, si forte ,,Superior ipse suo exemplo oppositum do- ,,ceret?) Manifestum est enim, quòd per ,,usum horum ludorum sub prætextu re- ,,creationis fratrum, sternitur via ad dis- ,,solutionem Religionum:'' hæc Doctor primus. Audi secundum, qui est P. Rotarinus tom. 1. 2. lib. 3. cap. 1. punct. 12. n. 13. & 14. ubi concedens, quòd nos non audemus concedere, nempè, licere aliquando Regularibus, chartis ludere, deinde sic scribit : ,,Secùs dicendum, si sæpè vacarent ,,prædictis ludis; nàm tunc difficilè excusa- ,,rentur à mortali (nota benè) etiamsi lude- ,,rent sine scandalo, ut ex communi Docto- ,,rum testatur Lezana verbo: *ludus* n. 4. ,,erit autem ludus frequens, & ludens dice- ,,tur consuetudinarius, si semel in hebdoma- ,,da fiat, juxta Bordonum resol. 33. num. 3. ,,Claudit demùm hoc punctum Giribaldus ,,gravibus verbis, quibus invehitur in Reli- ,,giosos, sæpè ludentes ludis vetitis alearum ,,& taxillorum causa lucri. Rosignolus; si- ,,ve hoc faciant, nescientibus, ut communi-

,,ter contingit, sive etiam videntibus, & non ,,contradicentibus Superioribus; (verba ip- ,,sius sunt) abominabile hoc vitium est, ut ,,Religiosum statum, & perfectionem ever- ,,tat, sanctitatem comminuat, vota disrum- ,,pat. Heu! quàm gravibus poenis ad supre- ,,mum Dei tribunal obnoxii erunt, nedum ,,Religiosi ludentes, sed Superiores etiam ,,scientes, & corruptelam hanc non rese- ,,cantes, quæ cedit nedum in animarum per- ,,niciem, sed etiam in Religionis eversionem! ,,Ex dictis patet, communem sententiam es- ,,se, quòd, etiamsi non obstent decreta, ne- ,,que sit scandali periculum, neque ingens ,,pecunia ludo exponatur, tamen in Reli- ,,gioso consuetudo ludendi nequit à morta- ,,li excusari, cùm nimis adversetur statui ,,religioso.'' Hæc Doctor secundus: ambo doctrinæ non severæ, quibus communiter associantur alii.

VI. Ex his inferri debet primò, ex communi, Superiores, permittentes introductionem ludi chartarum in suos conventus, graviter peccare, sicuti & introductos extirpare non procurantes. Secundò dictis ludis Religiosos utentes, saltem aliqua frequentia, certò peccare lethaliter: dixi: saltem aliqua frequentia, ut communem opinionem indicarem : ceterùm adopto opinionem, semper damnantem ut mortales in Religiosis hujusmodi ludos : nisi forte parvitas materiæ, nempè, brevissimi temporis, & magnæ raritatis excuset; eo quia & Jura Ecclesiastica nimis urgeant; & hujusmodi ludi nimis regulari statui adversentur, & regulares obligationes, præcipuè studium perfectionis, exterminent. Tertiò inferendum, graviter peccare Superiores, qui, ubi toleratur abusus peculii, concedunt Religiosis, ludentibus aliis ludis honestis & non vetitis, puta, tesseribus, schacchiis, pila, &c., ut pecuniam exponant, quamvis intra claustra, quia id dissonat paupertatis voto, & excedit suam auctoritatem, quæ nil potest circa ea, quæ sunt voti læsiva: eo vel magis, quòd est moraliter impossibile, impedire transitum paulatim de modica summa ad majorem, & de majori ad grandem, cum voti jactura semper majori. Similiter peccare ipsos Religiosos, tàm sine licentia pecuniam exponentes, quàm cum licentia; quæ cùm sit injusta, & sine honesta causa, quandoquidem discordet à voto, & à regularitate : nequit licitum reddere actum. si opponas : igitur nil pretio æstimabile poterit cum licentia exponi, ad acuendam honestam delectationem ludentium? Respondeo, posse aliquid licitè exponi de licentia , puta , imagines , cereolos &c. , pecuniam vero non ; quia est esca nimis alliciens avaritiæ famem , nimisque adversans voto; usus enim aliarum rerum , imaginum , cereolorum &c. conceditur Religiosis quibuslibet ; neutiquam usus pecuniæ , ob datam rationem.

   * Relege Auctorem *tom. 1. tract. 10. de 7. Decal. Præcept. cap. 11. §. 2. n. 4.* ubi docet , peccare lethaliter , & ad restitutionem teneri, qui ludit cum Religioso professo, quantitatem respectivè notabilem exponente.

   VII. Circa usum peculii pecuniarii, ubi ex necessitate tenetur , ad subveniendum necessitati Religiosorum, à Religione non sufficienter provisorum; ut innocens coram Deo inveniatur , & securum in conscientia utentem constituat , has postulat conditiones, ipsimet voto , & religioso statui insitas. Prima, quòd sit sub totali potestate , & auctoritate Superioris; ità ut ab ipsius nutu pendeat illud habere , vel eo privari. Secunda , ut non resideat apud ipsum Religiosum, sed in causa communi. Tertia , ut ejusdem usus sit ob necessitates , quibus Religio nequit præstò esse , puta , pro itineribus necessariis, & decentibus ; pro medicinalibus, pro libris comparandis , vestibus &c. Quarta , ut non expendatur in usus superfluos, indecentes , & irreligiosos ; quia quoad hos non se extendit Superioris facultas. Quinta , ut sit ea quantitate, & summa , quæ necessitatibus prudenter occurrendis sufficere possit. Sexta, quòd, illo utens, sincero animo promptus sit ad acceptandam vitam communem, si offeratur occasio; imò quantum in se est , illam optet, & suo modo procuret: ve autem illi , si aut resistat, aut exturbet tractatus ejusdem introducendæ! (de quo in sequenti paragrapho) Septima, ut , quotiès peculio utendum est , toties licentiam petat; &, si fieri potest , per ministros expendatur ,quod expendendum est. Hæ sunt conditiones requisitæ , & à Doctoribus passim indicatæ , ad licitum peculii pecuniarii usum, quippè , quod à voto , & statu regulari postuleatur.

§. V. *De qualitate obligationis ad vitam communem.*

   I. Vita communis , consiliis Evangelicis à Chisto accensita , ità describitur à Sancto Luca Actorum cap. 2. & 4. atque ab Apostolis executioni mandata: ,,Omnes etiam ,,qui credebant , erant pariter , & habebant ,,omnia communia. Possessiones, & substan,,tias vendebant; & dividebant illa omnibus, ,,prout cuique opus erat. Nec quisquam eo,,rum, quæ possidebat, aliquid suum esse di,,cebat , sed erant illis omnia communia... ,,Quotquot enim possessores agrorum , aut ,,domorum erant , vendentes afferebant pre,,tia eorum, quæ vendebant, & ponebant an,,te pedes Apostolorum. Dividebatur autem ,,singulis, prout cuique opus erat.'' Hanc vivendi rationem constituerunt suis alumnis. quotquot fuere Sacrarum Religionum Fundatores, volentes, ut omnia temporalia, à Religiosis quocumque modo acquisita, in unum confusim conferrentur; quibus administrandis aliqui Superioris auctoritate instituerentur, ut cuilibet Religioso de ejusdem Superioris licentia, tribueretur, prout eisdem opus esset, juxta confinia Constitutionum, ab unoquoque Instituto statutarum : neque ullus apud se quidquam haberet , nisi ad merum usum facti , ad Superioris nutum revocabilem.

   II. Hujusmodi vitam communem ità intimam paupertatis voto quidam Theologi arbitrati sunt , ut sine ipsa neque votum ipsum subsistere posse affirment; tùm quia Religiosi voveant non paupertatem in genere, sed juxta regulam , in quam cooptari voluerunt ; & cùm omnis regula ordinum Religiosorum jubeat vitam communem, proinde voventes paupertatem juxta regulam propii Instituti, videntur simul vovere vitam communem. Hunc sensum videntur admittere nostræ Constitutiones dist. 1. cap. 13. textu 2. loquentes de emissuris professionem. *Verumtamèn , antequam stabilitatem, & communem vitam promittant , & obedientiam Prælato &.* En, quomodò pro eodem accipere videntur votum paupertatis , & vitam communem. Et similiter Clarissimus Præmonstratensium Ordo in Capitulo, celebrato anno 1615. manifestè ità sentire profitetur: *Communis vitæ ratio adeo necessaria est, ut ,ea non sedulò observata, paupertatis Evangelicæ votum, quod nihil proprii admittit , inviolatum esse nequeat.* Momenta quidem gravia, quæ admodùm probabilem hanc opinionem efficiunt.

   III. Cæterùm, quamvis communiùs Doctores diverso modo opinentur ; fatentur tamen omnes, absque vitæ communis observantia, multis paupertatis votum petere periculis, multisque violationibus , ut facilè constabit perpendenti paulò antè tradita circa ea, quæ præstanda sunt à Religiosis , ut votum custodiant,

diant, & quæ cavenda, ne in ejusdem violationes impingant; & præcipuè maturè deliberanti, quæ pro innoxio peculii pecuniarii usu indispensabiliter requirunt. At, quod fateri etiam debent omnes, illud est, vitam communem cum exclusione peculii cadere sub præcepto gravi, ità ut valdè sibi metuere debeant de salutis æternæ dispendio, qui in gradu Superioris sunt constituti, si illam quanta possunt prudenti & sedula cura, in sua monasteria introducere non satagant; nec non subditi, si vel eam recusent, vel ne introducatur, impediant.

IV. Hoc præceptum grave habetur in Conciliis Generalibus Lateranensi tertio 1189. sub Alexandro III. capite: *Monachi:* & Lateranensi quarto 1213. sub Innocentio III. capite: *Prohibemus.* Sed ut ad proximiora accedamus, Concil. Tridentinum sess. 25. de Regularibus cap. 1. absolutè, & efficaciter jubens reformationem Regularium, tàm virorum, quàm mulierum, inter alia vult: *Ut obedientiæ, paupertatis, & castitatis, ac si quæ alia sunt alicujus Regulæ, & Ordinis peculiaria vota, & præcepta, ad eorum respective essentiam, nec non ad communem vitam, victum, & vestitum conservanda, pertinentia, fideliter observent.* Et, cùm in sequentibus capitibus plura alia statuat, tandem c. 22. concludit: *Hæc omnia & singula, in superioribus decreta & contenta, observari S. Synodus præcipit in omnibus Cœnobiis, & Monasteriis, &c.*

V. Et, quamquàm Scriptores aliqui Tridentinum præceptum quibusdam interpretationibus extenuare tentaverint, illius vigorem in tuto posuit Clemens VIII. sua declaratione, anno 1599. emanata, in qua sub undecim capitibus comprehendit quidquid intentum efficaciter concludere valet. Num. 1. hæc profert: „Quò Trident. Concil. decreta de pau-„pertatis voto custodiendo fidelius observen-„tur, præcipitur, ut nullos ex fratribus, etiam, „si Superior sit, bona immobilia, vel mobi-„lia, aut *pecuniam*, proventus, census, elee-„mosynas sive ex concionibus, sive ex lectio-„nibus, aut pro Missis, tàm in propria Eccle-„sia, quàm ubicumque celebrandis, aliove ip-„sorum justo labore, & causa, & quocumque „nomine acquisita, etiamsi subsidia consan-„guineorum, aut piorum largitiones, legata, „aut donationes fuerint, tamquam propria, aut „etiam nomine conventus, possidere possit; „sed ea omnia statim Superiori tradantur, & „conventui incorporentur, atque cum cæte-„ris illius bonis, redditibus, pecuniis, ac pro-

„ventibus confundantur; quo communis inde „victus, & vestitus omnibus suppeditari pos-„sit. *Et num.* 2. Neque superioribus, qui-„cumque illi sint, ullo pacto liceat eisdem „fratribus, aut eorum alicui bona stabilia, „etiam ad usumfructum, vel usum, adminis-„trationem, aut commendam, etiam deposi-„ti, aut custodiæ nomine, concedere. *Et num.* „3. Nulla quorumcumque Superiorum dispen-„satio, nulla licentia, quantùm ad bona im-„mobilia, vel mobilia, fratres excusare, possit, „quominùs culpæ, & pœnæ, ab ejusdem Con-„cilii decretis impositæ, & ipso facto incur-„rendæ, obnoxii sint; etiamsi Superiores as-„severent, hujusmodi dispensationes, aut li-„centias concedere posse, *quibus ea in re fi-„dem minimè adhiberi volumus. Et num.* 5. „Fratrum vestitus, & supellex cellarum ex „communi pecunia comparetur, & omnino „uniformis sit fratrum, & quorumcumque Su-„periorum, statuique paupertatis, quam profes-„si sunt, conveniat &c. *Et n.* 8. Omnes, etiam „Superiores, quicumque illi sint, eodem pa-„ne, eodem vino, eodemque obsonio, seu, ut „ajunt, pictantia, in communi mensa prima, „vel secunda, nisi infirmitatis causa impediti „fuerint, vescantur; neque singulare aliquid, „quo privatim aliquis in cibum utatur, ullo „modo oferri possit. *Et n.* 9. Superiores òm-„nes, etiam Generales... cum contigerit in „aliquo conventu commorari, eam pecuniæ „quantitatem in commune conferant, ex qua „sibi, & iis, qui secum sunt, victus ad præs-„criptum regulæ, & Constitutionum suppedi-„tetur." Hæc sunt, quæ ex declaratione Clementis selegimus, quibus quid solidum respon-deri queat, penitùs ignoro: dixi, solidum; quia non desunt, qui aliqua responsa effutiant; at re-verà hominibus piis, & doctis minùs digna.

VI. Clementinum Decretum invicto robore sustinuit Sac. Congregatio suis respon-sis ad quæsita sibi proposita, atque à doctis-simo Fagnano ejusdem Congregationis Secre-tario, relatis in Commentario ad cap. *Mona-chi* de statu Monachorum. N. 1. „Quæsitum „fuit, ait ille, àn in iis, similibusque casibus „(quos superiùs retulerat) nempè, de aliquo „annuo proventu, sibi à Novitiis in profes-„sione reservato pro religiosis suis indigen-„tiis, aut eisdem à propinquis collato, aut „à Religiosis professis suis laboribus parto, „prædicatione, lectione, &c. ut ex eo eman-„tur census perpetui pro religiosis indigentiis; „aut quando ex redditibus unicuique ex fratri-„bus aut sororibus assignantur singulis annis „certa portio sive in pecunia, sive in aliis

„spe-

,,speciebus, ad hoc ut ex ea paret sibi ne-
,,cessaria ad vitam, (ut plerumquè fit) nec
,,Monasterium eis aliquid ultrà præstare, nec
,,ipsi accepti ultrà rationem reddere tenean-
,,tur: quæsitum est, àn in iis, & similibus ca-
,,sibus liceat Regularibus utriusque sexus,
,,habere prædictos annuos redditus, seu pro-
,,visiones annuas, vel bonorum stabilium
,,administrationem, (nota benè) seu peculium
,,non superfluum, nomine conventus, ac de
,,Superiorum licentia, & dependenter ab eo-
,,rum voluntate, ac nutu; adeo ut sint immu-
,,nes à culpa, & à pœna, de qua Concil. Tri-
,,dent. session. 25. de Regularibus cap. 2. ?
,,Hæc fuerunt quæsita proposita : audi nunc
,,responsum S. Congregationis. Sacra Congre-
,,gatio *negativè respondit*, videlicet, in nul-
,,lo ex supradictis casibus licere Regularibus
,,utriusque sexus habere prædictos annuos
,,redditus, seu provisiones annuas, vel bono-
,,rum stabilium administrationem, seu pecu-
,,lium non superfluum nomine conventus, ac
,,de Superiorum suorum licentia, & depen-
,,denter ab eorum voluntate, & nutu; nec es-
,,se immunes à culpa & pœna, à Tridentino,
,,loco cit. indicatis. Hactenùs Fagnanus. "
Qui n. 62. alteram consimilem declarationem
refert in quadam causa Neapolitana ; & alteram num. 63. & 64. in qua Archiepiscopo
Urbini præcipitur, *ut, quandiù Moniales il-*
læ communem vitam non susciperent, inter-
diceret ipsis receptionem puellarum ad ha-
bitum, & professionem. Et insuper n. 75.
affirmat, Clementis VIII. Decreta fuisse deinde innovata à Paulo V. à Gregorio XV. & ab
Urbano VIII.

VII. Deinde Innocentius X. Urbani successor in decreto, edito ann. 1654. relato ab
eodem Fagnano in 2. part. tertii Decretalium
capite: *Relatum, ne Clerici vel Monachi*, prohibet Superioribus, ne ad habitum Religionis
Novitios admittant, nisi sub conditione servandi vitam communem: ,,Sub exacta tamen
,,vita communi ad præscriptum regulæ, non
,,obstante quavis laxiori consuetudine, seu po-
,,tiùs corruptela, in contrarium introducta;
,,servataque forma Sacrorum Canonum Con-
,,cilii Tridentini, & Constitutionum Aposto-
,,licarum, ac præcipuè decretum S. M. Cle-
,,mentis Papæ octavi. " Idem confirmavit Alexander VII. Innocentii succesor anno 1655.
qui sub eadem conditione, servandæ communitatis, concessit, recipi ad habitum Novitios. Deinde Innocentius XI. hoc idem, omni
adhibita solicitudine, executioni mandari
studuit, edita etiam Constitutione, quæ in-

cipit: *Cùm nos* 1679. 6. Octobris.
VIII. Posteà Innocentius XII. nedum idem
inculcavit, confirmavitque, verùm etiam Sacram Congregationem erexit sub titulo Disciplinæ Regularis, ut reformationi Regularium,
juxta omnia hactenùs indicata decreta, invi-
gilaret; à qua S. C. plura emanarunt decreta, in quorum initio inter cætera hæc habentur nomine Pontificis: ,,Constituit, & decla-
,,ravit, se licentiam recipiendi novitios in sin-
,,gulis approbatis Ordinibus benignè conces-
,,surum (*tunc enim erat vetita vestitio*, *ut*
,,*monasteria reluctantia vitæ communi ex-*
,,*tinguerentur*) dummodò tamen ea serven-
,,tur, quæ pro regulari vita instituenda tàm à
,,Sacrosancta Tridentina Synodo, quàm à præ-
,,dessoribus suis Romanis Pontificibus, præci-
,,puè verò felicis recordationis Clemente oc-
,,tavo, nec non Innocentio decimo, & Ale-
,,xandro septimo pro Novitiorum receptione,
,,& professorum educatione, salubriter consti-
,,tuta sunt ; quibus omnibus firmiter inhæret
,,Sanctitas sua ; eaque, quatenus opus sit,
,,confirmat & renovat. Quocircà S. C. ab eo-
,,dem SS. D. N. super disciplina Regulari
,,specialiter deputata, de mandato Sancti-
,,tis suæ, præsentis decreti tenore denuntiat
,,omnium & singulorum Ordinum Regula-
,,rium Superioribus tàm Generalibus quàm
,,Provincialibus, ut statuant omnimodam
,,observantiam regulæ, & Constitutionum
,,cujuscumque Ordinis, & Decretorum Apos-
,,tolicorum; *præcipuè verò exactæ vitæ com-*
,,*munis*. Postquàm verò regularem observan-
,,tiam, *& signanter quoad exactam vitam*
,,*communem*, cum effectu stabilitam fuisse,
,,tùm ex eorumdem Superiorum Generalium,
,,seu Provincialium relatione, quàm Præpositi
,,& Fratrum, in præfatis Conventibus degen-
,,tium, *Jurejurando firmato testimonio*... ci-
,,dem S. C. sufficienter constiterit ; tunc
,,Sanctitas sua antedictam licentiam, quam
,,hactenùs distulit, Novitios ibi recipiendi,
,,benignè concedat. *Deinde prohibet, ne in*
,,*posterum* erigantur Monasteria, & Con-
,,ventus Religiosorum virorum, nisi sub ex-
,,pressa obligatione exactæ vitæ communis ab
,,omnibus Religiosis ibi commorantibus per-
,,petuò, ac inviolatè servandæ.

IX. Demùm Benedictus XIII. in Constitutione sub die 5. Junii 1726. quæ incipit:
Quod Apostolicæ. dolens, vota suorum Prædecessorum intentum non obtinuisse, & volens
Provinciam utriusque Lombardiæ, cujus fuerat alumnus, quamque tenero prosequebatur
amore, in melius provehere, dicit: *Pro con-*
sler-

servanda, & dilatanda per totam Lombardiæ Provinciam severiore disciplina, has regulas præscribimus, atque, ut perpetuò observentur, districtè præcipimus, & mandamus. Primò vita communis &c. Neque obtrudas modò silentium S. Sedis, ac si dissimulet, & permittat Religiosis vitam communem non amplecti, & peculia peculiaria retinere; hunc namque prætextum cautè, ac sapienter præoccupavit Innocentius XII. in Decreto, edito anno 1698. incipiente *Debitum Pastoralis*, in quo clarè dicit: *Ut constans enixaque voluntas nostra, incæptum opus hujusmodi peculiari studio sumaque animi contentione prosequendi, magis omnibus innotescat, omnisque transgressoribus vano falsoque silentii nostri prætextu se se excusandi occasio penitùs præcidatur; motu proprio prædictam Congregationem Cardinalium, & Prælatorum super disciplina Regulari tenore præsentium perpetuò approbamus; & quatenùs opus sit, etiam perpetuò erigimus, ac instituimus: ipsius autem Congregationis facultates sint... potissimum exactæ vitæ communis observantiam promovendi &c.* En objectio tua penitùs convulsa.

X. Omnibus his documentis ante oculos positis, fateor, imbecillitati meæ suaderi non posse, quòd vita communis, extincto peculiorum usu, non cadat sub gravi præcepto, afficiente Superiores, ut eam pro viribus promoveant; atque subditos, ut illam sincero animo optent, & data occasione promptè amplexentur. Et quamvis Sacra Congregatio non cogat reluctantes, ideo non cogit, non quia approbet modum vivendi absque vita communi; sed ad evitanda illa gravia inconvenientia, quæ germinare solent ex indocilitate reluctantium, sibi patrocinia undequaque conquirentium, cum magno fidelium scandalo, & tumultu, ingentique Sanctæ Ecclesiæ quietis perturbatione. Ve itaque reluctantibus, & impedientibus! quos deploro intimo cordis mei sensu tanquam in æternæ salutis periculo constitutos. Si plura desideres, videsis volumen P. F. Danielis Concina, inscriptum titulo: *Disciplina Apostolica monastica*, Dissertationibus Theologicis illustrata &c.

Non pigeat hic adjiocre, & ob oculos ponere, quæ Patres Ordinis Predicatorum in postremo Generali Capitulo, Romæ celebrato an. 1756. sub Reverendissimo P. F. Joanne Thoma de Boxadores, ejusdem Ordinis Generali Magistro in eodem Capitulo electo, statuerunt, vel potiùs in aliis Capitulis jam sancita confirmarunt, ad communem vitam in Con-

ventus ejusdem Ordinis introducendam. „Quæ „à postremo Capitulo Bononiensi (sic illi *pag.* „*86. n. 4.*) in memoriam revocata fuit, or„dinationem in alio Capitulo Bononiensi an. „1706. latam, hìc iterum ad verbum transcri„bimus, ejusque observationem summo stu„dio commendamus. Vitam communem, seu „perfectam rerum omnium communitatem, „statui religioso adeo individuam, & neces„sariam, qua, dùm vigeret, effloruit semper „Religio, & tot ferè Sanctos aluit, quot ha„buit Religiosos, ut in omnes Provincias, ac „Conventus revocent Priores seu Provincia„les, seu Conventuales, jam toties in capi„tulis Generalibus ordinatum, inculcatum, „& sub interminatione Divini judicii præcep„tum est, ut supervacaneum videri possit „illius introducendæ nova dare præcepta, seu „novas condere leges. Nihilominùs, quia nec„dum obtineri potuit, ut in omnes omnino „Conventus introduceretur, mandamus, ac „districtè præcipimus, ut iis in Conventibus, „in quibus introducta est, custodiatur quàm „diligentissimè, nec rimam admittant Supe„riores, qua è Conventibus erumpere possit: „ubi verò necdum perfectè introducta est, cu„rent, satagantque, ut, si nequeunt aliter, „sensim & sensim illam introducant, eas sta„tuendo depositi leges, talemque in vestitu, „& supellectili Fratrum præscribendo mo„dum, qualia in variis Capitulis Generalibus „præscripta sunt & statuta, ut quoad fieri „poterit, ad vitam perfectè communem ac„cedant quàm proximè. Superiores, hac in „parte muneris sui potisssimæ negligentes, seu „indulgentiores, à suis officiis volumus amo„veri, eosque inhabiles præsenti decreto de„claramus ad quævis Ordinis nostri munia; & „si quem contingat eligi in Priorem Conven„tualem, seu Provincialem, quem in concilio „Patrum per vota secreta constiterit non es„se vitæ communis amantem, districtè pro„hibemus, ne hujusmodi electus confirmetur, „sed alius vitæ communi seu custodiendæ, „seu introducendæ aptior eligatur.

✶ Legatur S. P. Benedic. XIV. *de Synod. Diœces. lib. 13. c. 12. n. 21.* ubi modum præscribit servandum, cùm agitur de perfecta vita communi in Monialium Cœnobia invehenda; & quænam præstanda sint, priusquàm operi manus admoveatur, sapienter suggerit.

✠ Celebriores Theologi communiter asserunt, non esse licitum juvenibus Religionis habitum suscipere, atque solemnem mittere professionem in iis Monasteriis, vel Conventibus, in quibus vita Communis non servatur,

atque aliarum præcipuarum Regularum , &
Constitutionum observantia non viget. Videantur inter cæteros S. Antoninus *3. part.
tit. 16. cap. 2.* & Em. Cajetanus in 2. 2.
part. 188. art. 9.

CAPUT III.

De votis castitatis , & obedientiæ.

§. I. *De obligationibus , ad votum castitatis
pertinentibus.*

I. **M**Anifestum , ex traditis in hoc opere
variis in locis, meritò censeo, quòd
votum castitatis Religiosæ constringat perpetuò voventem ad abstinendum à quocumque
actu venereo tàm interiori , quàm exteriori:
ac proinde , si contra hanc obligationem
delinquat, præter malitiam luxuriæ contra
temperantiam , incurrit malitiam sacrilegii
contra Religionem. Imò , si Religiosus peccans sit etiam Sacris Ordinibus initiatus, gravat notabiliter peccatum suum, ob duplicem
titulum castitatis servandæ, afferentem duplex
motivum proximum continentiæ; ac proinde
violator duplex hoc vinculum frangit, auget-
que malitiam suam eo gradu, ut sit in confessione explicanda. Addunt aliqui, quòd si violator voti sit Sacerdos, hunc gradum manifestare teneatur , eò quòd gradus Sacerdotalis
notabilius augeat deformitatem impudicitiæ,
quàm alter simplex Ordo Sacer *;* quæ longè
majori quadam ratione repugnat quotide sacrificanti , & sumenti Agnum immaculatum,
quàm repugnet aliis Ordinatis , ad eidem inserviendum duntaxat destinatis.

✠ Vide, quæ habentur *tom. 1. tract.
4. cap. 13. §. 7. num. 2.*

II. Hinc monita cuncta , quæ universis
Christi fidelibus dantur ad custodiendam castitatem proprii cujusque status , potissimo titulo commendantur Religiosis ; omnes enim
plurimorum Conciliorum Canones, ad defen-
dendam Clericorum continentiam constituti,
eò urgentiùs ad protegendam religiosam conspirant. Cùm autem cuncti Canones colliment
ad inducendos Clericos , ut omni sedulitate,
totoque conatu arceantur à contubernio , à
conversatione , à colloquiis , à visitationibus,
ab aspectu , & , si fieri posset , etiam à recordatione mulierum, ab omnibus his potiori
titulo arceri debent Religiosi Claustrales;
quandoquidem omnes austeritates, pœnalita-
tes , pœnitentiæ actus , quibus singula Sacra
Instituta plus minùsve abundant , in illud

conspirant , ut castitatem in suis alumnis sar-
tam tectam conservent. Majori nihilominùs vigilantia indigent Instituta mixta ex contem-
platione & actione præ Institutis , soli con-
templationi vacantibus; cùm enim illa in proximorum salute procuranda multis modis versentur, & quàm maximè in administrando Sacramento Pœnitentiæ , conciones habendo,
aliaque utriusque misericordiæ opera proximis impendendo, juxta scopum, cuique Ordini præfixum; fit indè , quòd necessitas non
rarò compellat ad tractandum cum personis
muliebris sexus ; quocirca hujusmodi animarum ministris , præcipuèque Confessariis, at-
tentissima cautio , atque oculatissima vigilantia necessaria est , ut animum tàm proprium,
quàm suarum pœnitentium à quacumque affectione reciproca defæcatum custodiant; &
quàm maximè quoad hoc invigilare debent
super illas , quas filias vocitant spirituales,
facillimè namque ex frequenti collocutione,
quamquàm de rebus spiritualibus , gignitur
quædam affectio , aut in altero , aut in utroque colloquente , quæ prima fronte spiritualis creditur , ideòque à multis negligitur , &
pedetentim , nisi summa vigilantia discerna-
tur, & præfocetur, transit in sensibilem ; &
hæc, si munusculis foveatur, verbis mollibus
colatur , significationibus benevolis alatur,
visitationibusque non necessariis augeatur, fa-
cilimè transit in sensualem , tametsi à principio vix discerni queat.

III. Non molestè feras, Lector benevole,
ac studiosè Confessari , si ex Angelico Thoma , vel potiùs ex Seraphico Bonaventura,
aliqua exscribam , ad periculosæ hujus affectionis spiritualis insidias detegendas ; (cùm
adhuc incertum sit , cui eorum sit tribuendum Opusculum *de modo confitendi, & puritate conscientiæ* ; quamvis longè probabilius sit, esse Bonaventuræ adscribendum; tùm
quia stylus manifestet ; tùm quia in editione Romana Opusculorum S. Thomæ minutio-
ribus characteribus inveniatur impressum: cujuscumque eorum illud sit, magni est Doctoris eximii Sancti , atque peritissimi in arte)
in hujus autem cap. 22. hæc scribit : „Talis
„affectio multos spirituales sub specie amici-
„tiæ spiritualis à statu orationis impedivit...
„Et , quoniam spiritualibus loquor , propter
„quos ista scribuntur , noverint ipsi , quòd,
„licèt carnalis affectio sit omnibus periculo-
„sa , & damnosa , eis tamen est magis per-
„niciosa , maximè quando conversantur cum
„persona , quæ spiritualis videtur. Nàm
„quamvis eorum principium videatur esse

pu-

„purum; frequens tamen familiaritas domes-
„ticum est periculum, delectabile detrimen-
„tum, & malum occultum, bono colore de-
„pictum; quæ quidem familiaritas quantò
„plus crescit, tantò plus infirmatur principa-
„le motivum, & utriusque puritas macula-
„tur... Ad tantum verò in brevi deveniunt,
„ut jam non velut Angelos, ut cœperant an-
„te, se invicem alloquantur, & videant, sed
„tanquam carne vestitos se mutuo intuean-
„tur.... & exinde unus incipit appetere al-
„terius præsentiam corporalem, qua insit
„eis præsentia mentalis, sicque spiritualis
„devotio paulatim convertitur in corpora-
„lem, & carnalem.... Et non minùs hor-
„rendum est, cùm ii proprium errorem
„percipere & emendare deberent, in ipsius
„potiùs nutrimento erroris, totum illud ju-
„dicant ex maxima charitate procedere.....
„ac si pro se invicem orare cógantur gra-
„tia, & virtute divina; ac per hoc con-
„solationem simpliciter sensualem, quam ha-
„bent...... asserunt, spiritualem esse, ac
„divinam.... Proinde modos insolitos, &
„cautelas mirabiles adinvenerunt, quibus
„procurant simul colloqui, & frequenter,
„allegantes unus alteri causas, utilitate,
„ac necessitate depictas: cùm tamen in ve-
„ritate nil aliud sit causa, nisi onus, cui
„ratio succumbit; sic itaque carnali con-
„cupiscentia, seu complacentia excæcati....
„........ allocutiones divinas pro carnalibus
„commutantes, amodò, nisi mora seroti-
„na cogente, aut alia inevitabili causa, non
„possunt ab invicem discedere; & tunc in-
„vitè, & tristes discedunt: hæc autem tris-
„titia est certissimum indicium, quòd carnis
„vinculo sunt alligati... Denique, quamvis
„se multis exponant periculis, & multa ma-
„la incurrant, & eorum obtenebratis cons-
„cientiis, judicant, tanquam spiritualibus si-
„bi quædam esse licita; quæ fieri nequeunt
„absque periculo, & peccato.... Tandem
„spirituales prædicti quandoquè se deduci
„permittunt, ut se invicem familiariter tan-
„gant sub specie charitatis, reserantes sibi
„invicem mutuum cordis amorem, quem
„imprudenter charitatem appellant: sed in
„hac reseratione amoris est summum pe-
„riculum; quia ex hoc fabricantur sagittæ
„quæ mentes eorum vulnerant mortaliter, &
„venenant.... Hæc venenosa affectio summè
„impedit puritatem confessionis, & cordis
„munditiam... quia personæ tales, quandiu
„sunt hac sagitta percussæ, quasi nunquam
„purè, & integrè confitentur... Tantum de

„hac materia dixisse sufficiat, ut per hoc
„animentur per viam puram, & immacula-
„tam incedere, & fugere *periculosam hanc*
„*pestem, familiaritatem mulierum spiri-*
„*tualium, quæ non meliùs quàm fugiendò*
„*vitatur.* Satis enim posset quis hac sagitta
„percussus se jejuniis, vigilliis, & discipli-
„nis affligere, & orare; quia, si non fugiat
„personam, & omnem occasionem despiciat,
„nunquam curabitur ab illo morbo, sed ma-
„gis augebitur illud vulnus." Hactenus S.
Bonaventura, qui deinde dicta confirmat
auctoritatibus Sanctorum Patrum.

IV. Oppones: sunt igitur ab Ecclesiis &
confessionalibus repellendæ virgines, & ju-
venculæ, aliæque honestæ fœminæ, spiritualem, & cælibem vitam instituere optantes,
& in perfectionis stadio ferventer proficisci? Minimè gentium: imò potiori virginitatis jure, vitæque castè ducendæ proposito,
veniant in lætitia, & exultatione, adducan-
turque in Templum Regis; attamen non nisi
magna adhibita prudentia, cautione, discretione, sobrietate, ac spirituali sagacitate.
Atque in primis Director maturè perpendat
earumdem vocationem ad hujusmodi vitæ
genus; cùm, juxta Pauli monitum, non sit
credendum omni spiritui, sed probandi sint
spiritus, utrùm ex Deo sint. Deinde post
exploratam vocationem, firmitatemque in eadem, super ipsas invigilet, atque eisdem
inculcet, ut summo studio linguæ, oculorum, aliorumque corporis sensuum morti-
ficationi insistant: secessum in propria domo diligant: omnibus domesticis se ex corde submittant: à familiæ servitio non se
subtrahant, imò cæteros in laborando præ-
veniant: à vanis ornatibus prorsus abhor-
reant: modestè, & verecundè vestes com-
ponant: atque ad cætera exteriora, tàm quoad
se, quàm quoad alios, ità se habeant, ut
ad suimet custodiam, aliorumque ædificationem cuncta conspirent. Deinde inculcet,
ut moderationi passionum incessanter operam dent: ut virtutum moralium impræter-
missæ exercitationi vacent: preces, meditationes, & accessum ad Sacramenta ità tem-
perent, ut compati possint cum statu, &
circunstantiis personæ. Duo semper præ oculis Director teneat: primum, ne persona, spiritualiter vivens, unquam se agmen mulierum spiritualium ingressam existimet: imò
suo judicio valde longinquam ab hujusmodi vitæ ratione sincerè se credat. Secundum,
ut cor suum à quacumque nimia affectione
erga humanas personas defæcatum custodiat,

Hhh   &

& præcipuè erga Directorem ; qui , post data salubria documenta , & monita , quò rariùs ad secum colloquendum admittet eam, eo felicius illius profectum promovebit : caveat autem summopere à visitationibus domesticis , si velit , ne brevi exsiccentur germina , quæ multo labore anteà excoluerat. Iis , aliisque cautis modis , apud probatos Doctores legendis , fieri poterit, ne sibi noceat spiritualis fœminarum directio , dummodo , & ipse summa vigilantia cor suum custodiat , ne , ob profectum , quem in via Dominici aliquam facere animadverterit, peculiari quodam vinculo spirituali erga eamdem afficiatur , memor illius Hieronymiani canonis ad Nepotianum : *Omnes virgines Christi , & puellas , aut æqualiter dilige, aut æqualiter ignora.*

§. II. *De spectantibus ad votum Obedientiæ.*

I. VOtum obedientiæ in eo positum est, quòd homo offerat Deo proprium arbitrium, ipsique promittat, se obtemperaturum suis Superioribus quoad omnia , quæ juxta propriam regulam justè jubebunt: quæ obedientia respectu jussorum juxta regulam vocatur à S. Bernardo in opusc. de præcepto & dispensat. obedientia *necessitatis* ; ad differentiam illius obedientiæ , quæ dicitur *perfectionis*, quæque obtemperat in omnibus, quæ non sunt contra Deum.

II. Religiosus parere tenetur obedientia necessitatis suo Superiori triplici titulo, nempè, titulo traditionis humanæ ; quia nempè se tradidit Religioni , ad vitam ducendam juxta Superiorum jussa ; titulo voti Deo emissi, obediendi homini propter ipsius Dei amorem, & titulo jurisdictionis, qua pollet quilibet Prælatus Eclesiæ respectu suorum subditorum Cùm autem vovens promiserit obedire non cuicumque voluntati Prælati, sedduntaxat præceptis illius ; eò quòd motivum specificans virtutem obedientiæ sit præceptum; propterea certò non peccat mortaliter, si non exequatur ea , quæ optantur, etiam ardenter, à Prælato , eo quia non extet præceptum : imò , juxta plures , neque venialiter ; quia nullo modo violat præceptum , quod non extat : sed duntaxat peccat mortaliter , quando præcipitur aliquid grave illis modis , in Constitutionibus præscriptis. Dixi : aliquid grave : quia , quemadmodum legislator non potest aliquid leve sub gravi jubere, ut dictum fuit in tract. 1. cap. 2.

§. 5. n. 7. ità neque Prælatus præcipere.

III. Cùm verò S. Thom. 2. 2. q. 104. art. 2. docuerit , quòd *speciale obedientiæ objectum sit præceptum tacitum , vel expressum Superioris* ; *voluntas enim Superioris quocumque modo innotescat, est quoddam tacitum præceptum*; fit exinde , quòd, quamquam Religiosus regulariter non peccet graviter, nisi agat contra præceptum expressum; nihilominùs graviter peccare potest , si agat contra præceptum tacitum , quando videlicet notum est , Superiorem intendere ad aliquid obligare velle ; puta , ad applicationem sacrificii pro oneribus Sacristiæ , &c. Qui verò obedit , præveniendo præceptum, perfectiùs obedit : ideo concludit Angelicus: *Et tantò videtur obedientia promptior, quantò expressum præceptum obediendo prævenit, voluntate tamen Superioris intellecta.* Quamobrèm plus requiritur , ut *quis* peccatum inobedientiæ committat, quam ut virtutem obedientiæ exerceat: ad illud namque requiritur violatio præcepti expressi, vel taciti ; ad istam sufficit sola notitia voluntatis Superioris , quocumque modo intellectæ.

IV. Ut Religiosus perfectè obedientiam exerceat, quatuor requiruntur conditiones, à SS. Doctoribus communiter assignatæ: prima , ut Religiosus id promptè exequatur, quod à Superiore jubetur. Secunda, ut obediat etiam voluntate, nempè , animo volente exequendo , quod præceptum fuit. Tertia, submittendo etiam proprium judicium judicio Superioris , judicando , id melius esse, quod à Superiore præcipitur , quamvis melius suo judicio non appareat; & hic est perfectissimus obediendi modus. Quarta, ut obediat, nullo expectato præcepto, sed sola voluntate Superioris significata.

V. Ex hactenus dictis deducas, quàm longè distent à religiosa obedientia subditi illi , qui circa dispositionem vitæ suæ ea munera constanter recusant, quæ sibi non placent, quamquàm ipsis certò constet, quòd Superior vellet , ut ab ipsis obirentur ; eaque sola libenter amplectuntur , quæ favent eorum genio , ambitioni, commodo , & peculio. Quid respondebunt Christo Judici, cui cùm spoponderint obedientiæ voto abdicationem proprii arbitrii quoad inserviendum Religioni , *& se subjiciendi Superioribus quantum ad generalem dispositionem vitæ suæ* , ut inquit S. Th. Quodlib. 10. art. 10. ad 3. in quo consistit obedientiæ praxis; disponere sategerunt, non pro Superiorum voluntate , sed pro genio suo ? Quid ergo erit illis?

illis ? Quam mercedem erunt recepturi, dùm vix unam poterunt afferre actionem , vix unum perfunctum ministerium , quod non fuerit procuratum , quæsitum, retentum ex propia voluntate , neutiquam susceptum ex simplici , & sincero obediendi motivo , absque admixtione propriæ voluntatis? viderint ipsi.

VI. Materia voti obedientiæ est totum id , quod confert sive directè , sive indirectè, ad conservationem Sacri Instituti, ad præsidium votorum, ad subsidium regularis disciplinæ. Dixi : sive indirectè , quia Superior præcipere potest , quod conspirat ad arcenda peccata , ad evitanda scandala , ad impediendas Constitutionum violationes ; & etiam novas ordinationes facere ad hujusmodi præservanda ; quia totum id virtualiter spectat ad conservationem , & præsidium Sacri Ordinis.

VII. Hinc non mirum, si Cajetanus, Suarez, Sanchez, & alii communiter docuerint, posse subditum à Superiore obligari ad quasdam actiones, vitæ periculo conjunctas, quando commune bonum Religionis id postulaverit, puta , inserviendi Religiosis peste ictis in conventu commorantibus ; ministrandi Sacramentum Pœnitentiæ etiam secularibus tempore pestis , si Parochi non sufficiant , & Religio sit Instituti mixti , nempè, etiam proximorum saluti dicata ; quandoquidem hæc conformia sunt & charitati domesticis debitæ , & obligationi in Instituto fundatæ.

VIII. In dubio, àn id, quod præcipitur, sit intra confinia facultatis Superioris , juxta communem, obtemperandum est ; quia possessio favet Superiori certo de sua auctoritate præcipiendi , qua non est expoliandus à subdito dubitante, àn ad rem præceptam se extendat, cùm alioquin certus sit, se ad obediendum teneri in omnibus, quæ illicita non sint , aut contra regulam : quemadmodùm miles in simili casu tenetur obedire Duci imperanti. Pariter in dubio , àn extet præceptum, juxta probabiliorem , tenetur obedire; quia in concursu àn cedere debeat , & vulnerari libertas subditi , aut auctoritas Superioris , rationabilius videtur, integram potiùs servandam esse Superioris voluntatem, & auctoritatem , quàm subditi libertatem; quæ & est inferior illa , & se habet veluti quædam pars respectu totius. Et à fortiori obtemperandum est , quando subditus habet pro se opinionem probabilem non obediendi circa aliquid, & probabilior est opinio Su-

perioris jubendi circa idem , ut constat ex dictis in tract. 1. cap. 1. in toto §. 6. In casu demùm , quòd & pro Superiore , & pro subdito extarent opiniones æquè probabiles, opinio subditi cedere debet; eadem enim est ratio, ac in casu dubii.

IX. Prælato particulari , præcipienti aliquid supra regulam, puta , novas austeritates v. gr. abstinendi à vino, absolutè loquendo , non tenetur subditus obedire; quia non vovit obedientiam , nisi juxta regulam: imò peccat Prælatus hæc præcipiendo: idcirco S. Bernardus in laudato opusculo: *Prælati jussio, vel prohibitio non prætereat terminos professionis, nec ultrà extendi potest, nec contrahi citrà : nil me Prælatus prohibeat eorum ,quæ promisi , nec plus exigat, quàm promisi*. Consultò dixi: Prælato particulari ; quia, si à Capitulo Generali statuantur , & præcipiantur , obediendum erit, ut patet. Consultò item dixi : absolutè loquendo ; quia , si in aliqua communi necessitate, ad placandam indignationem divinam , juberet jejunium , vel quidpiam simile , esset obediendum ; quia id esset secundum regulam , saltem implicitè.

* D. Thomas 2. 2. q. 104. art. 5. ad 7. ad rem hanc hæc habet : *Dicendum* , ait, *quòd Religiosi obedientiam profitentur quantùm ad regularem conversationem , secundùm quam suis Prælatis subduntur. Et ideo, quantum ad illa sola obedire tenentur, quæ posse sunt ad regularem conversationem pertinere : & hæc est obedientia sufficiens ad salutem. Si autem etiam in aliis obedire voluerint , hoc pertinebit ad cumulum perfectionis: dùm tamen illa non sint contra Deum, aut contra professionem regulæ; quia talis obedientia esset illicita. Sic ergo potest triplex obedientia distingui, una sufficiens ad salutem , quæ scilicet obedit in iis , ad quæ obligatur : alia perfecta , quæ obedit in omnibus licitis: alia indiscreta, quæ etiam in illicitis obedit.* Legatur & in corp. ejusdem articuli.

X. Videtur quòd non possit Superior regularis præcipere subdito, ut acceptet prælaturam extra Ordinem , puta , Episcopatum: neque subditus teneatur præcipienti obedire: quia circa rem prætergredientem confinia regulæ, imò constituentem subditum extra regulam , & subjectionem Religionis: ità S. Antoninus 3. part. tit. 20. cap. 1. §. 6., & alii secum. Laudabiliter tamen faciet, si, animo sincerè reluctante , & verè coram Deo de propria imbecillitate timente præcipienti obediat, quippè quòd ipsi manifestetur divina voluntas: & idem dicas de præcepto ad acceptandum Beneficium cum cura animarum: Imò, si Religiosus acceptaret electionem ad Episcopatum sine obtenta Superioris majoris licentia, acceptatio esset nulla, ex capite: *Quam sit* 18. q. 2., & ex capite: *Si Religiosus* de elect. in 6., eò quòd, ut multi sustinent, ex vi voti obedientiæ tenetur ad hanc licentiam obtinendam; cùm acceptet statum, qui ipsum eximit à subjectione Religionis, cui se in perpetuum tradiderat. Putarem tamen, quòd, si electio fiat immediatè à Summo Pontifice, quamvis laudabile foret licentiam obtinere etiam à Superiore, ea non videretur necessaria, nisi fortè in Bulla electionis exprimeretur; quia auctoritas suprema Pontificis eligentis eo ipso subtrahit electum à subjectione Religionis. Ad Prælaturas intra Ordinem acceptandas validè, & licitè præcepto obligari potest; quia præceptum est intra jura Religionis, & proinde subditum ligare potest, atque is ad obediendum tenetur, etiamsi minùs sufficientem se credat; quia in hoc dubio parendum est, & cedendum auctoritati certæ.

* D. Thom. 2. 2. q. 185. a. 2. ad examen vocat, *utrùm liceat Episcopatum injunctum omnino recusare?* Et sic in corp. difficultatem ipse dirimit: *Dicendum*, inquit, *quòd in assumptione Episcopatus duo sunt consideranda. Primò quidem, quid deceat hominem appetere secundùm propriam voluntatem. Secundò, quid hominem deceat facere ad voluntatem alterius. Quantùm ergo ad propriam voluntatem, convenit homini principaliter insistere propriæ saluti: sed quòd aliorum saluti intendat, hoc convenit homini ex dispositione alterius potestatem habentis. Unde, sicut ad ordinationem voluntatis pertinet, quòd aliquis proprio motu feratur in hoc quòd aliorum gubernationi præficiatur; ità etiam ad inordinationem voluntatis pertinet, quòd aliquis omnino contra Superioris injunctionem prædictum gubernationis officium finaliter recuset, propter duo. Primò quidem, quia hoc repugnat charitati proximorum, quorum utilitati se aliquis debet exponere pro loco, & tempore. Unde Augustinus* 19. *de Civit. Dei c.* 19. *dicit: quod negotium justum suscipit necessitas charitatis. Secundò, quia hoc repugnat humilitati, per quam aliquis Superiorum mandatis se subjicit. Unde Gregorius dicit in Pastorali: Tunc ante Dei oculos vera est humilitas, cùm ad respuendum hoc,*

quod utiliter subire præcipitur, pertinax non est. Plura docet S. D. & in responsionibus ad opposita argumenta, quæ materiam eamdem magis magisque declarant.

§. III. *De variis contra obedientiam peccandi modis.*

I. PEccat graviter Religiosus contra obedientiam, nedum frangendo præceptum, in regula contentum, aut à Superiore juxta regulam impositum; verùm etiam oretenus factum, & ex ore alterius ex commissione Superioris eidem annuntiatum; quia quocumque ex iis modis deobedit præcepto sufficienter proposito. Secundò peccat graviter, transgrediendo ordinationes Superioris, quamvis non præceptas, ex contemptu; qui in eo consistit, juxta S. D. 2. 2. q. 186. a. 9. ad 3.: *Quando voluntas subditi renuit subjici ordinationi legis, vel regulæ* (aut Superioris) *& ex hoc procedit ad faciendum contra legem, vel regulam*, aut Superioris præceptum. Quamobrem subditus respondens vel Superiori aliquid ordinanti, vel alteri anuntianti ordinationem ejusdem, quamvis non præceptam, & dicens: nolo obedire, nolo id agere, ex communi, peccat mortaliter contra obedientiam: quia ex modo se gerendi contemnit Superioris vocem, & auctoritatem: & peccat dupplici malitia, sacrilegii contra votum, & injustitiæ contra suam Religionem, cujus servitio se perpetuò tradidit, juxta beneplacitum Superiorum.

* Legatur integer D. Thomæ textus loco, ab Auctore *n. præced.* citato; videaturque Em. Cajetanus, qui suo commentario S. D. doctrinam illustrat. Revolvantur insuper, quæ ad rem addidimus tùm *tom. 1. tract. 1. cap. 2. §. 5. n. 12.* tùm etiam *hujusce tract. cap. 1. §. 2. n. 4.*

II. Peccat graviter Religiosus contra obedientiam, & etiam contra propositum tendendi ad perfectionem, si se submittere renuat, & contradicere conetur reformationi, statutæ à Capitulo Generali ad reparandum collapsum Institutum. Ità Sylvester verbo: *Religio* c. 6. q. 6. Vazquez in 1. 2. q. 5. a. 2 disp. 154. cap. 1. n. 25. & seq. Azorius tom. 1. lib. 23. cap. 11. q. 17. 19. Sanchez lib. 6. cap. 2. n. 35. & alii; quia Religio, in Cœtu Superiorum representata, habet jus reparandi proprias jacturas, & obligandi subditos ad reparationem acceptandam, quippè quòd præceptum sit omnino juxta Regulam. Et quia Religiosus quicumque, Instituti quantumvis relaxati, & collapsi, tenetur sub mor-

ta-

tali habere animum sincerum tendendi ad perfectionem , juxta superiùs dicta ; eo ipso quòd se opponit reformationi , & reluctatur se subjicere eidem , manifestat patenter animum à perfectione aversum , & minimè ad perfectionem tendere sincerè voleatem : imò peccat etiam gravi peccato scandali , dùm conatur impedire profectum etiam suorum confratrum, & relinquere illis apertam occasionem spiritualis ruinæ. Neque prodest quidquam , si dicat , se professum fuisse Statum Religionis , quem invenit , quandoquidem professus fuit regulam , non prout collapsam ; esset namque professio iniqua, Deoque abominabilis ; sed regulam absolutè, quæ semper arguit professos reformationi obnoxios , si hac indigeant , & ab habentibus potestatem præcipiatur.

III. Peccat venialiter contra obedientiam Religiosus, qui sciens à Superiore aliquid fuisse demandatum , quamvis absque præcepto, sine justa causa illud facere advertenter omittit; si enim ita peccat filius, hoc modo deobediens suo genitori, tametsi immunis à ligamine voti , potiori ratione ità peccabit Religiosus dicto modo se gerens, cùm ex vi voti teneatur se Superiori submittere *quantùm ad generalem dispositionem vitæ suæ* , ut audivimus à S. D. atqui hoc ipso quòd transgreditur demandata à Superiore , se subtrahit à dispositionibus factis à Superiore rectore vitæ suæ : igitur , &c.

IV. Deobediendo regulis , & constitutionibus , non obligantibus ad culpam, absolutè , ex se , & ex vi earumdem , nullum committitur peccatum : in praxi tamen , si deliberatè , vel ex malo habitu violentur, nescio excusare deobedientem à culpa veniali, propter hæc motiva mihi , & omnibus doctrinæ S. Thomæ discipulis insolubilia. Certum est in via S. Thomæ , non dari in homine deliberatè operante actum indifferentem, ut probavimus in tract. 3. c. 3. §. 1. num. 3. sed aliquem finem debere ab ipso operante respici; qui si honestus sit , efficit actionem bonam; si verò dedecens, efficit actionem malam: atqui deliberatè frangens constitutionem, non potest hanc violationem dirigere ad finem honestum , quandoquidèm non ampliùs esset violatio regulæ; neque potest illam dirigere ad finem indifferentem , qui in agente deliberatè , juxta Angelicum, extare non debet; igitur respiciet actio illa finem dedecentem: ergo erit mala venialiter : idque multò magis verificatur de frangente regulas ex habitu ; eò quòd , ut vidimus in tract. 3. cap. 1.

§. 2. num. 9. peccans ex habitu ; peccat , ut docet S. Thomas , ex certa malitia. Adde, quòd violatio deliberata, aut ex habitu, semper profluit ex inordinata aliqua affectione aut curiositatis , aut vanitatis , aut ineptæ lætitiæ , aut acediæ &c.

V. Non me fugit S. Doct. in 2. 2. q. 186. a. 9. ad 1. dicere: *In Ordine Prædicatorum transgressio talis , vel omissio ex suo genere non obligat ad culpam , neque mortalem neque venialem.* At observare debes ly *ex genere suo,* nempè , ex vi regulæ, quod & ego quoquè affirmavi; evadit tamen culpabilis ex adjunctis: & ideo subjungit S. D. *qui tamen possent venialiter vel mortaliter peccare ex negligentia , vel libidine, vel contemptu;* & quàm maximè ex defectu honesti finis, quod est idem ac ex negligentia.

VI. Ex contemptu igitur transgredi Constitutiones est lethale , ex contemptu quidem formali, & explicito, quando quis renuit subjici regulæ, & ex hoc agit contra regulam, ut dixit S. D. cit. n. 1. ex contemptu autem implicito , quando transgreditur Religiosus modo descripto in cap. 1. §. 2. num. 8. ubi quod diximus de contemptu implicito tendendi ad perfectionem, accommodatur cuicumque alteri obligationi.

VII. Quamquàm autem subditi identidem transgrediendo regulas, ex vi earum nec venialiter peccent, non ità censendum est de Superioribus , hujusmodi transgressiones dissimulantibus , & permittentibus ; si enim prudenter , & moraliter possint aut collapsas regulas erigere , aut extirpare violationes gliscentes , aut præcavere imminentes , tenentur sub mortali, omni adhibita diligentia id præstare ; ut plures docent Auctores non severi, laudati & approbati à Collegio Salm. tract. 15. cap. 4. punct. 6 n. 63. quos inter etiam Diana , quibus addo recentissimum P. Lacroix , qui lib. 3. part. 1. num. 707. docet , peccare mortaliter Superiorem , si negligat observantiam legum de ingressu in aliena cubicula , de silentio &c. quæ profectò non sunt inter constitutiones gravioris ponderis. Ratio est , quia ex vi muneris sui est ipsi demandata sub gravi peccato custodia spiritualis suæ Communitatis , profectus spiritualis ejusdem ; quæ inseparabilia sunt à custodia legum , earumdemque integritate: atqui tàm legum integritas , quàm profectus Communitatis non leve detrimentum patiuntur à dissimulatione transgressionum , ut patet : igitur ex obligatione , orta ex justitia legali , reus erit gravis omissionis,

nis, si in hoc notabiliter deficiat. Et confirmatur: si ex sua dissimulatione resultaret notabile damnum redditibus temporalibus monasterii, nonne graviter delinqueret? à fortiori ergo peccabit non impediens regularum violationes; cùm ad id tantò urgentiùs teneatur, quantò bona spiritualia præstantiora sunt temporalibus. Idemque Theologi explicant exemplo custodis ex officio alicujus vineæ, à qua si plures succesivè, & sine ulla conspiratione auferant unum botrum uvæ, nemine istorum graviter peccante, quippè quòd singuli ignorent damnum aliorum; ipse tamen custos graviter peccat, si damnum illatum sit grave, ut supponitur, dissimulando illa modica furta: ità est de custode spirituali monasterii. Imò S. Antoninus 3. part. tit. 9. c. 5. docet, teneri Superiorem nedum amovere violationes regularum, quæ ipsi occurrunt, & innotescunt, sed quòd *debet esse solicitus ad inquirenda vitia subditorum: nec sufficit, quòd corrigat defectus, quos, contingit, eum scire; sed debet inquirere diligenter vitam subditorum, si forté etiam occultos defectus possit deprehendere, ut admonendo, & præcavendo malis obviet.* Cavere tamen debet, ne aut indole suspiciosa inductus, aut nimiis scrupulis exagitatus: aut tristitiæ habituali obnoxius, evadat nimis anxius, morosus, & indiscretus, præ oculis semper tenens illud S. Augustini in Regula: *Disciplinam libens habeat, metuendus imponat: & quamvis utrumque sit necessarium, tamen plus à vobis amari appetat, quàm timeri, semper cogitans, Deo se pro vobis redditurum esse rationem.*

CAPUT IV.

De nonnullis aliis obligationibus, Religiosas personas afficientibus.

§. I. *De obligatione circa clausuram virorum claustralium.*

I. CLausuræ nomine, juxta Doctores, intelligitur totum illud spatium, quod intra septa Monasterii, seu Conventus continetur. Hæc clausura verificatur etiam de illis hospitiis, in quibus Religiosi Conventum, & Ecclesiam habent, quamvis sine Eucharistia; dummodò Horas divinas communiter recitent, & in iis Conventibus saltem aliqui degant; eò quòd hujusmodi hospitia sint verè Conventus. Non autem clausi dicuntur, neque clausura afficiuntur illi Conventus, seu illæ domus, quæ nondum declaratæ sunt Conventus, quæque intereà construuntur, in quibus aliqui Religiosi morantur ad illas construendas deputati, ut docent communiter, & quæ proinde ut Conventus nondum habentur.

II. Sacristia, ad quam accedi non potest, nisi per Ecclesiam, certum est, quòd non contineatur in clausura, sicuti neque chorus ad quem nisi per Ecclesiam accedatur; quia sunt partes potiùs Ecclesiæ, quàm Conventus; ità ab opposito, si in chorum, & sacristiam nequeat haberi ingressus nisi per Conventum, jam patet, quòd clausuræ subjiciantur. At quandò tàm chorus, quàm sacristia habent portas tàm Conventui, quàm Ecclesiæ correspondentes, putarem cum Suarez, & aliis, quòd chorus non sit in clausura comprehendendus, contra Salmant. & alios, ab ipsis relatos, nàm semper chorus reputatur pars Ecclesiæ, in qua Religiosi psallentes Deum collaudare intendunt; & janua, quæ communicat Conventui, non ad aliud deservit, nisi ut Religiosi à conventu descendant in Ecclesiam, & chorum clàm à secularibus: undè janua illa principaliter non vergit ad conventum, ut præsupponunt adversarii, sed vergit principaliter ad Ecclesiam, ut Religiosis pateat aditus ad ipsam. Similiter, si sacristiæ janua sit immediatè in Ecclesia, quamvis etiam habeat portam interiorem communicantem cum Conventu, non censetur intra clausuram; quia & ipsa tunc reputatur pars quædam Ecclesiæ, quamvis aliquantùm remotior choro; & janua illa interior non tàm aperit aditum ad Conventum, quàm Conventus ad ipsam; non enim per se ascenditur ad Conventum per sacristiam, sed à Conventu in sacristiam descenditur, ut Sacerdotes sacris vestibus induti prodeant in Ecclesiam ad celebrandum. Si verò sacristia non habeat januam immediatè in Ecclesia, sed ut pateat ingressus ad ipsam, necesse sit per aliquem alium locum transire, qui communicet Conventui, tunc sacristia habenda est in clausura; quia reapsè non communicat Ecclesiæ, sed omnes januæ ejus immediatè communicant Conventui, qui proculdubiò clausuræ subjicitur.

III. Circa hortos, & viridaria, si careant janua exitum aperiente ad viam publicam, certum est apud omnes, in clausura continere: si autem habeant etiam talem januam præter illam, quæ communicat cum Conventu, longè probabilius est, nihilominùs clau-

su-

suræ subjici ; tùm quia janua communiùs judicatur ; tùm quia janua communicans viæ publicæ, per accidens extat ; nempè, ut introducantur necessaria ad horti culturam, & non ut per eam introducantur personæ vetitæ; tùm itèm, quia etiam janua Conventus, quamvis immediatè sit in via publica, non proptereà aperit aditum violationi clausuræ; tùm itèm, quia horti intra circuitus, & septa monasterii concluduntur ; tùm deniquè, quia cùm sint loca voluptatis, & solatii, conformius est fini legis de clausura, ut intra eamdem recludantur.

IV. Clausura, quæ est à Jure, immutabilis est à Superioribus Religionis : talis est clausura Dormitorii, Refectorii, aliorumque locorum interiorum Conventus ; quia hujusmodi loca à Sacris Canonibus in clausura declarantur comprehensa. Clausura alia est à Superioribus, nempè à Generali, vel Provinciali, quando prudenter dubitatur de aliquo loco, àn clausuræ sit accensendus ; & hæc mutabilis est, cùm possit ab eadem auctoritate auferri, à qua fuit imposita : prudentia tamen has variationes reprobat : Dixi : a Generali, vel Provinciali ; quia, cùm declarare clausuram loci dubii sit res gravis momenti, dictis Superioribus reservata videtur; & quidem ut minùs variationi subjaceat.

V. Clausura per se obligat Religiosos sub mortali, tùm Jure naturali, orto ex vi voti obedientiæ suis Prælatis, tùm Jure positivo Tridentini sess. 25. cap. 4. de Regular. *Ne liceat Regularibus à suis conventibus recedere etiam prætextu ad Superiores suos accedendi, nisi ab eis missi, aut vocati fuerint.* Non tamen idcircò peccant, dum exeunt conventu de licentia expressa, aut tacita, aut ex consuetudine obtinente, & permissa, suorum Superiorum. Si autem quis interdiceretur, ne exiret absque expressa licentia, peccaret mortaliter ob indicata motiva: non tamen ex præcisa fractione clausuræ excommunicationem incurret, quæ nullibi invenitur. Peccaret etiam mortaliter quicumque noctu exiret ; tùm quia est unus ex casibus, qui possunt reservari, ut vidimus in tract. 14 c. 4. §. 10. tùm qui egressus furtivus, & contra voluntatem Superioris attentatus. Et hæc sententia communis. Idemque dicas de aliquo alio exitu, qui in circunstantiis conjici possit contra eamdem voluntatem.

VI. Jàm audisti à Concilio vetitum exitum sine licentia, etiam prætextu accedendi ad Superiores ; audi modò Bullam Sixti v. anni 1588. in qua addit: *Quòd si dicerent,*

se ad Apostolicam Sedem confugere ob gravamina à suis Superioribus sibi illata ; & ideo ab ipsis Superioribus licentiam, & litteras obtinere non potuisse ; non proptereà ullo modo recipi debent, nisi de fide dignorum testimonio, & de petita ab eis licentia, & per suos Superiores denegata, constiterit, atque ex Decreto S. Congregat. 1585. remittendi sunt ad suos Superiores, severiori pœna plectendi, ab Urbano VIII. approbato : Nullos Fratres Romam venire Superiores permittant, nisi à Generali, vel Protectore Ordinis duntaxat licentiam in scriptis impetraverint. Si quis autem sine hujusmodi facultate Romam venire præsumpserit, voce activa, & passiva biennio privatus existat, subiturus etiam alias arbitratu Superiorum infligendas pœnas ; quæ itèm omnia adversùs eos, qui supradictos admiserint, & receperint, sine ulla exceptione locum habeant : Hæc facultas concedendi licentiam, se conferendi Romam, deinde concessa fuit etiam Provincialibus, duntaxat ob motivum alicujus causæ communis totius Provinciæ. Et nota; quòd pœna illata vocis activæ, & passivæ reservatur sanctæ Sedi : vide Lezanam tom. 1. cap. 18. n. 14. 15. 16.

VII. Ut igitur exitus è clausura sit undequaquè innocens, debet esse cum licentia Superioris. Si concedatur sine rationabili causa, illam concedens peccabit plùs minùsve, juxta motivum, regulam, & frequentiam, nec non juxta moram temporis permanendi extra clausura. Circa id audiatur S. Congregatio ab Urbano VIII. aprobata ; *Nullus è conventu egredi valeat nisi ex causa cum socio, licentiaque singulis vicibus impetrata, ac benedictione accepta à Superiore ; qui non aliter eam concedat, nisi causa probata, sociumque exituro adjungat, non petentis rogatu, sed arbitrio suo, nec eumdem sæpius. Licentiæ verò generales exeundi nulli omnino concedantur.* Contravenientes autem pœna gravi, etiam carceris, ad Superioris arbitrium plectantur. Eamdem etiam janitor subeat, si, sciens, exeundi facultatem fecerit.

VIII. Mulieres, extra casus permissos, ingredientes clausuram Regularium, ipso facto incurrunt excommunicationem, S. Sedi reservatam, nisi ignorantia invincibilis illas excuset ; ita communis ex Constitutione S. Pii v. incipiente : *Decet Romanum Pontificem* edita anno 1570., in qua clarè comprehendit *omnes, & quascumque mulieres tàm in gene-*

re, quàm in specie. Religiosi autem, admittentes illas, contrahunt ipso facto pœnas privationis officiorum, & inhabilitatis in posterum ad eadem officia, nec non ad quæcumque alia, & etiam suspensionem à Divinis: ità in citata Constitutione: *sine alia declaratione, ipso facto.* Ubi notant Auctores, quod, quamvis suspensio ipso facto incurratur, privatio tamen officiorum, puta, Prælaturæ, Dignitatis, Lectoratus, &c. requirant sententiam judicis saltem declaratoriam; quia pœnæ consistentes in abdicatione juris jam possessi, cùm sint difficillimæ executionis alicujus contra seipsum, proptereà postulare videntur, quòd infigantur ab altero, ut diximus in tract. 1. c. 2. §. 5. num. 9. A suspensione illa possunt absolvi à suis Superioribus, imò videtur à quovis alio Confessario sui Ordinis, cùm non inveniatur reservata.

* Regulares, quamvis ex relata ab Auctore *num. præced.* S. Pii v. Constitutione non ligeatur excommunicatione, introducendo, vel admittendo fœminas intra conventuum suorum clausuram; ipsam tamen excommunicationem incurrunt, introducendo, vel admitendo ipsas sub licentiarum prætextu ex Constitut. Gregorii xiii. incipiente: *Ubi gratiæ.* Imò ipsam excommunicationem absolutè incurrunt, sive introducant prætextu licentiarum, sive sine talium licentiarum prætextu, ex declaratione S. Congregationis Episcoporum, ' & Rittum. Legatur P. Lucius Ferraris verb. *Conventus art. 3. num. 6. & 7.* ubi integrum affert Decretum.

IX. Excipiunt multi à lege S. Pii V. Imperatrices, Reginas, filias & neptes Regum. Alii etiam excipiunt, sed pauciori numero, Fundatrices Conventuum: quonam autem jure illas omnes excipiant, me latet, cùm express essio S. Pii sit adeo universalis, quemadmodùm notat communior, ut claudat additum exceptionibus. Casu autem, quo de licentia intrent prædictæ mulieres, jam patet, quòd cum decenti comitatu, & quidem restricto ad paucas sodales, ingredi permittantur.

X. Casus autem, in quibus permittitur mulieribus ingressus in clausuram Regularium, sunt. Primò, necessitas, puta, in incendio, cui extinguendo paucitas masculorum non sufficeret sine opera mulierum: itèm necessitas ex parte fœminæ, puta, ut se salvet ab illam insequentibus, ad vulnera, gravia verbera, stuprum, carcerem, evitonda. Secundo, pietas, nempè, processio aliqua; etiam ad ferendam Eucharistiam infirmo; aut in fu-

nere defuncti, in claustro sepeliendi, aut si quodvis aliud officium celebretur in claustro, vel capellis ejusdem: ità idem Pius v. qui addit: *Quando divinum officium in Ecclesia monasteriorum, vel regularium hujusmodi proponitur, vel propter aliquam quamcumque causam est tantum concursus populi, quòd commodè non possunt ingredi, & egredi per principalem portam Ecclesiæ, concedit, ut dictæ mulieres unà cùm aliis secularibus personis possint ingredi, & egredi per portam claustri monasteriorum, & regularium locorum hujusmodi, dummodò recto tramite accedant ad portam, qua exitur à monasterio.* Quando patet ob dictas causas ingressus, non peccant contra clausuram ingredientes curiositatis gratia, quia extat causa, & occasio illas dispensat: tenentur tamen, expleta sacra functione, statim egredi & si diutiùs permaneant, peccant quidem graviter, sed excommunicationem non incurrunt, quæ lata est contra indebitè ingredientes, non contra licite ingredientes, & indebitè morantes.

XI. Si demùm Superior ad hoc functionem institueret, ut mulieres ingredi possent; multi dicunt cum Roderico in expositione Bullæ Pianæ num. 16. & tom. 1. q. 48. art. 3. quòd peccaret mortaliter; quia ageret contra præceptum Bullæ, & concessionem ejusdem, quæ non concedit, nisi ob motivum pietatis, & non cum clausuræ detrimento. Alii apud Bonacinam dicunt, peccare venialiter ob abusum non gravem suæ potestatis; sed prima videtur probabilior, & Bullæ conformior.

XII. Verum Benedictus xiv. felicis memoriæ in sua Constitutione, data anno secundo sui Pontificatus die 2. Januarii 1751. incipiente: *Regularis disciplinæ,* &c. abolet præfatas facultates mulieribus concessas, ingrediendi monasteria virorum, etiam in Processionibus, sepulturis, aliisque piis supplicationibus &c. Postquàm enim reprobavit eos, qui sub variis prætextibus privilegiorum, indultorum, prærogativarum &c. fœminas introducunt, vel admitti sinunt, ità prosequitur.

„*Alii denique, sub pietatis, ac Religio-*
„*nis prætextu, cùm supplicationes, sive cum*
„*Sanctissimi Eucharistiæ Sacramento, sive*
„*cum Sacris Sanctorum Sanctarumque Reli-*
„*quiis, Statuis, & Imaginibus, per claustra,*
„*septa, & alia Monasteriorum loca, de mo-*
„*re, ut asserunt, habentur, sine ullo pror-*
„*sus discrimine, masculos & fœminas sup-*
„*pli-*

„plicationes hujusmodi per eadem loca
„sequi & commitari licitum, quinimò, ut
„indulgentias lucrari valeant, neces-
„sarium esse, ostendunt." Id omnino
vetat.

Revocat deindè quascumque facultates,
licentias, & quocumque alio pacto nuncu-
patas concessiones, factas sive per S. R. Ecclesiæ Cardinales, sive per sacras Cardinalium
Congregationes, sive per Legatos à Latere,
sive per Apostolicos Nuntios : *Quocumque
modo, ac tenore, & sub quibuscumque verborum formis expressas.*

Deinde declarat : *Per præsentes non esse derogatum iis concessionibus, quæ ad favorem quarumcumque nobilium fæminarum,
ex eo, quòd sive* earumdem majores, ac pro
„tempore existentes de familia, fuerint, &
„habeantur Fundatores, vel insignes bene-
„factores illius Monasterii, intra claustra,
„vel septa fœminas etiam de familia in-
„gredi, vel concessum, vel cautum esse si-
„bi voluerunt, & de concessione hujusmo-
„di confirmationem ab Apostolica hac S. Se-
„de obtinuerunt ; sive fœminæ hujusmodi
„sit consanguineæ, & affines eorum, qui
„sunt domini in temporalibus locorum, in
„quibus Monasteria sita reperiuntur, & qua-
„cumque legitima tituli, vel consuetudi-
„nis causa, & occasione ingressu hujusmo-
„di de præsenti gaudent ; factæ, & im-
„pertitæ fuerunt : dummodò concessiones
„hujusmodi per Apostolicas in simili for-
„ma Brevis, vel sub Plumbo, desupèr ex-
„peditas litteras duntaxat, & non aliter om-
„nino factas, & impertitas fuisse, priùs Or-
„dinariis locorum Antistitibus, vel Præsulibus
„per legitima, & authentica documenta cons-
„tare fecerint; & dummodò nec vagandi, nec
„otiandi, nec comedendi, cœnandique, nec
„per ambulacra, cubicula, cœnacula, alia-
„que loca, & officinas discurrendi causa, sed
„ad Ecclesias accedendi, Sacrosanctum Mis-
„sæ Sacrificium audiendi, aliaque erga Deum
„pietatis officia, & opera exercendi studio
„ingrediantur ; & dummodò de eorum ad-
„ventu, & ingressu interdiù, & opportunè
„faciendo, Superiores pro tempore existen-
„tes priùs certiores fiant ad hoc, ut absque
„Fratrum incommodo, & offensione, recto
„tramite ad Ecclesiam pergatur, & alia, de
„Jure servanda, serventur.

Tandem censuris subjectos esse declarat
illos, qui antedictis facultatibus uti volunt.

Non est omittenda alia Constitutio ejus-

dem Pontificis, eodem die, & anno edita, super Clausura Monialium, quæ incipit : *Salutare in Catholica Ecclesia &c.* In ea confirmat
sanctiones ecclesiasticas anteà editas, & insuper omnes facultates, quibuscumque concessas, ingrediendi, aut permittendi ingressum
in clausuram Monialium abrogat, quocumque privilegio, ac formà creditæ fuerint,
& facultatem ejusmodi *sive pro se, sive pro
aliis temerè uti audentem*, pœnis & censuris
Apostolicæ Sedi reservatis, ipso facto incurrendis, mulctat. Suum tamen jus concedit,
quoad dispensationes, Ordinariis, & aliis respectivè Superioribus, qui jus obtinent dispensandi in casibus necessariis, & servatis
de Jure servandis. Habetur Hæc Constitutio
tom. 1. *Bullarii num.* 40.

* In Litteris autem ad Episcopum Portu-
gallensem, incip.: *Per binas*, datis *die* 24. *Januarii* 1747. vetat idem S. Pontifex educan-
das puellas, & famulas in clausuram Monialium introduci quacumque ex causa sine
authentica Apostolicæ Sedis licentia, totiès
quotiès impetranda, & prævio examine Ordinariorum loci, ubi sunt Monasteria, super
moribus, fama, habilitate, necessitate ipsarum educandarum, seu famularum. Extant
hæ Litteræ *Bullarii tom.* 2. *num.* 26.

P. Paulus Comitolus S. J. *lib.* 6. *resp.
Moral. quæst.* 22. ad examen vocat, àn Moniales (eadem & de Religiosis respectu
puellarum difficultas excitatur) puerum,
puellamve infantem, aut lac sugentem intra Monasterii septa recipientes excommu-
nicatæ, necne, sint? Et respondet, se semper
in eam partem fuisse propensum, ut excommunicationis pœnam subirent, nisi iis justæ
aliqua inscientiæ excusatio suffragaretur, ob
hæc argumenta. 1. quia Romani Pontificis
consilium, undè sanctio illa manavit de introitu, & intromissione virorum, seu mulierum in Monialium sacra domicilia, ea
fuit, ut omnis materia prolapsionis, religiosis
viris, ac mulieribus, quæ se à profanæ mul-
titudinis convictu segregarunt, subtraheretur.
At hæc materia non tolleretur, si infantes
puellas in Monachorum, & infantes pueros in
Monialium ædes fas esset introferre ; quippè
cùm illa ætatula, sermonis, ac vitii ignara, pec-
catur impuniùs : neque enim vim scelerum,
quam patitur, aut repellere, aut viribus ul-
cisci, aut voce prodere, aut judicio perse-
qui potest; & idcirco per quàm probabile est,
Moniales, de quibus est quæstio, nexu excommunicationis, Romano Pontifici reservatæ,

Iii   vin-

vinciri. 2. quia, si horum infantium intromissio permissa esset, tempus servandæ legis; subeundæque pœnæ incertum esset ac varium, & unusquisque illud suo fingeret arbitrio. 3. demùm, quia à Perusiæ Episcopo de hac ipsa controversia consultus Cardinalis. S. Severinæ Summus Pœnitentiarius, & Inquisitor, respondit : quæ hujus ætatis, de qua est initio posita quæstio, infantes intra Monasteriorum septa recipiunt, excommunicationem eas nequaquam vitare; testaturque, litteras Cardinalis se vidisse, & legisse, & insuper in conventu Parochorum civitatis Bononiensis Archiepiscopo palàm dictum esse, idem fuisse à S. P. Clemente VIII. responsum : undè ait, non secùs hac de re sentire esse cuiquam nunc integrum. Eamdem sententiam amplexati sunt plures, præsertim Pontas V. Monasterium, cas. 9. & Petrus Collet Instit. Theolog. tom. 1. tract. de Legibus cap. 6. sect. 2.

Quod dictum est de parvulis, à fortiori de amentibus, pubertatem nactis, sentiendum, quorum præsentia majoris causa mali esse posset. Non peccarent tamen ipsi, neque essent excommunicati, sicut neque qui vi, aut vinculis constricti intrò abriperentur.

§. II. De obligatione non alienandi bona Monasteriorum.

I. CErtum est apud omnes, quòd post Decretum Sacr. Congregat. 1624. die 7. Septembris approbatum ab Urbano VIII., quo revocantur omnia privilegia, anteà nonnullis Religionibus concessa; & quo innovatur Extravagans Pauli II. quæ incipit : Ambitiosæ cum pœnis, in eo positis, & aliis adjunctis; certum, inquam est, vetitum esse omnibus locis piis, Episcopi auctoritate erectis, & principaliter Conventibus, & Monasteriis, alienare bona immobilia, & mobilia pretiosa Conventuum, & Ecclesiarum, sine expressa Sacr. Congregationis licentia, in locis, ubi præfatum Urbani decretum est receptum : & cùm in laudata extravaganti: Ambitiosæ Superioribus, qui non sint Episcopi, vel Abbates gaudentes jurisdictione quasi Episcopali, infligantur pœnæ excommunicationis, & privationis officii, & beneficii, & administrationis bonorum, quæ alienare intendunt, ipso facto incurrendæ, & Episcopis, atque Abbatibus infligatur interdictum ab ingressu Ecclesiæ; in quo si per

sex menses perseveraverint, incurrant suspensionem a præsidentia, quam habent in spiritualibus, & temporalibus; idcirco alienantes hæc bona has pœnas respectivè incurrunt, & irritantur acta facta; & restituenda sunt dicta bona : & si emptor mala fide egerit, in pœnam privatur jure repetendi pretium, quod cedere debet in utilitatem Ecclesiæ, vel Monasterii : si verò egerit bona fide, & res non extet, nec Ecclesia, aut Monasterium ditius factum fuerit, similiter pretium amittet : si autem res extet, & ex pretio Monasterium ditius evaserit, tunc pretium reddere tenetur : quando autem res non extat, nec Ecclesia ditior evasit, tunc onus redintegrandi emptorem bonæ fidei pro pretio erogato spectat ad illud, qui nomine Ecclesiæ contraxit. Videri possunt respectivè Vazquez Opuscul. de redditibus cap. 2. §. 2. dub. 14. Suarez tom. 4. de Relig. tract. 8. libr. 2. cap. 27. Molina disp. 468. conc. 6. Lezana tom. 1. cap. 10. & Bonacina de contractu Feudi disp. 3. q. 8. puncto 4. quorum aliqui addunt, posse ab emptore bonæ fidei retineri res, vel earum fructus, titulo compensationis pretii sibi restituendi.

II. Excipitur juxta omnes, post Sanctum Thomam 2. 2. quæst. 120. art. 1. casus necessitatis, & si periculum sit in mora, ita ut non vacet petere, & obtinere dispensationem; quia in hujusmodi casibus lex positiva cedit Juri naturali.

III. Bona, quæ sine licentia alienari nequeunt, sunt immobilia, & mobilia pretiosa, quæ servari servando possunt. Immobilia, ex laudata extravaganti, sunt fundi, prædia, domus, vineæ, oliveta, arboresque fructiferæ, & cætera, que habent radicem fixim : item census, annui redditus, & jus ad illos : Commendæ, Beneficia Ecclesiastica, Cathedræ, debita rerum immobilium, jus patronatus, ususfructus longi temporis, & jura ad hujusmodi res; & sufficit quòd hæc jura sint ad decennium: vide Barbosam de potest. Episcopi part. 2. allegat. 63. num. 46. dicentem, esse communem sententiam. Item Greges pecorum, &c. & Biblioteca inter immobilia, quæ alienari non possunt, recensentur, sumptis utrisque in uno corpore.

Em. Cardinalis Petra tom. 5. Comment. ad Constit. 5. Pauli II. sect. 2. num. 15. inquirit : nùm possit Superior Regularis incidere arbores fructiferas in proprio viridario? Et sic respondet. „Videtur, inquit, simi-
　　　　　　　　　　　　　　　　　　„le

,,le dubium fuisse propositum *in Sacra*
,,*Congregatione sub die 27. Januarii 1665.*
,,ibi : *Nonnulli Regulares religiosæ cons-*
,,*cientiæ supplices petunt, ut per hanc Sa-*
,,*cram Congregat.* declaretur, *àn Præla-*
,,*tus, sive Superior Regularis possit in-*
,,*cidere, seu incidi facere in suo Monas-*
,,*terio, seu viridario arbores fructiferas,*
,,*ibidem existentes; & incidendo, seu in-*
,,*cidi mandando, incidat in pœnas commi-*
,,*natas* in Extravag. : *Ambitiosæ de rebus*
,,*Eccl. non alien.* & in Decretis generalibus
,,hujus Sacr. Congregationis *de reb. Regul.*
,,*alien.* Sacr. Congregatio censuit : *Non res-*
,,*pondendum, nisi in casibus particula-*
,,*ribus : tom. 24. decret. pag. 235.* Et qui-
,,dem optima ratione : quia, aliquando in
,,viridariis opus est arbores renovare, &
,,alias eradicare pro majori utilitate ipsius:
,,& sic debet considerari fructus compara-
,,tivè ad viridarium, non ad singulas ar-
,,bores. Undè in dubio : *Incisionis arborum*
,,*29. Julii 1684.* Sacra Congregatio dixit :
,,*Ad mentem,* quæ fuit, non incidisse in
,,pœnas contentas in decr. *de reb. Eccles.*
,,*non alien.* Prælatum Regularem, qui ar-
,,bores inciderat, alias subrogando, in ap-
,,tiori loco ; & alia quoad incisionem ar-
,,borum vide latè Passerinum *de statu hom.*
,,*tom. 1. quæst. 185. art. 7. num. 340. &*
,,*sequent.''* Ubi dictus Passerinus inter alia
animadversione digna *num. 367.* sentit, quòd
licitè incidi possunt arbores, si materia sit
parva, & ex incisione fundus non reddatur
notabiliter deterior, allegans ad id Rotam
decis. 553. p. 2. rec. Peyrinum, Lezanam,
Donatum, Ciarlinum ; & concludit, quòd
non dubitat, hujusmodi notabile detrimentum non esse arbitrarium, & considerandum
tàm, ex quantitate, & qualitate arborum, ac
fine, ad quem fuerunt plantatæ. Undè potest
contingere, quòd in ordine ad pœnas incurrendas nec incisio quinque, sex, decem, &
amplius arborum, si sint parvæ, & vix natæ,
ferat modicum nocumentum; & quòd contrà
unius, singularissimæ in suis qualitatibus, sit
notabiliter æstimanda, & reddat fundum notabiliter deteriorem.

IV. Quænam autem circa hujusmodi bona censenda sit parvitas materiæ, variè definitur à Doctoribus. A Bonacina loc. cit.
n. 7. & ab aliis nonnullis res valoris decem
aureorum reputatur parvitas. Sed, aliis
transmissis, puto, standum judicio Dianæ
p. 4. tract. 4. resol. 223. Lezanæ loc. cit.

cap. 10. n. 4. & tom. 3. verbo : *Alienare*
n. 7. & Peyrini tom. 1. in Constit. Julii 11.
n. 15. videlicet, rem valoris viginti quinque
aureorum esse parvam materiam; quia, ajunt
ipsi, ità declaravit Sac. Congregatio.

V. Bona mobilia, quæ alienari nequeunt
sunt illa pretiosa, quæ servando servari possunt ; & sunt omnia vasa, & instrumenta
Ecclesiastica aurea, argentea, & ex lapide
pretioso, puta, candelabra, lampades, &c.
item gemmæ, paramenta pretiosa, aliive
ornatus, qui non de facili consumuntur,
sed durant, & quorum valor decem aureos
excedit ; item omnes illæ res, quæ fructi-
ficant, & per triennium durant : hæc omnia
sunt, quæ alienari non possunt. Quæ verò
neque dictum valorem attingunt, vel quæ
triennio non durant, sed usu consumuntur,
alienari valent. Vide Barbosam 3. part. de
potest. Episcopi allegat. 95. num. 38. & 39.
porrò Antonius à Spiritu Sancto tract. 3.
disp. 8. n. 1137. & Delbene tom. 2. cap. 17.
disp. 1. n. 24. asserunt, Sacram Congregationem declarasse, quòd res mobilis, excedens valorem viginti quinque ducatorum,
alienari non possit.

VI. Pecunia in quantavis summa alienari potest ; nisi fortè fuerit retracta ex ven-
ditione mobilium pretiosorum, vel immobilium, vel recepta ad investiendum, aut ad
emenda pretiosa Ecclesiastica, &c. quia tunc
reducitur ad genus rerum mobilium, vel immobilium, quæ alienari nequeunt.

VII. Inter res, quæ alienari non possunt,
juxta probabiliorem, recenseantur etiam reliquiæ insignes; eò quòd, quamquam non
sint pretio æstimabiles, idcirco pretiosiores
quibuscumque mobilibus censendæ sunt ; &
idem dicas de vasis aureis, argenteis, exce-
dentibus supradictum valorem, quæ offeruntur à fidelibus.

VIII. Actiones, seu contractus prohibiti
circa hujusmodi, sunt venditio, donatio,
permutatio, feudum, emphyteusis, locatio
ad longum tempus, sumere census etiam re-
dimibiles, cedere juribus, accipere pecuniam
ad cambium, vel mutuum, cum onere solvendi lucrum cessans, vel damnum emergens,
reddere pignora, dare in pignus, aut hypo-
thecam; ex declarat. Sac. Congregat. 2. Martii 1643. allata à Lezana loc. cit. verbo: *Alie-*
nare num. 13. & Peyrino tom. 2. privileg.
Constitut. 8. Urbani VIII. Excipitur casus
necessitatis, & periculi in mora petendi licentiam à sancta Sede.

Iii 2   IX,

IX. Illicitam graviter esse renuntiationem hæreditatis rei immobilis , vel mobilis pretiosæ conventui factam , docet communis apud Salmatic. tract. 25. cap. 7. punct. 2. n. 35. quia est prodiga renuntiatio , graviter lædens charitatem, Conventui , & Religioni debitam: nisi forte justissima , & urgentissima causa id agere compellat. Quòd licitè possit Superior cum suo Consilio transactionem facere super re litigiosa , eò quòd res litigiosa verè non sit acquisita , nec certè acquirenda , asseruimus cum Lezana, & aliis, in prima editione ; nihilominùs oppositum est dicendum cum docto & erudito P. Lucio Ferraris in sua prompta Bibliotheca Canonica tom. 1. verbo *Alienare* , art. 4. num. 12. afferente plures Rotæ decisiones , & tandem Decretum Sacr. Congregat. Concil. *Asculana Beneplaciti 14.* Februarii 1699. reprobando Doctores, oppositum docentes. Renuntiationem præfatam esse etiam invalidam, nobis probabilius videtur cum Barbosa 3. part. de Pot. Episc. Allegat. 95. n. 54. & aliis , ab ipso relatis ; nàm primò jus ad rem immobilem accensetur bonis immobilibus : igitur, si legatum sit saltem ad rem immobilem, illius renuntiatio sine licentia erit invalida : & pari ratione , etiamsi res sit mobilis pretiosa , jus ad illam erit inter pretiosa mobilia recensendum. Secundò quodvis legatum, in specie relictum , post mortem testatoris transit in legatarii dominium, etiam antequam adeatur hæreditas ex lege 2. *Titio* ff. *de furtis* ; leg. 1. *Sed utrum* ff. *si quid in fraudem:* imò legata , relicta Ecclesiæ , & idem est de monasteriis , transeunt in ejus potestatem , etiam ante traditionem: leg. *Final.* de Sacrosanct. Eccles. Tandem quia pupillus non potest repudiare legata sibi relicta , eo quia non possit alienare sua ; leg. *Magis puto 5. de rebus eorum:* Ecclesia autem , & Monasterium pupillis coæquantur.

X. Asseruimus in prima editione, licitam esse permutationem bonorum tàm mobilium, quàm immobilium unius Ecclesiæ cum alia, idque deduximus ex capite: *De rebus Ecclesiæ non alien.* ubi dicitur: *Non liceat Episcopo, vel Abbati terram unius Ecclesiæ vertere in aliam , quamvis ambæ in ejus potestate sint, tamen, si commutare voluerit terras earum, cum consensu ambarum partium faciat.* Et plures hoc extendebant ad bona unius Conventus cum bonis alterius. Nihilominùs oppositum est dicendum, & præcipuè ob auctoritatem Sacr. Congregationis Concil.

in una Neapolitana, 24. Januarii 1532. *Dubio proposito maturè discusso. censuit, permutationem inter duas Ecclesias , absque solemnitatibus factam ,* (id est sine licentia, &c.) *effectuatam minimè sustineri; & Rectores earum Ecclesiarum incidisse in pœnas cap. 11. session. 22. de Reformatione , &c. Extravagantis Ambitiosa , &c.* ità laudatus Ferraris loc. cit. num. 13.

XI. Locationes, prohibitæ ad longum tempus , illæ sunt , quæ excedunt triennium ex dicta Pauli secundi Extravaganti ; ità ut irrita sit locatio diuturnior , etiam ad plura triennia repetita , puta , novennalis ; nec non locatio ad triennium cum pacto renovandi, post expletum triennium : & est communis. Monet tamen Barbosa allegat. 95. n. 4. cum aliis , quòd locatio, si sit rei , quæ soleat fructificare duntaxat singulis bienniis , vel trienniis , poterit locari etiam ad novennium; quia tunc respiciendum est ad fructus , non ad tempus.

XII. Causæ legitimæ, exponendæ in petitione licentiæ ad alienandum , sunt: Prima, necessitas , si Ecclesia , vel Conventus gravetur ære alieno, nec solvere possit, nisi bona alienet: ex Authentica *Sancimus* cap. de Sacros. Eccl. , vel si indigeret reparatione , aut reædificatione. Secunda est evidens utilitas, ex cap.: *Sine exceptione* 12. q. 2. Tertia est incommoditas, seu inutilitas rei alienandæ , puta, quia modicam utilitatem affert, quæ certò valdè augebitur ex ipsius alienatione ; vel si inferior sit fructus expensis ad illam conservandam: ex loc. cit. & ex Clement. 1. *de rebus Eccl. non alien.* Quarta est pietas , puta, pro redimendis captivis periclitantibus , pro alendis pauperibus , gravi admodùm necessitate languentibus , pro defendenda fide , & Religione. Aliqua istarum sufficit. Et nota, quòd ad simplicem mutationem unius rei in aliam , puta , crucis argenteæ , penè inutilis, in calicem , vineæ vetustissimæ in olivetum recens ; &c. non requiritur aliqua ex dictis causis ; cùm nullo modo in tali casu alienentur bona , sed præstantiorem statum obtineant , ac prudenter administrentur.

XIII. Exposita in petitione licentiæ aliqua ex dictis causis, requiruntur ex Juribus citatis adhuc aliæ conditiones ad alienandum validè. Prima , prudens examen eorum , ad quos pertinet , àn expediat ; & sufficit, quòd ex tribus partibus Capituli duæ assistant ; & cap. 1. *De his, quæ fiunt.* Secunda, consensus majoris partis Capituli, collegialiter congregati:

ti : nec ſufficit aſſenſus etiam ominum seorsim. Tertia, consensus Superioris, nedum lo-
.calis, sed etiam vel Generalis, vel Provincialis reſpectu Religionum ; quæ licentia debat
· præcedere contractum, sine qua est nullus, ut
.notat Peyrinus in Const. Julii secundi n. 14.
Quarta , subscriptio Religiosorum , expreſſis
singulorum nominibus , saltem manu Notarii
facta , ut advertit Molina disp. 468. num. 4.
Quinta , consensus Pontificis vel Sac. Congregationis , ubi Extravagans Pauli secundi,
& Decreta Urvani octavi sunt recepta.

XIV. Notandum primò, si alienatio fiat
·sine justa causa, quamvis justa putetur , remanet invalida , nedum in foro Ecclesiæ,
juxta omnes, verùm etiam in foro conscientiæ , juxta probabiliorem Navarri in Com.
de alien. n. 9. quia reapsè est nulla. Nota
secundò, subsistente justa causa, & deficientibus solemnitatibus , quamvis sit illicita,
plures cum Navarro ibidem n. 7. & Sylvestro verbo : *Alienatio* num. 13. dicunt , esse
validam ; quia subsistit finis adæquatus legis.
At Suarez de legib. lib. 3. cap. 14. n. 9. &
aliis videtur probabilius, esse invalidam, probato defectu; eò quòd sit lex fundata in præsumptione juris, seu periculi, quæ non cessat
obligare, quamvis periculum cesset in aliquo
casu particulari, ut & nos diximus in tract. 3.
cap. 2. §. 5. n. 13. & 15.

XV. In casu quòd legetur monasterio aliquid ea conditione , ut possit ab ipso liberè
·alienari , poterit illud liberè alienare , quia id
agit ex facultate legislatoris; sicut enim is poterat legare cum conditione , ut post viginti
annos res legata transferatur in suum nepotem , & id fieri oporteret; ità etiam ut liberè
possit alienari ; sic Barbosa loc. cit. allegat.
95. n. 61. cum multis. Ab opposito autem, si
legaretur res sub conditione , ut nunquam
possit alienari : adhuc , servata justa cau-
·sa , & solemnitate requisita , posset alienari;
quia legator non potest derogare juri ; & esset
conditio rejicienda , ut turpis; ità Sylvester
· verbo : *Alienatio* , quæst. 28. & alii multi.

XVI. Clemens VIII. in Bulla incipiente:
.*Religiosæ* in ordine 28. vetuit , ne Religiosi , Superiores , Capitula Generalia , & Pro-
·vincialia cujuscumque Ordinis & Instituti
faciant donationes , seu largitiones notabiles , sub pœnis privationis dignitatum , graduum , munerum, & officiorum , & inhabilitatis ad illa , & alia in posterum obtinenda , nec non infamiæ , & ignominiæ perpetuæ , privationisque vocis activæ , & passi-

væ ; & quòd contra ipsos procedi possit,
sicuti contra fures. Non proptereà contra
Bullam agit Superior , si eleemosynas faciat
de bonis Conventus, redditibus proportiona-
tas , donationes moderatas , & maximè re-
muneratorias , prout prudentia dictaverit;
quia id spectat od rectam , prudentem, religiosam , & piam administrationem. Ita neque Religiosi contra Bullam agunt , si de licentia Superioris aliquas modicas donationes
faciant ; multò minus , si quasdam eleemosynas de licentia erogent.

* Vide , quæ adjecta sunt *cap*. 2. §. 4.
post num. 2.

§. III. *De prohibitione alloquendi Moniales.*

I. Regulares nunquàm possunt alloqui Moniales, sibi conjunctas, aut alias personas , intra clausuram degentes , sine licentia Ordinarii : ità Sacr. Congreg. 12. Kalend. Decemb. 1623., & 6. Novemb. 1648,
& 23. Julii 1649. Nec Episcopus potest concedere hanc licentiam; nisi sint Regulari conjunctæ in primo , vel secundo gradu , &
quater duntaxat in anno , pro die , & hora
certa , & extra Adventum , Quadragesimam
Feriam sextam , Sabbathum , Vigilias , &
dies Festos ; quæ licentia subscribi debeat à
.Superiore regulari pro monialibus sibi subjectis , registrari , & Confessario consignari,
qui assistat cum auscultatricibus ; ità expressè dicta Sac. Congregat. jussu Urbani VIII.
11. Kalend. Decemb. 1625.

* P. Gaudent à Janua de Visitat. *tom. 1.
cap. 4. dub. 11. sect. 4. n.* 28. quæstionem
versat , ac discutit : àn Episcopus , vel alius
Superior Ordinarius concedere valeat Regularibus quibuscumque, etiam non conjunctis
in primo , & secundo gradu , licentiam alloquendi Moniales? Et affirmativæ sententiæ
adhæret, hoc præsertim ductus motivo, quòd
Sac. Congr. Concilii interpres *ann.* 1669. &
iterum *ann.* 1672. statuit , Regulares , qui
Moniales alloquuntur sine licentia Ordinarii,
puniendos esse ab eodem Ordinario ,& peccare mortaliter. Hinc enim infert , dictam S.
Congregationem supponere, quòd Ordinarius
possit Regularibus facultatem impertiri alloquendi Moniales. Sed quidquid , ait Auctor
Addit. ad Bibliotech. P. LuciiFerraris verbo:
Moniales in addit. ad art. 4. n. 4. in utramque partem in hac quæstione dici possit , videtur amplectenda hæc affirmativa sententia,

at-

attenta praxi; nàm ubiquè ferè locorum Ordinarii licentias hasce alloquendi Moniales
concedunt Regularibus. Ipsemet P. Lucius
Ferraris V. *Moniales art. 4. num. 15.* videtur, ait, permissum Episcopis, ut talem licentiam Regularibus concedere possint; & ad id probandum relata affert Decreta *num. 19.*

Doctrinam hanc saltem sic absolutè non
admittimus; cùm extent Decreta Sacr. Congregationis Episcoporum, & Regularium;
unum editum jussu Sixti v. *Nonis Ma-*
ji 1590. alterum jussu Urbani viii. vulga-
tum *12. Kal. Decembris 1623.* in quibus
expressè dicitur : *Nulli Religioso cujuscum-*
que Ordinis &c. (*Superiore , Visitatore,*
vel Visitatoribus , Confessario Ordinario,
& Extraordinario , çum ad tempus depu-
tabitur, exceptis) *licere absque licentia*
expressa ejusdem S. Congregationis acce-
dere ad Monasteria, seu domos quarum-
cumque Monialium, vel sororum ad collo-
quendum, sive tractandum cum eis &c.
solùmque in secundo facultas tribuitur Locorum Ordinariis , *ut licentiam concedere pos-*
sint per quatuor vices ad summum quolibet
anno cuicumque Regulari , ut Moniales , si-
bi in primo & secundo tantùm consanguini-
tatis gradu conjunctas , convenire , & al-
loqui possit &c. Hæc Decreta ad litteram
exhibet P. Ferraris *loco cit. num. 14. & 15.*
Juxta hæc igitur nequeunt locorum Ordinari Regularibus licentiam impertiri alloquendi
Moniales, quæ non sunt sibi conjunctæ in
primo aut secundo consanguinitatis gradu,
sicut & Auctor censet *num. 1.*

Ad Decreta verò Sacr. Congreg. Concilii, his posteriora, quæ afferuntur a lauda-
tis Theologis, qui contendunt, posse locorum Ordinarios absolutè, & indiscriminatim
licentiam Regularibus dare colloquendi cum
Monialibus; respondetur, quòd in ipsis non
est sermo de Regularibus, Moniales allo-
quentibus sine licentia Episcopi : sed simpliciter *absque legitima facultate*; ac duntaxat statuitur , posse illos *ab Ordinario co-*
erceri , non quomodocumquè , sed *tan-*
quam à Sedis Apostolicæ Delegato. Responsio verò affirmativa, quam eadem Sacr.
Congregatio dedit die 26. *Novemb. 1672.*
ad dubium, ipsi hisce verbis propositum:
An Regulares , accedentes ad colloquen-
dum cum Monialibus sine licentia Episco-
pi , peccent mortaliter ? vel in hoc sensu
intelligenda est , quòd , nempè , peccent

mortaliter Regulares accedentes ad colloquendum cum Monialibus sine licentia Episcopi , si hanc negligant , dùm ipsis à Sacr.
Congregatione conceditur licentia dependenter ab Episcopo, sicuti reverà ordinariè concedi solet; vel dicendum, sermonem esse
de Regularibus, qui absque licentia Episcopi Moniales alloquuntur , etiam in primo
vel secundo gradu consanguinitatis sibi conjunctas. Hæc dicta sint , ut clarè innotescat Sacr. Congregationum Decreta inter se
se cohærere. Cæterùm , ubi legitima invec-
ta est consuetudo , quòd Episcopi absolutè,
& universim talem Regularibus impertian-
tur facultatem, non negabimus, hanc sufficere. ,,Quippè , nihil magis tritum , ait S.
,,Pontifex Benedictus xiv. *de Synod. Dia-*
,,*ces. lib. 11. cap. 8. num. 8.* quam legem
,,quamlibet , etiam canonicam , posse con-
,,traria consuetudine , quæ sit rationabilis,
,,& legitimè præscripta , abrogari , juxta
,,textum *in cap. final. de consuetudine.*'' At
certè pluribus in locis talis consuetudo non
viget ; imò oppositum observatur ; atque
ideo in illis satis non erit licentia Episcopi.

II. Regulares , absque legitima licentia
alloquentes moniales , vel alias personas intra clausuram , etiam ab Episcopi jurisdictione exemptas , eisdemque Regularibus subjectas peccant mortaliter , quamvis alloquantur per quodcumque modicum tempus;
& transgressores possunt ab Ordinario coër-
ceri sub pœnis excommunicationis , privationis vocis activæ , & passivæ , & aliis; ita
Sacr. Congreg. approbante Clemente ix. sub
die 11. Maji 1669. contra illos , qui dicebant , *loqui cum monialibus usque ad qua-*
drantem horæ cum dimidio non esse inter-
dictum, declaravit : *colloquendo etiam per*
quodcumque modicum temporis spatium
cum monialibus , aut aliis , intra clausu-
ram degentibus , peccare mortaliter ; eos-
que sub excomm. privationis vocis activæ,
& passivæ , aliisque... statutis pœnis posse
ab Ordinario tanquam Sedis Apostolicæ
delegato coerceri ; & eam approbavit Sum.
Pontifex die 7. Junii ejusdem anni : & hoc
est verum , *etiamsi loquantur ob bonum fi-*
nem per quodcumque modicum temporis
spatium , ex alia declaratione sub die 26.
Novembris 1672.

Existimamus , has , aliasque hujusmodi
Sacræ Congregationis Declarationes non ità
esse intelligendas , quasi in re , qua de agimus , dari non possit parvitas materiæ; cùm
hæc

hæc etiam in pluribus præceptis legis Divinæ locum habeat, ut compertum est; sed per eas solùm jure meritoque reprobari opinionem illorum, qui asserebant non esse interdictum loqui cum Monialibus usque ad quadrantem horæ cum dimidio; vel saltem (hæc periodus in editione anni 1763. per incuriam & oscitantiam fuit omissa, & statim posteà apposita in folio, in hujusce II. Tomi calce seorsim adjecto, in quo errata præcipua, quæ in additamentis irrepserant, notata sunt) tandiù, ut dici quis possit verè *colloqui cum Monialibus &c.* Undè eadem S. C. declaravit, Regulares, *colloquendo etiam per quodcumque modicum temporis spatium cum Monialibus, aut aliis, intra clausuram degentibus, peccare mortaliter.* Quocircà, nostro quidem judicio; reus minimè foret mortalis peccati, qui unum, vel alterum verbum cum Moniali, vel alia intra clausuram degente proferret; imò ab omni peccato foret immunis, si hoc aut urbanitatis gratia, aut ob aliud rationabile motivum præstaret.

* Attendenda est Constitutio S. P. Benedicti XIV. *de Accessu ad Monasteria Monialium*, quæ incipit : *Gravissimo anni mœrore* edita *die 31. Octobris 1749.* Etsi namque ad Archiepiscopos, Episcopos, aliosque Locorum Ordinarios, per Ecclesiasticam ditionem constitutos, fuerit duntaxat directa; attamen, quæ in ea sancita reperiuntur, ab omnibus accuratè observanda sunt, cùm in ea confirmentur antiqua Decreta, quibus omnes subjiciuntur. Extat *tom. 3. Bullarii num. 11.*

III. Regulares, missi ad crates monialium, ut concionentur, peccant mortaliter, & incurrunt censuras, & pœnas, si absque expressa licentia colloquendi *immediatè post concionem, cum aliquibus, vel cum una tantùm omnibus aliis audientibus, immisceant sermones cum quæstionibus, vel dubiis spiritualibus, aut materiis ipsius concionis.* Ità expressè S. C. 21. Maji 1672. Additur novissima Congregatio Clementis XII. 12. Februarii 1732. in qua irritat, & annullat omnes facultates, à Romanis Pontificibus prædecessoribus per eorum vivæ vocis oraculum, vel per eorum rescripta, quibuscumque personis concessas, & inter cætera multa num. 14. revocatur *Facultas Regularibus alloquendi Moniales, etiam consanguineas; aliisque personis, intra clausuram degentes, absque peculiari Superiorum, ad quos quomodocumque spectat, licentia : & ver-*

sùs finem *districtè prohibet, ne quis deinceps indultis, facultatibus, & gratiis, sic per nos revocatis, & abrogatis, ullatenùs uti audeat, seu præsumat, sub pœna excommunicationis, ac privationis officiorum, & dignitatum; & quorumvis beneficiorum obtentorum, vocis activæ, & passivæ, nec non inhabilitatis ad audiendas confessiones, & ad officia, dignitates, & beneficia hujusmodi in futurum obtinenda, ipso facto, absque ulla alia declaratione, per transgressores respectivè incurrenda; à qua non, nisi à nobis, seu Romano Pontifice pro tempore existente, præterquàm quoad excommunicationem præfatam in articulo mortis constituti, absolutionis, dispensationis, seu rehabilitationis beneficium valeant obtinere.* Vale dicas igitur oraculis &c., si quæ habebas, & receperis ante dictum tempus.

IV. Superiores Regulares, & Confessarii Monialium non egent licentia Ordinarii ad colloquendum cum Monialibus eorum curæ commissis; quod intelligitur nedum de Provinciali, verùm etiam de Superiore locali, cui cura Monasterii Monialium incumbit: ipsi namque excipiuntur in decretis Sixti V. & Urbani VIII. prout etiam declaravit Sacr. Congregatio 23. Novembris 1592. & 27. Septembris 1641.

V. Decreta, quæ interdicunt locutionem cum Monialibus, comprehendunt etiam Abbatissas, Priorissas, & Officiales Monasterii: Alexander VIII. in Constitutione, quæ incipit : *Sacrosancti* : & ità etiam consult Sacr. Congreg. anno 1654. quæ Commissario Generali Ordinis Minorum, interroganti : an loquentes cum Abbatissa &c. incurrant pœnas, in decretis contentas? respondit : *Regulares loquentes cum Abbatissa incurrere easdem pœnas*; ità in lib. 19. Decretorum fol. 425. apud Monacellum part. 2. tit. 10. formul. 13. num. 17. sed, salvo meliori judicio, videtur tolerari à Præsulibus mos, qui jam invaluit, ut Abbatissas & Superiorissas alloqui possint, iisdem Ordinariis non contradicentibus, neque conquerentibus; & præcipuè, si allocutio versetur circa negotia monasterii, vel alicujus utilis consultationis gratia.

VI. Regulares, qui loquentes cum Monialibus inveniuntur absque requisita licentia, possunt ab Episcopo pœna carceris puniri ex decreto Sacr. Cong. 7. Martii 1617. & denuò anno 1624. sub Urbano VIII. ad dubium 14.

VII.

VII. Colloquens cum Moniali per fenestras alicujus monasterii, seu conventus, aut palatii alicujus, aut domus, etiam per nutus & signa, incurrit pœnas latas contra accedentes, ut probabilius docet Donatus Laynensis tom. 4. tract. 6. quæst. 152. citans plures; quia in tantum prohibetur accessus, ne eveniat allocutio, quæ per se primò prohibetur : pariter nutus & signa sunt locutiones quædam factis peractæ, & sufficienter significantes. Similiter pœnas incurrit loquens per interpositam personam, ut docet laudatus Laynensis num. 7. cum pluribus ; & etiam qui alloquitur monialem, ipsa tacente : non tamen incurreret, si loquentem monialem audiret, ipseque taceret, ut docet Graffius tom. 1. consil. 22. de excomm. num. 30. Idemque dicas de scribente epistolas moniali, si in diœcesi extet prohibitio sub censuris.

VIII. Confessarii Regularium indigent approbatione Ordinarii ad audiendas confessiones monialium, sibi subjectarum, non obstante consuetudine etiam immemorabili, & quamquàm sint Generales Ordinis. Cùm enim Sacræ Congregat. propositum fuerit dubium ; *An Abbas Generalis Vallumbrosanorum possit audire confessiones monialium, sibi subjectarum, absque præcedenti approbatione Diœcesani ?* Sacra Congregatio Concilii die 13. Novembris 1637. respondit : *Non posse* : & universim quoad alios Regulares id clarè vetuit Gregorius xv. in Constitutione: *Inscrutabili*, & Sacra Congregatio Concilii 12. Julii 1618. in responso ad dubium 2. idem jam declaraverat.

* Jam suprà *tract. 14. cap. 4. §. 6. post num. 5. pag. 167.* ob oculos posuimus sententiam, quam amplexati sunt Auctores : *Appendicis ad tract. 6.* Cursus Theologiæ Moralis Collegii Salmanticensis : *Editionis Venetæ anni 1750. cap. 6. punct. 2. §. 2. num. 74. & seqq.* quamque adoptavit P. Lucius Ferraris *in novissim. suppl. &c.* V. *Approbatio num. 3.* videlicet quòd Generales, & Provinciales non indigeant speciali approbatione Episcopi Diœcesani pro excipiendis confessionibus Monialium, quæ sub gubernio eorum existunt ; ac insuper palàm fecimus, id illos ostendere tum ex Bulla 119. Benedicti xiii. incip. : *Pastoralis Officii sollicitudo §. 8.* quæ sanctionibus, ab Auctore *num. præced.* allatis, longè posterior est, utpote condita *die 27.*

Martii 1726. tum etiam ratione *loc. cit.* indicata, qua fortè motum S. P. Benedictum, ad Generales, & Provinciales à communi lege & ordinatione excipiendos, iidem Auctores existimant.

CAPUT V.

De Novitiatu.

§. I. *De requisitis ad validum, & licitum Novitiatum.*

I. UT Novitiatus ab habente ætatem congruam licitè suscipiatur, debet spontè, & liberè suscipi : proinde, qui vi, fraude, aut metu compellunt virum ad inchoandum novitiatum, aut illum prosequendum, mortaliter peccant, juxta omnes. Dixi: virum ; quia compellentes fœminas incurrunt etiam excommunicationem ex Trident. sess. 25. cap. 18. *de Regularibus.* Nihilominùs vir, ità inchoans novitiatum, validè operatur ; quia in nullo Jure novitiatus sic susceptus irritus declaratur : undè, si in fine anni omnino spontè profiteatur, verè perfecit novitiatum præmittendum. Secùs dicendum, si simoniacè susceptus fuisset; quia esset nullus : sicuti etiam professio subsequens esset nulla, ex cap. 1. *de regularib.* & cap. : *Quoniam* de simon. Et tàm admissus sciens, quàm admittens, incurreret excommunicationem, Papæ reservatam, in Extravag. de Simon. ut etiam diximus in tract. 4. cap. 13. §. 13. num. 6. vide ibidem dicta.

II. Ad validum novitiatum percurrendum necessaria est habitus religiosi susceptio, gestatio, ut tenet probabilior ex verbis Trident. loc. cit. dicentis, annum probationis numerandum *à die suscepti habitus* ; & annum integrum *post susceptum habitum*: cùm nemo ambigere debeat, gestationem habitus unam esse ex austeritatibus, illo integro anno experiendis. Qui autem animo ficto habitum susciperet, & duntaxat in fine anni animum mutaret, non proinde invalidè percurrisset novitiatum, ut dicunt plures cum Suarez tom. 1. de Relig. tract. 10. lib. 1. cap. 5. num. 15. quia reverà in foro Ecclesiæ annum percurrisset, Religionemque probasset, & salvaretur finis, à lege intentus.

III. Quando novitiatus fuit irritus, quia vel simonia, vel immatura ætas, vel illegititima potestas recipiendi , vel alia causa illum irritum reddidit ; probabilius est cum Navarro , Roderico , & aliis , relatis à Sanchez lib. 7. de Matrim. disp. 47. n. 40. novitiatum esse renovandum ; quia, quod in se est nullum , nequit operari aliquem effectum Juris : ergo neque novitiatum à Jure requisitum ante professionem.

IV. Locus novitiatus debet esse intra Ordinem , & ad hunc finem destinatus , atque in eo peragendus novitiatus. Si autem in aliquo casu ex rationabili causa novitius de Superiorum licentia degeret in alio Ordinis conventu, non propterea interrumperetur novitiatus ; quia adhuc experiretur austeritates Ordinis , essetque Religioni conjunctus. Si enim per mensem in novitiatu infirmitate aliqua detineatur , non interrumpitur annus, quamvis ex justa causa non experiatur austeritates ; multò minùs interrumpetur in casu: ità Lezana tom. 1. c. 2. n. 11. Suarez tom. 1. de Relig. lib. 5. cap. 14. n. 13. & alii.

V. Integer omninò annus est in novitiatu percurrendus , ità ut nèque per horam liceat prævenire professionem; ità ut , si die 2. Maji hora vigesima habitum susceperit, ante talem horam profiteri non possit : *Nec qui minori tempore, quàm per annum, post susceptum habitum in probatione steterit , ad professionem admittatur*, ait lex Tridentina sess. 25. cap. 15. Debet autem annus esse continuus, & non interruptus , juxta omnes, ità postulante scopo legis Tridentinæ. Non tamen interrumpere videtur , qui in monasterio habitum exuit , & adhuc in monasterio consistens , & facti pœnitens , post aliquot horas, illum iterùm induit : si tamen animo non redeundi exiret conventu , & post diem rediret, novitiatum interrumpi affirmant Suarez loc. cit. cap. 15. num. 16. Sanchez lib. 5. Sum. cap. 4. num. 32. & alii contra alios; quia verificatur completa desertio status anteà assumpti. Quamvis autem post expletum integrum annum statim non sequatur professio , quia expectanda sit ætas, aut ob aliud prudens motivum; non proptereà annus interrumpitur.

* Cl. Sylvius in *Opusc.* quod inscribitur *Resolutiones Variæ* verb. *Novitius* plures circa hanc materiam casus proponit , atque resolvit. Unum saltem hic exhibere non inutile erit , quem sic primo loco exponit. Novitia , *ait* , post receptionem habitus , & cœptam in Monasterio probationem , postea cum aliis ejusdem Monasterii , Monialibus propter bella , seu bellorum pericula , egre-

ditur : habito tamen priùs consensu illius Ordinarii , cui Monasterium est subjectum; & quoniam ista pericula durant, consequenter durat etiam mora , quam extra Monasterium trahit cum reliquis ; sed ita , ut semper maneat in obedientia suæ Superioris. Quæritur, *utrùm anno finito possit profiteri?*

Respondeo , posse profiteri, posito quòd aliunde non sit impedimentum; quia sufficienter explevit annum Novitiatus , cùm ad illud non sit necesse, quòd annus totus peragatur in Monasterio , modo peragatur cum habitu, & sub obedientia Superioris Monasterii. Requiritur quidem, quòd annus probationis sit continuus ; sed non est putandum, quod discontinuetur per absentiam à Monasterio, quando Novitius , seu Novitia retinet habitum, & non abest nisi cum licentia Superioris, manetque semper sub ejus obedientia. Ità præcitatus Theologus , qui plures allegat Doctores , sic sentientes , & ità anno 1637. resolutum fuisse Duaci , refert. Hæc decisio principium suppeditat, undè alii consimiles casus facillimo negotio valeant extricari; & præcipue indigitat, quid statuendum in casu , qui nonnumquam accidit , scilicet, dùm Novitii recreationis gratia manè cum suo Magistro , vel cum altero, de Superioris consensu , vices illius gerentæ , è Conventu egressi nequeunt in sero ob malam tempestatem regredi , sed coguntur per totam noctem extra conventum commorari.

VI. Impedimenta, quæ nullum, aut illicitum respectivè efficiunt ingressum Religionis, & novitiatum, quædam sunt de Jure naturali; quædam de positivo : de Jure naturali sunt, ætas decrepita , insania, infirmitas gravis habitualis, servitus, propriè talis , sine licentia domini , undè & professio esset nulla, conjugium consummatum , sine licentia alterius conjugis , quæ sufficiet ante professionem, cujus anterior omissio non reddit irritum novitiatum peractum ; quia in nullo Jure irritus declaratur : professio emissa in altero Ordine, nisi obtineantur requisitæ licentiæ: debita solvenda , quæ saltem reddunt illicitum. Jure autem positivo non possunt recipi Archiepiscopi , & Episcopi sine licentia Pontificis, quam nisi obtineant , invalidè profitentur: ex cap. : *Licet* de regul. & cap. *Nisi cum pridem*: egregia affertur ab Angelico congruentia 2. 2. quæst. 189. art. 7. in eo legenda. Cæteri autem omnes Ecclesiastici, etiam habentes curam animarum, & validè & licitè possunt Religionem ingredi , & profiteri : nec requiritur licentia Episcopi;

Kkk quam-

quamquàm decentissimum sit, illam petere, quamvis non obtineatur. Similiter, stando Juri communi, licitè admittuntur illegitimi, Judæi, & ex quacumque sectâ venientes; ideo unusquisque observet Jura specialia suæ Religionis. Hinc, si novitius celavit defectum aliquem ex illis, propter quos Religio illa non recipit, & Religio protestata fuerit, quòd, si talem defectum habeat, non intendit ipsum admittere; ipseque cum tali defectu occultatò profiteatur, professio est nulla; quia, cùm Constitutiones Religionis fuerint à Pontifice approbatæ, habent vim annullandi professionem emissam cum tali defectu, de quo facta fuerit protestatio; tùm etiam quia deesset assensus Religionis, necessariò requisitus ad valorem; cùm sit contractus ultrò citròque obligans, ut dicetur.

VII. His non obstantibus, notandum, Sixtum v. anno 1587. condidisse Constitutionem: *Cùm de omnibus*, in qua prohibuit, ne viri, annum decimum sextum excedentes, reciperentur, nisi de eorum parentibus, patria, anteactâ vita priùs diligenter inquisitum fuerit: & si constiterit, eos furta, latrocinia, aut alia consimilia scelera perpetrasse, aut de eisdem esse suspectos, & ea propter vel fuisse condemnatos, vel formidetur esse condemnandos, aut ære alieno supra suas vires esse gravatos, vel raciociniis reddendis obstrictos, ut ex hujusmodi causa, aut lis, aut molestia illis jam fuerit illata, vel inferenda timeatur; vetat ne recipiantur: & si professionem emittant, ipsa sit nulla. Prælatosque eosdem recipientes punit privatione vocis activæ, & passivæ, officiorum, graduum, dignitatum, ab ipsis possessarum, nec non pœna inhabilitationis perpetuæ, ad hujusmodi in posterum possidenda: hanc Constitutionem anno sequenti, altera incipiente: *ad Romanum Pontificem*, moderatus fuit, non quoad pœnas, sed quoad crimina, dicendo *Cùm constiterit actis publicis, judices, & Curiam secularem ante susceptionem habitus de ipso crimine accusationem suscepisse, vel inquisitionem instituisse.* Deindè Gregor. xiv. ann. 1590. in Bulla: *Circumspecta* ampliavit dictas moderationes, atque ex parte sustulit. Postea Clemens viii. anno 1592. in Constitutione: *Altissima paupertatis via* indicatas Constitutiones Sixti, & Gregorii quoad nullitatem professionis reduxit ad terminos Juris communis, persistentibus tamen pœnis contra transgressores in eisdem statutis; validamque declaravit professionem, nisi ex Jure communi aliud impedimentum

eam irritam reddens interveniat. Tandèm idem Clemens anno 1597. in Constitutione *In his quæ*, concessit Fratribus S. Dominici Conventus S. Stephani Salmanticensis, ut quoscumque juvenes, etiam ætatis ann. 19. excedentes, ad habitum admittere possent, recepto ab eisdem juramento, quòd criminosi, ratiociniis obligati, furto, latrocinio, aut homicidio notati, aut aliis impedimentis, in Bulla Sixti v. contentis, detenti non sint: & per aliquem ejusdem Conventus Religiosum deputatum ad investigandum de anteactâ vita illorum, moribus, & cæteris antedictis, sine strepitu judiciario, sed per scrutinium secretum fieri concedit; qui deinde Prælato, & cæteris, ad quos recipere pertinet, fideliter referat. Quo privilegio etiam cæteri Ordines mendicantes per communicationem frui possunt. Semper igitur subsistit professio, dummodò nil obstet contra Jus commune. Prælati, omittentes cognitiones prædictas, lethaliter peccant, & sunt obnoxii pœnis, à Sixto constitutis, quas Clemens intactas reliquit.

§. II. *De privilegiis Novitiorum.*

I. QUòd Novitii gaudeant omnibus privilegiis Professorum, communior est DD. sententia; eò quòd in favorabilibus reputetur ut Religiosi; sunt namque sub potestate Religionis, cujus onera sub modo subeunt: & ità declarasse Clementem viii. affirmant passim DD. & Diana 3. part. tract. 2. resolut. 6. circa hoc refert privilegium, Societati Jesu concessum, quod etiam aliis per communicationem confertur. Et Collegium Salmantic. tract. 15. c. 3. punct. 6. n. 66. ex indicatis Doctoribus id extendit etiam ad proximè vestiendos, qui jam sunt in conventu suæ vestitionis, & se ad illam disponunt per spiritualia exercitia &c. quia ex lege penult. ff. *De multis testam.* in favorabilibus *proximè accingendus, habetur pro accincto.*

II. Hinc sunt exempti à potestate Episcopi, & habitu induti gaudent privilegio fori, & Canonis, ex cap.: *Religioso* de sentent. excomm. in 6. Deinde proximè vestiendus absolvi potest; sicut cæteri Religiosi, à reservatis illis, à quibus possunt absolvi etiam alii professi, de quibus dictum est in tract. 14. cap. 4. §. 12. Possunt illorum vota à Superiore commutari, vel dispensari respectivè; (non autem irritari, cùm nondum habeat super illos potestatem dominativam) quæ vota reviviscunt, si exeant Religione. Possunt item dispensari nedum quoad Constitutiones, verum

rum etiam quoad præcepta Ecclesiæ ex rationabili motivo, ut supponitur, ob jurisdictionem, qua Religio gaudet super eisdem.

III. Si Novitius, vi privilegiorum absolutus à censuris, irregularitate, reservatione, egrediatur Religione, non reincidit in easdem, ut plures docent apud Suarez tom. 4. de Rel. tract. 8. lib. 2. c. 24. num. 6. dummodò bono fide habitum induerit; cùm enim executus fuerit actum virtutis non infirmum, ingrediendi bono animo Religionem, non est hoc beneficio privandus; absolutio enim data fuit absolutè.

IV. Testamentum, factum à Novitio ante professionem, quamvis nondum cogitarit de professione emittenda, facta professione, probabilius tenet, dummodò non sit aliunde vitiatum ex aliquo alio capite; quia, cùm non revocetur ab ipso, subsitit: ità Garcia tract. 2. diffi. 6. dub. 1. num. 2. Barbosa in cap.: Si quæ mulier 19. q. 3. n. 12. & alii. Quòd si in novitiatu sine condito testamento decedat ante professionem, succedit in bonis illius hæres ab intestato, (de quibus diximus in tract. 10. cap. 3. §. 4.) eò quòd non censeatur sua bona reliquisse monasterio, nisi quando profitetur; tunc namque reputatur propriè Religiosus: & ità docent etiam Sylvester verbo: Religioso cap. 5. q. 12. Navarrus Comment. 2. de Regular. num. 49. & alii, contra plures alios, relatos à Sanchez lib. 7. Sum. cap. 3. num. 17. à quibus dissentit. n. 92.

V. Donationes liberæ inter vivos, contractus lucrativi, renuntiationes quorumcumque bonorum temporalium, officiorum, dignitatum &c. à novitio factæ ante professionem, etiam juratæ, non valent, nisi sub hac forma, à Tridentino sess. 25. cap. 16. præscripta: Nulla quæque renuntiatio, aut obligatio, ante facta, etiam cum juramento, vel in favorem cujuscumque causæ piæ, valeat, nisi cum licentia Episcopi, sive ejus Vicarii fiat intra duos menses proximos ante professionem; ac non aliàs intelligatur effectum suum sortiri, nisi secuta professione: aliter verò facta, etiamsi cum hujus favoris renuntiatione expressa, etiam jurata, sit irrita, & nullius effectus. Proindè, quamvis aliquam donationem &c. faceret sub hac conditione: si profitear, nihilominùs invalida esset: quia defuisset consensus Episcopi &c. Ut autem donationes &c. factæ modo, à Tridentino præscripto, effectum habeant, debet professio subsequens esse valida; eò quòd professio ir-

rita non sit professio, de qua solà loquitur Concilium.

VI. Non potest novitius validè renunciare in favorem alicujus determinatæ personæ bona sperata, puta, ex hæreditate patris sibi obventura, ipso patre vivente, & dissentiente; quia prohibetur hæc actio à lege in cap. final. de pactie, ne præbeatur occasio machinandi mortem illi, à quo spectatur hæreditas, sibi renuntiata: quod inconveniens cessat, si illam renuntiet Conventui, de quo nec præsumitur, nec timetur hujusmodi machinatio; & sic monasterio facta erit valida: ità plures cum Molina tom. 3. disp. 579. n. 39. Quòd si novitius succedere debeat jure sanguinis ab intestato in alterius hæreditatem, de hoc jure disponere potest ante professionem modo, à Concilio præscripto; quia de hoc disponit, dùm adhuc est sui juris; de quo si non disponat, & deinde post professionem hæreditas adveniat; acquiritur Conventui, cujus est filius, vel in quo invenitur, juxta morem suæ Religionis.

* S. P. Pius v. sua Constitutione 109. in Bullario Romano, quæ incipit: Summi Sacerdotis cura, quæque relata est in Bullariuo Ord. Præd. tom. 5. n. 95. Monialibus Novitiis, quæ S. Dominici Institutum amplexæ sunt, indulsit, ut in mortis articulo Religiosæ professionis vota vovere possint, quamvis necdum exacto probationis anno, dummodò tamen ad ætatem, professioni emittendæ necessariam, pertingerint. Contendunt plures, hocce privilegium sublatum censeri debere, ex quo Gregorius XIII. edita Constitutione ad Sacrorum Canonum, Conciliique præscriptum revocavit, quidquid amplius S. Pius v. in Regularium favorem constituerat. Alii oppositum affirmant, sustinentque, non obstante Gregorii Constitutione, memoratum privilegium in suo robore permanere. Rem hanc indecisam relinquit S. P. Benedictus XIV. de Synod. Diœces. lib. 13. cap. 12. num. 6. nov. edit. Posito autem, quòd memoratum S. Pii v. Privilegium in suo vigore permaneat, nihilque ipsi à Gregorio Pontifice derogatum fuerit, variæ circa ipsum excitantur difficultates. Prima quidem: àn complectatur etiam puellas educationis causa in Monasterii S. Dominici commorantes? Secunda: nùm saltem eodem indulto uti possint novitii ejusdem Ordinis Prædicatorum: & nùm propter privilegiorum communicationem, ad cæterorum quoquè Ordinum Novitios, atque Novitias eadem Constitutio extendi valeat? Tertia: utrùm, si novitia, quæ in proximum vi-

tæ discrimen adducta, nondum evoluto probationis anno, professionem emisit, convalescat, teneatur novitiatum implere, & factam professionem ratam habere, aut aliam ex integro nuncupare ?

Primam difficultatem jam resolvit S. Congregatio in quadam causa *Neapolitana* in qua *die 14. Martii 1705.* rescripsit, ut refert S. P. Benedictus xiv. *loc. cit. num. 3.* professionem puellæ, educationis causa in Monasterium Monialium S. Dominici receptæ, nullam fuisse, licèt in exitu vitæ emissam, proptereà quòd Religiosæ probationis annus non præcesscrit. Secundam difficultatem affirmativè resolvunt plures, nimirùm, quòd non solùm Novitii Ordinis Prædicatorum Piana concessione uti possunt, verùm etiam eadem gaudeant per communicationem privilegiorum novitiæ, & novitii aliarum Religionum. Sic inter cæteros. P. Lucius Ferraris v. *Moniales art. 1. num. 96.* Tertiam demùm difficultatem eadem S. Congregatio decidit *die 20. Martii 1649. ad cap. 5. sess. 25. de Regul.* apud Pignatellum *tom. 1. consult. 356.* nempè, quòd si novitia, quæ in mortis articulo constituta professionem emisit, convaluerit, debeat iterùm profiteri.

Animadvertendum autem occurrit, quòd professio, emissa à novitia in articulo mortis, in idonea quidem ætate constituta, sed nondum legitimum tyrocinii tempus emensa, seu anno novitiatus nondum completo, non suffragatur nisi quoad spirituales effectus, videlicet, quoad assequendas Indulgentias, acquiri solitas ab illis, qui ritè solemnem professionem emittunt; non autem quoad temporales effectus, scilicèt, quoad tribuendam Monasterio actionem, qua dotem, ac reliqua bona sic professæ Monialis petere valeat. Ità censet Fagnanus *in cap.: Sicut nobis à num. 12. usque ad 34.* & præsertim *num. 33. de Regularibus*; cujus sententiam amplexa est etiam S. Congregatio Concilii in caus. *Narnien. Professionis* proposita 22. *Junii 1743.* & resolut. *25. Januarii 1744.* in qua cùm quæstio esset de novitia, quæ, in extremis constituta, post vigesimum secundum novitiatus mensem emiserat professionem in Monasterio, cujus Constitutionibus biennale experimentum ante professionem requirebatur, validum sanè Congregatio declaravit hujusmodi actum, sed ad spirituales tantummodò gratias lucrifaciendas. Alias consimiles ejusdem S. C. declarationes allegat P. Lucius Ferraris *loc. cit. n. 98.* Si autem talis professio in articulo mortis sit emissa in

manibus Abbatissæ, anno, seu tempore probationis integrè expleto, tunc dos acquiritur Monasterio, licèt professio emissa fuerit, inscio Ordinario; quia tunc nihil deficit ad substantiam veræ professionis. Sentit tamen Riccius *Paræ. retum quotid. for. Ecclesiast. p. 2. resol. 493. secundum Venet. impressionem 1674. num. 14.* quem secutus est Monacelli *part. 2. tit. 13. formul. 5. num. 14.* quòd professio, emissa etiam post tempus probationis à puella phtysica, seu hectica, non prosit Monasterio quoad acquisitionem bonorum, idque fusè ostendit, ut videre est apud ipsum, & Monacelli *loc. cit.* Circa hanc materiam præter jam relatos legesis Rodericum *quæst. regul. tom. 3. art. 6.* Dianam *edit. Coord. tom. 7. resol. 160. & 161.* Pellizzerium *tom. 1. Manual. Regul. tract. 2. cap. 7. quæst. 24. & tract. 3. cap. 2. quæst. 3.* & Donatum *tom. 4. tract. 19. q. 21. & seq.*

CAPUT VI.

De Professione Religiosa.

§. I. *De natura, & divissione professionis; & quomodò incurratur.*

I. PRofessio Religiosa definiri potest: contractus quidam moralis, quo homo seipsum voluntariè Deo tradit in determinata Religione approbata, emittendo solemniter tria vota, paupertatis, castitatis, & obedientiæ, cum consensu Prælati Regularis, nomine Dei eadem acceptantis. Duplex est professio; expresa, & tacita: expressa, quæ communiter, & verbaliter fit in manu Superioris: tacita, quæ signis, vel actionibus à Jure statutis inducitur. Expressa (modò adsint cætera requisita) quocumque modo significetur, semper est valida: debet fieri absolutè, non conditionatè: si tamen fieret sub aliqua conditione non turpi, quamvis esset illicita, esset valida; & , expleta conditione, transiret in absolutam. Expressa potest fieri etiam per procuratorem, ad id specialiter electum; cùm nullo Jure prohibeatur, ut docent Sylvester loc. cit. v. *Religio c. 39. §. 5.* Suarez tom. 3. lib. 6. cap. 11. num. 22. & alii : at id non est agendum, nisi ob necessitatem, ità fieri compellentem.

II. Relictis variis modis, quibus olim Jure antiquo inducebatur professio tacita; post Concil. Trident. non incurritur, nisi novitius expleverit annum decimum sextum ætatis suæ

&

& integrum annum novitiatus percurrerit. Quamobrèm, si quis expletis & annis sexdecim, & integro anno novitiatus, se ingerat exercitiis professorum per triduum, vel habitum specialissimum professorum, (ubi hujusmodi peculiaris professorum habitus adhibetur) induat, & gestet per triduum, vel si utrumque hoc signum conjunxerit statim ante triduum, incurrit professionem tacitam ; additis tamen his conditionibus : prima, quòd actus, quo illa inducitur, fiat de consensu Superioris, qui potest ad professionem admittere, cùm sine suo consensu neque professio expressa sit valida. Secunda, ut non fiat coactè, sed spontaneè, id est, nulla vi, aut metu extrinseco. Tertia, ut sciat, tales actus esse professorum proprios, & per illos tacitam induci professionem ; quia aliter non esset voluntaria. Quarta, ut tales actus exercens habeat per consequens animum profitendi. Quinta, ut in casu, quo sciret se non esse professum, vel non fuisse validè professum, exerceat actus illos animo profitendi, & veram emittendi professionem.

III. Ad legitimam professionem requiritur legitima potestas admittendi ad illam, quæ potestas, excepto solo Pontifice, in nullo alio residet, nisi in Superiore regulari, qui sit Superior immediatus illius conventus, in quo novitiatus peragitur; vel in alio, ex ipsius Superioris commissione, juxta omnes : neque sufficit solus Superioris consensus, nisi etiam accedat consensus majoris partis Patrum sui Consilii, vel Capituli, juxta leges Religionum respectivè ità ex cap.: *Consuluit 4.* & ex cap.: *Finali*, & ex cap. : *ad Apostolicam* de Regularibus in 6. Nihilominùs non prohibetur Prælatis majoribus Religionis admittere ad professionem, si Superior immediatus reluctetur, dummodò accedat consensus aliorum Patrum requisitorum pro majori parte ; quia potestas, quæ residet in immediato, residet cumulativè in majori ; & hoc est verum de Jure communi : unusquisque autem consulat municipalia suæ Religionis statuta, eademque servet.

IV. Defectus, ex quibus professio redditur invalida, sunt : primò ætas ante annum decimum sextum completum, & si emittatur ante integrum annum novitiatus expletum, juxta superiùs dicta. Secundò, diversitas sexus, puta, si mulier occulta profiteatur in monasterio virorum, vel è contrà : & nota, quòd, quamquàm vota non obligarent ut solemniter emissa, probabilior cum Navarro lib. 3. consil. 18. primæ editionis, vel

19. secundæ, & aliis, docet, quòd obligarent tamquàm vota simplicia ; quia profitens voluit se obligare pro quanto potuit ; nisi constet de contrario animo. Tertiò, defectus libertatis, ut si mancipium sine licentia profiteatur. Quartò, si matrimonium consummaverit, etiam stante divortio ; & professus fuerit sine alterius conjugis licentia. Quintò, si sit Episcopus, & absque licentia Pontificis. Sextò, si nimia sit senectute confectus, vel ex gravi morbo impotens ad regulam. Septimò, si occultaverit defectum, de quo interrogatus fuit. Octavò, si professionem emisit metu gravi adactus ; & hoc ex Jure positivo. Non tamen irritam efficit professionem metus gravis incussus Superiori admittenti ad professionem ; quia de hoc Jura silent. Nonò, si erraret circa substantialia Status Religiosi, puta, si falsò crederet, se non obligari in perpetuum ad vota, &c. quia hic error efficit involuntarium circa substantiam Status. Decimò, si profiteatur sine animo se obligandi, saltem in foro conscientiæ est nulla, graviter tamen peccaminosa ; tenereturque illam ratificare : & idem dicendum, si ficto animo acceptetur ab amittente ; quia deest assensus necessarius contractui. Demùm, si interveniat alius defectus, qui ex vi statutorum Religionis à sanct. Sede approbatorum irritet professionem.

V. Professio, quæ nulla, & irrita fuit, posito quòd rata possit haberi, (nàm quædam sunt, quæ ratificari nequeunt, ut si emissa fuisset in Religione non approbata, aut à decrepito) non ratificatur per solum, & merum tractum temporis, quamvis tollatur defectus, propter quem fuit invalida; nàm juxta regulam 18. Juris: *Quod de jure ab initio non subsistit, tractu temporis non convalescit* : sed, si defectus se tenuit ex parte professi, requiritur novus assensus exteriùs significatus, eò quòd primus nullus fuerit ; & alioquin assensus sit de substantia contractus : eapropter debet innotescere, quòd anterior professio nulla fuerit; aliter putaret illam confirmare, & non novam emittere, prout requiritur : si tamen annum novitiatus integrè, & non interruptè, percurrerit, non tenetur novum novitiatum suscipere; quia jam implevit, quod ab Ecclesia exigitur.

VI. Cùm autem consensus deesse potuerit vel ex parte solius profitentis, vel ex parte solius admittentis, vel ex parte utriusque, proptereà probabiliùs dicendum videtur, quòd quando defuit consensus ex parte alterius

tan-

tantùm, sufficiet, quòd ille novum consensum eliciat, & significet, quin requirantur aliæ solemnitates fieri solitæ; quia jam ex parte alterius, qui consensum præstitit, cùm non fuerit retractatus, ut prudenter supponitur, censetur perseverare. Et nota quòd, quando defuit consensus in profitente, potest, juxta superiùs dicta, tacitè profiteri, actus professorum exercendo: at hoc modo non revalidatur, ut ajunt, professio, nisi post quinquennium hujus praxis; cùm enim à Tridentino concedatur quinquennium ad reclamandum, ut infrà videbitur, idcirco non præsumitur tacitè ratificasse professionem, nisi expleto quinquennio, incipiente à die, qua cognoscitur, nullam fuisse, & faciendo actus professorum animo volente ratificare. Quando autem consensus defuit ex parte utriusque, probabilius est, quòd requiratur novus assensus in utroque, ita postulante natura cujusvis contractus; ità Suarez tom. 3. de Relig. lib. 7. cap. 1. num. 20. & alii contra alios, docentes cum Navarro lib. 3. consil. de Regularibus consil. 27. n. 2., quòd, quando defuit consensus ex parte Prælati admittentis, non requiratur novus consensus, qui suppletus fuit ab Ecclesia, & Pontifice, intendente professiones profitentium acceptare; & afferunt cap.: *Significatum* de Regul. cap. 1. in 6.

§. II. *De effectibus Professionis Religiosæ.*

I. PRimus Professionis Religiosæ effectus, emissæ in statu gratiæ, est, juxta omnes post S. Thom. 2. 2. q. 189. art. 3. ad 3., plenaria omnium peccatorum remissio, etiam quoad pœnam. *Rationabiliter dicitur, quòd etiam per ingressum Religionis aliquis consequatur remissionem omnium peccatorum: si enim aliquibus eleemosynis factis, homo statim potest satisfacere de peccatis... multò magis in satisfactione pro omnibus peccatis sufficit, quòd aliquis se totaliter divinis obsequiis mancipet per Religionis ingressum, quæ excedit omne genus satisfactionis, etiam publicæ pœnitentiæ, ut habetur in Decretis 33. quæst. 1. cap. Admonere... Undè legitur in vitis Patrum, quòd eamdem gratiam consequantur intrantes Religionem, quam consequuntur baptizati.*

II. Secundus effectus est tollere irregularitatem ex defectu natalium, quoad suscipiendos Sacros Ordines, non tamen quoad Prælaturas: ex c. 1. *de filiis presbyter.* Pos-

sunt tamen etiam in ordine ad Prælaturas dispensari à propriis Superioribus, ut docet Sanchez lib. 4. Sum. c. 5. num. 16. & de Matrim. lib. 7. disp. 86. num. 16. Tertius efectus est abolere ingratitudinem filii erga Patrem, ità ut non possit ampliùs exhæredari; ex capite: *Finali* 19. q. 4. Quartus est dirimere matrimonium ratum, & non consummatum, ut latè ostendimus in tract. 14. cap. 7. §. 10. Quintus est commutare omnia vota, in seculo facta, in ipsam professionem: ità S. Th. 2. 2. q. 88. art. 12. *Omnia alia vota sunt quorumdam particularium operum, sed per Religionem homo totam vitam suam deputat Dei obsequio: particulare autem in universali includitur: & ideo Decretalis dicit, quòd reus voti fracti non habeatur, qui temporale obsequium in perpetuam Religionis observantiam commutat. Nec tamen Religionem ingrediens tenetur implere vota jejuniorum, vel orationum, vel aliorum hujusmodi, quæ existens in seculo fecit; quia Religionem ingrediens moritur priori vitæ, & etiam singulares observantiæ Religioni non competunt: & Religionis onus satis hominem onerat, ut alia superaddere non oporteat.* Et hoc verum est, etiamsi profitens expressè non intenderet facere talem commutationem; eo quia hæc commutatio non pendeat ex profitentis voluntate, sed ex Jure naturali, & Ecclesiastico, ut notant Sylvester verbo: *Votum* c. 4. q. 7. num. 3., Lezana t. 1. c. 3. n. 7., & alii post ipsos. Et hæc intelligenda sunt tàm de votis personalibus, quàm realibus, ut notaverunt Sylvester loc. cit. n. 4., & Cajetanus tom. 2. opusc. tract. 11. q. 3. versùs finem, & alii. Idemque dicendum est de juramentis personalibus, & realibus, soli Deo nuncupatis, quæ accensentur votis: si autem juramentum factum fuisset homini, & ab eo acceptatum, tunc fides ipsi data, servanda esset; quia promissarius ille jus ad rem promissam acquisivisset, quo sine sua libera cessione privari non potest: ità quoquè professus non absolveretur, si esset hæres defuncti habentis vota realia, quæ essent implenda ab hæreditibus ipsius professi; est enim obligatio conjuncta hæreditati. At sciscitaberis: gaudebit ne dicta commutatione Religiosus, qui nec jejunia, nec reliquas Ordinis austeritates plerumquè observat? Proponis dubium, quod apud neminem legi: idcirco meticulosè respondeo ex regula generali de commutatione votorum, quòd, quemadmodùm qui deficit notabiliter in observan-

da

da re, vel actione, in quam commutatum fuit votum, reus est·sacrilegæ omissionis, ita in præsenti; in eo enim præcipuè fundatur ratio S. Thom. nec debet sibi blandiri, quòd tria vota observet; quia commutatio non fuit facta in sola vota solemnia, sed magna ex parte in austeritates cæteras, quibus unaquæque Religio plùs minusve abundat.

III. Sextus demùm effectus professionis est fundatus in contractu inter Religionem, & Professum; quo contractu illa se obstringit ad consulendum Religioso, tàm benevalenti, quàm ægroto, tàm viventi, quàm defuncto, de omnibus necessariis ad victum, vestitum, educationem tàm spiritualem, quàm intellectualem, nec non ad quæcumquæ alia subsidia, & suffragia, juxta Regulam, & Constitutiones Ordinis: undè & ipse vicissim se obstringit ad ipsi Religioni inserviendum, tàm in ministeriis divini cultus, quàm quoad reliqua omnia, quæ ipsi à Superioribus injungentur juxta regulam; ità ut teneatur se idoneum reddere studio, & labori, ad munera sibi imponenda juxta sui Ordinis scopum, eademque obeunda : & quia hujusmodi contractus est eorum, qui in utilitatem utriusque contrahentis redundant; idcirco reus erit culpæ lethalis, si in materia gravi committat culpam levem juridicam, id est, si omittat eam curam, & diligentiam, quæ à diligentioribus impendi solet; juxta dicta in tract. 10. cap. 1. §. 3. Peccabit itaque mortaliter Religiosus, qui ita negligat dare operam (puta, in Religione nostra) studiis Philosophiæ, Theologiæ, aliisque sacris, quibus se idoneum reddat inserviendæ Religioni in Scholis, in Confessionali, in Pulpitis, in chorali cantu, si necessarium laborem omittat, sedulamque diligentiam non impendat, ut ad hæc, aliaque obeunda munera aptus fiat. Neque cor suum seducere debet, quòd ipsi sufficiat in aliquo duntaxat officio Religioni inservire : minimè gentium; ad omnia, si possit, aptum se reddere debet ex stricta, & rigorosa justitia : non enim fuit ad Religionem admissus, neque ab eadem conductus, ut tali, aut tali ministerio duntaxat eidem inserviat; sed ad omnia obeunda, quatenus casus occurrat, ipsique Religioni opus fuerit; quandoquidem ipsa subministret media requisita, quibus, si velit, possit ad omnia Instituti munera se coaptare : ad quod, iterùm dico, tenetur eam sedulitatem præstare, quam non solùm diligentes, sed, ita exigente natura hujus contractus, diligentiores impendere debent. Heu!

quot Religiosi, ve·eor, plura mortalia quoad hoc caput contra se opponi experientur in Christi Judicio, quorum nullam, vel modicam rationem habuerunt; & quidem inexcusabiliter; quia hæc scire tenentur, utpote eorum statui intrinseca, & essentialia ; qui alioquin tempus triverunt in ludis., solatiis, nugis, itineribus, aut studiis, à sua vocatione extraneis, loco illud impendendi ad se habiles efficiendos inserviendo Deo, & Religioni, juxta spiritum suæ vocationis, suique Instituti!

Ante Auctorem nostrum duo alii ex eodem Ordine insignes Theologi hac ipsa de re egerunt. Et quidem Bannez 2. 2. *quæst. 33. a. 13. dub. 3.* hæc inter cætera tradidit : *prima conclusio: Prælati in Ordinibus Mendicantium, potissimè in Ordine Prædicatorum, tenentur sub præcepto habere specialem curam, ut Religiosi se exerceant in his operibus misericordiæ spiritualibus, in doctrina, prædicatione, confessione, & consiliis spiritualibus... Tertia conclusio: Religiosus tenetur ex officio, & professione sua disponere se, ut sit idoneus ad exercenda potissima sui Ordinis munia sub peccato mortali.* Quibus relatis, sic subdit P. Daniel Concina in *Disciplina Apostolico Monastica p. 2. dissert. 2. c. 10. n. 3.:* „Si graviter „peccant, qui idoneos se reddere non sa„gunt ad suæ professionis pensum persolven„dum; quodnam crimen perpetrabunt illi, „qui, reipsa idonei cùm sint, prudentia, & „doctrina ornati, quævis tamen alia peragere „malunt, quàm Ordinis sui munera obire? „Nec quidquam illis suffragatur inanis illa ex„cusatio, qua se palpantes ajunt, quibusdam „studiis vacare relaxandi animi causa, & ali„quid solatii capiendi; quoniam id obtru„dere possent, si in Concionibus, aut Con„fessionibus, vel sacris litteris meliores ho„ras insumerent : at cùm toto ferè tempore „intendant fabulis, & genealogiis intermi„natis, quæ quæstiones præstant magis, quàm „ædificationem Dei, à gravi culpa excusari „non possunt." Hæc illi; & quidem, ut videtur, jure, meritoque, ac verè. Ajebat verò Bannez, Religiosum sub mortali peccato teneri se idoneum reddere ad potissima (non verò ad omnia) sui Ordinis munia, sicut, & P. Concina reprobat eos, qui studiis minùs utilibus vacant·, si in concionibus, aut (nota disjunctionem) confessionibus, vel sacris litteris non vacent potiori tempore. Itaque si quis serie uni, alterique ex muneribus sui Ordinis sese idoneum reddere curaret, in iis que

que idoneus effectus sese sedulò exerceret, non videretur damnandus, quòd non omnibus omnino animum adjiceret: eoque vel magis quod nimis implicitus curis minùs rectè singula fortè præstaret : præstaret verò diligentiùs, majorique sui, atque aliorum profectu nonnulla, si iis solummodo intenderet.

§. III. *De reclamatione ad rescindendam professionem.*

I. *QUicumque Regularis prætendat, se per vim aut metum ingressum esse Religionem, aut etiam dicat, ante ætatem debitam professum fuisse, aut quid simile; velitque habitum dimittere quacumque de causa, aut etiam cum habitu discedere sine licentia Superiorum; non audiatur, nisi intra quinquennium tantum à die professionis; & tunc non aliter, nisi causas, quas prætenderit, deduxerit coràm Superiore suo, & Ordinario. Quòd si antea habitum sponte dimiserit, nullatenùs ad allegandam quamcumque causam admitatur, sed ad monasterium redire cogatur, & tanquam apostata puniatur: interim verò nullo privilegio suæ Religionis juvetur.* Hæc Tridentina Synodus sess. 25. c. 19. de Regul.

II. Ex hac lege habes tres conditiones, ad hanc reclamationem requisitas : prima, ne reclamans, ante reclamationem, vel pendente causa, habitum deponat, vel sine debita licentia fugiat; secunda, ut causam instituat coram suo Superiore, & Ordinario, à quibus sententiam expectet; tertia ut causa instituatur ante quinquennium expletum à die professionis; quo expleto, clauditur aditus ad reclamandum; eò quòd præsumatur professio valida, aut ratificata. Propterea illicitè mortaliter reclamat, qui verè in conscientia est professus, vel ante quinquennium, professionem ratificavit: imò neque dubius tantùm de validitate potest licitè reclamare; quia possidet Religio sibi subditum; neque in dubio potest illam huc jure expoliare; in dubio enim non datur locus compensationi, ut dicitur, in materia justitiæ; & cùm professionem emiserit, in dubio præsumendum est, illam, sicuti oportet, emisisse. Seciùs autem dicendum esset, si longè probabilius appareat, nullam fuisse. Similiter reclamare non potest, qui ficto animo tacitè professus fuit, nisi habeat testes, coram quibus significaverit, se illas actiones profes-

sorum facere sine animò tacitè profitendi; is enim testibus deficientibus in propria causa nemini creditur in foro externo, quamvis juramentum proferat; & præcipuè, si gesta sint contraria : undè præsumitur validè factum, ex capite: *Vidua*, quæst. 1. cap. 2. de Regul. At si expressè professus fuerit, aut expressè ratificaverit, quamquàm coràm testibus protestetur, se fictè profiteri, nil juvat hæc protestatio, saltem pro foro externo: quia faciens actum contrarium videtur deludere protestationem : tùm etiam quia, cum contractus sit pendens à voluntate duorum non valet protestatio ignota alteri contrahentium; ut ex variis Juribus, benè docent Navarrus Comment. 3. de Regul. n. 14. & alii. Vide in fine hujus §. Constitutionem Benedicti xiv.

III. Quamvis autem reclamans à Religione ali debeat, quousquè causa finiatur, expensæ tamen pro sententia ad ipsum spectant, cum sit actor pro sua utilitate. Completa causa in sui favorem, debet eidem Religio restituere, quæ ipsi fuerunt relicta à consanguineis, aut amicis, vel ex hæreditate, aut legato, aut donatione, aut renuntiatione, aut alio titulo; quia censentur eidem data ratione potius cognationis, amicitiæ, &c. quàm Religionis, & præsupposita validitate professionis. Non tamen tenetur Religio eidem reddere lucra, quæ titulo Religionis acquisivit, puta, legendo, concionando, confessiones audiendo, &c. quia, ut patet, adveniunt ipsi titulo Religioso; sicut enim æquitas postulat, ut quæ præsumuntur ei obvenire ratione sanguinis, eidem reddantur; ità eadem æquitas postulabit, ut, quæ præsumuntur dari ceu munera religiosa, Religioni acquirantur.

IV. Quando jam constat, aliquem professionem irritam emisisse, potest Religio illum compellere intra quinquenium ad reclamandum; & si nolit, potest illum ejicere, dummodò non sit ex defectu solius consensus; (de quo inferiùs n. 6.) quia aliter lex in favorem Religionis redundaret in ejus perniciem, si teneretur alere hominem non professum, cum periculo ut deseratur ab ipso. Non tamen potest eum compellere, ut ratificet professionem ante quinquennium; eò quòd professio debeat esse omnino voluntaria, & libera: potest itaque hunc nolentem ejicere, ut docent Barbosa in Collect. Concil. cap. 9. num. 6., Lezana tom. 1. c. 2. n. 7. & alii apud ipsos.

V. Acriter discutitur inter Doctores: àn certò sciens, se non esse professum, possit

vel

vel antè, vel pòst quinquennium se à Religione subducere, & matrimonium inire? Respondeo primùm ex communi, quod, si possit de facili reclamare, & probare nullam fuisse professionem à se emissam, neque ad id agendum impediatur, peccet mortaliter fugiendo, & pœnis fugitivorum, vel apostatarum respectivè subjaceat; quia in foro Ecclesiæ habetur ut Religiosus; & alioquin fugæ arripiendæ nullum habet justum motivum. Respondeo secundò ex communi, talem hominem teneri ad unum ex tribus, nempè, aut reclamare, aut ratificare professionem, aut se subducere, si absque scandalo fieri possit; aliter injustè recipiet alimenta, nec potest se actibus professorum ingerere, nec Ordines suscipere; quos si suscipiat, remanet ab eis suspensus, utpote ordinatus sine titulo Religionis, cujus non est membrum. Si autem nec possit de facili reclamare, nec congruas rationes afferre ad probandum, nullam fuisse professionem à se emissam, neque absque scandalo fugere; respondeo tertiò, posse alimenta percipere, compensando tamen pro ipsis, labores impendendo in servitium Religionis eo modo, quo potest: item Ordines suscipere, si absque gravi scandalo ab eis suscipiendis abstinere non possit; quamvis enim non habeat titulum, cùm non sit Religiosus, lex tamen Ecclesiæ non videtur obligare, quando absque gravi infamia, aut scandalo impleri non potest. Quid igitur dicendum circa fugam, quando vel non potest reclamare, eò quòd prudenter timeat, se impeditum iri, aut graviter vexari; vel non potest rationes afferre, utpote impedimentum difficillimæ probationis, sive respectu testium nolentium deponere veritatem, sive, quia, cùm reclamaverit, contrariam passus fuit sententiam; & alioquin non habet vocationem ad statum Religiosum: poterit ne tunc licitè fugere, & matrimonium inire? àn verò tenebitur professionem ratificare?

VI. Plures dicunt cum Navarro loc. cit. num. 27., Suarez tom. 3. de Relig. lib. 7. capit. 3. num. 9. & seq. Barbosa 3. p. de pot. Episc. allegat. 10. num. 12. non teneti ratificare professionem, neque posse ad id à Religione compelli, eò quòd non habet vocationem; & Religiosus Status sit omnino spontè, & liberè assumendus; ac proinde posse fugere, matrimonium inire, &c. Ut autem scandalum meliori modo tollatur, folium relinquat, in quo cum juramento declaretur nullitas professionis, & impotentia reclamandi. Plures cum Lezana, tom. 1. cap.

2. num. 7. & tom. 4. verbo *Professio* num. 24. dicunt, quòd, si impedimentum oriatur ex defectu consensus, teneatur ratificare professionem; quemadmodùm, qui matrimonium contrahens, fictum dedit consensum, tenetur novum præstare, ne deludat alteram partem in re gravi, quemadmodùm in casu nostro elusit Religionem, quæ suum consensum dedit: & proinde hic licitè reclamare non potest neque infra quinquennium, neque pòst: & si exeat Religione sine licentia, redire tenetur: imò ad redeundum compelli possit. Profectò nimis dura videtur hæc sententia, ut quis statum vitæ perpetuum assumat, ad quem non est vocatus; imò cui obnititur, & repugnat. Argumentum autem, à matrimonio petitum, valdè latam habet disparitatem, ob incommoda gravissima alteri conjugi resultantia, nisi ratificetur assensus; à quibus incommodis vacat Religio; quid enim sua interest, si uno alumno careat, à quo non nisi coactum servitium expectare potest, & fortè plures vexationes.

VII. Circa primam conditionem ad reclamandum à Tridentino requisitam, nempè, ne reclamans habitum dimittat; notandum, quòd loquatur de dimissione habitus temeraria; si enim esset necessaria, puta, quia aliter ad reclamandum pergere non posset, aut impediretur à prosequenda causa, nisi dimisso habitu, fugiat ad judicem, vel ob quidpiam simile, non amitteret jus ut possit audiri, ut dicunt Auctores; addentes etiam, quòd, quamvis temerè dimitteret habitum, & deinde illum reassumeret, adhuc posset audiri; quia reditus cum habitu ad monasterium restituit Religioni suimet possessionem: ità Lezana loc. cit. & Bonacina de Claus. quæst. 1. punct. 1. difficul. 3., & alii.

VIII. Secunda conditio præscribit, ut causa agatur coram Superiore, & Ordinario. Ordinarii nomine significatur Episcopus, vel ejus Vicarius, vel Provisor Sedis vacantis, vel alius Superior Ecclesiasticus, regens locum, ubi est monasterium, in quo reclamans professionem emisit. Superioris verò Regularis nomine ille denotatur, qui in eo conventu professionem acceptavit, vel ejus Successor. Circa hoc tamen standum est Constitutionibus Religionum, si quoad Superiorem in aliquo differant; dummodò aliquis Superior regularis causam audiat.

IX. Tertia conditio, circa quinquennium, fundatur in præsumptione, quòd eo tractu temporis revalidata fuerit professio, etiamsi à principio fuerit nulla ; quòd si neque eo tractu temporis ullo modo ratificata fuerit, neque illam ratificare velit homo ille, nunquam fieri poterit, quòd sit Religiosus, nec Religio in illum ullum jus acquirat. Proinde nota primò, quòd, si causa reclamationis inchoëtur ante expletum quinquennium, legitimè durat, quousquè compleatur, etiam post quinquennium, ex communi, in cap.: *Relatum*, & in cap. : *Gratum* de Offic. Legati. Nota secundò, quòd, si toto quinquennio quis impeditus fuerit reclamare, & probetur, hoc impedimentum toto eo tempore perduvasse, neque ullo modo professionem ratificasse ; etiam post quinquennium potest causam reclamationis instituere, cùm cesset præsumptio ratificationis, ut docent Garcia tract. 3. disp. 4. dub. 3. num. 24. Suarez loc. cit. cap. 4. n. 6. & alii. Addunt cautè, & sapienter, quòd, cùm impotentia reclamandi difficilè possit efficaciter probari, sufficiet eam probare qualicumque ratione probabili, ut consequatur beneficium restitutionis in integrum ; qua via restitutionis in integrum duntaxat agere poterit, qui ignorantiam, quod professio fuerit nulla, allegaverit, eò quòd contra præsumptionem Juris allegans ignorantiam, non auditur via ordinaria : in casu autem Jus præsumit, quòd post quinquennium sciverit, nullam fuisse professionem, eamdemque ratificarit ; ac proinde, quòd via restitutionis in integrum possit audiri, quæ est via extraordinaria.

X. Probabilius videtur, pro tali ignorante, aut impedito quinquennium esse computandum à die sublati impedimenti ad professionem faciendam, vel ad reclamandum, vel depulsionis ignorantiæ, quòd illa fuerit nulla : ità Miranda 1. 1. quæst. 22. art. 3., & Suarez loc. cit. num. 4. & alii. Quia hoc quinquennium, post quod clauditur aditus reclamandi, præscribitur propter præsumptionem professionis eo temporis tractu ratificatæ ; atqui, quando durat impedimentum illius, nempè, vel ætas immatura, vel subsistunt causæ metus, illam nullam reddentis, vel etiam, eo cessante, subsistit ignorantia, quòd nulla fuerit ; aut etiam, cessante hac ignorantia, non cessat impotentia moralis ad reclamandum, professio invalida vel non potest convalidari, vel non potest contra ipsam reclamari : igitur præscriptio quinquennii, fundata in illa præsumptione, non currit eo tempore, quo persistit impedimentum: incipiet ergo quinquennium vel à die notitiæ quòd nulla fuerit pro-

fessio ; vel à die, qua potuit ratificari, & in hoc statu duraverit per quinquennium.

XI. Qui transacto quinquennio, vult reclamare, afferens pro motivo, aut quòd ignoravit sibi concessum quinquennium ad reclamandum, vel eo tempore fuisse impeditum à reclamando propter infirmitatem, & alterum horum probare potest; hujusmodi reclamans est admittendus, eò quòd non habeatur præsumpta ratificatio professionis, quam adesse putat Concilium; ea propter petere poterit via extraordinaria restitutionem in integrum. Ità Suarez loc. cit. num. 6., Azorius tom. 1. l. 12. cap. 1. quæst. 10. Lezana, & plures alii. Ut autem audiri possit, monent aliqui, quos inter Lezana tom. 1. c. 2. num. 7. testis oculatus, qui Romæ scribebat anno 1644. quòd debet impetrare rescriptum à Pontifice, vel à Sacr. Congregat. coram qua allegaverit motiva, cur intra quinquennium non reclamaverit, ut deinde ab Episcopo, & Superiore audiri possit, & suam causam agere ; quod est reapse petere restitutionem in integrum, sine quo rescripto nequit ab Episcopo, & Superiore audiri. Qui plurima alia, ad Statum Religiosum aliquo modo pertinentia, desiderat, legat laudatos Doctores, & inter alios nostrum Hyacintum Donatam Laynensem, qui inter recentiores in pluribus tomis de omnibus difficultatibus ad Religiosum Statum spectantibus perdocte disserit.

S. P. Benedictus XIV. die 4. *Martii* 1748. Constitutionem dedit, incipientem: *Si datam hominibus*, in qua præscribit ordinem servandum in causis super nullitatem professionis Regularis. Ità ad epitomen eam redegit Petrus Collet *in calce tom. 5. Institutionum Theologic. p. 933. Edit. Venetæ 1757.* Volens Summus Pontifex certam normam ac methodum tradere, observandam à judicibus Ecclesiasticis in cognitione causarum super nullitate professionis, in aliquo Ordine à Sede Apostolica approbato factæ ; distinguit initio statim Regulares illos, qui intra quinquennium à die factæ professionis de illius nullitate actionem promovent, & illos, qui post elapsum quinquennium reclamant. Primo loco de prioribus agit. Ad eos igitur quod attinet, in medium affert celebre Decretum Conc. Trid. sess. 25. de Regul. cap. 19. cujus hæc sunt verba: ,,Quicumque Re-,,gularis prætendat, se per vim, & metum ,,ingressum esse Religionem ; aut etiam di-,,cat, ante ætatem debitam professum fuisse, ,,aut quid simile ; velitque habitum dimit-,,te-

„tere quacumque de causa , aut etiam cum „habitu discedere sine licentia Superiorum; „non audiatur , nisi intra quinquennium tan„tùm à die professionis ; & tunc non ali„ter , nisi causas , quas prætenderit , dedu„xerit coram Superiore suo , & Ordinario.‟ Hoc autem Decreto , licèt soli viri Regulares expressè nominentur , etiam fœminas Religionem professas comprehendi asserit. Affert deinde varias declarationes , & Decreta edita à Sacr. Congregatione ejusdem Concilii ad varia dubia , variis in casibus orta, dissolvenda.

Primum Decretum , seu declaratio ejusdem Congregationis hìc allata , est : causas super nullitate professionis cognoscendas esse & à Superiore Regulari, & ab Ordinario loci simul , sive à Regulari professe , sive à Religione ipsa intra quinquennium deductæ sint.

Secundum, tempus quinquennii ad reclamandum à die professionis computandum esse etiam tunc cùm causa , quæ pro nullitate professionis adducitur, consistit in metu, qui per totum quinquennium , vel etiam ulteriùs perseveraverit.

Tertium, causam agendam esse coram judicibus , à Concilio memoratis , etiam post elapsum quinquennium , dummodò satis constet , eam seriò intentatam fuisse à reclamante intra quinquennium.

Quartum , nomine Superioris Regularis, coram quo ex Decreto Concilii hujusmodi causæ proponi , & agitari debent , intelligi Superiorem localem, nimirùm, Abbatem, vel Guardianum, sive Priorem , aut alium quocumque nomine nuncupatum Præpositum, seu Rectorem illius Monasterii , aut Cœnobii, in quo reclamans professionem emisit ; eum nempè , qui hujusmodi Monasterii , aut Cœnobii regimen exercet , quo tempore causa in judicium deducitur. Quoad Moniales verò , si Ordinario loci immediatè subjectæ sint , cùm nullus sit earum Superior Regularis , solum Ordinarium loci judicare de professione reclamantium intra quinquennium : si verò Regularium regimini subsint, tunc hujusmodi illarum causas judicandas esse ab Ordinario loci simul , & à Superiore Regulari, cui concreditum est universum Monasterii regimen , non autem à Confessario Regulari earumdem monialium.

Quintum , Superiorem Regularem non posse hoc suum jus cedere Ordinario loci, eique permittere , ut in hujusmodi causis solus procedat: posse tamen , si judicium assumere nolit, aut nequeat, alium subrogare vel Regularem, vel etiam Ecclesiasticum secularem Juris Canonici peritum , qui unà cum Ordinario Judicis partes exerceat.

Sextum, si fortè Ordinarii , & Superioris Regularis judicia inter se discrepantia extiterint , causam ipsam ad Apostolicæ Sedis judicium devolutam censeri.

Septimum Decretum, de consilio ejusdem Congregationis ab Urbano VIII. editum die 5. Januarii 1636. incipiens: Ad occurrendum, est: Si quis professionem emiserit in Cœnobio , ad Novitiorum institutionem minimè destinato, in iis tamen locis , in quibus Clemens VIII. Decreta de Regularibus à se edita vim habere mandavit ; & ex hoc capite professionem à se factam intra quinquennium impugnare voluerit , aut etiam si Religio intra idem quinquennium postulaverit, alicujus professionem ex hujusmodi capite irritam declarari, causas hujusmodi ad eamdem Congregationem privativè pertinere. His allatis Decretis declarat Summus Pontifex , se eàdem novo approbationis , & confirmationis apostolicæ robore communire ; & decernere, ab omnibus in posterum pro regula habenda, & plenariæ executioni demandanda esse.

Quòd ad causarum hujusmodi introductionem attinet, refert Decretum Conc. Trid. cit. sess. 25. c. 19. ex quo sequi dicit , Regularem , postulantem judicium fieri de suæ professionis nullitate , ab ipso judicii limine repelli, nisi constet, eum in Religionis suæ claustris morari , & habitum Regularem resumpsisse, si ipsum anteà deposuerit.

Quod verò spectat ad probationes, prohibet , nè ulteriùs in re tanti momenti judicia fundentur in extrajudicialibus , atque attestationibus , quantumvis juramento firmatis, quæ ad perpetuum dicuntur, volens, ac districtè mandans, ut , ad adstruendas probationes, in hujusmodi causis necessarias, verus, & judicialis processus omnino conficiatur, in quo & articuli exhibeantur ex parte illius, qui adversùs professionem agit , & interrogatoria dentur ab ea parte , quæ stat pro ipsius professionis validitate , & testes tàm super articulis , quàm juxta hujusmodi interrogatoria , examinentur ; atque hac forma non servata , processus ipse, & sententia, dependenter ab eo prolata, insanabili nullitatis vitio corruere censeatur : salva etiam Juris communis dispositione quoad alia nullitatis capita, si quæ fortè in ipsa processus compilatione intervenerint.

Prætereà sub eadem nullitatis pœna decernit,

hit, ut in hoc judicio citari, & audiri debeant tùm defensores Monasterii, seu Cœnobii, in quo professus vota Religiosa suscepit, tùm ipsius professi consanguinei, sive propinqui, sive alii, quibus sua bona donavit, aut cessit: uno verbo, omnes, quorum interest illius professionem sustineri: in primis verò, ut citentur ii (si superstites fuerint) qui judicati fuerint tamquam Auctores, aut complices metus eidem incussi, ut votis invitus se obstringeret.

Decernit insuper, & committit omnibus locorum Ordinariis, ut personam, quæ sit de Ecclesiastico cœtu, si fieri potest, probitate, & doctrina præditam, in suis Diœcesibus eligant, cui defensoris professionum munus imponant, & cui omnia demandata, injuncta, & respectivè applicata esse censeantur quæcumque in Constitutione, quæ incipit: *Dei miseratione*, de matrimonii defensore decrevit: id solum peculiariter hìc statuens pro defensore professionis, ut scilicèt quidquid pro ipsius honorario, aut mercede, sive pro expensis, in defensione causæ occurrentibus, eidem præstandum esse judex prudenter arbitratus fuerit; id omne ab illis exsolvi debeat, quibus à professo renuntiata fuerint bona, in Religionis ingressu dimissa; si verò hi non existant, aut si professus nihil renuntiandum habuerit, ipsa Religio, si temporalia bona possideat, ad hujusmodi solutionem teneatur. Quòd si nec adsint bona renuntiata, nec Ordo Regularis, de quo agitur, quidquam possideat, tunc defensori professionis satisfiat ex pecuniis mulctarum illius Tribunalis, in quo causa agitata fuerit, sive alterius, prout in citata Constitutione de matrimonii defensore.

Lata demùm sententia à Superiore Regulari, & Ordinario loci, si ea pro validitate professionis pronuntiata fuerit, & professus appellationem non interponat, vult, & declarat, dubitandum non esse, causam finitam esse. Si verò professus ad judicem secundæ instantiæ appellavit, vel etiam ulteriùs eadem causa retractanda fuerit, vult, ut in omnibus hisce judiciis similiter defensor professionis, ex officio deputatus, interveniat eodem prorsus modo, quo in citata Constitutione decrevit, defensorem matrimonii in secunda, & ulteriori instantia adesse debere judicio. Vult prætereà, ut idem defensor à sententia, in prima instantia lata pro nullitate professionis appellare omnino debeat; atque in secunda, seu in ulteriori hujusmodi

causarum revisione, eadem omnia vult observari, quæ pro causis matrimonialibus in forma ulteriorum instantiarum quoad defensorem observanda præscripsit in citata Constitutione.

Si quis autem in Ordine Regulari professus post unicam sententiam, pro nullitate professionis latam, sive pendente, sive culpabiliter omissa appellatione, è claustris exire, à Religione discedere, quodque magis est, habitum regularem abjicere præsumpserit, vult, atque statuit, eum omnibus pœnis, atque censuris, à S. Canonibus, & Apostolicis Constitutionibus contra Apostatas latis, atque sancitis, & subjacere, & obnoxium esse: decernens, liberum professo non esse in hujusmodi causis à Religione migrare, nisi duas saltem obtinuerit sententias conformes, quibus ab eo emissa professio irrita, ac nulla declarata fuerit.

Jam verò judices primæ instantiæ in his causis de professionibus, quæ intra quinquennium judicialiter impugnantur, esse debere Superiorem Regularem simul, & Ordinarium loci, satis constat ex suprà dictis. Quòd si eædem causæ in secunda, aut ulteriori instantia sint discutiendæ, statuit Summus Pontifex, inhærens antiquis quibusdam Congregationis Concilii Decretis, quæ hìc approbat, & confirmat, statuit, inquam, ut ad eos judices devolvantur, ad quos de jure omnes aliæ causæ Ecclesiasticæ post sententiam Ordinarii in gradu appellationis respectivè devolvuntur; ità tamen, ut hi quoque judices procedere in causa debeant, & judicare unà cum Superiore Regulari, non quidem illius monasterii, in quo reclamans professus est, sed alterius monasterii ejusdem Ordinis, in eorum Civitate, aut Diœcesi existentis; vel eo non extante, cum Superiore vicinioris monasterii ejusdem pariter Ordinis, seu cum alia persona Ecclesiastica, cui Superior ille, ad quem pertinet secundùm superiùs tradita, suas vices hac in re delegaverit. Si autem hujusmodi causæ in secunda, aut ulteriori instantia ad Sedem Apostolicam devolvantur, & à Congregatione Concilii, vel à Congregatione super consultationibus Episcoporum, & Regularium, aut denique ab Auditore Rotæ discutiendæ sint, nullum tunc esse locum ad judicandum Superiori Regulari; imò neque tunc admittendum esse Superiorem Regularem ad sententiam ferendam, cùm ab eadem Congregatione Concilii, secundùm suprà allatum Urbani Decretum, examinanda fuerit etiam intra quin-

quinquennium validitas professionis ex eo capite, quòd facta fuisse asseratur in monasterio, aut coenobio, Religionis Tyronibus instituendis minimè addicto.

Hæc statuenda esse censuit Summus Pontifex circa judicia super nullitate professionis introducta intra quinquennium à die ipsius professionis emissæ; quæ omnia in hujusmodi judiciis observanda esse, declarat, etiam in Curia Vicarii Pontificii in spiritualibus Generalis in Urbe, ejusque districtu, quoties causas hujusmodi intra idem quinquennium in ipsius Tribunali Ordinario judicandas esse, contigerit. Deinde praescribit servanda in causis ejusdem generis, quæ post elapsum quinquennium in judicium adducuntur.

Hac itaque super re commemorat, ac refert primò, quòd, licèt Synodus Trid. post quinquennium ab emissa professione omnem aditum interclusum esse voluerit professis ad reclamandum; progressu tamen temporis gravibus de causis interdictum fuerit, ut admitterentur instantiæ *pro restitutione in integrum adversùs lapsum quinquenii*. De his autem instantiis judicium facere, semper ad Apostolicam Sedem *privativè* pertinuisse, advertit, sive ex parte professi, sive ex parte Religionis proponeretur; & licèt reclamatio ob impedimentum, per totum quinquennium perseverans, dilata fuisse diceretur; idque ob eam causam, quia remedium restitutionis in integrum *extraordinarium* in Jure vocatur, cujus concedendi facultas Judicibus inferioribus competere nequit, non obstante quacumque contraria consuetudine etiam immemorabili, aut quolibet asserto privilegio; quod Pontifex asserit patere ex compluribus in eamdem sententiam Decretis ejusdem Congregationis Concilii, recensitis in Decreto edito die 24. Septembris anni 1740. in causa: *Sicula restitutionis in integrum*; quod Decretum à se & tunc approbatum, confirmatumque fuisse, & nunc iterùm approbari, & confirmari declarat; reservato sibi, & successoribus suis jure concedendi Ordinariis, & Superioribus localibus in quibusdam peculiaribus casibus facultatem examinandi etiam causas restitutionis in integrum, ac super ipsis pronuntiandi, antequam ad sententiam ferendam super professionis validitate, aut nullitate deveniant. Secundò refert ordinem, qui hodiè servatur in præfatis Congregationibus, seu Tribunalibus pro concedenda restitutione in integrum adversùs lapsum quinquennii: ,,Hodie igi-
,,tur, inquit, priusquàm super hac re quid-

,,quam decernatur, committitur Ordinario
,,loci, & Superiori Regulari, ut processum
,,conficiant: eoque transmisso, proponitur
,,dubium super concessione restitutionis in
,,integrum; idque non minùs accuratè, ac
,,severè examinatur, ac si dubium proposi-
,,tum esset super ipsa validitate, aut nulli-
,,tate professionis. Si autem petita restitutio
,,in integrum concedatur, tunc Ordinario,
,,& Superiori locali committitur, ut senten-
,,tiam proferant super controversa profes-
,,sionis validitate. Sed quamvis in hujusmo-
,,di commissionibus plena ipsis relinquatur
,,facultas judicandi sive pro validitate, si-
,,ve pro nullitate professionis, prout ipsis jus-
,,tum visum fuerit; usu tamen compertum
,,est, quòd, quum iidem satis noverint,
,,quàm diligenti, & gravi judicio apud Se-
,,dem Apostolicam dicussæ fuerint causæ,
,,propter quas restitutio in integrum con-
,,cessa fuit; viso duntaxat hujusmodi con-
,,cessionis rescripto, nec ulteriori instituto
,,examine, ad ferendam pro nullitate pro-
,,fessionis sententiam, ut plurimum sine du-
,,bitatione procedant."

Accuratum hoc examen causarum restitutionis in integrum, apud Romanæ Curiæ Judices in more positum, approbatione sua Summus Pontifex magnopere commendatum singulis, ad quos pertinet, ab ipsis in posterum observari vult, & præcipit: hoc tamen addito, ut in commissionibus, quæ diriguntur Superioribus Regularibus, & Ordinariis locorum pro conficiendis processibus, iisdem sub poena nullitatis actuum injungatur, ut in omnibus procedere debeant cum interventu Defensoris professionis, ad quem pertinere, dicit, interrogatoria dare, juxta quæ examinandi erunt testes, aliaque ad officium sibi impositum spectantia diligentissimè præstare. Vult prætereà, ut in ipsa propositione dubii, super concessione restitutionis in integrum, tàm in prædictis Congregationibus Concilii super consultationibus Episcoporum, & Regularium, quàm in Auditorio Rotæ, aut in qualibet Congregatione, peculiariter forsan deputata, sub simili nullitatis poena Defensor professionis ab eo, qui tribunalis caput est electus, impensis eorum, de quibus suprà dictum est, semper, & in omnibus actibus in judicio stare debeat: neque solùm in prima hujusmodi dubii propositione, sed etiam in ulterioribus, si reclamans, in prima rejectus, ad novam audiendam admittatur. Vult insuper, ut pro fruendo beneficio restitutionis in integrum, unica favorabilis resolutio
ne-

nequaquàm sufficiat, nisi ea per secundam conformem, iterato causæ examine, auditoque semper Defensore professionis, confirmata fuerit; decernitque, ac sub pœnis, in apostatas latis, prohibet, ne quis unica fultus resolutione pro concessione restitutionis in integrum è Religionis claustris migrare, multoque minùs habitum Regularem deponere præsumat: ad illas enim pœnas declinandas, & alteram resolutionem pro restitutione in integrum priori consentaneam, & sententiam super nullitate professionis, à Superiore Regulari, & ab Ordinario loci ferendam, expectari omninò debere, declarat; nec nisi per hujusmodi sententiam, ab his judicibus, præviis duabus resolutionibus pro concessione restitutionis in integrum, legitimè latam, judicium absolutum censeri posse.

Pergit Summus Pontifex, ac dicit, multò rariores in posterum futuras esse instantias, ac contentiones eorum, qui susceptum Religiosæ vitæ institutum relinquere adnitantur, si hæc omnia à se constituta observentur, quemadmodùm sedulò observanda, & implenda esse præscribit: & ad hoc certiùs obtinendum magnoperè conferre, si Superiores Regulares in admissione Novitiorum observent ea, quæ in eorum Constitutionibus, & in Decretis Clementis VIII. statuta sunt: quæque omnia plenissimè observari ipse quoquè hìc præcipit. Addit, illud nullo modo ferri, aut probari posse, quod invaluit apud plerosque, ut scilicèt reclamantibus adversùs professionem Superiores ipsi se contradictores non exhibeant, aut etiam apertè suffragentur, ex falsa nimirùm opinione, quòd Religiosorum virorum societate indignus censendus sit, qui ab ea discedere exoptat, quòdque ex inutili Monacho utilis fortassè Clericus Secularis existere possit.

Ad prædictum finem proptereà quàm maximè profuturum asserit, si Ecclesiastici Præsules, & Judices debitas Officii sui partes, explere non prætermittant. Ideòque iis omnibus denuntiat, ac districtè præcipit, ut in cunctis, quæ ad eorum Officia pertinent, nusquàm à justitiæ tramite, & à præscriptis sibi legibus discedant.

Atque his huic nostræ complexioni accuratæ finem imponimus, cuncta hactenùs scripta, nedum Judicio Sanctæ Romanæ Ecclesiæ, Veritatis Columnæ, verùm etiam correctioni cujuscumque Sapientioris libentissimè subjiciendo.

Pari reverentia, submissione, atque humilitate, qui hanc universæ Theologiæ Moralis complexionem additamentis locupletavit, omnia S. Romanæ Ecclesiæ auctoritati, judicio, ac censuræ ultrò subjicit: & si quid fortassis ex ignorantia, vel inconsideratione calamo exciderit, quod tantulùm à Fide Catholica discrepet, aut bonis moribus dissonum sit, nunc ex animo retractat, reprobat, expungit.

ADDENDA LOCIS INDICATIS.

¶ Auctor *n. præced.* circa casum, quem proponit de Sacerdote, qui ex inadvertentia ponit in Pyxide, nondum purificata, & aliquas adhuc particulas consecratas continente, alias particulas consecrandas, ità ut ampliùs discernere non valeat illas ab istis, sententiam amplexatus est, quam ante ipsum aliqui adoptarunt Doctores, relati à Patribus Salmant. *in Cursu Theol. Moral. tract. 4. cap. 4. punct. 7. num. 129.*, quibus, & ipsi adstipulati sunt. Quòd si animadvertisset nuperus quidam, cæteroqui celebris Theologus, fortè mitiùs egisset. Nos, salva eximio viro debita reverentia, & ea quæ decet animi submissione, quod magis veritati conforme ducimus, paucis patefacimus, dilucidiùsque, quomodo se gerere debeat Sacerdos in tali circunstantia, indigitamus. Non debet utique, nostro quidem judicio, in hoc casu totum cumulum particularum consecrare sub conditione, si non sint consecratæ. Ratio evidens videtur; quia consecrationi sub conditione locus non est, nisi cùm prudens, rationabileque dubium exurgit, àn aliquid sit consecratum, necne. Porrò de toto particularum cumulo hoc dubium in exposito casu exurgere nequit; quoniam certum est, totius cumuli particulas alias esse, alias non esse consecratas: illudque duntaxat incertum est, seu potiùs ignotum, & incompertum, quænam particulæ sint consecratæ, quænam non. Ac proinde non debet Sacerdos totum cumulum particularum consecrare sub conditione, si non sint consecratæ. Quid igitur agere debet? En id, quod sentiunt communiter præstantiores Theologi, & præsertim Grandin Parisiensis Doctor *pag. 114.* Sacerdos, inquiunt, in hoc casu Missam celebret, & verba consecrationis proferat absque ulla adjecta conditione cum intentione consecrandi totam materiam sibi præsentem aptam, & idoneam consecrationi. Hoc consilio nihil profectò planius, opportuniusque ad consecrandas particulas, aliis consecratis inadvertenter admixtas. Nec obstat, quòd distinctè demonstrari non possint; quandoquidem, prætermissis, ad prolixitudinem

nem declinandam, aliis pluribus, quæ ad rem
hanc afferri possent, Sacerdos in secunda, &
tertia Missa Natalis Domini vinum reliquiis
Sanguinis, in priori Missa consecrati mixtum
consecrat, nec tamen partes consecratas à
non consecratis discernere valet. Legantur
Continuator *Prælect. Theol. Honorati Tour-*
nely tom. 5. tract. de Euch. p. 1. c. 3. a. 2.
sect. 1. quæst. 3., & Angelus Franzoja *sup.*
Theol. Busemb. lib. 6. tract. 3. c. de Sacr.
animadv. 9.

Sunt etiam, qui, ad incommodum quodcumque vitandum in hoc casu sic faciendum
suggerunt. Si una, ajunt, solùm particula
consecranda pluribus particulis consecratis
admisceatur, dentur communicaturis omnibus duæ particulæ: ità namque extra dubium
est, ab unoquoque unam accipi consecratam. Si verò plures particulæ, non consecratæ, pluribus consecratis admisceantur. Sacerdos singulis diebus, post sumptum sanguinem, quatuor aut quinque ex ipsis ore sumat. Post sumptum, inquam, sanguinem, ne
exponat se periculo sumendi sanguinem non
jejunus. Videantur Cardinalis de Lugo *disp.*
4. de Eucharist. n. 136. & Ethica Amoris
n. 19. & 92.

¶ Suarez *in 3. p. disp. 81. sect. 8. §.*
Quarto addendum, &c. Cardinalis de Lugo
disp. 20. num. 76., nonnullique alii purificatorium, quo tergitur calix, non debere esse
ex obligatione benedictum, existimant. Huic
sententiæ Auctor subscripsit *n. pr.* At veriùs
plures, & speciatim Quarti *part. 1. tit. 1.*
sect. 3. dub. 5., Pisart in *Append. ad ex-*
posit. Rub. Missal. num. 6. & Meratus
part. 2. tit. 1. num. 10. oppositum propugnant; & ex præcepto benedictionis Toballea-

rum, quæ minùs attingunt Eucharistiam, &
non nisi in casu uberioris effusionis, ritè inferunt præceptum benedicendi purificatorium;
quod certè magis propinquè Sacrificio inservit, eique de facili quandoquè adhærere
possunt aliquæ particulæ Corporis, & Sanguinis Domini ex calicis extersione, aut abs-
tersione digitorum, in negligentibus præsertim, & minùs accuratis Sacerdotibus. Nec ullum facessit negotium, quòd in Ritualibus
propria non inveniatur pro purificatorio benedictio; quippe hujus defectum repetunt
Auctores ex eo, quòd purificatorii usus non
est admodùm vetustus; ut enim refert Ma-
crus *Verb. Purificat.* pro tergendo, & pu-
rificando calice inserviebat olim Subdiaconi
manipulus, qui propterea linteus erat: &
in Ecclesia Græca etiamnùm ad prædictum
effectum usus est spongiæ, quæ perbellè adhibetur in Sacrificio incruento, sicut in cruento quoque adhibita fuit, quemadmodùm observat P. Jo. Michaël Cavalierius *t. 5. c. 11.*
Modò tamen in Ecclesia Latina decentiùs
adhibetur purificatorium à manipulo diversum; quod, ut ab aliis lineis pannis, ad
tergendas manus destinatis, secernatur, convenit, ut in medio illius pingatur crux, ut
ex Concil. Provinc. 3. Mediolan. notat Gavantus *in Rub. Missal. part. 2. tit. 1. lit. I.*
Quoniàm verò peculiaris in Ritualibus desideratur purificatorii benedictio, juxta præcit. Pisart usurpanda est, quæ convenientior
appareat, v. gr. benedictio linteaminum, mutata voce *Altare* in istam *Calicem* in secunda oratione. Ex iis cum Laymano *tract. 5.*
cap. 6., & eodem Pisart colligat quisque,
purificatoria non esse manibus laicorum trac-
tanda.

FINIS.

INDEX ALPHABETICUS
RERUM, ATQUE VERBORUM.

Tac-

Finis Indicis rerum & verborum secundæ Partis.

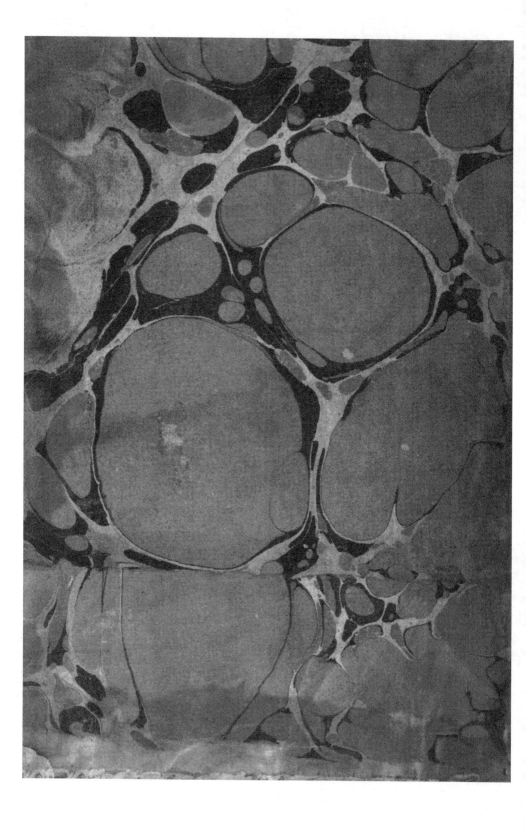

CPSIA information can be obtained
at www.ICGtesting.com
Printed in the USA
LVHW081200130822
725857LV00002B/4